BIOGRAPHY OF
CHEN LIFU

陈立夫全传（上）

张学继 著

团结出版社

图书在版编目（CIP）数据

陈立夫全传 / 张学继著. -- 北京：团结出版社，2018.11
ISBN 978-7-5126-6429-6

Ⅰ. ①陈… Ⅱ. ①张… Ⅲ. ①陈立夫（1900-2001）—传记 Ⅳ. ①K827=7

中国版本图书馆CIP数据核字(2018)第147853号

出　版：	团结出版社
	（北京市东城区东皇城根南街84号　邮编：100006）
电　话：	（010）65228880　65244790　（出版社）
	（010）65238766　85113874　65133603（发行部）
	（010）65133603（邮购）
网　址：	http://www.tjpress.com
E-mail：	zb65244790@vip.163.com
	fx65133603@163.com（发行部邮购）
经　销：	全国新华书店
印　装：	三河市东方印刷有限公司
开　本：	170mm×240mm　　16开
印　张：	57
字　数：	951千字
印　数：	4045
版　次：	2018年11月　第1版
印　次：	2018年11月　第1次印刷
书　号：	978-7-5126-6429-6
定　价：	159.00元

（版权所属，盗版必究）

陈立夫 全传

Biography of Chen lifu

前 言

报载，陈立夫于2001年2月8日病逝于台北，享年101岁。

在20世纪，陈立夫是一个沉甸甸的名字。蒋介石、宋子文、孔祥熙与陈果夫陈立夫兄弟并称为旧中国的四大家族代表人物。事实上，宋子文、孔祥熙主管财政金融经济兼及部分行政，是"财神"，角色比较单一；而陈果夫、陈立夫兄弟主管的却是党务、特务、司法、文化教育兼及金融经济，这都是政治性、斗争性很强的部门，国民党统治时期许多惊心动魄的重大政治斗争、政治事件，都有陈果夫、陈立夫兄弟，特别是陈立夫的影子。研究中华民国史的专家将陈立夫与蒋介石、宋子文、孔祥熙并称为国民党统治集团中"最上层"的四个人物，这是很有道理的。总之，陈立夫在20世纪的中国政坛上具有相当重的分量。

一

陈果夫、陈立夫兄弟之所以能够跻身于旧中国四大家族之列，是因为他们兄弟俩把持了国民党组织、人事和特工大权20余年。

第一，陈氏兄弟在国民党内的异军突起，纯粹是出于蒋介石的别有用心和特别提携。

中国国民党是中国历史最悠久的一个老牌政党，名称几度改变，兴中会——中国同盟会——国民党——中华革命党——中国国民党，到1927年南京国民政府建立时，国民党已有了30多年的历史，党内有资历的人才众多。按照正常的逻辑，国民党的组织大权怎么也轮不到在党内资历很浅的陈果夫以及毫无资历的陈立夫兄弟去掌管，陈氏兄弟

陈立夫的二叔陈其美有恩于蒋介石，这是他和长兄陈果夫后来得到蒋特别提携的重要原因。

的崛起纯粹是出于蒋介石的别有用心和特别提携。

在辛亥革命时期，蒋介石追随沪军都督陈其美，陈其美与黄郛、蒋介石三人于1912年在上海结拜金兰，陈其美有恩于蒋介石，并向孙中山推荐过蒋介石。1916年陈其美被袁世凯的刺客刺杀于上海，蒋介石为失去恩师而伤感。孙中山感于陈其美当年对他的忠诚，在陈其美死后有意重用陈其美的拜把小兄弟蒋介石。1924年蒋介石因办黄埔军校而在国民党内迅速崛起。蒋是一个极有心计与手段的阴谋家、权术家，纵横捭阖的高手，是一代枭雄。据蒋的机要秘书透露，蒋带在身边随时揣摩钻研的两本书是《孙子兵法》和《战国策》，至于孙中山的三民主义只不过是他装点门面、欺骗世人的一个幌子。蒋既要利用国共合作，争取苏联和中共的帮助以壮大国民党的实力，又要防范并最终把共产党人打入血泊中。要达到这样互相矛盾而又不可告人的政治目的，蒋介石唯有把国民党（国共合作）的党务大权交给自己的心腹走卒才行，这就是陈果夫陈立夫兄弟得以脱颖而出的真正原因。

1926年，当蒋介石感觉自己地位岌岌可危的时候，当时任蒋介石机要秘书的陈立夫极力怂恿蒋铤而走险，放手一搏。蒋采纳了陈立夫的意见，于1926年3月20日发动了中山舰事件。这是一起向当时的广州国民政府主席汪精卫、向中共以及苏联顾问武装挑衅的严重事件。事件发生后，当时在广州国民政府中有决定权的苏联来华考察团团长布勃诺夫错误地决定采取"利用蒋介石"的政策，这个政策的内容是：对蒋灌输一部分革命主义，并以左派势力包围他，使之摆脱右派的影响而成为左派，并为此不惜把蒋介石捧上国民革命军总司令的高位，以满足他"喜尊荣"、"好权力"的欲望。为此，共产国际和苏联顾问们甚至不惜让当时的广州国民政府主席、军事委员会主席汪精卫下台避走欧洲。

蒋介石的冒险成功后，立即把陈果夫从上海召到广州，任命陈果夫为中央组织部秘书，代替蒋介石（中央组织部部长）主持中央组织部工作。陈果夫到任后，不动声色地排挤共产党员，安插自己的亲信人马，形成了C.C.的初步班底。蒋介石、张静江、陈果夫以政治手段排挤共产党人虽然收到了一定效果，但中共依托北伐战争以后高涨的革命形势，在工人、农民、知识分子以及军队中发展党员，这就使蒋介石看到，仅靠政治手段达不到清除共产党的目的，于是惯于冒险的他又要铤而走险了，他联络桂系军阀李宗仁、白崇禧等，于1927

1926年担任北伐军总司令部机要科科长的陈立夫

年4月12日在上海发动反革命政变，以血腥屠杀的手段将共产党人和革命群众打入血泊中，并在共产党人的尸骨上建立起了蒋记南京国民政府，与当时尚为国民党左派及中共领导的武汉国民政府对抗。在这场生死对抗战中，武汉国民政府寄予厚望的西北军阀冯玉祥倒向蒋介石一边，致使武汉国民政府在内忧外患中烟消云散，蒋介石第二个回合的冒险又成功了。

为时不久，蒋记南京国民政府遇到了内忧。军事实力雄厚、在北伐战争中战功显赫的桂系军阀李宗仁、白崇禧向蒋介石的领袖地位发起挑战，并于1927年8月13日将蒋介石赶下国民革命军总司令的宝座，将其赶回了浙江奉化溪口老家。李宗仁、白崇禧凭借军事实力控制了南京政府，蒋记政府变成桂系政府，但是，无论从国民党党统上，还是从地域派系上，桂系都遇到了难以克服的障碍：其一，从国民党党统上，国民党的上层元老都把蒋介石看成是国民党的嫡系传人，而李宗仁、白崇禧最多只能算是旁系。蒋介石下台后，不仅蒋系人物纷纷挡土挂冠而去，拒绝合作，就连以国民党正统自居的胡汉民等也对李、白驱蒋下台之举不以为然，斥责李、白为"新督军团"（区别于北洋军阀时期的督军团）。其二，从地域派系上说，桂系势力盘踞在江淮特别是上海滩，在旧中国占有绝对经济实力的江浙财团对此根本不买账，白崇禧跑到上海筹款，江浙财团虚与委蛇，他们只认蒋介石，而不认李、白。李、白筹不到款，一筹莫展。于是，蒋系军师智囊张静江、吴稚晖、黄郛、李石曾等乘机出马在蒋介石与李、白之间穿梭斡旋，最终达成一个妥协方案：由蒋介石控制长江下游的江浙沪；而蒋同意桂系西征两湖的唐生智，控制两湖，将其与桂系老巢广西连成一片；把中央政府名义让给蒋介石，蒋桂各得其所。1928年1月4日，蒋介石返回南京重任国民革命军总司令，随后操纵国民党二届四中全会，给自己戴上了国民党中央常务委员会委员、中央组织部部长、中央军事委员会主席、中央政治会议主席的桂冠。几番争斗，南京政府成了蒋介石一人的天下。

蒋介石是一个真正的草头将，大陆时期他绝大部分时间都是在征战中度过的。在旧中国，有枪便有权，蒋介石最重视的是他的黄埔系军队，他一人绝对把持，从不假手他人，也不容许任何人染指。曾任黄埔军校政治部主任的邓演达组织第三党，与蒋争夺黄埔学生，犯了蒋的大忌，结果被蒋秘密逮捕并惨遭杀害。对于国民党，蒋介石认为只是一个次要一等的工具，因而把它全盘交给了陈果夫、陈立夫兄弟。

C.C.分子赵澍说："国民党中央整个组织及整个人事，始终都在两陈控制之下，即在张厉生、朱家骅任组织部长时亦是如此。蒋把他的全力都集中在军队的控制上，对于党务，他并不十分重视，等于把党务全部交给两陈了。"

广东籍的胡汉民、汪精卫高唱"以党治国"，企图以他们在国民党内的悠久资历与晚辈蒋介石争夺国民党领袖地位。如果真的"以党治国"，那就是由胡、汪来治国，因为从资历上讲，蒋是无法与胡、汪比的。然而，蒋介石已将党交给他的心腹小伙计陈氏兄弟掌管，胡、汪纵然取得了中央执行委员会、中央常务委员会、中央政治会议主席的高位也只是空头名义。胡汉民于1931年因

1915年9月25日，孙中山（前排左五）与中华革命党总务部长陈其美（左四）、政治部长胡汉民（左六）、军务部长许崇智、财务部长廖仲恺（左八）等人在日本东京集会

约法之争与蒋介石闹翻，其根本原因就是一贯鼓吹"以党治国"的胡汉民却没有任何党权。

第二，陈果夫、陈立夫如何办党？

以陈果夫、陈立夫为核心，1927年首先成立了"中央俱乐部"，这个组织的英文Central Club和"二陈"英文的缩写都是C.C.，所以被人们称为C.C.。凡是"中央俱乐部"的成员都是陈氏兄弟的亲信，也就是人们通常所说的C.C.分子。1932年初，陈氏兄弟又在"中央俱乐部"的基础上组织了一个更具法西斯色彩的青天白日团（简称"青白团"）。"青白团"中央干事会干事长陈果夫、副干事长陈立夫，陈果夫、陈立夫、张厉生、张道藩、余井塘、叶秀峰、徐恩曾等七人任常务干事，周佛海、程天放、曾养甫、洪兰友、苗培成、赖琏等任干事，中央干事会书记长洪兰友。

"青白团"只有纵的组织关系而无横的联络。所谓"我们自己人"，只限于入团者那个地方内，别的地方就不能知，也不得问，问了就是违反纪律。"青白团"分子经陈氏兄弟批准，可以在所在地组织各种秘密团体，如张厉生领导的"诚社"，刘世英领导的"东北青年学社"，徐恩曾、萧铮、洪陆东领导的"青年社"，吴醒亚、潘公展、吴开先领导的"干社"，陈泮岭领导的"武德社"，陈泮岭、刘不同领导的"三民主义忠实同志会"等。从"青白团"到各级外围组织组成一个个圈子，结成了一个等级森严的党务网，而陈果夫、陈立夫则高居这个权力金字塔的顶尖，成为这个组织的教父，在他们的圈子里，一般称呼陈果夫为"果老"，称呼40岁刚出头的陈立夫为"立公"。其实，这位"立公"生于1901年，比他们圈子里的许多人年纪都要小。

1945年4月，陈果夫与蒋介石侍从室高级幕僚唐纵谈起党的改革问题。陈果夫告诉唐纵："对于党的工作有经验有办法的人……除总理外，要算陈英士、朱执信，陈、朱而后无其人。总理长于说服工作，陈、朱能从人群中之领导者，利用机会而善用之。凡有过人之长者，或为一部分人所拥戴者，遇有困难竭力援助之，以此人为己用，人虽少而力量甚大。"在陈果夫眼中，会办党的只有孙中山、陈英士、朱执信三个人。孙中山、朱执信如何暂且不论，陈英士就是陈氏兄弟的二叔陈其美。

陈其美办党的经历如何？陈其美固然是辛亥革命时期风云一时的革命党人，但他同时也是上海青帮大头目，上海各酒楼、茶社、戏园、澡堂等游乐声色场所多有陈其美的党羽。上海光复后,陈其美的上海都督宝座还是上海青洪帮用起哄方式夺来的。革命党与帮会分子合作是辛亥革命时期的普遍现象,孙中山、黄兴都利用过帮会,但陈其美与帮会的关系最深,帮会习气和作风在陈其美身上体现得最明显。"二次革命"失败后,陈其美力排众议,协助孙中山组织中华革命党,凡欲加入中华革命党者,无论其在党的历史及资格,一律要重写誓约,加按指模,以示坚决。黄兴等人认为指天发誓、按指模的做法有辱人格,因而拒绝加入,这就把一大批原国民党军事将领和稳健派排除在中华革命党外。史学界公认,中华革命党是一个宗派主义的组织,它在反袁斗争中也没起多大作用,最后不了了之。

陈果夫、陈立夫兄弟从小追随陈其美,从乃叔那里学来了宗派主义和江湖帮会的一整套规矩,用来办理国民党党务,完全是一脉相承。陈果夫、陈立夫兄弟将帮会组织和活动方式移植到国民党中来,这就形成了C.C.的特色。稍有人格的人是不愿接受这种带有人身侮辱性质的仪式而加入C.C.的;再则,陈果夫、陈立夫兄弟资历太浅,资历深的人也多看不起陈果夫、陈立夫兄弟。这也是C.C.在国民党内被人看不起、人人侧目的重要原因。

1945年11月,时任国民党组织部长的陈立夫在南京主持会议

陈氏兄弟是C.C.的两大首领。具体讲,1926—1933年以陈果夫为主,陈立夫为辅;1933年以后陈果夫退到后台,陈立夫走到前台,以陈立夫为主。

C.C.大将方治最佩服陈立夫,曾说:"立夫先生有谋略,有组织能力,是国民党的灵魂,也是今天运筹帷幄的决策人物。"陈立夫将"谋略"和"组织能力"运用到国民党派系斗争中去,却让陈立夫成了"制造派系"、令人讨厌的角色。

第三,蒋介石采取以派制派、分而治之的权术,C.C.权力受到限制。

也许有人会认为,陈氏兄弟拥有了如此庞大的C.C.势力,在国民党政权中应该是所向无敌,威风无比了?其实不然。

大家知道,蒋介石是玩弄以派制派、分而治之权术的大师。1946年7月9日,周恩来在同哥伦比亚大学教授裴斐的谈话中曾指出:"国民党的最后决定权是操在蒋介石的手中,但蒋也不是孤立的,而是受他下面各集团影响的。每一个集团都在他之下,都非操有全部的权力。这权力是分割的,如党务操在C.C.的手中,财务操在宋、孔的手中,军事操在黄埔系的手中,行政方面政学系的势力较大。这样各集团都是只有一部分权力,而在他们的全体之上则是蒋,造成蒋的政权。"

蒋介石的嫡系分成黄埔系、C.C.、政学系等三个大的派系,到了20世纪40年代以后又有了蒋经国的太子系等派系。在黄埔系内部,又有陈诚的"土木系"、何应钦系等。所有这些派系都以拥蒋为出发点,但在拥蒋的前提下,各派系之间争权夺利,相互倾轧,矛盾十分尖锐,常常势同水火,相互陷害、仇杀。蒋介石则高高站在他们之上,操纵驾驭他们。

蒋介石采取以派制派的权术,C.C.在击败所有反蒋派后,与蒋介石的其他嫡系政学系、黄埔——复兴社——三青团系,孔宋财团、朱家骅系、蒋经国太子系又展开了激烈的派系斗争。蒋介石的拜把兄弟、幕后军师戴季陶以长者的身份告诫他们说:"国民党的三个

1932年出任国民党中央组织部长的陈立夫

儿子（即C.C.、复兴社系及朱家骅系），老大、老二可以联合反老三，老二、老三可以联合反老大，老大、老三可以联合反老二，但是任一个儿子都不能联合外人反自己的弟兄。"

以著名地质学家身份从政，官至国民党政府行政院长的翁文灏说："我见到蒋率导的国民党各派，如宋、孔、C.C.派、政学系、复兴社等，都争私利而妨公务，其情形与中国古代的朋党相同，我深为厌恶……蒋介石也为这种无休止的争斗感到不耐烦，曾经气急败坏地训斥道：'现在有些人一天到黑互相吵闹，我看闹垮了，还闹什么？'"

对于陈果夫、陈立夫在南京国民党政权中所扮演的角色，吴国桢晚年在美国接受历史学者的访谈时有如下的回答：

问：现在让我插进另一件事，这是传说的一部分，也许是传说，也许是虚构，所谓的C.C.的头头陈果夫与陈立夫，是否对他（笔者按：指蒋介石）也施加很大的影响？你怎么看？

答：我又要说，对又不对。说对是因为从1927年（笔者按：应为1926年）蒋介石在广州兴起，到抗日战争爆发前夕，陈氏兄弟对他确有很大影响。他们的影响来自这样的事实，即蒋是二陈叔父陈其美的结拜兄弟，陈其美死于国民党革命的早期，此后二陈兄弟便追随了蒋介石。所以孙中山博士死后，当蒋试图控制国民党这部机器时，他让陈果夫当了中央组织部长，陈立夫任他的私人秘书，这些当然都是关键职位。后来当蒋首次在中国组建秘密警察（特务）时，他又派陈立夫负责。因此可以说在这个时期，即从1927年到抗日前夕，陈氏兄弟对蒋确有很大影响。但蒋从不是一个给他人以过多权力的人，他逐渐产生这样的想法，即陈氏兄弟变得太强大了，于是采取了一种他性格中所特有的策略，设立了独立于陈氏兄弟之外并与之抗衡的组织。在国民党之外，他首先设立了所谓的蓝衣社，后来发展成为三青团。在特务之外，他又组织了另外的特务，直接在他的军事委员会控制之下。于是陈氏兄弟的影响开始衰落了。

问：有那么早吗？

答：是有那么早。但在1938年，当蒋使自己成为国民党总裁时，二陈试图东山再起，但没多少效果，所以我认为即使在抗日战争期间，陈氏兄弟的影响也绝非像西方人士认为的那么大。对此我有具体证明，当1942年（笔者按：应为1944年）国民党重组时，给予陈立夫国民党中央组织部长的职位，但是不顾陈氏兄弟的反对，我被任命为中央宣传部长。

问：任命你？这很有意思。因为你知道，差不多在外国人中，也在许多中国人中，普遍认为陈氏兄弟是一种恶神，他们是在幕后对蒋介石施加最大影响的铁腕人物，现在你认为那是虚构的吗？

答：就（抗日）战争年代而言，那是虚构的。以特务为例，由戴笠领导的一个系统，变得比陈氏兄弟控制的另一个系统重要得多。

笔者认为，吴国桢的回答除了时间、名词的误记外，基本的判断是准确的，也是合乎历史的真实情况的。

据说，在1935年11月召开的国民党第五次全国代表大会上，陈立夫以中央组织部长操纵大会，将39名C.C.上层分子塞入国民党中央执行委员会，占国民党中央执行委员总数的三分之一。蒋介石觉得陈立夫做得太过分，当场另外圈定了一个20人的中央执行委员和10人候补中央执行委员的名单，以大会主席团的名义提出，然后在五全大会上强行通过，这才稍微把方方面面摆平，从而避免了一场纠纷。接着，又有人向蒋介石检举，说在五全大会选举时，陈立夫的选票比蒋介石还多四张，陈立夫害怕蒋介石疑心，悄悄在自己名下抹去一个"正"字，加到蒋介石名下，这说明陈在国民党内的声望已超过蒋。蒋是一个对权力十分敏感，最害怕大权旁落的独裁者，陈立夫竟向他的权威挑战，这才使他猛地意识到这些年来陈氏兄弟领导的C.C.势力已经坐大，有些失控了。蒋当即决定采取紧急措施抑制C.C.。1936年2月，蒋介石下令免去陈立夫的中央组织部长职务，改由C.C.大将张厉生接替。1939年12月，中央组织部长又由朱家骅接替，直到1944年5月，才由陈果夫这位C.C.老将重新担任中央组织部长，同年11月由陈立夫接替，陈氏兄弟失去中央组织部长这个关键职位将近九年。

总的来说，C.C.是一个有关门主义色彩的狭隘集团，早年为蒋介石击败所有反蒋派冲锋陷阵，功劳不小。但蒋介石在其领袖地位确定后，采取以派制派的权术，刻意压制C.C.，政权交政学系，党权交C.C.，财政金融交宋子文、孔祥熙，经济交钱昌照、翁文灏。C.C.掌握的党务、文教、司法部门相对来说油水不大，C.C.分子不满足，到处伸手，结果与所有派系均处于矛盾对立之中，四面树敌。1935年以后，在国民党政权的重大政策决定上，C.C.并没有多少发言权；后期的C.C.主要扮演了一个捣乱者的角色。吴国桢的口述回忆也证实了这一点：

> 访问者问："吴博士，就是不太了解中国事务的外国人，也模模糊糊听说过C.C.，他们中产生了一种观念，认为C.C.是极为重要的，而陈果夫与陈立夫两兄弟在幕后掌握着权力，对蒋施以巨大的影响，你同意这点吗？"
>
> 吴国桢回答说："就抗日战争到国民党政权垮台的这段时间而言，情况并非如此。甚至在抗日战争爆发前不久，C.C.原有的各种影响已经开始衰退了，但他们确实控制着党的机器。不过党的高级干部并不是由他们挑选的，而是由蒋选的，我自己就是例子。我在代理外长之后，很得蒋的信任。1944年到1945年召开了国民党全国代表大会，选举中央执行委员会时，蒋亲自提名了候选人。C.C.尽管控制着党务，对此却没有多少发言权，但他们影响仍然很大。在原来的名单中，蒋提名我为中央执行委员会正式委员。此时，尽管我同陈立夫曾有过短暂的密切关系，但由于我拒绝参加他们的组织，陈立夫与我不和。虽然他们还没有强大到能将我从名单上剔除，但由于与会的大多数代表属于他们的派系，所以他们没有选我为正式委员，而是选为候补委员。选好中央执行委员会以后，就要任命国民党组织的各部部长，其级别同政府的内阁部长相同，蒋提名我为宣传部长，陈立夫反对。事实上，过去从未有中执委候补委员出任过这么高的职位。然而陈立夫的反对是徒劳的，我还是被任命为宣传部长了。由此你可以看出，此时他们在党内已没有多大影响。除了党以外，蒋早已建立了一个与之相抗的组织——三青团。起初陈立夫在三青团内占有一个职位，但完全没有控制权。此外，C.C.在政府中的影响几乎为零，只有教育部差不多一直由C.C.的人来掌握。所以我认为，C.C.对那时国民政府的基本政策没什么支配性的影响。"

吴国桢还指出：陈果夫、陈立夫"他们两人在蒋谋求掌权的初期起了很大作用。但一旦蒋爬到最高位置时，陈氏兄弟的权力就多少被夺走了。虽然在北伐刚过后，中国有个流行的说法'蒋家天下陈家党'，它起始于这样的看法即陈氏兄弟或C.C.的影响能够左右蒋。但我认为这是名大于实。"笔者认为，吴国桢的说法是符合实际的，可以澄清以往人们对于C.C.的认识。

第四，国民党"极右派集团"的首领。

C.C.是以反共和屠杀共产党人起家的，自然，中共将C.C.视为最主要的敌人。但在1935年至1938年的几年里，C.C.却是第二次国共合作的主要参与者，曾经一度是中共合作的对象。但1939年以后，C.C.又转入反共立场，直至国民党政权在大陆垮台。

对于C.C.，中共元老董必武1945年春在《大后方的一般概况》的报告中有这样一段评价："C.C.派：头子原是二陈（陈果夫、陈立夫），现在陈布雷因地位关系也变成要角了。他们下面的大将有：潘公展、洪兰友、张道藩、徐恩曾、张厉生、方治、余井唐、曾养甫等。张厉生曾一度依附陈诚，颇受C.C.打击，以后才渐渐好起来。还有一员大将是朱家骅。但朱家骅自己成一个系统，他做过浙江省主席，做过内政部长，做过三青团书记长，做过五年组织部长，所以他自立门户。他由C.C.出来，逐渐变成C.C.的反对派。陈立夫与朱家骅对立是很厉害的，蒋也感觉到了，但毫无办法。潘公展管图书审查委员会。张道藩搞戏剧协会。潘就搞一个著作人协会，和张对抗；张、潘都是C.C.中搞文化工作的，两人矛盾很厉害，各想领导文化界。余井塘是组织部副部长。方治是重庆市党部主任委员。徐恩曾原是C.C.的特务主持人。C.C.的地盘是党部，是政府机关，是学校，抗战后已逐渐伸入财政经济界。C.C.是国民党中最反动的一派。它反苏反共反民主，也反对抗战。"

1936年春，陈立夫失去中组部长宝座后，只剩下"光杆"中常委，发挥不了什么作用。但蒋介石同时交给他一项临时任务，负责打通与中共的联系，并主持第二次国共合作的谈判。蒋介石将此事交给陈立夫，陈立夫总算做了他从政生涯中最有意义的一件事情。因此之故，在1936年至1938年的几年间，中共曾把陈氏兄弟作为联络和争取的对象。但从1939年起，陈氏兄弟因畏惧中共及其领导的武装力量在抗战中成长壮大，重新回到反共立场，成为国民党极右派集团的首领。

1945年8月，抗日战争胜利后，陈立夫和C.C.对被蒋介石排除在决策圈外不满，更对蒋介石和政学系主导的国共谈判、政治协商会议不满，C.C.和复兴社少壮派联合发起"革新运动",向蒋介石要民主,陈立夫同时指挥C.C.和中统并雇用流氓制造了沧白堂、较场口、下关等一系列政治事件,破坏和平民主。

对于陈立夫及其C.C.中统的行为,夏衍在一篇"杂感"中讽刺道:"过去是'民主'不合法,现在是那些'反民主'的自居于不合法的地位,而用流氓手段来捣乱了,这不能说不是一个进步。"政学系的吴铁城也很感慨地说:"千不该,万不该,国民党最不该。一不该,校场口;二不该,二中全会;三不该,东北纠纷,致把政协议案搁起。如果当时打铁趁热,立即将政府改组,则一切没有问题,中枢下令执行,便不得有异议了。"在抗战胜利后的和平民主运动中,陈立夫及其领导的C.C.和中统扮演了极端反动的角色,甚至连美国总统特使马歇尔、美国驻华大使司徒雷登都异口同声怒斥陈立夫为"极右派集团"的首领、"反动分子",并向蒋介石建议将陈立夫赶出国民党政府,但蒋介石没有接受。

陈立夫及其领导的C.C.中统在处心积虑挑起国共全面内战后,陈立夫又在随后召开的所谓制宪、行宪国民大会中扮演了一个重要角色。在国民党争夺权利的闹剧中,陈立夫本人也被搞得焦头烂额。陈立夫的夫人孙禄卿在事隔多年后还心有余悸,感叹说:"过去在南京呀,那哪里是人应有的生活呢?"

国民党的制宪、行宪闹剧搞完了,陈立夫等人费了九牛二虎之力把蒋介石捧上了总统宝座,但国民党政权的垮台也为期不远了。

C.C.除了反共外,同时也是蒋介石对付国民党内的反蒋势力的利器。对付国民党内的反蒋势力,为"介叔"(因蒋介石与陈其美是结拜兄弟,故陈氏兄弟称蒋为"介叔")的国民党领袖宝座,陈氏兄弟指挥庞大的C.C.系冲锋陷阵,使出了浑身解数。对于反蒋的人,陈氏兄弟的C.C.是毫不手软的。

C.C.分子刘不同说:"陈果夫、陈立夫兄弟为首的一个派系,其区别于其他派系、为人所侧目者,乃缘其居要津、掌枢要,为蒋介石所宠信;而又握有特务组织,能以莫须有罪名陷人于囹圄,致人妻离子散、家破人亡,实为蒋家王朝中最反动的一伙。"

二

说到国民党特务,一般人往往会首先想到那个面目狰狞、凶神恶煞般的军统特务头子戴笠。但实际上,陈立夫才是国民党真正的第一号特工头子。

夏衍在《故乡之忆》中写道:"1927年大革命失败后,浙江又出了蒋介石、陈立夫、戴笠，我的旧友宣中华、张秋人相继遇难，我就失去了和故乡的联系。"国民党统治集团中浙籍上层人物众多，夏衍却只点了蒋、陈、戴三个人的名字，这是不难理解的。蒋介石不用说是国民党的总头子，而陈立夫和戴笠则分别掌握着国民党的中统和军统，这是两个以盯梢、绑架、杀害共产党人为主要职责的庞大的特务系统。自然，陈立夫和戴笠成了夏衍回乡之路上的拦路虎，夏衍也就只好与故乡失去联系了。因此之故，夏衍也深深地记住了陈立夫和戴笠的名字。

1928年，陈果夫、陈立夫兄弟创办了中央组织部中央调查科这个特务组织，并由陈立夫担任中央调查科科长。中央调查科是国民党的第一个特务机构，所以陈立夫堪称国民党特工的始作俑者。这个特务组织几经改变，从中央调查科到中央调查处、特工总部、军事委员会调查局一处、中央执行委员会调查统计局、中央党员通讯局、内政部调查局，名称和隶属关系几经改变。陈立夫只担任了中央调查科的第一任科长，为期仅数月，但中统特务组织的历任头目均为陈立夫的亲信，所以不管中统组织的名称和隶属关系如何变化，都始终掌握在陈立夫手中，陈立夫是中统的后台老板。但也正因为陈立夫是退隐在幕后操纵中统，所以他的特务身份就不那么显眼，不像戴笠是一个亲自披挂上阵的纯粹的特务头子。

陈立夫说："调查科是我创办起来的，为专门对付共产党的部门。"确实，中统是为反共而建立起来的。周恩来在《论中国的法西斯主义——新专制主义》一文中说："在内战时期，蒋介石对我们是硬打、硬捉、硬杀。但九一八前后，他也采取了一些软的辅助办法，那就是自首政策、内线政策等。抗战后，表面上转向团结，但是先暗斗而后明争，这时候，蒋介石国民党的反共便由'限共'、'溶共'而转到取消共产党。他的特务政策，也与这三时期相适应。"

中华人民共和国成立后，根据中央民政部门和组织部门的统计，从1927年四一二反革命政变到1932年以前，全国至少有100万以上的共产党员和革命群众被杀害，其中仅1927年4月至1928年上半年，被国民党反动派屠杀的共产党员、共青团员、工农群众和其他革命人士，共计33.7万余人。又据陈立夫的特务系统统计，从1928年至1930年，中央组织部调查科共逮捕中共高干19人、中级80人，下级及普通党员15000人。中共元老董必武1945年春在延安的一个报告中也说:"陈立夫对人讲:北伐时共产党在国内横行,他做了组织部长,把党内纯化了,把共产党打击了,在他们区域彻底把共产党清除了,捉了共产党员两万多,干部四千多,中央委员有三十七八个。这种说法有无夸大?把我们牺牲的人计算起来,说两万多没有夸大,干部也无夸大,中央一级的都有名字。"

特别值得一提的是,在1927年大革命失败后,在共产国际的错误指导下,中共负责人仍幻想走俄国十月革命的道路,在城市武装暴动,将中共中央领导机关设在上海。为此,周恩来领导的

1928年陈立夫(中)等摄于北京西山碧云寺。

"中央特科"与陈立夫领导的"中央调查科"展开了一场惊心动魄的生死较量,特别是顾顺章叛变事件,让陈立夫差点将中共中央领导机关一网打尽。陈立夫为此多次炫耀,只差五分钟,他就抓住了周恩来。中统和国民党军、警配合,多次将中共中央领导机关破坏,中共早期一大批著名领导人,如蔡和森、恽代英、邓中夏、彭湃、何孟雄、李硕勋、罗登贤、林育南、杨殷、杨匏安等都是牺牲在中统和陈立夫手中;而顾顺章、向忠发、李竹声、盛忠亮等一批早期的中共负责人则在被中统逮捕后可耻叛变,摇尾乞怜。顾顺章且向陈立夫等献计,要一网打尽中共中央领导机关。但在顾顺章的价值被利用完后,中统却把他当狗一样杀了。

蒋介石在特工问题上,也同样担心陈立夫的中统势力过于强大,1931年,经蒋介石批准,蒋的侍从室秘书邓文仪网罗一批留学苏联的中共叛徒和托派分子,如王新衡、严灵峰、程一鸣、谢力公、顾子载、陆遂初等,设立军事委员会南昌行营调查科,邓文仪任课长,这是蒋介石在军方建立的特务机构。1932年,蒋介石又让力行社成立特务处,戴笠任代处长,后转任处长。1934年,蒋

介石借南昌机场纵火案撤销邓文仪的南昌行营调查科科长职务，将南昌行营调查科并入戴笠的力行社特务机构。

陈立夫开始一心想把戴笠的特务处也抓到自己手里。1934年陈立夫呈请蒋介石批准设立军事委员会情报局，陈立夫任局长、陈焯任副局长，统一指挥党方和军方的特务机关，C.C.的中央调查处、特工总部改称第一处，徐恩曾任处长；力行社特务处改为第二处，戴笠任处长；另设第三处，负责邮件新闻检查，陈焯兼处长。1935年，军事委员会情报局改为军事委员会调查统计局，陈立夫、陈焯任正副局长，第一、二处处长未变，第三处改由丁默邨任处长。陈立夫原本想把党方和军方的特务机构都抓到自己手里，但蒋介石历来是以派制派、分而治之的，他怎能放心将两个特务系统都交到陈立夫手里？因此，军事委员会调查统计局成立后，戴笠的第二处名义上受陈立夫指挥，但戴笠直接对蒋介石负责，根本不容陈立夫这位局长过问第二处的业务。陈立夫也知趣，知道由他一手抓特务机关是不可能的。陈立夫为此自我解嘲地说："人办事，要用脑筋。用脑必先目有所见，耳有所闻。而且，耳与目不能只有一个，必须有双耳双目，才能兼收并蓄。因此，情报机关必须同时有两个，才能心明眼亮，决策无误。"

军统这个特务系统的名称也几经变化，由力行社特务处，到军事委员会调查统计局二处、军事委员会调查统计局、国防部保密局。从1932年至1946年，军统一直是戴笠负责。1946年3月17日，戴笠因飞机失事殒命后由毛人凤负责。军统成立后，蒋介石扶植军统压制中统，致使军统后来居上，声势超过了中统。到1945年抗战胜利后，蒋介石还亲自下令，让军统独揽"肃奸"大权；到国民党政权即将覆没之时，蒋介石又紧紧依靠毛人凤的军统到处屠杀共产党人以泄愤。

蒋介石为何偏爱军统而冷落压制中统？据中统特务分析，蒋介石任用特务头子，并不注重私德，而注重奴性。他要求特务头子必须百分之百地为他效命，不能有一丝一毫的自私打算。戴笠能够做到这点。戴笠办公室悬挂有他自撰的联语："秉承领袖意志，体会领袖苦心。"秉承意志不难，体念苦心则难矣！蒋介石有些心中想做而又不能出之于口的事，戴笠均能替他做到；外界责难，戴笠一人承担。而且戴不争名位，论军衔，戴笠直到摔死前才晋升为少将；在国民党内，戴连中央候补执行委员也不是。而在戴笠手下的特务喽啰中却有中将和中央执行委员，这是戴笠不要名位的实证。因此之故，尽管戴笠在私生活方面荒淫无耻、奢靡无度，蒋介石对他却宠信有加。

中统的特务头子徐恩曾、叶秀峰却不同。中统特务分析说，戴完全是流氓作风，为了达到目的不择手段，戴与蒋介石的关系完全是家奴与家主的关系；而中统特务头子徐恩曾、叶秀峰与蒋介石的关系则是部属和长官的关系。徐、叶都带有旧知识分子气味，有谄媚事上的一面，亦有宁可丢官而不屈的一面，不像戴这么死心塌地奉蒋为家主。而且他们不满足于做单纯的特务头子，对政治亦感兴趣。在国民党五全大会上，徐恩曾高票（仅次于陈立夫）当选为中央执行委员，不仅使C.C.圈子里的人为之侧目，也犯了蒋介石的大忌。徐恩曾以后的历任局长，叶秀峰、季源溥都喜欢搞政治，都当选为中央执行委员。徐恩曾还一度有意出任经济部长，在蒋介石看来，这都是"不务正业"。再则，中统的历任特务头子都是C.C.出身，还要听命于陈立夫这个后台老板，他们以陈立夫为第一老板，而以蒋介石为第二老板，更让蒋介石感觉中统不完全属于自己，中间隔着陈立夫，故蒋介石扶军统压中统。到20世纪40年代，军统的声势和活动能力完全盖过了中统，以至于人们一说到国民党特务，就会想到军统，想到戴笠和毛人凤，而遗忘了陈立夫这个中统的后台大老板。

三

蒋介石给C.C.划定的活动范围，除各级党务部门外，还有文化教育部门，C.C.分子不断涌向文化、教育部门，陈立夫自然成为C.C.文化活动的总司令。

毛泽东说，我们有两支部队，一支是武装部队，一支是文化部队，这两支部队是互相支持的。在蒋介石坐镇武汉、南昌对中共领导的革命根据地发动五次大规模军事"围剿"的同时，陈立夫则坐镇南京、上海，对中共领导的进步文化界发动了大规模的文化"围剿"。陈立夫向蒋介石夸下海口："若说做文章、讲话、搞学生运动，我们总不见得搞不过共产党吧！"

作为C.C.文化特务活动的总司令，陈立夫有理论（即所谓"唯生论"），有纲领（即所谓《中国本位的文化建设宣言》）、有种种具体行动——建立文化特务机构，占领教育阵地，查禁书刊，乃至对不驯服的文化人实行肉体消灭政策等等。

1927—1937年，作为C.C.文化特务活动的总司令，陈立夫指挥C.C.和中统对中国共产党领导的左翼文化运动展开了长达十年的"围剿"，左翼文化运动的

右起：国民党大员吴稚晖、陈立夫、褚民谊、居正摄于1931年植树节

旗帜是鲁迅，那么在这场"围剿"与反"围剿"斗争中双方的主帅就是陈立夫与鲁迅。

陈立夫发动文化"围剿"的手段，一是严密的出版审查、书报检查、新闻邮件检查，查禁所有进步书刊；二是利用中统和上海帮会流氓头子杜月笙得意门徒陈京士的"工人行动队"（黑衫暴徒）捣毁书店、报馆，直至对左翼文化人实行肉体消灭政策，著名的左联五烈士就是在陈立夫领导的这场文化"围剿"中牺牲的。禁书、禁报、抓人、杀人，是陈立夫在文化"围剿"中采用的主要手段。

左翼文化运动的重要领导人夏衍说，陈立夫发动的文化"围剿"在1934年达到最严酷的阶段，这年2月底，国民党中宣部密令查禁鲁迅、郭沫若、陈望道、茅盾、田汉、沈端先、柔石、丁玲、胡也频、周扬、华汉、冯雪峰、阿英、马金、高语罕、蒋光慈等28人的著作，凡是他们的作品包括翻译作品一律禁止，这种"格杀勿论"的政策，是相当严厉的。在这场严厉的文化"围剿"中，左翼文化运动旗手鲁迅也受到了沉重的压迫，浙江的C.C.分子许绍棣、叶溯中联名呈请国民党中央通缉鲁迅，但不知何故，陈立夫和蒋介石最后并没有对鲁迅下手。

陈立夫在发动对左联文化运动"围剿"的同时，还发起所谓的中国本位文化建设，提倡建设一种不包括民权主义在内的"二民主义"的法西斯文化，这是一种崇拜德意法西斯的思想，因为这个口号的反动性，而且C.C.本身多党棍，没有几个像样的文化人，喧闹一时的所谓中国本位文化建设也就不了了之。

对于陈立夫领导的文化"围剿"，曾经是陈立夫"围剿"对象之一的夏衍在晚年回忆说："这十年，是中国无产阶级文化的开创时期，这十年，也是年轻的革命文化工作者粉碎了国民党'文化围剿'的时期。到今年，参加了筹组'左联'的12个人，幸存下来的很少，连'左联'的发起人，在世的也为数不多了，我们算是参加这场斗争的幸存者。我说不出在这场斗争中牺牲了的殉难者的人名，他们之中有人留下了姓名，有人连姓名也不被人知道，他们大部分是共产党员、共青团员，有的则是共产党的同路人，他们不计成败，用血、汗、泪和生命，和中外反动派作了殊死的斗争，这些青年人走过弯路，也犯过错误，但是也正是他们，打退了30年代的'文化围剿'，也就是他们，埋下了四五十年代无产阶级文化的种子。"

1937—1945年是抗日战争时期，陈立夫出任教育部长，将C.C.势力进一步引向教育界，大搞"党化教育"。因为国共合作抗日，陈立夫不可能像过去那样搞文化"围剿"，但C.C.通过他们控制的三个机构防范进步文化人，搞思想言论统制。这三个机构，一是张道藩主持的中央文化运动委员会，二是潘公展任主任委员的中央图书杂志审查会，三是李中襄任所长的战时新闻检查所，通过严密的图书杂志审查和新闻检查，控制国统区的舆论以及查禁进步书报。1937年4月5日中共中央书记处向共产国际的报告指出："西西派（即C.C.）是我们在民众运动中在文化界、教育界的强硬对手。"中共领导的进步文化界为此进行了巧妙的斗争，斗争依然是激烈的。

到解放战争时期，陈立夫领导的文化"围剿"又进入了一个新的高段，查封报馆、书店，查禁进步书刊，捕人杀人继续进行。著名的"文萃三烈士"就是中统的"杰作"。

四

蒋介石的政权是以美国为后台靠山的，特别是1941年太平洋战争爆发后，中美结成盟国，美国成为蒋介石政权的主要施舍者，美国政府的一言一行，都

1929年4月，时为国民党中央组织部长的陈果夫与党义教师检定委员会的职员合影

对蒋介石产生重大影响，说华盛顿打喷嚏，重庆、南京就发烧，是一点也不过分的。那么，美国上层又是怎样看待陈果夫、陈立夫兄弟领导的C.C.的呢？

应当说，无论在政党理念，还是具体作为上，美国的政党政治与国民党C.C.相去甚远。因此，美国人对C.C.的印象最为恶劣。首先起而攻击C.C.的是美国驻华新闻记者、使华外交官员。他们抨击C.C.搞"思想统制"，认为C.C.搞的一套基本上是法西斯性质的。抗战胜利后，美国驻华大使司徒雷登、美国总统特使马歇尔等都加入了对C.C.的抨击行动。马歇尔认为C.C.是"国民党内的反动集团"，是"极右集团"，C.C.是"反动分子"，陈立夫是"反动的'C.C.'派首领"。司徒雷登则称C.C.是"国民党内的极右派"。司徒雷登和马歇尔都一再建议蒋介石驱逐C.C.。马歇尔在与南京政府行政院副院长翁文灏谈话时，"着重指出从政府结构内排除占有统治地位的军人集团和反动分子的必要性"。总之，在美国人看来，陈果夫、陈立夫领导的C.C.简直与法西斯没有什么区别。

在国民党同僚看来，C.C.又是怎样的形象？

黄埔系的张治中是公认的蒋介石亲信大员。张治中在回忆录中对C.C.作了如下的评价:"至于C.C.,本来就是一个自私自利、腐化党政、压制民主、阻碍进步的小集团,是为一切具有正义感的人们所深恶痛绝的。"

贺衷寒是复兴社政工系统的头子,一直以黄埔学生的政治领袖自居。1945年1月18日,贺衷寒生日,蒋介石侍从室第二处第六组组长唐纵前往祝贺,两人谈起C.C.和政学系。唐纵在当天的日记中记下了贺衷寒的看法:"君山(贺衷寒字君山)表示,C.C.与政学系二者比较,C.C.在思想上比较与我们接近,但其关门主义,吾人不能容忍;政学系可与联络,而非合作,吾人不能为政学系而打倒C.C.,吾人应有独自之立场。"在贺衷寒看来,C.C.的缺陷是"关门主义"。

钱昌照是蒋介石早年最主要的幕僚之一,长期为蒋介石主持资源委员会这个庞大的重工业部门。《钱昌照回忆录》对C.C.有如下的评价:"我们历来是不分领域的,但有一个戒条,即是C.C.分子是排斥在外的。C.C.的人阴阴沉沉,民间称之为'党棍子'。他们和中统分不清,所想不是搞工业,而是属于孙中山所说的'人生以服务为目的,不以夺取为目的'的反面人物。"

缪云台是著名的实业家和政治活动家,他对C.C.作了如下的评价:"提起当时的国民党,实在使人头痛,从省党部、县党部的人员来看,都是一些不正、无事生非、老百姓所不齿的人。我不仅自己不入党,在我所负责的机构中,除了合作金库之外,都没有接受过国民党的调训,国民党员也很少。"

曾任广东省政府主席、内政部长的李汉魂说:"全国最不进步(的)是党,其次是政,若军事则比较尚算较好。"

总之,没有人说C.C.的好话。C.C.形象不好,陈果夫在日记中多次表示了悔恨的心情。他写道:"余办党务约七年,可说有罪无功,但言组织,组织而不注重训练,致党员不知组织之运用,至今不能健全。虽原因系多方面,而余总不能辞其咎。"陈果夫又写道:"吾人办党务多年,共党辈至今尚重视吾人之力量,且不断向吾人攻击;但自己想一下,颇感惭愧。因党的宣传不如人,党的训练又不如人,致受共党甚至其他无人之党之欺凌侮辱,实在无以对前辈,无以对死者。今后应如何努力,亟须与改进也。"

陈立夫没有他兄长的"谦虚",从没有表示过国民党在大陆的失败与他有关。直到他晚年写的回忆录《成败之鉴》,虽然将他的"领袖"(蒋介石)数落了一番,但对于他本人,仍只是表示了"成败听之于天,毁誉听之于人"的态度。

1949年蒋介石集团退踞台湾后,对大陆时期的班底进行全面彻底的清算。蒋介石认为,国民党失去大陆政权,"完全是领导国民革命的本党,组织瓦解,纪纲废弛,精神衰落,藩篱尽撤之所招致"。蒋声称,为把台湾建成"反共复国的基地","唯一可循的途径,就是摆脱派系倾轧的漩涡,涤除人事纠纷的积习,以重新做起的决心,改造本党"。蒋认为,国民党失败,陈果夫、陈立夫兄弟要负主要的责任。在台湾改造国民党,陈家兄弟成了"改造"对象。陈果夫已病入膏肓,蒋不忍再去惊动他,而年轻力壮的陈立夫则成了主要的整肃对象。

蒋介石曾当面对陈果夫说:"你做一部分政治做得好,在中央做不好。"陈果夫不服气,反问蒋:"现在中央谁做得好?"蒋如何回答,不得而知,但蒋对陈果夫的不满于此可见。C.C.骨干分子许绍棣在去台湾前说:"国民党弄成这样地步,'老头子'自己要负责任。国民党分崩离析,陈立夫不能辞其咎。"历任国民政府军事委员会军令部长、国防部长、国防大学校长的徐永昌,在其日记中多处记下了蒋介石对陈立夫的不满。其中一则写道:"蒋(介石)先生大恨陈立夫办党无效果。"在另一则日记中,他又写道:"蒋先生在南京时已恶C.C.派之无能,到台后C.C.派愈为(三青)团方排挤,所以前时陈立夫之出国,无异是放之四夷。"

陈立夫向蒋介石主动承担了责任,但陈立夫认为,党的失败,他兄弟俩负责;但军事失败也应有人负责。其言外之意是要把陈诚也拉下来。陈立夫的意见看似公平合理,但蒋介石却不可能接受。不是陈诚没有责任,而是因为军事是蒋介石直接指挥的,如果清算军事失败的责任,首先就会清算到自己头上。蒋不但没有清算陈诚的责任,而且要重用陈诚,让他担任"行政院长"、"副总统"、国民党副总裁,成为台湾当局一人之下、万人之上的人物。蒋介石对陈立夫与陈诚的处理相去千里,陈立夫心中又怎能平?但受重用的陈诚于1965年3月因肝病去世,享年仅68岁;而离开了政治是非圈的陈立夫却活到2001年,享年101岁,成为长寿老人。可见一个人的得失是难以下结论的。

五

以1950年为界,陈立夫的百年人生可分为两个大的阶段,前50年是求学从政,是政坛呼风唤雨的巨头;后50年以弘扬中国传统文化为主,自称是:

"（中国传统）文化的卫士。"

1950年至1969年，陈立夫"流放"美国18年，这是陈立夫自食其力的阶段。他办过养鸡场，也做过"陈立夫皮蛋"、"陈立夫辣椒酱"。小本生意，据说还不足以维持一大家人的开销，在台北的蒋介石不时雪中送炭，赠送陈立夫一笔不大不小的美元，以解其燃眉之急。离开了官场，陈府虽偶有旧属故友前来拜访，但与昔日的门庭若市、门户为穿的情形比起来，已冷清许多。但陈立夫夫人孙禄卿却认为这种自食其力的生活更有意义，她很有感慨地说："别看我们现在这样忙累，我倒觉得这是人的生活。"

到20世纪60年代，蒋介石集团在台湾站稳脚跟，蒋经国继承"大统"已成定局，蒋介石这才想起昔日为蒋家天下出过死力的陈立夫，在蒋介石的恩准下，陈立夫于1969年返回台北定居。

回到台北后的陈立夫，虽然担任了国民党中央评议委员、中央评议委员会主席团主席、"总统府资政"，但毕竟都是名誉性的职务。当然不能说陈立夫在台湾当局中一点影响也没有，特别是蒋经国任"总统"期间，据说蒋氏经常就一些重大的人事问题向"立夫兄"移樽就教。

陈立夫最后30年的主要工作是弘扬中国传统文化，也包括中国中医药文化。他先后担任了"中华文化复兴运动推行委员会"副会长、"孔孟学会"理事长，先后出版《四书道贯》《人理学》《孟子之政治思想》《孟子之道德伦理思想》《"国父"道德言论类辑》《从根救起》《迎头赶上》《四书中的常理及故事》《中国文化概论》《陈立夫儒家研究言论集》《中国文化之科学解析》《五笔检字法之原理应用》《四书章句速检》等30部著作。就笔者所见，其中的《四书道贯》和《四书中的常理及故事》已由中国友谊出版公司出版发行；陈立夫与福建省社会科学院学者陈秀惠的笔谈则以《陈立夫访谈录》作为书名，由新华出版社出版。

陈立夫晚年致力于弘扬中国传统文化，也是出于对台湾现状的忧思。众所周知，1949年后的台湾当局为与祖国大陆对抗，一头栽进了世界霸主美国的怀抱，台湾事实上被纳入了美国势力圈。台湾西化过程中带来了一系列严重的社会问题，台湾报刊不时有"台湾社会价值观的迷思"之类的文章发表，这些文章称台湾为"贪婪之岛"。陈立夫曾经惊呼："中国文化在台湾连根都快没有了，革命尚未成功，同志仍需努力。"陈立夫致力于在台湾岛内弘扬中国传统文化，也可以看作对台湾社会中国传统价值观迷失的一种反思式的行为。

在弘扬中国中医药文化方面，陈立夫也做了很大努力，他从1972年起一直担任"中国医药学院"董事长，为中医药在台湾扎根发挥了决定性的影响，功不可没。

陈立夫晚年最牵挂的还是海峡两岸的统一。1986年，他应邀担任"海峡两岸和平统一促进会"名誉会长，为了探索海峡两岸统一的途径，陈立夫提出了一系列的设想，从最初的"三民主义统一中国"到"中国文化统一中国"以及"国共第三次合作，打击台独"等。李登辉上台后，一步步滑向"台独"，胡说国民党是"外来政权"，搞"两国论"。据接近陈立夫的人说："自李登辉'总统'提出中国国民党是外来的政权和两国论之后，他老人家常为'中华民国'和中国国民党的安危感到无比忧心而常叹气，深感难过。"陈立夫与"海峡两岸和平统一促进会"会长梁肃戎等一道，为反对"台独"做了力所能及的工作。2000年6月16日，在中国国民党第十五届中央评议委员会第四次会议上，陈立夫与梁肃戎等联名向大会提案"国共第三次合作，共议和平统一"，主张通过国共第三次合作，联合起来共同打击"台独"，防止分离主义分子的阴谋得逞。这可以说是陈立夫的最后政治交代。

晚年的陈立夫，致力于弘扬中国传统文化，心系祖国统一大业。作为一个中国人，认同中国文化，并站在中国人的立场来探讨中国统一的途径，都是值得肯定的。

CONTENTS · 目 录

第一章

吴兴陈氏家族两代声名显赫

20世纪的中国,父子同为政坛核心人物的有孙中山、孙科父子,张作霖、张学良父子,蒋介石与蒋经国、蒋纬国父子等好几对;兄弟同为政坛显赫人物的谷正伦、谷正纲、谷正鼎三兄弟,而叔侄同为政坛核心风云人物的,则似乎莫过于陈其美与陈果夫、陈立夫叔侄……

- 第一节 陈氏家族第一代显赫人物——陈其美　　2
- 第二节 陈氏家族第二代显赫人物——陈果夫、
  陈立夫兄弟　　50

第二章

求学之路与从政献"反共之策"

采矿专业出身的陈立夫,很想做一名采矿工程师,却被他的"蒋介叔"强行拉去从政,而且身手不凡,一出山就给蒋介石指点反共"高招"。

- 第一节 三代同堂的中国传统大家庭　　58
- 第二节 从天津北洋大学到美国匹兹堡大学　　60
- 第三节 从蒋介石的机要秘书做起　　69
- 第四节 平生最得意的"历史性的建言"　　74

- 第五节　反共"清党"献"高招"　　　　　　　　78

第三章

蒋家天下陈家党：C.C.内幕

从"中央俱乐部"到"青白团"，陈果夫、陈立夫领导的C.C.势力借助蒋介石的武力，急剧膨胀，触角伸向四面八方……

- 第一节　从"中央俱乐部"到"青白团"　　　　90
- 第二节　C.C.点将录　　　　　　　　　　　　112
- 第三节　C.C.的作为、定位及陈氏兄弟矢口否认之谜　143

第四章

蒋家天下陈家党：结党为蒋

吴国桢说：陈果夫在组织蒋介石的追随者方面，干得很出色。陈立夫最初是当蒋介石的私人秘书，后来又在党内为蒋介石担任特务的首任组织者，所以他们两人在蒋谋求掌权的初期起了很大作用。

- 第一节　封杀改组派，问鼎国民党中央　　　　154
- 第二节　逼退居功自傲倚老卖老的张静江　　　166
- 第三节　逼退以"革命导师"自居的胡汉民　　182

第五章

蒋家天下陈家党：结党为私

蒋介石玩弄以派制派、分而治之的权术，使C.C.不仅要与反蒋势力做斗争，而且要与蒋介石的其他嫡系势力做斗争，这样一来，C.C.始终处于与人争斗的境地。陈立夫在晚年仍愤愤不平地埋怨他的"蒋公"：……好使部下力量对立（如党与团、政校与干校等等），虽双方均对蒋公很拥护，终致力量抵消，效率低落，非良策也……

- 第一节　C.C.与政学系的争斗　　　　　　　　207
- 第二节　C.C.与朱家骅系的矛盾冲突　　　　　227
- 第三节　C.C.与财经巨头的矛盾斗争　　　　　238
- 第四节　C.C.与黄埔系的争斗　　　　　　　　260
- 第五节　C.C.与"太子"蒋经国的矛盾冲突　　273
- 第六节　中统与军统的矛盾冲突　　　　　　　286
- 第七节　C.C.内部的矛盾斗争　　　　　　　　293

第六章

国民党中统的后台老板

戴季陶对陈立夫说：你是一位和善而有智慧的人，做调查工作的人，固然三教九流的人都需要，但是要去管这些人，需要一位慈祥而公正的人，才能管理住他们而不出乱子。你看寺庙中两边站的十八尊罗汉，个个都是浓眉怒目三头六臂的，但是中间坐的那位如来佛，却是何等的慈祥雍穆，唯其如此，才能管得住，做得好，所以蒋先生要你去做，就是这个道理，我看你还是从命罢……

- 第一节　中统特务系统的演变　　　　　　　　297
- 第二节　中统两大杀手　　　　　　　　　　　310
- 第三节　与中央特科的生死较量　　　　　　　319
- 第四节　中统的反共总"成绩"　　　　　　　337

第七章

C.C.文化特务活动的总司令

毛泽东说，我们有两支部队，一支是武装部队，一支是文化部队，这两支部队是互相支持的。陈立夫向蒋介石夸下海口："若说做文章、讲话，搞学生运动，我们总不见得搞不过共产党吧！"

- 第一节　炮制"唯生论"哲学　　　　　　　　　　　　352
- 第二节　"中国本位文化建设"　　　　　　　　　　　　353
- 第三节　"统治阶级对于文艺，也并非没有积极的建设"　370
- 第四节　文化"围剿"的总司令　　　　　　　　　　　　374
- 第五节　C.C.向教育界的扩张　　　　　　　　　　　　390
- 第六节　C.C.向新闻出版界的扩张　　　　　　　　　　399
- 第七节　插手并垄断中国电影事业　　　　　　　　　　408

第八章

从联苏联共抗日到"溶共"反共

蒋介石、陈立夫朝思暮想的是，借联共抗日之机溶化共产党。蒋介石对周恩来说，我的责任是将共产党合并于国民党成一个组织，此事乃我的生死问题，此目的如达不到，我死了心也不安，抗战胜利了也没有什么意义，所以我的这个意见，至死也不变的。周恩来风趣地说：国民党是水做的林黛玉，但我们没有做贾宝玉，化不了……

- 第一节　参与《中苏友好互助条约》的谈判　　　　　　426
- 第二节　国共第二次合作的牵线人　　　　　　　　　　438
- 第三节　西安事变后退居国共谈判的幕后　　　　　　　462
- 第四节　抗日态度有反复，真相内幕有待证明　　　　　469
- 第五节　"溶共"企图落了空　　　　　　　　　　　　476

第九章

战时教育大改革

陈立夫说：我在教育部任内，做了不少事，订了不少制度……迄今犹均在沿用。设置贷金制，使经济来源断绝的学生，可以贷金维持生活……

- 第一节　出任教育部长的背景　　　　　　　　488
- 第二节　确定战时教育方针　　　　　　　　　490
- 第三节　维持与发展战时教育　　　　　　　　497

第十章

战时教育大统制

西南联合大学名教授闻一多说：大学的课程，甚至教材都要规定，这是陈立夫做了教育部长后才有的现象。这些花样引起了教授中普遍的反感……

- 第一节　收回"文化的租界"　　　　　　　　510
- 第二节　全力推行思想统制与组织控制　　　　520
- 第三节　全面统制的正反效果　　　　　　　　530
- 第四节　教育统制的失败　　　　　　　　　　534

第十一章

"绝不妥协"的极右派首领

陈立夫杀气腾腾地说：对党外只有一手执棒，一手执肉。现在敌人是共产党，对共产党只有杀。秘书长吴铁城说：千不该，万不该，国民党最不该。一不该，校场口；二不该，二中全会；三不该，东北纠纷，致把政协议案搁起……

- 第一节　"对共产党只有杀"　　　　　　　　546
- 第二节　与毛泽东的唇枪舌剑　　　　　　　　549
- 第三节　"围剿"毛泽东的《沁园春·雪》　　　556
- 第四节　在政协会议上遭到中共和民盟代表的驳斥　561
- 第五节　为破坏政协会议大打出手　　　　　　567
- 第六节　联合复兴社少壮派全面清算政协决议　590
- 第七节　被马歇尔等斥为"极右派首领"　　　596

第十二章

制宪行宪国大闹剧中的要角

陈立夫理直气壮地说：国大中共席次，始终是保留的，但中共不参加，这是"弃权"，弃权者对于会议之决定不应有影响。周恩来怒斥：二陈、陶希圣蓄意造成分裂局面……

- 第一节　力主召开国民党一党包办的制宪国大　　618
- 第二节　与青年党、民社党的分赃谈判与交易　　624
- 第三节　国民党籍国大代表退让闹剧　　632
- 第四节　全力阻击李宗仁当选副总统　　643
- 第五节　协助蒋介石对新桂系进行报复　　658
- 第六节　立、监两委选举风波　　660
- 第七节　谋求立法院副院长遭杯葛　　667
- 第八节　力阻张群出任"行宪"行政院长　　672
- 第九节　以高压手段强迫民盟"自动"解散　　676

第十三章

国民党内战失败的替罪羊

宋美龄拿出一本《圣经》递给陈立夫，关切地说："你从前政治上负过这么大的责任，现在一下子冷落下来，会感到很难适应，这里有本《圣经》，你带到美国去念念，你会在心灵上得到不少慰藉。"宋美龄的一席话反倒勾起了陈立夫的无限委屈，他接过《圣经》，指着墙上的蒋介石像说："夫人，那活着的上帝都不信任我，我还希望得到耶稣的信任吗？"

- 第一节　插手美国总统选举却押错了宝　　690
- 第二节　乞求美国援助守住长江以南　　697
- 第三节　奉命阻止居正组阁　　702
- 第四节　陪"行政院长"阎锡山撤退台湾　　706

- 第五节　被放逐的替罪羊　　　　　　　　　　711
- 第六节　十九年流放生涯　　　　　　　　　　724

第十四章

阐述中国传统文化

陈立夫说：我认为有可能重建儒学，再造国魂，发皇内圣之学，新开外王事功，这也是我走下政坛后一直试图想解决的问题……近年来，有的西方国家鼓吹中国"威胁"论，以为中国强大则黄祸降临，这是不懂中国文化……

- 第一节　结束流放回台北定居　　　　　　　　736
- 第二节　著《四书道贯》　　　　　　　　　　742
- 第三节　担任"文复会"副会长与孔孟学会会长　751
- 第四节　严厉批判西方文明，期盼中华文化复兴　755
- 第五节　著述甚多，真知与谬误并存　　　　　759

第十五章

台湾中医中药事业的守护者

陈立夫：我是采矿工程师，对于科学并不陌生。我深恶不学而好武断的人，所以我反对对于未读过一本中医药书籍的人，就一口认定中医为"不科学"。科学必须根据事实，无事实而遽作结论，其本身头脑就是不科学……

- 第一节　晚清民国时期全盘否定中医的思潮　　774
- 第二节　担任台湾"中国医药学院"董事长　　784
- 第三节　主张中西医结合，创立新的医学体系　789
- 第四节　呼吁和敦促台湾当局重视中医药　　　797
- 第五节　推进海峡两岸中医药学术交流　　　　799

第十六章

为海峡两岸统一大业鼓与呼

陈立夫：我是百岁之人，垂垂老矣，在自己漫长一生中，从小时代起就知道世界上只有一个中国。要说有什么问题，也就是谁代表中国的正统之争。如果台湾有人宣布世界上有两个"中国"，我想事情一定会变得相当严重，不但我们的文化生命会立刻紧张起来，整个民族生命也会立刻紧张起来，一定会国无宁日……

- 第一节　"以三民主义统一中国"　806
- 第二节　"以中国文化统一中国"　816
- 第三节　"护宪"失败　828
- 第四节　倡议国共第三次合作反对"台独"　833

第十七章

家庭生活及长寿之术

陈立夫的养生四十八字箴言：养身在勤，养心在静；饮食有节，起居有时；物熟始食，水沸始饮；多食果菜，少食肉类；头部宜冷，足亦宜热；知足常乐，无求常安……

- 第一节　夫妇相处之道与美满家庭　842
- 第二节　"立夫养生学"　847
- 第三节　"蒋家天下陈家党"成为历史　858
- 第四节　魂归故乡　861

附录

后记

陈立夫 全传

Biography of Chen lifu

第一章
吴兴陈氏家族两代声名显赫

第一节　陈氏家族第一代显赫人物——陈其美

一、当铺学徒出身的革命党人

陈其美，字英士，号无为，别署高野，1878年1月17日（清光绪三年十二月十五日）生于浙江省湖州府（今湖州市）学前五昌里的"存诚堂"。

据说，陈其美初生时体质孱弱，其母吴太夫人产后多病，雇一奶妈乳之。陈其美三岁时，即受母教开始识字，而且进步很快，到五岁时，即已识字数千，六岁时，入私塾读书，跟随同邑儒生忻谷生学习经、传。据称，陈其美自小便是一个聪颖而又机警的孩子。1884年3月，陈其美七岁时生母吴氏便因病去世。十岁时，其父续娶杨氏。1891年，父亲陈延祐又因病去世。陈家顿时

陈其美西装照

失去了顶梁柱，家中经济状况一落千丈。据说，陈延祐在世时，家中经济状况便已拮据不堪，有一年除夕，家中无钱过年，继母杨氏变卖了自己手上戴的镯子，才勉强度过了年关。陈延祐因无力供养三个儿子同时读书，曾有意安排长子其业、幼子其采读书，让次子其美习商贾之道，以补助家中经济。父亲去世后，陈其美不得不中断学业，经亲戚、杭州人吴小舫介绍，来到石门县城（今桐乡县崇福镇）内的"善长典"当了一名学徒。到1903年离开，一共当了12年学徒。

这正是中国社会发生剧烈变化的时期。自1840年鸦片战争以后，中国开始了向半殖民地半封建社会的痛苦演变。1894年又爆发了中日甲午战争，腐朽无能的清政府遭到了惨败，1895年4月17日被迫与日本政府签订了丧权辱国的《马关条约》，大大加深了中国的半殖民地化和民族危机。陈其美此时虽然只是一个普通的当铺学徒，但他位卑未敢忘忧国。他对清政府内行暴政、外丧国权的可耻行为极端愤慨。当《马关条约》签订的消息传到石门时，陈其美"愤慨殊甚"，驰书亲友，预言中国人必须卧薪尝胆，自图振作，二十年后始能重振国光，洗雪国耻。

1901年冬，陈其美的弟弟陈其采结束为期五年的留学生涯，以第一名的成绩毕业于日本士官学校中华队第一期。陈其采归国后，专程赴石门看望二哥，向他谈了许多关于海外的所见所闻和学习心得。陈其美听了这些闻所未闻的事情，大受启发。他想到三弟学成归来，见多识广；而自己却身居石门小城，当了十多年学徒，见闻孤陋，天地狭窄，前途渺茫，便萌发了易地改业、另谋出路的念头。1903年春，陈其美毅然中断在"善长典"的学徒生涯，只身来到号称十里洋场的上海。赴上海之前，陈其美本想进学校读书，但为生计所迫，仍不得不到他表叔杨信之开设的同康泰丝栈担任助理会计，以维持日常生计。据说，陈其美在上海逗留期间，经常呼喝着一批三山五岳的朋友来往于上海与湖州故里之间。这批人进出五昌里，时而聚餐，时而聚赌。保守的陈家长辈对此极为反感，常常责骂陈其美败坏陈家门风。当时，陈家亲友背地里贬陈其美为"潦生"，要小辈们不要学陈其美的样。陈其美被迫迁居到对面平房。事有凑巧，陈其美迁出五昌里不久，就有清兵到五昌里搜捕陈其美，因陈其美不在，清兵扑了个空。发生这件事后，陈其美当即决定赴日留学。陈其美为筹措学费，便于1905年秋来到长沙，向在长沙新军中任职的弟弟陈其采求援。关于学科，陈其美对弟弟说："你从前系习陆军，我则学警察，可乎？"陈其采赞成。

1906年夏，29岁的陈其美偕徐锷、谢持等从上海出发，乘船东渡日本，开始了人生的一次重大转折。

陈其美到日本后，首先进入东京警察学校第三班，学习警察法律。东京警察学校是清政府驻日公使与日本文部省协商，由日本大学代办的。该校以招收清政府派遣的官费留学生为主，但也有少量的自费留学生。学校开办后，进校学习的中国留学生越来越多,到次年(1907年),学生已达800多人。据称,陈其美对"功课领悟甚易",成绩相当不错。

陈其美(右3)在日本留学期间与老师及同学合影

当时的东京,是中国革命党人活动的中心。早在1905年8月,在东京成立了同盟会,推孙中山为总理,以"驱除鞑虏,恢复中华,创立民国,平均地权"为宗旨。从此,中国革命有了统一的指导机关和公认的革命领袖。陈其美在警察学校结识了很多同学,如周淡游、庄之盘、魏伯桢、卢钟岳、周骏彦等。他和同学们常常在一起阅读同盟会创办的《民报》和留日学生创办的革命报刊,对时局抵掌而谈,慷慨悲歌,忧国忧民之情溢于言表。陈其美此时已年届30岁,在同学中年长,便以大哥自居。据说,陈其美还和一些同学组织了"军事体育会",要为革命学好军事知识,练好体魄。陈其美对自己的留日生涯十分重视。后来,他为日本友人萱野长知题词时写道:

十年游侠千金尽,九世仇雠一剑知;
为问门前车马客,还杯能酒忆当时。

二、在上海建立革命党人的联络站

同盟会成立后，派遣大批革命党人回国发动武装起义，准备以武力推翻清政府的反动统治。陈其美决定中止在日本的学业，提前回国，在国内组织革命力量，准备发动反清斗争。1908春，陈其美自东京取道香港，回到了上海。陈其美回国后，奔走于上海、浙江、北京和天津等地，联络革命同志。但由于清政府的严密控制，一时尚难有大的作为。他通过表叔、湖州大丝绸商杨信之的关系，到其创办的湖州旅沪公学担任代课教员，与杨谱笙等合作开展革命活动。

杨谱笙（1879—1949），名兆鉴，杨信之的弟弟，此时担任湖州旅沪公学教务主任（校长为进士出身的南浔富绅刘锦藻）。1903年，陈其美初到上海时，其兄陈其业托杨谱笙"就近督教之"。陈其美赴日留学，杨谱笙曾出力促成。陈其美介绍杨谱笙参加同盟会，以杨谱笙的北浙江路私宅和湖州旅沪公学作为联络点和活动基地。

当时，同盟会在上海主持工作的最高负责人是于右任。于右任（1879—1964），原名伯循，字右任，笔名神州旧主、骚心、大风、剥果、太平老人等，陕西三原人。举人出身。1906年赴日本，加入同盟会，被孙中山任命为长江大都督，负责中国中部的革命重任，在上海相机行事，以推动革命。于右任旋即回国，在上海创办《神州日报》。"神州"是中国的古称，在旧诗文中，它往往和故国联系在一起，用它作为报名，就是要唤起广大读者对灾难深重的祖国的深厚感情。"唤起中华民族之祖国思想"，"激发潜伏的民族意识"。1909年，于右任在上海创办了《民呼日报》、《民吁日报》，先后遭到查封，于右任还两度被捕入狱。据学者估计，陈其美1908年春自日本回到上海时，即很有可能同于相识。于、陈两人遂成为同盟会在上海最活跃的人物。但于、陈两人的活动各有分工，于右任工作的重点放在革命思想的宣传上，陈其美工作的重点则是联络会党，组织革命力量。

陈其美回到上海后，即首先派人到浙东山区找到了后来以"江洋大盗"著称的王金发。陈其美与王金发拜天地，结为金兰兄弟。陈并介绍王金发加入同盟会。起初，他们在上海"开设一外国木器店于美租界"，但"意不在贸易"。不久，王金发又潜回家乡。"售卖所余家产，得千余金，更筹借千余，共二千余金，于戊申夏自契带来沪。未几，即与陈英士、竺谪仙（即竺绍康）

1912年春，沪军都督陈其美读书照

辈沪开设天保栈。"天保栈成为革命党人在上海的重要联络机关，凡是从日本和国内其他各地到达上海的革命党人，一般都落脚在天保栈。陈其美因此认识了各地的会党头目和革命党人。由于王金发是清政府缉拿的钦犯，不便公开露面活动。因此，王金发主要从事惩恶锄奸和秘密联络工作，时人誉为"聂政"。据杨庶堪写的《陈英士先生墓志铭》称："大盗王金发独屈服之（指陈其美）。"王金发成为陈其美的得力助手。据说，当时青帮中有一个大字辈的石某，沦为清政府的密探，利用青帮在社会上的关系，侦察革命党人的活动，对陈其美从事革命活动构成严重威胁。于是，陈其美命王金发设计，将石某公开击毙在大马路（今上海南京路）闹市上，从而有力地打击了敌人的气焰。

1909年夏，陈其美与光复会领袖陶成章等人商议革命计划。陶成章主张苏、浙、皖、赣、闽五省联合起义，陶自任五省都督。但陈其美认为，除浙江可由张恭召集龙华会会众外，其他各省民众，未及宣传组织，不同意五省联合起义计划。最后，陈其美与陶成章商定，由张恭召集原光复军，在浙江发动起义。张恭（1877—1912），字伯谦，号同伯，浙江金华人，浙江会党组织终南会支派——龙华会的副会主，号称拥有会众5万人，是浙中地区会党组织的重要头目，因此受到革命党人的重视。1904年，光复会领袖陶成章特地到金华拜会张恭，并发展张恭为光复会会员。张恭后到徐锡麟、陶成章创办的大通学堂就读，又认识了秋瑾、竺绍康、王金发等人。1907年，参与徐锡麟、秋瑾等起义计划，被任命为光复军分统。起义失败后，被清政府通缉，潜赴上海，一度担任报馆主笔。不久，流亡日本，改号万平，由章太炎介绍加入同盟会，并主编《民报》及副刊《天讨》。1908年夏,与陶成章回到上海,准备参与起义工作。

按照陈其美等人商定的计划,浙江各府属的革命党代表先后到达上海天宝栈,计有:杭属有徐无生、盛碧潭;嘉属有褚辅成、蒋志新;湖属有陈英士、姚勇忱、杨谱笙;宁属有庄子盘、周淡游、蒋著卿、董梦蛟;绍兴属有竺绍康、王金发;台属有孙乃泰;温属有张云雷;金属有张恭、周华昌;处属有吕逢樵、吕月屏。只有衢、严两属代表尚在赴沪途中。不料就在这时,原同盟会员刘师培、何震夫妇及其表亲汪公权回到上海,获悉陈其美等人的起义计划后,竟然见利忘义,由汪公权出面向清两江总督端方告了密,端方即命刘师培等设计诱捕陈其美等革命党人。

刘师培奉命后,即假意邀请王金发等人到上海有名的大戏院新舞台花楼看戏,暗中布置侦探,企图捉拿王金发等人。戏尚未开场,王金发、竺绍康即发觉有人跟踪盯梢,感到不正常,就连忙退场,刚走到楼梯口,被人拦住,借口说有要人看戏,观众不得到处走动。竺绍康随手送上金质烟嘴,说:"从者来报,家有急事,望请方便。"但仍不肯放行。王、竺见情况紧急,乃急中生智,从厕所窗口跳出。王、竺走脱后,密探慌乱搜索,戏院顿时大乱,其他党人乘机逃出了戏院。刘师培等人的计谋落了空。第二天,端方密令上海道与上海英租界当局交涉后,租界当局出动大批巡捕搜查天宝栈。恰巧陈其美不在场,在场的褚辅成、周淡游化装成商人模样逃脱,结果只捕去张恭一人。

天宝栈事件发生后,陈其美十分愤怒,他说:"此仇不可不报,顾吾辈无此身手,能此者其聂政(时人誉王金发为聂政)乎!"英租界当局捉到张恭后,即组织法庭会审。由汪公权出面指认张恭为革命党人。陈其美等出3000元聘请英国律师为张恭辩护。张恭在法庭上用日语作答,声称自己是日本侨民万本。英租界法庭感到难以审理,便将张恭引渡给了两江总督端方,端方命令将张恭解到南京陆军监狱监禁。

陈其美与王金发等商量后,决定由王金发出面收拾残局。王金发于6月6日在英租界寿康里附近处决了叛徒汪公权,随后复在夜间持枪潜入刘师培夫妇的睡房,声言奉革命党之命处决叛徒,吓得刘师培夫妇跪地求饶,并且表示愿去南京向端方疏通,保证张恭生命安全。王金发这才饶了刘、何二人。次日,刘师培夫妇即赶到南京向端方求情,端方同意将张恭当作嫌疑犯转到南京上元县地方法院关押。据说，陈其美后来还秘密到监中看望了张恭，并对狱卒晓以大义，赠以巨金，使张恭在狱中不致十分吃苦。辛亥南京光复后，张恭得以获释出狱。由于天宝栈事件，陈其美等人酝酿的全浙起义计划流产。

天宝栈被破坏后，陈其美不得不在英租界重建革命机关。据陕西革命党人张奚若回忆，辛亥革命前，他到上海联络工作，是在堂子里认识陈其美的。他回忆说："那时候，陈英士当然是官方注意的人物，我和他初次是在堂子里见面的。浙江路清和坊的怡情别墅是他最喜欢的姑娘。第一次彼此就躺在姑娘屋里的床上交头接耳地说话。姑娘当然避开了，老妈子总不时进来倒茶拿瓜子。这是我第一次进堂子，此后还在那里吃过几次花酒，也是陈英士请的。"陈其美借勾栏场所作为从事革命活动的机关，成天出入于秦楼楚馆，"阳为纵情声色"，确实给他添加了几分"风流"色彩。辛亥革命后，政敌们攻击他为"风流都督"、"杨梅都督"，可见事出有因，这是后话。

1911年4月，同盟会南方支部领导人黄兴、赵声、胡汉民等筹划在广州发动大规模起义，陈其美闻讯后大为振奋，决定前往参加。由于起义提前于27日（农历三月二十九）仓促发动，当陈其美从上海赶到广州时，起义已经失败，一大批同盟会的骨干分子英勇牺牲。起义失败后，清政府官吏大肆搜捕革命党人，白色恐怖笼罩广州城。陈其美以《民立报》记者的身份作掩护，冒险进入广州城活动。据说，他公开走访了两广总督张鸣岐和水师提督李准，当面劝说他们要考虑舆论，对革命党人不可妄自杀害，以免自食其果。陈其美还请广州巡警教练所所长夏寿华协助，帮助一些革命党人脱险。后来，清政府官吏识破了陈其美的革命党人身份，立即派兵追捕，陈其美机敏地坐了一顶大轿去拜访一个官员，从前门进，后门出，安然摆脱追捕，逃到香港。

三、同盟会中部总会的台柱子

同盟会本来是由几个明显地带有地域性色彩的革命团体，如兴中会、华兴会、光复会、军中会、教育会等团体成员结合组成的。在同盟会成立后，作为革命领袖的孙中山仍将主要注意力放在策动广东、广西、云南等南方几省的起义，引起同盟会内部相当普遍的不满。特别是1910年2月广州新军起义失败后，同盟会东京总部的不少高级干部灰心失望，无人过问总部事务。

1911年广州起义失败后，在港的同盟会机关更加涣散，赵声病死，黄兴异常消极，扬言今后专意于暗杀，胡汉民则避不露面。谭人凤看到此情此景，心灰意冷，决定回湖南新化县的老家，不再言革命。6月初，谭人凤路过汉口，遇到焦达峰、孙武等人。焦、孙等人正拟乘湖南铁路风潮举事。焦达峰劝谭人凤说："事在人为，何必抛弃前功？"谭接受了焦的意见，决定不再消极。过了几天，谭人凤便赴上海，与宋教仁、陈其美等人商议组织中国同盟会中部总会事宜。

7月31日，陈其美与宋教仁、谭人凤、范光启、姚勇忱、吕志伊、章梓等29人集会于上海北四川路湖北小学，宣布成立同盟会中部总会，并选举了中部总会领导人。陈其美为庶务，管理一切不属其他各部的事务；潘祖彝为财务，管理筹款事务；宋教仁为文事，管理参谋、立案、编辑及其他一切事宜；谭人凤为交通、管理等联络各等社会，及选举、会籍、纠察、赏恤等事；杨谱笙为会计，管理财务收支事务。

会议还通过了由宋教仁和谭人凤分别起草的《中国同盟会中部总会章程》和《中国同盟会中部总会成立宣言》。《宣言》和《章程》表达了对中国同盟会进行改组和改造的意思。《宣言》批评同盟会"有共同之宗旨，无共同之计划；有切实之人才，无切实之组织"，"唯挟金钱主义，临时招募乌合之众，掺杂党中，冀侥幸以成事，岂可必之数哉？此吾党义师所以屡起屡蹶，而至演最后之惨剧也"。《章程》规定中国同盟会中部总会"由中国同盟会会员之表同意者组织而成"。"以推覆清政府，建设民主的立宪政体为主义"。中部总会"奉东京本部为主体，认南部分会为友邦"。同时针对同盟会组织原则上的弊病，规定中部总会"机关制取合议，救偏毗，防专制"。在起义策略上，规定："举义必由总部召集各分会决议，不得怀抱野心，轻于发难，培元气、养实力也。"《章程》还规定中部总会"会员一律平等"，"会员得依法呈请保护利益，及陈诉冤抑；其有因公受害者，本人或遗族得受恤典"；"会员得于法律范围内，保持身体、财产、职业、居住、信仰之自由"。8月2日，中部总会召开第二次会议，推年龄最长的谭人凤为总务会议议长，管理召集开会、保管文书、印信之事。

不久，各省分会相继成立。南京由郑赞丞、章梓主持，安徽由范光启主持，湖北由居正主持，湖南由曾杰、焦达峰主持。为了使各地革命党人不致急躁从事，中部总会定"宣统五年"（即1913年）为大举时期。在同盟会东京总部长期处于涣散的情况下，中部总会的成立，客观上适应了革命形势发展的需要。中部总会确定在长江流域发动革命的战略选择也是完全正确的。因此，中部总会的成立对推动革命高潮的到来具有重大的战略意义。

有学者指出："宋教仁是划策者（designer），陈其美则是实行家（actual executor），他们两人实为中部同盟会最重要的人物，也可说是两大柱石。"与学者们的观点不同，辛亥革命的参与者对陈其美在中部总会的特殊作用另有更形象的描述："原来辛亥革命时期的第二流领袖沪军都督陈其美，是上海青帮的大头目。上海的戏园里、茶馆、澡堂里、酒楼、妓院里，无论哪个角落都有他的党羽。所以一辈革命同志无论有什么活动都要拉他入伙，尤其是辛亥年中部同盟会之成立大家都要依靠他作台柱子。"

会党是中国秘密社会的一大系统。它的成员主要是职业极不稳定的游民无产者（其中主要是游民和游勇）和贫苦的下层民众。自19世纪60年代以后，随着中国社会半殖民地半封建化的加深，破产的劳动者队伍日益扩大，会党势力也相应得到迅速发展。19世纪末和20世纪初年，会党组织遍及全国。在会党中崭露头角的、有影响的首领，大多是游荡江湖的游民无产者，他们具有很强烈的反抗性，所谓："会党成员都是亡命之徒，只有'义气'二字，可与之生，可与之死。""会党是家长式的领导，洪门习性，尊敬大哥，唯命是从。故联系会党，只要把会首的关系拉好，问题就可迎刃而解。"辛亥革命时期，以孙中山为首的资产阶级革命党人，曾以各种方式在会党中开展工作，发动会党起来参加革命。而会党也乐于接受革命党人的领导，奋起参加反清武装起义。在组织和发动会党方面，陈其美颇有独到之处。据称，陈其美以"四捷"即口齿捷、主意捷、手段捷、行动捷而著称，他从经营上海开始，就以主要精力周旋于会党头目之间，他还亲自参加了青帮，为"大"字辈头目。有学者称，陈其美"对会党有较强的驾驭控制能力"。

陈其美掌握的会党头目，除前面分别介绍过的浙江会党头目竺绍康、王金发、张恭等外，还有上海的青洪帮头目刘福彪、应桂馨、李征五等。陈其美与他们结拜为异姓兄弟。他们"杀雄鸡，喝血酒，歃血为盟，立下字据为兄弟"。他们的誓言是："共同生死，驱除满奴，复兴汉业，以敢死之志，抱必死之念，以报国家。"

刘福彪，"实为秘密社会之有力者，所部皆著名好身手"。他手下有300多人。辛亥革命时，刘福彪所部组成敢死队，参加了上海光复。上海光复后，应桂馨担任沪军都督府谍报科长，李征五担任光复军总司令。陈其美掌握这么多会党头目，不仅有利于他在上海从事革命活动，而且这些人也是日后支持他出任沪军都督的重要力量。此外，陈其美在联络上海绅商方面也做了很多工作。经19世纪末20世纪初十多年政治运动的整合，包括拒俄运动、抵制美货运动、苏报案、地方自治运动，租界华人已经在事实上形成了代表自己利益的政治精英，这就是以李平书为首的上海绅商集团。在上海的革命党与清政府两极对峙中，得绅商者得天下，绅商的政治取向决定胜负，决定上海的命运。陈其美看到了这一点，为争取绅商进行了积极的努力。陈其美从商出身，与上海绅商联络，如鱼得水。他与旅沪的湖州、宁波籍商界名人，都能找到乡谊故旧，联而扩之，便可把许多社会关系利用起来。加上他表叔、上海商务总会议董杨信之的襄助，推动了旅沪的湖州帮、宁波帮向同盟会靠拢。在于右任、陈其美等的努力下，沈缦云、王一亭、虞洽卿、叶惠钧、顾馨一、李云书、李厚祁、李厚禧等上海资本家先后参加了同盟会和中部总会，杨信之的弟弟杨谱笙还担任了同盟会中部总会会计。中部总会的秘密联络机关就设在北浙江路杨谱笙寓所（今浙江北路61号）。另在宝昌路15号（今淮海中路）设立了炸弹制造处，以嵩山路11号为隐藏军火处，在打铁浜45号、后马路湖州旅馆、万安旅馆等处设立招待所，供各省来往上海的革命党人住宿。在陈其美等人的悉心经营下，中部总会"会务益振"。

四、与光复会、上海绅商合作光复上海

1911年10月10日，湖北革命党人打响了推翻清王朝的第一枪。武昌起义的爆发，标志着以武力推翻清王朝的革命高潮终于到来。武昌起义后，湖北革命党人立即密电上海，促各省起义响应。由于在上海地区从事革命活动的陈其美、于右任等人，以前着重于联络会党和资产阶级上层，对于当地军警则"鲜通声气"，因而缺少发动起义的军事实力。陈其美鉴于在上海起义的条件不成熟，便于10月12日潜赴杭州，敦促浙江革命党人起义响应。

陈其美抵达杭州后，召集浙江革命党人开会，商讨起义计划。浙江是清朝军事力量相对薄弱的一个省。省内清军主力是新建陆军第二十一镇，驻省会杭州的是该镇第四十一协，约有2000名官兵。浙江是光复会活动的主要基地之一，光复会在清军中进行了大量工作，官兵中有大批光复会会员。此外，浙江同盟会会员也不少，在新军中也有不少成员，革命力量相对比较雄厚。陈其美到杭后，召集浙江革命党人顾乃斌、褚辅成、吕公望、朱瑞、黄元秀、吴思豫、童保暄、傅孟、雷家驹、俞炜等开了两次会议。但当时军界同志分急进、缓进两派，意见未能一致，遂决定分头着手进行。

浙江一时发动不起来，陈其美回到上海，决定从南京入手，打开东南局面。14日，他致电在东北从事活动的同盟会重要军事干部柏文蔚速回上海。柏文蔚接到电报后，当即将东北工作交由廖燮堂与梁实卿等主持，迅速南下，于22日抵达上海。当天，在陈其美寓所召开会议，商议中部总会今后的行动方案，决定由黄兴、宋教仁赴武汉指挥全局，柏文蔚、范鸿仙前往南京策动新军反正。同一天，陈其美还与宋教仁、沈缦云、范鸿仙、叶惠钧等人在《民立报》社开会，"即席决议以联络商团、媾通士绅为上海起义工作的重心"，并利用《民立报》宣传革命胜利消息，以激励民气。会后，黄兴、宋教仁赴武汉，柏文蔚、范鸿仙等赴南京，上海起义工作由于右任、陈其美、杨谱笙等人主持。于右任是同盟会在上海地区的最高负责人，他主持的《民立报》"成为同盟会中部总会在上海的言论机关与行动组织者，陈英士在上海的活动也受于氏指导"。陈其美受命后通过沈缦云（同盟会会员、上海信成银行经理）与李平书取得了联系。

李平书是负责上海地方治安的自治公所的总董，也是上海商团公会会长，同时还兼任江南制造局的提调（负责购料、订约等事），是上海的实权人物。李平书领导的上海商团，其成员大都是志愿参加的青壮年，受革命思潮影响，具有爱国热情。他们来自不同阶层，有工厂工人、学生和工商企业职工，也有少数工商界上层人物，社会关系涉及面广，有一定的社会基础，同时他们都受过一段时间的军事训练，还拥有一些武器。起初，这支商团武装为上海道道台刘燕翼掌握，用以协助巩固地方政权，维持治安。中部总会成立后，很注意联络商团公会，并吸收了其中的部分上层人士沈缦云（上海信成银行经理）、王一亭（上海商务总会议董、上海自治公所议董）、叶惠钧（粮食业资本家）等参加同盟会。陈其美通过沈缦云、叶惠钧等和李平书联系，希望争取李平书参加革命。

但是，当时上海自治公所的议员们对革命尚持观望态度，他们认为商团的责任是保护地方人民的利益，同时因不了解陈其美的历史，李平书也不愿轻易地将商团武装交给同盟会使用。但在大势所趋、民心所向的大背景下，李平书约沈缦云、吴馨（上海自治公所议长）、莫锡纶（上海自治公所驻董）等密商于其寓所，一致认为"时势至此，不能守闭关主义，当审察情势，以为进止"。10月29日，李平书约陈其美在上海成都路贞吉里寓所相见，李平书"告以保民宗旨，彼此随时协商，互相尊重主义，避免侵犯"。李、陈从此联手，这对上海革命力量的增长具有重要意义。李平书转向革命后，沈恩孚、吴馨、莫锡纶及自治公所议员王引才、警务长穆湘瑶也都站到革命一边，加上已经加入同盟会的沈缦云、叶惠钧、王一亭，这样，上海城自治公所、上海商团的主要领导人基本上转向了革命。

恰在此时，同盟会会员、南京新军第九镇军官李英石受第九镇徐绍桢的派遣，取道上海，准备前往武汉，会见黎元洪，商讨长江上下游互相策应事宜。李英石系李平书的族侄，平素往来密切，相知较深，为李平书所信赖。陈其美考虑到可以利用李英石与李平书的关系，直接指挥商团参加起义，因此便向李英石说："噫！子休矣。东南命脉，朝不保夕，因人成事何为者。子盍从我谋取南方根据地，以影响全国。"李英石认为很有道理，便密电徐绍桢请示，经徐同意后，决定留在上海参加起义工作。李英石通过李平书的关系，迅速取得了上海商团公会的拥护。11月1日，李英石由上海商团公会推举为临时总司令，从而统一了上海商团的指挥权。

在陈其美等人紧锣密鼓地策动上海起义的同时，光复会领导人之一的李燮和也来到了上海。

上海本是光复会的发源地，早在1904年冬，蔡元培与龚宝铨等在上海成立了光复会。1905年8月，同盟会在东京成立，蔡元培在上海加入同盟会，并被指定为同盟会上海分部主盟员。1907年蔡元培赴德留学。1910年2月，章太炎、陶成章等原光复会成员在日本东京重建光复会总部，由章太炎任会长，陶成章任副会长。由于光复会基本成员都在南洋，因此，光复会在南洋设立执行总部，代行东京本部职权，以李燮和、沈钧业、魏兰为执行员。1911年7月下旬，陶成章、李燮和、尹维峻等在上海法租界平济利路良善里组织"锐进学社"，发行《锐进学报》，并在杨树浦及法租界赖格纳路设立了两处秘密机关。事后，陶成章复返南洋筹集起义经费，李燮和则回湖南安化老家省亲。李燮和回家不久，即传来武昌起义爆发的消息，李燮和急忙奔赴武昌见黎元洪，对黎说："淞沪东南门户，而天下财货之所委输焉，得之，则长江以南，可无血刃而定也。"黎元洪随即委派李燮和为"长江下游招讨使"。在30多名敢死队队员的护送下，李燮和从武昌来到上海，发动起义。李燮和利用湖南同乡关系争取到闸北巡警总局巡逻队官陈汉钦和吴淞巡警总局巡官黄汉湘参加起义。11月3日午后，闸北巡警与长官发生冲突，陈汉钦率众占领巡警总局，闸北于下午2时首先光复。随后，吴淞各军反正，推黄汉湘为总司令。李燮和拿下吴淞、闸北后，自称"上海临时总司令"，并以此名义张贴布告安民。

同一天下午2时许，陈其美与李英石集合全体商团团员及敢死队员于江南制造局附近之南操场。陈、李以民军代表身份宣布即时起义，当场撕毁清朝龙旗，改悬起义白旗，并分发参加起义人员每人一条白布（宽三寸、长六寸）绕在左臂以资识别。李英石以商团总司令的名义当场宣布三道作战命令：（1）商团协助敢死队攻打制造局；（2）进攻苏淞太沪兵备道；（3）商团各分队分段防守城厢内外，维持治安。作战令下达后，李英石鸣枪一响，接着吹起进军号，全体参加起义人员高呼："冲啊！冲啊！"向预定地点奔去。

攻打江南制造局的任务由刘福彪组织的敢死队打前锋，商团殿后。江南制造局，位于上海南门外高昌庙地区的黄浦江畔，由清末洋务派领袖曾国藩于1866年创办，设有船厂、船坞、炼钢厂以及修建船只、制造军械的车间，是当时全国最大的军火制造厂之一，局内存有大批军火、枪炮，如能占领，则对革命是极为有利的。当时清政府派有重兵驻守制造局，其总办张士珩（楚宝）是个顽固分子，李平书曾以江南制造局提调的身份力劝张士珩，不要再运军火支援南京清军，但张不听；李平书又微讽人心瓦解，局内区区防卫兵力恐不足恃，不如另谋安全之策，张又不听。于是，陈其美决定以武力夺取制造局。

11月3日下午3时，陈其美组织了一支200余人的敢死队，携带向商团公会借来的40支步枪、子弹若干发，以及自制的土炸弹，由杨谱笙率领攻打制造局，陈其美则随军督战。下午5时许，乘制造局启门放工之际，杨谱笙指挥敢死队员一拥而入。局中驻军先放空枪一排，敢死队员以炸弹开路，然后发起冲锋。清军见状，便居高临下以实弹密集射击，打死敢死队员一名，打伤多人，敢死队的攻势受挫。陈其美目睹这一情况，认为单凭军事力量难以济事，乃偕同高子白以《民立报》记者身份，进入制造局企图劝说守兵放弃抵抗，却被守兵扣押。李平书获悉陈其美被俘后，连忙与李英石赶到制造局见张士珩，为陈其美缓颊，并请求保释陈其美，但遭到张士珩的拒绝。接着黄郛利用自己的军谘府执照进入制造局进行营救，也没有成功。李平书保释陈其美不成，回到自治公所，组织商团反攻制造局；同时，杨谱笙、俞凤韶等也连夜赶到闸北，求李燮和与陈汉钦派兵支援。李燮和、陈汉钦等立即决定起兵攻打制造局，在率队出发前，李燮和愤激地说道："今日之事，拿破仑所谓最后十五分钟也，其济，则诸君之勇；不济，请为诸君先死。"

14日凌晨，李燮和率领的巡防营、沪军营、巡警队、水师营会同商团和张承所部敢死队，向江南制造局发起猛攻。经过几个小时的激战，于当日上午9时将制造局占领。至此，上海全部光复。攻占制造局之后，人们立即寻找陈其美的下落，遍寻无着，最后才在马栅旁一间储存废铁的小房间里发现了陈其美，此时他被钉上了脚镣手铐，绑在一张木凳上，头紧紧贴着墙壁，头发被钉在墙上，所以他全身不能丝毫移动。同志们把他放下来，打开脚镣手铐时，他已周身麻木，动弹不得，遂被同志送回去休息。李燮和被推为临时总司令，驻制造局办事。

五、在激烈的角逐中出任沪军都督

上海光复后，建立新的革命政权成为当务之急。11月6日下午，上海各界代表近60人，齐集旧海防厅筹组上海军政府，推选都督。由谁出任革命政府的都督，是各方最为关注的问题。当时有资格出任都督的，共有三个人：

一是李英石，他是上海商团临时总司令，此人有魄力，善用兵，有大将之风。据钮永建说："当时上海的起义没有把握，英石到了上海，由他来主持，我们信任得过，所以把光复上海的军事指挥让给他，我回到松江去策应。"王一亭说："英石先生在上海光复中的功勋是无法磨灭的，因为他到了上海，上海商团才拧成一股力量，武装起义才能胜利，论功行赏，应居首位。"上海光复，李英石功劳最大，所以"当时多数人推举都督的对象是李英石"。

二是李燮和，他先后参加过华兴会、同盟会、光复会，是一个老资格的革命党人，具有很强的活动能力，是后期光复会的三个领导人之一。在上海光复过程中，他"出其不意地立了首功，拿下吴淞、闸北"。连陈其美的部下章天觉也认为："其实按学历资格功绩，李燮和实为首功之人。"据杨谱笙说："起义前大家原有'谁先入咸阳谁尊王'（指刘邦项羽故事）的想法，而李燮和首先光复吴淞、闸北，因此又多瞩目李燮和。"

三是陈其美，他是同盟会在上海的骨干，经营上海有年。但陈其美有一个致命的弱点，这就是他的同学魏伯桢所说的："其美有手段，能交际，但缺少武力。"在上海光复过程中，他听信刘福彪之浮夸，率领少数敢死队员贸然攻打制造局，险些送了命。陈其美在上海光复过程中，缺乏足以自豪的表现。论功劳，陈其美比不上李英石，而"按资望和劳绩，陈其美还略逊于李燮和"。

这种情况，对同盟会来说是不利的。事先，在同盟会内部也议论过，据钮永建说："论功行赏，英石功最大，应该当都督，当时同盟会也议论过，但他不是同盟会员。光复会的李燮和出其不意地立了首功，拿下吴淞、闸北，但如李燮和当了都督，上海可能变成光复会的天下。同盟会方面，黄兴不能从湖北回来，于老（右任）在上海关系不深，杨谱笙威望不够，英士这时虽还刚露头角，但他是同盟会在沪的重要干将，就只好由他来充任了。"

由于同盟会方面事先有推举陈其美的腹案，而商团方面则一心想推举李英石。同盟会和商团方面出于不同的政治目的，不约而同地决定排挤光复会的李燮和。

11月6日的会议，光复会方面的人员被排除在外，仅有章豹文一人临时打听到消息，挤进了会场。这天的会议，一开始就显得异样和紧张。据亲历其事者回忆：

2时左右，出席会议的人员陆续到来。陈英士穿着学生装，发辫已经剪去，随身带来40个便衣卫士（敢死队队员），由刘福彪带队。刘长脸，中等身材，穿着黑色夹袄裤，扎脚管，辫子缠在头顶上，腰间束着一条布腰带，插着手枪，还挂着两个手榴弹，脚穿白布袜，双梁鞋子。其他队员都穿着各色中式短袄裤，左臂一律缠一条白布，腰间都有腰带，手枪插在腰带上，他们的辫子有的缠在颈项上，有的盘在头上，也有头上裹块黑布，把辫子藏在里边。到会后，刘福彪跟着陈英士进入会场，队员留在外边，三五成群地在第二进厅堂内，有的站着，有的蹲在地上，有的搬些凳子坐着。这些人大都是刘福彪的帮会徒弟，以理发师（俗称扫青麻子）居多数，也有卖膏药的，走江湖卖拳的，还有一些是退伍的离差的旧清兵勇弁。他们和商团团员之间彼此面熟，但互不打招呼。这是由于他们两次攻江南制造局打头阵时，都一击即溃，后来还是起义军和商团攻下来，因此他们觉得没有面子（帮会中最喜欢讲面子），对商团怀恨在心。

接着，李平书、李英石等商团方面的头面人物也相继到达会场。当天的会议由李平书担任会议主席。在李平书发言后，李英石、陈其美等依次发表讲话，场内很安静。但到推举都督时，发生了严重的争执。李平书和商团代表以及起义军官，都推李英石当都督，说他军事学识渊博，指挥上海光复任重功高。而同盟会方面的代表则推陈其美当都督，双方互不相让，形成僵局。这时，脾气暴躁的黄郛忍不住了，他第一个拿出手枪威胁李平书，说陈其美首先进入制造局，有第一功。在场的起义军官也都把手枪拔了出来，说陈其美进入制造局后即被拘禁，后来是李英石指挥起义军和商团打下来的，彼此剑拔弩张，形成对峙局面。这时……原在会场内靠墙站着的刘福彪，这时突然举起一颗手榴弹狂呼："都选陈英士不可，否则我手榴弹一甩，大家同归于尽！"这样一来，商团方面的绅士们害怕了。李平书急忙宣布散会。

会后，李平书居间斡旋，几经协商，乃达成妥协，同意由陈其美出任沪军都督，并由他组织沪军都督府。

根据同盟会革命方略关于军政府都督"有全权掌理军务，便宜行事"的原则，规定：沪军都督设置三个部，即司令部、参谋部、军务部，这三个部"均直辖于都督"，受都督之指挥命令，执行主管事务。司令部部长由都督兼任，"凡发布命令及赏罚，任免各部及各营文武人员，均属都督之大权"。各部、各科初级将校以上，均由都督亲任；各部及各营初阶将校，由该长官呈请都督亲任。"关于军政主要事件，由都督召集临时军事参议会决议施行。"外交、民政、财政、交通、海军五部属于都督府，但不由都督府直辖，部长也不由都督任命。沪军都督府及各部正副部长名单如下：

都　　督　　陈其美（同盟会会员）
司令部　　部长：陈其美
　　　　　副长：盛典型
参谋部　　部长：黄郛（同盟会会员）
　　　　　副长：刘基炎（同盟会会员）
军务部　　部长：钮永建（同盟会会员）
　　　　　副长：李英石（同盟会会员、商团临时总司令）
外交总长　　伍廷芳（社会名流）
民政总长　　李平书（前任上海自治公所总董、商团公会会长）
财政总长　　沈缦云（同盟会会员、全国商团联合会会长）

交通部长　　王一亭（同盟会会员）

海军部长　　毛仲芳（海军起义将领）

上海军政府主要职位，由同盟会和上海绅商商团负责人及社会名流分任，它是一个以同盟会会员为主体的资产阶级政权。陈其美领导的沪军都督府是同盟会和各种政治势力斗争中的一个得心应手的工具。

六、在南京临时政府的诞生过程中发挥了关键作用

革命的基本问题为政权问题。资产阶级革命党人长期浴血奋斗，其梦寐以求的就是推翻清王朝的封建统治，建立一个资产阶级的民主共和国。

武昌起义后，全国各省纷起独立响应，各省的陆续光复，为共和国的诞生奠定了基础。这样，建立全国性政权的问题也就很快提上了日程。建立全国统一的中央政府的活动，是在武昌和上海两地分别进行的。1911年11月7日，湖北都督黎元洪以"义军四应，大局略定，唯未建设政府，各国不能承认交战团体"为由，向各地军政府发出了征求意见电。11月9日，黎元洪又径自通电各省，要求派代表赴武昌，筹组临时中央政府。与此同时，在上海、杭州、苏州相继光复后，江浙的革命党人、立宪派和旧官僚也在酝酿成立临时中央政府。而且，立宪派和反正的旧官僚们抢先了一步。张謇、赵凤昌等人还企图排挤陈其美，避开沪军都督府，并越过各省的都督府，集合起各省立宪派、旧官僚势力，来组成一个"全国会议团"。后来，他们经过反复研究后，意识到要越过各省都督府来组织临时国会有很大困难，要在上海开会又不让沪军都督府参与更是不可能。因此，不得不改变排挤陈其美的企图，于11月11日以江苏都督程德全和浙江都督汤寿潜的名义致电沪军都督陈其美，建议筹组临时会议机关。电文中说："自武汉起事，各省响应，共和政治已为全国舆论所公认。然事必有所取，则功及明于观成。美利坚合众之制度，当为吾国他日之模范。"因此，应该模仿美国独立战争时的"十三州会议总机关"，以"收最后之成功"。电文中并倡议："上海一埠，为中外耳目所寄，又为交通便利，不受兵祸之地，急宜仿照美国第一次会议方法，于上海设立临时会议机关，磋商对内、对外妥善之方法，以期保疆土统一，复人道之和平。"

次日，立宪派的雷奋、沈恩孚等又以江苏、浙江都督代表的名义，电请各省都督府，立即派出自己的代表赴上海会商组织"临时国会"。

对于立宪派抢夺中央政权的企图，陈其美洞若观火。因此，对程、汤联

名发出的电报,陈其美采取了置之不理的态度。13日,他单独向已宣布独立的武昌、长沙、安庆、南昌、苏州、浙江、太原、西安、福州、广州、济南、桂林、云南、贵州等14省军政府都督发出通电,称"今接湖北黎都督及镇江林都督两处专电,意谓上海交通较便,组织机关,用为开会之地。闻命之下,距跃三百,亟当遵照办理。用特通电贵省,商请公举代表,定期迅赴上海,公开大会,议建临时政府,总持一切,以立国基,而定大局"。陈其美的这个电报,故意不提程、汤11日联名发给他的电报,却特别强调他是遵照黎元洪与林述庆的专电发出的。陈其美之所以这样做,主要有两点原因:第一,在会议代表组成上,程、汤通电主张由各省旧谘议局各选代表一人,各省现时都督各举一人,这表明立宪派企图使旧谘议局系统的分子在将要成立的临时国会中占据优势地位;第二,程、汤通电只提在上海设立临时会议机关,却矢口不提组织全国统一的中央政府,是因为立宪派早已有公认武昌为中华民国新政府的腹案。他们设想"政府设鄂议会设沪",只要黎元洪承认上海的议会机关,他们就准备推举黎元洪为盟主,这实际上是立宪派企图排斥革命派,帮助黎元洪和袁世凯议和的计划。

对于立宪派的这种企图,陈其美坚决进行了斗争。斗争的结果,陈其美取得了胜利。在陈其美与苏浙代表参加的一次会议上,议定了组织各省都督府代表联合会,并由苏、浙、沪都督先派代表组成。

11月15日,江苏、福建、上海都督府派出的代表在上海江苏教育总会开会,正式决定定名为"各省都督府代表联合会",从而否定了立宪派张謇等人原先设想的由旧谘议局系统成员组成议会的设想。

总统人选是成立全国性中央政府的首要问题。在武汉主持战事的黄兴主张成立以孙中山为总统的中央政府,并派专人于11月10日将电稿送至沪军都督府,陈其美立即发表通电,公开推举孙中山为临时总统。18日,陈其美又致电各省都督,转告江北都督来电的意思称"大统领一席,非孙中山莫属"。

孙中山是众望所归的革命领袖。对此,连一些立宪派和旧官僚也是承认的。江苏都督程德全在11月14日致电各省都督的电报中也称:"大局粗定,军政、民政亟须统一,拟联东南各省军政府公电恳请孙中山先生迅速回国,组织临时政府,以一事权。"但他同时又指出,在孙中山回国以前,应由黎元洪代理。

陈其美等人在上海开会的主张很快受到黎元洪的挑战。黎元洪指出，既然鄂军都督府被公认为是中央军政府，那么各省代表会议也应在武昌召开，不然，政府与议会"地隔数千里，办事实多迟滞，非常时期，恐失机宜"。黎元洪并派居正等人赴上海，邀请各省代表赴武昌开会。对此，陈其美等人无以反驳。于是各省代表会决议赴武昌开会，同时各省留一人以上于上海，"联络声气，为通信机关"。

当各省代表到达武昌时，汉阳已经失守，武昌全城已处于清军炮火的威胁之下，代表们只好跑到汉口英租界顺昌洋行的楼上去起草《临时政府组织大纲》。

然而，时局又很快发生了变化。正当汉阳失守、武昌危急的关头，东南重镇南京于12月2日宣告光复，至此东南底定。战场形势的这种变化对于临时政府设于何地的争议产生了决定性影响。

陈其美和宋教仁等人本来就不愿意各省代表去武昌开会，更不愿看到黎元洪在湖北成立中央政府，所以当南京光复的消息传来，他们就集议将临时政府所在地由武昌改为南京。当陈其美听说黄兴在湖北督师失利，将要回上海时，他立即表示："克强为革命军领袖，果来，吾辈当竭诚欢迎之，并以全力拥护之。"12月1日，黄兴抵达上海。"英士及上海同志，欢迎拥护，一如其言。"次日，在沪军都督府召开了一次重要的紧急会议，参加会议的除陈其美外，还有黄兴、宋教仁、章太炎、程德全、汤寿潜以及各省留沪代表。关于临时政府地点，黄兴主张南京，章太炎主张武昌，相持不下。陈其美等人为了达到将临时中央政府设在南京，并由黄兴担任大元帅的目的，不得不向江南立宪派和旧官僚做出重大让步：一、由程德全出任江苏省都督，使程取得了江苏全省的最高统治权；二、由张謇出任两淮盐务总理。

12月4日，留在上海的各省代表在江苏教育总会开大会，出席会议的有陈其美、汤寿潜、程德全三位都督以及赵凤昌、章驾时、章太炎、王一亭、蔡元培、顾忠琛等各方面有影响的头面人物。会议议决：暂定南京为临时政府所在地，并公举黄兴为假定大元帅，即以大元帅组织临时政府。同时选举黎元洪为副元帅，兼任鄂军都督，仍驻武昌。

但选举黄兴为大元帅的动议，仍遭到一些与会代表的非议，一位老名士说："黎宋卿在武昌首义，劳苦功高。先头赴武昌一部分代表，已举黎为中华民国军政府大都督，事实上为大元帅。今反被选副元帅，在黄兴之下，太不合理矣。"程德全的代表、湖南人章驾时感情冲动，极力附和其说，坚决要求推翻成案，以黎为大元帅，黄兴为副元帅。

但陈其美等人没有理会这些反对意见，他一面为黄兴布置行辕，调遣军队；一面与程德全及各省代表准备召开欢迎大元帅大会。但黄兴鉴于反对意见很多，不肯贸然就任大元帅职务。经陈其美、程德全再三劝驾，黄兴始允明天开会重选。

12月5日，在江苏教育总会召开的欢迎大元帅会议上，陈其美力陈："昨日之选举，万不可作为无效；况大元帅责任重大，关系全国。方今北虏未灭，军事旁午，非有卧薪尝胆之坚忍力者，不足肩此巨任，故其美以为舍克强先生外，无足当此者。"但黄兴仍坚持不就大元帅，他在致辞中仍称自己"才力不胜"，说自己"愿领兵北伐，誓捣黄龙，以还我大汉河山而后已；至于组织政府，则非兴所能担任者也"。会议开了两个小时，当有人指出："大元帅为一时权宜之计，将来中华底定，自当由全国公选大总统"时，黄兴才勉强答应就任大元帅。

然而，武昌方面对推黄兴为大元帅非常不满，并由黎元洪以湖北军政府都督名义通电要求取消上海方面的选举案。在这种情况之下，黄兴不得不于12月17日发出"力辞"大元帅的通电，并推黎元洪暂任。各省代表会议接到黄兴的通电后，遂于当日改选黎元洪为大元帅，黄兴为副元帅，并决定大元帅不能在临时政府所在地时，由副元帅代行职权。21日，黎元洪致电各省代表会议，接受大元帅名义，并委黄兴代行大元帅职权。黄兴此时已获悉孙中山即将归国，遂推辞赴南京组织临时政府，以等待孙中山的到来。

12月25日，孙中山自法国巴黎取道香港，来到上海。当孙中山乘坐的"狄凡哈"号轮船进入吴淞口时，陈其美派出"建威"军舰前往迎接。当孙中山一行踏上十六铺金利源码头时，受到陈其美、黄兴及各界代表的热烈欢迎。

次日，陈其美与黄兴公宴孙中山，并商议组织临时政府方案。当晚，在孙中山行邸继续商讨组织临时政府方案，陈其美、黄兴、宋教仁、胡汉民、汪精卫、张静江、马君武、居正等在座。会上，宋教仁仍坚持采用内阁制，"孙力持总统制不屈，面红耳赤"。孙中山说："内阁制乃平时不使之首当政治之冲，故以总理对国会负责，断非此时常时代所宜。吾人不能对于维一置信推举之人，而复设防制之法度。余亦不肯徇诸人之意见，自居于神圣赘疣，以误革命大计。"孙中山说完后，张静江立即附和道："善！先生而外，无第二人能为此言者，吾等唯有遵先生之意行耳。"孙中山的主张终于被通过。12月29日，在南京的各省代表会议开会选举临时大总统。孙中山得16票、黄兴得1票，孙中山以绝对多数票当选为中华民国第一任临时大总统。各省代表会立即通电中外，公布选举结果。正在出席上海同盟会欢迎孙中山大会的陈其美与黄兴等人，获悉这一消息，立即带头高呼"中华民国万岁！"1912年1月1日，孙中山自上海启程赴南京，就任中华民国临时大总统。孙中山离沪时，陈其美派出军队到车站持枪列队欢送。为了保证孙中山的绝对安全，陈其美派遣沪军都督府谍报科长应桂馨和郭汉章等人组成卫队随护孙中山赴宁。同时，又派遣王金发化装成"总统专列随员"，身佩双枪，暗中保护孙中山。当时，陈其美还对邵力子说："我们革命党惯用暗杀手段对付清政府的显要权贵，也要防止他们用暗杀手段来伤害孙中山先生。有王金发担任秘密工作，就可以放心了。"1912年1月1日晚11时，孙中山在南京宣誓就职，下令定国号为"中华民国"，以1912年1月1日为中华民国纪年的开始。

陈其美出任沪军都督后，政治反对派们逼陈下台的活动始终没有停止过。陈其美的政治反对派，主要是上海绅商、市民和江苏的立宪派。如前所述，在推举沪军都督时，上海的绅商们就希望推举他们的政治代表李英石。由于陈其美采取了非常手段，使上海绅商们的企图落空。此后，上海绅商对陈其美只采取了有限度的合作态度。掌握武装力量的军务部，由李英石任部长，事先协定不受都督节制，有独立的行动权，由起义民军和收编清军组成的沪防军，仍由李英石兼任统领；民政总长由李平书担任，其余都督府重要人员，十之八九也由商团起义有功人员担任，以此左右陈其美，孤立陈其美。上海光复的胜利果实，表面上归于同盟会的陈其美，事实上都落在地方实力派，即新兴民族资产阶级手里。显赫一时的李英石，就是这个集团在政治上的代表。

陈其美本来想通过李平书使李英石为其所用，但由于争夺都督，彼此产生了严重的隔阂和矛盾。李平书除担任沪军都督府民政总长外，还兼任了江苏省民政司长，他的办公室不设在沪军都督府，却设在李英石的沪防军司令部，由此不难看出其中的微妙关系。后来在增税问题上，陈其美又与李平书闹得很僵。当时沪军都督府开支浩繁，陈其美希望以增税来增加收入，但李平书不同

1912年4月，赵凤昌（前排左6）在上海私邸惜阴堂宴请南京临时政府要员,前排左起：左4蔡元培，左7孙中山，左8唐绍仪，左9陈其美，左11黄郛

意，沈缦云从中调停，矛盾仍是难解难分。陈其美虽极愤懑，但李平书因有李英石作保障，却也奈何他不得。所以，陈其美后来抱怨说："事事为人阻挠。"此外，从上海市民来说，武昌起义后，各省宣布独立的过程，也就是地方主义思潮急剧膨胀的过程。某省人做某省的官，在当时几乎是一条不成文的规矩。陈其美是浙江湖州人，不是上海人，在一般市民看来"湖州人怎么能够来管上海"？当时在陈其美手下的沪军军官傅墨正也特别指出：陈其美之辞沪军都督，"另外还有一个原因：地域观念。他是湖州人，不是上海人"。

对于陈其美来说，最具有杀伤力的还是来自江苏的立宪派。武昌起义后，被革命潮流裹入反清队伍中来的立宪派相当活跃。江苏（包括上海）是立宪派势力最为强大的地区。上海、江苏光复后，以张謇为首的江苏立宪派相当活跃，与革命党人公开争夺地盘及势力范围。同盟会的中坚、沪军都督陈其美更是立宪派打击、排挤的主要对象之一。

由于以上种种原因，陈其美始终未能坐稳沪军都督的宝座。政治反对派对陈其美的攻击，是从其私生活方面开始的。上海光复前，陈其美在上海从事秘密反清革命活动时，曾经出入青楼场所，作为掩护。政治反对派们即抓住这一点，攻击陈其美为"风流都督"、"杨梅都督"。有一位叫徐震的人还写信给陈其美，规劝他不要"冶游"、"狎邪"。陈其美不得不亲自复函答复，因来函无地址,陈其美便将复函刊在《民立报》上,以示对政治反对派们的公开答复。1912年2月间,南北和议告成,宣统帝宣布退位,孙中山亦准备辞去临时大总统职务,让位于袁世凯。此时,立宪派已与以袁世凯为首的北洋势力结成政治联盟,趁机再向陈其美施加压力,逼他辞去沪军都督。

七、侦破宋教仁被刺血案

孙中山、黄兴希望通过与袁世凯调整关系,消除南北冲突,从而巩固新生的共和国。然而,无情的现实很快就粉碎了孙、黄的幻想。《中华民国临时约法》

1912年9月17日,陈其美(手持铁铲者)、黄兴(树后戴礼貌者)在北京植物园植树。

规定:约法施行后限十个月内,由临时大总统召集国会,国会组织及议员选举法由临时参议院制定。根据这一规定,临时参议院于1912年7月9日通过了《国会组织法大纲》和《国会选举法大纲》,8月3日通过了《中华民国国会组织法》和《参议院议员选举法》《众议院议员选举法》,10日由袁世凯公布。国会选举自1912年12月上旬开始,到次年3月基本结束。1913年2月18日,陈其美在浙江选区当选为参议院议员。中华民国第一届国会定于4月8日在北京开幕。然而,不久却发生了袁世凯派人刺杀国民党代理理事长宋教仁的重大政治谋杀案,使陈其美的议员梦成为泡影。

宋教仁是国民党主要领导人之一,崇尚西方资本主义国家的政党政治和议会政治,是责任内阁制的积极主张者。他认为在袁世凯当大总统的情况下,内阁必须由政党组织。他天真地认为只要有了一个健全的内阁,就可以限制袁世凯的权力。为了在即将成立的中华民国第一届正式国会中取得多数席位,以达到建立政党内阁的目的,他不顾一些革命党人的强烈反对,在"朝野合作"、"新旧合作"的口号下,于1912年8月下旬,以同盟会为基础,联合四个小党派改组成立国民党。国民党成立后，名义上推举孙中山为理事长，但孙中山随即委托宋教仁代理理事长，宋教仁成为国民党的实际领袖。在1912年底至1913年初的第一届国会选举中，国民党以较大优势击败了反对党，赢得了选举的胜利。对此结果，宋教仁和国民党干部普遍大喜过望，大有"民国政党，唯我独大，共和党虽横，其能与我争乎？"的气概。

宋教仁自1912年10月18日离开北京南下，布置各省选举事宜，同时顺道探望离别八年的老母和妻子。不久，即传来国民党初选告捷的消息，他兴奋不已，匆匆告别亲人，继续出游。他经长沙到武汉再到上海、杭州和南京等地，到处会见国民党人，发表慷慨激昂的演说，抨击袁世凯政府，反复阐述国民党政见，力主组织国民党内阁。据说宋教仁并不以组织责任内阁为满足，他还怀抱一个大计划，想凭借国民党在议会中的多数地位，与他党提携，通过合法手段，甩开专横跋扈的袁世凯，选举"最为愚呆脆弱的黎元洪"为总统，这样便于控制总统，又便于"组织同志内阁"，国家大权就可以稳操在革命党人手里。

宋教仁的所作所为，确实使袁世凯明显地感受到了严重的威胁和挑战。他认定宋教仁是国民党的灵魂，是他实行专制独裁的最大的障碍。私下里，袁向心腹谋士透露自己的苦衷："我现在不怕国民党以暴力夺取政权，就怕他们以合法手段取得政权，把我摆在无权无勇的位置上。"国民党在选举中获胜的结果，更使袁感受到了危机的紧迫。他咬牙切齿地对人说："噫！宋教仁意欲组织政党内阁耶？抑何相逼之甚也。"进而动了刺杀宋教仁的念头，并将这一罪恶勾当交由心腹爪牙、特务头目赵秉钧负责实施。于是，一张黑网向宋教仁扑了过来。

第一届国会定于4月8日在北京开幕，袁世凯几次打电报给宋教仁，佯称邀请他北上共商国是。于是，宋教仁决定于3月20日由上海乘坐当晚11时沪宁快车前往南京，然后北上。3月20日晚10时左右，宋教仁在黄兴、于右任、廖仲恺等人的陪同下来到上海火车站。10点40分，他们走到检票处，突然三颗罪恶的子弹从背后向宋教仁飞来。宋当即中弹倒地。随行人员立即将他送往附近的铁路医院抢救。陈其美闻此噩耗，连忙于次日晨赶到医院探视。其时，医生已经为宋教仁进行了手术，取出了他身上的子弹。21日下午，又施行了第二次手术，然而终因伤势过重，抢救无效，于22日晨4时40分逝世，享年31岁。宋教仁临终前，陈其美与黄兴各执宋教仁一只手，再三安慰他："钝初！放心，我们要代你报仇的。"宋教仁去世后，陈其美为失去一位革命战友而伤心，他连呼："此事真不甘心！此事真不甘心！"随后，陈其美购来楠木棺材，与黄兴、于右任等人将宋教仁遗体入殓。然后，陈其美即着手侦破宋案，誓为战友报仇。

袁世凯在获悉宋教仁的死讯后，自以为谋划诡秘，凶手又当场逃之夭夭，可以瞒天过海，于是便上演了一出悲天悯人、贼喊捉贼的丑剧。21日、22日，袁世凯连续两次电令江苏都督程德全、民政长应德闳，要他们对宋案"立悬重赏，限期破获，按法重办"，以及"迅缉凶犯，究究主名，务得确情，按法严办"。同时，袁世凯还指使御用报纸大造国民党内部倾轧的谣言，企图转移视线，混淆是非。陈果夫回忆："宋教仁被杀，这是袁世凯最毒的阴谋。他想挑起我们同志间的感情，故意说是陈某（英士）派人刺杀的。……英士先生听到外界谣言，说是他刺杀宋先生的话以后，便找了吴佩璜来。吴是替英士先生做情报工作的，在上海当电报局局长。袁和上海方面往来电报，我们都能拿得到，就完全靠吴佩璜的功。"

黄兴、陈其美、谭人凤宋教仁吊唁北京四烈士

3月22日,陈其美与黄兴联名致函上海公共租界总巡捕房卜罗斯总巡,悬赏侦缉刺宋凶手。一般说来,蓄谋已久的政治谋杀案是难以破案的,但宋案的破获却富于戏剧性。

宋案发生后,在上海的国民党干部几乎全体出动,分头寻觅线索,对刺宋凶手大有食肉寝皮之慨。23日,由于一个名叫王阿发的古董商向捕房提供了线索,当天就将要犯应桂馨抓捕归案。次日,又抓获行凶枪手武士英,并于应桂馨家搜出五响手枪一支及应桂馨与洪述祖、赵秉钧往来密电,宋案真相大白。刺杀"主凶"不是别人,正是下令"究究主名"的袁世凯自己。袁世凯决心除掉宋教仁后,即交给国务总理赵秉钧负责进行。赵秉钧还兼任内务总长,实际上是袁世凯手下第一号秘密特务头目。赵秉钧又将此事交内务部秘书洪述祖负责承办。

洪述祖,字荫之,人称"洪杀胚",时为内务部秘书,实际上是袁世凯手下最得力的头目,专门负责监视和对付革命党人。

应桂馨本是陈其美手下会党头目之一。上海光复后,应桂馨任沪军都督府谍报科长。后奉陈其美之命,护送孙中山赴南京就任临时大总统。临时总统府成立后,应桂馨由孙中山委任,担任临时总统府庶务科长。应本是会党流氓,自从出任庶务科长后,其劣根性很快暴露出来,他不仅遇事招摇,而且贪污伙食经费,为所欲为。有人向孙中山告发说:"此人万不可用,不但撤职,还要查办。"孙中山考虑应桂馨与陈其美的关系,仅将应撤职了事,让他仍回上海。应居然要挟孙中山:"侍卫队40名卫士,是他从上海带来的,应当由他带回上海去。"孙中山说:"可以根据各人自愿,愿留的可以留在这里,不愿留的可以让他回上海。"应当即吩咐担任孙中山侍卫工作的郭汉章将侍卫队40名侍卫全部带回上海,并对郭汉章说:"山东目前还没打过来,李燮和有20营在上海,徐宝山有40营在扬州,我们有60营的兵力,还有几十万现款。临时大总统什么人都能干,你们最好跟我一同回上海去。"但郭汉章不愿离开孙中山,更不愿意与应桂馨这样的流氓混在一起,拒绝与应一起回上海,对此,应桂馨大发脾气说:"郭汉章居然倒起我的戈来了,好,叫他看看我的手段吧。"应当即拿出四把左轮手枪交给四个亲信卫士,叫他们找机会打死郭汉章,替他出这口气。由于郭汉章平日对这些卫士推心置腹,情同骨肉,他们不但不执行应的指示,而且向郭汉章报告了应的这一阴谋。郭汉章马上将此事报告临时总统府近卫军总司令洪承点，洪听后大为震怒，说："总统府里一个被撤职的科长居然私发手枪打人，这成什么话！"立即将此事报告孙中山，孙中山指派总统府秘书长胡汉民处理此事。胡汉民下令将应桂馨发的四把手枪没收，并将应召到南京训斥一顿，教他好好改过自新。

应桂馨回到上海后，于1912年6月间，与李征五、杨勴身、刘福彪等会党头目联合青帮、红帮、公口帮组织中华民国共进会。应桂馨在致陈其美的呈文中说："纯粹组织民党，实行取缔会员，各处支部成立后，不准在外私开香堂，另立码头，剪除旧染习惯，免致与民国法律相抵触。总期立图改良，维持国内和平，增进国民道德。业经三党公决。"陈其美对应桂馨组织中华民国共进会表示支持，并应允担任首席发起人。后来陈其美说："当时，余亦为之赞助。因青红诸帮，革命出力不少，以黑暗之境，导入光明，取名共进，亦此主义。"共进会于7月1日成立，应桂馨自任会长。9月间，应桂馨因所部会党分子参与武昌马队暴动，企图推翻湖北都督黎元洪而受到通缉。

1912年底，袁世凯派遣特务头目洪述祖南下活动，收买会党分子以对付革命党人。洪述祖通过张绍曾（共进会列名发起人之一）介绍，认识了应桂馨。经洪述祖推荐，江苏都督程德全委派应桂馨担任江苏驻沪巡查长，每月由程德全提供1000元，袁世凯提供2000元，作为应桂馨的活动经费。这样，应桂馨便与袁世凯拉上了关系。

洪述祖回到北京，向袁世凯疏通后，袁下令取消了对应桂馨的通缉令。1912年12月16日应桂馨应洪述祖之召，偕张尧卿（共进会发起人之一）进京活动，受到袁世凯和赵秉钧的接见。袁以解散共进会名义，批给应桂馨五万元活动经费。从此，应桂馨死心塌地投靠了袁世凯，成为其在上海地区对付革命党人的一只罪恶鹰犬。当袁世凯决定刺杀宋教仁时，就将此事交给应桂馨执行。

应桂馨受命后，物色到武士英充当凶手。武士英，原名吴福铭，山西平阳人。自幼不务正业，后入清军当兵，辛亥革命时在云南七十四标当管带，民国成立后，因军队遣散流落到上海。因为混迹军中多年，练就了一身武功，枪法也好。应桂馨认为武士英枪法高超，且头脑简单，是一个唯知金钱的亡命之徒，正是担任刺杀凶手的合适人选。应桂馨召见武士英时，当即交给他100块大洋，并许诺待事情办妥后，赏大洋1000元。武士英满口答应，一桩罪恶的交易就这么达成了。

3月20日晚,武士英怀揣应桂馨交给他的宋教仁的照片来到沪宁车站,当宋教仁出现在车站时,武士英当即举起了他那只黑手,向宋教仁连开三枪。一代才华横溢的革命领袖就这样倒在会党流氓分子的枪口下。

陈其美等革命党人利用会党分子从事反清活动,但在辛亥革命后,革命党人不能很好地改造和处理这批会党分子,结果酿成革命党人被会党分子反噬的后果。

八、上海讨袁军总司令

孙中山在获悉宋教仁遇刺身亡的消息后,当即中断在日本的

1912年12月,陈其美(左)与孙中山(中)在杭州留影

访问,于3月25日回到上海。当天晚上,他与陈其美、居正、戴季陶等集会于黄兴寓所,商讨对策。

会上,发生了严重的意见分歧。黄兴主张按照法律程序推倒袁世凯。激烈派的戴季陶一贯主张二次革命,因此竭力反对黄兴的意见。黄兴坚持认为"南方武力不足恃,苟或发难,必致大局糜烂"。他并主张"以其治人之道,还治其人之身"。即暗杀袁世凯,以"省事免牺牲"。孙中山认为:"总统指使暗杀,则断非法律所能解决,所能解决者只有武力。"孙中山在分析了当时的形势后指出:"袁氏手握大权,发号施令,调兵遣将,行动极称自由。在我唯有出其不意,攻其不备,迅雷不及掩耳,先发始足制人。"孙中山还强调说:"宋案证据既已确凿,人心激昂,民气贲张,正可及时利用。否则时机一纵即逝,后悔终嗟无及。"会议的结果,黄兴一派的意见占了上风,孙中山先发制人的主张被否决。按照法律解决宋案的设计,由陈其美、孙中山、黄兴与专程到沪的江苏都督程德全商议后,均以宋案关系重大,与寻常杀人案件有别,决定组织特别法庭,并商定由程德全出面与袁世凯及内务、司法两部磋商组织特

别法庭的具体事宜。

在陈其美与孙中山、黄兴等人的强烈要求下，程德全与应德闳于4月25日通电公布宋案主要证据44件，使宋案真相暴露于全国人民面前。陈其美、黄兴经与程德全商议后，拟在上海组织特别法庭，公开审理，并呈请袁世凯任命特别法庭组成人员。袁世凯做贼心虚，唆使总统府秘书长梁士诒、司法总长许世英出面阻挠。国民党领导人不理睬袁世凯及其同党的阻挠，径自在上海成立了特别法庭，并令上海地方检察厅票传宋案主谋犯赵秉钧到案受审。但被告方律师却借口现任本庭法官未奉大总统、司法总长任命，不符合《临时约法》的规定，没有开庭的资格，被告拒绝到庭。这样一来，宋案的法律解决陷入了"公判不成，律师抗告，法庭冰搁，政府抵制，不但事实不进行，连新闻都没有"的冷落局面，所谓法律解决，完全成了空谈。

国民党在力争以法律解决宋案的同时，也并没有完全放弃军事上的准备。1913年4月中、下旬，国民党在上海召开了第一次秘密军事会议。孙中山、黄兴、陈其美与安徽都督柏文蔚、江西都督李烈钧、湖南都督代表周震鳞、广东都督代表覃鎏钦等参加了会议。孙中山在会上仍主张立即兴师讨伐，但黄兴仍以袁世凯逆迹尚未昭著，南方的革命军又甫经裁汰，必须加以整备才能作战，因而主张稍缓用兵，以观事变。与会的高级将领均同意黄兴的意见，陈其美也倾向黄兴的主张。他们都认为："我方兵力不能敌袁，与其速战失败，莫若练兵观变，袁尚不敢过于轻视。"孙中山格于众议，无法坚持自己的主张。会议决定，南方各省进行全面的准备工作。

当袁世凯在政治、军事、财政等各方面做好了进攻南方的准备后，立即露出了凶恶的面孔。6月9日，袁世凯悍然下令罢免国民党籍的江西都督李烈钧，稍后又罢免了广东都督胡汉民、安徽都督柏文蔚等人的职务。袁世凯对国民党地盘的剥夺，迫使国民党不得不做出最后的抉择：是束手待毙还是背水一战？

此时的孙中山、陈其美等人均被袁世凯的步步紧逼激怒了。孙、陈均主张不计成败与袁世凯一决雌雄。孙中山说："不战必然要被消灭；战，成败未可知。与其不战而被消灭，不如战败而发扬我们的革命精神。"陈其美在与上海有吉总领事谈话中，也表示："本人自始即持稳健意见，但现若仍旧不作改变，徒自招灭亡而已。国民不独苦于与革命前相同之苛政也。高见实深感谢。我党现亦分为稳健、过激两派，前者恃议会，虽欲成事，亦鲜见成效。即如本人，最近以至于不得已而与之以过激之说。孙黄二君多年流浪于外国，实际之见机不敏。去年之革命，亦系按我等人之手的计划者，孙黄不过中途返国而已。因而孙此次广东之行，与其预期相反，因两三旅团长被收买丧胆，透露完全失望之吻。黄则徒然多疑，坐失良机。此无非通晓国内之情况而已。余等实际当事者，尚未至十分悲观。云云。透露无论如何计划进行武装抵抗之口吻。"

陈其美对黄兴等人仍持稳健态度极为不满，在与有吉总领事谈话时，"频频谓黄兴之徒，名曰自重而迟疑不决，结果误却大事"。7月12日，李烈钧在江西湖口宣布独立，起兵讨袁。国民党经过数月来的痛苦选择，终于打响了武装反抗袁世凯的第一枪。

江西起义后，南方各省也迅速准备响应。江苏及上海地区是国民党力量比较雄厚的地区。当时驻南京的国民党高级将领陈之骥、章梓、洪承点、冷遹等人认为，江苏军队依靠上海制造局补充军火弹药，现在袁世凯已先发制人，派遣一个团进驻制造局。如果上海不先行发动，夺下制造局，则江苏军队将处于相当危险的境地。他们派人赴上海，请陈其美、黄兴先在上海发动，然后南京即行通电响应。

陈其美原以为"以海陆两军驱逐制造局北军，其事易易"。然而，此时的上海驻军已经变卦，不再支持革命。陈其美派黄郛去运动驻制造局的旧部第六十一团，但该团一营已被调往龙华，全团处于被政府军分割监视的局面，不敢先行发动。陈其美又企图调宁波顾迺斌旅来沪发动，但因尚未宣布独立，师出无名，顾旅也难以调动。陈其美在上海无法发动，只好请黄兴赴南京先行发动。据黄炎培回忆："国民党既和袁世凯势成水火，中间陈其美最主张起兵北伐……而黄兴为人比较慎重，陈其美故意诬他受袁世凯贿，逼他说，你不是受袁贿，何不去南京劝程德全都督出兵，你不去说程，证明你受袁贿。"

恰在此时，又传来了朱卓文受孙中山的指派，携款到南京运动第八师营、连长，"叫他们杀了师长、旅长后宣布独立"的惊人消息。第八师是国民党的主力之一，为了劝阻这一失去理智的举措，避免第八师官兵的自相残杀，黄兴不得不放弃消极态度。当时，义愤填膺的孙中山正准备前往南京"冒险一发，以求一死所"。黄兴以孙中山"不善戎伍，措置稍乖，遗祸匪浅"为词，力阻孙中山勿去南京，表示自己愿代孙中山前往指挥，孙中山勉强同意。7月14日夜，黄兴轻车简从，从上海抵达南京，在第十一师师长陈之骥寓所召开紧急军事会议，部署讨袁计划。次日晨，黄兴率领高级将领前往都督府，说明讨袁大义，请程德全协助。程迫于形势，不得不虚与委蛇，附和讨袁。当天，以程德全、应德闳、黄兴为江苏讨袁军总司令。

7月18日，黄兴委任陈其美为上海讨袁军总司令，钮永建为参谋长，在上海设立了司令部。陈其美的盟弟黄郛"因不主战，不肯担任沪军参谋长，然义与同志及英士先生共成败"。黄郛虽然没有担任职务，但仍以公谊私交，留在陈其美身边协助。当天，陈其美发表就任驻沪讨袁军总司令通告，宣布："除节制所属各军外，凡上海所有民政司法外交交通各机关，统由本总司令管理。"

上海宣布独立后，南京方面希望陈其美早日攻下袁军驻守的制造局，为南京的革命军队提供军火支援。但陈其美因受到来自上海商界和帝国主义列强的重重压力，迟迟不敢采取行动。

辛亥革命后，资产阶级认为"秩序渐安"，经济上也获得了一定发展，因而普遍地存在着"厌战""厌乱"的心理，他们不愿意稍有安定的环境再次受到破坏，害怕因战争引起社会动荡而影响他们自身的经济利益。"出于对革命的恐惧，在阶级斗争的一个又一个关键时刻，宁可选择依附和支持旧势力的途径，来对付他们心目中的'暴乱分子'——革命势力。"7月17日，由上海南商会发起，与商团公会、救火联合会、教育会等四个团体组织了上海保卫团，公推李平书为团长，"一面维持内部治安，一面弭止战祸，务使我上海地方不遭兵火为目的"。上海南商会还致电陈其美与孙中山、黄兴及郑汝成，强烈反对在上海开战。上海总商会则以貌似公正、不偏不倚的态度致函南北两军："上海系中国商场，既非战地，制造局系民国公共之产，无南北争持之必要。无论何方面先启衅端，是与人民为敌，人民即视为乱党。为特函告台端，约束麾下，勿与人民为敌，轻启衅端，众商感戴。"

帝国主义列强也与商团配合，向革命党人施加压力，并向上海增派军队，在租界构筑工事。根据上海租界的请求，驻华公使团电饬驻沪领事团向南北两军蛮横地宣布：无论南北，如欲在沪开战者，须离租界30英里。须各存金镑1000万镑，预备偿还各项损失。否则，即以违背万国公法论，定行干涉。上海公共租界工部局还议决，将陈其美与孙中山、黄兴、岑春煊、李平书、沈缦云、王一亭、杨信之八人驱逐出租界。

23日凌晨3点，上海讨袁战争拉开序幕。战争开始前，郑汝成已将袁军全部开进制造局，采取坚守待援的战略。

战争开始后，陈其美指挥第六十一团和第三十七团进攻制造局西栅，福字营助攻；松军、镇军进攻制造局正门。袁军凭借坚固工事死战。海军总司令李鼎新指挥海军舰队从黄浦江发巨炮压制讨袁军之火力。讨袁军的炮兵营被摧毁，进攻受挫。战至上午11时，讨袁军见攻击无效，不得不暂时停止进攻。

讨袁军鉴于白天攻击受挫，决定发起夜战。当晚10时，讨袁军再次发起进攻，仍由福字营任先锋，松军、浙军和镇军随后，激战至晚11时45分停战。至24时晨2时45分，两军又激战40分钟。讨袁军异常奋勇，猛扑东栅，仍然被海军舰队发巨炮击退。据称，讨袁军伤亡较大。

郑汝成在多次击退讨袁军的进攻后，气焰顿时嚣张起来。他致函南市商团，威胁说：如果陈其美不取消设在南市的讨袁军总司令部，他就命令海军开炮摧毁。陈其美为避免南市商场遭受战火破坏，决定将司令部迁至闸北沪宁车站北南海会馆，这里原是辛亥革命时期沪军第二十三师师长黄郛的司令部旧址。

24日晚9时，战火重燃，袁军探知沪杭火车站附近驻有新开到上海的钮永建部松军2000名，当即出动500人前往攻击。不久，讨袁军佯败西退，袁军紧随追击。这时，另一路松军趁机进攻制造局西栅，两军互有伤亡，仍然未见胜负。

25日晚，双方继续战斗，松军1500人猛攻制造局。袁军以探照灯扫视，一旦发现讨袁军，立即以机关炮轰击，并由海军开炮轰击，松军因探照灯射眼，无法前进，亦只能远距离开炮还击。翌日，驻沪领事团与工部局西董会议，再次决定干涉中国内战，于26日发出通告："上海外国公界，本为商务而设。近数日来，毗连之处乱起，阻挠商业，又复破坏本界秩序。现各外国领事馆及工部局宣示，或在本界或于七界以北毗连各乡，不准作为行军根据及阴谋计策中点之用。两方面之中国兵弁，无论何方，均须迁出本界北乡之外，以免战事波及本界，而保卫各国守分商民之安宁。且军事领袖与有连带者，无论何党或文或武，亦应由本界及本界北乡，立即迁出，如违定行提究。"

27日晨，租界工部局借口闸北中国商人请求保护生命财产，派遣总巡捕卜罗斯率马队30余人，侵入中国地界，开往闸北南海会馆和湖州会馆，驱逐讨袁军。蒋介石所率的原沪军第六十一团一部207名讨袁军为英军缴械。陈其美被迫将司令部迁往吴淞中国公学内。

28日晚，讨袁军对袁军制造局发起最后一次象征性的进攻。这一天，海军总长刘冠雄率领的舰队护送袁军第四师李厚基旅南下，三天后陆续抵达上海，进驻制造局，讨袁军被迫向七宝一线退却，制造局解围。7月31日，浙江都督朱瑞派遣的浙军也开赴上海支援袁军，松军被迫退往吴淞一带。讨袁军被迫退守在江湾—吴淞一隅。

7月31日，陈其美倚重的刘福彪部也在程德全的策反下，在吴淞准备叛变，企图与袁军里应外合，袭击讨袁军。幸亏发现及时，才未造成恶果。8月6日，吴淞要塞总监白逾桓与吴淞司令居正先发制人，将刘福彪部缴械。

8月13日，吴淞炮台遭袁军海军舰队巨炮轰击，炮台失守。钮永建部松军和居正部讨袁军退往太仓一带。至此，上海讨袁军完全失败，陈其美被迫逃往租界躲避。

在此之前，袁世凯已于7月31日悬赏捉拿陈其美、黄兴、黄郛、李书城等

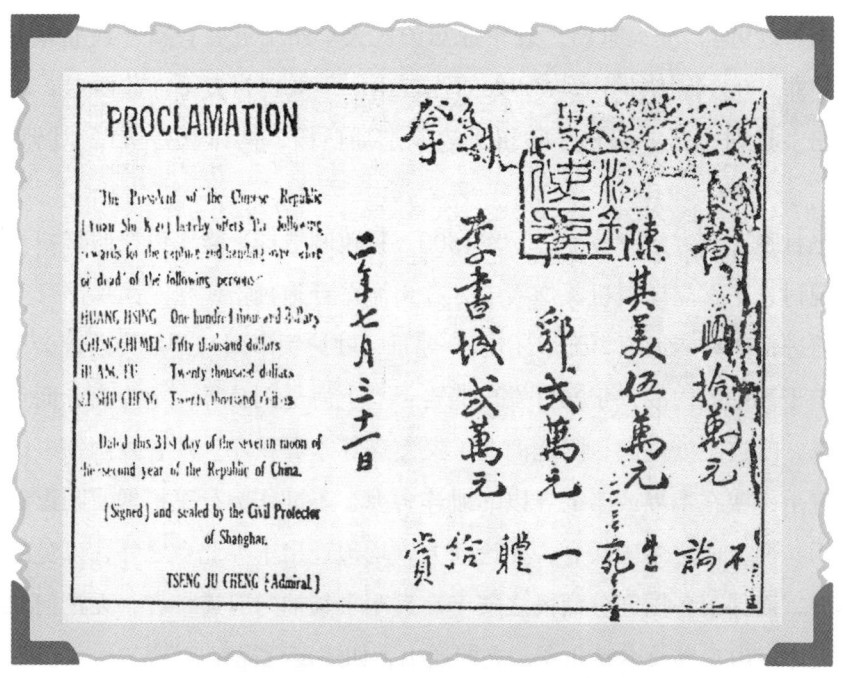

1913年7月31日，袁世凯悬赏通缉黄兴、陈其美、李书城、黄郛等4人的布告

四人。其赏格分别是黄兴10万元,陈其美5万元,黄郛与李书城各2万元,且不论生死,一律给赏。8月14日,上海租界工部局趁机落井下石,通知陈其美"不准留在或进入上海外国租界,"并声称,在接到本通知后,"若仍留在租界范围之内,立派巡捕拘拿"。对于租界当局的此种行为,陈其美非常气愤。8月31日,他致函上海领事团,对强令迁出租界事提出严重抗议,并且正告领事团:以公理人道为重,切莫与我国人民结怨。在陈其美的抗议下,领事团不能不有所顾虑,终于将驱逐陈其美出租界的原案撤销。

九、坚决拥护孙中山建立中华革命党,成为孙中山的首席助手

1913年10月1日晚,陈其美秘密离开上海,于3日抵达日本东京。

在此之前,国民党主要领导人和高级干部大多已亡命日本。孙中山是8月18日抵达日本东京的,寓赤坂区灵南坂二十七号海妻猪勇彦宅。黄兴亦于8月27日到达东京,化名冈本义一,寓芝区高轮南町。先后抵达日本的国民党高级干部还有李烈钧、柏文蔚、居正、谢持、许崇智、田桐、廖仲恺、熊克武、李根源、钮永建、林虎、冷遹、程潜、耿毅、章梓、方声涛、邹鲁、谭人凤、李书城、覃振、杨庶堪、周震鳞、何成濬、陈强、程子楷、王统等人。与陈其美一起留在国内坚持斗争的戴季陶、朱执信、邓铿等也于10月间陆续抵达日本。此外,蔡元培、吴稚晖、汪精卫、马君武、石瑛等人流亡到了欧洲;陈炯明、何子奇、彭程万、姚雨平、古应芬等则避居南洋群岛。

革命失败了,及时总结经验教训,以利于今后的革命斗争,这是非常必要的。但孙中山在总结国民党失败的原因时,却忽略客观原因,过分强调革命党人主观因素,并由此过分追究国民党军事领袖黄兴等人的责任,最终导致国民党两大领袖孙中山与黄兴的暂时分家和革命阵营的分裂。

孙中山不顾黄兴等人的反对,决定抛弃国民党,组织中华革命党。孙中山提出了三条建党方针:一、改变不服从领袖的心理,绝对服从党魁命令;二、使以前散漫的组织,变得严密起来,团结起来;三、把党内一切不革命分子、不纯粹的分子排除出去,正本清源。孙中山认为:"根本上须使党有统一的组织,坚固的宗旨,党员有纯粹的志趣,才有办法。"1913年9月27日,孙中山亲自拟定了入党誓词,严格规定:凡欲加入中华革命党者,无论其在党的历史及资格如何深久,皆须重新填写誓约,并加按指模以示坚决。这天,王统、黄元秀、朱卓文、陆惠生、马素等五位原国民党中下级党员首立誓约,成为中华革命党的第一批党员。其誓约全文如下：

立誓人某某，为救中国危亡，拯生民痛苦，愿牺牲一己生命、自由、权利附从孙先生，再举革命，务达民权民生两主义，并创制五权宪法，使政治修明，民生乐利，措国基于巩固，维世界之和平，特诚谨矢誓如下：

一、实行宗旨；

二、服从命令；

三、尽忠职务；

四、严守秘密；

五、誓共秘密。

从兹永守此约，至死不渝。如有二心，甘受极刑。

中华民国　省　县（捺指模）

中华民国　年　月　日

孙中山解释说："立誓约，订新章，一切皆有鉴于前车，而统一事权、服从命令为主要。"而要入党者在誓约上打指模是为了克服异党入据、以伪乱真的现象，同时也表示加入革命的决心。

但是，由于孙中山片面地总结了二次革命失败的教训，甚至错误地以为服从他，就是服从他所主张的革命，服从他的革命，自然应服从他。这种思想驱使他固执地改变了同盟会时代的民主原则，并借用旧式会党的落后的组织手段。其结果使秘密发展中的中华革命党染上了宗派主义的色彩。以黄兴为首的一大批原国民党高级干部对此极为不满，但却得到了陈其美等人的坚决支持。

1913年10月7日，陈其美偕戴季陶、陆惠生、山田纯三郎晋见孙中山，田桐随后亦到。陈其美经与孙中山交谈后，两人在一系列重大问题上达成了一致认识。陈其美说："辛亥革命，手持寸铁，集众数百，武昌一呼，全国振荡者，革命党之精神有以致之也。癸丑一役，据地数省，拥兵十万，北兵负隅，而全局失败者，革命党中锐气消沉之所致也。"陈其美还指出："二次革命之发生，由于第一次革命之敷衍妥协，而第二次革命之失败，由于我党之不统一。其原因皆由诸同志不能奉先生之教令，往事具在，后之进行，须鉴前车。欲革命之能达目的，非此不可。"在陈其美与孙中山会见的当天，即由孙中山担任介绍人兼主盟人，陈其美与戴季陶、田桐、范光启等加入中华革命党，陈其美在中华革命党的入党号是第七号。

对于孙中山这种矫枉过正的极端做法，不仅黄兴及黄派军人反对，就连孙中山的亲信胡汉民等也不大赞成。"黄兴及李烈钧在东，颇倡缓进之议，不善孙公所为。胡汉民、居正、谢持、杨庶堪等初龃黄李议，不愿加入新党。"胡汉民且私下约集居正、田桐、覃振、谢持等十几个人召开会议，商讨调停孙黄矛盾。会议开了十几个小时，最后商量出一个妥协折中办法：建议孙中山将誓词中"服从孙中山"改为"服从中华革命党之总理"。然后推代表向孙、黄分别说明，孙中山、黄兴二人都表示同意。但陈其美坚决反对这种妥协。陈其美对黄兴在二次革命中的迟疑不决本来就不满，在孙中山、黄兴的这场争论中，陈其美完全站到孙中山一边，成为孙中山最坚定的拥护者和支持者。据程潜回忆，有一回，陈其美与李烈钧在议论癸丑之役（即"二次革命"）南京方面军事失利的责任问题时，陈其美意在言外地把责任统统推到黄克强身上，说党人没有听从孙中山的意见，及早发难，致使失败如此之速。不料，李烈钧不仅不同意陈其美的看法，反而对陈反唇相讥，他对陈其美说："国民党改组后，事权不一，癸丑之役失利，黄克强岂能独负其责？辛亥之后，同盟会有些老同志利欲熏心，都想做都督，一时闹出了无数的野鸡都督，趾高气扬，自由行动，不受党的约束，这难道也要黄克强来负责吗？"据说，"陈其美听到这番意含揶揄的话，气得目眦欲裂，怒发上冲，但也只好吞声忍气，不加申辩而散。"

黄兴是革命党内具有崇高威望的三军主帅，如今却受到孙中山、陈其美等人的严厉指责，同盟会的军事骨干，即所谓"黄派军人"，如李烈钧、陈炯明、柏文蔚、熊克武、钮永建、李书城、冷遹、章梓、赵正平、方声涛、林虎、李明扬、龚振鹏、程潜、张孝准、陈强等深为黄兴抱不平，"皆愿以黄克强的进退为进退"。黄派军人并指责陈其美"在新党尚未宣布成立，就以青帮首领身份窃据组织部门要津"。当孙中山派居正、覃振等去劝黄派军人加入中华革命党时，黄派军人即表示："对孙中山先生忠实拥护，但不愿与帮会合作，现既不入党，也不会另立门目，妨碍革命的进行，请居、覃将这层意思转陈孙先生。"后来，拥护黄兴的一派人拒绝加入中华革命党，成立了奉黄兴为精神领袖的欧事研究会。

孙黄分家后，孙中山在陈其美、居正、朱执信、田桐等人的协助下，加紧了中华革命党的筹建工作。在此过程中,陈其美负责组织工作。他抱着多病之躯,奔走于各地,多方动员亡命日本的革命党人服从孙中山,参加中华革命党。到1914年四五月间,加入中华革命党的党员已达四五百人。为此,孙中山很欣慰地说:"吾党分崩之象悉已消灭。"他指示陈其美、居正、胡汉民、田桐、杨庶堪、周应时等人成立筹备委员会,讨论组织机构、干部选举、党员大会等问题,为成立中华革命党总部做准备。

7月8日下午,在东京筑地精养轩召开了中华革命党成立大会。此时加入中华革命党的党员已有692人,其中在东京加入者548人,上海加入者113人,大连加入者17人。参加当天成立大会的党员有205人。在居正说明中华革命党总部成立的理由和今天召开"恳亲会"的宗旨后,孙中山在会上做了大约1个半小时的演讲,号召大家做好第三次革命的准备。

根据总章规定,总理之下设协理一人,协理原拟推黄兴,但因黄无意出任,孙中山提议曾任过都督的都可当选,也就是要从陈其美、胡汉民两人中选一人。陈、胡互相谦让,结果协理一职出缺。经过调整后的各部部长、副部长人选如下:

1914年,陈其美(前排右)与孙中山(前排中)等在日本留影

总务部长	陈其美	副部长	谢持
党务部长	居正	副部长	冯自由
军务部长	许崇智	副部长	周应时
政治部长	胡汉民	副部长	杨庶堪
财政部长	张人杰	副部长	廖仲恺

孙中山规定:"总务部为各部之领袖,各部事应受其考成。"凡孙中山以总理名义发布的命令或委任职员必须由总务部及有关部长副署。陈其美除负责总务部事务外,还代理财政部事务。财政部为中华革命党的理财机构,孙中山最初拟请在南洋筹款的邓泽如担任,邓以隔涉两地,辞而不就。孙中山提名张人杰,张只允"摆摆名字",声明"一切公事,我都不管",因此直到1915年2月,才正式组织财政部,在此之前,财务多由陈其美主持的总务部代理。

二次革命失败后,孙中山片面地总结二次革命失败的原因,过分追究革命党人主观上的责任,导致革命党内部的裂痕。在组织中华革命党过程中,又不适宜地借用旧式会党的落后组织手段,使中华革命党染上了强烈的宗派主义色彩,这不仅表现为盲目地排斥异党,也排斥了大多数昔日并肩战斗的革命党军事骨干。有学者指出,中华革命党实际上已成为一个狭隘、封闭的小团体组织,这样的政党脱离了人民,脱离了其阶级基础,结果把自己孤立于群众之外,而将革命的胜利完全寄托在孤注一掷的军事冒险行动之上,这就注定了中华革命党在未来的政治斗争中不可能有多大作为。

对于陈其美在中华革命党中的地位和作用,孙中山曾予以高度评价,称赞他是中华革命党的"唯一柱石","第二次革命失败后,志意极为坚锐,本部成立,以掌总务,实能代弟任劳任怨"。但也有人有不同的意见。陈劭先说:"中华革命党本部总务部长陈其美着重拉拢土匪流氓,好搞破坏暗杀,在上海还组织了一个帮会式的'十三兄弟',记得有蒋介石、杨虎、韩恢(江北匪首)等,主持其事。因此对这路的'英雄好汉',总是有求必应,要钱有钱,要名义给名义,不问真假。江西人刘平,在上海穷得没办法,写信给东京本部,说他在江西可以召集几千人起义,就骗到了一个司令官衔和一笔款子,而上海交通站做党务工作的同志,却拿不到一文钱,连吃饭都成问题。大家推我去东京见中山先生,大胆陈述意见。先生回答:'要知道,空喊革命有什么用?一百人中有九十九个骗我,只要一个人不骗我,就可以把革命空气激起来。'不错。暗杀上海镇守使郑汝成,运动肇和兵舰起义,的确轰动了一时;但有不少同志总觉得,专靠这样的做法是很难以成大事的,而老老实实做党务工作的党人倒无事可做,未免失去组织的意义。……总之,中华革命党的成立,并不如中山先生所期望的,恢复同盟会的革命精神,成为健全有力的革命党,同时在用枪杆解决政治问题的时代,又没有建立和掌握忠实可靠的武力。这样,以后中山先生的起落,就不得不取决于地方军阀的拥护或反对了。"

另外,青年党党魁曾琦曾写过一副《挽孙中山先生》的对联:

三十年革命辛勤,排满讨袁;百战相依唯一李!
廿一省人民属望,兴邦定国,千秋遗憾误三陈!!!

对联中"一李"指李烈钧;"三陈"指陈其美、陈炯明、陈独秀。曾琦认为"中山一生失败之处,即在'用人不慎'"。曾琦认为孙中山为陈独秀所误,显然出于他的反共政治偏见;说孙中山误于陈炯明,也好理解;至于说孙中山为陈其美所误,是否即指孙中山在组织中华革命党时过于重视陈其美一事呢?

十、领导东南各省的讨袁斗争

中华革命党成立后,不久即爆发了第一次世界大战。第一次世界大战是帝国主义列强重新瓜分世界的战争,主战场在欧洲。欧洲列强相互厮杀,无暇顾及东方。而袁世凯的后台是英美列强,第一次世界大战一起,袁世凯顿时失去了靠山。对此孙中山极为兴奋,他对日本友人犬养毅说:"刻下欧洲战乱确为中国革命之空前绝后之良机。据最近对中国内地以至南洋及美国等地之形势调查,革命声势愈加高涨。相信此时乃举旗之大好时机,遂决定起兵举事,目前正在准备之中。"陈其美赞同孙中山对形势的分析,他发表谈话说:"余相信刻下欧战乃中国第三次革命之绝好时机,然而革命并非易事,更不容易轻举妄动,必须周密考虑,审时度势。我等革命党人刻下已大体完成第三次革命之作战计划,约百名在京同志返回国内,何时举兵唯欧战形势如何而定。余等党员目前正在观望形势,如德国势成败局,即为我中国各省革命起义之时。"

8月28日,孙中山与丁仁杰、周应时、戴季陶、陆惠生等人来到陈其美所住的东京赤坂区高桥医院,商讨行动方针,决定倾全力经营江苏、浙江与广东三省,并派"邓铿图粤,夏之麒图浙,复灵兄弟图宁,互为犄角,策划决定"。为了便于统一指挥,还决定在上海设立总部,派蒋介石和陆惠生前往筹办。同时派遣大批党员回国,运动军队,筹备讨袁。至8月下旬,从日本东京、大阪和长崎等地先后回国的革命党人有300多人。

孙中山希望日本政府在外交、军事及财政上支持他发动的第三次革命。为此,孙中山带领陈其美、戴季陶等走访了日本朝野领袖犬养毅(日本国民党领袖)、头山满(日本浪人首领)、板垣退助(日本自由党和立宪政友会创始人)等,希望他们出面说服日本政府支持革命党人搞第三次革命。但此时的日本正利用第一次世界大战西方列强无暇东顾之机,向德国宣战,并趁机出兵中国山东,夺取了德国在山东的势力范围。日本政府正在向袁世凯政府施加压力,图谋获得更多的侵略利益,因此决定不支持孙中山及其革命计划。当时,孙中山甚至提出:宁肯答应日方的任何条件,也希望日本提供军资贷款。但日本基于能从袁世凯那里获得更多的好处,对孙中山提出的条件不予理睬。孙中山无法从日本政府那里得到一文贷款。

1915年夏末,孙中山在东京召集中华革命党各部部长及高级干部会议,决定设立中华革命东南军、东北军、西南军、西北军四个总司令部;以陈其美为东南军总司令,主持东南军事,在上海设立筹备处。然而,陈其美在江浙一带活动半年,其所拟的江浙并举计划一直未能付诸实施,究其原因,主要有两点:其一,由于袁氏军队调动抽换频繁,革命党对某一军队活动方有头绪,即被他调,往往功亏一篑。遇到新军队,须重新着手。其二,由于经费极端困难,致使人心士气低落。孙中山曾估计在江浙举事,非有十万金不济。陈其美为了筹措经费,不断致函海外支部,捐款救国。为了募款,陈其美亲访富人李煜堂,然李无意于讨袁,拒不见面。而中华革命党东京本部,只能援助小额款项,作为维持日常开支的费用。

据说,陈其美潜入上海不久,即为袁世凯的密探侦知,江苏督军冯国璋悬赏五万元捉拿他。陈其美整日与同志躲在法租界环龙路14号阁楼中,以馒头充饥。偶尔外出,也必须经过一番乔装打扮。在敌人的严密监视下,陈其美无法亲临指挥讨袁行动。陈其美在上海一筹莫展,心情非常沉重,他甚至电告孙中山,称:"如事不成,决不再亡命日本。"孙中山接到电报后,大惊不已。恐陈其美轻于牺牲,遂一再致电促陈其美东渡,再作定夺。在孙中山的一再催促下,陈其美在8月间离开上海,返回东京。

陈其美回到东京后,参加了由孙中山主持召开的军事会议,出席会议的还有居正、许崇智、周应时等。他们一起研究了袁世凯的兵力部署及革命党在国内的力量分布,考虑到袁氏以皖、粤、湘为革命党势力的根据地,特派心腹大将镇守,并遣北洋军驻防;而且汤芗铭(湖南督军)、龙济光(广东督军)、李纯(江西督军)、倪嗣冲(安徽督军)等又极力迎合袁氏意旨,残酷屠杀革命党人,这几省的革命力量受到严重摧残,革命党人几乎被赶尽杀绝。相比之下,袁世凯的势力在西南各省就显得比较薄弱,特别是云南,"自辛亥以后,袁家势力未曾侵入"。因此,陈其美提议先从西南入手,"尤其是云、贵两省,乘隙抵虚,较易为力"。陈其美的建议得到与会者的一致同意,会议当即决议从事西南,而以粤东为机枢,并推陈其美主持西南工作,在香港设立办事处,加强与西南各省的联系,积极策动云贵起事,"先从西南造我根据"。

10月中旬,陈其美离开东京,取道上海,准备南下。当时因为袁氏卖国,人心激愤,在革命党人的活动下,上海一带的海陆军表示愿意反袁者日众。在上海主持工作的革命党人认为机不可失,坚决要求陈其美留下来主持上海讨袁事宜。陈其美请示孙中山,孙中山随即改派陈其美为淞沪司令长官。陈在上海法租界霞飞路渔阳里五号设立了总机关,并委派吴忠信、蒋介石、杨庶堪、周淡游、邵元冲、丁仁杰、余建光等,分任军事、财政、总务、文牍、联系诸职务。

陈其美为了在上海打开局面,决定首先除掉袁世凯的忠实爪牙、上海镇守使郑汝成。

郑汝成(?—1915),字子敬,河北省静海县(今属天津市)人。毕业于北洋水师学堂及英国海军学校,曾任烟台海军学堂监督、烟台海军教练营统领、海军部司长等。1912年任袁世凯的侍从武官、海军执法官等。孙中山发动二次革命时,袁世凯派郑汝成率军南下,进驻上海制造局。袁世凯镇压二次革命后,即任命郑汝成为上海镇守使。郑汝成为人权谋诡谲,干练多才。他上任后,秉承袁世凯的意旨,残酷地镇压在上海活动的革命党人,据统计,到1914年9月止,被郑汝成杀害的革命党人便有87人之多,当时流传一句顺口溜:"镇守使署是鬼门关,党人只去不再还。"袁世凯复辟帝制的企图公开后,郑汝成极力赞助,并且扬言:"一身独当东南各省反对之冲。"因此被袁倚为"东南柱石"。1915年10月，袁世凯授予他将军府"彰威将军"称号。陈其美认为，上海为东南第一要区，吴淞要扼长江之口，制造局为后方重地，都是军事上必争之地。但海军不得，则上海难下；上海不下，则东南难图。要取上海，须先除去郑汝成，"酋逆不杀，则上海与海军二者皆不能急图也。是以从事杀酋逆郑汝成为第一要务。"

要除掉郑汝成，却非一件容易的事。郑汝成的府邸戒备森严，本人又深居简出，行动甚为诡秘，陈其美等一时无从下手。11月8日，陈其美获悉日本大正天皇于11月10日举行加冕典礼，日本驻沪领事将开会庆祝，郑汝成作为上海的最高军事首长，将奉袁世凯之命前往祝贺。陈其美认为这是除郑的绝好机会。9日，他召集杨虎、孙祥夫、周淡游、李海秋等革命党人在法租界萨坡赛路14号开会，布置狙击郑汝成的行动计划。决定凡是郑汝成可能经过的地方，都派革命党人埋伏路口：吴忠信领安徽革命党人在十六铺；江浙革命党人在跑马厅；谢宝轩等在黄浦滩；马伯麟、徐之福等广东革命党人在海军码头。陈其美认为，英租界外白渡桥是郑汝成的必经之地，此地离日领事署距离最近，而且车辆在此必须转弯慢行，最利于伏击。考虑再三，决定选派干练沉稳、枪法娴熟高超的王晓峰、王明山担此重任。因这次行动事关重大，陈其美于当天召见王晓峰、王明山两位志士，10日上午10时半，各路伏击人员携带炸弹、驳壳枪与五百发子弹分头出发。王晓峰、王明山与孙祥夫潜伏于外白渡桥北墩三四丈处。郑汝成因已获悉外面风声很紧，临时改变了行车路线，先绕道乘汽艇至汉口路外滩登岸，换乘汽车。因此，其他各部伏击人员均未能遇到郑汝成的车队。11时许，郑的汽车行至外白渡桥北墩附近时，车速减了下来，在将上桥脊时，孙祥夫认定身着黑披肩、大礼服者是郑汝成，急发令执行。王明山立即向郑的汽车投去一枚炸弹，但因用力过猛，炸弹落在了车后。郑氏座车司机发现情况有异，想加速急驶而逃。王明山眼明手快，又冲上前去，投出第二枚炸弹，命中车的后身，郑氏在车中被震得失去知觉。王晓峰迅速跳上郑氏座车沿，左手握车栏，右手提驳壳枪，对准郑的头部连发十枪。因射击距离近在咫尺，郑汝成当即脑浆迸裂，当场毙命。王明山、王晓峰击毙郑汝成后，本可以从容逃脱。但他俩见刺郑目的达到，便放声大笑，立桥头演说一分钟，从容被捕。在法庭上，二位志士侃侃而谈："郑汝成辅袁世凯叛民国，余等为除贼，使天下知吾人讨贼之义，且知民贼之不可为。"但当法官再三盘问主使人及同党时,二人"坚不吐实",只是自豪地说:"吾为祖国立一大功,虽死无憾。"然后从容就义。

郑汝成的死讯传到北京,袁世凯"大为伤感,辍会终日"。11月,袁世凯下令追赠郑汝成一等彰威侯,照上将阵亡例议恤,给治丧费2万元,拨天津小站营田3000亩给郑氏家属,并在上海及原籍建立专祠。这些均说明,陈其美刺杀郑汝成,沉重打击了袁世凯。孙中山为之振奋不已,他高度评价说:"此等气魄,真足令人生敬,沪去此贼,事大可为。"

郑汝成被诛后,袁世凯急忙下令裁撤上海镇守使职,改设淞沪护军使,以杨善德、卢永祥为正副护军使,同时任命何丰林为上海防守司令。袁世凯还下令江苏将军冯国璋及长江巡阅使派军队协助防守上海。

但是,新任护军使杨善德为人平庸,在军内毫无威信,致使军心浮动。陈其美抓住这个时机,派遣杨虎等人对停泊在长江上的肇和、应瑞、通济三艘军舰上的官兵做了很多工作。特别是肇和军舰舰长黄鸣球同情革命党人,所以革命党人对该舰官兵的争取最有成绩。肇和舰上实习生陈可钧表现最为积极,主动担负起了倡导起义的任务。经过艰苦细致的工作,肇和舰上的多数官兵均表示愿意起义。应瑞、通济两舰官兵赞成起义的也逐渐多了起来。此外,革命党人运动陆上军警的工作也进行得相当顺利,"陆军及警察,已多表同意于我党"。陈其美认为上海起义的时机已经成熟,制定了"以舰队为主,炮队营为副,同时并举"的行动计划,并决定在12月中旬发动。

正当陈其美等人酝酿上海起义的同时,情况突然发生了变化。原来,革命党人运动上海军警时,不慎走漏了风声。袁世凯得到密报后,立即下令采取隔离措施,将所有有嫌疑的陆军一部分调往北方,一部分就地解散,并令有嫌疑的军舰出海活动。12月1日,海军总长萨镇冰奉命来到上海检阅海军,并命令肇和舰于12月6日开赴广东。这突如其来的变化,打乱了陈其美等人先前的全部计划。革命党人找到陈其美,对他说:"我党联络肇和之成绩,为各舰之冠。今若听其开去,则将来发动尤难。"一致要求陈其美提前于12月6日以前发难。陈其美立即召集革命党人商讨对策,经过反复思考,多数人均认为:肇和、应瑞、通济三舰是海军中的精华,一旦发动,这几艘军舰均可同时得手,然后再用军舰上的炮火对付陆军,陆军必定溃败。会议当即决定,趁海军各舰长公宴萨镇冰之日,即12月5日午后4时发动。

陈其美为这次行动制定的战略目标是："袭击海军，后即攻制造局，再取吴淞要塞，然后图浙攻宁，以为东南之根据。"陈其美经报请孙中山批准，自任淞沪司令长官，吴忠信为参谋长；黄鸣球为海军总司令，杨虎、孙祥夫为海军陆战队正副司令。事前还约定，以海军炮声为号，各路同时并举。5日下午3时，杨虎率领海军陆战队30多人，暗藏手枪、炸弹，扮作游客，乘汽艇由黄浦出发，直奔肇和军舰。途中，汽艇上悬起"青天白日旗"，因此旗与当时政府海军旗相似，肇和舰上官兵误以为有人前来校阅，乃集合官兵在甲板上列队欢迎。当汽艇靠近肇和船舷时，陈可钧按计划率众响应。因事先已有默契，响应者颇多。杨虎等人顺利登上军舰后，当即宣布中华革命党的讨袁宗旨及起义目的，舰上官兵欢呼赞成。6时许，杨虎命令肇和舰向上海制造局开炮，起义正式开始。另一路由孙祥夫率领的海军陆战队30多人，由杨树浦乘小汽船出发，以夺取应瑞、通济两舰为目标。正当孙祥夫等人快要接近应瑞舰时，被巡捕发现，索阅出港护照。但革命党人在购买小汽艇时并未向海关注册领牌，取得护照，而且亦不知道海关向例无护照之船只不能靠岸停泊。这突如其来的变化，使他们束手无策。孙祥夫等被巡捕所阻，被迫折回，夺取应瑞、通济两舰的计划流产，肇和舰陷入了孤立无援的局面。

肇和舰上的炮声一响，潜伏于租界上的数百名革命党人闻声而动，按照预定计划，分数路向预定目标进发。谭斌、朱霞率数十名革命党人，身着便衣，手持短枪，冲入南市电话局。局中人一时不知所措，未遇抵抗，革命党人占领了电话局，并立悬三色旗及海陆军总司令旗。但不久，袁军即从制造局开来一支部队反攻电话局，革命党人因力量不支，被迫退出，电话局复为袁军占领。薄子明率领的200人，潜伏于警察局附近的隐蔽地，俟炮声响起，即向警察局发起进攻。但因袁军已占领各要道，且武器精良，革命党人皆持短枪，难与之抗衡，同样不敌而退。陆学文率领的数十名革命党人，各持炸弹、手枪，向淞沪警察第一署及工程总局猛攻，打算夺得军械，占据局署，设置起义前线指挥部。革命党人以炸弹摧毁警察署大门，同时手枪齐鸣，向顽抗的警察射击，警察抵挡不住，全体溃散。革命党人攻入警察署，缴获了一批枪支弹药。次日拂晓时分，袁军展开反扑，经过激战后，革命党死伤过半，损失惨重，不得不撤出阵地。由姜汇清、曹淑实率领的四五十人，于夜半攻击闸北四区警察二分署，革命党人与警察遭遇后，开枪击伤警察二名，尔后也因实力悬殊而失败。

革命党人数路并起，初看声势似乎颇大。但实际上，革命党人不仅缺枪少弹，而且多系临时组织起来的会党分子，战斗力很差。淞沪护军使杨善德、上海防守司令何丰林凭借雄厚兵力，一面调兵遣将组织反攻，一面下令全市戒严，派兵把守各处关卡要隘，并会同租界当局加强巡守。

在袁军的反扑下，各路革命党人均因寡不敌众而迅速溃败，夺取制造局的计划也终于落空。在渔阳里5号总机关坐镇指挥的陈其美，闻肇和舰炮声一响，即率领吴忠信、蒋介石、丁景良、周应时等冒险赶赴华界，准备就近指挥一切。但走到半路上，即传来各路起义军相继失利的消息，陈其美等人急忙赶回总部，商议再取应瑞、通济两舰计划及布置各路重新反攻计划。正在计议之中，忽有法租界巡捕房侦探及巡捕十余人破门而入，当即逮捕了在楼下望风的陈果夫、丁景良二人。陈其美、吴忠信、杨庶堪等人听到楼下骚动，迅速登上屋顶逃脱。后转移至蒋介石的寓所——新民里11号，隐蔽了起来。革命党的指挥机关遭到破坏。各路起义军失败后，只剩下了肇和军舰仍在孤军奋战。

在肇和舰起义时，即向应瑞、通济两舰发出信号，问其是否同意起义。两舰皆发回信号，称"正在会议，当可赞同，请勿攻击"。肇和舰得此信息后，即不疑有它，安心等待两舰的响应。夜半1时，杨善德、萨镇冰与海军总司令李鼎新等人赶到江南制造局，商议对付肇和舰的办法。经请示袁世凯后，决定击沉肇和舰，并从交通银行提取现款20万银元，由萨镇冰亲自送到应瑞、通济二舰上，收买这两艘军舰向肇和舰开炮，并许诺在事成之后，加封100万元犒赏费。当贿款运到后，应瑞、通济二舰上的气氛顿时为之一变。一些原先已答应参加起义的官兵在得到厚贿后，又垂涎于今后的高官厚禄，纷纷改变主意，转而赞成攻击肇和舰。两舰上的革命党人虽然竭力阻拦，但经不起金钱利诱的官兵占了多数，革命党人也就无能为力了。

6日拂晓4时许，应瑞、通济两舰突然发炮，猛攻肇和舰。正在静待两舰响应的肇和舰，在毫无准备的情况下，急忙发炮还击。但慌乱之下，多数炮弹均未能击中敌舰，而肇和舰却屡屡中弹，死伤枕藉，在肇和舰上指挥的杨虎原打算将舰开出吴淞口，以避打击，但革命党人不懂电气起锚法，无法开船。革命党人只能据守肇和舰，应战到底。杨虎在败局已定的情况下，不得不下令弃舰撤退。杨虎等凫水脱险，陈可钧等数十人因伤势严重，无法行动，被袁军捕获，后来均英勇就义。

肇和起义，从开始到结束，前后不满12个小时。革命党人被捕40余人，伤70余人。陈其美后来总结说，"财力不足"是肇和起义失败的主要原因。据说，这次起义从酝酿到事后的抚恤，革命党人仅用了4万元，而袁世凯仅收买应瑞、通济两舰即花了20万元，两者相差悬殊。

肇和起义虽然失败了，但其影响仍然是相当大的。它以无可辩驳的事实戳穿了袁世凯及其拥护者们所谓帝制运动出于真正民意的谎言，给帝制运动以当头一棒。孙中山后来高度评价说："肇和一役，事虽未集，然挽回民气，使由静而动，实为西南义军之先导。"

十一、被袁世凯指使的刺客暗杀身亡

为了统一指挥中华革命党的讨袁斗争，孙中山于1916年2月22日任命陈其美为江浙皖赣四省总司令，次日又令陈其美就近接洽湘、鄂等省讨袁事宜。不久，孙中山还委陈其美兼任江苏司令长官。护国战争发动后，孙中山迫切希望陈其美在以上海为中心的东南地区打开局面，以便压倒和抗衡进步党、欧事研究会和西南实力派联合领导的反袁力量，以掌握反袁革命的主动权和斗争方向。因此，孙中山对陈其美寄予了极大的希望，期望他重演辛亥革命时先取上海，依次取东南的一幕。孙中山希望陈其美与王统一合作，分别策动上海的陆军和海军起义。他在致陈其美的电报中说："沪能得手，则万事皆就，望勉图之。"

为此，孙中山将募捐得来的款项大部分寄给了陈其美。3月12日，孙中山致电陈其美，告以允汇款20万元，作为江浙革命活动及运动第二舰队反正的费用。16日，孙中山汇给陈其美21万元，其中1万元给在湖北活动的田桐。在这期间，孙中山一日三电，催促陈其美早日发动。特别是3月下旬，孙中山得到一则政治情报，称袁世凯的政治顾问莫理循向袁献策，让袁暂退，由黎元洪出而代之，俟第一次世界大战结束，袁再借英国的力量复出。孙中山获悉后，再次敦促陈其美："沪事当发于袁退之前。"尽管孙中山一日三电，但陈其美与王统一策动上海海陆军起义的工作却始终未能奏效。陈其美想效辛亥故事，与李平书等上海资产阶级巨头联合在上海发动起义，但遭到委婉拒绝。

陈其美在上海束手无策，于4月中旬派杨虎、尤民等人赶赴江阴运动军队。当时驻江阴的部队是苏军第七十五混成旅。杨虎等人抵达江阴后，对部队策反相当顺利。4月16日，江阴驻军宣布独立，第七十五混成旅旅长方更生出逃，杨

虎宣布就任司令官。4月23日，起义军在进攻无锡时，遭到卢永祥、朱熙等部优势兵力的阻击，起义军寡不敌众。26日江阴失守，尤民遇难，杨虎潜逃，起义失败。

4月27日，孙中山偕廖仲恺、戴季陶等由日本启程回国，在国内指导反袁斗争。行前一天，即4月26日，孙中山致电陈其美，称："若沪、浙能入吾党范围，则大局可定矣。"遵照孙中山的指示，陈其美于4月底派中华革命军浙江司令官夏尔屿赴杭州，试图掌握浙江局势。但浙江独立后，实权仍落入了浙江军界实力人物吕公望、童保暄、夏超等人手中。5月1日，夏尔屿在杭州为吕公望等人杀害，陈其美的图浙计划宣告失败。5月5日，陈其美又派遣数十名革命党人分乘汽船数艘，由上海驶抵吴淞口，企图袭击策电舰，仍遭到失败。姜永清、杜鹤麟等20余名革命党人被捕。

陈其美作为中华革命党在东南地区的最高领导人，以不屈不挠的精神，始终坚持讨袁斗争，袁世凯对其恨之入骨，必欲去之而后快。

据《民国日报》报道，袁世凯政府在上海租界闸北设立了暗杀机关，专门对付陈其美及中华革命党人。中华革命党的重要干部范鸿仙、夏之麒、张志刚等先后被袁世凯派出的密探刺杀身亡。陈其美更是他们要刺杀的首要目标。革命党人均为陈其美的安全担忧，劝他出入时绝对要慎重。但陈其美早已置生死于度外，丝毫不以为意。他对进言的周佩箴说："佩兄！我们革命党本是抱牺牲主义的，何畏乎暗杀。现在本党士气颓唐，若我被暗杀，本党士气，一定可应时振作。同志一定奋力除奸，则死了一陈英士，一定可产生千千万万陈英士，对于本党国家前途，非常之好。"

由于陈其美的疏忽大意，终于中了袁世凯爪牙的毒计。原来，袁世凯派来对付陈其美的密探许国霖、程子安、朱光明等获悉陈其美经济困难，急需筹措一笔革命经费时，当即将计就计，虚设了一个所谓的"鸿丰煤矿公司"，收买革命党的叛徒李海秋、王介凡出面，向陈其美诡称"鸿丰煤矿公司"拟将一块矿地向日商典押借款，他们请陈其美介绍一个日商，答应事成之后可将借款的四成作为介绍费送给陈其美。陈其美正因筹款无着而发愁，根本没有想到这是李海秋等叛徒设下的毒计，当即欣然应允。

1916年5月18日，是双方约定的签字日。这天，袁世凯的特务爪牙许国霖、程子安和叛徒李海秋、王介凡偕同日本商人，分乘马车来到萨坡赛路14号。

事先程子安等已令王殿章、任子广、王润甫、王子连和潘甫庭等杀手手持短枪、石灰包等埋伏于各路口，并派杜福生准备了汽车、马车，准备在行凶后脱逃之用，派宿振芳在弄堂口望风。在一切布置妥当后，程子安来到萨坡赛路14号，陈其美在底层客厅与他们见面。这时，李海秋借口合同底稿没有带来，要回去取。李刚走出门，程子安等特务即拔枪向陈其美射击，陈的头部连中数枪，倒在血泊里，当即牺牲。吴忠信、邵元冲、丁景梁、余建光等革命党人听到枪声，急忙冲了出来，凶手举枪狂击，夺门而逃。凶手许国霖刚想坐黄包车逃逸，被一工人推翻车子，当场抓获。在弄堂口望风的宿振芳也被捕获。叛徒王介凡被乱枪打死，潘甫庭受伤，后死于医院。

1916年，陈其美上海遇难处

有关陈其美遇刺案的黑幕，始终没有充分揭露。在法庭上，宿振芳供认："程子安奉张宗昌命令，暗杀陈先生。"许国霖则供："程子安本为张秀全、韩恢、胡侠魂等部下。"张宗昌原系东北胡匪，参加过辛亥革命，所部调上海时，归沪军都督府指挥，因此也算是陈其美部下。后因张部纪律不好，调赴徐州，整编后属第三师冷遹所部。二次革命中徐州之战，袁世凯政府军收买徐州土匪袭击讨袁军后路，而土匪则买通张宗昌部不战先溃，迫使讨袁军全线后撤。兵退浦口后，张宗昌以第三师名义向袁军接洽投降，参与进攻南京之役。此次又参与策划了暗杀陈其美的暴行。张秀全身份不明，而韩恢、胡侠魂则都是"铁血监视团"成员。他们的部下程子安参与了刺杀陈其美的罪恶活动。如此看来，陈其美与宋教仁一样，是被参加过革命，而后被袁世凯收买的会党分子所杀。陈其美一生都在利用会党从事革命活动，而袁世凯则反过来收买会党分子对付革命党人。陈其美之死，是中国软弱的旧资产阶级民主革命中的又一幕悲剧。

20世纪30年代陈其美墓

第二节　陈氏家族第二代显赫人物——陈果夫、陈立夫兄弟

蒋介石（1887—1975），字瑞元，浙江奉化人。1906年，首次到日本，本想进军校学习，但当时清政府与日本政府协定，只有经清政府陆军部保送，才能进入日本的军事学校学习。蒋介石进不成军校，便进了东京民办的清华学校学习日语。在此期间，蒋介石结识了在警监学校学习的陈其美。陈比蒋大10岁，因是浙江同乡关系，两人情趣相投，言谈合拍，遂结为至交。

上海光复后，陈其美与黄郛、蒋介石于1912年初在上海打铁浜45号蒋介石的寓所拜天地，结为金兰兄弟，陈居长，黄居次，蒋老三。蒋介石打了三把军刀，上刻陈其美所作誓言："安危他日终须仗，甘苦来时要共尝。"蒋介石送给陈其美、黄郛各一把做纪念。蒋介石还表示，今后一切唯两位兄长马首是瞻，叫做什么就做什么，决无二言。陈、黄、蒋结拜，在中国近代史上是一件影响深远的大事，其影响不亚于三国时代刘、关、张的桃园结义。

陈其美遇难的当天晚上，蒋介石将陈其美的遗体移到其法租界蒲石路新民里11号寓所。20日午后6时入棺成殓。蒋介石以盟弟的身份写了一篇十分哀伤的《祭陈英士文》：

> 维民国五年五月二十日，盟弟蒋介石致祭于英士先生之灵曰：呜呼！自今以往，世将无知我之深爱我之笃如公者乎。丁未至今十载，其间所共者何如事，非安危同仗之国事乎？所约者何如辞，非生死与共之誓辞乎？而乃一死一生，国事如故，誓辞未践，死者成仁取义，固无愧于一生，而生者守信坚约，岂忍惜于一死。呜呼！大难方殷，元凶未戮，继死者之志，生者也；完死者之业，生者也。生者未死，而死者犹生；死者之志未终，而生者终之；死者之业未成，而生者成之。不终不已，不成而不死，亦不已，以履去春握别扶桑第二化身谶语，以守我之信，坚我之约而已。呜呼！追念前情，悲多而乐少，思深而恨长。辛亥以前，谋浙谋粤，一事未成，患难日迫，激感日深，几不知复有尔我之分也。辛亥以后，祸乱相寻，变故百出，非知爱之挚，鲜不为奸人所中伤。癸丑一役，败挫之余，从公往来，不离朝夕者，曾几何人。长逝以后，继公事业，不渝初终（衷）者，更有何人。向之趋炎附势，排我斥我毁我诬我者，果何如乎？今之幸灾乐祸，妒公忌公讥公刺公者，又何如乎？诚耶？伪耶！是耶？非耶！不恨生前之中谗，唯愿死后之可告慰耳。噫！赤忱未剖，奸邪觑隙，忠言失察，竟成今日之祸，悲乎哀哉。而今而后，教我勖我，爱我扶我，同安同危，同甘同苦，而同心同德者，殆无其人矣。已矣哉，感此苍凉，吾复何言。世路崎岖，人心险巇，瞻前顾后，徒增寒心。白发在堂，黄口离抱，奉老扶少，更切苦思。公其有灵，来格来歆。

蒋介石的这篇祭文，从文辞上看虽然说不上特别优秀，但却是真情的流露，概述了他与陈其美的"十载"相交，表达了继承遗志以竟未成之业的决心。

蒋介石因为陈其美的关系得到孙中山的重用。1924年3月2日，蒋介石写信给孙中山，着力吹嘘他与陈其美之间的特殊关系："中正与英士共事，始终如一，未尝有或合离之形神，当时困苦艰难，可谓十倍于今日，而中正忍痛耐辱，曾不懈馁者，乃以其信之专，爱之切而知之深也。以我两人一万古交情，虽手足之亲,未足间某月盟契;骨肉之挚,不能逾其恩义,肝胆相照,可质天日,故能与仗安危耳。"蒋介石并且以此要求孙中山,像陈其美一样对待他:"先生不尝以英士之事先生者期诸中正乎?今敢还望先生先以英士之信中正者而信之也。先生今日之于中正,其果深信乎,抑未之深信乎?中正实不敢臆断。"不久,孙中山即任命蒋介石为黄埔军校校长,以此为契机蒋介石在中国政坛崛起,而黄郛又成为蒋介石的亲信谋士,在政坛继续呼风唤雨。

因此之故,蒋介石成为中华民国最高统治者后,出于一种显而易见的政治目的,编造了一个"孙中山——陈其美——蒋介石"的所谓国民党正统。

1927年4月12日,蒋介石在上海发动反革命政变,将昔日并肩战斗的共产党人淹灭在血泊之中,随即蒋介石在南京建立起了蒋记南京政府。蒋介石上台不久,即赶到上海,主持陈其美殉国11周年纪念会。蒋氏在演讲中信口雌黄:

> 我们要明了国民革命军能够长驱直入的底定苏浙皖赣闽鄂到长江流域,肃清军阀及一切反革命派,青天白日旗竖到久被帝国主义把持的海关上,固然是我们国民党总理孙先生的主义政策,与国民党的奋斗,及武装同志的牺牲而得来的,然而我们追溯前源,我们的成功,也就是陈烈士遗给下来的。我们要知道,各位同志有今天能够热烈的聚会的机会,也就是陈烈士送下来的。倘若没有陈烈士在民国四年那时候的牺牲,我们绝没有今天的成功,没有陈烈士那时候的有革命精神的模范,绝不会有今天的现象,今天的成功。……我们国民党是中华革命党孵生出来的。中华革命党是总理创造的,总理的创造中华革命党,也得陈英士许多助力来的。所以我们追溯国民党领导国民的成功,我们第一纪念总理,第二是要纪念陈烈士。没有陈烈士,就没有国民党。辛亥那年的成功,就是陈烈士以手无寸铁指挥在新舞台的数十烈士轰轰烈烈的打制造局,始得到无限数的影响,而有今日的国民党。所以辛亥那年没有陈烈士之奋斗与牺牲的精神,而使上海独立,打下南京,就没有辛亥的成功。没有辛亥的成功,就没有国民党,所以陈烈士是总理的第一信徒,总理的创造,没有陈烈士的帮助,不会有今日。所以我们想到总理,就要想到陈先生。陈先生在国民党历史上,这样的重大,我们如何可以不纪念他?我们为得要完成国民革命,更如何不纪念他?所以我应该要重大的纪念他。诸位今天来欢迎我,不是欢

迎我,是欢迎陈烈士的化身,我希望大家都做陈烈士的化身。把陈烈士遗给我们的革命精神去继续革命,不但是能够"打倒共产党",就是帝国主义如何的凶恶,也不难一扫而尽!

经蒋介石这么一定调,国民党及其御用文人也纷纷发表文章,宣扬所谓"孙中山——陈其美——蒋介石"的"正统"史观。

御用文人萧继宗说:"从历史上来说,我们的党我们的国家,80年来,依赖两大英明领袖的领导,而这两大领袖之际会,与革命大业的传承,则是英士先生全力辅佐、促成的。民国前两年六月,英士先生在日本东京郑重地把总裁(蒋介石)介绍给国父孙中山先生,当时国父似乎立即意识到这位被介绍的青年同志,在未来的革命事业中的重要程度,会晤后就对英士先生说:'那位同志将是我们革命的英雄。在我们革命运动中,正需要这样一个人。'英士先生撰了一副对联赠给总裁(蒋介石),却特别请由国父手书赐赠,那就是我们常见的:'安危他日终须仗,甘苦来时要共尝。'这一件事,实在是具有新意,可以看出英士先生在前后两位伟大领袖之间,有极深的革命情感,和极不寻常的苦心所在。民国3年,国父为把革命事业从头做起,重组中华革命党,当时党内精神涣散,意见不一,赖英士先生全力支持,卒使组党成功,革命精神重振。此一史事关系本党的存亡绝续。民国4年春天,英士先生奉国父命,挺身回国部署讨袁军事,当他由日本启程之时,总裁送至横滨船上,对英士先生说:'此去万一不幸,而为袁氏所害,余当为兄化身,以成未竟之志。'视古人'风萧萧兮易水寒'之慨慷尤有过之。英士先生后来果然为国牺牲,总裁也果然以英士化身自居,对国父'以英士事先生者事先生',亦得国父'以对英士者对介石'之永久信托。前面所引述的几段党史文献,只是有关英士先生的极少部分,由此可以看出英士先生所树立之革命人格,革命精神和革命风范,更可以看出英士先生对于本党革命的重要,可以说是本党的灵魂人物。今天的中国国民党,实在是由于英士先生辅佐国父、引荐总裁,继续再创,也可以说英士先生牺牲了个人的生命以充实了党的生命。"

众所周知,孙中山领导的资产阶级革命,随着辛亥革命的失败,即已走入了死胡同。其原因就在于中国资产阶级力量的弱小,以及资产阶级政党脱离自己的阶级基础。中华革命党时代,孙中山、陈其美寄希望于以金钱收买和策反军队参加革命，所取得的成绩非常有限。在以后护法运动和北伐过程中，孙中山仍是单纯地依赖甲军阀反对乙军阀，结果还是一次次地失败和失望，并得出了南北军阀是一丘之貉的沉重结论。孙中山在经过无数次的挫折和失败后，在十月革命和五四运动的影响下，在共产国际和中国共产党的真诚帮助下，终于找到了正确的革命道路，这就是联俄、联共和扶助农工的三大政策。自此，革命力量才得以迅速成长壮大，于是才有了1926年至1927年的北伐战争的迅速进展。然而，北伐战争胜利的成果，很快就为蒋介石及国民党右派集团所篡夺。他们通过血腥的四一二反革命政变，建立起了蒋记南京政府。蒋介石及其拥护者们为了掩盖其篡夺革命果实的真相，于是编造了一个所谓"孙中山——陈其美——蒋介石"的神话，蒋介石并把他的政权说成是陈其美赐予的。这就是蒋介石神化陈其美的动机和目的之所在。

国民党一系列的宣传对陈其美与蒋介石的结识，赋予了特殊的意义。陈其美的儿子陈惠夫说："在父亲留学日本时期，结识了两位关系我国命脉的伟人，一位是革命导师孙总理，一位便是安危相仗继承伟业的蒋总裁，并且由父亲推介蒋总裁与孙总理，使这两位主宰我国命运的伟人，由相识而相知，而付托，而接棒，使我国的革命工作，因而得有承先启后的安排；所以这一荐贤自代的推介，是影响我国革命史非常重要的一页，其价值实无法估计。从这里可以看出父亲知人之明和谋党之忠，也是他老人家贡献于革命者之二。本党如果没有蒋总裁的继承总理负起完成革命的责任，则今天的局面真不知会演变到怎样的地步了。"

蒋介石在抬高陈其美的同时，也没有忘记提拔重用陈氏亲属。

陈其美长兄陈其业（1871—1961），早年曾赴日考察，回国后从事地方公益事业。1931年5月当选为国民会议代表。1938年至1945年连续应聘担任四届国民参政会参政员，此外，还担任了全国商会联合会常务理事、全国工会联合会理事等职务。1948年当选为"国大代表"。

陈其美三弟陈其采（1880—1954），早年毕业于日本陆军士官学校。回国后，任湖南武备学堂教习。1911年辛亥革命后任江苏都督府参谋厅长及大总统府谘议。袁世凯复辟帝制后，弃官回湖州任教员，后由经营实业而转入金融机构。1926年应蒋介石邀请赴广东担任筹饷工作。1927年奉命回浙江筹备饷项，后担任浙江省政府财政厅厅长、国民政府江海关监督、江苏省财政厅厅长。

1931年3月起任国民政府主计处计长，连续任职15年，长期为蒋介石看管"钱包"。同时陈其采还兼任中央银行常务理事，中国银行董事，交通银行常务董事、代理董事长，中国农民银行常务董事等职。1946年10月后担任国民政府委员、总统府国策顾问。

有人说：陈氏三兄弟，"世称吴兴陈门三士，为东南豪杰，难兄难弟，无与伦比。"

第二章

求学之路与从政献"反共之策"

第一节　三代同堂的中国传统大家庭

陈立夫生于1900年8月21日（农历七月二十七），父亲是陈其业，母亲是出身于吴兴名门的何文娥，据说何氏娘家比较新潮洋派。陈果夫回忆，小时候去外公家，处处都觉得新鲜，墙上挂着油画，柜里支着猎枪，还有很大的穿衣镜，照着全身上下。陈立夫在回忆录中也说，他母亲有兄弟各一位，大舅在上海丝厂任经理，陈立夫曾经参观过大舅的工厂，并从此对机器发生兴趣，他后来考入北洋大学，学习矿业也与这事有关系。陈立夫的二舅是经营盐业的。另外，何夫人还有一位妹妹，因为早年守寡的缘故，视陈果夫、陈立夫兄弟如同己出。何夫人是陈家长媳，为人胸襟豁达，而且很有见解，实际上充当了一家之主的角色，陈家的大小事务包括家中经济都由她掌管。陈其美是一位个性很

1913年秋陈氏家族的合影。前排右一为陈立夫、右二为陈果夫，后排左二是陈立夫的继祖母杨太夫人，左四为陈其美、左五为陈其业、左六为陈其采

强的人,很少有人可以说服他做任何事情,但他却很听这位长嫂的话。

陈其业与何夫人的长子是陈果夫,生于1892年10月27日,比陈立夫大了近八岁。陈立夫的二哥早年夭折,大姊名祖孝,二姊名祖恭,陈立夫排行第五,名祖燕,字立夫,后以字行于世。陈立夫之后本来还有五位弟妹,但先后夭折或流产,成为陈家上下最痛心的一件事。

何夫人对子女的教育非常严格,陈立夫说,有一次家中有件东西掉到地上,陈立夫兄妹走过时没有马上捡起来,何夫人看在眼里,立即痛加责备道:"你们的眼睛在哪里,怎么见到不应该在地上的东西不把它捡起来。"何夫人总是告诫子女从小要养成良好的习惯,对任何事物不该任意放过。

由于陈立夫事实上是家中的幺儿,受到家中长辈的格外疼爱,长兄陈果夫早年已去外地读书,陈立夫留在家中受到继祖母、母亲、婶娘、姑母和姊姊等几位女性无微不至的照顾和爱护。何夫人操劳一生,因难产于1910年2月17日去世。陈立夫说,他母亲临终前说了这么一番话:"我恐怕活不下去了,我最担

陈立夫的父亲陈其业,字勤士

陈立夫的母亲是出身于吴兴名门的何文娥

心的就是我这两个女儿，我死后就没有人能照顾她们了，她俩须得自爱自立；对于立夫，倒没什么可挂念的，因为他对人对事都将会应付和处理得很好，我很放心，相信他不会出差错的。"

奇怪的是，在何夫人去世前一天夜晚，出门在外的陈果夫忽然惊梦，知事情不祥，立即从杭州动身往家里赶，终于与母亲见上了最后一面。陈果夫、陈立夫兄弟后来每每提及这件事，都认为这是母子心连心的心灵感应。

在何夫人去世后，陈立夫的继祖母杨太夫人接管家务大权，把陈家治理得井井有条，对小孩的管教宽严有方，陈立夫对这位继祖母既尊敬，又有几分畏惧。这位继祖母带了一个小女儿到陈家，不幸的是，在某一年过年的时候，这小女儿因肺病夭折了，这位继祖母自然悲痛异常，但按照中国古老的习俗，总认为在过年时哭哭啼啼是不吉利的，于是，她强忍丧失爱女的巨大悲痛，强颜为欢。这位继祖母的坚强给陈家上下留下深刻的印象。

陈立夫的母亲去世后，陈其业续弦娶了黄氏夫人，生子祖蒸、祖烈和女祖思。

陈立夫与兄长陈果夫在年龄上相差八岁，陈果夫总是以大人的态度对待幺弟，兄弟之间极少争吵，相处得非常和睦。到陈氏兄弟掌握国民党党务大权时，党务政务上的大事兄弟俩都要聚在一起讨论取得一致。陈果夫对国民党中央有什么建议，也必先征询弟弟的意见。陈立夫说，兄弟之间尽管有意见并不一致的时候，但都能相互尊重。陈立夫说，这是因为受了其父辈的影响，父辈兄弟三人相处得融洽和睦，从未发生过口角。这种优良的家风，为陈果夫、陈立夫以及陈氏家族的人延续下来，兄友弟恭，"悌"道长存，这也是一件不容易的事。

第二节 从天津北洋大学到美国匹兹堡大学

陈立夫最早接受的自然是家教，特别是母亲的教育。陈立夫说，幼年时，每天晚饭后，他母亲何夫人常与孩子们围坐在一起，给他们讲述历史上伟人的故事，何夫人对中国的古书有一定的了解，常以孔孟仁恕之道来教育孩子。陈立夫在进私塾读书以前，就跟母亲学习了几百个字。七岁那年，陈立夫进入沈若臣先生的私塾读书，读《小学》《幼学》《四书》《五经》。陈立夫天资聪颖，记忆力尤其好，所学课文，基本上能做到过目不忘，让他背书，他都能流畅无误地背出来。这种强记的功夫，对于他后来从政执掌大权也有帮助。1948年，陈立夫以中央组织部长的身份参与主持行宪国民大会，选出的2000多名国民大会代表，陈立夫在见面时至少能叫出其中一大半人的名字，这种好的记忆力一直保持到90岁而不衰。

陈立夫就读的私塾共有学生三四十人，他的三叔陈其采和大哥陈果夫都在这所私塾读过书。沈若臣先生教学认真，但也相当严厉，任何学生只要书没背好，就把它会被打手板。陈立夫因为记忆力好，免了许多板子。有一次，沈老师有事离开不在课堂，陈立夫做完作业就放在老师的讲台上，然后与同学开始嬉闹，这时沈老师突然回到了课堂，见此闹哄哄的情形，怒气冲天，大加责问，同学们面面相觑，不知所对，也没有人敢出声。陈立夫站出来承认了错误并承认是他带头嬉闹的，沈先生见陈立夫诚实，敢于承认错误，就原谅了他，而将其他同学每人打五板手心（照例应打十板）以示惩罚。陈立夫的母亲从小就教导孩子要诚实，这一次陈立夫尝到了诚实的甜头和好处。不过，从政以后的陈立夫，在那激烈的政治斗争旋涡中是否还记得"诚实"二字，恐怕要打一个大大的问号了！

陈其美于辛亥革命后出任沪军都督时的留影

1911年是中国历史上的一个重大转折点。这一年10月10日武昌起义爆发，打响了推翻中国最后一个封建王朝的第一枪，接着，革命党人在各省相继发动起义响应。陈立夫的二叔陈其美等也在上海宣布独立，陈其美出任沪军都督，成为统管旧中国最大城市上海的最高军政负责人，这对湖州的陈家来说，也是一个重大的转折点。陈其美出任沪军都督不久，就把湖州老家的家人及大哥一家接到了上海。不久，三弟陈其采一家也从北京搬到了上海，陈氏家族成了上海滩的第一家庭。

陈立夫一家住在上海英租界跑马场附近的马霍路，市区的道路、洋楼、汽车,都给了从湖州小城来的陈立夫以深刻的印象。陈立夫说,英租界里英国人随意侮辱中国人的举动,更留给他极强烈和极恶劣的印象,尤其是印度巡捕,常常在大庭广众之中殴打中国人。更可恨的是在租界公园入口处,高挂着"狗与华人不得入内"的标牌,强烈地刺激着陈立夫幼小的心灵。他说,在上海的这段经历,成为促使他日后加入国民党,献身于国民革命工作的原因之一。担任沪军都督的陈其美,军政事务异常繁重忙碌,但他还不时抽出时间与陈立夫等侄辈孩子玩耍聊天,并给他们讲些带有启发性的故事,培养他们的爱国心和自立自强的志气。

到上海后,陈立夫进入湖州旅沪公学夜校就读,专门补习英文,与英语教师沈阶升建立了良好的师生关系。在陈立夫后来崛起掌权后,沈阶升以师道之尊转而投到学生门下当私人秘书达十余年之久。在湖州旅沪公学补习英文数月后,陈立夫考进南洋路矿学校,先读预备班,1913年正式开始了在南洋路矿学堂的四年学习。他的数学、化学、物理成绩一直很优异,在四年中,有七个学期得到了奖状,四年学业,平均成绩都在95分以上,数学成绩尤其优异,经常都是满分。四年中,陈立夫唯一一次缺课,是为参加长兄陈果夫的婚礼,请了二小时假,就因为这两个小时的假,使他失去了获得奖状的机会。否则,他就能期期获得奖状。

陈果夫的求学经历比陈立夫要复杂,他先后跟随三叔陈其采就读于湖南长沙的明德学堂、浙江旅宁公学中学预科班(相当于小学)、浙江陆军小学、南京陆军第四中学。在南京就读期间,陈果夫由二叔陈其美介绍加入了同盟会。陈果夫在陆军第四中学读了不到一年,就发生了武昌起义,他毅然弃学参加了辛亥革命。中华民国成立后,陈果夫准备赴法国留学,但不幸病倒了,到

陈立夫的三叔陈其采

北京协和医院检查确诊患了肺病。这样，不仅留学法国梦难圆，就连陆军第四中学的学业也无法继续。1912年9月，他正式退学，中断了学业。1913年陈果夫在二叔陈其美的安排下赴日本治病，期望一边治疗，一边为去美国或欧洲留学做准备。他在日本住了三个月，身体渐有起色，心里正暗自高兴，国内却传来了宋教仁遇刺的噩耗，以孙中山为首的国民党人准备以武力反抗袁世凯的倒行逆施。陈果夫应二叔之召回国参加"二次革命"。1916年，陈其美被袁世凯收买的刺客刺杀身亡，陈家受到一个重大打击，家中经济状况更是一落千丈。虽然陈其采在上海银行界工作，但要负担兄弟三家的生计，显然也是很吃力的。

1917年，陈立夫从南洋路矿学堂毕业，按照当时陈家的经济状况，已经没有能力继续供他上学，三叔陈其采为他在京沪铁路找到了一个随车查票的工作，希望他立刻就业，分担家庭负担。陈立夫嘴上不好拒绝，脑子里却一门心思想升学。他四处打听大学的情形，后来知道天津的国立北洋大学每学期只收10块大洋的学费，并且免费供给课本和实验设备，陈立夫就向寄父借了两块钱，瞒着家人报名并参加了入学考试。当时上海有几百人报名，但只录取45人，录取名单公布后，陈立夫怀着惶恐不安的心情去看榜，他只敢从榜尾看起，看了好久还没有他的名字，就在他几乎要绝望的时候，却眼睛一亮，发现自己居然考中了第五名，当即兴奋得跳了起来。他立即把好消息告诉了寄父，寄父也为义子高兴。但不久，父亲陈其业却从湖州老家寄来一封信，严厉责备儿子不应当瞒着他向寄父借钱，陈立夫为此愧疚得流下了眼泪。陈立夫收到了入学通知书，但为学费和到天津的旅费而发愁，三叔陈其采无能为力，闷不作声；兄长陈果夫虽然为弟弟考取大学而高兴，但也无能为力。知子莫如父，最后是父亲成全了他的求学之志。陈立夫在其回忆录《成败之鉴》中记下了这感人的一幕：

> 我返回湖州，对于茫茫前途，正觉苦恼万分的时候，父亲却把我喊去，交给我二十五块大洋，并恳切地对我说："这些钱是我多年积蓄，也是我所仅可能给你的学费，从今以后，一切就要靠自己了。"接过了钱，我不禁泫然而泣，一方面是感激父亲爱子之情，一方面又不禁忧虑着自己今后要如何克服困难。这二十五块大洋，实在无法维持一年的生活费用，幸好我自己有既定的目标，也有百折不挠的毅力，我相信终可以一步一步

地去克服困难的。果然就在我整装准备经上海去天津入学之时，二婶母、四姨母和其他的少数至亲，都分别或多或少地给了我些钱，助我作入学费用，家兄也给了我十元，还鼓励我好好读书，专心求学，他会设法资助我，于是我除了归还寄父借款两元以及购买航海轮船票外，尚余不到四十元，我满怀感激与希望之心，坐上三等舱的甲板上，因为统舱位置，为最廉价。航向天津，不幸风浪甚大，浪水打上甲板，把行李都弄湿了，寒风刺骨，真是难受，但是不能挫我雄志，船到了天津，我就立刻报到入学，当时的大学制度，是要先读两年预科，然后才正式进入本系就读，我也念了预科之后，才读矿冶系的。

北洋大学的前身是1895年创办的北洋西学学堂，1896年更名为北洋大学堂。这是中国第一所新式大学，它的创办人是当时的天津海关道、近代著名官僚买办资本家盛宣怀。

北洋大学自创办之日起，即以美国大学为模式，学校的一切设置，均以美国著名学府哈佛、耶鲁大学为蓝本。学校所需的图书、标本、仪器、实验器材，都尽量从美国选购。仅西方杂志一项，自创办开始，就经常保持有100余种，且均为世界理工权威学术期刊。学校的第一任督办由盛宣怀担任，总教习为美国教育家丁家立（C.D.Tenney），学堂督办（校长）几经更迭，但丁家立连续任总教习达11年，在北洋大学堂的发展史上具有重要地位。优秀的教师、出色的生源，使北洋大学的声誉鹊起，蔡元培任北大校长时，曾建议将北京大学工科并入北洋大学，北洋大学法科并入北京大学，使北京大学以文法为主，北洋大学以工科为主。论教学水平，当时的北洋大学比北京大学还高，与美国康奈尔大学齐名，因此被人们称为"东方的康奈尔"。北洋大学大部分教师都是美国人，全用英语教学，中国教授也讲英文，只有极少数预科课程才用中文。陈立夫的英文基础并不太好，但他天资聪颖，经过努力，英文很快跟了上来。

当时陈立夫最牵挂的还是吃饭问题。陈果夫每月给弟弟邮寄六元，陈立夫用四元作伙食费用，其余二元作零用，真正是捉襟见肘，有时陈果夫的钱迟来几天，陈立夫就只有挨饿了。当时北洋大学的伙食是分开办理的，有以米饭为主的南方伙，有以面食为主的北方伙，后者因为要便宜二元，陈立夫这个历来以米饭为主的南方人不得不加入以面食为主的北方伙食团。两年后，陈立夫被推举为北方伙食团的管理委员会主任,负责督导膳食卫生及记账,他很尽职地做好这件事,同时不必因缴不出伙食费而挨饿了。陈立夫进入北洋大学的头两年,因为旅费无着落,暑假都留在学校自修。两年后,陈果夫在上海担任证券交易所的经纪人,与蒋介石、张静江等合伙,捞利甚多,寄给弟弟的学费也多了起来,陈立夫经济拮据的状况解除了,暑假也可以返乡探亲。回到湖州后,湖州的沈田莘是陈其业的学生,他们家有一个义庄,拥有沈氏田产数千亩之多,但无一张详细地图,沈田莘知道陈立夫是学工程的,便请陈立夫为沈氏义庄测量,陈立夫与同班同学叶秀峰用了一个半暑假做测量,半个暑假画图,圆满地完成了这件工作,获得了一笔丰厚的酬金。

北洋大学的教学十分严格,升级考试主课有一门补考不及格就要留级。每年都有相当数量的学生因考试不及格而留级,甚至退学。陈立夫所在的那一届班次,原本有45名新生,到毕业时只剩下土木16人,矿冶15人,一共31人。中途不是因病退学,就是成绩不及格而退学,几乎有1/3的新生不得不终止学业。陈立夫为了完成学业,不得不加倍努力提高自己最弱的一门课程——英文。北洋大学还有一项规定,就是成绩优秀、各科成绩平均在85分以上的,可以享受减免学费的优待。陈立夫成绩不错,连续好几个学期都得到了奖励,也减轻了经济上的负担。

陈立夫进入北洋大学的第三年,即1919年爆发了著名的五四运动。运动首先爆发于首都北京,作为首都后院的天津随之响应,天津最高学府北洋大学表现尤为突出。5月6日,北洋大学学生会以北洋大学全体学生的名义,致电北京大学转各学校,称北京学生"惩贼有勇,极表赞同,以后共同进行"。同一天,以孙越崎为会长的北洋大学学生会分别致电北京政府大总统和国务院以及在上海进行南北议和的代表唐绍仪、朱启钤等,请求释放被捕学生。与此同时,天津市大、中学校的学生会代表孙越崎(北洋大学)、谌志笃(河北高等工业学校)、沙主培(天津美术专科学校)、马骏(南开中学)等九名代表秘密集会,决定天津市大、中学校一律罢课声援北京学生。5月23日,以北洋大学为首的天津15所大、中学校1万多名学生全体罢课。25日,以天津女校学生为主体的天津女界爱国同志会成立,选出刘清扬、李毅韬为正副会长,郭隆真、张若名、邓颖超为评议委员,邓颖超还担任了天津女界爱国同志会的讲演队长。21岁的周恩来此时已从日本归国,准备进入刚创办的南开学校大学部读书,五四运动爆发后,周恩来从东北赶回天津,参与领导了天津的学生运动。

天津的学生运动如火如荼开展,陈立夫也没有置身事外。陈立夫在《成败之鉴》一书中说,他在运动期间,负责北洋大学日刊的出版与发行,有时还要出外采访重要新闻,只参加了几次示威和请愿游行。

说到陈立夫与北洋大学,还有一段故事不能不提。1937年天津沦陷后,国立北洋大学西迁,与其他学校合并组成西安临时大学。1938年陈立夫任教育部长时又将国立北洋大学归并分组西北院校,使国立北洋大学消失了。1943年,吴敬恒(稚晖)、王宠惠、王正廷、叶秀峰、李书田、曾养甫、孙越崎、钱永铭、吴承明等北洋大学的历届校友81人联名呈请国民政府行政院,要求恢复国立北洋大学。

1943年3月23日,陈立夫以教育部长身份提出恢复国立北洋大学办法,即将浙江省立英士大学工学院划出,改称国立北洋工学院,自1943年1月起恢复国立北洋工学院,校址暂设浙江泰顺,工学院下设土木工程学系、机电工程学系、应用化学系共三个系。1945年抗日战争胜利后,国立北洋工学院北迁天津,恢复国立北洋大学。

1923年夏,陈立夫从北洋大学矿冶系毕业,很想赴美留学深造。当时,清华大学提供校外学生两个奖学金名额,南北方各取一名。陈立夫为了争取这个机会,在北方报名参加了考试。北洋大学还有土木系的李书田也报名参加了考试,李书田学习最用功,成绩特别优秀,总平均分数都在95分以上,考试结果,李书田被录取,进入美国康奈尔大学学习,后得到工程学博士学位。李书田的哥哥李书华也是有名的物理学家。陈立夫竞争失败,只能另寻途径。这时,陈立夫的继祖母杨氏家中有位小名叫宝宝的独生子,一向甚得父母的宠爱,其父曾做过外交官,母亲是侧室,家境富有,但教子无方,宝宝在国内念不好书,其父想让宝宝到外国去镀一下金,又苦于无人陪往,他们家获悉陈立夫有出国计划,但苦于经费不足,于是,便提出让陈立夫陪宝宝出国读书,他们愿意资助陈立夫路费,陈立夫听说到了美国,即可半工半读,就一口答应了杨家的条件。

1923年夏,陈立夫带着宝宝,随清华大学出国留学生100余人搭乘杰克逊总统号轮船启程赴美,他们中有李书田、顾毓琇、霍宝树以及陈立夫的姐夫沈百先等。到达美国后,姐夫沈百先进入爱荷华大学攻读水利工程学,陈立夫开始想进麻省理工学院或科罗拉多矿业学院,后听说匹兹堡大学的煤矿工程学系很有名,因为匹兹堡是著名的煤炭和钢铁工业中心,于是陈立夫又带着宝宝前往匹兹堡。在这里,陈立夫遇到了徐恩曾、吴保丰等很多中国同学,他们当时在西屋公司实习,都劝陈立夫进入匹兹堡大学学习。陈立夫接受了他们的建议,在匹兹堡大学正式注册入学。

匹兹堡大学采矿工程系主任布莱克(Black)教授,学问渊博,诲人不倦,他每周都要带学生到学校附近的煤矿去参观考察,结合正在学习的课程进行理论与实践相结合的教育。比如,当讲到矿内排水系统一章时,布莱克教授就会带领学生到排水工程最好的煤矿去实地勘测,然后立即做成报告。在匹兹堡大学一年,陈立夫学到了不少东西,深切地体会到美国注重实用教学的好处。1924年夏,陈立夫与同班同学曾养甫同时获得硕士学位,陈立夫的论文题目是《中国煤矿业的机械化与电气化》。毕业后,陈立夫又参加了矿业局的训练,并顺利通过了考核,正式取得了到煤矿工作的资格。而陈立夫带到美国的宝宝,却依然不肯学习,只知玩乐。陈立夫不得已,于1924年托人带宝宝回国,以免他在外国丢人现眼。

学业完成后,陈立夫顿时轻松了许多,恰好徐恩曾买到一部崭新的福特牌敞篷汽车,邀请陈立夫和另一位在科罗拉多矿业学院学习的陆子冬,三人结伴驾车从匹兹堡出发,作长途旅行。由徐恩曾驾车,不料在前往费城的途中,由于路标稀少,行车经验不足,车速过快,一个陡坡下去九十度急转弯,车子转弯不及一头栽倒在路旁,汽车四轮朝天,如再打一个滚就会坠落千尺悬崖之下,真是好险啊!陈立夫等三人困在汽车中出不来,拼命按橡皮喇叭求救。20分钟后,从一辆过路卡车上下来十几个工人,合力

1924年陈立夫于匹兹堡大学毕业获得硕士学位时的留影

将他们三人救出，并且通知福特汽车公司的维修服务站将汽车拖去修理。陈立夫等人在一家小旅馆内住了一晚，次日下午，福特公司维修服务站就把他们的汽车修好送来。这次历险后，三房仅有一子的陆子冬心有余悸，不敢再冒险前行，决定退出，陈立夫与徐恩曾驾车继续前行。他们两人边行边谈，一路饱览风光。第一站抵达费城，参加了中国同学会年会后，又前往芝加哥、波士顿，再南行至大西洋城、纽约、华盛顿。在大西洋城，正赶上美国的选美比赛，争奇斗艳的花车游行及泳装比赛，使人目不暇接，让陈立夫、徐恩曾等从中国来的学子们大开眼界。看完选美比赛后，两人又驱车前往著名的尼亚加拉瀑布，然后南行到底特律，参观著名的福特汽车厂，该厂分工之细，生产之速，效率之高，都给陈立夫留下了深刻印象。接着，他们再次来到芝加哥，参观了一家规模很大的屠宰场，只见活生生的猪牛，从这边送进去，一会儿工夫，就宰割洗涤干净，从另一边送了出来，一部分是准备冷藏的肉，另一部分是罐头食品，令人叹为观止。这次夏日之旅，历时两个多月，他们大部分时间在露地宿营，自炊自食，极少住旅馆，一路自得其乐，玩得痛快自在，也增长了不少见识，对美国这个正在蓬勃发展的资本主义大国有了更多的认识。

旅行结束后，陈立夫开始找工作，在一家砖厂干了一个多月后，进入匹兹堡煤矿公司工作，六个月后又转到史克兰敦白煤矿区，在这里工作了八个月。一年多的煤矿井下工作险象环生，陈立夫以其机敏均化险为夷。例如，有一次，陈立夫在坑道内帮一位老矿工修理铁道，忽然隐约感到头顶上有微音发出，知道事情不好，急忙用力把老矿工推开，就在这时，一块巨石自顶坠地，正好落在原来他们立足的地方。又有一次，陈立夫和同事在坡下修门，陈立夫又灵敏地感觉到一辆矿车滑下来的声

陈立夫在史克兰敦白煤矿工作时的留影

音,立即把那位同事推开,也就在这一刹那间,滑下来的车已经把坑门撞得粉碎,陈立夫与他的同事又幸运地逃过一劫。还有一次,陈立夫负责检查坑道的通风设备,负责通风的人,在每次清晨坑道工作开始之前必须首先入内察看,如果发现有瓦斯气味,或安全灯有瓦斯显示,就要在坑道的每个入口处标示"危险"的标志,以示警告,阻止人员入内。陈立夫在检查时,见安全灯显示有瓦斯,他立即挂出了"危险"的标示,但一位匈牙利籍矿工不顾警告口里叼着香烟进入巷内,不到三分钟,矿工的香烟引起瓦斯爆炸,那位矿工被烧焦,陈立夫本人也被强大的气浪冲倒在地。事后公司派人调查,证明陈立夫没有失职,但陈立夫却为此难过了好几天。第四次历险是在一次收工的时候,陈立夫最后一个离开坑道,还没有走到坑道口时,他忽然想起有什么东西忘了拿,于是又转身往回走,走了不远,就听到砰的一声,坑道口顶架倒塌,如果陈立夫不往回走的话,正好被活埋在顶石下面。当时在坑外的同事都认为他已被压死在坑道中。但陈立夫一向注意坑道的太平门出口处,所以一会儿,他竟然在漆黑的坑道中摸索到一个小洞口的门钻了出来,令同事们惊讶不已。这一次次的历险,说明井下工作确实相当危险。但这些经历,也养成了陈立夫机敏警觉的特性,以后他从政当特务头子时,这种警觉性帮了他的忙,以至在那种你死我活的激烈政治斗争中毫发未伤。

第三节 从蒋介石的机要秘书做起

陈立夫留学美国的两年间,正是孙中山改组中国国民党,实行联俄联共扶助农工三大政策的时候,孙中山领导的革命进入了一个崭新的时代。中国大革命的浪潮也波及了大洋彼岸的美国。在留美中国同学会,陈立夫经常与留学生讨论中国的政治问题。陈立夫在《成败之鉴》中说,他不反对孙中山的联俄容共政策,认为从俄国革命历史中,中国可以学到一些经验。陈立夫的硕士论文有关实业建设,他对孙中山的学说及建国方略曾一度详加研究,极为拜服。中国同学会匹兹堡分会的会长是徐恩曾,陈立夫是会员之一,陈立夫平时经常阅读旧金山出版的《少年中国晨报》,从报上可以看到国内的消息及孙中山的言论。1925年,陈立夫在旧金山加入了中国国民党。

陈立夫早年在上海南洋路矿学校读书时,就由兄长陈果夫带着去听过孙中

陈立夫的兄长陈果夫

山的演讲。他觉得孙中山的广东官话口若悬河，见解卓越，能够深深打动听众。陈立夫在做硕士论文时，曾将孙中山的实业计划详细研读，深感其见解独到精辟，诸如公路、铁路之修筑，三大港口之兴建，其他各类工业的发展，都是建国的根本。陈立夫的理想是做一个矿业工程师，回国后为祖国的建设出力。但蒋介石在国民党内的崛起，完全改变了陈立夫的人生道路。

1924年蒋介石出任黄埔军校校长以后，以此为基础，建立了一支绝对服从他个人的军队，蒋介石为了独揽大权，急于建立绝对听命于他的个人班底或势力集团，于是拜把兄长陈其美的两个侄儿陈果夫、陈立夫便成了蒋介石的最佳人选。

在20世纪20年代初，陈果夫就和蒋介石等在上海证券交易所共事。1920年7月，蒋介石组织茂新号，做棉花、证券生意，由陈果夫做经理，朱守梅任协理，陈果夫成为蒋介石交易上的总代理人。交易所开张的第一天，茂新号就亏空1700多元，陈果夫闭门检讨过失，把当天的交易过理了一遍，发现帮手有问题，立即把那个不称职的代理人开除掉。随后，陈果夫又制定四条铁规矩：一是不作弊；二是不随便拉客户；三是不劝人做多；四是办事认真。很快，茂新号的生意红火起来，交易额累计达数亿元，单是佣金收入一项就高达20万元。茂新号股东都发了财。蒋介石这位茂新号老板是风流浪人，吃喝嫖赌娶姨太太样样都来，而陈果夫也许因为身体多病的缘故发财后仍过着俭朴平淡的生活，被人背后称为"古板先生"。1922年，上海发生金融风潮，证券交易所倒闭，茂新号也被迫办理交割，一部分客户见势不妙，索性销声匿迹，该交的款也不交了。陈果夫为了减少损失，一连几夜没有睡觉，从容调度处理，总算没有出现最坏的结果。但清算下来，还是连本钱也赔进去不少。回想起这种暴富暴贫的投机生意，陈果夫不禁长叹一声："真好比是一场春梦啊！"在上海

正在检查校务的黄埔军校校长蒋介石

滩的投机生意虽然收场了,但通过这一段共事的经历,让蒋介石认识到了陈果夫沉着冷静富于心计的个性,为其日后重用陈果夫打下了基础。1924年蒋介石出任黄埔军校校长后,陈果夫没有随其去广州,而是留守上海,为蒋介石办理以下事务:一是采办军需品,如军装、皮带、枪带、刀鞘等。二是招募士兵和招收军校新生,先后为黄埔军校招募到士兵4000人,军校新生1400多名,这些人后来成为蒋介石最亲信的江浙子弟兵。三是罗致多种专门人才,如军官、军医、无线电及其他技术人员。陈果夫全力以赴,先后找到四个军医、一个造炮专家以及20多名军官。由于任务完成得出色,1926年1月在国民党第二次全国代表大会上,经蒋介石推荐,陈果夫当选为国民党中央监察委员,上海证券交易所的经纪人一步登天进入国民党中枢,时年34岁。

　　蒋介石不仅要用陈果夫,而且还要用陈立夫,1925年间,陈果夫奉蒋介石的指示几次给远在美国的陈立夫发电报,要他拿到硕士学位后尽快回国。1925年秋,陈立夫回到上海,兄弟见面,陈果夫连忙问弟弟今后的打算,陈立夫回答:"我已接受了山东中兴煤矿公司总经理钱新之先生的邀请,去当工程师。"陈果夫以不容置疑的口气告诉弟弟:"这事还是与蒋三叔商量了再定。"陈果夫见弟弟沉默不语,耐心解释说:"你去美国时,蒋先生也曾帮助过你一部分学费，而且他已来了两次电报嘱你去帮忙。你如果一定要做工程师，可当面报告蒋先生，他曾经同意你学矿，或许会替你决定的。"陈立夫虽然一心想做煤矿工程师，但经不起兄长的劝说，也有感于"蒋三叔"的诚意，于1925年12月间搭乘轮船赴广州，从此走上了追随蒋介石从政的不归路。

1926年1月9日，蒋介石在广州接见了陈立夫，不待陈立夫申述对采矿工作的兴趣和志愿，即出示一张任命状，任命陈立夫为陆军军官学校校长办公厅机要秘书。当时蒋介石的身份是黄埔军校校长、广州卫戍司令、广州国民政府军事委员会委员、东征军总指挥，权势正如日中天。陈立夫名义上是军校秘书，实际上是在蒋介石官邸处理蒋的私人机密文件。当时，和陈立夫一起为蒋工作的还有邵力子，两人同在一间小办公室工作，邵力子的任务主要是为蒋介石起草文稿，是蒋介石第一个"文胆"。

陈立夫的任务主要是帮助翻译机密电报和文件及誊缮书信。同时他们两人也处理由黄埔军校及东征军总部送来的机密及重要公文。处理公文是一门学问，在这方面，年长的邵力子给予陈立夫这位新手很多指导。但邵力子是中共早期的党员，对于中共有特殊感情，对于国共关系也有他自己的见解，是孙中山三大政策的拥护者。陈立夫说："他（邵力子）文笔很好，只是思想有些左倾。"而蒋介石在羽翼渐丰的时候，就已开始密谋反共，蒋认为他的反共密谋不便让邵力子知道，因此，当陈立夫能够独当一面承担起机要工作的时候，蒋介石就将邵力子派到冯玉祥部去，名义上是接洽联络，实际上是让邵力子离开自己，以便放开手脚搞权谋。

邵力子一走，陈立夫就独自承担起了处理蒋介石机密文件的任务。国民党第二次全国代表大会后，国共冲突及左右派之间的斗争已经相当激烈，而蒋介石又是这场斗争中的主角，他的机密文件包罗万象，陈立夫每晚都要工作到午夜才能就寝。而蒋介石的生活极有规

1926年任蒋介石机要秘书的陈立夫

律，早睡早起，每日凌晨即起，他起床后，陈立夫也不好再睡只好跟着起床，这样一来，每天都要工作16个小时以上。这时陈立夫不满26岁，正是精力充沛的年龄，虽然睡得很少，但精神很好，工作起来有一种兴奋感，蒋介石交代的事情，他大都能如期完成，蒋介石很满意。

不过，陈立夫也有一次出了一个大错误，把他吓了个半死。邵力子的孙女邵黎黎在《我的祖父邵力子》一书中写道："陈立夫担任科长后，凡要经蒋介石过目签批的文件、命令，都要连底稿先经陈立夫校核后再呈蒋介石。这一天，有一份绝密的命令，经蒋介石签发下达了，但陈立夫突然发觉放在他办公桌上的命令底稿不翼而飞。吓得陈立夫呆若木鸡，魂不附体，这是要犯砍头大罪的啊！急得陈立夫团团转，如同热锅蚂蚁样的翻箱倒柜，结果一无所获。这时他简直要用脑袋撞墙，不知如何是好！报告蒋介石，他摸透蒋的那种翻眼不认张老三的脾气，说不定立即被拉出去枪决！他越想越怕，浑身发颤，最后他跑到我爷爷的办公室，扑通一声跪在我爷爷面前，号啕大哭起来，弄得我爷爷不知发生了什么事。陈立夫鼻涕一把泪一把地把情况说明后，我爷爷首先安慰他几句，要他头脑冷静下来，细细地去想。接着就亲自与他一起去寻找。从楼上办公室找到楼下前后小庭院，爷爷一眼就注意到后院内那口井，这是口无水的枯井，当即要人点盏灯，准备叫人下井察看。陈立夫抢先下了井。结果那份命令底稿果真被风从楼上吹落在枯井里。陈立夫虽然虚惊一场，但因井上受惊出汗，井下受寒着凉，所以发了高烧，生了一场病。"

陈立夫在工作中感到最困难的是翻录电报，有时为了查译一个字需要花费许多时间。为了克服这一困难，陈立夫经过一段时间的琢磨，发明了"五笔检字法"，用于机要文件的归档和电报的分类，工作效率大大提高。有一次，蒋介石要找几个星期前何应钦发来的一份电报，陈立夫只用了半分钟就找出来交到了蒋手中，蒋很吃惊，问陈立夫通过什么办法一下子找到了电报。陈立夫连忙将自己发明的"五笔检字法"说给蒋听，蒋听了很高兴，乐呵呵地表扬说："你这是把科技知识用于你的文书工作了。"陈立夫得到表扬，劲头更大，对其进行系统整理，写成《五笔检字法之原理与运用》，由上海中华书局出版。对于陈立夫的这一发明，陈果夫专门撰文加以介绍，并指出其重大意义，他说："用五个笔画系统（点、划、直、科、曲）使我对中国文字语言的奇妙构造得一有系统的分析"，这个系统"较任何其他文字的分类为科学化，例如：

凡有关金属的字都有金字旁；任何事物与木有关，也必包含了木字旁。兼采用形与声，不是自然的安排，无疑地是由人力改良和重新组织而成的"。而英文则不同了，"金属的物质有金（gold）、银（silver）、铜（copper）等等，这些字彼此都没有关系"。而我们文字"银、铜、铁、锡等都是金属的了，因为它的边旁就有金字"。陈果夫的结论是，世界上任何语言都没有中文那么科学化分类。陈立夫也说，由此可以证明，中国言语文字是所有文字中最方便和容易学的，是符合科学的；同时也证明中国文字是文法最简单而不难了解的。

陈其美、黄郛、蒋介石三人于1912年在上海结为金兰兄弟，陈为老大，黄居二，蒋最小。故在私下里或写信时，陈果夫称蒋为"介叔"，而陈立夫则称"三叔"。不过在公众场合，陈立夫则称蒋为"校长"、"总司令"、"委员长"，公私分明。在工作了一段时间后，陈立夫发现蒋介石脾气特别坏，动辄骂人，特别是对军人；但他对文人则较为礼貌。为了规劝"蒋三叔"，有一次在共进晚餐时，陈立夫委婉地对蒋介石说："如果有人对我发脾气，我会立即辞职。"蒋知道陈立夫话有所指，没有吭声，算是默认了陈立夫的规劝。还有一次，陈立夫直接向蒋介石提出两个条件：第一，如有机会，仍希望能回到自己的本行去工作；第二，如果留下效力，一定竭尽所能，接受指导，希望自己的人格受到尊重，不受怒骂。陈立夫说："蒋先生对这两件事都答应了，但是第一件，他却从未做到，因此我学未致用，遗憾终身。至于第二件事真的是完全做到，其实我算是后辈，但蒋先生在25年中，从不对我发脾气，甚至连拉嗓门大声喊都未有过，如今想来，是很值得我庆幸欣慰的。"

还有一次，陈立夫对蒋介石说："校长，你的脾气很大，他们被骂的人受得了，我是受不了，如果你拿对他们的态度对我的话，那我明天就把铺盖搬走。"他还给蒋介石讲了德国兴登堡将军不发脾气的故事。兴登堡有一句名言："发脾气是自己惩罚自己"。陈立夫以兴登堡的故事规劝蒋介石改变随意发脾气的坏毛病。

第四节 平生最得意的"历史性的建言"

蒋介石权力欲望极强，而且善于玩弄纵横捭阖的权术。孙中山于1925年3月12日在北京病逝后，由谁来填补国民党领袖这一空缺，是一个亟待解决的问题。论资历和地位，汪精卫和胡汉民是势均力敌的对手，明争暗斗的结果，汪精卫赢得了第一个回合的胜利。汪精卫先后出任广州国民政府主席、军事委员会主席等职务，成了国民党事实上的领袖。但汪精卫尚不敢自封为孙中山的继承人。

后起的蒋介石在孙中山身边做过几年军事参谋，并且在陈炯明叛变后与孙中山有过一段共患难的经历，从而得到孙中山的重用。1924年国民党"一大"后，蒋介石陆续担任了军事委员会委员、黄埔军校校长兼粤军总司令许崇智的参谋长、长洲要塞司令、广州卫戍司令，但充其量是国民党内的二三流角色。但蒋介石善于利用形势，擅长纵横捭阖的权术，在短短的两年时间里扫除所有政治对手，到1926年1月国民党召开二届一中全会时，在"一大"时连中央候补委员都不是的蒋介石居然成为国民党九名中央常务委员之一，会后又被任命为国民革命军总监，赋予统辖广州国民政府各军的权力，与汪精卫成为广州国民政府一武一文的两大巨头。李宗仁认为："国民党改组之初，蒋（介石）先生尚非中央委员，但是在总理北上后两年之内，一跃而为党内最有权力的领袖。其权力增长的过程，实得力于权诈的多，得于资望功勋的少。"

蒋介石利用苏联政府、共产国际和中共的支持，打击国民党右派势力，提高自己的权力和地位；反过来，当自己羽翼丰满的时候，又利用国民党右派势力打击中共和国民党左派，以便独揽大权。1926年1月国民党"二大"后，蒋介石与苏联在华顾问及国民党左派的矛盾日益尖锐。1926年1月初，蒋介石提议立即进行北伐，但苏联军事顾问团认为，由于政治、军事等方面的条件还不成熟，北伐应该从缓。蒋的提议被否决，心里很不痛快，与苏联顾问团产生了裂痕。1月中旬，奉直军阀联合夹击冯玉祥的国民军，苏联

1924年黄埔军校开学典礼后孙中山与蒋介石（后中）、何应钦（左）、王柏龄（右）的合影

军事顾问团团长季山嘉提出两项建议：一是由海路运兵往天津，援助国民军；二是蒋介石亲自赴北方练兵，地点在苏联的海参崴。对于这两项建议，汪精卫赞成，蒋介石开始也同意，但旋即改变了主意。2月6日，军事委员会决议黄埔军校经费30万元，王懋功的第二师经费12万元。7月，黄埔军校经费减为27万元，王懋功的第二师经费则增至15万元。这事又引起蒋介石的疑忌，他怀疑季山嘉和汪精卫要利用王懋功以倒他。当天，蒋介石与季山嘉谈话，又受到季山嘉的婉讽规劝，蒋更加疑神疑鬼，决定辞去一切军事职务，汪精卫没有批准他的辞职请求。2月24日，广州国民政府成立两广统一委员会，拟将广西军队编为第八、九两个军，以李宗仁、黄绍竑分别任军长。当时广东已有第一至第六军，按顺序，广西军队的番号应该是第七、八军，但现在第七军番号空下来，蒋介石怀疑是季山嘉和汪精卫有意利用王懋功背叛自己，然后任命王懋功为第七军军长。蒋介石想到这里来了个先下手为强，于26日以非法手段将王懋功扣留，任命自己忠实走卒刘峙取代王懋功。

蒋介石在驱王得手后，仍心神不宁，觉得自己处于极端危险的境地，随时有被汪精卫和季山嘉赶下台的危险。汪精卫为了缓和蒋介石与季山嘉的矛盾，同意蒋介石赴苏联休养一段时期，并且为蒋介石和他的机要秘书陈立夫办理了赴苏联的护照。"赴俄休养"本是蒋介石自己提出来的，但当汪精卫真的同意，并且催他早日启程时，蒋介石又害怕起来，怀疑这是一项陷害他的什么阴谋。在蒋介石这种疑神疑鬼的状态下，国民党内的右派势力乘虚而入，制造政治谣言，进一步挑起蒋介石对汪精卫、季山嘉和中共的怀疑。陈公博在《苦笑录》中说，1930年国民党右派人物邹鲁曾将他们的阴谋告诉他，西山会议派为了拆散国共合作，以便蒋介石与共产党分家，邹鲁等西山会议派的右派在外边想办法，伍朝枢等右派人物在广州国民政府内想办法。于是，由伍朝枢出面，玩弄了一个"小把戏"。有一天，伍朝枢请俄国驻广州领事吃饭，第二天又请蒋介石的左右吃饭。席间，伍朝枢装作不经意的样子说，昨夜我请俄国领事吃饭，他告诉我蒋先生将于最近期内往莫斯科，你们知道蒋先生已打算什么时候启程吗？

陈立夫晚年回忆这段历史时说：

> 回想在3月20日以前，汪精卫受"共党"之"拥戴"与"挑拨"，意图逼走蒋公，情势已临千钧一发。对蒋公所呈军委会之北伐计划，搁置不

理,上辞呈则又搁而不批,种种方法使蒋公不得不准备出国去俄,嘱余随行,护照及服装行李,均已备妥。3月中,蒋公与余乘车秘密离东南山公馆赴码头,车行至中途,蒋公神色焦虑。当时我因年纪轻,才27岁,对于情形又不完全了解,没有多加考虑就问:"校长,我们为什么要走?我们还可以干啊!"蒋公略加犹豫,即命司机驶回公馆,车子开了一段路程后,又命司机开回长堤码头。这时我又说:"校长,这样一走,总理交付的北伐责任,谁来负责?"蒋公想了一会,又命司机将车子开回东山公馆。蒋公上楼后,将椅子移动时,重重放下说:"干了!"终于决心留下。现在回想起来,蒋公当时考虑走与不走,可以说是各占一半,当他踌躇犹豫间,经我一问,乃使其不走之决心,顿形加强。这件事,乍看起来是件小事,但影响却极深远。3月20日之事变,就因为这一"不走"种下了杀机,而北伐则因此而去除了障碍。否则民国15年以后之我国历史岂不将要重写?这段政治上之秘辛,过去我没有发表过,只有在蒋经国先生颁授中山奖章时,在中央党部所有中央委员面前报告过一次,这是第二次。

由于国民党右派煽风点火,散布种种政治谣言,使疑心病极重的蒋介石确实相信汪精卫、季山嘉等将不利于他,从而破釜沉舟,孤注一掷,制造了中山舰事件。这一事件影响深远,事后回想起来,陈立夫总觉得自己在关键时刻帮助蒋介石完成了一次历史性的选择,总不免有些得意。

陈立夫说:"蒋先生决定留下来干了,这一明智的决定,对以后的中国历史发生了极大的影响……这个转变,绝不全是因为我的自豪感而决定的,在一个人犹豫不决之时,任何一方面,增多一分,是会产生影响的。但是我何以有此勇气问他,这除了总理在天之灵可以解释之外,别无原因,历史的因素是十分复杂的。我们回到东山公馆后,蒋先生就忙碌不堪,时时在紧张中,像有所准备似的。到了这个时候,我才开始了解,蒋先生何以一定要我留下来,因为邵力子先生是思想倾共,留在身边,有所不便,有了我,才可派他出去联络冯玉祥;否则,对此下发生的事件,会有影响。"

蒋介石发动中山舰事件以后,斗争更加复杂,陈立夫也更忙碌了。陈立夫说:"说起来,从中山舰事件之后到挥师北伐,在这几个月中,工作实在是太繁重了,夜以继日地忙碌中,我的身体健康受到很大的影响。就在北伐将开始前,我时常咳嗽,医生对我说,X光片显示我的右肺不大好,嘱咐我要多休息,我无法遵办,听了也就算了。等到一出发,我们的心力全都贯注在北伐工作上,成天骑着马行军前进,停下来就译电报,在紧张和忙碌中,右肺的毛病竟然因沿途空气好而痊愈了,繁忙的工作似乎没有影响到我。"

第五节 反共"清党"献"高招"

1926年6月5日,广州国民政府任命蒋介石为国民革命军总司令,指挥八个军、约十万兵力出师北伐。总司令部以李济深为总参谋长留守广州,白崇禧任总参谋次长,邓演达为总政治部主任,郭沫若为政治部副主任,加伦为军事顾问。总司令还有秘书处、参谋处等机关,秘书处处长李仲公,参谋处处长葛敬恩。陈立夫任秘书处机要科科长。机要科共八个人,机密电报及文件的处理由陈立夫亲自负责,从不假手他人。

1926年冬,在江西南昌加入机要科的姜辅成在《我为蒋介石监印的岁月》一文中介绍了陈立夫主管的机要科的情况:

> 1925年以前,我在上海和奉化人应梦卿同做交易所投机买卖,为沪海交易所四号经纪人。交易所的人很多是国民党员。当时国民党C.C.头子陈果夫也在上海干这一行,他是物品交易所陈其美手下监印员,和蒋介石、陈立夫等都相识。这年春季,我们的交易所因经营股票买卖亏本,宣布清理停业。我由杭州高义泰绸庄老板介绍至嘉兴伟成丝厂当收发,应梦卿则离沪投奔蒋介石。那时候,蒋介石已率领北伐军分三路南下(著者按:应为北上)。北伐军总司令部的编制机构听说非常庞大,除总政治部外,还有参谋处、海军处、航空处、军需处、审计处、军法处、副官处、交通处、秘书处等等。但当时正在军事行动时期,各处都分散在几个地方办公。驻在南昌督办衙门的只有参谋处、秘书处和副官处等。1926年冬季,应梦卿在南昌写信给我,要我立即赶到那边去接他的事。我考虑了一下,怕自己力不胜任,就向伟成丝厂请假三个月,整理行装出发。到了南昌的国民革命军总司令部门口,正欲投刺求见应梦卿,衙门里突然走出两列军乐队,守门的岗位上也增加了不少卫士,荷枪实弹,如临大敌,门卫传达

室的人即挥手示意叫我等待片刻。我不知发生了什么意外的事，正在惊慌失措之时，猛听得有人高喊"立正——敬礼"之声，两廊军乐队也"嘀嘀嗒嗒"地吹奏起来。我从号房里向外窥视，只见一顶爬山虎抬着一位将军进门，比前清的巡抚还威风，吓得我心惊肉跳，不敢作声。爬山虎抬进衙门里，卫兵军乐队也跟着进去了。我才知道那坐在轿子里的人便是闻名全国的北伐军总司令蒋介石。这是我初次领略国民党官场的气派。应梦卿介绍我跟机要科长陈立夫见面，随即匆匆地把他所担任的监印兼校对公文的工作移交给我，第二天就随着白崇禧的东路军出发了。

我因一向经营商业，除巴巴结结管好自己分内工作以外，任何事情概不过问，对当时在南昌的活动情形，大都不很了然。我被派在总司令部监印室工作，监印室归机要科领导，机要科又属于秘书处管辖。我除向秘书处长李仲公和机要科长陈立夫请示交谈以外，连别的部门长官的名字都不清楚。

监印室工作人员仅有两个。除我以外，另一个是奉化人沈绍洙。初时沈任监印，我当校对；不久沈去九江，我任监印，当个中尉监印员，每月60元饷金。从这时起，我就掌管了蒋介石的"玉玺"，跟随蒋介石奔走南北。

北伐军总司令部官印，2寸见方，厚约8分，木制，包锡，上加长约三寸的木柄，是个极普通的官印。听说是北伐军从广州誓师出发前，叫一个刻字匠到总司令部当面刻制的。国民党在大革命时代，尚知爱国爱民，一切因陋就简，是还带有几分革命精神的。

"蒋中正"三字的签名章，也是个木章，当时橡皮图章还没普遍使用。因为随军北上，总司令部随时要移动，印章的保管工作十分重要。陈立夫在我正式担任监印员之时，特地叫我到科长室谈话，叮嘱着若发生动乱不测情事，千万别忘记携带印章，还向我警告说："印在人在，印亡人亡。"……

1927年3月24日，北伐军第二军和第六军攻克南京。听说英美停泊在浦口的军舰开炮向南京城区轰炸，人民死伤甚多。蒋介石为此匆匆赶到南京。我们驻在南昌的总司令部奉命移动，先在九江驻扎几天，然后分乘小炮艇沿长江向南京进发。等总部抵达南京之时，上海方面战事急转直下，上海工人在中国共产党领导下打跑了孙传芳军队，蒋介石已率领原在九江的一班总司令部先遣人员，到上海去了。

总司令部抵达南京时，在是年3月底，离南京克复后不到七天。南京还是满目疮痍，原孙传芳督军衙门里，公文纸张狼藉满地，桌椅杂物残缺不全。可见军阀孙传芳在败退撤走之时，惶惶如丧家之犬，是狼狈不堪言状的了。

我在南京督军衙门（后为国民党政府官衙）共住三天，一时找不到床铺，心想，在秩序没有完全恢复以前，不能疏忽大意，于是就在衙门内找到三块旧铺板，铺在临时监印室的石板地上，席地而卧。4月3日，接到上海发来的电报，我们秘书处和副官处的留京人员，又都整装向上海出发。重回上海时，我已由一个商人变为军人了。我们住在龙华交涉员公署。当天，陈立夫就跟我说："目前一切均未建立制度，大局又未稳定，总司令的印，你要设法自己保管。"这真是天大的笑话，堂堂北伐军总司令部，找不出一只保险箱，却要我这个小小的监印员自己保管总司令部大印。但上级已向我示意，怎么办呢？只好自想办法。从南昌出发以来，北伐军一路上虽喊出"打倒帝国主义"的口号，但我看到龙华南市一带乱哄哄的，心想还是租界上太平。当晚我就想到有一个堂伯姜忠铨，在外滩三北轮船公司当总会计，决定带着大印去找他设法。我把部印和蒋中正的名字章装在一只黑色的公事包内，到法租界找到我的堂伯，跟他说明来意后，我的堂伯也认为这是一件大事，两人匆匆乘一辆出租汽车赶到外滩三北公司的写字间。公司里的职员都已下班回家了，只有两三个看屋的工友还在。堂伯带我到他的写字间，打开大保险箱，将我的小公事包藏好。听到保险箱的弹簧锁"啪"的一声带上，我这才如释重负地离开了三北公司。

第二天早上八点钟，我又从三北公司的大保险箱里取出总司令部大印，赶到龙华交涉员公署替蒋介石监印。如此来往三天，直到副官处不知从哪里搞来一只半旧的保险箱，我的小公事包才算有了自己的"宿舍"。

当北伐进军至武汉时，陈立夫因劳累过度，又患上了痢疾，终于倒在了前线的列车上，人一天天地瘦弱，加之前线缺少医药，蒋介石决定让他离开前线到汉口去治病。此时汉口已为北伐军攻下，只有武昌仍由吴佩孚部占领。陈立夫被人用轿子抬着进入汉口日租界的日本医院治疗。不久身体康复，蒋介石已率总司令部向江西进攻,陈立夫原本打算病好后立即回到蒋身边,但蒋体谅陈立夫的辛劳,要他好好休息一段时间。陈立夫于是决定利用这段时间,去上海与未婚妻孙禄卿举行结婚仪式。陈、孙两家原来商定1926年7月5日在上海为陈立夫、孙禄卿举行婚礼,但当时陈立夫正在准备随蒋介石出师北伐,

出师北伐的蒋介石

婚礼只得延期,陈立夫要求将婚礼放到北伐结束后,但双方家长均不同意。最后商定婚礼定在1926年12月9日。陈立夫化装成商人模样,戴上眼镜,悄悄地乘船从汉口出发,于8日晚抵达上海,陈果夫也从广州赶到上海参加弟弟的婚礼。

陈、孙婚礼在上海英租界盆汤弄平安旅馆举行,采用简单的新式结婚仪式,只邀请了少数至亲好友参加观礼。婚后,陈立夫陪妻子看了梅兰芳的几场京剧演出。婚礼结束后,陈果夫首先从上海赶往江西南昌,与蒋介石会合。八天后,陈立夫也接到总参谋次长兼行营参谋长白崇禧打来的电报,称代理他职务的陈廷纲秘书不能胜任工作,催他早日回去。接到电报后,陈立夫安置好新婚妻子,于次日乘船经汉口,绕道湖南转往江西南昌,陈立夫还从上海给蒋介石带来了一枚"蒋中正"三字的石刻印章,若是在轮船上为孙传芳的势力查出,是有很大危险的。

1927年1月上旬,陈立夫抵达江西南昌。南昌是在1月7日被攻下的。在陈立夫离开机要科后,蒋介石指派蒋先云到机要科工作。蒋先云是湖南新田人,1917年入湖南第三师范学校读书,1919年衡阳成立湘南学生联合会,任第一届总干事。1921年加入中国共产党,领导过安源路矿工人大罢工。1924年入黄埔军校第一期,毕业后留校任政治秘书。1925年2月,与周恩来等发起成立中国青年军人联合会,任执行委员会常务委员,主编《中国军人》与《革命军人》杂志。第一次东征时,蒋先云兼任教导团第一营第二连党代表。1926年5月,当选为中国国民党黄埔军校第四届特别党部执行员。蒋先云才华出众,是蒋介石极

陈立夫与孙禄卿的结婚照

力拉拢的军校学生之一，但蒋先云的中共党员身份又让蒋介石头痛，对蒋先云的态度极端复杂微妙。

陈立夫任机要科科长后，秘书处长李仲公被蒋介石派往云南、贵州联络云贵实力派，陈立夫代理秘书处长仍兼机要科科长。有一段时间，陈立夫与蒋先云共睡一间房。陈立夫回忆说，那时每到晚上睡觉前，蒋先云就对他说共产主义比三民主义如何如何好，而陈立夫则力辩三民主义如何精深和伟大，两人常常争得不欢而止，觉也睡不好。蒋先云虽然没有公开自己的中共党员身份，但陈立夫从他的言行中判断蒋先云肯定是中共党员。为此，陈立夫对其严加防范，凡是有关国共关系的机密文件，陈立夫都不让蒋先云看到。陈立夫在《成败之鉴》中说，蒋先云知道自己无法看到许多重要文件，有一天偷看他保管的机密文件，被陈立夫撞个正着。陈立夫立即向蒋介石报告，蒋介石吩咐他今后要特别注意蒋先云。

蒋介石打下江西后，即邀集他的亲信张静江、黄郛、戴季陶、张群、吴稚晖、陈果夫等一干人先后在南昌、庐山密谋"清党反共"，并首先挑起了迁都之争，斗争日趋激烈。不久，陈立夫拿到了蒋先云打给在武汉的鲍罗庭的一份电报的副本，电报上全是机密性的情报。陈立夫认为这是蒋先云为共产党搜集情报的铁证。蒋介石于1月18日回到南昌，陈立夫立即向蒋介石报告："我已经无法为机要科负责保持机密，因为我总不能成天监视蒋先云，况且他常常趁我入睡后偷取文件。"蒋介石听了，立即下令免去蒋先云在机要科的职务，将他派往武汉。

蒋介石在军事上有了实力后，加快了反苏反共步伐，公开杀害中共党员和革命群众，镇压工农运动。3月6日，他指使驻江西赣州的新编第一师国民党代表倪弼杀害江西省总工会副委员长、赣州总工会委员长倪赞贤。3月15日，蒋介石带领总司令部的机要处代处长陈立夫、参谋处处长葛敬恩、特务处处长杨虎以及温建刚等人乘军舰前往南京、上海。按照蒋事先的布置，国民党左派主持的国民党南昌市党部和江西省学联被解散。17日，蒋介石一行抵达九江，授意国民党右派、江西AB团头子段锡朋依靠当地的地主豪绅并收买青红帮流氓组织反共游行，捣毁九江市党部、总工会和农会。3月20日蒋介石乘军舰来到安徽省会安庆，国民党左派主持的安徽省党部、安庆市党部对蒋介石的到来表示了极热诚的欢迎，安徽省党部原定3月10日召开安徽省第一次全省代表大会，听说蒋介石要移驻安庆后，特别将会议延期到3月22日举行，以示对蒋的尊敬，但蒋介石并不领情。3月23日，蒋介石在安庆纵容特务处长杨虎指挥暴徒捣毁安徽省党部、安庆市党部、安徽省总工会等机关团体，并打伤了六个人。

郭沫若在《请看今日之蒋介石》一文中，对蒋介石制造的安庆事件有极精彩的描述。现摘其一段：

> 他对待民众就是这样的态度！一方面雇用流氓地痞来强奸民意，把革命的民众打得一个落花流水了，他又实行用武力来镇压一切。这就是他对于我们民众的态度！他自称是总理的信徒，实则他的手段比袁世凯、段祺瑞还要凶狠。他走一路打一路，真好威风。他之所谓赴前线督师作战就是督流氓地痞之师来和我们民众作战！赣州、南昌、九江的事变都是出于他的指使，但我们还找不出他指使的真凭实据来。我们还替他原谅，就是说或者不是出于他的本心，只因为他的环境不良，他是被他周围的群小误了。国民党内的人们可以说大多数都在这样的替他原谅，总要想出方法来救他。但是现在我把他的假面具揭穿了。在安庆"三二三"之变我看出了他的真相来，他不是为群小所误，他根本是一个小人！他的环境是他自己制造成的，并不是环境把他逼成了这个样子。我们听了斜眼局长那番话，谁个还有方法来替他辩护呢？现在还有人来替他辩护，那就是国贼，那就是民众的叛徒，我们要尽力地打倒他！
>
> 我在陆福庭房里谈了一番话后，蒋介石的侍从副官来了，我便走进去见他，照例是那几位豪杰杨虎、朱一民、温建刚、姚觉吾、刘文明、李因等等正在提刀上马准备和暴徒们出去杀民。朱一民是代表蒋介石出席大会的，他是今天的暴徒们的代理总司令了。

我去见了蒋介石,他带着一种栖遑不定的神气。

我说:"今天又要开会了。"

他说:"他们那么样子干,我是不出席的。"——看,他这岂不是不打自招吗?他刚才反闭着房门在和什么人密议些什么,我们是很可以想象得出的了。

我也老着面皮向他讲:"我们可不可以派点兵去保护省市党部呢?"

他说:"你去向参谋长讲罢。"

我反说:"像现在这样军事紧急的时期,这种捣乱的集会,我看总司令可以下一道命令去解散。"

他说:"好吗,你去向陈调元讲罢。"他还要解释一句说:"他是维护这儿治安的。"

我平生最感趣味的,无过于这一段对话。他以为我是全不知情,在把我当成了小孩子一样欺骗呵。蒋介石,你要掩盖些什么,你的肺肝我已经看得透明,你真可谓心劳日拙了。

我又只好退了出来,朱一民一面好像忘了什么东西又回转到他的参谋长室,我也把派兵的话说了一遍。他马马虎虎地答应了,也没有说派,也没有说不派。他走出去,我也跟着他走出去。那一群豪杰杨虎、刘文明、温建刚、李因、姚觉吾等等指挥着流氓把朱一民簇拥起去了。我从流氓群中赶回总政治部,又派人往四处通报消息,叫他们没有准备就赶快回避。还算好,待我第三次派人出去回来报告,说省党部及各种合法的民众团体统统都被捣毁了,打伤了六个人,重要的人物都避开了。

这打伤了的六个人里面有两个是七军政治部的人;有一个是省党部的干事;有三个是外县来赴会的代表。三个代表有一个是从旅馆拉出来的,有两个是一位男同志和一位女同志,他们到省党部去开会,适逢着暴徒们,便被擒着。暴徒们把他们的外衣剥了,只剩着一件衬衫,打得半死之后拉着他们游街,说他们在省党部白昼宣淫,这就是共产公妻的赤化分子榜样。暴徒们沿途高呼口号,什么"打倒赤化分子"啦,真是叫得恰如其量。他们确是捧出了一个"新军阀"来,他们确是捧出了一个"实行讨赤的新五省联军总司令"来了。暴徒们把打伤了的人拖到总司令部的门前便一哄而散了。这就是蒋中正的群众,这就是蒋中正的忠实的同志,这就是蒋中正的纯正的三民主义的信徒，也就是他所认为可以候补文天祥、陆秀夫、岳武穆的材料了。真真是新军阀神圣万岁啦！讨赤联军总司令万岁啦！猗欤休哉！猗欤休哉！

写到此地我也可以不必再写了，但是还有一点余谈。

那天暴动了之后，李德邻军长曾去见蒋介石，问他有什么办法。他说："是民众打了的，我有什么办法呢？"

我当天晚上也冒着险去会他，他仍然是那种老调子："好啦，你去调查一下好啦，唵，唵。"他最后还向我说："你去把他们各项的执行委员找出来罢，我们好保护他们。"我心里倒忍不住要笑了，好保护他们？哼，找出来好让你一网打尽吗？

这是我和他的最后的一次谈话。

安庆事件后，蒋介石一行乘坐军舰继续下驶，于3月25日抵达南京下关，26日抵达上海，下榻枫林桥交涉使署大楼。蒋系、桂系反共人物齐集上海，紧锣密鼓地策划反共，陈果夫、陈立夫兄弟在其中扮演了重要角色。

当时在上海领导工人运动的中共领导人是周恩来、罗亦农等人，中共总书记陈独秀也在上海。陈立夫与周恩来在天津读书时见过面，陈立夫在北洋大学，周恩来在南开学校大学部。在广州时，周恩来任黄埔军校政治部主任等职，陈立夫任蒋介石的机要秘书，同在广州，但陈立夫终日躲在蒋介石的公馆不公开露面，与周恩来没有见过面。陈立夫说，他到上海后，周恩来曾向他要宵禁口令，陈立夫问谁需要口令，周恩来拒绝回答，陈立夫也就拒绝将宵禁口令告诉周恩来。陈立夫说："没有得到口令，周恩来极为气愤，他对着我说：'你真够厉害！'"这算是陈立夫与周恩来第一次正面打交道。

1926年任国民革命军总司令部机要科科长的陈立夫

陈立夫与陈果夫、吴倚沧等谋划"清党反共",让他们苦恼的却是如何分辨谁是中共党员,谁是国民党员?为此,陈立夫想出了一个很歹毒的招数,他在《成败之鉴》中写道:

> 吴倚沧、我哥哥和我最关心的是如何找出谁是共产党,因为,中国共产党从来没有将他们党员名单交给我们过,因此,我们根本没有办法分辨谁是共产党,谁是"纯粹"的国民党员……
>
> 我告诉吴倚沧,唯一可做的就是打斗,因为一打了起来,国民党和共产党两边的人自然就会分出鸿沟来,这个办法我们在安庆已经试用过。
>
> 随即我们就打电报给各地足以信赖的同志,要他们想尽办法摆脱共产党,至于身份不明的人,只要从打斗中就可以知道他们的身份和态度,然后就尽可能清除他们。
>
> 果然,国共的公开冲突接二连三地在浙江、江西、安徽爆发,而我们发的秘密命令果然是很成功的一招。
>
> 这时,各地发生的情况都不同,家兄、吴倚沧和我就不得不想出办法来应付各个地区不同的难题,而蒋先生主要是负责处理军事上的问题,自无暇兼顾。
>
> 各地国民党负责清党的领导人如下:
>
> 广东是曾养甫、赖琏;浙江是萧铮、郑异、许绍棣、胡健中;上海是杨虎、吴开先、王延松;江西是程天放、罗时实、段锡朋;安徽是邵华、方治;江苏是叶秀峰。
>
> 共产党的劳工组织是"总工会",为了区别起见,我们另外组织一个"工人总会";同样的,共产党的学生组织叫学生会,我们也成立一个组织叫"学生总会";他们的农人组织叫"农民协会",我们的叫"农人总会"。如此一来,不但在总部有两个相对的国共派系,在各种不同的社会团体中也分为两个国共派系,以便公开斗争。
>
> 以上的做法,就是我们透过党及社会来与共产党斗争,简单地说,我们所采用的政策慢慢地分辨出谁是谁,主要的用意只是在利用行动来澄清当时的跨党情况。

当共产党控制中央党部时，我们的党团并没有发挥多少作用，那时中央组织部派出一些老而无活动力的纯国民党党员在群众组织中工作，这些老党员当然没有办法与年轻而活跃的共产党员对抗。

家兄果夫接掌组织部后，我们才着手"驱逐"共党党团，而代之以我们自己的党团，也就是用共党的手段来打击共产党。这样一来，我们的党团开始在社会团体中发生作用，能够区分共产党与国民党，在"清党"时，我们的党团公开攻击共党党团，在打倒他们之后，我们的党团也就愈趋公开了。

"清党"期间，我们的党团在农人协会中极有效果，实际上农民对政治没有兴趣，但只需要少数的活跃分子按照党的指示就可以办好他们的工作，比起工会中的情形，可就简单得多。

而这些活跃分子对于当地情形、人际关系以及共产党的身份都很清楚，所以很快就能分辨出来谁是共产党员，然后予以打击，农民协会就这样成为国民党与共产党的主要战场。

"清党"时，国民党和青帮之间，虽然没有正式的合作计划，但是彼此是友非敌，尤其是党员在上海进行秘密工作时，就得到青帮大力协助，因为他们和外国租界及警察有交往。

陈立夫 全传
Biography of Chen lifu

第三章
蒋家天下陈家党：C.C.内幕

从"中央俱乐部"到"青白团",陈果夫、陈立夫领导的C.C.势力借助蒋介石的武力,急剧膨胀,触角伸向四面八方……

第一节 从"中央俱乐部"到"青白团"

一、染指党务,陈果夫小试牛刀

二陈兄弟中最早染指国民党党务的是大哥陈果夫。

陈果夫早年先后就读于长沙明德学堂、江苏南京的浙江旅宁公学预科、浙江陆军小学、南京陆军第四中学。1911年春,由其二叔陈其美介绍加入同盟会。武昌起义爆发后,陈果夫与南京陆军第四中学的同学组成学生军前往武汉参战,在蛇山推大炮时用力过猛,致使肺部血管破裂,留下终生不愈的肺病。之后,又患上肋膜炎,疾病缠其一生。这是后话。

1911年11月27日汉阳失陷后,陈果夫回到上海投靠陈其美。上海已于11月4日光复,陈其美被推为沪军都督。当时,蒋介石也追随在陈其美左右,陈果夫与蒋介石因此相识。陈果夫回忆说:

> 我第一次见到蒋先生是在民国前一年,辛亥年的冬季。……有一天,在二叔(指陈其美)病榻前见到蒋先生,二叔替我介绍说,蒋先生是主持杭州方面敢死队的革命工作的。
>
> 我在旁边恭聆二叔和蒋先生商谈策动革命、训练军队和起义时期地点等。蒋先生威毅稳重的风度,使我第一次所生的印象非常深刻。
>
> 二叔殉国之后,我常常到他生前许多同志友好处拜访,屡屡见到他们生活不整饬的情形,甚之有吸食鸦片赌钱等腐化行为。会客的时间也无限制。其时革命环境至为恶劣,而党内一部分同志生活毫不振作,为之太息。但每去晋谒蒋先生时,情绪就不同了。蒋先生生活严肃,所谈不外乎对革命的指示和大局的分析。他不在家时,我就在他的书架上抽阅很多有益身心的书籍。蒋先生生活有规律,来客到了黄昏十时,他就请你回去,

明日再谈。因此，我对他的敬仰之心便与日俱进。(《陈果夫先生全集》第5册，第35—36页)

陈果夫对蒋介石的回忆，有意把蒋描绘成圣人模样，难免有故意抬高蒋的形象的地方。因为，蒋在这个时期的作为与上海滩的其他党人并无二致，逛妓院、吃花酒、娶小妾等等，蒋介石一样也没有拉下。因此有学者称这个时期的蒋介石为革命浪人。

陈其美遇刺身亡后，陈果夫失去靠山，回到吴兴老家，娶朱明为妻。两年以后重返上海，到晋安钱庄任职。20年代初，陈果夫随张静江、戴季陶、蒋介石等人参与上海证券物品交易所的活动。陈果夫担任经纪人，他有精明独到的商业眼光。陈果夫后来很得意地说：每做一笔生意，都是"事前要有准备，经过相当的考虑，然后去做，换一句话说，要用自己的判断力去换钱，才是有意义的投机生意"。蒋介石虽然是股东，但股金是张静江等人代垫的，而且做投机买卖也不是蒋的特长，故蒋并没有实际参与交易活动，而由陈果夫等人代理。

1924年5月，蒋介石出任黄埔军校校长后，邀陈果夫去广州共事，陈果夫舍不得丢掉在上海经商赚钱的机会，不愿去广州，蒋介石也不勉强他。不久，陈果夫在上海兼任了黄埔军校招兵委员，在江苏、浙江、安徽一带为黄埔军校成立的教导队招募新兵，后又担任黄埔军校第三期招生委员。1926年1月，在广州召开的国民党"二大"上，由于蒋介石的极力推荐，陈果夫当选为国民党中央监察委员。这个上海滩的小小经纪人一步登天，跻身于国民党中央领导核心。1926年3月20日，蒋介石发动中山舰事件后，张静江、邵元冲、叶楚伧、陈果夫、曾养甫等一批国民党右派分子离开上海，相继南下广州，为蒋介石的反共撑腰壮胆。

陈果夫与蒋介石、张静江等经过周密的谋划后，于5月15日向国民党二届二中全会提出限制、打击共产党的"整理党务案"，规定共产党人不得担任中央党部各部部长等。会议还决定由张静江任中央执行委员会常务委员会主席，蒋介石任中央组织部长，陈果夫任中央组织部秘书。7月，蒋介石以国民革命军总司令名义率师北伐，陈果夫接任中央组织部长，与张静江共同把持了国民党中央党部大权。

在蒋介石出任中央组织部长以前，部长谭平山与秘书杨匏安都是中国共产党党员。陈果夫到组织部后，经过缜密的观察，发现只有三位是纯粹的国民党员，其余都是跨党的共产党员。在此种情况下，陈果夫认为工作无从着手，就请示蒋介石，蒋要他与丁惟汾、顾孟余商量。经过密谋，他们设计了一套排挤和打击共产党人的计划，一步一步地实施，终于将中央组织部的共产党员排挤出去。随即，陈果夫又主持整顿了广州市党部和广东省党部。陈果夫排挤打击共产党人得到了张静江的强有力支持。在改组广东省党部时，陈果夫觉得事关重大，问张静江要不要请示蒋介石，张静江回答说："应该做的事，就负责做去，不必请示，本党整个政策并没有变更，领袖不能表示态度，如果去电，叫他如何答复，我们的事只要审慎处理，不要增加蒋先生的麻烦。基础打好了，你选出人员提会，我负责使之通过。假使还有麻烦，我可以负责。"听了张静江的一番话，陈果夫胆子大了许多，他不仅改组了广东省党部，将其置于亲信的控制之下，还向各省派出一批得力的打手，分赴各省市抢夺党权。陈果夫陆续派出的国民党右派骨干分子有：段锡朋、郑异，被派往江西；萧铮、王宇春、葛武棨，被派往浙江；郭春涛，被派往西北；陈希豪，被派往上海；张道藩等三人，被派往贵州；吴铸人、童冠贤，被派往北平；田昆山，被派往甘肃；纪亮，被派往绥远；丁超五，被派往福建。开始，陈果夫向各省派人时，要安排他们面见张静江请训，张静江告诉他们："救党的责任放在诸位身上，只要你们拿出能力来，本党就可以复兴。"张静江在接见几批后，就对陈果夫说："组织部派出去的许多同志都很好，我相信你会用人，以后这些同志不必来见，只要你信任得过，派出去就是了。"广州时期的陈果夫与张静江互为表里，为打击共产党绞尽脑汁，也确实收到了效果。周恩来后来回顾这一段历史时说："右派的蒋介石占了极大的优势。他把张静江捧出来做中央执委会的主席，实际上这人是陈果夫的傀儡。蒋介石亲自做了组织部长，新设军人部长也是由他兼任。组织部实际上由陈果夫代理。原来我们好几个部长（宣传部长、农民部长等）的位置都让出来了。这样，右派在组织上占了极大的优势，我们在党务方面已毫无地位了。陈果夫、陈立夫便利用他们的地位，在各省发展右派。在北方以丁惟汾、王法勤的大同盟为基础，收买西山会议派。从此各地方党部左派和右派斗争也更激烈起来。"（《周恩来选集》上卷，第123页）

陈果夫、张静江等在广东排挤共产党人，将共产党员从国民党中央党部和一些省市党部排挤出去，但是，共产党人利用北伐以后造成的高涨的革命形势，将势力扩展到工人、农民、军队等队伍中，这使蒋介石感到仅用"政治清党"的办法难以达到目的，便开始筹谋发动反革命政变，以"武力清党"。

1926年11月，蒋介石进驻南京后，即将他的一批忠实追随者张静江、黄郛、戴季陶、张群、陈果夫等召到南昌。这批人随后上了庐山，为蒋介石策划反共大计。陈果夫"建议召集中央监察委员全体会议，因为（中央）执行委员多数同情于共党"，这个主张为蒋介石所采纳。4月2日，蒋介石操纵的国民党第二届中央监察委员会紧急会议在上海开场，但到会的监察委员及候补委员一共只有八人，而二届中央监察委员、候补监察委员共有20人，蒋介石纠集的所谓监察委员会议实在是一次人数不足的非法会议。蒋介石就以这个非法的会议为依据，公然发动了四一二反革命政变，血腥屠杀共产党人和革命群众。

在四一二反革命政变中，陈果夫扮演了一个活跃的角色。陈立夫在张静江、吴稚晖等一批国民党大佬眼中还是一个乳臭未干的孩子，自然轮不到他到台面上去表现，此刻还只能在幕后活动。

蒋记南京政府开张后，蒋介石在戴季陶、丁惟汾、陈果夫等人的支持下，创办了国民党中央党务学校，由蒋介石挂名校长，陈果夫任总务主任，戴季陶任教务主任，丁惟汾任训育主任。该校从创办到抗战胜利后改为国立政治大学为止，一直以蒋介石为校长。蒋介石一手抓武，一手抓文：武的是中央军官学校（前身是黄埔军校），文的是中央政治学校（1928年中央政治学校改名为中央党务学校）。后者的校长虽然由蒋介石挂名，但实际校务是陈果夫主持的，以后该校便成了二陈兄弟培养国民党"党务人才"的大本营。

在蒋介石集团、江精卫集团相继宣布反共后，中国政局更加混乱。在国民党内错综复杂的矛盾中，蒋介石成了众矢之的。特别是在南京政府内，以李宗仁、白崇禧、黄绍竑为首的新桂系的军事实力已不弱于蒋介石的嫡系，遂明里暗里向蒋介石逼宫。蒋介石在内外交困，和既不成，打又不能的情况下，决定以退为进，暂时辞职下野。1927年8月12日晚，蒋介石将南京政府的军事交给何应钦、李宗仁、白崇禧三位总指挥负责，离开南京去上海。13日，蒋在上海正式宣布辞去国民革命军总司令职务。蒋下野后，政治上追随蒋介石的国民党右派大佬胡汉民、张静江、蔡元培、吴稚晖、李石曾联名宣布与蒋介石共进退；蒋介石的盟兄、上海特别市市长黄郛也通电辞职。蒋系人物纷纷挂冠而去，南京政府无人负责，立即陷入瘫痪状态。

蒋介石的突然下台，对二陈兄弟来说自然是一次突如其来的巨大打击。蒋介石下野后准备去日本活动，邀陈立夫同行，陈立夫没有答复，因为他对日本没有兴趣，且不懂日语。这时，南京政府中掌握军权的桂系第二号人物白崇禧请陈立夫担任他的顾问，陈立夫也婉言谢绝了。他很清楚，白崇禧与蒋介石是两个对立的营垒，而他陈立夫则是蒋的心腹亲信，他不能因为蒋的下野而投到对立面阵营去，那将对不起旧主。

陈果夫（左一）、陈立夫（立者右三）等在张静江（坐者）宅前的合影

陈立夫在辞去机要科科长职务时，将蒋介石交他保管的最高机密文件以及密电码全部带走，后来交给蒋介石的另一亲信毛庆祥保管。陈立夫辞职时，机要科有结余数千元，他将这笔钱分给科中同仁，名义是作为万一失业时的救济费用。

二、施小计，搞垮中央特委会

蒋介石下台后，宁、汉两个国民政府及宁、汉、沪三个国民党中央党部的国民党要员于1927年9月10日至19日在上海召开谈话会。会议采纳孙科的提议，避开国民党党统之争，由宁、汉、沪三方共同组织中央特别委员会，作为过渡，先使合作告成，再图补救办法。9月16日，国民党中央特别委员会在南京正式成立，由31名委员及9名候补委员组成，并推汪精卫、蔡元培、谢持为常务委员，叶楚伧为秘书长。特委会成立后，推举丁惟汾、于右任、孔庚、王法勤、王伯群、王宠惠等47人为国民政府委员，汪精卫、胡汉民、李烈钧、蔡元培、谭延闿等五人为国民政府常务委员；推举于右任、方振武、方声涛等67人为军政委员会委员，白崇禧、何应钦、朱培德、李宗仁、李济深、汪精卫、胡汉民、唐生智、程潜、冯玉祥、蒋介石、杨树庄、谭延闿为军委会主席团成员。

中央特委会以及国民政府的成立，表面上结束了国民党中央分崩离析的局面，使其归于统一。但是，它是由国民党各派系七拼八凑起来的，本身存在着无法克服的矛盾。一心想做领袖的汪精卫、胡汉民、蒋介石对此都不满意。蒋介石为了推翻这个实际上由桂系李宗仁、白崇禧及西山会议派把持的特委会及政府，采取了以下措施：一是与政敌汪精卫联合，这一工作由宋子文等牵线；二是与李宗仁、白崇禧私下划分地盘，让李、白知难而退，从长江下游撤退，将其让给蒋介石，这一工作由吴稚晖、张静江、黄郛等人牵线。蒋的这一设想得到李、白的认可，由于江浙财团对桂系采取不合作态度，李、白也就知难而退，决定向长江中游发展，而舍弃长江下游的江、浙、沪地盘。在取得湖南实力派之一程潜的支持后，李、白操纵南京国民政府于1927年10月20日下令讨伐占有两湖地盘的唐生智集团。桂系西征，打败唐生智，夺取了两湖地盘，将其与两广连成一片，桂系势力发展到一个新阶段。

在桂系军事力量西去后，由西山会议派唱主角的南京国民政府没有了实力支撑。为了搞垮这个缺乏实力的政府，蒋介石让二陈兄弟出马，略施小计，就把南京国民政府送上了被告席位。二陈兄弟遵照蒋介石的吩咐，于1927年11月初在上海成立了一个秘密组织，取名为中央俱乐部，因为英文Central Club的缩写是C.C.，所以简称C.C.，这个组织成立时，成员有三四十人，很快发展到100人。以浙江、江苏、山东、山西、江西、南京、上海等省市的党部执行委员张强、洪陆东、许绍棣、潘公展、苗培成、马元放、郑异（原名郑亦同）、萧铮、程天放等为主干，并拥戴季陶、丁惟汾、陈立夫为领导人。但实际上，戴、丁二人只是挂名的，二陈将他们推出来，只是利用他们的名望在国民党中起号召作用而已。他们也各有自己的事务，很少参与其活动。所以，在中央俱乐部中，负实际责任的是陈果夫、陈立夫兄弟。这个中央俱乐部的当务之急是搞垮特委会及其政府，为蒋介石出山独掌大权铺平道路。

这场斗争，蒋介石在幕后，二陈兄弟在前台指挥。9月27日，二陈亲信控制的江苏、浙江二省党部和南京市党部联合发表通电，指责中央特委会破坏党的系统，破坏第二次全国代表大会之决议，声称他们对于中央特委会"万难承认"，公开否认其合法性。同日，山东、奉天、直隶、绥远、吉林等省及北京特别市党部也发表宣言，否认中央特委会。所有通电，实际上是二陈中央俱乐部成员假借名义发出的。当然，发通电只能制造舆论，不可能一下子打倒中央特委会，二陈兄弟下一步的行动就是指挥中央党务学校学生与特委会当面冲突。11月20日，南京特别市党部召开党员大会，大会主席提出拥护特委会的议案时，赞成与反对两派当场发生冲突。赞成者指责反对者为共产党，反对者则指责赞成者为西山会议派的走狗。黄埔一期毕业的黄杰跳到桌子上历数中央特委会不应存在的种种理由。当日，南京特别市党部逮捕持反对意见的左元白、黄杰、曹明焕、逢化文四人。这一下，二陈兄弟找到了靶子。第二天，他们指挥中央党务学校学生一哄而起，捣毁了南京特别市党部，并向国民政府请愿，迫使国民政府下令释放左元白等四人。

22日，南京市各界举行庆祝讨唐（生智）胜利大会。会前，二陈兄弟作了周密的部署，安排中央党务学校学生中的骨干准备在会上挑衅。大会开始，南京市党部妇女部部长陈逸云首先登台演说，并高呼"打倒腐化分子"、"打倒鸦片烟鬼"等反对西山会议派的口号。接着，年仅20余岁的谷正纲以中央党务学校代表名义演说，大呼"打倒特别委员会"、"恢复中央党部及国民政府"等口号，台下的党务学校学生随声呼和，并将早已准备好的各种传单一齐散发出来，一时会场秩序大乱。

一场庆祝讨唐胜利的大会掉转矛头直指中央特委会，性质完全变了。闻讯赶来的军警跳上主席台，制止谷正纲讲演，勒令大会解散。谷正纲被迫宣布大会结束，立即带领党务学校学生举行示威游行。当游行队伍行进至秀山公园附近时，遭到军警拦截并勒令游行队伍解散。谷正纲出面交涉时，军警突然开枪，当场打死一个布店学徒和一个浴堂工人，中央党务学校学生袁大煦受重伤，五日后不治身亡；另打伤数十人。史称南京"一一二二惨案"。

那么，究竟是谁下令开枪的呢？二陈称是桂系李宗仁，直接指挥者是桂系的潘宜之，但潘宜之认为这是天大的冤枉。周一志在《关于西山会议派的一鳞半爪》一文中指出，密令军警开枪的竟然是蒋介石。文中说，在蒋介石下野时，王昆仑与黄埔一期毕业生潘佑强赴奉化见蒋进言，蒋听不进去。王昆仑等从此对蒋失望，后来获悉"一一二二"惨案的真相后，认为蒋的为人太阴毒了，从此王昆仑、周一志等"在心理上总觉得非反对他才过瘾"。另外，曾被二陈等指为凶手的潘宜之在后来代表李、白到南京见蒋介石时，顺便提起当年的旧事，蒋却轻松地回答："那个惨案是我当时政治上一个运用，现在事过境迁，不必介意云云。"由此看来，这一惨案的真正凶手正是蒋介石本人，但他们却硬将这顶帽子戴在李宗仁、潘宜之以及特委会中的西山会议派大佬头上。

惨案发生后，一直置身幕后的蒋介石走到前台，接连发表措辞严厉的讲话，给特委会施加压力。11月24日，在上海召开的中央执监委员第四次谈话会上，蒋介石露骨地威胁道："此案如何处理，为革命生死问题，凡革命同志皆不能坐视，如无正当办法，则虽诉之革命手段，亦所不惜。"

同一天，在二陈的策动下，南京市各区党部、中央党务学校和南京市学联等单位组织了惨案后援会，他们指认西山会议派的邹鲁、覃振、傅汝霖、谢持等为惨案的主使犯，潘宜之、居正、张贞、任西萍等为惨案凶手，要求国民政府严惩凶手。在二陈看来，西山会议派的人全是凶手。25日，蒋介石在接见中央党务学校的代表时，声称："如办理不当，我来领导你们革命。"在他的公开嗾使下，党务学校党员学生抬着袁大煦的尸体到特委会门前"陈尸请愿"。接着，江苏、上海等地党部、学联、各大学发表通电，或举行游行示威、罢课，要求严惩凶手，取消中央特委会，反对中央特委会的声浪越来越高。但西山会议派的这批人在野已久，如今上台仅两个月，自然不甘心就此退出历史舞台，被指控的邹鲁、谢持先后发表声明辩诬，并胡说惨案是共产党有计划的破坏活动，企图转移视线。同时他们也要求国民政府查明真相，拿办凶犯和煽动之人。邹鲁在《回顾录》中说：

> 惨剧发生后，就有人造谣言，说是谢持、居正、覃振三先生和我主持的。其实我们手里都没有一兵一卒，无从指使；又不想取夺政权，何必要利用这种手段呢？尤其是居正先生，为了要到日本去，早已离开南京以便准备行装，也被列入，更属可笑。这可见被攻击的人，只要和"西山会议"有关系，就可以加上罪名；至于证据的有无，却是无关重要的。我和谢持先生，为使这事的真相彻底明了起见，曾一再连名提请国民政府迅速查办；仍不放弃已往屡次使我失望的主张，一切可以由法律解决。某一次国民政府开会，谭延闿先生适由沪返宁，担任主席，我再提出拿办主使及前后在会场高呼打倒特别委员会、国民政府、军事委员会和打毁市党部的

行为。谭先生说:"假使是单纯的共产党暴动,悉行拿捕,自属易办;实则此事发动,上海有人在主持。党内之争,愈办必纠纷愈多。"因而搁起,我也就明白了。

12月3日,国民党中央执监委员在上海举行二届四中全会预备会议。会上,蒋介石集团与汪精卫集团联合对付桂系和西山会议派,会议决定,组织特别法庭审判。在审判前,被指控的谢持、居正等10人即行停职监视,听候法庭审讯。中央特委会于二届四中全会开会之时取消。

蒋介石与二陈兄弟通过这一小小的阴谋手段放逐了西山会议派,轻而易举地搞垮了中央特委会,为蒋介石重新上台铺平了道路。在这种残酷的派系斗争中,年轻的陈立夫对蒋介石及其兄陈果夫的权术耳濡目染,为日后的出山积累了经验。

三、二陈兄弟夺回党权

1927年是国民党分化组合变幻莫测的一年,在经历了数不清的诡谋和交易之后,汪精卫一派全部被淘汰出局,胡汉民气得与孙科等出洋考察,蒋介石成了唯一的大赢家。预定召开的国民党二届四中全会,几乎成了蒋介石个人包办的独角戏。

1928年1月4日,蒋介石在陈立夫及谭延闿、杨树庄、何成濬等人的陪同下由上海去南京,筹备召开二届四中全会。1月6日,陈果夫与谭延闿、丁惟汾等接收了中央特别委员会机关,宣布国民党中央常务委员会恢复工作。1月9日,蒋介石通电宣布继续行使国民革命军总司令职权。

陈果夫、陈立夫兄弟在筹备二届四中全会时,总结蒋介石去年8月被迫下野的教训,认识到要巩固蒋介石在国民党内的地位,就必须继续"清除共产党的影响",打击反蒋派系,加强国民党的组织纪律,"维护领袖的权威"。为此,陈果夫向蒋介石建议:四中全会应以党务问题为中心,以"清共"、"整党"作为基调,在中央和地方继续开展大规模的党务整理活动,以解决目前国民党内派系活动猖獗、纪律涣散、四分五裂的局面。陈果夫的建议深得蒋介石的赞赏,并授权由他具体草拟提案,到时以蒋介石、丁惟汾、陈果夫的名义共同提出。陈果夫、陈立夫兄弟等经过一番精心策划,一口气拟出了《各委员依次递补案》《改组中央党部案》《政治委员会改组案》《中华民国国民政府组织法》《关于南京"一一·二二"惨案之决议如何施行案》《整理各地党务决议案》《整饬党纪之方法案》《整理特别党部案》《训练党的人才方法案》《改定军事系统案》《改良军队政治工作案》《国民政府军事委员会组织大纲》《国民革命军总司令部组织大纲》《制止共产党阴谋,所有共党之理论方法、机关、运动,均应积极铲除,请全体会议交由执监两委员会与政治会议随时审查执行案》《第三次全国代表大会召集日期案》《宁汉两方决议案审查案》《中央执行委员会常务委员会人选案》《国民政府委员人选案》《军事委员会委员人选案》《国民政府常务委员及主席人选案》《军事委员会常务委员及主席人选案》等20余个提案,由陈果夫与蒋介石、丁惟汾等联名向二届四中全会提出,并获得通过。其主要内容是:

这次会议重新肯定了蒋介石(前排着军装者)在国民党内的地位。二排左三为陈果夫

《整理各地党务决议案》规定:

一、各地各级党部,一律暂行停止活动,听候中央派人整理。

二、各地党员一律重新登记,在登记期间停止征求党员。

三、各省及等于省之党部，由中央派党务指导委员7人至9人组织"党务指导委员会"，办理该省党务整理及登记一切事宜。党务指导委员会组织条例由中央另定之。

四、在整理期间，党务指导委员会代行该地执行委员会职权。

五、登记及整理期间定为三个月（自中央指定之日期起算），如有特别情形，可由中央酌量延长，但以一个月为限。

六、凡省党务指导委员，须先经中央常务委员会切实考查，将其考查结果公布半月后，方可派赴各省；县党务指导委员，须先经省党务指导委员会考查公布十日后，方可派赴各县；其考查方法由中央常务委员会定之。

七、凡党务指导委员须守以下之原则：1．绝对信仰本党主义。2．绝对不组织或加入其他政治团体。3．绝对不借党营私。4．绝对不以个人情感或意气用事。

八、党员登记时，应慎重考查，曾经加入本党以外之政治团体者，须切实声明与该团体脱离关系。

九、登记条例及登记表，由常务委员会详细规定之。

十、海外各党部及国内未能公开各地之党部，有困难情形时，由中央常务委员会斟酌办理。

《各委员依次递补案》决定开除并撤销谭平山、林祖涵、于树德、吴玉章、杨匏安、恽代英、彭泽民和已故朱季恂、李大钊等人的党籍和中央执行委员职务；停止徐谦的职务，保留党籍；候补中委毛泽东、许苏魂、夏曦、韩麟符、董用威、屈武、邓颖超、邓演达及已故的路友于开除党籍并撤销职务，徐其瑗停止职务。中央监察委员高语罕、候补中央委员江浩开除党籍，邓懋修、谢晋停止职务。以白云梯、周启刚、黄实、王乐平、陈嘉祐、朱霁青、丁超五、何应钦、陈树人、褚民谊递补为中央执行委员；黄绍竑为候补监察委员。

《审查宁汉两方决议案》规定：一、"凡与联俄容共政策有关之决议案，一律取消"；二、"凡因反共关系开除党籍者应一律无效"。

《整饬党纪之方法案》规定：凡属本党党员，无论何人，必须绝对遵守党纪；违反党纪者，必须绝对服从党部之处分；凡属党员非经中央党部之许可，无论党内党外，不得自行组织或加入其他政治团体；凡属党员不得有违反党纲、党章及一切决议案之主张；各级党部不得违反党纲、党章之决议；凡属党员必须绝对服从党部之决议及命令；下级党部必须绝对执行上级党部之决议及命令；各地政府与党部有冲突时，须分别呈明各上级机关，共同处理；凡党员绝对不准以个人名义，代替党发表宣言。

国民党二届四中全会是国民党历史上的一个重要转折点。它彻底推翻了国民党一大、二大和二届三中全会确立的各项政策。自此，孙中山晚年推行的革命的三民主义彻底消亡，蒋介石的反革命政策得到彻底贯彻。在这次会议前后，蒋介石成了国民革命军总司令、国民政府军事委员会主席、国民党中央常务委员、中央组织部部长，党权和军权完全落入蒋介石之手。

蒋介石的胜利也就是陈果夫、陈立夫兄弟的胜利。会后，蒋介石的精力仍集中在军队，抓军权才是蒋的重点，党务则交给陈氏兄弟。陈果夫在二届四中全会上只给自己安排了中央监察委员及民众训练委员会常务委员的名义，但实际上，蒋介石的中央组织部长职务交由陈果夫代理；另外，民众训练委员会虽有李石曾、经亨颐、朱霁青、何香凝、陈果夫五名常委，但李、经、朱、何都不可能过问民众训练委员会，实际上仍是由陈果夫一人负责。

四、陈氏兄弟铲除"丁家党"

国民党二届四中全会后，掌握了中央组织部和民众训练委员会大权的陈果夫在其弟的帮助下，开始实施贯彻四中全会的决议案。他们的第一步是重整中央组织部班底，将谢持把持中央特委会期间的班底一概清除，另起炉灶，安排自己的人马。在秘书人事方面，由于原来的得力助手吴倚沧已死，陈果夫精心挑选了三个人，即江苏兴化的余井塘、河北乐亭的张厉生、贵州盘县的张道藩。由这三个人按其籍贯分别指导与接洽北方、华东、中西部地区的党务活动。

在秘书人选敲定以后，陈果夫调整了组织部内部机构，在组织部原有的普通组织科、编审科、党籍科、总务科四科之外，增设海外组织科、军人组织科、调查科。各科人事基本上是以二陈"中央俱乐部"班底（以浙江、江苏人为主）为取舍依据。组织科长吴宝丰是江苏昆山人，上海交通大学电机工程科毕业，美国密西根大学硕士；组织科总干事洪陆东和骆美奂不仅是浙江人，而且也是中央俱乐部的重要成员，是二陈的心腹干将；调查科长是陈立夫，总务科长是徐恩曾。在组织部七科中，组织和调查科是重心和要害部门，由二陈或亲信直接主持。中央组织部中还有一个不受陈果夫控制的小独立王国，即军人组织科，蒋介石不许任何人染指他的军队，连二陈也不例外，故组织部军人组织科一直由蒋介石直接指派黄埔军校毕业生担任，二陈不得过问。谁如果敢过问蒋的军队，是不会有好果子吃的。

二陈兄弟在安排好中央组织部的班底后，便依据《整理各地党务决议案》在全国推行"整党"，其办法是通过"总登记"、"总考查"以彻底改组各级党部。"总登记"规定仅限于登记自同盟会成立至1924年国民党改组以前的党员，这就是说孙中山逝世前反对改组者可以登记成为党员，改组后大批新入党者不得登记。他们认为："党的内部纠纷的原因，完全因为分子复杂，有共产分子，有左右派，有腐化恶化分子，有官僚政客，有什么派什么系什么同盟等等。"因此需要通过总登记彻底肃清党内外反蒋的势力。这样一来，国民党内的一切非蒋派系，都将受到排斥。二陈推行总登记的过程，实际是他们攫取国民党党务大权，排斥异己，控制中央党部和地方党部的过程。

二陈下令将原西山会议派定名的省市临时执行委员会更名为省市党务指导委员会。二陈委派的各省市党务指导委员会成员都是"中央俱乐部"成员和江浙子弟兵。如南京市党务指导委员会将原来西山会议派安排的甘家馨派连根铲除，安排在南京"一一·二二惨案"中有功的段锡朋、谷正纲、康泽，另加张厉生、李敬斋、洪陆东、刘季洪，也都是二陈夹袋中的人物。其他地区也大致如此，上海用了吴开先、潘公展等，浙江派了许绍棣、叶溯中，安徽陈访先、方治，江西程天放、熊良锡，湖北方觉慧、吴醒亚，湖南彭国钧，山西苗培成、姚大海，甘肃田昆山，青海李天民，河南陈泮岭、杨一峰，山东刘志平、李文斋，江苏马元放、滕固、倪弼等，这批人后来都成了C.C.的骨干。

二陈兄弟在排斥异己的过程中，不仅受到广大党员的抵制，更受到丁惟汾的三民主义大同盟、汪精卫的改组派及其他派系的反对。总登记原计划三个月（1928年4—6月）完成，因阻力重重，又延长至1928年12月，也仍未完成。在代表产生及登记过程中，地方党部和中央党部、下级党部和上级党部之间，矛盾冲突不断。二陈发挥其擅长权谋斗争的优势，将反对派一个一个地收拾掉。

他们打击的第一个对象就是丁惟汾的三民主义大同盟。

丁惟汾（1874—1954），字鼎丞，山东日照人。1904年赴日本留学，进入明治大学学习法律，1905年加入同盟会，并被推为山东主盟人。1907年回国，在济南创办山东公学。辛亥武昌首义后，在济南成立山东各界联合总会，敦促山东巡抚孙宝琦宣布与清政府脱离关系，宣布独立。首鼠两端的孙宝琦在宣布独立后又取消了独立，丁惟汾遂赴上海与黄兴相商，随后，他与胡瑛到烟台起兵，宣布独立并声援武昌首义军。1912年同盟会改组为国民党，丁惟汾为山东省党部理事。1913年当选为第一届国会众议院议员。筹安会成立，潜赴上海，与17省国会议员宣布讨袁。1917年赴广州为非常国会议员。1924年1月，在国民党第一次全国代表大会上当选为中央执行委员，不久被派往北方任国民党执行部党务主任，与共产党人李大钊合作共事。此后，北方国民党组织得到了迅速发展。在这个过程中，丁惟汾打

"丁家党"的首脑丁惟汾

着孙中山的旗号，暗中建立了自己的派系小组织"三民主义大同盟"、"三民主义实践社"、"新中国青年社"等。

　　1926年7月北伐开始后，丁惟汾为配合国民革命军北伐，又派遣一批北方的国民党干部到长江流域工作，其势力扩展到长江流域。1926年7月，丁惟汾出任国民党中央青年部部长，陈果夫出任组织部长，吴稚晖暂代工人部长。在此期间，蒋介石、陈果夫在党务方面还没有形成十分强大的班底，在许多地区不得不暂时依靠丁惟汾的人马。丁惟汾与陈果夫这两个国民党右派在打击共产党及国民党左派方面配合默契。在国民党内的派系斗争中，蒋介石的主要对手是汪精卫、胡汉民，而对丁惟汾却一直采取拉拢的策略，故自1926年夏以后，蒋介石与丁惟汾一度合作得很好。丁的地位也一度急剧攀升，继出任国民党中央青年部长后，又出任国民党中央党部秘书长，到1928年二届四中全会时，丁惟汾又与戴季陶、于右任、谭延闿、蒋介石并列为国民党的五名中央常务委员。丁惟汾派的势力在1926年到1928年间达到鼎盛时代，国民党内一度有所谓"蒋家天下丁家党、孔宋一门做部长"的说法。

　　但丁惟汾派很快由盛而衰，其对头就是二陈兄弟。在国民党二届四中全会

上，丁惟汾虽然跻身于中常委的高位，但他的青年部长则换成了训练部长。丁丢失了青年部，再也不能过问国民党青年干部的人事大权，这些权力由陈果夫的组织部接收，丁惟汾自然有所不满。1928年6月，蒋介石赴北平祭奠孙中山，于7月1日途经天津时，天津各界人士举行庆祝北伐胜利欢迎蒋司令大会，30余个团体近10万人参加。在天津期间，蒋介石传见国民党天津市党部头头杨亦周，杨居然拒不往见，并称："我非总司令属下，不能应召。"蒋闻讯极为震怒；又以中央组织部长名义召见，杨亦周仍不买账。蒋两次被拒，已经是怒不可遏。按他的暴躁脾气，恨不得立即将其枪毙以泄愤。但这次蒋没有下手，只是斥责随行在侧的陈氏兄弟，何以这种人还不撤换？！

7月底，蒋介石一行回到南京后，二陈决定首先拿"丁家党"把持的天津市党部开刀，下令解散天津市党务委员会，另派傅作义、苗培成、崔廷献、陈石泉、刘不同、鲁荡平为整理委员，组成新的天津市党务指导委员会。傅作义是天津警备司令，崔廷献是天津市长，鲁荡平是天津市社会局长。在政治派别上，傅作义和崔廷献都属阎锡山系，而鲁荡平则为西山会议派。陈果夫把傅、崔、鲁三人列进天津市党务指导委员会，只不过是想借傅作义等人的军警势力压制丁家党的反抗，而真正的党权则操在二陈的亲信刘不同与陈石泉之手，刘负责训练部，陈负责组织。与二陈接近的苗培成则负责常委会，鲁荡平负责宣传部。从此，天津市党部的大权落入二陈手中。在刘不同、陈石泉调走后，又有邵华、马亮、邵汉元、时子周等更多的C.C.分子插进来，把持天津市党部大权。天津是北方的工业中心城市，国民党党员也以工人成分为多，每个工厂和企业都有国民党基层组织，单位的工会负责人也多是国民党基层组织的负责人。在大革命时代，工人和资本家经常处于对立地位。自从C.C.分子夺取天津市党部大权后，遵照二陈的指示以莫须有的罪名将代表工人利益的工会负责人清洗，而代之以工贼，倡导所谓劳方与资方协作，帮助资方压迫和剥削工人。这样，天津的国民党组织完全成为镇压人民的反动机器和特务组织。

陈果夫声称他整理党务的目标是"把以往就人来划订组织，改为以事来划订组织，将共党遗留作风一扫而空"。陈果夫在向各地派遣党务指导委员时，摆出一种立党为公的姿态，请求全体中央委员公开推荐人选，而由他和张道藩、余井塘三人审核决定。其实，这只是陈果夫的一种姿态，大多数中央委员也心知肚明，不把它当一回事，也不向他推荐人选，以免自讨没趣。可原西山会议派的主角谢持却认了真，推荐了大批人选，这引起了陈果夫的警觉，认为谢持"对中央用人尚有干涉迹象"。为了让谢持知难而退，并堵住别人的嘴，陈果夫立即命陈立夫调动中央调查科的特务对谢持推荐的名单逐一进行严格的侦查，发现谢持着力推荐的两个人是"共产党"，这样一来，陈果夫就有话可说了。他在《十五年至十七年间从事党务工作的回忆》一文中得意地写道："当时着力于选派各地党务指导委员，一面请全体中央委员公开介绍，我和张道藩、余井塘两位同志日夜考查，并请丁鼎丞先生协助审核。经过两个月认真选择的结果，各方同志大都认为公正。当时所有各小组织，都声明取消了。仅有16年任特别委员会组织部长的谢慧僧（谢持字慧僧）先生，对中央用人尚有干涉的迹象，所以他个人介绍的人最多，而且很杂，后来发现他最恳切介绍的两个人也是共产党。经过详密侦查，是得有证据，我就告诉谢先生。他认为唯独他是反共最烈的人，不应该介绍共产党的，十分觉得惭愧，经此一来，失去自信。而且我把我们选择的人，所以取舍之理一一面告，他也认为很公正。所以，此后不再干涉组织部用人了。从此，各方面均能推诚合作，党务才得顺利进行，本党统一之局，于焉告成。"

谢持历来是以反共的"先知先觉"自居的，没想到这次差点让陈果夫扣上包庇纵容"共产党"的罪名，好在陈果夫没有进一步追究。不过，经陈果夫这么一番教训，谢持这位西山会议派的老将在蒋介石、陈果夫面前再也不敢以反共前辈自居了。

在南京的丁惟汾因受到二陈的排挤，在国民党二届五中全会召开前夕出走，到北方发动其党徒进行抵抗。在改组派发动的反蒋活动兴起后，丁惟汾发动平、津及河北、河南等省市也掀起抗议风潮。平津两地指导委员会致电国民党中央，指名要求驱逐胡汉民、戴季陶、陈果夫三人出中央。对于丁惟汾派的反抗，蒋介石及二陈决定采用强硬手段，派C.C.分子相继接管了平、津、河北省党部，"丁家党"受到沉重打击，被迫与蒋介石妥协。从此，丁惟汾以国民党元老的资格在国民党内保有一席之地，混碗干饭吃，至于以他为首的所谓"丁家党"则烟消云散。受到二陈致命打击的丁惟汾在1929年5月曾不胜感慨地对C.C.分子刘不同发牢骚说："我现在晓得了'狡兔死走狗烹，飞鸟尽良弓藏'的意义与滋味！"

五、组织"青天白日团"和"中国国民党忠实同志会"

蒋介石在1931年12月被反蒋派第二次逼下台后,有意利用亲信爪牙模仿法西斯的一套做法,建立纳粹性质的小组织,以打击反对派,巩固其个人专制独裁统治。第二次下野前,蒋介石指使其亲信的黄埔学生首先成立法西斯组织。1932年春,首先成立了三民主义力行社,由滕杰、贺衷寒、桂永清、潘佑强、康泽任第一届干事会常务干事,滕杰任书记;胡宗南、邓文仪、萧赞育、曾扩情等12人为干事;干国勋、戴笠等12人为候补干事。干事会下设总务处、组织处、宣传处、特务处,分别由李一民、萧赞育、唐纵、桂永清(后改由戴笠)任处长。力行社是蒋介石亲自领导的一个法西斯主义性质的秘密政治组织,它追逐世界上正在泛起的一股法西斯主义狂潮,在理论上鼓吹法西斯的独裁救国论,宣扬中国只有仿效意大利和德国法西斯的残酷斗争精神,才是拯救中国的出路。"建立中国偶像是统一国民党的重要条件",为蒋介石实行专制独裁统治张本。该组织崇拜暴力和恐怖,在行动上主张采取野蛮、残暴的手段,对付中国共产党和国民党内的反对派,推行"攘外必先安内"政策。三民主义力行社之下还有二级外围组织革命军人同志会、革命青年同志会,三级外围组织中华民族复兴社。

也许是蒋介石认为这种法西斯性质的秘密政治组织有效,1933年春,蒋介石又指使陈果夫、陈立夫成立党方的法西斯秘密政治组织。二陈奉命后,与张厉生、余井塘、张道藩等C.C.核心成员朝夕聚议,最后决定成立"青天白日团"(简称"青白团"),由陈果夫、陈立夫、余井塘、张厉生、叶秀峰、徐恩曾、张道藩等七人组成中央干事会,陈果夫任干事长,陈立夫任副干事长,张厉生、张道藩、余井塘、叶秀峰、徐恩曾等五人为中央干事会常务干事;周佛海、程天放、赖琏、苗培成、曾养甫等任中央干事。"青白团"只有纵的组织,而无横的联络,团员的活动只能报告其直接领导者,对于非直接领导者和其他团员,均不能告知,也不能问别人的动向,否则就是违犯纪律。加入"青白团"的成员必须履行一种特殊的仪式。

刘不同在《国民党的魔影——"C.C."团》一文中是这样描写的:

> 入团手续多在南京陈氏兄弟螺丝弯故居办理。在这个居所里,梁间蛛网纵横,台上烛光惨淡,桌前壁上挂着一幅罩有灰尘的中山先生遗像,旁

边另挂一幅身佩匕首、脚穿马靴、目光凶恶直视的蒋介石像。陈立夫、张厉生、余井塘或徐恩曾等，就在此阴暗气氛中叫入团者面向孙中山先生遗像和蒋介石像举起右手宣誓：永久拥护蒋介石为领袖，实行三民主义，遵守纪律，严守秘密，至死不渝，云云。完成了中世纪封建神秘的仪式后，监誓人向入团者致威胁训词："违犯纪律要遭到严酷的处分，甚或处死；领袖叫你如何就得如何，抗命为纪律所不容"云云。

胡梦华对于他加入"青白团"的仪式描写得更详细一些：

> 我如约到黄化门44号，在张（厉生）的卧室里同他作长谈。他叫我去谈话的主题是鼓动我帮助他组织反动学生组织"诚社"。他先说了蒋介石指使他和陈果夫一伙七人在国民党内组织秘密小组织的经过，以及他们决定组织"青白团"和"同志会"的计划。他还说，他们中央常务干事会决定选派我参加"青白团"和"同志会"。"青白团"是"同志会"的核心组织，在华北只决定60人参加，我是60人之一，以表示他们对我的器重。他说还要我履行入团入会手续，日内将由陈访先找我去办理。
>
> 陈访先是国民党河北执行委员会常务委员，是他拉我到北平搞河北省国民党反动组织的。他家住在北平北长街庆丰司2号。1933年的一个暑天，他约我带着名章到他家办理"青白团"和"同志会"的入团入会手续，其经过情况如下：
>
> 陈访先引我到他家一间东房。该房内布置一个香案，上铺红毯，其上有燃着的两只红烛蜡台，墙上悬着蒋介石像和孙中山像。他发给了我"青白团"章程和"同志会"章程32开小本子各一册，又给我入团表格和入会表格一式二张各一份，叫我即时填写，并各加盖我的名章。填写毕交给他，他交给我一份入团入会誓词，严肃地叫我立在蒋介石像前，举右手读誓词，宣誓入团入会，他旁立监誓。宣誓毕，我在誓词上签名盖章交给了他。该入团入会表格前面附有志愿书及誓词，都突出一点，即"拥护蒋介石为国民党唯一领袖，终生不渝"。入团入会的表格的其他内容，大致与国民党党员入党表一般内容相同，另强调凡入团入会者要起核心作用、领导作用，在工作岗位上起模范作用，认真切实做好该团该会遵照蒋介石

的主张和意旨所发的指示及所在的机关岗位的工作。陈访先又严肃地对我说：这两个组织，甚至名称，对外是绝密的，这是纪律，希望认真遵守。他举例说如今天此室中，只有我和他二人，没有第三者，可见其绝密的程度。又说，在河北省党部人中被吸收为团员的只有几个人，可见该团该会中央对我的推重，希望我对交给我的任务要卖力去干，并随时随地宣传"拥护蒋介石为国民党唯一领袖"。

左起：陈布雷、陈立夫、张静江于某次会议中的留影

"青白团"的骨干分子还有张冲、程天放、潘公展、吴开先、胡健中、苗培成、陈泮岭、王星舟、洪陆东、庞镜塘、方治、高宗禹、周学昌、郭紫峻、张强、刘不同等，也都是有名的人物。

陈立夫曾强逼蒋介石的"文胆"、侍从室主任陈布雷加入"青白团"，结果受到蒋介石的严厉批评。陈布雷生前曾对其亲友、部属谈起：1935年某日，陈立夫以小轿车接他去南京郊游，车至一偏巷楼房，走进中厅，即强迫他对设有香烛供设之祭坛行礼，说"今天无论如何要请你入盟"，并迫其在一誓书上签字。回到市里，他即对陈立夫说："这样强迫是无效的。"陈布雷当即将此事详细经过报告了蒋介石，并说："在你左右，只有不偏不倚，才可做事。陈立夫这样逼我做，我不承认。"蒋介石即表同意，并严厉批评了陈立夫。

"青白团"中央对地方的指导，一般采取特派员制度，如程天放到江西，苗培成到安徽、山西、绥远，曾养甫到两广，赖琏到湖南、福建，张道藩到上海、浙江、贵州，张厉生到华北等；也有分部门指导的情况，叶秀峰专管文化，周佛海专管教育，徐恩曾专管特工等。

"青白团"还有自己的二级外围组织"中国国民党忠实同志会"（简称"同志会"），会长是蒋介石。"同志会"成立后，二陈指派"青白团"中央干事到各省市，凭借当地的国民党省、市党部，秘密组织分会和公开的作为该会外围的青年组织。张厉生被派往北平和河北，苗培成被派往山西、绥远，梅公任被派往东北，程天放被派往江西、安徽，吴醒亚被派往上海、湖北，叶秀峰被派往南京、四川，张道藩被派往贵州，余井塘被派往江苏，洪陆东被派往浙江，陈肇英被派往福建。

1933年陈石泉在北平成立了"北平市忠实同志会"，1936年罗霞天在杭州成立了"浙江省忠实同志会"。"国民党忠实同志会"的各地外围青年组织一般称"社"，如：吴醒亚在上海组织的"干社"；张厉生在北平组织的"诚社"；齐士英在东北流亡关内青年学生中组织的"东北青年学社"；徐恩曾、萧铮、洪陆东领导的"青年社"和"三民主义革命同志会"；陈泮岭在河南组织的"武德社"；陈泮岭、刘不同领导的"三民主义忠实同志会"；罗霞天在浙江组织的"王权社"，王潜在山东组织的"学行社"等。

下面具体介绍一下"干社"和"诚社"的情况。

"干社"成立于1933年夏，社址在上海公共租界汉口路绸业银行大楼三楼，会议室则借用设在同楼侧翼的"上海联欢社"大厅。"干社"是一个极端秘密的法西斯组织，对外以"晨报新闻资料编辑部"作为掩护。"干社"社长是吴醒亚，副社长是潘公展。"干社"在组织形式、领导体制、人事配备和意识形态等各方面，完全是一个以德意法西斯为蓝本，参照中国土生土长的封建专制主义"朕即国家"的极权思想塑造起来的特务组织。按照它的规章规定，"干社"是绝对隐蔽的组织，它的干部与干部、干部与社员、社员与社员之间，只有纵的隶属关系，严禁任何横的联系。工作上也只能发生纵向的单线关系。社员组织关系即使父母妻子也不得透露任何社内秘密；违反了，就要按规定受到"铁的纪律"的制裁。在政治思想和任务方面它公开鼓吹"坚决信奉法西斯主义"，"誓死为法西斯主义而奋斗"，"坚决奉行一个领袖，一个主义，一个党的最高信条"，"誓死效忠最高领袖，扑灭共产主义和共产党"，"法西斯主义是反共救国的唯一道路"等。这些信条和口号，由潘公展亲笔工书，以标语的形式悬挂在社员举行入社宣誓仪式的密室壁上，并写入社员宣誓书。社员入社，必须由正副社长一人介绍，必须是国民党员，必须填具一份贴有本人最近半身免冠照片的简明情况，并有介绍人亲笔签字盖章的履历表（或介绍书）；入社人必须履行宣誓。"干社"社长之下设有一个干事会，代号"甘世威"，有干事若干人。干事会集会时，由社长或副社长主持。干事会下设新闻、出版、教育、宣传、戏剧、电影等六个事业设计组，组员若干人，均由社长从干事会干事中指派，并指定其中一人兼组的秘书，负责召集组务会议，记录会议的建议、设计方案等，交干事长转呈社长定案后，由干事长秉承社长意旨执行。各事业设计组的秘书：新闻汤增璧，出版王丰嗪，教育蒋建白，宣传许性初（后易徐卓呆），戏剧徐苏灵，电影姚苏凤。秉承社长之命，真正掌握社内外业务及处理大权的是干事长，干事长丁默邨，副干事长两名，一为陶百川，另一人不知名。干事长下设有文书、事务、情报三个组，由干事长直接领导。"干社"社员分别来自吴醒亚系统（包括来自南京C.C.中央和中央调查科方面）、潘公展系统和吴开先系统。

"干社"直属的外围组织单位有：

《晨报》社，创刊于1932年4月7日。该报在名义上是由私人集资筹建的非官方的民间独立报纸，实际上是C.C.假公济私的产物，是党营私有的机关。《晨报》社长潘公展，总主笔陶百川，主笔有樊仲云、王新命、袁业裕等，总编辑何西亚，总经理是潘公展的亲信宓季芳。潘公展（1895—1975），浙江吴兴人，早年毕业于上海圣约翰大学外文系。1918年任《时事新报》副刊《学灯》特约撰稿。1919年任上海《民国日报》副刊《觉悟》特约撰稿。1921年任上海《商报》电讯编辑。1926年转入《申报》，主编要闻，同时在上海大学、国民大学等校兼任教职。1927年四一二反革命政变后，任中国国民党中央政治会议上海临时分会委员、上海市农工商局局长，1928年7月农工商局改为社会局，仍任局长。潘公展是C.C.骨干、上海市党部常务委员。潘公展主持的《晨报》在宣传方向上，不是宣传孙中山的三民主义，而是法西斯主义。它拥戴的最高领袖是蒋介石，它鼓吹的不是团结进步、共同抵抗日本帝国主义的侵略，而是蒋介石那套"攘外必先安内"的反共反人民的卖国论调。它的哲学基础不是孙文学说，而是曾文正公家训和陈立夫的《唯生论》等。它斗争的对象，不是日本帝国主义，而是共产党及进步民主人士。《晨报》诅骂农民打倒地主为"残忍暴戾之行动"，攻击马克思主义为"羊头狗肉之外来之思潮"，造谣污蔑红军"放火杀人,靡所不为,惨酷破坏,无所不至"。《晨报》鼓吹采取"前方剿赤,后方弭赤"的方针,在国统区犯下了一系列法西斯罪行。

《社会新闻》周刊由著名的特务头子、杀人魔王丁默邨主持,撰稿人有李士群、唐惠民、张师石等共产党的叛徒。李士群、唐惠民都是著名的特务头子、杀人魔王。该刊专门刊登攻击污蔑共产党的所谓内幕秘闻,以蛊惑人心。该刊一味追求趣味性,是一本下流无耻的刊物。唯其如此,在上海当时这个弥漫着奸、资、抢、杀、酒、两面三刀、财、色、气的吃人环境中,它正好为自我麻醉的芸芸众生调节胃口,因此,这份周刊反倒成了当时书报杂志市场上最畅销的刊物。

外论编译社,社长方焕如,主编袁学易(又名袁殊)。主要编译外文(日、法、英、俄、德文)报纸杂志,及有关中国共产党及共产国际的要闻信息和专文纪事等资料性的文字。其主旨无非是诋毁各国(包括中国)共产党和共产主义。

"诚社",是张厉生在河北与北平组织的。张厉生(1901—1971),河北省乐亭县人,早年毕业于法国巴黎大学。1924年回国后投入王天培部任政治部主任。1927年四一二反革命政变后,任陈果夫的秘书,成为C.C.骨干之一,1931年12月,在国民党四届一中全会上当选为候补中央执行委员,1933年初"青白团"成立时,又担任了中央常务干事,成为"青白团"在华北地区的头号负责人。1934年秋,张厉生在北平成立"诚社",以北平为"诚社"组织活动区域,自任总书记,胡梦华为副书记,李白虹为总干事,张兆涛、赵在田、史国源为副总干事,梁安等为干事。成立时有社员100多人,到1937年发展到近200人。社员以北平大学学生居多。北平各主要大学都有"诚社"基层组织小组,北大张琛、胡毓瑞、孔宪潭、师范大学宋志斌、万福增、台镇华。"诚社"宣言在"诚"上大加渲染,强调要学习曾国藩、胡林翼在"诚"字上用功夫,以改造风气为己任并联系到拥护领袖与新生活运动,提出实行统制政治、经济、文化,提倡中国本位文化、封建道德。章程将宣言的内容列为信条,第一条是"以蒋介石为领袖,服从三民主义、国民党、蒋介石"。"诚社"的机关刊物是《存诚月刊》和《诚报》旬刊。

另外天津"诚社"分子谢天培等自1933年起出版《理论与实践》月刊,内容与《存诚月刊》《诚报》旬刊大致相同,并曾出版大量介绍法西斯理论的专号。

第二节　C.C. 点将录

在国民党统治大陆时期，陈果夫、陈立夫兄弟之所以能够在政坛呼风唤雨，并不是他们本人有什么三头六臂、本事超人之处。论个人条件，陈果夫是一个数十年肺痨缠身、后半生以卧床为主的老病号；陈立夫则是一个眉清目秀的白面书生，并不是官场常见的那种人高马大、五大三粗、面相凶煞的人物。陈果夫、陈立夫之所以有力量，就在于他们拥有C.C.系和中统这个庞大的特务系统，他们的意志完全可以通过C.C.系和中统去执行。因此，陈氏兄弟只要发一个指示、动一个念头，就会把事情搞定。关于中统，在下章将专门介绍，这里只讨论C.C.系。

与黄埔系结成的三民主义力行社一样，陈氏兄弟领导的C.C.系也有所谓"八大金刚"、"十三太保"等说法，但具体是哪些人却并无权威的定论。大体上，张厉生、张道藩、余井塘、谷正纲、谷正鼎、周佛海、吴醒亚、潘公展、吴开先、洪陆东、洪兰友、张冲、曾养甫、庞镜塘、方治、陶希圣、萧铮、胡健中、郑异、陶百川、骆美奂、骆美中、徐恩曾、叶秀峰、罗霞天、李宗黄等等，都是C.C.大将一级的人物。由于人数太多，下面只能择要介绍。

一、C.C. 北方派大将——张厉生

张厉生是C.C.集团中仅次于陈氏兄弟的重要人物。他并不是C.C.集团最早的班底成员，他加入时间较晚，但能够后来居上，超越资历比他深的成员，其重要原因就在于他有陈氏兄弟及陈诚两个靠山，能够左右逢源，后来甚至与陈氏兄弟疏远，紧随陈诚。在蒋介石的幕府里，到后来陈诚的分量明显超过陈氏兄弟，张厉生也因之水涨船高。

张厉生（1901—1971），字少武，也有人写作绍武，河北省乐亭县人，与中共创始人李大钊是同乡。1917年，张厉生考入天津南开学校，其时周恩来已于1917年6月以优异成绩从南开学校毕业，前往日本留学。因此，张厉生与周恩来是南开学校前后期的校友，都是张伯苓的学生，但两人走的道路却完全不同。周恩来成了中共著名领袖，而张厉生则成了国民党的显赫人物。

张厉生在南开学校未毕业，即受吴稚晖的影响，于1920年11月赴法国留

学，1922年考入巴黎大学，专攻社会学等课程。1923年冬，张厉生在巴黎大学加入中国国民党。当时正值第一次国共合作，周恩来等旅欧的80余名中共党员和社会主义青年团员均以个人身份参加旅欧国民党组织，1924年，张厉生与周恩来均当选为中国国民党驻法总支部执行委员。张厉生对共产党和共产主义运动极端仇视，他认为孙中山倡导的"联俄、联共、扶助农工"三大政策，是共产党的"渗透阴谋"；他诬蔑共产党是"靠着国民党帮他革命，大功告成，就要鹊巢鸠居，杀孙中山来祭红旗"。张厉生纠集国民党右派分子，与跨党的周恩来、李富春以及国民党左派王京歧等极力争夺领导权，斗争相当激烈。当时，国内有以冯自由为首的一批国民党右派在进行反对国共合作的活动，张厉生纠合驻法总支部中的几名右派执委曹德三、习文德等另立支部，出版《三民周报》，破坏国共合作，排斥共产党人。在周恩来、李富春相继回国后，驻法总支部中以王京歧为首的左派与张厉生等人展开了斗争，并召开总支部大会，将张厉生开除党籍。

1946年4月12日，其时已是国民党政府内政部长的张厉生与蒋介石侍从室第六组主任唐纵谈起他的经历，唐纵在日记中有如下记载："上午，张部长谈其归国与委座发生政治关系之经过。彼于15年（即1926年）归国，于武汉从王天培（北伐时任国民革命军第十军军长、第三路军前敌总指挥）北伐，16年（即1927年）赴沪因何雪竹（即何成濬）得见委座，其后随邵元冲任杭州政府秘书长、陈辞修秘书、组织部秘书而中央委员。"从张厉生的自述可以看出，张厉生任陈诚的秘书在先，任陈果夫的秘书在后，这就决定了张厉生与陈果夫、陈立夫的C.C.和陈诚的黄埔系均有渊源，这比其他仅有一个靠山的人更加有利。

1929年3月，国民党三全大会后，蒋介石继续兼任中央组织部长，陈果夫以副部长名义主持工作。陈果夫约张厉生出任中央组织部秘书，从此张厉生成为C.C.的核心成员。1931年11月，国民党三个派系分别在南京、广州、上海召开所谓四全大会，张厉生参加蒋系在南京的四全大会，并当选为候补中央执行委员。1932年初，张厉生出任鄂豫皖三省"剿匪"总司令部党政委员会党务处长，主持制定了《自新悔过条例》《"剿匪"区内屯田条例》等，受到蒋介石的重视。

1931年日本帝国主义发动九一八事变后，又开始觊觎关内，华北局势骤然紧张。1932年10月，蒋介石任命张厉生为军事委员会驻北平行营的军事代表，同时负责整理河北、北平、天津及平汉、北宁各铁路的党务。作为委员长行营的军事代表，张厉生往来于华北各地方实力派之间，促成宋哲元、秦德纯、庞炳勋、商震、高桂滋等签订"军人公约"，共同"拥护中央，服从领袖"，共遵蒋介石为全国"唯一的领袖"。1933年夏，当冯玉祥在张家口发起组织"察哈尔抗日同盟军"，举起抗日大旗时，张厉生多方加以破坏，并策动和收买庞炳勋、阮玄武军进攻抗日同盟军。作为华北的党务特派员，张厉生组织了华北12省、市、路党部的双周集会，召集国民党在华北的各党部负责人定期讨论如何发展和巩固组织，对内如何排斥汪精卫、胡汉民等各派系势力，使华北12省、市、路党部由清一色的C.C.控制，其才干受到蒋介石、陈果夫、陈立夫的重视。1933年初，陈氏兄弟成立"青白团"，张厉生是五位常务干事之一，负责华北地区的党务。张厉生以中央党务特派员的身份指使胡梦华等成立"诚社"，在北平各高校中发展成员，并创办《人民评论》旬刊和《存诚》月刊，鼓吹"一个主义（三民主义）、一个党（国民党）、一个领袖（蒋介石）"以及"一党专政，领袖独裁"、"党外无党、党内无派"、"攘外必先安内"等一套理论。张厉生还撰写了《民族气节与民族精神》，攻击汪精卫、黄郛推行的亲日投降外交。在1935年底镇压一二·九学生运动中，张厉生领导的"诚社"发挥了重要作用。

1935年11月，在国民党五全大会上张厉生当选为中央执行委员。中央组织部部长陈立夫因为操纵五全大会过于露骨，功高震主，受到蒋介石的猜忌。在酝酿中央党部人事变动时，戴季陶、于右任等元老对陈氏兄弟长期把持中组部表示不满，于右任还说中组部部长总是南方人，这次得选用一个北方人试试。蒋让陈果夫推荐中组部长人选，陈果夫提出徐恩曾、叶秀峰、张厉生三人。陈果夫的本意是希望蒋介石在徐、叶两人中圈选一个，因为徐、叶是江浙人，陈氏兄弟与他们的关系更为亲密，而且由徐、叶任组织部长，也更有利于陈氏兄弟操纵。但徐、叶均是中统著名特务头子，形象很差，蒋介石权衡再三，选择了张厉生。张厉生虽然在C.C.的资历不是最老的，但因为其才干和地缘关系，终于后来居上，继陈氏兄弟之后出任国民党中央组织部部长。

1936年2月，张厉生走马上任。当时的中组部上上下下都是陈氏兄弟的人马，张厉生一切率由旧规，不轻易更张。他在职期间，主要的工作是参与制定了《国民大会组织大纲》。

1937年7月抗日战争爆发后，蒋介石设立中央大本营指挥对日作战，将国民党中央组织部的业务并入大本营第六部，陈立夫任部长，张厉生任副部长。不久，大本营裁撤，张厉生以中央组织部部长兼任军事委员会政治部秘书长，张以部长之尊而屈就军事委员会政治部部长陈诚的幕僚长，引起C.C.其他成员的非议，认为有失体统。但张厉生不予理睬，继续我行我素，因而引起陈果夫、陈立夫兄弟的不满。1939年12月，陈氏兄弟提请朱家骅出任中央组织部部长，张厉生只剩下军事委员会政治部副部长一职。

1940年9月，张厉生随陈诚离开政治部。1941年2月，出任国防最高委员会党政工作考核委员会秘书长。同年12月，任行政院秘书长兼国家总动员会议秘书长。行政院正副院长是蒋介石、孔祥熙，张厉生秉承蒋、孔之命，处理行政院、国家总动员会议日常事务。1944年12月，行政院改组，宋子文出任行政院长，张厉生转任内政部长，直到1948年5月离职。张厉生自从辞去中组部部长后，成为与陈氏兄弟平起平坐的大员，与他们的关系也日益疏远。1945年4月8日，蒋介石的侍从室主任陈布雷告诉唐纵："张厉生、张道藩与C.C.渐渐远了。"张厉生与张道藩不同，张厉生有两个后台，后半生基本上成为陈诚系的大将，而与陈氏兄弟的关系相当淡漠。

张厉生在内政部长任上，主持制定了《省县自治通则》和《市自治通则》，并筹备进行人口普查；以兼国民大会代表选举总事务所副主任委员的身份，参与操办制宪、行宪两次国民大会及各种选举。1948年5月，蒋介石登上中华民国总统宝座后，任命翁文灏为"行宪"后的第一任行政院长，张厉生任行政院副院长。1948年8月，出任天津区经济管制督导员，负责在华北推行金圆券和限价政策，以及收兑金银外币。1948年11月26日，张厉生随翁内阁总辞，又转任孙科内阁的政务委员。1949年3月孙科内阁总辞，张厉生以国民党中央执行委员身份奔走于广州、台湾等地，直到1949年8月去台湾。去台后，张厉生由陈诚提名，先后任"台湾省地方自治研究会主任委员"、"行政院副院长"、国民党中央常务委员会秘书长、台湾当局驻"日本大使"等职。张厉生的一生，前半生的政治生涯以陈果夫、陈立夫为后台，是C.C.的大将；后半生以陈诚为靠山，成为陈诚系的台柱之一。他一生官位显赫，但他个人自律甚严，清廉耿介，是国民党官僚中为数不多的"清官"之一。张厉生退休后，生活甚为清苦，不仅无钱购房，而且连医药费也无所出，多靠亲友和熟识的医师资助。

1971年4月20日，张厉生在台北病逝，享年70岁。

二、C.C.系"文阀"——张道藩

张道藩（1897—1968），贵州盘县人，1916年考入天津南开学校中学部，在南开中学期间加入中华革命党。1919年底赴欧洲留学，1921年秋考入英国伦敦大学学习美术，1923年在伦敦加入中国国民党，并当选为国民党驻伦敦总支部评议部部长。1924年赴法国，入巴黎最高艺术学校深造。张道藩本有可能像徐悲鸿那样成为一名著名画家，但他天生具有官僚政客的天赋和"花花公子"的习性，无心学画。在巴黎期间，张道藩与徐悲鸿等一批中国留学生成立"天狗会"，谢寿康是老大，徐悲鸿是老二，张道藩居三，邵洵美居四，孙佩苍是"军师"，郭子杰是"行走"，徐悲鸿夫人蒋碧微是"压寨夫人"。张道藩在巴黎期间大部分时间周旋于几个女人之间，并暗恋已是有夫之妇的蒋碧微。后来由于张道藩的插足，徐悲鸿、蒋碧微与张道藩之间酿成民国史上最富轰动性和最有影响的三角桃色新闻之一。

1926年6月，张道藩回国，弃画从政，初任广东省农工厅秘书。1927年陈果夫指派张道藩为贵州省党务指导员，令其回贵州推行党务，结果为当时的贵州省主席、贵州军阀周西成所不容，周西成将张道藩等逮捕，并逼他交出与陈果夫等通信时所用的密电码，张道藩等不从，周西成下令严刑拷打，并准备予以处决。后张道藩设法逃出贵州，逃回南京。1928年春，陈果夫任命张道藩为中央组织部秘书，同年12月，兼任南京市政府秘书长。张道藩积极协助陈果夫、陈立夫兄弟策划和推进党员总登记和筹备国民党第三次全国代表大会。在三全大会上，由陈果夫推荐，蒋介石圈定张道藩为中央候补执行委员。除陈氏兄弟外，张道藩成为C.C.中最早进入中央权力圈的成员。1931年6月，陈立夫任中央组织部部长，张道藩任副部长。1932年初，"青白团"成立，张道藩是五名常务干事之一，是C.C.的核心人物。

张道藩的活动领域主要是在文化教育界。1932年，他与叶楚伧发起成立中国文艺社。1934年夏，发起组织公余联欢话剧团。1935年创办国立戏剧学校，任校委会主任委员；同年兼任国民党中央文化事业计划委员会副主任委员（主任委员陈果夫）。1936年2月，任内政部常务次长。1938年1月，陈立夫任教育部部长，张道藩任常务次长，其后又兼任教育部教科用书编辑委员会主任委员。

从抗战时期起，张道藩担任中央文化运动委员会主任委员，这是一个庞大的部级单位，各省市都设有文化运动委员会，有的由省市党部书记长兼任文化运动委员会的主任委员。山东省党部书记长兼山东省文化运动委员会主任委员庞镜塘后来说："我和张道藩先生是老朋友，中央文运会发来的文件，我们都毫无保留地照办。"中央文化运动委员会还有庞大的外围组织，如"中华全国文艺作家协会"（理事长张道藩，副理事长王平陵、王向辰）、"中华美术协会"（理事长张道藩）、"中华戏剧协会"（理事长张道藩）、"首都刊物杂志联谊会"、"国际文化合作协会"、"文化事业合作社"等。中央文化运动委员会还编辑出版有《文化先锋》、《文艺先锋》等刊物，也都由张道藩担任发行人。张道藩利用这个组织，在文化领域推行统制主义，并进行反共叫嚣，有C.C."文阀"之称。

张道藩身为党官，却生性浪漫。在抗战期间，张道藩与蒋碧微的婚外恋达到了高潮。笔者认真读过蒋碧微的回忆录：《我与悲鸿》、《我与道藩》及廖静文的《徐悲鸿一生——我的回忆》，从中可以看出，徐悲鸿与蒋碧微完全是志不同、道不合的一对夫妇，徐悲鸿视艺术为生命的全部，而蒋碧微基本上属于不学无术、好虚荣、讲享受的女子，两人差距过大，裂缝日深。张道藩乘虚而入，身为显赫的国民党官僚，他能提供徐悲鸿不能提供给蒋碧微的所有东西，蒋碧微因此与徐悲鸿渐行渐远，而与张道藩日益火热起来，这成为抗战期间国统区最引人注目的桃色新闻。张道藩的好友、C.C.干将方治曾多次劝告他，不要把自己夹到徐悲鸿和蒋碧微的矛盾中去，说："干党务的人，不能太浪漫。"他苦笑着一语双关地回答："希孔（方治字），人掉到爱琴（情）海里，上帝也援救不上来的！"张道藩的夫人是法国籍的素珊，由于语言文化背景不同，两人的共同语言极少，见面无话可说。陈果夫、陈立夫兄弟在私生活上比较严肃，甚至可以说是刻板的。张道藩要与素珊离婚而与蒋碧微结婚，首先要面对陈氏兄弟的干预，张道藩致蒋碧微的信中多次提到"果公"、"立公"干预的事，其中一封信写道：

第一，离婚结婚。我用我已经另外爱上一位女子为理由，向素珊提出离婚，无论她开了什么样条件，只要我能力办得到，我都愿意接受。不过素珊在没有答应以前，一定会问这位女子是什么人？我却只能答应在办好离婚之后告诉她。她经过我这样的要求，依我的推测，她必然会在下列三种办法之中采取其一：

（一）无论如何不愿意离婚（因为我已经试探过），如果我逼得太急，她一定会告诉果（夫）、立（夫）两公，请求解决。二公必以种种理由和利害，劝迫或压迫我，事既如此，我当然不受任何压迫。可是素珊既然不允离婚，假如我片面宣布脱离，自然无法生效，其结果一定闹成僵局，终将无法解决。

（二）素珊因为这件事而受刺激，自寻短见。

（三）素珊提出一种我无法接受的条件（譬如一次要我付赡养费十万八万之类）。

无论怎样结果，有这么一段经过，一定会闹得满城风雨。我既不听果（夫）、立（夫）二公的劝，当然会和他们闹得感情不洽，而他们对我必然失去信任。我从此也不愿意继续和他们的关系，更不愿再在这个圈子里求生活，唯一的办法，只有远离，另谋生存，另谋出路，不过我绝对不至于去当汉奸、卖国贼罢了。

1945年4月8日，陈布雷告诉唐纵，张道藩与陈果夫、陈立夫关系疏远了，是不是因为陈氏兄弟干预张道藩与蒋碧微的畸形恋而引起的呢？

1943年11月，蒋介石在开罗与罗斯福、丘吉尔举行会议后，应英国殖民政府的邀请访问英国殖民地印度，张道藩以随员资格同行。蒋介石在印度期间除与英国驻印度总督蒙巴顿往来外，还与印度甘地、尼赫鲁会见。尼赫鲁会见蒋介石时，倒在地下打滚，蒋介石不解其意，茫然不知所措。张道藩知道那是印度的风俗，表示十分欢迎和尊敬的意思。于是立刻倒在地下和尼赫鲁一同打起滚来。张道藩此举解除了蒋介石的窘境，使其对他刮目相看。张道藩视此为平生最得意之举，回国以后，总是津津乐道，一有机会就拿出来摆"龙门阵"，向同僚们吹嘘他的见多识广。

张道藩虽然与陈氏兄弟疏远了，但因取得了蒋介石的信任，仕途并未受到影响，在陈氏兄弟被整肃后，张道藩作为C.C大将继续受到重用。1950年7月，蒋介石提名的16名"改造委员"中，属于C.C.的只有张道藩、谷正纲、胡健中等三人上榜。从1952年国民党"七全大会"到1967年11月国民党"九届五中全会"，张道藩一直是中央执行委员、中央常务委员；从1952年3月起，连任四届"立法院院长"，历时16年，直到1968年6月12日去世为止。作为C.C.主要文化官僚，张道藩著有《近代欧洲绘画》《自救》《狄四娘》《三民主义文艺论》《我对中国语文的看法》等。

三、改组派叛徒——谷正纲、谷正鼎兄弟

1945年5月，在国民党六全大会上，贵州安顺的谷正伦、谷正纲、谷正鼎三兄弟同时当选为国民党中央执行委员。在国民党历史上，一家三兄弟同时担任中央执行委员的，恐怕只有谷家兄弟一家。所谓"一门三中委，兄弟皆部长"也独此一家。

谷家长兄谷正伦（1890—1953），字纪常，于日本陆军士官学校第十一期毕业后回贵州军中任职，曾任黔军总司令。他在军阀的内斗中被赶出贵州，后投靠蒋介石，1928年5月，任南京戒严司令兼首都卫戍副司令。1932年1月起，任首都卫戍司令兼首都宪兵司令。谷正伦是国民党所谓的"宪兵之父"。他以血腥屠杀共产党人和革命群众而取信于蒋介石，南京雨花台是他血腥屠杀共产党人和革命群众的主要场所。因其心狠手辣，有"谷屠夫"之称。

谷正纲（1902—1993），字叔常。1921年在柏林工业大学攻读机械工程，次年转入柏林大学哲学系，专攻政治经济学，1924年在德国加入中国国民党。1926年，从柏林大学毕业后，奉国民党中央执行委员会指派前往莫斯科中山大学学习。谷正纲与王仲裕、肖赞育、吴鲁、康泽、杨振藻等一批国民党右派成立碰头会，与国民党左派缠斗。1926年12月，谷正纲回国，国民党中央青年部部长丁惟汾将他招到自己门下任青年部秘书。1927年4月，谷正纲任中央党务学校训育处副主任，讲授"苏俄政党组织"、"苏俄宪法"。在丁惟汾被陈果夫、陈立夫挤垮后，谷正纲一时投靠了以汪精卫为首的改组派，成为其冲锋陷阵的干将。1931年底，谷正纲在汪记上海"四全大会"上当选为中央执行委员。汪记四全大会是在上海有名的声色场所"大世界"召开的，人们戏称汪记中委为"大世界中委"、"野鸡中委"，名声虽不好听，但中委还是当上了，对于热衷于功名利禄的政客来说，这就足够了。在南京、广州、上海三派各自召开"四全大会"，分别选出中央执、监委员和候补委员后，接着又召开三派统一的四届一中全会，在进行派系平衡时，谷正纲被降格为中央候补执行委员。蒋、汪合作后，应汪精卫的要求，将陈果夫、陈立夫把持的国民党中央组

织部改组为中央组织委员会，陈立夫任主任委员，汪精卫推荐自己的爱将谷正纲为副主任委员，要他为改组派争地盘，打天下；但谷正纲却在此时看出汪精卫只是一个空架子，追随他没有前途，转而投靠了蒋介石，成为C.C.大将。谷正纲与谷正鼎兄弟的倒戈，对改组派来说是致命的一击。从此以后，他们便成为改组派的克星。

谷正纲投靠陈果夫、陈立夫兄弟后，以其精干的作风和较强的工作能力，受到陈氏兄弟的赏识，担任中组部副部长八年。1937年抗战爆发后，相继担任大本营第五部副部长、浙江省党部主任委员兼第三战区政治部主任。1940年出任社会部部长，负责救护伤员，抚慰死难将士，救济难民。同年6月，重庆发生防空隧道惨案，谷正纲奉派出任陪都空袭救护委员会副委员长，除处理隧道惨案善后外，并指挥历次空袭时的救护工作。1944年，在豫湘桂战役中，国民党军千里大溃退，桂林、柳州、南宁相继失守，谷正纲奉命前往贵州、广西一带督导救济战区数以百万计的难民。1945年4月，在国民党第六次全国代表大会上，谷正纲、谷正伦、谷正鼎三兄弟同时当选为中央执行委员，实现了"满堂红"。1946年3月，在国民党六届二中全会上，谷正纲跻身于国民党中常委。

作为C.C.大将，谷正纲有两个明显的特征：一是对蒋介石及陈果夫、陈立夫兄弟的绝对忠诚，一旦发生对蒋介石不利的事情，他总要一把眼泪一把鼻涕表演一番，以示其对主人的绝对忠诚。谷正纲的这种表演，一生有许多次，比如：1946年初政治协商会议闭幕后，在国民党中央常务委员会审议政协决议的会议上，谷正纲对于不利于国民党一党专政的政协决议痛哭流涕地表示反对；1949年1月21日，在蒋介石宣布辞职下野的会议上，谷正纲等再次痛哭流涕地反对蒋下野；李宗仁出任代总统后，决定派代表团前往北平与中共代表团谈判，在会议席上，谷正纲第三次痛哭流涕，哭声震动会场。谷正纲声称与中共谈判，是与虎谋皮，不会有好结果，"宁为史可法，不作洪承畴"。对于谷正纲动辄痛哭流涕的表演，褒者称之为对蒋介石和国民党忠诚，贬者斥之为官场出了名的丑角。二是谷正纲的反共歇斯底里症。从莫斯科中山大学起，谷正纲一直是最强硬的反共分子。1949年，谷正纲辞去社会部长，与方治、潘公展等C.C.死硬分子协助京沪杭警备总司令汤恩伯负隅顽抗，搞什么"大上海保卫战"。当时，汤恩伯送给谷正纲七张船票，让他夫人携其五子二女去台湾。不料有位陈姓老先生与谷正纲是旧交，哀求谷正纲帮他弄去台湾的船票，谷正纲推却不过，将汤恩伯给他的七张船票交给了陈先生；这位陈先生拿到船票后，次日乘坐太平轮前往台湾，不料太平轮途中船沉海底，陈老先生一家及船上人员全部遇难，而谷正纲一家却侥幸免去灾祸。所谓的"大上海保卫战"很快失败，谷正纲等匆忙撤逃台湾。谷正纲天生的反共歇斯底里症，对于蒋介石在台湾重建小朝廷是非常有用的，因此，他到台湾后继续受到重用。谷正纲与陈诚、黄少谷、张其昀成为"总裁办公室"的成员，谷正纲与蒋经国担任政务组的正副主任，随后又出任阎锡山"内阁"的"内政部长"。1950年7月，谷正纲成为16名"改造委员"之一，并且任国民党中央改造委员会第二组主任。从1946年3月国民党六届二中全会起，谷正纲担任国民党中常委至1988年7月国民党"十三全大会"召开为止，历时42年，任中常委时间之长在国民党内恐怕也是唯一的，因此被称为C.C.的"常青树"。这与陈氏兄弟遭清算又成为鲜明对比。

1950年3月，蒋介石提名陈诚"组阁"，在中常会上，独谷正纲一人对陈诚的身份持异议，他说："辞公组阁，没有人不同意，但宪法规定，现役军人不能组阁，辞公为现役军人，总裁是否要加审酌"，陈诚出任"行政院长"后辞去军职，算是采纳了谷正纲的意见。陈诚"组阁"后，谷正纲辞去"内政部长"，从此不再"入阁任政务官"。蒋介石授意台北"中央银行"聘谷正纲为常务董事，待遇超过"部长"，谷正纲不受，他对蒋介石说："我从群众运动出身，要我今天坐到银行看报纸，领干薪，诚不习惯，请赐谅解。"两年后，俞鸿钧"组阁"，邀谷出任"经济部长"，谷以不懂经济为由辞谢。

谷正纲不任政务官，于1950年4月发起成立所谓"中国大陆灾胞救济总会"，自任理事长至去世，还曾担任"世界反共联盟"主席、名誉主席，一有机会就要叫嚣反共，在台湾被称为"反共铁人"。有人将其反共言论编成"为人类自由而奋斗"的册子付印。

谷正鼎（1903—1974），比其三兄谷正纲仅小一岁，1921年与谷正纲同赴德国留学，毕业于德国柏林大学政治经济系。谷正鼎兄弟都是政治活跃分子，1924年同时加入中国国民党，谷正鼎且任国民党驻德总支部执行委员、常委员、监察委员兼主席。1925年，谷氏兄弟转入莫斯科中山大学，兄弟俩都是国民党右派人物，1926年谷正纲先期回国后，谷正鼎与康泽、罗芒炯当选为国民党中山大学特别党部执行委员，成为留苏学生中右派的头目。1927年谷正鼎回国,由丁惟汾推荐到第二十六军任党代表兼政治部主任。年仅24岁的谷正鼎在带兵官看来,是个既无战功又无资历的小孩,根本不把他当回事,谷正鼎知趣而退,再次请求丁惟汾将他安排到北平市党部任常委。

在改组派反对蒋介石包办三全大会的斗争中,谷正鼎等在北平从事反蒋活动,并与阎锡山、冯玉祥、石友三等地方实力派勾结在一起,蒋介石忍无可忍,命令北平警备司令张荫梧将谷正鼎、刘瑶章、萧训等全部逮捕并关进了监狱。中原大战前夕,阎锡山为了讨好汪精卫才将谷正鼎等释放出来。

1932年蒋汪合作后,谷正纲出任铁道路总务司司长至1937年,历时5年。1935年11月,在国民党五全大会上,谷正鼎当选为中央候补执行委员。1937年初,谷正鼎重回党务系统,担任军事委员会委员长西安行营第二厅厅长,作为行营主任顾祝同的助手,处理西安事变善后事宜。在压迫杨虎城将军出国,搞垮东北军、西北军和红军三位一体的过程中,谷正鼎都发挥了重要作用。1938年起历任天水行营(主任程潜)政治部主任兼国民党特别党部书记长、军事委员会西北办公厅副主任兼第四处处长、三民主义青年团陕西支部筹备主任、陕西省党部主任委员。陕北延安是中共中央和中央军委总部所在地,西安是反共第一线,又是阻止西北马家军势力于祁连山的重镇,坐镇西安、兰州的顾祝同、胡宗南、朱绍良、谷正伦等都是蒋介石精心挑选的心腹。谷正鼎先后为顾祝同、胡宗南做了九年的党务助手,在执行限共、防共及溶共政策中显示了不凡身手,受到蒋介石及陈果夫、陈立夫兄弟的重视。

1945年5月,在国民党六全大会上谷正鼎当选为中央执行委员,谷家三兄弟全部成为中央执行委员。1946年出任中央组织部副部长,成为陈立夫的助手。1948年5月,陈立夫出任立法院副院长后,谷正鼎升任组织部部长。从1924年国民党一大至1949年,先后任组织部部长的有谭平山、蒋介石、陈果夫、陈立夫、张厉生、朱家骅、谷正鼎七人,谷正鼎后来居上,能挤入组织部部长行列,实在不易。但美中不足的是,谷正鼎上任组织部部长之时,也就是国民党在大陆的统治土崩瓦解之时,谷正鼎在任一年多,国民党在大陆就彻底失败了。

逃往台湾的谷家三兄弟处境各不相同。谷正伦因年老多病已淡出政治圈,挂名"总统府国策顾问"休养。在国民党改造过程中,C.C.受到清算,陈氏兄弟全部出局,谷正鼎辞去组织部部长,但保留"立法委员"及"中央评议委员"职务。谷正鼎在"立法院"利用质询、审查预算等机会,与C.C.的"立委"们和行政当局过不去。1955年初，在一次党内集会上，谷正鼎说："自党改造以来，名曰党内无派。盖奉总裁之谕，不准再有小组织。故任何人皆不敢搞小组织。然党员虽不敢有小组织，总裁竟亲自领导小组织。"把攻击矛头直指蒋介石，引起蒋的震怒，蒋恶狠狠地说："好吧，他们不满意党就让他们离开党好了。"谷正鼎差一点被蒋介石开除党籍，靠夫人皮以书请宋美龄向蒋介石说情才得以保住党籍，但从此被打入冷宫，此后只能帮三哥谷正纲摇旗呐喊，从事反共工作。

蒋介石的用人也有些奇怪。谷正鼎被打入冷宫，而谷的夫人皮以书却成了宋美龄的红人。皮以书1925年赴莫斯科中山大学学习，与谷正鼎同学，1926年两人结婚。回国后，夫妻双双从政，谷为北平市党部常委，皮为市党部妇女部部长；谷任铁道部总务司司长，皮任中央民众训练委员会总干事；谷到西北任要职，皮为妇女新生活运动促进会会长和西安儿童保育院院长。1948年，夫妻双双当选为立法委员，以"夫妻双立委"名噪一时。到台湾后，谷正鼎受冷落，而皮以书却行情看涨，担任"中华妇女反共抗俄联合会"总干事，成为宋美龄的心腹，号称台湾"妇运第二领袖"，可以自由出入台北士林官邸。1974年因肺癌去世。

四、C.C.系看家大将——余井塘

余井塘（1896—1985），江苏兴化人。1923年毕业于复旦大学，同年秋赴美留学，先后进入美国西北大学、爱荷华大学学习，1925年获经济学硕士学位。在美期间加入中国国民党，并担任三藩市《少年中国晨报》总编辑。1927年5月，担任中国国民党中央党务学校教授，这是余井塘与陈果夫、陈立夫发生关系之始。1928年初，余井塘与张厉生、张道藩成为中组部的三大秘书。论资历和关系，余井塘都在二张之上，但后来地位反而不及二张显赫。余井塘历任中央政治学校教务主任、江苏省政府委员兼民政厅长、教育部常务次长、中组部副部长等职，在C.C.内部，他是一个"甘草型"的人物，在20多年里，余井塘以陈氏兄弟心腹的身份，忠于山门，充当C.C.看家人的角色。1949年去台后，余井塘历任"内政部长"、"蒙藏委员会委员长"、"行政院政务委员"、"行政院副院长"、"总统府资政"等职务，1985年4月2日去世，享年89岁。

五、C.C.系的"建设家"——曾养甫

曾养甫（1898—1969），广东省平远县人，与陈立夫是北洋大学和美国匹

茨堡大学同学，两人学的都是矿冶专业。在留学期间，曾养甫曾任留学生会会长，可见能力非同一般。1925年毕业回国，历任广东省党部常委兼青年部部长、国民革命军总司令部后方政治部主任。因为与陈立夫的同学关系，自然被拉入C.C.。C.C.高干绝大多数都是以党务及特工起家，被人讥为"党棍子"，而曾养甫却转入经济行政领域，历任广东省建设厅厅长、建设委员会副委员长（委员长是张静江）、浙江省建设厅厅长、军事委员会委员长行营公路处处长、铁道部次长、广东省政府委员兼广州市长、广东省财政厅代厅长兼军事委员会西南运输处主任、滇缅公路督办、军委会工程委员会主任委员、交通部部长等职，也短暂任过外交部代理常务次长、中央组织部代理副部长等职务。他一生主要从事经济建设和铁路、公路建设及交通运输工作，特别是在浙江省政府建设厅长任内，发起修建我国第一座铁路大桥——钱塘江大桥。在抗战期间，主持大后方公路建设，对于保障运输线畅通，维持前方军需民用等，都有建树。他在督修滇缅公路时积劳成疾，患上肢腿麻痹病，于1945年1月辞职去美国就医，基本上离开了政界。

曾养甫作为C.C.重要成员，与宋子文的关系也很密切，属于坚定的抗日派。1935年在蒋介石调集百万大军"围剿"中国工农红军的时候，曾养甫就奉宋子文的旨意，通过各种关系打通与共产党的联系渠道，曾养甫还表示，他要争取陈果夫、陈立夫兄弟参加，通过他们同蒋介石联系。曾养甫在以反共为职业的C.C.集团内部敢于这样做，无疑是需要胆略和爱国心的。作为C.C.高干，曾养甫在他主持的交通部，安置了大批C.C.分子，并且将中统头子徐恩曾拉到交通部任政务次长，为中统活动提供了很大便利。

1949年，曾养甫去香港，1969年8月28日在香港病逝，享年71岁。

六、中统"智多星"——张冲

在C.C.系中，张冲与曾养甫是两个比较特殊的人物。C.C.分子一般都是职业反共专家，有一股天生的歇斯底里的反共情绪，但曾养甫与张冲却是第二次国共合作的牵线人和具体谈判者，与中共的关系都不坏。特别是张冲，在他的后半生还与中共领导人周恩来成了好朋友。

张冲（1904—1941），字淮南（也作怀南），浙江省乐清县人。幼年父亲病故，由母亲金氏抚养成人，张冲成年后事母至孝。1919年，张冲考入温州省立第十中学，在学校曾组织"醒华会"。1923年从省立第十中学毕业后考入交通大学北平铁道管理学院学习俄文，不久又以公费转入哈尔滨法政大学。在哈尔滨读书期间加入中国国民党，担任国民党哈尔滨市党部委员兼青年部部长。因从事革命活动被奉系军阀张作霖逮捕，直到1928年12月奉军少帅张学良宣布东北易帜后才获释出狱。张冲出狱后，因浙江同乡关系，由萧铮介绍，陈果夫、陈立夫兄弟拉张冲加入C.C.。张冲在哈尔滨狱中时，白俄小姐娜达经常探监，在患难中结下深情。张冲出狱后与原配夫人高氏办理离婚手续，与娜达结婚。

陈果夫、陈立夫安排张冲担任中央组织部调查科采访股总干事。在中统特务系统内，张冲的地位虽在徐恩曾之下，但他足智多谋，是中统的智多星，才干明显超过徐恩曾，20世纪30年代初期，中统特务组织对中国共产党组织的大破坏，张冲是关键人物，据说那臭名昭著的"伍豪启事"就是张冲的"杰作"。

在C.C.与政学系、黄埔系等国民党派系的倾轧中，张冲也是幕后军师，一计既出，鲜有不中。在中统特务系统内，张冲的才干远远超出徐恩曾，让徐恩曾感到如芒刺在背，坐立不安。但徐恩曾与陈氏兄弟的关系远不是张冲可比的，徐与陈氏兄弟既是湖州小同乡，又是表兄弟，而且陈立夫与徐恩曾又是同学，这重重关系是徐恩曾忠诚于陈氏兄弟的保证。一山不容二虎，陈氏兄弟权衡再三，决定将张冲调出中统。1934年，张冲奉派赴欧洲考察德国、意大利法西斯党务，兼考察欧洲的电影事业。张冲考察回国后，调任国民党中央宣传部电影科科长兼中央电影摄影场场长、国际新闻摄影社社长，成为C.C.主管电影事业的负责人。

此外，为了发挥张冲的特工特长，陈氏兄弟指示在中统特工总部内设立一个设计委员会，聘张冲为主任委员，让他帮助徐恩曾从事特工活动。从1935年底，张冲随陈立夫赴苏联谈判开始，他以后的主要精力就放在对苏交涉和国共谈判上来。

1936年春，张冲与孙科、陈立夫、邵力子等联合发起成立中苏文化协会，促进对苏国民外交的开展，张冲担任理事，因为他熟悉俄语，在中苏文化协会中做了大量工作。1937年11月，张冲奉派担任苏俄实业考察团副团长，与团长杨杰率团赴苏，争取苏联援助中国抗战。斯大林热情地接见了杨杰、张冲等人，在杨杰、张冲的努力下，苏联表示要积极支持中国抗战，斯大林甚至表示："中国现在抗战甚力，且有卓越成绩；若中国不利时，苏联可以向日开战。"1938年秋，张冲出任新成立的国民政府军事委员会顾问事务处中将处长，主持有关苏联军事援助及苏联顾问的接待、翻译工作。同时，受中苏文化协会的委托，在汉口创办俄文专修学校，后该校迁至贵州、云南等地，学校规模发展到数千人。张冲在办理对苏外交，特别是争取苏联军事援助方面功不可没。

在国共关系方面，张冲为第二次国共合作的建立也做出了很大贡献。从1935年下半年开始，张冲就作为国民党的代表之一，参与第二次国共合作的谈判。在长达数年的谈判过程中，张冲与中共谈判对手周恩来建立了很深的超越党派利益的私人情谊。

1937年春，以顾祝同、张冲、贺衷寒为一方，周恩来、叶剑英、博古为另一方在西安进行谈判，历时一月，本来已达成一致意见，但西安行营政训处长贺衷寒在达成"三八协议"后又节外生枝，另提出一个使共产党放弃独立性，由南京国民党政府完全控制红军和苏区的方案，使谈判陷入僵局。不用说，贺的节外生枝，反映了蒋介石等人的意图。张冲衷心希望国共合作早日实现，对于这种反复也十分反感，他私下对周恩来说："此等反复，太不够格！""但实权不在我手，无能为力。"张冲还告诉周恩来："顾祝同规定你们一个师为一万人，他的底牌实为一万二千人，你们尽可力争超过此数。"张冲还建议：中共"可通过苏联，将蒋介石之子蒋经国送回南京做蒋的工作"。张冲的这些意见，对中共掌握情况有参考作用。自此之后，张冲与周恩来逐步建立起了一种超越党派利益的特殊友谊。C.C.派反共顽固分子说："淮南过于冒险，这样的事干好了，千好万好；如果做得不好，就会成为千古罪人。"张冲不以为然地回答："我原来搞调查科的任务，就是对付共产党；但时至今日，我深切认识到：国共合则兴，不合则亡。年年'围剿'，节节失利。强邻虎视，外债高筑，民不聊生，国将不国。我自受命以来夙夜忧惧，将尽我职责，争取停止内战，一切对外。至于个人功罪，在所不计。"张冲的奔走努力，为第二次国共合作的建立发挥了重要作用。

抗日战争爆发后，周恩来于1938年春率领中共代表团到达武汉，张冲以召集人的身份，自始至终参加了第二次国共合作建立以后的续后谈判，双方围绕着国共关系、陕甘宁边区、八路军、新四军等一系列问题进行了长达数年的艰苦谈判。1941年初当蒋介石发动皖南事变，围攻新四军并宣布新四军"叛变"、取消番号等严重事件发生后，张冲将报纸掷于地下，气愤地说："生死存亡之时，还做这等兄弟相煎之事，可耻！可悲！"他对周恩来说：一朝之中，总有秦桧、岳飞。我们是忠，他们（指反共顽固派）是奸。我们要顾大局，他们是不顾大局的。在皖南事变的善后过程中，蒋介石为摆脱其尴尬处境，委托张冲屡次拜会周恩来，转达蒋的意图，苦苦央求中共派员参加第二届国民参政会，张冲甚至说："为了国家计，我跪下都可以。"但被周恩来严词拒绝。周恩来告诉张冲："这不是你我之间的个人问题，而是政治问题。"1941年3月1日，张冲与周恩来进行谈判，周恩来根据中共中央2月28日发出的指示，向张冲提出皖南事变临时解决办法十二条，周恩来表示："倘能蒙诸采纳，并获有明确保证，则敝党参政员届时必能报到出席。"中共十二条蒋介石不能接受，张冲也不敢答应，谈判没有取得结果。但在一些具体问题上，张冲出面解决了。如周恩来曾将《新华日报》营业部主任涂国林被捕之事向张冲提出，张冲当即与有关部门交涉，将涂国林放回。不久，《新华日报》发行部遭宪兵破坏，报纸被扣，张冲在接到周恩来的抗议后又陪周一起到曾家岩宪兵队接洽，使被扣的报童和报纸得以释放和归还。

1941年3月，张冲出任国民党中组部副部长。6月21日染上伤寒。次日，希特勒命令德军进攻苏联，苏德战争爆发。病榻上的张冲忧心忡忡，他担心因此造成苏联军援的减少甚或停止。周恩来数次前往探视，张冲念念不忘国共两党团结，殷殷嘱咐周恩来以后可找某某人联系。张冲由于坚持维护国共团结抗日这个大局，在国民党内受到反共顽固派的敌视，处境十分艰危。他生前向家人立下遗嘱："我一旦身遭不测，你们必须把保险箱里我和周恩来先生历年往来的信件全部烧毁，不留一书半纸。"1941年8月11日，张冲因病情恶化去世。11月9日，国民党重庆市党部等机关团体为张冲举行追悼会。

蒋介石送的挽联是："赴义至勇，秉节有方。"

毛泽东、周恩来、林伯渠、吴玉章、董必武、邓颖超等中共领导人联名送的挽联是："大计赖支持，内联共外联苏，奔走不辞劳，七载辛勤如一日；斯人独憔悴，始病寒继病疟，深沉竟莫起，数声哭泣已千秋。"

周恩来送的挽联是："安危谁与共，风雨忆同舟！"

八路军正、副司令朱德、彭德怀送的挽联是："国士无双，斯人不再；九泉可作，万里相招。"

叶剑英、李富春送的挽联是："豺狼尚纵横，大局岂堪重破坏；巴渝多雾瘴，忠魂何以早游离。"

张冲的追悼会由国民党中央党部秘书长吴铁城主祭，蒋介石亲临致辞，国民党中央组织部前后两任部长陈立夫（现任教育部长）、朱家骅也都到会讲了话。周恩来亦到会代表中共致悼词，讲着、讲着，周竟至语不成声，闻者无不动容。中统特务头子徐恩曾感叹道："周恩来真厉害，做宣传工作做到我们家里来了。"

在张冲追悼会的当天，重庆的《新华日报》在受到国民党反动派迫害，报纸缩减为只剩半张两版的情况下，特别扩大为四版一大张，以三版大半版的篇幅，出版了张冲悼念专刊，专刊发表了周恩来写的《悼张淮南先生》一文及中共中央、八路军总部、陕甘宁边区政府和《新华日报》、八路军重庆办事处等单位和负责人写的挽联。

周恩来在《悼张淮南先生》一文中写道："我识淮南先生甚晚，西安事变后，始相往来，然自相识之日始，直至临终前四日，我与淮南先生往来何止二三百次，有时一日两三见，有时且于一地共起居，而所谈所为辄属于团结御侮。""先生与我，并非无党见者，唯站在民族利益之上的党风，非私见私利可比，故无事不可谈通，无问题不可解决。""每当问题争执之际，我辄以'敌人所欲者我不为，我人所不欲者我为之'之义陈诸先生，先生亦常以此义相督责，故问题终得解决。""今岁一月事起，二月报事随之，三月为参政会期，四五月有中条山战役，此中风浪之险，环境之恶，为五年来所创见，先生劳神焦思，力维大局，备极憔悴。""先生既逝，联络乃似中断。"然而，抗战还在坚持，团结更须加紧，"前线的血还在流，怎能分得出属于何党何派？碧血丹心，精忠报国，都是我们中华民族的优秀儿女，而淮南先生正是其中杰出的一个"。"淮南先生的精神尚在，这是团结的象征。淮南先生的道路，就是团结的道路。"

中共领导人如此大规模、高规格悼念C.C.骨干、曾为中统特务头子之人，这是极不平常的一件事。这件事本身说明张冲在其生命的最后六七年中，为国共第二次合作、为中国的抗战事业做出了贡献，体现了中共对一位忠实执行孙中山联俄联共政策的国民党人士的敬重。

七、上海滩三党霸——吴醒亚、潘公展、吴开先

在国民党统治中国大陆的22年间，上海一直是中国名副其实的经济、商

业、贸易、文化中心，其地位之高，罕见其匹。抓住了上海，就等于抓住了大半个中国。故此，陈果夫、陈立夫兄弟在上海安置了吴醒亚、潘公展、吴开先三位大将。

吴醒亚（1892—1936），湖北省黄梅县人。早年加入中国同盟会，后历任孙中山广州大本营秘书处科员、蒋介石的国民革命军总司令部秘书，是C.C.的老将。1928年11月起，历任安徽省政府委员兼民政厅长、代理省主席。1930年2月，任湖北省政府委员兼民政厅厅长。由于坐镇上海的C.C.大将潘公展和吴开先争当老大，矛盾冲突激烈。陈氏兄弟为摆平潘、吴，在征得蒋介石同意后，于1932年6月将C.C.老将吴醒亚调到上海，出任上海市党部常务委员兼社会局局长。

吴醒亚资格老，经历十分丰富，黑白两道都有广泛的人脉关系。论白道，他曾是孙中山、蒋介石的秘书，老同盟会员；论黑道，吴又是青洪帮大爷，与上海黑社会大亨杜月笙、杨虎之流都是平起平坐的"老大"。陈氏兄弟打出吴醒亚这张王牌，足以镇住潘公展、吴开先，统一C.C.在上海的势力，确保上海这块地盘。吴醒亚不负重托，到上海后成立"干社"，自任社长，统一C.C.在上海的力量。从此以后，C.C.在上海的势力向各领域大力渗透和扩张，吴醒亚的功劳很大。1935年11月，吴醒亚在国民党第五次全国代表大会上当选为中央执行委员，会后又兼中央组织部委员。1936年8月，吴醒亚应蒋介石之召去江西庐山接受指示，归途中突发脑溢血症，死于九江，享年44岁。

潘公展（1894—1975），浙江省吴兴县（今湖州市）人，在湖州城内读完小学后，经美国传教士介绍，考入上海圣约翰大学外语系，在校就读期间，曾先后担任上海《时事新报》、"学灯"副刊《民国日报》、"觉悟"副刊特约撰稿，并经人介绍加入南社。1919年五四运动爆发，潘公展作为上海学生代表，参加了全国学生联合会的活动，担任该会会报主编。1919年夏，潘公展大学毕业，先到上海私立市北中学任教，1921年任《商报》编辑，与陈布雷共事六年，文名渐著。蒋介石于1926年底进驻南昌后，多方物色各种人才。经陈果夫、陈立夫兄弟推荐，潘公展与陈布雷应召于1927年1月抵达南昌，与蒋介石进行多次长谈，并经蒋介石、陈果夫介绍，在南昌加入国民党。后陈布雷留在蒋介石身边任文字工作，潘公展则在征得蒋介石同意后仍回上海，担任《申报》总编辑，为蒋介石鼓吹。1927年4月，蒋介石发动四一二反革命政变，在上海设立政治分会，张静江任主席，潘公展为委员，潘由普通报人一跃而成为国民党要员，顿时宾客盈门，盛极一时。C.C.成立时，潘公展是最早的核心人员之一。1928年2月，陈果夫重新执掌国民党中央组织大权后，派潘公展、王延松到上海控制上海的党务大权。潘公展在党务方面，一直是上海市党部常务委员，1935年11月在国民党五全大会上当选为中央执行委员；在政务方面，历任社会局局长、上海市政府秘书长、教育局长。在抗战前，潘公展主要控制上海文化宣传和教育界，是C.C.发动文化"围剿"的大将之一。

1932年4月7日，潘公展在上海创办《晨报》，鼓吹"本位救国论"，即所谓"人人均宜为本业致其最善之努力，谋如殊途同归之救国"。"吾人若不唤起国人本位救国之意义，则国人或将中风发狂。"以后，潘又创办了《晨报晚刊》（后改名《新夜报》）、《儿童晨报》、《儿童画报》，统制上海地区的舆论。1934年3月，陈立夫发起成立中国文化建设协会，潘公展任常务理事兼书记长。潘公展在上海设立分会，自任理事长，声称要"把以往此种凌乱的，无条理的，各自为政的文化工作，改变为有计划的协作，将上海的文化界谋通盘规划的办法"，以改变"以往的可有个人或团体作文化工作，没有中心"的状态。1935年起，潘公展担任中央图书杂志审查委员会主任委员，他扬言要"肃清有阶级色彩及共产主义的出版物"，以"杜绝赤化宣传"，"达安内攘外之成功"。潘公展在任期间，查扣销毁及扼杀的进步书籍及报纸杂志及作品数不胜数，被称为文化"刽子手"。

1932年8月，潘公展担任上海市教育局局长后，一方面安置大批C.C.分子打入教育界，控制上海的教育行政大权，一方面与吴醒亚、吴开先、杜月笙等配合破坏和镇压上海学生的抗日救亡运动。1935年当一二九学生运动波及上海之际，潘公展下令上海各学校阻止学生游行示威，后又下令全市所有公私中学提前放假，以分化破坏学生运动。

1937年11月上海沦陷后，潘公展离开上海前往武汉。1938年3月在汉口创办独立出版社，由叶楚伧任董事长，潘任经理。10月出任湖南省政府秘书长。1939年初撤到重庆，任国民党中央宣传部副部长兼《中央日报》总主笔。嗣后又兼任军事委员会战时新闻局副局长及中央图书杂志审查委员会副主任委员、主任委员。潘一方面指挥国民党各种官方舆论宣传工具，打着"民族至上"、"国家至上"和"建设三民主义"的旗号，竭力维护国民党的一党专政，并为蒋介石的"消极抗日，积极反共"进行辩护。1938年，潘公展出版《领袖、政府、主义》的小册子，宣传"一个主义，一个领袖，一个国家"。1941年皖南事变后，潘在《中央日报》发表《军纪根源论》，胡说什么"新四军之违反军纪，其根源乃由于三民主义信仰不诚，信仰不坚所致"，为蒋介石开脱罪责。另一方面，潘以中央图书杂志审查委员会主任委员等身份，继续履行其文化"刽子手"的职责，扼杀言论出版自由，破坏和镇压进步文化事业。

1942年11月，潘公展在国民党五届十中全会上当选为中常委。1945年5月，在国民党六全大会上，潘公展于5月12日以大会主席团成员身份作了一个"关于中共问题的总报告"，诬蔑中共"武装割据"、"破坏抗战"、"颠覆政府"、"危害国家"，并称："与中共之斗争无法妥协。今日之急务，在于团结本党，建立对中共斗争之体系，即创造斗争的优势与环境。"他提出："当前对中共之争论，应集中于反驳联合政府，反驳抗日战争中有两条路线的论调，反驳中共具体纲领，与反对解放区人民代表大会。"在大会选举中央委员时，有些代表对蒋介石、陈果夫、陈立夫等人的控制不满，在选举票上画乌龟或写"总裁独裁，中正不正"之类的文字，潘公展提议要追查，结果引起公愤，有二三十人喊打，拉起椅子要砸，吓得潘公展狂逃。潘狂热拥蒋，蒋也重视他，他在六届一中全会上继续当选为中常委，并担任国民党中央宣传委员会主任委员。

抗战胜利后，潘公展于1945年12月回到上海，接办《申报》，自任社长，作为舆论阵地。1946年当选为上海市参议会议长，以上海"民意领袖"身份继续为维持国民党的统治效劳。在国民党政权即将崩溃的前夕，潘公展将挽救国民党统治的希望寄托于美国政府。1948年11月，潘与上海"各界"名流联名致电美国政府，呼吁美国政府挽救这个摇摇欲坠的政权。电报称："当此决定生死存亡之际，我们人民不得不向阁下及贵国人民呼吁，假如欲及时避免此人类历史上之大惨剧，数万万爱好和平之士女被迫而受共产党之迪克推多统治，则贵国必须加以援助，刻不容缓。"12月，潘又发起成立"上海自救救国联合会"，号召"拥护元首，协助政府"，"坚定人心，自救救国"。他还在市参议会叫嚣要"全力救上海"。

1949年1月21日蒋介石下野后，潘公展以上海市参议会议长身份大搞"和平攻势"，张罗成立"全国和平促进会"，企图为国民党残余政权赢得喘息时机。在中国人民解放军渡江后，潘公展与谷正纲、方治等协助汤恩伯负隅顽抗。1949年5月下旬，潘公展先逃香港，次逃加拿大，1950年转赴美国。1951年与陈立夫等盘下《华美日报》，潘公展任总编辑，狂热鼓吹"反共复国"，历时20余年，直到1975年6月23日病死于美国。同年7月12日，陈立夫在台湾的《"中央日报"》发表《悼念潘公展兄》一文，称赞这位C.C.的文宣大将"真是近数十年来最难得的一位文化斗士"。

吴开先（1898—1990），字启人，江苏金山县（今属上海市金山区）人，早年毕业于上海法科大学经济科第一期，曾任松江中学教员，后在上海创办君毅中学，自任校长。1922年加入中国国民党。吴开先是上海黑社会头子杜月笙的心腹弟子之一，在吴发迹后，杜月笙退还吴的门生帖子，杜、吴关系在一般朋友或师徒关系之上。1927年四一二反革命政变后，陈果夫、陈立夫兄弟派潘公展、王延松到上海开展党务活动，将吴开先拉入C.C.阵营，先后任命他为上海市党部执行委员兼组织部长、市党部常务委员会主席。吴开先本人是上海黑社会中人，并可调动杜月笙的打手上海工人行动总队，以帮会流氓作风办党，顺己者尽量给予富贵利禄，逆己者则不择手段予以打击或铲除，在上海市党部中逐渐形成了一个以吴开先为首的"江苏系"，一时有上海"党皇帝"的诨名。

吴开先本来是潘公展拉入C.C.的，潘公展与C.C.首领陈果夫、陈立夫的关系要比吴开先过硬一些。但在上海，吴开先的流氓手段显然要比潘公展这个办报出身的文人厉害。两人各有短长，各不相让，都想争上海的"老大"，潘公展也拉了一支以他为首的"浙江系"人马与吴开先的"江苏系"抗衡。陈果夫、陈立夫认为，吴、潘两派相争，不利于C.C.在上海的工作，为平息两派争斗，特将C.C.老将吴醒亚调到上海坐镇。但吴醒亚在1936年因脑溢血突发去世后，吴开先与潘公展为争夺吴醒亚遗下的上海市社会局局长一职再起冲突。

政学系的上海市长吴铁城对C.C.内讧乐得坐山观虎斗，不闻不问。当吴、潘打得难解难分时，陈氏兄弟不得不采取特殊办法，明令撤销上海市社会局，不使吴开先有失败的耻辱感；同时又将社会局的业务转入潘公展任局长的教育局。因陈氏兄弟偏袒潘公展，吴开先吃了败仗。

1937年抗日战争爆发后，吴开先任军事委员会第六部第一组组长、国民党中央组织部副部长。1938年8月底吴开先奉命以国民党中央代表的名义潜赴沦陷区上海，指导国民党在上海的地下工作。吴到上海后，经过一番张罗，于1940年夏成立了上海敌后工作统一委员会，由杜月笙、蒋伯诚、戴笠、吴开先、吴绍澍等五人担任常务委员，杜月笙任主任委员，吴开先兼书记长。上述五名常务委员，杜月笙、戴笠不在上海，实际上由吴开先、蒋伯诚、吴绍澍负责。

吴是黑社会中人，私生活也带有黑社会的特点，16圈麻将是每天雷打不动的常课，赌友是万墨林、冯有真、陆鸿勋以及蒋伯诚夫妇等。1942年3月，吴开先被汪伪特工逮捕，1943年夏日本军部派人将吴开先送回重庆，陈立夫、杜月笙、戴笠等先后设宴为吴"压惊"。当时，在重庆的爱国民主人士和国民党内的抗日民主派对吴开先被日本人释放回重庆的用意纷纷提出质疑。经陈立夫等人批准，吴开先在重庆设立电台与日本军部设在上海的电台继续保持联系，上海传出消息，说蒋介石国民党正在与日本进行秘密谈判。事情被揭露出来后，群情激奋，国民参政会参政员提出提案，要求审讯吴开先。蒋介石这才不得不下令吴开先的电台停止与日寇电台的联络，吴开先悄然住到了重庆郊外的化龙桥以避风头。

1945年5月，吴开先在国民党六全大会上当选为中央执行委员。抗战胜利后，吴开先重返上海，任上海市社会局局长，这是过去他想争而争不到的职务。1949年1月调任社会部政务次长。

八、C.C.系理论家——周佛海、陶希圣

周佛海（1897—1948），湖南省沅陵县人，出生于一个破落地主家庭，幼年丧父，与其弟妹均由母亲抚育成人。1917年赴日留学，先后就读于东京第一高等学校和鹿儿岛第七高等学校，在日本学习期间，初步接受了共产主义。1921年7月23日，周佛海以留日学生党员的身份出席了中国共产党在上海召开的第一次全国代表大会，是13名代表之一。会后，周佛海仍回日本继续学习。从鹿儿岛第七高等学校毕业后，又升入日本京都帝国大学经济系就读，1925年5月回国，应国民党中央宣传部部长之约前往广州，任中宣部秘书兼广东大学教授，两个职务加起来每月有440块"袁大头"（大洋），一个穷学生突然得到这么高的收入，真是一步登天。周的老婆杨淑慧见利忘义，对周佛海说："这钱挣来不容易，何必交党费，还是退了吧！"按规定，中共党员有薪水收入的，须交纳部分薪水作为党费。周佛海认为有理，加上国民党右派头子戴季陶的极力拉拢，周佛海于1925年9月宣布脱离中国共产党，死心塌地追随国民党右派戴

季陶。周脱党后，纠集广东大学的几名教授，创办《社会评论》，专门发表反共文章。通过戴季陶的介绍，周佛海得到了蒋介石的信任，出任中央军事学校秘书长兼政治部主任。1927年8月中旬，蒋介石下野前，授意周佛海与戴季陶、陈果夫到上海创办《新生命》月刊，周佛海与陈果夫有了直接联系，并被拉入C.C.成为要角。

《新生命》月刊从1928年1月创刊，到1930年12月停刊，共出3卷36期，周佛海作为该刊的主编和主要撰稿人，发表了大量文章，并出版了《三民主义之理论的体系》一书。周佛海的文章和著作，无非是攻击马克思主义不合中国国情，而将经过他与戴季陶等人篡改过的所谓三民主义吹捧成"唯一的革命原则"。周佛海通过主办《新生命》月刊，成为C.C.的著名理论家。这时的周佛海与邵力子、陈布雷成为蒋介石的三大文胆。周佛海在国民党新军阀混战时期，奉命为蒋介石起草了大量攻击反蒋军阀及政治派系的通电、文告等，周的"文才"深得蒋的赏识。

在主编《新生命》月刊的同时，周佛海还担任了南京中央陆军军官学校政治部主任。1932年初，陈果夫、陈立夫兄弟成立"青白团"，周佛海是中央干事之一；因为在中央陆军军官学校任职，他与黄埔系也有关系，同时他还担任了三民主义力行社的中央干事。一人身兼"青白团"和"三民主义力行社"两个秘密组织的"中央干事"，周佛海是唯一的例外。

1932年1月，周佛海出任江苏省政府委员兼教育厅厅长，1938年8月被免职。这是C.C.抢夺教育行政大权的一步棋。

1937年7月7日，卢沟桥事变发生后，面对民族危难，周佛海成了民族失败主义者，他认为："中国的人的要素、物的要素、组织的要素，没有一件能和日本比拟。"如果中日战争继续下去，"日本当然是要愈益困难的。但是，日本感觉着痒的时候，中国已感觉着痛了；等到日本感觉着痛的时候，中国已会因痛而死了"。周佛海的结论是："战必大败，和未必大乱。"1937年八一三淞沪抗战后，周佛海在其南京西流湾八号寓所与顾祝同、熊式辉、陶希圣、罗君强、高宗武、梅思平、胡适等人成立了"低调俱乐部"。同年底，西撤武汉后，周佛海与陶希圣等在汉口成立"艺文研究会"，网罗文艺界人士，制造反共降日的舆论，周佛海任总务总干事。1938年12月，周佛海随汪精卫等公开投靠日寇。汪精卫的伪政权，实际上是以汪精卫、陈公博为首的改组派和以周佛海为首的C.C.汉奸为核心的。周佛海在C.C.汉奸中地位最高,自然成为该派的领袖,在汪伪政权中,他名义上是第三号人物,但因为他一手掌握了特工、财政,并以财政控制军队,是汪伪政权中权力最重的巨奸。

在日寇即将崩溃前夕,朝三暮四的周佛海又派人向蒋介石献媚。1944年1月12日,蒋介石侍从室第二处第六组组长唐纵为此在日记中写道:"周佛海派人至后方联络,请求委座宽恕,称彼可在伪方掩护我方工作人员活动。此人廉耻丧尽,尚有何颜向委座说情。"但蒋介石认为可以利用周佛海掌握的伪军对付八路军、新四军,准其投诚。陈立夫也派林某作为代表前往上海与周佛海联络,商量蒋、伪合流反共问题。在日寇宣布投降后,尽管为国民党抢夺江南立下了功劳,但周佛海这个巨奸目标实在是太大了,蒋介石也不能明目张胆包庇他,只好卸磨杀驴,在利用完以后将周佛海等汉奸逮捕,并由法庭判处死刑。陈果夫、陈立夫兄弟亲自给蒋介石上书为周佛海求情,经蒋介石特别下令将周的死刑改为无期徒刑。蒋介石亲自出面为汉奸减刑,这是唯一的例外。1948年2月28日,周佛海病死于南京老虎桥监狱。

陶希圣(1899—1988),湖北省黄冈县人。与周佛海一样,陶希圣也是一个极为复杂的,精于计谋、权变的人。傅斯年等人一致认为,陶希圣为人的最主要特点就是"阴鸷",是个地地道道的湖北"九头鸟"。总之,陶希圣与周佛海都是属于无耻文人政客一类的下三滥角色。

陶希圣1922年北京大学毕业后到安徽省立法政专门学校任教,1924年到上海商务印书馆当编辑,在此参加了何公敢组织的"孤军社"并结识了周佛海、梅思平成为好友。1927年后,陶希圣追随周佛海,任南京中央陆军军官学校政治总教官。蒋介石下野后,陶随周佛海到上海创办《新生命》月刊,1929年出版了《中国社会之史的分析》,从此以中国历史学者、政论家的姿态出现。同时,陶还在《新生命》月刊发表《中国社会到底是什么社会?》等文,认为中国社会性质是"帝国主义侵略下的封建社会"、"商业资本主义社会"、"前资本主义社会",攻击中国共产党关于中国社会和中国革命的主张是"制造阶级斗争"。1930年,周佛海将陶希圣推荐给陈果夫、陈立夫兄弟,陈氏兄弟聘他为中央政治学校教授,从此成为C.C.理论家。1931年,陶希圣任北京大学教授,并主编《食货半月刊》。1931年至1933年,有所谓"中国社会史论战",在这场论战中,陶希圣既是挑战者,又是凶猛的应战者。

1937年抗战爆发后，陶以社会名流的身份应邀出席庐山谈话会。南京政府撤到武汉后，陶希圣与周佛海组织"艺文研究会"，陶任设计总干事。1938年12月，陶随周公开投靠日寇，任汪伪国民党中央常务委员会委员兼中央宣传部部长，代表汪精卫与日寇谈判，但因对"和平运动"失望，与1940年1月与高宗武携带汪日签订的"密约"副本逃往香港。1942年2月从香港回到重庆，任蒋介石的侍从室第二处第五组组长。陶希圣奉蒋介石之命，于1943年3月以蒋介石的名义抛出《中国之命运》小册子，鼓吹"一个主义、一个政党、一个领袖"，称国民党是"革命建国的总机关"，三青团是"新血轮"，全国国民都要"共同集中于三民主义的信仰之下，一致团结于中国国民党的组织之中"。该书攻击共产主义和资产阶级民主主义都是"有害于国家民族"的"妄行邪说"；诬蔑中国共产党领导的抗日军队和抗日民主根据地是"割据地方"、"破坏抗战"、"妨碍统一"，扬言必须铲除这种"变相的军阀和新式的封建"。

针对这种赤裸裸的挑衅，共产党的宣传机关和进步文化人士进行了批判中国法西斯思想理论体系的斗争，指出蒋介石的中国法西斯主义，实质上就是"买办的、封建的法西斯主义"，"它抄袭一些中国封建时代的古书，同时偷一些外国最反动的法西斯思想"。它是中国封建主义和外国法西斯主义的大杂烩。蒋介石既反对共产主义，又反对西方资产阶级的民主主义、个人自由主义，其实质"是伪托民族、国家或全民政治之名，行大地主、大资产阶级一党专政之实"，"是新专制主义的个人独裁"，"是法西斯主义的特务统治"。

陈伯达的《评〈中国之命运〉》还对为蒋介石捉刀的陶希圣进行了点名批判，文章说："中国国民党总裁蒋介石先生所著的《中国之命运》还未出版的时候，重庆官方刊物即传出一个消息：该书是由陶希圣担任校对的。许多人都觉得奇怪：蒋先生既是国民党的总裁，为什么要让自己的作品，交给一个曾经参加过南京汉奸群、素日鼓吹法西斯、反对同盟国，而直到今天在思想上仍和汪精卫千丝万缕地纠合在一起的臭名远著的陶希圣去校对呢？难道国民党中真的如此无人吗？《中国之命运》出版后，陶希圣又写了一篇歌颂此书的文章，《中央周刊》把它登在第一篇，这又使得许多人奇怪：为什么《中央周刊》这样器重陶希圣的文章？难道蒋先生的作品非要借重陶希圣的文章去传布不成？"

陶希圣受到严厉批判后，曾消极一时。唐纵1943年5月13日日记云："晚往访陈（布雷）主任……彼对宣传问题，对于希圣颇为失望。当初希望希圣来做点宣传工作，焉知彼之兴趣已转入哲学方面，加以外间对他过去一段经过，不加谅解，希圣亦趋冷淡，未能使其愿望实现，至为憾事！"但不久，陶希圣担任了《中央日报》副总主编、总主笔，1947年任国民党中宣部副部长，作为C.C.文宣大将，陶希圣卖力地为蒋介石的全面内战摇笔呐喊助威，并写文章辱骂反对内战的中国民主同盟是"张邦昌、石敬瑭、郑孝胥、赵欣伯"。对此，新华社时评说："因追随汪精卫投敌而臭名昭著的蒋介石宣传部副部长陶逆希圣，居然有脸皮发表长篇的臭论，来证明民盟的领导者是'郑孝胥、赵欣伯'。这就是蒋介石集团'礼义廉耻'的活标本。"

1949年，陶希圣去台湾，历任"总统府国策顾问"、国民党中常委、中央评议委员等职，1988年6月27日在台北去世。

九、C.C.系健将——方治

方治（1897—1989），字希孔，安徽省桐城县人，是桐城派大家方苞的后代。1924年从桐城中学毕业后，赴日本留学，入东京高等师范。当时正是第一次国共合作时期，在海外，中国国民党左派、右派的斗争也相当激烈。据时任国民党（左派）海外部驻日总支部常委兼组织部长的夏衍回忆，当时方治是西山会议派驻日的活动分子，在1927年蒋介石发动四一二反革命政变后的第五天，以方治为首的国民党西山会议派巢鸭总支部带领一批人，袭击了国民党左派设在神田的中国青年会总支部，双方混战一场，夏衍等奋勇夺回了总支部的全部党员名单和空白党证。

1927年，方治在东京高等师范毕业回国，由戴季陶介绍到国民党福建省党部工作，后又转到安徽省党部工作。1929年1月，邵元冲介绍方治到国民党中央宣传委员会任秘书。方治文字能力和组织能力都很强，很快在宣传委员会崭露头角，并引起陈立夫的注意。1929年3月，国民党三全大会后，方治升任中央宣传部主任秘书。1931年9月，中宣部改组为中央宣传委员会，方治仍任主任秘书。宣传委员会主任邵元冲，副主任刘芦隐。刘是胡汉民系的人物，宣传委员会的实权掌握在蒋介石一系的邵元冲与方治手中，而主持宣传委员会日常工作的则为方治，夏衍在《懒寻旧梦录》中说，国民党中央宣传部不管谁当部长，实权都操在方治手里。1935年11月，在国民党五全大会上，方治当选为中央执行委员。以他在国民党内的资历如此快地当上中央执行委员，完全是陈立夫青睐的结果，从此，方治成为C.C.的健将。会后，国民党中央宣传委员会改为宣传部，刘芦隐挂名部长，方治以副部长身份主持宣传部工作。1936年刘芦隐因杨永泰案被蒋介石下令逮捕后，方治代理宣传部长。1937年7月，邵力子、顾孟余相继任中宣部长，方治仍以副部长主持部务。方治的夫人是日本人，在抗战初期，方治夫妇在对日宣传方面做了很多工作，方治自己撰写对日宣传广播稿，由他的日籍夫人在电台对日广播。

1938年夏，方治与另一安徽籍C.C.分子邵华奉教育部长陈立夫之命去安徽视察教育，负责把安徽的四所省立临时中学和设在阜阳的省立颍州中学、颍州师范及颍州女中迁往武汉，成立国立安徽中学，后迁往湘、川两省，11个分校分设湘西、川东各县城，安徽省教育厅长杨廉改任国立安徽中学校长。方治奉命出任安徽省教育厅厅长兼国民党安徽省党部主任委员。抗战时期，安徽一直是桂系的地盘，三任省主席李宗仁、廖磊、李品仙均是桂系军人，桂系掌握了安徽的军政大权；以方治为首的C.C.分子掌握安徽党权；此外还有以安徽省总动员委员会为据点的进步势力（其成员是中共地下党员和进步分子），而救国会领袖之一的章乃器担任安徽省财政厅厅长，多方照顾进步势力。桂系为了对抗蒋系势力，有意与进步势力和章乃器等中间人士合作，与蒋介石的国民党中央另搞一套。对此，以方治为首的C.C.分子十分反感，他们积极搜集各种材料，不断密报国民党中央党部和蒋介石的侍从室。国民党中央党部不时来文电责难安徽，说什么安徽省动员委员会引用"异党分子"，说什么干训班施行"赤化"教育等，不一而足，使桂系的安徽省主席廖磊感到非常头痛，有时捶胸顿足，有时暴跳如雷，对方治恨之入骨，方治在安徽呆不下去了。安徽籍的C.C.上层分子邵华（国民党中央监察委员）说："安徽的广西小蛮子和章乃器拧成一股绳来斗方希孔，斗得方希孔在安徽混不下去。"方治本来是C.C.的"摩擦专家"，这次毕竟有点势单力孤。但方治有陈氏兄弟的国民党中央党部作为靠山，可以以中央党部的名义堂而皇之地斥责廖磊，终于把有高血压的廖磊活活气死。1938年冬廖磊被气死后，方治也带着一个勤务兵离开安徽前往四川重庆，宣布辞去安徽省党部主任委员兼教育厅厅长职务，担任国民党总裁室秘书。同时，陈立夫又聘请方治担任教育部战区教育指导委员会训育委员会主任委员。

1944年底，陈立夫转任中央组织部部长后，方治取代朱家骅系的杨公达，出任重庆市党部主任委员。重庆市是国民党政权的陪都所在地，重庆市党部主任委员一职非同小可。方治一上任就想关闭中共的《新华日报》，唐纵在1945年2月26日的日记中记其事说："晚，丙种会报，谈《新华日报》事，方希孔觉得头痛，主张封闭，一劳永逸。此人党的意识甚高，可惜昧于时势。谷正纲主慎重，能看到国际大势，根本的办法，应该以宣传对宣传。"谷正纲是"反共铁人"，看来，方治比谷正纲走得更远。

方治利用重庆市党部主任委员的职务，充当了反对政治协商会议的急先锋。1946年春重庆的反苏大游行、校场口血案，都是方治奉陈立夫之命亲自指挥导演的。陈立夫告诉方治："共产党和民主同盟要开会庆祝政协成功，我们就一定要叫它开不成这个庆祝会。""校场口血案"发生时，方治坐镇重庆市党部用电话指挥一切，并特别叮嘱C.C.喽啰："只要捣毁会场，让他们开不成会就成了，不许打伤人，更不许打死人。戴笠玩的一套，我们不干。"

1946年10月，方治调任上海市党部主任委员，但上海历来是吴开先、潘公展和吴绍澍的地盘，而且上海的地头蛇杜月笙也不配合。方治到上海后一筹莫展，无奈之下，请他的安徽老乡邵华弄了一批人到上海市党务系统，但这批乡巴佬到了上海滩也难有作为，急得方治天天搓手不止，干呼无奈。面对中国共产党领导的第二条战线的蓬勃发展，方治哀叹："中国的学生运动这个浪打到哪个政府头上，哪个政府就要倒台。北洋政府时期，学生运动的浪头打在北洋政府头上，终于这个政府倒了台。现在这个浪头又打到我们国民党头上了。"

1948年秋，蒋经国奉命到上海实行经济管制，方治认为"这是能不能治好国民党重病的最后一剂药"，方治发动党务系统全力配合，并为蒋经国积极搜集情报。方治因对杜月笙、吴绍澍等上海地头蛇不满，向蒋经国建议首先制服杜月笙。方治对蒋经国说："擒贼先擒王。在上海不制服杜月笙，什么事都办不了。现在我们就先在杜月笙这个太岁头上动土，不抓他杜月笙，抓他的儿子。这就把上海的大小太岁都震住了。"杜月笙也不是省油的灯，蒋经国抓了他的儿子杜维屏，杜月笙却不动声色抛出了孔令侃，结果惊动宋美龄和蒋介石，迫使蒋经国不得不鸣锣收兵。方治预感国民党的统治也到头了，他私下对人说："这一剂药没有治了国民党的病，看来国民党的沉疴是没法治好了。我的学生和亲友中，有不少人是共产党，但我在国民党里混得太久，又干了不少跟共产党作对的事，我是非走不行了！"

1949年5月方治去台，在国民党改造中失势，历任"大陆灾胞救济总会"总干事、秘书长，国民党中央评议委员、"总统府国策顾问"等闲职，与谷正纲等同为"反共铁人"。

十、C.C.系两蟹将——洪陆东、洪兰友

1927年国民党南京政府成立后，担任司法行政部部长、次长的王宠惠、魏道明、朱履和、郑天锡、石志泉、罗文干等是所谓留法派、英美派。1934年，C.C.提出所谓"司法党化"的主张。当时，国民党政权内部对这个主张有不同的意见，立法院法制委员会委员长焦易堂、立法委员王用宾赞同；而司法行政部部长罗文干、政务次长郑天锡及法官训练所所长董康等反对。蒋介石赞同"司法党化"的主张，争论的结果，司法行政部人马大换班，司法行政部部长罗文干被解除职务，而以元老居正暂时兼任司法行政部长作为过渡。两个月后，C.C.推荐王用宾担任司法行政部长、C.C.干将洪陆东任司法行政部政务次长，C.C.另一干将洪兰友任法官训练所所长，从此，法官的任免权和培训权均为C.C.掌握。

洪陆东（1893—1976），浙江省黄岩县人，1924年毕业于山西大学，与王用宾有师生关系。洪陆东是C.C.最早的核心人员之一，从1926年起即追随陈果夫到广州任职，是陈果夫得力的党务助手。1928年春，陈果夫重返中组部时，洪陆东担任中组部组织科总干事。随后，洪陆东奉命返回浙江任省党部执行委员，整理党务，建立C.C.清一色的浙江省党部。1931年12月，在南京召开的蒋系四全大会上，洪陆东当选为中央监察委员。1932年春，"青白团"成立，洪陆东是中央干事之一，他与徐恩曾、萧铮等在南京组织了"青白团"的外围组织"青年社"、"三民主义革命同志会"等。1934年12月28日，洪陆东出任司法行政部政务次长，洪在这个位置上干了14年，直到1948年12月30日为止。这时的司法行政部长王用宾（1934—1937）和谢冠生（1937—1948）虽然都是C.C.推荐上台的，上台后也一直依附C.C.，言听计从，但王、谢毕竟不是C.C.的核心人物，故陈果夫、陈立夫一直用洪陆东做政务次长，实际上洪陆东才是司法行政部的真正核心人物。

熟悉国民党政府司法行政部内幕的裘孟涵回忆说：

> 洪陆东、洪兰友是C.C.两名蟹将，也是国民党的这一实力派系渗透、把持司法系统的两个主要头目。由于谢冠生要依傍二陈，遂与二洪深相勾

结,以致C.C.中统势力在司法界迅速得到扩张。洪陆东,浙江黄岩人,与谢冠生同为蒋介石浙江官僚系统中的嫡系,洪为老牌C.C.,任国民党中央委员比谢稍早,是谢的前任司法行政部长王用宾的学生。曾怂恿王拒不向谢移交,因此在个人的权位关系来说,谢冠生与洪陆东是有矛盾的。在谢看来,洪陆东是继王用宾与他争夺部长宝座的劲敌。但他明白,洪是C.C.的骨干,是二陈的亲信,而以二陈为首的C.C.集团,是蒋家朝廷的一根主要支柱,为了他个人的固位邀宠,必须靠拢C.C.,不可与洪闹翻。因而他对洪陆东虽内怀疑忌,但却多方迁就。谢坐上部长交椅后,洪一直蝉联政务次长,与谢相终始。洪每有所索求,谢无不满足。有时虽有磨擦,谢总是屈尊以求和解。例如我任该部秘书时,是在部长室办公,当时司法行政部改隶行政院,谢经常住在重庆,叫我把重要公文送给他亲自阅处,其余叫我代为盖章发出。有人在洪面前说我越权,洪未经与谢商量,即将公文控制起来,不送部长室,因此不仅我看不到,谢亦无从亲阅了。我当时也认为,这是洪陆东有意予谢以难堪,但谢冠生得知此事,并不以为忤,反而主动由重庆赶回小湾(司法行政部所在地,距重庆一百八十里),与洪面谈解决,并未使矛盾加深,从而博得洪说谢部长人好。由于洪陆东长期充当政务次长,在司法行政部握有大权,谢又多方迁就,益以通过洪兰友所部主持的法官训练,从而C.C.中统势力,源源不断地涌进司法部门。

洪兰友(1900—1958),江苏扬州人,早年毕业于上海震旦大学法科研究院,曾做过一个时期的律师,也任过中央政治学校教授、南京市政府秘书、首都建设委员会秘书长、中央组织委员会主任秘书兼"青白团"书记长,在C.C.内部,洪兰友与余井塘、叶秀峰、赵秀峰、赵棣华属于所谓扬州系。1934年12月,洪兰友与洪陆东同时打入司法行政部,洪兰友任司法院法官训练所所长。这个机构成立于1929年,原来叫司法行政部法官训练所,这是培训法官的基地,留法派谢瀛洲、英美派罗文干、日本派董康先后任过所长,培训过三期,共有430余人毕业。洪兰友接任后,改称司法院法官训练所,一直到1944年该机构撤销为止,洪兰友都兼任着所长。在洪兰友任内,前后负责培养了特务法官六期,即第四期至第九期,又调训了一般法官六七批,两项总计人数在1000人以上,这些人都成为洪兰友的门生。在洪兰友的嫡系门生之中,第四、第五期都是原从大专学校法律系毕业的,在王用宾做部长时已派充各地方法院推事或检察官;自1940年第六期以后,都不是原学法律的,而是中统特务人员。其时正值三次反共高潮(1940年至1943年),谢冠生为了配合反共,对这批人特加优遇,一律派充各省"战区检察官"。这是一种新的官名。战区检察官在一省范围以内,可以流动行使职权。其常驻地点,虽原则上规定由高等法院首席检察官酌予安排,但这批"黄马褂"可以自请派驻某院。就工作来说,他们可以接受所在地法院首席检察官的监督指挥,承办一般检察事务,这是一种掩护的方式;他们肩负的更主要的任务是所在地法院首席检察官无权过问的"锄奸肃反"。"反"是指共产党人和反对国民党的爱国进步人士,对这些人他们认为是必肃的;而对汉奸之类的"奸",则还要看具体情况,认为可以利用的还要勾结。他们有权逮捕侦讯现役军人,但须移送军法机关审判。他们的特务工作是秘密的,直接受中统特务头子徐恩曾领导,并与当地省党部"调查统计室"密切联系和合作。每个战区检察官都有美制手枪一支,证明中统身份可以调度军警力量的"派司"一份,随身携带,耀武扬威。司法界之有特务法官,是在谢冠生任内开其端的。

洪兰友自出任法官训练所所长以后,就以嫡系门生为基础,并笼络其他可能利用的司法人员,逐步造成了一股势力,准备夺取谢冠生的司法行政部长宝座。1936年春,洪兰友对人说:他有十分把握,要在三年之内,促进司法走上轨道,包括人事在内。其言外之意,他一定要做部长,希望大家向他靠拢。谢冠生知道洪兰友是一个劲敌,一直提心吊胆,担心洪兰友将他的部长宝座抢了去,两人关系既紧张又微妙。

洪兰友善交际,会钻营,精通人情世故,善于察言观色,见风使舵,是C.C.不可多得的公关人才,陈果夫、陈立夫兄弟不想让洪兰友局限于小小的司法行政部,这才免去了谢冠生的后顾之忧。1935年11月,洪兰友在国民党五全大会上当选为中央执行委员,抗战中期后又陆续担任国民党中央执行委员会副秘书长、秘书长、社会部政务次长等职。1945年,陈立夫为酝酿召开国民党六全大会,成立了一个以操纵大会选举为唯一任务的临时秘密机关,陈立夫亲自主持,洪兰友是其主要的助手。此后几年,洪兰友事实上成为陈立夫的头号助手。

1946年的"制宪国民大会"和1948年的"行宪国民大会",洪兰友担任秘书长，充分发挥了他能言善辩、擅长调和应付的本领，得到蒋介石、宋美龄的赞赏。1948年，洪兰友出任"戡乱建国总动员委员会"秘书长，同年12月任内政部长，1949年7月任国民党中央非常委员会秘书长。去台湾后退出党务圈，1958年9月病逝。

第三节 C.C.的作为、定位及陈氏兄弟矢口否认之谜

一、谁人评说 C.C.

陈果夫、陈立夫兄弟的C.C.是蒋介石嫡系的中坚，而浙江人和江苏人又是C.C.的中坚。从1927年至1949年的22年间，国民党各级组织的人事大权，多半操在陈氏兄弟手中，他人不得问津。党务经费的管理权和支配权也在他们手中，前有赵棣华，中有闻亦有，后为陈某，皆为C.C.分子。同时，陈果夫、陈立夫又为蒋介石处理机要，得到蒋的宠信，这就为他们结派营私提供了便利条件。从国民党三全大会到六全大会的十几年间，C.C.重要分子先后被陈氏兄弟安排进入中央执行委员会和中央监察委员会，形成庞大的C.C.系。1935年11月国民党五全大会，C.C.分子进入中央执行委员会和中央监察委员会的人数达到顶峰。据笔者的不完全统计，当选为中央执行委员的C.C.分子有陈果夫、陈立夫、朱家骅（新C.C.首领）、方觉慧、曾养甫、周佛海、徐恩曾、洪兰友、余井塘、张道藩、陈布雷、方治、梁寒操、李宗黄、潘公展、吴醒亚、张厉生、周伯敏、苗培成、谷正纲、梅公任、陈肇、张冲、萧同兹、周启刚、洪陆东、田昆生等；当选中央候补执行委员的有吴开先、叶秀峰、赖琏、谷正鼎、萧铮、吴挹峰、张强、时子周、黄实、余俊贤、赵棣华、李敬斋、段锡朋、陈泮岭、陈访先、郑亦同、程天固等。当选为中央监察委员的有程天放、邵华等；当选为中央候补监察委员的有鲁荡平、何思源、彭国钧、闻亦有、萧忠贞等。由于著者掌握的资料有限，对有的人的身份不能确定，以上的统计可能是不完全的。即使从上述名单看，在五会大会上，C.C.分子进入国民党中央核心的达四五十人之多，超过国民党的任何一个派系。而在1945年5月召开的国民党六届一中全会上，C.C.分子当选为中央执行委员会常务委员的人数达到八名，占全体常委的近三分之一，他们是陈果夫、陈布雷、潘公展、张厉生、朱家骅、陈立夫、段锡朋、张道藩。

对于人数众多、权势显赫的C.C.，不同的人自然会有不同的看法和认识，下面作些具体考察。

首先看国民党非C.C.派系著名人物对C.C.的评价。

张治中是黄埔军校教官出身，属于黄埔系，历任中央军校教育长、第五军军长、第九集团军总司令、湖南省政府主席、侍从室第一处主任、军委会政治部部长、三青团书记长、西北军政长官等要职，是公认的蒋介石亲信大员。张治中在回忆录中对C.C.作了如下的评价："至于C.C.，本来就是一个自私自利、腐化党政、压制民主、阻碍进步的小集团，是为一切具有正义感的人们所深恶痛绝的。"

1928年5月底，（左起）吴思豫、陈立夫、陈布雷、周佛海、程天放、邵力子合影于保定

贺衷寒是黄埔军校第一期学生、复兴社头头，也是复兴社政工系统的头子，一直以黄埔学生的政治领袖自居。1945年1月18日，贺衷寒生日，蒋介石侍从室第二处第六组组长唐纵前往祝贺，两人谈起C.C.和政学系。唐纵在当天日记下了贺衷寒的看法："君山（贺衷寒字君山）表示，C.C.与政学系二者比较，C.C.在思想上比较与我们接近，但其关门主义，吾人不能容忍；政学系可与联络，而非合作，吾人不能为政学系而打倒C.C.，吾人应有独自之立场。"

在贺衷寒看来，C.C.的缺陷是"关门主义"。

钱昌照是蒋介石的结拜兄长黄郛的连襟。黄郛将钱昌照推荐蒋介石后，深受蒋介石的重用，是蒋介石早年最主要的几个幕僚之一，长期为蒋介石主持资源委员会这个庞大的重工业部门。《钱昌照回忆录》对C.C.有如下的评价："我们用人是不分领域的，但有一个戒条，即是C.C.分子是排斥在外的。C.C.的人阴阴沉沉，民间称之谓'党棍子'。他们和中统分不清，所想不是搞工业，而是属于孙中山所说的'人生以服务为目的，不以夺取为目的'的反面人物。"

缪云台历任云南锡务公司总经理、云南省政府委员兼农矿厅厅长、劝业银行经理、富滇新银行行长、云南省经济委员会主任委员、国民参政会参政员、国民政府行政院政务委员、处理美援物资救济委员会主任委员、国大代表、立法委员等职，是著名的实业家和政治活动家。《缪云台回忆录》中则对C.C.作了如下的评价："提起当时的国民党，实在使人头痛，从省党部、县党部的人员来看，都是一些不正，无事生非，老百姓所不齿的人。我不仅自己不入党，在我所负责的机构中，除了合作金库之外，都没有接受过国民党的调训，国民党员也很少。"

其次，我们来看看C.C.分子的自我评价。

刘不同是C.C.骨干，他在《国民党的魔影——"C.C."团》一文中，对C.C.作了如下的勾画："至于C.C.团这一魔影，则系以陈果夫、陈立夫兄弟为首的一个派系。其别于其他派系，为人所侧目者，乃缘其居要津、掌枢要，为蒋介石所宠信；而又握有特务组织，能以莫须有罪名陷人于囹圄，至人妻离子散，家破人亡，实为蒋家王朝中最反动的一伙。""在二陈的鼓励支持下，C.C.分子奔走权贵之门，习尚谀佞之术，作为登龙捷径，比比皆是。"

罗时实（字佩秋）是C.C.分子，追随陈果夫多年，在陈果夫任侍从室第三处主任时，罗时实任主任秘书，是陈果夫的心腹。1944年5月，陈果夫重任国民党中央组织部长时，罗时实曾经对唐纵说过如下一段话，据唐纵日记载："罗佩秋来称，此番果夫先生出任组织部部长，必有新做法，决非如过去之狭隘，过去C.C.之渣滓，今日弹冠相庆者有之，但决予以淘汰作用，而不受其包围。"

陈布雷是蒋介石的文胆，长期担任侍从室第二处主任，有蒋介石的幕僚长之称。陈布雷也曾经被陈立夫硬拉加入C.C.，陈布雷事后后悔过，表示不算，但人们一般仍把他认作C.C.的要角之一。1945年4月8日,陈布雷与他的直接部下侍从室第二处第六组组长唐纵谈论过C.C.。唐纵日记写道:"谈起党的问题,对于C.C.组织,布雷先生并不以为然。张厉生、张道藩与C.C.渐渐远了,布雷先生告诉我这是真确的。……对于改造党的意见,布雷先生有同感,但实施甚难。布雷先生谓,现在的干部不行,行的干部在哪里?新的干部又如何始能起来代替旧干部呢?这是一个大难题。目前的党,是发牢骚的集团,既无权又无能。如果使党员来监督政府,推行政策,贯彻主张,这是多难的事,担任此项工作的党员,是第一流人才,何可期诸一般党员!"

谷正鼎是C.C.大将之一。1947年3月,谷正鼎在国民党六届三中全会上讨论党务时说了这样一段话:"党外人说国民党一党专政,我们实在没有……在我们本党,今天既不能支配政治,实际上政治的权力反被一些官僚所窃据支配了,成了官僚政治,挟天子以令诸侯的政治。"

C.C.分子程中行还抱怨说:"地方党部里,个个人都是苦干,生活很苦,像叫花子一样……现在上海市党部就没有一辆汽车。党中央对于地方党部的待遇似太残忍。"

上述说法各不相同,但归纳起来,可以说明以下几点:第一,C.C.是一个有关门主义色彩的狭隘集团;第二,C.C.早年为蒋介石击败所有反蒋派冲锋陷阵,功劳不小。但蒋介石在其独裁地位确立后,采取以派制派权术,刻意压制C.C.,政权交政学系,党权交C.C.,财政金融交宋子文、孔祥熙,经济交钱昌照、翁文灏。C.C.掌握的党务、文教、司法部门相对来说油水不大,C.C.分子不满足,到处想伸手,结果与所有派系均处于对立之中,四面树敌。1935年以后,在国民党政权的重大政策决定上,C.C.并没有多少发言权,陈布雷、谷正鼎的说法不能说没有道理。后期的C.C.扮演了一个捣乱者的角色。

吴国桢的口述回忆也证实了这一点。访问者问吴国桢:"吴博士,就是不太了解中国事务的外国人,也模模糊糊听说过C.C.,他们中产生了一种观念,认为C.C.是极为重要的,而陈果夫与陈立夫两兄弟在幕后掌握着权力,对蒋施以巨大的影响,你同意这点吗?"

对此,吴国桢回答说:"就抗日战争到国民党政权垮台的这段时间而言,情况并非如此。甚至在抗日战争爆发前不久,C.C.原有的各种影响已经开始衰退了,但他们确实控制着党的机器。不过党的高级干部并不是由他们挑选的,而是由蒋选的,我自己就是例子。我在代理外长之后,很得蒋的信任。1944年到1945年召开了国民党全国代表大会,选举中央执行委员会时,蒋亲自提名了候选人。C.C.尽管控制着党务,对此却没有多少发言权,但他们影响仍然很大。在原来的名单中,蒋提名我为中央执行委员会正式委员。此时,尽管我同陈立夫曾有过短暂的密切关系,但由于我拒绝参加他们的组织,陈立夫与我不和。虽然他们还没有强大到能将我从名单上剔除,但由于与会的大多数代表属

与陈氏兄弟不和的吴国桢

于他们的派系,所以他们没有选我为正式委员,而是选为候补委员。选好中央执行委员会以后,就要任命国民党组织的各部部长,其级别同政府的内阁部长相同,蒋提名我为宣传部长,陈立夫反对。事实上,过去从未有中执委候补委员出任过这么高的职位。然而陈立夫的反对是徒劳的,我还是被任命为宣传部长了。由此你可以看出,此时他们在党内已没有多大影响。除了党以外,蒋早已建立了一个与之相抗的组织——三青团。起初陈立夫在三青团内占有一个职位,但完全没有控制权。此外,C.C.在政府中的影响几乎为零,只有教育部差不多一直由C.C.的人来掌握。所以我认为,C.C.对那时国民政府的基本政策没什么支配性的影响。"

吴国桢还指出:陈果夫、陈立夫"他们两人在蒋谋求掌权的初期起了很大作用。但一旦蒋爬到最高位置时,陈氏兄弟的权力就多少被夺走了。虽然在北伐刚过后,中国有个流行的说法'蒋家天下陈家党',它起始于这样的看法即陈氏兄弟或C.C.的影响能够左右蒋。但我认为这是名大于实"。

笔者认为,吴国桢的说法是符合实际的,可以澄清以往人们对于C.C.的认识。

应当说,无论在政党理念,还是具体作为上,美国的政党政治与国民党C.C.相去甚远。因此,美国人对C.C.的印象最为恶劣。

首先起而攻击C.C.的是美国驻华新闻记者,使华官员。他们抨击C.C.搞"思

想统制"，认为C.C.搞的一套基本上是法西斯性质的。抗战胜利后，美国驻华大使司徒雷登、美国总统特使马歇尔等都加入了对C.C.的抨击行动。马歇尔认为C.C.是"国民党内的反动集团"，是"极右集团"，C.C.是"反动分子"，陈立夫是"反动的'C.C.'派首领"。马歇尔在结束其调停使命发表的声明中指出："我认为，导致最近和平破裂的最重要的因素有这样一些：在国民政府（实质上就是国民党）一方，存在着一个由反动分子组成的统治集团，他们几乎反对我为促使成立一个真正的联合政府而进行的一切努力。"司徒雷登则称C.C.是"国民党内的极右派"。司徒雷登和马歇尔都一再建议蒋介石驱逐C.C.。马歇尔在与南京政府行政院副院长翁文灏谈话时，"着重指出从政府结构内排除占有统治地位的军人集团和反动分子的必要性"。

司徒雷登则一再劝蒋介石让陈立夫出国，以减弱C.C.的影响。但蒋介石却表示："本人也考虑过让他（指陈立夫）到欧洲旅行，但眼下鉴于选举日益迫近，他不能没有他。"美国人讨厌陈立夫和他领导的C.C.，但蒋介石却又不能没有C.C.。国民党退守台湾后，蒋介石终于下定决心放逐陈立夫，大概可以从这里找到线索。

二、陈果夫、陈立夫矢口否认 C.C. 之谜

政治人物有时很有意思，作为铁板上钉钉的C.C.头子，陈果夫、陈立夫却一直矢口否认有C.C.存在，这也是一个有趣的历史现象。

陈果夫在《十五年至十七年间从事党务工作的回忆》一文中用了大段篇幅来解释C.C.，并认为C.C.是共产党制造出来的名词。陈果夫说：

> 当本党统一的局面逐渐完成之际，共产党又造出大同盟、C.C.团两个名词来离间分化中央的力量。大同盟是指丁先生而言，C.C.是指我而言。因为当时丁先生任中央党部秘书长，我任组织长的缘故。他们开始是在党内外散发传单，说我组织C.C.团排挤丁先生，说丁先生组织大同盟来对付我。这种传单，散发得很普遍。有一天，我在家里接到一个姓段寄来的秘密信。说是丁先生如何组织，在何处开会，和如何策划对付我的办法等等。我正要到中央秘书长处和丁先生商洽公事，就随手把信放在口袋里面。到了丁先生的办公室，丁先生恰巧在拆阅信件。我看到丁先生拆到一封信，与给我的信，笔迹相似，而且信面同为姓段，乃互相交换阅看，大

家才明白是有意挑拨的。后来查知段某是一个共产党。过了十几天，丁先生接到北方一部分同志的来信，并且看到他们的传单，在某某处开会，是专为反对我的。丁先生告诉我说，他们是中了人家挑拨之计了，应该派人去说明才好。于是他就指派郑异、洪陆东两位同志到北方去，才把事情平了下来。当时有某某等特地到南京来见我，向我当面解释怎样受骗与误会的情形。后来胡展堂、孙哲生两先生返国，第一次参加常会，也因为受此传单影响，竟指我与丁先生组织小组织，向常会提出诘问。我同丁先生均在会说明这起事情，完全是奸人造谣，并申述我们以取消小组织统一于党为主旨，决无自己再组织小组织之理。过几天，我在中央纪念周特别声明，我同丁先生没有大同盟和C.C.团的组织。并且说明我的性格，不会用外国字来组织自己团体的道理，以及为党统一组织的原理，和奸人造谣挑拨之用意，与发现的经过等，从此谣言暂息。但是C.C.这个名词没有削减，以后汪精卫的改组派，以及别的小组织，对于中央党部及我等，亦以C.C.为称。日本人窥伺中国，更从中煽动，一似真有C.C.之组织，甚至为一可怖之组织。"共党"造作此谣言，会发生这样大的作用，而且一贯做了二十几年宣传工作，以乌有之名传遍世界，可谓怪事。民国二十七年"共党"在长沙召开干部会议，有本党调查同志秘密参加，据其报告，徐特立估计国民党之力量，以C.C.与蓝衣社为大，"共党"今后应以C.C.与蓝衣社为对象。并向干部指示：蓝衣社的方面，可以用鼓励民族英雄方式骗使其牺牲；至于C.C.，必须全力对付之。当时有人问C.C.的组织章程是怎样的呢？徐说没有看见过，不过凡是反共，与陈某等接近，或是调查人员，或曾为国民党做过事而不肯变更意志的，均可以C.C.目之。此为"共党"之解释，故C.C.之名，实由于本党17年完成统一之后所反映出来之名词而已。

陈立夫与其兄长统一口径，也称C.C.是"共产党捏造之名词，用以攻击本党忠贞干部者，实际上绝无此一小组织，日人沿用之"。

陈立夫在《成败之鉴》一书中，专为C.C.作了长篇解释。陈立夫说：

　　北伐完成之后，中央召开全会，家兄认为以往本党同志在军阀势力范围之下，从事党的工作，而不能用本党名义，否则难以存在，故各地用各种不同名称，以资掩护，而经组织部备案者，例如华北有兴中会、实践社、大同盟等，长江一带AB团、学术研究会等，今则国家统一，一切都可以公开，此类小组织，自无存在之必要。家兄乃联合若干中央委员，提案主张取消一切小组织，经会议通过，通令施行。唯华北兴中会、实践社，不肯遵令登报取消，中央遂派我去北平查明此事，始知彼等受"共党"之挑拨，谓中央自己有小组织，名曰"中央俱乐部"，英译为Central Club，简称C.C.，为何一定要你们取消，你们不应该"不当"，此一捏造之谣言，居然发生影响，经我解释后，两小组织领袖张清源、童冠贤始了解受骗，遂登报取消。但此一C.C.名称，中共后来改为指陈果夫及陈立夫（陈氏之英文名Chen，称两陈用C.C.），用以挑拨本党内部，因当时家兄仍在代蒋公为组织部长，而我则由组织部调查科长调任中央秘书长，我兄弟二人，整天均在中央党部办公，为老党员办登记，对新党员之大量征收，一切党内法规之订立，党的调统工作日见其成效，党的组训及宣传进入系统化，以上均使"共党"畏惧者，故以C.C.名称集中攻坚，并用以挑拨离间本党内部，少数不满本党党员分子不察，亦借用此一名称，以泄私怨，C.C.名称遂不胫而走矣。后来又用"四大家族"，以攻击本党及政府，其中亦包括陈氏在内，可见反共最力者，"共党"知之最深，而以头号敌人视之也（以今日国际情势大变观之，家兄与我乃为先知先觉者），其实稍一静思，即知C.C.为"共党"所伪造者，其理由如下：（1）本党总章，明文规定不许有小组织，焉有党掌理组织者，自己反而违纪搞起小组织之理。（2）党的英明领袖，绝不容许部属搞小组织，而不予惩处，否则他自己犯失察之罪。（3）以戴笠调统工作之严密，其能放过C.C.而不深究吗？难道找不到一点证据吗？（4）我兄弟二人，民族观念很深，即便有之，亦绝不会用英文来命名自己的小组织的。有此四点，可见C.C.，绝对为中共所伪造，无而为有，久假成真，亦不得不佩服"共党"宣传之高明，际此我的回忆录出版之机会，为使国人咸知C.C.名称从何而来，以真相向大家报告，俾历史学家不再为其所欺，则幸甚矣！

陈氏兄弟信誓旦旦否认有C.C.，并异口同声说是共产党"捏造"的名词。

但曾任台湾当局"立法院长"的梁肃戎却在1999年5月14日中国国民党中央委员会党史委员会举行的"陈立夫先生百岁华诞口述历史座谈会"上,当着陈立夫的面说了如下一段话:"蒋家天下陈家党,他(指陈立夫)最不愿听这句话,别人都这样说,他自己也不承认。什么叫C.C.?他说是共产党诬蔑的。有一回,他看见我写一本《大是大非》,这里边论'C.C.的消长'。他把我找去,说:'肃戎,我都不是C.C.,你是什么C.C.?'我说:'立公,你是真C.C.,你不承认,我是假C.C.,打成的C.C.'。"

第四章

蒋家天下陈家党：结党为蒋

吴国桢说：陈果夫在组织蒋介石的追随者方面，干得很出色。陈立夫最初是当蒋介石的私人秘书，后来又在党内为蒋介石担任特务的首任组织者，所以他们两人在蒋谋求掌权的初期起了很大作用。

第一节　封杀改组派，问鼎国民党中央

1927年底，一直以国民党领袖自诩的汪精卫在国民党的派系倾轧中被淘汰出局后，他的追随者们痛恨蒋介石以权谋手段排斥异己，实行独裁，遂在上海秘密集会，拥汪为领袖，以"改组国民党"为号召，在上海租界等地进行反蒋活动，史称"改组派"。

1928年5月7日，陈公博在上海创办《革命评论》。6月1日，顾孟余创办《前进》半月刊。以此为开端，《夹攻》、《检阅》、《民意》等反蒋刊物相继创刊。他们著文抨击南京政府，抨击蒋介石的独裁，并且喊出了"打倒蒋介石"的口号，形成了强大的反蒋舆论战线。1928年冬，陈公博、顾孟余、王法勤、王乐平、白云梯、朱霁青、潘云超、郭春涛等国民党第二届中央执、监委员奉汪精卫为领袖，在上海成立了中国国民党改组同志会。

改组派认为，在蒋介石的独裁下，"现在中国的革命，已经到了非常危险的时期了！反动的势力布满了全国！旧军阀还没有打倒，新军阀又继续不断地形成，革命的战线闹得四分五裂！统一战线的革命的国民党，被把持于军事势力和腐化分子之手！革命的三

蒋介石的政敌、改组派领袖汪精卫

民主义变成了复古的封建主义！民众的痛苦一天深似一天！青年的失望一天甚似一天！帝国主义和封建势力对我们的进攻，一天猛烈一天，在这样一个生死存亡的关头，我们应该怎么办呢？唯一的办法，就是复活革命的国民党，重新团结一切革命的势力。一切革命的同志，一切革命的民众，要渡过这样的难关，只有恢复民国十三年国民党改组的精神，实行革命势力的再组织。'革命的再来过！'应该是我们现在主要的口号。过去的失败是注定的，不必怨恨，也不必灰心。总理革命了四十年，经过无数次的失败，从没有怨恨过，也没有灰心过。我们应该承继总理这种革命的热情，恢复我们的勇气干去。……'恢复十三年国民党改组的精神！'一切革命的势力，重新在革命的三民主义之下统一起来！"（存统：《恢复十三年国民党改组的精神》，《革命评论》第五期）

1928年冬，中国国民党改组同志会在上海召开所谓的第一次全国代表大会，制定了会章（总章），并发表了《中国国民党改组同志会第一次全国代表大会宣言》，宣称国民党"已被军阀、官僚、政客、买办、劣绅、土豪所把持，孙总理之三民主义已被他们所篡改，第一、第二次代表大会决定的纲领已被他们所唾弃……今日南京的中央，已成为一切反动势力的大本营"。"我们为挽救中国中堕的革命，为挽救没落的中国国民党，用是集合革命同志，开会于上海，重新决定纲领，准备改组中国国民党。"这次大会本应选举产生改组派的中央执行委员会，但几经讨论后，最后决定以粤方委员为中央，换句话说，"即是以汪先生为领袖"。改组同志会设中央总部、省市支部及小组三级机构。中央称总部，设在上海，由陈公博、王乐平、顾孟余、王法勤、朱霁青、潘云超等六人负责；总部下设总务、组织、宣传三部，总务部由王法勤、潘云超任正副部长，组织部由王乐平、朱霁青负责，宣传部由顾孟余、陈公博负责，以陈公博为总部总负责人。1929年1月下旬，陈公博离开上海赴法国巴黎后，由王乐平接任。

改组同志会中央总部成立以后，或派人，或写信，利用各种方式先后在上海、南京、江苏、北平等各省、特别市及海外建立支部。例如：上海特别市支部：书记黄惠平，支部委员有刘蘅静、周永年等，会员有七八百人，大部分是上海各大学的学生，如劳动大学有90多人，复旦大学有50多人，暨南、交通等大学也都有不少会员，各校都设有分部和小组。同时上海青红帮和租界巡捕房也都有通声气的人。因此，改组派在全市的耳目相当灵通。改组派的上层是追随汪精卫的国民党中央执监委员，其成员包括了官僚政客、失意军事家，也有一大批幻想在中国走资本主义道路、建立资产阶级共和国的青年知识分子。改组同志会成立后，首先进行的政治斗争是反对蒋介石包办国民党第三次全国代表大会。

在二届四中全会以后，二陈兄弟即结合整理各地党务，为蒋系势力包揽国民党三大做准备。对于蒋介石来说，三全大会是从国民党党统上确立他的领袖地位的一次重要会议。国民党自1924年改组以来，已开过两次全国代表大会，1924年1月召开的一大选举孙中山为国民党总理，确立了孙中山无可争议的领袖地位；1926年1月召开的二大，汪精卫成为国民党的新领袖，一身集国民党中央执行委员会主席、政治委员会主席，国民政府委员会主席、军事委员会主席。但在随之而来的政治斗争中，汪精卫的领袖地位并没有维持下去，被两度淘汰出局，蒋介石取代了汪精卫的地位。蒋介石准备通过召开国民党三大，确立他的国民党新领袖的地位。

为了开好三大，二陈兄弟费了不少心思。他们根据国民党各派系的现状，制定了一个以蒋介石为中心，拉拢胡汉民系、西山会议派、孙科太子系共同组建国民党的领导中枢，从组织上彻底将汪精卫及其改组派排斥出局的计划。

由于在整理各地党部的过程中遇到了很大阻力，进展很不顺利。为了确保国民党三大成功，二陈兄弟经过精心策划，提出了一个由国民党中央（也就是由蒋介石及二陈兄弟）指派及圈定三大代表的办法，并由蒋介石于1928年10月25日向国民党中常会第179次会议报告，中常会通决了该办法。该办法原则上规定，由各省市选出一半代表，由中央指定一半代表。中常会的决定公开后，立即激起了改组同志会等派系的拼死反抗。因为按照二陈的设计，改组同志会连参加三大的机会都没有，更不用说东山再起了。

改组同志会的抗议从南京等地开始，迅速遍及全国，已经失势的丁惟汾派也随之附和。为了缓和矛盾，11月16日国民党中央第183次中常会决定，三大延期到1929年3月召开，另定代表选举法。但修正的选举法仍是蒋系意志的体现，二陈一手操纵出来的三大代表459人（包括列席者60人），其中中央执行委员54人为当然代表，指派代表210人，圈定代表122人，选举代表73人。指派、圈定的代表占总数的80%以上。改组派完全被排挤在大会之外。但改组派不甘自毙，立即利用国民党内的不满情绪，掀起了一场反对蒋介石个人独裁、要求民主政治的斗争。

3月11日，汪精卫、陈公博、顾孟余、恩克巴图、柏文蔚、王法勤、白云梯、王乐平、陈树人、何香凝、陈璧君、朱霁青、潘云超等14名国民党二届中央执监委员发表《关于最近党务政治宣言》，否认蒋介石系把持的三大的合法性。宣言指出："第三次代表大会虽然召集有期，而现中央所规定之代表产生法，又完全违反本党民主之原则。同人等对此违法之代表产生法，虽屡次提出异议，而主持中央者，竟充耳勿闻，同人等深恐此种大会一旦开成，其结果适与祝祷本党巩固与中国和平者之期望相反。同人等为遵守总理遗教，努力革命，对此种大会誓不承认。当此本党陷于危亡、革命濒于失败之今日，决不畏惧强御，始终与本党忠实同志共同奋斗，并望全体同志共起图之，特此宣言。"（查建瑜编：《国民党改组派资料选编》，湖南人民出版社1986年版，第156页）

3月12日，国民党中常会第204次会议批准南京市党部召开大会讨论党务问题。会前，在各区党部选出的参加这次会议的60多名代表中，改组派竟占了30多名，超出了半数。因此，改组派代表在会前进行了精心策划，准备在这次会上掀起一场反对蒋介石包办国民党三大的运动。为了不引起二陈的注意，事先推举接近改组派但不是改组派成员的廖维藩担任大会开幕式的临时主席。然而，廖维藩临事畏惧，不肯担任，改由改组派的谷正纲担任大会主席。实际上二陈对于改组派的阴谋早已有所觉察，并做了周密的应付安排。他们布置C.C.骨干和中央调查科特务分子乔装混入会场，严密监视会场并伺机破坏。

3月14日，南京市党员代表大会在南京旧夫子庙贡院内大礼堂开幕，大会主席谷正纲在致开幕词中迫不及待地喊出了"反独裁，反圈定代表"的口号，改组派提出的《反对非法的第三次全国代表大会案》获得通过。这时，C.C.骨干方觉慧、施裕寿、李永懋见状，当即冲上去，将谷正纲拉下主席台，一顿猛揍，谷正纲当即被打成重伤。随后，二陈布置的特务和军警一拥而上，包围会场，以"捉拿共产党"为名冲进会场，逮捕谷正纲等七人，于当天下午用大卡车押送到丁家桥的国民党中央党部大礼堂。

当天晚上，陈果夫召集南京市党员代表大会的代表和被捕的七名改组派分子进行开导。同时事先布置C.C.成员与黄埔学生在中央党部大礼堂外面进行请愿，要求中央党部严惩"凶手"，借以施加压力。另外，又请出蒋介石对改组派的这批阶下囚进行训话，蒋介石大骂改组派的行为，并当场宣布撤销谷正纲的中央政治学校训育处副处长的职务。蒋介石训话后，陈果夫与段锡朋又轮番训导一番，才将改组派被捕的七人放出。当谷正纲从中央党部被放出时，早已等候在外面的C.C.成员与特务准备将他绑架秘密处死，闻讯赶来的改组派分子将谷正纲抢出并连夜送到上海隐藏起来方使其免于一死。这个谷正纲，挨了这一顿饱揍后成了改组派的红人，但颇有戏剧性的是，谷正纲很快就投靠了二陈，成了C.C.派的铁杆，政治人物的变幻无常于此人身上可见一斑。

在蒋介石与二陈的严厉镇压下，改组派反对包办三大的最后一次出击也失败了。

3月15日，国民党第三次全国代表大会在南京开幕，当天出席会议的正式代表仅210人，中央委员仅20人，列席38人。没有到会的，除了汪精卫的改组派，李宗仁、白崇禧的桂系外，还有冯玉祥、于右任、林森、陈铭枢等党政军的重量级人物。这次会议是在紧张对峙的气氛下强行召开的。胡汉民致开幕词，蒋介石、谭延闿、何应钦、陈果夫分别作党务、政治、军事、监察报告。大会在人事安排上，采取了排挤一批、拉拢一批的手法，组成以蒋系为核心的国民党主流体制。受排挤打击的是汪精卫的改组派和李宗仁、白崇禧的桂系。大会于3月19日通过决议：陈公博、甘乃光永远开除党籍；顾孟余开除党籍3年；汪精卫应由大会予以书面警告。3月27日，大会又通过决议："李宗仁、李济深、白崇禧等叛党乱国，永远开除党籍。并交由中央监察委员会查明附逆叛徒，一并开除党籍。"这样，改组派和桂系完全被排挤出了国民党中央。

西山会议派虽然自诩为反共"先知先觉"，但在现实的政治斗争中却扮演了可怜虫的角色。蒋介石将他们当猴耍，需要利用他们时拉一把，不需要时猛击几掌，将其踩到地下。现在，蒋介石已将国民党民主派、汪精卫的改组派等国民党一、二届的中央执监委员全部排挤出国民党中央。为了点缀门面，蒋介石又决定将西山会议派的政客拉到台面上来。3月19日，大会通过决议，恢复林森、张继、谢持、邹鲁、居正、石瑛、覃振、石青阳、茅祖权、沈定一的党籍。西山会议派的桂崇基当选为中央候补执行委员，林森、张继当选为中央监察委员。

这次大会，最引人注目的是二陈兄弟在国民党内的崛起。他们双双当选

1929年6月举行的国民党三届二次全会开幕式的合影。
中间穿军装者为蒋介石，右三为陈果夫，左二为陈立夫

为中央执行委员。在随后召开的三届一中全会上，陈果夫当选为中央常务委员及中央组织部副部长，陈立夫当选为中央秘书长。此外，蒋介石兼任中央组织部长、叶楚伧为中央宣传部长、戴季陶为中央训练部长，蒋系人物完全垄断了国民党中央党部的所有权力。因为蒋介石历来不直接管党务，中央党部的核心人物实际上是二陈兄弟。这一年，陈立夫年仅28岁。在国民党这个元老如林的老牌政党里，年仅28岁的陈立夫竟然坐上了中央秘书长的宝座，简直是一个奇迹。

为树立蒋介石的领袖地位做准备，二陈还精心策划由大会通过了一个所谓的"奖慰蒋中正同志案"。全文如下：

> 本党自总理毕生尽瘁，确定三民主义，树立革命丕基，遂覆数千年专制之政，以创立民国。顾外患内奸屡肆扰乱，虽阐厥典谟，未竟其绪，赍志长谢，国失导师！蒋中正同志夙籍同盟，承总理之教，羹墙是式；建国之始，斐然有称，闽、粤、青、齐，屡奏显绩。总理嘉之，倚畀益深。十三年春奉命立军校于黄埔，训育青年，以树革命军之桢干。夙夜精勤，成绩懋著，用能蔚为劲旅，以少胜多。二次东征，廓清逆陈根株；又复回斾广州，奠定南路；革命策源遂克乂安。十五年夏，受中枢总制师干之命，提军北上，收复湘、鄂，克定赣、皖、闽、浙，至于江淮。十六年，以共产党徒逞乱江汉，恣为不道，乃周咨老成，断行清党，剪绝粮莠，拨乱反治；秉总理遗志建都江宁，党基益固。十七年春，再誓师北进，虽以

封豕恣睢，虐我东陲，而持以沈毅，断以勇决，用能奠定幽冀，完成北伐。又复整理善后，从事编遣，以武定乱，以劳安邦，大会以同志劳绩懋昭，勋在邦国，克竟总理之志，完成统一，兹代表本党特加奖慰！尚冀淬厉不懈，以竟勘革命之全功，有厚望焉！

在三大上，C.C.全面登上政治舞台。除主帅二陈外，朱家骅、曾养甫、方觉慧都当选为中央执行委员，张道藩、余井塘、程天放、黄实当选为中央候补执行委员。总之，二陈C.C.的后生小子在国民党中央执监委员中已占有相当分量。但是，二陈这种过于自私的人事布局，即使在C.C.内部也产生了极大的不满。黄河流域的民主大同盟头子王宗禹，河北新中学会头子童冠贤、张清源，江浙实践社头子周炳霖，江西AB团头子段锡朋等人自认为资历老、功劳大，都有意问鼎国民党中央执监委员，但他们看到二陈把后生辈的亲信秘书张道藩、余井塘、程天放等抬进了国民党中央执监委员的行列，而没有他们的分，大为不服，认为二陈私心自用，处事不公，决定联合起来大闹三大会场，但被蒋介石强硬压制了下去。最倒霉的是山东的何思源，本来二陈已把他列入中央执行委员名单，由于他也参与其事，被陈果夫参了一本，蒋介石一怒之下取消了何的中委资格。

国民党三大以后，蒋介石用全部精力以武力对付李宗仁、白崇禧、唐生智、张发奎、石友三、冯玉祥、阎锡山等大大小小的军事实力派；而二陈兄弟则紧密配合蒋介石的军事行动，蒋介石打下一片地盘，二陈C.C.的人马立即占据那里，把它变成蒋家的天下。

蒋系包办国民党三大，激化了改组派与蒋介石的矛盾。从此，改组派以推行民主为号召，以"护党救国"为旗号，策动南北各实力派起兵反蒋，他们的目标是将华北的阎锡山，西北的冯玉祥，华中的唐生智、石友三，华南桂系的俞作柏以至李宗仁、白崇禧、黄绍竑，粤系的张发奎等统统联合起来，组织"护党救国军"，推翻蒋介石。1929年5月，根据汪精卫从法国发回的指示，王乐平在上海宣布成立中国国民党护党革命大同盟，并发表《中国国民党护党革命大同盟宣言》，宣言声称："本大同盟为恢复党权，故要铲除叛徒蒋中正一切势力，因此决定组织护党革命军，直捣南京政府，肃清反动势力，至现在全国军队能属于中国国民党军队，亦皆有护党革命之责任，故本大同盟对于任何军队皆不分界域，唯有助桀为虐，甘心附逆，帮助蒋中正抵抗义军者，本大同盟誓以武力歼灭之。"在改组派的策动下，各地反蒋军事行动呈现出此起彼伏的局面。

1929年冬，张发奎起兵反蒋时，南京上海一带的改组派乘机活动。江苏的改组派在溧阳发起暴动，南京改组派也准备在张发奎夺取武汉向长江下游进攻时，在南京发起暴动响应。当时连暴动时的臂章符号都已做好，计划在国民党中央开会时，由中央军校一位航空教官（已加入改组派）驾驶教练机，投掷炸弹，将中央党部会议厅炸毁，把参加会议的国民党中央要人包括蒋介石、二陈兄弟等一举炸死，造成混乱局面，再乘机暴动。改组派组织已经将中央党部会议厅所在的位置画了图交给这位教官，炸弹也已运到，轰炸的日期也已确定，航空教官在投弹后如何逃脱也已布置妥当。不料在计划行动的前一天晚上天降大雪，飞机无法起飞，轰炸计划无法执行。接着，张发奎起兵后南下两广，没有按原计划攻取武汉，局势为之一变，改组派在南京的暴动计划也只好放弃了。

在蒋介石以武力讨伐反蒋的实力派的同时，二陈坐镇后方对于改组派分子也进行了严厉镇压。

一是严厉查禁改组派的出版物。1929年11月6日陈立夫以国民党中央秘书长名义致国民政府要求查封北平改组派机关报《北平民报》的密函是这样写的：

中国国民党中央执行委员会秘书处公密函第四零九九号

顷奉常务委员发下中央宣传部本年10月30日密呈为："查得北平天津大连沈阳等处反动报纸多种，列举名称，注明内容，并分别重轻，拟具取缔办法三项：（甲）立予封禁。（乙）饬邮局扣不寄递。（丙）令北平天津等市党部市政府随时注意处理。请鉴核分别施行"一案。奉批："照办。"除密令北平天津两市党部遵照，丙项所开办理外，相应抄同原呈。密为函达，即烦查照转陈分别办理为荷。此致

国民政府文官处。

计抄送原呈一件

中华民国十八年十一月六日

秘书长陈立夫

1929年7月11日,国民党中央执行委员会开列了一份改组派的"反动刊物"名单,命令各机关"一体严密查禁"。命令要求查禁的改组派刊物共有24种之多。

二是对改组派成员实行严厉镇压。

1929年10月11日,南京国民政府公开通缉陈公博、王法勤、柏文蔚、朱霁青、白云梯、王乐平、顾孟余、陈树人、潘云超、郭春涛等10人。1930年1月11日,中央监察委员会又宣布永远开除汪精卫的党籍。对于各地改组派中下层分子也一律采取逮捕镇压的办法。二陈坐镇的南京也是改组派成员集中的地区,就连蒋介石视为禁脔不许任何人染指的中央军校也有56人参加了改组派。当时中央军校的改组派头目罗翘秀倚老卖老,自恃资格老,别人不会怀疑他,对于由他保管的改组派登记表和自传漫不经心,乱丢在抽屉和帐顶上,用几张报纸一盖了事。当时,有一个江西籍的中央军校学生追求他的姨妹,罗不赞成,这位学生就偷走了60多人的改组派成员名册和登记表向蒋介石告密。蒋介石见中央军校有这么多改组派成员,便决定让二陈刺杀王乐平,给改组派以沉重一击。

王乐平(1883—1930),山东诸城人,1907年在山东高等学堂加入中国同盟会,后被学校当局以"革命嫌疑"开除学籍。1908年回诸城相州中学任教。1909年考入山东法政专门学堂。1911年武昌起义后,与丁惟汾等在济南组织山东各界联合会,推动山东脱离清政府独立。山东独立被取消后,王乐平赴烟台,参加山东军政府工作,任革命军司令。1913年"二次革命"失败后,王乐平遭到山东都督靳云鹏通缉,逃往甘肃、陕西。1916年回山东参加讨袁,袁世凯死后当选为国会参议院议员,1918年当选为山东省议会议员兼秘书长。1921年赴苏联出席远东各国共产党及民族革命团体第一次代表大会,1922年5月回国,到山东主持国民党党务工作,并建立平民学会,6月国会恢复,重到北京任参议院议员,与丁惟汾等组织国民党北方分部。1924年出席国民党一大,会后被派回山东负责建立国民党山东临时党部。1925年7月,任国民党山东省党部主任委员。1926年1月在国民党二大上当选为国民党第二届中央候补委员。1927年,邓演达在武汉成立湖北政务委员会,王乐平任政务委员兼监察委员。1928年6月与顾孟余合办《前进》半月刊,支持改组国民党的主张。同年冬,国民党改组同志会总部在上海成立后,王乐平任组织部负责人。1929年1月,总负责人陈公博离开上海去法国，王乐平成为总负责人兼大陆大学代理校长。王乐平是山东大汉，范予遂说："他为人勇敢、机敏、果断，任何事情到他的手里，他总会想出办法来，决不会束手无策。"作为改组派事实上的"总书记"，王乐平策动的反蒋运动如火如荼，蒋介石对他恨之入骨。据范予遂称，蒋介石早就想除掉王乐平。在1928年秋，王乐平回山东诸城原籍葬父时，二陈就密令C.C.成员、山东省党部负责人刘连漪逮捕王乐平，但王机智逃脱，从日照回到了上海。王乐平一向看不起蒋介石，当北伐时，他奉命联络北方军事，同在武汉的邓演达联络而不与蒋介石联络。在二届四中全会上他不接受蒋介石的拉拢而参加改组派，并以全力策划军事反蒋，蒋就非杀他不可。蒋介石将杀王乐平的任务交给了陈立夫，陈立夫挑选他的堂弟陈希曾执行。1930年2月18日晚，陈希曾率领七名中央调查科特务冲进上海法租界王乐平的寓所将王击毙。事后发表的"王乐平被刺于沪详情"是这样的：

> 自阎总司令发布蒸元各电以来，时局已十分紧张，上海一埠又为各方策士荟集之地，与中央处于反对地位之左派中央执行委员王乐平等，日来因时局问题与各方接洽甚为忙碌，王氏家属住在法租界福履里路120号，而其办事处则在迈尔布（西）爱路314号，该处为左派要人之会议机关，王乐平无日不到。本月18日下午，王氏由家外出即赴314号机关内，与所约之友人及各方之代表接洽，王氏到后，往谒之人多至20余人，周旋数小时，至10时许各友人陆续散去，仅留黄埔学校毕业之潘行健在室内与王闲谈，至11时许，突闻马路上发生枪声数响，即闻外面有一人被暴徒狙击而死，此时王、潘等犹不在意，盖沪上暗杀案与盗匪狙击时相发生，万不料路上之暗杀与本人生命有重大之关系也。王、潘正欲命仆人康瑞斋出外往探情形，不意行凶之暴徒七人（均着短衣）均径冲进办事处之大门，查办事处，本有看门巡捕何培之一人，在暴徒七人突入办事处时，何捕上前拦阻，暴徒即出枪轰击，何捕应声即倒，此时在听差室之仆役苏幼溪闻有枪声，即出外观看，而暴徒早已进室，其时苏与一黄埔学生，湖北人，名赵森祥者，在室内正欲出门，暴徒见之便向二人乱放手枪，苏赵应声而倒，王、潘闻枪声在室内欲思离座而起，逃出室门已经不及，七徒一拥而进，见王、潘之面，更取手枪向二人乱放，砰砰数十响，而王乐平与潘行健各

中六七弹而倒在室中，暴徒见暗杀之目的已达，即出逃四散奔驰而去，时在深夜，而该处又与霞飞路相近，非热闹地，故凶手得安然而逃。后经马路上华捕得讯后到来，先见314号距离约60码之马路被击死一人，急切电报捕房，迨大队捕房到来，将马路上死者检查，发见符号一方，上书上海十一师炮校兵连兵士丁宝申名字，知系涉及政治问题，及至314号，见王乐平、潘行健已死，王之致命伤在咽喉，左手臂腕上亦中两弹，右肩上后膀上亦各中两弹，而潘之受伤处咽中及后背各中一弹，右面及腰际亦各中一弹，且有子弹数粒尚在王、潘身中，未曾穿出，其情形至为残酷，血溢满体。康之致命伤则在太阳穴内，赵森祥与华捕何培之则尚未死，一则弹中右肩、一则弹中胸臂，当由探捕将赵、何二人用车送到广慈医院后，一面用电光拍照存案。

王乐平被刺殒命，使改组派受到致命的打击。改组派上层真正愤怒了。3月5日，改组派的《革命日报》发表汪精卫等12名国民党第二届中央执监委员会委员的声明，愤怒抨击蒋介石的暗杀行为。声明如下：

本党第二届中央执行委员会委员王乐平同志于2月18日夜11时半，在上海迈尔西爱路314号办事处被雇佣流氓暗杀，同时吾党党员潘行健、康瑞斋两同志亦被刺毙命。此案是第二个宋教仁和陈其美案，发生之后，中外震惊，但没有人不即时明白该案何以发生，谁是主使者。

我们看蒋中正及其徒众这两年来的行为，早已判定他们对于近代民主政治毫无了解。在这回的下流的惨杀案里，我们尤其找出了他们不惜近代民主政治的简单而明显的证据。在常理，一个握了军权财权的政府，决不应对手无寸柄的反对派使用那种卑怯不光明的手段。但是蒋系的军阀官僚没有那种观念，他们心目中只有袁世凯为其榜样，所以平日只晓得摧残民权贿买军队，一切行为都抄袭袁世凯的故智，尤其是这次效法袁世凯的暗杀宋教仁和陈其美的卑劣手段，可算是酷肖。

蒋系这次的野蛮卑怯的行为，完全把他们的封建军阀的真面目暴露给全国民众和世界，极简单地证明他们是冒用国民党的招牌，而没有实现民主政治的意志和能力，但从他们终竟这样撕破三民主义信徒的假面具看来，也可看出他们的反动政权是到了怎样难于维持的地步。

同人等或在远地接到噩耗，或亲见乐平同志们的鲜血，抚今思昔，何胜悲悼。但看见了乐平同志们遭这样的毒手，更推想全国民众所受同样暴政的压迫和痛苦，我们更加不敢苟且逸豫，更加要互相淬厉，努力团结全国革命民众，务期早日把受难中的国民从那残忍凶恶的蒋系手下解放出来，实现真正的近代民主政治。

愤怒归愤怒！王乐平被刺后，改组派从此失去灵魂人物而一蹶不振。在1930年改组派参与的北平扩大会议失败后，改组派成员更是灰心丧气，全国各地的组织基本瓦解，只剩下改组派的上层人物在活动。1932年汪精卫与蒋介石合流后，改组派在蒋介石分化政策下发生剧烈分化。谷正纲、谷正鼎兄弟被二陈拉拢过去，成为C.C.的铁杆；一部分进步分子如陶国华、郭任之、刘安定、朱程、王柏春等人则投奔革命，参加了共产党。而始终追随汪精卫的陈公博等人则在二陈的严厉防范和压制政策下而心灰意冷，成为反动政府中鬼混的官僚政客。

陈公博在《寒风集》中写道：

我自从改组同志会解散之后，居于欧洲几个月……至到9月，接了许多同志间接来信，才打算起程归国。舟过哥伦堡，而沈阳事变起，夜间在舟上甲板望望天涯，吟了一首诗："海上凄清百感生，频年扰攘未休兵，独留肝胆对明月，老去方知厌党争。"那时我以国事至此，决心不再辩党的是非，谁对谁不对了。20年冬至南京，以至26年，我始终站于党争以外，什么C.C.，什么革新社，我都认为没有意义，而是小孩子吵闹的小事。至于27年夏天在汉口，当时各方面似乎有些觉悟，陈立夫和陈诚两位先生到我所住的德明饭店谈话，希望党的统一。陈诚先生曾说："以往党的纠纷，应该由我们三人负责。"我笑说："民国21年以前，我可以说完全由我负责，21年以后，我可以说完全我不负责。"立夫先生也说："近年党的纠纷，公博先生的确没有责任。"我在改组以后，我有一个信念，以为党若是弄不好，国家随着没有办法。特别委员会，我认为破坏法统，所以我反对。第三次全国代表大会指派代表，我认为破坏党纪，所以我反对。

然而不料这种正义感倒召起数年报滔天大祸,现在回忆起来,确有此何苦如此之感。

第二节 逼退居功自傲倚老卖老的张静江

在蒋介石政权的建立过程中,张静江发挥过独特的作用,堪称蒋介石的第一代军师。

张静江(1877—1950),谱名增澄,后改名人杰,字静江,晚年又号卧禅。1877年9月19日(清光绪三年八月十三日)生于浙江省吴兴县(今湖州市)南浔镇。先世以经营丝、盐起家,逐步积累了巨额财富。到清末,南浔镇有所谓"四象、八骆驼、七十二只肥猪猡"的乡谚,其中刘、张、庞、顾四大巨富号称南浔四象或四大金刚。

张静江的父亲张定甫,生子七人,张静江居第二,人称老二先生。张静江出生于豪富家庭,从小养尊处优,张家虽为他延师教读诗书,但他对攻读圣贤书兴趣不大,最喜欢做的事情就是骑马,常常在南浔镇小街狭巷中纵马疾驰,以致功名一无所成。张静江19岁时突发骨痛症和眼疾。骨痛症使他无法行走,眼疾又使他视力严重下降。与张静江有数十年交往的国民党元老李石曾在《谈卧禅》一文中说:"我初识卧禅,他不过24岁,已是'眇能视,跛能履',虽还不是卧佛后几年抬在椅上的形态,但已是初步。……他的眼镜和皮鞋均与普通人不同!别人偶然可以借朋友的眼镜和鞋,他则不能!他的目与足均与常人迥异:普通人的眼镜玻璃不过像是一张平面纸作微凸之状而已,在卧禅则不然,其镜之玻璃不但特别厚而且均匀,故别人绝不能借用;其鞋之特殊,则类似以前女子缠小脚时所用之裹高低,即足与鞋底之间置一木块,名曰:裹高低;卧禅之鞋与此有略似处,因足为风湿病变其骨型所致然,所以他走起路来很不方便!"足疾和眼疾缠磨了张静江一辈子,但他个性顽强,并不因体残而消沉。他转而研究书法和绘画,并在古董鉴别方面下苦功夫,这为他日后经营这方面的国际贸易打下了良好基础。

张静江20岁时,由其父做主与苏州道员之女姚蕙订婚。姚家虽慕张家富有,但总嫌张静江无功名而美中不足。在姚家的示意下,张父以10万两白银的巨款为张静江捐了个江苏候补道的官衔。1902年，杭州人孙宝琦出任驻法公使时，张静江就凭候补道的官衔随赴巴黎，在驻法公使馆任随员。使馆并无张静江的工作，他在认真考察了中国货物在巴黎的销售状况后，于1907年回国，从其父亲手里取得30万元巨款，在巴黎开办独资经营的通运公司，专卖中国古玩古瓷，兼销丝茶绸缎，并很快将业务扩展到伦敦和纽约，生意做得有声有色，获利甚多。

张静江不仅是一名长袖善舞的富商，而且对政治也非常热衷。从中日甲午战争失败之后，张静江就对腐败无能的清王朝十分不满；又受到当时法国盛行的无政府主义思潮的影响，很快就成为一名激进的反清革命的倡导者。他以中国无政府主义的"宣讲师"自居，经常在旅欧华人中发表反清言论。1905年底，张静江与孙中山在赴法轮船中邂逅相识。罗家伦主编的《国父年谱》是这样描述的："时人杰乘轮赴法，闻先生（指孙中山）同舟，遂趋谒，自道姓名，谓先生曰：'君非实行革命之孙君乎，闻名久矣。余亦深信非革命不能救中国。近数年在法经商，获资数万，甚欲为君之助，君如有需，请随时电知，余当悉力以应。'先生乃与之互约通电暗号，约定ABCDE之次序：A为一万元，B为二万元，C为三万元，D为四万元，E为五万元。后先生从事革命每遇困难，辄得其巨资相助。"而对这位素昧平生、初次见面即许下重大诺言的富商，孙中山开始时半信半疑，但仍觉得是遇到了一位"奇人"。

1906年12月，张静江与吴稚晖、李石曾等在巴黎成立世界社，次年1月，又创办了《新世纪》周刊，由张静江负责经费，吴稚晖负责编辑，李石曾、蔡元培、褚民谊等协助撰稿，介绍蒲鲁东、巴枯宁、克鲁泡特金等人的无政府主义学说，猛烈抨击清王朝的封建专制统治，号召进行社会革命，与日本东京的《民报》相呼应，使反清革命的影响日益扩大。1906年张静江返国途中在新加坡加入同盟会，成为孙中山领导的反清革命队伍中的有力一员。次年6月张静江在香港养病时，同盟会香港分会负责人胡汉民、冯自由请他补行入会手续。当他看到同盟会盟书中有"当天发誓"的字样，便对胡、冯二人说："余为无政府党，不信有天，如许余不用'当天'二字，当可如命。"胡汉民和冯自由对这位富商破例应允了。于是，张静江便以自己的方式履行了入会手续，成为同盟会的正式会员。

1907年，同盟会总部经费枯竭，筹款无着，困难万分。胡汉民向孙中山建议向张静江求援，孙中山虽然心中没有底，但仍按照与张静江的约定发了电报，电文仅一个"A"字，数日后果然有一万元从巴黎汇来。孙中山得到款后，大喜过望，立即回函致谢，并报告款项用途。张静江复函孙中山说："余深信君必实行革命，故愿尽力助君成此大业，君我既成同志，彼此默契，实无报告事实之必要，若因报告事实而为敌人所知，殊于事实进行有所不利，君能努力猛进，即胜于长信多多。"此后，张静江即以捐输资财赞助革命的独特方式对反清革命做出了特殊贡献。对于张静江这种仗义疏财之举，孙中山曾经给予了高度评价："自同盟会成立后，始有向外筹资之举；当时出资最勇而多者，张静江也，倾其巴黎之店，所得六七万元，尽以助饷。"国民党元老于右任也称赞张静江"张老开国有功"。孙中山并称之为"革命圣人"，曾亲题"丹心侠骨"四字相赠。

1912年1月1日，孙中山在南京宣誓就任中华民国临时大总统，提请张静江出任临时政府财政部长，但张静江却坚辞不就。1913年3月20日，国民党代理事长宋教仁被袁世凯派遣的凶手刺杀于上海火车站，孙中山发动"二次革命"，陈其美就任上海讨袁军总司令，率军进攻北洋军占据的江南制造局，张静江亲赴前线激励士气，并在经济上予以大力支持。上海讨袁失败后，张静江又与蒋介石潜赴南京，参与南京的讨袁斗争，但此时江苏的讨袁斗争已接近失败，张、蒋无能为力，次日便返回上海。二次革命失败后，袁世凯悬赏通缉革命党的高级干部。张静江利用自己的社会地位和关系，想方设法掩护革命党人，资助他们中的一些人离开上海，亡命国外。10月1日，陈其美奉孙中山的电召，离开上海赴日本，参与创建中华革命党，蒋介石则留在上海。当得知孙中山、陈其美在日本建立中华革命党的消息时，张静江立即响应，在国内按规定履行入党手续。1913年10月29日，蒋介石由张静江做监誓人，在上海填写了入党誓约，成为最早加入中华革命党的党员之一，他的入党誓约是102号。蒋介石在陈其美赴日前，受命负责上海方面的工作。

蒋介石离开上海后，张静江也离沪去了巴黎。1914年7月8日，孙中山在陈其美、居正、许崇智、胡汉民等人大力支持下，在日本东京正式成立中华革命党。孙中山提名张静江为中华革命党财政部长。但此时，张静江似乎很消极。他仅允"摆摆名字"，"一切公事，我都不管"。因此，直到1915年2月，中华革命党才正式成立财政部。

蒋介石赴日后，继续追随陈其美从事反袁活动。1916年5月18日，陈其美在上海被袁世凯派遣的凶手刺杀。陈其美的遇难，使张静江和蒋介石失去了共同的朋友，对于蒋介石来说，更是失去了至关重要的政治保护人。蒋介石在为盟兄陈其美料理完后事后，在寻找新的政治靠山时，把目光投向了张静江。张静江的财富、与江浙资产阶级的关系以及张静江与孙中山的特殊关系对蒋介石都有着巨大吸引力。于是，蒋介石开始有意接近张静江；而张静江对蒋介石也有结纳之意，认为这个年轻人能文能武，是个有用的人才，因而多方面给予支持和鼓励。

1916年，在张静江的说合下，张静江、蒋介石与时任中华革命党军务部长的许崇智焚香换帖，结拜为盟兄弟。张静江为大哥，许崇智为二哥，蒋介石为三弟。从此，张静江便以盟兄的身份提携蒋介石。

上海是旧中国最大最繁华的都市，既是全国经济、贸易中心，也是一个声色犬马、光怪陆离的城市，号称十里洋场。许多人一进入这个花花世界，便身陷其中而不能自拔。无论是陈其美，还是张静江、蒋介石，都是情场高手。蒋介石不仅迷恋上海灯红酒绿的生活，而且喜新厌旧，一连娶了两房小妾。蒋介石是个亡命客，金钱有限，张静江多方予以资助。据说，在南京市档案馆中，尚保存有蒋介石写给张静江的借条，厚达一寸多。还有材料说，张静江先后借给蒋介石的钱达10万元之多，蒋介石还不起，就要他的第三夫人陈洁如拜张静江为干爹，这样一来，这10万元就当成了张静江的见面礼。

1917年12月孙中山成立援闽粤军，以陈炯明为总司令，邓铿为参谋长兼第一师师长，许崇智为支队司令。不久，又命令蒋介石为作战科主任。1918年9月，蒋介石升任第二支队司令。蒋介石在粤军任职期间，由于陈炯明及其亲信把粤军视为自己的禁脔，对蒋介石这样的外省人有意排挤；加之蒋介石性情骄躁，与人格格不入，因此多次负气离职，或是滞留上海、宁波、奉化，或是闹着出国留学，游山玩水，徘徊观望。从1920年至1921年的两年中，蒋介石在粤军和上海、宁波、奉化老家间，曾七上八下，大部分时间是在上海和浙江老家度过的，真正在粤军所停留的时间，加起来不过三个月，每次都待不上几天就拂袖而去，有时"只不过是短暂地打个照面罢了"。而对这个动辄撂挑子的年轻将领，张静江和孙中山、戴季陶等时常进行指教规劝。蒋介石承认："静江待友，其善处在不出微言，使闻者自愧。"将其视为仅次于孙中山的良师。

1920年2月1日，上海证券物品交易所成立。张静江、戴季陶等共同组织了一个经纪人牌号——恒泰号，向上海证券制品交易所缴纳了35000元保证金。这35000元分成35股，1000元一股，其中，张静江五股，张静江的侄子张秉三四股，哥哥张弁群一股，张望征三股。此外，还有蒋介石四股，戴季陶二股。蒋介石的股金4000元也是张静江替他代缴的。蒋介石对此感激涕零。1921年1月10日，蒋介石在给张静江的信中说："7日教言，领悉一是，代认恒泰股份，甚感，请为签字。关于弟以后之处世行事，请兄随时指教，以冀有成。弟自知尚有贤贤嫉恶一日之长，唯养气功浅，加之自少欠缺居敬工夫，持之不能恒久，故随俗变迁之病，仍不能免，每用自戒，而终未能痛改为恨。季陶为我益友，而公则为我良师也。唯自苦天资顽钝，素性暴躁，对于爱我诸公，恒未能奉若神明，而时出侮辱之言行，既伤感情，复灰友心，非有一二笃爱友好，严厉督责，因事规正，终恐陨越贻羞。因之每发岩居穴处甘与豕鹿为侣草木同腐之叹，沧白性懒，无足深责。季陶爱我而不知我之短处，且感情用事，责人太苛。日前广州之行，竟弃弟而不与携手，又只知骂人偷安，而不恤人之困难。吾公患病，行动不便，又不能常亲聆教，此弟所以孤陋益甚，日月无长进也。此次赴粤，实迫于孙先生之命，明知其地非我所能久居，其事非吾党所能挽救，而必欲强之使从，是亦至不幸之事，悔疚在念，敢为倾腹一谈。孙先生7日来电，命我速行。弟意：一、以动员之日起程；二、须季陶同行；三、请速汇淡游元冲之款；四、以个人私交，随从督战，勿居名义。祈吾公代复一电，措辞易圆，不致有伤感情耳。"

　　1921年6月14日，蒋介石的母亲在溪口老家病故，蒋介石在办理母丧时，桂系陆荣廷发动了粤桂战争，孙中山决定讨伐桂系，兵分三路，向广西进军，很快占领了梧州、浔州等广西重镇。为了彻底消灭桂系军阀，孙中山、杨庶堪、邵元冲等自6月下旬开始就不断致电蒋介石，要他葬母后立即"墨绖从戎"。但蒋介石以母亲去世不久，要为之守孝为名，不肯离家。孙中山写了一封亲笔信，命张静江直接交给蒋介石。张静江臂缠黑纱赶往奉化，表示愿意替蒋守孝，促其赴任。情理难却，蒋介石才不得不跟着张静江上了路。

　　1922年6月16日，陈炯明发动叛变，企图加害孙中山。孙中山在卫士的拼死保护下脱险，登上了永丰舰，随后一面电令北伐军回师平叛，一面致电蒋介石告以"事紧急，盼速来"。蒋介石总算还讲义气，得报后，决定立即赴难，并致书张静江，将后事及两个儿子相托，以示"决心赴难，虽死不辞"。蒋介石于6月25日离开上海南下，29日抵达广州，然后潜行穿越叛军的封锁线，登上永丰舰。对于蒋介石的到来，孙中山十分高兴，当即授以海上指挥全权，直到8月9日离开广州，经香港回上海，前后正好一个月。蒋介石的赴难之举，大大提高了他在孙中山心目中的地位。1923年，孙中山决定以俄为师，改组中国国民党，建立军官学校，组织训练一支完全受国民党领导的革命军队。8月，孙中山决定派蒋介石率领"孙逸仙博士代表团"赴苏联考察。蒋介石、张太雷、沈定一和王登云四人组成的代表团于1923年8月16日从上海乘船出发，至12月15日回到上海。蒋介石回到上海后，不去广州向孙中山复命，却跑回溪口老家去了。孙中山、廖仲恺、胡汉民等催他去广州复命，蒋介石置之不理。12月27日，张静江写信给蒋介石，劝他早日去广州复命。张静江在信中说："介石吾弟如见：沧白来电，属转促速去。昨晤果夫，云吾弟之行期尚未定，奈何。以兄私意，似不宜再缓，并候近佳。兄人杰顿。"经过张静江一再劝说，蒋介石才于1月16日赶到广州，向孙中山汇报其考察苏联的情况。

1924年1月20日至30日，改组后的国民党在广州召开了第一次全国代表大会。会上，张静江被孙中山提名为中央执行委员会委员，并列入大会主席团。列席会议的蒋介石当选为军事委员会委员，没有进入党中央领导机构，蒋介石多少有些失望。但孙中山很快又任命蒋介石担任了黄埔军校校长，这又是蒋介石的一大胜利。蒋介石通过黄埔军校训练出了一支以忠于他个人为中心的黄埔系军队，成为其发迹的资本。

在长期的斗争过程中，孙中山有过一批助手，如胡汉民、汪精卫、廖仲恺、许崇智等，资历深、地位高，与他们相比蒋介石是个后起之辈。在陈炯明叛变后，蒋介石虽然有过与孙中山共患难的经历，之后得到孙中山的格外信任和提拔，国民党一大后，陆续担任了军事委员会委员、黄埔军校校长，并兼粤军参谋长、长洲要塞司令等职，但也只是粤军总司令许崇智的一个副手，在国民党内连个中央候补执委都不是，根本不能与胡、汪等相提并论。当时，最有资格继承孙中山领袖地位的胡汉民和汪精卫，虽然为取得继承人资格在暗中较劲，但谁也不敢公开自封为孙中山的继承人。但身为小字辈的蒋介石却萌发了争当国民党领袖的政治野心。他以孙中山唯一的继承者自居，常说："一个党里，不能有两个领袖"；"我是总理唯一的信徒"。从此以后，国民党的历史就是围绕汪精卫、胡汉民和蒋介石三人争夺领袖地位而展开的。在这场纵横捭阖、长达十多年的血腥角逐中，蒋介石的权术技高一筹，他玩弄以敌制敌的战术，首先联汪制胡，反过来又联胡制汪，最终将胡、汪击败。

在胡、汪、蒋角逐的第一个回合，汪精卫与蒋介石合作，扳倒胡汉民和许崇智。在1926年1月召开的国民党第二次全国代表大会上，蒋介石"穿着引人注目的斗篷大衣，在主席台上接受欢呼；军事领袖的姿态表现得淋漓尽致，使汪精卫等为之失色。他在黄埔所举行的招待全体代表的茶会上，也显示出他自成一格的气派。他在大会上所发表的军事报告，指出国民革命军已近10万人，强调一年来军事上所获得的成就。……在一般代表心目中，他与汪精卫是两个重心：前者是军事的，后者是政治的。有些人已经觉得汪蒋之间能否合作无间是有疑问的"。

国民党二大上，蒋介石当选为中央执行委员会委员，二届一中全会上当选为九名常务委员之一。2月1日又担任了国民革命军总监，统辖各军。至此，蒋介石与汪精卫成为一武一文的两大巨头。在国民党二大上，张静江被改选为中央监察委员。张静江为了改善蒋介石与汪精卫之间的紧张关系，曾以其与汪、蒋的深厚交情居间调和。1926年1月26日，张静江亲自邀请汪精卫陈璧君夫妇及蒋介石陈洁如夫妇同游黄埔海神庙等地，即其融洽双方感情的联欢之举。

蒋介石利用共产党人和苏联顾问的支持，打击右派势力，在提高了自己的地位和权力之后，反过来又依靠右派势力的支持，打击以汪精卫为首的国民党左派和中国共产党，向国民党最高权力地位发起冲刺。1926年3月30日，蒋介石经过精心策划，发动了中山舰事件，这是蒋介石与右派勾结，打击汪精卫，向共产党进攻，向革命示威的严重政治事件。对于蒋介石来说，是铤而走险的一着棋。

中山舰事件发生后，身为广州国民政府主席兼军事委员会主席的汪精卫因权威受到严重挑战而十分气愤。他对匆匆跑来报告的陈公博说："我是国府主席，又是军事委员会主席，介石这样举行，事前一点也不通知我，这不是造反吗？"汪并称："我在党有我的地位和历史，并不是蒋介石能反对掉的。"汪精卫提议"二、三、四、五、六军联合起来，给我打这个未经党代表副署、擅调军队、自由行动的反革命蒋介石"。汪精卫的主张却得不到苏联顾问团的支持。当时，联共中央委员、苏联红军政治部主任、苏联考察团团长布勃诺夫正在广州调查和研究中国革命的有关问题。布勃诺夫否定了反击蒋介石的计划，主张对蒋介石实行妥协、退让，并撤销了季山嘉的苏联军事顾问团团长职务。3月22日国民党中央政治委员会开会，会上，汪精卫虽仍对蒋介石擅自行动表示不满，但由于苏方已经做出撤换季山嘉等人的决定，妥协、退让的局面已经形成，汪精卫无可奈何。会议做出三点决定：（1）工作上意见不同的苏联同志暂行离去，另聘其他同志为顾问；（2）汪主席患病应予暂时休假；（3）李之龙受特种嫌疑，应即查办。

汪精卫以苏联为靠山，和季山嘉又一直保持着密切的关系。现在，面对蒋介石的进攻，苏方不仅不支持自己反击，反而向蒋介石低头，撤换季山嘉等人。这一切，使汪精卫无地自容，堂堂国府主席只好称病躲起来。布勃诺夫出卖了汪精卫，更加助长了蒋介石的反革命野心。

张静江在上海得到蒋介石发动中山舰事件的消息后，唯恐骤行不义的蒋介石陷于进退失据的窘境，"不辞道远，抱病南下"，于3月23日抵达广州。傍晚赶到长洲要塞，与蒋介石见面倾谈。但也有人说，张静江早已于3月20日之前到广州，只是躲着，到3月20日之后才露脸，并有人传说张静江是制造中山舰事件的核心。真相如何，暂且存疑。

张静江见到蒋介石，对其在中山舰事件中采取的阴谋手段大加赞赏，"极称为天才"。张静江的到来，使深感孤单的蒋介石有了支撑，反共底气更足了。张静江深知蒋介石羽翼未丰，力劝其不可操之过急，不可过早与苏联及中国共产党决裂，他告诉蒋介石："共产党徒病幼稚，无权无勇，终何能为？"劝蒋暂行隐忍，并面授机宜："止其包办之（农工）运动而约束之，必可就绪。"为了扶持蒋介石，填补汪精卫出走后的权力真空，张静江决定留在广州，斡旋各方，为蒋介石出谋划策，正式成为蒋介石的幕后军师，成为"唯一能为蒋氏出主意的人"。

张静江到广州后，国民党右派——西山会议派的要角叶楚伧、邵元冲也随之而来。陈果夫、陈其采也于5月初来到广州。这些国民党右派人物齐集广州，目的就是为了解决"蒋（介石）先生的处境极艰，且缺乏人手帮助"的问题。

张静江虽无正式名义，却扮演了决策人的角色。张国焘在《我的回忆》一书中说："当时一切重要政治问题，都由蒋介石、张静江和鲍罗廷三巨头秘密商谈进行；即一向居间的谭延闿似也没有参与其事。鲍公馆门前的盛况，已大不如昔。从前各要人都来他这里求教，现在他却要移尊到半身不遂的张静江的行馆，向蒋介石、张静江请示。"

1926年5月15日，在蒋介石的操纵下，在广州召开国民党二届二中全会。会上，张静江与蒋介石合谋提出了《整理党务案》，限制和打击中国共产党。《整理党务案》规定：凡加入国民党的共产党员，对于三民主义"不得加以怀疑或批评"；共产党员在中央、省、特别市党部任执行委员的数额，"不得超过该党部执行委员总数的三分之一"；共产党员不得担任国民党"中央机关之部长"；凡其他党党员加入国民党者，必须将名单交国民党中央执行委员会主席保存；党员如违犯"办法"的有关规定，要视情节给予严惩。按照事先的预谋，蒋介石提议设立中央执行委员会常务委员会主席，由张静江担任。从此，张静江由幕后走上前台，名正言顺地指导蒋介石反共。

张静江走马上任后，他行使权力的方式也是很独特的。陈公博在《苦笑录》中说："张先生自己呢，也有些不善于自处，每次开会，每有问题，都不大讨论，他自以为是的都通过，自以为不是的总搁起。每一个议案，他老人家坐在主席位上，口内念念有词地读了一遍，便说这案通过，旁边的秘书长叶楚伧先生便执笔写'通过'两字。张先生的眼睛固然不明，声音又特别低哑，我们连案由都没听清，那案已经通过或不通过了。当时我便打个譬喻，好像广东人听梅兰芳，虽然手上捧着一张剧词，但他唱到哪里，实在无从追索，只有人家叫好，自己也随着点头而已。"完全是一副蛮横专断的架势。

在张静江的主持下，立即对国民党中央党部进行改组。原任国民党中央执行委员会秘书长刘芬、组织部长谭平山、代理宣传部长毛泽东、农民部长林祖涵，均因身为共产党员而被免职。共产党被排挤出国民党中央的一切重要领导职务，政治领导地位大大削弱。共产党员被排挤后，张静江提名蒋介石兼任组织部长、邵元冲任青年部长、甘乃光任农民部长、叶楚伧为中央执行委员会秘书长。邵元冲、叶楚伧均是国民党老右派、西山会议派成员。张静江与蒋介石配合进行的这次人事大改组，是他们共同策划的第一次"清党"。后来，蒋介石把国民党二届二中全会看作"国民革命成功的关键"，是"本党与共产党消长的分水岭"。

张静江把持了国民党中央，就如同蒋介石把持了中央一样。6月5日，蒋介石被任命为国民革命军总司令。7月6日，张静江以足疾为由辞去中央常务委员会主席职务，改推蒋介石担任，让蒋独揽党政军大权于一身。借张静江之手，蒋介石终于实现了独裁集权的欲望。由于北伐战争即将开始，蒋介石又将中常会主席职务交张静江代理，由他"秉政中枢"，负责后方党政事务。

这期间，张静江指使陈果夫——蒋介石率军北伐后代理组织部长职务，全面改组国民党中央组织部和地方党部，"共产党无形被淘汰了三分之一"。在这一切活动中，张静江是后台主使，陈果夫则是前台执行者。

1927年初，张静江参与策动并挑起迁都之争，使国民党左派和共产党人对蒋介石的专横跋扈有了进一步的感受。为了限制蒋介石、张静江的权力，他们决定开展恢复党权运动。在这场恢复党权运动中，张静江依然是一种倔强不让的顽固态度，以致连谭延闿这位号称"水晶球"的圆滑人物也觉得张静江不可理喻。张静江这种寸步不让的顽固态度，使他成为众矢之的。当时，"打倒昏庸老朽的张静江"，"清除党内一切昏庸老朽分子"等口号标语遍及于长江珠江各地，"迎汪复职"、"提高党权"，"驱张（静江）运动"应运而生。1927年2月23日，武汉发表《中国国民党党务宣传大纲》，不点名地指责张静江以中央监察委员代理中央常务委员会主席，主持中央工作，使党的意志无由表现，造成"朕即国家"的状况。陈公博回忆说："武汉方面，却也不直接攻蒋，借口张静江做了中常会主席的缘故，高呼着请张静江交还党权给中央。""不言而喻，驱张运动"的实质是为了限制蒋介石的独裁与反动。一时间，张成了代蒋受过的活靶子。

在此前后，蒋介石还从天津和开封分别召来了他的拜把兄弟黄郛和张群，他们与张静江整天围在蒋介石身边谋划反革命大计。2月1日，蒋介石偕张静江、黄郛上庐山共度农历除夕，经过周密策划，制定了"清党反共"的计策。下山后，张静江在南昌接见了来自上海的西山会议派分子桂崇基。桂赴赣的秘密使命就是为了敦促蒋介石、张静江等新右派"速下清党决心"。张静江与桂崇基密谈数次，双方十分融洽，并定下腹案，一俟北伐军攻克上海即将实行"清党"。这期间，在上海的吴稚晖等亦与西山会议派分子接洽，密谋反共。国民党新老右派在"清党反共"的问题上迅速接近，并勾结了起来。

3月21日，张静江衔命由南昌抵达杭州，他向邵元冲、蔡元培等人转达了蒋介石的意图："谓介石对于共产党分离正具决心，南京定后即当来宁共商应付。"24日，张静江偕邵元冲、蔡元培等人离杭赴沪，会晤东路军前敌总指挥白崇禧以及潘宜之、张定璠、黄郛、王伯群、吴稚晖、李石曾等，共商反共大计。

3月26日，蒋介石抵达上海。3月28日，张静江、吴稚晖、蔡元培、李石曾、古应芬等举行会议，"讨论与共产党分裂之办法"。会上，吴稚晖历数共产党的"罪状"，提出"取消共产党人在国民党党籍"，决定以"护党救国"名义发动"清党"。4月2日，蒋介石与张静江、胡汉民等密商后，授意吴稚晖、蔡元培、李石曾、古应芬、陈果夫、李宗仁、黄绍竑等国民党中央监察委员举行会议，通过吴稚晖起草的"请查办共产党"的呈文，随即由张静江、吴稚晖等以中央监察委员会名义呈交国民党中央执行委员会，要求对各地共产党领导人给以"非常紧急处置"，"在所在地就近知照公安局或军警机关，暂时分别看管监视"。4月9日，张静江又与邓泽如、黄绍竑、吴稚晖、李石曾、蔡元培、古应芬、陈果夫等联名发表所谓"护党救国"之通电，颠倒黑白，恶毒攻击共产党和武汉国民政府，为蒋介石发动反革命政变制造舆论。

4月11日，蒋介石在南京发出"已克服的各省一致实行清党"的密令。上海首先行动，由桂系军阀白崇禧主持，在蒋介石收买的青洪帮流氓头目杜月笙、黄金荣、杨虎的配合下，首先对共产党员和革命群众举起了屠刀，在三天中，有500余人被杀害，5000余人下落不明。张静江亲自主持了浙江省的"清党"，在杭州和宁波等地屠杀了大批共产党员和革命群众。4月18日，蒋介石在屠杀革命人民的血泊中宣布在南京成立蒋记国民政府，张静江被推选为蒋记南京政府的四常委之一，成为蒋家王朝的新显贵。

自中山舰事件到蒋记南京政府的建立，张静江是一个核心人物。陈果夫说："回想静江先生代理中央党务会议主席的时间虽不久，但是清党的基础由此奠立，才恢复本党的生机。假使没有静江先生坚定识力，和伟大的领导方式，又怎能发挥出本党内蕴的反共力量？"

1928年初，蒋介石重新上台，权力得到巩固后，张静江等元老的作用开始下降。1928年10月，南京酝酿成立五院制的国民政府。张静江本想以其元老身份争取监察院长一席，李石曾、丁惟汾、蔡元培、吴稚晖等一批人也为张捧场，但蒋介石终不同意，而以于右任为监察院长。张争监察院长失败后，在李、蔡、丁、吴等人的支持下，总算当上了国民政府建设委员会委员长。在争夺这一职位时，张静江露骨地表示："建设非争不可，谁不同意，就是有意破坏建设！"又说："总理说过的，革命就要建设，不建设，革命就要失败。因此，我党政军都可不管，唯有建设，我是一定要干的！"张静江唯恐蒋介石仍不同意，几次弄得面红耳赤为止。

按照建设委员会的章程，其职权范围极广，凡属国营事业的设计与其开创都归其统辖。张静江一向倾慕日本明治维新时期的三井、三菱、大仓等财阀垄断各种工矿企业的事迹，以经济干才自居，准备大干一番。在张静江的主持下，建设委员会改建了南京发电厂和常州戚墅堰发电厂；设立国际广播电台一座、国内无线电台27处；兴办江南汽车公司，江南、淮南铁路及淮南、馒头山、宜洛、长兴等煤矿。

但张静江垄断工矿事业的企图很快与蒋介石的姻亲宋子文、孔祥熙发生了严重的冲突，而蒋介石的天平也自然地偏向宋子文、孔祥熙。为此，张静江的心理失衡了，牢骚满腹。《李宗仁回忆录》中说："某次，他（著者按：指张静江）特地约蔡元培、李石曾、吴稚晖诸元老暨李济深和我，到其寓所喝茶聊天。静江忽然慨叹地说，从前介石未和宋美龄结婚时，我凡向他有所建议，他莫不静心倾听，且表示考虑采纳。今则态度完全两样了。大约已为宋美龄及其姐妹所包围，昨日和介石谈话，他忽然冲动，大发脾气，说要做这件事你也不赞成，要做那件事你也不同意，动辄得咎，倒不如让我辞职，让共产党来干好了。"

1928年11月，张静江回任浙江省政府主席，表示要以浙江作为实验省，全力搞建设，实际上是把浙江省作为他的独立王国来经营，结果引起与蒋介石、陈果夫等人更大的矛盾。

张静江在浙江借口搞建设，首先就是增加苛捐杂税，有所谓"建设特捐"、"建设附捐"、"水利费"、"土地测绘费"等名目，一律在原有田赋项下附加征收。同时发行公债，并向上海、杭州、宁波、绍兴等地银钱业举行抵押借款，以供需应。所增苛捐杂税之中，以"建设特捐"一项最重，按田赋正税每元附加一元四角，附税超过了正税。后来又增一"积谷"项目，按亩征谷二升。商人积谷则在营业税项下附征。国民党政府曾在裁撤厘金改征营业税时，声明营业税不得征收任何附加，张却违例强征。国民党财政部为此一再令张停收，张置之不理。后来又有"教育经费"、"军事特捐"等名目，亦在田赋附加。当时有人估计，田赋正税每元附征税在二元以上，每亩正附税合计达到一元二角至一元七八角。农民负担之重,可见一斑。

张静江在浙江还发行公路公债,分次向银钱业借款,一律以赋税作抵,部分以企业财产作抵,利息有高至月息一分一厘者,实际是为财阀集团开辟利源。(当时上海银行贷放工商业抵押借款,一般年息一分,至多年息一分一厘,而张则承受月息一分至一分一厘。)张从1928年秋到任至1930年冬交卸,二年多时间,除苛捐杂税之外,仅公债和借款即达2000余万元,张交卸时没有偿清。

张静江的经营原则是以营利为目的,他的所谓建设计划,是把牟取高额利润和早些出本放在第一位。蒋介石原来计划以路矿权利向德国借款,从浙江杭州建造浙赣铁路通至南昌,一次建成重轨。而张则坚主先造杭州至江山一段,称杭江铁路,由他向银钱业借款建造轻轨。至于由江山到南昌,轻轨重轨,由蒋去办,张可不问。张认为杭州至江山一段,建造轻轨,成本低,而客货运费收入,短期内即可将借款偿清。他计划以商股形式,组织杭江铁路公司,和已经组织成立的两大公司——江南铁路公司及江南汽车公司,联成一气,列入他的私人企业集团之内。对此项办法,蒋大为不满。而张一意孤行,成为他两年之后被蒋免职因素之一。

张静江的浙江公路建设也不能和蒋介石的"军事计划"相配合。蒋当时以"南昌行营"命令浙江省首先建造浙赣边境及浙东、浙南山区公路,限期完成,甚至有"不得贻误军机"等字句。而张则着眼于利润,先以全力建成杭州至绍兴的一段公路(萧绍公路),成为全省唯一有盈余的公路。建成后,又经由公路局长陈体诚、副局长兼总工程师吴琢之与绍兴商人徐叔荪、金汤侯等勾结,由徐等组织公司,享专营权30年。张出售萧绍公路后,将萧绍路从绍兴延伸至嵊县、新昌;又分一路至曹娥江百官对岸,与百官至宁波铁路(属沪杭甬铁路一段)连接,称上嵊新公路。

杭江铁路,在张静江离浙后不久,亦由蒋介石命铁道部接管,并换重轨与浙赣铁路贯通,几乎全部返工,损失巨大。

张静江在农业方面的措施也连连失当,使人民深受其害。

(1)蚕桑统制。张到任后,以改良浙省特产丝绸为名,实施蚕桑统制,成立浙江省蚕桑改良场和杭州丝厂,严禁农民饲育土种蚕和缫制土丝,而必须全部出卖鲜茧。张氏集团乘此机会压低茧价丝价。农民育蚕无利,相率砍伐桑树，另种庄稼。民营丝厂，制丝赔本，先后倒闭。当时杭州最大的丝厂纬成公司（在嘉兴、上海均有分厂）无法开工，而由张为之发行公司债200万元，以该公司全部财产作为偿债准备（估计全部财产值500万元以上），由浙江兴业等银行承借，勉强维持开工。其尤甚者，当时蚕种必须经过建设厅蚕桑改良场检验合格之后，方准发售。制种场粗制滥造的产品，只要有相当贿赂，就能检验合格；否则即系上品，亦要挑剔留难。蚕种发到农民手中，一经饲育，颇多病害，费工赔本，怨声载道。

（2）盲目推销外国化肥。张任内的建设厅厅长程振钧，为了贪图回佣厚利，向英商卜内门和德商礼和洋行大量购买肥田粉，大力推销，强迫农民施用。农民因不知施用方法，许多地方，施肥田粉之后，致表土硬结，庄稼枯萎而死。

（3）硬性推广稻麦棉种，造成严重减产。张一到任，就要实行农业品种改良。当时建设厅稻麦改良场场长莫某就说该场已经育成几种稻麦改良品种，产量比土种高多少；棉种改良场也说已经育成"百万棉"良种，纤维比土种长一倍多，可纺细纱等等。张就叫建设厅大力推广，建设厅便以命令方式通令各县遵行。1930年百万棉种在萧山、余姚、绍兴等产棉地区推广以后，造成严重减产。同时稻种推广亦因不问耕作习惯和土壤性质，而以强制命令进行，也造成严重减产。

1929年10月，张静江还在杭州举办了西湖博览会，耗资百万，除了张静江及其僚属借机敛财，大做生意外，只供有钱的阔人闲人游乐一番，在当时来讲对浙江的工农业生产也毫无益处。

张静江与陈果夫的矛盾则表现在农业政策方面。陈果夫认为，为了与共产党争夺农民，以巩固国民党的统治，必须在农村建立合作社并辅以"二五减租"。为此，陈果夫根据孙中山节制资本和平均地权的政策主张，提出了"二五减租"和"合作运动"两大口号，以此来缓和农村中的阶级矛盾。陈果夫设想以浙江作为试点省份，并指示浙江省党部大力推行"二五减租"和"合作运动"。但张静江的想法却与蒋介石、戴季陶、陈果夫等都不同。他认为戴季陶从理论方面歪曲孙中山的主义，陈果夫把持党务等，都是多余。张认为中国要走英、美、日等资本主义国家的老路，发展资本，保障资本家权利，则国民党的统治同样可以巩固。因此，张静江对陈果夫倡议的"合作运动"、

"二五减租"极力反对。张认为陈果夫的合作运动和他的发展财阀资本有矛盾,"二五减租"陡然引起佃农和业主间的纠纷。由于张静江这个省主席反对,陈果夫发动国民党浙江省党部搞"合作运动"和"二五减租"一筹莫展。

1928年冬,嘉兴发生中国银行被劫事件,陈果夫指使C.C.骨干、浙江省党部执行委员兼杭州《民国日报》社长胡健中发表社论,对张静江大肆攻击,甚至说"嘉兴中行被劫是省府当局不执行二五减租之结果"。张静江阅报后大怒,立即命令省保安处长竺鸣涛,将胡健中逮捕,指胡健中反动。胡健中被捕后,浙江省党部立即召开省执监联席会议,分电国民党中央和国民政府行政院控诉。陈果夫接到报告后,决定对张静江还以颜色。陈果夫立即向蒋介石申述张静江有当"浙江王"的野心,如不严加处置,则浙江不复为党国领导了。蒋介石本来对张静江已经严重不满,看到张静江如此独断专行,立即指令国民党中央和行政院分别电令张静江立即释放胡健中,并申斥张静江违反党纪,给予警告处分,严令张今后对省党部负责人不得以任何理由加以逮捕,如确需行动,必须先行报请中央核准,再行处理。在张静江释放胡健中之日,陈果夫又指示浙江省党部组织所谓各人民团体学校代表进行游行示威,将胡健中接到省党部召开欢迎大会,并在杭州《民国日报》上将国民党中央申斥张静江的电令予以公开发表。这样一来,张静江这位以"国师"自居的元老大失脸面,难堪至极,威风扫地。

1930年夏,张静江又与省民政厅长朱家骅决裂。朱家骅原是张静江一手提拔起来的,在广东时两人结为儿女亲家。张在没有回任浙江省主席时,就先将朱安插在浙江当民政厅长,作为他回任的先行官。可张静江回任以后,就和朱处处发生争权夺利的纠纷。1930年夏,朱家骅受陈果夫、戴季陶的支持,为了充实浙江警校的装备,向德国购买步枪3000支,子弹数百万发,运到警校存放。张静江得悉以后,立即密派省保安处长朱世明将警校枪弹全部收缴,并说朱要造反,将其免职,扬言要将朱绑送到南京法办。张静江自行免去朱家骅职务后,呈请中央另派民政厅长,但国民党中央不予理睬,张静江就自行委派程振钧兼代民政厅长。

接连发生两起冲突后,张静江与蒋介石、戴季陶、陈果夫等的关系已经相当紧张,处在这样的环境里,教育厅长陈布雷也不安于位,有引退之意。至此,蒋介石已决定不再容忍。蒋介石首先叫戴季陶转告张静江自动辞职以免难堪。张竟恼羞成怒地说："我偏不辞职，叫他（指蒋）免我的职就是了。"戴只得叫陈立夫出面劝张静江。二陈兄弟经商议后设计了一个圈套，让张静江去钻。陈立夫跑到杭州后，闭口不提让张静江辞职的事，只说蒋、张之间有些误会，劝张静江亲自到正在河南前线的蒋的司令部见蒋解释误会。张静江不知是计，反而为陈立夫的热情所感动，遂在陈立夫的陪同下来到河南前线蒋介石的总司令行辕。经过侍卫传达回话后，蒋让陈立夫先进去，张只好在客室等候。陈立夫进去了许久，才出来对张静江说，经他再三向蒋好说歹说，蒋才答应见张静江一面，劝张要忍耐一些。又等了好久，蒋介石才出来。张静江联想到他当年大力提携蒋介石，才有他今日之地位，没想到蒋介石今番却知恩不报，反而处处给自己难堪与打击，今天千里迢迢前来见面，蒋非但不出来迎接，反而要一个后生小子陈立夫从中求情，卖个天大的人情，张想到这里，已是怒气冲天，愤怒不可抑制，一见到蒋介石出来即劈头斥责道："你现在架子这样大了，我从前去见总理也没有等过这么长久！"蒋听了也勃然大怒："我看你在浙江要独立了，等我把阎、冯打下以后，再来打你，你等着吧！"言毕转身即去。事已至此，张静江知道已不可挽回，在陈立夫陪同下回到杭州，立即吩咐浙江省政府秘书长刘石心拟一电稿辞职。蒋马上照准，浙江省政府改组，由张难先继任省主席。南京、上海各报同时公布此项消息。显然蒋介石早已有准备和布置。搬掉了张静江这个刚愎自用的强硬对头后，C.C.在浙江才真正得势。

张静江辞去浙江省政府主席以后，虽然仍担任建设委员会委员长一职，但国民党二届五中全会时已通过一项议案，"建设委员会应将属于各部主管事业分别交各部接管"，职权大为缩小。1931年10月，以宋子文为首的全国经济委员会成立以后，建设委员会更是名存实亡，张静江成了有职无权的摆设。张静江仅保留了江南铁路公司、江南汽车公司和中国农工银行三家企业，保留了一个饭碗。

蒋介石的疏远、权力的丧失和痼疾的日益严重，使张静江日益灰心消沉。每当他看到年轻的僚属、亲友，逢人便说："不要做官，没有做头！"

1932年，"一·二八"事变爆发，当得知日寇进攻上海、屠杀无辜的消息时，正举箸挟肉的张静江顿时感悟，说："日寇之残杀我人民，有如是乎，以杀止杀，莫如戒杀。"遂决定终身素食，以示对弱肉强食的侵略行径的仇视和厌恶。1935年8月，印光法师抵上海，张静江登门拜访。印光法师与张静江耳语数句，张静江突然大彻大悟，大哭一场。从此，张静江决心引退让贤，迁移海外，尽其余年。1938年8月，张静江离开香港赴欧洲，继而移居美国纽约。

1946年9月17日，张静江七十大寿，蒋介石致电表示祝贺。1948年5月，蒋介石当选为总统，聘张静江为资政。1950年9月3日，张静江病逝于美国寓所。刚刚败退台湾的蒋介石于9月16日发表"总统令"，予以褒扬：

> 资政张人杰，器局恢宏，志节坚贞，早岁追随国父，竭赞革命，毁家纾难，公而忘私，弼奠洪基，厥功甚伟。北伐之际，秉政中枢，备著。嗣后出主浙江省政，兼长建设委员会，推轮肇始，筚路开疆，硕划宏规，民生攸赖。近年养疴海外，靖献不忘，胡天不相，遽夺老成，睠顾典型，实深轸悼，应予明令褒扬。生平事绩，宣付"国史馆"。饰终之典，交"行政、考试两院"妥议，务极优隆，用示"政府"崇德报勋之至意。此令。

国民党中央党部在台北设灵堂公祭，蒋介石亲书挽词："痛失导师"。

第三节 逼退以"革命导师"自居的胡汉民

胡汉民（1879—1936），本名衍鸿，字展堂，别号不匮室主。祖籍江西省吉安县，出生于广东省番禺县。他在主编同盟会机关报《民报》与资产阶级改良派论战时，曾用笔名"汉民"，以后，即以"汉民"行于世，人们反而忘了他的真名。1905年9月1日，胡汉民与孙中山相识于日本东京。从此，胡汉民走上追随孙中山从事革命的漫长道路，是孙中山最亲密的助手。1924年11月13日，孙中山从广州北上时，胡汉民代理大元帅。但在孙中山去世后的权力斗争中，胡汉民第一个回合即遭到惨败。

1925年3月12日孙中山病逝于北京。自1913年"二次革命"失败后，孙中山片面总结革命失败的原因，将权力集于一身，逐步树立了个人在国民党内的绝对权威。孙中山的骤然去世，使国民党内部出现权力真空。那么，由谁来填补这个真空，继任孙中山的地位呢？

在孙中山生前，胡汉民是仅次于孙中山的党内头号助手，且多次代理过孙中山的职务。但胡汉民其人在政治素质上有严重缺陷，注定不可能成为孙中山的继承人。熟知胡汉民为人的李宗仁曾经这样评价他:"至于胡汉民,则确为一守正不阿、有为有守的君子。然胡氏的器量亦极狭隘。恃才傲物,言语尖刻,绝无物与民胞的政治家风度。当时党内自元老以至普通党员,没有人对展堂先生不表示尊敬,然也没有人觉得展堂先生足以为全党一致归心的领袖。然胡氏的天赋,为治世的循吏则有余,为乱世旋乾转坤的领袖却不足。"吴铁城则说:在国民党内,"捧蒋(介石)捧汪(精卫)捧孙哲生(科)都会捧出些办法的。唯有捧胡展堂(汉民)是捧也捧不上的"。李宗仁、吴铁城都认为,胡汉民缺少充当领袖的素质和才干。胡汉民对此似乎也有自知之明。在获悉孙中山在北京病重的消息时,胡汉民即召集廖仲恺、伍朝枢诸人,对他们说:"先生(指孙中山)以后方党政军诸事交我一个人负责,今先生病危,万一不幸,我主张改组大元帅府为政府,用委员制共同负责。"廖仲恺等对此没有当即表态。孙中山去世后,谭延闿回到广州,胡汉民重申前项主张,并很有感触地说:"书生弄军事,终于弄不惯,委员制实现,继起有人,我们也可以息肩了。"谭延闿听后,却说:"你的道理很对。但此时万万不能卸责。如果一卸责,便闹大乱了。"胡汉民只好勉为其难,暂时代理这个大元帅职务。

就在胡汉民表示谦让时,随孙中山北上的汪精卫却为攫取孙中山继承人的地位,展开了紧锣密鼓的台前幕后的活动。

汪精卫(1883—1944),原籍浙江绍兴,生于广东番禺。本名兆铭,字季恂,又字季新,精卫本是他的笔名,又以笔名行于世。汪精卫在兄弟姐妹中行十,是老幺。汪氏为人喜出风头,不甘居人下,遇事冲动,感情用事。这种性格的形成,与他幼年时的经历颇有关系。1903年,汪精卫考取官费赴日留学。1905年与孙中山结识,加入同盟会。从此,追随孙中山,与胡汉民成为孙中山的左右手。

不过,在孙中山生前,汪精卫主要从事理论宣传及外交联络方面的工作,其地位次于胡汉民。1924年1月13日,孙中山北上,与段祺瑞、张作霖、冯玉祥等商讨国事,孙中山以汪精卫长期负责北方党务工作,并与张作霖、段祺瑞等有来往,可为穿针引线之助,便命汪氏随行,担任秘书。孙中山病重时,汪精卫受命为孙起草政治遗嘱。因此之故,汪精卫遂有了以孙中山继承人自居的想法,争权之心油然而生。

当时,在国民党内拥有很大发言权的苏联总顾问鲍罗廷及共产国际其他领导人，在孙中山病重后，也开始为国民党物色新的领袖。从苏联及共产国际的角度看，廖仲恺无疑是最理想的人选。他是孙中山三大政策最坚定的支持者，国民党左派的领袖，但也正因为如此，廖仲恺受到国民党内右派及各派军阀的强烈敌视，由廖仲恺出任国民党新领袖的可能性极小。于是，鲍罗廷等不得不退而求其次，在资历和地位都旗鼓相当的胡汉民与汪精卫之中进行选择。汪精卫本来也是反对联俄联共的。但汪氏为人从无固定政治主张，容易见风转舵，随着革命形势的发展，汪精卫开始向左转了，甚至有意和鲍罗廷等人相结纳，以取得好感。而胡汉民则不同，骨子里始终反共。对鲍罗廷本人，胡汉民自称也是"历来对鲍罗廷总是抱着凛然不可犯的态度，丝毫不假词色的"。故鲍罗廷对胡汉民的评语是："难相与"，而对汪精卫的评语是："有野心，可利用"。这样一来，鲍罗廷等人自然只有选择汪精卫。据说，在孙中山病逝前，加拉罕与鲍罗廷将汪精卫召至苏联驻北京使馆谈话，对汪说："今后中国国民党的领袖除了你，更有谁敢继承呢？"汪闻听之下，大为兴奋。1924年2月中旬，汪精卫利用国民党中央政治会议的决议，致电在广州的胡汉民等人，建议，如孙中山去世，则政府应采合议制，以阻止胡汉民利用代理大元帅的身份，名正言顺地成为合法继承人。

孙中山去世后，鲍罗廷先行回广州，汪精卫则留在北京活动，争取各方支持。5月间，汪精卫南下，取海道先到汕头、潮州与掌握军权的许崇智、蒋介石等人联络。当时，许、蒋二人掌握着国民党党军，在政坛上有举足轻重的影响。汪精卫为争取他们的支持，极力谄媚。

据毛思诚为蒋介石编的《民国十五年前之蒋介石先生》一书记载："5月8日，下午，汪兆铭偕其夫人陈璧君来潮（州），（新自北京回），访公（指蒋介石）于湖轩，述'总理于病瘩中，犹以微息呼介石，绵惙不已'。公闻之咽呜良久，既而兆铭倾谈党事，并谋个人行止，欲得公一言而决，公甚感其亲爱也。"

据孙中山身旁的人回忆，孙中山病逝前，仅在口中喃喃念起过爱妻宋庆龄的名字，至于所谓"呼介石不止"的说法，根本就是汪精卫编造出来的谎言，以取媚于蒋介石的，由此亦可见汪精卫之为人。

汪精卫刻意拉拢许崇智、蒋介石等军人，自然会得到他们的好感。更何况，许崇智与胡汉民恶感很深呢！据陈公博回忆：胡汉民与许崇智本来也是很好的朋友，但他们性格上差距很大。胡汉民素来自负聪明，而许崇智则素来惯于骄蹇，只是一个是文人，一个是武人，一时没有什么利害冲突。胡、许交恶是从陈炯明叛变后开始的。陈炯明叛变后，许崇智从江西前线回师救孙中山，不幸在北江失败，便带着残部撤往福建。后来胡汉民回上海见到孙中山后，在孙面前说了许崇智的坏话。许崇智自以为劳苦功高，却遭受谗言，便怒不可遏。后来，许崇智由福建回师广东，中途又打了几次败仗，孙中山对其更加不满。许崇智以为孙中山对他不满，都是由于胡汉民的中伤。这样一来，胡汉民与许崇智的关系就更加恶劣了。不仅许崇智，湘军首领谭延闿、滇军首领朱培德，他们对胡汉民也是恶感多而好感少。如此，胡汉民的命运就可想而知了。

1925年6月间，改组大元帅府为国民政府的工作紧锣密鼓地进行。据胡汉民回忆，国民政府委员人选本来是胡汉民、汪精卫、廖仲恺、伍朝枢协商决定的。但后来，汪精卫与廖仲恺借口与许崇智、蒋介石商量将名单取走，擅自改动，并事先在报纸上发表，造成既成事实。这一切，胡汉民都被蒙在鼓里。后来看到报纸上的新名单，胡汉民大为恼火，当面质问汪精卫等人："政府组织名单，已经宣布了，这是闹什么玄虚？怎么能在我未知道以前向外宣布？先生死了，我什么事都可以不问，但不能不顾党。我与你们之间，只就历史关系来说，也不该这样相欺。"听了胡汉民的一顿牢骚，汪精卫脸顿时红了，但不吭一声。胡汉民拂袖而去。后来，鲍罗廷找到胡汉民解释说："名单原没有定准，只是不小心向外面公布了。他们犯幼稚病，胡先生还得原谅他们。"

7月1日，广州国民政府成立，由11位国民政府委员投票选举国民政府主席，汪精卫以11票，即全票当选为主席，闹出了自己投自己一票的大笑话，可见汪对权位的热衷。会议还推选汪精卫为中央军事委员会主席。而胡汉民的职务则为中央政治委员会主席、国民政府常务委员兼外交部长。中央政治委员会是当时最高的决策机关，胡汉民任主席，仍有与汪精卫对峙的本钱。尽管如此，胡汉民对此安排，仍是大为不满。据陈公博回忆："记得当日中政会的情形，大家差不多不欢而散。因为国府主席和军事委员会主席都推定了汪先生，只把政治委员会主席让之胡先生，那种冷暖之情，已使胡先生极感不满。后来更因国府草创，仅先成立两部，财政部定了廖先生，而把外交部定了胡先生，胡先生便借题大发脾气，说他本人不懂外国语而任为外交部长，几近玩笑，不待议终，当即发怒离席。鲍罗廷花了许多唇舌，扮作调人，说李鸿章也不懂外国语而为有名的外交家，在国府筚路蓝缕之时，非有一人才干如胡先生者不能胜任，这不是玩笑，而是大任。这样唇焦舌破才把僵局挽回。"

胡汉民等国民党右派在这场权力继承之战中失利，遂迁怒于国民党左派领袖廖仲恺。陈公博说："右派认定廖先生是中央党部的把持者，认定廖先生是共产党的卵翼者，认定廖先生是消灭杨刘的主动者，认定廖先生是改组国民政府的幕后者，更认定廖先生是排斥胡先生及右派的有力者。"在这种情况下，右派分子扬言要刺杀廖仲恺，一时闹得满城风雨。

有一天，在国民政府会议席上，汪精卫给坐在身旁的廖仲恺写了一张条子，说有人将对他不利，请他注意。廖看完条子后，耸耸肩笑了："我们都是预备随时死的，那有什么关系！"8月20日，廖仲恺果然在中央党部门前被歹徒刺杀。廖案发生后，广州国民政府立即成立特别委员会，由汪精卫、许崇智、蒋介石三人组成，特别委员会拥有政治、军事、警察全权，处理廖案及应付时局。经过侦查，发现这次暗杀案的元凶是国民党右派小团体"文华堂"的干将朱卓文所为，右派分子胡毅生、林直勉、赵士觐、魏邦平等人也参与了密谋。胡毅生是胡汉民的堂弟，这样一来，胡汉民也与这起暗杀案脱不了干系。据说，在刺廖案发生前，有人往见胡汉民，问他："外间有人说先生（指胡汉民）要杀廖仲恺，是不是？"胡先生不答。该人出来便对人说："你们怎说胡先生要杀廖先生呢？我问他是不是要杀廖仲恺，他始终仰着头没有答我。"听的人答道："你真是傻瓜，他的不答，就是答应。难道他（指胡汉民）当面叫你去杀吗？"

由于胡汉民与廖案有重大关系，如何处置胡汉民便成了大问题。在排胡问题上，汪精卫、许崇智、蒋介石是一致的，但轻重则各有别。许崇智、蒋介石主张趁机将胡汉民杀掉，而汪精卫毕竟是一文人政客，心肠较软，而且他与胡汉民过去又有手足之情，不忍对胡汉民下毒手。汪精卫表示：胡汉民对廖案"只负政治上的责任，不负法律上的责任"。汪的主张被采纳，胡才免去杀身之祸。

由于汪精卫不想对胡汉民做出过分的处置，特别委员会便决定，以中央政治委员会的名义派胡汉民赴莫斯科"考察"。9月23日，胡汉民在李文范、朱和中及女儿胡木兰等人的陪同下前往苏联。胡汉民对此视为被"放逐"。两个月以前，胡汉民还是集党政军大权于一身的代理大元帅，两个月后却成了"阶下囚"，且遭"放逐"，内心不免凄楚不堪，曾作《楚囚》一首，以屈原自比。诗云：

> 稚子牵衣上远航，送行无赖是秋光；
> 看云遮处山仍好，待月来时夜渐凉。
> 去国屈原未憔悴，鸩人叔子太荒唐；
> 浮屠三宿吾知戒，不薄他乡爱故乡。

1926年4月29日，胡汉民回到广州。此时广州的政局已经发生了翻天覆地的变化。蒋介石凭借军事实力，将国民政府主席兼军事委员会主席汪精卫赶下了台，一手掌握了党政军大权，成了孙中山逝世一年多以来的权力斗争中唯一的政治暴发户。回到广州后，胡汉民几次与蒋介石会谈，希图分一杯羹，但此时的蒋介石春风得意，不需要胡汉民这么一个有主见的人在身边碍手碍脚。蒋在日记中反而讥讽胡汉民："其言似多挑拨，心疑不确。"

胡汉民见在广州不受欢迎，只好黯然乘船离开广州前往香港，恰巧刚被蒋介石赶下台的汪精卫也在同一艘船上，准备去法国"养病"。两人过去共同追随孙中山，情同手足，在孙中山逝世后，争权夺利，反目成仇，过去的情谊荡然无存。所以虽然知道对方在船上，但都没有一见的勇气。后来蒋介石获悉胡、汪二人同船离开广州，不禁得意地说："异哉，冤家逢对头也！"

离开广州后，胡汉民经香港来到上海闲居，靠译述著作维持生计，境况相当凄凉冷落。但胡汉民并不是一个甘于寂寞的人，他在闭门著书的同时，也在关注着政局的演变，寻找和等待东山再起的机会。

机会终于又来了。1926年7月，广州国民政府宣布，由蒋介石任国民革命军总司令，统率国民革命军北伐。此次出师北伐，由于国共两党的共同努力和全国人民的支持，势如破竹，至9月1日，北伐军从广州一路到达武昌城下。胡汉民见蒋介石此次北伐与孙中山以前的历次北伐气势大不相同，估计蒋介石的此次成功的把握很大，便放下架子，于9月10日给蒋介石写信贺捷。信中充满对蒋介石的阿谀之词："我军以空前之奋斗，摧灭强敌，克复武汉，不仅为15年来第一快事，亦近代战史所不常见。"还进一步谄媚说：回忆前年蒋介石在黄埔军校的讲话中有"两年之后克定武汉，三年之后统一中国"之语，由此可见蒋

"可谓能自践其言者"。蒋介石看了此信,大快其心。但蒋现在还用不着胡汉民其人,故对此未作什么反应。

转眼到了1927年3月间,蒋介石指挥北伐军克复上海、南京,至此,长江以南大半个中国为国民政府所有。然而,此时蒋介石与武汉国民政府(从广州迁来)的矛盾也日趋激化。武汉国民政府鉴于蒋介石权力过大,独断专行,反革命面目日益暴露,3月10日,在武汉召开国民党二届三中全会,全会针对蒋介石独裁倾向日益明显的严重局面,从组织上采取了一些措施,予以限制。全会决定国民党内实行集体领导制,废除中央执行委员会常务主席职,采取主席团制,以常委会对党务、政务、军事行使最终议决权,从蒋介石手中收回党权。同时,将原属国民革命军总司令的重大职权收归军事委员会,规定国民革命军总司令是军事委员会委员之一,大大缩小了蒋介石这个总司令的权力。

但此时蒋介石羽翼已丰,他兵权在握,不仅拒绝参加国民党二届三中全会,根本无视会议的决议,而且决定抛开武汉国民政府,另起炉灶,建立完全由蒋介石本人控制的蒋记国民政府。蒋介石要建立蒋记政府,但也不能一个人唱独角戏,于是决定将早已被排挤出政坛的胡汉民拉出来。胡汉民与蒋介石一拍即合,也极力赞同蒋介石的反共主张,并要蒋"以壮士断腕的决心反共清党"。1927年4月12日,蒋介石在上海发动四一二反革命政变后,胡汉民即随蒋介石前往南京,参与建立蒋记南京政府。

当时令蒋介石苦恼的是支持他建立蒋记政府的人数很少。为了显示自己另起炉灶的合法性,蒋介石挖空心思也想不出什么办法来,还是胡汉民比较有主意,他提议若中央委员会会议开不成,就开谈话会,可以不限人数。由支持蒋介石的几个中央执行委员召开谈话会决定重大事项,然后向中央政治委员会建议。谈话会决定:定都南京;否定武汉国民党中央及国民政府的合法性;恢复1926年7月规定的国民革命军总司令职权等。

1927年4月18日,蒋记南京国民政府宣布成立。蒋介石为了减少别人攻击的口实,故意将胡汉民这个政客推到前台,让他出任南京政府党政军三个主席。后来,胡汉民为此很得意地对蒋介石说:"民国16年,同你进南京,哪一个主席不是我做了?中央党部、政治会议、国民政府的主席是我,甚至军事委员会的主席也是我。但我可以使人不称我为主席,而仍称我为胡先生。"

胡汉民主持南京国民政府后,所发布的第一道命令就是《国民政府通缉共产党首要令》，公开通缉193名共产党领袖及国民党左派领袖。通令称：

> 共产党图谋倾覆本党，逆迹昭著，中央监察委员会举发，并致令国民革命军总司令蒋中正，于最短期间肃清叛乱。查此次谋逆，实以鲍罗廷、陈独秀、徐谦、邓演达、吴玉章、林祖涵等为罪魁，以及各地共产党首要分子，次要分子，均应以严拿办，着国民革命军总司令、各军长官、各省政府通令所属一体严缉，务获归案重办。

胡汉民貌似文弱书生，但反起共来，却是凶狠无比。他连篇累牍地发表文章、讲演，对共产国际和中共进行拙劣的造谣诬蔑，可谓是不择手段。台湾反共史学家曾经如此评价胡汉民在建立蒋记南京国民政府中的功劳："胡氏不仅成为反共理论指导的中心，揭发'共党的阴谋'策略，而提出清党的原则，以求国民党之新生；同时在清党的实力上，也作了必要的贡献。"

蒋记南京政府建立后，武汉国民党中央宣布："蒋中正屠杀民众，摧残党部，甘心反动，罪恶昭彰，已经中央执行委员会决议，开除党籍，免去本兼各职。着全体将士及革命民众团体拿解中央，按反革命罪条例惩治。"同时，武汉国民政府决定东征讨蒋，以武力解决。武汉国民政府大军东下，原来支持蒋介石的新桂系将领李宗仁、白崇禧又反戈一击，蒋介石四面楚歌，不得不于1927年8月12日悄然离开南京，辞职下野。蒋介石这棵大树一倒，胡汉民等人才发现自己的地位，原是依附在蒋介石身上的。伤心之余，他也不得不与蒋亦步亦趋，下野不问政事。

1927年8月，胡汉民随蒋介石下野后，一时无所事事，在上海隐居半年多后，便于1928年1月底偕孙科、伍朝枢等人前往土耳其和欧洲考察。土耳其是个新兴的国家，第一次世界大战中战败，领土大部分为英、法等国控制，沦为半殖民地。西方列强讥讽土耳其是"近东病夫"，而称中国为"远东病夫"。1919年，以基马尔（旧译凯末尔）为首的土耳其民族商业资产阶级，发动反帝反封建的武装斗争，并取得胜利，于1923年成立了土耳其共和国。土耳其由一个半殖民地半封建的国家一跃而为资产阶级共和国。

由于中国与土耳其有着相似的经历，胡汉民对土耳其的经验特别感兴趣。1928年3月16日，胡汉民一行抵达土耳其首都君士坦丁堡，对土耳其进行了为期两周的细致考察。胡汉民很想拜访基马尔，但基马尔已将政务交人代理，自己隐居养病去了。胡汉民只见到了基马尔的代理人伊斯迈·帕夏。伊斯迈向胡汉民介绍了土耳其党和政府的关系，他说，基马尔是党的总理、国家总统，但基马尔长期称病不出，由内阁总理伊斯迈代行各种权力。胡汉民对此很赞赏。另外，他对土耳其在统一法令、财政、普及教育等方面的做法也很赞赏，认为可以作为中国的借鉴和参考。

离开土耳其后，胡汉民一行又赴法、德、英等国进行了访问。8月中旬，胡汉民一行抵达香港，准备经广州前往南京辅助蒋介石。广东的军政大员陈铭枢、陈济棠等人劝胡汉民留在广州，主持广东政治分会，与南京"分治合作"，但胡汉民拒绝了。为此，胡汉民的好友邓泽如在胡汉民北上前送给他一个内装小黄雀的鸟笼，讽喻胡汉民将来的下场，就像这笼中的小鸟。胡汉民仍不为所动。胡汉民到达上海后，许崇智、居正、谢持等曾经吃过蒋介石大亏的人，也极力劝阻胡汉民去南京。他们说："胡先生，以你这样的历史地位，竟到南京去帮助蒋介石吗？"胡汉民对此回答说："中国需要统一，统一需要建设，实行建设需要一个健全的中枢。我到南京，并不是帮助个人，我是想帮助中华民国，完成中国国民党的革命使命，你们应该把对人的观念，改易为对事的观念，这样，便不致误解我了。退一步说，假如我到南京是帮助介石个人，则我希望这所谓个人，是凯末尔不是袁世凯。如果这个所谓'个人'是袁世凯，我必首先反对他，任何牺牲，在所不辞，请你们放心吧！"胡汉民到南京后，还给邓泽如写了一封很沉痛的信，信中说："我为了党，为了国，为了已死的孙先生，我愿意放弃一切，帮助一个中国的凯末尔，但假如这个人要做袁世凯，我将绝不犹疑地反对他。"由此看来，胡汉民与蒋介石合作是有条件的。

再说蒋介石方面。自胡汉民一行出国后，他便凭借高超的纵横捭阖的手腕，东山再起，并将冯玉祥、阎锡山、李宗仁等国内大小军阀集团重新拉到自己的旗帜之下，进行第二次北伐，在名义上统一了中国。当初蒋介石听到胡汉民一行要回国时，非常紧张。对此，陈公博在回忆录中有一段绘声绘色的描写：

    五中全会开会不久，胡先生已动程由海外归来。胡先生之出国是在四中全会开会之后，同行的还有孙哲生多人，胡先生这次归来，蒋先生感觉十二分的恐怖。有一天宋子文先生打一个电话来：

"蒋先生今早由南京到上海，说立刻来看你，请你不要出门。"子文先生的声音很急迫。

"我去看蒋先生罢，我的地方太小。"我推辞着，因为蒋先生那时每次来上海都约我在孔庸之家会面，而我的地方太隘，确不敢屈尊。

"蒋先生是必要来，就让他来好了。"子文已经挂起电话。

不一刻蒋先生和子文同来了，蒋先生照例问"你还好吗？"之后，说：

"胡展堂（汉民）就要回来了。你知道吗？"

"我不过从报纸得些消息，还不知详细情形。"我莫名其妙。

"你觉得他回来会怎样？"蒋先生询问我的意见。

"我看也没有什么罢。"的确我看不出什么。

"唔！他回来一定要动兵的，我们应该要准备。"蒋先生突然地说。

"胡先生回来也不见得有办法，我看能不用兵还是不用兵好……"我还摸不着头脑。

蒋介石虚惊一场。这次胡汉民回来，不是为用兵而是上尊号的。当蒋介石获悉胡汉民回国的真实意图后，立即赶到上海去迎接他。9月18日，胡汉民回到南京。国民党中央常务委员会立即补选胡汉民、孙科为中央常务委员，使之正式成为南京政府的一员。这是胡汉民与蒋介石的第二次合作，时间为两年六个月，这是胡汉民政治生涯中最为重要的阶段之一。这一时期，他主要做了以下几件大事：

第一，为蒋介石设计一党专政的政治制度。

胡汉民是国民党元老，长期追随孙中山，拥有对孙中山理论的解释权。这时的胡汉民，就像汉朝初年为刘邦制定朝章的叔孙通一样，一手设计并主持制定了国民党一党专政的政治制度。

早在1928年6月3日，胡汉民即与孙科从法国巴黎向国民党二届五中全会提出了"训政大纲"案，胡汉民对此解释说："北伐完成，当依总理建国，期主义之实现，审察内外情势，深信今后党国发展，不能外如下原则：（一）以党统一，以党训政，培植宪政深厚之基；（二）本党重心，以求完固，党应担发动训政之全责，政府应担实行训政之全责；（三）以五权制度作训政之规模，期五权宪政最后之完成。"按照胡汉民的设想，训政时期一切权力归于国民党，由国民党一党训政，以五权分立原则组织五院制政府。胡汉民的提案，为国民党二届五中全会接受，全会决定实行"训政"，设立行政、立法、司法、考试、监察五院，逐渐实施，为五权宪法的实施打下基础。

1928年9月18日，胡汉民回到南京后，国民党中央推胡汉民与戴季陶、王宠惠共同研究起草训政大纲。10月3日，国民党中央执行委员会常务委员会通过了胡汉民等人起草的《训政纲领》和《中华民国国民政府组织法》。10月8日，胡汉民在中央政治会议上提出"中央政治会议委员数额及入选标准意见"，获得通过。25日，他又与谭延闿向中央常务委员会提出修改《中央执行委员会政治会议暂行条例》案，获得通过。这样，训政时期的纲领、政治体制，便完全确定了下来。概括起来，有以下几点：（一）以党治国。胡汉民认为，军政、训政时期，应把国民党放在"最高地位"，"一切权力皆由党集中"。政府的唯一任务就是服从中国国民党的指导。（二）训政制度。训政时期，一切权力归国民党，人民拥有的选举、罢免、创制、复决四权，由国民党代表大会及其闭幕后的中央执行委员会行使，凡政治上一切最高的方针与原则，无论是外交的、财政的、军事的、内政的、教育的，都由国民党代表大会决定。行政、立法、司法、考试、监察五项治权，由国民党指导监督国民政府执行。国民党中政会为全国实行训政的最高指导机关，指导国民政府重大国务之施行。国民政府对中央政治会议负责，中央政治会议对中央执行委员会负责。（三）五院制度。按照胡汉民的设计，政权归国民党，治权归五院，分别行使行政、立法、司法、考试、监察权。五院之上设立国民政府委员会，由国民政府委员会开国务会议处理国务，实行合议制。

关于胡汉民在设计、制定国民党统治制度中的作用，有人这样评价他："中央组织之初具规模，训政纲领之明确厘定，以及各种文物规章之树立，先生（胡汉民）擘画之功，亦甚显著。"蒋介石则说，国民政府成立以来，各种设施99%依胡汉民之主张。

第二，协助蒋介石削平各路诸侯。

胡汉民在为国民党设计政治制度的同时，经过与蒋介石多次密谈，达成联合执政的协议：由蒋介石出任国民政府主席兼陆海空军总司令，在一线负责军、政；胡汉民任国民党中央政治会议主席兼国民政府立法院长，不负实际行政责任，在二线对军、政实行指导监督。

为了从法统上确认蒋胡合作的政治体制，1929年3月15日至28日，在南京召开了国民党第三次全国代表大会。这次大会由蒋介石、胡汉民主持。大会追认了《训政大纲》，该决议案胡说："（民国政府）在政治的知识与经验之幼稚上，实等于初生之婴儿；中国国民党者，即产生此婴儿之母；既产之矣，则保养之，教育之，方尽革命之责；而训政之目的，即从保养、教育此主人成年而还之政，为其全部之根本精神。"在组织上，蒋胡两派人马全部当选为中央执行委员，而汪精卫一派则遭到排挤，汪精卫、陈公博受到开除党籍处分，追随汪精卫的改组派其他人马也全部被排挤。大会还通过了"消灭地方割据"、"巩固中央地位"的决议案，取消各地政治分会，并将李济深、李宗仁、白崇禧等永远开除党籍。地方实力派也受到很大削弱。

大会结束后，蒋介石、胡汉民即大张旗鼓地向各路诸侯宣战，于是先后爆发了蒋桂战争、蒋冯战争、蒋唐战争、中原大战等一系列战争。在每次战争中，胡汉民虽然不能随蒋介石上前线拼杀，但他每次都利用孙中山代言人的身份对国民党各地方实力派口诛笔伐，为蒋介石的战争制造舆论。同时，在后方坐镇，与蒋介石配合默契。我们只要看看胡汉民在中原大战中的表现就可以了。

中原大战之前，双方有一个比较长时间的"电报战"。阎锡山于1930年2月10日致电蒋介石，指责蒋介石消灭异己政策的错误，并称蒋介石是造成内战不止的根源。阎锡山并提议，与蒋介石一同下野，作为解决时局的唯一办法。蒋介石接到阎锡山的电报后，立即与胡汉民等人商量对策。胡汉民马上发表《对于阎伯川先生最近对党务国事主张的意见》，反驳阎锡山的主张。胡汉民指出：蒋介石不能下野，阎锡山的礼让为国，则是要蒋介石放弃自己的责任和义务，致陷国家民族于万劫不复，则于党为不忠，于国为不义，不忠不义，便是党的罪人，国之蟊贼。同时，胡汉民又与谭延闿等五院院长联名发表《告全国军人文》，针对阎锡山的主张，向全国军队提出四项劝告：（一）须视军队为国家之武力，不应视军队为个人之私产；（二）须从保障国家生存之中，求本身之生存；（三）须不存利用别人之心，而后亦可不为别人利用；（四）只求问我无愧，不畏人之灭我。这些"劝告"，集中到一点，就是要全国军人服从蒋介石的支配，无论如何也不要起而反抗。

2月15日，胡汉民又与谭延闿等人联名发表致阎锡山的通电，指责阎锡山目无国纪，说什么国有纲维，党有纪律，个人进退，绝无自由，为蒋介石讨伐各地方实力派寻找理论依据。2月17日，胡汉民在立法院发表演说，把目前中国纷乱的最大原因归结为"军阀的专横"，并要军人严守本分。胡汉民说：军人的责任，在服从中央，以保障国家的安全，求民族之生存。胡汉民并以几年来相继被蒋介石讨平的军阀为例，警告说："好为反侧的军阀，断没有存在的可能。"他告诫各地方实力派，不要追随阎锡山称兵反抗中央，否则就要被消灭。

当蒋介石做好讨伐阎锡山、冯玉祥、李宗仁等人的准备后，胡汉民又发表《阎先生何以走上死路》的长篇演讲，分析阎锡山"反抗中央"的五点原因：（一）他自信太过。在过去，阎锡山在各种环境下敷衍事宜，应付有方，既有了过去十几年的镇定功夫，维持经验，八面玲珑的手段，他便以为自己无事不操胜算，也就无事不可以为所欲为了。（二）他看人太轻。阎锡山看错政府，看轻中央，存心想来篡窃、挟持。（三）他认错了人。别人拥戴他，他以为是好人。倘若阎锡山要负起维护党的责任，也得自己先估量一下，自己在党内的分量究竟够不够？党的领袖，毕竟与其他领袖不同，没有历史与人格，是断乎不行的。（四）他上了别人的当。（五）有帝国主义在背后支持、怂恿他。

中原大战爆发后，胡汉民又发表《革命的人格》、《辟所谓扩大会议》等文章，对反蒋主角阎锡山、汪精卫、冯玉祥等一一画像，极尽讥讽诋毁之能事。胡汉民极力丑化他们，也就是为蒋介石的军事讨伐寻找借口和依据。

在长达两年多的军阀混战中，胡汉民以文字宣传与蒋介石的武力配合，将地方实力派一一打败，功劳很大。有人总结说："那几年正是国家多事之秋。胡先生每每借这种机会对于称兵抗命之徒，义正词严，予以声讨。对于一切邪说，亦引经据典，指出其谬误，其时对于全国人心之向背，发生极大影响。"蒋介石的策士吴稚晖也称赞胡汉民："先生于征桂，则功超言论之外，对待阎、冯，则功居后防之先。"胡汉民对自己在这一阶段的政治生涯也很感得意，曾赋诗一首：

> 三年把臂住京师，始见新愁写入诗；
> 造化有情吾辈老，风光无限客心痴。
> 从来龙蟠虎踞地，又试莺飞草长时；
> 万紫千红看未兄，惜春频讯雨晴期。

胡汉民对自己要求很严格，工作上一向认真，无丝毫苟且。胡汉民自己也说："对于当管的事，便不敢放松，凡关于党务，目前在我职分以内的，我不能不负责任，所以无论大小，总勉力去做。……同志来专门讨论党务的，我不但愿意多谈，而且谈得非常认真，虽一个字也不轻易放过。有许多人以为我这样太认真，而且进话时，对同志好像对学生一样，未免太过……朱执信先生就这样说过。但是遇事不能敷衍，尤其不说假话，无论如何，总是应该的。"胡汉民还说："党不是树立在总理的主义和方略的基础上面，或是向那一方倾侧了一点，还要兄弟说敷衍恭维的话，那是绝对办不到的。"事实也是如此，举例来说：胡汉民因为反对李书华、易培基等人当教育部长，曾在中央政治会议席上公开指责李石曾，不能利用国民党清客的地位，貌为清高，却结党营私，专干这些不光明的勾当。为了蒋介石与宋子文迳邀拉西曼来华，胡汉民又在国民政府会议席上，公开质问宋子文，认为中国既然是一个国家，便不应该这样没有体统。蒋介石推荐他的谋士杨永泰担任立法委员，胡汉民却指出：杨永泰曾经反对过孙中山及诬陷过同志，不宜作立法委员。王正廷任外交部长时，每逢有外宾来访问，常举行宴会欢迎来客，并常邀请胡汉民作陪。胡汉民对此也很不满，认为王正廷没有分寸，外国小家伙也要我们院长们去作陪，这是什么外交部，只能叫作外"文"部，真是"忘八蛋"。陈立夫接嘴说："交"字少了个"八"字，不就成了"文"字吗？忘"八"的外交部，自然成了外"文"部了。胡汉民听了陈立夫的补充，显得很得意。甚至官员的私生活也在胡汉民的严厉批评之下。南京市长刘纪文的夫人穿12块大洋一双的长筒袜，胡汉民也曾在大会上严厉批评一番。

胡汉民喜欢批评和责备人，而且言语刻薄。陈公博说："胡先生更素来好骂人，他的词锋尖酸刻薄，经他批评，身受者都有些像挖心之痛。"这样一来，胡汉民就有些四面树敌、处境孤立了。

胡汉民与蒋介石的合作是有条件的，这就是他一开始就声明了的："假如我到南京是帮助（蒋）介石个人，则我希望这所谓个人，是凯末尔（基马尔），不是袁世凯。如果这所谓'个人'是袁世凯，我必首先反对他。任何牺牲，在所不辞。"但蒋介石显然不会满足于做一个土耳其的凯末尔。从很早开始，蒋介石就自我标榜为孙中山的唯一继承者，他常说："一个党里，不能有两个领袖。""我是总理唯一的信徒。"随着实力的增强，蒋介石的领袖欲也越来越强烈。

从胡汉民的内心来说，孙中山在世时，他是军师；孙中山去世后，他就是国民党新领袖的导师。他一直强调"以党治国"，就是要通过国民党对国家的绝对领导权，来指导和监督在第一线工作的蒋介石等人，以保持他的导师地位。加之，蒋介石是从上海滩黑社会中磨炼出来的，又曾经拜上海大亨黄金荣为师，上海黑社会的一套手段，蒋介石全盘照搬到政治斗争中来，而且得心应手，这又与胡汉民在施政手段、风格、理念上大异其趣。由此种种原因，胡汉民就不能不与蒋介石产生种种冲突。

1929年3月，蒋桂战争爆发前夕，蒋介石为了拉拢冯玉祥反桂，便大唱蒋冯合作高调，给冯玉祥及其部下安排了几个部长职位，胡汉民当即反对这种做法。后来，蒋介石为了拉拢阎锡山反冯，又准备委任阎锡山为陆海空军副总司令，任命阎锡山部下赵戴文为监察院长、赵丕廉为内政部长。在任命状公布前，谭延闿去找胡汉民说："从前给冯焕章（玉祥）的，现在又可以给阎伯川（锡山），这种做法，怕不对吧？"胡汉民说："何止不对，而且不该。"后来，蒋介石又亲自找胡汉民疏通。胡汉民仍表示反对，并且详陈利害，但无济于事。到了中原大战爆发后，蒋介石又极力给张学良封官许愿，极力阻止张学良倒向阎锡山、冯玉祥一边。中原大战结束后，张学良以大功臣的姿态抵达南京，蒋介石准备履行诺言，任命张学良为陆海空军副总司令，任命张学良的一批部下为国民政府委员、部长。为此，蒋介石、戴季陶、吴稚晖找到胡汉民疏通说："现在要与汉卿合作，非这样办不可。胡先生以为如何？"胡汉民仍旧表示反对，说："在一个政府的立场，不应该用这种拉拢凑合的卑劣手段。我们不能自己做郑庄公，把人家当公叔段。在过去，把这种手段施之于阎冯，我已经反对。现在施之于汉卿（张学良），我也当然反对。我以为合作并不在分配官职，国家的名器也不应该这么滥给人，而且既然是一个中央政府，在'中央'的意义之下，对于国内的任何个人都谈不到什么'合作'。"见胡汉民反对，蒋介石大为不满，站起来说："胡先生向来看功名权力之事，不是很平淡的吗？何以对于几个国府委员和部长之类，竟这么隆重起来？"胡汉民仍不示弱，继续发挥说："把功名权力之事看得平淡，这是我对于我自己。把国府委员和部长之类看得隆重，这是我对于国家的名器。前者是个人的立场，后者是国家的立场，这期间显然不同。我不是无政府主义的标榜者，因此，看重国家，看重政府，不肯随个人好恶，把名器做拉拢私人的手段。我最痛恨的，是自己标榜无政府主义，而实际则热衷利禄，无所不至，标榜无政府，却滥窃政府名器，这类人，其心尤可诛！"话不投机，谈话的结果，自然是不欢而散。

几天后，王宠惠告诉胡汉民："为了胡先生反对把几个委员部长给汉卿，介石发愤要辞职了。"胡汉民仍不松口，他说："介石要辞职，何必要告诉我。我只问道理对不对，政府像不像政府，其余的，我都不管。他们闹这些，全没体统，这些冒牌的无政府主义者，尤其虚伪的可恶。（李）石曾、（吴）稚晖他们，根本不该把介石辞职的话告诉我，倒反应该把我的话转告介石和汉卿。他们现在告诉我的这些话，有什么意思。我怕介石辞职，便不讲话了吗？既然他们请你来告诉我，我也请你去告诉他们：第一，我们爱护汉卿，不在给他做副司令，或分他几个委员部长。汉卿年纪还轻，前程很远大，我们要好好地训导他，使他明白革命大义，将来能为党为国出一番力，这是爱人以德，不是馅之以名利。第二，这些把戏，过去施之于阎冯，现在施之于汉卿，汉卿而聪明，他何尝不会知道这是我们虚伪的羁縻手段，他知道了，将以我们为何如人？汉卿而不懂，我们用这种手段去欺骗人，我们居心如此，又自以为何如人？总之，无论论事论理，我对丁这种办法，绝没有可以苟同的地方。"

反对归反对，蒋介石仍然我行我素，张学良当上了陆海空军副总司令，张学良部下也当上了国民政府委员、部长。胡汉民只能徒唤奈何。

还有一次，中央党部会议通过了一件议案，可蒋介石的亲信陈立夫却说："还得问问介石的意思。"当时蒋介石正在前方指挥作战，胡汉民听了这话，站起来就要走。谭延闿一向八面玲珑，这时也忍不住发起了牢骚："既然党部的决议还不能作准，又何必提出来？"后来，胡汉民对陈立夫发牢骚说："其实什么机关都可以不要，只要一个陆海空军总司令部，便可以了。既简捷，又经济，这样一实行，对于减少目前的财政恐慌，大概不无小补！"在胡汉民看来，既然有中央党部，有国民政府，有陆海空军总司令部，又有各院部会，事有专司，何可以某一个人的意思来掩盖各机关。难道在政府党部之外，又有一个太上政府和太上党部总持一切吗？

胡汉民与蒋介石的矛盾终因约法之争而全面爆发。

中原大战以蒋介石的胜利而告结束。蒋介石以为从此天下姓蒋，便于10月3日，未经中央党部讨论，从河南前线致电国民党中央，建议立即召开国民会议，制定约法，以便选他当至高无上的大总统。当时在南京主持中央常会的胡汉民接到蒋介石的电报后，很不以为然，立即指示中央通讯社社长萧同兹不要将蒋介石的电报在报上公布。因为胡汉民正在准备批驳汪精卫召集国民会议制定约法的主张。10月6日，胡汉民在立法院纪念周上，发表《国家统一与国民会议之召集》的演讲，全面批驳了召开国民会议及制定约法的主张，从而挑起了约法之争。

蒋介石见胡汉民敢于扣留自己的电报，大为恼火，便径自交上海各报刊发表。

在1930年11月12日至18日召开的国民党三届四中全会上，胡汉民与蒋介石及其追随者展开了针锋相对的斗争。

胡汉民在致开幕词时，对开国民会议及制定约法一事只字不提，反而说四中全会的任务是"严正检查过去，策励将来"。胡汉民在开幕词中还对蒋介石进行了旁敲侧击，他举一个例子，说有一位很高明的飞行员自恃驾驶飞机的技术精湛娴熟，便去开他根本不熟悉的汽车，结果，撞死了人。胡汉民由此联系到国民党领导层，说："若干负党务政治责任的人，一定有很多犯了以飞行家开汽车的毛病。"这种毛病表现在："军事刚刚结束，一切党务、政治人员精神上也一时不易回到和平与建设上来，仍旧是用他们在前方处理战事的办法来执行事务。"胡汉民还对国民党内的兼职风进行了讽刺批评，说："兼职的结果，一定注重了空间，忽视了时间，换言之，要做的事太多，而所需的时间不多。""这在党政前途，是何等的危机！"

蒋介石不理睬胡汉民的反对，指使亲信爪牙正式向会议提出《请速召开国民会议制定约法案》，这份提案，洋洋洒洒长达万余言，重谈召开国民会议，并对胡汉民反对召开国民会议的理由进行了批驳。为此，胡汉民与支持蒋介石的吴稚晖、李石曾等人发生激烈争吵。最后，全会通过《召开国民会议案》，只确定了召开国民会议的日期，而对是否制定约法则未有一字。蒋介石依仗人多势众，强行通过《国民政府组织法》修正案，规定国民政府五院正副院长均由国民政府主席任命，提高了国民政府主席的职权。全会并推举蒋介石为国民政府主席兼行政院院长，从而大大加强了蒋的权力。

四中全会以后，蒋介石按照制定约法、选举总统的既定方针，加紧筹备国民会议。胡汉民也不肯沉默，继续同蒋介石辩论。

1931年1月5日，胡汉民在立法院纪念周上，发表题为《尊依总理遗教开国民会议》的演讲，继续阐发其反对召开国民会议制定约法及选举总统的主张。胡的言论在国民党内产生重大影响。许多人原本对蒋介石的专横跋扈不满，更不愿选他当总统。据蒋系特务暗中估量，若竞选总统，倾向胡汉民的达三分之二以上，明确赞成蒋介石的不足三分之一。而在双方争夺国民会议代表席位上，也显示出胡的势力已经超过了蒋。蒋对此惊慌不已，派吴稚晖去劝说胡汉民"休养"，胡愤然拒绝，并斥吴无耻。

2月24日，蒋介石又约胡汉民、戴季陶、吴稚晖、张群等人去谈约法问题，希望胡汉民能够回心转意。谈话一开始，蒋的智囊张群即大谈所谓"立宪救国论"，胡汉民听了不耐烦，狠狠地对张群进行了批驳，说：

"我并不是不主张约法和宪法，我自信是真的为约法而奋斗者。实在说一句，当开始反对满清，提倡民权主义的时候，我还不知道你们何在？而且也无处去认识你们。我维护民权的意思，并不会比你们减少，而且还比你们热烈，只要看我在广东时的言论自由的程度，和我执政时的行政措施，便可以了然了。

"我在立法院未尝不可大出风头，立出一个约法宪法来，但立出一个约法或宪法来，是不是算实行了民权主义呢？我所以不愿自己出风头，因为深知做政治党务工作的人，是不应该不顾实际，乱唱高调的，现在各项法律案还没有完备，已有的，又因为军权高于一切，无从发挥其效用，徒然定出根本大法来，有而不行，或政与法违，不但益发减低了人民对党的信用，法的本身也连带丧失了价值。所以我不主张马上有约法或宪法，不但是为党计，为法的本身计，甚至也为了目无法纪者的军阀自身计。

"在人民方面，真正的人民何尝要求一个空洞的法来保障他们的利益？约法这件东西，寒不能为衣，饥不能为食，有而不能行，或行而枉之，只于人民有害，不会于人民有益。真正的人民的要求，是希望我们能实行建设，减少些苛捐杂税，摧毁军阀暴力，努力把交通、农业、工商业等充分发展起来，使人民食、衣、住、行四大需要渐次解决，人民的希望便满足了。至于官僚政客，何尝懂得法？他们或者看过几本法律书，在似通非通的状态之下，舞文弄墨，无论你的法定的好或不好，如果于他们本身无利，或为自己出风头，便会造作巧言，吹毛求疵，结果是为官僚政客立法，并没有为人民立法，立法的本旨，何尝在此！

"我的话句句根据事实，你们看我的立法院六年计划，便可以明了了。如果你们能多读些中国书，多研究些中国实际情况，多留心考察些世界法治的演进史实，便知道我的话是没有理由可以辩驳的。"

这一通驳斥，弄得张群哑口无言，戴季陶、吴稚晖等人见话不投机，再说也无益，也不再吭声，最后还是蒋介石出来打圆场，说："很好，我们只有照胡先生的话去做。"

蒋介石见胡汉民软硬不吃，便使出他在上海滩流氓大亨那里学来的撒手锏——软禁胡汉民。

2月26日，胡汉民收到蒋介石寄来的请柬，邀请他28日晚到蒋介石的陆海空军总司令部晚餐。胡不知道这是蒋介石摆下的"鸿门宴"，准时赴宴。

当胡汉民赶到总司令部时，等待他的不是满桌的美味佳肴，而是一群荷枪实弹的士兵。胡汉民被引到一个会客室，里面坐着的却是首都警察厅厅长吴思豫。待胡汉民坐定后，吴思豫将蒋介石写给胡汉民的一封长信递给他。蒋介石在信中称胡"近来反对政府，反对介石，无论在党务政治方面，处处与他为难"。蒋并具体开列了胡汉民的种种"罪状"：一、勾结许崇智。二、运动军队。三、包庇陈群、温建刚。四、反对约法。五、破坏行政。……蒋介石还在第一款"罪状"旁加了注。最后，蒋介石写道："先生每以史丹林（即斯大林）自命，但我不敢自承为托罗斯基（即托洛茨基）。中正欲努力革命，必须竭我能力，不顾一切做去，断不敢放弃自身责任也。"

胡汉民看完信，有如五雷轰顶，他万没有想到蒋介石会这样对他下手。但胡汉民天生自负的性格又使他镇定了些，坚持要人把蒋介石找来，要与蒋当面论理。

过了一会，蒋的亲信邵元冲走了进来，想打打圆场。在胡的一再逼问下，邵说出了蒋介石的意思，要胡辞去立法院院长。胡汉民听了，很愤怒地说："何止立法院院长，我什么都可以不干。组庵（谭延闿）未死时，我已经说过辞职了，但必须找介石来，这样便可以了事了吗？"

从约法之争开始，蒋介石就一直躲在幕后动作，避免与胡正面冲突。2月28日晚，蒋仍不想露面，但胡汉民坚决要求，蒋无法躲避，便带着侍卫长及十几个卫士赶到。蒋介石在胡汉民对面坐下，他的侍卫长居然按着枪坐在旁边，虎视眈眈地盯着胡，生怕胡做出什么过激举动伤害到蒋。

胡汉民一开始，劈头就问蒋："你近来有病吗？"蒋不知何意，连忙答："没有病。"胡接着说："那很好，我以为你发了神经病了。""你给我的信，我已经看了。但你何所据而云然，你应该明白告诉我"。胡汉民一开始，就想争取心理上的优势。接下来，双方展开了唇枪舌剑。胡汉民对蒋似是而非强加给他的"罪名"——进行了批驳和辩论。蒋介石理亏，往往被胡汉民驳得哑口无言。这场交锋持续了两个钟头。此时已至次日凌晨。胡汉民突遭精神打击，粒米未进，加之长时间的辩论，感到心力交瘁，知道任何抗辩都已无济于事，便只好赌气地说："去年组庵在世时，我已经说过'不干'了。从今天起，我什么都可以不问。"

蒋介石要的就是这句话，立即接口说："胡先生能辞职，很好。但不能不问事。我除总理以外，最尊敬的便是胡先生，今后遇事，还是要向胡先生请教。今晚胡先生火气太盛，我又不会说话，讲什么事，向来辩不过胡先生，不过我蒋中正断不肯冤枉胡先生。如果冤枉了胡先生，我蒋中正不姓蒋。"蒋介石一面说，一面拍胸脯发誓。胡汉民知道蒋向来喜欢赌咒发誓，这种保证值不了几个钱。但口头上，胡汉民仍不服输，强打精神对蒋说："你不对，只有我教训你。除我以外，怕没有人再能教训你了。你不当以为我不敢教训你。如果我畏死，也不至今日才畏死，早就不出来革命了。我现在已经50余岁，妻子老了，也能自立，女儿大了，也已出嫁。我更脱然无累。除党国以外，更有什么值得我置念的。"

尽管胡汉民不服输，但面对蒋介石的枪杆子，也不得不接受蒋安排的结局：辞职并被软禁。次日晨，胡汉民写了两封信，一封声明："因身体衰弱，所有党部政府职务，概行辞去。"另一封信是写给蒋介石的。胡在信中说："我生平昭然揭日月而行，你必有明白的时候。……"

当天上午，蒋介石指派邵元冲和吴思豫带着十多名警察将胡汉民押送至南京郊外的汤山软禁。胡汉民从国民党上层领导一夜之间成了蒋介石的政治俘虏、阶下囚。对于蒋介石这种鲁莽决裂的行为，连陈果夫也不以为然。陈果夫说："国民党的灵魂没有了，从此中国多事矣。"当时赞成囚禁胡汉民的陈立夫，在事隔数十年之后回顾这段往事时，也指出了蒋介石囚禁胡汉民所带来的消极影响："元老党员在言论上就更加谨慎，大家认为胡先生的失败，主要就是言词太尖刻薄，元老政治家们都记取这一教训，从此讲话就更小心了。"从此以后，蒋家王朝内部就成了鸦雀无声的局面。

胡汉民被囚禁后，两广势力群起反蒋救胡。胡汉民获释后，却再也没有能够重返政治中枢。

胡汉民被囚禁后，举国舆论顿时哗然，特别是两广籍党政军要人更是群情大愤。国民党的创始人孙中山是广东人，孙中山又长期在广东从事革命活动，所以追随孙中山革命的国民党上层人物也以广东人居多。但随着蒋介石的崛起，广东籍上层领袖几乎被蒋介石排挤殆尽，有的被驱逐，有的被扣留，有的被开除党籍，总之，广东人吃蒋介石的苦头非常之多。以往，因蒋尚与广东籍的胡汉民合作，大家心中虽有不快，但还不至于发作。此次，蒋介石囚禁了胡汉民，准备将广东人一网打尽，立即激起广东人的强烈反应。

首先，是古应芬辞去国民政府文官长职务，以示抗议，并南下广州，策动各方反蒋力量联合起来，组织反蒋政府。囚禁中的胡汉民也托人带口信给孙科，要他利用两广地方武力为后盾，并联合汪精卫，在广州建立反蒋局面，以便救他出险。在联络就绪之后，胡汉民一派的国民党中央监察委员古应芬、林森、萧佛成、邓泽如联名发表弹劾蒋介石提案，列举蒋的四大罪状，指出蒋违法叛党，必须严厉处分，以肃纪纲；要求释放胡汉民，蒋介石下野。汪精卫也发表了《为胡汉民被囚重要宣言》，斥责蒋介石："一面摆酒请客，一面拔枪捉人，以国民政府主席，而出于强盗绑票之行径，较之青锋剑中之狗官，有过之而无不及。"

5月3日，两广将领陈济棠、李宗仁、白崇禧、张发奎等数十人联名发表通电，拥护四监委的提案，誓为他们的后盾。反蒋的旗帜一举，以孙科为首的再造派、汪精卫为首的改组派、胡汉民派、西山会议派以及遭受蒋介石打击排挤的唐绍仪、唐生智、李烈钧等各派反蒋势力，尽弃前嫌，齐集广州，于5月27

日在广州召开"国民党中央执监委员非常会议",以"救护党国"、"打倒独裁"为口号,决定成立广州国民政府,选举汪精卫为主席,唐绍仪、汪精卫、古应芬、邹鲁、孙科为广州国民政府常务委员。他们都是清一色的广东人。28日,由唐绍仪领衔发表宣言,限蒋介石48小时内下台。

双方剑拔弩张,准备大战一场。正当宁、粤间纷争不止的时候,日本帝国主义趁机发动"九一八"事变,大举侵略我国东北三省,全国人民掀起要求停止内战、一致抗日的怒潮。形势迫使蒋介石与国民党各派以武力争夺转向和平谈判。9月21日,蒋介石从江西"剿共"前线回到南京,召开会议,决定与粤方停止军事行动,并敦促胡汉民出来视事。同一天,粤方发表通电,提出释放胡汉民和蒋介石下野作为和解的条件。28日,蒋介石派陈铭枢到香港,将一封亲笔信交给汪精卫,蒋在信中表示:如今双方应当牺牲一切,共赴国难。至于过去的是非曲直,他愿意一人承担。经过陈铭枢、张继、蔡元培等人的斡旋,蒋介石全部答应了粤方提出的三个条件,即:蒋介石下野,恢复胡汉民的自由,第十九路军进驻南京、上海,担任卫戍任务。

10月14日,胡汉民结束了九个半月的监禁生活,乘铁路局为他准备的专车离开南京前往上海。蒋介石、张静江、孔祥熙等前往送行。蒋介石装出很谦恭的样子对胡汉民说:"过去的一切,我都错了,请胡先生原谅,以后遇事,还得请胡先生指教。"

这本来是蒋介石的一句客套话,不料又勾起胡汉民的自负心,竟当起真来,一本正经地教训起蒋介石:"不然。你说过去的一切都错,这又错了。你应当检查出在过去的一切中,哪几样是错的,然后痛自改正,错而能改,并不算错,如果说统统错了,便无从改起,这却是大错。"

蒋介石见胡汉民当真,也就只好顺其口气,搭讪道:"据胡先生看,错些什么呢?"这样,胡汉民更来劲了。他滔滔不绝地讲了起来:"过去最大的错误,是大家并没有为党、为国、为中国革命去奋斗,只是努力于私人权利的斗争。把×××'呃'、'吓'、'拆'的三字诀整套学了来。人人将所有的心思才力,用以对付党内同志,党以此不能团结,党的力量以此不能表显,整个中国革命,也以此完全失败。这种错误,谁都有份,不过我个人要比你们少些。先生逝世以后的一切,你都是很清楚的。从此以后……"

胡汉民还想继续发挥他的高见,在一旁的张静江怕胡汉民说岔了话,让蒋介石下不了台，便连忙大声打岔道："今日天气倒凉爽，胡先生到上海去，旅途中也舒服些。"又说："时候不早了，怕应该动身了吧。"这样，才止住了胡汉民的话头。蒋介石得此机会，赶紧找了个借口说："八点钟我本要开会，现在迟了，我先走了。"说完便溜之大吉了。

由此看来，胡汉民在被蒋介石囚禁数月仍没有放弃其做蒋革命导师的一厢情愿的想法，这也正是蒋介石最恼恨他的地方。

12月17日蒋介石宣布辞去国民政府主席、行政院长、陆海空军总司令职务。随后，改组国民政府，选举元老林森为国民政府主席，孙科为行政院院长，张继为立法院院长，伍朝枢为司法院院长，戴季陶为考试院院长，于右任为监察院院长。推举胡汉民、汪精卫、蒋介石三人为国民党中央政治会议常务委员，轮流主持中央政治会议，决定方针政策，但不负实际政治责任。胡汉民认为，这是从制度上打破蒋介石独裁的办法。随后，胡汉民前往上海隐居，准备在幕后遥控时局。

但蒋介石毕竟技高一筹，他略施小计，就使胡汉民寄予厚望的孙科政府寸步难行，不得不转而吁请蒋、汪、胡出来主持。蒋介石见有机可乘，便决定拉拢汪精卫、抛开胡汉民，实行蒋汪合作，重返政坛。1932年1月13日，蒋介石从奉化到达杭州，与汪精卫会谈。16日，两人在杭州烟霞洞密谈，双方达成政治分赃协议：蒋主军、汪主政，蒋汪共管党务。1月21日、22日，蒋、汪相继回到南京，策划推翻孙科政府。1月25日，孙科被迫辞职。随后，由汪精卫出任行政院长，蒋介石为军事委员会委员长兼参谋总长，从此进入了蒋、汪合作的时代。

胡汉民被抛到一边，成为政治在野派。胡汉民见蒋汪不讲政治道义和信用，极为愤慨，连忙发表声明公开宣布与蒋汪决裂。此后，胡汉民再也没有能够重返国民党政治中枢，他卜居广州、香港等地，从事反蒋、抗日、反共等方面的宣传，并曾一度策划组织"新国民党"，联络各地反蒋势力，准备以武力推翻蒋介石，但没有取得成功。1936年5月12日，胡汉民因脑溢血病逝于广州。

第五章

蒋家天下陈家党：结党为私

蒋介石玩弄以派制派、分而治之的权术，使C.C.不仅要与反蒋势力做斗争，而且要与蒋介石的其他嫡系势力做斗争，这样一来，C.C.始终处于与人争斗的境地。陈立夫在晚年仍愤愤不平地埋怨他的"主公"：……好使部下力量对立（如党与团、政校与干校等等），虽双方均对蒋公很拥护，终致力量抵消，效率低落，非良策也……

1946年7月9日，周恩来在同哥伦比亚大学教授裴斐的谈话中曾指出："国民党的最后决定是操在蒋介石的手中，但蒋也不是孤立的，而是受他下面各集团影响的。每一个集团都在他之下，都非操有全部的权力。这权力是分割的，如党务操在C.C.的手中，财务操在宋、孔的手中，军事操在黄埔系的手中，行政方面政学系的势力较大。这样各集团都是只有一部分权力，而在他们的全体之上则是蒋，造成蒋的政权。"C.C.、黄埔系、政学系与孔宋财团虽然都是蒋介石政权的支柱，但由于蒋介石历来采取以派制派、分而治之的策略，故此，这些派系之间的矛盾也相当尖锐，有时甚至是你死我活的。

蒋介石的嫡系分成黄埔系、C.C.、政学系等三个大的派系，到了20世纪40年代以后又有了蒋经国的太子系等派系。在黄埔系内部，又有陈诚的"土木系"、何应钦系等。这些派系都以拥蒋为出发点，但在拥蒋的前提下，各派系之间争权夺利，相互倾轧，矛盾十分尖锐，常常势同水火，相互陷害、仇杀。蒋介石则高高站在他们之上，操纵驾驭他们。对于蒋介石以派制派的权术，蒋介石幕府的人都看得一清二楚，并有深刻的认识。康泽说："蒋好用权术，制造矛盾，掌握矛盾，使部下各树一帜，互相牵制。今天的分崩离析一半也是他自己造成的。"何廉说："委员长老是准备让他随便哪个下属成群结党，只是要由他来当头头，而事实上，他是每个派系的最高领袖。每当有一个派系组建时，事先都得报告他，并经他同意。他随时注意着派系的进程，知道他们正在干些什么。他也知道派系之间的角逐，但是只要他们在他面前保持一致，他就高兴，这是他所希望的。在理解委员长的品格和心理上，这点是非常重要的。在心底里，委员长有一种操纵驾驭的嗜好，他要在矛盾中显示他的至高无上。他允许甚至鼓励搞派系活动，因为只要派系继续活动，唯有他才能使不同的派系捏合在一起。这并不是说他不是真正要消除国民党与三青团之间摩擦,可是他做不到。当然表面上,他能将上层三青团的头头和国民党的掌权者叫在一起训他们一通。在场的每一个人都能唯命是听,但这两个派系的下级在当地依然争斗不误。玩火者,火闹大了,是控制不了的。"史迪威1944年9月22日给美国参谋总长的报告中指出:国民党"已沦为一群互相倾轧的落伍派系,一种不稳定的平衡局势,既无强有力的原则,也无民众的基础。蒋用巧妙的政治手腕,操纵这些派别而统治"。李宗仁说:"蒋中正的为人,因其幼年混迹上海的黑社会,颇受其熏染。对同事,御部属,一以权诈为能事。在在均使贤者裹足,壮士离心,而攀龙附凤之徒则蚁附帷幕。因此,在蒋氏独断专行之下,终使一领导革命的政党,逐渐变为争权夺利的集团。此种转变,在清党后,已日益显著。"郭汝瑰总结说:"蒋介石一辈子玩弄权术,他暂时成功在这上面,最后失败也在这上面。"

第一节　C.C.与政学系的争斗

一、C.C.与政学系各有长短

所谓政学系,张群在抗战后期曾对《大公报》的王芸生有过解释:"所谓政学系,其实并没有组织,更没有纲领政策,只是几个人,行迹比较接近,就被人看成一系了。不过这个名词的形成,是有历史渊源的。在民初旧国会里,有个'政学会'的组织,是李印泉(根源)张镕西(耀曾)他们搞的,我跟他们接近,也算入了政学会。我是同盟会的会员,与蒋先生(指蒋介石)在保定和日本两度同学,有30多年的关系,我在国民党里却始终隔着一层,是党内的外人。因为当初的政学会是反对孙中山先生的。由'政学会'被转称为'政学系',是在江西打共产党的时代。那时杨畅卿(永泰)任行营秘书长,熊天翼(式辉)在南昌(江西省主席),我在武汉(湖北省主席),俨然形成一个势力,就特别被人重视了。从这个线索看下来,人们就把政学系愈看愈大了。其实只是一些行迹比较接近的人而已。"这是张群自己的解释。

全国政协《文史资料选辑》第四辑载王又庸《关于新政学系》一文说:"这批人物,相当长久而固定地集结在杨永泰和熊式辉手下做官,逐渐成为臭味相投、声气相通、互相关怀、休戚与共的一个反动的官僚集团,这是客观的存在，无可否认；不过如果把它看作和政学会一样，是一个政党的派系，或者把它看作和C.C.团、复兴社一样，是个有集体行动和集体纪律的东西，则不符合于历史事实。尽管如此，这个集团既然没有自己的名称，根据它的代表人物的历史面貌，称之为'新政学系'，或单称'政学系'，都是没有什么不可能的。"

C.C.与政学系互有长短：C.C.下层基础强，上层人物稍弱；政学系则上层人物很强，下层基础很薄弱。蒋介石正好利用他们的矛盾互相牵制。国民党统治时期，各省主席中总有数个最多时甚至有十余个是政学系上层人物，蒋对政学系的首领杨永泰言听计从，相反对陈氏兄弟是动不动就臭骂一通。陈氏兄弟认为他们挨骂，都是杨永泰在蒋介石面前说他们的坏话、挑拨所致，C.C.在政治发展上受到政学系的强有力牵制。为了反击政学系，陈氏兄弟命令中统特别要注意搜集政学系的情报，提供攻击资料。中统专找政学系弱点，政学系则大骂C.C.是流氓集团。

二、政学系第一次领教 C.C. 的厉害

张群是蒋介石的金兰兄弟、政学系巨头，1929年3月27日出任上海市长。上海是C.C.势力最集中的地区，C.C.大将潘公展任上海市社会局长，中统骨干陈希曾于1931年2月接任公安局长。

张群与C.C.在上海的合作并不愉快。为了给张群一点颜色，潘公展专程到

政学系巨头张群（左）、吴铁城

南京请示陈氏兄弟，在陈氏兄弟的授意下，由归降的中统特务顾顺章设计，准备把张群市长整治一下。

1931年"九一八"事变后，上海各阶层抗日情绪高涨，学生罢课、工人罢工，游行示威如火如荼。一天夜里，八名学生请愿代表突然失踪。上海市的大中学生都被激怒了，成千上万的学生从四面八方把上海市政府包围起来，要求立即释放八名学生代表。张群对此事一点也不知情，也不知道八名学生代表的下落，当然无法满足学生的要求。于是，张群陷入学生的重围中丧失了自由。情急之下，他立即打电话向中央组织部调查科驻上海特派员黄凯求救。但是，黄凯对此事也同样不知情，也无从救起。

张群又打电话向蒋介石告急。蒋根据经验，断定此事为陈氏兄弟所为，立即召陈立夫、徐恩曾进见，陈、徐也信誓旦旦表示他们对此一无所知，蒋介石怀疑是黄凯所为，大骂一顿，限令黄凯立即放人。陈立夫等退出后，立即命张冲给在上海的黄凯打电话，张冲在电话中告诉黄凯："领袖（指蒋介石）为此事大发雷霆，指责你胆大妄为抓人，限你在几个小时内把张市长救出来，不准打人，不准开枪。"黄凯告诉张冲：这事确实不是他干的，而且他也不知道。张冲说："你是我们系统在上海的最高负责人，对此事不明底细，岂不令人笑话。你赶紧去问顾顺章。"

黄凯派人去找顾顺章，却怎么也找不到。蒋介石限定的时间又快到了，情急之下，黄凯想出了一条营救张群的妙计，即以他的特派员办公室的十余人为核心，并借用一个警察大队，全部换上便衣，还调动捕房中学的300名学生，打着大中学校旗帜浩浩荡荡开到枫林桥的市政府，并高呼"打倒国民党"、"打倒日本帝国主义"、"要求释放代表"等口号。到了市政府外面，带头的中统特务曹清噔大声说："早来的同学们辛苦了，该换班休息，让我们租界学生来干吧！"这批已经乔装打扮的学生从包围圈的外层通过了自动让开的通道，王斌一马当先冲上市政府大楼，一把拉住张群市长，低声说："是自己人"。张群仔细看了看王斌面孔，认出后才定下神来。在王斌冲上来之际，张群的卫士差一点开枪把王斌打死。中统特务们把张群救出重围送上汽车，转移到安全地区。当天晚上，顾顺章派人告诉黄凯："这件绑票案，是得到最高当局同意的。八名学生代表被看管在曹家渡的小船上，现在已全部释放。"黄凯听了后才一块石头落地，心中想："老蒋真是糊涂。"

1931年5月5日召开的"国民会议"主席团的合影。右起：林植夫、陈立夫、戴季陶、吴铁城、刘纯一、张学良、张继、于右任、周作民、叶楚伧

张群受此惊吓后，主动于1932年1月辞去上海市长职务，由政学系另一大将吴铁城继任。吴铁城与杨永泰、熊式辉、张群这政学系三巨头不同的是，吴虽是政学系巨头，但同时又与国民党元老派、C.C.、太子派等都保持着良好的人际关系，是个多栖人物，各方面都可以接受。吴铁城与陈立夫私交很好，对中统在上海的活动采合作态度，陈氏兄弟对吴铁城也同样取某种合作态度。吴铁城的上海市长一直做到1937年3月，是国民党统治时期历届上海市长任职最长的一位。要做到这一点，没有C.C.的合作是不可能的。

三、杨永泰挑起与C.C.的恶斗

国民党实施一党专政，明确规定训政时期，"根据以党治国的原则，不许其他政党在中国境内有所活动"。政学系作为一群政客，手中无军事实力，深知掌握党权之重要，对C.C.独揽党权极为不满，积极寻找机会，研究对策，与C.C.争夺党权。

杨永泰充分利用所掌握的南昌行营秘书长职权，强调"中央以党指政，地方党融于政"，首先从鄂、豫、皖、赣四省开刀，改组四省市国民党组织。其具体做法为：省市党部设主任委员，由当地军政大员兼任；主任委员之下设书记长，书记长大多由主任委员的私人担任；各县设书记长。由此一来，原来的省、县执行委员、监察委员统统被打入冷宫。政学系从C.C.手中夺得了四省党部大权，还美其名曰："融党于军政。"同时，政学系还从财政上压制C.C.。杨永泰借口提倡"党员养党"，向蒋介石建议党费不由"国库开支"。

与C.C.展开恶斗的杨永泰

经蒋同意后，杨下令湖北、河南、安徽、江西各省政府，将各县党务经费从财政预算书上划掉，国库立即停拨各县党费。当时国民党的实际管辖范围仅为江西、湖北、湖南、河南、福建、浙江等10个省及上海、南京等几个特别市，政学系一下子夺走了C.C.四个省份的党务大权。

以河南为例，由河南绥靖公署主任刘峙兼任河南省党部主任委员。主任委员之下设书记长，书记长多系主任委员私人。在河南，省党部书记长就是刘峙的心腹，原来C.C.的执行委员和监察委员都一起被打入冷宫。各县设书记长，同样把原来的C.C.执行委员和监察委员都送走。不论省或县都由书记长负全责，工作报告直接送到"剿匪总部"党政处，经费也由"剿匪总部"直接发给。从此四省国民党省、市、县党部大权由C.C.手中转入政学系和黄埔系手中，C.C.的政治地位一落千丈，成为当地军政负责人的附庸。实际上，这四个省的各级党部都变成了无香火的土地庙，书记长不过是守破庙的、为统治阶级所不齿的道士。有时宴会中确为这些人设有末座，实际不过是叫这些年过半百的党棍出丑罢了。C.C.受此打击，一时无法应对。因为杨永泰想出的这种毒辣办法是以蒋介石的名义推行的，并由蒋介石提交中常会追认为合法。陈果夫、陈立夫对此感到难受，C.C.骨干张道藩在经历了政学系的这番巨大打击后居然怨恨起蒋介石来，说什么："我现在才明白狡兔死、走狗烹的滋味。"但二陈也不是省油的灯，针对政学系的毒计，立即想出了"融政于党"的对策。二陈立即指使成员发动护党运动，让各级党部向国民党中央常务委员会告状，控告政学系正在进行毁党的活动。他们抨击杨永泰提出的"三分军事、七分政治"的"剿共"方针是以政代党、以团代军，财政化零为整，军队化整为零，在中央是以党统政，在省级党政平行，在县级以政代党。揭露政学系凭借南昌行营大权，凌驾于国民党中央之上，以引起标榜"以党治国"、"以党训政"的蒋介石的反感。陈果夫又借蒋介石曾下令解散党内小组织，揭发杨永泰、熊式辉搞政学系的小组织，要求蒋介石勒令他们解散；陈立夫还亲自跑到南昌向蒋介石告御状，说政学系在教育方面的活动未免越权过甚了。与此同时，二陈指使张道藩、余井塘、张厉生等C.C.大将奔走于张继、谢持、邹鲁等元老之门，泣求他们向蒋介石进言，把党部还给陈果夫和陈立夫。对于政学系压缩党务经费，C.C.也不放过，吁请吴稚晖、何应钦出面，要求蒋介石取消停止拨发党务经费的命令，并且组织鄂、豫、皖、赣四省党务代表请愿团，到江西庐山向蒋介石呈递请愿书，请求恢复四省地方党务经费。

对于C.C.与政学系的这场争夺战，连向来善于以派制派、操纵驾驭的蒋介石也觉得有点不好收场。同时蒋也认为杨永泰确实有利用南昌行营秘书长职权暗施操纵的形迹，决定暂采取折中办法。缩小党部范围，减少人数，每县暂设主任干事一人，书记一人，办事员一人，办理国民党第五次全国代表大会选举事宜；党务经费方面，既不收回成命，也不完全停发经费，而是每省发维持费9000元。蒋介石的折中办法虽然敷衍了C.C.，但仍有利于政学系。

四、猛攻"把叔"黄郛卖国

二陈的第三个动作是集中抨击政学系的后台黄郛。黄郛与二陈的叔叔陈其美本来是结拜兄弟，但由于政见不同，二陈兄弟对"把叔"黄郛的攻击一点也不含糊。

华北《何梅协定》签订后，黄郛与何应钦均对日采取妥协投降的政策，全部接受了日方的侵略要求，同意取消河北境内国民党的一切党政机关，撤退驻河北的东北军第五十一军、国民党中央军及宪兵第三团，解散国民党军分会政训处及复兴社、励志社等机关，撤换河北省主席于学忠及日本指定的其他中国军政人员，取缔一切反日团体及活动等等。这个卖国协定使中国丧失了河北的全部与察哈尔的大部主权。按照这个卖国协议，二陈兄弟在华北建立的全部党务力量——华北12省、市、（铁）路党部人员，均必须于同年6月撤退到南京。陈果夫、陈立夫及C.C.在华北的最高负责人张厉生对黄郛与何应钦的卖国行为十分痛恨。为此，陈果夫暗中发动C.C.在华北的力量，对黄郛大加攻击，痛骂黄的卖国行为。在华北各省市站不住脚的12省市路党部成员更是痛骂黄郛的亲日卖国政策，祸国殃民，罪在不赦；华北地区的诚社分子也进一步借助学生的抗日爱国情绪，掀起学潮。

黄郛（左）曾与陈立夫的二叔陈其美和蒋介石（右）于辛亥年间结拜为异姓兄弟

以C.C.为背景的《时代公论》周刊始终放言无忌地攻击汪精卫、黄郛等亲日派。《塘沽协定》签订后，《时代公论》评论说："协定签字之日，即华北三省丧亡之时。"对黄郛主持的"华北外交"，《时代公论》斥之为"唾面自干的亲日外交"、"黑漆一团之华北对日外交"，抨击黄郛与汪精卫等人"反颜事仇"，"奴颜婢膝以执箕帚于日军阀之门"。对黄郛重用的亲日派，《时代公论》也严加抨击："对外交涉，必须爱国丁员折冲樽俎，……乃以外交重任，委之于素为日人卵翼下的小丑，什么殷同、李择一、陶尚铭，靠日人起家者流，一跃而操纵对日外交，……国民党以党治国，难道三两交涉员都找不出吗？"C.C.还放言说："卖国何必请他（指黄郛），我们自己会办。"1934年2月14日，杨永泰电告黄郛，谓从外交部次长唐有壬处得知，来自15个省市的党部代表，以张厉生的名义（实际上为陈果夫策划），召开了一次反政学系的会议，会中抨击黄郛"挟敌（日本）自重"，攻击杨永泰破坏党化制度。

2月16日，黄郛复电杨永泰，备述处境之艰难。电文说：

兄已加入国民党，弟（黄郛自称）则本非政学系，乃竟信口雌黄，一至于此，真堪喟叹。今日内离外侮之局，吾人在此忍痛周旋，多方弥补，其滋味唯当事者知之。人非草木，谁不自爱，苟能及时摆脱，弟极愿三跪九叩以谢党恩，犹复不顾肉体上之危险，不顾精神上之苦痛，在此挣扎者，无非为国为友，两不容已，冀助此友以救此国而已。且质直言之，内则离心，外召寇侮，此种危局之造成，连年党内之所谓工作人员实应负百分之九十责任。今内部之离心稍缓，外来之责难亦渐减，此岂偶然所能致。不料吾辈对党正在尽力回护之际，而党对吾辈乃反下一齐射击之令，天下冤枉事，莫过于此。望转陈介公，黄、杨不足惜，但为完成统一大业，收拾垂危残局计，此点应尽全力纠正。弟自随诸先烈革命以还，已三十载，对党自有其悠久之历史，与相当之感情，故年来党之行动，弟虽未能苟同，然始终持改造论，而不附和打倒论者，职是故耳。此等介公当能深信之。

日本人在大连主办的《满洲评论》周刊也指出：华北诸悬案（指关内外通车、通邮等问题）之迟迟不得解决，其关键实为中国内部问题，而非单纯对外问题，因为在中国政府中，有人进行种种活动，以反对黄郛和政整会，这是众所周知的事实。

在内外夹击之下，黄郛再也坚持不住，他知道自己替蒋介石背上了一个卖国贼的罪名，便于1935年6月辞去行政院驻华北政务整理委员会委员长一职，同时给C.C.的重要骨干，同时也是自己的学生胡梦华写了一封信，说明自己的苦衷，指责C.C.对自己的无理攻击，发泄自己对C.C.的不满。黄郛在信中说："吾北来跳火坑，孤军奋斗，无拳无勇，外无以与强邻周旋，内困于党人讥议。吾之聘君任'养成所'教授，讲授国家政策，并准许学员办理国民党中央特许入党，散发陈立夫所著《唯生论》，尚不足以见谅于党人。其未能完成委座'攘外必先安内'主张，非吾之失。吾引火烧身，焦头烂额，《塘沽协定》实逼处此。君子知之，不俟终日。吾今南归，以谢国人。千秋功过，且待历史裁决"等等。

胡梦华接到黄郛的信以后，特地拿给张厉生看。张看到黄在信中对C.C.如此横加指责，不觉面有愠色，咬着牙说："黄郛卖国不遂，怨及他人，未免太难。"转而问胡对此信有何感想,胡倒是不避张的辱骂,当着张的面为黄辩解说:"他有一定政治抱负、见解和手段,但谈吐之间总不免带有投降主义歇斯底里的辛酸情绪。在对日问题上,他和我们走的是一条路线,只相差五十步的距离。"张厉生听了胡的这一席话,自然有些不悦,不过也未深究。

应当说,陈果夫、陈立夫兄弟是民族主义者,在对日问题上,他们比黄郛等亲日派要强硬些。陈果夫、陈立夫兄弟后来充当第二次国共合作的牵线人,并非偶然。唯有在这点上,陈果夫、陈立夫兄弟的态度是值得肯定的。

五、辜仁发事件的幕后

1933年10月,陈果夫用尽心机扳倒前任顾祝同后,走马上任江苏省主席。按照蒋介石历来的惯例,在蒋家王朝势力所及,省主席一职历来是黄埔系军人和政学系官僚独占的领域,C.C.头子一般是无缘染指的。陈果夫出任江苏省主席,对C.C.来说,这是第一次,也是唯一的一次。正因为如此,C.C.上上下下对陈果夫出任江苏省主席兴奋异常,欢呼雀跃,其原因就在于省主席手下可以安排几百个大小干部,不少C.C.的干部早就望眼欲穿,盼着能跟随陈果夫到江苏谋个一官半职,分一杯羹,发一笔财。因此,陈果夫、陈立夫这次对江苏人事安排极端郑重,由陈果夫首先拟定名单,然后拿到"青白团"中央常务干事会上郑重讨论,征求意见,进行调整,最后确定:省政府秘书长程天放、民政厅长余井塘、财政厅长赵棣华、建设厅长沈百先、教育厅长周佛海、保安处长项致庄,不用说他们都是C.C.骨干人物。陈果夫到任以后,又陆续安排C.C.的叶秀峰、吴挹峰为江苏省政府委员。陈果夫提名的江苏省政府班底,C.C.占据了绝对优势,陈果夫也想通过由C.C.精英组成的省府班子在江苏干出些成绩来,改变C.C.只能做党棍子的形象,压一压政学系和黄埔系军人的气焰。陈果夫将他提名的省府班子名单电报在南昌行营的蒋介石,请求批准,却不料一连去电两次,蒋都没有回电。陈果夫明白,每当蒋对部下的报告或方案"留中不发"的时候,就表明蒋有不同意见。问题出在哪里?陈果夫很茫然,实际上是政学系杨永泰在背后捣鬼。原来,陈果夫提名的江苏省政府名单,不仅在蒋介石身边的政学系谋士杨永泰、熊式辉看了不舒服,就连蒋本人也觉得C.C.色彩过于浓厚。杨永泰不想让C.C.独占江苏这个肥得流油的省份,当即向蒋进言:"江苏民政太重要了,余井塘是书生,缺乏政治经验,不及辜仁发。"蒋想想也有道理,余井塘是个党务官僚,一下子主持一省民政,不合传统,于是直接向陈果

踌躇满志的陈果夫

夫下令将余井塘换成政学系的辜仁发。在蒋看来,在清一色的C.C.地盘里,安置一个政学系分子也没有什么不好,蒋历来是一个搞平衡的大师,他这一手也是想在C.C.的地盘里掺点砂子。但蒋介石、杨永泰此举,在那些虎视眈眈的C.C.分子看来,却是奇耻大辱,他们把掺进来的政学系分子辜仁发视为插在胸膛的一把利刃,非拔去不可。

1933年10月12日,陈果夫到镇江走马上任省政府主席,C.C.分子弹冠相庆,群趋镇江谋官,陈果夫的官邸门限为穿,以致不得不专为这些上门谋职的C.C.分子开设了个招待所。谋得个一官半职者,自然喜笑颜开,挟着皮包上任;谋职不遂者则整日吵闹不休。但问题是,掌握全省行政实权的民政厅长一职又偏偏落入了政学系辜仁发手中。为安置更多的C.C.分子,陈果夫觉得非搞倒辜仁发不可。

怎样才能搞倒辜仁发呢?C.C.上下都动足了脑筋。

一天,徐恩曾找到中统著名特务黄凯,对他说:"你的办法多,帮帮余井塘先生的忙,将辜仁发惩治一下。"黄凯与余井塘关系很好,在余井塘被提名为江苏民政厅长时,余井塘曾特意约黄凯到他家中,要黄凯帮他的忙,让他到镇江上任,并许诺黄凯将来可在江苏择一肥缺(县长)。现在,徐恩曾说要惩治辜仁发,黄凯一时也没有什么好主意,只好含含糊糊地答应想些办法,徐恩曾吩咐:"想好后你即去镇江布置吧!"黄凯从徐恩曾处告辞后,又去找中统另一头子张冲,请张冲帮他出出主意。张冲却说:"我们做私人政治工具太无聊了,我们要做的事多得很呢。目前,各地的日本浪人大肆活动,参谋本部文件失窃等案,你去动动脑筋,干一些对国家民族有益的事。"当下,张冲就去找徐恩曾商量,江苏的事务季濮最熟,先由季濮去对付,必要时再由黄凯去帮助。当即,张冲向徐恩曾要了二万元特别费交给季濮,然后面授机宜。张冲的点子多,是中统有名的智多星,他设计的高招足以扳倒辜仁发。

一个月后，一场官场闹剧在当时的江苏省会镇江上演了。

原来，张冲打听到辜仁发原配夫人是湖北安陆女子，并生有子女四人。辜在北平时，又娶了一个叫李淑云的河北籍女子为妾。辜把原配妻子及其子女安置在南京落户，而把年轻貌美的新夫人带到镇江上任。张冲分析，李淑云这种年轻貌美的女人之所以愿意跟随辜仁发南下，无非是想从辜身上榨些钱以预备后路。张冲决定从这里打开辜仁发的缺口。

季濮按照张冲的盼咐行事，他了解到李淑云有一女友，其丈夫叫刘倬云。季濮拿着张冲交给他的二万元钱，暗中帮助刘倬云向李淑云行贿。季濮通过辜公馆老妈子介绍，派人送给李淑云二万元钱，要她向辜厅长保举刘倬云为无锡县警察局长。李淑云见钱眼开，不知道是C.C.专门投下的毒饵，高兴地收下了钱，并按照行贿者的要求，与辜仁发大闹，要求辜立即发表刘倬云为无锡县警察局长。辜拗不过新夫人，在李淑云闹了一个礼拜后，刘倬云的无锡县警察局长职务便终于发表了。未料到，刘倬云早就与季濮约好，刘的任命状一拿到手，转脸就检举辜仁发受贿。陈果夫于是发动C.C.把持的宣传机器大肆宣扬。政学系为保辜仁发过关，把责任全部推到李淑云与民政厅一位科长身上，而极力撇清与辜仁发本人无关。

事情闹到这个地步，C.C.不得不加大攻击力度，张冲和黄凯这两位经验老到的中统大头目也亲自出马到镇江援助季濮，他们还从南京带来了一批中统的便衣行动队员。张冲命令中统便衣行动队员用绑票的方式首先把李淑云带走，把她家中悬挂的她与辜仁发的结婚照片也抢到手。法院方面，本是C.C.的地盘，张冲早已布置好，中统特务又把辜仁发的原配夫人接到镇江，带她向法院控告辜的重婚罪。辜以为自己背景硬，来头大，开头没在意，对小小地方法院没有放在眼里，竟抗传不到庭。法院在张冲的布置下，不是派出法警拘传，而是干脆一不做二不休，居然公开通缉辜仁发，C.C.把持的宣传机构也开足了舆论机器，甚至连《中央日报》也在陈氏兄弟的授意下著论攻击。至此，政学系的头子们被压得不敢再为辜仁发开脱，蒋介石也被堵得不好再说话。辜仁发这下可没辙了，他所能做的应对措施，首先是在报上登启事辩白，说此案涉及个人婚姻部分将来自可依法律解决云云。然后给陈果夫留下一份辞呈后，连夜仓皇出逃，回家乡山西五台山做和尚去了。堂堂的一省民政厅长竟然在派系斗争中被弄得无处藏身，而遁入空门，也算是一大奇闻。从这件事也可以看出，以陈氏兄弟为首的C.C.阴险过人。

辜仁发逃走后，季濮这个小特务头目还不甘休，仍要法院逮捕辜仁发，但被张冲制止了。张冲知道，陈果夫与辜仁发本来并无深仇大恨，他之所以整辜，一是要在C.C.分子面前挽回面子；二是给政学系一点颜色；三是取得江苏民政厅长这个实权位子，以便安置更多的C.C.分子。陈果夫并没有置辜仁发于死地的本意，张冲等也就见好就收。1934年4月14日，辜仁发被明令免去江苏民政厅长职务，由陈果夫暂时兼理。5月3日，余井塘终于如愿以偿坐上了江苏民政厅长的宝座。在辜仁发事件中，C.C.不折一兵，大获全胜。4月16日，陈果夫到民政厅视事。4月17日，陈果夫在省政府纪念周上，专门做了一个报告，将辜仁发作为"反面"典型，讲了一番很"沉痛"的话："诸位！省府最近数星期中，发生了辜厅长的一件事，诚属不幸！辜厅长来苏数月，工作努力，竟因此去职，很可惋惜！现在中央已准他辞职，并命我暂时兼任，我以责任所在，也顾不得身体的衰弱，只得勉力暂时处理。自此事件发生之后，我们感觉得在政治上工作的人，不仅本身一切行动要更加检点，即一切家庭的关系，也须特别注意——没有结婚的，于择偶时尤须审慎；如果一时犯错误，娶妻不贤，日后她做了坏事，还要你自己负责，还是你自己受苦。在辜厅长辞职前一天，我觉得他精神上的痛苦达于极点。所以一般青年，于择偶时须得留意，以免后悔。"

与陈果夫的"沉痛"相反，中统特务头子却为大获全胜而洋洋得意，张冲、黄凯、季濮从镇江回到南京，见到即将上任的余井塘，大家会意地笑了，笑得很得意，很开心。徐恩曾为犒劳，特地请张冲等饱餐一顿，并拍着张冲的肩膀说："主将出马，怎能不凯旋而回呢。"张冲则夸奖"姓季的小子真能干！"从这件事也不难看出，陈氏兄弟领导的C.C.在派系斗争中打胜仗，是因为他们握有中统这个庞大的特务系统。

六、下狠手除掉政学系龙头杨永泰

政学系龙头杨永泰早年曾经有过一段反对孙中山的不光彩历史，孙中山的首席助手胡汉民对杨永泰等人一直深恶痛绝。胡汉民曾经对C.C.分子刘不同这样说："杨永泰是政学系的首脑，和国民党势不两立。总理在世时受他们的气很大。今天蒋介石把他引为亲信，简直是认贼作父。对付共产党，他们还不如我们呢！寻求外国援助，他们也不如我们有门路，可是蒋介石就喜欢这些谗佞之徒。"

在对杨永泰等人的看法上，陈果夫、陈立夫与胡汉民是一致的。1933年1月，陈果夫、陈立夫、张道藩与刘不同谈起政学系时也说过类似的话。由于蒋介石宠信杨永泰、熊式辉、张群等政学系头头，而且政学系与汪精卫也勾结得很深，二陈知道单凭C.C.，难以动摇政学系，为了打击政学系，决定拉胡汉民出来。

二陈先拉谢持到南京，再由谢去拉邹鲁，并尊谢、邹为元老。邹本为最反蒋之人，由于二陈尊之为元老，蒋对他也表示一些好感，邹鲁的态度渐渐软化。最后由邹鲁、居正、张继等替C.C.拉胡汉民回南京，胡汉民本人也怦然心动。1935年11月12日，国民党第五次全国代表大会开幕，胡汉民派的邹鲁、刘芦隐、黄季陆等参加了会议，邹鲁并在会上作了"团结救国"的演说。12月7日，五届一中全会推举胡汉民为国民党中央常务委员会主席，胡汉民派的邹鲁、刘芦隐、刘纪文当选为中央执行委员，黄季陆当选为中央候补执行委员。可惜的是，胡汉民于1936年5月12日在广州因脑溢血去世，二陈拉胡汉民压制政学系的计划没有实现。

陈立夫对政学系尤其是对杨永泰没有好感，从陈立夫晚年写的回忆录中仍可看出。陈立夫在《成败之鉴》中写道："要知道杨永泰是怎样一个人，从政学系的领袖李根源对杨的批评可以见之。李在苏州作寓公时对人家说：'杨永泰好比我们云南的烟土，吸了它觉得很舒服，上了瘾就不容易摆脱它了，吸久了就会中毒。'杨是一位道地的政客，他见蒋先生时，常对于重要问题，携带了正面和反面两种方案，他先探探蒋先生的意思，如果蒋先生偏向正面的，他就呈上正面的方案，反之则呈上反面的方案，以迎合蒋先生之意旨。这种逢迎的政客伎俩，国民党都不会的，而且不屑为的。事实上政学系是没有正式的组织，但他们的组成分子都保持很密切的联系，他们不做低层工作。他们将力量集中在高层，尽力研究蒋先生，研究汪精卫，想尽办法来逢迎领袖及他身边重要的人，这一做法目的是赢得信任和好感，然后再运用这些权势去实现他们的计划和他们的目标——取得重要而正式的官位及发财。"

陈立夫还写道："当我任中央秘书长时，曾和果夫大哥一起创办《政治评论》，由郑亦同同志负责经营，他是国民党中央执行委员会委员，资本是由我们三人提供。在这本杂志里，我曾用'陈正'笔名（'正'是'LF'二字合成的立夫之英文缩写）写过一篇文章，内容是暗射到杨永泰，题目是《政客官僚之复活与国民革命之危机》。结果，杨永泰看了极不高兴，到处打听陈正是谁；后来他知道是我所写，他也清楚文中所指的政客官僚就是暗指着他。事实上，杨永泰所做的正和我所形容的官僚政客伎俩相符合，以尽逢迎之能事；所以，杨永泰知道我在抨击他，其实，在他来之前，蒋先生用的都是年龄较轻的人，他来了之后就开始重用老年人，也开始用非国民党籍的人。"

陈立夫的这一回忆并不准确，笔者到图书馆查阅了当年的《政治评论》，陈立夫的大作题为《政客官僚势力复活与革命前途之危机》，发表于1932年8月24日出版的该周刊第13号，署名"陈立夫"，并不是用的什么"陈正"的笔名。陈立夫的这篇大作首先讲了政客官僚的行为特点，介绍了政客官僚打入南京政府的经过，以及政客官僚为什么能够打入南京政府的原因，最后提出消灭政客官僚为当务之急。文章写道：

> 15年北伐告捷以后，官僚政客震于革命之声威，欲策安全，相率远引。国民党若于此时固守其革命政策，贯彻其革命精神，做一番清除腐恶的工作，则必雷厉风行，事半功倍。乃武功甫建，统一告成，而争利者以起，政客官僚之手段，到处见施。统一局面，因之摧破，革命武力，无暇整顿，军事重心，几被摧残，封建势力，遂复原状，训政既不可能，回复军政亦不可得，遂至革命中衰，政策不施，精神失坠，政客官僚，既骋黔驴之技，复下冯妇之车，探径叩门，乘虚直入，不数年间，悉为革命政府入幕之宾。清浊不分，薰犹同器，革命建设遂如失舵之舟，分寸不能以进展。

陈立夫接着分析了政客官僚恢复活动力的原因，提出"打倒政客官僚"的口号，并提出了方策。陈立夫认为："打倒政客官僚，必须先造成革命的环境，革命之环境能造成，则旧有之政客官僚，得不着营养，必日就消沉没落，后来之官吏，将孜孜为善，蒸蒸向上，决不至成为新政客新官僚。此二大前提：（一）心理的建设；（二）制度的改善，实为目前拨乱反正，远佞去邪之唯一妙药，亦即造成革命环境之必由路程。心理建设，即中山先生所提倡'人人当以服务为目的，不以夺取为目的'之训言，社会心理，皆厌恶夺取，则专尚夺取之政客官僚，自无由肆其毒而蓄其势。制度改善，则以活泼的政治运用，明断的政治权威，及严密的政治纪律，使君子道长，小人道消，风声所播，魑魅潜踪。吾人如不欲革命大业及兹而折，则对于上项所述消灭政客官僚方策，必当剑及履及，努力以求其实现，狂澜欲倒，阴霾四塞，革命存亡，不间一发！"陈立夫重申："勾结军人之工作不止，政客官僚不能消灭；革命的自信力不树立，政客官僚不能消灭；现有政制不加改革，政客官僚不能消灭；服务的人生观不养成，巧言令色的气尚不打倒，建设的心理，光明的态度，创造的精神不造成，政客官僚不消灭。"陈立夫最后的结论是："总之，政客官僚是'伪'的代表者，革命者是'诚'的代表者，去'伪'尚'诚'，是革命的转机，也就是政客官僚与革命者分野的试金石！"

从陈立夫这篇杀气腾腾的文章中不难看出，陈立夫对以杨永泰为首的政学系是何等敌视和憎恶，他信誓旦旦地要打倒、消灭政客官僚，实际上就是要打倒、消灭政学系。从本质上讲，无论是杨永泰的政学系，还是二陈的C.C.，都是蒋介石专制独裁统治的支柱。蒋介石之所以重用政学系，主要是政学系这批政客官僚具有丰富的反革命政治经验，这是以二陈为首的C.C.后生小子所不具备的。同为蒋家重臣，陈立夫却如此仇视政学系，这充分反映出二陈的C.C.极端狭隘利己的宗派主义性格。

是谁谋杀了杨永泰这位当代的纵横家、权术家？一说，是陈立夫指使中统特务刺杀了杨永泰。麦朝枢在《关于蒋介石汪精卫进行降日活动的见闻》一文中说，有个广东人叫霍实子，留日学生出身，日文很好，他与老牌汉奸殷汝耕有很深的关系，殷汝耕任冀东行政督察专员的时候，霍实子任专员公署的外交处长。到殷汝耕公开做汉奸，任伪冀东政务委员会委员长后，霍实子与他决裂，率领一部分职员回到南京。蒋介石知道霍实子日文很好，就办了一个专收日本电报的秘密电台，派霍实子主持其事。霍实子告诉麦朝枢，他发现日本军部在中国所用的电报密码有六本，他破译出了四本。在杨永泰被暗杀后，霍实子告诉麦朝枢，这件事是陈立夫干的。他的电台曾收到日本汉口总领事拍回本国有关方面的电报，报告天长节日，日本总领事宴请杨永泰，在宴会中，杨永泰表示关于日本在中国进行一切事情，他可以完全负实际责任。霍实子收到这个电报后，抄送蒋介石、陈立夫各一份，陈立夫收到电报后拍案大骂："这家伙这样的荒唐，非把他干掉不可！"霍实子认定，杨永泰是陈立夫指使中统特务干的。后来把罪名转嫁到刘芦隐身上，那完全是陈立夫借故报复的结果。

刘鸣皋写的《C.C.在湖北的实力派——"十人团"》一文则认为是陈氏兄弟共同刺杀了杨永泰。刘鸣皋是湖北"十人团"的主要头目，也是C.C.的重要成员，在杨永泰任湖北省主席期间，刘鸣皋领导的湖北省党部与杨永泰是面对面交锋的政敌。刘鸣皋在上文中说，抗战胜利后，他曾与C.C.的铁杆方治谈及杨永泰遇刺案。方治告诉刘鸣皋："刺死杨永泰这件事，确实是两位陈先生指使的。当时不能泄露这个机密，现在谈谈没有什么关系。"方治是C.C.核心人物，他的这一说法无疑是有相当说服力的。

但是，也有否认陈氏兄弟刺杀杨永泰的史料。黄凯是中统特务组织创始时期的重要骨干，历任中统驻上海特派员、河南"反省院"院长等要职。他在《中统特工秘闻》一文中说，他在河南"反省院"院长任上，与河南保安处长冯剑飞来往甚密，私交很好。冯剑飞同时也是军统在河南的负责人之一，有一次，冯剑飞对黄凯说："政学系这批东西，以杨永泰为首，全是卖国贼。我们中统与军统联合起来，由河南派人将杨杀掉。"黄凯告诉冯剑飞，他来河南后，已完全脱离中统特务工作，"反省院"属于司法行政部，他本人仅和中统保持外围联系，河南中统归刘不同负责。冯剑飞遂约刘不同与黄凯商量，决定由黄凯去南京向徐恩曾提议干掉杨永泰。黄凯到南京后，首先找到张冲报告他们三人商定的刺杨计划，不料张冲听了大摇其头，连声说使不得。随后，张冲又郑重其事地对黄凯说："要是杨永泰能去掉，陈家早已去干了，杨是委员长的'智囊'、'灵魂'，老蒋没有他能有今日吗？现在蒋对任何人的话都不听，只听杨一个人的话。民国15年底，老蒋在南昌时，中央党部与国民政府将他本兼各职均撤掉，老蒋哭了，束手无策，准备散伙。在总司令部的紧急会议中，谁都默然不作声，只有杨永泰侃侃而谈：'我们应和汉口中央分庭对抗，鹿死谁手，尚未分晓，事在人为；在军事上应急电何应钦、严重两人，分化周荫人部，乘虚由闽而浙；派人到上海招待杨虎，这批流氓手里掌握有上海经济重心，资本家会帮助的，顺流而下，直取南京，掩有东南财赋之区，何求不得呢？在政治上，我们可另行成立一政府。'蒋流着泪说：'此计虽好，但党权高于一切，中央委员过半数是反对我的，我们没有中央党部还是不行的呀！'杨说：'这太容易了，民国15年改组时清出去的西山会议派数十名中委，何不利用呢？'老蒋被提醒了，就照着杨的话蛮干下去，对汉口中央置之不理，居然得到上海资本家与投降的军阀残余的支持，陈调元、王普、徐源泉等卖力打仗（打孙传芳），很顺利地实现了杨的另立政府的计划。"张冲还说："仅凭我说这一段历史故事，老蒋能不信任杨吗？你少管闲事。"当黄凯去见徐恩曾时，张冲已告诉过他了，徐恩曾对黄凯说："军统要除去亲日派，叫他们单独去做好了，我们不管。"黄凯还说，后杨永泰遇刺身亡，蒋介石伤心落泪，连饭都不吃，先还怀疑是陈氏兄弟干的，后来查明与他兄弟俩无关。

从杨永泰遇刺身亡以来，在究竟谁是幕后指使人的问题上，众说纷纭，莫衷一是。近年，有学者发表考证文章，认为刺杀杨永泰的真正幕后人确实是胡汉民的亲信刘芦隐。不过，这类的谋杀凶案，要找出指使人并不是很容易的，在有关机要档案公布前，只能是一个谜。

七、C.C.与黄绍竑的争斗

黄绍竑本是新桂系的二号人物，地位仅次于李宗仁。因政见不同，且受到白崇禧的排挤，不得已于1930年底脱离新桂系，投奔蒋介石的中央。

黄绍竑投奔蒋介石后，对蒋的班底作了摸底排队，他认为蒋手下的三大政治派系：政学系、C.C.和黄埔系，其中C.C.与黄埔系的辈分低一些，而且它们都有严密的组织，都是封闭的排他性极强的宗派，自己是打不进这样的宗派圈子的，而且他也不愿自降身价进去。黄认为政学系那批人年纪大一些，都是身经世故，政治经验多，如黄郛、杨永泰、张群、熊式辉、吴鼎昌、陈仪、沈鸿烈等，从表面上看这些人与蒋介石比较亲近，某些重大问题蒋介石也与他们商量，采用他们的意见。黄绍竑认为他与李宗仁、白崇禧于1926年以广西一省的力量加入两广并出师北伐，蒋介石自然也不能以C.C.、黄埔系的地位对待他，而应当与杨永泰、黄郛、张群等差不多。黄绍竑与杨永泰、张群等一拍即合，很快就为他们接纳，成为政学系的要角之一。

黄绍竑投蒋后首先做了内政部长。1934年12月，浙江省政府主席鲁涤平因病去职，C.C.、黄埔两系争得很厉害。蒋历来的办法是，当C.C.、黄埔斗得不可开交的时候，就用政学系来做挡箭牌。于是，鲁涤平去职后，蒋介石决定启用黄绍竑做浙江省主席。浙江是蒋介石的家乡，天子禁地，浙江省政府的人事一向都由蒋本人直接控制。在黄绍竑上任前，蒋又指定了民政、财政、教育各厅长和保安处长的人选，并询问黄绍竑有什么人可当建设厅长？这就等于明确告诉黄，他只能用一个秘书长和建设厅长，其他则不要作打算。黄绍竑很清楚，浙江近在畿辅，又在蒋的直接控制之下，是搞不出什么名堂的。黄在"慰情聊

黄绍竑与C.C.系的争斗长达十几年之久

胜于无"的情形之下，将就着担任了浙江省主席。

浙江一直由C.C.、黄埔、地方绅士三大势力把持着，黄绍竑早就认为在浙江搞不出什么名堂，所以一心扑在国防工事的建设上，对于人事也没有去变动的意思。不过，C.C.却主动向黄绍竑发起了进攻。黄绍竑从广西一路带到浙江担任省政府秘书长的黄华表悄悄地被C.C.拉了过去，这事黄绍竑却一直蒙在鼓里。1936年10月，政学系头子、湖北省政府主席杨永泰遇刺身亡，当时传说这事与C.C.有关。杨永泰死后，自称为"湖北家长"的何成濬跃跃欲试，觊觎湖北省主席的宝座，但偏偏蒋介石一向忌讳"鄂人治鄂"的说法，尤其不喜欢这个五毒俱全的圆滑军阀兼政客。何成濬与C.C.关系不错，但与黄埔系关系紧张，蒋为打破何成濬的省主席美梦，居然下令将黄绍竑从浙江调到湖北。黄绍竑说："这完全是蒋介石对付湖北人，对付何成濬，对付C.C.和黄埔的把戏，我不过是一个挡箭牌罢了。"

1937年1月，黄绍竑到武汉赴任，因为跟随多年的黄华表已经为C.C.收买了过去，黄便单刀上任，连秘书长也不带。事前，政学系头子张群特地关照黄绍竑："畅卿（杨永泰字）那个班底很不错"，暗示不要更换人。黄绍竑知道，杨永泰用的那班人都是有一些经验、会做官的旧官僚，是一些同类的政学系分子，他自然也乐得接纳杨永泰的人马。由此，黄还得出一条做官的诀窍："不到处打破人家的饭碗，就到处都受人家的'欢迎'，自己也免去下台后的许多累赘。"

抗日战争爆发后，继黄绍竑担任浙江省主席的朱家骅因是文人，对于战争有些手足无措，应付不了局面，蒋又决定黄绍竑重任浙江省主席。1937年11月，黄绍竑到杭州上任。此时的浙江形势已发生了极大变化，杭嘉湖地区已经沦入日寇之手，而蒋介石的政府已经迁到了武汉，以前蒋介石把浙江的人事抓得很紧，没有活动的余地，此时"天高皇帝远"，黄决心放手去做，在浙江打出他的一番天地。由于浙江政界一直由C.C.、黄埔、地方绅士三大势力把持，省主席如果不是他们认可的人，就等于做傀儡。而这回，黄绍竑不准备再做傀儡，首先想在人事上有所突破。黄绍竑知道凡事不能操之过急，也不能树敌过多，于是决定首先从民政厅、财政厅着手，把民政厅长阎幼甫挤掉，换上自己夹袋中的王先强，王先强上任后，马上撤换了几个县长，那些县长又任用了一批进步青年，其中也有共产党员。建设厅也由黄的老部下伍廷飏担任，伍廷飏上任后也任用了一些进步青年，也有共产党员在内。这样一来，历来在蒋介石掌握之下并为C.C.、黄埔、绅士把持的浙江，由黄绍竑打开了一个缺口。

  C.C.、黄埔、士绅立即哗然。陈果夫、陈立夫兄弟知道，黄绍竑是蒋介石羁縻桂系的一着棋子，而如今抗日时期，又不能与桂系公开闹翻。陈氏兄弟认为既然不宜直接攻击黄绍竑，就只有从黄的心腹入手，剪去其羽翼再说。陈氏兄弟立即指示浙江省党部的C.C.分子，广泛搜集民政厅长王先强的黑材料，然后唆使C.C.、黄埔、士绅三股势力通过各种渠道向蒋告御状，攻击王先强思想左倾、任用私人、拉帮结派、贪赃枉法等等。蒋是聪明人，很快就从中看出了黄绍竑搞独立王国的苗头，为了给黄敲点警钟，于1938年6月间给黄打来电报，劈头就说黄绍竑本任政府声名狼藉，要黄切实注意。黄在蒋手下干了多年，还从来没有受到过这样严厉的责备，愤慨极了，马上打电报去辞职，而蒋的复电却是慰留，电末还说："耳有所闻，则以之告。"不难想象，蒋的"所闻"当然是C.C.、士绅说他的坏话了。蒋虽然慰留，但黄的辞意却很坚决。黄打电报给蒋要求到武昌去当面陈述衷曲，蒋答应了。黄到武昌见蒋坚决要求辞职，蒋却说："你自去山西作战回来，逢人就说八路军纪律好，长于游击战，共产党如何动员民众、团结民众、军民配合的好话，各级党部、黄埔学生、士绅等听了自然不服气，要说你的闲话。你的战时政治纲领和用人方面，都有令人（指C.C.、黄埔、士绅）指责的地方。我打电报给你，无非是使你知道说闲话的人多了，要你注意，并希望你能改正，你仍回去，不要再辞。"黄辞职不准，只好仍回任。在蒋的压力下，王先强的民政厅长被撤，换成了C.C.的阮毅成，王先强成了政治斗争的替罪羊。阮毅成是杭州人，这个人很圆滑，一半应付C.C.，一半应付黄绍竑，双方拉个直，得以暂时相安。之后，陈氏兄弟继续出击，通过各种手段，对黄绍竑的人马进行分化瓦解，一个个拉了过去。

贺扬灵原是陈铭枢任交通部长时的主任秘书,陈铭枢因发动福建事变失败下野以后,贺扬灵一直跟着黄绍竑,在浙江历任行政督察专员、浙西行署主任等职,但就是这样的人,也居然被陈氏兄弟拉过去了。贺扬灵在表面上对黄绍竑仍很忠驯,但实际上却成了C.C.卧底的眼线,黄的一言一行,都由贺扬灵密报给了陈氏兄弟。中共领导人周恩来以国民政府军事委员会政治部副部长的身份到浙江视察并与黄绍竑在天目山以及金华等地多次见面,蒋介石立即从重庆打电话问黄绍竑与周恩来谈了些什么?黄主办的《浙江民族日报》又遭军方搜查,王文适被捕,黄绍竑都怀疑是贺扬灵在背后搞的鬼。1946年,黄绍竑从浙江省主席下台后,贺扬灵由陈立夫调到南京中央组织部当第五处处长,那是只有C.C.高干才有资格担任的职务,显然,贺扬灵早已加入了C.C.的圈子。1949年后,在北京,周恩来有一次见到黄绍竑就问:"你看贺扬灵这个人怎样?"黄答:"恐怕是特务。"周恩来点点头表示同意。

1941年夏,日寇占领绍兴、诸暨,C.C.骨干胡健中主持的《东南日报》以政治不能配合军事为题目大做文章,把一切失败的责任归咎于地方行政人员,绍兴专员邢震南因此被蒋介石判处死刑,但是同样守土有责的军长、师长们却没有受到任何处分,这种不公平的对待,分明是做样子给黄绍竑这个省主席看的。黄气极了,又呈请辞职,蒋仍不准。黄气急之下对第三战区司令长官顾祝同说:"我的政治与军事实在配合得不好,请你帮帮忙,推荐一个配合得好的人,好让我下台。"顾祝同也实话实说:"你忍耐一些吧!你这样大的鬼,也要找到那样大的庙,才摆得下呀!"

1941年春,皖南事变发生后,C.C.和黄埔系在浙江搜捕共产党人,浙西《民族日报》总编辑王文适、浙江妇女会秘书林秋若被捕,送入上饶集中营关押。1942年,黄绍竑去重庆开会,路过上饶,趁机向顾祝同保释王文适与林秋若,拖延了许久,顾祝同总算答应了。保出来后不久,王文适就病死了,黄绍竑对林秋若说:"你回浙江恐怕还有危险,还不能很自由,不如跟我到桂林去吧。"林秋若遂与黄绍竑同车去桂林。同车的浙江省党部主任委员、C.C.骨干吴挹峰一到重庆就大造谣言,说黄主席同一个女共产党员到了桂林,在重庆的浙江人士更是哗然。C.C.与黄绍竑的较劲一直持续到1946年黄下台为止。

C.C.与政学系的争斗在抗战胜利后形成第二个高峰,下章再述。

第二节 C.C.与朱家骅系的矛盾冲突

陈果夫、陈立夫兄弟鉴于朱家骅有张静江、戴季陶这两个很硬的靠山，而且又是湖州小同乡，陈氏兄弟组织"中央俱乐部"、"青白团"均没有让朱家骅履行带有人格侮辱性质的仪式，一直把朱家骅视为同辈朋友，以宾友相待。朱家骅与陈氏兄弟的冲突，其根本原因就在于，朱家骅在用人上喜欢自搞一套，而不借重陈氏兄弟的C.C.爪牙。朱家骅不论在浙江省民政厅长任上，还是在中央组织部长任上都是如此，这样，朱家骅与陈氏兄弟的冲突在所难免。

一、在浙江省内的冲突

1927年10月，朱家骅出任浙江省政府委员兼民政厅长。朱家骅走马上任后就提出了"用新人，行新政"的口号，准备清除旧官场人员，培植和任用自己的人马。为了培植自己的人马，朱家骅除组织"北大同学会"作为联谊场所、招引青年人才外，还先后开办了两个特种学校，一是浙江省地方自治专修学校，一是浙江省警官学校，两个学校都由朱家骅自兼校长。浙江省地方自治专修学校专门培养全省各县区级官吏，三期共毕业五六百人，都以区长或自治指导员任用。警官学校则为整顿和掌握全省警察实力而设，前后三期毕业生，也以县警察局长、分局长和警佐任用。其中正科第一期优秀毕业生30余人，还分别送往奥地利和日本留学。朱家骅以这两所归民政厅长掌握的学校培养自己的班底，不到两年，他的势力遍及浙江全省，而浙江偏偏又是C.C.实力最为雄厚的一个省，这样一来，立即与C.C.掌握的县党部发生了冲突。C.C.分子掌握的县党部弹劾警官生和自治生的消息不断见诸报端，"打丫头痛小姐"，不断地给朱家骅难堪。

C.C.也知道仅靠这点手段还不足以搞垮朱家骅，他们经过分析后，认为只有挑起省主席张静江与朱家骅的矛盾才能把朱家骅赶出浙江。张静江是朱家骅的恩人和靠山，又是儿女亲家，关系本来不错，但C.C.分子看准张静江是个骄傲自大，面子观念特别浓厚，只许吹捧，不许拂逆的人，就故意抬高朱在党内的地位以激怒张。此时朱是省党部执行委员，原与C.C.派暗斗甚烈。但C.C.分子则以"捧朱抑张"为离间手法，依然抬朱，对张的"功绩"一字不提。1930年春，浙江省党部选举出席国民党中央会议的代表时，C.C.分子乘机活动，怂恿朱及其亲信积极参加竞选，并替朱吹嘘、拉票，因此参加选举的各地代表极大多数拥朱，反而将张静江这位"革命元老"冷落在一边。张不能再忍，竟恼羞成怒，事后唤朱至私邸，大发雷霆，责朱"得意忘形"。彼此之间发生裂痕，势难继续合作。朱即向戴季陶诉苦，求为成全之计。张亦致函戴季陶，诉说朱家骅如何"忘恩负义"等等。这时戴季陶担任国民政府考试院院长，仍兼广东中山大学校长。为了调和张、朱两人的矛盾，戴季陶决定将中山大学校长的兼职让给朱，朱借此下台，忍痛离开他悉力经营的浙江，再度赴粤。

二、与朱家骅冲突的第二个回合

C.C.与朱家骅的第二回合冲突在中统局内进行。中统特务系统是陈立夫一手建立起来的，中统的特务人马也都是陈立夫的亲信，他们以陈立夫为第一老板，而以蒋介石为第二老板。不论中统的人事如何变化，陈立夫始终是后台老板，不许外来势力插手中统。

1938年4月，朱家骅任国民党中央执行委员会秘书长，依照惯例兼任中央调查统计局局长。1939年12月朱家骅转任中央组织部长后，继续兼任中央调查统计局局长至1944年11月止。在陈立夫、徐恩曾看来，朱家骅兼任中统局长，只是挂名的，不应多管事，实际责任应当由中统局副局长徐恩曾负责，就像贺耀祖兼任军统局长时凡事不过问，任由戴笠以副局长主持军统一样。但朱家骅却不这么认为，在他看来既然兼了中统局长名义，就要过问中统局长的人和事，而且要多管多问。

国民党中央决定把首都迁移到重庆后，中统局负责实际工作的副局长徐恩曾一时不能前往重庆，朱家骅就在重庆连电催徐，跳着脚骂徐。徐回电说原特工总部的人大部分还在武汉、衡阳，路途遥远，交通困难，到达重庆颇费时日，中统机关不宜马上建立。朱家骅则独自做主，陆续安排了干部。在他安排的干部中，有的是从外边拉来的亲信，有的是中统局内原来不被重用的人，有的是已成军统骨干的原朱的学生，弄得二陈和徐非常恼火。朱的学生何培荣已经加入军统，朱安排他为中统局四川调查室主任，使他掌握了中统在一个重要省份里的事务。中统局专员室安排有大批职位较高的专员，朱的人占了一半多。由于朱是中央秘书长，大权在握，特别是特务活动经费，必须经过朱的批准才能拿到手。因此徐恩曾不敢和朱闹翻，只是在背后软硬兼施，做小动作。徐派的人经常相互间唠叨："我们出生入死辛辛苦苦地打天下，他们坐享其成，一来就是高位、高薪、高待遇。"有时还指名道姓地嘀咕。在实际工作中，徐的人经常对朱的人采取不合作态度；朱的人都是新来乍到，对一些事情不明究竟，问到徐的人时，有的不理睬，有的反问对方："你是领导，为什么问我们？"有几位原来的科长，还消极怠工，请假不上班。朱家骅为笼络人心，缓和矛盾，经国民党中央同意，于1939年冬至1940年春，给全体中统人员发委任状，明确实职。这是一种提职、提薪的好途径，可是徐恩曾的人串通一气，"不予接受"，弄得朱家骅颇为难堪，只得叫上徐给大家做工作。最后修改了任命方法，才算找到个台阶下。有一次朱想和中统局全体成员见个面，准备作一次训话；徐在台上介绍朱局长时，台下有人故意起哄，有的还呼叫："喂！站在上边的是谁啊？怎么不认识啊！"朱怒容满面，悻悻而去。从此以后，朱很长时间不到局里办公，吩咐主任秘书刘次箫代他处理一切事务，重要问题直接向他请示；他把私人图章交给亲信高越天，必要时代他盖章，有意把徐恩曾甩到一边。

1939年初，朱家骅保荐黄埔系的陈介生（当时任三青团重庆支团主任）兼任中统局经济调查处处长。这是中统局新成立的一个处，完全由陈介生一手包办，所有人员，都是复兴社分子。陈介生既有朱家骅的支持，又有复兴社——三青团的支援，对于事实上由徐恩曾一手控制的中统局不买账，形成独来独往的局面。

一年之后，C.C.方面想出了一条计策，由陈果夫保举李超英继任中统局经济调查处处长，蒋介石也批准了。李超英是浙江人，英国留学，曾接近朱家骅，当时已被C.C.所勾引，朱家骅还不知道。朱家骅以为陈果夫所保举的李超英还是自己的人，不好出面反对，陈介生去请示他时，他也不作明确的表示。陈介生尚未决定其是否交接之际，在当天晚上，徐恩曾就派了武装特务十余人，到经济调查处企图强行接收。陈介生立即打电话给康泽求援，请康泽通知担任重庆警备勤务的新二十九师派武装去保护。康泽认为派武装部队容易发生执行过当的情况，因此答复陈介生："请宪兵团派宪兵妥当些。"于是陈介生打电话到宪兵团，让宪兵团长袁家佩马上派一班武装宪兵到经济调查处，把已经进入该处正在"耀武扬威"的武装特务缴械。然后，陈介生又和徐恩曾通电话，由于双方均不愿事态扩大，相互表示道歉后，陈介生归还了所缴特务的手枪。在第二天李超英接收了经济调查处。经过一段时间以后，朱家骅才发现李超英已经不是自己的人，而经济调查处已成为C.C.所确实掌握的机关了。

1943年夏，朱家骅保荐郭紫峻为中统局副局长，与徐恩曾平起平坐。郭曾任陕西省党部委员、书记长及中统陕西省调查专员，本来就是中统特务头子，但由朱家骅出面保荐，就让徐恩曾接受不了。

1943年6月4日，蒋介石侍从室第二处第六组组长唐纵在日记中写道：

> 陈（布雷）主任约我商谈，朱骝先保荐郭紫峻为中统局副局长事。余告主任云，朱、徐冲突已表面化矣，吾人既不能从中做主，亦唯将实情上闻，为之转呈而已。

徐恩曾为挽回局面，连夜请陈果夫、陈立夫向蒋介石进言。但蒋介石还是批准了朱家骅的保荐，郭紫峻走马上任中统局副局长。

三、与朱家骅最大的冲突在中组部及党务系统

中组部及各级党务部门是C.C.的大本营。1939年12月朱家骅由中央党部秘书长转任中央组织部长后，决定清洗陈氏兄弟的C.C.分子，另起炉灶，这使朱家骅和C.C.的矛盾上升到你死我活不可调和的地步。

朱家骅上任伊始，就向蒋介石建议多吸收教育界人士入党，并援引教育界名流办党，以改变社会上对陈氏兄弟C.C.党棍子的不良观感。蒋介石同意朱家骅的意见。朱家骅有了蒋介石的尚方宝剑，就大干起来。他首先将一批著名的大学校长、教授拉入国民党，并派一批曾做过大学教授或到国外留过学的人担任各级党部负责人。例如：

杨公达（1907—1972），四川省长寿县人，先后就读于法国政治学院、巴黎大学，回国后历任中央大学法学院院长、暨南大学教务长、立法院立法委员等。朱家骅安排他担任重庆市党部主任委员。

高廷梓（1895—1984），广东省新会县人，1921年毕业于北京大学哲学系，1926年获哥伦比亚大学经济研究院哲学博士，回国后曾任广州中山大学教授、岭南大学教授，教育部社会教育司司长，交通部航政司司长，是朱家骅的亲信。朱家骅安排他担任国民党港澳总支部书记长。

杨德翘（1905—1969），字羽尧，安徽省五河县人，1926年在安徽凤阳县任中学教师时加入中国共产党，次年自首并加入国民党。1934年从南京中央大

学毕业后，进入英国伦敦大学经济系学习，获经济学博士学位。1939年回国后，历任国民党重庆市党部执行委员和重庆大学教授兼训导长，甘肃省党部书记长兼《甘肃国民日报》社长，宁夏省教育厅长、省政府委员等。

王季高（1904—？），湖南省常德人，清华学校毕业后赴美留学，先后获芝加哥大学硕士、哥伦比亚大学博士，回国后曾任中央大学政治系教授。朱家骅任命他为国民党陕西省党部书记长。

在国民党中央组织部内，以朱家骅亲信王启江（毕业于德国耶拿大学经济系，回国后曾任中央大学教授）为主任秘书，甘家馨为秘书，陆翰芹为党务处长，C.C.分子大批被清洗出去，短短几年间，C.C.在各省（市）党部负主要责任的那一批党棍子，差不多都要被朱家骅撤换光了。有人因此称赞朱家骅任组织部长时，是"学人报国的最盛时代"。朱的用意就是用学术水准去对抗C.C.的党内资历。因此，C.C.对朱家骅达到了非常痛恨甚至仇视的程度。C.C.老帅陈果夫咬牙切齿地说："朱骝先太不像话，怎么单对我们的人开刀。而我们的人中也有失节之徒跑到朱家，真是人心大变。"

C.C.对朱家骅也进行了反抗，当朱家骅派王季高赴西安就任陕西省党部书记长时，陕西省党部的C.C.分子就演出了全武行，拒绝王季高到职。朱家骅电请胡宗南派兵弹压，王季高才得以上任。

又如，山东省党部主任委员原是C.C.的何思源，朱家骅上任后撤换何思源，于1942年委任范予遂为山东省党部主任委员。山东省党部的九名委员，就派系说，牟尚斋、刘道元、李先良属C.C.派，赵季勋、林鸣九、宋从颐、裴鸣宇属张苇村派，秦启荣属黄埔派，阎实甫属大同盟。这些人中，秦启荣和李先良都有自己的武力。秦启荣是苏鲁战区所属的第三纵队司令，并兼山东建设厅长；李先良是鲁东行署主任，在崂山地区有保安团队，人数达两三千人。刘道元兼教育厅长，赵季勋兼财政厅长，裴鸣宇兼省参议会副议长。干部中科长吕学勤、李廷俊属三青团，张浩然、于仲昆属C.C.派，于仲昆掌管的调统室，就是中央调查统计局在山东设立的一个特务机关。夏蔬园曾经搞过改组派。督导员中C.C.派、三青团及过去属于改组派和大同盟的人都有。省党部九名委员中，C.C.派和张苇村派占了绝大多数，只有阎实甫和秦启荣二人可以和范予遂合作。范在这种情况之下，感到不好应付，于是首先向大家宣布他不更动任何一个人，要求大家同心协力，努力工作，争取抗战胜利。这样，至少在表面上大家可以暂时相安。但为时不到一年，范予遂就在山东呆不下去了。1943年，范予遂回到重庆后，省府撤出山东的C.C.派分子，对范予遂大肆攻击，说范予遂到北平勾结汉奸。这时范予遂的心情，不在乎他们诬告什么，而在于决心辞掉这个省党部主任委员的职务。但朱家骅不准他辞职，丁惟汾也不同意他辞职。他们说，你辞职正是中了诬告你的人的诡计，他们不是专为攻击你个人，而是想赶走朱家骅夺回组织部。C.C.攻击范予遂不仅表现在口头上，而且呈文蒋介石。朱家骅曾把一份蒋介石署名的代电给范予遂看，是由陈果夫的侍从室第三处发给中央调查统计局的，要它调查范予遂到北平是否有勾结汉奸的事实。朱家骅告诉范予遂："我不相信他们对你的控告，这个代电由我签复'总裁'就完了，你不要在意。"范予遂这才打消辞意。1944年初，范予遂经西安、洛阳回到阜阳，与山东省政府住在一起了。朱家骅再三催范予遂到山东去，范予遂坚决拒绝。1944年5月，范予遂随朱家骅一道下台。

四、抓住献鼎事件更加大胆地攻击朱家骅

抗战期间，国民党中央组织部长朱家骅发起向蒋介石献九鼎活动，曾经喧腾中外。虽然有关档案迄今尚未公布，但王世杰、徐永昌、唐纵、竺可桢、顾颉刚等人的日记中都对此作了记录，为我们了解这一事件的来龙去脉提供了可靠的依据。

1943年1月11日，中国与美国、英国分别签订《中美新约》和《中英新约》，宣布废除历史上强加给中国的不平等条约，取消在华特权。无疑这是中国近代外交史上的一大胜利，是中华民族多年奋斗特别是艰苦卓绝的抗日战争取得的成果。对此，蒋介石感到很得意。他在日记中写道："此为总理革命以来毕生奋斗最大之目的，而今竟得由我亲手达成。"蒋自视为洗涮中华民族百年耻辱、开辟中国新机运的民族英雄。

国民党的一些政客体察领袖的心意，便决定借此由头为蒋介石歌功颂德。国民党中央组织部主办的党务工作人员训练班乘机提议向蒋介石献九鼎。九鼎，在中国古代社会里一直是象征国家政权的传国之宝。《史记》称："禹收九牧之金，铸九鼎，象九州。"因此，向蒋献九鼎，其用意不言而喻。国民党中央组织部设计委员会在讨论这个提议时，与会者都明白献九鼎的用意，心照不宣，中央组织部部长朱家骅拍板将此事决定下来，并向蒋介石做了报告。对此，蒋不置可否，实际上是默许了。

1943年1月20日，朱家骅主持召开了献九鼎筹备委员会第一次会议，出席者主要是各工矿企业的国民党党部代表。会议决定在1944年1月11日召开两个条约签订一周年纪念大会时，向蒋介石献九鼎致敬，由卢作孚的民生机器厂负责铸造九鼎，各工矿党部平摊费用。1月27日，朱家骅又主持召开了第二次筹备会议。除了各工矿的国民党党部代表外，一些高等学校的国民党党部代表也出席了会议。会议决定由故宫博物院院长马衡设计并监制九鼎。

2月19日，举行了第三次筹备会。会议通过了马衡设计的九鼎式样。九鼎的鼎台采用川产楠木，上刻蟠螭纹，台

献鼎事件的主角朱家骅

面是绿色雪花呢，鼎盖用古铜色软缎覆盖。马衡在他的《九鼎设计缘起》中解释说："昔禹平水土，开九川，远方图物，贡金九牧，铸鼎象物，百物而为之备，使民知神奸，用龙协于上下，以承天体。此即周世所称为九鼎者也。是九鼎之作，乃禹甸既辟，生民永安，九州贡金，以纪念禹之功绩。故自夏至周，世世保守，传为历史上之佳话。……窃考鼎之形制，可分为三个时期：其一为早期，约当商末周初；其二为中期，自西周至春秋；其三为晚期，自春秋迄于战国。早期之式，鼎皆直足，耳居唇上；中期之式，变为曲足；晚期之式，移耳于唇外，上加鼎盖。……今所采取者为中期式，鼎口周缘饰以蟠螭纹，足之上端饰以饕餮。铭文八句，句四言，分铸于八鼎之面边缘，其第九鼎则记献鼎之缘由。尚有'协和万邦，以进大同'八字，及铸作之年月，则分铸于九鼎之背面，而以古文书之。……"

九鼎铭文由著名史学家顾颉刚的弟子刘起釪起草，顾颉刚亲自修改而成。顾颉刚在1943年1月28日的日记中写道："大学党部及工矿党部欲向蒋介石委员长献九鼎。而以鼎铭属予，因就刘起釪所草，加以改窜。"铭文为："于维总裁，允文允武，亲仁善邻，罔或予侮。我士我工，载欣载舞，献兹九鼎，宝于

万古。"此外，国民党学校党部和工矿党部也分别写了献词，称颂蒋介石"天下所顺"，"勋重无疆"。

会后，铸九鼎的工程就开始了。从1943年2月到9月，九鼎始告铸成。九鼎形式大小、花纹，一模一样，每个鼎高约三十公分，重约十几斤。

9月17日，召开了第四次会议，确定了献鼎仪式程序：一、启鼎；二、贯铉；三、献鼎；四、献词。10月5日召开第五次会议，商定献鼎代表为500人，并且请国际宣传处对此发布新闻和中国电影片厂来现场拍摄电影。

1943年11月2日，中国与美国、英国、苏联四国在莫斯科签署《关于普遍安全宣言》。该宣言不仅对于世界反法西斯战争中的共同措施有所规定，而且表示决心保证战后的集体安全。这是中国近代外交中的又一重大成果。于是，朱家骅等人决定提前于11月7日中央训练团举行开学典礼时"向领袖恭献九鼎"。为了使献鼎时不出现纰漏，于6日在重庆复兴关中央训练团纪念周活动上进行预演。1月6日，复兴关中央训练团大礼堂布置得十分隆重。主席台下，摆着三张大长方桌，桌上覆盖着一幅黄缎子。桌子两旁，站着两排衣着艳丽的礼仪小姐，礼仪小姐后面是由各省代表推选出来的九个区的代表共18人。主席台两侧，站立着八个身穿长袍马褂的司仪。这些礼仪小姐、代表和司仪，每人胸前都佩戴着一朵鲜艳醒目的小红花，红花下衬着写着墨字的黄缎子条。后台的休息室里，蒋介石和党国元老吴稚晖、戴季陶、于右任以及孙科、陈果夫、陈立夫等要员正在开会。预演时主席台右边站立着朱家骅，左边站立着王东原，正中是何应钦，代表蒋介石"受鼎"。司仪唱道："献鼎典礼开始！"接着喊"鸣礼炮！""奏乐！"随着进行曲的乐曲声，两排礼仪小姐缓缓走到桌边，徐徐揭开黄缎，露出银光锃亮的九座鼎。礼仪小姐退回原位后，司仪接着唱："某某区某某省向总裁献鼎！"右列的头两名代表走出，面对何应钦垂手肃立；右列的礼仪小姐走出两人，用黄缎扎着的杠子，穿入右桌上第一个鼎的两耳，抬到何应钦面前的桌旁站定，高高举起，朱家骅、王东原二人走过来接鼎，代表向何应钦三鞠躬，何应钦还礼。朱家骅、王东原将鼎安放在何应钦面前的桌子上。两名代表和两名礼仪小姐退回队伍。然后，司仪又唱道："某某区某某省向总裁献鼎！"左列的代表、礼仪小姐又依此表演一番。当演到第三只鼎时，后台走上来一名侍卫官说："委员长有请朱部长（指朱家骅）！"朱家骅赶快走到后台休息室，何应钦等人也都中止了表演。礼堂里不知出了什么事，鸦雀无声。突然休息室内传出蒋介石那浙江宁波腔的怒骂声："这是无耻！""太糊涂，是侮辱我！"过了一会儿，朱家骅哭丧着脸走到主席台前，举手一挥，台下的代表、礼仪小姐都连忙退去了，何应钦等人灰溜溜地到台下站立。蒋介石走上主席台来，在主席位就座，怒气冲冲地说："今天的这种行为，是给我一次侮辱！这种做法，不仅给我侮辱，也给党侮辱，怎样对得起总理在天之灵？"稍停，他不得不又虚情假意地说道："代表们远途跋涉，辛苦了。这件事，是我们中央负责人做错了，我也有责任。我看到签呈（指朱家骅关于献九鼎的呈文）时，没有批'可'，只批了一个'阅'字，意思是做一点纪念品是可以的，而你们这么劳民伤财，轰动全国，实在是愚蠢无知。"蒋介石的这番话，等于承认了献九鼎，他事先是清楚的，并且首肯了的。

　　蒋介石为何突然翻脸呢？原来在铸鼎和选礼仪小姐献鼎时，消息已不胫而走，闹得陪都重庆人言啧啧，舆论一片哗然。冯玉祥在《我所认识的蒋介石》一书中说："有一天我到重庆下边一眼望得见的一个造船厂里去讲话，这个厂的主人就是卢作孚。我对员工们讲完了话，他领着我去参观。他指给我看，这是预备献给蒋介石的九个铜鼎。我看每一个鼎高有二尺半，直径也有二尺，鼎上还雕刻着许多花纹。我问：'这是谁出的主意？'旁过一个人说：'这是蒋自己出的主意，他要这样办，谁敢驳回他呢？'我记得中国古书上有一篇书叫'楚子问鼎'，楚子是楚国的国王，他在公、侯、伯、子、男五个爵位里头，是子爵，所以称为楚子。一个子爵当然够不上做皇帝，然而他却要问九鼎，问九鼎就是想做皇帝，因为九鼎象征九州，有了九鼎就是有了九州，就是有了全国。楚子问鼎有多高，多大，多轻，多重，周家的官吏说：'在德不在鼎，不得民心，人民若怨恨你，就是有了九鼎，也不会有用的。最好，你不问鼎为是。'因为有这一篇文章，中国人多少年来，都拿着九鼎当作皇帝的象征，这个故事在中国没有一个不知道的。蒋介石虽然读书少，无知识，这个故事总不会不晓得的。但是他的脑子，非常守旧，他虽然是二十世纪的人，可是他的思想，总是在十七、十八世纪之间，他一定暗示他的部下献九鼎，他的动机，不问可知。过了两个月，鼎全做好了，就规定了一个日子，在中央训练团里献鼎。这件事忽然被美国的报纸登载出来：'蒋介石叫人们给他献九鼎，这是预备做皇帝。'蒋一看见这段消息，首先把美国的新闻记者和美国的报纸大骂一顿，然后在训练团把朱家骅他们假意地骂了几句。朱家骅的喽啰当然也在那里骂：'你不叫我们献九鼎，我们就会献了么？现在美国报纸骂你了，你就发脾气来骂我们，你骂吧，我们都不干了。'就在那几天，许多人上辞呈。蒋介石一个个的找去，对他们说：'骂你们是给别人听的，我心中还说你们做得好，做得对。'那些人们一个个的更撒起娇来。就这样过了两三个星期，才把这段事平妥下去。"冯玉祥是蒋介石的政敌，他的话不一定完全准确，但也可以从中看出，献九鼎一事引起了美国新闻记者的注意。连军事委员会军令部长徐永昌也在日记中写道："今日献九鼎，蒋先生应却而不之却，徒损其大。献者不以德爱人，徒增国家之陋。"鉴于这种局面，蒋介石再也不好坦然接受九鼎，一场闹剧被迫收场。

对于蒋介石断然拒绝接受九鼎之举，徐永昌等人大加赞赏。他说："民四初闻筹安会之名词，以为袁总统会将赫然震怒，以是非大明于世，不意其渐至于自谋之。张勋复辟前余亦以为断不会再有此胡（糊）涂事，卒至龙旗遍衢，方觉果有此笑话出现，九鼎固微，然献者之心至危，昔日理想的赫然震怒乃见于此应见之时，蒋先生诚大惬人意，谁曰我中华民国未进步。"唐纵也在日记中说："（11月7日）上午中训团开学，组织部将举行献鼎典礼。委座以工料甚贵，典礼隆重，大怒。责备朱部长不是，此时前线将士浴血抗战，何能如此耗费，作此无益之事。时贤多赞委座英明。"

对于始作俑者朱家骅来说，真可以说是碰了一鼻子灰，献鼎之举成为这位学者出身的组织部长人生的一大败笔。蒋介石的侍从室主任陈布雷说："当朱骝先献鼎时，我事先说过，不必如此做。我意古人说鼎革，是先革而后有鼎。现在国家仍多难，暴日入侵，以鼎为献，非其时也，且易引起陈旧意识。但朱骝先没有接受我的意见，所以后来受到委座的责骂。"

为九鼎作铭文的顾颉刚也受到了各方面人士的非议，都认为此事全出人意料之外。国民党元老李石曾就此发表评论说："顾颉刚曾指大禹非人，遑论舜尧，但朱骝先在重庆，拟献九鼎之文，却由顾颉刚执笔，学人而不管事实的好出风头，亦小之乎为学人矣。""北大疑古派顾颉刚……拟献九鼎文，是顾亦自疑矣。"著名历史学家陈寅恪也大发议论，当时任浙江大学校长的竺可桢在1943年12月18日的日记中有如下的记载："陈寅恪对于朱骝先等发起献九鼎，顾颉刚为九鼎作铭，惊怪不止。谓颉刚不信历史上有禹，而竟信有九鼎。因作诗嘲之云：'沧海生还又见春，岂知春与世俱新；读书渐已师秦吏，钳市终须避楚人。九鼎铭词争颂德，百年粗粝总伤贫；周妻何肉尤吾累，大愚分明有此身。"

顾颉刚是以疑古而著名的历史学家，却欣然同意为九鼎作铭文，自有其原因：其一，与顾颉刚的认识有关。1943年1月11日他在日记中说："中英、中美另订新约，废除百年来之不平等条约，是抗战以来第一可喜事也。"其二，与朱家骅对顾颉刚的拉拢有关。朱家骅是学者出身的国民党官僚，拥有德国柏林大学博士学位，在国内担任过北京大学教授、中山大学校长、中央大学校长、教育部部长、中央研究院总干事、代院长等职务，是个亦学亦官的两栖人物，在国民党官僚中，以善于礼贤下士而著称。1943年10月12日顾颉刚在写给他老师胡适的信中透露说："刚自廿六年南京分手后，即到甘肃、青海一带考察。廿七年冬，就云大教职。其时家父回苏，内子履安挈小女到滇。曾未数月家父病逝，沦陷区中既不可去，丧葬之事遂不克任。内子独身返家，摒挡一切，以不胜舟车之劳，遂染沉疴，淹缠四载，至今年五月初死去。刚于廿八年就齐大国学研究所主任职，居成都者两年。卅年为骝先生邀至重庆，主编《文史杂志》，抗战期中，印刷困难已极，迄今愆期达一年之久。自孟余先生长中大，刚又任历史系课，重庆交通困难，故于今春孟余先生辞职时谢去。现住柏溪，不久将迁至北碚黑龙江路八号中国史地图表编纂社中（此社系商人金君所办，拉刚主持）。此数年中，治学则材料无存，办事则经费竭蹶，当家则生离死别，触目伤心，弄得一个人若丧魂魄，更无生人之趣。每念先生在国外，还过正常之生活，亲大量之图书，曷胜艳羡。"顾颉刚主编《文史杂志》，是出于朱家骅的安排。投之以李，报之以桃，顾颉刚为朱家骅作九鼎铭文也就不奇怪了。

献鼎事件后，C.C.抓住这一事件更加大胆地攻击朱家骅，说他不懂得办党，把各级党部都搞坏了。特别是说朱家骅这样继续搞下去，没有方法对付共产党。这一点特别能打动蒋介石，不久他就动了撤换朱家骅的想法。

1944年5月18日，国民党五届十二中全会开幕，C.C.分子联合黄埔系发动倒朱攻势。侍从室第二处第六组组长唐纵在1944年5月19日的日记中写道：

> 徐恩曾、潘公展、叶秀峰，晚上邀约程天放、张道藩、余井塘、贺君山、康兆民、萧化之、张镇等会谈，大家都痛恨党无能，希望此次全会有些成就。兆民对于组织无法施展，颇为痛愤，甚至希望总裁对于领导方式

有所改革。至此，潘公展提出双方必须合作。道藩继起，言之更为激烈。今日恩曾要我先发言，是否在测探我的意见否乎？

1944年5月22—26日，国民党召开五届十二中全会，二陈动员C.C.徒众对朱家骅发起总攻击，批评他办党务的缺点。蒋介石见此，终于决定走马换人，在没有与任何人商量的情况下，突然下令免去朱家骅的中央组织部长职务，由陈果夫接任。陈果夫卷土重来，C.C.分子再次弹冠相庆。董必武在一个报告中说："去年5月，国民党开了十二中全会，那个会未做一种有意义的事情。只解决了一个党内问题：就是C.C.重新掌握国民党的组织权，陈果夫代朱家骅做了组织部长。故国民党里有一部分人说：'花了六百万元宰了一个猪'（即朱家骅之'朱'），'结了一个果'（陈果夫之'果'）。又因国民党重庆市党部主任委员杨公达也挤落了，故有人说十二中全会是杀猪（'朱'）宰羊（'杨'）。"

朱家骅同C.C.斗争失败的原因，中统特务刘恭说："朱家骅同C.C.及中统决裂后，自成一系，在蒋介石的反动圈子里，以各省、市党部和一些特别党部（如铁路、公路）为基础，向学术、教育界开拓地盘，并与三青团携手，尽力拉拢黄埔系军人，勾结江浙财阀，意图取代C.C.过去的地位。但由于朱的根基不深，基层力量有限，三青团视之为客卿，陈诚对之缺乏信任，军人认为他不可靠，财阀嫌他是个穷书生，加上C.C.对他进行全面包围打击，蒋记朝廷风雨飘摇、面临总崩溃这种种因素，使得朱的这个派系有如昙花一现，瞬即凋零。到1948年的时候，朱本人只能龟缩在教育部内，小心应付，无可施展。他本人在逃离大陆之前，消极悲观，伤感万分。"

第三节　C.C.与财经巨头的矛盾斗争

打入经济领导领域，一直是陈果夫、陈立夫兄弟及C.C.的强烈愿望。这有几个方面的原因：

第一，陈氏兄弟特别是陈果夫，在经济及金融上有一套主张和见解，很想在经济金融领域大显身手。

第二，解决党务活动经费。大约在1932年，陈立夫就对C.C.干将刘不同说过这样的话："临时约法制定了，而宪法终将出世。政权方式是个多党的，到那时党费不能由国库开支，不能列为国家预算，我们必须自想办法。党员交纳的党费为数很少，且绝大多数不交。校长（指蒋介石）原计划采取党内募捐方式筹集之，并且希望孔祥熙与宋子文二部长多出点。可是事实上，他们口诺而不行动。我们怎么办呢？只有自办企业。大家都成了资本家，党费还没办法么！"后来，陈果夫也与刘不同谈过类似的话。1934年，南京国民政府立法院公布五五宪草初稿后，陈氏兄弟办经济小家务的念头更加强烈。

第三，C.C.分子占据的是党务及文化、教育、司法等部门，除司法部门相对来说是肥缺外，党务、文化、教育部门油水不大，C.C.分子为了满足个人的发财愿望也有打入经济金融领域的冲动。但是，蒋介石早已将财经金融部门交给孔祥熙、宋子文、钱昌照、翁文灏等人主管，C.C.要打入这些部门，首先要面对着孔、宋、钱、翁等财政经济金融巨头的阻拦。C.C.与他们斗争了20多年，最后还是颇有斩获，建立起了国民党党营事业的基础。

一、与资源委员会负责人钱昌照的斗争

钱昌照（1899—1988），江苏省常熟县鹿苑镇的官绅之子，是蒋介石早期的重要幕僚之一，也是蒋从事重工业建设的主要助手，堪称工业巨子。

钱昌照1919年10月考入英国伦敦政治经济学院，1922年下半年进入伦敦牛津大学继续研究一年多，1923年底毕业。伦敦政治经济学院是费边社的大本营。费边社成立于1884年，由韦伯夫妇等人创办。费边社的创始人及著名人物韦伯夫妇、华莱士、霍布浩斯、贝维利支等在伦敦政治经济学院任教。罗素、可尔、皮古、凯恩斯等著名学者也在该校任教，后来成为英国首相的艾德礼当时也在该院任讲师，萧伯纳、H.G.威尔斯有时也到该校演讲，主要宣扬改良主义和中间路线。钱昌照在伦敦四年的留学生活，深受费边社会主义的影响。1924年钱昌照回国后，由世交、江南大绅士张謇介绍，用了一年多的时间，遍访了当时最有权势的张作霖、冯玉祥、阎锡山、胡景翼、吴佩孚、孙传芳等割据一方的大军阀，希望在国内找个实力派来实现其工业救国的主张。但遍访各大军阀后，钱昌照觉得他们都不是理想的人选，不可能依靠这些军阀来实现其工业救国的主张，因而深感失望，便躲进上海江湾蔡家花园研究中国历史。

1927年，经黄伯樵、顾树森介绍，钱昌照与浙江嘉兴沈性元女士订了婚。沈性元的大姐沈性真（字亦云），嫁给了蒋介石的盟兄黄郛，在蒋介石发动

"四一二"反革命政变、建立蒋记南京政府的过程中,黄郛是主要的幕后策划者,深得蒋介石的倚重与依赖。钱昌照与黄郛成为连襟后,黄郛将钱昌照推荐给了蒋介石。钱昌照综观国内军阀政客,认为只有蒋介石是一位可以统一中国的人物。蒋是军人,缺乏国际知识,钱甘愿为蒋拾遗补缺,借此可以做一番富国强兵的事业。由于黄郛的关系,蒋介石一开始就很信任钱昌照。蒋介石早期的幕僚组织很简单,钱昌照和陈果夫、陈立夫是他身边的主要谋士,陈果夫、陈立夫管党和政,钱昌照管经济、外交和教育。

钱昌照为蒋介石做的一件重要的工作就是为蒋介石广泛延揽了大批著名知识分子,扩大了蒋介石的统治基础。钱昌照任教育部常务次长六年多,由于他的为人处世,深得知识界的好感,故而与知识界建立了良好关系,也为他向蒋介石推荐知识分子提供了便利条件。"九一八"事变以后,全国抗日呼声甚高,各地爱国救亡运动风起云涌,国民党内反蒋派也乘机对蒋介石的不抵抗政策猛烈抨击。蒋介石认为中日力量对比悬殊,此时中日交战,中国只有失败。但是对于如何尽快发展民族工业,充实国家力量,改变中日实力的对比,起码是缩小中日间的军事实力差距,蒋介石并无良策。1931年冬的一天,钱昌照向蒋介石建议筹办一个国防设计机构,并提出国防设计应该是广义的,不仅有军事、外交,同时也应该包括教育文化、财政经济、原料及制造、交通运输、土地及粮食及各种专业人才等。蒋介石对此表示原则同意,并让钱昌照就设计会的组成人员拟定一个名单。钱昌照草拟的名单很快就交到了蒋介石手上。军事方面有陈仪、洪中、杨继曾;国际关系方面有王世杰、周览、徐淑希;教育文化方面有胡适、杨振声、张其昀;财政经济方面有吴鼎昌、张公权、徐新六、陶孟和、杨端六、刘大钧;交通运输方面有黄柏樵、沈怡、陈伯庄;土地及粮食方面有万国鼎、沈宗瀚、赵联芳等,一共有四五十人。蒋介石同意这张名单,仅在军事方面增加林蔚一人。钱昌照拟定的这张名单,有个特点,即没有陈果夫、陈立夫C.C.及宋子文、孔祥熙系统的人员,也很少有当时在国民党政府内任职的人。名单中的人物,绝大多数都是在社会上较有声望的专家学者、银行家、实业家等,有些甚至是对南京政府持批评态度的人士。钱昌照拟定的这个名单,在民国史上的影响是非常大的。它使一大批以前不为国民党当局了解的中国知识界、实业界的精英人物进入了蒋介石的视野,也使这些精英人物打开了与南京国民政府,具体地说就是与蒋介石的沟通渠道,不论这种沟通是他们主观迫切希望的,还是身不由己的。正是从这个名单开始,一批知识分子从"在野派"向"在朝派"转变,由此拉开了"学者从政"的序幕。蒋介石也因此扩大了自己的智囊团和人才库,扩大了自己统治的基础。

钱昌照与蒋介石商定,由钱昌照先和名单上的人物个别交换意见,然后再约他们中间的一部分和蒋介石见面,或者为蒋讲学。按照蒋介石的意图,1932年春、夏、秋三季,钱昌照分别陪同名单上的人先后在南京、庐山牯岭、武汉等地与蒋介石见面或为其讲学。他们包括王世杰、周览、徐淑希、胡适、张其昀、吴鼎昌、徐新六、杨端六、丁文江、翁文灏、顾振、范锐、吴蕴初、陈伯庄、万国鼎等二三十人。对于这桩工作,钱昌照在回忆录中说:"我替蒋介石延揽了许多大知识分子(当时没有统一战线这词),介绍和他见面,为他讲学。他自己每每用红铅笔记些谈话内容或讲学的要点,学得些新知识。他是军人,惯于纵横捭阖,拉拢吞并各方军阀,有时甚至用大笔金钱收买。但知识分子,不容易用金钱收买,而且他与知识界也少有渊源,所以他乐于我为他撮合。有一段时间,他的声誉渐渐好起来,说他好学、接近学者、起用文人执政等等。"

1932年10月初,国防设计委员会成立,蒋自任委员长,钱昌照推荐翁文灏任秘书长,自己担任副秘书长,负实际责任。首批聘任的国防设计委员会委员共39人,他们是翁文灏、钱昌照、黄慕松、杨杰、陈仪、周亚衡、林蔚、丁文江、陈立夫、王宠佑、刘鸿生、穆藕初、曾昭抡、赵石民、陶孟和、刘大钧、吴鼎昌、徐新六、唐有壬、杨端六、万国鼎、沈宗瀚、胡石青、陈伯庄、顾振、沈怡、颜任光、钱昌祚、周鲠生、钱泰、徐淑希、俞大维、谢冠生、裴复植、王世杰、蒋梦麟、胡适、杨振声、周炳琳。另外行政院各部会长官为当然委员,以后又陆续增聘了一些委员和专门委员。这些委员中的绝大多数都是知名学者、技术专家和实业家。

蒋介石组建国防设计委员会的目的是:"按现代的国防需要及本国之物资与形势,以制成整个的国防计划。"为了达到这一目的,国防设计委员会下设七个小组,聘请约200名各界人士担任专员,这七个小组分别是:军事组、国际组、教育文化组、经济与财经组、原料及制造组、运输及交通组、土地及粮食组,各小组分别就有关方面的课题进行调查、统计,制定对策计划。1935年4月,国防设计委员会易名资源委员会,改隶军事委员会。

资源委员会将调查研究阶段逐步过渡到重工业建设阶段，其职能逐步发展为管理和主办重工业建设，诸如煤炭、钢铁、石油、有色金属、机械、化工、电力、水泥、制糖、造纸等。1938年资源委员会划归经济部主管，由经济部长翁文灏兼任主任委员，钱昌照以副主任委员负实际责任。抗日战争时期，资源委员会的中心工作有二：一是统制钨、锑、锡、汞等战略物资，以偿还债务，使国民政府易货偿债有了可靠的保证，蒋介石也很满意。行政院副院长兼财政部长孔祥熙见有利可图，也想染指，但因资委会有蒋介石做靠山，孔也奈何不得。二是全力经营工矿业和电力工业。孔祥熙在争夺钨砂外销权失败以后，处处与资委会为难，不仅基建预算不给，连经常性费用也克扣。1937年资委会连"年"都过不去了，钱昌照不得已飞香港见中国银行总裁宋子文，请他帮助。宋子文找来钱新之，由中国银行、交通银行各借给资委会250万元才勉强过了年关。在这种局面下，钱昌照另辟蹊径，决定与云南、四川、广东、广西、西康、陕西、甘肃、青海等省当局合办工业，由资委会出钱出人，地方平分利润。钱昌照向蒋介石汇报和各省合作的经过后，蒋很满意，认为用经济建设联络地方，是一个好办法。到抗战结束时，资委会共有厂矿单位121个，其中火力发电厂26个、煤矿19个、石油矿3个、铁矿和铜铅锌矿4个、钨锑锡汞矿11个、冶炼工厂37个，等等。经过八年的努力，在工业生产中，确立了国家资本统治地位。抗日战争胜利后，资源委员会又接收了大后方的重工业和糖纸两种轻工业。行政院长宋子文要钱昌照将纺织业全部接管过去，但钱昌照考虑到纺织业的工资待遇高，接办后不能与资委会的待遇平衡，不好办，拒绝接受。据统计，到1947年，资源委员会工业产品占国民党统治区工业产品的比重是：电力63%，煤33%，钢铁90%，钨锑100%，锡70%，水泥45%，糖90%。当钱昌照1947年4月离开资源委员会时，职员已达33000余人，技术工人23万人（不包括大量的壮工和农民工人），这是一个庞大的组织。

C.C.早有打入资源委员会的意图，但资源委员会负责人钱昌照对C.C.的印象极为恶劣，翁文灏也厌恶C.C.。

钱昌照后来说：

> 关于用人和培养人才的问题，是事业成败的关键。我从最早的国防设计委员会开始，就经常考虑这个问题，鞭策自己在罗致人才、任用人才上

要大公无私,不分领域,不问关系,任人唯贤,任人唯能,一经任用就用人不疑。信任放手,让他们有职有权,发挥才能。我认为人才,天生的毕竟很少,十之八九得依靠有计划有步骤地训练培养。那时,我常说:"我们别的可以省钱,训练人才千万不可以省钱。外汇也好,法币也好,只要用得适当,尽管用,不要计较。计较了外汇法币,忘掉了人才,不但是笑话,并且会误国。"

钱昌照还说:我们用人是不分领域的,但有一个戒条,即C.C.分子是排斥在外的。C.C.的人阴阴沉沉,民间称之为"党棍子"。他们和中统分不清,所想不是搞工业,而是属于孙中山所说的"人生以服务为目的,不以夺取为目的"的反面人物。但C.C.总是时刻在谋划夺取资源委员会这块肥肉。

1932年底,资源委员会的前身国防设计委员会成立时,陈氏兄弟就推荐他们的三叔陈其采担任秘书长,钱昌照担任副秘书长。钱昌照一想大事不好,陈其采是陈其美的弟弟、二陈的叔父,而且是百分之百的官僚,陈其采一来,等于是对C.C.敞开大门。于是,钱昌照连忙赶到江西庐山同蒋介石商量换人。蒋问谁合适?钱昌照当即推荐无党无派的著名学者翁文灏。蒋也同意了,并约翁到庐山给他讲学。后来,钱昌照了解到,要陈其采当秘书长是陈氏兄弟与蒋介石事先商定了的,结果被钱昌照挡了驾,陈氏兄弟及陈其采都很不高兴。

翁文灏和钱昌照在用人上坚持一个原则,凡是C.C.方面的人,一个也不用,即使得罪人也要坚持这一条。又有一次,陈立夫向翁文灏推荐叶秀峰参加资源委员会担任委员。翁文灏问钱昌照如何应付?钱昌照很干脆地说:"他来我走。"翁文灏见钱昌照态度如此坚决,也只好回绝了陈立夫。

之后,C.C.又提出在资源委员会设立党部和工会,以此打入资源委员会。这本来是符合国民党的做法的,但钱昌照坚决拒绝在资源委员会设立党部。钱昌照拒绝在资源委员会成立党部,本来是站不住脚的,蒋介石也知道,却并不反对,其原因就在于经济方面,蒋介石也想利用资源委员会来牵制C.C.,不让C.C.过于强大。但在陈氏兄弟的一再要求下,又不得不出来说几句话。1943年初,蒋介石约陈果夫、陈立夫、钱昌照、翁文灏、俞大维等在重庆嘉陵宾馆吃午饭,饭后作简单谈话,希望资源委员会和兵工署以后要和中央党部打成一片。钱昌照看出这是陈氏兄弟要的一个花招,把蒋介石搬出来唬人。随后钱又去见蒋，说明资源委员会多年来未成立党部，怕陈氏兄弟插手进来，把事业弄乱等，蒋唯唯不置可否。到1944年，国民党开始筹备第六次全国代表大会选举，所有重要机关都要设立国民党党部，资源委员会才被迫成立第七十八区党部，钱昌照本人不参加党部工作，只是嘱咐吴兆洪、戴世英等，好好安排，好好应付，不让资源委员会受到C.C.影响。C.C.在资源委员会总部成立区党部后，又要求在资源委员会下属的各大厂矿成立党部，在抗战胜利前，资源委员会所属100多个厂矿单位中，只有玉门油矿成立了特别党部，由C.C.派了九个人负责。为了抵制C.C.通过工会打入资源委员会，钱昌照下令组织"员工励进会"，抢先在C.C.强迫成立工会之前成立，抵制了C.C.通过黄色工会打入资源委员会的企图。

C.C.还有一个渠道打入各机关，那就是通过人事安排。国民政府有个铨叙部，专管机关的人事安排。这个部门也是由C.C.掌握的。钱昌照了解到，C.C.通过铨叙部派一个姓郝的人到外交部主管人事，结果陆续把一大批中央政治学校的毕业生拉到外交部派充外交领事人员。C.C.也想用同样的方法派一个人到资源委员会主管人事，钱昌照坚持不同意，但又不好自己直接委任人事处长，便想了一个变通办法，请人代理人事处长，先后委派宁嘉风、龚祥瑞、黄日骙、吴福元做代理人事处长，都没有送铨叙部审批。

C.C.始终打不进资源委员会，其气恼可想而知。但钱昌照有蒋介石的信任，陈氏兄弟也奈何不得，但小动作自然少不了。C.C.重要分子首先散布要"清君侧"的流言，声称不能允许让大权落在一个与党没有多大关系的人手里。这当然指的是钱昌照和翁文灏，尤其是钱昌照。陈果夫在国民党中央政治会议上批评国防设计委员会花钱很多，却未见成效，钱昌照当场加以反驳，并且说完就甩手离开会场，弄得陈果夫难堪，更是气上加气，以后只要有机会，C.C.总要找资源委员会的不是。

1945年抗战胜利后，陈氏兄弟大搞"党营事业"，到处伸手抢夺敌伪产业。但凡属资源委员会业务范围内之的厂矿企业，钱昌照等人绝不让步，C.C.一个也抢不到，关系弄得相当紧张。最后，钱昌照在资源委员会待不下去了，于1947年被迫离开他一手创办的资源委员会。

二、与"财神"孔祥熙的明争暗斗

陈果夫早年在上海做过私人钱庄的挡手、证券交易所的经纪人，自诩是经济上的行家，在经济上，尤其是金融上一显身手的愿望尤其强烈。但在抗战以前，财政和金融都是孔祥熙和宋子文的绝对领地，别人是无权插手的。

陈氏兄弟只好从孔祥熙、宋子文不屑一顾的农村入手。1933年10月，陈果夫出任江苏省政府主席后，改组原江苏省银行，将其分成江苏省银行和江苏省农民银行两家，江苏省银行以工商业为对象，江苏省农民银行以农村为对象。C.C.虽然掌握了这两家省级银行，但毕竟作为有限。

陈果夫在金融方面暂时不能有所突破，便从合作运动着手。陈果夫搞合作运动，是受了薛仙舟的影响。

薛仙舟（1878—1927），是广东省香山县（今中山市）人，曾留学德国专门研究财政经济。德国是世界合作运动的发源地之一，且当时德国的合作事业已相当发达，薛仙舟深受影响，1919年回国后到复旦大学任教，并宣传合作运动的重要性，是中国合作运动的创始人，被誉为"中国合作运动之父"。陈果夫虽然不是复旦大学的学生，但跟薛仙舟学过德文，并从薛仙舟那里了解到合作的重要性。1927年南京政府建立后，陈果夫认为要实现阶级协调，防止阶级斗争，就应该采用合作社的方式。因此，陈果夫经常在蒋介石跟前宣传合作的重要性，并在国民党中央的各种会议上建议推行合作社。蒋介石采纳了陈果夫的建议，在实业部下设立合作司主持全国合作事业。抗战迁都重庆后，又在经济部下成立农本局，取消经济部的合作司而在农本局下设合作指导室，一直由章元善主其事。陈果夫一直没能抓到合作运动的实权，但在合作人才的培养方面，陈果夫早做了准备。1935年，陈果夫以训练合作人才的名义，提请国民党中央常务委员会会议通过，准予在中央政治学校设立"合作学院"，招收二年制的学生，毕业后分配各地主管合作运动。1938年，陈果夫的亲信寿勉成草拟了一个提案，建议在经济部下成立合作事业管理局，管理全国合作事业的

长期把持国民党财政金融大权的孔祥熙

推进，并在各省成立合作事业管理处，各县市成立合作指导室，主管各种合作社。这个提案送达陈果夫，陈果夫又授意C.C.干将赵棣华等联名，于1939年1月28日向国民党五届五中全会提出，获得全会通过。陈果夫推荐寿勉成担任合作事业管理局局长，开始时隶属于翁文灏的经济部。陈果夫为方便指挥起见，于1940年将合作事业管理局挪到C.C.大将谷正纲任部长的社会部。

合作局成立以后，它用什么方法推动合作事业呢？它成立了四个系统的附属机构：第一是合作工作辅导团，下设几个分团，分赴重点各县，巡回协助当地合作指导员推动工作。第二是合作实验区，曾在十个省份各选定一个县作为实验区，配合县政，推进合作组织。第三是全国合作人员训练所，其主要任务就是从各省抽调一部分省级合作干部及县合作指导员到所接受短期合作训练，以期统一意志统一行动。第四是全国合作社物品供销处，其任务为供应各消费合作社所需要及各产销合作社所运销的各种物品。这合作供销处的产生及其最初所运用的资金是由寿勉成拟具办法送由陈果夫转呈蒋介石决定照办的。以上这四种组织，除了合作实验区远在各省，辅导团分团流动在各县以外，辅导总团、合训所及供销处均由寿勉成直接兼管。合作局成立以后不久，寿勉成又发起所谓中国合作事业协会，作为对内加强合作运动，对外代表中国合作界从事国际活动的一个广泛的社会团体，由寿勉成自己担任会长，而以陈果夫为名誉会长，孔祥熙、戴季陶、邵力子为名誉副会长。各级合作社及合作社团包括中国合作学社及中国工业合作协会在内，都可以加入为团体会员。各省设有分会，各县设立支会。发行《民力周报》，分发各省市县合作行政单位、重要的各级合作社，各合作社团、中央和地方各有关行政机关，报道合作消息，指示应有改进并介绍有关合作业务的知识。此外，还办了一个中国合作经济函授学校，作为合作工作人员进修的一种措施。1941年，国统区推行新县制，硬性规定每乡镇每保一定要分别设立一个合作社。

1940年以后，国统区经济形势恶化，物资匮乏，物价飞涨，主管战时经济的孔祥熙受到各方面的猛烈抨击，蒋介石对孔祥熙管理财政金融的能力开始怀疑。蒋介石有意起用早年在上海证券交易所的合伙经纪人陈果夫，任命陈果夫担任中央银行、中国银行、交通银行、中国农民银行四行联合办事总处农业金融设计委员会主任委员，由陈果夫主持制订农业贷款计划，统一农贷。

陈立夫见兄长搞金融搞得红火，他也不甘落后，于1942年下半年组织工矿银行，自任董事长。不料却招来蒋介石的一顿臭骂，蒋介石的侍从室第二处第六组组长唐纵在1942年9月18日的日记中写道："陈立夫组织工矿银行，自任董事长，委座大为震怒，以一教育部长而与工商合办银行，风纪何在！立夫经委座责备之后，立即登报声明辞职，庆祥、毓麟亦相继辞职。"

二陈有意向金融领域渗透，引起孔祥熙的不安。1944年蒋介石有意安排陈果夫担任中国农业银行常务董事，孔祥熙却以陈果夫从未从事金融事业为由予以反对。为了不过得罪陈果夫，孔祥熙提名陈果夫的三叔陈其采为常务董事，而把陈果夫降为普通董事，让陈果夫难以发作。在各董事就职的那天，孔祥熙在介绍陈果夫时，只说"陈果夫先生是办党务有研究的人"。其言外之意是国民党的党务专家要来插手金融，岂不是笑话。未料到陈果夫也不甘示弱，在致答词中特别声明："我曾经在金融界，不过落伍了约20年之久。"

陈果夫与孔祥熙的矛盾还表现在另一个方面。1934年第二次全国财政会议决议创办所得税，并逐步发展为中国直接税。孔祥熙的亲信高秉坊在直接税创办之初，即宣布："新税、新人、新精神。"举办税训班即此一政策的具体措施。这一工作刚开始，陈果夫即向孔祥熙提出取消办税训班，所需干部可由C.C.掌握的中央政治学校输送。高秉坊则认为如果业务干部不归业务机关自己训练，则"新税、新人、新精神"的目标达不到，更何况是为植党营私的C.C.一手包办，更加不愿意。因此，高据理力争，坚持原议。为了防止陈果夫继续破坏，高秉坊遂建议孔祥熙，请求蒋介石委派当时担任全国学生军训的教导总队队长桂永清充当税训班的训育主任。得到蒋介石同意后，由财政部正式函聘桂永清为税训班训育主任。如此一来，就等于明白地答复陈果夫："办税训班是已经通了天的，你不要再打坏主意了。"

桂永清是黄埔系的干将，对C.C.是不买账的，并且乐得接近这些刚毕业的青年大学生，于是很乐意地接受了这个小小的兼差，干得非常起劲。税训班初办无地址，桂永清就慨然让出他的孝陵卫总队部的一个课堂和一间营房，供税训班使用。这真令陈果夫哭笑不得，只好干瞪着眼睛生气。1942年，各省市所办的营业税又奉令合并于直接税，统一征收，高秉坊负责接管。当时中统局局长徐恩曾派员持函面见高秉坊，告诉他，四川营业税分局中，有六个分局长担任着中统的任务，请高秉坊保留。高秉坊依然不买账，称直接税人员要有一定的资历，合格的一律留用，不合格的就无法通融；一个业务机关，不能分担另一个不同机构的任务，在税务员中，照章也是要时常调动，不能总在一个职位和一个地方。最后，这六个分局长，有四个不合格的被高秉坊撤换；一个不合格的被内调；一个留任的分局长，也由江津调到永川。C.C.认为高秉坊大逆不道，敢在太岁头上动土，老虎口内拔牙。旧恨新仇，恨高秉坊入骨，必欲置之死地而后已。

　　孔祥熙多行不义，激起天怒人怨。C.C.与政学系借此逼孔祥熙下台。蒋介石不得不逐步削掉孔祥熙的众多职务，1944年11月1日，孔祥熙辞去财政部长，由俞鸿钧接任；1945年5月31日，孔祥熙辞去行政院副院长；7月29日，孔祥熙辞去四联总处副主席；10月13日，辞去中国农民银行董事长。据知情人透露，C.C.打入财政部的计划，是从"高考"着手的。所以凡属"高考"及格分发到财政部的人员，都是有计划地陆续攫取高位，不过限于资历，当然不能一步登天，然而已布满要津，待机而动。在孔祥熙被排挤辞去财政部长时，陈氏兄弟满以为可以取而代之，谁知又为政学系的俞鸿钧捷足先登，不得已而思其次，乃着眼于直接税署。

　　在孔祥熙下台之时，人们对于高秉坊的出路，有两种揣测：一是随同孔祥熙下台；一是恋栈继续干下去。高秉坊是孔祥熙的亲信，在道义上说，确有下台的必要。何况政治上，高秉坊除了孔祥熙这个后台外，其他无多依傍，大树已倒，难免猢狲之散。至于在"孔门"中为高秉坊扶植的鲁佩璋之所以能够由秘书长擢升常务次长，那也是因为他投靠了C.C.的缘故。但高秉坊既不辞职，也不消极，仍然稳坐钓鱼台。高秉坊的这种表示，对久欲打入财政部，而又与他有积怨的C.C.看来，更加不能容忍，视之为眼中钉，必欲拔之而后快。终于在1945年2月爆发了轰动一时的高秉坊贪污案。

　　1945年2月3日，蒋介石以军事委员会委员长的名义下令将高秉坊撤职，随即将其关押起来。C.C.控制的报纸大肆起哄渲染，非置高秉坊于死地不可。6月30日，C.C.控制的法院于6月30日判处高秉坊死刑。对于C.C.以莫须有之罪杀人，国民党元老、司法院长居正当即召见C.C.同路人、司法行政部长谢冠生及法院院长查良鉴，怒斥他们："你们上下其手，对高秉坊案如此处理，司法之尊严安在？须知人非机器，死了就不能复生。"居正愤而离开重庆飞往兰州以示抗议。山东籍的国民党元老丁惟汾、"衍圣公"孔德成以及吴蕴初、李烛尘等代表迁川工厂19个团体激于义愤相继呈请最高法院保障人权。送高秉坊到法院的财政部长俞鸿钧受到良心责备,根据部中多方彻查的汇报及关系卷宗汇成21条,正式呈请蒋介石饬最高法院慎重处理。根据俞鸿钧提交的呈文,比照法院判决所列罪状,一看便知是C.C.罗织莫须有的罪名置人于死地。经过各方呼吁,最高法院于8月17日将原案判决撤销,发还重庆地方法院重新审理。

为此,蒋介石专门召见了高秉坊的辩护律师章士钊。

蒋问章:"高秉坊案是你受理的?"

章士钊答:"是。"

蒋又问:"你现在有何意见?"

章说:"钱未入私囊,不能以贪污论罪。"

蒋说:"此案将发还更审,你仍代为辩诉否?"

章说:"我不愿再任辩护,因活案打成了死案,对不起当事人。"

由于社会的抗议,C.C.不好置高于死地,便改判高秉坊无期徒刑,投入四川省第二监狱。高直到1949年11月于重庆释放出狱。

高秉坊认为,冤案完全是C.C.首脑一手造成的。陈氏兄弟利用孔祥熙下台出国、俞鸿钧新到任的机会,阴谋中伤,唆使部内的C.C.分子排挤破坏,借中统特务造谣报复,加上法院里C.C.的操纵,国民党的新闻界恶意宣传,就构成了民国史上莫须有之狱。

三、打造C.C.的"金融帝国"

蒋介石准备撤销孔祥熙的中国农民银行董事长,交由陈果夫担任,事前,蒋特派儿子蒋经国到陈果夫寓所征求意见。陈果夫在1945年9月11日的日记中写道:"经国弟来,谓奉委座令,征求余意,能否担任农民(银行)董事长,余允之。"陈果夫觊觎此职已多年,岂有不允之理?

1945年10月13日,陈果夫正式上任。上任伊始,陈果夫为显示与他的前任孔祥熙不同,公布了由他制订的《中国农民银行经营方针》十八条,声称中国农民银行必须成为为中国农民谋福利的银行,其业务方针应以实现三民主义的经济政策为方针,投资方向应着重农业机械化,乃至农产品加工、运输、储藏、保险,注重于农业仓库业务,由此扩展至各信托业务,以代替旧式之典当;并施行实物贷,再利用土地开发等方法;更可利用实物发行债券,以为周转;中国农民银行之分支行处,应普设于多数农民集中交易之农产品中心点,务与合作金库及合作社配合发展,以逐渐完成金融网等。

陈果夫还为农民银行制订了"清慎勤敏"的行风，并解释说："一文不取谓之清，深筹远虑谓之慎，刻苦耐劳谓之勤，注重时效谓之敏。"1946年1月20日，蒋介石又给陈果夫、李叔明等发来手令称："中国农民银行应本该行既定方针，以发展农业经济、办理农民福利事业、提高农民生活水准为唯一任务，同时并应研究如何利用地方农业金融机构及农村合作事业，以经济力量配合乡镇保甲制度组训农民。"

陈果夫除了抓中国农民银行外，还搞了个中央合作金库。

1941年12月，在国民党五届九中全会上，陈果夫、陈立夫、潘公展、程天放、赵棣华等联名向全会提出了《拟请切实改善合作金融发展事业以奠定抗战建国之社会经济基础案》，要求尽快成立中央合作金库，将现在各行局所办之合作贷款业务，加以调整和补充；并在各省设立省合作金库。这个提案在全会上获得通过后，还须经过立法程序，陈果夫授意其亲信寿勉成再拟中央合作金库条例，由社会部会同财政部提交行政院核定后，由行政院转立法院审议通过。但直到1946年11月，蒋介石才以"合作事业有利于三民主义"、有助于"绥靖区的恢复"为由，拨款100亿元，批准成立中央合作金库，由陈果夫任中央合作金库理事长，寿勉成任总经理。这个金库成立后，由蒋介石批准加入四行联办事总处。1946年11月1日，中央合作金库在南京正式开张，在开张仪式上，陈果夫致辞："合作制度，是资本主义及共产主义两端中间的一条中庸大道，它调和着公利与私利，公有和私有，公营和私营，而且具有计划统制之长，而无其短，所以是三民主义社会经济的康庄大道。"陈果夫计划在五年内，成立各级合作金库16000多个，建立35万个合作社。

1947年，陈果夫又请准蒋介石成立中央合作指导委员会，由陈立夫任主任委员，陈果夫、陈立夫、谷正纲、王世颖、寿勉成任委员，是清一色的C.C.分子。陈立夫当时任国民党中央组织部长，为何要推陈立夫做主任委员呢？原来是陈果夫看到合作队伍日益扩大，银行可以利用来作为发展国民党的工具。绥靖区合作社明确规定可以吸收党员，以利反共。但在国民党中央没有领导合作的专门机构，也拉不到对合作领导系统的关系，所以才有这样的一个举措。另外，陈果夫也考虑到他自己的病情越来越厉害，也许终有不能负责的一天，所以也要借此替陈立夫造成领导的地位。虽然其他负责人也是C.C.分子，但总不如自己的弟弟亲，而且保持"陈家党"的地位，也必须这么做。

1945年，C.C.干将赵棣华出任交通银行总经理，中央信托局总经理由C.C.分子吴任沧担任。这样一来，南京政府的四行二局一库，C.C.独占了三行一局一库，七分天下有其四，只有中央银行、中国银行仍归宋子文系统的人马掌握。因此，二陈兄弟在金融领域拥有了与财阀宋子文平起平坐的实力。但C.C.向金融领域扩张成功之日，也就是国民党政府垮台之时，C.C.的成功成了昙花一现。

四、国民党"党营事业"的始作俑者

一个政党经营着庞大的产业，这是国民党的特色。而其始作俑者则是陈果夫、陈立夫兄弟。

如前所述，陈氏兄弟为国民党办小家务的目的是解决党务活动经费，但因遭到孔祥熙、宋子文、钱昌照等财经巨头的阻挠而一直未能如愿。1945年抗战胜利后，陈氏兄弟在蒋介石的授意下，借收复沦陷区的机会，大肆接收敌伪企业。比较著名的有：（1）华北企业公司，内有天津的卷烟业（恒大卷烟公司）、面粉业、酿酒业等，由骆美奂负责。（2）东北企业公司，由齐世英负责。（3）青岛企业公司，包括青岛啤酒公司和冰厂等，由李先良负责。（4）上海是工商业中心，C.C.在这里抢到的企业最多，包括面粉业、卷烟业、酿造业、甚至还有房地产业、出版业，大大小小不下千百家，由吴任沧负责。C.C.本来还想向重工业进军，无奈钱昌照等坚决抵制，C.C.未能如愿。

1946年3月，在国民党六届二中全会上，陈氏兄弟提出了一个"党营事业的建立和管理计划方案"，全会通过了这个方案，决定拨出5000亿元作为"党营事业基金"。1946年11月，陈果夫出任中央财务委员会主任委员，指挥监督党营文化和经济事业的业务。有了陈果夫带头，C.C.分子纷纷涌向经济金融部门，刘振东任烟酒专卖局局长、骆美奂出任花纱布管理局局长、寿勉成任合作事业管理局局长、徐继庄任邮政储蓄汇业局总经理等，一个个都捞到了肥缺。

1946年，陈果夫指示，原来由国民党中央管理的新闻、文化、广播等事业单位，全部改为企业化经营，从中央国库开支变成企业经营。如中央广播公司、中国农业教育电影公司、中国新闻事业公司、中国文化服务社、正中书局、大东书局、《中央日报》、《金融日报》、《商报》、《民力报》、《大刚报》、《东南日报》、《东方日报》等，陈果夫还通过银行投资，成立了自由论坛报公司、中国文物公司、《中美日报》等。

陈氏兄弟开拓"党营事业"的另一渠道就是通过他们控制的金融机关，投资工商业，以投资控制这些企业，最后变成"党营事业"。据不完全统计，1947年陈果夫任董事长的中国农民银行共投资77个单位，投资额达170多亿元。投资额较大的有太一实业公司、庐山电力缆车公司、中国农业机械公司、江西兴业公司、上海中兴制药厂、中原煤矿公司、贵州煤矿公司、昆明电力制钢厂、中国植物油料厂、中国轧钢厂、上海水泥公司等。

其中，以C.C.中的江浙派捞得最多，如潘公展、吴开先、许绍棣等在上海，骆美奂、李先良等在天津、青岛。C.C.搞党营事业，都是公私兼顾，甚至假公济私。所有党营企业，都以民营企业名义注册，如华北企业公司，就由骆美奂的名义注册。企业组织，一般采取股份有限公司形式，每个厂、号、店填写若干股票，这些股东的名字，大都是编造的，只有一、二是真实姓名。例如上海《申报》的股票，就有大量的股票写上了"蒋介石"的名字。他们这样做，既是为了将来亏损破产作准备，也是为了和所谓"国营企业"有所区分。所谓"党营企业"实际上成了C.C.集团上层分子一伙人的企业。这些企业从未上缴过利润，只填饱C.C.上层分子的私囊。他们囤积居奇，投机倒把，无所不为。他们向中央信托局借款300万在南京住宅区购置房屋，一转手即获利三四倍，甚或七八倍，而不用出一分钱。

过去C.C.分子长期主管党务，油水不多，如今一下子涌向经济、金融部门，发财欲望尤为强烈，骆美奂、齐世英等很快成了腰缠万贯的富翁。有了钱后，骆美奂在南京开设办事处，极尽奢华之能事，没有捞到油水的C.C.分子向蒋介石告发，蒋介石大为光火，骆美奂不得不扔下抢来不久的产业远走美国避风头。

应当指出，作为C.C."党营事业"的总头头，陈氏兄弟倒是有所节制的。陈果夫出任中国农民银行董事长，主动将薪金由1200元降为1000元，其他兼职只拿出席费，不支薪水。按照当时的官场规矩，兼职兼薪，有几份职务，就拿几份工资，陈果夫觉得拿多了不妥，不多拿。对此，陈果夫有自己的一套理论，他说：

> 我看历史，又看到亲友中的人，只有做事业的，其事业永远留存，其他遗钱给孩子，或个人贪污得很多的钱，颇多不久消失。而且人总是会

死，一朝消逝，契钱无意义。可惜许多人不懂这个道理。当我在交易所的时候，进进出出的有很多，三年中没有一个真实赚得钱的。做生意亏本当然不好，有盈余者亦无好结果，因为他们不懂得用钱，赚了钱亦无目的，就作什么用的目的，当然难得有好结果。我管过很多的钱，又常看到有了钱，其人往往为钱所用，为了安置这些钱，也是很麻烦的事，故不如无钱的好。所以在民国21年以后，我决意把我的精力完全放在事业上；引年以后，我把我的精力完全花在写作上。有事业，有写作，那么，我的一生无论对国家，对人类，对祖宗，以及自己的良心，可以无愧。

陈果夫不捞钱，一般也不接受他人的赠金，但他有可观的稿费收入，正中书局出版他的《卫生之道》和《卫生歌》《中国教育改革之途径》《医政漫谈》等书，稿酬分别是16298元、67200元、30000元。陈果夫肺病缠身几十年，靠昂贵的中西药维持，如果没有别的收入来源，但靠工资恐怕也是难以对付的。

陈立夫也说："我不要人家的钱，我连开会的车马费都捐给公家了。一个人不要把钱看得太重，否则人家会看你不起的……"

关于陈果夫、陈立夫兄弟的财产问题，有各种不同的说法。杨玉清在《我所知道的陈布雷》一文中说，陈布雷曾对他大骂过陈果夫、陈立夫。陈布雷话是这样说的："我过去还相信陈氏兄弟在金钱上可以过得去，不会贪污。今天一看，他们和孔、宋在争骨头。他们自己也办起什么银行和经济事业来了。他们过去骂孔、宋，今天唯恐学不到孔、宋。所以在他们办合作金库时，以我为监事，我是拒绝接受的。他们开会，我也没有到过。"

不管怎么说，陈果夫、陈立夫兄弟在金钱上有所节制，不像孔祥熙、宋子文那么贪婪，是可以肯定的。

1949年后，陈果夫、陈立夫失势下台，但他们创办的庞大的"党营事业"被保留下来。国民党迁台后，由于长期一党专政，"党营事业"也依靠其经营上的特权迅速扩张。经过近50年的发展，党营事业成了一个企业众多、资本规模庞大的财团。依据国民党投资管理委员会公布的旗下七大股份公司1998年度财务报告，其资产总额达1470亿台币，负债总额787亿台币，净值为683亿台币。七大控股公司分别为中央投资公司、光华投资公司、启圣实业投资公司、悦升昌投资公司、景德投资公司、建华投资公司、华夏投资公司,总共主控66家企业,转投资企业超过200多家,资产总额1万亿台币。

国民党"党产"包括党营事业、海外遗产和在各地拥有的土地、建筑物资产等三个部分,其中要数第一部分党营事业为最大宗,主要指国民党投资与掌控的一大批经济实体;第二部分包括以国民党或个人名义所购置的从祖国大陆带去的资产;第三部分包括国民党接收的部分日本统治台湾时控制的财产、以低廉价格买进的"国有"土地以及台湾各地赠予国民党的公有土地。2000年5月,国民党沦为"在野党"后,对"党产"进行了一次全面清查,结果显示:国民党"党产"包括银行贷款、有价证券、美金公债等六大项,总共799亿台币,其中党营事业有600亿左右,投资104家企业,分属石化、环保、金融等10个行业。港台媒体说:"庞大的国民党党营企业既非公营,也不是私营,完全是台湾在国民党一党独大体制下形成的一个经济'怪兽'。"

长期以来,"党营事业"由国民党最神秘的财务委员会掌管,财委会主任都是由国民党总裁或主席亲自指定的人担任。1988年李登辉接任国民党主席后,将财委会一分为二,成立了一个"党营事业投资委员会",由他的心腹刘泰英出任主任委员。从此,刘泰英成为国民党的"账房先生"和"大管家"。在国民党执政时代,"党库"与"国库"难分,黑箱作业,再加上管理不善,贪污严重,党营事业为私人所侵吞事件经常发生。当时的报章经常披露黑金政治内幕,党营事业与大财团进行利益输送,政商勾结、贱卖党产,徇私舞弊案屡见不鲜。

在台湾实行多党选举后,党产成了"百年老店"国民党的一大"死穴",几乎在每次选举中,都要被对手民进党当作攻击的利器使用。为此,在2000年台湾"总统"选举前,国民党候选人连战提出了"将国民党党产交付信托"的方案,即无论股票、现金、土地或任何形式,都必须交付信托业管理、使用、经营。连战担任国民党主席不久即着手进行清理"党产",并将"党产交付信托"作为国民党改造的重要举措之一。2001年3月26日,国民党完成了第一阶段20亿台币现金信托签约。按照计划,国民党之后推动的第二阶段的党产信托属不动产部分,包括非自用房屋、土地等总值87亿台币;第三阶段则是党营事业,总值六七百亿台币。对国民党来说,"党产交付信托"能否如愿以偿目前还很难有结论。而且,民众的反应也不热烈,有50%的人对连战的主张能否真正落实持怀疑态度，也有人建议国民党通过"政党法"、"信托法"及"政治献金法"兑现承诺。但无论如何，这对国民党能否"浴火重生"、"东山再起"都是十分重要和关键的一步棋。

陈果夫、陈立夫兄弟当年为国民党搞的小家当，现在却成了国民党的包袱，真是时代变了。

五、赶行政院长宋子文下台

宋子文是与孔祥熙并称的大财阀。1944年12月宋子文东山再起，任行政院代院长，1945年5月正式任行政院长，成为行政最高主管，仍然是经济财政金融政策的主要制定者。

C.C.与宋子文的矛盾，首先在于宋子文支持钱昌照的资源委员会接收全国重要的工矿企业，抵制C.C.的染指。

更重要的是，C.C.与宋子文在经济财政金融政策上有不同的想法，陈果夫、陈立夫在经济财政金融政策上自视甚高，认为只有他们才真正理解孙中山的民生主义，对于长期把持财政经济金融领域的孔祥熙、宋子文，二陈兄弟是很有看法的。1945年5月，在国民党第六次全国代表大会上，C.C.精心搞了一个经济建设纲领，二陈兄弟恐怕大会通不过，特别请戴季陶出来作这个提案的说明。但三青团的少壮派不甘示弱，也联名提出了一个《确立民生主义之经济建设纲领案》，特别强调孙中山的"三民主义"，比C.C.的提案更加"进步"。结果付诸表决时，赞成三青团提案的占多数，C.C.的提案被取消。C.C.垂头丧气，而三青团方面的人则因此而兴高采烈。不过，会后，新任行政院长宋子文所发表的施政方针，与这墨迹未干的决议却南辕北辙。

对于宋子文在抗战胜利后推行的财政金融和经济政策，陈果夫、陈立夫都很不满意。陈果夫在日记中指责宋子文的政策是为官僚资本服务，是让全国广大人民破产的政策。1946年6、7月间，上海爆发了反对宋子文财政措施的金融风潮，工厂罢工，商人罢市。蒋介石特派陈立夫赴沪指挥军警特宪，策划反共，并对付中国民主同盟，以图平息上海金融风潮。

陈立夫到上海后，邀请工商界及社会各界名流进行调解，他们对陈立夫说："宋子文先生的做法很乖张，不合乎我们的国情，如此下去不得了！"陈立夫当即要求大家冷静，容慢慢想办法。陈立夫随即召集上海各界人士发表《三民主义的经济政策应该怎么样》的演讲。陈立夫在演讲中称：外国人在上

出任行政院院长的宋子文

海经营银行，其制度是特别重视商业，他们把我国的农产品以廉价收购运回本国，加工后再以高价工业品卖给我国。这可用三句话说明外国银行在我国的经营政策，那就是："不管农业，敷衍工业，特重商业。"但我们应该采取的金融政策则不然，应该是扶植农业，提倡工业，顾及商业而不能以商业为中心，三民主义的经济政策应该是这样的。陈立夫批评宋子文现在实行的经济金融政策，是不合乎孙中山三民主义的要求的。

陈立夫的演讲，在第二天的《中央日报》等各大报上全文刊登出来，身为行政院长兼财政部长的宋子文见陈立夫公开批评他的政策，大为光火，立即派行政院秘书长蒋梦麟带着登载有陈立夫演讲的报纸上庐山向蒋介石告状。蒋介石立即给陈立夫打来电报："立夫兄！你对金融有什么意见可向我说，不要对外发表。"但陈立夫认为，他发表那篇演讲并不是骂宋子文，而是为宋子文辩护的。陈立夫拿着那份报纸去找宋子文，对宋说："子文兄！你看我的文章是骂了你呢？还是帮了你的忙？请你花十分钟仔细看一遍。"宋子文看完后，才知道误会了陈立夫，连忙说："你没骂我呀！写得很好嘛。"陈立夫告诉宋子文："在我的演讲中，我仅说明过去几十年，金融政策是抄袭外国而仅注重商业，与我国的需要不相合，而建议以后对金融政策予以彻底的检讨，加以改革，这是替你解脱的，不料却引起你对我的误会，我要离开上海回南京了。"宋子文说："你别走，明天我请上海金融及工商各界负责人在中央银行开会，特别请你发表演说。"陈立夫说："回南京我的票都买了，已不能再耽搁。"但经宋再三恳切挽留，陈立夫只好把回程票退了。

宋子文连夜邀请上海金融、工商等各界领袖共20余人，翌日在中央银行开会，陈立夫演讲时仍强调日前他所讲过的三民主义经济政策，并指出目前他们所推行的金融制度，是帝国主义者侵略中国多少年来吸我们的血的制度，极不适合中国目前的需要，这当然非宋院长的政策，但今后望其能针对积弊改革，代之以三民主义的经济政策。陈立夫的演讲历时45分钟，宋子文始终很虚心地坐在主席位子上听讲。有人告诉陈立夫，宋子文先生如此耐心地听人讲话，是罕见的事。陈立夫讲完后，宋子文询问大家有无意见，并即席指出："立夫先生讲得很有道理，希望大家要共同研究。"陈立夫在演讲中还强调："我非学政治经济与银行学，只是站在一个三民主义信徒立场，希望改革现行金融制度，以适合国家社会经济之需要而已，相信宋先生必有此魄力去大力改革。"陈立夫认为，以宋氏历来骄傲的个性来说，如今能够如此虚心，这简直是破天荒的大事。

7月5日，陈立夫写了一个报告，派中央组织部副部长余井塘送到庐山。7月9日，陈布雷代表蒋介石亲笔复函陈立夫指示方针。陈布雷的复信全文如下：

> 立夫我兄大鉴：井塘兄携示手翰谨悉——。弟体力迄今仍极衰颓，尤其精神疲弱。于今乃知身体衰弱为最不可抵抗之事实，少壮时尚能强自振作，今则真成有心无力，徒叹急之，亦不能见谅于人，静夜思之，每觉如此生存实无意义，惆怅何极！兹以委座敦促又不得不扶疾上山，然仍不能工作耳。
>
> 兄来函之要旨自当面报委座，至于某员（笔者注：指宋子文）想不致误解兄之善意，勿以介怀也。沪上情形兄之分析至当，与弟所见正同。今日最可痛者，即胜利未久，而抗战之悲壮兹苦已为一般所淡忘，甚至同志中亦不能自认此神圣之一役而引为自奋之资料。兄辩才过人，尚望对同志多多策励以鼓其气为本。弟在牯寓河东路脂红路六号A，来示请昭示为荷。公展兄等请代候。今日宣传要点，弟意仍宜多针对第三者之愿望而争取其谅解与同情也。即颂时祺。
>
> 弟 布雷手书
> 七月廿九日

陈立夫处理上海金融风潮完毕回到南京，不久蒋介石也从庐山归来，陈立夫随即给蒋介石呈上了一个详细的报告，并且对蒋说：此次风潮虽然已经暂时平息，但目前我国金融政策已届危险边缘，亟应研究改革。蒋介石看了报告后，立即下令成立经济改革委员会，并指令由陈立夫任主任委员，刘健群任副主任委员，宋子文仅为该会委员之一，另有学者专家多人任委员。据说，宋子文按时出席陈立夫主持的经济改革委员会会议，这对于宋子文这位一向目中无人的"财神"来说，确实不同寻常。陈立夫俨然成了政府经济政策的决策人，他主持拟订了一个经济改革方案并依法定程序通过，由蒋介石指令财政部门执行。

陈立夫本人虽然不好公开骂宋子文，但C.C.控制的报刊却对宋子文不客气，发起了倒宋风潮。从1946年7月开始，C.C.大将潘公展任社长兼董事长的上海《申报》指责中央银行未能尽责。9月17日，《申报》借物价上涨问题向宋氏再度发难，抛出了一篇题为《坐视物价高涨者是谁？》的社论。社论声称："今天坐视物价高涨而束手无策的人们，对于国家和人民，应该自知有其责任的。"

12月26日，《申报》抓住中央银行在黄金风潮中突然抛售引起金价和其他物价下跌一事，发表题为《黄金风潮》的社论，社论指出："中央银行对于银根及利率，显然具有无上的威权。仅仅在黄金政策上小试其技，已够使整个市场风翻浪涌，莫由自主。那么，一般所痛心疾首的高利贷和周转困难问题，在中央银行似不难把握方针，予以适当的解决。就是说，现在工商业所苦心焦虑的问题，并不是没有办法。其唯一要点，只在财政和金融当局的见解究竟如何耳。"

C.C.把攻击的矛头直指财政和金融当局，实际上就是主持财政金融基本方针政策的宋子文。

1947年3月1日，宋子文辞去行政院长职务下台。宋子文告诉美国驻华大使司徒雷登，C.C.和政学系已经联合起来致力把他赶走，在这种情况下，他感到已经无法有所作为了。宋子文还认为，C.C.和政学系之所以反对他，是为了追逐权力。

宋子文下台后，《申报》又发表《政局的新动向》的社论，称："这次行政院长宋子文氏的辞职，虽是政治舞台上的常事，但无论如何，我们总觉得感触多端。回想宋氏海外归来，上台执政的时候，全国上下莫不寄以无穷的希望。但今日宋氏因金钞风潮，引起各方的责难终于挂冠而去，表面看来，似成为'众矢之的'。这一个悬殊的对照，固为宋氏的不幸，实亦为国家的不幸。

平心而论，宋氏为人，自信甚强，其为政亦颇具毅力，在中国敷衍搪塞相习成风的官场中，固不失为别具风格。唯其自信过强，故不易兼听，唯其有毅力，故往往流于执拗；加以平时所接触的范围，又只限于经济金融之若干人士，而未能默察社会舆情与人民心理的归趋，以致其所采取之政策，未必即能对症发药。宋氏的经济政策，在今日我们固不愿以成败论人，但他对于'民无信不立'这句最重要的政治格言，缺乏深切的了解，而轻易毁损了人民对于政府的信心，实在是根本症结所在。"

C.C.赶走宋子文后，继任行政院长的却是政学系头子张群，中央银行总裁也是政学系的张公权，C.C.依然没有捞到决定经济政策的实权，十分不满。

1947年3月15日至24日召开的国民党六届三中全会上，C.C.除促成通过《经济改革方案》外，C.C.派中央委员100人由黄宇人领衔临时提案："请政府迅速切实惩治金潮案负责人宋子文、贝祖诒及其部属，并彻查官办商行账目，没收贪官财产，以肃官箴，而平民愤。"他们指出，宋子文系统的孚中公司、中国建设银行公司，有利用特权，套购巨额外汇，输入大量奢侈品等情况。但蒋介石却在这次会上公开为宋子文辩护，称宋并不贪污，如见了贪污而不查，这是我的责任。

C.C.派本来想借攻宋给政学系的张群一个下马威。但经蒋介石这么一说，其他人也就不好再说三道四，一向被人称为"大炮"的黄宇人有点不甘，说了一句："我们不明白为什么总裁总爱代人受过！"黄宇人等人的这个提案，虽经六届三中全会通过并交中央常务委员会"迅速切实办理"，但只不过是官样文章，对宋子文并没有进行任何惩治。不仅如此，蒋介石还很快授予宋子文"大同"勋章。4月18日，蒋介石又提名宋子文为改组后的国民政府委员。这些都明确表明，蒋介石对国舅宋子文不愿过责，C.C.当然不好再痛打落水狗。

1947年9月，宋子文在国民党六届四中全会上当选为中常委，随后又出任广东省政府主席。美国驻华大使司徒雷登在致国务卿马歇尔的电文中说：从许多可靠的来源得悉，宋子文与C.C.达成了暂时的谅解，宋出任广东省政府主席，媒体和其他方面停止对宋的攻击，宋最近对国民党的重大捐助，这些都是达成谅解的条件；尽管宋子文本人否认与C.C.达成过谅解，但是应当指出的是，如同别地一样，C.C.控制着广东省的国民党组织，如果没有C.C.允诺在全国和省内不再反对宋子文，很难说宋会接受广东省主席的职位。但国民党中常委、

C.C.大将赖琏却对美国驻上海总领事说:宋子文并不想当广东省主席,只是在蒋委员长劝说后才同意了。

张群下台后,依次由翁文灏、孙科、何应钦、阎锡山出任行政院长,陈果夫、陈立夫始终没有担任行政院长的资格,也就没有给他们的经济财政金融政策付诸实践的机会。

第四节　C.C.与黄埔系的争斗

一、黄埔系认为C.C.只是"螟蛉子"

所谓黄埔系,就是黄埔军校师生组成的国民党政治军事派系,黄埔军校的教官成为黄埔系的上层,而黄埔军校毕业的学生则成为黄埔系的中下层,黄埔系将多兵广,其势力甚至连C.C.也难以相抗衡。黄埔系与C.C.是蒋介石统治的两大支柱。那么,这两大派系的关系又如何呢?

黄埔学生对一切非黄埔出身的都视为异己分子或雇用性质的人,而只有他们自己才是真正的嫡系传人,也就是蒋家江山的真正主人。就以自称黄埔四期的蒋坚忍来说,他因与蒋介石是浙江同乡且同宗而特受知遇,曾任中央航空学校副校长,而且对复兴社也非常热心,但却因其姓名不见于黄埔四期同学录,便被认为是冒充黄埔学生而受到排斥,在复兴社组织中始终进不了领导层。可见,黄埔系是一个宗派性和排他性极强的派系组织,这与C.C.正好是一路货色。

复兴社骨干分子萧作霖在《复兴社述略》一文中,对C.C.与黄埔系争斗的根源有很好的概括:

> 复兴社是黄埔系的一个组织,实际上就是黄埔系,而黄埔系一贯自命为蒋介石的唯一嫡系,以嫡子的身份地位自居,而把C.C.团认作是蒋介石的"螟蛉子",把政学系当作"师爷"或"管家"之流看待。对于政学系,他们认为不过是雇用性质的一伙人,算不得什么,有些人在背后就称杨永泰为"杨师爷",称张群为"张总管"。但是黄埔系对政学系还没有什么特别显著的矛盾,只采取监视的态度,有时对于他们操纵得太过火也表示不满,但也不过在背后骂骂就算了。可是对于C.C.团这个蒋介石的

"螟蛉子",从"嫡子"的身份地位看来,自然必须坚决加以排斥。因此,复兴社对C.C.团的明争暗斗,简直成了组织活动的重心和动力来源。社员一般对所谓"异党活动"的防治,倒不过是奉命行事而已,只有对C.C.团的明争暗斗,才是真正"劲头十足","斗志昂扬",而且几乎都是自发的,组织领导还得加以适当的控制才行。蒋介石使用黄埔系,主要只限于军事方面,凡是政权机关的重要职位则概不给予,在各省市也只把保安处警务处分给黄埔系,而且还是逐步分给的。因此复兴社对C.C.团的斗争,主要也只在于争活动场所、争群众和争声势、争表现,还说不上是政权的争夺。实在说,C.C.团对复兴社的斗争是被动的,因为蒋介石划给复兴社的范围,C.C.团绝对打不进,也未必想打进;而复兴社则硬要打进C.C.团的范围,这样,就迫使C.C.团不得不起而抵抗了。

二、C.C.与黄埔—复兴社在文化领域的争夺

本来,按照蒋介石的安排,黄埔系的发展领域是军队、警察、宪兵及军统特务系统,C.C.的领域是党务及文化教育部门(部分),按理说C.C.与黄埔各有其发展的领域,一般不会发生冲突,但事实不然。黄埔系认为,蒋介石的天下也就是黄埔系的天下,不能坐视C.C.这个"螟蛉子"来分享这份家业,尽管"老头子"(学生对蒋介石表示亲切的称呼)暂时还没有让C.C.去管政治和经济,但黄埔系认为,即使文化教育领域也不能让C.C.独霸。同时,复兴社从文化教育界吸收了不少社员,也不能不替这些人找出路,从而也就必须在文教部门与C.C.争夺地盘。

1933年夏,南昌行营设计委员会委员、留美博士张彝鼎对复兴社骨干分子萧作霖说:"我看你们光喊攘外安内和拥护领袖还是不行,应该从范畴更大的整个民族文化前途着眼,提出我们反对

陈立夫在上海文艺界集会上发表演说。

什么和要求什么,这才能建立起一个巨大文化思潮来更有力地对抗共产党。"

张彝鼎随即将巴尼斯著的《法西斯蒂精神史观》送给萧作霖,要他研究一下。萧作霖从中受到启发,便与复兴社头子邓文仪、贺衷寒以及南昌行营设计委员会的一些委员商谈,决定发起一个全面的文化运动。

经过一番酝酿,于1933年12月25日在南昌宣布成立中国文化学会,奉蒋介石为名誉会长,推举邓文仪为理事长,萧作霖为书记长,中国文化学会标榜以"三民主义为中国文化运动之最高原则,发扬中国固有文化,吸收各国进步文化,创设新中国文化"。中心意思是"引起全国人民对于革命领袖及革命集团之绝对信仰与拥护","根据三民主义指斥共产主义与资本主义之谬误,辟除阶级斗争与自由竞争之主张"。

中国文化学会成立后,认为上海地位最重要,如果不能在上海打开局面,造成声势,就很难在全国各地吸引文化界人士参加,开展全国性的运动,因此决定派萧作霖赴上海会同刘炳藜筹备中国文化学会上海分会。1934年2月,萧作霖抵达上海,与刘炳藜、孙伯骞、倪文亚等及复兴社上海组织负责共商成立分会之事。萧作霖首先征得上海市长吴铁城、同济大学校长翁之龙、交通大学校长黎照寰、国立商学院院长裴复恒等参加筹备委员会,并通过全体筹备委员及上海文化教育界中的复兴社分子广泛开展征集会员的活动。不到一个月,就征集到七八百人入会,其中半数以上为各大专院校学生,大学教授百余人,其余为中小学校长、教员、机关职员及少数作家和报刊编辑、记者,随即举行中国文化学会上海分会成立大会,选举吴铁城、翁之龙、黎照寰、裴复恒、刘炳藜、倪文亚、孙伯骞等二十余人为理事,并推吴铁城、刘炳藜、萧作霖为常务理事。上海的局面打开后,萧作霖把《青年与战争》周刊、《中国革命》周刊迁到上海继续出版,同时将在南京出版的《流露》文艺月刊改为《中国文学》月刊迁到上海出版发行,另外新办了一个《文化情报》周刊。加上原在上海发行的《前锋》月刊,复兴社在上海掌握了五个刊物,声势相当大。

继上海分会后,浙江分会、河南分会等也相继成立。复兴社抢先成立中国文化学会,使C.C.措手不及,深感狼狈。陈立夫与张道藩、程沧波、程天放、萧同兹、吴醒亚、潘公展、丁默邨等商议后,决定由陈立夫、陈布雷去见蒋介石,申诉复兴社违背蒋的禁令,插手不应由复兴社去搞的文化教育界工作,窃取C.C.原拟采用的"中国文化学会"名称,并抢先成立,造成既成事实,要求蒋介石重申前令，告诫复兴社并勒令他们停止继续活动和取消有关"中国文化学会"的一切活动。同时，立即成立中国文化建设协会，由陈立夫任理事长。但蒋介石也许有意让复兴社和C.C.斗，并没有立即采纳陈立夫、陈布雷的意见，勒令解散中国文化学会。这样一来，C.C.与复兴社在文教界的争斗就不可避免了。

双方斗争的主战场仍在上海，双方在大学教授和文化界的"名流学者"中展开了争夺战。市长吴铁城不得不两面都参加，有些大学校长和教授也是两面都参加了。但是文化学会的锣鼓却打得更响，活动更积极，特别是文化学会拥有大批大专学校的学生为会员，比文化建设协会搞得热闹得多，声势竟超过了他们。上海市教育局长潘公展为此还受到陈立夫的严厉斥责。当时暨南大学的复兴社分子与C.C.分子发生了一场争夺学校实权的严重争夺战，最后发展到双方动起武来。学生中的复兴社分子人数较多，势力较大；特别是复兴社所指派领导这个斗争的人又是黄埔学生，他们将自己的力量进行军事编组，公然在学校按照作战部署进行战斗行动，使得C.C.分子抵挡不住，甚至被包围封锁得无法出校。吴醒亚和潘公展急得没有办法，只好找复兴社的负责人直接谈判，而复兴社负责人故意避不见面。C.C.实在无法可想，最后请吴铁城出面转圜，复兴社的负责人才答应与吴、潘直接进行谈判。吴铁城约集双方，连续谈判了两次，才息兵言和。由于这次争夺战的胜利，声势更壮，复兴社上海组织气焰更高，根本不把C.C.放在眼里，到处惹是生非，露骨地对C.C.进行挑战，陈立夫恨之入骨。

在其他地区，C.C.与复兴社的争夺也同样十分激烈。以河南为例，C.C.在河南的势力非常微弱，与复兴社不能相比。在河南，所有军政机关方面的高级人员中大多数都是复兴社骨干分子。即使照例为C.C.控制的教育厅，其主管高等教育和普通教育的两个科长也都是复兴社的骨干分子，复兴社在教育厅的小组人数最多。河南大学的医学院长阎仲彝和法学院长及许多教授都是复兴社的社员，复兴社在学生中人数更多，有一个很庞大的支社。此外，全省的中小学校长几乎半数都是复兴社的社员，文化教育界以外的其他各方面就更不必说了。C.C.在河南实际上只占有着一个空空洞洞的国民党省党部以及等于虚设的各县县党部，他们在文化教育机关及其他各方面的力量，根本不是复兴社的对手。尽管如此，复兴社还是要向C.C.进攻，一点也不放松，即对他们所掌握的一个完全没有什么作用的"新生活运动促进会",也硬要从他们手中夺过来作为自己的活动场所。凡为C.C.团分子所掌握的学校,便一定不免要发生争夺,C.C.很少能获胜。复兴社与C.C.在其他各省市各个方面的角斗情况,强弱胜负各有不同,也有许多地方是C.C.占优势,但凡是C.C.伸手所及的地方,复兴社也一定就要跟着伸手去进行争夺。

但是,陈立夫很快找到了报复复兴社的机会。1934年6月,南昌机场发生失火案,国民党刚从意大利购来的十几架霞飞式轰炸机被大火烧毁。蒋介石命令邓文仪彻查。调查结果,发现是航空署署长徐培根在上海做投机买卖,亏空了300多万元,无法弥补,于是纵火焚烧车库,想借此妄作报销、填补亏空。不料因天气太热,大火失控,殃及航空仓库,致使飞机烧毁。徐培根在事情败露后,向邓文仪行贿10万美元,让邓文仪做了一个假报告呈给蒋介石交差。该报告为政学系头子、蒋介石的秘书长杨永泰看到后,杨认为报告疑点很多,并穷追不舍,终于查清了徐培根纵火的真相并报告了蒋介石。蒋介石对邓文仪极为恼火,认为邓不忠。陈立夫见机会已到,趁机火上浇油,向蒋介石控诉邓文仪以中国文化学会名义大肆招摇撞骗,在文化界引起了许多不良影响。于是,蒋介石在一怒之下,不仅撤销了邓文仪的南昌行营调查科科长职务,而且下令解散中国文化学会及所有分会,复兴社发起的文化运动为时不到一年就被强令取消。从此,文化教育界成为C.C.的一统天下。这一个回合的斗争,终以C.C.胜利而告终。

三、三青团基本上为复兴社把持,C.C.处于明显劣势

1937年10月,蒋介石开始酝酿在国民党之外成立三民主义青年团的组织。那段时间,蒋介石常召集陈立夫、康泽、刘健群等商谈这个问题。在商谈中,有一次蒋介石对他们说:我想拿党部的(即C.C.)、同学的(即复兴社)和改组派做基础,先把党内的力量组织起来。康泽听了连忙问蒋介石:"可否把这个意思通过谷正纲转告汪(精卫)先生?"蒋答:"可以!并且可以说我们准备推他做团长。"汪精卫接到谷正纲的报告也很高兴,并表示,团长最好由蒋先生担任,他当评议长。

在青年团酝酿的过程中,陈立夫一开始就有他的意图,希望在三民主义青年团之上,冠以"中国国民党"字样,以便由C.C.来控制这个青年团组织。陈立夫还建议,把三民主义青年团变成中国国民党的训练机构,青年团员年满

25周岁就可自然转成党员。但蒋介石没有采纳陈立夫的建议。蒋介石认为，陈果夫、陈立夫兄弟把持的国民党已经声誉扫地，为了加强全国青年对他的向心力，必须在国民党这块旧招牌之外，再打出一块别开生面的新招牌，由三青团出面号召青年。为了保证三青团的感召力，蒋介石极力想使它与国民党保持某种距离，以免给人留下恶劣印象。因此，当陈立夫提出在三青团名称前冠以"中国国民党"字样时，当即遭到蒋介石的批驳，蒋说："有你这'中国国民党'几个字，人家就不来了。我看就是用三民主义来号召的为好，用我的名义来号召的好。"不仅如此，蒋还有意识地回避三青团与国民党的关系。三青团虽然由国民党临时全国代表大会决议成立，但在随后以蒋介石名义发表的《告全国青年书》和《三青团团章》中，只字不提与国民党的关系。

陈立夫作为筹备委员之一参加了三青团的筹备工作，但在三青团中央临时干事会的人事配备上，蒋介石却只征求了陈诚、陈布雷、康泽的意见，没有让陈立夫参与意见。1938年7月9日，蒋介石选定北伐誓师纪念日作为三青团和中央临时干事会成立的日子。团长蒋介石、书记长陈诚，三青团中央临时干事会干事24人：陈诚、朱家骅、陈立夫、谭平山、张厉生、陈布雷、段锡朋、谷正纲、贺衷寒、张道藩、余井塘、胡宗南、桂永清、王东原、周至柔、何廉、卢作孚、黄季陆、叶溯中、陈良、康泽、韦永成、黄仁霖、张蔼贞。三青团中央临时干事会常务干事计九人：陈诚、朱家骅、陈立夫、谭平山、张厉生、陈布雷、段锡朋、谷正纲、贺衷寒。

三青团中央临时干事会各单位主要负责人及其派系关系如下：

书记长办公室主任叶溯中（C.C.）、副主任项定荣（C.C.）；

组织处处长胡宗南（复兴社）、组织处代处长康泽（复兴社），副处长任觉五（复兴社）、程思远（桂系）；

宣传处处长黄季陆（原胡汉民派、准桂系），副处长邓文仪（复兴社）、白瑜（复兴社）；

训练处处长王东原（陈诚系），副处长戴之奇（复兴社兼陈诚系）、谷正鼎（改组派）；

社会服务处处长卢作孚（无党派），副处长张伯谨（C.C.）、黄宇人（准C.C.）；

经济处处长何廉（无党派），副处长吴景超（无党派）、陈介生（复兴社）；

总务处处长陈良（复兴社），副处长庄明远（陈诚系）、黄雍（复兴社）。

从以上这个名单可以看出，三青团领导层中复兴社分子占了绝对优势。

处长、副处长以下，各组组长这一级的人员中，复兴社分子所占比例更大。例如：组织处所属六个组——普通、战地、学校、海外、女青年、登记——的组长全是复兴社分子。组以下的工作人员，也是复兴社分子占绝对多数。

特别是担任三青团组织处代处长、处长达七年之久的康泽，是一个宗派性极强、只认蒋介石一人的家奴。他掌握三青团组织大权后，通过分布在各处和各组的复兴社分子开展活动。在中央临时干事会，康泽成了事实上的人事联系中心和工作推动中心。无论书记长陈诚或陈立夫愿意或不愿意，康泽的意见都能得到贯彻执行，这是蒋介石实行牵制术、纵容康泽的结果。

在三青团地方支部干部配备上，康泽曾提出两项原则：（1）要有广大的容纳性——不问哪派哪系，只要合乎三青团的条件都可以；（2）要有重心作用——复兴社分子在里面要占主要地位。1938年8月，朱家骅继陈诚之后担任三青团书记长。朱与C.C.一直有若隐若现的对立和斗争，而对于黄埔—复兴社分子则表示好感与拉拢。朱家骅担任书记长后，报请蒋介石裁可，将三青团中央临时干事会机构缩小，原来的七个处（室）裁并为秘书、组织、宣传三个处，工作人员减少到100人以内。中央干事会的人事关系更加单纯，秘书处是C.C.（不完全），组织处是复兴社，宣传处则是一个以准桂系为首的混合物，而接近于复兴社。三青团组织处代处长康泽在中央临时干事会的重心作用更加显著，干起事来更少牵制。

关于三青团各省市支团部人事，蒋介石也指示康泽："青年团各地方的负责人，可以完全按照我们自己所定的标准选派，不要像党部那样迁就。"有了蒋介石的这个指示，康泽在人事安排上坚决排斥C.C.。当时的C.C.大将、中央组织部部长张厉生按照陈立夫的意见送给康泽一厚册名单，都是C.C.在各地的重要分子，大约有300人。陈立夫、张厉生希望康泽在安排三青团地方支团部负责人时能够任用C.C.分子，但康泽将这个名单放置一旁根本不予理睬。从1938年冬到1939年上半年，重庆、四川、湖北、湖南、贵州、江西、浙江、江苏、安徽、山东、河北、山西、河南、陕西、甘肃、云南、西康、福建、绥远等省市相继成立三青团支团，C.C.除方治在安徽任过短时间的三青团支团主任外，其余基本上都是复兴社分子。康泽踌躇满志地说：

> 地方团部，是三青团组织中所占分量最大的一部分。我当时曾注意，是否有其他党派钻进来，使我失去掌握。注意的目标，首先是共产党，我曾作过检查，认为在这一个问题上，没有什么可顾虑的。其次是C.C.，经衡量，C.C.在三青团各地方团部，没有发生操纵作用的可能。总起来，三青团各地方团部虽少数地方对地方势力有所迁就，但基本上仍是复兴社分子占绝对优势。

特别让陈立夫感到难堪的是，他虽身为教育部长，但三青团在教育部管辖的各高等学校设立分团部组织时，也坚决排斥C.C.分子。康泽对三青团各高校直属分团的人事安排，原则是主任由教授担任，书记则由学生担任。如果各学校教授中有适当的复兴社分子，则尽可能让复兴社分子担任主任；如果教授中没有这样适当的复兴社分子，则尽可能物色对国民党没有敌对态度，而又能有利于三青团发展的教授担任。康泽最注意防范的是左倾教授和C.C.分子。这是让陈立夫最难以接受的一件事，居然在他教育部管辖下的各高校，康泽也搞独立小王国。在西北联合大学、湖南大学，三青团和C.C.因此发生了严重的对立和斗争。

蒋介石指定由复兴社骨干主持三青团组织工作，在蒋介石的扶植和纵容下，复兴社干部自命不凡，唯我独尊，根本不把C.C.放在眼里，态度十分骄纵。他们进入三青团后，极力强调三青团的特殊地位，鼓吹三青团的优越性，并利用三青团组织的独立性，处处与C.C.掌握的国民党组织相对抗。这样一来，抗战以前复兴社与C.C.的矛盾不仅没有因为三青团的成立而消除，反而更加扩大。国民党与三青团的矛盾与抗战前复兴社与C.C.的斗争一样，也是由"争活动场所、争群众、争声势、争表现"而起，并进而发展为争名位、争权力。

首先是争夺党团员。党团双方都要尽量发展成员，扩大自己的势力，以致酿成冲突。有人描述说："党团部均不管年龄大小，均吸收为新分子，由吸收而争夺，由争夺而攻击，由攻击而诋毁，由此形成党与团的对立。"其次是在活动范围上的冲突。国民党历史较久，势力相对雄厚，将工矿、交通、文教等部门视为自己的领地，不许他人染指。三青团作为后起的集团，要发展，就必然向各方渗透，国民党则极力抵制，从而发生摩擦纠纷。第三是争夺地位。三青团在国民党政权中原无确定的地位。三青团各级组织成立后，要求参与各级政权的决策机构，要求参加党政联席会议、党政秘密小组、动员会议、生活促进会以及有关党政联系及动员工作的机构。但国民党极力阻挠、排斥，矛盾更加复杂。

在抗战时期，党团矛盾成为国民党政权的不治之症。担任三青团书记长时间最长的张治中说："在工作进行中，发现团与党重复抵触之处甚多，因而力量抵消，摩擦丛生。加以党内日益发展的派系、人事的纠纷（当时团与党的摩擦事实上是黄埔系与C.C.的摩擦，更具体地说，是贺衷寒、康泽与陈立夫、陈果夫的摩擦），更使团与党的关系日趋复杂。两者是互为因果的。团与党的关

1938年7月9日三青团成立大会上的合影。左六为兼任团长的蒋介石，左一为书记长陈诚，左二为陈立夫。

系越不明确,越增加了国民党内部派系、人事的纠纷;国民党内部派系、人事纠纷越大,团与党的关系越坏。"

张治中还说:"由于黄埔(复兴社、力行社)系和C.C.的斗争摩擦无法消除的关系,使我感到疾首痛心!在这两派的多年纠纷中,我的态度是比较超然而稍偏于黄埔,但是对于黄埔也不是持袒护包庇的做法,在某些问题上,我对黄埔系是常给以严厉的批评的。至于C.C.,本来就是个自私自利、腐化党政、压制民主、阻碍进步的小集团,是为一切具有正义感的人们所深恶痛绝的。当然,事实上也没有哪一方面完全对。所以,我后来就由厌恶而至于放任,认为是党内无可救药的不治之症。曾有C.C.负责人向我说:'蒋先生既要我们搞这个组织,为什么又要黄埔学生搞那个组织?'蒋的初意以为两个组织可以并行不悖,没料到适成为摩擦纠纷的根源。他所以培植这两个组织,一方面是为了对付党内异己(如对汪精卫、胡汉民)争夺领导权,同时也是为了加强力量和共产党进行斗争。最初也许起了一些作用,但是以后完全出乎他意料之外,两派的摩擦纠纷,抵消了组织力量,涣散了组织纪律,终于不能利用这些小组织来巩固他的统治。"

四、康泽在六大上发起成立反 C.C. 联合阵线

在国民党第六次全国代表大会召开前夕,蒋介石约三青团中央团部各处处长和中央干部学校各处处长吃饭时,康泽主动对蒋介石说:"由五全大会到现在,已经是十年,三青团现在已有130余万团员,为了使六全大会有新的分子参加,同时,为了三青团有学习的机会,可否允许三青团选出若干代表出席这次大会?"康泽还举例说:"共产党就有这种办法。共产党的党章里有这样的条文——共产主义青年团得根据人数,选举代表出席党的大会。"蒋介石听了立即表态说:"那我们也可以。不过,我还要和他们商量一下。"

蒋介石说的"他们",自然是指陈立夫、吴铁城等国民党负责人,商量的结果是同意三青团派代表出席。几天后,陈立夫派中央组织部副部长余井塘到康泽家里,问康泽三青团要多少代表名额?康答:"三青团员现有130余万,约等于党员总数的四分之一,这次大会出席代表共600余人,四分之一,即为150人。希望国民党能给三青团150名,最低限度不少于120名。"对此,陈立夫不能接受。

两天后,蒋介石又召见康泽,对他说:"青年团出席六全大会的人数问

在1948年7月襄樊战役中被中原野战军俘虏的国民党第15"绥靖"区司令康泽

题,我看不要太多,就是60名好了,不要太多。"康泽见蒋发了话,只好表示:"听总裁的决定。"

康泽口头上表示服从,但私下却密令三青团支团负责人,尽可能以兼省党部委员资格,参加省党部的竞选,各支团的选举,可在省党部开会后进行。这样,三青团出席代表,除蒋介石特许的60名外,又在各省党部选举中获得十余名。参加党务工作的复兴社分子也有20名当选。这样,三青团出席的代表名为60人,实则近100人。又有军队党部选出的出席代表120余人,这些人除蒋介石指名的地方军阀外,也大都是黄埔学生,最容易和三青团发生联系。此外,朱家骅系拥有代表50名左右,桂系在广西及安徽有20名,孙科太子派有10余名,政学系有50名至70名,这些派系政治主张虽各不同,但在反C.C.上有共同语言。

C.C.在六全大会的600名代表中,其可靠力量只有250名左右。反C.C.的各派系如果形成联合,即可打破过去若干年来C.C.包办的局面。因此,康泽极力促成这个反C.C.联合阵线。三青团是反C.C.派系形成的主导力量,但书记长张治中没有领导这个运动的魄力和权威。康泽与贺衷寒、刘健群等不约而同希望找陈诚、朱家骅与张治中共同领导这一个运动。当时,陈诚新任军政部长,听了康泽等人的建议,当即满口应允。关于六全大会的筹备,蒋介石指定叶楚伧、陈果夫、陈立夫、张厉生、朱家骅、吴铁城、张道藩、陈诚、张治中、陈布雷、王世杰等十余人负责。稍后,蒋又补充提名段锡朋、康泽参加。吴铁城接到这个手令后拿给陈立夫看,陈立夫说:"康某不是中央委员,参加筹备会在体制上不大好。"于是,吴铁城只好通知段锡朋,而不让康泽参加筹备委员会。康泽知道原委后,更加起劲地促成反C.C.联合阵线,以作为对陈立夫的答复。

4月底5月初,各地出席六全大会的代表到齐,与黄埔系—复兴社—三青团有关的代表达200余人,这是一支不小的力量。

5月5日上午，六全大会开幕。由于对立形势已经形成，因为主席团提名问题，发生轩然大波。

5月6日下午，反C.C.的各派系在中央团部举行聚会，请陈诚、朱家骅和张治中三人出席讲话，无异于公开宣布反C.C.联合阵线的成立，声势浩大。蒋介石侍从室第二处第六组组长唐纵在日记中说起其事，并大发感慨：

> 5月6日下午，陈辞修、张文白、朱骝先三位部长约集军队代表、青年团代表与一部分地方代表在青年团茶会。张部长发表一次强烈的演说之后，接着各省代表对主席团人选与分区推选候选人二节，强加抨击。其中学生代表有激烈而愤激之辞，热情可感，几乎令人流出热泪来。党内的不平情形，令人愤慨之至！
>
> 5月7日，C.C.与黄埔之关系，由于选举问题，而引起大决裂。昨日青年团之会议，无异对C.C.宣战之祭旗。今日上午之质询，已揭序幕，来日更有大难之将至矣。
>
> 5月8日，党内派系对立，门户森严，有人调停，终无希望！余主张应有一超派系之团结，无论何派何系，凡进步者团结起来，若追随于任何派系，不过作一尾巴主义而已。我与雨农兄谈及此事，应调查党内优秀人才，以为领袖之用，吾人无为派系所囿则幸甚！

反对C.C.联合阵线的形成，对于自国民党三全大会以来，造成绝对优势，把持操纵了十余年的C.C.，免不了有些刺激和威胁。对于反对C.C.联合阵线，蒋介石并不支持。蒋告诉反C.C.联合阵线的代表说："你们要知道，党是我交给他们（指C.C.）去办的，如果没有他们，党也早就完了。你们现在这样闹，反对他们，也就是反对我。至于中委选举，我自然会照顾到各方面的人物，你们放心好了。"

从大会的第一天起就显示，C.C.已经没有控制会场的能力。于是，由C.C.大将张道藩等发起成立一种会外协商运动，参加的有C.C.、黄埔—复兴社—三青团、朱家骅系、桂系、孙科老太子系、政学系等的代表共20余人。根据唐纵日记的记载："大会选举中心人物为陈果夫、陈立夫、吴铁城、陈辞修（诚）、张文白（治中）五位，中委之产生多系彼五位所提出。"陈立夫与陈诚、朱家骅等幕后讨价还价，达成妥协协议，中央执行委员名额分配，各省市产生112人，军方80人，海外24人，青年团24人。同时还商定："各方推定候选人，提出总名单，经总裁核定后选举，如非核定者，即令选出亦将勾去。"康泽在黄埔同学集会上，很有把握地说："组织之势力雄厚，请大家相信组织之力量，不必向外活动，交换名单。"

除了幕后讨价还价外，还有一个由蒋介石主持的指导委员会，C.C.方面，虽有陈果夫、陈立夫、张厉生、张道藩参加，但他们在蒋介石面前的发言地位，在桌面上远不如张群、吴铁城、熊式辉和王世杰等政学系头子，C.C.在这个指导委员会不占上风。

C.C.和反C.C.联合阵线各自成立了以操纵大会和竞选为目标的秘密组织。C.C.的秘密机关由陈立夫亲自主持，洪兰友为主要助手，以操纵大会选举为唯一的任务。参加反C.C.联合阵线的黄埔—复兴社—三青团、朱家骅系、桂系，成立了三个委员会。第一委员会负责三青团与其他有关方面的联系，由康泽与王启江负责召集；第二委员会负责军队代表的联系，由贺衷寒、彭守谦、周兆棠负责召集；第三委员会负责海外代表的联系，由郑介民、邢森洲负责召集。必要时，三个委员会开联席会议，由康泽负责。除了三个委员会外，还有由陈诚主持的联合中心，有时由陈诚、朱家骅、张治中三人主持，有时只有陈诚一个人。

六全大会上，选举法变来变去。由C.C.获得实惠的选举法最后修正案提出来后，他们顾虑这个修正案不易通过，于是请蒋介石提出，并由蒋来做说明。蒋介石在宣布开会后，提出选举法修正案。蒋含含糊糊地在大会上说："选举法本来是由我提出通过了的，无须提出修正，无——须——提——出——修——正……"这时，会场上大鼓掌，把他的下文打断了。蒋意识到这种鼓掌是"倒鼓掌"，于是大发雷霆，骂道："没有常识！不守会场秩序！"又语无伦次地继续说："……现在要提出修正，大家有无异议？"会议代表在那种啼笑皆非的状况下，谁也不肯也不敢表示异议。蒋便宣布："无异议通过。"

六全大会上，选举问题成为国民党各派系钩心斗角的主要目标。大会根据蒋介石交下的300余人的候选人名单，照他分别排定的中央执行委员、候补执行委员、中央监察委员、候补监察委员圈选，不得另提他人，也不得变动。对于这样的选举，很多代表表示不服，有人弃权，有人在选票上写打油诗。河南代表段剑岷是未被提名的C.C.分子，他在选票上写道："剑岷革命二十年，流血流汗不值钱；蒋家天下陈家党，子孙万年万万年！"山东代表李文斋也是一个未被提名的C.C.分子，他在会后写信给陈果夫，并缴还党证。信上说："我从此不做国民党员了！"

六大选举结果揭晓，C.C.丧失了历年来在中央执行委员会中的绝对优势。但陈果夫、陈立夫还是利用他们可以和蒋介石说背后话、私递小条子的"走私"方便，仍然维持了他们在中央执、监委员会中相当的优势。这次选举，最占上风的是政学系，陈诚系、朱家骅系和桂系都不吃亏。张治中本来是代表三青团的，但他并不认真代表三青团讲话。结果，三青团在选举中吃了亏。

六全大会结束后，反C.C.联合阵线瓦解。在接下来召开的六届一中全会上，C.C.又占了优势，C.C.有陈果夫、陈立夫、潘公展、张厉生、段锡朋、张道藩六人当选为中常委；而政学系只有吴铁城一人当选，张群等政学系巨头均落选；黄埔系也只有陈诚、何应钦、张治中三人。康泽认为，中央常务委员会的改选，C.C.完全"胜利"。六届一中全会上，中央党部各部负责人没有大的变动，中央秘书长吴铁城、中央组织部长陈立夫、中宣部长吴国桢。中央党部分别为C.C.和政学系控制：中央常委及其两个重要的附属委员会，即中央政治委员会和中央财务委员会，以及中央组织部为陈果夫、陈立夫支配；中央秘书处、中央宣传部及中央海外部为政学系支配。在行政院改组中，政学系又占了绝对优势，行政院副院长翁文灏、外交部长王世杰、财政部长俞鸿钧、交通部长张公权、经济部长王云五、农村部长沈鸿烈等，都是政学系或准政学系分子，C.C.只夺得了内政部一席，由张厉生任部长。在争夺政权上，C.C.再次失败。

第五节　C.C.与"太子"蒋经国的矛盾冲突

一、"太子"蒋经国的身世及早年经历

蒋经国（1910—1988），浙江省奉化县人。蒋介石一生有名份的妻妾四人，只有原配夫人毛福梅生子蒋经国，蒋纬国是蒋介石密友戴季陶与日本护士重松金子婚外情的结晶，而交由蒋介石抚养的。作为第一夫人的宋美龄因终身不育，不存在以宠夺嫡的危险。因此，以血缘嫡长论，蒋经国在蒋家王朝中应

是有资格承继大统的唯一人选。

在蒋介石的日记中,早已有"经儿可教,纬儿可爱"的评语,可见蒋介石心中有数。为了培养蒋经国,蒋介石从教育上入手。蒋经国六岁入学开蒙,次年从塾师顾清廉。顾清廉对蒋经国的评价是:"天资虽不甚高,然颇好诵读。"蒋经国11岁时,蒋介石又安排儿子拜王欧声先生为师。1921年初,蒋介石将儿子送到当年他自己学习过的奉化县城龙津学校学习,接受新式教育。次年入上海万竹小学,两年半后升入浦东中学。不久,赶上五卅运动,蒋经国加入游行队伍,被学校当局以"行为越轨"的罪名,开除学籍。蒋介石把独生子送到北京,进入吴稚晖主办的海外补习学校,不久蒋经国又因参加反对北洋政府的示威游行,被北京警察局关押两周。获释后于1925年8月回到广州探亲。时值国共合作,苏联政府在莫斯科成立孙逸仙大学(中山大学),专门招收中国进步青年,培养革命干部。国民党上层干部子弟大都送到中山大学求学,蒋介石也决定送子赴苏。1925年10月,蒋经国与一批国民党上层领导的子女一道赴苏联留学。蒋经国进入莫斯科中山大学后,于同年12月加入了共青团,团小组长就是邓希贤(邓小平)。他们两人个子都不高,但后来分别成为国共两党的领袖。

1927年4月,蒋介石发动四一二反革命政变后,国共合作破裂。莫斯科中山大学的国民党籍学生被遣送回中国,但蒋经国和一部分人被留了下来,显然是作为"人质",以便增加和蒋介石谈判的本钱。1935年3月,蒋经国与厂里的女工、俄罗斯姑娘芬娜(FLNA)结婚。1936年底,西安事变和平解决后,中共领导人周恩来主动向蒋介石表示愿意协助安排蒋经国回国。周恩来的意见通过中共驻共产国际代表团及时转达到斯大林。随着中国国内第二次国共合作的形成,斯大林与蒋介石的关系也转向正常化,斯大林不再需要"人质"。蒋经国于1937年4月携带妻子回到了上海,父子相见后,蒋介石随即将儿子送回溪口老家,并送给儿子一套曾国藩的《曾文正公集》、朱熹的《通鉴纲目》、王阳明的《阳明全书》,让他认真研读,并聘请当地老儒生辅导,给儿子洗脑。

1938年,蒋介石将蒋经国托付给政学系巨头、江西省政府主席熊式辉。熊式辉任命太子为江西全省保安处少将副处长。1938年底,蒋经国到重庆进入中央训练团党政训练班第二期受训,1939年6月出任江西第四行政区督察专员兼保安司令,管辖赣南11县,辖区23000平方公里,赣南成了他的政治试验田。30多年后,蒋经国在台湾"登基"做"总统",所辖面积亦不过36000平方公里。蒋经国在赣南五年,还兼任了三青团中央干事、三青团江西支团部主任、江西支团部干部训练班主任、《新赣南日报》社社长等十几个职务。蒋经国在赣南推行其"新政"的同时,仿效其父办黄埔军校建立嫡系的办法,在赣南办"青年干部训练班"和"新赣南经济建设训练班",初步建立起"太子系"班底。

二、C.C.与蒋经国矛盾的开始

1943年7月,蒋介石任命蒋经国为正在筹备的三青团中央干部学校教育长,校长是蒋介石兼的,这是老蒋让儿子接管三青团的一着重要的棋。

蒋经国到任后,大肆鼓吹"中央干校的学生,必须以校长的意志为意志,以校长的行动为行动"。蒋经国的亲信胡轨则强调"干校是第二个黄埔","干校是政治的黄埔","干校学生将来要在校长的领导下,追随教育长进行政治北伐,掀起第三次革命运动"。蒋介石也在训词中强调:"干校应该像当年的黄埔那样,要担负起革命的重任。"这些口号清楚地反映了蒋介石要以三青团为蒋经国接班作组织准备。中央干校设在重庆市复兴关,蒋经国将以上口

为了让太子接管三青团,蒋介石任命蒋经国出任三青团中央干部学校教育长,校长由蒋介石自兼。这是蒋氏父子在该校对学员点名的情景。

号称为"复兴关精神"。蒋经国等人的上述言论,很快在蒋介石统治集团中产生了很大的震动。他们认为,蒋氏父子是"要以干校取代黄埔","蒋公要太子不要门生","要干校不要黄埔"等等,这些话传到蒋介石耳朵后,他也感觉不妥,立即指使蒋经国制止这类干校取代黄埔的言论。

蒋经国为了培养"干部的干部",制定了"两高三能"的标准。所谓"两高",就是高深的政治素养——对于《国父遗教》、《团长言论》(这两门课是全校各类各班学生的必修课)要精研、坚信和力行;高深的领导才干——要识大局、担大任、办大事,对于"行政三联制"要通晓,要熟练,要善用。所谓"三能",就是能文、能武、能开汽车。蒋经国用他自己所长,向学生示范,要求研究部第一期学生,人人都会写文章,会演说,会唱歌,会跳舞,会绘画,会用枪,会开汽车。

1946年12月1日,蒋经国在南京宣布成立三民主义青年团中央干部学校校友会,由蒋经国兼任中央干校校友会理事长,徐季元任副理事长,胡轨、白瑜、郑彦棻、王升等任理事。干校的教职员和学生,一律加入校友会为会员,称为"校友"。校友必须填写登记表,履行入会手续,遵守校友会的章程,过组织生活。分散在各地各部门的校友,两人以上的即编为一个小组,定期向校友会汇报政治、工作、个人思想和生活等方面的情况,接受校友会发布的指示、任务和学习材料。校友会还定期出版会刊《青泉》周报,其内容有专载(刊登蒋介石和蒋经国的训词及指示等)、评论、讲座和通信报道,校友会和各地校友的动态,也经常在会刊上披露。蒋经国通过校友会,联系和控制中央干校学生。

康泽把持三青团组织大权与C.C.作对,陈立夫恨之入骨,如今见蒋介石为培养儿子有甩掉康泽的意思,自然是正中下怀,陈立夫和三青团书记长张治中出面打击康泽,终于让康泽缴械投降,宣布辞去他把持达七年之久的三青团中央干事会组织处处长之职而准备出国考察。

康泽下台后,陈立夫派他的秘书长李焕之去看康泽,李焕之对康泽说:"现在胜利了,要做的事情很多,可否不要出国,你和立夫先生谋一个谅解,由他向委员长请求,留你在国内工作,解铃还须系铃人,我看这样比较好,你觉得如何?"但康泽不愿屈服于陈立夫之下,对李焕之的话听不进去,生硬地答复说:"我还是出国好一点。"不过,康泽从李焕之这番话中感到,踢他出国的表面上是张治中,张治中背后还有一个重要的同谋陈立夫。

康泽下台后,由三青团的倪文亚接任三青团中央干事会组织处处长作为过渡,很快就由蒋经国接任,蒋经国取代康泽成为三青团的重心。这样,C.C.与黄埔系—复兴社—三青团的矛盾冲突又掺进了蒋经国太子系,更加复杂微妙。

1944年,蒋介石发动知识青年从军运动,成立青年军,又由蒋经国担任政治部主任,负责青年军政治工作。1945年8月,康泽被逼交出权力出国"考察",三青团的组织训练大权落入蒋经国之手。1946年9月,在三青团二全大会上,蒋经国再次当选为中央常务干事兼第二处处长,负责三青团的组织与训练,正式取代了康泽在三青团中央的地位。由于蒋经国的特殊身份背景,蒋经国系的崛起,使党团矛盾格局,由原来的黄埔系—复兴社—三青团与C.C.的对抗,演变成为蒋经国太子系与黄埔系—复兴社—三青团联合对付C.C.的局面,C.C.面对的对手更加强劲有力。

1945年8月,日本宣布投降,中国抗战取得了胜利。对于抗战胜利后的"接收",蒋介石决定了"对等接收"的原则,蒋指定三青团接收敌伪青少年团、伪新民会及其他伪青年组织,这在接收对象中只占极少部分,而且往往不能落实。相反,C.C.控制的国民党各级党部却在接收中大发其财,不仅在金融界与宋子文平分秋色,而且捞到了规模庞大的"党营事业"。与C.C.相比,三青团可以说是两手空空。接收中的分赃不均,进一步加深了党团之间的嫉恨和恶感。最后发展到三青团要求独立组党,与国民党平起平坐。

有学者指出,三青团组党活动并不是像一般人认为的那样出于蒋介石、蒋经国父子的预谋,而是三青团内长期以来受到压抑的"第二党"情绪的一次总

蒋介石身穿青年军制服出席青年军成立典礼时的留影

爆发，是三青团内一大批中上层干部的自发举动。

　　三青团是作为国民党政权的新招牌和改造者的身份出现的，它成立后又具有组织上的独立性，所有这些因素都使三青团从一开始就不像一个"团"，而更像一个"党"。尽管陈立夫一直坚持三青团是中国国民党领导下的青年组织，是国民党的预备队伍，但三青团从不这么认为，三青团中央干事会组织处副处长任觉五说："如果要把国民党与青年团比成手足，国民党就是哥哥，青年团就是弟弟吧！"还有部分三青团干部对蒋介石批评国民党组织衰老无力的说法大加发挥，竭力强调三青团的正统性、优越性和特殊性，以"新兴的革命集团"、"革命的核心力量"自居，视他人为"生活颓废、行动腐化、思想老朽的分子"。还说："好比演戏，抗战建国，就是一出最精彩的压轴戏，青年团便是其中的主角了。再好比画龙，抗战建国就是最后的点睛工作，青年团便是最技巧的艺术家了。"三青团目空一切，根本不把C.C.和国民党放在眼里，三青团"第二党"的倾向自始就很严重。到抗战胜利后，在国民党准备推行"宪政"的气氛鼓舞下，三青团潜在的"第二党"倾向，终于发展成为一个要求与国民党平起平坐的第二党运动。从中央到地方，都有一些人鼓吹组建新党，他们以提案、座谈会和互相串连的方式制造气氛。还有人主张由蒋介石兼任国民党总裁和新党领袖，而把新党交由蒋经国全权领导。

　　1946年9月1日至12日，三青团在江西庐山召开二全大会，主要议题就是确定三青团的地位和前途。会上有12个支团提案要求三青团独立组党，与国民党分离，奉蒋介石为领袖，与国民党为兄弟党，但党籍、干部均分开。

　　对于三青团独立组党要求，蒋经国的心情比较复杂。从心里说，他对C.C.把持国民党组织一事早就不满，因而对三青团组党的要求不无同情之处。但是，独立组党事关重大，他看出三青团内许多人热衷于此，大都是别有用心，组党前途难以预料。在蒋介石没有发表意见之前，他也不便表态。因此，当参加三青团二全大会的代表川流不息到蒋经国的住处请示时，蒋经国的态度却是慎重而且暧昧，只是简单地表示：组党问题可以研究，但要以领袖的意见为准。在对自己的亲信谈话中，蒋经国还提醒他们要防止受人利用。

　　三青团要独立组党的消息传到南京，顿时震惊了C.C.和国民党的一些元老。陈立夫急忙拉着戴季陶从南京赶到庐山，说服蒋介石阻止三青团独立组党。有材料说，陈立夫为此向蒋介石下跪哭诉了许久。为了把事情做稳妥，陈立夫还密电黄宇人火速从北平赶到庐山参加三青团二全大会。

黄宇人是黄埔军校第四期毕业学生，是复兴社分子，又曾在陈果夫主持的中央组织部任过职，是准C.C.分子，是一个能够周旋于C.C.与黄埔两系之间的"两栖动物"，又是一个出了名的"大炮"，在蒋面前也往往是放言无忌的。黄宇人赶到庐山，在三青团大会上发言说：

> 国民党曾有过光荣的历史，今日的腐败无能，总裁应负主要责任。因为中央党政大员，都是总裁任命的，他们直接向总裁负责，不受民意机关和舆论的监督，可见总裁所负的责任最大。如果青年团要组成一个实行三民主义的党，必须另选出一位领袖，才能在新环境中发挥其领导才能，否则，我们的团长以一身而兼任两个党的领袖，当新党攻击国民党的腐败无能时，他将何以自处？

蒋经国出任青年军政治部主任。

黄宇人这一番话，说得全场为之默然。

蒋介石认识到三青团组党行不通，而且积极主张三青团组党的人还别有所图，于是蒋介石立即放弃了三青团组党的念头。蒋介石宣布他"绝没有改团为党的意思"，"尤其不主张另外一个新的政党"，并警告说：如果"以成立政党相号召"，"那不仅是绝对错误的，而且是极端的危险"。由于蒋介石的急刹车，喧闹一时的三青团独立组党运动被迫偃旗息鼓。在这个问题上，C.C.与陈立夫又赢了一个回合。

三、与蒋经国争夺国立政治大学

国民党与三青团分别办有中央政治学校和中央干部学校，作为各自培养训练干部的基地。

陈果夫、陈立夫认为，党、团分别办校容易制造派系，因此在抗战胜利复员之际，陈氏兄弟即向蒋介石建议设立国立政治大学，为党国培养忠实的政治人才，同时将分属党团的中央政治学校和中央干部学校并入即将成立的国立政治大学，由蒋介石担任校长。蒋介石认为可行，批示"照准"。

陈氏兄弟此举本来是吞并中央干校的一种策略手段，蒋介石岂能看不出来？但蒋介石也有他的小算盘，因而不动声色接受了陈氏兄弟的建议，但却于1947年3月直接任命蒋经国为国立政治大学教育长，这样一来，国立政治大学成了蒋氏父子的家校。蒋经国任国立政治大学教育长，意味着剥夺C.C.控制了近20年之久的中央政治学校，国民党的干部培训大权完全交给蒋经国掌握，这是蒋介石培养儿子的一个重要步骤，意味着C.C.将从此绝后。

兼任国民党中央政治学校校长的蒋介石由戴季陶（右一）、陈立夫（右三）、蒋经国（右二）陪同，到该校公务人员训练部主持高等科开学典礼

陈氏兄弟对此心有不甘，但又不便公开出面反对，只好指使中央政治学校的一些学生闹事，以达到阻止蒋经国上任的目的。他们在学校挂出大字标语："欢迎蒋经国担任政大总务科长！"意思是说，蒋经国当教育长还不够格，只配当总务科长。闹事的学生还在学校内大喊："同学们，请看老子任命独生子，要把我们当孙子呀！"还有人高喊："反对儿子教育长！反对父子家校！蒋经国滚开吧！"

在蒋经国任命状下达的当晚，政治大学召开全校学生大会，通过三项紧急决议：（1）派代表向教育部请愿，请收回成命，撤销对蒋经国教育长的任命。（2）全校实行罢课抗议，不达目的决不复课。（3）在校内外开展抗议活动。

政治大学学生反对蒋经国的消息传到蒋介石那里，引起蒋的震怒，他凭借多年处理派系倾轧的经验，立即断定这是陈氏兄弟从中捣鬼，马上召见陈立夫，大骂一顿，并限他立即去政治大学告诫学生必须克日复课，并热烈欢迎蒋经国教育长就职。事后，蒋经国告诉他的亲信贾亦斌："今天领袖把他们骂得都哭了！"显然，蒋经国是出了一口恶气。

陈立夫挨了一顿臭骂后，不得不来到政治大学，诉说他的委屈，要求学生体谅他的苦衷，克日复课。随后，陈立夫又向蒋介石复命，称学生已经被说服，政治大学已挂出了欢迎蒋教育长的大幅标语。政治大学的反蒋风潮，对雄心勃勃的蒋经国是一个沉重的打击。经此风波，蒋经国只好放弃控制政治大学的计划，向教育部提出辞呈。随后蒋介石改派段锡朋担任政治大学教育长。

段锡朋早年是C.C.的一个重要角色，1927年下半年，他与谷正纲、康泽等领导反对西山会议派的"救党运动"，1928年蒋介石东山再起后，对这一运动大加赞赏。段锡朋是一个有相当能力、自命不凡、颇有野心的政客，作为C.C.早期重要成员，中间一度曾与C.C.分道扬镳，参加陈铭枢领导的社会民主党。陈铭枢发动的福建事变失败后，段锡朋隐居了一段时间，后又投靠C.C.，1935年在国民党五全大会上被选为候补中央执行委员。1938年，又历任中央训练委员会主任秘书、代主任委员、主任委员，三青团中央常务干事。1945年在国民党六全大会上，当选为中央执行委员，六届一中全会当选为中央常务委员，与C.C.的关系完全恢复。段锡朋早年曾任过中央党务学校教授，这次出任政治大学教育长，为C.C.夺回了这一培训党务人才的重要基地。

对于C.C.反对蒋经国任政治大学教育长的风潮，陈立夫本人又是如何说的呢？他在《成败之鉴》中对此是这么说的：

> 在抗战时，除政校外，总裁又办了一所中央干部学校，请经国先生任教育长，该校也造就了很多人才。当时在大家的感觉中，为何要办性质相近的两所学校呢？且二校同由总裁担任校长，而政校这边是由先兄果夫为教育长，而先兄也深感二校共存实无必要，恐要制造派别，而先兄自觉年

岁大了，正可顺理成章地交给年轻人，因此乃据理签请蒋校长希望合成一校，而由经国先生来担任教育长。签呈上去以后，过了好几个月都没有批下来。

此时，朱家骅与我对调为教育部长，我则回任组织部长，政校有个党部，我也是委员之一，但他并未告诉我要发表经国先生为教育长事，嗣此令忽然发布而朱家骅又去杭州，先兄也毫无所闻，孰料校中竟因此发生了风潮！到处张贴标语，反对蒋经国为教育长，此一消息传至校长处，校长把我找去问我："政校发生风潮你知道吗？"我说："不晓得。"他又问："你怎不晓得？"我遂问："究竟什么事？"他说："经国发表了政校教育长，学生们反对。"我说："朱部长发表此令并没有通知我一声，所以我一点不知道。"他说："你赶快去处理。"

抗战期间蒋介石视察重庆南温泉政校，时任该校校务委员的陈果夫（蒋介石身后）、教育长程天放（右一）陪同在侧

在一般人看来，以为政校是与我们兄弟二人有重要的关系。而我在政校教三民主义一课已有好几年，学生对我很好，也可以说学生们对我兄弟二人都相当尊敬。因此，对于政校风潮的事，蒋公便很自然的最后对我说："你赶快去处理，不要引起误会！"于是我便即刻赶到学校，此时已胜利复员，学校已由重庆南温泉迁回南京的原址红纸廊。赶到学校后，我即请学校召集全体学生讲话。我向学生们说："你们不应反对经国先生，你们应该欢迎他来。"我说了许多理由，大家终于接受我的劝告，立即把反对经国先生的标语撕毁并派代表去欢迎经国先生。

然而，我奉命处理这件事后，事实上却吃了个冤枉亏，因为在人们的感觉上是："你的力量真大，竟能靠一篇讲话就完全扭转了大势！"而经国也执意不肯去接政校教育长职务，后来乃是由教育部次长顾毓琇接任。嗣经证实，此事件系由朱家骅的疏忽及共党挑拨几个青年军出身的学生考入政校者煽动学生，反对经国先生的行动，自始即是一项有计划的阴谋活动。检讨起来，如当初朱部长能事先向政校党部打个招呼，由我们先向学生们做些准备工作，便不会被共党破坏利用了。此是党内负责同志缺乏警觉及相互沟通的一则教训。

四、党团组织合并后矛盾依然存在

1946年至1948年，国民党为推行"宪政"，先后于1946年、1948年召开了所谓"制宪"和"行宪"两次国民党大会，围绕着这两次国民大会，先后进行了省、市、县参议员以及国民大会代表（两次）、立法委员、监察委员选举。

长期以来，三青团一直苦于不能直接参与政治，上述选举给他们提供了出头露面的机会，因此，三青团把当选为省市县参议员、国大代表、立法委员、监察委员作为唯一的目标。为此，他们把蒋介石"不要做官"的劝告置于一边，投入全部力量进行选举，与国民党等对手一争高下。于是，所谓的选举成了一场大混战，党团双方公开冲突，造成党团关系的破裂。

以湖南省为例。湖南历来民风强悍，斗殴之风盛行，湖南党团摩擦也最为激烈。1946年2月，保靖县团方的县警察局长黄宝辉当选为县参议会议长后，因嫉恨党方竞选对手、县政府军事科长陈征良，遂派人将陈征良等三人刺杀于县郊。案发后，黄宝辉虽失去了议长宝座，但很快又由三青团湖南省支团干事长、省警备处长李树森调到沅陵县当警察局长。从此，保靖县的党团斗争没有一天停止过。又如，大庸县党团双方都拥有武装，又各有四方宗族和帮会势力作后援，双方对立如同敌人。1947年5月，两派在县城大打出手，打死了三人，打伤八人。1948年1月，团方的省参议员黄颖川到大庸接任县长，被党方枪杀于城门口。此后，双方武装上千人轮番争夺县城，一直持续到1949年解放为止。在短短几年中，该县因党团斗争逼走县长四人，枪杀县长二人。因双方轮番争夺，殃及无辜百姓，苦不堪言。1947年1月，湖南新设隆回县，党团双方为县长人选和县政府所在地展开激烈斗争，两年多时间里，县治迁徙三次，四任县长，一个弃职而逃，一个被免职，一个被打伤，一个忧愤而亡。乾城县三青团干事长被党方枪杀于光天化日之下。衡阳县党团因选举酿成械斗50余起，党方死亡三人，伤十余人，一名八个月大的婴儿也被抛入水中溺死。大庸县豪绅李佑奇和彭正宇争夺国大代表，各自纠集爪牙数百人，真枪实弹大打一场，伤亡十余人。湖南全省性的党、团摩擦，成为严重的社会公害。《湖南日报》哀叹："党团摩擦，腾笑中外。"蒋介石将三青团湖南支部干事长李树森召到南京加以训斥，声称："国事已临最严重关头，决不容自乱阵营，予仇我者以可乘之机！"根深蒂固的党团冲突，不是蒋介石一番训斥所能解决得了的。湖南省如此，其他各省的情形也好不到哪里去，有的只是程度轻重不同罢了。

1947年1月，蒋介石在中央团部所做的《青年团工作的新方针》演讲中，严厉批评三青团在激化党团矛盾方面负有不可推诿的责任。蒋介石说："老实说，我们之所以造成今天这样恶劣的形势，完全是由于我们各级团部自己心理上和动作上的错误，我们视青年团作为夺取权位的阶梯，我们利用青年团来打击别人，造成门户之见。"

为了消弭党团矛盾冲突，蒋介石决定实行党团合并。1947年6月27日，蒋介石召见国民党中央组织部长陈立夫和三青团中央书记长陈诚，宣布实行党团统一的决定。6月30日，国民党中常会及中央政治委员会联席会议召开，蒋介石在会上发表重要讲话，称党团双方争权夺利，互相防范，甚至对同志的斗争比对共产党的斗争还要激烈。他宣布青年团决不能像现在那样于党部之外，另立组织，另成系统，三青团必须与国民党合并统一。

7月9日，37人组成的党团统一组织委员会成立，由陈立夫、吴铁城、陈诚为召集人。稍后，又聘请吴稚晖、丁惟汾、戴季陶等16人为指导委员。撤销三青团，并入国民党的决定曾遭到三青团干部的反抗，但在蒋介石的高压政策下，三青团中央团部不得不接受。三青团中央团部与国民党中央党部经过一番讨价还价，最后拟定了《党团统一组织原则》，其主要内容是：（1）现任省、市、县、支、区、分团干事、监察，一律改任省、市、县党部执、监委员。（2）扩大后的省、市党部执行委员，由中央指定五至九人，县、市党部由省党部指定三至五人，组成党团统一委员会，负责党团统一组织的任务，在统一组织期间，代行常务委员职权。（3）省、市党部执行委员会设主任委员一人，由中央指定；县、市党部书记长，由省党部指定。（4）省、市、县党部团部统一组织期间，以省、市、县党部执行委员会名义行之。

1947年9月5日至14日，在南京召开三青团二届二中全会，宣布三青团结束。9月9日至13日，国民党六届四中全会暨党团联席会议同时召开，会议通过《本党当前组织案》和《统一中央党部团部组织案》，强调要根除党内一切小组织，确保党的统一性。并具体规定了党团合并的办法：（1）三青团中央干事一律转为国民党中央执行委员，候补干事一律转为国民党候补中央执行委员；中央监察委员一律转为国民党中央监察委员，候补监察委员一律转为国民党候补中央监察委员。（2）国民党中央执行委员会常务委员扩大为45至55人，中央监察委员会常务委员扩大为15至19人。（3）国民党中央执行委员会增设青年部，各省市党部设青年运动委员会，作为国民党领导及组训青年的机构。18日，国民党中央常务委员会任命陈雪屏为青年部部长，郑通和、赵仲容为副部长。

台湾学者指出："'党团合并'之斗，陈立夫（党）虽元气大伤，然有家兄果夫，以侍从室关系而控有全国35个省、12个直属辖市的人事，对陈派C.C.来说也差强人意。"

党团合并后，三青团作为一个组织已经不存在，但作为一个事实上的派系势力，却依然发挥作用，党团斗争依然存在。蒋介石后来也承认："党团统一组织，但实际上，不能达成政治革命性的改造目的。并且自中央至省县，党内派系排挤倾轧，更变本加厉，漫无止境。"这种无休止的内斗，直至国民党政权在大陆覆灭为止。

对于蒋介石一手制造的三青团这个政治怪物，陈立夫晚年在《成败之鉴》中将他的领袖数落了一番：

> 为什么要成立青年团呢？因为党里要把预备党员制度取消。预备党员当时参加了各小组，在开会时学习学习，但小组里没有什么全党一致的训练，所以新入党的党员亦就缺乏基本训练了。所以，当时成立青年团有一个重要目的，就是把新进来的年轻党员加以集中训练，青年团就是本党的训练机构。这个组织条例本党推我起草的，所有预备党员就是进了青年团为团员，等到25岁时就可自然变成党员。我当时想到青年团不可变成另一个组织，而是一个本党训练机构，这样子就不会发生争端。但是，蒋委员长派陈诚为青年团书记长，康泽为组织处处长，康这个人很有野心，他希望青年团是另外一个组织，和我的构想完全不同，他把青年团团员到了25岁留在团里，不让他们自然变成党员。蒋委员长也是青年团团长，且不顾组织条例准许康泽的签呈，到了25岁的团员不让他们变成党员，可继续留在青年团。这样一来可麻烦了，形式上竟变成了两个党，摩擦就开始了，

这正是共产党所希望的,就是党和团起了争端。这一点蒋委员长是弄错了,我曾于起草组织条例时跟他说得很清楚,绝对不要变成两个组织。就好像一个中学,一个大学,中学毕业后升入大学。但是现在却变成一个有大学的中学,一个无中学的大学;前者有新血输,后者渐渐成为老配,新陈代谢的作用未得到,反而变成两个互相冲突的组织。因为康(泽)与陈诚均有野心,他要成为青年团的领导人物,将来可取党而代之。于是各地方、各省的党部和团部变成对抗的形态,自己和自己找麻烦,结果,蒋总裁又下令将青年团归并入党。以他们的看法,在党里是我在领导,在团里是陈诚与康泽在领导,青年团的组织条例是我拟定的,我早就看出有形成两个组织之危险,所以明白规定团是党的训练机构。但是我们的领袖是另外一种想法,在领导上没有什么关系,认为党会听他的话,青年团也会听他的话,但后来纠纷得太厉害了,民国三十六年九月中央六届四中全会通过团归并于党,这中间浪费的时间和精神都太多了,实在不必要。这也是抗战期间一件重要的事,是领袖的错误!

第六节　中统与军统的矛盾冲突

蒋介石是玩弄以派制派、分而治之权术的大师,他先后建立了中统和军统两大特务系统。中统和军统在极力为蒋介石效劳的同时,也相互冲突争斗,互相牵制,弄成势不两立的局面,从而有利于蒋介石的控制。黄埔学生黄雍说,蒋介石"控制这些特务组织的主要办法是让他们在群狗争食中起互相牵制作用"。陈立夫曾经自我解嘲式地说过:"人办事,要用脑筋。用脑必先目有所见,耳有所闻。而且,耳与目不能只有一个,必须有双目双耳,才能兼收并蓄。因此,情报机关必须同时有两个,才能心明眼亮,决策无误。"

一、蒋介石扶植军统,牵制二陈的中统

要论历史,在国民党特务组织中中统自然是老大哥。1928年中统特务组织正式成立时,军统特务头子戴笠还是一个跑单帮的角色。从1928年至1932年5年间,中统是蒋介石对付异己势力,特别是中共的最得力的工具,牺牲于中统特务机关的中共党员和革命群众不可数计。1932年,蒋介石命令复兴社成立特务

处,由戴笠任处长,这是军统的前身。复兴社成立时,就规定了自己的三项使命:第一,对付青年学生运动,打击共产党,把组织工作伸展到青年学生中去;第二,将蒋介石的势力伸入北方,打进杂牌部队,对杂牌部队进行分化瓦解;第三,对C.C.组织和C.C.的特务组织取监视态度。不用说,负责监察C.C.特务组织(即中统)的,自然是复兴社特务处。

由于蒋介石的刻意扶植,戴笠的复兴社特务的势力很快就超过了中统。1933年夏,陈立夫召集中统高干会议,陈立夫、洪兰友在报告中告诉

军统特务头子戴笠

中统高干,中统的破案率只有戴笠领导的复兴社特务处的十分之一,中统只在南京、上海、汉口、九江有行动表现,而军统的势力则已伸向全国。幸亏中统在上海侦破了几件惊人大案,才得以撑撑门面,否则,中统将更加难堪。在这次会议上,主持上海工作的中统驻沪特派员黄凯受到猛烈攻击。叶秀峰的爪牙吴星伯说:"我们辛苦的成果送人家吃,上海领导人要负责的。因为他们成天抽鸦片,嫖妓女,私生活太坏,影响下级工作情绪。"张国栋也说:"中统坍台,上海负责人要负责。现在委座给军统的经费比我们多八倍。我们要用铁的纪律巩固干部,该关就关,功过不能两抵的。"叶秀峰也对黄凯说:"你在上海半年多了,布置些什么工作?除顾顺章外,在共党中有多少内线?检查你的成绩,完全是靠别人送上门来。如果不是军委会侍从室照顾你,可能整年不办一案。你再不努力,以后全部工作由姓戴的去做了。"黄凯受到攻击,气得发抖,说:"我和你们不能发生横的关系,为保密起见,没有告诉你们的必要。我炸'出云'舰、打死日本人,也是军统交来的关系吗?"对此,徐恩曾为难地说:"上海方面的工作确实被动的,不是主动的。"叶秀峰仍不放松,说:"我们对事不对人,我们要争生存,就必须要健全我们的组织,你的生活方式要好好改变一下。"张道藩厉声抗辩说:"做特工的人要样样会,嫖、赌可起

掩护作用，追究这些小事要不得呀！"中统高干吵成一团，陈立夫最后做结论说："生活不检点，是组织害他，我愿负责，请他好好反省一下。"在这次会议上，中统决定成立肃反委员会，同时设立华东局、西南局、华北局、华中局、特区局等五个分局，准备与戴笠的复兴社特务处一争高低。为此，中统还制订了严格的奖惩条例。

1935年，蒋介石下令在中统特工总部的基础上成立国民政府军事委员会调查统计局，由陈立夫任局长，首都警察厅厅长陈焯为副局长，下设三处，中统特务组织改为第一处（党政处），复兴社特务处改为第二处（军警处），此外还有混合型的第三处（特检处）。三个处的处长分别是徐恩曾、戴笠、丁默邨。从这个人事布局看，中统占了很大的便宜，陈立夫、徐恩曾、丁默邨都是中统头子，戴笠在其中显得有些势单力孤。据说，第一处比第二处地位高一些，许多政治上的便宜都让第一处占了。比如，专搞反间工作的特检处及其下属的南京邮件检查所和南京电报检查所的处长、所长都是中统特务，军统特务只能任副职。凡是特检处检获的材料，照例应送局本部，而局内经办人是第一处委派的应泽，在未送局本部以前，第一处老早就捷足先登了。第二处人员只能从经办人员那里偷看一点却看不到全貌。戴笠一直害怕陈立夫吞并他的第二处，一直小心防范，不让陈立夫过问第二处的事务。

据说，戴笠为了对付中统，还对陈果夫、陈立夫兄弟使用过美人计。戴笠千方百计让军统著名女特务向影心（也有人写作向友新、向影新）与陈氏兄弟接近，引诱他们上钩，再进一步争取得到他们的宠爱。陈立夫首先上钩，陈果夫跟着也接近，眼看大功告成。不料一个中统特务与向影心有过艳交，知道她的底细。于是，就把这个女人勾引著名汉奸殷汝耕并向殷下毒的事向陈氏兄弟做了汇报。陈氏兄弟听了不禁大吃一惊，立即悬崖勒马。这个向影心后来嫁给了军统头子毛人凤。

1938年，中统、军统分家。中统特务机构改称中央执行委员会调查统计局，由国民党中央秘书长朱家骅兼任局长，由副局长徐恩曾负实际责任。军统改称军事委员会调查统计局，由蒋介石侍从室第一处主任兼任局长，由戴笠以副局长身份负实际责任。

1939年2月，蒋介石下令在他的侍从室第二处成立第六组，专门办理中统、军统及军令部的情报。围绕着这个组长人选，中统和军统又展开了角逐。陈果夫、陈立夫抢先推荐叶秀峰，但蒋介石没有接受。戴笠也十分重视，害怕被中统抢去，连忙请宋子文出面向蒋介石请求，由戴笠兼任这个组长，而由唐纵为副组长代他负责，蒋也未同意。蒋介石让侍从室第一处主任张治中保荐人选，张治中是黄埔教官出身，自然偏向黄埔系，他保举的四个人，除吴石外，徐培根、萧赞育、滕杰都是复兴社骨干分子。蒋介石仍未采纳，最后指定湖南度的唐纵为第六组组长。唐纵是军统元老，由他出任第六组组长，自然有利于军统。对此，戴笠十分高兴，在一次军统局局务会议上，戴笠公开说，唐纵任这个组长后，便成了军统局的"顶头上司"，要大家对唐特别尊重。实际上，侍从室第二处第六组并不直接领导军统局，只是蒋介石身边的一个幕僚机构。戴笠捧唐纵自然是希望唐纵对军统局多加关照。如遇几个单位同时向蒋送报告，只要唐纵能把军统的报告先送上去，让蒋先看到，把别的单位的报告迟送半天或一天，就将对军统的工作起重大的帮助作用。戴笠为了拉拢唐纵，也确实下了很多工夫，在生活上予以特别照顾。戴笠还特别交代军统局总务处长沈醉，说唐纵在侍从室工作，待遇不高，生活清苦，要沈每月去看他一两次，不要等唐开口，要主动在生活上去照顾他，因他对军统的工作关系很大。沈醉每次去看唐纵，唐从不开口要什么，只是说他老婆缺什么，要沈醉随时送去。每逢年节，戴笠总让沈醉将一笔款交给唐纵的老婆。1943年，唐纵又兼任了军统局帮办。

中统失去侍从室第六组组长这个职务，是一个严重挫折。后来，蒋介石为了平衡中统、军统两派，允准在第六组内设立一个考核股，负责考核各特务机构的业绩，由陈果夫推荐贺楚强任考核股长。贺楚强也是湖南人，曾任国民党湖南省党部书记长，是C.C.嫡系。但贺楚强担任这个股长后，慑于唐纵办事的精明以及威信，渐渐地在考核工作上一味唯唐纵之命是从，违背了C.C.派他任考核股长的用意。抗战胜利后，侍从室撤销，成立总统府参军处的军务局，唐纵推荐贺楚强担任军务局副局长，分管原来第六组的情报业务。唐纵的政治权术，消解了中统监督第六组的意图，怀柔贺楚强入其彀中。

军统掌握了第六组，对中统十分不利。抗战时期，在中统和军统的倾轧中，军统一直处于攻势，中统经常处于守势。1941年，一向由中统控制的特检处也划归军统，军统分子刘幡当上处长后，将中统特务大部清洗出去。湖南籍的军统特务罗杏芳当上重庆邮检所所长后，十分得意地说："C.C.分子还想从我这里得到情报吗？对不起，老子请他们吃C.C.（湖南土话称尿为C.C.）。"军统掌握特检处后，甚至连陈立夫本人的信件也常被军统特务偷偷拆阅。陈立夫毫无办法，只好多发电报或遣专人递送，少寄信件。

抗战时期，军统利用袍哥、青帮、洪门等组织成立所谓的"人民动员委员会"。中统见四川会党势力强大，也决心利用这种势力。1943年，C.C.大将、重庆市党部主任委员方治召见本地袍哥大爷田德胜、冯竹会等人，要他们动员袍哥集体加入国民党。此事被军统知道后，立即将田德胜等人找去威胁道："如果你们这样做，就会发生不好的后果。"田德胜等吓得不敢再谈加入国民党的事。1944年，方治又召见田德胜等人，要他们搞"文化列车"，到街上去游行。田德胜等应允后，军统又将田德胜等人叫去警告说："袍哥是戴（笠）先生领导的，没有他的指示，你们怎么可以擅自为他人工作？"在军统的威胁下，中统插手四川会党的计划完全落空。

1943年前后，蒋介石对中统的不满越来越厉害，多次严厉申斥中统局，中统头子徐恩曾本人也多次受到蒋介石的申斥。在一次有中统、军统特务头子参加的"甲种会报"会议上，蒋厉声责问徐恩曾："共产党造谣言，说我与护士同居，破坏我的威信，你为何不对我报告？《新华日报》天天登载反对我、反对党国的言论，你为何不负责任，听其发行传播，这充分表现了你的腐败无能！"

1943年，中统局派特务到经济部农本局捕人，经济部长翁文灏向蒋介石告状，说中统局不经过他擅自抓人，蒋一怒之下下令中统局"不得捕人"。1945年8月日本投降后，蒋介石又密令："在收复区，只准军统有行动权，中统局只做报告。"这就等于捆住了中统局的手脚。

抗战中后期，蒋介石越来越重视军统，而冷落中统，原因很多。从人事上说，第一，中统一直奉陈立夫为后台老板，中统与蒋介石之间还隔着一个陈立夫，中统的特务都是陈立夫的亲信部下，蒋介石利用中统要通过陈立夫，显然不那么得心应手。而军统则是直属蒋介石指挥的特务机关，使用起来得心应手。第二，中统的实际负责人徐恩曾、叶秀峰都是留过洋的知识分子，徐、叶都带有旧知识分子气味，有谄媚事上的一面，亦有宁可丢官也不屈的一面。而且内心里，徐、叶等以做特务头子为耻，徐恩曾一直想做经济部长，被蒋介石斥为不务正业。而戴笠则不同，戴是地痞无赖出身，搞特务活动完全是流氓作风，他谄上欺下，手段残忍。戴笠与蒋介石的关系是家奴与家主的关系，戴死心塌地地奉蒋为家主，因而深得蒋的欢心和宠信。

对于蒋介石重用军统而冷落中统，陈立夫心里很不是滋味。陈立夫曾酸溜溜地说："戴雨农（戴笠字）喜欢蛮干，情报工作人员摆出吃相难看的样子，用便衣武装代替一切，还要情报工作技术有啥用场？"但蒋介石就是喜欢明火执仗的军统，以造成公开的法西斯恐怖气氛。

二、中统与军统严禁"跳槽"

中统和军统严格禁止自己的人员跳到对方系统里去。为此，军统规定，军统工作人员不得与C.C.人员及其亲属通婚，违者判处七年徒刑。对"跳槽"者，中统和军统都采取严厉手段予以制裁。

江苏保安干部训练所是C.C.和复兴社混合的机构，该所少校区队长吴岱是复兴社分子，因跟他的浙江嵊县小同乡、C.C.的少将教育长祝秋暗中接近，违反了复兴社的纪律，一天下午吴岱突然失踪，最后连尸体也没有找到。祝秋和C.C.分子知道复兴社经常秘密处死违反纪律的成员，因此也不敢多加追问。

南京市党部委员葛武棨加入复兴社后，将复兴社秘密报告陈立夫。有一次，复兴社头子贺衷寒去见陈立夫，在陈的办公桌上发现了葛武棨的告密信，乘陈立夫不备把信偷出来交给复兴社，由复兴社监察委员会提出弹劾，由复兴社中央干事会议决判处葛武棨死刑。判决送到蒋介石手中，蒋鉴于葛是复兴社高干，不仅没有批准这个判决，反而把贺衷寒找来大骂了一顿，说他不该干偷信的勾当。后来，蒋介石把葛调往西北，交胡宗南"管制"使用。

中共特科负责人顾顺章叛变投敌后，受到中统的重用。1934年戴笠征得徐恩曾的同意，并经蒋介石批准，借调顾顺章到复兴社特务处工作，担任训练班的顾问和教官。从此，顾顺章和戴笠发生关系。戴笠有意把顾顺章拉入军统特务组织，并用金钱地位对他进行引诱。顾是典型的流氓无产阶级出身，有奶就是娘，逐渐倾向于戴笠，因而为中统所不容。1935年，徐恩曾指使顾建中，在中统的一次会议上，以顾顺章不服从命令，企图别树一帜为借口，拔出手枪，当场将顾顺章击毙。

中央政治学校毕业的祝麟，1940年由中统局第三处处长谢永存介绍进入中统任职。他是学外文的，有一次见到报上登载军委会外事人员训练班招收学员的广告，里面说训练六个月后，分发我国驻外使馆任用。祝麟一心想到国外工作，就不辞而别考入了那个训练班。这在中统的组织纪律上是绝对不允许的，但由于谢永存的关系，中统局这次没有深究。祝麟在军统训练班受训期间，向班内学员问这问那，引起训练班负责人的怀疑。经查，祝麟在中统工作过，戴笠得到报告后下令将祝麟扣押禁闭。祝麟胞兄多方设法营救，谢永存请陈果夫出面向戴笠求情，戴笠均未理睬。在关押期间，祝麟与看守人员混熟了，便于1944年冬的一个傍晚找机会潜逃出来，直奔川东师范找他的同学、中统局党政经济调查处科长赵毓麟，赵以同学之谊，就冒险送祝麟到南温泉中央政治学校躲避。

为了加强部下的向心力，陈立夫经常对中统特务说："国民党的忠实党员在别的范围遇到困难，吃了苦头，得不到半点支持和温暖，在我们这里就不会，绝对不会，只要你们不出卖组织，天大的事体我陈立夫包下来！"

三、中统与军统基层的争斗与火并

中统局和军统局上层的争斗是暗中使绊子，而基层的争斗则是公开的，有时是明火执仗的残杀。

有一次，中央政治学校三个学生为复兴社南京支部负责人任觉五下令绑架并暗杀。陈果夫说这三个学生是他们的人，被复兴社无辜杀害；而任觉五则说这三个学生是复兴社分子，因犯错误而被处决。陈果夫向蒋介石控诉，结果以处分任觉五了事。1939年，中统局第三组组长卢斌在山东与军统掌握的厉文礼部发生冲突，卢斌等中统特务均为厉文礼部枪杀。

陈果夫任江苏省政府主席时，C.C.在江苏的励进社"对复兴社是一个个地杀"；而复兴社得势后，"对励进社是一批一批地杀"。为防止被军统绑架、杀害，中统的一个特务训练班还规定学员平时不许外出，因为"个人单独外出，随时都有被军统特务抓去的危险"。

曾任军统华东区行动组长、军统局本部行动科长，时任第一战区编练专员、有军统杀人魔王之称的赵理君因与中统发生摩擦，于1942年3月15日擅自将属于中统的洛阳第十二区行政督察专员韦孝儒及复旦中学校长郭兆曙等六人逮捕并予以活埋。第一战区司令长官蒋鼎文致电军统局请求协查，但没有结果。被人检举系赵理君所为，戴笠多方予以庇护，并允诺赵理君不至于死。但陈立夫抓住不放松，坚决要求蒋介石惩办凶手，戴笠眼见包庇不住了，又改口说赵理君是共产党，他暗杀韦孝儒等人是为了破坏军统与陈果夫、陈立夫的关系。

戴笠连忙呈请蒋介石枪毙，蒋介石予以批准。为此，唐纵在日记中讽刺戴笠道："初诺赵理君不致置于死，现又呈请赵理君该死。噫嘻！"

第七节　C.C.内部的矛盾斗争

C.C.是个封闭、狭隘的派系，争权夺利，好斗成性。在派系外面，C.C.与政学系、黄埔—复兴社—三青团系、朱家骅系等所有派系争斗；而在C.C.内部，矛盾斗争也同样相当复杂尖锐。C.C.骨干刘不同在《国民党的魔影——"C.C."团》一文中，将C.C.内部矛盾概括为上层分子阶层和低级分子阶层的矛盾、南方和北方的矛盾、政官与党棍子的矛盾，以及党棍子之间的矛盾。

C.C.上层分子余井塘、萧铮、曾养甫、徐恩曾、张道藩、叶秀峰、洪兰友、赵棣华、潘公展、叶溯中、齐士英等辈，由于贪污、投机、抢夺，都逐渐成了富翁；有的成为工商业资本家，有的成为官僚金融企业掌握者。这些人形成了C.C.集团中的贵族阶层。他们贱视那些从事中统特务工作的C.C.分子和各省、市党部中的C.C.分子，把他们称为党棍和钻狗洞的。而这些人也把上层分子视为官僚。每当遇到一个有利的政治或经济机会，动辄相互争夺，甚或当面互相打骂。例如国民党第五次代表大会时，为了争夺中央委员候选人资格，C.C.分子刘志平当面和陈立夫由口骂而动武，并和张道藩打得滚成一团，互相揭露丑事。又如陈果夫出任江苏省主席时，各地党棍子群趋镇江谋职，陈果夫的公馆门限为穿，以致陈果夫不得不专为这些人在镇江设了个招待所以豢养之。谋得一官半职者则喜笑颜开，挟着皮包上任；所谋不遂者则骂闹不休。C.C.分子单成仪对刘不同说："这些小子们都做了官，忘了老子们的汗马功劳。看罢！六次代表大会再讲！"

C.C.核心人物以浙江人为主，江苏人次之，一有肥缺，这些人往往捷足先登。不管是党营企业或农民银行、合作金库等都操在江、浙籍C.C.分子手里，这就造成了南方人和北方人的矛盾。例如,北方C.C.分子向蒋介石控告浙江籍C.C.头目骆美奂大肆贪污，骆美奂闻讯后，为逃避惩处，选择弃职而逃，带着贪污来的财产跑到美国躲了起来。北方的C.C.分子每当聚到一起，就破口大骂萧铮、潘公展等江浙籍的C.C.头目，以这些人的淫逸、奢侈、糜烂生活作谈话之资。C.C.上层分子的丑恶事，多由此种场合传播出去。

官僚的C.C.分子和党棍的C.C.分子间也是矛盾重重。此种矛盾和党棍之间的矛盾互相交织着。

河南省的C.C.中心人物陈泮岭和李敬斋之间水火不相容，各结成派系争夺国民党领导权和教育权。陈泮岭组织的三民主义革命同志会不仅拒收与李敬斋有关系的党员，而且但凡是反对李敬斋的一律收为会员。当河南的C.C.从政学系手中将党的领导权夺到手后，曾大规模地清洗与李敬斋有关的人。李敬斋也不甘示弱，他出钱唆使陈泮岭姘妇的丈夫李某，到李敬斋控制的法院控告陈泮岭诱奸和霸占有夫之妇，运动法院出票传陈泮岭到庭对质。同时散发传单，揭露陈泮岭诱奸情况，最终把陈泮岭的福中公司总理搞掉才罢手。

在东北地区，C.C.中心人物梅佛光、马毅一派与齐士英一派，斗得你死我活。他们互组小团体，互相争夺学生与一般知识分子。梅佛光一派以中山中学为根据地，向以东北教育救济处为根据地的齐士英一派进攻。藏启方、周天放站在齐士英一边，说梅佛光是神经病患者；而马毅则站在梅佛光一边，揭露齐士英曾代表蒋介石到日本勾结日本大特务头山满等等。他们在东北斗得不可开交，动辄向南京的陈立夫控诉，陈立夫为此狼狈不堪，屡屡受到蒋介石的申斥。每次国民党选举，只要谈到东北代表时，两方就互争名额，闹得笑话百出，丑态毕露。抗日战争时期，王星舟又加入战团共同反对齐士英。王星舟组织"东北民众抗日后援会"和齐士英的"东北协会"争斗。

其他地区，如河北省C.C.中心人物陈访先与詹朝阳之间的斗争，山东C.C.分子何思源与刘志平的斗争，北平市C.C.分子陈石泉与鲁荡平的斗争，天津市C.C.分子时子周、邵汉元与邵华的斗争。总之，哪个地方有C.C.，哪个地方就有C.C.分子之间的内斗。

浙江是二陈兄弟的老巢，也是C.C.实力最强的省份。浙江的C.C.分成以罗霞天为首的浙西系，以方青儒为首的浙东系，以张强、郑亦同（又名郑异）、萧铮、叶溯中为首的温州系，以许绍棣、胡健中为首的复旦系（复旦大学毕业同学组成），各派系在浙江省内的斗争也相当激烈。

第六章
国民党中统的后台老板

戴季陶对陈立夫说："你是一位和善而有智慧的人，做调查工作的人，固然三教九流的人都需要，但是要去管这些人，需要一位慈祥而公正的人，才能管理住他们而不出乱子。你看寺庙中两边站的十八尊罗汉，个个都是浓眉怒目三头六臂的，但是中间坐的那位如来佛，却是何等的慈祥雍穆，唯其如此，才能管得住，做得好，所以蒋先生要你去做，就是这个道理，我看你还是从命罢！"

——陈立夫《成败之鉴》

陈果夫、陈立夫领导的CC系之所以有力量，是因为他们掌握了一个庞大的特务组织。这个特务组织最早是1928年2月成立的中央组织部调查科，陈立夫担任第一任科长，陈立夫因此成为国民党中统的创始人。

据陈立夫说，开始时他觉得自己的个性颇不适合于做特务头子，而且也缺乏必要的特务知识和经验，因为他学的是采矿工程，只对物不对人。戴季陶闻讯后，将陈立夫找去，极力开导他："你是一位和善而有智慧的人，做调查工作的人，固然三教九流的人都需要，但是要去管这些人，需要一位慈祥而公正的人，才能管理住他们而不出乱子。你看寺庙中两边站的十八尊罗汉，个个都是浓眉怒目三头六臂的，但是中间坐的那位如来佛，却是何等的慈祥雍穆，惟其如此，才能管得住，做得好，所以蒋先生要你去做，就是这个道理，我看你还是从命罢！"陈立夫听了戴季陶的一番巧言令色的劝说，才决定担任这个调查科的科长，中统于是正式开场。

1929年4月，中央组织部调查科科长由张道藩接任。陈立夫虽然不再担任科长，但这个特务组织始终在他的控制之下。在1932年左右，又成立了对外不公开的"特工总部"。1935年，中央组织部调查科扩大为中央组织部党务调查处。1938年，党务调查处撤销，成立中国国民党中央执行委员会调查统计局，1945年抗日战争胜利后相继改组为"中央党员通讯局"和内政部调查局，及至国民党在大陆的统治结束。

这个系统一般称之为中统，与戴笠领导的军统构成蒋介石特务政治的两大系统。陈立夫不仅是这个组织的创始人和首任科长,而且无论这个组织的名称如何变化,人员如何更替,他始终是这个中统的后台老板,始终在幕后操纵中统。

说起国民党的特务头子,人们也许会首先想到戴笠。但实际上,论起搞特工,陈立夫的资历比戴笠要老得多,而且直到1938年前,陈立夫在名义上还是戴笠的上司。蒋介石的监印官姜辅成讲了这样一个故事:"记得有一次,总司令部来了个穿着竹布大衫的青年,在楼下客厅里走来走去,等待着陈立夫回来,像是有机密大事要商谈似的。我到楼上办公厅请示,就看见他,下来见他还没走,很觉诧异,就悄悄问副官处一个姓汪的副官,汪告诉我:那人叫戴笠,是跟陈立夫干秘密工作的。时隔十一年,我在重庆军委会当上校监印员时,一天,办公厅送来一份委任状,赫然发现了戴笠的名字,竟是调查统计局的局长了。"可见,戴笠从跑单帮起,就是接受陈立夫领导的。

在人们的印象中,陈立夫确实不像戴笠那样狰狞恐怖,令人闻之色变。这是因为,一是陈立夫自从担任中央组织部调查科的首任科长后就退隐到了这个组织的幕后,在第一线掌握中统特工组织的,都是陈立夫精心挑选的亲信,他们可以说是陈立夫的化身或代理人;二是中统的特工不像戴笠的军统那样蛮干;三是戴笠为人凶残,个人作风下流,是个流氓兼歹徒式的人物,而陈立夫却是文质彬彬,像个白面书生,个人生活也比戴笠正派严谨得多。这些因素加起来,就使陈立夫这个中统特务头子表面上看起来并不那么阴森可怕。当然,这只是表面上的区别,论反共和对付异己力量,中统与军统一样凶狠残忍。

第一节　中统特务系统的演变

一、中统组织的开端——中央组织部调查科

1928年2月,国民党二届四中全会后,蒋介石出任国民党中央组织部部长,陈果夫任副部长,并代理部长职责。陈果夫掌握组织部大权后,即以乃弟陈立夫为中央组织部调查科科长。

1930年,二陈认为在国民党内部排斥异己的任务已经基本完成,便将工作重心转到对付共产党上来。1930年夏,于调查科内增设一个"特务组",除一般特务活动仍由采访股负责外,举凡对共产党的调查研究、密谋策划以及被认

为属于最机密的情报搜集、破坏指导统由该组负责。该组的负责人由调查科采访股的得力干事顾建中担任，助理干事徐进、廖兴序协助。不久，调查科又增设了一个"言文组"，其任务是负责搜集各省市的报纸杂志、各种进步刊物以及国外的华文刊物，分门别类（政治、经济、军事、文教等）加以剪贴，逐日送科主任转部长参阅。该组由整理股干事刘清源负责，助理干事赵德恺、许志盈等协助。

调查科成立之初，工作人员仅十七八人。1928年6月，蒋介石从中央党务学校毕业生中选派10人到该科工作，他们是：张文、郑伯豪、张斾、李风澜、骆美中、王保身、任洪济、谢澄宇、郭良牧、陈玉科。这些人到职后，并未被立即正式安排在哪一股工作，而是进行所谓"见习"，首先了解科内工作情况，约10天后，再把他们派往上海作调查工作的实习。在国民党上海特别市党部（当时其负责人为姜怀素与葛建石）的领导安排下，每一个人担任所属某一个区的调查，调查的内容有国民党的党务活动情况、派系活动情况和工人运动情况。三四天调查活动结束后，便回到南京，写出详细的工作报告，由科里加以审查考核。同年8月中旬，该科又安排他们10人进行一次实习，这次实习是在江浙两省范围内，计有苏州、无锡、江都、泰县、杭州、嘉兴等10个单位，指派每人负责一个单位，前往调查。在这次的调查内容中，增加了农民运动情况一项。经过约15天的调查，每人返科后写出了书面报告，然后才被正式安排到各具体工作部门。

1930年，蒋介石将经过政治警察训练的中央军校第六期毕业生约20人派往调查科工作，他们是王思诚、李熙元、张志鹏、马绍武、许少顿、高振雄、林桂庭、齐耀荣、游定一、马啸天、袁更、王正鸿、钱壮飞（著名的中共地下党员）、范圭中等人。到1931年7月，该科工作人员除部分调任他职和因其他原因离去者外，约有50人，成为组织部各科中人员最多的一个科。

调查科在国民党中央党部内办公，其人员组织在中央正式编制之内，是比较公开的，但中央军校第六期约20名毕业生则是完全秘密的，他们既不在正式编制之内，也不在中央党部内办公，而是在南京中山东路与中央饭店紧邻的一栋二层楼内办公，徐恩曾本人也住在那里。由于该宅进出人员多，为避人耳目，便在大门外挂一块"正元实业社"的招牌，作为掩护。这些人由徐恩曾直接领导，专搞秘密特务活动。

调查科成立之初，在全国各地还没有设立直辖的下级机构。至1930年，为扩大其活动范围，并将搜集的情报及时地送到调查科处理，便派出三个特派员，并配备工作人员和电台，分别常驻上海、武汉和开封。上海的特派员是杨登瀛，后改为鲍善甫；武汉特派员是蔡孟坚；开封特派员是黄凯。后来，在各省、特别市、铁路党部普遍设立的特务室（1938年5月以后改称调查统计室）即是由特派员扩大而成。

中央组织部调查科成立后，即与首都警察厅和宪兵司令部保持着密切的联系。

首都警察厅督察长陈独真，江苏盐城人，曾任陈果夫的保镖，1930年由陈果夫推荐担任该职。其下设有督察员十余人，其中有应泽、王汇百、金亦吾等人。警察厅督察处经常受调查科的指挥，调查科利用其公开名义，借故检查户口，每于深夜突然进入某一被认为有共产党嫌疑的进步人士的私宅搜查，如发现进步书刊便予没收，甚至把人也扣押起来。陈独真在抗日战争时期担任贵阳、成都两地的防空司令，他与中统始终有来往，互相配合。

调查科与宪兵司令部的关系也相当密切。上述的所谓"政治警察训练"就是由宪兵司令谷正伦主持的。蒋介石在调拨经过此项训练的约20人参加调查科工作时，即已指示调查科和宪兵司令部要互相配合协作。所以，在徐恩曾与谷正伦经过几次接触协商之后，1930年秋，谷正伦便正式聘请徐恩曾为该部顾问。同时，为了便于二者间的工作联系，由徐恩曾推荐，该部给调查科特务组负责人顾建中一个名义，月支车马费80元。从此徐、顾二人便可以随意出入该部。该部警务处是宪兵特务活动的主管单位，该部军法处则是案件审理判决的主管单位。所以徐、顾等与警务处处长卫持平、副处长欧阳向以及军法处处长周剑心关系最为密切。

为调查科逮捕的人，大都被送往宪兵司令部监狱关押。后来还在该监狱内盖了一排平房，专门关押中统送来的人。当时的监狱长姚儒栋后来在中统局人事室任职，至1949年大陆解放，宪兵司令部与中统的关系始终是很密切的。

中统特务电台开设于1930年，由徐恩曾在上海南洋大学的同学范本中总负责，以袁更、王正鸿为骨干，在中山东路西头开设了一间出售电讯器材的商店，秘密电台即设在该店的后进楼上。此电台首先在上海和武汉设分台，与南京总台通报。同年夏秋间，在蒋介石与阎（锡山）、冯（玉祥）进行中原大战时，曾在北平召开以汪（精卫）、阎（锡山）、冯（玉祥）为首的扩大会议，调查科派郑伯豪、张旆、袁更等携带电台到北平、天津活动，电台分别设在东交民巷和天津租界，为蒋介石搜索情报，直接与南京联系。

蒋介石在1927年发动"四一二"反革命政变后，对于逮捕的共产党员和进步人士采取"宁可错杀三千，不可放走一人"的残暴政策，大肆屠杀。这种不分青红皂白的屠杀政策，在国民党内部也引起一部分有正义感的人士的非议。后来蒋介石等感到愈杀愈多，无法斩尽杀绝，而且对于共产党的地下活动几乎完全不了解，无法达到扩大破坏的目的。鉴于这一情况，1930年，陈立夫、徐恩曾、叶秀峰、张冲等经过几次密议后，决定改变办法，制定了所谓"自首自新办法"，采取"重用叛徒，扩大自首潮流，以毒攻毒"的政策，并首先在南京和江苏、浙江、湖南、湖北、安徽等长江流域几省设立"反省院"，相互配合，对于被其逮捕关押的革命人士进行威胁利诱，软硬兼施，着重进行劝叛诱降的罪恶活动，利用叛徒，扩大破坏。调查科的这些做法，受到蒋介石的赏识，特别是1931年的顾顺章案，更加受到蒋介石及各方面的重视。从此，中统特务组织进入了一个新阶段，顾顺章案成为中统特务系统发家的关键事件。

二、私生子"特工总部"

中央组织部调查科在破获顾顺章案后，进一步受到蒋介石的重视，认为它是破坏革命、镇压人民的有力工具。蒋介石指示陈果夫、陈立夫扩大特务组织。1932年，陈果夫、陈立夫责成徐恩曾办理此事。徐以中央军校分来的毕业生为基础，成立了特务工作总部，地点设在南京道署街（今瞻园路）132号瞻园内。该部至1938年撤销之时，前后共存在七年时间。

特工总部是在调查科的基础上建立起来的，是C.C.的一个重要组成部分，而且自始至终都是一个完全秘密的组织。"特工总部"这一名称在国民党中央党部或其他任何机关组织条例规程中都是找不到的。特工总部的对外活动从不用"总部"的名义，指挥其所属活动，用的也是化名、代号。当时社会上知道有这一特务组织的人并不多，但事实上在中统特务之间，自徐恩曾至一般特务都称这一时期的中统特务组织为"特工总部"。特工总部的大门没有悬挂任何招牌，但在门房则经常坐有七八个彪形大汉，外人非经通报许可，是不能自由进入的。特工总部设有一定的编制，它可以随时间和活动的需要而更易，但徐恩曾始终是其最高领导人,称为主任。事实上,一般中统特务在较正式的场合称徐为"徐先生";在非正式私人谈话中,则称之为"徐老板",或简称"老板"。到了1936年,徐恩曾的公开名义有两个:一为国民党中央执行委员、中央组织部秘书;一为国民党军事委员会调查统计局第一处处长。特工总部成立后,即在各省市、各党部内成立"特务室",在上海、南京等地设立秘密"行动区"。

特工总部与其所属各省、市机构的来往电报都是用代号。1936年特工总部的代号为"华统",所属各省市机构都有各自的代号,这些代号大都一年一换。抗日战争爆发后,特工总部的代号改为"鲁黎"。

到1936年时,特工总部已有两个可以用来对外公开活动的特务机构,从而进一步扩大了活动范围和经费来源。这两个特务机构,一为国民党中央组织部党务调查处(1935年左右,国民党中央党部改组,调查科扩为调查处),一为国民政府军事委员会调查统计局第一处,这两个处分别由濮孟九、徐恩曾担任处长。按照组织编制,处之下各设三个科,科以下分别设有总干事(主任科员)、干事(科员)、助理干事(办事员)各若干人。但在实际上并未按照组织编制行事,而是由徐恩曾把这两个处的经费和人员全部包下来,用于当时的特工总部。该两处的所有工作人员名单,只是用来向上级领取工资,所以甚至有些人连自己在哪个处里、担任什么职务、多少薪金也不知道,而且从不过问,也是不容过问的。向上级领取薪金时,是由徐恩曾最亲信的会计人员带着个人的私章到所属会计室领取。这两个处的全部经费,包括办公费、活动费及工作人员的薪金,是特工总部经费来源的一部分。由于特工总部组织大,人员多,仅靠该两处的经费收入是远远不够的。所以,蒋介石从他的机密费项下按月拨给一大笔补助费。

党务调查处仍设在丁家桥国民党中央党部内,只有王剑虹、万大镛等十余人支撑门面,其业务为主管各地反省院事宜。

1935年上半年,国民政府军事委员会调查统计局成立,该局本部设在南京西华门四条巷,但是在内办公的只有一个秘书处,由中共叛徒丁默邨担任秘书。在丁的主持下,该处曾编译各国的侦探小说多种,分别铅印成册,发给特务们阅读。张文在特工总部任职时便曾领得此类小说如《白玫瑰》等近20册。

中共叛徒出身的丁默邨于1932年在上海创办《社会新闻》杂志,专门以造谣污蔑等下三滥的手段，对中共及其他反蒋派别进行诋毁攻击，因而得到陈立夫的赏识。

国民政府军事委员会调查统计局成立后，陈立夫雄心勃勃，想一手掌握国民党的特务系统。但该局成立后的实际情况却出乎陈立夫的意料。属于力行社系统的第二处，完全由戴笠一人掌握控制，根本不容陈立夫过问，凡事由戴笠直接报请蒋介石核批。对第二处来说，陈立夫这个局长只是徒有虚名。而且在局内为了争夺经费，特别是在邮电检查方面争夺权力，安插亲信，一处、二处不断发生争吵。尽管陈立夫站在一处一边，对于二处却奈何不得。

1938年3月，蒋介石下令撤销军事委员会调查统计局，同时分别成立中统局、军统局和特检处三个独立的特务机构。陈立夫任军事委员会调查统计局局长之初，曾存有并吞戴笠领导的特务系统的企图，此时这个企图完全破灭了。1938年在汉口时，陈立夫曾说："每个人有两只眼，两只耳。作为领袖（指蒋介石）的耳目，也应有两个，兼听则明嘛。"聊以自我解嘲。

三、中央执行委员会调查统计局

1938年3月31日，在武汉召开的中国国民党临时全国代表大会通过《改进党务并调整党政关系案》，决定于中央执行委员会之下设立调查统计部，以进行党员生活指导、人事统计及各种纪律案件的调查。

根据这一决议，蒋介石对国民党政府军事委员会调查统计局进行改组，分别成立中央执行委员会调查统计局（简称中统）和军事委员会调查统计局（简称军统）及特检处（主管邮电检查）。这就是"中统"和"军统"的由来。

1938年5月，蒋介石任命国民党中央执行委员会秘书长朱家骅兼任中统局局长，徐恩曾任副局长负实际责任。当陈立夫卸任军事委员会调查统计局局长时，那位亦儒亦佛的考试院院长戴季陶曾向陈立夫表示祝贺："你能够摆脱调统工作，这是你聪明的地方，我当时劝你接受蒋公之任命，喻之以如来佛之管十八罗汉，今竟能安全解脱，真是你的造化，恭喜恭喜。"

从表面上看，已担任教育部长的陈立夫似乎与中统局没有什么关系，但实际上，陈立夫仍可以通过徐恩曾指挥中统局，陈立夫依然是中统的后台老板。

中统局成立后，原特工总部宣告结束。陈立夫及其系统的特务对此是非常高兴的，因为原来的特工总部是不公开的机关，特务们认为他们是小娘养的。现在正式成立中统局这样的高级别的公开机关，特务们认为自己修成了正果。1938年8月的一天，蒋介石为了给中统特务鼓劲，在武昌行营还特地召见了在武汉的中统局科以上负责干部，中统的大小特务头目对此异常兴奋，这天都乔装打扮一新，由徐恩曾带领，早早来到蒋介石官邸等待接见。蒋介石按名册逐个点名，当点到某个人时，此人即起身、肃正、注目，蒋先对此人端详一番，然后便按照各人的情况略问数语（如年龄、籍贯、学历、经历之类），并在那份召见名单上划个符号或写上几个字。在点名之后，蒋便对全体人员训示一番，大意说调查统计工作很重要，应在原有的基础上更好地、尽心竭力地完成党国交给的任务等。然后由徐恩曾代表大家表示接受总裁训示，努力去干，不负所望。最后蒋介石连说了几声："好！好！"便结束了这次接见。对于蒋的这番接见，中统特务都视为莫大的荣宠，特务头目们走出官邸后还痛饮了一番以示庆祝。

按照《中央执行委员会调查统计局组织条例》，中统局在局长、副局长以下设立三组、八科、一处、一室。"中统局"设正、副局长各一人，下设局长室（置主任秘书一人）；第一组主管敌伪情报，置组长一人，下辖第一科主管总务，第二科主管日伪情报及译电室；第二组主管党派情报，置组长一人，下辖第三科主管党务调查，主要是搜集中国国民党内党务与政治及经济等方面的情报，第四科主管党派调查，实际是策划对付中共和其他民主党派，第五科主管民众团体调查及密电研究室，以侦听和侦破中共与八路军密电为唯一任务；第三组主管党政，置组长一人，下辖第六科主管经济调查，第七科主管青年调查，第八科主管敌伪调查与制裁汉奸；交通处负责中央党部与各省市党部往来电报的收发及发往沦陷区省市党部书面文件的运送，置处长一人，下辖电讯、运输、总务三科和电讯总台；会计室主管局经费收支，置主任一人。

1939年冬起，中统局内部组织进行了一系列的调整与扩大，至1942年，其内部发展为三组三处五室四委员会：

第一组：仍辖第一、二科和译电室，唯第一科原主管之人事与机要事项划出，另成立人事室与机要室专管。

第二组：仍辖第三、四、五科和密电研究室，第三科主管对中共的研究和专报的编辑；第四科主管对中共之调查与破坏的设计和指导、对"特情"与

"青运"的管理及"每日党派情报"的编制；第五科主管对中共的侦查和行动；密电研究室以侦听和研译中共与八路军的密电为其唯一任务。

第三组：仍辖第六、七、八科，第六科主管党员调查网的建立、管理与运用，第七科主管党政调查与经济调查，第八科主管民意调查。

交通管理处（原交通处改称）仍辖电讯科、运输科、总务科和电讯总台。

统计处：1938年10月中统局迁渝，将中央执行委员会秘书处统计处撤销，在中统局内增设统计处，主管全党之党务统计和中统局局务统计，下辖四科。

特种经济调查处：1940年增设，表面任务是获取沦陷区经济情报，实际是对中共领导的敌后抗日根据地和抗日游击区进行调查，以获取八路军、新四军在各战区的活动情报。该处全部经费由财政部、交通部、经济部负担，不在中统局经费内支付，下辖五科。

五室是秘书室、人事室、机要室、会计室、专员室。

训练委员会：1939年冬设立，目的是加强对中统局人员的政治训练与技术训练，将局内各组、科编为若干训练小组，每周开小组会一次，学习《党员守则》12条；在局外，举办情报人员、邮电工作人员、报务人员、海外工作人员等训练班。

党网建立与运用委员会：1939年冬在第三组建立"党网科"的同时，又成立"党网建立与运用委员会"。建立党网，原本希图在各级党政财文机关和人民团体中吸收一些在职的"忠实党员"与中统局单线联系，于所在机关、团体中侦查敌谍汉奸活动和贪污舞弊等违法行为。但实际上，其主要目的在于侦查各该机关、团体中有无中共党员和其他进步人士活动。其在中央一级机关之党网，由中统局直接负责建立与运用，其人数在3000以上；其在各省、市、路与省、市属各机关之党网，由各省、市、路负责建立与运用，其人数总计在10万人以上。每一个党网分子须经中统特务二人介绍、经中统局审查合格后予以接收并发给每人一份"党网调查手册"，各党网分子均用一数字号码代替真实姓名，与中统局通信时只写数字代码而不得书写真实姓名，中统局党网科以"许清"为代名，通信处为重庆邮局第91号信箱和第92号信箱，党网分子向中统局发送之情报，皆以各人所定之数字代码落款，寄由重庆邮局第91号、92号信箱许清收，中统局第三组党网科逐日派员到重庆邮局收取专递信件。

此外，还有纪律审查委员会、海外工作委员会。

中统局内部还有一个由徐恩曾、顾建中主持的机构，名曰"生庐"，由曾任省党部委员的中统高级特务约十人组成，专门担任对中共进行阴谋破坏的策划和技术研究。

中统局还附设有"经济检查队"、"粮食调查队"，其人数均在百人以上。

中统局在各省、市与各铁路之党部内，分别设有调查统计室，作为各该省、市、路党部的一个组成部分（将战前"特工总部"时期，以"肃反专员"为掩护，派往各省、市、路党部建立的"特务室"改组，正式名之为中统局各该省、市、路党部调查统计室，"肃反专员"的名义至此取消），各该省、市、路党部，得将党部经费收入的十分之一供给其作为活动经费（不足之数，由中统局直接拨发）。各省、市、路调查统计室，设室主任一人综理各项事务，设书记一人综理室内事务，下辖第一科（主管总务）、第二科（主管党派）、第三科（主管党网与经济调查）、第四科（主管行动）。长江流域几省设立较早，华西、华南、华北次之，一些边远省区（如新疆）至1944年才设立。

在部分省区，除省党部设有调查统计室外，还在省政府之下设立了专门对付中共的特务机构，如江西省政府设有"特种工作办事处"，安徽省政府设有"特训处"和"绥靖团"。这些机构的武器、弹药、人员薪金、活动经费等，概由省政府发给，其人员则概由中统特务担任，是列在政府系列中的中统局直属之下级单位。

1939年春，中统局还在重庆设立过"重庆实验区"（简称"重庆区"或"渝区"），除担任重庆整个市区的一切特务活动外，还须担任"实验"任务。所谓"实验"，一为"人的实验"，凡属中统局局本部新吸收任用的人员，均得先到重庆实验区进行政治考核，检验其政治上是否忠实可靠，并进行业务训练，旨在使之成为既能搞内勤又能搞外勤，既能搞情报又能搞侦查与行动，既能搞译电又能搞报务的"多面手"特务；二为"事的实验"，凡中统局决定采行的新的工作方式、方法和技术、手段，均得先经在重庆实验区的实地试验示范，取得实际经验并确认其成熟有效者，再向所属各省、市、路调查统计室推广。

1938年夏，徐恩曾经与中央执行委员会组织部部长张厉生及司法行政部政务次长洪陆东、法官训练所所长洪兰友商定：法官训练班第五、六两届学员150名，全由中统局保送，受训二年后概由司法行政部派任各级法院检察官，仍在中统局支原薪，并一律参加当地中统组织配合行动，受各省市调查统计室主任直接领导，或成为中统高干会成员，或与中统局人事室通讯联系，或直接与徐恩曾通讯联系，或使其参加法官训练所毕业生同学会，由中统间接地加以控制。

1940年起，徐恩曾成为"甲种会报"的成员之一，中统局第一处处长成为"乙种会报"的成员之一。

1941年起，国民党中央执行委员会组织部、军事委员会军令部、中统局、军统局、宪兵司令部等组成"中央党政军联席会报"，由何应钦主持，并设有中央党政军联席会报秘书处（简称"联秘处"）。

1942年，中统局人数多达20万以上，其成员可区别为下列五类：（1）调查工作人员：简称"调工"，与"特工总部"时期的"特工"相同，此类人员又有"专任调工"、"兼任调工"、"义务调工"之分。"专任调工"指专任职业特务并按月在局支薪者言；"兼任调工"指曾任"专任调工"而已转任党务、行政、财经、司法及其他各项工作或虽非"专任调工"而须向局领取车马费者言；"义务调工"指既不向局领取薪俸和其他任何经费又不须局给以任何名义，纯粹尽义务者言。

（2）特种情报工作人员：采用伪装进步手法，取得信任后，打入中共内部或其他民主党派团体内部，作长期潜伏活动；或选定中共和其他民主团体中的意志薄弱分子，先行绑架（中统特务称之为"突击"）再施以生命威胁，逼其叛变并与中统签约后释放归队而伪装犹如平日，亦作长期潜伏、搜集情报的特务，此类"特种情报工作人员"是特务中最机密的一类，除其直接领导和直接主管人外，一般皆无他人知晓。

（3）党员调查网：中统局和所属各省、市、路调查统计室均设有党员调查网，由隐藏在党政机关中的中统特务组成，分布于从中央到省、市、县、乡、镇各级机构中。

（4）通讯员：中统局每年都利用暑期举办为期四周的"暑期讲习会"，参加该讲习会的在校大专学生结业后全部作为"学生通讯员"归中统局第二组第四科主管。此外，还有由中统局于社会各阶层中吸收的，称为"特级通讯员"。这两类通讯员，在地方上一般均由省、市调查统计室第三科领导，其成员总数全国亦近100000人。

（5）外围分子：中统秘密外围组织成员，如"三民主义革命青年社"社员，中统普通外围组织成员，如"学生生活社"社员，均称之为中统外围分子。

除外围分子不计外，前四类人员合计在200000人以上。经蒋介石应允，均由中央党部以"具有从事党务工作之年资，参加中央党部工作之人员"的名义，送经铨叙部门甄审后，发给"同简任"、"同荐任"、"同委任"的甄审证书，列入政府官员行列之中！

1942—1944年，中统局还曾与英国情报机关合作，先后组织过"缅甸工作队"、"旅印华籍海员工作队"和"新加坡工作队"。

附录：中统特务系统演变情况
一、中央组织部调查科（1928—1934）
科长：陈立夫、张道藩、吴大钧、叶秀峰、徐恩曾
二、中央组织部调查处（1934—1938）
处长：徐恩曾
外务科科长：顾建中
情报科科长：梁辅丞、王剑虹
整理科科长：徐兆麟
训练科科长：王杰夫
总务科科长：章祖模
译电室主任：薛敦平
总督察：濮孟九
行动队队长：季源溥、李伯筠
三、特务工作总部（1932—1938）
主任：徐恩曾
指导课课长：顾建中
情报课课长：徐兆麟、梁辅丞
训练课课长：王杰夫

总务课课长：章祖模、周伯良

电讯总台总台长：范本中

审理组组长：朱凌云

南京区区长：季源溥、王思诚、钱永健

上海区区长：史济美、徐祖卿、徐兆麟、韩还、易鹤、孙步墀、彭利人、王钱群

徐海蚌区区长：傅谦之、黄肇南

四、中央执行委员会调查统计局（1938年8月—1947年8月）

局长：朱家骅（1938年秋—1944年春）

徐恩曾（1944年春—1945年3月15日）

副局长：徐恩曾（1938年秋—1944年）

郭紫峻（1943年春—？）

顾建中（1942年冬—？）

局长：叶秀峰（1945年3月15日—1947年8月）

副局长：郭紫峻、顾建中

重庆实验区区长：杨为、陈庆齐、陈建中、白坚、张国栋、周光亚、徐兆麟、田纯玉、杨保康、李宏泽、王难三

南京临时办事处处长：邓还谧

南京区区长：邓还谧、陈庆齐、王秀春

北平办事处处长：郭紫峻

上海办事处处长：顾建中、季源溥

桂林办事处处长：蒋静一

武汉办事处处长：吴星伯、熊东皋

天津区区长：甘舍棠

北京区区长：李郁才

上海区区长：孙云峰

南京区区长：徐兆麟、田纯玉

立煌区总督导：李仁甫

东北区总督导：单成仪

东南区总督导：俞嘉庸

华南区总督导：詹朝阳

华中区总督导：熊东皋

西北区总督导：张炎茂、万大铉、陈建中

西南区总督导：徐政

徐州工作团主任：张凤鸣

江北工作团专员：王全章、周仕珊

五、中央执行委员会党员通讯局（1947年8月—1949年5月）

局长：叶秀峰

副局长：郭紫峻、顾建中、季源溥

上海办事处处长：季源溥

北平办事处处长：郭紫峻

东北区特派员办事处特派员：单公咸、傅永中

重庆区区长：刘介鲁、王难三

南京区区长：田纯玉

上海区区长：孙云峰

北平区区长：李郁才

天津区区长：张海、郭乾辉

沈阳区区长：李鲲生、甘舍棠、朱翰

长春区区长：李思明

鄂汉区区长：熊东皋、陈国英

旅大区区长：傅永中

粤港澳区区长：詹朝阳、沈哲臣

西南区总督导：徐政

西北区总督导：陈建中

华中区总督导：熊东皋、陈国英

华南区总督导：詹朝阳

东南区总督导：俞嘉庸

东北区总督导：单成仪

察绥区总督导：张庆恩

六、内政部调查局（1949年5月—1949年12月）

局长：季源溥

副局长：王保身、张益民

重庆办事处主任：徐政、张益民

云贵办事处主任：陈庆齐

海南办事处主任：杜衡

台湾办事处主任：张庆恩

留京办事处主任：苏麟阁

贵州调查处处长：刘苏屏

云南调查处处长：李宏泽

重庆调查处处长：王难三

四川调查处处长：先大启

西昌调查处处长：甘青山

西康调查处副处长：王安文、邵平

广西调查处处长：郭文田

广东调查处处长：刘华藜

江西调查处处长：马鲲

湖南调查处处长：田纯玉

湖北调查处处长：杜伯埙、孙守藩、周文化

台湾调查处处长：郭乾辉

香港调查处处长：俞嘉庸

浙江调查处处长：黄华年

第二节　中统两大杀手

一、白面杀手徐恩曾

徐恩曾（1898—1985），字可均，浙江吴兴人。与C.C.首领陈果夫、陈立夫是表兄弟。徐早年就读于上海南洋大学电机系，毕业后赴美留学，入卡纳奇大学，学习电机工程，获学士学位。按专业，徐恩曾应是电机工程师。1927年徐恩曾回国后，被陈氏兄弟拉入C.C.集团。1928年，陈果夫任中央组织部代部长后，任命徐恩曾为总务科长。徐恩曾城府很深，善于钻营，很快取得了陈氏兄弟的信任。

著名文化人邹韬奋与徐恩曾是上海南洋大学的同学。邹韬奋在《经历》一书中对徐恩曾这个特务头子有如下的刻画：

> 事颇凑巧，我和这个"××"上的首领徐恩曾先生私谊不薄。我们以前在上海的南洋大学做过同学，从中学到大学的电机科是同班的同学。后来我转文科，他仍继续读他的"电机"，他在国内毕业后，曾到美国留学，读的也是"电机"。照他所学，应该是一位电机工程师，但是他回国后，尚在内战时代，就钻到"特务"这一部门方面去了。他是C.C.的亲戚（C.C.是国内对于二陈的通称，二陈即陈立夫、陈果夫二先生），听说有表弟兄的关系，这也许是他改业的契机。我们彼此间的私人友谊就建立在同班同学的关系上。
>
> 徐先生的仪表和他所担任的职务，似乎完全不配合，他的表面上看来是一位温文尔雅的白面书生，他无论穿西装或中装，都漂亮整洁，在学校时，他的房间布置得最整洁讲究，为同学们所赞美。我在陪都和他几次晤谈，有一次无意中问他："你学的是电机科，应该做一个电机工程师才对，现在却干着××××××××，真是出人意料之外！"他微笑着说："我有什么办法？总裁一定要我担任这个职务，只有等到革命成功之后，再去干我的工程师吧！我现在已经干了，只有干下去！"
>
> 我们有过几次晤谈，有时在他的那个"××"上，有时在他的寓所里（他住在国府路，离开我的寓所学田湾很近）。我们谈时还是老同学的样子，彼此都没有什么拘束。

1931年，徐恩曾出任中央组织部党务调查科科长，成为职业特务头子。徐登台后，又在调查科增设了一个专门策划破坏共产党组织的最机密部门——特务组，专门从事反共活动。徐恩曾还和国民党宪兵司令谷正伦密切合作，谷正伦聘请徐恩曾为顾问，徐推荐他的骨干顾建中、季源溥等做宪兵的督察、教官之类，两个反共组织密切分工合作：逮捕、关押、审讯、枪杀共产党人，调查科经常通过宪兵去做；宪兵捕人之后的策反、劝降，则往往由调查科去做。

1931年4月下旬，中共中央政治局候补委员、参与领导中共中央特科工作

徐恩曾与陈布雷（左三）等合影于上海

的顾顺章在护送张国焘、陈昌浩和沈泽民等到鄂豫皖革命根据地后，在武汉被国民党中央组织部中央调查科驻武汉特派员蔡孟坚侦知，加以逮捕。顾顺章长期负责驻上海的中共中央的保卫工作，了解中共的重要机密极多，清楚只有极少数人才知道的中共中央机关和许多中央领导人的住址，也熟悉中共中央的各种秘密工作方法。顾顺章被捕后，蔡孟坚将其押送至南京交徐恩曾处理。顾顺章被捕后很快叛变，并且向国民党当局建议以突然袭击的方式将中共中央机关和主要领导人一网打尽。这个极端机密的重要情报，被打入国民党中央组织部调查科当机要秘书的中共地下党员钱壮飞获悉后，他立即派人连夜从南京赶到上海，报告中央特科负责人李克农转报中央。中共中央负责人周恩来得报后，果断地采取了一系列应急措施：销毁大量机密文件；迅速将党的主要负责人转移，并采取严密的保卫措施；把一切可以成为顾顺章侦察目标的干部，尽快地转移到安全的地带或撤离上海；切断顾顺章在上海所能利用的重要关系；废止顾顺章所知道的一切秘密工作方法。当夜，中共中央、江苏省委和共产国际机关全部搬了家。聂荣臻后来回忆说："这两三天里真是紧张极了，恩来和我都没有合眼，终于抢在敌人前面，完成了任务。"在顾顺章的引导下，徐恩曾指挥进行大搜捕，周恩来原来的住处也被搜查，结果一一扑空。徐恩曾在搜捕中共中央机关时捕了空，但顾顺章又出卖了中共沪东行动委员会书记恽代英。陈果夫、陈立夫和徐恩曾对恽代英实施了一系列威胁利诱、软硬兼施的手段，但恽代英坚贞不屈，在酷刑下没有让敌人得到一句有用的供词。蒋介石气急败坏，下令杀害恽代英。恽代英在临刑前，大义凛然，毫无惧色，高呼"共产党万岁！"引吭高歌《国际歌》。徐恩曾以后每当想起当时的情景，都要不寒而栗地说："共产党人的可怕就在于此！"

顾顺章叛变、恽代英被杀，中共中央机关被查抄，徐恩曾的这一系列功劳引起蒋介石的注意。蒋召见了徐恩曾，不仅口头予以嘉勉，而且发了奖金。徐恩曾在蒋介石心目中的地位开始上升。

1932年春，徐恩曾在南京瞻园路132号，建立了以迫害共产党人和一切进步人士为任务的魔窟——特工总部。

1938年8月，中统本部扩充为中央执行委员会调查统计局，由国民党中央党部秘书长兼任局长，而由徐恩曾以副局长名义负实际责任。

由于全面抗日战争已经爆发，中统的工作也增加了抗日的内容，将日伪调查、党政调查、党派调查并列。但实际上，徐恩曾仍以反共作为主要任务。徐恩曾一再告诫中统特务："反共，消灭共产党，是我们的历史任务"，"抗日是我们临时的次要任务，反共是我们长期的基本的第一位的任务"，"为着我们的发展前途，只有集中力量消灭共产党，否则我们将死无葬身之地"。徐恩曾和中统骨干头目濮孟九、梁辅丞、王思诚等共同炮制了《防制异党活动方法》，在1939年1月召开的国民党五届五中全会上获得通过，此后中统特务便将主要精力用于对付共产党。1942年，中统破获了中共南方局工委和江西省委机关，逮捕了廖承志和张文彬，并将他们关押在江西泰和马家洲集中营。因受到残酷迫害，张文彬被折磨致死，廖承志后被营救出狱。徐恩曾在破坏中共南方局工委后，利用叛徒郭潜和涂振农等，继续扩大线索，在广东、广西、湖南等省进行了一系列逮捕和搜查，前后逮捕近千人。徐恩曾还异想天开地建议"为对共产党进行分化，似可组织另一共产党"。

1938年8月，朱家骅以国民党中央执行委员会秘书长的身份兼任中央调查统计局局长。按照蒋介石的设计，中统和军统的局长都是挂名的，由副局长负责。但朱家骅却不管这些，想把中统这个庞大的特务组织抓到自己手中，一上台就过问中统局的具体工作，为此，与徐恩曾发生激烈的冲突。另外，徐恩曾的中统与戴笠领导的军统矛盾也极其尖锐，两大特务系统相互倾轧。

戴笠比徐恩曾更为蒋介石宠信。图为戴笠与蒋介石在一起

徐恩曾一直不满足于做一个罪恶的特务头目，企图谋求担任一个部长职务。1941年春，徐恩曾当上交通部次长时，蒋介石曾明确告诉他，中央的安排是要求他利用职务的方便，在全国范围内布置一个完整的调查网，以进行更大范围的反共活动。徐恩曾并没有按照蒋介石的意图去做，而是将精力集中到如何结交钻营、如何当部长上面去了。他调回亲信顾建中为他控制中统，自己则多方活动，尤其是和中央党部秘书长吴铁城关系日益密切，曾协助吴铁城针对当时物价飞涨、通货恶性膨胀形势，斟酌写成"稳定物价紧急措施"和"加强管制物价方案"，冀图取得蒋介石的重视，不意却遭到政学系吴鼎昌的反对，更被蒋介石认为是"不务正业"。蒋介石为此召见徐恩曾谈了一个多小时，蒋对他说："我要你在党员调查网上用功夫，调查党政军文教部门有些什么人对政府不满；在'特情'上用大力，侦查共产党的破坏活动，设法加以防范与制止。财经诸事，自有主管者在，你不必多分心。"说来说去，蒋还是要徐安心做特务工作。徐大失所望。陈果夫、陈立夫兄弟认为这是徐恩曾离心的表现，有步朱家骅、张厉生后尘之虞，因此在蒋介石面前不再为他说话。兼任中统局局长的朱家骅与副局长郭紫峻联合向蒋介石告了徐恩曾的状，说徐恩曾领导无方，中统内部纪律松弛等。种种因素，使蒋介石对徐恩曾大为不满。1943年前后，蒋介石多次申斥徐恩曾。1943年夏秋间，徐恩曾得到经济部某一职员有共产党嫌疑的情报，便下令所属重庆实验区区长陈庆斋前往逮捕。陈庆斋令行动科长张文农执行。结果这次捕人行动失败，经济部长翁文灏

以特务到经济部捕人竟不向他打招呼，向蒋介石告御状。蒋为敷衍翁文灏，将徐恩曾痛骂一顿，并且下令："捕人之事，应由有权机关处置，中统局是党务机关，不得捕人。"戴笠的军统可以明火执仗捕人，而中统受此限制后更处于下风。在一次两统特务的"甲种会报"会上，蒋介石大骂徐恩曾。他厉声责问："共产党造谣言，说我与护士同居，破坏我的威信，你为何不对我报告？《新华日报》天天登载反对我、反对党国的言论，你为何不负责任，听其发行传播，这充分表现了你腐败无能。"

徐恩曾受到蒋介石训斥后，竭力想恢复其在蒋介石心目中的地位，在内部提出了"争取时间，追求效果"的口号，要求所有的人做到"一人一事，事事有人管，处处无闲人"，还增加了工作时间，将原来的八小时工作时间改为十小时，从早晨6点就上班，中午12时才吃午饭，徐还在上班时亲自到各办公室查看，但仍无济于事。1944年在国民党中央党部院内发现"总裁独裁，中正不正"的标语，蒋介石严令中统彻查，但始终一无所获，蒋介石极为恼火。1945年1月24日，蒋介石下令免去徐恩曾本兼各职，"永不录用"。从此，徐恩曾这位双手沾满了无数共产党人和革命群众鲜血的大特务头子结束了其罪恶的职业生涯。

关于徐恩曾失宠的原因，深知内幕的特务头目认为，除了上面提到的因素外，还有一点就是蒋介石不满意徐恩曾的作风。徐恩曾先后娶了三位夫人，其第三夫人费侠是留俄学生，也是中共叛徒。徐恩曾在费侠叛变革命后，热烈追求她，大有非娶她不可之势。二陈曾经反对这桩婚姻，并上告蒋介石。蒋介石找徐恩曾谈话，问："你有把握吗？她是受共产主义理论毒害很深的人，能说会道，你不要看简单了。"徐恩曾表示宁愿不做官，也要与费结婚。蒋介石想想自己也有四房妻子，将心比心，此事不在公务之内，只得听之任之。这件事，肯定使蒋介石不放心。此外，蒋介石与戴笠的关系是家主与家奴的关系。但徐恩曾与蒋介石的关系，则要复杂得多，而且徐带有旧知识分子气味，有诌媚事上的一面，亦有宁可丢官而不屈的一面，不像戴那么死心塌地奉蒋为家主。这也是戴笠比徐恩曾更为蒋介石宠信的原因。

失去蒋介石的宠信后，徐恩曾十分懊丧。唐纵在1945年2月22日的日记中写道："晚与徐恩曾晤谈，恩曾以失委座之宠甚为惶然，问我有无政治关系。患得患失者，其心不安，为官之苦也！"

后来，徐恩曾创办了"中国机械农垦公司""中国打捞公司"，做起了生意。1949年去台，继续经营商业。1985年病死于台湾。

二、中统后期杀手叶秀峰

叶秀峰与徐恩曾是中统特务系统的两大杀手，但有关叶秀峰的情况人们知之甚少，甚至那些专门描写国民党特务内幕的书籍也很少提到叶秀峰。叶秀峰是何许人？

叶秀峰（1900—1990），江苏省江都县人，与陈立夫生于同年，两人又是天津国立北洋大学、美国匹兹堡大学的同学。叶秀峰回国后，随陈立夫前往广州，任国民革命军总司令部机要科秘书，叶秀峰是C.C.系最早的成员，曾任南京市党部委员，继陈立夫、张道藩、吴大钧之后担任中央组织部调查科第四任科长。但叶秀峰很快丢掉了调查科科长的宝座，由徐恩曾取代。从此，中统特务组织一直由徐恩曾把持，直至1945年春徐被蒋介石撤职为止。徐恩曾取代叶秀峰，一般认为，是因为徐恩曾与陈氏兄弟的关系更为密切。徐与陈立夫不仅是湖州小同乡，同时还是表兄弟。在旧中国用人讲究三缘，即血缘、地缘、业缘，徐恩曾与陈立夫的关系占尽了三缘，而叶秀峰与陈立夫则除了业缘（同学）关系外，勉强还有半个地缘（江浙大同乡）关系，比较起来，谁亲谁疏，一目了然。

叶秀峰在辞去调查科科长以后，随江苏省政府主席陈果夫回江苏老家，任江苏省政府委员至1937年11月止。叶秀峰1935年11月在国民党五全大会上当选为中央候补执行委员，1936年7月递补为中央执行委员。1938年1月，叶秀峰担任西康省建省委员兼建设组主任；同年12月，任西康省政府委员兼建设厅厅长，其主要职责是监视四川地方实力派、西康省主席刘文辉。1939年12月返回重庆筹备贵州农工学院。1942年4月，任行政院国家总动员会议文化组主任。

1945年1月24日，徐恩曾被革职，叶秀峰继任。在徐、叶交接仪式上，徐恩曾对中统局大小特务讲话，说："我本来是代替秀峰先生主持调查科的，今天总裁仍派他来负责本局工作，深信今后本局在秀峰先生领导下，必将对党国做出较大贡献。我本人与大家同甘共苦，历十余年，在此即将离职之际，有十分依恋之感。"话未说完，便已泣不成声。徐恩曾把持中统十余年，大小特务喽啰都是他的亲信，今番他被革职，大小特务们兔死狐悲。徐恩曾泣不成声，立即感染了台下的大小特务们，也跟着抽泣起来，尤其是女特务们抽泣得更加厉害。这种场面，使乘兴而来接收的叶秀峰陷于局促不安的尴尬境地。徐恩曾见此情景，连忙揩干眼泪说："我这个人真是神经衰弱，今天应该是大喜的日子，本局转危为安的日子，怎么可以哭呢？现在请秀峰先生对大家讲话。"叶秀峰这才发言说："总裁因为可均先生积劳成疾，身体多病，要他休养一些时候，叫我接代；我本不敢肩此重任，但想到局内很多同志原来就是老朋友，必能以协助可均先生的精神对我协助，所以毅然承当下来。今后希望大家同德同心，把工作做好。"一番言不由衷的门面话把交接式应付过去。

1月25日，蒋介石召集叶秀峰、戴笠、张镇、郑介民、宣铁吾、何凤山、顾建中、郭紫峻、毛人凤、唐纵等军统、中统及侍从室的特务头子召开情报会议。蒋在会上训示两点：一、各机关分工不清，应详加研究；二、户口调查、身份证调查应限期完成。

叶秀峰知道徐恩曾为蒋介石厌恶并被革职的原因，就在于徐恩曾身为特务头子却不安于本职。叶秀峰上台后，吸取徐的前车之鉴，每天提前上班，推迟下班，终日坐在局长办公室内批阅处理公文，表现出兢兢业业的样子，以换取蒋介石及陈立夫的信任。

徐恩曾主持中统时，在名义上只是一个副局长，上面还有一个挂名的局长朱家骅，另外还有两个与徐恩曾平起平坐的副局长顾建中和郭紫峻，对徐恩曾形成一定的牵制。顾建中因为过去长期是徐恩曾的部属，在礼节上对徐比较谦让，但郭紫峻却是由朱家骅推荐上台的，对徐、顾都不买账，形成"一国三公"，让徐恩曾感到很大的苦恼。

叶秀峰上台时，朱家骅已被免去了中统局局长名义，蒋介石的手令是派叶秀峰代理中统局局长，军事委员会侍从室发给中统的快邮代电称："叶代局长勋鉴"，这样一来，郭紫峻、顾建中两位副局长无法与叶秀峰争权，而成了叶的部下。叶上任不到一周，就破获了四川省内发生的伪造法币案，要犯落网，人赃俱获，结果报到蒋介石处，蒋大为高兴，下令嘉奖叶秀峰："接事伊始，立建勋功，殊堪嘉奖。"

叶秀峰在中统局站稳脚跟后，立即开始清洗徐恩曾的人马，安置自己的人马。叶秀峰在任江苏省政府委员兼建设厅厅长期间曾经培养过一批亲信，现在派上了用场。1945年8月,叶秀峰用王述先取代王思诚,担任秘书室主任秘书,兼设计考核委员会主任委员和纪律审查委员会主任委员,叶把私人名章交给王述先,要他负责处理日常公文和情报。同年11月,叶秀峰重用了自己的四个亲信吴星伯、季源溥、徐政、王保身,任命吴星伯为交通管理处处长、季源溥为第二处处长。新设督察室,监视并侦察局内工作人员的言行,派王保身、吴星伯先后担任督察室主任。叶秀峰还把郭乾辉升为专门委员,明升暗降,派其扬州小同乡黄九成担任第二处第四科科长,主管党派调查。通过人事调整,将中统局的关键职务掌握在自己亲信手中,而徐恩曾的亲信则被分别外调或调任闲职。旧中国一朝天子一朝臣,叶秀峰也不例外。

叶秀峰大权独揽,将顾建中、郭紫峻两位副局长置于闲散之地。郭紫峻以副局长的名义外放兼任华北办事处处长;顾建中则于1947年8月辞去副局长职务,担任两淮盐务管理局局长,捞油水去了。

叶秀峰平时总告诫中统特务要钻研孙中山的《三民主义》《孙文全集》以及汉奸周佛海的《三民主义理论之体系》,加强思想建设工作。在情报业务方面,则鼓励大家读鬼谷子的遗书。鬼谷子是春秋战国时代人,是纵横家张仪、苏秦的老师,也是军事家孙膑、庞涓的老师,著有《鬼谷子》。但中统局特务们谁也没有见过《鬼谷子》一书,也就无从学起。

叶秀峰本人开口闭口三民主义,却在这个问题上闹过笑话,在中统局的一次总理纪念周上,叶秀峰循例带领大家恭读"总理遗嘱"。遗嘱仅140余字,且印在总理遗像下边,但叶秀峰高度近视,看不清遗嘱,当读到第二段时忘记了,读不下去了,大家僵在那里足有四五分钟,叶秀峰最后灵机一动,将总理遗嘱最后一句"是所至嘱"读完了事。叶秀峰当众丢丑,弄得面红耳赤,台下的特务们顿时议论纷纷。有人发牢骚说:"有些权贵人物,开口闭口总说自己是孙总理的信徒,但实际上,不独《孙文全集》从不涉猎,连一百余字的总理遗嘱都念不下来,还侈谈什么总理信徒呢?"叶秀峰吸取这次教训,以后每逢做纪念周,总要随身带一纸总理遗嘱,以备读不下去时取出来救急。

叶秀峰除了强烈的反共欲望外,对国民党其他派系也充满了敌视心理,与徐恩曾八面玲珑的作风完全不同。他上台不久,就秉承陈果夫、陈立夫的旨意,一手制造了"高秉坊贪污案"这个惊天冤案,孔祥熙的亲信、财政部直接税署署长高秉坊因此被判处死刑(后改判无期徒刑)。

叶秀峰离开中统十几年，但其职业特务的嗅觉依然异常灵敏，手段尤为毒辣，著名的上海"《文萃》案"三烈士的被害，就是叶秀峰亲自发现线索而破案的。

叶秀峰刚开始担任中统局局长时，忙于安置自己的亲信，当权力巩固后，他也开始捞钱了。抗战胜利后，吴星伯、季源溥等在上海等地大肆"接收"，敲诈勒索，无恶不作，叶秀峰则坐地分赃。叶的独生子向人透露，其父藏有金条600余根（6000余两）。叶秀峰捞足了钱以后，生活上开始养尊处优，进出都要坐有保险玻璃的豪华车，食必山珍海味。

也许应验了悖入悖出那句老话，1949年3月，叶秀峰夫妇命其独子携带全部金条偕至亲二人乘上海招商局轮船逃往台湾，这艘轮船在驶离上海港不远就触礁沉没（另有一说是有人预设定时炸弹炸毁了这艘轮船），叶秀峰的独子与其贪赃得来的金条全部沉入海底。这对叶秀峰来说，不能不说是一个致命的打击。

1949年5月，国民党中央执行委员会党员通讯局改为内政部调查局，缩小规模。叶秀峰因是国民党中央执行委员，不便降格以求做内政部调查局局长，便推荐其亲信季源溥为局长，王保身、张益民为副局长，万大镕为主任秘书。逃到台北的初期，因独子及金条均已沉入大海，叶秀峰受不了这个沉重打击，终日垂头丧气，长吁短叹。叶秀峰脱离中统后，创办"世界新闻社"，并担任"中华民国新闻通讯事业协会"理事长、"中国广播公司"监察人、"国大代表"等职。

第三节 与中央特科的生死较量

1927蒋介石发动"四一二"反革命政变后，在上海进行了血腥的屠杀，革命力量受到严重摧残，上海的共产党员从8000人骤减至1220人，上海总工会领导下的工会会员从82万减少到28万人。但是，真正的共产党人是不会屈服的，他们踏着烈士的血迹又开始新的战斗。

一、中共打入中统的"龙潭三杰"

在国民党反动派白色恐怖的血雨腥风中，中共中央机关于1927年下半年从汉口迁到上海，在敌人的眼皮底下继续指挥战斗。

中共中央机关迁上海后，陈立夫的中央调查科与国民党军警机关、上海的流氓帮会势力以及帝国主义的巡捕房相互勾结共同对付中共中央机关和共产党人，到处搜索共产党的踪迹，破坏中共领导机关。不少共产党员、革命群众被捕牺牲。陈立夫的特务机关还把黑手直接伸向了中共机关内部，而中共党内少数经不起考验的人叛变投敌充当敌人的鹰犬，更给党的安全带来极大危害。

中共中央要在如此险恶的环境中站稳脚跟，除了加强自身的秘密工作外，进行情报、保卫工作，以保障中共中央机关的安全已是刻不容缓。1927年冬，周恩来到达上海后，即在原中央军委特科的基础上组建了中央特科，将原有的特务股改为总务、情报、行动三科，1928年又增设了无线电通讯科。中央特科的任务是保证中央领导机关的安全，收集掌握情报，镇压叛徒，惩处国民党特务，营救被捕同志和建立秘密电台。具体分工是：总务科负责设立机关、布置会场和营救、安抚工作等；情报科负责收集情报；行动科也称"红队"、"打狗队"，负责保卫中央机关、镇压叛徒、惩处国民党特务；无线电通讯科，负责设立电台，培训报务员，开展与各地的通讯联络工作。1928年11月，中共中央政治局常委会议决定由向忠发、顾顺章、周恩来组成特务委员会，领导中央特科工作。

不入虎穴，焉得虎子。为了及时了解国民党的动向，在周恩来的领导下，以陈赓为科长的情报科通过各种渠道，一方面派人打入国民党特务机构，另一方面设法利用一些可以为我所用的关系，及时了解敌人的动向。

1928年春，中央特科在陈立夫的中央组织部调查科建立了第一个反间谍关系杨登瀛。陈立夫在中央组织部调查科成立后，准备在上海筹建特务组织，选定杨登瀛负责办理。

杨登瀛（1901—1969），原名鲍君甫，广东省中山县人，1919年赴日本留学，在日本明治学院肄业，回国后到日本大阪日支经济通译社任译员，后在上海日本人办的基督教青年会做事。此间，他经常到上海伊文思洋行买书，结识了职员杨剑虹，杨剑虹也是广东人，因为同乡关系，两人很快成为好朋友。在五卅运动时期，鲍君甫参加了国民党左派的活动，而杨剑虹却于此时到广州投靠了陈果夫、陈立夫兄弟，成为二陈的亲信。1928年春，陈立夫在着手筹建上海特务机构时，当时任中央组织部调查科党务调查总干事的杨剑虹即向陈立夫推荐了他的同乡鲍君甫。杨剑虹将鲍君甫带到陈立夫家，鲍、陈认识后，结为好友，陈立夫常带鲍君甫到上海的一家日本餐馆吃饭，鲍向陈要了一个出入国民党中央党部的通行证。陈立夫在对鲍君甫进行一段时间的考察后，觉得鲍可用，有一天对鲍君甫说："要在上海设立清共机构，消灭在租界内的反国民党分子，限制他们的活动，尤其要特别注意'醒狮派'、'安福系'、'交通系'、'改组系'、'中国青年团'等组织活动。"要鲍君甫广泛利用各种社会关系搜集情报，并及时向他汇报。1928年4月，陈立夫专程到上海，在4月15日的《中国新闻报》第一版刊登了蒋介石的手谕："特派杨登瀛在沪协助办理重要案件并处理之。此令。"同时陈立夫任命鲍为中央组织部调查科驻沪特派员，鲍君甫接到任命后，即在上海闸北恒业里44号设立了机关。时隔不久，鲍君甫与中共党员陈养山在上海不期而遇。鲍、陈两人也是老相识，他们相识于1925年。当时陈养山住在上海大学，鲍君甫住上海大学隔壁。陈养山常到邮局领取广州农民运动讲习所的毕业生包裹（主要是革命书籍），放在闸北路弄内的一所空房子里，鲍君甫常去帮忙，并为陈养山在上海公共租界内找到一个收信处所，陈养山时常将《中国青年》《雨丝》《向导》等杂志给鲍看，使鲍逐步接受了马克思主义，向往进步。陈养山对鲍君甫进行较长时间的观察、培养后于1926年介绍他加入了中国共产党。此次陈养山从浙江来到上海后，因没有地方安身，就住在鲍君甫家。鲍君甫把陈立夫要他在上海做侦探、搞特务工作的事告诉了陈养山，说他很矛盾，既想做国民党的官，又觉得不告诉共产党对不起朋友；而且如果没有共产党的帮助，恐怕什么事也办不成，还会有生命危险，他问陈养山怎样才能两全其美？鲍君甫表示愿把掌握的情报提供给共产党，并交给陈养山一份国民党准备搜捕的共产党员名单。陈养山及时向中共中央汇报了这一情况。周恩来看了陈养山的报告后非常重视，即派陈赓与陈养山联系。两人详细研究了鲍君甫的情况后，认为他是基本倾向共产党的。在向周恩来汇报后，中共中央特科决定利用这个关系，并将陈养山调入特科。1928年5月，陈赓与鲍君甫见面，陈赓要鲍君甫除与中央组织部调查科联系外，还要与国民党上海市党部、市政府、淞沪警备司令部等机关取得联系。鲍君甫提出，同这些机关打交道需要花一些钱，另外陈立夫向他索要情报他怎么办等，陈赓基本上同意了他的要求，并给鲍布置了任务，由中共中央特科连德生与鲍直接联系，从此鲍成了中共在国民党特务机关中的第一个反间谍关系成员，成为中统内"白皮红心"的双面间谍。鲍君甫根据陈赓的指示，与国民党驻上海警备司令部、侦缉队、公安局以及租界工部局、巡捕房等建立了关系，并结识了一批国民党要人。

1929年冬，徐恩曾担任国民党中央组织部调查科科长后，每月付给鲍君甫500元，上海警备司令部月给车马费100元，上海公安局月给40元。另外，陈赓每月送给鲍400元（一直到鲍被捕为止），鲍的收入相当可观。因工作需要，经中共中央批准，专门为鲍购买了一部汽车，由连德生当保镖。连德生原是上海电车厂工人，身材魁梧，孔武有力，刚被中央特科派往苏联学习回国。陈赓随后又指派中央特科副科长刘鼎与鲍君甫直接联系，及时获取情报。刘鼎与鲍君甫一同活动于上海的国民党党、政、警、特机关及租界当局等处，同时也经常混在国民党的包探、流氓、帮会当中，常在上海二马路的一品香饭店与这些人聚会以获取情况。1929年10月，陈赓又替鲍君甫在上海北四川路大德里对面的过街楼上设立了一个办事处，由中央特科成员安娥负责将鲍君甫收集到的情报送到办事处，经选抄后送陈赓定夺。这一时期，鲍君甫利用他的身份，为中共获取了大量有价值的情报。当国民党军警特务机关将要破坏中共的某个机关时，中央特科往往能事先得知，使不少同志及时转移，化险为夷；当有叛徒向国民党自首告密，中央特科也能很快掌握，及时采取措施消除隐患；而对于被捕的同志，则可以设法营救。

1930年上半年，陈赓通知鲍君甫，有两个中共地下机关已经暴露，租界巡捕房及国民党当局准备去查抄，让鲍设法应付。鲍接受任务后，立即将文件转移，使敌人的搜查扑了空。上海北火车站旁有一个双开间的门面房屋，是中共中央的宣传机关，被叛徒出卖，陈赓获得情报后及时转移，然后由鲍君甫故意向国民党打电话报告，国民党上海市公安局、租界巡捕房仅搜到一些用处不大的宣传品。东西交到上海市公安局后，局长十分高兴，当场嘉奖了鲍，还签发命令，"以后鲍督察员来报告消息，当快些行动。"为了让鲍君甫能应付国民党，陈赓也常将一些不涉及机要的文件，如中共宣言、传单，党的公开刊物《红旗》《布尔什维克》等送给鲍君甫，鲍以此作为取得敌人信任的资本。

有个叫黄茅洪的黄埔一期毕业生，刚从莫斯科回到上海就想叛变投敌，并写信给蒋介石表示愿意为其效犬马之劳，还将周恩来准备同其见面的地点报告给了蒋介石。蒋介石对此十分重视，将此案交给陈立夫、徐恩曾处理。陈、徐又将案件交鲍君甫，鲍及时将情报告诉刘鼎，刘鼎又及时报告陈赓，陈赓及时报告中共中央。周恩来证实确有黄茅洪其人，遂约他在上海的一个邮局里见面，中央特科早已做好了布置，当黄茅洪一出现，就迅速行动处置了这个叛徒，从而避免了一场重大灾难发生。

1931年初，当时在上海工联工作的中共中央政治局候补委员关向应，因工联机关遭破坏而被公共租界巡捕房逮捕，并被引渡给国民党当局，关押在龙华看守所。

关向应当时化名李世珍，敌人并不知道他的真实身份。但他被捕时还被抄去一大箱文件，如果敌人知道了文件的内容，不仅会泄露党的机密，还极易暴露关向应的真实身份。要营救关向应，首先要从这箱文件着手，必须设法从中抽走重要文件。特科通过杨登瀛（鲍君甫）了解到，这箱文件当时还在巡捕房，国民党方面想拿走，巡捕房不同意，认为这个案子是他们破的，不愿把文件交给国民党方面。但他们看着这么多文件，分辨不出真伪，也不知道哪些是重要的，正为如何处理而感到为难。陈赓要杨登瀛去找巡捕房的英国探长，表示愿意帮助鉴别这批文件。探长求之不得，满口应允，杨又推说自己暂时没空，但可以另请专家来帮助鉴别。根据周恩来的意见，陈赓即派刘鼎以鉴别"专家"的身份随杨登瀛去巡捕房"鉴别"文件。周恩来特别关照，要把所有手抄、复写的文件拿回来，其他的可以不管。在巡捕房存放文件的房内，刘鼎仔细检查了文件，捡出手抄、复写的文件藏在身上，走时还故意拿着几份油印文件说带回去看。过后，陈赓要杨登瀛告诉巡捕房，这些文件都是学术研究资料，把敌人骗了过去。关向应在狱中始终没有暴露身份，加上互济会的营救，不到一年就被释放。

1929年冬，周恩来还成功地将钱壮飞、李克农、胡底打入了陈立夫的中央组织部调查科。

钱壮飞（1896—1935），原名钱北秋，又名钱潮，浙江省吴兴县（今湖州市吴兴区）人。1919年于国立北京医科专门学校毕业后，在北京挂牌行医，1925年加入中国共产党。他利用做医生的有利条件，进行党的秘密工作。在漆着红十字的医用大皮包里，经常装着党的秘密文件，以出诊为名到党的机关和同志们的住处秘密传递情报。1927年"四一二"反革命政变后，在严重的白色恐怖下，钱壮飞在北平难以安身，于年底迁居上海。1928年下半年，钱壮飞考进国民政府建设委员会在上海主办的上海无线电管理处任职。陈立夫是国民政府建设委员会的秘书长，陈立夫委派他的表兄弟徐恩曾担任无线电管理处处长。钱壮飞除精通医术外，还擅长书法、绘画、文学，还学过无线电，他不仅多才多艺，而且擅长交际应酬，加上与徐恩曾又是湖州小同乡，很快取得了徐恩曾的信任，当上了徐恩曾的机要秘书。与此同时，中共中央还派李克农通过公开考试，考入了徐恩曾的上海无线电管理处。1929年冬，陈立夫任命徐恩曾为中央组织部调查科科长，徐恩曾委任钱壮飞为机要秘书。根据这一有利的形势，周恩来果断地说："你们把它拿过来！"决定加派李克农、胡底打入这一特务机构，由李克农、钱壮飞、胡底成立一个特别党小组，由李克农任组长，陈赓负责与他们联系。当时钱壮飞在南京，担任徐恩曾的机要秘书，李克农和胡底分别在上海无线电管理局和天津长城通讯社掌管陈立夫的特务机构在上海、天津两地的情报工作。三人互相配合，掌握了陈立夫中统特务机构的许多核心机密，成为中共插入国民党特务机关的三把利刃，为保卫中共中央的安全做出了杰出贡献。周恩来后来称赞李克农、钱壮飞、胡底三人是党的情报工作的"龙潭三杰"。

徐恩曾本是纨绔子弟，担任调查科科长后依然成天混迹于舞场妓院，把一切公事、私事都推给钱壮飞处理。凡是中央组织部调查科的机密文件，钱壮飞都能首先看到，由钱壮飞审阅并提出处理意见后，再送给徐恩曾看，徐恩曾一般只是在上面签个字。徐恩曾同国民党上层通报用的绝密电码，按照蒋介石、陈立夫的指令，只许徐恩曾一人保管使用，不得交给任何人，因此徐恩曾总是放在贴身衣袋里，从不离身。钱壮飞获悉这一秘密后，就和李克农等商议，设下巧妙的计谋，不露痕迹地搞到了这个密电码的副本。从此，国民党方面最绝密的情报，也都能为中共方面掌握。在蒋介石对革命根据地发动第一、二次军事"围剿"时，钱壮飞获取了许多机密的军事情报，经李克农、陈赓等报告给中共中央，中共中央及时将这些情报转给革命根据地，对取得反"围剿"的胜利，起了重要作用。

当时，中央组织部调查科搜集到中共的文件，都汇集到南京的长江通讯社，这个通讯社也是钱壮飞掌握的属于中央调查科的组织。钱壮飞只在上面盖个图章，交人收藏起来就算完事，不让陈立夫、徐恩曾利用这些文件对中共做出进一步的破坏。陈立夫、徐恩曾需要什么情报，钱壮飞都能编造一些对付他们。

1930年4月,蒋介石和冯玉祥、阎锡山等反蒋派的中原大战打响后,要搞东北张学良的情报。但过去派到东北的特务都被日本人搞掉了。于是,陈立夫和徐恩曾就指派钱壮飞带一个小组去沈阳活动。与钱壮飞同去的有陈赓、胡底等,他们拿了国民党特务机关的证件和经费,到东北旅行一星期,为中共带回许多重要机密情报。回南京后,钱壮飞经与李克农研究,写成一份四万字的详细报告,并说在东北建立了一套可以源源不断地获得东北地区情报的特务组织(名义上属于国民党,实际为钱壮飞掌握)。陈立夫、徐恩曾如获至宝,对钱壮飞"佩服之至",奖勉有加,更为信赖。

二、顾顺章叛变引发的惊心动魄的斗争

1931年4月,发生了中共中央特科负责人顾顺章被捕叛变的事件,引起国共两党之间一场惊心动魄的斗争。

顾顺章(1904—1935),原名顾凤鸣,化名黎明、张华、化广奇等,江苏省宝山县(今上海市宝山区)人,早年是上海南洋兄弟烟草公司制烟厂的小工头。熟悉顾顺章的人描述他:个头不高,身体肥胖,鼻梁很高,喜欢耍枪弄棒,打架斗殴,能够双手打枪,会耍魔术,曾以魔术师"化广奇"的艺名在上海大世界游艺场公开表演,还在斜桥路22号开过一个魔术店——"奇星魔术社"。1925年"五卅"运动时期,顾顺章成为制烟厂工会领导人,领导工人罢工,表现相当活跃勇敢。他专职搞纠察队,对于买枪、打架很有兴趣,打叛徒、工贼、流氓,都是他的拿手好戏。"五卅"运动以后,他被调到上海总工会工作。1926年,顾顺章与陈赓去苏联学习政治保卫工作。1927年2月从苏联回来,参加周恩来、罗亦农、赵世炎、汪寿华等领导的上海工人武装起义,担任工人纠察队总指挥,斗争很有成绩。1927年4月,顾顺章在中共五大上当选为中央委员,"四一二"反革命政变后转往武汉,任中央军委特务科科长,年底随中共中央迁往上海。1928年11月,中共中央特科成立时,由向忠发、周恩来、顾顺章组成特别委员会领导中央特科工作。顾顺章是中共中央政治局委员,还兼任了中央特科行动科的科长,令国民党恐惧万分的"红队"、"打狗队"就是顾顺章直接指挥的。顾顺章在工作中虽然取得了一些成绩,但他的流氓无产者的本质日益暴露,他在执行任务时,忽视秘密工作的政治方向,把严肃的政治斗争,往往当作单纯的恐怖行动,这与党的长远利益显然是格格不入的。此

1927年上海工人武装起义胜利后,建立了上海特别市临时政府,图为3月23日市政府召开第一次执行委员常务会议时的合影。右起前排:汪寿华、杨杏佛、王晓籁、罗亦农、王景云、何洛,后排左三为顾顺章

外,顾顺章个人品质方面的劣根性也更加恶性发展,他的狂妄的个人野心迅速膨胀。在同党的关系上,骄傲蛮横,飞扬跋扈,党内只有周恩来的话他还能够听进一些。

顾顺章在上海英租界威海卫路石库门802号设立"公馆",家具陈设相当讲究。他的家里只有中央特科的两位科长陈赓和李强能去。陈赓去了两次,发现顾顺章生活腐化,花天酒地,乱搞女人,抽鸦片烟;他还找"星相家"看相算命,"星相家"投其所好,吹嘘他有"福相",将来会做皇帝。陈赓从顾顺章家里出来后曾对人说过:"我们两人如果不死的话,准能见到顾顺章叛变!"周恩来对顾顺章曾经多次进行过严厉批评,向他指出:私生活的腐化堕落完全违背共产主义道德的准则。因顾屡教不改,中共中央不得已将顾顺章调离了中央特科。

1931年3月,中共中央派顾顺章护送张国焘和沈泽民从上海赴鄂豫皖苏区工作。顾顺章将张、沈送到汉口与红四方面军派来迎接的人接上头后,便搬到汉口法租界的大智饭店居住,他擅自用"魔术家化广奇"的艺名,在汉口游艺场公开表演魔术,结果为中共叛徒当场认出而被捕。

说起顾顺章的被认出也带有传奇色彩。当时武汉的中统特务头子是陈立夫派来的蔡孟坚，他的公开职务是军事委员会委员长武汉行营侦缉处长。蔡孟坚此人手段毒辣，有"铲共专家"之称，牺牲在他之手的中共党员和革命群众不计其数。1931年3月底，蔡孟坚接到中共叛徒尤崇新用手指写的血书："我是江苏共党省委，参加上海共党暴动数次，凡共党高级干部没有不识。这些干部常秘密来武汉巡查或调动，请恩允我一个月生命，在一个月中，天天照例请派捕手监视我，指认共干如无结果，即将我正法。"蔡孟坚认为尤的要求可以答应，即与武汉行营军法处商定，白天准尤崇新上街做眼线，晚上仍归押。蔡孟坚吩咐行动组派三位捕手照往例上街随同侦缉。4月20日，尤崇新在汉口游艺场当场认出正在表演魔术的顾顺章，大声叫喊顾顺章是上海暴动总指挥，顾知无法否认，当场被捕。

据蔡孟坚说：顾被捕时态度镇静，拒绝戴手铐，要求先送他到大智旅馆收拾行李，当国民党特务准备将他解往军法处途中，顾对特务说："我要求见你们武汉领导人蔡孟坚。"特务问顾何以知道蔡的名字，顾答："我是共党领导人，凡是国民党对付我们的人事及计划，我们没有不知道的。"

当顾顺章被带到蔡孟坚面前时，顾即说："我们认为武汉为白区，是最可怕的城市，今竟能见到你。我是上海租界中共中央常委兼红色保卫局局长，中共中央只有我与周恩来二人主持，政策归周，行动归我，共党在全国各城市的活动都归我指挥，共党中央各重要领导干部，全由我秘密布置。对国共战斗或和解，只有由我会见蒋总司令后解决，其他与你谈也无益。"蔡说："先带你去见行营何成濬主任如何？"顾却说："见何成濬有什么用？"因顾顺章不想见何成濬，蔡孟坚即令特务将顾顺章送到旅馆监视过夜，并派叶秘书以伪装向顾顺章套话。

安顿好顾顺章后，蔡孟坚随即进见何成濬，报告捕获中共要犯顾顺章，及顾顺章要求安排速见蒋介石谈话的要求。何成濬当即答复说："此犯既然如此重要，我即照你所说，电报总座及其要求请谒总座种种，并预备轮船将顾犯押解南京审理。"何成濬嘱蔡孟坚同样发电报告知陈立夫，因蔡孟坚个人所用的秘密电台，徐恩曾曾经私下向蔡孟坚打过招呼，任何电报均须由他的机要秘书钱壮飞译呈。

深夜，蔡孟坚的秘书来报，已从顾顺章口中套出如下一些重要资料：

"（1）当宁汉分立时，改组中共中央，经鲍罗廷同意将工人出身的向忠发推为中共中央总书记，向因不识字、无政治认识，在上海的中央大员均看不起他，就连江西共党根据地也同样看不起他，所以国际共党指定向的密电，都由我与周等执行，徒不告知向，我们与江西共区商定，决计经粤汉铁路把向秘密送井冈山保护起来；（2）共党创始人已由驻莫斯科总代表调往豫鄂皖边区领导徐向前部，但周与我均认为武汉是一个'白色恐怖'的城市，非机警能干的人来担任此一任务，否则很可能出大事，因此我便自告奋勇来执行此一任务不可，周亦同意协助将我所领导的'化广奇魔术团'的重要助手（非共党）乘轮送来汉口。同时租用戏院以'化广奇魔术团'登广告以招徕观众，我带着张国焘乘共党专用的祥泰木材轮秘密登岸，并由当地交通安排在法租界密藏几天，等待机会乘车赴鄂东麻城，再由徐向前派人接入根据地。我则公开找到魔术团助手，次晚即登场表演，观众的反应颇为叫好，已表演一周。昨晨据当地交通报告，张国焘已于日前乘车由麻城进入根据地，任务算是达成了，正待向忠发抵达汉口，转往井冈山。谁料今被尤崇新认出被捕，待见到蒋总司令后，再看前途变化。"

以上是特务头子蔡孟坚数十年后的回忆，真真假假可能都有。

蔡孟坚命令叶秘书将顾顺章的口供写成报告并印多份，除送何成濬及武汉警备司令部参谋长叶蓬各一份外，其余由蔡孟坚带往南京。次日晨，蔡孟坚乘军用飞机飞抵南京，立即向陈立夫汇报捕获顾顺章的经过。陈立夫告诉蔡孟坚："总座已经收到何成濬的报告，并允许由你带顾顺章去见他，你须去接船，将顾带到徐恩曾的办公处后再行安排谒见。"

4月25日晚，对于钱壮飞和中共中央机关来说，真是一个生死存亡的关头。这天晚上，徐恩曾像往常一样，早已去跳舞、玩女人，放松去了。只有钱壮飞一直坐镇在南京中央路305号特务机关大本营。这天晚上，钱壮飞接连收到蔡孟坚发来的六封特急绝密电报，电报上都写着"徐恩曾亲译"字样。钱壮飞将他们译出来后不禁骇了一跳，原来顾顺章已经被捕叛变，要来南京破坏上海的中共中央机关。情况万分紧急，他随即镇静下来，仔细看了电报内容：

第一封电报是蔡孟坚发给徐恩曾转陈立夫的，电报说黎明（顾顺章化名）被捕，并已自首，如能迅速解至南京，三天之内可以将中共中央机关全部肃清。

第二封电报，说将用军舰将黎明解送南京……

钱壮飞译完电报，将译文揣在口袋里面，把密电原封装好，暂时扣压起来。他经过冷静周密的思考后，决定派女婿刘杞夫连夜乘坐特快列车去上海向李克农汇报。由李克农转报中央。4月26日清晨，刘杞夫到达上海找到李克农，将顾顺章叛变的情况做了汇报，李克农接到报告后火速找到中共江苏省委，通过江苏省委找到陈赓，由陈赓报告周恩来。

面对这突如其来而且千钧一发的时刻，周恩来这个有着钢铁般意志的非凡领导人，马上冷静而又周密思量了可能发生的种种情况，与陈云商定对策，并在聂荣臻、陈赓、李克农、李强等人的协助下，果断地采取了一系列紧急措施：销毁大量机密文件；迅速将党的主要领导人转移，并采取严密的保卫措施；把一切可能为顾顺章在上海利用的重要关系掐断；废止顾顺章所知道的一切秘密工作方法。当夜，中共中央、江苏省委和共产国际驻中国的机关全部搬了家。

《聂荣臻回忆录》说："当时情况是非常严重的，必须赶在敌人动手之前，采取妥善措施。周恩来同志亲自领导了这一工作。把中央所有的办事机关进行了转移，所有与顾顺章熟悉的领导同志都搬了家，所有与顾顺章有联系的关系都切断。两三天里面，我们紧张极了，夜以继日地战斗，终于把一切该做的工作都做完了。等敌人动手的时候，我们都已转移，结果，他们一一扑空，什么也没有捞着。"《聂荣臻回忆录》还说："在敌人还没有动手的时候，我们就搜查了顾顺章的家，发现了顾顺章写给蒋介石但还没有发出的一封信，说明他早就有叛变的打算了。"

顾顺章在武汉时，向何成濬供出了中共驻汉口的交通机关及鄂西红二军团驻汉口办事处，致使这些机关被破坏。

4月26日下午，何成濬安排一艘小火轮，并派一个排的宪兵押送顾顺章赴南京受审。4月27日晨，顾顺章被押送到南京，由汽车送往南京中央路305号徐恩曾的办公室，顾下车后看到门牌号码，当即很惊异地说："这是中共中央在南京的秘密通信处，我要求徐恩曾马上扣押他的机要秘书钱壮飞，因钱是中共中央潜伏的首要间谍，要是让他逃跑了，那一切都完了！"顾顺章还供出："调查科驻沪办事处处长杨登瀛也是共党间谍，应速逮捕。"顾顺章的口供让徐恩曾和蔡孟坚等大吃一惊。徐恩曾更是大惊失色，立即下令扣押钱壮飞，但钱壮飞已不辞而别,有人告诉蔡孟坚:"钱译出几封急电后,呈放在办公桌,即未露面。"蔡孟坚将这一消息告诉顾顺章,惊恐不安的顾顺章大叫:"钱一定逃往上海向周恩来报告我被捕之事,我的计划一切都完了,我全家的性命也可能不保了。"

这时,陈立夫打电话给蔡孟坚,让他带顾顺章去见蒋介石,并告诉蔡,他已派张道藩先到蒋介石处听顾的供词。蔡孟坚埋怨顾顺章:"为何在被捕时何等傲慢,连钱壮飞关系你本身安危的大事,也不说出以作为预防。"顾无言以对。蔡又问顾:"你在船上是否已将面呈蒋总司令有关国共促和的计划写好?否则可能难有机会面呈汇报。"顾说:"没有。"

这时,顾顺章这个叛徒忽然又想起了恽代英,对蔡孟坚说:"共党要人恽代英冒名王作霖在上海以群众身份参加共党'飞行集会',手持大批传单被捕,并佯称他不识字,是被雇来发传单的,后以赤色群众名义,被关押在江苏地方法院。我离沪以前,以2700元贿赂南京总司令部军法处长王震南将恽代英由法院解到军法处经宣判释放。是否已被释放,应速查明。"

恽代英于1930年4月19日在上海被捕,先关入漕河泾模范监狱。他因被捕时抓破面部,在狱中一年未被敌人认出,被判处有期徒刑二年,周恩来亲自安排营救,这时已由陈赓通过高等法院法官的关系,说好提前释放。由于顾顺章的出卖,恽代英于1931年4月29日被国民党杀害。

顾顺章虽然供出了杨登瀛,但杨始终没有供出什么情况,而且杨登瀛与陈立夫的亲信、C.C.骨干张道藩有特殊关系,于1937年被张道藩保释了出来。后来,杨登瀛又为陈立夫所用,担任了中统特务系统的中央感化院和反省院院长。1950年,在全国镇反运动中,杨登瀛为南京市公安局逮捕,后移送法院审理。杨登瀛在被捕后反复强调,他早年为共产党作过不少贡献,并说出了他的经历,南京市人民法院于1951年7月9日、16日两次写信给陈赓将军要求证实。1951年11月24日,陈赓给南京市人民法院院长鞠华复信,信中写道:"10月29日(51)刑字5237号公函接悉:关于鲍君甫(又名杨登瀛)之供词是否属实一事,据我所知,鲍系1927年即与我党发生关系,1931年以前在工作上曾和我联系,在此期间对党贡献颇大。我被捕时曾在南京宪兵司令部与他同狱,此时表现上还好,以后任伪中央感化院院长,据说表现不好,其他详情不知……仍以注意、管制为好,特此函复。"南京市人民法院经过研究后认为鲍君甫并无重大罪恶，在任院长期间几次释放感化人员。观其一生，功大于过。1952年1月25日南京市人民法院决定判其处管制一年，当场予以释放。晚年的鲍君甫得到陈赓、陈养山的多方照顾。

当顾顺章等人来到蒋介石在南京中央军校的官邸会客室时，张道藩已经在座。张道藩招手与蔡孟坚耳语一番，蔡告诉张："据顾顺章说，徐恩曾的机要秘书钱壮飞是共产党潜伏在我中央的大间谍，他译完我自汉口发来的捕获顾顺章电后，即逃上海。"张道藩立即想到主子陈立夫的名誉，立即警告蔡孟坚："兹事体大，你年轻，千万不能面报总座。"这时，蒋介石走了进来，首先与蔡孟坚握手，说蔡很辛苦。顾顺章伸出手来想与蒋介石握手，但蒋不屑与这位中共的叛徒握手，手缩了回去，弄得顾顺章一阵尴尬。蔡孟坚向蒋介石介绍顾顺章后，蒋便居高临下地对顾说："你归向中央很好，中央必对你宽大，希望以后多多遵照蔡同志的话，事事与他合作，藉以戴罪立功。"蒋介石并未让顾顺章答话就结束了会见。蒋介石让蔡孟坚送走顾顺章后再来见他。顾顺章对于受到蒋介石的冷落垂头丧气。

这时蔡孟坚又责备他："事到如此，完全归咎于你被捕时妄自尊大，不吐实情，自恃掌有共产党大权，应是蒋介石的座上客，因而未及时将钱壮飞供出，如果及时供出钱壮飞，并会同我方人员在沪将周恩来及中共要员一并捕获，立了大功，那时蒋总司令真会待你为座上客，并与你商谈对付共产党的政策，现在蒋总司令自然将你视为'阶下囚'了。"

蔡孟坚将顾顺章交还收押后，立即回到蒋介石的官邸，张道藩仍没有走，显然，张道藩是陈立夫派来监听谈话的。一会儿，蒋介石出来问蔡孟坚，要如何指挥顾顺章执行任务，因张道藩在座，蔡孟坚不便将钱壮飞是间谍之事说出，仅建议两点：第一，应让顾顺章提出整个反共意见，以供我方取舍；第二，密带顾顺章赴上海，同时我方应彻底与英、法、日三租界合作，按顾的指认，逮捕中共要犯，以肃清中共在上海的机关。蔡孟坚同时将顾顺章供出的化名"王作霖"的恽代英向蒋介石做了汇报，蒋介石即命令在座的张道藩速查速决。

当蔡孟坚回到下榻的中央饭店，正在盘算着如何利用顾顺章大干一番、再立一大功的时候，张道藩来访，蔡当即火冒三丈地质问张："你是不是来监视我，我是不是因功获罪，总座当你在旁面谕我指挥顾来破案，你没有听到么？

为何我再次从官邸返抵顾处时,却不见顾的人?据闻你们已经将顾顺章解往他处收押审讯,即使是审讯也要我主办人参加,这是违反总座命令的。"张道藩自知理亏,只好用掩饰的话回答:"徐恩曾体谅你这一周来太辛苦,故他先安排审讯。"蔡孟坚听了仍不服,当面向张道藩提出条件:"我到中央工作是总座介绍立夫先生安排的。他直接派我担任特殊任务,所以我在中央党部一直参加立夫先生的午餐会,才有幸认识你与余井塘诸位秘书,我是因业务需要而受调查科主管,我并非该科职员,徐恩曾也不是我的上司。我有两个办法:第一,我再去见总座,直接报告顾供出徐恩曾机要秘书钱壮飞是共党中央所派的潜伏我中央的大间谍,并说徐与钱谍有共私生活关系,同时调查科驻沪办事处处长杨登瀛也是共谍,总座知道后,徐恩曾必撤职查办,立夫先生职位也可能大受影响,陈立夫先生对我宠命优渥,这是我的顾虑;第二,我立功反而受到排斥,既然无是非,我便辞两湖特派员名义,返武汉专任总座委派的行营侦缉处长,仅与立夫先生个人保持联络。何况钱壮飞早已逃沪向周恩来告密,共党要员早已逃之夭夭,加之调查科驻沪办事处处长杨登瀛也是共谍,相信只凭顾一人难起作用。"

张道藩听了蔡孟坚的一番话,连忙低声下气地求蔡孟坚:"老弟,你对立夫先生很是尊重,请你对第一办法不必考虑,那就对第二个办法做弹性的考虑。"蔡孟坚有理在手,仍不客气地说:"这是党纪军令,并涉及个人尊严问题,等我考虑一两天再说。"张无奈地说:"一二天后再见吧。"

由于陈立夫、徐恩曾害怕顾顺章供出对他们不利的口供,下令将顾顺章与蔡孟坚隔离开来,这自然让蔡孟坚不服。为了平息蔡孟坚之怒,陈立夫又派出与蔡孟坚私交甚好的张冲上门做工作。张冲一见到蔡孟坚,即恭维说:"你真是英雄,把顾捕获,再将潜伏中央的大间谍钱壮飞揭发出来,算是一箭双雕。……请念及立夫先生情谊,暂时放他一马。如果让总座知道,不仅会要徐的性命,很可能还会伤及立夫先生的地位,而酿成大风波,这又何必呢?还请你手下留情吧!"

蔡孟坚想到与陈立夫真正撕破脸面,自己也未必能得到什么好处,也就顺坡下驴说:"我是忠党爱国、守正不阿的人,既然你好言相劝,那我就背着良心不去管顾顺章案,且让徐恩曾为逃避罪过自行处置罢!明日我即飞返武汉主持行营新设的侦缉处,对徐断绝一切关系,有事我会与你及立夫先生联络的。"

张冲进一步安慰说:"断绝关系不好,我会随时与你联络的!"张冲还告诉蔡孟坚:"日前调查科已将调查科驻沪办事处处长杨登瀛扣押,顾顺章已解往上海做眼线,我方已会同租界巡捕,按顾顺章写出的共党秘密组织地址按图索骥地首先找到周恩来等人的住处,但均人去楼空,可见钱壮飞在日前已报告了周恩来,如此中共中央组织也告瓦解了……"

为安抚蔡孟坚,陈立夫向国民党中央常务委员会提出给蔡孟坚发奖状,获得通过。1931年5月,国民党中央执行委员会发给蔡孟坚如下奖状:"为发给奖状事。兹查蔡孟坚参与铲共,奋勇从公,应照章发给奖状,以资励勉。此状。"这个奖状由何成濬以国民党中央执行委员的身份颁发给蔡孟坚。蔡孟坚接到奖状后致电陈立夫表示谢意。两周后,陈立夫又电告蔡孟坚:"中央常会通过派你为平汉铁路党务特派员,并立即组织平汉铁路特别党部,你任主委,部址设在汉口。"陈立夫这才算摆平了蔡孟坚。

三、炮制"伍豪启事"

由于钱壮飞成功打入陈立夫的中统特务机构,并取得了陈立夫、徐恩曾的信任,才使中共中央机关避免了被陈立夫的中统一网打尽的悲剧发生。1949年春,周恩来在西柏坡的一次会议上有感而发,说:"若无钱壮飞及时送出情报,那么,我党上海中央首脑机关及各负责人都将一网打尽,我的性命也完了。"

而陈立夫则对未能抓住周恩来一直耿耿于怀,并责怪徐恩曾用人不当。1980年7月,陈立夫从台北写信给寄居北美的蔡孟坚,仍然指责徐恩曾"录用钱壮飞是一大疏忽"。徐恩曾在《一个特工的自述》中也承认"自己一生中所犯的最大错误,就是不该重用了钱壮飞"。

由于顾顺章的叛变,陈立夫虽然没有达到将中共中央机关一网打尽的目的,但中共中央在白区的损失仍是巨大的。

顾顺章叛变后带着国民党特务到上海,中共中央在上海的所有机关几乎被搜查了一遍,只剩下一个汽车行没有被搜查,那是中共中央军委的一个联络点,顾顺章不知道。顾顺章在上海扑空后,又带着国民党特务赴香港,逮捕了中共早期的另一位著名领导人蔡和森,致使蔡和森惨死在国民党的屠刀之下。

打入国民党特务机关的钱壮飞、李克农、胡底、宋再生等人，也被迫全部脱离原工作岗位。原在敌特机构中为中共服务的杨登瀛被陈立夫羁押。

另一方面，由于顾顺章的叛变，机关被破坏，中共中央机关在上海的活动范围更加缩小。那时留在上海的中共中央政治局委员只有向忠发、王明、周恩来、卢福坦四人，总书记仍是向忠发。

时隔不久，新的打击又降临了。向忠发历来生活作风不好，又不守纪律，周恩来一再叮嘱他不要出去活动。6月21日，向忠发擅自外出，并且在外面住了一夜。第二天出门叫出租车时，被人认出而遭国民党特务逮捕。刚调到中央特科的潘汉年得到消息后立即报告了周恩来。向忠发知道周恩来住所，且有钥匙，他若叛变，必会带特务前来搜捕。周恩来迅速搬到四马路外国人开的都城饭店，为了查证向忠发是否真的叛变，他指示中央特科行动科负责人谭忠余在其寓所一带化装监视。谭忠余亲自带领一名红队队员在小沙渡路摆了个馄饨摊。半夜时分，他们看到一队特务押着一个人，来到周恩来的寓所，并用钥匙打开后门。看来，向忠发确实叛变了。向忠发叛变后，虽然仍未抓到周恩来，但向忠发供出了任弼时夫人陈琮英，特务随即逮捕了陈琮英和与向忠发同居的杨秀贞。杨秀贞虽然是个风尘女子，却与中共党员陈琮英一样面对国民党特务的酷刑始终没有吐露半句，反倒是身为中共总书记的向忠发却出面劝说杨秀贞要讲实话。

周恩来在证实向忠发叛变以后，和邓颖超暂时分开了一段，躲避到谭忠余和周惠年家中。周惠年回忆道：周恩来来后，和谭忠余同在大床歇息，她则搬出小床睡到另一处。由于风声越来越紧，周恩来只能昼伏夜行，等天色昏暗后才能化装出外活动。周化装后像个日本人。有一次，周因事急匆忙更衣，结果把两只脚伸进了同一条裤腿里，逗得在场的人直乐。

顾顺章、向忠发相继被捕叛变后，

中共六大时的总书记向忠发

原由三人组成的中央特别委员会只剩下周恩来一人，陈赓、李克农、钱壮飞、谭忠余等相继离开上海。根据共产国际远东局的提议，中共中央决定在上海成立临时中央政治局，由博古、张闻天、康生、陈云、卢福坦、李竹声六人组成，以博古负总责。12月上旬，周恩来离开上海，乘船取道香港，经广东前往江西中央革命根据地。

陈立夫没有抓到周恩来，不仅心有不甘，而且有些恼羞成怒。

1931年9月1日，国民党当局下令"悬赏通缉"周恩来等人。

以陈立夫为首的国民党中统特务机关见搜捕无着，悬赏缉拿也无济于事，最后又使出了造谣诬蔑、挑拨中伤的伎俩，他们伪造了一个所谓的"伍豪等脱离共党启事"。从1932年2月16日起，上海《时报》《新闻报》《时事新报》等先后刊登了这一启事。上海影响最大的《申报》也于2月15日收到了这一启事，但广告处看后认为，启事称243人脱党，具名却只有伍豪一人，其中必有问题，故决定16日暂不刊出。19日，国民党新闻检查处质问《申报》为何不刊登，《申报》才于20日、21日刊登了这一启事。启事全文如下：

伍豪等脱离共党启事

敝人等深信中国共产党目前所取之手段，所谓发展红军牵制现政府者，无异消杀中国抗日之力量，其结果必为日本之傀儡，而陷中国民族于万劫不回之境地，有违本人从事革命之初衷。况该党所采之国际路线，乃苏联利己之政策。苏联声声口口之要反对帝国主义而自己却与帝国主义妥协。试观目前日本侵略中国，苏联不但不严守中立，而且将中东路借日运兵，且与日本订立互不侵犯条约，以助长其侵略之气焰。平时所谓扶助弱小民族者，皆为欺骗国人之口号。敝人本良心之觉悟，特此退出国际指导之中国共产党。

伍豪等243人启

以陈立夫为首的国民党特务机构这一招是很毒辣的，目的是在中共党内制造混乱，瓦解中共。这个"伍豪启事"刊登时，周恩来早已到了中央革命根据地。为了揭露敌人的阴谋，澄清事实，在上海的临时中央采取了多种办法进行反击。

2月20日，中共在上海散发了由江苏省委宣传部署名，题为《反对国民党的无耻造谣》的传单。

2月27日，在上海出版的中共党报《实报》（代党刊《斗争》第四期）以伍豪的名义，登出了《伍豪启事》，驳斥了国民党特务机关的造谣诽谤。全文如下：

> 最近在各报上看到"伍豪等脱离共党启事"一则，说了许多国民党走狗所常说的话，这当然又是国民党造谣污蔑的新把戏！国民党的投降帝国主义、出卖中国民族利益的事实，这是全中国以至全世界劳苦民众所共见。把东三省出卖给日本帝国主义的，把中俄合办的中东路双手奉给日本帝国主义的，使日本帝国主义以至一切帝国主义得以利用东三省与中东路以进攻苏联的是国民党政府；在上海事变中，在英勇的十九路军士兵背后，同帝国主义做买卖的也是国民党政府！所以，不打倒国民党在中国的统治，不创造数万万中国工农群众自己的苏维埃政府与自己的武装力量工农红军，打倒日本帝国主义与一切帝国主义，进行革命的民族战争，是不可能的。我们现在正在共产国际与中国共产党的领导之下，为了打倒帝国主义与国民党，争取中国民族独立解放而斗争！一切国民党对共产国际、中国共产党与我个人自己的造谣污蔑，绝对不能挽救国民党于灭亡的！
>
> 　　　　　　　　　　　　　　　　　　　　二月二十日

同一天，《实报》还刊登了《国民党造谣诬蔑的又一标本》一文，着重剖析了国民党特务机关抛出伪造启事的政治背景和惯用造谣诬蔑的卑鄙手段。

之后，在上海的临时中央又出重金聘请《申报》的常年法律顾问、法国律师巴和出面，于3月4日在《申报》刊登了《巴和律师代表周少山紧急启事》：

> 兹据周少山君来所声称："渠撰投文稿曾用别名伍豪二字。近日报载《伍豪等二百四十三人脱离共党启事》一则，辱劳国内外亲戚友好函电存问。唯渠伍豪之名除撰述文字外，绝未用作对外活动，是该伍豪君定系另有其人。所谓二百四十三人同时脱离共党之事，实与渠无关，事关个人名誉，易滋误会。更恐有不肖之徒颠倒是非藉端生事，用特委请贵律师代

为声明，并答谢戚友之函电存问者"云云，前来。据此，合行代为登报如左。

事务所

法大马路四十号六楼五号

"周少山"是中共党内熟知的周恩来的别名之一。由于中共党组织的机智反击，使陈立夫等人的企图未能得逞。

但让陈立夫没有预料到的是，40多年后，"文革"中有人找出了陈立夫当年的"杰作"来诬蔑和攻击周恩来。

1968年1月16日，毛泽东在北京大学6406信箱×××1967年12月22日来信关于"伍豪等脱离共党启事"上明确批示："此事早已弄清，是国民党造谣污蔑。"

第四节 中统的反共总"成绩"

蒋介石集团自1927年发动"四一二"反革命政变起，对中国共产党人和革命群众一直采取疯狂屠杀的政策。1928年2月2日，蒋介石在国民党二届四中全会上致开会辞，杀气腾腾地叫嚣："共产党的理论与方法务要铲除净尽，不许留在本党，贻害中国。倘若共产党仍然存在，他们的理论与方法还未清除，我相信共产党从新起来三个月后，国民党便会分散，国民革命仍旧不能成功。所以，各位委员和各位同志，对于共产党的势力须要有坚确的决心，根本上来铲除消灭。此一点须注意。为什么要消灭共产党，因为他破坏本党的国民革命，所以要反对他，消灭它。"[①] 全会通过的宣言也重申"从组织与理论上绝对肃清共产党与共产主义。"

1928年3月9日，国民党政府公布《暂行反革命治罪法》。1931年1月31日，国民党政府又公布了《危害民国紧急治罪法》。

---

① 荣孟源主编：《中国国民党历次代表大会及中央全会资料》上册，光明日报出版社1984年版，第507—508页。

第一次国共合作时期,广东省党部成立时委员合影。前排右二为彭湃,右三为何香凝;后排右二为杨匏安,左一为刘尔崧,左二为陈公博。

按照以上法律的内容,国民党完全可以随意杀戮共产党人和革命群众。为了执行这种残酷的杀戮政策,陈立夫的中央组织部调查科成立,并成为蒋介石推行杀戮政策的得力工具。

下面,我们先看几组数字:

中华人民共和国成立后,根据中央民政部门和组织部门的统计,从1927年"四一二"反革命政变到1932年以前,全国至少有100万以上的共产党员和革命群众被杀害,其中仅1927年4月至1928年上半年,被国民党反动派屠杀的共产党员、共青团员、工农群众和其他革命人士,共计33.7万余人。

据陈立夫的中统特务系统统计,从1928年至1930年,中央组织部调查科共捕获中共高干19人、中级80人、下级及普通党员15000人。陈立夫虽没有给我们提供具体的名单,但以下这些中共早期领导人的被捕是与陈立夫的特务机构有关系的。

彭湃(1896—1929),原名汉育,广东省海丰县人,1924年国共合作时期任国民党中央农民部秘书、农民运动讲习所主任、中共陆丰地委书记、中共广东区农委负责人、国民党广东省党部农民部长，中共五大上当选为中央委员。大革命失败后，参加南昌起义，在中共八七会议上当选为临时中央政治局委员，后任中共中央南方局委员、中共东江特委书记、东江工农自卫军总指挥。1927年，彭湃建立海丰苏维埃政府，在革命处于危难时代，他在革命实践中把武装斗争、建立政权、实行土地革命三者结合起来，创立了中国最早的苏维埃政权和海陆丰革命根据地，为开创中国革命的正确道路做出了贡献。彭湃是早期农民运动最杰出的领导人，他最早把农民发动和组织起来，领导农民开展轰轰烈烈的革命斗争，毛泽东称他为"农民运动的大王"。在海陆丰革命根据地遭到破坏后，彭湃率领红军和武装农民退入革命根据地，转移到普宁、惠来交界的大南山地区，在艰苦的条件下坚持游击战。1928年7月，在中共六大上，彭湃当选为中央委员，随后当选为中央政治局候补委员，同年冬，被调到上海中共中央工作，任中央农委书记、江苏省委军委书记。1929年8月24日，彭湃在参加江苏省委军委会议时，因叛徒白鑫告密被捕。1929年8月30日，彭湃与杨殷、颜昌颐、邢士贞等4人在上海龙华英勇就义。

杨殷（1892—1929），字孟揆，广东省香山县人。早年参加同盟会。1923年参加中国共产党。第一次国内革命战争时期担任中共两广区委委员，是省港罢工的领导者之一。1927年12月11日，广州起义爆发，担任广州苏维埃政府肃清反革命委员会主席，并曾代理人民委员会主席。1928年，在中共第六次全国代表大会上当选为中央委员、政治局候补委员、中央常委，并任中央军事部长。1929年8月24日，在江苏省委军委会议上，因叛徒白鑫告密，彭湃、杨殷与张际春、颜昌颐、邢士贞等同时被捕。获悉彭湃等被捕后，周恩来满怀悲愤地写下了《彭杨颜邢四同志被敌人捕杀经过》一文，对彭湃等被捕有如下的描写："彭湃、杨殷、颜昌颐、邢士贞四同志之被捕，日期在1929年8月24日下午4时许。那时，帝国主义的武装巡捕与公安局的中国包探，驾着几辆红皮钢甲车，如临大敌地到沪西叛徒白鑫夫妇的住家。彼等于弄堂内外布置妥帖后，登楼捕人如像预知的一样，按名拘捕共五人（除彭、杨、颜、邢外，还有张际春同志），而对白鑫夫妇则置诸不问。人捕齐后，于白鑫床下搜出一些革命刊物，如《布尔塞维克》《红旗》及共产党的中央通告等。被捕五同志当即为警探拥上汽车，直驶向新闸捕房。此事发生后，各报均禁止登载，因此广大的群众直不知其领袖有此被捕的事件。"1929年8月30日，彭湃、杨殷、颜昌颐、邢士贞牺牲于国民党上海龙华淞沪警备司令部内。

林育南(1898—1931),湖北省黄冈县人,中国早期工人运动著名领导人之一。1921年加入中国共产党,从此投身于中国工人运动,曾任武汉劳动组合书记部主任、武汉工团联合会秘书主任、湖北省工团联合会秘书主任,参与领导了著名的二七大罢工。1927年6月在中华全国总工会召开的第四次全国劳动大会上,林育南当选为全总常委兼秘书长,主持全总会务,并一度代理中共湖北省委书记。1929年,林育南担任全国苏维埃中央准备委员会秘书长。1931年1月17日,林育南在和曾经参加过苏维埃代表会议的几个作家正在上海东方旅社开会讨论王明"左"倾错误领导问题时,被国民党军警特务逮捕。在敌人的法庭上,敌审判长盘问他的姓名、籍贯、职业,林育南镇定地回答:"我叫李少堂,湖北黄陂人,广告商人。"但是,敌人早已拿到叛徒和密探提供的材料,摇头说道:"你不叫李少堂,你是林育南,湖北黄冈人,'苏准会'的秘书长。"林育南大声地说:"你既然知道,何必问我?"敌人又伪善地说:"你们反对李立三,我们也反对他,我们可以联合起来。"林育南愤怒地驳斥:"这是我们的家务,与你们不相干。我们反对他,因为他不懂得怎么消灭国民党反动派和你们这些走狗!你们反他什么?"敌人语塞,阴谋破产了。1931年2月7日,林育南被国民党杀害。

何孟雄(1898—1931),湖南省酃县人。中共建党时期的著名党员。1920年3月,他与邓中夏等19名同学发起成立了我国第一个研究马克思主义的学术团体——北京大学马克思学说研究会。同年,北京共产主义青年团成立,何孟雄最早加入。1921年初,加入北京共产主义小组。4月,何孟雄代表北京社会主义青年团出席在莫斯科召开的少共国际第二次代表大会。1921年加入中国共产党,历任中共北方区委委员、北京地委书记、京绥铁路特派员、中共唐山地委书记、中共湖北区委兼武汉市委组织部长、江苏省委农委书记、江苏省委巡视员。1931年1月17日,国民党上海市公安局根据叛徒提供的情报,勾结租界巡捕房,在中山旅社逮捕了何孟雄,2月7日何孟雄在上海龙华英勇就义。

恽代英(1895—1931),祖籍江苏常州,生于武昌。恽代英是中国青年热爱的领袖和尊敬的导师。第一次国共合作时期,恽代英于1926年1月在国民党二大上当选为国民党中央执行委员,会后留广州任黄埔军校主任政治教官兼中共党团书记。在黄埔军校,他用革命思想武装青年军人,鼓励他们为主义而奋

第六章 国民党中统的后台老板

1924年国民党一大后，中国国民党上海执行部合影

斗不息。他支持青年军人联合会与蒋介石扶植的孙文主义学会做斗争，蒋介石对他又恨又怕，背后将恽代英与邓演达、高语罕、张治中骂为"黄埔四凶"。1927年初，恽代英到武昌主持中央军事政治学校武汉分校工作。在国民党二届三中全会上，恽代英与宋庆龄、邓演达等国民党左派领袖合作通过了维护孙中山三大政策、反对蒋介石军事独裁的决议，撤销了蒋介石把持的军人部，打击了蒋介石的反革命气焰。在蒋介石发动"四一二"反革命政变后，恽代英带领军校师生和革命群众30万人在武昌阅马场举行声势浩大的讨蒋大会。1927年8月1日，恽代英参加南昌起义，担任革命委员会主席团委员、代理宣传委员会主任。南昌起义失败后又参加了广州起义，担任广州苏维埃政府秘书长。1928年中共六大后，历任中央组织部秘书长、中央宣传部秘书长等职务。1930年因批评李立三的"左"倾冒险主义受到打击，被赶出党中央，降为沪东区行委书记。恽代英服从组织决定，摘掉深度近视眼镜，化装成工人，在上海杨树浦一带工厂区活动，5月6日在怡和纱厂接头时被国民党特务逮捕，先后关押在上海

漕河泾监狱、苏州监狱，最后被押送至南京中央军人监狱。恽代英曾与蒋介石在黄埔军校共过事，进行过坚决斗争，是蒋介石切齿痛恨的人物。但恽代英被捕后一直没有暴露真实身份。中共党组织千方百计营救他，正当获释有望时，由于顾顺章叛变供出了恽代英，蒋介石的军法处处长王震南奉命到狱中劝降，恽代英义正词严地回答："蒋介石叛变了，他反苏、反共、屠杀工农。我本人是共产党员，必须革国民党反动派的命。这也就是我现在的庄严任务。""我随时准备为革命献出一切。"1931年4月29日，恽代英在南京牺牲。

杨匏安（1896—1931），广东省香山县人。他是南方新文化运动的闯将，1921年加入共产党，入党后曾任广东区团委代理书记等职务。国共合作时期，杨匏安历任国民党中央组织部秘书、代理中央组织部长、广东省党部委员兼组织部长，在国民党二大上当选为中央执行委员，随后又当选为九名常务委员之一，与另两名常委谭平山、林祖涵组成秘书处，处理改组后的国民党中央党部的日常工作，组织部的日常工作实际由杨匏安负责。在组织部任上，杨匏安与蒋介石、张静江、陈果夫等国民党右派进行了坚决斗争。由于陈独秀的右倾退让，谭平山被迫辞去国民党中央组织部长职务，杨匏安也离开了组织部。大革命失败后，杨匏安参加了八七会议，会后按照党的指示，南下香港，协助广东党组织接应南昌起义南下部队，并做张发奎的统战工作。1931年春，中共中央宣传部长罗绮园因被人告密而被捕，杨匏安等十余人一同被捕。杨匏安被捕后，蒋介石接连写来两封劝降信，都被他撕毁了；蒋又直接打电话到狱中劝降，杨匏安愤怒地摔掉了电话。蒋介石见劝降不成，恼羞成怒，于1931年7、8月间下令杀害了杨匏安。

蔡和森（1895—1931），湖南省湘乡县（今属双峰县）人。1918年与毛泽东等发起组织新民学会。1920年赴法国勤工俭学，在法期间接受了马克思主义，并为中国共产党的成立在理论上做出了卓越的贡献。1921年加入中国共产党，在党的二大上当选为中央委员，以后直到六大都是中央委员，还是五届、六届中央政治局委员。邓小平说："蔡和森同志是我党早期的卓越领导人之一，他对中国革命做出了重大贡献。"中共六大后，蔡和森被"左"倾中央开除出政治局，并撤销宣传部长职务。1931年，蔡和森由苏联回国，不久被派到广东省委指导工作。由于顾顺章出卖，蔡和森于6月10日在香港被港英当局逮捕，并被引渡给广东国民党特务机关，于8月初惨遭杀害。

李硕勋（1903—1931），四川省高县人。四川社会主义青年团的发起人之一，加入中国共产党后，历任中共武昌地委组织部长、共青团湖北省委书记、国民革命军第4军第25师政治部主任。1927年8月，奉党的指示，率领第25师第73团等部队参加南昌起义，起义后任第11军第25师党代表兼政治部主任。南昌起义失败后到上海从事白区工作，历任中共浙江省委军委书记、代理浙江省委书记、中共沪西区委书记、中共江苏省委军委书记。顾顺章叛变后，李硕勋转任广东省委军委书记。1931年7月9日到海口，因叛徒告密被捕。李硕勋知道自己的姓名、身份已经完全暴露，就直认不讳并和国民党进行了针锋相对的斗争。9月5日，牺牲于海口市东校场。

罗登贤（1905—1933），广东省南海县人，1925年加入中国共产党，他和苏兆征、邓中夏、杨殷等领导了省港大罢工。大革命失败后，他任广东省委员会委员，协助广东省委书记张太雷等发动广州起义。1927年底，任广东省委常委，1928年2月被国民党逮捕，受尽各种酷刑，但敌人得不到任何口供。党组织多方设法将他营救出狱。出狱后调任中共江苏省委书记。同年7月，在党的六大上，年仅24岁的罗登贤当选为中央委员和政治局委员。1930年任中共广东省委书记、中华全国总工会党团书记、中共南方局书记。1931年1月在党的六届四中全会上改任政治局候补委员，会后任中华全国总工会委员长、中共满洲省委书记。1932年7月，被王明撤销满洲省委书记职务，同年12月出任中华全国总工会上海执行局书记。1933年3月28日，因叛徒出卖，罗登贤在上海英租界被捕。罗登贤这个比钢铁还硬的革命者忍受了敌人的各种酷刑，始终正气凛然，就义前大义凛然地说："我个人死不足惜，全国人民未解放，责任未了，才是千古遗憾！"

邓中夏（1894—1933），湖南省宜章县人。1917年进入北京大学文学系学习，在五四运动中，担任北京学生联合会总干事，1920年加入北京共产主义小组，1921年入党。入党后的邓中夏主要从事工人运动，从理论到实践对中国工人运动都做出了很大贡献，是中国工人运动的先驱，参与领导了著名的二七大罢工、省港大罢工。他从中共二大到六大都是中央委员，1927年在八七会议上当选为政治局候补委员，并奉派到白色恐怖最为严重的江苏省、广东省任省委书记。1930年9月，任湘鄂西革命根据地特委书记和红二军团政治委员。党的六届四中全会后，邓中夏被王明撤销一切职务回到上海，在上海基层党组织工作，1933年5月在上海被捕。他当时改名施义。敌人怀疑他是中共要人，向他施以酷刑，他被打得遍体鳞伤，但毫无惧色。后来林素芹叛变，国民党敌特机关知道他的真实姓名时，如获至宝，马上把他从法租界引渡，转到南京，交军法机关审讯。当他得知已被叛徒出卖后，就大义凛然地回答："我是邓中夏，中共中央委员，红二军团政治委员。"敌人还要追问时，他轻蔑地说："就这些已经够枪毙了，还问什么？"军法官在一次审判时问他："难道你就不想出去，不想获得自由吗？"邓中夏幽默地答道："我未进来之前，就想到有一天会进来，现在进来了，倒从来没有想到出去。""好，关你十年！"军法官拍着桌子吼道。邓中夏朗声大笑："我看你们在南京坐不了十年！"一天黎明，敌人把牢门打开了，邓中夏知道就义的时刻到了，他穿好衣服走了出来。敌人问他："这是你最后悔过的机会了，你还有话说吗？"邓中夏坚定地说："我一生未做过需要后悔的事！"他高呼："打倒国民党！""共产党万岁！"从容就义！

在国民党的杀戮政策下，国统区的中共组织遭受了严重的破坏。各地党的各级机关大部分被破坏，全国的省委机关没有一个不曾被破获过，有的甚至几度遭破坏，干部党员牺牲的不计其数，自首叛变的情况也时有发生。在城市中，情况更为严重。

1928年，原来基础较好的湖北省党的机关连续三次遭到摧毁性大破坏，全省城市十分之九已没有党的组织，工人党员下降到不足50人，许多地方已没有支部组织。从1930年4月至9月，江苏有3000多名共产党员和革命群众被杀害，1500余人被捕。江苏省党的机关几乎被破坏殆尽，在很长时间里难以恢复，到1938年初，中共党员人数才恢复到100余人。在华北，大革命失败后，党组织遭到严重破坏。经过中国共产党人的努力，到1929年底，顺直省委已成立了北平、唐山、张家口、石家庄四个中心市委，保定、沧州、邢台等七个中心县委以及45个县委，党员恢复到1200多人。国民党把河北省委视为"中共全国组织中的第二个重要阵地"，于是集中力量，予以镇压。河北省委机关重建不到一个月，尚未展开工作，又于1931年6月下旬遭到大破坏。

回顾这段沉重的历史，聂荣臻元帅晚年在《回忆录》中以沉重的笔触写道："白区斗争是残酷的，由于'左'倾冒险主义路线而付出的代价是巨大的，教训是沉痛的。每当我回忆起过去的情景，就感到心头沉重。留法勤工俭学的同志，所存无几了。在莫斯科一起学习军事的，现在也只有我一个了。中国革命的道路是多么艰难啊！广州一个黄花岗，上海一个龙华，南京一个雨花台，北平一个小西天，不知有多少优秀的中华儿女被杀害，那里的土地上不知埋了多少忠骨。为中国革命而献身的人，何止万千！"

对于蒋介石集团丧心病狂的屠杀政策，就连国民党内稍有正义感的人士也是不以为然的，邵力子就曾多次进言蒋介石，不要不分青红皂白滥杀"误入歧途"的进步青年。曾经一度附和过蒋介石"清党"的蔡元培很快就与蒋介石集团拉开了距离。特别是1931年"九一八"事变后，蔡元培目睹蒋介石置民族大义于不顾，而在国内肆意践踏民主、蹂躏人权，将千千万万的革命者投入监牢，横尸百万，致使国家精英丧失殆尽，民族灾难接踵而至，更引起他的不满。1932年夏、秋间开始，蔡元培与宋庆龄、杨杏佛等筹备成立中国民权保障同盟，与蒋介石集团做斗争。

蒋介石、陈立夫等人经过几年的大屠杀后，也觉得单凭杀戮并不能清除共产党，决定在杀戮的同时，采取"软"的一手，即采取政治手段，引诱一些意志不坚定的共产党员叛变自首，以便从他们口中得到更多的共产党内部的机密。1930年，陈立夫主持制定了《共产党人自新自首办法》，规定共产党员如主动向国民党自首者，视不同情况，可予免刑或减刑。

周恩来在《论中国的法西斯主义——新专制主义》一文中指出："在内战时期，蒋介石对我们是硬打、硬捉、硬杀。但'九一八'前后，他也采取了一些软的辅助办法，那就是自首政策、内线政策等。"

陈立夫为了推行这种"自首政策"和"内线政策"，下令全国各地普遍设立"反省院"（有的地方叫"感化院"、"自新院"）。"反省院"从组织系统上属于司法系统，但陈立夫兄弟与司法院院长居正、司法行政部部长谢冠生等商定，"反省院"除接受高等法院送来的"反省人"以外，还得接受调查科送来的"反省人"，司法机关得接受中央组织部调查科以中央执行委员会组织部名义"推荐"的人员担任"反省院"院长。在此实施办法被司法院和司法行政部接受以后，自1932年起，各地"反省院"院长便改归"特工总部"遴选委派。首都"反省院"院长廖家楠、苏州"反省院"院长刘云、安徽"反省院"院长仲建辉、湖北"反省院"院长郭良牧、浙江"反省院"院长方青儒、山东"反省院"院长赵伟民等均为陈氏兄弟的亲信、中统骨干分子。这样一来，

"反省院"虽然在形式上仍然隶属于高等法院，但除经济开支由司法系统支付外，人事完全归陈立夫的特工总部掌握。这些中统特务上任后，对于"反省院"的原班人马除少数吸收进入中统外，大部分被排除或者开除，其空额由特工总部派人补充。从此各省及特别市"反省院"实际上已成了特工总部的下属机构，高等法院、司法行政部、司法院反倒无法过问了！

"反省院"的组织比较简单，在院长以下分设训育、管理、总务三个科，其中以训育科为主，直接对"反省人"进行欺骗诱叛，该科所配备的人员最多，除科长、科员外，还有训育员、高级训育员若干人。

"反省院"在劝降审讯、怀柔软化的同时，也不放弃严刑拷打等硬的手段，院内专门设有关押共产党员和革命群众的特别监狱，里面配备有各种残酷的刑具。

1933年1月10日，"北平军人反省院"的政治犯写信给中国民权保障同盟，控诉"反省院"的罪恶："这里是世界上最黑暗的一角，是一种活人的坟墓。这里面活葬着百余名进步的纯洁的具有血性的活泼有为的青年，在被执行了慢慢的死刑。他们大半都是为了参加中国民族独立运动而被捕被监禁迫害的。我们受尽了一切侮辱，尝尽了一切痛苦。……我们生存在20世纪的今日，而我们被捕后所受的种种酷刑，立即使我们感觉到好像我们是生存在古罗马时代或极野蛮的部落社会。……这里都是在慢慢地处着死刑，即令刑期满了，还能有幸脱逃死神之手，然而已经成为残废的人。这种惨无人道的世界非整个摧毁不可。"

中共元老薄一波1929年至1931年在北平、天津从事军运工作时，曾经四次被捕，两次进入国民党的"反省院"。薄一波第一次进入天津的"临时自新院"，当时天津是阎锡山的势力范围。天津"临时自新院"院长周克昌信佛教，不赞成也不仇视共产党，他主张用佛教来影响、改造共产党。因此，阎锡山治下的"自新院"不像陈立夫中统特务掌握的"反省院"那么厉害，薄一波说："'自新院'的生活倒也确实比其他监狱好得多，两人或一人一间屋子，一日三餐，吃的是大米白面。监房号子从来都是敞开的，我们在院子里可以自由活动，没有人管，只有几个警察在门口站岗。另有管文书、事务、会议的几个职员，还有一个教导员，这个教导员比较同情共产党。'自新院'规定每天的活动就是学习讨论，内容主要是三民主义和周克昌的佛学。学习上是自由的，其实没有人理睬这些，也没有人检查。"

1930年9月，阎锡山、冯玉祥在中原大战中已处于下风，在晋军撤退天津时，天津"临时自新院"宣布撤销，囚犯全部释放。1931年6月，因叛徒出卖，薄一波第四次被捕，被判刑8年。1931年8月底，薄一波等被送入"北平军人反省分院"，即北平草岚子监狱，一直到1936年9月初才获释。"北平军人反省分院"是按照国民党的"军人反省院"的模式成立的，是专门关押政治犯的监狱。因为坐落在草岚子胡同，人们又称它是"草岚子监狱"，这里实行的是军人法西斯专政，除女犯外，都戴脚镣。大号镣重七斤半，小号镣重三斤，如果违反了所谓"院规"，要给予体罚，关独居监房。吃饭、放风，南北监分批进行。病号监房有时随南监，有时随北监。亲朋来探望，每月一次，每次约10分钟。政治犯手中不准有现钱，亲属朋友送来的钱，由监狱当局保管。政治犯每周可以号子为单位买一次小菜。菜单由号子政治犯自己开，狱卒代买，这是狱卒克扣钱财的好机会。伙食标准，规定是每人每月三元八角，这在当时是过得去的，但一半以上被"反省分院"管理员克扣去了。监狱负责人姓王，是军法处处长颜文海的干儿子。政治犯们一到，他便宣布：这里是反省分院，来这里就是要你们反省，要放

30年代的"北平军人反省分院"

弃共产主义。反省是有期限的，每六个月为一期。每期经评判委员会审查，反省得"好"的，在报上登几天《反共启事》，就可以讨保释放；反省得"不好"的和不肯反省的要继续反省。三期还不反省，那就枪毙。

陈立夫的"自首"政策，确实收到了许多意想不到的效果。那些意志不坚定的共产党员被捕后经过"感化"很快便出卖灵魂，出卖所掌握的一切机密，残害昔日的同志和战友。

1928年初，中共中央组织局主任罗亦农的秘书何家兴叛变，即将罗亦农的住址告诉了国民党特务，导致罗亦农被捕。

1929年7月，中共中央军委秘书白鑫叛变，向敌人献计，在中央军委和江苏省委军委负责人开会时将他们一网打尽。8月24日，中央军委书记周恩来因临时有事没有参加会议，当会议正在进行时，大批国民党特务包围会场，在会场的彭湃、杨殷、颜昌颐、邢士贞、张际春等人被捕，除张际春后来被营救出狱外，彭、杨、颜、邢四人壮烈牺牲。

1932年，中共中央负责人兼特科行动组组长顾顺章叛变，首先出卖了中共驻汉口交通机关、鄂西联县苏维埃政府及红二军团驻汉办事处，导致这些机关被破坏，十多人牺牲；接着，顾顺章还向敌人献计，企图将中共中央机关一网打尽，但罪恶企图没有得逞；之后，顾顺章又供出了恽代英，凡是顾顺章所知道的一切他都供给了敌人。为了利用顾顺章，陈立夫、徐恩曾对顾顺章也实行优待政策。

1933年4月，中共中央政治局委员卢福坦被捕后，陈立夫立即指示将卢送到条件优越的上海东方旅馆内，并派特务轮番进行劝降，在特务的诱降下，卢福坦很快自首叛变。

1934年8月，中共中央组织部长盛忠亮被捕后，特务们对盛进行严刑拷打，盛忠亮开始时立场十分坚定，毫不屈服，后来陈立夫指示用"软"的办法"感化"盛忠亮。特工总部了解到盛忠亮与已经被捕的秦曼英感情很好，便首先将秦曼英劝降，然后对盛忠亮以"礼"相待，不再用刑，并改善生活条件，几天后，便派特务来做劝降工作，特务劝说了半天，盛仍无动于衷，这时特务摊牌说："秦曼英已经自首了，你又何必坚持呢？只要你自首，我们成全你们的好事。"这一攻势果然奏效，盛忠亮马上提出要与秦曼英见上一面，特务们连夜将秦押解到上海与盛忠亮见面，盛忠亮得知秦曼英已自首后，他自己的心理防线也终于崩溃,很快叛变自首。

有些被捕的共产党员开始时还很坚定,对于这些人,陈立夫采取逐步升级的办法,即待遇逐步优厚,派去劝降的特务水平一次比一次高。如中共上海局书记李竹声被捕后,经很长时间的劝降审讯,都无效果,李竹声只承认自己是共产党员,其他什么也不肯讲,更不愿自首变节。陈立夫知道后,命令将李竹声移送到南京,给以优厚的待遇,并派有一定理论修养和劝降水平的特务继续对李竹声进行"攻心",最后,李竹声终于顶不住叛变了。

1934年秋,中央特科行动队被中统特务机关破坏,行动队员邝惠安等在英租界捕房受尽残酷刑罚,始终未吐露半点真情,甚

瞿秋白被害前的留影

至连自己的家和妻室都不肯承认。本来按照捕房的规定,被告没有证据和不承认自己的问题,捕房就不能立案。中统上海区向捕房引渡邝惠安等人后,在劝降审讯中,采用了疲劳审讯的办法,给他们以生命安全的保证,加以内线和自首人的证明,邝惠安等便毫不隐讳地说出了历次处死国民党特务的情况。但他们坚决表示只供认自身的问题,决不涉及其他关系,决不交待上级领导的关系。

1931年6月,中共河北省委军委负责人廖划平被捕叛变,立即供出了中共党组织和干部的全部情况,导致河北省委机关、省团委、省军委、省互济会、北平市委等全部被破坏。同时,廖划平还把所见过的许多进步群众的线索也提供给了敌人,加上有些人被捕后乱咬一气,这样就使得国民党在全市进行大搜捕,共逮捕400人左右,河北省委书记殷鉴、宣传部长潘问友、省委秘书长郭亚

先、省互济会党团书记赖德、省团委书记李国伟等全部被捕。

据台湾反共学者王健民著的《中国共产党史稿》透露，1931年至1935年，自首叛变的中共党员有276人，其中在中央机关工作的干部23人，省一级的干部31人，县一级的52人，区一级的75人。这些叛变自首的虽然只是少数，但所起的破坏作用却极大，往往一人叛变，能导致一个机关、一级组织全部破坏。故陈立夫的"自首"政策给中共造成的损失是巨大的。

当然，蒋介石、陈立夫的"自首"政策，对于那些坚定的共产党人和革命群众来说是不起作用的。

1935年，中共领导人瞿秋白在福建上杭被国民党军队俘获，当时瞿秋白化名林琪祥，叛徒出卖供出了瞿秋白，瞿秋白随即被押送到福建长汀的国民党军第36师师部。陈立夫得知瞿秋白被捕的消息后立即指派特工总部训练科科长王杰夫（中共叛徒，原名陈建中）以国民党中央组织部福建党务视察员的身份，去做瞿秋白的劝降工作。陈立夫十分自信，他以为按照以往的经验，凭王杰夫的劝降手段，这一次一定会成功，瞿秋白一定会叛变自首。王杰夫到福建长汀后，会同所属福建省中统特务主任钱永建一同对瞿秋白进行劝降。他们采用种种办法，与瞿秋白进行多次谈话，企图让瞿秋白叛变共产党并交出共产党的内部组织。但瞿秋白一身正气，威武不屈，陈立夫等人的企图终于落空。恼羞成怒的蒋介石、陈立夫决定杀害瞿秋白。1935年6月17日，蒋介石电令第36师师长宋希濂"着将瞿秋白就地处决具报"。6月18日，宋希濂将瞿秋白枪杀于长汀的中山公园。瞿秋白就义前，向在场的人作了十余分钟的讲演，说共产主义是人类最伟大的理想，是要实现一个没有剥削没有压迫的世界，使人人都能过美好幸福的生活。他相信这个理想迟早会实现，中国共产党最后一定会胜利，国民党的反动统治最后一定会失败。瞿秋白演讲后，举起右手高呼"打倒国民党！""中国共产党万岁！""共产主义万岁！"的口号从容就义。

与瞿秋白一样，更多的共产党员在陈立夫等人的"反省院"里与国民党进行了坚决斗争。

第七章

C.C.文化特务活动的总司令

毛泽东说，我们有两支部队，一支是武装部队，一支是文化部队，这两支部队是互相支持的。

在蒋介石坐镇武汉、南昌对中共领导的革命根据地发展五次大规模军事"围剿"的同时，陈立夫则坐镇南京、上海，对中共领导的进步文化界发动了大规模的文化"围剿"。陈立夫曾经向蒋介石夸下海口："若说做文章、讲话，搞学生运动，我们总不见得搞不过共产党吧！"

作为C.C.文化特务活动的总司令官，陈立夫有理论（即所谓"唯生论"）、有纲领（即所谓《中国本位的文化建设宣言》），以及种种具体行动——建立文化特务机构，占领教育阵地，查禁书刊，乃至对不驯服的文化人实行肉体消灭政策等等。

第一节　炮制"唯生论"哲学

陈立夫虽然是采矿专业的理工科学生出身，但他为了现实的政治斗争之用，先后出版了《唯生论》（上卷）与《生之原理》两本书，硬生生地炮制出了一套国民党的官方哲学——唯生论哲学体系。

一、《唯生论》（上卷）的哲学思想

陈立夫说："我们的宇宙观是唯生的一元论，我们的基本假定，是宇宙万物都由原子构成。"第一，就天体的构成来讲，构成人类及一切动植物等生物的元子，又叫"生元"。他说："唯生论的见地，是认为宇宙万物都是有生命的，并不承认唯有动植物才是生物，或者说根本就不承认宇宙间有一死物。"宇宙一切都有生命，一切生的存在，都兼含着物质和精神；宇宙间一切的东西，都是由精神和物质二者配合而来，有物质必有物质之能力——精神，也没有一个绝无精神的物质。

陈立夫在谈到生命的始终、事物的发展变化时，引入了一个"诚"的概念。认为这个"诚"是事物或生命的第一阶段，即许多无组织的元子在混沌的动乱状

态。这个阶段是从无到有，元子在自由波动的状态。他说："宇宙万物一切的动能，都是由为万能元始之元子底动能而来，此种元子的动能形之于一切物质者即所谓'热'，形之于一切精神者即所谓'诚'。""热和诚在本质上都是元子的动能，在宇宙间同为生命的动力（热即诚，诚即热）。""诚是宇宙一切精神的原动力。"这样，在陈立夫看来，"诚"即具有物质的属性，也具有精神的属性，成为宇宙万物、生命的本质或本位，成为神秘莫测的东西。

陈立夫在《唯生论》中对"诚"的解释来源于《中庸》，继承了《中庸》的神秘主义色彩。陈立夫把"诚"的概念运用到社会生活中，又把"诚"说成是"民族生存的原动力"。他说："诚是民族生存的原动力，也就是衰老的民族复兴的原动力。若人人都懂得诚的真意而服膺之，民族的复兴是必然的结果。"他说：要恢复我们固有的民族性，要招回我们的国魂，必先知道"诚"字的真义，从力行方面求得此种原动力的发扬光大。怎样发扬光大？他把儒学中的伦理道德，重新加以组合，构成一种新的体系：民族生存的原动力——诚；民族生存的方法——智、仁、勇；民族生存的本质——忠、孝、仁、爱、信、义、和、平。他认为做到这些，民族就可以复兴。

第二节 "中国本位文化建设"

一、"十教授宣言"的出笼

1935年1月10日，南京、上海、北京三地的十位教授——王新命、何炳松、武堉幹、孙寒冰、黄文山、陶希圣、章益、陈高傭、樊仲云、萨孟武联名在上海《文化建设》月刊发表《中国本位的文化建设宣言》，宣言全文如下：

> 在文化的领域中，我们看不见现在的中国了。中国在对面不见人形的浓雾中，在万像蜷伏的严寒中：没有光，也没有热。为着寻觅光与热，中国人正在苦闷，正在摸索，正在挣扎。有的虽拼命钻进古人的坟墓，想向骷髅分一点余光，乞一点余热；有的抱着欧美传教师的脚，希望传教师放下一根超度众生的绳，把他们吊上光明温暖的天堂；但骷髅是把他们从黑暗的边缘带到黑暗的深渊，从萧瑟的晚秋导入凛冽的寒冬；传教师是把他们悬在半空中，使他们在上不着天下不着地的虚无境界中漂泊流浪，憧憬

摸索，结果是同一的失望。

中国在文化的领域中是消失了；中国政治的形态、社会的组织和思想的内容与形式，已经失去它的特征。由这没有特征的政治、社会和思想所化育的人民，也渐渐的不能算得中国人。所以我们可以肯定地说：从文化的领域去展望，现代世界里面固然已经没有了中国，中国的领土里面也几乎已经没有了中国人。

要使中国能在文化的领域中抬头，要使中国的政治、社会和思想都具有中国的特征，必须从事于中国本位的文化建设。日本的画家常常说："西洋人虽嫌日本画的色彩过于强烈，但若日本画没有那种刺目的强烈色彩，那里还成为日本画！"我们在文化建设上，也需要有这样的认识。

要从事中国本位的文化建设，必须用批评的态度、科学的方法，检阅过去的中国，把握现在的中国，建设将来的中国。我们应在这三方面尽其最大的努力。

那我们的文化建设就应是：

不守旧；
不盲从；
根据中国本位，采取批评态度，应用科学方法来
检讨过去，
把握现在，
创造将来。

不守旧，是淘汰旧文化，去其渣滓，存其精英，努力开拓出新的道路。不盲从，是取长舍短，择善而从，在从善如流之中，仍不昧其自我的认识。根据中国本位，采取批判态度，应用科学方法来检讨过去，把握现在，创造将来。是要清算从前的错误，供给目前的需要，确定将来的方针，用文化的手段产生有光有热的中国，使中国在文化的领域中能恢复过去的光荣，重新占着重要的位置，成为促进世界大同的一支最劲最强的生力军。

这个"十教授宣言"的来历颇不简单，它实际上是陈立夫精心安排的又一

"杰作"。

方秋苇在《陶希圣与"低调俱乐部"、"艺文研究会"》一文中写道:"所谓中国本位文化,据我所知,是陈立夫继他的哲学著作《唯生论》(南京正中书店1934年初版)后提出的。他的秘书刘百闵多次到上海联系商务印书馆编译所所长何炳松、复旦大学教授孙寒冰等人,在上海组织一个'中国文化建设协会',用十大教授签名的方式发表一大篇宣言,并出版一个16开本的杂志,名《中国文化建设》,为协会的机关杂志。'十大教授'发表的宣言,是以何炳松牵头,依次是萨孟武、陶希圣、章益、樊仲云、王新命、武堉斡、孙寒冰、黄文山、陈高傭等10人。由于何炳松带头有功,陈立夫于1935年夏秋推荐他为暨南大学校长。这时,刘百闵也荐周惠文(原任上海中华书局《新中华》杂志主编,留日学生监督)任暨大商学院院长。"

《中国内幕》一书对十大教授的情况有如下的介绍:

这十大教授的组织,原是以陈立夫为领袖的想独霸文化领域的组织(当时《十大教授宣言》原名《中国本位的文化建设宣言》的起草,是以陈立夫的意见为意见的,倒是局外的局内人叶青等,起草了一二段)。然而,曾几何时,因何炳松攫得暨南大学校长而将其余九大教授一脚踢而涣散了。如今,十大教授是各自奔前程了。

樊仲云,他是中国文化建设协会上海分会的唯一主持人,《文化建设》月刊的总编辑,战争开始后,他安静地坐在金神父路花园坊103号的书斋里,过其学者的生活。后由林柏生、梅思平、朱朴之等邀赴香港,他在那边办了一种《国际周报》。到汪精卫氏飞离重庆来上海,樊仲云也不久便和周佛海、陶希圣、林柏生、梅思平、朱朴之等来上海了。汪氏成立国民政府,樊仲云任教育部次长,现任中央大学校长。

陶希圣,当时是在北大任教,迨战事爆发,政治中心自南京迁至武汉,他是艺文研究社的领导者之一,当时林柏生等在香港组织的国际研究社,便是艺文研究社的一支流。他原是著名的蝙蝠,在武汉时,有一句描摹陶希圣的话,叫:"对蒋言战,对陈言和,对汪和战皆言。"时蒋介石氏主战,陈立夫主和,汪精卫氏正在冷静观察,未决和战。他现在是"双料叛徒"了。他起初为赞同汪精卫氏的主张,离昆明(时在昆明联大任教）赴香港来上海，被重庆视为叛徒；到上海随从汪精卫氏之后，但为了一笔收买费，便不顾主张，叛逆了汪精卫氏到香港去了。

王新命，或者还有人记得罢，当五四运动后，泰东图书局出版一种"半新半旧"的《新人》月刊，其主持人，抽鸦片，穿着没有后跟的鞋子，日日在酒醉中的王无为，便是王新命，他也"新"起来了，加入了C.C.，居然成了不曾做过教授的十大教授之一，自此之后，他成了滨海中学的老板，淞沪战事结束，他兼做了新北中学的老板。去年秋，他席卷了新北中学的学杂等费及补助费，以"上海环境险恶"的"卖身投靠"的动听的语调，到香港去了。拉住了陈立夫的腿，捧住了吴铁城的腰，在香港《国民日报》任了主笔。

黄文山，有谁知道他从前的笔名叫凌霜吗？他在北京大学读书的时候，自命为无政府主义理论家，其党徒也这样捧他。他办过《进化》月刊，译过克鲁泡特金的《近代科学与无政府主义》。他摇身一变为C.C.，姓名也变成了黄文山（无政府主义者是主张废姓的）。战事发生后，他在广州任党部委员，《广州日报》社长，广州陷落，他飞到美洲去做三民主义青年团支团部长去了。

章益（友三），他原任复旦大学的教育系主任，自C.C.计划的驱逐该校校长李登辉，逼任"在假校长"之后，由钱永铭（新之）任代理校长，而实权抓在副校长C.C.吴南轩手中，章益跟着荣任了教务长。战事发生后，复旦搬往江西，章益当然是同去的；后陈立夫任重庆教育部长，章益荣任了总务司长。

何炳松，是靠"文化建设"起家的，他原在商务印书馆任职，发表"宣言"后，正值黄埔派向暨南大学当时的校长沈鹏飞捣乱，何炳松渔翁得利，借陈立夫的秘书刘百闵帮忙，荣任了暨南大学校长。他上了台，将其余九教授一脚踢开（只陈高傭以"唾面自干"的姿态，迄今在暨南任教）。十大教授的组织因而蹋台。

孙寒冰，原任复旦大学的政治系主任，暨南大学的法学院长，他是不善钻营的书生，所以他加入C.C.后，依然故我，并且辞去了暨南大学职务。复旦大学迁重庆，他继章益任教务长，1940年5月间日机轰炸重庆时逝世了。

萨孟武，是与周佛海、樊仲云办《新生命》时露了头角的，他的《水浒传与中国社会》一书是颇下些功夫的，他总是不生不死的在中央政治学校任教，一直到现在。樊仲云与萨孟武还是至亲咧，萨孟武的妹子萨小姐，是樊仲云的太太。

武堉榦，是研究国际贸易的，原在暨南大学、国立商学院等校任教，他是一个不热心分子，虽然加入了C.C.，也依然故我，他固然不讲C.C.的坏话，但也不会听到他讲过C.C.的好话，他现在的职务，是十大教授中最特殊的，他在中华书局任财务部长。

陈高傭，过去是CP，现在是C.C.，只一字之差而已，无所谓也。可是在他，是经过了一场风波的。他加入了C.C.，到何炳松任暨南校长，其余八教授拒绝合作，他却很有涵养工夫，便在暨南任教了。据说，他担任一课"中国民族史"，第一次上课不曾预备，过了三五分钟便匆匆下课了，当时立刻奔到一个朋友那边，搬了那个朋友的几本书，还请那个朋友讲了"一套"，这样，在下一课便应付了过去。过去曾传闻他将任南京教育部高等教育司司长，但发表的却是钱慰宗，他现在，仍在暨南大学任教。

冯和法在《回忆孙寒冰教授》一文中也揭露说："在这十位教授中，陶希圣、樊仲云、萨孟武三人是以反共出名的《新生命》杂志的'四杰'（另一为周佛海）中人外，其余七人有的教地理学，有的教贸易学，有的教经济学，有的教教育学，平时都很少参加政治活动，而且有些人彼此之间未闻有什么往来，现在怎样会凑合在一起，发表这样一个空话连篇的《宣言》呢？显然是先拟好了《宣言》，才拉人签名的。因为其中像孙寒冰、章益、何炳松、武堉榦等，在当时一般人的心目中，是很少政治色彩的名教授，对于黄文山，有些人知道他曾是无政府主义者，当时也是一般的教授，王新命是以新闻记者出名的。至于《新生命》派'三杰'，当时还没有当官，而是以学者的面目出现在群众面前的。这样，不知底细的人以为这十位教授都是'中间派'，就容易受到迷惑，认为他们的话大概是'公正'的。"

据冯和法教授说，孙寒冰教授对于联名发表这个所谓"宣言"后来一直悔恨不已。有一次，孙寒冰、伍蠡甫和冯和法在"杏花楼"吃饭，服务员端上来一盆家常豆腐，伍蠡甫即用筷子指着这盆豆腐一语双关地说："寒冰，这才真正是本位文化呢,吃吧!"在伍蠡甫来说,只是随便说说的笑话,但听者孙寒冰则脸红了。冯和法说,孙寒冰只是在疾风骤雨中跌了一跤,但立刻站了起来,只玷污了衣服。而此后他显然比以前更坚强起来,成为一名进步的文化人,在探索真理的道路上增强了辨别的能力。

二、对"十教授宣言"的揭露与批评

"十教授宣言"发表后,立即在知识界引起了广泛的批评。

"十教授宣言"来头不小,气势也很大。实际上尽是浮词和自语反复,空洞无物。

十教授为了弥补宣言"空洞的缺陷",又于1935年5月10日发表了《我们的总答复——关于中国本位文化建设宣言》。声称:"我们所揭示的中国本位文化建设,在纵的方面不主张复古,在横的方面反对全盘西化,在时间上重视此时的动向,在空间上重视此地的环境,热切希望我们的文化建设能和此时此地的需要相吻合。"文章最后概括为三句话:"中国此时此地的需要就是:充实人民的生活,发展国民的生计,争取民族的生存。"

与此同时,陈立夫也亲自出马,在国民党中央党部纪念周上作了《文化与中国文化之建设——三民主义即文化建设之纲领》的演讲,声称:"三民主义者,即以中国为本位之文化建设纲领也,故以如此之信仰建设国家,则国家得其生存,贡献世界,则世界得其进化,中国本位文化建设之真义,其在斯乎。""今日之一切措施,应以国防生产为中心,亦即昔人所谓足食足兵之意,而充实其自给之力量,使农村文化程度,得所提高,始可谓中国本位文化之建设,对于现在尽其责矣。""以中国本位之文明,不断的贡献人类而不让,同时不断的受人类贡献而不拒,时时造成适合中华民族自身之生存,与全人类共生共存之结果,谓之中国本位之文化。""生活之目的,在于增进人类之生活,生命之意义,在于光大民族之生命。吾人今日建设文化,必须预为将来之光大计,故一面应尽力发展科学,使青年悉得科学知识与方法之熏陶,养成有系统之思想,有组织之能力,有正确之观念,有敏捷之行动,以期迎头赶上世界科学的文明,光大中华民族之生命,一方面尤应注意道德之涵养,使随科学之发达以并进。盖科学发达,制作日精,利用自然与机械之能力亦日伟,施之为善,可以益人,施之为恶,亦良足以害人,故必须慎其施为,正其

操守，科学之增进是智也，道德之涵养是仁也，有智而无仁之文化，必陷人生于残酷机械，有仁而无智之文化，亦陷人生于虚弱愚蒙，'智以及之，仁以守之'之文化，方真正有利于国家，有利于世界。中国素为崇尚道德之民族，若能建科学于道德基础之上，科学始为人类之福星，此种责任，唯中国人能之，亦唯有中国始能以此对世界作伟大之贡献，中国本位文化之建设，亦必如此，方能对于未来，完成其'以建民国以进大同'之重任也，是故中山先生所昭示于吾人之'将我国故有之道性智能，从根救起，对西方发明之物质科学迎头赶上'二语，实是为中国本位文化建设之方针与方法也。尽人为之所通，以明过去之所有，以明现在之所需，以明将来之所向，以建设光华灿烂之文明；尽人力之所及，取祖先遗留于吾人之一切典章文物而化之，采世界各国贡献于吾人之一切智能方法而化之，创造吾人现时代环境之所需，准世界未来之所求，不使之食古不化，亦不使之食今不化，以建设光华灿烂之文化，中国本位之文化建设之目的，庶其近焉。"

对于"十教授"和陈立夫的解释，许多人认为还是过于空洞。

严既澄在《"我们的总答复"书后——向"中国本位文化建设宣言"的十位起草者进一言》中说："说话的并不是一个研究社会科学的人，对于'社会''文化'一类的大题目向来是不敢赞一辞的；这回忽然忘其固陋，为此短文，实在是鉴于'中国本位'这四个字的恶影响真大得可惊，而就本报日前所发表王新命等十位先生之总答复看来，原来提出这个名词的人仅以此表示'中国此时此地所需要的'这点意思，那真未免有点太不值得了。""据他们自己所找出来的，中国此时此地所需要的只是'充实人民的生活，发展国民的生计，争取民族的生存'这三件事。试问这三件事果真是中国所独有的么？就我看来，如今的国家恐怕就没有一国不在努力于这三项事业，不但产业落后的国家要努力，就是'处于侵略者地位的列强'也无一不向着这方面走，不过还不如前者那样地迫切罢了。既然是一切的国家所同有的问题，又何必凭空加上'中国本位'四个字？以上是我要奉劝他们取消'中国本位'这个名词的理由。"

梁实秋在《自信力与夸大狂》一文中也说："现在十位教授宣言要'建设'一种'中国本位文化'，可说是言大而夸了。究其实，所谓'中国本位文化'原来不过是'充实人民的生活，发展国民的生计，争取民族的生存'三句老话（见'我们的总答复'），孙中山先生的三民主义早已言之在前，何必另起炉灶撰出这样大而无当的名词来呢？""假如现在复古的势力太大，我们应该出来反对，因为这是'此时此地的需要'。假如现在盲从的势力太大，我们应该起来主张'审慎的选择'，因为这也是'此时此地的需要'。我们看看眼前的事实，'读经'、'祀孔'、'扫墓'、'诵经'、'国医'、'国术'、'节妇宴'（见本月3日《益世报》），无一不是'迷恋过去的残骸'，然而不见有多少人发为宣言蔚为舆论加以抨击。再看西洋文化，表面上像是大规模输入中国，其实我们国人并没有彻底了解西洋文化，更谈不到大量吸取。不加抉择地模仿才能说是'盲从'，我看我们国人的毛病乃是袭取皮毛，并非全都盲从。现在'洋化'只嫌不够深刻不够广泛，离'反客为主'的地步还远得很呢。'中国本位文化建设'运动在此时此地发生，我以为是最不合于'此时此地的需要'。"

很明显，"十教授宣言"是意在言外。在所有的批评者中，只有郑振铎、张奚若等少数人认识到了陈立夫提倡的所谓"中国本位文化建设"的真正用意。

在民族生死存亡的时刻，陈立夫等人大张旗鼓地提倡所谓中国本位文化建设，不是无的放矢，实际上是有一层不可明言的用意所在的，郑振铎首先敏锐地看到了这一点。他说，"十教授"发表这篇宣言，居然一个字也没有提到迫在眉睫的民族危机，其目的正是为了转移文化界的注意力。尽管"十教授"中也有与他关系不浅的友人，郑振铎还是针锋相对地写出了自己的意见，经国民党新闻检查官删节后，发表于"我对于《中国本位的文化建设宣言》、对中国文化建设的意见"专栏里："我以为文化问题固然重要，但中国民族本身如何能生存，却是更大的问题。日本的爪牙永远抓住中国，中国便永远没有复兴的可能。现在的问题是如何使中国能脱出日本的爪牙。所以迫切的问题，不是文化的问题，而是生存的问题。我们固然知道，在恶劣的环境下，也能生存。但须用如何的方法谋生存，终是大问题。（中略）在中国旧文化里，是永远找不到出路，譬如国医国术运动之类，都只是亡国的前一幕的把戏。中国民族的生存必须寄托在新文化，新的组织上。如何组织民众，如何使民众都有自觉的为生存的争斗心，是今日的急务，而恢复旧文化却是死路一条。"

这段答问虽然作了删节，但基本观点仍是完整和清晰的，也完全符合当时中国共产党的理论与方针。在当时的讨论与答问中，无疑是属于水平最高的一篇。他提到的寄托中华民族的希望于"新的组织"，当是指中国共产党及其领导下的革命组织。

1935年4月，张奚若发表《全盘西化与中国本位》，就"全盘西化"与"中国本位"两种对立的观点发表了自己的看法。关于"中国本位文化"论，张奚若认为，"十教授宣言"其实又大又空，使人"如堕在五里雾中"，不得要领。其实，无论是"十教授宣言"，还是陈立夫的演讲，都很笼统而又含糊，意在言外，难以启齿。倒是王西徵在《大公报》上发表《中国本位文化要义》一文，才明明白白地说出了陈立夫等人"中国本位文化建设"的真正含义。王西徵的身份不清楚，张奚若从王氏大作的内容和口气估计，王氏和"十教授"一样，也是"曾经致力于党务的人"。王氏的文章"也许就是'十教授'至现时止'心所欲而口所不能言的'罢"。

张奚若写道：

> 王西徵先生这篇文章我认为是自"中国本位文化建设运动"开始以来，至现在止，最重要的一篇文章。要了解这个运动的真实意义，这篇文章是有长段引征的必要：
>
> 第二，"三民主义"是中国现在一切设施的依据，"十教授"大都是曾经致力于党务的人，所发宣言自然也不能根本上脱开这种立场。那末，大家一定要怀疑：关于"检讨过去"，"把握现在"，"创造将来"，在孙中山先生的著作里，不是都能明白找到切实的主张么？为什么"十教授"不征引阐发，而要另发宣言呢？
>
> 要辟开这种怀疑，我们就必须承认：中国近年来由革命建设及特殊的困难上，已经将社会带到更新的情形下，与中山先生生前所看到不一样，所以不能再胶执地运用"三民主义"，而应该使"三民主义"的理论向更高阶段发展。倘使我们不承认这个前提，对于"十教授"的宣言，就一定无从捉摸，所有的辩难及讨论，便都无谓了。
>
> 第三，"十教授"在顾到"此地"的需要下，不主张"全盘承受"资本主义文化，也不主张"全盘承受"社会主义文化，那末，部分的"吸收其当吸收"自然是可以的了。同时"十教授"已经明白表示"反帝"，也明白表示不能模仿苏俄；那末，结论是不难寻绎的。即：可以承受资本主义文化，而不承受到帝国主义的阶段；可以承受社会主义文化，而不承

受到共产主义的阶段。这结论所包含的意义并不复杂：因为"国家社会主义"和"民族资本主义"，都是这种意义的符号。

第四，"国家社会主义"的主张，不也是孙中山先生早就明白确定的吗？如何能算得"三民主义"理论向更高阶段的发展？这是不难回答的，只看"十教授"所宣布的"此时此地的需要"是充实人民的生活，发展国民的生计，争取民族的生存。

其中第二项，完全表示"民生主义"的意义；第三项，完全表示"民族主义"的意义，第一项，依前所引解释，其补救"人民生活贫乏"一义；可归入"民生主义"，其补救"人民生活破产"一义，可归入"民族主义"。在三项"此时此地的需要"中，没有"民权主义"；在两次宣言的全文中，也没有"民权主义"。"三民主义"在"此时此地的需要"下，成为"二民主义"。这是"三民主义"理论之更高阶段的发展之唯一可能的解释；也就是"十教授"宣言之最重要的意义。

第五，现阶段的"国家社会主义"以"独裁制"为必要的条件，所以不需要"民权"的发展，这是一切自由主义者所当认识的。

第六，"国家社会主义"的"狄克维多"是最现代的社会所产生的，和封建制度之专制的统治者不同。所以封建的残骸之复活，依然是应该排斥的。

"中国本位文化"之较为简单浅显的解释，为：不同于德、意的，中国的、"独裁的"、"国家社会主义"的文化。更较简单浅显的解释，为"二民主义"的文化。明白了吗？中国本位文化的要义就是取消"民权主义"！取消"民权主义"是"三民主义向更高阶段的发展"！更透彻的讲，中国本位文化运动就是独裁政制建设运动！

至此，陈立夫等人大张旗鼓宣传的"中国本位文化建设"才露出了它的真正用意。

对于陈立夫发起的所谓中国本位文化建设，嵇文甫于1939年10月25日发表的《漫谈学术中国化问题》也有一针见血的批评："还有，所谓'中国化'，又决不同于投机性的中国本位文化论。因为中国本位文化论产生于一个时代的逆流中，它是在漂亮辞句的掩饰下，向这逆流暗送秋波的。它反对全盘西化论，同时又不是国粹论和中体西用论。从表面上看，这不是和现在所谓'中国化'很相类似么？但实际上，它是迷离闪烁，并没有明白确定的内容。怎样才是'中国本位'的文化呢？其意若曰：不管是中国古代的文化也好，西洋现代的文化也好，我们都要站在目前中国的立场上，把它们重新称量一番，赤裸裸地建设起一种中国自己的新文化。这种新文化，既不是中国古代的，也不是西洋现代的，而是另一种'第三种文化'，和前两年文坛上所谓'第三种人'一样。这个'第三种文化'和所谓'中国化'之不同，乃在于它的非世界性和非现实性。如上文所说，'中国化'乃是把世界性的文化'中国化'，这'化'了的东西，虽然带上些中国味道，但本质上仍然是世界的。至于所谓'中国本位文化'，却是中国所独有，和西洋文化有本质上不同。换句话说，那班人只看见文化的民族性，却没有看见文化的世界性，他们不能把两者辩证地统一起来。在这一点上，他们比起国粹论者，或中体西用论者，不见得进步多少。再者，'中国化'只是就现实所有的，中国民族正在吸收着的，世界性的文化，咀嚼消化，使这种文化在中国民族中发荣滋长，放出异样的光彩。它并没有像中国本位文化论者那样的野心，幻想，要超出古今中外，劈空另创出一种新文化来。真理是具体的，'中国化'这口号之所以正确，就是因为它切合时宜，切合当前历史发展的具体条件。要是讲漂亮，讲八面照顾的话，它或者还不如中国本位文化论。然而那就不成其为实践的口号，而只是一种抽象的空论，只是做八股。'弥近理而大乱真'。我们需要'谨防扒手'。"

《中国内幕》一书也说："当时的'十大教授宣言'，因为言论机关已为统制，所以似乎闹得满城风雨的，其实，只是一纸宣言及自己制造的一些讨论而已，帮帮场面的则是二三托派脚色，如叶青（原名任卓宣）、郑学稼（署名家禾）之流。"

叶青在《读〈中国本位的文化建设宣言〉》中说："中国本位论就是以切合此时此地的中国需要为建设文化的标准的主张"，"那篇宣言，证明了中国一般人的理论水准之比从前进步。从前的人，对于中国本位，总是予以感情的和道德的解释，缺乏科学意味。而那篇宣言，则完全立足于科学之上，在理论方面是健全得多。"

江问渔在《关于〈中国本位的文化建设宣言〉的讨论》里讲："在此思想纷乱阴霾蔽空之际，有此一个霹雳，发现于教育文化界，不但促起一般人的特别注意，简直可以说是中国最近思想界最有价值的主张。"

李剑华在《中国本位文化建设绪论》中也说："所谓中国本位文化建设运动者，既不是狭隘的关门主义，也不是顽固的保守主义，也不是要拿中国的文化去征服西洋的文化，而是要以中国民族的立场去建设适合于中国民族所需要的文化。"

在文化观上，陈立夫无疑是保守主义者，他的保守还可从他主张从小学开始读经这一件事情中可见一斑。1935年5月10日，《教育杂志》出"读经问题专号"，邀请社会各界名人72人就中小学应否读经进行讨论。陈立夫、何键、江亢虎等人主张"学校读经，宜从小学开始"。但多数人认为："把读经当作一种专家的研究，都可赞成，若是把读经当作中小学校中必修的科目，则不必。"而柳亚子、周予同、林砺儒等人则反对中小学读经。柳亚子以激烈的言辞抨击道："时代已是1935年，而中国人还在提倡读经，是不是神经病？""倘然读经可以抵制日本人的飞机大炮，那么我将引吭高呼，恭祝东方文明万岁！"

从本质上讲，陈立夫作为蒋介石统治集团的核心人物，他不管在文化建设的名词概念上如何玩弄辞藻，在骨子里他们所需要的不外乎是中国封建社会的伦理道德和意大利、德国法西斯混合的东西，这是维持他们的统治所必不可少的东西。蒋介石集团既要反共产主义，又要反自由主义，在这两者的夹缝中，只有中国封建社会的伦理道德和法西斯的统治手段才是他们可以利用的东西。在"十教授宣言"中，虽然对共产主义、自由主义和法西斯主义一概作了批判，但批评共产主义、自由主义是真，批评法西斯主义是假。不用说中华复兴社的黄埔系少壮派是法西斯主义的狂热崇拜者，陈立夫、陈果夫的C.C.系又何尝不是。陈氏兄弟当年创办的刊物，不是也有诸多介绍和羡慕法西斯主义的大作吗？

三、成立中国文化建设协会

陈立夫的中国文化建设协会是在十分仓促的情况下成立的。由于复兴社的少壮派不守蒋介石给他们划定的范围，越界插手文化事业，正当陈立夫等C.C.首脑精心策划成立一个树立文化专制霸权的全国性机构，定名为"中国文化协会"的时刻，由黄少谷、刘炳黎主持的汉口《扫荡报》发动突然袭击，在该报第一版上用通栏特号大字标题，抢先刊出了"中国文化协会"成立的消息和该协会负责人的名单。复兴社这一群猛打猛冲的少壮派分子的行为有些类似今天的抢注商标的行为。陈立夫想要的"商标"已经为人抢去，C.C.首脑们措手不及，狼狈不堪。在《扫荡报》发表消息后的某一天晚上，陈立夫、张道藩、程沧波、程天放、肖同兹、吴醒亚、潘公展、丁默邨等聚集上海干社，共议对策。吴醒亚这名C.C.老将有主见，他提议由陈立夫、陈布雷去面见蒋介石，申诉复兴社分子违背蒋介石以前颁布的禁令，插手不应由复兴社去搞的文化教育界工作，窃取C.C.系原先拟定的"中国文化协会"这个名称，并抢先宣告成立，企图造成既成事实。要求蒋再申前令，勒令复兴社停止有关"中国文化协会"的一切活动。另一方面，把已被复兴社盗用了"中国文化协会"这个名称，加上"建设"两字，改成"中国文化建设协会"，由干社负责从速筹备，以求早日正式举行成立大会，公开面世。吴醒亚的提议为C.C.首脑们认可，于是分头实行。

陈立夫回到南京，立即偕C.C.的亲密战友陈布雷一同进见蒋介石告御状，获得蒋的恩准，迫使复兴社不得不将早先宣布成立的"中国文化协会"招牌收起来。随后，陈立夫又恭请陈布雷这位"文胆"为"中国文化建设协会"撰写创立缘起、纲领和成立宣言。上海干社文书组主任干事黄敬斋回忆当时的情景时写道：

> 1935年5月中的某星期日上午10时左右，吴醒亚、潘公展二人陪同一位穿青色长衫，身材瘦小，文弱似营养不良的小学教师模样的朴实中年人来到，黄认识来客是自己昔时曾受过其指教的前辈，蒋介石的侍从室主任，C.C.系的最亲密战友陈布雷先生。他来到之后，同丁默邨和黄打了一个招呼，未坐下就对黄说："请你引导我上你的办公室去，我有东西要你帮着抄写。"黄一面答允着，一面就引导陈到自己的办公室，请陈坐在丁默邨常办公的座位上，并给陈准备好了纸笔。陈一面命黄坐在他的对面，一面对黄说："等我写完一张，就请你用蜡纸钢板刻写一张，二人同时工作，可以快些完工。"他边说边就开始工作起来。这位先生，真不愧是名扬四海的文章高手，在不到两个小时之内，就一口气写成了各千余字的两篇文稿，一篇较长的是《中国文化建设协会成立宣言》，另一篇是《中国文化建设协会纲领》。

陈布雷写好这两篇文件后，又亲自指导黄敬斋用蜡纸钢板各刻写油印了100余份，5月20日，在上海法租界爱麦虞限路中华学艺社大厦大礼堂召开"中国文化建设协会"成立大会,陈立夫、吴铁城、程天放、张道藩、周佛海等亲临主持,在宣布通过陈布雷起草的纲领和宣言后,将其分发给与会者及上海各报社通讯社的现场记者人手一份,于当日晚报和次日早报上,连同成立大会新闻,全文刊出。接着,又将纲领和宣言印成单行本小册子,由陈立夫题签,广为散发。

《中国文化建设协会纲领》全文如下:

中国文化建设协会之工作,悉以左列之纲领为准则:

(一)确认三民主义为中国文化建设运动之最高原则。一方面发扬中国固有之文化,一方面吸收外来之文化。积极的提倡"民族精神"、"科学精神"、"统一精神"、"创造精神",消极的消灭"封建思想"、"阶级思想"、"颓废思想"、"奴隶思想",以期建设适合现代中国的新文化,谋中华民族之复兴。

(二)在学术研究上,提倡笃实精进及独立自尊之美德,确立创造文化、服务人群及贡献国家民族之信念,排斥因袭盲从浅薄浮夸诸恶习。

(三)在文艺运动上,提倡积极的博大的向前的有生命力的,以民族利益为中心的民族文艺,排斥虚伪的卑劣的奴性的鼓吹残酷的普罗文艺,排斥浪漫的玩世的轻薄的一切足引民族于冷酷的封建文艺及颓废文艺。

(四)在一切出版事业上,尽力提倡以民族利益为依归。无论介绍现代思想,阐明国际局势,吸收外来文化,纪述国内事情,均以不背民族立场,不害民族健康为目标,绝对唾弃摧残民族自信,妨碍民族团结,阻害民族向上的一切著述与出版物。

(五)对于一切知识分子,提倡贡献能力及牺牲个人自由的风尚,以创造服务奋斗劳动的信条,以牺牲个人一切为极则,造成忠贞刻苦任侠尚义之精神,涤除偷安取巧颓放消极散漫自私之恶习。

(六)为转移一般社会风气,提倡以礼义廉耻为中心,更新国民之生活习惯,务使在个人生活以上,劳动简朴整齐清洁为基础,在集团生活上,有负责任、重纪律、信仰领袖、服从团体之精神。

(七)为奠定民族复兴之基础,尽量提倡国民体育,传播健康知识,以期扫除文弱积习,养成刚劲勇敢之气概,增进自强自卫的能力。

(八)在国家政治社会经济之建设上,主张以三民主义为中心,而实施统制，指斥共产主义及资本主义之谬误，辟除阶级斗争与自由竞争之主张。

根据《中国文化建设协会章程》，总会设在上海，以理事会为最高组织，受代表大会委托，总揽一切会务，理事名额41—61人，候补理事10—20人；理事会互推常务理事11—17人，组成常务理事会议，理事会推理事长1人、副理事长1—2人，领导一切会务。各省市设立分会，各分会设干事部，为分会会务执行机关，设干事若干人，干事长1人，副干事长1—2人。总会理事会下择要成立下列各项事业委员会：教育事业委员会、出版事业委员会、新闻事业委员会、体育事业委员会、电影事业委员会、广播事业委员会、戏剧事业委员会、美术事业委员会。

中国文化建设协会理事长陈立夫；副理事长两人：邵元冲、吴铁城；常务理事14人：朱家骅、陈布雷、张道藩、吴醒亚、潘公展、叶秀峰、沈鹏飞、黎照寰、李登辉、欧元怀、刘湛恩、张寿镛、翁之龙、裴复恒；理事61人：陈立夫、邵元冲、朱家骅、吴铁城、陈布雷、张道藩、余井塘、周佛海、程天放、苗培成、张厉生、丁超五、陈肇英、李敬斋、洪陆东、叶秀峰、方治、杨公达、程中行、赖琏、刘庄、胡庶华、陈访先、时子周、郭任远、程其保、罗霞天、庞镜塘、胡健中、裴存藩、陈泮岭、周学昌、何思源、董霖、陈石泉、吴醒亚、潘公展、吴开先、丁默邨、童行白、陶白川、朱应鹏、史量才、汪伯奇、张竹平、胡朴安、黄伯惠、王云五、黎照寰、翁之龙、裴复恒、郭卫、艾毓英、鲁荡平、王毓祥、沈鹏飞、欧元怀、张寿镛、李登辉、刘湛恩、吴大钧；候补理事20人：朱羲农、潘公弼、蒋建白、韩觉民、方焕如、唐惠民、陈白、王新命、李志云、孟寿椿、洪雪帆、郑正秋、廖云鹏、纽长耀、邰爽秋、黄文山、应成一、林众可、陈振东、石信嘉。

另有名誉理事长1人：蒋介石；名誉理事35人：汪精卫、戴季陶、钮永建、何应钦、蔡元培、张继、刘镇华、何成浚、罗家伦、孙科、孔祥熙、宋子文、陈济棠、张静江、刘峙、鲁涤平、黄绍竑、蒋梦麟、于右任、丁惟汾、陈果夫、邵力子、吴稚晖、熊式辉、何键、王世杰、王正廷、居正、覃振、张学良、叶楚伧、李石曾、张群、朱绍良、张治中。

从上面这个理事会名单看，虽然也将李登辉、刘湛恩等少数无党派的文化名流列入其中，但绝大多数都是C.C.乃至中统特务头子，这样的文化建设协会要建设什么样的文化是可以想见的。

"中国文化建设协会"各省市分会筹备委员：

南京：朱家骅、张道藩、叶秀峰、方治、洪兰友、赖琏、吴大钧、徐恩曾、薄良柱、许少顿；

山西：姚大海、韩克温、苗培成、冯纶、赵连登、梁贤达、阴毓柱、靳萱瑞、杨贻达、刘衍庆；

江苏：程天放、周佛海、余井塘、李敬斋、周厚钧、相菊潭、纽长耀、高阳、顾峤若；

浙江：陈布雷、郭任远、罗霞天、胡建中、叶溯中、林风眠、胡毓威、陈屺怀、李培恩；

安徽：苗培威、杨廉、余凌云、吴遵明、胡一贯、魏寿永、徐警平；

江西：丁超五、熊式辉、程时煃、李中襄、王冠英、刘家澍、范争波；

湖北：程其保、吴国桢、艾毓英、喻育之、杨兴勤、吴绍澍、黄宝实、杨锦昱、王星拱、陈时、罗廷光、潘龙云；

湖南：朱经农、胡庶华、彭国钧、朱浩怀、胡子靖、袁同畴；

河南：刘峙、洪陆东、张广兴、陈泮岭、王星舟、张静愚、齐真如；

北平：蒋梦麟、徐诵明、李蒸、董霖、鲁荡平、陈石泉、许孝炎、周炳琳、庞镜塘、刘真如；

河北：张厉生、陈宝泉、胡梦华、陈访先、李嗣璁、詹朝阳；

天津：张伯苓、李书田、时子周、马亮、邵汉元、钱端昇、张季鸾；

山东：何思源、蒋伯诚、李文斋、梁漱溟、林济青；

陕西：邵力子、周学昌、宋志先、郭英夫、刘青原；

甘肃：朱逸民、田昆山、胡宗南、水梓、曾友豪、朱铎民；

青岛：沈鸿烈、李先良、赵琦；

福建：陈肇英、徐桴、郑贞文、郑恒、刘正华、林文清、樊绍贤；

四川：曾扩情、卢作孚、梅恕曾、李琢仁、魏廷鹤、魏时珍、张凌高、甘典夔、阿鲁；

云南：裴存藩、张邦翰；

新疆：彭昭贤、杨梦周；

东北：齐世英、梅公任、周天放、王佐才、董其政、李锡恩、王宇章；

热河：谭文彬；察哈尔：郭有恺；

绥远：阎伟、陈国英、祁志厚；

宁夏：葛武棨、王含章。

各省市分会筹备委员也是以C.C.和中统头子为主，与总会如出一辙。以浙江为例，房宇园在《我所知道的许绍棣》一文中说：

> 抗战前在陈立夫的幕后策动下，由京沪八教授联合发起在南京成立"中国文化建设协会"（简称文建会），实质上是一个封建文化、狭隘民族思想和外来法西斯主义的混血儿，成为国民党党棍特务、文化流氓、反动学者等向共产党及进步人士进行文化"围剿"的反动组织。浙江设有分会，由许绍棣为干事长，胡健中为评议长。该会会员在杭州曾办过《黄钟》、《晨光》等刊物。抗战开始时文建会总会和各省分会都无形解体。1939年许绍棣却将文建会分会重又恢复起来，在丽水万象山新建会所一座，内有会议室、图书室、宿舍等，仍由许绍棣、胡健中分任干事长、评议长，新聘张淼、杨兴勤、李楚狂、刘湘女、房宇园、何永德、杨振、蔡极等为干事。重新征求会员，分子遍及机关、学校、银行、工厂。教育厅和金华胡健中主持的省战时教育文化事业委员会的职员中，加入文建会人数比较多。会员人数共500余人。入会时每人填表一份，缴纳照片一张，许绍棣曾将这些人的照片粘在一本会员留影簿上，是许亲自设计、粘的。其中关系较密切的人，都粘在显著地位。
>
> 会所落成后，会员分别捐赠图书、文具和家具等物。杨兴勤一人就捐赠了会议室全堂楠木椅子，张淼也作了经济上不少的帮助，以表示对许合作，互为拉拢。该会恢复成立时曾召开过干事会一次，在金华的干事都赶去参加。这是第一次会议，也是最后一次会议。会议决定要成立各种事业委员会（如戏剧事业委员会等），举办学术讲座，出版《会员通讯》，以后各种事业委员会未闻成立。在丽水利用英士大学、教育厅举办过几次学术讲座。《会员通讯》是一种16开4页至8页篇幅的不定期刊，内容贫乏，都是会员花絮一类的文字，由许自编，趣味低级。1943年丽水一度沦陷，万象山会所全部被毁，《会员通讯》后也停刊，会务就此陷于停顿。奇怪的是，这个分会和战前文建会的活动并无相同之处，陈立夫于1944年到浙江视察，在云和梨园举行的招待会上讲话时，对这个分会曾有所指责。

第三节 "统治阶级对于文艺，也并非没有积极的建设"

陈立夫领导的"中国本位文化建设"，不能说是从1935年"中国文化建设协会"成立才开始的，但是在国民党的反动统治下，稍有血性和良心的文化人是不会跟着陈立夫去从事那种充满着封建复古和法西斯混合气味的"中国本位文化建设"的。曹聚仁教授在《文坛五十年》中指出："蒋介石个人的政权，在国民政府内部，也有连续性的动荡起伏；当他把政权抓得紧的时候，文网便密一点，当他失去了控制能力时，文网便松一点。大体说来，一般文人，对于政治现状非常失望、烦闷，走向愤激的路；除了极少数'御用'的作家，思想左倾已成为必然的共同趋向。"这样看来，陈立夫在文化界能够集合起来的同盟者与同路人是少之又少。

在陈立夫的张罗下，第一个出台的是所谓"民族主义文学"派。1930年6月，王平陵、朱应鹏、傅彦长等发起所谓"民族主义文艺运动"。这一运动的真正发起人是陈立夫和上海市政府委员兼教育局长、C.C.骨干潘公展。朱应鹏是上海市政府委员、市党部常委；范争波是淞沪警备司令部侦缉队长兼军法处长、著名的中统特务，集合在这一旗帜下的还有张若谷、黄震遐等一批C.C.系文化特务。他们创办了《前锋周报》《前锋日报》等一批刊物，刊登了以《陇海线上》《黄人之血》《大上海的毁灭》等为代表的民族主义文学作品。之后，又有C.C.文化特务樊仲云于1931年12月在上海发起成立的"知识劳动者协会"，他们以所谓"知识劳动者"的面目出现，企图借此骗取社会舆论的同情和支持。

对于陈立夫等人炮制出来的民族主义文学作品，鲁迅曾以其犀利的理论解剖刀进行了深刻的解剖。鲁迅重点解剖了黄震遐的几部作品。

黄震遐（1907—1974），笔名东方赫，广东省南海县人，曾任上海《大晚报》记者，他积极参与陈立夫、潘公展等提倡的民族主义文学活动，是C.C.系文化特务，自诩为"东方拜伦"。《陇海线上》《黄人之血》《大上海的毁灭》等都是黄震遐的"杰作"。1930年5月，蒋介石与反蒋派阎锡山、冯玉祥在陇海、平汉、津浦铁路线上展开前所未见的中原大战，这是国民党新军阀混战的最后一场压轴戏，规模空前，双方投入兵力百多万，历时半年，双方死伤30多万。开战后，黄震遐来到了中原大战的战场，他自述在战场上的心绪时说："每天晚上站在那闪烁的群星之下,手里执着马枪,耳中听着虫鸣,四周飞动着无数的蚊子,哪样都使人想到法国'客军'在非洲沙漠里与阿拉伯人争斗流血的生活。"所谓"客军"指的是法帝国主义雇佣的"安南兵"。在黄震遐的笔下,中国"中央"政府的军队驻扎在陇海线上,居然和法国殖民主义者的"客军"驻扎在非洲有如此相同的情调。鲁迅抓住这一不打自招的供状,深刻揭露中国的"民族主义文学家"跟外国主子休戚相关,鲁迅指出:"原来中国军阀的混战,从'青年军人',从'民族主义文学者'看来,是并非驱同国人民互相残杀,却是外国人在打别一外国人,两个国度,两个民族,在战地上一到夜里,自己就飘飘然觉得皮色变白,鼻梁加高,成为拉丁民族的战士,站在野蛮的非洲了。那就无怪乎看得周围的老百姓都是敌人,要一个一个的打死。法国人对于非洲的阿拉伯人,就民族主义而论,原是不必爱惜的。仅仅这一节,大一点,则说明了中国军阀为什么做了帝国主义的爪牙,来毒害屠杀中国的人民,那是因为他们自己以为是'法国的客军'的缘故;小一点,就说明中国的'民族主义文学家'根本上只同外国主子休戚相关,为什么倒称'民族主义',来蒙混读者,那是因为他们自己觉得有时好像拉丁民族、条顿民族了的缘故。"

接着,鲁迅又剖析了黄震遐的诗剧《黄人之血》。这个剧本取材于成吉思汗的孙子拔都元帅当年西征俄罗斯的故事。黄震遐写这个剧本的目的在哪里,鲁迅一针见血地指出:

这诗剧的事迹,是黄色人种的西征,主将是成吉思汗的孙子拔都元帅,真正的黄色种。所征的是欧洲,其实专在斡罗斯(俄罗斯)——这是作者的目标;联军的构成是汉、鞑靼、女真、契丹人——这是作者的计划;一路胜下去,可惜后来四种人不知"友谊"的要紧和"团结的力量",自相残杀,竟为白种武士所乘了——这是作者的讽喻,也是作者的悲哀。

但我们且看这黄色军的威猛和恶辣罢——

……

恐怖呀,煎着尸体的沸油;

可怕呀,遍地的腐骸如何凶丑;

死神捉着白姑娘拼命的搂;

美人蟆首变成狞猛的髑髅;

野兽般的生番在故宫里蛮争恶斗；

千年的棺材泄出它凶秽的恶臭；

十字军战士的脸上充满了哀愁；

铁蹄践着断骨，骆驼的鸣声变成怪吼；

上帝已逃，魔鬼扬起了火鞭复仇；

黄祸来了！黄祸来了！

亚细亚勇士们张大吃人的血口。

这德皇威廉因为要鼓吹"德国德国，高于一切"而大叫的"黄祸"，这一张"亚细亚勇士们张大"的"吃人的血口"，我们的诗人却是对着"斡罗斯"，就是现在无产者专政的第一个国度，以消灭无产阶级的模范——这是"民族主义文学"的目标；但究竟因为是殖民地顺民的"民族主义文学"，所以我们的诗人所奉为首领的，是蒙古人拔都，不是中华人赵构，张开"吃人的血口"的是"亚细亚勇士们"，不是中国勇士们，所希望的是拔都的统驭之下的"友谊"，不是各民族间的平等的友爱——这就是露骨的所谓"民族主义文学"的特色，但也是青年军人的作者的悲哀。

在黄震遐的心目中，今天的日本军国主义就是当年的拔都；他们的最高理想就是"为王前驱"——即在日本帝国主义率领下，"张大吃人的血口"，向"无产者专政的第一个国度"发动"西征"。

事实上，挑动日本军国主义将侵略的魔爪伸向苏联（俄罗斯）是陈立夫做梦都在想的美事。陈立夫不仅有这样的美梦，而且有具体的外交行动，这是有陈立夫的回忆录为证的。不料，陈立夫这一荒唐梦想，由黄震遐以话剧的形式表达出来。但正如鲁迅所尖锐指出的那样："拔都死了，在亚细亚的黄人中，现在可以拟为那时的蒙古的只有一个日本。日本的勇士们虽然也痛恨苏俄，但也不爱抚中华的勇士，大唱'日本亲善'虽然也和主张'友谊'一致，但事实又和口头不符，从中国'民族主义文学者'的立场上，在已觉得悲哀，对他加以讽喻，原是势所必至，不足诧异的。"

陈立夫不仅指挥C.C.文化特务大搞"中国本位文化建设"，本人也赤膊上阵，参与其中。

1936年，陈立夫与叶楚伧共同主编了一套"国民说部"的丛书，分十集，总共100册。其中第四集"国民名人传记集"十册的书名分别是：《万世师表的孔子》《复兴越国的勾践》《威震西域的班超》《昌明女德的班昭》《西游取经的唐僧》《抗战护国的李纲》《尽忠报国的岳飞》《成仁取义的文天祥》《抗英拒毒的林则徐》《行乞兴学的武训》。按照陈立夫的标准，对中国历代名人筛选过滤后，他们心目中的中国"名人"就是以上十人。第六集是"国民生产经济集"，第八集是"国民防卫集"，第十集是"国民生活集"。

对于陈立夫领导的"中国本位文化建设"，连陈果夫也承认"因为执行不力，并无成就可言"。陈果夫的话既对也不对。集合在陈立夫或说陈氏兄弟旗帜之下的绝大多数是C.C.的党棍子、中统的特务头目，这批人只对争权夺利、杀人放火有兴趣，对于搞什么中国"本位文化建设"既无兴趣，也没有这个本领。此外，能够为陈氏兄弟所利用的真正文化人又是那样的少，陈立夫的"中国本位文化建设"又能做出什么成绩呢！鲁迅在《黑暗的中国的文艺界的现状》一文中，对于陈立夫等人搞的所谓的"中国本位文化建设"有一个很精彩的总结，鲁迅写道：

> 然而统治阶级对于文艺，也并非没有积极的建设。一方面，他们将几个书店的原先的老板和店员赶开，暗暗换上肯听嗾使的自己的一伙。但这立刻失败了。因为里面满是走狗，这书店便像一座威严的衙门，而中国的衙门，是人民所最害怕、最讨厌的东西，自然就没有人去。喜欢去跑跑的还是几只闲逛的走狗。这样子，又怎能使门市热闹呢？但是，还有一方面，是做些文章，印行杂志，以代被禁止的左翼的刊物，至今为止，已将十种。然而这也失败了。最有妨碍的是这些"文艺"的主持者，乃是一位上海市的政府委员和一位警备司令部的侦缉队长，他们的善于"解放"的名誉，都比"创作"要大得多。他们倘做一部"杀戮法"或"侦探术"，大约倒还有人要看的，但不幸竟在想画画，吟诗。这实在譬如美国的亨利·福特（Henry Ford）先生不谈汽车，却来对大家唱歌一样，只令人觉得非常诧异。
>
> 官僚的书店没有人来，刊物没有人看，救济的方法，是去强迫早经有名，而并不分明左倾的作者来做文章，帮助他们的刊物的流布。那结果，

是只有一两个糊涂的中计，多数却至今未动笔，有一个竟吓得躲到不知道什么地方去了。

现在他们里面的最宝贵的文艺家，是当左翼文艺运动开始，未受迫害，为革命的青年所拥护的时候自称左翼，而现在爬到他们的刀下，转头来害左翼作家的几个人。为什么被他们所宝贵的呢？因为他曾经是左翼，所以他们的有几种刊物，那面子还有一部分是通红的，但将其中的农工的图，换上了华亚兹莱（Aubrey Beardsley）的个个好像病人的图画了。

在这样的情形之下，那些读者们，凡是一向爱读旧式的强盗小说的和新式的肉欲小说的，倒并不觉得不便。然而较进步的青年，就觉得无书可读，他们不得已，只得看看空话很多，内容极少——这样的才不至于被禁止——的书，姑且安慰饥渴，因为他们知道，与其去买官办的催吐的毒剂，还不如喝喝空杯，至少，是不至于受害。

第四节　文化"围剿"的总司令

迫害左翼进步文化人是陈立夫的拿手好戏。

陈立夫点名迫害的第一个文化人就是大名鼎鼎的郭沫若。1927年5月，陈立夫与张群、李仲公三人以中国国民党国民革命军总司令部特别党部执行委员会常务委员的名义呈请中央党部，要求通缉郭沫若。该呈文称：

> 呈为请求惩办逆徒，开除党籍，以肃党纲事：窃属部执行委员郭沫若，平时趋附共产，其言论举措，时有危害本党情事，讵最近有所作《请看今日之蒋中正》一篇，尤属甘心背叛，肆意诋诽，甚且捏造是非，谓蒋同志行将解散二、三、六、七各军，其挑拨离间之手段更为极端残酷。值兹金陵初定，前方将士犹日在枪林弹雨之中肉搏作战，万一流言所及，摇动军心，党国前途宁堪设想。该郭沫若但快一己之私，百几竟置不恤，其辣手很（狠）心，倒行逆施，实属罪大恶极，无可宽假。兹经属部第三次执监联席会议胡委员逸民等提出弹劾，经全体议决，对于该反动分子郭沫若应予以严厉处分。除从4月21日起停止其执行委员职权外，敬恳大部开去党籍，并通电严缉归案惩办，实感公便。

当时主持国民党中央党部的胡汉民立即在陈立夫等人的呈文上批示"照办"，并由南京国民政府下令将郭沫若开除党籍，公开通缉。致使郭沫若在国内无法立足，不得不流亡日本10年。

1930年3月2日，中国共产党领导的中国左翼作家联盟在上海成立，参加成立大会的有鲁迅、茅盾等40多位著名进步作家。在成立大会上，通过了建立马克思主义文艺理论研究会、国际文化研究会、文艺大众化研究会等专门机构和发展左翼文艺的国际关系、发起左翼艺术大同盟的组织、确定各所属杂志的计划的提案，并通过了理论纲领。中国左翼作家联盟成立后，先后创办了《萌芽》《拓荒者》《现代小说》《北斗》《文学月报》《大众文艺》《文艺新闻》等刊物。1931年夏，中共早期领导人瞿秋白参加了左联的领导工作。据不完全统计，从1930年成立到1936年春宣布解散为止，先后参加左联的盟员有500—600人。左联成立不久，左联重要盟员就大部分上了陈立夫的黑名单。1930年9月30日，陈立夫以国民党中央党部秘书长的名义致函国民政府文官处，将黑名单报送国民政府文官处，要求取缔中国社会科学家联盟、左翼作家联盟、上海青年反帝大同盟、普罗诗社、无产阶级文艺俱乐部、中国革命互济会、革命学生会等八个进步团体，并要求国民政府密函淞沪警备司令部、上海市政府会同上海市党部、市宣传部查封上述八团体，并缉拿其主要分子，归案究办。列入陈立夫这张黑名单的有：

左联的盟员参加第一次成立大会的名单：

冯乃超、华汉、龚冰庐、沈叶沉、孟超、俞怀、邱韵铎、沈端先、潘汉年、王洁予、冯涧章、顾凤城、彭康、许峨、冯鉴、王伍叔、周全平、洪灵菲、戴平万、钱可邺、冯宪章、鲁迅、杜衡、蓬子、柔石、侍桁、画室、吴贯中、黄素、郑伯奇、鲁史、朱镜我、田汉、王一榴、蒋光慈、刘锡五、叶灵风、郁达夫、陶晶孙、戴望舒、李初梨、林伯修、殷夫、徐迅雷、程少怀、陈正道、许幸之、郭沫若、沈起予。

被介绍加入的：仲豪、徐耘阡、魏金枝、屈文、泳涛、丁锐人、马宁、孙孟涛、王润甫、卢苍雁、张瑛。

无产阶级文艺俱乐部的发起人：李平、胡宗信、何细、余惠、萧歌强。

陈立夫的这张黑名单拉开了国民党大规模迫害左翼进步作家的序幕。

1931年1月17日，柔石、冯铿、殷夫、胡也频、林育南、彭研耕等八人在上

左联出版的《萌芽》《拓荒者》《北斗》等刊物

海东方旅社被捕。在此前后,被捕的中共党员、进步作家共有35人。2月7日深夜,柔石等24人被秘密杀害于上海国民党淞沪警备司令部。其中有柔石等五名左联作家,史称"左联五烈士",他们是:

柔石(1902—1931),浙江省宁海县人,主要作品有短篇小说集《疯人》、诗剧《人间的喜剧》、小说《旧时代之死》《三姊妹》《二月》《希望》及译作《浮士德与城》《阿尔泰莫诺夫氏之事业》《丹麦短篇小说集》等。

胡也频(1905—1931),福建省福州人。著有《也频诗选》《到莫斯科去》《光明在我们面前》等。

白莽(1909—1931),原名徐白,浙江省象山县人。著有《孩儿塔》《伏尔加的黑浪》等。

冯铿(1907—1931),广东省潮州人,著有《重新起来》《红的日记》等。

李伟森(1903—1931),名求实,湖北人。著有《杜思退也夫斯基评传》《小品文杂感集》等。

国民党杀害柔石等人后,剥去他们身上的衣服,将遗体抛进一个预先挖好的大坑内,人们发现胡也频身上有三个弹孔,冯铿身上有七个弹孔,柔石身上有十个弹孔……

牺牲于国民党屠刀之下的左联作家还有应修人等。

对于国民党当局杀戮进步作家的暴行,鲁迅怀着极大的悲愤进行了严厉的谴责,他在《中国无产阶级革命文学和前驱的血》一文中指出:"统治者也知道走狗的文人不能抵挡无产阶级革命文学,于是一面禁止书报,封闭书店,颁布恶出版法,通缉著作家,一面用最末的手段,将左翼作家逮捕、拘禁,秘密处以死刑,至今并未宣布。这一面固然在证明他们是在灭亡中的黑暗的动物,一面也在证实中国无产阶级革命文学阵营的力量,因为如传略所罗列,我们的几个遇害的同志的年龄、勇气,尤其是平日的作品的成绩,已足使全队走狗不敢狂吠。"

被国民党秘密杀害的左联五烈士之一柔石

在为美国《新群众》杂志所做的《黑暗中国的文艺界的现状》一文中,鲁迅继续谴责道:"属于统治阶级的所谓'文学家',早已腐烂到连所谓'为艺术的艺术'以至'颓废'的作品也不能生产,现在来抵制左翼文艺的,只有诬蔑压迫,囚禁和杀戮;来和左翼作家对立的,也只有流氓,侦探,走狗,刽子手了。"

实际上,作为中国左翼文艺旗帜的鲁迅本人也处在陈立夫一班人的严密监视下,从柔石等被捕起,敌人就开始侦查鲁迅的住址。鲁迅被迫从1931年1月20日起,在上海黄陆路一家日本人开设的花园庄旅馆度过39天的避难生活。在极度的悲痛中,他吟成了那首著名的《惯于长夜过春时》:

惯于长夜过春时,挈妇将雏鬓有丝。
梦里依稀慈母泪,城头变幻大王旗。

> 忍看朋辈成新鬼，怒向刀丛觅小诗。
> 吟罢低眉无写处，月光如水照缁衣。

浙江省党部的C.C.分子呈文国民党中央，称鲁迅为"反动文人"，请求加以惩处。但迫于鲁迅的巨大声望，陈立夫终于未敢对他下手。

1934年6月6日，国民党中央宣传委员会下设中央图书杂志审查委员会，由潘公展任主任委员，吴醒亚、吴开先、潘公展、方治、丁默邨等任委员，内设总务、文艺、社会科学三组，审查员有项德言、王新命、朱子爽、张增益、戴鹏天、刘民皋、陈文煦、王修德等。这个中央图书杂志审查委员会完全是C.C.系把持的一个机构。因为上海是当时新闻出版的重镇，所以这个号称"中央"的机构却不设在首都南京，而设在上海。

机构成立后，于6月9日公布了《图书杂志审查办法》10条。同年7月，该会修订《图书杂志审查办法》14条，规定书刊付印前必须送图书杂志审查委员会审查，审查委员认为内容有不妥处得勒令删改，违者扣留核办；如出版后与原稿不符，得予以处分。1935年7月15日，南京政府立法院颁布了《修正出版法》，规定报刊应于首次发行前，填具登记申请书，呈请当地主管官员核准后，才能发行。这两个法规，实际上将由原《出版法》规定的注册登记制改成了审查批准制。

中央图书杂志审查委员会主任委员、C.C.著名文化特务潘公展告诉手下的审查员："稍有不妥，就要删改；宁可多删多改，不可放松过去。"在这样的指导思想下，审查员都吹毛求疵，多方挑剔。不但对共产主义或共产党立论稍有公正语气的地方要删去，即使一般性的有关马列主义的理论也要删去，甚至"国共合作""宁汉分裂"等字样也不许再出现，因为"国"、"宁"是正统，"共"、"汉"不能与之并称。为了"尊重"领袖蒋介石，北伐时常见的"蒋（介石）冯（玉祥）"之类的字眼也不得用。

据鲁迅揭露，审查员的胡作非为还藏有另外一层不可告人的阴暗心理。鲁迅说："现在当局的做事，只有压迫，破坏，他们那里还想到将来。在文学方面，被压迫的那里只我一人，青年作家，吃苦的多得很，但是没有人知道。上海所出刊物，凡有进步性的，也均被删削摧残，大抵办不下去。这种残酷的办法，一面固然出于当局的意志，一面也因为检查官的报私仇，因为有些想做

'文学家'而不成的人们，现在有许多是做了秘密的检查官了，他们恨不得将他们的敌手一网打尽。""今年设立的书报检查处，很有些'文学家'在那里面做官，他们虽然不会作文章，却会禁文章，真禁得什么话也不能说。……黑暗之极，无理可说，我自有生以来，第一次遇见。"

鲁迅是左联的旗手，他称这种野蛮的审查制度是"文学暗杀政策"。鲁迅的《集外集》被审查官抽去10篇，《病后杂谈》被删去五分之四，《文学》杂志社的编辑看到文章删到只剩了个开头，便不想登，但鲁迅却要求刊物发表，于是这篇只有一个开头的《病后杂谈》在1935年《文学》2月号上登了出来。接着，鲁迅又做了一篇，说清初删禁中国人文章的故事，其手段大抵和现在相同。这次审查官不再动手删削，却在文稿上加上许多记号，要作者或编辑自己动手删削。鲁迅亲手删了一点，审查官仍不满足，不说抽去，也不说可以刊登，吞吞吐吐，让人不知所以，可笑之至。后来，还是由徐伯昕手拿铅笔，照审查官的意见改正，才算通过。当时担任中央图书杂志审查委员会社会科学组副组长的戴鹏天承认，他是"做了文化上的刽子手"。

C.C.的审查官对于国内作家耀武扬威，为所欲为，却因为"新生事件"在日本军国主义者面前栽了个大跟斗。

1935年5月4日，上海《新生》周刊第二卷第15期刊登易水（艾寒松）撰写的《闲话皇帝》一文。文章说：现在的皇帝"有名无实"，是"古董"、"傀儡"。日本的统治者要保留天皇，"是企图用天皇来缓和一切内部各阶层的冲突和掩饰了一部分人的罪恶"。这篇文章在发表前送到中央图书杂志审查委员会审查。首先由社会科学组审查，审查员没有意见，副组长戴鹏天也表示同意，正组长朱子爽也复核通过，项秘书最后核发，手续完备，《新生》周刊主编杜重远在杂志上印上审查许可证字号出版发行。没想到，这篇文章却引来一场严重的外交纠纷。

日本驻上海总领事石射猪太郎以"侮辱天皇"为借口，向上海市政府及南京国民政府提出严重抗议，要求国民党及国民政府向日本谢罪；封闭《新生》周刊社，没收该期周刊；惩办《新生》主编杜重远及《闲话皇帝》作者易水；惩办中央图书杂志审查委员会有关人员等。

对内残忍、对外虚弱不堪的国民党政府对于日本帝国主义的抗议极为恐慌。在日本提出抗议当天的新闻报道中，就把中央图书杂志审查委员会的牌子

《新生》周刊主编杜重远

和会址的照片登了出来,指为侮辱天皇的国民党机关。平时掌生杀大权高高在上的审查官们这下却害怕了,他们害怕日本浪人袭击,第二天就悄悄迁了会址,不再挂牌子,准备继续办理审查书刊的业务。哪知道会址刚迁两天,不挂牌子的会址照片又刊登在上海《每日新闻》上了。审查官们更加恐慌,从此不敢到会,审查业务只好停了下来。该会的项秘书干脆把所有印信、原稿装上箱子,藏到潘公展的家里去了。

日本要求严办《新生》周刊"侮辱天皇"的一切责任人,其中重点指的是发行者杜重远,但杜重远在事发后已经躲了起来,以擅长交际应酬著称的上海市长吴铁城急得屁滚尿流。陈立夫派方治到上海,和吴铁城、潘公展、丁默邨、吴开先等在新亚饭店商议,认为当务之急是找到杜重远,因为日方宽限的日子已经快到了,在南京下关一带的日本军舰"出云舰"已经卸下炮衣。会后,吴铁城等出动一切关系,终于找到了一位知道杜重远下落的人,从中奔走,要杜重远出来。但杜重远坚持不出来,更不愿与吴铁城见面。吴铁城不惜用种种威胁手段将杜骗到了新亚饭店。吴铁城、方治、潘公展、丁默邨等一班人见杜重远已经找到,如获至宝,卑躬屈膝地分外"客气",潘公展还亲自为杜重远倒茶。最后和杜讲好条件:杜重远明晨到法院自首,法院根据出版法判处杜重远一年六个月徒刑。在这一年六个月期间,每月由政府送给杜重远家属安家费500元,杜重远在狱中吃饱饭,睡床铺,有单独的卧室和书房,随时可接见家属等,一切优待。在条件讲好后,吴铁城还厚颜无耻地走到杜重远面前和他握手说:"杜先生为国受屈了!"当晚,吴铁城、方治分别用长途电话电告南京的陈立夫等。

6月24日,上海市公安局以"触犯刑章"、"妨碍邦交"的罪名,迫令《新生》周刊停刊。上海市长吴铁城向日方道歉。7月2日，日本驻华大使有吉明约请南京政府外交部次长唐有壬到其官邸晤谈。有吉称：事件直接责任者吴铁城对此事处置，予以谅解；对党部之处置，作严重之抗议。7月3日，唐有壬到中央党部与陈立夫、叶楚伧商谈应付日本人的办法。陈立夫等也认识到，不处理中央图书杂志审查会，日本人是不会放过的。陈立夫、叶楚伧经商量后决定，改组中央图书杂志审查委员会，并遵照日本人的要求，将该会审查人员项德言、朱子爽、张增益、戴鹏天、刘民皋、陈文煦、

被停刊的《新生》周刊

王修德等七人撤职。当然，所谓"撤职"是做给日本人看的，在公布撤职前，陈立夫、叶楚伧把中央图书杂志审查委员会成员叫到南京，由叶楚伧出面安抚，并在美丽川菜馆请大家吃了一顿饭。被"撤职"的重新安排工作，戴鹏天被安排到中华海员党员特派员办事处任设计委员，但同时改名戴英夫，以应付日本人。

除了图书杂志出版的审查外，陈立夫还有一手就是通过中统特务机关实行"邮电检查"，检扣进步书刊加以销毁。1935年5月4日，陈立夫出任军事委员会调查统计局局长后，向蒋介石争取到由军统局统一办理邮电检查的权力。

1935年10月25日，陈立夫与副局长陈焯联名密电交通部：

> 为函知全国邮电检查事宜，奉令划归本局管辖，并由本局派员分赴京、沪、武汉等地，先行接收，敬希查照转知各该地电报局随时协助，以前所派技术人员继续照派，以利要公。案奉国民政府军事委员会密令内开："案查全国邮电检查事宜，向由当地军政机关派员会同办理，管辖既

不一致，事权亦未集中，对于震慑反动，难期周密。兹为统一事权起见，所有的全国邮电检查事宜，着划归该局管辖，但各省市高级军政机关，得就近会同监督。除实施办法及检查条例应候制定公布，再行通饬知照外，合行令仰知照。此令。"又奉密令内开："案查全国邮电检查事宜，划归该局管辖，业经令饬知照在案。兹为逐步施行起见，所有南京、上海、武汉等市之邮件电报检查所，仰该局先行接办，并仍由各原有主办机关会同就近监督。至各该所经费，仍照现有办法，由当地各机关筹拨，不另更张，以期施行便利。除分令并函知本会行营暨交通部外，合行令仰遵照办理具报为要。此令。"各等因。奉此，自应遵办。除已遴员前往京、沪、武汉等地，分别接收各邮电检查所并函令外，相应函达，敬希查照转知上列各地电报局，如敝局派员到达时，务请随时协助。至原由各该局所派办理电报检查技术工作人员，并务继续照办，俾资借重，而利要公，至纫公感！

查禁的"成绩"是巨大的，请看以下几组数字：

从1927年4月到1937年7月的10年间，国民党检查机关查禁的社会科学书刊1028种，进步文艺书刊458种。

1929年到1936年，查禁"普罗文艺"书籍309种。

1934年2月19日，国民党上海市党部奉令挨户搜查各书店，查禁书籍149种。

社会科学书籍历来为查禁重点，国民党中宣部统计，1929年到1931年共查禁364种，1932年查禁65种，1933年查禁和通令查扣52种，1934年查禁101种，1935年查禁70种。

1936年11月至1937年6月，查禁的报刊有《救国半月刊》、《生活知识》、《读书生活》等130余种。

1929年查禁共产党刊物148种，改组派刊物66种，无政府主义派刊物12种，国家主义派刊物15种，第三党刊物5种，帝国主义刊物4种，其他刊物22种。

1934年2月，国民党中央宣传委员会发出密令：鲁迅、郭沫若、陈望道、茅盾、田汉、沈端先、柔石、丁玲、胡也频、周起应、华汉、冯雪峰、钱杏邨、巴金、高语罕、蒋光慈等28名进步作家的作品一律禁止出版和出售。

抗战时期，国民党中央图书杂志审查委员会一直由C.C.系文化特务头子潘公展任主任委员，战时新闻检查局则由C.C.系的李中襄任局长。

著名出版家、记者邹韬奋在《抗战以来》一书中，对国民党审查官员的丑恶表演有详细的描述。兹录一段，以见当时情形之一斑：

> 重庆审查会不讲理。首先是在星期日只办半天公，送审查的稿子已不免搁积，后来索性星期日全天不办公，使定期刊物，尤其是周刊，发生很大的困难，因为比较有紧迫时间性的文章都受到影响。星期日不办公，原是各机关的通例，但是审查稿件的机关，为便利出版界计，只应实行轮班的办法，不应置出版界的困难于不顾。但是他们一定要实行星期日全天不办公，你又能拿他们怎样？我们办定期刊的人只有忍痛把时间性提早，减少刊物内容的精彩。更使刊物的内容能反映到最近的时间性，是文化工作所要注意的问题，在审查会的老爷们却觉得这是管他娘的鸟事！
>
> 空袭来了！我们做编辑的人，因为印刷所不能搬到山上去，而且要反映现实，躲在山上也不免隔膜，所以仍然在重庆城里埋头苦干着，但是重庆审查会的老爷们对于这一点是无须理睬的，他们的生命比什么人都特别重要，把办公处搬到高高的南岸山上去，于是依审查条例稿子隔日可以审查完毕索回的，要增加一日，而且稿子只许一次总送审，不得像以前那样可以分次送。这样一来，时间上又增加了好几天，但是文化工作的效率，在他们是次要或无关紧要的问题，你又能拿他们怎样？
>
> 以前稿子不通过的，除批示理由外，原稿附同发还，后来不通过的稿子不但"应予免登"，而且把原稿一概扣留，这样一来，原稿不在手边，批示的对不对，你无从作详细的检讨，就是你记得原稿大意，跑去"讲理"，他们原稿死不拿出来，你就是要"讲理"也无从"讲起"！依审查条例，并没有扣留原稿不许发还的规定，但是审查会的老爷们可不管这些，只需他们高兴，突然给你一个通告，说以后原稿不许发表的，都一概要扣留，你就得"绝对服从法令"，老爷高兴怎样办，就是"法令"，你既是老百姓，就得"绝对服从"，否则他们就要扯到"国家至上"的大道

理上面去，你便成了该死的叛徒！

以前他们对于你送审的文章，认为其中有不妥的句子应该修改的，只在句子旁边用红笔画上红条，叫你自己修改（指出的对不对是另一问题），后来他们老不客气地拿起笔来替你修改，把你的原文用墨浓浓的涂得丝毫看不见，另外替你写上他们的高见，算为你的文章！你拿回这样的原稿以后，可以看到你自己的原文已在黑漆一团中消踪灭迹，记不起写了什么，而代替你的意见是审查老爷的高见！（究竟高不高，当然只有天晓得！）发表时，文章题目下面的署名尽管是你自己的，但是在实际上你却无异要代表审查老爷发表他们意见，而且要对读者替他的高见负责！文字究竟通不通，意思究竟对不对，都是你的责任！你要不"绝对服从"吗？那又要发生"不服从法令"的问题了！

审查老爷认为必要的时候，他可以把你的文章中随便删去几句，使你的上下文脱节，连贯不上，但你却须"绝对服从"，把上下文连贯不上的句子排紧。有些编者觉得这样太对不住读者，于是在脱节之处用括号注上（中被略）字样，也被审查老爷下令禁止。后来编者觉得审查老爷也许看到"被"字心虚，改注"中略"，表示审查老爷可不负责任，可能是编者自己荒唐瞎删的，但是审查老爷仍然心虚，非严禁不可，并严厉警告，说以后再敢故犯，当以不服从审查论罪，刊物没收，其实文章既遵命照略，正是小心翼翼地"绝对服从""老爷命令"，不过仅仅对读者声明此处有"略"，免得文字不通而已，对老爷的"体面"似乎没有多大损失，但是老爷们一定要以不服从审查论罪，否则刊物没收，威风凛凛，你又把他们怎样？此外，如在刊物上登启事告诉你的投稿者（往往因无通讯地址，不能径覆），说他的某篇文章"奉命免登"，也是犯禁的事情。我们找遍审查条例，没有禁用"中略"或不许声明"奉令免登"的规定（其实声明"奉令"应该大可增加老爷的"体面"），但是这都不足为根据，因为在上面已说过，老爷们高兴怎样办就是"法令"，老百姓就有"绝对服从"的义务！

据统计，从1938年1月到1941年6月，先后查禁书刊961种。1942年封闭《世界知识》等报刊500余种。

以下是审查官员查扣的两首禁诗，抄在下面以供读者鉴赏：

一幅今日世界的图画
（1940年12月19日）
徐迟

诗人但丁啊，你的神曲
分三部：地狱、净土、天堂。
这正是今日世界的图画，
我来带领你们，去世界旅行。

"地狱"：地狱是由大机器构成的，
地狱是由煤、油、电力构成的，
向地狱的门朝下走，悲苦的声音，
走进地狱的门便是成群结队的
死人、鬼魂，我看见通电流的机器
正在剥他们的皮，另外无数种机器
名字叫作机关枪、坦克车、大炮、飞机，
正在大量的杀人，想不到杀这末多。
我看见地狱里熊熊的大火和黑烟，
我们人躺在宰牛羊一样的屠场里面，
给巨大的铁链锁住，几把大剪刀
剪掉了他们的舌头，悲苦的声音。
他们是谁？你问我，为什么他们受苦？
工人、农民，没有犯罪，良善的灵魂，
还有失业的人与战争的难民，
他们要受苦，除非他们意识到
自己的阶级性，起来争取生命和自由，
你心肠软，列在东一堆西一堆死人堆里，
但你醒来时，我们已经到了另一个地方。

"净土"：很干净的土地，温柔的光线，
很舒服的房屋，很适宜的气候，
这里有生命的享受，美丽的梦，
这里有许多狗，还有高深的学问，
什么新发明都是这里的出品，
有财政学、国际公法等等专家，
甚至于有大政客、大将军、国家的元首，
他们是管理地狱的机器的工程师，
他们是管理地狱的电力的工程师，
他们都很努力，努力于自己的事业，
他们都很努力，保持净土的繁荣，
人数虽然不多，管理地狱是足够，
他们是努力着，据说努力着人类幸福，
他们还努力着，中日战争的和平，
英德战争的和平，暂时的彻底的和平。
他们都是有身份，有财产，有势力的，
但是他们并不是没有爸爸的，
所以现在他们到他们爸爸那儿去。

"天堂"：请看这是今日世界的天堂，
到底是天堂啊，满天星星是金刚钻，
乐园里的夜莺唱着乐园的歌，
乐园里的花木开放宝石和夜明珠，
可是天堂里的神仙只有几个人，
天堂是静静的，黄金补的天，铺的地，
他们神仙，是今日世界的创造者，
他们的黄金指挥太阳和星座的移动。
但是最近这样幸福的神仙，也烦恼，
他们的黄金指挥了许多战争都成功，
可是他们在讨论，正在准备一个战争，

第七章 C.C. 文化特务活动的总司令

准备一个大规模的战争，这战争
是准备反对那大熊星所照耀着的人间，
在静静的天堂里用轻轻的声音，
这很少几个神仙讨论，准备，烦恼。

现在我们已经像诗人但丁一样，很快的
旅行了今日世界的地狱、净土、天堂。
但是我还要带领你们去旅行一个地方。

"人间"：这里没有地狱、没有净土，
滚他妈的天堂，这里是人间。
啊，人间也是大机器构成的，
人间也是煤，油，电力构成的。
这里，人是工程师，人是自己的主人，
机器，电，不，不剥削自己人类，
人间所以是干净，温暖，适宜，舒服的
人间，人人有工作，享受，美丽的梦，
这里的人民，专门努力世界的繁荣，
真正努力人类的幸福，永久的和平。
这里是人间，人间是这样好，
所以天堂里的神仙都妒他，气他，
所以他们准备着一个人间的屠杀。
要把人间再变为地狱，因为这个人间
本来是地狱，翻一个身成为人间的。

今日世界是这样一幅图画，
地狱净土天堂，但是还有人间。
地狱里的苦难的人起来翻身，
因为到了明日的世界，只有人间。

《向民主求爱》

（1944年）

陶行知

（一）

一位健康朴素美丽的姑娘，

住的是平房。

前门有老虎，

后门有豺狼，

接二连三

有人来拜访。

（二）

美丽的姑娘！我爱你。

你能爱我吗？美丽的姑娘。

你是怎样的爱我呢？请你讲。

我一天想你想到晚，

一晚想你想到大天亮。

但是你前门有老虎，

后门有豺狼。

我没有法子接近你，可爱的姑娘

我是想你，想你，想成相思病了还在想。

谢谢你，空想的朋友啊！

你只好在单思病中去求得安慰吧。

我不能奉陪你啦。

（三）

美丽的姑娘，我爱你。

你能爱我吗？美丽的姑娘。

你是怎么样的爱我啊，请你讲。

我一天祈祷到晚。
一晚祈祷到大天亮。
但是你门前有老虎,
后门有豺狼,
我没有法子拉近你,可爱的姑娘。
我希望上帝派爱神,
爱箭射入你的心中央。
谢谢你,靠天的朋友啊。
你只好在祈祷中去求安慰吧。
爱人不会从天上落下来的啦。

(四)

美丽的姑娘!我爱你。
你能爱我吗?美丽的姑娘。
你是怎样的爱我啊?请你讲。
我一天谈你谈到晚,
一晚谈你谈到大天亮。
但是你前门有老虎,
后门有豺狼。
我没有法子接近你,美丽的姑娘。
我只好逢人便谈,
也许谈出个主张。
谢谢你,清谈的朋友啊!
你只好有(在)清谈中去求安慰吧。
爱人是谈不到手的啦。

(五)

美丽的姑娘!我爱你。
你能爱我吗?美丽的姑娘。
你是怎样的爱我啊?请你讲。

我要追求你，亲近你。

我前门有老虎。

我打倒了前门的老虎。

我后门有豺狼。

我打倒了后门的豺狼。

我愿意蹈汤赴火，拿生命来换你的爱，

……

你来吧！勇敢的人是有福的。

不怕失掉生命的是会得到生命，

会得到比生命更宝贵的生命。

我属于你了。

也属于我。

我们拥抱。

我们舞蹈。

我们亲热。

我们相爱。

愿你和我联合起来：

征服西方法西斯，

也征服东方法西斯。

统治一切，

也统治我；

创造新中国，

也创造新世界。

第五节　C.C.向教育界的扩张

C.C.分子刘不同在《国民党的魔影——"CC"团》一文中交代，陈氏兄弟领导的C.C.系日夜打算、企图夺到手的，是各级政府的行政机关和教育部门。

1932年秋的一天，陈果夫、陈立夫兄弟在与刘不同晤谈中，曾将他们的意图和盘托出。陈氏兄弟说："教育部门，我们必须拿到手。这是管理思想的部门。我们天天喊叫党化教育，可是教育部门在人家手里，这还行吗？"表现出了对教育部门势在必争的架势。

C.C.向行政部门的扩张在前面已有介绍，下面看看C.C.是如何向教育部门扩张的。

一、第一步是夺取教育行政部门

教育部直接主管高等学校，这时C.C.系人马还难有出任教育部长的资格，在教育部长一时难以取得的情况下，C.C.便从抢夺各省教育厅厅长着手。C.C.夺取各省教育厅长的过程太复杂，不可能一一介绍。这里只看几个省的情况。

在江苏省，1931年12月，C.C.骨干程天放出任教育厅长，为时不到一个月，又由C.C.另一骨干周佛海取代，周的教育厅长一直做到1938年8月，一共做了近七年之久。

在浙江省，C.C.系的陈布雷于1929年出任教育厅长，1930年12月由C.C.大将张道藩取代，1931年12月陈布雷再次回任，一直到1934年4月。陈布雷被免职后，C.C.分子叶溯中继任；1934年12月，C.C.分子许绍棣出任，许绍棣的教育厅长一直做到1946年7月。

在安徽省，C.C.分子程天放于1928年12月出任教育厅长，1931年4月被免职。1933年，C.C.分子杨廉出任教育厅长，1938年3月被免职；C.C.核心骨干方治于同年10月接任，于1940年12月去职。

在湖南省，C.C.的朱经农于1932年8月出任教育厅长，一直做到1943年3月。

在山东省，C.C.系的何思源于1928年5月起任教育厅长，一直到1942年4月止。

在河南省，C.C.的李敬斋于1929年任教育厅长，1930年2月免，为张鸿烈取代；同年10月，李敬斋回任教育厅长，到1932年1月。之后，C.C.系的陈访先、鲁荡平相继出任教育厅长；其中鲁荡平从1936年6月做到1944年7月。

在陕西省，C.C.系的周学昌从1932年10月起任教育厅长，至1937年2月。

在宁夏省，C.C.系的童耀华从1933年1月起任教育厅长，1938年2月去职，由C.C.系的时子周取代，1939年6月C.C.系的骆美奂接任，一直做到1942年1月。

在湖北省，C.C.系的程其保于1933年6月任教育厅长，到1937年1月。

在上海特别市，C.C.的大将潘公展从1932年10月起任教育局长，直到1936年该局裁撤，并入社会局止，潘公展转任社会局长。

由于资料不全,许多人的身份背景无法一一认定,以上只是一个大概的情况。大体上,在蒋系中央势力控制的省份,教育厅长基本上为C.C.所把持。

1938年3月,C.C.主帅陈立夫出任教育部长,C.C.把持教育行政进入一个新的阶段,下章再谈。

二、第二步是抢夺高等学校校长职位

在C.C.系人马没有资格出任教育部长的情况下,陈氏兄弟把目光盯住了各高校校长的位置,即派遣CC系分子担任高等学校的校长,以达到控制高等学校的目的。

在这方面,C.C.遇到了较大的阻力。从五四运动以来,中国的高等学校一直是自由主义(西化知识分子)的园地,他们对于形象不好的C.C.党棍夺取高校校长的宝座是极为反感并且强烈抵制的。这方面最明显的例子是清华大学驱逐C.C.系校长吴南轩。

1931年3月,C.C.系的吴南轩出任国立清华大学校长。吴南轩带了教务长陈石孚、总务长朱一成前往清华上任。

吴南轩(1893—1980),江苏仪征人,1919年由复旦大学预科大学毕业后,赴美留学,在加利福尼亚大学获得教育学博士学位,1929年回国,曾任中央政治学校教授、教务副主任,加入陈氏兄弟的C.C.系,是C.C.的二、三流角色。吴南轩上任的第一天,就发生了不愉快。国民党元老张继在介绍吴南轩致辞时信口开河,大放厥词,说清华有这么考究的房子,这样好的设备,一年花了这么多钱,却没有造就出一个有用的人才,试看,我们的中央委员中,各部部长中,有哪一个是清华毕业出来的?当时,台下的学生听了个个怒火万丈。张讲完后,清华大学学生会主席张人杰立即站起来驳斥说:"听了张主任的训话,我们有一个疑问,不知所指的人才,是按什么标准的?如果按学识、专长和成就来说,清华的毕业生中,却不能说没有。"他接着列举了科学、技术、工程、建筑各方面杰出知名人士的一大串名单,然后说:"就连国民党总理孙中山先生陵墓的建筑图案,不也是清华毕业生设计的么!如果人才是指党棍和官僚,清华的确一个也没有。"这一番话,立即引发起雷鸣般掌声,真是"经久不息",把张继"鼓"得脸耳通红。张继不愧是党国元老,能屈能伸,立即当众承认自己"失言",总算找到了下台的台阶。

清华大学历来是以"教授治校"的,而吴南轩到任后,坚持校长大权独揽,与教授会产生尖锐矛盾;清华大学进步学生坚决反对C.C.,和教授联合起来驱吴。当时任清华大学法学院院长的陈岱孙教授回忆这场冲突时说:

1931年春,南京教育部正式派吴南轩为清华大学校长。吴南轩于是年4月带了一个由若干人组成的亲信班子走马上任。吴南轩是国民党内部以陈果夫、陈立夫为首的所谓C.C.集团中的一个二流人物,他所带来的班子自然是这个派系集团的麾下走卒。C.C.集团一向采取以抓住高等院校为控制学术、思想阵地的策略,清华是他们极思染指的学校,吴来清华是负有这个使命的。当时清华师生对这一企图是十分清楚的。所以,在吴举行的就职典礼会上,就有一位同学从会场中站了起来,对代表"国府"致辞的张继迟到一个多钟头的官僚派头和其致辞中种种荒谬言论,提出质问和批评,使台上诸公窘态百出,只得草草收场。

吴南轩来校没几天,就在院长的任命问题上和教授会发生了正面的冲突。他坚持院长必须由校长全权任命,说过去由教授会推荐再由校长任命的做法是不合法的,不能承认的。实际上,院长任命的问题只是对抗的表面现象的冲突的导火线罢了。对抗的本质涉及更深的政治问题。C.C.集团对于清华校内自成一套体制是深恶痛绝的,因为清华体制所带来的思潮对国内高等院校有一定的影响,是C.C.集团企图控制全国大学阵地的障碍物。吴南轩的任务就是扼杀这个体制,建立校长的全权统治,为C.C.集团对教育、学术的绝对控制扫除障碍。院长任命问题只是打进这个体制的一个楔子,清华大学的学生了解吴南轩所代表的政治势力的意图,坚决站在教师一边。学校罢课了。同学们派代表去见吴南轩请其引咎辞职。吴和他带来的几个亲信企图挣扎,但又怕学生对他有"不礼"行动,于是仓皇躲进城内东交民巷外国使馆区某大饭店,成立"国立清华大学办事处"。吴托庇洋人,平津舆论哗然。南京教育部也觉得吴的行为实在有伤国家体面,赶紧让他辞职,并于1931年7月派翁文灏来清华暂代校长的职务,以安抚所谓学潮。

清华驱吴风潮发生后,陈氏兄弟立即向蒋介石进言,主张严厉镇压。那时广东的中山大学也发生了学潮，蒋介石大怒，扬言要惩办为首闹事的学生。蒋派教育部次长钱昌照北上处理清华驱吴风潮，蔡元培同行。钱昌照到北平后，住在他的连襟陶孟和家，清华教授会派张奚若、蒋廷黻、钱端升、冯友兰、张子高五位教授，学生会也派尚传道等三位代表去看钱昌照，申述驱吴理由，表达他们的希望。钱对五位教授说："这件事我来办，你们不要着急。"钱昌照在了解到驱吴风潮的真正原因后，打电报给蒋介石，主张让吴南轩等三人辞职，由他另觅新人接替，蒋复电同意。丁文江、陶孟和向钱昌照推荐翁文灏。一场风波终于平息。

在吴南轩被赶走后，清华学生会还在报上登载了一个广告，据徐铸成回忆，广告大意是这样写的：

  吴南轩先生鉴：台端不告离校，许多手续尚未办清，如台端亲手向本校图书馆借阅的初刊珍本附图的《金瓶梅》全套，迄今尚未归还，望即来校清理。

徐铸成是著名新闻记者，他说这个不大不小的玩笑，开得有些"谑而虐"。总之，在清华这场风波中，C.C.分子丢人现眼，败得惨不忍睹。从此以后，C.C.分子再也不敢觊觎清华、北大这样的自由主义势力雄厚的高等学府，从此以后，北大、清华的校长始终为蒋梦麟、梅贻琦、胡适、傅斯年这样大名鼎鼎的西化知识分子担任。陈氏兄弟只能通过拉拢上述人物，间接对北大、清华施加他们的影响。

在抢夺清华大学这样的名牌高校失败后，C.C.转而夺取二流及其以下的高校。

在上海，C.C.首先抢占了国立暨南大学。国立暨南大学是一所培养华侨子弟的著名高校，校长郑洪年是广东人，郑出身于北洋政府时代的交通系，在国民党的派系关系上属于孙科的太子系，但当时的孙科太子派是一个不为C.C.系、黄埔系、元老派、政学系支持的，且不愿结盟的孤立小派系。C.C.看准了这一点，首先向暨南大学发起了进攻。他们利用和指使暗藏于学校内部、月支二三十元不等津贴费的佩枪的职业学生——C.C.外围干社成员，配合陆京士（上海黑社会首领杜月笙的得力打手）的工人行动队（实际上是一伙黑衫暴徒），以内部颠覆、外部进攻的方式，不费多大力气就把郑洪年从校长的位置上拉了下来。C.C.系虽已得逞，可是对于像暨南大学这样一所扬名中外，规模大，设备全，全国教育界和海外侨胞们一致关心的学府，他们不敢轻率对付，为了安定人心，稳住大局，他们推出非C.C.系的粤籍学人，时任南京国民政府教育部高等教育司司长的李时雍来当傀儡，兼任代理校长；并以原任该校文学院院长的孟寿椿为教务长，以干社干事会干事、《大沪晚报》社长李恩弨为训导长；以干社社员、干社外围上海妇女协进会负责人金光楣为女生指导员，掌握学校男女学生的思想政治教育；以干社干事会干事、上海市教育局科长、干社外围上海各大学教职员联合会的负责人蒋建白为总务长，掌管学校的财务大权。在度过一个学期之后，学校大局已经初定，一切均已纳上轨道。C.C.系认为全面夺取暨南大学的时机已经成熟，再也无须遮遮掩掩地利用李时雍这个不称心的傀儡了，于是，就不客气地请李官复原职，而由他们推出C.C.系的一个新进积极骨干何炳松充当正式校长，而以另一个C.C.系新进骨干分子李熙谋取代非C.C.嫡系的老病号孟寿椿为教务长。其后，又以国民党上海特别市党部委员童行白取代思想糊涂、办事拖拉的李恩弨任训导长。从此，暨南大学已成C.C.系的一统天下，并成为C.C.系阴谋策划抢占其他学校的基地。

不过，何炳松也有他的另一面。据许杰回忆，最初C.C.派要何去当暨南大学校长，何开始很犹豫，但郑振铎支持他去，要他一面同C.C.发生关系，表面上倾向于C.C.势力，另一方面，诸如办学方针等学校内部的事务，则由进步的学者们共同协商来管理。

1935年8月起，郑振铎到暨南大学工作，任文学院院长兼中文系主任。鲁迅开始时不很赞成郑振铎去暨大任教，大概是因为鲁迅认为C.C.派对这所"国立"大学抓得很紧的缘故。但郑振铎对新任校长何炳松比较了解，何曾在1927年"四一二"反革命政变后掩护过他。这样，郑振铎实际上又成为暨大的一面进步的旗帜。当时，团结在他身边，或由于他的关系而进校的进步教员，有周予同、许杰、吴文祺、王统照、张天翼、方光焘、周谷城、楚图南等等。郑振铎后来回忆说："最可怕的是在暨南大学教书，当时该校C.C.派和军统斗争很尖锐。待了好几年。这几年凡是有标语出来，都说是我贴的。每次纪念周，想不参加都不行。说到蒋介石，大家都得站起来，我却一个人坐在那里。学生（指特务学生）都拿手枪，被开除的很多。"郑振铎当时敢于坚持开除特务学生，是很了不起的。郑振铎在回忆中还说到当时校内"党的工作做得很好"。另据当时暨大中共地下支部书记周一萍回忆，他当时经常找郑振铎联系，把他看作重要的依靠对象。由此看来，C.C.派何炳松当暨南大学校长，还是失算的。

C.C.系在抢夺国立暨南大学得手后，又乘胜策划夺取复旦大学。

现在的复旦大学已经属于国内一流的大学之列，但它是由一所私立学校发展起来的，在1949年以前，复旦还只是一所二、三流的私立大学。当时的复旦大学校长李登辉（1873—1947），福建厦门人，生于南洋群岛爪哇（今印度尼西亚），幼年在新加坡读书，1891年赴美国留学，1899年毕业于耶鲁大学，获文学学士。1905年应聘任复旦公学教授兼教务长，民国成立后继马相伯担任复旦公学（1917年改为复旦大学）校长。李登辉是一位态度刚正、办学认真，深得教育界推崇和全校师生爱戴的老校长，声望极高。C.C.系经过周密研究之后，决定采取避重就轻的策略，先从复旦实验中学入手，以此作为突破点。然而C.C.这个计划遭到了强有力的反击。实验中学的全校师生，在陈望道校长的领导下，结成了强大的护校阵线，进行了不屈不挠、持久不懈的反抗和斗争。C.C.系的威逼利诱全部失效，既拉不走一个师生，也不敢闯入校园。

在抢夺复旦实验中学失败后，C.C.转而决定夺取复旦大学。复旦大学是上海进步学生运动的中心，曾多次发动上海学生去南京请愿，要求蒋介石出兵抗日，收复失地。历次运动都受到李登辉校长的赞许。李校长曾在校务会议上提出讨论如何维护同学们的运动，决定推举教授数人随同同学们入京相机照料。因此，国民党上海当局对复旦大学极端仇视，曾要求李校长制止学生。李校长断然拒绝，因此更招政府之忌。1935年冬，上海当局曾派军警特闯入校内捕人，李校长挺身而出，斥责军警，幸有师生多人出来保护校长，才使李校长未遭毒手。到1936年，气急败坏的C.C.终于秘密决定将复旦大学封闭。南京校友会有人得到消息，急请校董会设法挽救。校董中有于右任、邵力子、叶楚伧等党国要人，他们过去曾是复旦教师，与复旦关系较深，同时也是国民党中委、中常委，由他们从中斡旋。叶楚伧赶到上海同校董会董事长钱新之商量，召开校董会紧急会议，会上决定"同意"李登辉校长退休，由钱新之以董事长兼代校长，并推校友、C.C.系的吴南轩为副校长负学校行政实际责任。C.C.也知道李校长德高望重，故作姿态，要请李登辉校长出任国民政府立法院立法委员。李校长一笑置之，拒不接受，随即前往四川旅游，以示决不恋栈。在四川旅游期间，受到川省校友热烈欢迎，无意中为后来抗战期间复旦迁川预先奠定了基础。

C.C.在夺取复旦大学后，再接再厉决定抢夺私立上海江南学院。这个学院由法学界著名前辈、湖南人郭卫（元甲）教授创办。C.C.系利用郭卫校长急于希望教育部批准这个学院立案的心理，乘机进行威胁利诱，没费多大力气就使书生气很重的郭校长上钩落网，郭卫主动交出江南学院一切实权，以换取教育部批准立案。改组后的江南学院校董会董事长，由C.C.著名特务头子（后为汪伪特务头子）丁默邨聘请湖南军界名宿叶开鑫、贺耀祖担任，丁默邨任副院长，掌握实权。干社社员蒯建午为训导处训导长，干社社员徐苏灵为教务处代教务长。全部校务概由丁默邨一把抓，院长郭卫成为被高高供奉在上的"泥菩萨"。

几年下来，C.C.分子陆续抢到了许多高校校长的位置，如罗家伦任中央大学校长、何炳松任暨南大学校长、刘季洪先后任河南大学和西北大学校长、赖琏任西北工学院院长、张北海任西北法学院院长、张廷休任贵州大学校长等。C.C.没有抢到校长职位的高校，则由C.C.的学校区党部暗施操纵。

三、第三步是抢夺中小学

国民党统治时期，中小学由各省市教育厅（局）主管。C.C.夺得了各省教育厅（局）长宝座后，也就取得了对中小学的控制权。

C.C.控制中小学的过程太复杂，无须一一罗列。这里只介绍一下C.C.系在上海夺取中小学的一些情况以见一斑。参与过C.C.文化特务活动的戴鹏天在《C.C.的文化特务活动》一文中介绍道：

> 陈立夫的文化特务活动中心在上海，依仗上海市教育局长潘公展的势力，用法西斯手段，开始了第一步行动：抢学校。他们知道学校是传播思想的园地，要肃清共产主义的思想，非先把学校抓到手不可。抓到学校之后，对于思想不稳的教职员便予撤换，改派与自己有关的人，甚至把小特务派去滥竽充数。市立的学校不消说，非C.C.分子或有关人是得不到校长位置的，就是私立的中小学，校长也往往为当局的有关人抢走。抢学校的方法是多种多样的：有的出钱收买；有的拉拢合伙；有的制造纠纷，乘机而入；有的甚至加你一顶红色或者粉红色的"帽子"，使你知难而退。各种手段，无所不用其极。除非你早已和当局发生了关系，愿意走当局所需

要走的路,否则,总是难保的。譬如当时号称"学店老板"的陈济成,他办有上海中学、上海师范、上海幼稚师范、上海小学四所学校,身任四个学校的校长,规模大,学生多,进账好,这正是抢学校者所垂涎的。可是由于他资历深,活动能力强,早与上海方面C.C.重要分子有勾结联络,没有受到影响,不过也因为和丁默邨关系较深,后来堕入泥坑,做了汉奸。

抢学校,不只是胁迫校董会换校长,把校长位置抢到手就算。校长位置抢到手后,要加聘有关人做校董,改组校董会,由校长派有关人来做董事长,或找一个所谓社会名流做挂名的董事长,这学校就据为己有了。那时有林康侯其人,他一个人身兼33所中小学校的董事长,成为笑话。……

上海的私立学校,占的比重是很大的。这是由于租界的关系。华人在租界上办学校,只要向公共租界工部局或法租界公董局申请到一张开业执照,就可招生开学了。学生缴的费用,由校方自由决定,不受任何限制。开办学校和开办旅馆、饭店在工部局或公董局看来是一样性质的。发给的都是"营业执照"。而开办学校,也大都视为开一个店铺,只要有了房子和简陋的设备,就拼命拉学生,开张营业了。因此,上海的私立学校,一直有"学店"之称。到了C.C.抢学校之后,"学店"之风更甚。不论大中学校,只问钞票,不问学历,学生可以"跳班","插班",由学校当局替他们造假成绩单;甚至于挂名缴费,文凭照领。如C.C.分子吴开先,就是在上海法学院挂名缴费领取文凭的。至于潘公展的喽啰们办的私立中学,如汤增敫办的民光中学、王新命办的滨海中学,还有顾继武办的青年中学等,更是半公开的出卖文凭。

潘公展还夺取了上海租界内仅有的两所私立中学——民光中学和青年中学。

殖民主义者不允许华人在租界办学,私立民光中学和青年中学是与殖民主义租界当局有特殊关系的买办创办的。

私立青年中学位于法租界霞飞路,这里是人口稠密的商业住宅区,青年中学及其附小,成为法租界独一无二、拥有垄断权的学校,人们称之为"学店"。因为这所学校只顾收入多,滥收学生,来者不拒,并无教育下一代的动机。绝不理会学生的程度如何,是否到校听课,也不管各班级学生超员拥挤等情况。法租界的学生家长,贪图近便和容易入学,也就不管三七二十一把子弟送到该校。学店老板所聘请的教师，多为滥竽充数的不合格的落第秀才，或谋生乏术，但求有处啖饭的可怜虫。青年中学财源茂盛，引起潘公展的眼红。潘公展对于地处租界的青年中学，虽然不能避开租界殖民当局而采取取缔封闭或直接武力进占的手段，但他可以利用上海市教育局长的职权，责令青年中学老板依据教育部所颁布的法令、条规，向上海市教育局申请立案，否则将不承认该校全部学生（包括过去毕业生和现在在校生）的学籍。学籍无效，不承认学生的学历，学生就不能报考其他学校或升入大学；就业时，也不能认可其资历。潘公展这个封闭学生升学、就业出路（该校教师资历当然也在不被承认之列）的撒手锏，是关乎该校全体师生前途命运的大事，立即引起该校全体师生和学生家长们的恐慌忧虑，他们纷纷起而哄闹，向该校当局抗争，施加压力，要求学校当局以全体师生利益和学校本身前途为重，向上海市教育局投降纳贡，依照市教育局所开列的全部条款改组学校，以换取这个学校的立案。这股起自内部的压力，顿使这个学店的老板处于难以招架的地步。潘公展等人采取的攻心战术显示出了奇妙作用。就这样，这所中学未经动武，就轻易地转移到了C.C.系手中。青年中学被上海市教育局批准立案和改组的结果是：重新组织由市教育局指定的人任新校董会的校董，该校原创办人兼校长任校董会的董事长，新任校长由市教育局委派潘公展的亲信顾继武（干社社员、上海市劳工医院总务、中统局特务）担任，该校附属小学的校长，则由顾继武的老婆、小学也没读完的半文盲张仁担任。标明经上海市教育局立案的私立青年中学的校牌，由潘公展亲笔题写，好消除顾主们（学生及学生家长）的疑虑。

另一所开设在上海公共租界的私立民光中学，也步了青年中学的后尘。更以私立民光中学地处越界筑路的不利地位，工人行动队可以随时以武装进驻，如探囊取物。私立民光中学的新任校长，也是由潘公展委派的亲信徐则骧（干社社员）和汤增敫二人，先后担任。

第六节　C.C.向新闻出版界的扩张

一、对著名民间报纸的拉拢收买

蒋介石与陈果夫、陈立夫都懂得宣传工具的重要性。对于历史悠久，发行量大的著名报纸，采取收买拉拢或者参股参人控制的不同政策。

天津《大公报》是我国北方首屈一指的有影响力的大报。蒋介石为收买拉拢该报费尽了心机。最后，《大公报》三巨头都为蒋介石拉了过去。张季鸾被捧为"国士"，成为蒋介石幕府中的谋士。每年夏季，蒋都要请张季鸾上庐山休养。1934年，蒋介石有一次在南京励志社大宴群僚，国民政府五院院长、各部部长、各委员会委员长以下到者数百人，首席的主客却是《大公报》的主笔张季鸾。与席者大有"韩信拜将，一军皆惊"之感。张季鸾投桃报李，积极支持蒋介石的不抵抗主义和"攘外必先安内"的政策。1935年12月，蒋介石又拉《大公报》社长吴鼎昌入阁担任实业部长，吴以后又历任贵州省政府主席和总统府秘书长。吴鼎昌入阁后，虽然在形式上宣布辞去了《大公报》社长，但他作为大公报主要股东的身份并未变，继续遥控《大公报》。在1936年"西安事变"中，《大公报》为营救蒋介石确实出了大力。

华东地区第一大报应算是上海的《申报》，该报社的社长史量才，也是蒋介石极力拉拢的对象，蒋介石先后授给史量才的公职头衔有十几个，如上海市参议会议长、上海地方协会会长等。有一次，蒋介石召上海名流史量才、黄炎培去南京谈话。谈话结束后，史量才一面和蒋介石握手，一面说：你手握几十万大军，我有申、新两报几十万读者，你我合作还有什么问题。蒋介石闻言立即变了脸色。史量才犯了蒋介石的大忌。从此，蒋就令陈立夫的中统特务与《申报》多方为难，但史量才仍我行我素。1932年8月，借《申报》刊登同情中央大学学生游行的报道为名，蒋介石亲笔批示："申报禁止邮递"，使《申报》发行出不了上海租界。接着，蒋介石、陈立夫等又要史量才撤换陶行知、黄炎培、陈彬禾，由国民党中宣部派员指导编辑发行，被史量才拒绝。史量才表示《申报》是经济上独立的报纸，从不拿政府的津贴，倘要派员指导，宁可停刊。蒋介石、陈立夫见软硬兼施都不奏效，便于1934年11月13日指使军统头子戴笠将史量才刺杀于沪杭路上。毕竟像史量才这样宁折不弯的人是不多的，史量才遇难后，继任人不得不屈服，《申报》言论重趋保守。

C.C.系在实行审查追惩制度的同时，采取种种手段使报刊就范，如收买、指派总编辑、编辑，甚至派人强行接收。到抗战中后期，C.C.系和复兴社操纵的报纸近200家。抗战胜利后，又以接收"汉奸报"为名接收了《申报》《新闻报》等著名大报和《立报》等一批中小报纸。

抗日战争胜利后，国民党当局为了控制舆论，特别针对当时文化中心的上海制定了一条"规定",凡不曾在上海出版过的报刊,一律不准在上海创刊或复刊。这项"规定"的目的在于阻止《新华日报》和其他进步报刊在上海出版,而对他们自己的报纸如《前线日报》《和平日报》《上海中央日报》《东南日报》以及附庸他们的青年党机关报《中国时报》,虽然都从未在上海出版过,却都顺利在上海出版了。

《文汇报》是上海"孤岛"时期创刊的著名抗日报纸,战后在严宝礼的主持下,于1945年8月18日复刊,《复刊词》声称该报为无党派色彩的纯商业性报纸,以言论自由为最高原则。《文汇报》刚复刊时,政治上倾向于国民党,站在国民党的立场上言论。但就是这样一家报纸,国民党当局也始终不发给"登记证"。1946年3月,徐铸成重回《文汇报》,和宦乡、陈虞孙、柯灵等一起主持编辑工作,由于这批中共党员和进步文化人的加入,《文汇报》的政治态度发生了变化,言论开始反映民众的心声,对学生和各界民众争取和平民主、反对内战独裁的斗争表示同情支持,对国民党实行警管区制以及通货膨胀等社会弊病,进行大胆激烈的抨击。

《文汇报》的转向引起了陈立夫的注意。首先,《文汇报》随即因反对警管区制被罚停刊一周。至于麻烦、警告以及"苏北难民"要来砸报馆的威胁,更是经常不断。但陈立夫开始还不想关闭《文汇报》,他决定亲自出马"挽救"《文汇报》。

徐铸成在《一次"鸿门宴"》文章中写道:

> 一天下午,严宝礼兄对我说:"江一平明天在家里请我们吃饭,他要我请你务必准时光临。"我问:"有什么事么?"他说:"没有什么,大概好久不见了,想请你叙谈叙谈,我们明天坐车一起去罢。"
>
> 江住在那时的高乃伊路,一幢花园洋房。我们到时,院子里已停着好多辆崭新的汽车。进入客厅,则赫然看到C.C.首脑陈立夫,上海的C.C.头子潘公展,市长吴国桢和警备司令宣铁吾,还有虞顺懋及主人江一平。他们都笑脸相迎,寒暄握手,我心中一怔,意识到这一席酒是不寻常了。
>
> 餐厅里摆着一桌酒席,酒过三巡后,江一平开口发言。他说:"《文汇报》是我们老舅(指虞顺懋)和我一起开办的,宝礼负责经营,十分得法。铸成先生主持编辑,煞费苦心,办得有声有色。但是,前一时间,我

因为事忙，没有管报馆的事，因此，有些言论，不符合党国的方针，引起各方误会。现在，《文汇报》销路很大，影响极广。不客气地说，《文汇报》的声光，比《大公报》还大了。我决定今后自己来管。今天立公、吴市长、宣司令和公展先生都光降，希望多加指教。各位都知道，《文汇报》规模简陋，经济困难。我自己没有钱，敞开来说，请政府投资十亿，扩充设备，提高职工待遇，好好干起来，一定能为党国的宣传，发挥不可估计的作用。"

我一面听，一面心中盘算，这个袭击，来势真猛。显然，他们暗中已经商定了这笔肮脏交易，用着突然袭击的方法，想逼我当场屈服。好在我在重回《文汇报》时，就和严宝礼约定了两条：一是编辑、言论方针和编辑部的人事进退、调度，一切由我决定，经理部无权干涉；二是在报头下，刊出"总主笔：徐铸成"。后者，就是为了预防万一，万一报馆要改变态度，我就辞职，这六个字不见了，读者就会明白底细。此刻，要挡住他们的阴谋，首先要公开揭露那个流氓律师买空卖空，招摇撞骗的伎俩，然后毫不含糊的表示自己的态度，让他们死了这条心。

江讲完后，陈立夫也以为这笔交易要做成了。所以很表现了"谅解"的态度，接着开口说："我们不怪《文汇报》，是我们对不起《文汇报》，这样对抗战宣传有功的报纸，房子也被人抢占了（指吴绍澍抢占四马路原《文汇报》馆址，办《正言报》），铸成先生是办报能手，道德文章，一向是钦佩的，今后还望多多为国家尽力。"接着，吴国桢、潘公展也简单说了几句帮腔的话，只有宣铁吾没有开口。

虞顺懋比较单纯，他以一口宁波腔说："阿拉这边，呒啥闲话好讲，宝礼哥不会讲话，请铸成兄谈谈吧。"

我就不客气地说："各位想必知道，《文汇报》是宝礼兄苦心经营的，顺懋兄不时在经济上大力支持，得以维持至今。"这样，我先把江一平撇开了。接着说："至于我，不讲客气地说：是个奶妈，《文汇报》是用我的墨汁喂大的。一平先生刚才谈的，当然是一句笑话。我曾再三和宝礼兄约定不接受任何方面的津贴和政治性投资。各位都知道，我是《大公报》出身的，我之所以毅然脱离《大公报》，主要因为胡政之接受了20万美元官价外汇（当时黑市美元1美元合'法币'2000元以上，官价只有20元，给官价外汇，等于白送），我当然不会容忍《文汇报》比它更不干净。"

"《文汇报》所以有今日，主要是我们明辨是非、黑白，敢于说真话，受到广大读者的欢迎。作为一个新闻记者，决不许颠倒黑白，成心说瞎话。但是，因为不明真相，在某些记载上，无心的错误是难免的。因此，今天能会见各位有关当局，我很高兴，希望以后多供给我一些真实消息，以减少这类错误，我们是很欢迎的。"

这一席话，使大家的脸色都尴尬起来了。没等终席，陈立夫首先站起来，说另有约会，吴国桢和潘公展跟着也一同告辞。独独宣铁吾留了下来。当江、虞、严等出去恭送陈（立夫）等时，他跷起拇指对我说："佩服佩服。老实说，我本来以为你是共产党的。听了刚才一番话，才知你是血性爱国的好汉。今天这个场面，你能顶下来，真不容易。我宣铁吾对不起你，曾封了你们七天门。今后，你再怎么骂我，我要是再动手，不是人养的。"我说："言重了，我只是凭良心办报而已。"以后，我们有一次"星期座谈"，好像谈的是物价问题，发一张请柬给他，他居然亲自来参加。

当然，他说这番话，并非真是同情我的态度，而是由于反动派内部的尖锐斗争，站在军统的立场，看到C.C.首脑们碰了一鼻子灰，感到高兴罢了。

在主人一脸沮丧中，我们离开江家。严宝礼兄说："则中约我去谈几句话，我们一同弯到他家去坐坐好罢？"到了那里，严忙将刚才发生的一幕，约略对吴谈了。吴失望地说："铸成兄，你把事情看得太简单了。立公这个人是很深沉的，会就此善罢甘休么？你太单纯了。"我说："出卖良心的事，我是断断不做的。以后有什么后果，我等着接受。"

陈立夫亲自出马，却碰了徐铸成的软钉子，恨得牙根发痒。陈立夫回到南京后，立即将《文汇报》社长严宝礼召到南京，由国民党中央党部秘书张寿贤出面与严谈判，提出的条件是：（1）由政府"投资"20亿元；（2）政府派一人任副编辑主任。严宝礼迫于压力答应了，但回到上海后，总编辑徐铸成死活不同意，他十分严肃地对严宝礼说："那就等于自杀。反正我没有签字，我还是照样办下去。"严急问如何处理善后？徐铸成说："这个退堂鼓好打，你写信给张寿贤，就说我不同意，决不承认这些条件。我看他们也没有办法，要威胁，也只会威胁我，不会威胁你的。"

最后，由陈布雷出马，他找到《文汇报》董事长张国淦，交给张国淦一张中央银行的空白支票，说："请你交给徐（铸成）、严（宝礼）两位，他们要多少钱，自己在支票上填罢！"张国淦还提醒徐铸成、严宝礼："看来，他们对《文汇报》逼得很紧，一连来了三次，你们要小心了！"

《文汇报》软硬不吃，陈立夫只好下手了。1947年5月24日，淞沪警备司令部下令《文汇报》与《联合日报晚刊》《新民晚报》三家报刊同时停刊。警备司令部发言人为此发表谈话云：

> 警备司令部发言人昨晚为依据戒严法命令本市《文汇报》《联合日报晚刊》及《新民晚报》即日停刊事，发表谈话云："最近中共因军事失败，为图挽救颓势，特发出所谓地下工作路线纲领，动员潜伏于政府区域之中共及其外围分子，积极煽动所谓三罢一参运动，除已在全国各地策动罢课游行风潮外，并已公然宣布煽动全国于6月2日实行总罢课、罢工罢市，冀以破坏社会秩序颠覆政府。在此严重时期，本市《文汇报》《联合日报晚刊》及《新民晚报》三报，竟在言论及新闻方面，不断煽动学潮，散播军事谣言，夸张共党军事胜利，淆惑人心，扰乱社会公共秩序。此种行为，实非任何民主与法治国家所能容许。本市早经宣布戒严令，迄未取消，近来阴谋分子多方煽动之结果，破坏社会秩序之事件层出不穷，本部职司治安，为维护安宁秩序，及保护人民生命财产起见，不得不加强执行戒严令，防遏乱萌，爰特依据戒严法之规定，予上述三报以停刊处分，藉以消除淆惑人心扰乱治安之因素"云。

二、摧残生活书店

出版社方面，国民党当局没有统一的出版系统。C.C.系的正中书局，复兴社的拔提书店等书店，在抗战前其规模影响远不敌民营出版社。C.C.在20世纪30年代最常用的办法是袭击捣毁销售左联出版的书报杂志和鲁迅著作的书局，如现代书局和北新书店等。这些书局都开设在原上海公共租界四马路，即福州路棋盘街一带。执行这些行动的，是陆京士及黑衫暴徒。暴徒们捣毁这些规模不大的书店时，实行的是所谓"先礼后兵"的卑劣手段，先送去附有子弹的不具名的恐吓信，警告他们不得继续公开出售和秘密收藏一切有左倾思想、宣传赤化的著作和书刊。如不遵从劝告，定将严惩不贷。这些书局在此恐怖威胁下，仍泰然处之，不屈不挠地坚持既定方针。这样就遭受了灾难：大批暴徒手持铁制棍棒，乘着大卡车而来，如狼似虎，一下车就闯进书店，不问青红皂白地对店中职工们拳打脚踢，对摆列在书架上和书柜里的书籍杂志以及书库中尚未上市的全部图书杂志，抢劫没收，捆载拉走。在干净利索地完成任务后，一声令下，仍乘原车扬长而去，留下的是一片狼藉不堪的残迹和受伤人员的痛苦呻吟。

抗战爆发后，国民党利用出版社重组的机会扩充资本，C.C.系的正中书局、中国文化服务社、独立出版社注册资本分别为5000万元、500万元、365万元，超过了老牌的商务印书馆（500万元）和中华书局（500万元），成为大后方国统区资本最雄厚、规模最大的出版社。

C.C.系的正中书局、中国文化服务社、独立出版社在抗战时期遇到了一个强劲的对手——邹韬奋主持的生活书店。尽管生活书店注册资本只有区区2万元（1939年4月在新华银行重庆分行贷款10万元），但生活书店代表了进步的方向，它在全面抗战爆发后，大量编印抗日救亡读物和马列主义书籍，风行国统区，在国统区重要城市设立分店五六十家。陈立夫等承认："本党书籍刊物坊间出售固亦不少，但往往纸质粗劣，印刷欠佳，不堪入目，而定价又较昂，自不能引起读者之欢迎。"于是，陈立夫等利用他们手中的特务机关等，对生活书店横加摧残。

从1939年3月到6月，短短三个月，生活书店各地分店先后有11家被查封或勒令停业。C.C.还放出风声，要查封重庆的总店。在给生活书店以沉重打击后，国民党中央宣传部部长叶楚伧和副部长潘公展出面，向邹韬奋提出：将生活书店与陈立夫的正中书局、独立出版社联合，在三个出版社以上设立总管理处或成立董事会，主持一切，并可增加经费，仍由邹韬奋主持。但邹韬奋拒绝这样的条件，他再三对叶、潘两位部长说明，这种办法很不妥当，因为此类组织在事实上等于合作，民办商业机关必须与党办机关合作，在法令上并无根据可言。邹韬奋还诚恳地解释：书店事业不外出版书籍，本店所出的书籍，请中央

抗战时期设在桂林的生活书店

重行审查,如认为尚有局部不妥当者即照修改,如认为全部不妥者,当即停止发行,至于以后本店在出版计划方面,当尽量与中宣部取得更密切的联络,赞助中央扩大宣传建国工作等。

但陈立夫不达目的不罢休。之后,生活书店各分店又相继被查封,到1940年6月,55家分店只剩下6家。这阶段,邹韬奋请求国民党中的开明前辈援助,他们虽表示同情,但无能为力,邹韬奋不得不向蒋介石写信请他主持公道。蒋也不主持"公道"。蒋介石的侍从室主任陈布雷与邹韬奋共过事,在陈布雷任上海《时事新报》主笔时,邹韬奋担任该馆秘书主任。邹韬奋只好去找陈布雷求助,邹很诚恳地把事情真相告诉陈布雷,也许真的感动了陈布雷,陈布雷把陈立夫的底露给了邹韬奋:"韬奋兄!党里有些同志认为你们所办的文化事业的发展,妨碍了他们所办的文化事业的发展。"原来如此,邹韬奋很沉痛地对陈布雷说:"事业发展有其本身积极努力的因素,应该在工作努力上比赛,不应凭借政治力量给予对方以压迫和摧残,这样的作风,在实际上绝对不能促进'党里有些同志'所办的文化事业。"理虽如此,但陈布雷也帮不上忙。

邹韬奋又去找他的老同学徐恩曾。邹与徐从中学到大学都是同班同学,私人友谊不错。邹韬奋找到徐恩曾,问他:"依我们老同学的友谊,彼此都可以说老实话,你是主持特务的,依你所得的材料,我究竟是不是共产党?"

徐微笑说:"我'跟'了你七年之久,未能证明你是共产党。"

邹韬奋说:"既然如此,你何必对我说了许多关于共产党的话?"

徐很直率地说:"到了现在的时候,不做国民党就是共产党,其间没有中立的余地,无所谓民众的立场!你们这班文化人不加入国民党就是替共产党工作!"

邹说:"我的工作是完全公开的,无论是出书或出刊物,无论是写书或写文章在刊物上发表,都经过政府所设立的审查机关的审查,审查通过的文章不能再归罪于我吧?如果我们做的工作是为共产党工作,审查机关是国民党的机关,为什么通过呢?"

徐说:"有许多事情不能见于法令,与审查的通过不相干,要你自己明白其意而为之。"

听到这里,邹韬奋不禁怒火中烧,义正词严地回答:"做一个光明磊落的国民,只能做有益国家民族的光明磊落的事情,遵守国家法令就是光明磊落的事情,我不能于国家法令之外,做任何私人或私党的走狗!'仰承意旨'的玩意儿是我这副硬骨头所干不出来的!"

最后,徐恩曾又要邹韬奋加入国民党,并多研究三民主义。他说:"有许多人看不起三民主义,其实三民主义是全世界上独一无二的好主义,愈读愈有味,愈读愈能发现真理。"

邹韬奋回答:"三民主义已为全国人民所接受,只需在实际上实行起来,没有不受全国人民所欢迎的,至于我自己,也曾经读过好几遍,你要我再读,我当然'愿安承教'的。不过要我加入国民党,也不妨事前和我商量商量,现在无缘无故在短时期内把几十处书店封闭,把无辜的工作人员拘捕,在这样无理压迫下要我入党,无异叫我屈膝。中国读书人是最讲气节的,这也是民族气节的一个根源,即使我屈膝,你们得到这样一个无人格的党员有何益处?"

徐恩曾忽然怒形于色,说邹韬奋把加入国民党视为"屈膝",是在侮辱国民党。邹韬奋说:我正是

绝不对国民党屈膝的硬骨头邹韬奋

尊重国民党,所以希望它能尊重每一个中华民国国民的人格。

最后言归正传,谈到生活书店,徐恩曾告诉邹韬奋,中宣部主张生活书店与正中书局合并,是表示国民党看得起生活书店,真该赶快接受。

但硬骨头的邹韬奋认为,陈立夫等人办的正中书局不易发展,不自己反省症结所在,却对生活书店垂涎三尺,这样"弱肉强食",他极为愤慨,他宁死也不接受屈辱的合并。

最后,陈立夫又派了一位"大员"找到邹韬奋作最后的摊牌,两人谈了一个多小时,提出摊牌条件:"我这次和你商量,与正中等合并的原议可以取消,不过据中央党部的意思,你无论如何,必须接受另一种办法,否则即须全部消灭无疑。"

所谓另一种办法,就是由中央党部派代表驻生活书店监督一切,那位"大员"再三郑重声明,如果这个办法仍不接受,那就非全部消灭不可。邹韬奋仍不接受威胁,表态道:"我们只能受中央党部原则上的领导,如发现我们有违法之处,甘受处分,但派党部代表经常驻店监督,出版界无此先例,万难接受!"

既然邹韬奋软硬不吃,陈立夫便决定全部消灭生活书店。生活书店分店全部被查封。邹韬奋本人随时有被逮捕的危险,他愤然辞去国民参政员的职务,于1941年2月化装潜离重庆,前往香港。邹韬奋出走后,平日担任监视邹韬奋的几名特务也因"失职"而被拘禁。

1942年1月9日,邹韬奋离开香港到东江抗日根据地,国民党中统、军统特务搜索邹的行踪,按照上级的密令,准备对邹"就地惩办"。但邹韬奋在中国共产党地方组织的帮助下,逃出了陈立夫中统和戴笠军统的魔爪。

第七节 插手并垄断中国电影事业

一、陈立夫的电影观

陈立夫认为,电影与播音为推行社会教育的最有效的工具。陈氏兄弟对电影事业情有独钟。他们看中的是电影具有强大的"教育"功能,可以为宣传"三民主义"服务。

1932年7月8日,陈立夫一手促成了中国教育电影协会的成立,选举陈立夫与褚民谊、段锡朋、钱昌照、彭百川、郭有守、罗家伦、曾仲鸣、高荫祖、张道藩、徐悲鸿、杨君劢、李昌熙、谢寿康、田汉、洪深、方治、陈泮藻、吴研因、欧阳予倩、杨铨等21人为执行委员，钟灵秀、宗白华、陈石珍、顾树森、罗明佑、郑正秋、孙瑜等七人为候补执行委员；陈果夫与蔡元培、李石曾、吴稚晖、朱家骅、蒋梦麟等七人为监察委员，陈璧君、叶楚伧、胡适等三人为候补监察委员。并推选郭有守、徐悲鸿、彭百川、李昌熙、吴研因为常委，常委下设总务、编辑、设计三组，各组设正副主任各一人，干事若干人。以彭百川、杨君劢为总务组正副主任，程树仁、王平陵为编辑组正副主任，褚民谊、戴策为设计组正副主任。从这个名单来看，虽然罗列了各方面的人物，但真正在里面起操纵和核心作用的还是陈果夫、陈立夫兄弟及其C.C.分子，蔡元培等人只不过是挂名的幌子。

中国教育电影协会的理事、监事名单一年一换，其第八届理、监事及各组负责人名单如下：

理事：陈立夫，张道藩，潘公展，顾毓琇，郭有守，陈布雷，彭百川，洪兰友，方治，洪深，罗刚，陈剑翛，余上沅，王平陵，张北海，罗学濂，李清悚，王星舟，魏学仁，欧阳予倩，段锡朋，共21人。

候补理事：邵力子，郑用之，吴研因，田汉，应云卫，孙瑜，余仲英，共7人。

监事：陈果夫，吴稚晖，叶楚伧，王世杰，余井塘，朱家骅，梁寒操，共7人。

候补监事：罗明佑，吴保丰，陈友松，共3人。

常务理事：陈立夫，张道藩，潘公展，顾毓琇，彭百川，共5人。

常务监事：陈果夫，吴稚晖，叶楚伧，共3人。

总务组主任：彭百川，副主任：鲁觉吾。

编辑组主任：王平陵，副主任：姚苏凤。

设计组主任：李清悚，副主任：余仲英。

教课组主任：魏学仁，副主任：孙明经。

推行组主任：方治。

宣传组主任：刘秀洪，副主任：甘豫源。

1932年11月12日，陈立夫在C.C.系的上海《晨报》上发表《中国电影事业的新路线》一文，提出了教育电影取材的五大标准及范围：

（一）发扬民族精神：（甲）显露东方文化的优点；（乙）宣传中国历史的光荣；（丙）表演民族革命的过程。

（二）鼓励生产建设：（甲）由都市而转向农村；（乙）宣传已完成的建设；（丙）宣传未完成的建设；（丁）指示未开发的富源。

（三）灌输科学知识：（甲）指示科学的日常应用；（乙）证验科学的自然现象；（丙）鼓励科学的研究精神。

（四）发扬革命精神：（甲）发扬牺牲奋斗的精神；（乙）发扬刻苦耐劳的精神；（丙）发扬服务创造的精神。

（五）建立国民道德：（甲）恢复固有的美德；（乙）矫正公共的缺点。

陈立夫认为，电影虽是娱乐消遣的工具，但除了娱乐消遣之外，还有社会教育的使命，主张"影以载道"。

中国教育电影协会成立后，倡导教育电影化、电影教育化两大目标。1933年、1934年，陈立夫主持国产电影比赛，以陈立夫提出的五大标准作为评选的标准。陈立夫还主持召开过三次全国电影业座谈会，陈立夫在座谈会上和电影戏剧专家洪深曾有过一场争论。

陈立夫说："政府尚无力从事电影的实际工作，对于民营电影，如果与政令没有什么显著的冲突，必须尽量帮助，诚意合作……中央电影指导委员会的成立，是把消极与积极的两种倾向合而为一，……消极方面成立之剧本审查和电影检查两个组织，积极方面成立中国教育电影协会，就是希望帮助大家拍好片子……中国是个电影生产落后的国家，一切都显示着充分的贫乏，我们为着要在最短时间赶上欧美所已达到的文化水准，不但不能娱乐，实在无暇娱乐，电影的价值，并不一定为了满足娱乐的条件而存在，如果有超过娱乐以上的责任，它当然得兼筹并顾不可……美国生产过剩，物质生活达到高度发达，他们的国民只感觉到多余的精力无排遣的苦闷，所以需要强烈的刺激，丰富的娱乐，并不需要在娱乐之中含蓄着什么教育意义，而在中国却不这样，我以为中国目前的电影，教育成分应居十分之七，而娱乐成分只能占十分之三。"

当时代表明星公司的洪深不同意陈立夫的意见，反驳说："电影就是电影，应该百分之百的娱乐，百分之百的教育。"

陈立夫则说："洪深所说是巧妙地替中国电影文过饰非之词，并不是由衷之言，如果是百分之百娱乐作品，并不能包含百分之百教育成分。举例说：苏联影片《生路》，是百分之百宣传生产建设的作品，是不是能给予观众百分之百的娱乐，便有疑问，如果是曾风行一时的美国片《璇宫艳后》，是娱乐成分较多的作品，其中究竟含有多少教育成分，恐怕洪深先生也无法计量吧！"

陈立夫还担任了中国电影年鉴委员会的主任委员，主持编纂了16开本上下两大册的《中国电影年鉴》，这是中国有史以来的第一部电影年鉴。该年鉴内容极为丰富，除国产电影片目、各公司历史、影业概况和电影史外，还大量介绍了外国电影专业知识、理论、技术。也有中国人写的谈电影理论和实务的文章，如王平陵和洪深写的电影编剧问题，程步高和孙瑜写的导演经验，克尼写的美工装置与电影，北鱼写的业务管理的经验等，此外还有各国电影检查专辑等。陈立夫除为该年鉴写序言外，还在年鉴上刊发了他的两篇长文《中国电影事业的新路线》和《中国电影事业的展望》，这是为国统区电影事业定基调的两篇文章。

20世纪20至30年代，中国的电影制片厂集中在上海，而上海制片厂又掌握在唯利是图的投机商人手中，当时的所谓国产电影基本上都是武侠、恋爱、伦理之类低格恶俗、迎合小市民的东西，这与陈立夫制定的"道学"标准相去甚远。陈立夫制定的标准对这些唯利是图的商人又能发生多大的影响？

二、"围剿"中共地下党领导的进步电影事业

中国共产党对电影事业的关注，是从20世纪30年代初开始的。1931年9月，中共领导的左翼剧联通过《最近行动纲领》，提出了中共在电影战线上斗争的纲领和方针。在"九一八"、"一·二八"事变后，中国人的爱国抗日情绪高涨，他们对上海投机制片商拍制老一套武侠、恋爱、伦理等恶俗的电影失去了兴趣。

在此背景下，进步电影人洪深向明星公司老板张石川提出，请几个左翼文化人来当明星公司的顾问，帮助出点子。1932年6月底，夏衍、钱杏邨在"文委"会议上向主持"文委"工作的瞿秋白汇报了情况。瞿秋白在听了汇报后，发表意见说："在文化艺术领域中，电影是最富群众性的艺术，将来我们'取得了天下'之后，一定要大力发展电影事业，现在有这么一个机会，不妨利用资本家的设备，学一点本领。当然，现在只是试一下，不要抱太大的希望，更

不要幻想资本家会让你们拍无产阶级的电影,况且他们只请你们三个人,你们既没有办电影的经验,又没有和资本家打交道的本领,所以特别要当心。"

经过中共批准后,夏衍(化名黄子布)、钱杏邨(化名张凤梧)、郑伯奇(化名席耐芳)于1932年5月参加明星公司任编剧顾问。

夏衍等打入明星公司后,认识到要在荒凉而又荆棘丛生的电影园地上去建立一个进步文艺工作者的立足点和逐渐发展的基地,单凭他们三个人显然是不够的,单靠他们三个人写剧本,到票房价值至上的电影界去打天下,也显然是不够的。于是,夏衍、钱杏邨、郑伯奇和洪深、田汉、阳翰笙等商量,制定了一个为进步电影奠定基础的方案:第一,通过当时在报刊上已有的戏剧评论队伍,把重点逐渐转到电影批评,批判反动的外国电影和宣传封建礼教、黄色低级的国产电影,为进步电影鸣锣开道;第二,把当时在话剧界已经初露头角的,有进步思想的导演、演员,通过不同的渠道,输送进电影界去,培养新人,扩大阵地;第三,翻译和介绍外国(在当时,主要是苏联)进步电影理论和电影文学剧本,来提高我们的思想艺术水平。

为了统一领导,中共党组织宣布成立电影小组,由夏衍、钱杏邨、王尘无、石凌鹤、司徒慧敏等五人组成,夏衍任组长。

夏衍说,工作做得最成功的是影评工作。中共很快组成了一支有力的影评队伍,打进乃至占领了包括《申报》在内的上海各大报的电影副刊。经中共"文委"同意,在左翼"剧联"领导下于1932年7月成立影评人小组,这是由中共领导的松散的群众组织,通过茶话会、座谈会的形式欢迎影评工作者自由参加。由于它是公开的、合法的团体,参加的人很多,接触的面很广。《申报》的"电影特刊"、《时事新报》的"电影时报"、《晨报》的"每日电影"、《中华日报》的"电影新地"、《民报》的"电影与戏剧"等几乎全部为这个小组掌握,主要的影评工作者有王尘无、石凌鹤、鲁思、毛羽、舒湮、李之华以及夏衍、郑伯奇、陈鲤庭、沈西苓、孙师毅(施谊)、于伶(尤兢)、宋之的、聂耳等。这个影评人小组一直持续到1937年"八一三"抗战后撤离上海为止(不少人继续留在"孤岛"工作)。

在向电影界输送新人和争取同路人方面,也取得了很大成绩。继夏衍、钱杏邨、郑伯奇打入明星公司后,田汉(化名陈瑜)于1932年秋打入联华影片公司任编剧,田汉、阳翰笙、夏衍打进艺华电影公司。

此外，中共领导的电影小组将左翼"剧联"成员为主的进步文艺工作者介绍到各电影公司，如郑君里、金焰、王人美等加入联华电影公司，沈西苓、司徒慧敏、柯灵（高季琳）、王莹、陈凝秋（塞克）等加入明星公司。此外，夏衍、钱杏邨、郑伯奇等和明星公司的导演程步高、李萍倩，田汉和史东山、卜万苍、孙瑜、蔡楚生等导演也建立了良好的合作关系，当时上海电影界的知名导演，绝大部分都成了进步电影的同路人，后来有不少人加入了中国共产党。程步高在白色恐怖最严重的1934年，在约定的时间把他在华安大厦七楼住房的钥匙交给夏衍，作为中共地下党开会的场所。进步电影文化人和演员打入上海各大电影公司后，很快就拍摄出了一大批进步电影上映，在观众中获得好评。这些影片包括明星公司于1933年拍摄的《狂流》《盐潮》《春蚕》《时代的女儿》《上海二十四小时》《铁板红泪录》等。联华电影公司拍摄了《共赴国难》《三个摩登女性》《都会的早晨》《母性之光》等。艺华电影公司拍摄了宣传抗日救国、鼓舞抗日斗志的《民族生存》《肉搏》《中国海的怒潮》等。所有这些影片都具有鲜明的积极主题，有着很强的现实感和时代感，而且题材面较前大大开阔，多方面地反映了不同阶级、阶层人民群众的生活和思想感情，促使中国电影向现实主义方向发展。

在介绍进步电影理论和电影文学剧本方面，左翼剧联的影评人小组和"文委"直辖的电影小组，在占领上海所有大报的电影副刊后，开始有计划地介绍苏联的电影理论，乘苏联电影《生路》《金山》等在上海首次公开放映的机会，发表了大量评介文章。据统计，单在《晨报》副刊"每日电影"上，1933年就发表了55篇介绍苏联电影的文章。

中共领导的进步文化人打入上海电影界，C.C.和中统很快看出了苗头。1933年3月，中统的《社会新闻》发表《左翼文化运动的抬头》的文章，说："《申报》的'自由谈'现在已在'左联'手中了。鲁迅与沈雁冰现在已成了'自由谈'两大台柱。"

1933年11月21日，C.C.派大将、上海特别市党部执行委员会常务委员吴醒亚、潘公展、童行北呈文国民党中央执行委员会，把攻击的矛头指向内政部和教育部合组的电影检查委员会，要求迅速改组该委员会。呈文称：

窃维启发民智，端赖于通俗教育，电影事业为通俗教育之一，其为重要,尽人皆知,世界各国无不注意。唯我国之电影界为共产分子所羼混,电影片为共产主义所占领,已为共见共闻之事实。当此剿匪工作正在紧张之际,讵堪赤化思想之广播,本党如欲启发民智,发扬主义,除应设法自制或使人摄制三民主义之影片外,对于宣传共产之影片,自应绝对禁止流传,乃中央内教二部电影检查委员会对此殊嫌放任,直使怀疑其非本党同志所组织,因此,该会徇情通融等传说,常喧腾遐迩,实深惋惜。本会目击情形,难安缄默,为特具文,呈请钧念,仰祈鉴核,迅予改组该电影检查委员会。同时,将以往鼓吹阶级斗争各片吊销执照,并彻查其过去行为,以释群疑,而杜流传,实为党便。

接着,陈立夫在中央电影事业指导委员会第一次临时会上提议改进电影检查委员会组织"以增功效"。陈立夫在会上陈述说:"查电影检查工作之良否,直接影响全体观众之意识,间接亦即关系整个社会文化之动向,故意德各国莫不有十分完备之组织,以慎重从事。于此,我国自设立电影检查委员会以来,亦已数年,虽不无若干成绩,然内部缺陷仍多,致检查工作常以事实困难,故不能妥善周至之进行。试观现在电检会负责之人员,计委员七人,中央指导员三人,均系兼职;由教育部派兼者,两专员,一编审,一督学;内务部派兼者有两编审,一科员;由中央宣传委员会派兼者有一总干事,二干事。各员本身职务已属不少,再加以每日电影,自必难于兼顾。闻检查普通外国影片三人(教内宣各一),中国片五人(教内各二宣一),有时说明书事前并未阅过,对表白更不必论矣。亦有到片快映完时,委员或指导员始能到场,所谓审查意见,当然只好由先到者多作主张,其余附加签署而已。兼之影片十之七以上系英语或其他外国语,委员指导员中如有对此未甚了了,自不能作切实之批评。凡此种种,皆为现实之弱点,而影响于工作进行至巨且大者,故必须迅为解决。"

陈立夫提出以下两点解决办法:第一,委员、指导员须系专任,除办理电影检查外,不受别种职务,以期精力集中,每片内容自首至尾,须于事前先加审核,试映时出席人数虽不能皆期全体,终较目前增加得多;且专力于此,兴趣自增,检查之余,并可对电影做研究工作。第二,委员、指导员最低限度标准应为:对三民主义有深切了解与信仰;须品格高尚,常识丰富,受足高等教育，对国情民俗通达无偏；各员至少须精通一种外国语，英语为主，德、意、法、俄等国语言亦须有一人专长或兼长。

陈立夫的提议得到采纳，并据此改组了电影检查委员会。1934年7月，又在中央电影事业指导委员会下设立了中央电影剧本审查委员会，负责审查全国电影公司或个人拟定摄制的电影剧本以及中央交付审查的电影剧本，并核议电影剧本的编制、奖励以及其他有关电影剧本的事宜。

C.C.大将潘公展首先对明星公司提出警告，说明星公司如不改变作风，今后就不能得到银行贷款。明星公司老板张石川、周剑云在受到警告后，立即求见潘公展作解释，并向潘送去明星公司的股票，潘才放弃严厉态度，最后向明星公司提出一个条件，他要介绍一个人到明星公司当编剧顾问。

对于潘公展要派人到明星，钱杏邨、夏衍、郑伯奇都表示反对，钱杏邨还表示了"他来我就走"的态度。

为此，明星公司非常焦虑，周剑云用恳求的口吻对夏衍说："这件事我知道你们一定会反对的，我问过杏邨，他一口拒绝，说'他来我们就走'，真是这样，明星就会垮台。所以，我请你们从长远合作着想，帮公司的忙。"

夏衍说："请你设想一下，我们这些人能和潘公展派来的人坐在一起开会吗？"周剑云告诉夏衍，派来的人叫姚苏凤，这个人我很熟，他是《晨报》的"每日电影"的主编，你们不是常在"每日电影"上写文章吗？假使不是他，我是不会同意的。

夏衍告诉周剑云："我一个人不能做主，等我们商量一下，再作答复。"

在明星公司，周剑云是当权派，平时是很威风的，如今却低三下四，显得十分谦恭。看来，C.C.不准银行借钱给明星公司，确实威胁到了明星公司的生存。夏衍等向洪深了解姚苏凤的情况后，电影小组开会讨论，王尘无在会上介绍了姚苏凤的情况，姚是苏州人，过去是鸳鸯蝴蝶派，近来有了转变，也看一些进步杂志，有时也对时局表示忧虑，可是他的确是潘公展信任的人。会议据此决定了两个方案：一是夏衍等三人同时退出明星公司，并在报刊上发表声明；二是在公司当局保证我们写的剧本不受干扰的条件下，同意姚苏凤参加编剧会，经过一段时间的考察，再决定去留。这事在中共党内外都有不同意见，洪深同意第二个方案，他告诉夏衍等人，潘公展派姚苏凤来比较容易对付，这个人满心想当编剧，只要拍他写的一个剧本，他就不会捣乱了。钱杏邨也从周剑云口中知道姚不是顽固派,和黄天始之类的顽固分子比,他还是可以谈得通的。当然,反对第二方案的人也不少,主要的一条,就是怎么能和潘公展派来的人一起开会。为了这件事,明星公司的编剧会两次停开。最后,第二方案终于得到了当时的"文委"党团书记阳翰笙的同意,但向明星当局提了一个附带条件,即假如姚在编剧会议上反对乃至否定夏衍等人的剧本,夏衍等三个人就集体辞职,周剑云拍胸脯保证做到。这样,阳翰笙和夏衍向冯雪峰汇报的时候,冯雪峰表态说:你们认为可以,那就观察一个时期再说。

出乎夏衍等人的意料,姚苏凤在参加明星公司编剧会议之前,就分别找了洪深和王尘无,向他俩表示了"心迹",愿意和左翼文化人合作;在和夏衍首次见面的时候,也表示了愿意向夏衍等人学习。几天后,姚苏凤通过王尘无约夏衍到上海南京路靠近外滩的一家咖啡馆喝茶,寒暄几句后,姚竟开门见山地对夏衍说:"自从去年(1932)7月《每日电影》连载了你和席耐芳先生的《电影导演论》和《电影剧本论》之后,《晨报》的销路增加得很快,今年6月,是《每日电影》创刊一周年,我想趁这机会,请你和洪深先生等以'每日电影同人'名义,发表一封告读者的公开信,表明这个副刊的今后编辑方针,同时,请你转告张凤梧、席耐芳两位,从今以后,请尘无先生当'每日电影'的主编,为了对付上面,我可以依旧挂一个主编的虚名。"姚还说:"我挂名,发表什么文章,全由尘无兄负责。"姚苏凤的这种友善态度出乎所有左翼文化人的意料。于是,夏衍和王尘无等接受姚的意见,于1933年6月18日在《晨报》"每日电影"上由夏衍、洪深、尘无、柯灵、朱端钧、陈鲤庭、鲁思、沈西苓等联名发表了一个题为《我们的陈诉和今后的批判》的"通启"。这样,C.C.的《晨报》一直掌握在中共文化人手中,直到1934年12月副刊"改组"为止。

姚苏凤放弃C.C.派给他的"职责",终于引起国民党内政部和教育部的注意。内政部、教育部奉行政院之密令,令上海市长吴铁城"对上海《晨报》、《时事新报》副刊电影栏内之文字注意检查及取缔,并将上海中国电影文化协会之内容及其活动加以调查见复"。政学系的上海市长吴铁城在答复报告中,对姚苏凤专门做了如下的辩护:"查《晨报》社长系潘公展同志,而《每日电影》主编者则为姚苏凤同志。姚为本党党员(党证沪字4727号),前曾任本党上海《民国日报》之《觉悟》栏编辑五年,及上海市电影检查委员二年,现仍兼本党上海《民报》编辑,根据其平日行动,似毫无反动之嫌。"看来,

C.C.用姚苏凤显然是"用错"了人。

姚苏凤在《晨报》挨了批评，但他仍对夏衍说："不要紧"，《每日电影》的方针不变，其理由是《晨报》的销路，主要是靠这一版副刊。拖到1934年初夏，在潘公展的强压下，终于让一批软性电影记者钻进了《晨报》编辑部，王尘无退出来，《每日电影》的编辑权从姚苏凤转到反动文人穆时英手里。

C.C.用掺人的办法达不到目的，就只有乞灵于他们的"长项"——暴力制裁。1933年冬，C.C.和中统成立了"上海电影界铲共同志会"，准备大打出手。

1933年11月12日，"上海电影界铲共同志会"的暴徒首先捣毁了艺华影片公司。鲁迅称这是C.C.演出的"全武行"，他在《准风月谈》"后记"中辑录了上海《大美晚报》的有关报道两则，转录如下：

> 昨晨九时许，艺华公司在沪西康脑脱路金司徒庙附近新建之摄影场内，忽来行动突兀之青年三人，向该公司门房伪称访客，一人正在持笔签名之际，另一人遂大呼一声，则预伏于外之暴徒七八人，一律身穿蓝布短衫裤，蜂拥夺门冲入，分投各办事室，肆行捣毁写字台玻璃窗以及椅凳各器具，然后又至室外，打毁自备汽车两辆，晒片机一具，摄影机一具，并散发白纸印刷之小传单，上书"民众起来一致剿灭共产党"，"打倒出卖民众的共产党"，"扑灭杀人放火的共产党"等等字样，同时又散发一种油印宣言，最后署名为"中国电影界铲共同志会"。约逾七分钟时，由一人狂吹警笛一声，众暴徒即集合列队而去，迨该管六区闻警派警士侦缉员等赶至，均已远扬无踪。该会且宣称昨晨之行动，目的仅在予该公司一警告，如该公司及其他公司不改变方针，今后当准备更激烈手段应付，联华、明星、天一等公司，本会亦已有严密之调查矣云云。
>
> 据各报所载该宣言之内容称，艺华公司系共党宣传机关，普罗文化同盟为造成电影界之赤化，以该公司为大本营，如出品"民族生存"等片，其内容为描写阶级斗争者，但以向南京检委会行贿，故得通过发行。又称该会现向教育部、内政部、中央党部及本市政府发出呈文，要求当局命令该公司，立即销毁业已摄成各片，自行改组公司，清除所有赤色分子，并对受贿之电影检委会之责任人员，予以惩处等语。
>
> 事后，公司坚称，实系被劫，并称已向曹家渡六区公安局报告。记者

得讯,前往调查时,亦仅见该公司内部布置被毁无余,桌椅东倒西歪,凌乱不堪,内幕究竟如何,想不日定能水落石出也。

自从艺华公司被击以后,上海电影界突然有了一番新的波动,从制片商已经牵涉到电影院,昨日本埠大小电影院同时接到署名上海影界铲共同志会之警告函件,请各院拒映田汉等编制导演主演之剧本,其原文云:

敝会激于爱护民族国家心切,并不忍电影界为共产党所利用,因有警告赤色电影大本营——艺华影片公司之行动,查贵院平日对于电影业,素所热心,为特严重警告,只对于田汉(陈瑜)、沈端先(即蔡叔声,丁谦之)、卜万苍、胡萍、金焰等所导演,所编制,所主演之各项鼓吹阶级斗争贫富对立的反动电影,一律不予放映,否则必以暴力手段对付,如艺华公司一样,决不宽假,此告。上海影界铲共同志会。十一,十三。

同时,"上海影界铲共同志会"还相继捣毁了北四川路的良友图书公司、虹口天潼路的《中国论坛报》勒佛尔印刷所(美国人伊罗生编辑)、河南路五马路口的神州国光社发行所,并散发了盖有长条紫色本印传单。

实际上,当时上海拍摄进步影片最多的是明星公司和联华公司,拍摄鼓吹"阶级斗争"的电影也是由明星公司的《上海二十四小时》《女性的呐喊》以及联华公司的《母性之光》《三个摩登女性》(均由田汉编剧)开头的,艺华公司创办于1933年9月,到被捣毁时还不到四个月,而且所上演的也是查瑞龙、彭飞两位大力士主演的武打片,只不过是加了一点"革命内容"而已。C.C.为什么要拿艺华公司首先开刀呢?这里面大有奥妙。

艺华公司是上海二等流氓帮会头子严春堂创办的。严是上海本地人,目不识丁,以经营澡堂业发迹。这个厂是严及其子严幼祥经营的父子店。他们父子创办这个电影制片公司的动机,完全是出于电影制片业在当时是个时髦的玩意,可以赚大钱的新兴生意。那时冒险家投机商邵醉翁兄弟创办的天一电影制片公司,因摄制所谓武侠打斗和神怪恐怖影片而大赚其钱,更给了他们很大的刺激,因而就决心也来碰一碰自己的运气。严春堂这个大老粗,毕竟是从社会下层穷打滚爬起来、逐渐混到上层富豪社会的人物,没有几下招数,是成不了佛的。他认识到,电影事业用之得法确能一本万利,但如果一味跟着别人的屁股后面跑,那终究是没前途的。因此,他别出心裁,开闯新路,决定不跟大牌如明星电影制片公司那样摄制陈旧腐朽、谈情说爱、缠绵悱恻的鸳鸯蝴蝶派的作品，也鄙弃天一公司那种一味迎合低级趣味的打斗鬼怪片，他要揭露当时一般社会、小市民阶层乃至涉及中外冒险家、野心家在内的一切上层社会中见不得人的黑暗面，对此加以抨击和讥刺，批判人生道路上的某些不平、残忍、暴虐。以这类主题鲜明、形象突出的产品，博取被欺压的大众的喜爱。艺华电影制片公司终于在这一思想的指引下，成了突起的异军，一新当时电影业和观众们的耳目。艺华公司俨然跻身于上海电影业三大公司之一。他们不惜重金礼聘在当时电影界享有盛名的新进的有生气的人物，如导演蔡楚生、史东山，编剧钱杏邨，演员胡苹（女）、王引等组成不弱的编、导、演阵容。这个新建的电影公司更拥有一整套新而全的摄影制片所需的设备和相应规模的厂棚。厂址是在原公共租界越界筑路的康脑脱路（或小沙渡路）。

　　C.C.认为艺华制片公司无政治和社会的有力后台，又地处自己可及的越界筑路——三不管地段，就借口艺华电影公司宣传所谓共产谬论、助长赤化和歪风邪道，先公开逮捕了制片厂的若干职工，给该厂制造恐怖气氛和混乱局面。继之开去几卡车的暴徒（全是"工人行动队"的黑衫队员），对该厂进行疯狂捣毁袭击；最后绑架老板严春堂，向其子严幼祥进行恐吓，威迫他们父子接受改组该厂，移交管理该制片厂的实权。严家父子忍痛接受全部条件。双方交易的结果是：公司的董事长、总经理及厂长等职，仍由严家父子分别担任。公司所有的经济财务，盈亏利益，也仍归严家全部承担责任。而公司及制片厂的大小职工，业务方面的全部编、导、演等人员及剧本的录用、取舍、审核等行政大权，一概听命于C.C.系派去的驻厂人员（由艺华公司聘请为顾问）。他们派去驻厂的顾问是国民党中央宣传部的总干事罗刚，编导主任是干社戏剧事业计划组的秘书徐苏灵。这次全部行动，概由陆京士一手包办。陆京士在这次行动中，干得干净利落，颇得陈立夫的欣赏，当然也更得到直接给陆发号施令的吴醒亚的称许。

　　C.C.抢占了艺华之后，因为明星公司、联华公司是大公司，有社会地位，有硬的后台，对明星和联华不能像对待艺华公司那样横抢硬夺，而是采取"文攻"。潘公展一面召见明星公司老板大发一顿脾气，要他们小心些，同时利用电影审查，将明星公司等拍摄的进步电影随意删剪一气，或者干脆扣压下来，不许上映。这么一来，明星公司的老板张石川等觉得"进步"不是那么合算了，不得不悄悄转向。

1934年11月，夏衍、钱杏邨、郑伯奇离开明星分司，C.C.势力趁机打入，他们又是拉拢创作人员，又是送剧本，半用威胁、半用利诱使明星公司完全转向。姚苏凤在受到C.C.警告和批评后，为"将功补过"，编了一部内容反动的电影《妇道》，片子公映后，潘公展就大写吹捧文章，随后又有十个国民党文人出面推荐"上海儿童幸福会"予以"褒奖"。接着，C.C.文化人王平陵也硬挤进明星公司，让明星公司拍了他写的电影《重婚》，引起舆论界的指责。王平陵这位C.C.文化人中的台柱，能力却非常有限，他费尽了吃奶的力气才写出这么一个剧本来。

C.C.发动的文化"围剿"在1934年达到高潮，中共在电影界的力量受到了一些削弱，但革命力量在电影界仍然相当巩固。影评小组虽然失去了《晨报》"每日电影"这个阵地，但《民报》的"影谭"（鲁思主编）异军突起，对反动电影进行了顽强的斗争，影评队伍也日益扩大，宋之的、陈鲤庭、于伶、欧阳山、袁文殊、柯灵、吴天等都写了不少富于战斗性的文章。

联华公司进步电影工作者蔡楚生、史东山等继续拍摄了《渔光曲》《大路》《新女性》《神女》等进步影片。

1934年夏，中共组织通过司徒慧敏争取马德建、司徒逸民等人的合作，组成了电通制片公司，夏衍、田汉、孙师毅担任该公司的编剧，一批进步的演员、摄影师、音乐家如袁牧之、陈波儿、许幸之、应云卫、沈西苓、聂耳、吕骥、贺绿汀、吴印咸等，通过中共党组织的安排，参加到电通制片公司来，充实了力量。在一年多时间里，先后拍了《桃李劫》《风云儿女》等几部进步影片，田汉、孙师毅和聂耳、贺绿汀、任光等创作了《义勇军进行曲》《毕业歌》《新女性》《渔光曲》《铁蹄下的歌女》等影响很大的电影歌曲，以强烈的时代感和民族气息赢得了人民的喜爱。其中，田汉作词、聂耳谱曲的《义勇军进行曲》成为新中国的国歌。

夏衍、钱杏邨、郑伯奇离开明星公司后，仍与之保持合作关系。到1936年，明星公司又恢复编剧委员会，聘请欧阳予倩主持，钱杏邨、郑伯奇重新回到明星公司担任编剧，此时由左翼掌握的电通影片公司因受迫害和经济困难宣告结束，电通影片公司的主力军袁牧之、应云卫、陈波儿、吴印咸、贺绿汀等都转到明星公司，白杨、周璇也参加进来，明星公司又成了进步电影的阵地。

明星公司下设一、二两厂,分头拍片。二厂由电通影片公司转过来的进步人士负责拍片,他们坚持"为时代服务"的方针,尽可能拍摄宣传抗日、暴露旧社会人压迫人各方面的影片。他们突破干扰,拍出了《生死同心》《压岁钱》《十字街头》《马路天使》等大受群众欢迎的进步影片,尤其是反映失学失业知识青年出路问题的《十字街头》和描写都市下层生活的《马路天使》,票房价值高得出人意料,大大解决了明星公司的经济困难。这两部影片的女主角白杨和周璇成为家喻户晓的当红大明星。白杨在《十字街头》中初上银幕一举成名。周璇在《马路天使》里唱的由田汉作词、贺绿汀作曲的歌曲传遍全国,奠定了她红极一时的基础。

而明星一厂则左、右翼文人共处,连进步电影的死对头,号称"软性电影理论家"的刘呐鸥之流也混了进来搞创作,这是明星公司老板张石川左右逢源策略的产物。结果,明星一厂拍出来的片子从内容到形式充满了矛盾的对立,既有洪深编剧、程步高导演的具有进步倾向的《梦里乾坤》,也有徐欣夫编导的美式侦探片《生龙活虎》,张石川亲自导演的一部以活僵尸和杀人魔王为主角的恐怖谋杀影片《古塔奇闻》,以及刘呐鸥编剧的公开歌颂国民党反动法律的《永远的微笑》,这是明星公司在《妇道》《重婚》之后拍摄的第三部反动影片。

1937年初,明星一、二厂合并,此时,进步力量在明星公司已有巩固的地位,许多创作人员都被争取了过来,有了不同程度的进步。刘呐鸥这样的右翼文人十分孤立,连一部剧本也拿不出。这一年,明星公司拍的电影,进步的影片占了一半以上。1937年下半年上海沦陷,明星公司总厂沦为日军兵营,1939年11月又为日军纵火烧毁,明星公司成为历史。

从以上的史实可以看出,陈立夫及其C.C.发动的文化"围剿"在电影界也是失败的。失败的原因不止一端。从人才上看,集合在陈立夫C.C.旗帜下的右翼文人是那样少而又少,而且都是像王平陵、刘呐鸥之流的三、四流角色,而有才华的文化人基本上都加入了中共领导的左翼文化阵营,这就说明国民党的统治是多么不得人心,不为知识分子拥护,陈立夫发动的文化"围剿"虽然热闹一时,但终究不能解决任何问题。

三、垄断了电影行业,却拍不出像样的电影

1933年,C.C.创办了中国电影制片厂和中央电影摄制场,一厂一场,由罗

刚任中国电影制片厂厂长，国民党中央电影事业管理处处长罗学濂兼任中央电影摄影场场长。

C.C.利用这两个电影机构，拍摄了《首都风景》《西湖风景》《开封》《防毒》《酱油》《开采煤矿》《灯泡制造》《搪瓷》《玻璃仪器》《调味粉》《紫砂器》《造纸》《陶瓷》《蚕丝》《底皮之制造》《农人之春》《中国体育》等17部科教片。也拍过《我们的首都》《民族痛史》《蒋公寿辰》之类的政治宣传片。1937年抗日战争爆发后，C.C.的电影机构又拍摄了《卢沟桥事变》《空军战绩》《淞沪前线》《台儿庄大捷》《长空万里》等描写国民党军队抗战的新闻片和电影。其中《长空万里》一剧是描写国民党空军生活的影片，但幼稚异常，据说蒋介石看后颇为不满。此外，C.C.主管文艺工作的张道藩让中央电影制片厂以他1926年奉陈果夫之命到贵州办党务，被贵州军阀周西成逮捕严刑拷打之事为题材，拍摄了《密电码》，为自己作夸大宣传。

1941年10月，在中国教育电影协会第七届第三次理事会议上，常务理事陈立夫就教育影片制作问题发表意见，他首先指责各制作教育电影的机关，所选的题材，皆漫无系统，甚至内容有重复。为此，陈立夫建议：今后各制片机关宜分工，中央电影摄影场可注重于"国防的科学"及"党义宣传"影片的摄制；中国电影制片厂可注重于"科学的国际"及"军人精神教育"影片的摄制；中华教育电影制片厂可注重于"爱国的教育"影片的摄制；其他制作机关可专制"科学的教育"影片（自然科学教材）。陈立夫的建议在会上获得通过，并由中国教育电影协会将此分别函告中央电影摄影场、中国电影制片厂、中华教育电影制片厂、教育部电化教育委员会以及浙江、福建、四川、广西四省教育厅以及金陵大学理学院电影部等机关参考。

1938年1月，陈立夫任教育部长后，着力推行电化教育，在教育部设立电化教育科，并令各省设立电化教育辅导处，据说有18个省、市相继成立了该项机构。1942年，陈立夫筹建了中华教育电影制片厂及电化教育巡回工作队，分赴19省、市巡回示范，到1944年底，共成立了52个工作队。战时电化教育器材十分缺乏，陈立夫令教育部多方筹集外汇，逐年购发收音机交各省市应用，并在教育部内设立幻灯制造室，试制植物油幻灯机及电石幻灯机，镜头即用国产玻璃，用水力及人工磨制，共制作30架，可放映玻璃幻灯片。此外，又试制了透明幻灯片，印成历史伟人事迹一套，用卷筒放映，发放到无电源的边远地区的学校和社会机关应用。

教育部有两部巡回教育车，车上有电影、幻灯片、唱片、展览资料等，首先在四川境内巡回演出。每到一地，就放电影、幻灯片给当地老百姓看。那时很少有电影院，老百姓对此新鲜玩艺很感兴趣。按照计划，每一个地方停留三至五天，放映国内外影片或卫生教育影片，但当地老百姓总是要求多停留几天。老百姓欢迎这些东西，陈立夫从中受到鼓舞，想增加巡回教育车，轮流在各国民学校、中心学校放映。外国人在星期天进礼拜堂做祈祷，陈立夫认为中国人可以利用星期天接受这种电化教育。

陈立夫想到这里无疑很兴奋，立即拟定了电化教育的长期计划。来华访问的美国新闻处处长费正清在返美前到教育部向陈立夫辞行，陈立夫的计划刚拟好，就顺手拿了一份给费正清，并对费正清说："美国有许多剩余物资，你回去可否帮个忙，送给我们一些？"陈立夫也许不知道，费正清来华后，经过实地了解，对陈立夫在教育部长任上的作为已大为不满，费正清看了陈立夫的计划后即问："你这样子是不是要把三民主义传播到最底层的民众去了？"陈立夫不知道费正清的用意，兴奋地回答："是呀！我们就是要使一般民众了解我们立国的主义啊！"接着又向费正清提出要求："你回美国，想办法帮我们弄到两百架小型电影机，两百架幻灯机，以及录音唱片，凡是有教育性质的都可以，请你给我几十套，我可以到各地巡回使用。"

陈立夫没料到，费正清回到美国后不仅没有给他采购上述东西，反而对美国人说："陈立夫是搞思想统制。"美国舆论顿时哗然。在美国人心目中，陈立夫成了搞思想统制的"极右派"。陈立夫不得不站出来发表谈话说："思想怎么能够统制？上帝也不能统制人类的思想，我陈立夫又怎能统制别人的思想？我主要是办教育，是根据我们国家的国策和教育方针来办的，他们完全是胡闹，有作用而毫无根据！"陈立夫吃了哑巴亏，对费正清耿耿于怀，在晚年写的回忆录中对费正清仍不免大骂一通。

对于抗战期间C.C.派在电影事业上的作为，夏衍指出："国民党有两家国营电影公司，却没有拍出一部像样的影片。抗战八年，除了延安电影团拍了一些新闻电影之外，中国电影可以说是一片空白。"

1945年抗战胜利后，C.C.利用"接收"的名义，将日伪统治区的电影制片厂全部搞到手，连同大后方的电影制片机构，建立了中央电影企业股份有限公司（简称"中电"）、中国电影片厂（简称"中制"）、中华教育电影制片厂（简称"中教"）、中国农村教育电影公司（简称"中农"），以及长春制片厂和上海实验电影工厂。C.C.派垄断了电影行业，却只拍了一些像《十三号凶宅》那样的坏影片，受到进步舆论的斥责。

C.C.只好放松口子，允许组织民营电影公司，在敌伪时期发了大财的柳中浩、柳中亮兄弟抢先成立国泰影片公司。当时，正是旧政协召开前后，和平民主的呼声很高，国泰影片公司一成立就要两面手法，一面想拍进步电影迎合时潮，一面又和国民党C.C.文化大员勾勾搭搭，聘请张道藩和潘公展担任国泰董事长，表示自己来头不小。他们一边延聘于伶、应云卫、洪深、欧阳予倩等进步文人编写、导演反映抗战时期和胜利后中国人民的苦难和控诉反动派统治和劫收种种黑暗的影片，一边又起用落水事敌的徐欣夫、屠光启等大拍描写色情、恐怖、变态心理的反动影片。

中国共产党影响下的民营昆仑电影公司，先后拍摄了《一江春水向东流》《乌鸦与麻雀》《万家灯火》，金山拍了《松花江上》，这都是一批较好的影片。总之，在电影战线，C.C.是打了败仗的。打败仗的原因之一，就是C.C.是一批只会争权夺利的党棍子，缺少真正的文化人才。

对于陈立夫领导的文化"围剿"，曾经是陈立夫"围剿"对象之一的夏衍说："这十年，是中国无产阶级文化的开创时期，这十年，也是年轻的革命文化工作者粉碎了国民党'文化围剿'的时期。到今年，参加了筹组'左联'的12个人，幸存下来的很少，连'左联'的发起人，在世的也为数不多了，我们算是参加这场斗争的幸存者。我说不出在这场斗争中牺牲了的殉难者的人名，他们之中有人留下了姓名，有人连姓名也不被人知道，他们大部分是共产党员、共青团员，有的则是共产党的同路人，他们不计成败，用血、汗、泪和生命，和中外反动派作了殊死的斗争，这些青年人走过弯路，也犯过错误，但是也正是他们，打退了三十年代的文化围剿，也就是他们，埋下了四五十年代无产阶级文化的种子。"

毛泽东也说："二十年来，这个文化新军的锋芒所向，从思想到形式（文字等），无不起了极大的革命。其声势之浩大，威力之猛烈，简直是所向无敌的。其动员之广大，超过中国任何历史时代。"

Biography of
Chen Lifu

陈立夫全传(下)

张学继 著

团结出版社

第八章
从联苏联共抗日到"溶共"反共

陈立夫晚年在其《回忆录》中说："蒋先生将和中共、苏俄谈判这两个任务委托给我。由于我是反共斗争的主要领导人，选择我作为谈判代表将突出地显示我们的真诚，说明我们的政策已经改变。因此，我是完成这两个任务的最合适的人选。"

第一节 参与《中苏友好互助条约》的谈判

一、秘密赴苏谈判中途折返

1927年4月12日，蒋介石集团发动反革命政变，反共绝俄，向昔日并肩战斗的战友和盟友举起了血腥屠刀。蒋介石集团反共绝俄的结果，使国民党政权在国际上失去了苏联这个唯一的朋友，这样一来，国民党政权在国际关系上顿时陷入了孤家寡人的空前孤立的境地。处心积虑要灭亡中国的日本军国主义乘虚而入，首先于1928年制造惨绝人寰的济南惨案，给蒋介石以当头一棒。1931年，日本发动九一八事变，侵占中国东北三省。国民党政权对日本帝国主义的侵略采取不抵抗政策，向英法两国主导的国际联盟（简称国联）上诉，幻想由国联出面仲裁，强迫日本退兵。国联在国民党政府的一再乞求下，于1932年1月21日宣布成立国联调查团前往中国东北调查（因团长是英国籍的李顿爵士，故又称李顿调查团）。李顿调查团先到日本，然后来中国上海、南京，会见有关人士，然后前往东北调查。9月4日，完成调查，并于10月2日在日本东京、中国南京及瑞士日内瓦同时公布调查报告。国联调查团报告书虽然承认九一八事变是日本制造的，伪满洲国是非法的，但却又荒谬地提议在东北实行"高度自治制度"，主张中国军队撤出东北，东北由外国军官训练的"特殊宪兵"来维持秩序。实际上是主张国际"共管"东北。就是这样一个软弱的主张，也为日本所不能接受，日本宣布退出国际联盟。蒋介石集团企图依靠国际联盟这样一个软弱无能的国际机构来抑制日本侵略的企图彻底失败了！

国民党政权在依赖西方英美调停的企图落空后，不得不再次考虑和与中国毗邻，又同受日本帝国主义威胁的苏联接近，期望借苏联牵制日本侵略势力，并给中国以有力的援助。反对日本帝国主义侵略的共同利益使中苏两国政府迅速接近，1932年12月12日，经过谈判后，中苏宣布恢复外交关系，并迅速互派大使。1933年3月，国民党政府驻苏大使颜惠庆到达莫斯科上任；同年5月，苏联驻华大使鲍格莫洛夫到南京上任。中苏复交后，蒋介石仍顽固地推行"攘外必先安内"的反动政策，对日节节妥协退让，调集国民党的绝大部分军队进攻中国共产党领导的工农红军和革命根据地。蒋介石一面"剿共"，一面不断向苏联示好，先后派参谋次长杨杰、清华大学教授蒋廷黻衔命访苏，试探中苏联合对日的问题。

1935年是中日关系最为紧张的一年，日本帝国主义在吞并了中国东北三省后，于1933年侵占热河，并越过长城一线，直逼（北）平、（天）津城下，蒋介石以签订丧权辱国的"塘沽协定"延缓日寇侵略于一时；但到1935年夏，日寇又制造"华北事变"，使华北名存实亡；接着，日寇又采取以华制华的卑劣手段，策动所谓的"华北自治"运动，准备将华北五省二市变成第二个伪满洲国。日本外务省东亚局根据外务大臣广田弘毅的命令于1935年7月2日提出"广田三原则"，其主要内容是：中国应彻底取缔排日并抛弃依赖欧美政策，采取亲日政策，中国最终应承认"满洲国"，暂时可对"满洲国"作事实上默认；华北与满洲接壤地区应实行经济、文化融通与提携；来自外蒙古的赤化是日"满"华三国的共同威胁，中国应按日本排除威胁的希望，在与外蒙古接壤地带作各种合作设施等。倭寇的企图是排斥英美在华势力，让中国成为其独占的殖民地，并与其共同反苏。日寇的步步紧逼，危及国民党政权的统治，蒋介石不得不考虑开始改变对日本的妥协退让政策，并急需求得国际的支持和援助。

出于意识形态等方面的考虑，蒋介石将国际支持和援助的希望寄托在英、美列强身上。1933年4月至8月，行政院副院长兼财政部长宋子文访问美、英、法、德、意大利、比利时、瑞士，寻求援助。除了美国政府与宋子文签订"中美棉麦借款合同"，借款5000万元（后改为2000万元）给南京政府用来购买美国的棉花、小麦、面粉（美国实际上是为了推销剩余物资）外，宋子文一无所获。而且，当时美国推行"白银政策"，提高白银收购价格，中国白银大量外流，导致1935年的金融危机，严重威胁到南京政府的财政和经济。美国政府在1931年九一八事变后仍继续向日本大量提供武器和军用物资。对于日本的疯狂侵华，英美政府除了口头上的同情外，并没有采取什么实质性步骤。蒋介石在对英美绝望后，不得不转而求助于苏联这个意识形态上的敌人。

1934年暑假，清华大学教授蒋廷黻准备取道苏联去欧洲进行学术考察。行前，蒋介石在庐山召见了蒋廷黻，要他把考察的时间尽可能多地用于苏联，研究苏联的情况，并探测中苏两国合作的可能性。蒋廷黻在莫斯科停留期间，与苏联外交部副部长进行了坦率的谈话，苏联方面表达了愿意与蒋介石领导的中国政府进一步建立关系的愿望。蒋廷黻将这个情况向蒋介石做了详细汇报。[①]蒋介石从中受到鼓舞，此后，中苏关系开始升温。1935年春，中国著名京剧表演艺术家梅兰芳与电影皇后胡蝶联袂访问了苏联，这是民国时期中苏之间一次重要的文化交流。4月，蒋介石派他的亲信邓文仪担任中国驻苏大使馆武官，以便加强中苏之间的磋商与联系。

在这一背景下，就有了蒋介石指派陈立夫与张冲1935年12月下旬秘密访问苏联之举，他们赴苏的使命是与苏联谈判缔结军事同盟条约问题。

陈立夫与张冲这次苏联之行是秘密进行的。为了对外，特别是对无孔不入的日本保密，他们事先制定了周密的计划，陈立夫与张冲都用了化名[②]，化了装。陈立夫是党国要人，长期不露面，难免要引起外界的怀疑与猜测。为此，陈立夫也精心地设计了一个方案，他们事先放出陈立夫生病的风声，声称要到杭州附近清静的地方去养病，特向中央请病假三个月。陈立夫还事先写了十几封书信留给妻子孙禄卿，让孙禄卿每隔一段时间就从杭州寄一封信给南京的亲友，汇报陈立夫的所谓"病情"，以此瞒天过海。

1935年12月24日下午2时，化了装的陈立夫与张冲从上海码头悄悄登上了一艘德国邮轮，同行的还有新任驻德国大使程天放以及秘书、随员、主事，另有赴德国进修的中央政治学校外交系毕业生四人，赴德国进修的电雷学校学生20余人。这次同行的人，陈立夫本是C.C.头子，程天放与张冲都是C.C.骨干。但为了保密，把主仆关系完全颠倒了。蒋介石给陈立夫的手令是："派李融清中校随程天放大使出国公干。"张冲的身份则是程天放的随员之一。上了邮轮，陈立夫、张冲与程天放进了头等舱，其他同行的统统在二等舱。为了不露出破

---

① 蒋廷黻：《蒋廷黻回忆录》，东方出版社2011年版，第165—168页。

② 陈立夫化名李融清，张冲化名江帆南。

绽，陈立夫与张冲大部分时间呆在头等舱，吃饭也都是让人送到房间，不轻易出门，所有的事都由程天放出面应付。邮轮每到一个停泊港口，在船舱里闷坏了的陈立夫与张冲不得不上岸换口气，也是十分谨慎，尽量避开大的人群。邮轮过红海时，正逢腊月十五，海上一轮皓月当空，陈立夫与张冲趁夜深人静之际，登上甲板赏月。张冲因他与陈立夫此行的使命，浮想联翩，联想到古代为和亲而远嫁匈奴的王嫱（王昭君），回到船舱后，张冲执笔填了一首《卜算子·红海舟中忆王嫱》：

> 海上望明月，嫦娥美丽绝。
> 浪花漫天如飞雪，愁肠寸寸割。
> 去国非汉使，何事单于阙。
> 鹦鹉楼边亦笑人，声声郎冷血。

经过25天的漫长航程，邮轮于1936年1月17日到达目的地——法国马赛港。陈立夫与张冲、程天放等上岸后，找了家旅馆稍事休整。当晚，他们从马赛港出发，经陆路前往德国柏林。两地相距150公里之遥，他们几经换车，辗转抵达德国首都柏林。陈立夫与张冲在中国驻德国大使馆附近租了一套房子住了下来，等待时机前往苏联首都莫斯科。

1月24日，是中国传统的农历春节。陈立夫与张冲在这里过了一个春节。不久，就接到蒋介石通过驻德国大使馆程天放转来的电报，称去莫斯科为时尚早，要他们先到法国、瑞士、意大利等国旅行一番。陈立夫与张冲觉得机会难得，就决定充分利用这个机会好好游览一下欧洲大陆，他们先后游览了法国、瑞士、奥地利、匈牙利、捷克、意大利、南斯拉夫等众多欧洲国家。在法国马赛时，遇到了正在欧洲考察的酆悌。酆悌（1903—1938），湖南省湘阴县人，黄埔军校第一期毕业生，复兴社"十三太保"之一。陈立夫在黄埔军校任蒋介石机要秘书时就认识了酆悌，这次在法国不期而遇，陈立夫十分严肃地再三叮嘱酆悌："我们出来很秘密，你不能告诉任何人，如果发生泄密之事，你要负全责。"酆悌见陈立夫一脸严肃，知道事情的分量，当即保证绝不透露半点风声。

陈立夫与张冲从上海出发时，驻苏大使馆武官邓文仪已于1936年1月3日抵达莫斯科。邓文仪按照在国内同蒋介石、陈立夫等商量的办法，写信给中共中央驻共产国际代表团团长王明，请求与王明会见，商量国共两党关系问题。1月13日晚，中共中央驻共产国际代表团成员潘汉年出面与邓文仪在莫斯科胡秋原的寓所见面。潘汉年首先问邓文仪，你要找王明谈判，究竟是你个人主张，还是蒋介石的安排？邓文仪回答："我这次来，完全是受蒋先生的委托，要找到王明先生讨论彼此间合作抗日的问题。"邓文仪还将蒋介石准备抗日以及联共抗日的决定告诉了潘汉年。潘汉年则介绍了中共关于抗日的主张，并表示：只要国民党停止进攻红军，表示抗日，中共愿意与国民党谈判合作问题。会谈结束时，邓文仪再次提出与王明见面的要求。

王明将潘汉年与邓文仪见面的情况向共产国际总书记季米特洛夫等做了汇报，季米特洛夫等对潘汉年与邓文仪的会谈表示肯定。于是，王明决定会见邓文仪。1月17日，王明与邓文仪举行了第一次会谈，王明首先介绍了中共关于建立抗日民族统一战线的主张。邓文仪则转达了蒋介石提出的国共合作抗日的四项条件：取消苏维埃政府，红军改编为国民革命军，恢复1924—1927年国共两党合作的形式（或者共产党独立存在），红军改编为国民革命军后开赴内蒙古前线抗日。王明对蒋介石提出的合作条件没有过多的评论，只是强调国共要合作，当务之急是停止内战，建立互信。他对邓文仪说："如果国民党方面，不能结束对红军的战争，红军的领导人是不会相信你们的。因此，你们必须首先采取措施来证明你们与红军合作的想法是真实的。"最后，王明与邓文仪经过协商，确定国共双方派代表回国继续谈判，国民党承诺保证中共代表的人身安全。

1月22日，蒋介石同苏联驻华大使鲍格莫洛夫在南京孔祥熙公馆举行了会谈。在会谈中，蒋介石要求苏联充当国共关系的调停人，劝说中共放弃武装，服从国民党政府。在谈及中苏两国签订军事互助条约时，蒋介石提出，当日本人入侵蒙古、绥远和山西等地区时，希望苏联能够依照条约的规定，承担出兵援助中国抗日的义务。对于蒋介石提出的要求，鲍格莫洛夫大使表示：苏联支持中国的抗日战争，国共两党应当建立抗日统一战线。但是，苏联不能充当国共关系的调停人，国共两党之间必须直接谈判，谈判也可以在莫斯科举行，苏联愿意提供必要的协助。苏联不愿意充当国共关系的调停人，不愿意向共产党和红军施加压力，让蒋介石十分不满，一怒之下，他决定暂时中断邓文仪在莫斯科的谈判。

陈立夫与张冲在欧洲逗留期间，全方位关注中国动态的日本侵略者得到了陈立夫赴苏谈判的情报。陈立夫、张冲赴苏是极端秘密的，那么日本又是如何获得这一情报的呢？

旅日中国学者鹿锡俊用日本政府未公布的档案解开了这个悬了60多年的历史之谜。原来是当时的湖南省政府主席何键向日本告了密。鹿锡俊的文章显示，日寇对蒋介石"联苏抗日"十分警惕和恐惧，密切注视着苏联、国民党有关联合抗日的活动，利用各种方式广泛搜集情报。时任湖南省政府主席的何键是一个极端反共反苏的地方军阀，1932年中苏恢复外交关系时，何键就是极力反对之人。他曾利用一封所谓"公民来信"，大肆宣扬对苏复交的"八大弊害"，并以湖南、江西为例，强调指出："以湘省屡破共党机关，拿获首要，均供该党历来传播赤化，及红军饷械多由共产主义之俄国源源接济，故能依其所受计划，进行不馁，是知'匪'势猖獗，全恃有所凭藉。以最近赣西抄获'共匪'第三次全国代表大会重要决议，利用抗日进行，伺隙暴动，及苏俄委派李迈、谭震华、彭伟生充当委员，来华扰乱之事，益见'共匪'之为害各地，仍由苏俄发纵指示。且中俄两国，共匪正在融合一致，作传播赤化之企图，腥秽日长，至足惊骇。我国既一意'剿'赤，自不能对俄复交。"何键出于反共反苏的目的，向日本密告国民党上层人物秘密访问苏联商讨联合抗日问题的情报，日本为证实此事并获得国民党的反应，且给国民党、蒋介石以警告，便将何健的密告登载于报端。蒋介石见计划已经泄露，只好命令陈立夫、张冲中途折返，并通过外交、宣传等途径极力否认陈立夫有赴苏联谈判之举。

二、南京谈判达成《中苏互不侵犯条约》

蒋介石在中途召回陈立夫与张冲后，决定在南京与苏联驻华大使鲍格莫洛夫直接谈判，谈判围绕中苏联合制日这个中心，主要讨论以下三个问题：关于苏联援华抗日、中苏两国缔约问题；关于中日交涉情况，特别是蒋介石对待"广田三原则"的态度问题；关于国共两党关系问题。苏方出面谈判的自始至终是鲍格莫洛夫大使，中国方面出场的先后有蒋介石、孔祥熙、宋子文、王宠惠、张群和陈立夫。

1937年上半年，远东局势进一步恶化，日本抓紧准备全面侵华战争，面对这种形势，苏联政府于1937年3月在中苏会谈中提议由中国发起太平洋地区公约。围绕苏联政府的这一建议，中国政府新任外交部长王宠惠、孙科先后与鲍格莫洛夫进行了谈判，但没有取得进展。

1937年7月7日卢沟桥事变发生后，陈立夫于7月19日到上海与鲍格莫洛夫继续进行谈判。

这次谈判的内容，一是中苏两国签订互助条约的问题。鲍格莫洛夫坚持苏联政府的意见："太平洋公约为当务之急，同时还有互不侵犯条约，然后才能谈到双方互助条约。"陈立夫则主张从中苏互助条约开始谈判，认为这样做更加符合中国的利益。陈立夫向鲍格莫洛夫解释说："太平洋公约的意义在于回击日本侵略。在这方面中苏利益是一致的，因为中国是日本进攻首当其冲的目标，而苏联是第二个目标。其他国家与这个公约的关系不太大，因为他们只有在中苏被打败之后才会受到威胁。因此中苏最好马上开始谈判互助公约。"鲍格莫洛夫则说："我们完全相信，日本不可能对苏单独开战，因为现今苏联在军事方面要比日本强大，日本现在也明白这一点，他们只有考虑到苏联在西方也被卷入战争时，才会制定进攻苏联的计划。"鲍格莫洛夫重申："我们毫无条件地反对日本侵华，因为这威胁着远东的和平，而远东和平则与苏联有极为密切的关系。我们愿意帮助中国也正是出于这个原因，希望提出太平洋公约的建议也因此而来。"

关于南京政府向苏联借款和订购军火问题。陈立夫申明，他这次会见鲍格莫洛夫的主要目的，是转达蒋介石对苏方提出的军火订货建议的答复。他说，苏联的建议原则上是适当的，是中国政府能够接受的，但蒋介石希望把款额增加到1.5亿至2亿中国元。军火交货期限应缩短，哪怕到一年。还债（以货相抵）期应从5年后算起，过10年还清。陈立夫还详细说明了南京政府拟从苏联订购的军火名称，即飞机、坦克、口径为3.7厘米的高射炮，口径为20厘米的大炮、7.5厘米的高射炮。

陈立夫是反共专家，在中苏谈判中仍念念不忘发挥他的反共理论。有一次，陈立夫与鲍格莫洛夫谈起中苏关系，陈立夫主动发表他的"高见"说："唯有一个三民主义的中国，对苏联最为有利；一个共产主义的中国，非但对苏联无利，而且有大害。"鲍氏对此不能理解，陈立夫解释说："你能在全世界找到第二个主义,够得上做你们的朋友如三民主义吗?资本主义?法西斯主义?纳粹主义?这些都是你们的敌人,唯有民生主义与共产主义颇有相似之处,如果现在的时候,中国是共产化,日德意轴心联合攻苏的决心更坚,日本侵华也成了他们反共的最好理由,岂不是你们要自速其亡吗!如果将来中国共产化,你想你们能制服一个比你大三倍多人口的中国吗?"据陈立夫说,鲍格莫洛夫赞成他的反共歪理。在讨论中苏互不侵犯条约时,鲍格莫洛夫曾几次向陈立夫保证,他们绝不会帮助中共。

在陈立夫与鲍格莫洛夫谈判后,蒋介石、王宠惠又先后与鲍氏进行了谈判,最后终于在1937年8月21日签订了中苏互不侵犯条约。

在这个条约上签字的,苏方是鲍格莫洛夫,中方是外交部长王宠惠。但陈立夫认为,这个条约的签订主要是他自己的功劳。他在《成败之鉴》中说:"其实我们要和苏俄订互不侵犯条约,旨在使苏俄不要乘中日战争而帮助中共,当时中苏交涉,是由我经办的,但中苏互不侵犯条约,却是由外交部长王宠惠代表我国签字的。"陈立夫言下之意,王宠惠只不过是因为他的外长身份而捡了一份便宜。

三、险象环生的新疆之行

中苏互不侵犯条约签订后,苏联政府于1937年11月和1938年6月分两次贷给中国政府一亿美元巨款,用于中国自苏联购买武器装备和汽油等战略物资。抗战初期,苏联是唯一支援中国抗日战争的国家,苏联援华战略物资每月达2000吨,苏联经由阿拉木图运至中国新疆的哈密,然后交给中国政府。

当时的新疆是军阀盛世才的独立王国。为了让盛世才与南京政府合作,不对苏联经新疆援华作梗,蒋介石决定派陈立夫赴新疆一行。

蒋介石为什么点名陈立夫赴新疆呢?说来话长。

盛世才(1897—1970),辽宁省开原县人。早年就读于上海中国公学、广东韶关讲武堂(滇军开办)和日本陆军大学。据说,盛世才在日本陆军大学学习期间曾得到蒋介石的资助,盛世才毕业回国后,即到蒋介石的国民革命军总司令部参谋部任作战科科长,当时陈立夫是机要科科长,盛、陈在这个时期结下友谊。陈立夫在《成败之鉴》中写道:

蒋委员长为什么派我去新疆？其根本原因是：盛世才在北伐时从广东出发和我一同行军，他当时是参谋处的参谋，我是秘书处的科长，大家在一起行军而认识，他见我白天行军，到一地方停下来就马上努力文电工作，往往工作到晚上11点多，他看见一般人没有我如此努力，所以对我的工作态度非常钦佩。不久，他到了新疆，把新疆的领袖金树仁打垮，取代了金的地位，变成了新疆的首领。金树仁是个军阀，盛世才是东北人，很有才气。那时他打电报给蒋委员长，要中央派人去新疆，他指定要两个人，一个是我，另一个是齐世英（立法委员）。我那时在中央组织部很忙，齐世英曾在过去和盛世才共同参加郭松龄反对张作霖的革命工作，也因事无法分身。蒋委员长因此没派我去，也没派齐世英去，就另外派了一个人去，此人是盛世才的老师黄慕松先生。这位先生不太懂得政治。因为盛世才用自己的力量占据了新疆，是希望中央承认他，中央没有派他希望的人去，反而派了他的老师去，这位老师又莫名其妙，在没去之前，新闻记者访问他，他便发表了一段谈话，题目是《治新方针》。盛世才是个多疑的人，他以为中央是派人去领导他的，他自己辛苦打下新疆，而中央却派个比他高的人去接收，自然不满意了。我曾去找过这位盛世才的老师，告诉他盛某本想要中央承认他，这篇谈话会使盛误以为中央要派你去控制他。黄慕松说他没有要去治理新疆，而是记者胡说，但是已不及更正矣。果然他去到新疆，盛就把他软禁起来，好不容易，才放了他回来。后来广西的黄绍竑和白崇禧有野心，他们和汪精卫勾结起来，想密谋夺取新疆。那时黄绍竑曾打电报给盛世才属下一个军长名张里元者，想拉拢这位军长推翻盛世才，但是这个电报被盛某拿到了，汪精卫和"桂系"一派的阴谋被发现后，张里元被捕而置死，盛世才对中央就很不满意。那时我晓得这种情形，而蒋委员长适在江西剿匪，盛某和汪某的关系弄僵了，于是盛世才想独立，我就到江西去见蒋委员长，告诉他新疆情况很坏，蒋委员长乃派一重要人物带封亲笔信到新疆去安抚他，才把新疆情势稳定下来。蒋委员长知道我和盛世才的关系，第一次盛要我去新疆，他没派我去；第二次我向他报告新疆情形，他派人带信去，才把新疆安抚下来；第三次是在抗战开始时，欧亚航空公司路线经新疆，飞机上有许多德国军事顾问，因机械故障，迫降新疆，那时汪精卫是行政院长，拍两通电报给盛世才要他放行飞机,盛世才不理睬,汪很难堪,因为盛报复过去汪和黄绍竑想联合搞倒他的宿怨,而德国方面向汪发出"哀的美敦书",限期在四十八小时内办好,汪没有办法,很客气的表示要来看我,我说不敢,乃到了他家,他请我帮忙,用我的名义,把事先拟好的电文要我过目签字,请盛世才放飞机起程,电报发出后,第二天盛就放走了飞机。这三次关系,盛世才对我都很卖面子,所以,蒋委员长很了解我和盛某的关系。那时我和苏俄大使鲍可(格)莫洛夫谈判之后,苏俄希望我们和日本作持久战,苏俄可保持中立,而减少东面的威胁,以观其变,我乘机要求苏联供我飞机、坦克、高射炮等武器援助我国,我要他写明多少坦克,多少飞机,他起先不大愿意写,我怕他赖账,一定要他亲笔写下来,他才写了。我把他写的字条藏起来,后来派张冲到苏俄要武器,他们外交部还想赖,张冲就把鲍可(格)莫洛夫大使的亲笔字据拿给他们看了,才予承认。他们把武器分了数批运来中国,途中要经过新疆,因此,蒋委员长便派我去新疆交涉,要盛世才支援我们油料。

陈立夫(左五)与盛世才(左七)及苏联驻华大使鲍格莫洛夫等合影于迪化(今乌鲁木齐)。

据《陈果夫日记》记载，陈立夫秘密赴新疆的时间是1937年9月29日。与陈立夫同行的还有苏联驻华大使鲍格莫洛夫，他是经新疆返回莫斯科述职的。陈立夫一行乘坐中国航空公司的飞机飞抵迪化（今乌鲁木齐），盛世才亲自率领一营马队到机场迎接，天山骏马扬起漫天灰尘，威风凛凛。当晚，盛世才设下盛宴为陈、鲍洗尘，然后将陈立夫安置在督办公署的西花园下榻。民国时代，新疆的几任统治者从杨增新到金树仁、盛世才都是杀人如麻的屠夫，这个西花园就不知有多少人头落地。有人悄悄告诉陈立夫这个西花园闹鬼的故事，但陈立夫却并不感到害怕。

盛世才对陈立夫极为优遇，别人到了新疆不能自由行动，但对陈立夫例外。陈立夫可以随意参观，到处演讲。盛的太太邱毓芳办了一所师范学校，也请陈去讲演，这是别人从来没有的礼遇。有一天，盛世才派人带了四箱钞票送给陈立夫使用，新疆的币制和内地不同，内地一块钱等于他们好几千块钱，但四箱钞票的钱数目还是很大的。陈立夫当时若不收下，盛世才一定认为陈不给他面子，若收下便等于接受贿赂，陈立夫想出来了一个两全其美的办法，那时新疆民族关系很复杂，陈立夫建议盛世才修建一座中山纪念堂，他于临走时就留函把这笔钱捐作修建中山纪念堂的费用，这件事处理得极妥善，盛也赞成。

言归正传，陈立夫跟盛世才交涉支援油料的事，盛世才答应了。当时一头骆驼可载八桶油，这可说是用最古老的运输方式来运最新式的运输油料。他们按照陈立夫的计划把油料送达目的地，一桶一桶地安置好，这样由苏俄卖给国民党政府的飞机、大炮等军用器材，便可在新疆加油，然后经甘肃到西安，再飞抵汉口。交涉办好了，陈立夫就要走了。临行的那一天，在欢送陈立夫时却出了乱子。盛世才把他所有的政府要员都请来了，有省政府主席、各厅厅长、军事将领。盛的疑心病很重，那天有维吾尔族的副主席和几位厅长在，他即席起来讲话，陈立夫接着也讲了话。完了，盛世才要陈立夫先去休息，却命令一部分参加欢送会的要员不要走，当时即把副主席和几位厅长逮捕，说他们勾结造反，要把盛赶走。盛世才借着欢送陈立夫的机会，公开逮捕人，很令陈立夫感到难堪。

陈立夫经过这次新疆之行，对新疆有了更加深刻的认识，他说：新疆是个好地方，有17个浙江省那么大。新疆的水不必从地下挖井，它来自天山，白天太阳一晒，山上的雪水融化了就流下来，晚上天气凉，水就停止了。人民种麦，土地肥沃，黑土有两三尺深，他们说："一年收获吃三年"，只要把麦种洒在泥土上，就不用管了，因为鸟类不多而"水从天上来"，灌溉无虞，真是太富庶了。新疆既有17个浙江省那么大，当时浙江有2700万人口，17个浙江可以养四亿人口，但当时新疆却只有区区300多万人。更让陈立夫感到惊奇的是，新疆的石油和煤很多，煤是全世界最好的煤，有些三尺长、一尺半宽的大煤块，一头驴只能驮两块煤。烧过的煤只剩下极少的白灰，几乎一点渣子都没有。此外，天山还盛产翠玉、黄金。金矿中产一种"狗头金"，和狗头一样大。

陈立夫新疆之行，虽然圆满完成了使命，但却是一路险象环生。

在前往新疆时，陈立夫和鲍格莫洛夫在安徽芜湖上飞机，那时日本人正在轰炸南京，南京机场不能用了。他们的飞机刚起飞，飞机场就被日本飞机炸了，日本人当时可能获得情报，所以来炸芜湖机场，幸而陈立夫他们飞得及时，因而逃过大劫。陈立夫从新疆回来时，也乘专机，机上没有别人，非常空，盛世才送了他许多哈密瓜，途经哈密，风沙很大，视线不明，飞机迫降于哈密，停留一夜。在哈密吃到真正的哈密瓜，又甜又小。盛世才送给陈立夫的哈密瓜很大，这才知道有所不同。那晚在哈密，住在新疆籍的国大代表尧乐博士家，受到很周到的招待，晚上他们带他去看新疆戏，这是陈立夫平生第一次。那天演出"武松杀嫂"，他们真的用猪心、猪肠做道具，血淋淋的从武松嫂子身上取出，陈立夫看了以后觉得"很残忍"、"很野蛮"。新疆的男、女骑马不用马鞍；恋爱求婚时，男孩追女孩都是骑马追，只要追上了就要吻对方，女孩就得嫁给这男孩了。新疆有戈壁沙漠，什么叫戈壁呢？戈壁的地面是像由沙子、洋灰、石子混合成的一种东西，非常坚硬，地面平坦，是天然的飞机场，这种地形叫"戈壁"。陈立夫的飞机被风沙所阻，迫降哈密的戈壁滩上，但第二天早晨，发现飞机失踪了，大家开着汽车四处去找寻，找了很久才找到，原来飞机被风吹到好几里路以外的地方，他们把飞机拖回来检查后，才又起飞。

回程中，陈立夫乘飞机先到兰州，再到西安，快到西安的20分钟前，日本飞机到了西安上空，正好迎着陈立夫的飞机而来，陈立夫的飞机收到情报后，飞机师问陈立夫怎么办？陈立夫心想如果往前飞西安，一定会被日机攻击，若往后飞回兰州，油料又不够，真是左右为难，危急万分。陈立夫紧张思索后告诉飞机师继续前飞。到了西安，才知道有12架日机经西安往南飞到汉中去投弹了。陈立夫的座机降落机场时，地面上一个人也看不见，大家去躲警报了，一会儿解除警报，陈立夫又逃过一劫，可算是幸运了！陕西省主席蒋鼎文将陈立夫迎接到省政府吃午饭，然后陈立夫再飞汉口，一到汉口又遇上空袭警报，陈立夫立刻把行李和哈密瓜搬下来，飞机乃飞往宜昌去。日机来炸汉口，机场亦被炸，蒋介石侍从坐的一架飞机被炸坏了，而陈立夫安全抵达，这又是一桩幸运的事。陈立夫在芜湖上飞机后，机场就被炸了，临到西安又遭遇敌机；到了汉口刚下飞机，机场又被炸。

陈立夫说这三次逃过大难是一种奇迹！当初如果在西安上空遭遇敌机时，陈立夫若决定飞回兰州那就糟了！（油料不够）。从此，陈立夫得出一条经验，在千钧一发之际决定事情，往往第一个想法比较正确，因为第一个想法很纯洁，没有杂念。陈立夫采用第一个想法——往前飞，因此化险为夷，逃过了劫难。

到新疆安排油料的事幸而及时办好，因为后来日本人打南京，南京失守，紧接着日本人又攻打汉口，那时美国供应的飞机都被摧毁了，苏联的飞机、坦克车、高射炮及时运来，日本人却一点也不知道，当日本空军再度轰炸汉口时，国民党空军一举将其击落12架，赢得了空前胜利。日本人对这场惨败，深感意外，因为他们以为国民党没有飞机了。这次空战的光荣胜利，使陈立夫在抗战胜利后，还获得一枚空军奖章，在文人中获得军事奖章，陈立夫是第一人，他深感荣幸。

第二节　国共第二次合作的牵线人

一、负责打通与中共的联系及谈判合作问题

联俄与联共是一体两面的问题，在中苏接近时，苏联政府向南京政府提出关注国共关系，希望国共合作共同抗日。

蒋介石连续发动五次大规模的"围剿"，红军失利，被迫从闽赣和鄂豫皖地区作战略大转移。在被称为世界军事史上奇迹的二万五千里长征中，中国工农红军损失惨重，被迫将新的落脚点最后放在偏远、贫瘠的陕甘宁地区。在蒋介石看来，红军已不是他的"心腹大患"。在国共两党力量如此悬殊的情况下，有可能用"收编"的办法解决这为数不多的红军，取得不战而胜的效果。

为此，蒋介石决定打通与共产党的联系，并且从两条渠道入手，一条渠道是南京政府驻苏联大使馆武官邓文仪奉命与中共驻共产国际代表团潘汉年、王明的会见和谈判，另一条渠道则是曾养甫与周小舟的会谈。

曾养甫（1898—1969），广东省平远县人。在天津国立北洋大学、美国匹茨堡大学时代，曾养甫与陈立夫都是同学，因为这层关系，曾养甫成为C.C.系的大将，历任南京政府建设委员会副委员长、国民党中央执行委员、浙江省政府建设厅厅长、铁道部政务次长。曾养甫与宋子文的关系也很好。宋子文是南京政府中有名的抗日派。日文《世界知识》杂志1935年第2期曾刊登《论中国的亲日家与排日家》的文章，称宋子文为中国"排日的巨头"，"除了他而外，且没有一个可以视为真有力量的排日派"。

打通与共产党的关系是曾养甫等人首先提出来的，曾养甫把这一工作交给他的同学谌小岑。曾养甫将宋子文的抗日决心和办法告诉了谌小岑。他说，争取英美援助的工作都是由宋子文担任的。曾养甫还一再向谌小岑表示，他要争取陈果夫、陈立夫兄弟参加，通过他们同蒋介石联系，较为方便。谌小岑与曾养甫是天津北洋大学同学，当时任铁道部劳工科长，是曾养甫的下级；而且谌小岑是五四时期天津"觉悟社"的成员，与周恩来、邓颖超有旧交。曾养甫要谌小岑设法"打通"与共产党的关系渠道。

谌小岑接受委托后，首先找到翦伯赞和左恭商量。翦伯赞建议，最好向曾养甫提出将监狱里的共产党员释放一两个出来，一方面可以表示国民党的诚意，另一方面也可以通过这个办法同中共中央取得联系，翦伯赞还说最好能释放他的桃源县同乡董维键。曾养甫同意这个办法，立即打电话给中统头子徐恩曾。在徐恩曾派遣的一个特务的陪同下，翦伯赞和谌小岑到监狱里见到了董维键。董表示只要中统同意，他可以到湘西去找贺龙，贺那里有电台可与中共中央联系。董还提到陈立夫正想请他把《唯生论》译成英文，但董维键借口眼睛不好，拒绝翻译陈立夫的《唯生论》，这样一来，陈立夫下令不许释放董维键，这条路走不通了。

谌小岑便给在北平的吕振羽写信，约他南下。吕振羽（1900—1980）是湖南省邵阳县人，著名的马克思主义历史学家，时任北平中国大学教授，是中国共产党北平市委直接领导下的"北平自由职业者大同盟"书记。谌小岑的信是用暗语写的，大意是："近年以来，东邻欺我太甚，唯有'姜府'和'龚府'

联姻，方期可以同心协力，共谋对策，以保家财。兄如有意作伐，希即命驾前来。……"

吕振羽收到信后，立即交给经常与他联系的中共北平市委宣传部长周小舟。中共北方局随即决定派周小舟、吕振羽到南京去与国民党谈判。1935年11月底，吕振羽到南京找到谌小岑，谌小岑告诉吕，谈判由曾养甫主持。

吕振羽到达南京的当天晚上，在谌小岑陪同下与曾养甫见面晤谈。吕问曾："国共合作抗日谈判，是曾先生自己的主张吗？"曾答："我是秉承宋子文先生的意旨办事的。"并说："日本占领东北，又在华北搞特殊化，走私又到了长江流域，看来非抗战不可了。你能找一个共产党同我们谈判的线索吗？"吕表示："不能肯定，但也可能从北平的教授和学生中找到一个这样的线索。"当曾养甫从谌小岑的介绍中得知吕振羽是大学教授，是用马克思主义研究历史的史学家后，便对吕说："吕先生，你是历史学家，如果我们同共产党合作抗日，不会把我们作为克伦斯基政府吗？"吕说："克伦斯基当时搞成那个结果，是他们自己的政治行动形成的，并不是旁人把他们弄成'克伦斯基政府'和那样下场的。"

周小舟见到吕振羽会见曾养甫的情况报告后，于1936年1月到达南京。周告诉吕振羽，组织上决定他留在南京，和国民党代表继续接触。周还向吕传达了中共党组织关于与国民党谈判的条件："一、组织国防政府和抗日联军；二、停止内战、一致抗日，停止进攻苏区，承认苏区的合法地位等。"随后，吕振羽陪同周小舟与谌小岑见了面。周小舟根据党的《八一宣言》中提出的十大纲领，向国民党方面提出要求，强调以下四项："（1）立即发动抗日战争；（2）开放民主自由；（3）释放政治犯；（4）恢复民众组织活动，保护民众爱国运动。"国民党代表谌小岑的答复是，要中共"帮助他们联苏"；"要红军改编，苏维埃改制"；这样完成统一后，才能谈到抗战。

周小舟在南京停留两三天后返回北平，吕振羽仍留在南京继续与曾养甫等谈判。吕向谌小岑正式提出共产党方面的条件，双方争论激烈。陈立夫、曾养甫等经过秘密磋商，并征得蒋介石的同意，由曾养甫代表国民党向中共提出了四项反要求，以作为进一步谈判的基础：（一）停战自属目前迫切之要求，最好陕北红军经宁夏趋察绥外蒙之边境。其他游击队，则交由国民革命军改编。（二）国防政府应就现国民政府改组，加入抗日分子，肃清汉奸。（三）对日实行宣战时,全国武装抗日队伍自当统一编制。(四)希望党的领袖来京共负政治上之责任,并促进联俄。

1936年3月底,应国民党方面的要求,周小舟第二次来到南京。他带来了中共向国民党方面提出的六项要求:一、开放抗日群众运动,给抗日爱国人民以集会、结社、言论、出版自由等抗日民主权利;二、由各党各派各阶层各军代表联合组成国防政府和抗日联军;三、释放一切抗日爱国政治犯;四、改善工农群众的生活;五、停止内战,一致抗日,停止进攻苏区,承认苏区的合法地位;六、划定地区给南方各省游击队集中训练,待机出发抗日。

针对国民党方面提出的反要求,周小舟向吕振羽传达了中共的指示:(一)阶级斗争,是阶级社会全部历史过程的必然现象,谁也无法停止,也不可能制造出来。在合作抗日的形势下,只要国民党实施工农要求的适当政策,改善工农群众的生活,调整阶级间的关系,我们为战胜日寇,加强国内团结,可施用影响,实行战时阶级休战。(二)国民党必须实行孙中山的"二五减租"政策。为了团结抗日,除没收汉奸卖国贼的土地分给无地少地的农民外,我们将考虑在战时暂不没收地主的土地。(三)国民党必须承认苏区的合法地位,但不得改变工农民主政权的性质,并以之作为全国抗日民主政权的示范。(四)在组成国防政府的情况下,国民党所提武装推翻国民政府问题将不存在。

这次,周小舟还带来了由毛泽东、朱德、周恩来署名写给宋子文、孙科、冯玉祥、程潜、曾养甫等人的信件,以及由林伯渠署名写给覃振的信件,每封信均附有中国共产党的《八一宣言》。其中,周恩来与谌小岑是南开同学,周恩来于1936年5月15日复函谌小岑,信件全文如下:

谌小岑:

别了十五六年,几如隔世,黄君来,得知老友为国奔走,爽健犹昔,私衷极慰。十余年来,弟所努力,虽与兄等异趣,但丁兹时艰,非吾人清算之日,亟应为民族生存,迅谋联合。此间屡次宣言,具备斯旨,今幸得兄相与倡和,益增兴感,黄君回面托代罄积愫并陈所见。深愿兄能推动各方,共促事成。

养甫先生本为旧识,幸代致意,倘愿惠临苏土,商讨大计,至所欢迎。万一曾先生不便亲来，兄能代表贲临，或更纠合同道就便参观，尤所企盼。

国难当前，幸趋一致，矧在老友，敢赋同仇，春风有意，诸维心照不宣。

周恩来
5月15日于瓦埠

周恩来的这封信词意恳切，对国民党方面发起两党接触，谈判停止内战、一致对外的举动，表示欢迎，希望早日实现停战议和，完成准备，发动抗日战争。

1935年"一二·九"运动后，全国性的抗日救亡高潮蓬勃兴起，两广地方实力派在抗日旗帜下酝酿反蒋。在此形势下，南京政府对国共两党谈判表现出一定的积极性。

1936年6月下旬，周小舟等根据中共北方局的指示，再次来到南京，针对国民党方面于5月间提出的方案，正式提出了新的对案。经过与谌小岑等国民党的代表商谈，形成了一个"谈话记录草案"：

一、K（代表国民党）、C（代表共产党）双方一致确认，为求得民族之生存，须立即实现民族之联合战线，共同抗日。

二、为使联合战线之巩固与实现，应先消灭国内现有之矛盾，集中力量。

三、C方提议组织国防政府和抗日联军，K方在原则上接受此提议，但C方须承认K方之主导权，C方代表认为K方在原则上接受此提议后，现形势下应该而且可能成为抗日之主导力量。

四、在上述三原则下，尤其在第三点上相互以文件承认后，K方将在事实上以秘密方式停止围剿红军，红军亦停止进攻的军事行动。同时在C方停止反K方之行动与宣传的条件下，K方承认立即停止破坏C方组织，及逮捕C方人员与群众，并于暗中保护爱国运动（指在K方权力范围以内，冀察不在此限度内）。之后C方公开发表宣言要求K方一致抗日。

五、双方于履行第四点要求后，共同组织一混合委员会，讨论具体实现抗日联合战线之政治形势及统一经济、军事、外交等问题（例如在国防政府成立后，C方须改变苏维埃之政治形式而统一于国防政府之下），以及联俄诸问题。

谌小岑根据这个谈话草案的基本原则和精神，重新起草了一个协定条款草案，经陈立夫亲自修改后，于7月4日提交中共代表。经陈立夫修改的这个协定草案，内容如下：

一、K方为集中民族革命力量，要求集合愿意参加民族革命之一切武装力量，不论党派，在同一目的下，实现指挥与编制之统一。

二、C方如同意K方上述之主张，应于此时放弃过去政治主张，并以其政治军事全部力量置于统一指挥之下。

三、K方在C方承认全国武装队伍应统一指挥与编制的原则时，即行停止围剿，并商定其武装队伍之驻扎区域，予以其他国军同等之待遇。

四、K方在C方决定放弃苏维埃政权的条件下，即以K方为主体，基于民主的原则，改善现政治机构，集中全国人才，充实政府力量，以负担民族革命之任务。

国民党的这个文件，由谌小岑出面分别交给中共代表周小舟、张子华，由他们转达中共中央。但由于种种原因，中共中央于8月下旬才收到这个文件。

1936年6月1日，两广事变爆发，国民党方面曾要求中国共产党正式发表宣言，公开向国民党要求合作，企图以此给两广方面施加压力。中共代表的答复是：只要你们抗战，我们便可以合作，至于发表宣言向国民党要求合作事，"这在许久以前便已公开表示，并且就在（国民党）二中全会的时候，我们党中央还有公开信给他们"。

曾养甫通过谌小岑向吕振羽表示，这样转来转去，不解决问题，希望共产党方面派代表来谈判。中共北方局决定派周小舟再去南京。在周小舟7月10日动身前，北方局收到南京来信，信中透露国民党"与我们谈判之进行，颇露进一层积极进行之意，陈（立夫）欲在北方与翔宇（周恩来）见面，当面解决一切问题"。

针对陈立夫口授的四项办法，周小舟带去中共北方局提出的四项条件：

一、为求中国民族之生存，C方确认必须；（1）立即发动抗日战争，保卫中国华北、内蒙古，并收复东北失地；（2）联合一切愿意抗日的党派及人民，共同奋斗，并严厉制裁汉奸；（3）保障人民民主权利，并释放一切政治犯；（4）与日本断绝交涉，宣布并废除损害中国领土主权的条约，实行联合苏联及一切反日势力的外交。

二、在K方承认并确行第一条各项政策，C方放弃敌对K方的行动，K方停止围剿与封锁红军和苏区。

三、C方确认抗日战争须要有统一的领导与指挥，C方提议在最近期间召集全国各党派及人民团体（不论已否立案）与武装部队的国防代表会议，基于民主的原则，产生统一领导抗日战争的政府与军事指挥机关，C方并提议采用国防政府与抗日联军的名称，红军及其他一切抗日部队当然要服从这个政府的指挥。在K方决定第一条各项政策时，C方赞成K方人员在国防政府及抗日联军中，占有指导地位。

四、C方在今天无意考虑取消现有苏维埃组织与红军的提议，C方也不要求K方及愿意抗日的其他各派变更原有的政治军事地位，但在将来依据抗日战争的需要，C方赞成全中国真正民主的统一。

二、周恩来两次致函陈果夫、陈立夫

曾养甫除通过吕振羽与中共北方局取得联系外，还通过左恭与中共临时中央局取得了联系。

张子华（1914—1942），宁夏中宁县人。1930年在北平加入中国共产党，在平津唐地区从事工人运动，任全国总工会华北办事处秘书和代理党团书记。1934年被捕，后经党组织营救出狱，到上海从事地下工作。1935年任中共上海临时中央局组织部秘书和豫、鄂、陕边区特派员。

在国民党中央宣传部任职的中共地下党员左恭将张子华介绍给谌小岑。张子华建议国民党派人直接到陕北去谈判。不久，中共临时中央局决定派张子华随同董健吾一道去陕北，向中共中央领导人汇报曾养甫等人的意见。张子华动身去陕北前，通过谌小岑征得了曾养甫的同意。因此，张子华是以共产党和国民党的双重使者身份去陕北苏区的。

张子华与董健吾结伴同行，但董健吾并不了解张子华的真正身份和去陕北苏区的目的。他俩到达瓦窑堡后，博古单独接见了张子华。张子华口头汇报了国民党内部各派对待抗日的态度：冯玉祥、孙科、于右任以及陈立夫等有联俄联共、一致抗日的表示，并汇报了陈立夫、曾养甫等正在到处寻找中共中央举行谈判的动向。3月下旬，中共中央政治局在山西前线召开扩大会议，传达共产国际"七大"决议，并讨论与南京政府联络、谈判问题。会议期间，张子华曾到晋西直接向毛泽东、张闻天、彭德怀等做了汇报。

1936年春，中国共产党同张学良、杨虎城已达成停战、通商协议，在西北地区出现了红军、东北军、十七路军"三位一体"的局面。4月25日，中国共产党中央委员会发表《为创立全国各党各派的抗日人民阵线宣言》，呼吁南京政府放弃"攘外必先安内"政策，实行联共抗日方针。

张子华于4月中旬从陕北瓦窑堡出发返上海。4月底到达南京，曾养甫在家中接见了他。他表示希望了解南京方面对联共抗日的具体办法。5月中旬，陈立夫在曾养甫家中口授四项办法后，谌小岑抄写了两份，一份交给吕振羽，另一份交给张子华。但没有向张子华说明这是南京方面的条件，只说是他谌小岑个人的看法，供中共参考。曾养甫还通过张子华传达口信，邀中共主要负责人面谈。为此，5月中旬张子华再次来到瓦窑堡，还带来了覃振写给林伯渠的信。周恩来听取张子华汇报后，表示欢迎国民党方面的转变。

6月初，张子华返回南京，带去了周恩来亲笔写给谌小岑、张伯苓、时子周等人的信。周恩来在这几封信中向这几位五四时期的师友宣传了中国共产党的抗日民族统一战线主张，期望他们利用自己的地位和影响，促使国民党改变政策，联共抗日。在给谌小岑的信中，还提出欢迎曾养甫、谌小岑到陕北苏区谈判，周恩来写道："养甫先生本为旧识，幸代致意，倘愿惠临苏土，商讨大计，至所欢迎。万一曾先生不便亲来，兄能代表贲临，或更纠合同道就便参观，尤所企盼。"

张子华这次到南京，要求谌小岑给他在南京找一个住处，他要以中共代表身份在南京为建立抗日民族统一战线进行公开活动。曾养甫拒绝了他的要求，并要谌小岑将张子华关进了中统的监狱。一星期后，上海的中共党组织向左恭要人，张子华才被释放，由谌小岑护送到上海。

二人到上海后，张子华给谌小岑一份密电码和一个上海邮局信箱的号码，国民党方面如有事可通过邮局信箱找他。张子华要求国民党方面给他一个电台呼号，谌小岑给他的是武汉电台的呼号。

7月，曾养甫请张子华再次去陕北，送一封他写给周恩来的信。曾养甫在信中表示："盼两方面能派负责代表切实商谈，如兄能屏除政务来豫一叙至所盼祷"，并口头表示，周恩来如不来，邓颖超来也可以。

这时正是两广事变期间。南京政府在各方面压力下，对日态度已有了明显变化，由一味妥协退让，开始变得强硬起来。中国共产党也在逐步放弃"反蒋"口号，并确定统一战线的主要对象是国民党中央，不久正式制定了"逼蒋抗日方针"。

8月27日，张子华把曾养甫写给周恩来的信送到陕北保安。9月20日，他从陕北保安赶到广州，带去了周恩来8月31日写给曾养甫和9月1日写给陈立夫、陈果夫的信。周恩来在写给曾养甫的信中说："黄兄（指张子华）带回手札，陈述盛意，此间同志极引为幸。国难危急如此，非联合不足以成大举。弟方数年呼吁，今幸贵方所表同情，复得兄出而襄赞，救亡前途实深利赖。弟方除已致送贵党中央公函，表示弟方一般方针及建立两党合作之诚意和愿望外，兹为促事速成，亟愿与贵方负责代表进行具体谈判。承允面叙，极表欢迎。唯苏区四周，弟等外出不易。倘兄及立夫先生能惠临敝土，则弟等愿负全责保兄等安全。万一有不便之处，则华阴之麓亦作为把晤之所。但弟身外出安全，须贵方代为策划。为慎重秘密计，现仍托黄兄回报，并携去较妥靠之密码，至呼号波长一如来约。凡机密事，统可电中相商。晤期约定，即希告黄兄先来布置一切，以便弟得代表弟方兼程前往也。"

周恩来给陈果夫、陈立夫的信，全文如下：

果夫、立夫两先生：

分手十年，国难日亟。报载两先生有联俄之举，虽属道路传闻，然已可窥见两先生最近趋向。黄君从金陵来，知养甫先生所策划者，正为贤者所主持。呼高应远，想见京中今日之空气，已非昔比。敝党数年呼吁，得两先生为之振导，使两党重趋合作，国难转机，实在此一举。

近者寇入益深，伪军侵绥，已成事实，日本航空总站，且更设于定远营，西北危亡迫在旦夕。乃国共两军犹存敌对，此不仅为吾民族之仇者所快，抑且互消国力，自速其亡。敝方自一方面军到西北后，已数作停战要求。今二、四两方面军亦已北入陕甘，其目的全在会合抗日，盖保西北即所以保中国。敝方现特致送贵党中央公函，表示敝方一般方针及建立两党合作之希望与诚意，以冀救亡御侮，得辟新径。两先生居贵党中枢，与蒋先生又亲切无间，尚望更进一言，立停军事行动，实行联俄联共，一致抗日，则民族壁垒一新，日寇虽狡，汉奸虽毒，终必为统一战线所击破，此可敢断言者。敝方为贯彻此主张,早已准备随时与贵方负责代表作具体谈判。现养甫先生函邀面叙,极所欢迎。但甚望两先生能直接与会。如果夫先生公冗不克分身,务望立夫先生不辞劳瘁,以便双方迅作负责之商谈。想两先生乐观事成,必不以鄙言为河汉。

临颖神驰,伫待回教。专此,并颂

时祉!

周恩来 九月一号

张子华到广州将上述信件交给了谌小岑,本来准备与当时在广州的陈立夫面谈,因陈立夫已去外地未得晤面。后来陈立夫回南京前,交待此问题由曾养甫解决。

陈立夫曾将周恩来9月1日写给他的信交蒋介石看。蒋令陈立夫继续联系,由陈等出面口头答复,"唯不必立即告以蒋公已允予考虑"。周恩来因为得不到国民党方面的回音,于9月22日再致陈氏兄弟一书:

果夫、立夫两先生:

前由黄君奉陈一书,想已入览。关于双方负责代表具体谈判事,迄今未得复示,不胜系念。日寇图我益急,弟方停战要求已至再至三。乃蒋先生于解决两广事变之后,犹抽调胡军入陕,阻我二、四方面军北上抗日,岂停止内战可以施之于西南,独不可施之西北耶?窃以内战不停,一切抗日准备无从谈起。养甫先生曾数数以书信往还,弟方更屡次竭诚相告,而蒋先生迁延不决,敌对之势非但未变,且更加甚。此徒长寇焰,丝毫无益于国难之挽救者也。

两先生为贵方党国中坚,领导党议。倘能力促蒋先生停止内战,早开谈判,俾得实现两党合作,共御强敌,则两党之幸,亦国家之幸也。现为促事速成,特委潘汉年同志前来详申弟方诚意,并商双方负责代表谈判之地点与时间(汉同志是联络代表,他不负任何谈判责任),到时希赐接洽。临颖匆匆,不尽欲言。即颂时祺!不一。

周恩来 九月二十二日

9月27日，曾养甫约见张子华，提出请周恩来到香港或广州见面谈判。9月28日，张子华打电报给陕北中共中央，转达曾养甫意见，国民党代表北来"恐惹人注意，约恩来飞往香港或广州会谈"。在此之前，中共中央就已考虑"恩来准备出去仍应南京要求，实亦有此必要，因七个月来，往来接洽者均次要代表，非负责人不能正式谈判"。因此，当接到张子华电报后，中共作了三点答复。张闻天、毛泽东10月8日在给朱德、张国焘、徐向前等人的电报中通报了这三点答复的具体内容："第一，日本新的大举进攻迫在目前，切望南京坚持民族立场，立即准备抗战，我方愿以全力相助，万不可再作丧失领土主权之让步，再使全国失望。第二，立即暂行停止进攻红军，以便双方主要代表谈判。恩来飞赴广州，在确保安全条件下是可行的。第三，我方宣言，只要彼方不拦阻抗日去路与侵犯抗日后方，红军首先实行停止向彼方攻击，作为我方停止内战一致抗日的诚意表示，仅在彼方进攻时我方才在不得已的防御形式下给以必要的回击。"

为切实准备好周恩来同国民党代表的谈判，9月中共中央起草了《国共两党抗日救国协定草案》，并征询了当时没在陕北的中共中央和工农红军主要领导人的意见。

张子华10月15日到达西安，书面向中共中央详细汇报了国民党方面答复的四个基本条件："一、苏维埃区域可以存在。二、红军名义不要，改联军，待遇与国军同。三、共产党代表公开参加国民大会。四、即派人具体谈判。"

中共中央收到上述条件后，认为南京方面对谈判颇有诚意，同时得知蒋介石已于16日到西安，于是决定派代表与国民党方面交涉，希望蒋派飞机到肤施（延安）接周恩来到西安与蒋直接谈判。但是交涉没有成功，周恩来赴西安与蒋介石直接谈判的计划未能实现。

10月19日，周恩来通过途经西安前往山西从事统一战线工作的彭雪枫转交张子华一封电报，作为9月28日他在广州给中央电报的答复，电文说："粤来俭电悉。兹复一电，内容：一、希望南京对日取强硬态度，我方愿以全力为助。二、要求停止军事进攻，双方各守原防，以便谈判。三、恩来已奉命为谈判代表，地点以西安为宜。四、南京方面代表希望陈辞修、曾养甫、陈立夫三先生中，有二人来。五、一俟军事进攻停止，南京代表人选与谈判地点确定，并得到通知时，恩来立即起程。"

三、国共谈判中的一个插曲

周恩来致陈果夫、陈立夫兄弟的第一封信写的是"9月1号",未写年份。周恩来怎么也不会想到,就是他当时的这么一个简略写法,40年后在台湾岛内引起了一场文字官司,后来又有大陆学者参与其中,煞是热闹。

国民党败退台湾后,每逢西安事变周年,国民党耆宿老臣总要出来声讨张学良"通匪"的罪行。1977年,陈立夫在台北《近代中国》和《传记文学》杂志发表《参加抗战准备工作回忆》,文中第一次公开了周恩来致陈氏兄弟的信,陈立夫在文中特别注明"民国二十四年九月收到"。但有一些细心的人从信中红二方面军和红四方面军"北入陕甘"的内容判断,此信不是写于1935

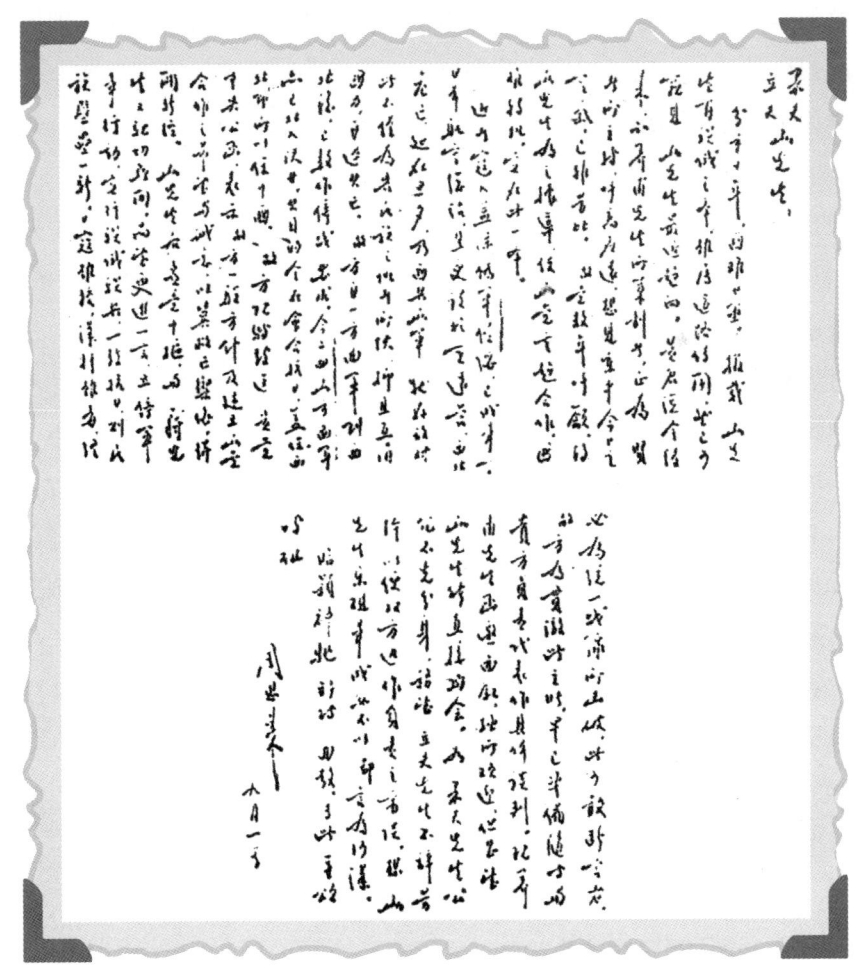

周恩来9月1日致陈果夫、陈立夫信函的手迹。

年9月1日，而应该是1936年9月1日。此时距"西安事变"的发生仅有三个月。这就产生了一个疑问，究竟是谁"通匪"在前？如果蒋介石、陈氏兄弟的"通匪"无罪，那么张学良的"通匪"又何罪之有？这样一来，一年时间的前置与后移，就直接与"谁丢失大陆"这样的重大问题挂上了钩。陈立夫为了推卸自己的"责任"，便死死咬定周恩来的信是1935年9月1日写的，"立公"的老朋友也纷纷站出来为"立公"帮腔。陶希圣说，据我所知，周函为"24年春夏间"；朱开来在怀念张冲的文章中说："周函为24（年）而非25（年）"。蒋介石的《苏俄在中国》也明确注明："周函是24年秋季"写就的。总之，周函与西安事变发生的间隔越长，对"立公"就越有利。

但在台湾，也有人认定周信是写于1936年9月1日。对此争论，喜怒笑骂皆是文章的李敖发表文章，一针见血地指出，陈立夫公布周恩来42年前即民国24年写的9月1日函，亮出了国民党公开"剿匪"声中的秘密"通匪"作业。只是国民党原想"掩饰"自己的"通匪"，而让人觉得老早就"通匪"的只有张学良，玩了"嫁祸于人"的把戏。

但是，历史要掩饰也难。果然在20世纪90年代台湾又有历史学家沈云龙和《中国时报》副总编辑苏墱基先后在报刊上撰文，郑重考证周函作于1936年。

年逾九旬的"立公"看了沈、苏二人的考证文章后，怒气冲天，立即发表文章，对沈、苏二人予以纠正。其纠正苏墱基的文章火气十足地指责苏某"考据工作，如此疏忽，其如何为学耶？"陈立夫声称："总之，周函之发生，距今已有60年，早苏君之诞生为9年，与此函有关之人，均已去世，幸执行周函有关之大事者为余，年已96矣，余记忆力并不衰退，且有其他物证可为余助，苏君自以为是，宜其所考据者均为似是而非之文件。余若放弃责任，不予以纠正，则历史之真相，永不彰明，岂不为历史学家之耻乎？！"看来，"立公"真的火了。

"立公"一火，台湾的学者大概不好意思再去考证，于是便有了好几位大陆历史学者的参与，他们也郑重撰文，指出"立公"的错误，确认周恩来的信写于1936年。政治上的事情，有时很有趣，有时却无聊。陈立夫死死咬住1935年大概也是一件很有趣又很无聊的事。

四、与潘汉年的直接会谈

潘汉年是中共党内的传奇人物。他出生于1906年，江苏省宜兴县人。1925

年加入中国共产党,曾任中共中央宣传部文化工作委员会书记,中国左翼作家联盟党组书记。1931年初,潘汉年调到中央特科,专门负责保卫在上海的中共中央机关的安全工作。1933年夏,潘汉年离开上海到达江西中央苏区,担任苏区中央局宣传部部长和赣南省委宣传部长,1933年10月和1934年10月,潘汉年两次被派为中央苏维埃政府和中国工农红军代表与国民党广东省政府主席陈济棠谈判。长征途中,潘汉年被派往白区工作,建立中共中央与上海地下党的联系,并设法打通与共产国际的电讯联系,1935年到达莫斯科,1936年5月奉命从莫斯科到达香港,写信给陈果夫,要他派人到香港接头联系。陈果夫、陈立夫随即派张冲到香港会见潘汉年,并邀潘到南京去谈判。潘汉年随张冲来到南京,住下关扬子饭店。张冲按照陈氏兄弟的授意对潘汉年表示,你从莫斯科来,只是代表王明等中共代表团关于两党谈判的意愿,并不能代表国内中共当局。因此他们暂时不便直接与你接触,先派曾养甫为代表与你联络,待你取得中共中央和红军方面正式代表资格和有关谈判意见时,再与陈氏兄弟面谈。随后,张冲陪潘汉年会见了曾养甫。

潘汉年根据冯雪峰提供的秘密交通线去陕北。7月24日到西安,8月8日到达保安。他向中共中央负责人汇报了曾养甫希望得知中共中央对两党谈判意见的消息。8月10日,中共中央政治局召开会议,着重讨论与国民党进行谈判的问题。潘汉年列席了这次会议。会议除决定给南京复 封秘密信外,还决定发表致国民党的公开信。这就是8月25日发表的《中国共产党致国民党书》。

8月中旬到9月初,潘汉年根据中共中央指示去西安与张学良、杨虎城就联合抗日有关问题进行会谈。之后,他回陕北。9月24日,他作为中国共产党同国民党当局谈判的正式代表,携带着《中国共产党致国民党书》及毛泽东

中国共产党的传奇人物潘汉年

9月18日写给宋庆龄的信离开陕北，10月2日到西安，10月14日转赴上海。毛泽东在给宋庆龄的信中，热情称赞她在1927年后，"真能继续孙中山先生革命救国之精神"，期望她"利用国民党中委之资格"，"唤醒国民党中枢诸负责人员，觉悟于亡国之可怕与民意之不可侮，迅速改变其错误政策"。毛泽东在信中还写道："兹派潘汉年同志前来面申具体组织统一战线之意见，并与先生商酌公开活动之办法，到时敬求接洽，予以指导。付上我们致国民党中央的信以做参考。同时请先生介绍与先生比较接近诸国民党中枢人员，如吴稚晖、孔祥熙、宋子文、李石曾、蔡元培、孙科诸先生，与汉年一谈，不胜感幸。"潘汉年这次陕北之行，还带来了周恩来致陈果夫、陈立夫的第二封信以及中共中央9月起草的《国共两党抗日救国协定草案》。这个草案是与国民党代表谈判的依据，其全文如下：

一、中国国民党中央执行委员会、中国共产党中央委员会，鉴于日本帝国主义者对于中国侵略之有加无已，危害中国领土主权之保全与民族之生存，一致认为唯有两党合作并唤起民众，联合全国各党派各界，联合世界上以平等待我之民族与国家，实行对日武装抗战，方能达到驱逐日本帝国主义，保卫与恢复中国领土主权，争取国家独立与民族生存之目的。因此，双方派遣全权代表举行谈判，订立此抗日救国协定。

二、双方共同承认并以最大之诚信与决心，一致努力于下列之伟大的政治任务：

（甲）实行对日武装抗战，保卫与恢复全中国之领土与主权；

（乙）实现全国各党各派各界各军之抗日救国联合战线；

（丙）实现依据民主纲领而建立的中华民主共和国。

三、为力求以上政治任务之完成起见，双方同意实行下列各项必要的步骤与方法：

（甲）从本协定签字之日起，双方立即停止军事敌对行为。

（乙）中国国民党方面承认经过国民政府军事委员会下令停止进攻红军与侵犯苏区，取消经济封锁，并承认经过单独协商，一方面调动进攻红军之部队离开现在区域开赴抗日战线，一方面划定红军必需的与适宜的根据地，给必要的军械、军服、军费、粮食与一切军用品，供给兵员的补充，以便红军安心进行对日抗战。中国共产党方面承认经过苏维埃政府革命军事委员会下令红军不向国民党部队攻击，承认在抗日作战时在不变更共产党人员在红军中的组织与领导之条件下，全国军队包括红军在内实行统一的指挥与统一的编制，红军担负一定之防线与战线。

（丙）中国国民党方面承认改革现行政治制度，撤废一切限制民主权利之法令，允许人民言论、出版、集会、结社等自由，惩办汉奸与亲日分子，释放政治犯，释放已被逮捕之共产党员，并承认以后不再破坏共产党之组织与不再逮捕共产党之人员。中国共产党方面承认停止以武力推翻国民党政权之言论与行动，承认在全国建立民主共和国与召集根据普选权选举的全国国会时苏维埃区域选举代表参加此国会，苏区实行与全中国一样的民主制度。

（丁）中国国民党与中国共产党共同承认，在全中国民主国会未召集与民主政府未建立之前，为着实行真正的对日武装抗战，有召集基于全国各党各派各界各军选举的抗日救国代表大会或国防会议之必要，此种抗日救国代表大会或国防会议有决定一切抗日救国方针与方案之权。

（戊）中国国民党与中国共产党共同承认，为着实行真正的对日武装抗战，有迅速建立统一全国的军事指挥机关（军事委员会与总司令部），及由此机关采取真正对日抗战的一切实际军事步骤之必要。中国国民党承认，红军军事委员会及总司令部有选派代表参加全国的军事委员会与总司令部之必要，并保证该代表等顺利进行其工作。中国共产党承认，中国国民党人员在此种机关中占主要领导的地位。

（己）中国国民党与中国共产党共同承认，为着实行真正的对日武装抗战，有与苏联订立互助协定之必要，同时对日本以外之其他国家在不丧失领土主权条件下，应保持友谊并取得其帮助。

四、双方共同承认，为完善地执行本协定起见，两党中央各派出同数之代表组织混合委员会，作为经常接洽与讨论之机关。

五、双方互相承认，两党应忠实地执行本协定所规定之一切原则与事项，但同时双方均保持其政治上与组织上之独立性。

六、在本协定的原则下，双方得订立关于许多个别问题之协定。

七、本协定在双方代表签字互换后发生效力。

八、本协定之修改须得双方同意。

10月14日，中共中央通过代表向国民党方面提出了四项意见。其中前三项以前曾提出过，第四项意见是"在（国民党军队）进攻未停止、恩来未出去以前，准备派在沪之潘汉年同志进行初步谈判"。

11月10日，经张冲安排，潘汉年和陈立夫在上海沧州饭店举行会谈，张冲亦在座。潘汉年将周恩来9月22日写给陈果夫、陈立夫的信和同一天写给蒋介石的信，亲手交给了陈立夫。随后，潘汉年口头阐述了中国共产党在《国共两党抗日救国协定草案》中提出的八项条件。在这次谈判过程中，陈立夫态度大变。潘汉年给中共中央的报告写道：

> 10日晨抵沪，在沧州饭店与陈晤谈，并将周（恩来）致二陈及蒋（介石）的信顺便亦交他。陈（立夫）问潘汉年代表周（恩来）个人或代表毛（泽东），潘汉年答代表整个苏维埃与红军来与南京政府及中央军谈判，并非代表任何个人。陈请我先将我方愿意合作之条件告诉他。我乃根据那修正草案讲了一个大概，问陈南京对我们提议有何意见，陈于是着重声明代表蒋委员长作一答复：第一，既愿开诚合作，就不好有任何条件；第二，对立的政权与军队必须取消；第三，目前可保留3000人之军队，师长以上领袖一律解职出洋，半年后召回按材录用，党内与政府干部可按材适当分配南京政府各机关服务；第四，如军队能如此解决，则你们所提政治上各点都好办。陈讲完后，笑问我道："这条件恐不易接受吧？"我也笑着回复他："这是蒋先生站在剿共立场的收编条例，不能说是抗日合作的谈判条件。请问陈先生，当初邓文仪在俄活动，曾养甫派人去苏区，所谈均非收编，而是合作，蒋先生为甚目前有如此设想，大概误会了红军已到无能为力的时候，或者受困日本防共协定之提议，磋商合作条件尚非其时？这样消耗国力的内战，眼见一时尚无停止可能，日本乘机进攻之野心当亦继续无已，南京日来标榜之决心抵抗，未知从何做起，历史上未见对外对内两重战争可以同时并进，先生以为如何？"他很安静地把眼睛闭上，想了一想，声音很轻的答道："是的，条件很苛刻，谈判恐一时难于成就，不过周恩来如能全权代表军事出来与蒋面谈，或者保留的军队数目尚可斟酌，如由3000可扩大为1万之数，无论如何，蒋先生中心意旨，必须先解决军事，其他一切都好办，你我均非军事当局，从旁谈判，也无结果，可否请恩来出来一次，前有电给养甫说可以去广州，所以已派张子

华带着护照回去了，你想他能不能出来呢？"我说："如蒋先生无谈判合作之必要，我想他不会来。"他说："蒋答应如周出来，他可以和周面谈，或者那时蒋先生条件不致太苛也难说。"我带着一点滑稽笑声问他："那么要不要把蒋先生所提收编各点同时打电报给里面呢？"他思索一回说："这样恐周不能来，我也这样估计。暂时不提也好，看周到底愿不愿与蒋亲自谈。"我说："如不把贵方意见提出，仅说蒋愿见他，岂不是我骗他出来，何况正在交战激烈之际，暂时停战问题不解决，我想他是无法出来。"陈说："能否停战，蒋先生意思要看你们对军事问题能否接受来决定，而军事问题，双方谈了必须负责，因此必须双方军事直接负责人面谈。"我乘机改变谈话中心，要求先谈停战，无条件的，暂时的，为了双方军事负责人面商起见，先讨论如何迅速暂时各守原防休战。他拒绝这提议。大家静默了好久，张冲在旁建议，如周愿出来，由他方负责保障安全，可以不必怀疑等话，陈说这不成问题，如周答应出来，倘认张子华带进去的护照还不够，可另想办法。他又提议我先打一个只提要周出来与蒋谈军队问题的电报，至蒋所提各点，看里面有无复电再说。我把这事抛开，对陈提议：双方当局对整个问题恐一时难于接近谈判成熟，可否与陈先生直接所负各种政治的、群众的运动，以至于反对政学系汉奸等部分问题进行局部统一运动的谈判，这样也是（形）成将来整个合作的基础。他们听了这提议，陈（立夫）张（冲）相视，表示惊异，很久陈才答复："这是不可以，必须整个来谈，必须在唯一领袖意旨下来进行工作。还是请你先打一个请恩来出来的电报。"我觉得陷于僵局也不是办法，最后接受了他的提议，用张子华带去那密码打了一个电报给你们，想已收到，同时昨天由毅（张学良化名）处转上一个较简单的电报，想已可明白。目前由张冲负责与我经常约好通信联络，如来往电报由他派人来沪收送。在张送我出沧州（饭店）时，特别表示陈对蒋所提办法甚为失望，但他们将用尽一切力量促成此事。我亦表示正式谈判，恐时间还未到，不过南京方面什么时候感觉真需要正式谈，可以随时找我。

对于蒋介石提出的苛刻条件，连陈立夫也觉得太过分。那么，蒋介石为何态度突变？原来，这和当时国内政局的急剧发展变化有关。

1936年10月间，蒋介石已经成功镇压了"两广事变"，认为他的后顾之忧已经消除，又可以集中力量来对付共产党了。他把30多个师的中央军部署在平汉铁路汉口至郑州段和陇海铁路郑州至灵宝段，企图寻机将刚刚会聚起来的红军聚歼在黄河以东甘肃地区，或赶到外蒙古去。蒋介石在策划、部署军事"剿共"的同时，继续镇压人民的反日爱国运动。11月23日清晨，沈钧儒、章乃器等救国会"七君子"被捕入狱。接着，十几家进步报刊也被封闭。

蒋介石对共产党实行双管齐下的策略，一方面部署武力进攻，同时仍幻想通过谈判实现政治收编。11月16日，陈立夫再次邀请潘汉年去南京谈判。11月19日，陈、潘在南京再次举行会谈。陈立夫说：蒋介石坚持原来所提各点，无让步可能。陈要求潘汉年把上次会谈时他转达的蒋介石的意见电告中共中央。陈立夫以威胁的口吻说：日、德两国已签订反共协定，他们"正在拉蒋先生加入反苏阵线"，"说不定中苏关系可一变而为恶劣"，"那时对红军岂不更糟糕"。潘汉年斩钉截铁地指出："联俄是我们对中国抗日反帝的主张及认为中国可以抗战的唯一出路，如蒋先生要加入反苏阵线，当无抗日之可言，则我们所谈均属无谓。"陈立夫又表示："我们当不希望中国加入反苏阵线，正因此希望红军方面能为民族国家捐除成见。"于是，潘汉年将中国共产党起草的《国共两党抗日救国协定草案》交给他，并郑重地说：这是我党"对民族国家最负责最尽职的意见"，供两党合作之参考。当谈到曾养甫提出的国共合作四项条件时，陈立夫竟矢口否认，说："纯属子虚，蒋先生并未对第二人讲到关于与你们谈判的条件。"

至此，谈判陷入僵局，无法继续进行。当晚10时，张冲去看望潘汉年，婉言透露陈立夫左右为难，希望双方继续努力，并转达陈立夫意见：望把蒋介石的意见电告陕北中共中央，如果周恩来能与蒋面谈，条件还可斟酌。

潘汉年11月21日将19日与陈立夫会谈的情况报告中共中央。中共中央复电潘汉年，指出："恩来事忙，暂难出去。""迫蒋停止剿共，此是目前抗日统一战线的中心关键。"

12月初，陈立夫派张冲到上海见潘汉年，表示国共谈判不宜中止。张冲还说："如蒋对红军完全绝望，他必与日妥协"，他建议中共中央回个电报，"表示对保留军队要求多些"，并可要求一定防地。潘汉年提出："章乃器等被捕，更使我们对蒋是否决心抗日，表示极大怀疑。我是否再留此，实有考虑必要。"张冲先辩解说:"章等被捕为上海市政府行动,南京不负责任",但他又不愿意潘汉年离开上海,想继续与中共接触谈判,便赶紧向潘汉年表示:"你们的安全负绝对责任",并劝潘"以私人资格劝朱毛,不要拆散谈判",再次请求潘汉年给陕北中共中央打电报。12月8日,中共中央致电潘汉年指出:谈判显无速成之望,彼方如有诚意,须立即停战,并退出苏区之外,静待谈判结果。我们愿意以战争求和平,绝对不作无原则让步。

中共中央的态度鲜明,断然拒绝了蒋介石的无理要求。11月22日,张闻天、毛泽东电告潘汉年:"我只能在保全红军全部组织力量、划定抗日防线的基础上与之谈判。"当接到潘汉年11月21日的电报后,中共中央12月又复电潘汉年,更明确和严肃地指出:红军仅可在抗日救亡前提下,承认改换抗日番号,划定抗日防线,服从抗日指挥,红军不能减少一兵一卒,并须在抗日战争中扩充。彼方如有诚意,须立即停战,并退出苏区以外,静待谈判结果,绝对不作无原则让步。

历时一年的国共两党秘密接触和谈判,到此告一段落。

五、西安事变改变了国共谈判的方向和进程

1936年12月12日,张学良、杨虎城两位爱国将军发动的西安事变完全打乱了陈立夫、蒋介石等人的如意算盘。

陈立夫晚年在美国接受历史学者的访问时,曾告诉访问他的人,在西安事变前,陈立夫已经发觉了张学良的不正常迹象,张学良逮捕了在西安的所有中统的代理人,并且没收了他们的材料。陈立夫说:"我意识到西安的情况不正常。我认为蒋先生太宽大了。蒋先生应该做些什么?怎能没收中统的资料?张学良的行动羞辱了中央。蒋先生应该下令张学良释放中统被捕人员。当然,领导人不能偏心,他必须研究事实。可能中统人员有错误,这是关键时刻。也许蒋先生下令会使事情更麻烦。蒋先生通过这样那样的报告,认识到西安的形势是危险的,这就是他为什么去西安的原因。"

陈立夫还说,在蒋介石及其军政大员陈诚、蒋鼎文、卫立煌、陈调元、万耀煌、邵元冲、蒋作宾、朱绍良、陈继承、张冲及名流蒋百里、萨镇冰等统统沦为阶下囚的时候,陈立夫原来也是准备去西安的,只是因为他当时患感冒发烧,才没有去西安,避免了做阶下囚的厄运。

西安事变前张学良（左一）、杨虎城（左二）将军与蒋介石在一起。

西安事变的消息传到南京，陈立夫及蒋介石的亲信们的第一个直觉的行动，就是合谋剥夺军事委员会副委员长冯玉祥的军权。陈立夫毫不掩饰他对冯玉祥的不信任，他说：

> 我们感到最大的问题是冯玉祥，他是军事委员会副委员长，态度不明朗。作为军事委员会委员长的蒋先生掌握着全部军权，副委员长有名无实，类似于副总统。通常，冯玉祥没有任何权力。照理说，蒋先生被关在西安，应该指定冯玉祥接任。但是，怕他利用这一位置制造麻烦。重要的问题是委任少数人负责。我们组织了一个委员会，何应钦被委任为全权负责，计划军事行动。我想，这是一个非常合适的选择。蒋先生还活着，怎能将全部权力移交给副委员长！我们希望避免可能出现的情况，久拖不决。

陈立夫对冯玉祥恶感很深，也许他从没有想到过，要不是冯玉祥发动北京政变并率领他那庞大军事集团参加北伐战争，又怎么会有蒋介石的江山呢？

为了剥夺冯玉祥的兵权，蒋介石的亲信们是不择手段的。戴季陶得到西安事变的消息后，就提议"军事归何应钦管"。按常理，军事委员会委员长不能行使职权时，应由军事委员会副委员长负责。冯玉祥对戴季陶的提议立即表示反对，说："不成，参谋总长是军令机关，军事委员会尚有办公厅主任。"在12月12日晚召开的国民党中央常务委员会和中央政治委员会联席紧急会议上，蒋的亲信们依仗人多势众，强行规定："关于指挥调动军队，归军事委员会常务委员兼军政部部长何应钦负责。"这么一来就把冯玉祥掌握军权的希望封杀了。对此，蒋家的亲信个个松了一口气，蒋介石"十三太保"之一的刘健群说：由谁控制军事委员会，这关系到"革命历史，是党国大计，千万不能有一分一步的差错！"

在如何营救蒋介石的问题上，有主战、主和两种尖锐对立的意见，陈氏兄弟的观点似乎并没有特别的表露。陈果夫考虑到国民党已经失去重心，急忙把早已退隐的张静江从上海请到南京，准备让张静江再做一回国民党的"重心"。而陈立夫则想到了中共的潘汉年。陈立夫晚年告诉历史学者：

参加完12月12日会议之后，回到家里，当晚无论如何不能入眠，我不断问自己：我能做什么？第二天早晨，我请潘汉年到我家来，要求他致电共产国际，分析西安形势。作为共产国际代表，他应该电陈意见，帮助决定政策。我建议他指出，如果蒋先生出了什么事，其结果将是灾难性的。中国将失去抗日的领导人。日本由于企图征服我们，必然发动侵华战争，其后，目标将转向苏联。其结果不仅关系中国的存亡，也将关系苏联。我还建议他报告，人们一致反对张学良，支持蒋先生。他同意并且起草了电报，我们将它译成密码发出了。此前，为了和共产国际通讯，他将密码转交给了我们。

为了免得周恩来在西安火上加油，次日，我要求潘汉年再次致电共产国际，报告全国一致反对张学良，同时希望共产国际指令周恩来，设法保证释放蒋先生，至少，指令他不要"加油"。

第二天，接到了来自共产国际的一份电报，中称：收到了潘的两份电报，他对形势的分析是正确的。共产国际赞同他的观点，并已按建议致电周恩来。

"我有这三份电报的副本。不幸，1938年和其他重要文件一起丢失了。"陈立夫补充说。

"共产国际给了中国共产党一项指令，大意是：蒋先生的安全意味着苏联的安全。"陈立夫接着说。

西安事变时，任军事委员会副委员长的冯玉祥将军

以上是陈立夫晚年的回忆，是否真实可靠，目前尚未有第一手文献可资佐证。不过，中共中央负责人毛泽东通过潘汉年向陈立夫有所提议倒是千真万确的。

12月19日，毛泽东致电潘汉年："请向南京接洽和平解决西安事变之可能性，及其最低限度条件，避免亡国惨祸。"12月21日，毛泽东又致电潘汉年要他立即向陈立夫等提出五项合作抗日要求，电报全文如下：

汉年同志：

即向陈立夫先生等提出下列要求，征其同意。

目前最大危机是日本与南京及各地亲日派成立联盟，借拥护蒋旗帜造成内乱，奴化中国。南京及各地左派应速行动起来，挽救危局。共产党愿意赞助左派，坚决主张在下列条件基础上成立国内和平，一致对付日本与亲日派：

（甲）吸收几个抗日运动之领袖人物加入南京政府，排斥亲日派。

（乙）停止军事行动，承认西安之地位。

（丙）停止剿共政策，并与红军联合抗日。

（丁）保障民主权利，与同情中国抗日运动之国家成立合作关系。

（戊）在上述条件有相当保证时，劝告西安恢复蒋先生之自由，并赞助他团结全国一致对日。结果如何，速以电报答复。

毛泽东21日

同一天，毛泽东致周恩来的电报也指出："目前局势是日本与南京右派联盟，企图夺取蒋系中派，造成大内乱，另方面是南京与各地左派企图调和而中派在动摇中。"因此，我们与西安策略，应扶助左派，争取中派，打倒右派，变内战为抗战。"要求周恩来依照电报中提出的六项条件"与阎锡山、宋子文、于右任、黄埔左派、二陈派等谈判。可见，在西安事变中，中共是把二陈C.C.派作为谈判和争取对象的。遵照毛泽东的指示，潘汉年到南京中央饭店与陈立夫进行了一次谈判，交换了有关解决西安事变的意见，双方同意西安事变可以在停止内战、一致对外的条件下以和平方式解决，让蒋介石回到南京。

在中国共产党中央及其代表周恩来的大力斡旋下，西安事变最终以和平的方式解决。1936年12月26日，蒋介石在张学良的亲自陪同下回到南京。陈立夫与南京政府的高级官员到机场迎接蒋介石，陈立夫并且跟随到了蒋的官邸。蒋介石立即召见了陈立夫。因蒋背伤未逾，躺在床上。陈立夫最关心的是周恩来在西安事变中的态度，第一件事便问蒋介石："周恩来态度如何？"蒋介石也许为周恩来真诚救他而真的受到了感动，连忙回答："不坏！不坏！"

但一向有着冷酷之心的陈立夫却并不为这些感动，他不顾起码的政治信义，当即向蒋介石献起坏主意来，建议蒋介石命令"中央军各部继续全线西进，夺取延安，一举消灭共产党"。陈立夫还滔滔

西安事变和平解决后，蒋介石回到南京时的情景。

不绝地向蒋介石进言："共产党是虚弱的，不真诚的。您必须走在前面，命令何应钦全线西进，向延安进军，碾碎共产党人。按照我对形势的估计，我们应该立即进攻延安，并且夺取过来。鲍格莫洛夫已经建议说，如果中共不听我们的意见，就消灭它！我坚信，如果我们进攻中共，苏联将不会反对。"但令陈立夫失望的是，蒋介石听了他的一番"高见"后却一声不吭，既不说"是"，也不说"不"，让陈立夫自讨了个没趣。

事后，陈立夫自我解嘲地说："当然，蒋先生健康不佳。他太慈善了。他相当熟悉中国文化。由于周恩来在西安事变中的态度，可能使他感到，共产党真心实意地要抗日，否则，为什么不利用事变的机会伤害他？他想：'别人对我好，我不能伤害他们。'"陈立夫少年得志，往往提出让人觉得不合常情常理的见解来，这又是其显著的一例。

第三节　西安事变后退居国共谈判的幕后

西安事变和平解决后，国共合作抗日的谈判进入一个新的阶段。

谈判的斗争仍然尖锐复杂并且时有起伏。中共方面参加谈判的是周恩来，不久叶剑英参加进来；国民党方面是顾祝同，后增加张冲和贺衷寒。张冲代表C.C.，贺衷寒代表黄埔政工系统，陈立夫退居幕后，通过张冲掌握谈判的进程。

蒋介石回到南京，自食诺言向西安进兵，又造成局势的紧张。为此，毛泽东、周恩来于1937年1月1日致电潘汉年指出：

汉年同志：

西安事变和平解决，极于国事有利，但闻亲日派极力阻碍蒋委员长新政策之实施，不执行撤兵命令，企图重新挑起内战，此仅于政学系及日本有利，将给民族国家及国民党以极大损害。共产党与红军坚决站在和平解决国事之立场上，赞助国民党一切有利于救亡国（图）存之改革，愿与陈立夫、宋子文、孙哲生、冯焕章各方面商洽团结一致挽救危局之方法。盖今日一切有良心的人，均应团结起来，制裁亲日派之祸国阴谋。望本此方针，速与陈立夫先生接洽，并以结果电告。

又红军全部已集结训练，静待划定防地，准备抗日，绝禁（无）扰乱中央军及侵入国民党区域之企图。

毛泽东、周恩来　东午

1月4日，中央书记处又指示潘汉年："如蒋氏及陈（立夫）、邓（文仪）、张（冲）等仍维持西安商定之六个和平解决条件，便须立即撤兵，并立即释张（学良）。"但中共中央和毛泽东等都没有料到，陈立夫就是怂恿蒋介石撕毁在西安达成的和平条件的最力的一人。当然蒋介石不敢全部撕毁在西安达成的和平协议，但他不顾信义，扣留张学良、进军西安、强行拆散东北军、西北军与红军三位一体的格局。蒋介石在达到以上目的后，才继续与中共进行政治谈判。

1937年春，国民党准备召开五届三中全会，为了促使国民党政策的转变，中共中央已于2月10日发出致国民党三中全会的电报，提出了著名的五项要求和四点相应的保证。这是中国共产党第一次公开提出实现国共合作的条件。这几项条件和周恩来关于谈判方针的意见，便成为中国共产党在这次谈判中的基本指导原则。

中共要求在谈判中解决什么问题呢？周恩来概括为："谈判的内容是要他们承认我们的军队，承认我们的边区，承认各党派的合法地位，组织各党派的联盟，就是统一战线。"

以陈氏兄弟为首的C.C.系和黄埔系中的政工特务系统都害怕中共合法地位得到保证。正如1937年4月5日中共中央书记处向共产国际书记处报告中所指出的："西西派是我们在民众运动中在文化界、教育界的强硬对手，他们最不愿意我党公开，虽然他们并不反对合作。黄埔系分为军官系与政训系，前者较易接近，后者常捣乱我们与蒋合作。"

而西安事变后参与谈判的贺衷寒、康泽（均为黄埔政工特务系统）、张冲（C.C.系）等人，由于他们的存心作梗，使谈判一波三折，一直到1937年7月7日卢沟桥事变发生时还没有完全解决。

1937年2月10日，周恩来与顾祝同在西安开始谈判，在一个多月的谈判中，进展还算顺利。彼此认为许多意见大体一致，决定将一个月来的谈判作一个总结，3月8日，由周恩来写成条文，电告蒋介石作最后决定，以便执行，这就是"三八协议"。当周恩来把他起草的"三八协议"草案提交顾祝同后，贺衷寒却提出一个修正案，对原已达成的协议进行原则性的修改。其中有：红军改编为三个师后，每个师人数只能有一万人，共三万人，要服从南京军事委员会和蒋介石的"一切命令"，政训人员由南京政府派人参加，各级副职也都由南京政府委派；"陕甘宁行政区"改为三个"地方行政区"，直属所在的省政府，并取消"民选制度"，改"民选推荐"为"地方推荐"。总之，是要把红军和苏区完全置于南京政府直接控制之下,取消其独立性。在善后事宜中,贺衷寒还将停止进攻河西红军(即西路军)一条删去。

对于贺衷寒的包藏祸心,中共中央书记处于3月12日复周恩来的电报中指出:"贺、顾所改各点太不成话,其企图在于欲使我党放弃其独立性,而变成资产阶级政党之附属品。关于此点,我们必须坚持自己立场,绝对不能迁就。"电报最后还说:"总的和平局面已定,政治上采取进攻的姿势,只会有利于问题的解决,不会使谈判根本破裂。"

12日晚,周恩来紧急约见张冲,指出由于贺衷寒横生枝节,一切都有根本动摇的可能。要他以原提条文电告蒋介石,否则只有请张冲回南京见蒋。周恩来同时也很策略地表示:我党只是不承认贺(忠寒)案,对于两党团结救国和拥护蒋委员长的根本方针,并不因贺案而改变。周恩来认为,在西安谈判已不能解决问题,需要同蒋介石直接谈判。因此,向中共中央建议中止在西安与顾祝同等人的谈判。中共中央同意周的意见,同时让他向国民党方面申明"西安无可再谈,要求见蒋解决"。

1937年3月下旬,周恩来飞抵杭州,同蒋介石直接谈判。在途经上海时,周恩来曾将中共中央书记处拟定的十五项谈判条件交给了宋美龄,请她转交蒋介石。宋美龄表示,中共可以合法存在。

次日,周恩来与蒋介石谈判时,着重向蒋说明中共之所以要同蒋介石、国民党合作,是站在民族解放、民主自由、民生改善的共同奋斗的纲领上的,因此,中共为表示合作之诚意,特承认上述文件中之六项条件,同时要求蒋及国民党给以上述五项保证。针对西安谈判中同顾祝同的争执,周恩来向蒋介石特别强调以下六个问题:陕甘宁边区必须成为一个完整的行政区,不能分割;红军改编后的人数须达四万余人;三个师以上必须设总部;关于副佐及政训人员不能派遣;红校必须办完本期;红军防地须增加。接着,周恩来还向蒋介石声明,中共为国家民族利益计,与蒋介石及国民党合作,但决不能忍受投降收编之诬蔑。

在听了周恩来的说明后,蒋介石发表谈话,说了以下几点意见:(1)承认中共有民族意识,革命精神,是新生力量,几个月来的和平运动影响很好;他要求中共检讨过去决定,并坚守新的政策,必能达到成功。(2)承认由于国共分家致十年来革命失败,造成军阀割据、帝国主义者占领中国的局面。但蒋把分家之责归咎于鲍罗廷；他指出彼此要检讨过去，承认他过去亦有错误，其最大失败，在没有造出干部，他现在已有转变。（3）要中共不必说与国民党合作，只是与他（蒋介石自称）合作。一个党在环境变动时常改变其政策，但一个政策，必须行之10年到20年方能有效。人家都说共党说话不算话。他希望中共这次改变，要与他永远合作，即使他死后也要不生分裂，免得因内乱造成英日联合瓜分中国。（4）要中共商量一个永久合作的办法。关于具体问题，蒋认为是小节，容易解决。他说，国民大会、国防会议在几个月后，中共可以参加；行政区可以是整个的，但必须由中共推荐国民党的人员任正职，副职以下均归中共，他不干涉。军队人数，他不同中共争；总司令部可以设，他决不来破坏中共部队，只是联络而已，粮食接济愿设法。即使永久合作办法尚未肯定，他也决不再打内战。关于永久合作办法问题，周恩来提出共同纲领是保证永久合作的最好办法，蒋介石即让周恩来赶快商量与他的关系及纲领问题。周再三问他有何具体办法，蒋都答没有，只是要周与他商量。

　　杭州会谈，蒋介石的姿态看起来比陈立夫辈要高，这是与蒋介石此时的心态有关的。自蒋发动"四一二"反革命政变以后，蒋不仅屠杀了百万以上的共产党员，而且通过对中共苏区五次大规模的"围剿"，红军被迫退出闽赣、豫鄂皖苏区，退处贫瘠、荒凉的陕甘宁边区，在长征中红军受到重创，从最盛时的近百万人锐减到几万人。在蒋介石看来，国共十多年的合作和斗争，他蒋介石始终是"胜利者"，中共始终没有跳出他如来佛的手掌心。而在西安事变中，中共没有趁机清算蒋介石的血债，反而极力斡旋于张学良、杨虎城将军之间，对蒋介石的获释发挥了重要作用。中共以德报怨，以中华民族生死存亡作为考虑问题的出发点的胸怀也不能不深深打动蒋介石。正因为西安事变以后蒋介石错综复杂的心理，促使他在与中共的谈判中也不能不摆出一点高姿态来，他不能像陈立夫辈那样斤斤计较，那样反而显出他没有"领袖"风度。

　　但蒋介石的表态只是抽象的，原则性的，也可以说是空洞的，具体的谈判蒋又交给了陈立夫、张冲、康泽等人。1937年5月下旬，蒋介石将张冲、康泽（黄埔系政工特务系统别动队头子）召到庐山，对张、康二人说："这里有两个文件，一个是中国共产党的宣言稿，我曾交邵先生（指邵力子）看过，他表示没有什么意见，我看还要斟酌一下；另一个是中国共产党军队改编后若干问题的处理办法，是曾经商谈过的。不过，还是没有作决定的。我用红蓝铅笔打了问号的地

西安事变后回到南京的蒋介石夫妇。

方,就是需要再斟酌的地方,其余大体都可以。你们拿去一并研究一下。"蒋又指着康泽说:"你以后也参加谈判。"

康泽与张冲退出后,康泽问张冲关于国共谈判的经过与内容,张冲告诉康泽:"全部经过立夫先生才清楚,在西安事变前几个月就开始了的,立夫先生并曾因此到过苏联。共产党要求保留他们的军队,委员长开初只答应把他们的部队改编为三个团。西安事变以后,由六个团,谈到九个团。现在是答应编三个师、六个旅、十二个团,大体上算是决定的了。这张纸上所写的各项处理办法,是需要双方商谈决定的、部队改编后的问题。"他并说:"我们还是到南京去和立夫先生一道商量。"

到了南京以后,陈立夫约张冲、康泽一道商量。关于共产党起草的宣言稿,康泽主张能够表示共赴国难的意思就好了,后面一大套政治主张是多余的,应删简单些。陈立夫、张冲表示同意。关于处理办法问题,陈立夫曾逐条说明原委,以及他的意见。大意是:

(1)关于边区辖境问题,委员长指示过,多两县,少两县,都没有什么关系。

(2)关于边区隶属问题,不能按他们要求直隶于行政院,以免他们动辄来和中央找麻烦,不过,我们不必具体表示,让陕西省政府出来反对好了。

(3)关于共产党合法地位的问题,陈立夫说:"这个问题,关系太大,不能承认,我们如果承认他们有合法地位,他们就要在各地公开活动起来,那是不得了的。"

（4）关于释放政治犯问题，陈立夫说："他们一再提出要求，委员长在原则上也承认了。我们在原则上还是承认，可以推说全国各地所拘禁的政治犯，还须要有一个调查的时间，并且我们可以要他们提名单出来，我们斟酌'慢慢地'释放。"康泽表示完全同意。当时他还觉得，陈立夫处理这些问题比他经验多些，花样也多些。

（5）关于皖赣边区红军游击队的遣散问题。陈立夫说："这个问题比较简单，由军事委员会派员监督遣散，发一点遣散费就得了。"

（6）关于边区主任人选问题。陈立夫说："他们提出于右任、张继、宋子文三人，请中央择一任命。我没有什么意见，不过，边区既不让它直隶于行政院，人选就用不着考虑。"

此外，还有一个报纸的问题，他们也在一块讨论过。陈立夫说："不能让他们在南京出版报纸，否则将来不晓得有多少麻烦。"康泽当时内心里是很赞成的，不过，国民党中央宣传部部长邵力子与中共关系很好，他同意中共在汉口出版《新华日报》。

随后，陈立夫等把他们商量的结果，向蒋介石作了口头报告，蒋大体表示同意。

4月26日，周恩来携带中共中央拟定的《关于御侮救亡、复兴中国的民族统一纲领》草案飞抵西安，一面与顾祝同、张冲进行会谈，一面做再次南下与蒋介石谈判的准备。

6月4日，周恩来在上海、南京停留数天后飞抵庐山，将中共中央拟定的纲领草案交给蒋介石。但蒋介石在拿到陈立夫等人商定的国共谈判腹案后态度为之一变。本来，在杭州会谈时蒋提出让中共搞个合作纲领；现在，他把周恩来交给他的纲领草案抛在一边，另外提出成立国民革命同盟会的主张，其具体办法是：（1）成立国民革命同盟会，由蒋介石指定国民党的干部若干人，共产党推出同等量之干部合组之，蒋为主席，有最后决定权；（2）两党一切对外行动及宣传，统由同盟会讨论决定，然后执行，关于纲领问题，亦由同盟会加以讨论；（3）同盟会在进行顺利后，将来视情况许可，扩大为国共两党分子合组之党；（4）同盟会在进行顺利后，可与第三国际发生代替共党关系，并由此坚定联俄政策，形成民族国家间的联合。显然，上述办法是企图利用国民革命同盟会这个组织，把共产党融合到国民党中去，从而取消共产党的独立性。这正是陈立夫所极力主张的。

关于红军改编与边区政府人选问题,蒋介石虽然表示中共在发表宣言后,红军可改编为三个师,4.5万人,但推倒了可以在三个师之上设立总司令部的承诺,改为三个师以上设政治训练处指挥,并提出朱德、毛泽东必须出去做事。陕甘宁边区政府由南京派正长官(人选可由中共推荐),副长官可以林伯渠担任,事情可由边区政府办理。国民大会指定代表中可有共产党员参加,但不以共产党员名义出席。上述要求,都是根据陈立夫等人商定的腹案而来。对于国民党方面的出尔反尔,周恩来据理力争,但不能解决问题,周恩来只好于6月18日离开庐山,回延安与中共中央讨论,同时声明:不能解决时,请张冲去苏区谈判。

周恩来离开庐山后,蒋介石又把别动队头子康泽召到庐山,要康泽安排派往红军和边区的人选。蒋告诉康泽:"共产党的部队决定改编为三个师,我们要派副师长、副旅长、副团长、副营长、副连长、副排长。要派三个师的政训处长和旅、团、营到连的指导员。还有陕、甘、宁边区,我们决定把它划为一个行政专员区,所有行政专员,县长到区长也要派人,我已经和他们谈过了的。所有这些人选,由你去提出来。我核定以后派去。"蒋介石接着说:"这三个师以上不设指挥机关,我打算设一个政治部负联络责任,由周恩来做这个政治部的主任,你去做这个政治部的副主任。"康泽说:"那朱德、毛泽东怎样安置呢?"蒋介石说:"要他们出国。"

以后,康泽回到江西星子,从特别训练班和别动队有关人员中,衡量各项人选。他预定,以刘伯龙(黄埔三期,曾任别动队总队部参谋组长)、龚建勋(黄埔二期,曾任别动队第二大队长,当时任特训班大队长)、梁固荣(黄埔三期,特训班任大队长)任副师长,刘己达(曾任别动队专任设计委员兼军法室主任,当时在四川任简阳县长)任行政专员。康泽曾引他们到牯岭去见蒋介石(刘己达未去),蒋介石分别问了他们的经历后,勉励他们好好地干,说:"你们现在暂时还等候命令。"康泽当时感到,蒋介石交付他的责任很重大,人事上这样布置,就是准备去并吞红军,而康泽就是这个任务的执行者。

在中共与国民党马拉松式的谈判过程中,卢沟桥事变发生了,日寇大举进攻,随后淞沪抗战爆发,南京政府统治的心腹地区也不保,在这种情况下,蒋介石不得不放弃一厢情愿的无理要求,在红军改编后的指挥与人事问题上让步，谈判才最终达成协议。1937年8月18日，蒋介石同意红军改编为国民革命军第八路军，任命朱德、彭德怀为正副总指挥，并于22日正式发表。9月22日，国民党中央通讯社公布《中共中央为公布国共合作宣言》，蒋介石同时发表谈话，在事实上承认了中共的合法地位。这样一来，陈立夫与蒋介石等取消中共独立性的企图没有能够实现。

这里说点题外话。1954年，当时担任上海市副市长的潘汉年被当作"反革命"逮捕，并长期关押。潘汉年的一项重要罪名就是"国民党特务"。潘汉年作为中共谈判代表在1936、1937年间和国民党的谈判代表、C.C.派的陈立夫、张冲等有过密切的接触。张冲虽是C.C.的重要头目，但对国共合作态度却是比较积极真诚的。潘汉年为了推动统战工作的进展，同张冲有更多的交往和交谈，并且适当地向张冲介绍了陕北的某些并非属于机密的情况。潘汉年被捕后，办案人员翻阅国民党的档案，马上认定潘汉年"秘密投靠了C.C.派"，"成了国民党特务"。1957年底，潘案审理结束后并没有依法移交检察司法机关宣判，而是长期被延搁着。1962年，毛泽东在七千人大会上讲话时顺便提到了这个案件，毛泽东说的："有个潘汉年，此人当过上海市副市长，过去秘密投降了国民党，是一个C.C.派人物，现在关在班房里头，但我们没有杀他。像潘汉年这样的人，只要杀一个，杀戒一开，类似的人都得杀。"

第四节 抗日态度有反复，真相内幕有待证明

陈立夫主张联苏联共，其着眼点都是抗日战争。因此，陈立夫在很长一段时间里抗日的态度是明确的。

1937年3月14日，日本正金银行总经理、日华贸易协会会长儿玉谦次率领所谓的日本经济考察团来到上海，该考察团团员有朝鲜银行总裁、三菱商事会董事长、日清纺织会社社长、三井物产常务董事、大日本制糖会社社长、日清汽船会社社长、大日本纺织联合会会长、丰田纺织会社社长等日本商界要人。考察团于15日抵达南京，出席中贸协会第一次大会，并同南京国民政府外交部、实业部以及金融界、商业界人士就中日贸易进行了会谈。

据陈立夫回忆，日本报纸直指C.C.和蓝衣社为南京政府反日之两大中坚势力，因此，日本经济考察团到南京后指名要求见见陈立夫。陈立夫在寓所设茶

会招待日本经济考察团，宾主寒暄落座后，陈立夫即主动发问："君等是否因闻余为反日激烈分子而来见我的吗？"日本经济考察团团员以大笑作答。陈立夫又问："君等知余为坚决反共者，而又认为余为坚决反日者，岂非余为不自量力十分狂妄之人吗？"听者仍未搭腔，于是陈立夫便发挥他的一套反共反日的"理论"："余可正告诸君，反共乃出诸余之理智，故不能改变，余深信中国文化远优胜于共产文化，且共产制度为一极端霸道蔑视人权之制度，与中国之崇尚王道，绝不相容，故余反对之；反日乃出诸余之感情，故随时可以改变，只要贵国不欺侮我们，放弃侵略，诚心与我们友好，则余将首先主张亲日。诸君如能将孙中山先生于1924年冬在神户之讲词《大亚细亚主义》细读一遍，定能知你们今日之侵华政策，为自杀政策。"对此，日本经济考察团团长儿玉谦次回答：日本议会实已无法控制军人，中日前途殊难乐观。陈立夫最后告诉日本经济考察团团员："中日战争之结果，日本将为资本主义国家所控制，而中国将为共产主义国家所控制，两败俱伤，一无所得。"上面一段对话是陈立夫晚年在《回忆录》中所写，是不是当时的原话已不可知，如果不是事后诸葛亮，那么这表明陈立夫对国民党的前途不抱乐观，没有信心。因此，陈立夫埋怨日本军国主义者专横无知，中日终于全面开战。

1937年7月7日卢沟桥事变发生的当天，陈立夫在中央组织部办公室会见了中外记者，并回答他们的提问。

有记者问："此一战争，强弱悬殊，如何能打？"

陈立夫答："今日不是能不能打的问题，而是应打不应打的问题。人家一定要打我们，我们不能挨打，只能抵抗，才有生路，而且全国军民，一致愿意牺牲，催促政府抗战，政府怎能违反民意？"

一位美国记者问："按照双方军力比较，贵国能抵抗多久？"

陈立夫回答："你是美国人，一定熟悉贵国开国历史，如果那时候，仅以军力作比较，则华盛顿与英国作战，能支持多久？亦决无成功之希望，而事实适得其反。其原因何在？须知民意之向背，才是决定胜负之重要因素，你的计算，忘了精神力量之伟大，单从物质力量一方面着眼，所以错了。华盛顿持久抗战之成功，应该给你以最好的答案。"

陈立夫继续发挥他的看法："十一年前我随蒋公北伐，当时北洋军阀军力之总和，数十倍于我国民革命军，但是全国绝大多数的人民，站在我们这一边,我们不到三年的时间,竟将军阀全部打倒,统一中国,这亦可以证明民意是战胜者最大的主力,所以我们鉴于士气民意之旺盛,全国上下之一心一德,才有此坚强之决心,抗战到底,不到胜利不止。"

从上面的一番答记者问看来,陈立夫的抗日态度还是相当积极的。

但是,事物总是不断变化的。全面抗战开始后,国民党政府损兵折将,丧师失地,一溃千里,损失惨重。随着国民党军队在抗战中的挫败,国民党上层的抗日态度也发生了剧烈分化。首先是C.C.系的骨干周佛海之流成立了"低调俱乐部",与汪精卫一唱一和。

1937年10月下旬,日本政府为避免中日战争的持久化,尝试对蒋介石实施诱降政策。日本外务大臣广田弘毅向德国驻日大使狄克逊示意,希望德国出面"调停"中日战争,劝说中国政府主动同日本谈判,德方表示愿意促成此事。11月15日,德国驻华大使陶德曼奉命向蒋介石和孔祥熙转达日本提出的七项和谈条件,即建立内蒙古自治政府;在华北建立非军事区,委派亲日分子作华北行政首长;上海非军事区需扩大,由国际警察管辖;停止反日;共同反共;降低日货进出口关税;尊重外侨权利。蒋介石表示欢迎德国调停,但以恢复卢沟桥事变以前的状态为中日谈判的先决条件。此后几经磋商,国民政府军政要员虽一致表示可以考虑接受日本的条件,但由于对九国公约会议国际制裁日本还抱有幻想,并未马上答复日方。12月13日,南京沦陷,日军侵略气焰更为嚣张,已对"调解"不抱兴趣,故又追加了扩大华北、内蒙古、华中的非武装地带,赔偿日本损失,保证日本驻军等更为苛刻的条件,并限期年内答复。国民政府迟不作答。

陶德曼在调停期间,曾在汉口找到陈立夫游说。陈立夫虽然在与中共交涉共同抗日,与鲍大使商定互不侵犯条约,但他却感觉到,"中共与苏俄二者终不可靠,如能有机会消灭之,则可为国家及世界除一大患",于是向陶德曼建议说:"日本军阀一直想打我们,你要他们停战,最好想个方法能转移他们的目标,他们自然不会打我们了,我以为你们轴心国家应该联合起来,要日本北进,德国向东进,这才是轴心国组合的目标。"陈立夫劝陶德曼向希特勒建议,做一件使全世界人类能对德国尊敬的大事,不要专门去侵略弱小的国家,应该以解放全世界殖民地为号召,让日本、德国、中国联合起来,先把苏俄打垮。陈立夫承认,当时蒋介石并没有要他说这些话,是他自己跟陶德曼讲的,主要想说服他们转移攻击目标。

陈立夫在《成败之鉴》中写道：

> 如果当时他们能接受我的意见，那么现在大陆一定还是我们的。我说三个国家要有一个秘密协定，以"打倒共产主义"为第一目的，以解放全世界殖民地为第二目的，这样一来，国父的民族主义理想便实现了！三个国家联合打垮苏俄，则苏俄一定会被打垮，打垮苏俄之后再转头协助弱小民族解放独立，则英国不打而自垮了，赤白两个帝国主义的头儿打倒后，我们可宣布全世界所有各民族一律平等，等亚洲各殖民地如印度、安南等殖民地一律解放，我们中国不要得到什么利益，我们的版图大，人口多，物产富，日本人可到亚洲南洋一带被解放的殖民地去做生意，谋利益，他们的困难也就解决了，他们可以假道我们领土去打苏俄，一俟战争结束，德国必须保证日本退出中国，非洲各国殖民地的生意可让德国去做，如此则轴心国家原来的目的可达，而美国亦不会不赞成我们的主张的，那么德国也不必去打法国了，日本也不必侵略我们了。如果德国赞成这个建议，苏俄被打垮以后，共产主义就被消灭，我们另外替他们立个反共的首领。苏俄占领立陶宛、拉脱维亚、爱沙尼亚等国家，也让他们独立自主，如此则全世界人民皆大欢喜。我的构想请陶德曼向德国希特勒报告，后来不知怎么搞的，陶尚未得到柏林答复，日本军队已经续向西进攻，陶德曼调解不成，只好回国，如果当时我的计划成功，今天世界局势将大大改观。两个大帝国主义者的领袖国被打垮了，全世界所有殖民地解放了，三民主义实行于全世界了，那是多么伟大的事。德国外交部可能还存有我建议的档案，英俄两国如有人看到后一定对我很不谅解呢！我的办法原本是根据国父遗嘱中所昭示的"联合世界上以平等待我之民族共同奋斗"的话去实行的，如果这个理想实现了，南洋各殖民地一律解放，日本人就有很多地方可做生意，可以移民，又何必来侵略我们中国呢？在民国二十四年汪精卫兼外交部长，我曾对汪说，我们派大员到日本去，向他们提出一个大计划，以转移其目标（即以上向陶德曼建议的方案），使日本不要侵略我们，可惜汪精卫无此魄力，不敢去做，真是莫大的遗憾。等到战争一开始，时机迫促，陶德曼又不及向德国讨回音，而战争又开始了，时机一

失,驷马难追,不胜浩叹。

陈立夫晚年写的《回忆录》出版后,有学者发表评论文章指出,陈立夫的建议过于荒谬,德国、日本等法西斯国家凭什么听他陈立夫个人的指挥?而且陈立夫又不是外交当局,他不通过最高当局,私下提出违反最高国策的荒谬建议,有失国格。学者批评说:

> 立夫先生对陶德曼的这一"建议",实在有点胆大妄为与有失僭了,姑不论立夫先生当时的身份是否具备与德使谈论涉及我国外交问题的资格,如果他真与陶德曼谈了那一大片"高见",岂止是重大失言,而且有丧国格,这么重大的问题,立夫先生事前竟然不向蒋公请示,事后也不向蒋公报告,其后果是非常严重的,而且立夫先生当时也不太了解纳粹德国希特勒其人。
>
> 希特勒自1921年在德国政治舞台上出现后,纳粹党就快速发展起来,希特勒也很快取得政权。希特勒掌握的兵权膨胀后,到了1935年3月,希特勒以德国总理身份,颁布了实施普遍军役制的法令,德国在和平时期,已建立12个军和36个师,大约有50万人的军队,不但第一次大战时签的《凡尔赛和约》被希特勒撕得粉碎,连英国、法国对德国的谴责,希特勒也都置若罔闻。1937年11月,希特勒已作了进行战争的决定。史实告诉我们:希特勒在欧洲开始挥军时,在那短短一年之间,纳粹德国的部队已经席卷了欧洲大陆,终于造成敦克尔克的大撤退,以希特勒阴险、狡诈的个性与野心,他怎会听陈立夫先生的"建议"?
>
> 立夫先生当时或许不谙世局的深不可测与其谲诡吧?早在1936年(民国25年),希特勒已经与日本签订反共条约,其时的德意日轴心态势已经形成,立夫先生犹向陶德曼侈言大局,并请其转告希特勒,毋乃太天真耶?轴心国家及希特勒本人,岂都能听命于中国人陈立夫先生?
>
> 而且,当时的苏联是支持中国对日抗战的,对华的军援不断,陈著第216页也提到"苏俄的飞机、坦克车、高射炮都及时运来(中国)"。立夫先生不顾自己国家的战局,仍向希特勒提出有悖国情的建议,岂不有害我国对日抗战军事?至于立夫先生向希特勒建议:"(中国)同意日本军

队假道中国领土攻俄",但要德国保证战后日军撤出中国。这种想法与其建议,如果真有其事,岂不是贻笑外人?

陈立夫在政治上有时表现出相当幼稚,这又是一个典型的例子。

陶德曼调停失败,随后,C.C.的骨干分子周佛海、李士群、丁默邨、唐惠民、汪曼云等纷纷下水做了汉奸。以汪精卫为首的改组派,和以周佛海为首的C.C.派、中统事实上构成了汪伪政权的骨干。

据一份绝密材料《陈志汉关于陈立夫勾结汪精卫投敌主和内幕报告》披露,陈立夫也曾经一度参与了汪精卫的和平运动,并且是其中的主角。现将该材料转录如下:

> 我国对日抗战已到二十有二个月,沦陷区域波及十余省,牺牲生命多至数百万,损失财产更不可以数计。但是民气愈激愈愤,军事越打越强,外交上更获英美法俄各国之切实援助。我全国民众则在最高领袖蒋委员长领导之下,团结一致不惜任何牺牲,争取最后胜利,对于敌人速战速决的策略早已粉碎无遗,已使敌寇气馁暴露其总崩溃之局势。敌人自知征服中国之不易,乃改用分化政策以谋"速和速结",利用巨量金钱收买我国负有声望之要人以为号召。然稍知自爱者,莫不同仇敌忾,不甘敌人利用,以为民族之大罪人。不料素有革命历史之汪精卫及同谋走狗陈立夫,竟利令智昏暗通敌寇主张和议,一再密派高宗武、周佛海、梅思平赴日接洽亡国条件,订定密约,由汪出面主和,陈则居间策应,总其所为不达亡国目的不止,实罪大而恶极,国法所不容。望中央当局干刚立断,速即严拿汪、陈诸逆绳以国法,并清除党国中通敌主和之一切汉奸,以救民族危亡。幸甚!幸甚!至汪、陈诸逆通敌事实,汉曾入幕知之甚深,特揭举如下:
>
> 缘汪精卫之为人具领袖欲而不甘人下,早已自立门户,分庭抗礼,不洽于蒋委员长之抗战主张,时思蠢动。陈立夫兄弟假名党国自植羽翼,领导党务逾十载,消耗特别费一万万元以上(陈氏在党部中经手不公开用途之特别费,每月百数十万元,以十年计算共一万万元以上)。以沪战初起,时昆沪苏锡一带,党政全废,汉奸蜂起,叠受军事当局责斥自惭形愧,南京失陷后,思有以弥缝之。乃约同党羽签署和议意见,提请蒋委员

长采纳未蒙许可,施被中央撤去组织部长要职,更觉惭愧。乃厚脸攫长教育部,以学识无多(年前陈以中央党部资格赴平津,北平各大学以无资格、学识拒绝讲演),不安于位,思结外援以自重,遂多方结纳汪精卫,随时挑拨蒋汪之意见,进而与汪密商和敌之计。盖陈以名望不足,汪以私党无多,遂互相利用狼狈为奸。会敌人"速战速决"之计不行,改用分化政策,以谋"速和速结"。去年7月,汪陈密商之下,遂派外交部亚洲司长高宗武赴沪与日本特别使节谷正之接洽投降条件,旋高与谷同至东京谒近卫商谈。当时汪陈要求仍用国民党名义青天白日旗帜,由汪、陈分任伪中央政府及党部要职加入"反共协定",承认伪"满洲国",共同开发中国富源,并在内蒙及八路军活动区域,由伊等请求日本留驻军队协同讨伐,其余区域日军应予撤退。"暂不反蒋",任蒋委员长退至云、贵、川各省,一俟汪、陈所组织之伪中央政府成立后,如蒋委员长不就范,再由伊等下令讨伐,请日本出兵协助。当时近卫对"暂不反蒋"一层断然拒绝,于是高宗武返沪至汉后,汪、陈即从事布置反蒋运动,并约定由陈居间策应,暂时不出头面。未几中央得知高宗武赴日求和事,拟撤其职而查办之。汪、陈即利用本身职权为之弥缝,于是国府命令发表,居然称高宗武"辞职照准"。10月12日敌军在广州登陆及广州失陷,时汪氏两度发表和平谈话,乃为有计划之配合。武汉沦陷后,汪、陈更积极布置投降,且拟利用前线紧张将领不能返渝之际,于12月半间召开五中全会,指使爪牙(汪之利用陈立夫者此也)包围蒋委员长接受和议条件,蒋以总裁资格拒绝召开会议,汪、陈之计不售。于是汪乃公然出走河内响应近卫亡华毒计,留陈伏处中枢居间策应,其时中外各报盛传陈亦离渝者盖此也。本年1月,汪、陈与日勾结更为积极,初敌以一千万元收买汪、陈,欲用政治手腕达到速和速结目的。因蒋委员长洞悉其奸严词拒绝,汪、陈等乃再派高宗武、梅思平赴沪与敌特务使谷正之再三接洽,增加收买费为七千万元,且已领过半数计三千余万元也。现伊等利用其巨量金钱,一面收买有关军队及招抚游击区内土匪建立军事势力,一面收买党政、教育、文化界及开办报馆(在港有南华日报;在沪正筹办民力日报),建立民众势力,并派萧某(陈派中委之一)、陈某(汪派要员)分赴海外联络华侨大肆活动,盖文武兼施双管齐下政策也。查汪精卫、陈立夫党羽现分布渝、赵、港、沪公开或秘密活动者，计有周佛海（陈果夫主苏时任教育厅长兼中央宣传部部长，为陈氏老走狗）、高宗武（外交部亚洲司长，为汪氏老走狗）、梅思平、褚民谊、陶希圣、林柏生、陈公博、陈璧君、李尚武、胡兰成、古今、李圣五，暨沈某、萧某、陈某、曹某诸人，或奔走敌国商订密约，或伏处中枢居间策应，或办报馆鼓吹宣传，或联络党羽侦查消息，计大小喽啰不下数百人，积其所为无一不是覆灭中华民族之行为。上月，汪在河内开干部会议（曾仲鸣被刺时），到党羽甚多，萧某（陈之另一走狗）代表陈氏不远千里，由重庆赶到参加。2月初旬，周佛海（陈之私党）奉命赴沪向日请求轰炸南昌、襄阳、沙市、长沙、西安、韶关、贵阳、桂林、梧州、重庆、常德11处都市，并领取经费一千万元以收买军队改编"反共"同盟军，贵阳、桂林、万县、西安、长沙等处所以惨遭轰炸者即出于汪、陈之建议也。2月17日，高宗武又奉命赴日接洽订定汪陈平沼秘密协定（见重庆大公报及各报）。现汪已赴沪寓日本海军司令部，陈之代表周佛海，亦赴沪寓礼查饭店，行将有更进一步的降敌宣言发表。闻其内容主张：a．国事由汪、陈主持；b．与日停战直接议和，不请英、法、德、意等国调停；c．承认南京及北平伪地方政权，再协议建立伪中央政府；d．蒋下野，党交汪、政交陈、军交……；e．与日订防共协定及经济协定等等，其卖国求荣莫此为甚。望中央当局速即严拿汪、陈绳以国法，并清除党国中通敌、通汪、通陈大小汉奸走狗，以救民族之危亡。幸甚！幸甚！

……

上述材料披露出来的内幕，确实让人触目惊心，闻所未闻。但为什么陈立夫最终没有和汪精卫同流合污，而留在抗日阵营内，其间的原因肯定相当多，在没有更多的第一手材料公开前，著者不便做过多的猜想，这里只好存疑以待未来的进一步研究。

第五节 "溶共"企图落了空

陈立夫参与第二次国共合作的建立，但他念念不忘的是招降或者"溶化"共产党。据《中国内幕》一书称，陈立夫与戴季陶曾参与对中共早期领导人陈独秀的劝降，并且企图利用陈独秀来对付中共。该书写道：

八一三事变以后，陈独秀真的脱出囚笼了，在中央当局八百多个被释放的政治犯中，陈独秀也是其中的一个。记得他第一天离开监狱的时候，陈立夫带着陶希圣以及一向隐居在杭州在理论上干着反共工作的叶青等人，坐着一部汽车亲自去接陈独秀出狱，当晚在陈立夫的公馆中，便为陈独秀设下了欢迎的宴会，陈立夫在宴席上曾经说过这样的几句话：

"……今后，希望陈先生（指陈独秀）在中央的领导下，做一点真正为国家服务的工作，现在共产党已经宣布服从中央，归化中央了，今后没有共产党，也没有什么托洛斯基派，全中国只有一个党——国民党，全中国只有一个最高领袖蒋委员长……"

"不过，今天共产党表面上虽则是服从中央了，但是不是真实的，是不是忠实的，这以后还要看共产党的表现……我们更望陈先生以中共老前辈资望，多多领导他们（指中共），多多与他们联络，使他们走入正轨，不再走上歧途才好……"

陈氏的这一番话，不再加以解释，识者一听，便可以知道这一番话的真正意义是在那里了。他希望陈独秀今后能负起的使命与任务是什么？所谓"联络"，所谓"领导"，便是对中共采取监视与督导的意思。那时候，中央当局是希望陈独秀最好能再打进共产党中，恢复共产党党籍，取得共产党的信任，然后再真正地替中央做一点有利于中央的事情。

当时，陈独秀听了陈立夫的这一番话，是感动得涕泪交流的，表示今后愿意效忠中央。

陈独秀表示"愿意效忠中央"后的第一炮便是要求共产党恢复他的党籍。当下他便写了一封长信给中共中央当局，其中除了辩白他的过去行动外，并表示愿意改过，及今后愿意在共党领导下工作与忠诚合作的意旨。当周恩来于事变以后第一次到南京的那一天，陈独秀便将这一封长信亲自交给周恩来，当时，陈独秀表示，如果共产党不愿意恢复他的党籍的话，他便退一步希望今后共产党能和他多多联络，他的意思是在当前的今天，不应该再计较过去的了。

据说，周恩来当时对他是并无任何表示的，只答应他不久以后可以给他一个答复。

不久以后，答复果然来了，但并非正式的，只是听说从毛泽东的口中说过这样的一句话："陈独秀要恢复他的党籍，请他再等十年。"

这对陈独秀不啻是当头一棒，记得一二八时，陈独秀的"右派小组织"开始崩溃的时候，他也曾经要求过共党恢复他的党籍，那时共党给他的答复也是这样的一句话："请他再等十年！"

"再等十年"这显然是一句对他作弄的话，共产党不仅不愿意恢复他的党籍，而且，在舆论上开始对陈独秀抨击起来了。仿佛共产党已经知道陈独秀

中国共产党早期领导人陈独秀

的秘密与作用似的，那时在武汉出版的《新华日报》差不多每天都有抨击"托派"的文章。什么"民族罪人"啊，什么"托洛斯基匪徒"啊，而且更直接地指出陈独秀的大名来。

陈独秀自然也不示弱，除了写了一篇《我的自白》辩正文章外，同时，并要求《新华日报》给他道歉与答复"民族罪人""与匪徒"的证据在那里，否则要提出诽谤名誉的控诉。后来经过了沈钧儒等人的调解，这个问题并没有扩大下去，因为当时陈独秀的使命是在与共产党接近，而并不存心与共产党闹僵。

不久以后便有廿六个人联名保证陈独秀不是托派的文件发表。这证明文件中的签名者除了有叶青、陶希圣的名字外，还有某某大学教授十余人及某某要人数名，那时，自命为第三种人的沈钧儒与张申府的大名也被列在廿六个保证人之中。

当这文件在《武汉日报》发表的第二天，便有着沈钧儒、张申府等人，否认签名保证陈独秀的启事与文章，张申府在他们的否认签名的文章中写道："……那天晚上中国文化服务社请客，兄弟承蒙不弃，也是被请者之一，入席之后，陶（希圣）先生拿出了一张签名单，要我和沈（钧

儒）先生签字,他说中国文化服务社最近要发表一个大规模的出版计划,要我和沈先生做赞助和介绍人。当时,我们看那一张签名单中并无缘起,心中便有一点怀疑,但也不疑有他,因为中国文化服务社,是一个正式的机关,当时,我们便签了名……"

"至于说,陈独秀先生是不是托派,那我便不知道了,我和陈先生虽则见过一两次面,但并没有什么来往,他是不是托派,当然,不是我所能保证的了。"(大意如此)

全面抗战爆发后,国民党重新喊出"一个领袖"、"一个主义"、"一个党"的口号,想把共产党及其他党派吸收到国民党里头去,加以"溶化",实行所谓的"溶共政策",这既是蒋介石,也是陈立夫念念不忘的头等大事。

1937年12月18日,中共领导人王明、周恩来等应蒋介石的邀请来到武汉,与蒋介石等就国共关系等问题进行谈判。12月20日晚,王明、周恩来、博古等与蒋介石进行第一次正式交涉。王明首先就当前抗战形势、两党关系、合作任务等问题说明中共中央的主张,进而向蒋介石转达了苏联方面关于愿意帮助中国政府组织30万机械化部队和建立与战争相适应的军事工业的具体建议。随后,博古代表中共中央就此前谈判中悬而未决的边区政府人选、联络参谋、国民党参观团等问题表示了共产党方面的态度,表示准备接受国民党方面的意见。周恩来就进一步密切两党关系以及改进抗战政策等问题提出具体建议,如成立国共两党关系委员会,决定共同纲领,出版报纸,建立国防军事机关、征兵委员会,扩充并改造军队,协助政府组织,扩大国防参议会为民意机关等。对此,蒋介石表示:"所谈极好,照此做去,前途定见好转,彼所想的亦不过如此。""外敌不足虑,他欲前进困难愈多,(我国)军事虽失利并不足虑,只要内部团结,胜利定有把握。"蒋介石随即与王明、周恩来、博古等商定成立国共关系委员会,国民党方面由陈立夫、康泽、刘健群、张冲参加,中共方面由王明、周恩来、博古、叶剑英参加。蒋介石还说:今后两党关系,由陈立夫等与中共代表团"共商一切"。

根据蒋介石的意见,王明、周恩来等在当晚继续与陈立夫进行了商谈,陈立夫也表示同意中共方面关于进一步调整两党关系和制定共同纲领的主张。12月26日,国共两党关系委员会召开了第一次会,国民党方面的代表陈立夫、刘

抗战爆发后从苏联回国任中共中央长江局书记的王明

健群、张冲、康泽,共产党方面的代表王明、周恩来、博古、叶剑英出席了会议,一致同意起草共同纲领,并推刘健群与周恩来共同起草。但实际上,刘健群并未参加起草工作,纲领的起草工作是由周恩来等人完成的。

30日,《中国人民抗日救国纲领》经中共代表团与中共长江局讨论通过后,提交两党关系委员会,并将关于边区等问题的书面意见交康泽。当时,国民党正在百般要求苏联出兵相助,以挽救战场上一溃千里的危局,但苏方一再婉拒,中共与苏联的特殊关系已经成为国民党求助苏联的最后手段。所以,在国共关系委员会的第二次正式会议上,国民党方面撇开纲领不谈,直截了当地要求中共帮助劝说苏联出兵。然而在这个问题上,中共中央和苏联方面是一致的,不可能出面请求苏联直接出兵援华。因此,双方反复讨论了很久,但不得要领而告结束。

陈立夫与王明、周恩来、博古等人的谈判过程还不很清楚。参与其事的康泽在《自述》中对此有一个大概的回忆,对于我们了解这段历史也有帮助,兹录如下:

在有一次的谈话中,蒋介石问陈立夫:"现在进行得怎么样?"陈立夫答复说:"进行得很顺利,他们表示得满好,周恩来表示,原则上没有问题。不过这个问题很重大,他需要回陕北去一次,开会讨论,才能决定。"蒋介石说:"可以答应他回去一次,并且给他的便利。"我当时听到一问一答,有点摸头不摸脑,不知所谈是什么事情。过了两天,陈立夫约着周恩来先生、陈绍禹(即王明)先生见面,事前约我和徐恩曾(中央委员,后任中统局副局长)、张冲(中央委员、C.C.重要分子)先碰一个头,陈立夫对我们说:"今天我们约周恩来等,是谈各个党派都解散,大家在三民主义和委员长领导之下,组织一个党的问题,已经酝酿了好多时间,我已经和他们分别谈过。各党派都表示得满好,周恩来为这个问题要回陕北去开会,我们今天约他们,并请他们吃饭,一道谈一谈,主要的就是谈这一个问题。"

陈立夫和我们谈过以后,不一会儿,周恩来、陈绍禹等就到了。我们分别漫谈。周恩来先生和陈立夫、徐恩曾一块,陈绍禹先生和我及张冲一块。我和陈绍禹谈到"既相信三民主义,是否还能够相信共产主义"的问题,我说不能够,是矛盾的;他说能够,不矛盾,争得面红耳赤。周恩来先生回过头来,对我们说:"不要吵!不要吵!你们是同学,太熟了,还是同在学校一样哟!"经他这样一说,我们的争吵又笑散了。我当时在表面上虽是笑散了,而内心里仍是有固执的成见——咬定共产党既是宣言相信三民主义,就不能够再相信共产主义,否则其中必有一种是假的。过了一些时间,大约已是1938年2月中旬,在有一天晚上,蒋介石召集谈话时,陈立夫报告说:"周恩来已经转来了,他和我见了面,他对我说'他们开会时,有一部分人赞成,有一部分人反对,认为共产党是一个国际组织,解散的问题,自己不能单独决定,如果勉强做,恐怕内部要发生流血,不过原则上还是没有问题,蒋先生怎样说怎样好。'"蒋介石说:"这件事情,完全是要自愿,不要勉强他们。"陈立夫又说:"青年党和国社党的负责人表示,共产党不解散,他们也不解散。"蒋介石说:"也不要他们解散。"陈立夫又说:"他们愿意参加三民主义青年团也可以。"我说:"不过,我们在原则上先得有一个决定,就是三民主义青年团员允不允许跨党?如果三民主义青年团允许跨党,那怕将来团内的思想和行动就不能保持一致了。"蒋介石说:"当然不允许跨党!"好像是朱家骅(当时任中央党部秘书长)又提出问:"那临时全国代表大会还开不开呢?"蒋介石说:"还是开,我们单独开。"我当时从这一段话意识到,原来之所谓临时全国代表大会,是准备各党各派都参加的。

1938年春,C.C.系、复兴社又发动了一场鼓吹"一个领袖,一个主义,一个党"的宣传运动,鼓吹"今天国民党外的一切党派,都没有独立存在的理由"。《扫荡报》《武汉时报》《血路》《抗战与文化》等报刊,在1938年一、二月间连篇累牍地发表了许多宣传和反共文章。2月10日,《扫荡报》发表社论,公然声称中国有三种妨碍并破坏统一的因素,把陕甘宁边区说成是西北的新的封建割据区域,指责红军虽然改易旗帜,却不服从中央,在国民党外存在其他党派影响了中国的政治统一,要求取消这三种势力。1938年1月23日,在国共两党关系委员会会议上，国民党代表康泽、刘健群也公开指责八路军不贯彻中央军令，游而不击，要求中共学国民党广西派的样子，把军队交给国民党中央，军校改为中央分校，军政及教育、经理、人事与中央统一，重要领导人离开军队到中央来服务，他们甚至提议与八路军交换干部和分割使用八路军等。

所有一切都很明确，国民党企图溶化各党派，特别是中国共产党。针对国民党方面的宣传攻势，1938年2月6日，中共代表团与中共长江局举行联席会议，决定起草向国民党建议书，指出取消各党派、限制信仰的错误，提议建立民族革命联盟，以更加巩固统一战线，并立即致电中共中央和共产国际请示。随后，王明以毛泽东的名义起草了关于批驳国民党"一个党"主张的公开谈话，明确表示：中国共产党决不放弃政治信仰和决不放弃共产党组织。

2月10日，蒋介石、陈立夫约周恩来谈话。蒋介石首先表示，他在主义信仰上并没有打算限制各方面，他尤其相信孙中山所说的共产主义与三民主义并不矛盾，我们任何人都不能修改或反对。对各党派亦无意取消或不容其存在，他本人对一党政权也不赞成，愿意延请各方人才参加，希望各党派溶成一体。比如，共产党可加入国民党成为一个派别，取消共产党的组织。蒋介石声称：两党存在总免不了冲突和竞争，你们共产党讲策略，共产党隐蔽在国民党内来发展不是好策略吗？将来在国民党内，最革命最能干的就会成为国民党的基础。当然，国民党也可以改变名称，各党都取消而加入为一派，总之党内是可以有派的。对此，周恩来重申，党不能取消，国共两党都不可能，两党之间的问题"只有从联合中找出路"。蒋介石回答："可以研究。"蒋还申明，《扫荡报》的言论不能代表国民党，是自作聪明个人的意见。陈立夫在一旁补充说：蒋总裁已经批评了《扫荡报》，要各报以后不再刊登这类文章。蒋介石最后要周恩来与陈立夫进一步商谈。接下来，陈立夫与周恩来会谈时，周恩来仍然明确坚持党不能取消的立场，陈立夫不予正面反驳，但他又提出一项新建议：在国共两党之外组织一个三民主义青年团，国共两党共同加入。

2月27日开始，中共中央专门召开政治局会议，讨论两党关系的解决办法。会上提出了三种合作办法：一是实行共同纲领，二是恢复大革命时期的国共合作方式，三是组织包括各党派在内的民族革命联盟。政治局会议一致认为：解决此问题的唯一正确办法，在于遵照中山先生的精神，建立一种包括各党各派共同参加的某种形式的民族革命联盟。这种联盟建立的基本原则，应有下列三点：（1）各党、各派、各团体拟定一统一战线纲领，作为各方宣传行动共同遵守的方针；（2）由各方代表组成一由上而下的，即中央与地方的统一战线组织，以规划抗日救国的大计和调整各党派、各团体间的关系；（3）参加此联盟之各党派，仍保存其政治上和组织上的独立。统一战线纲领内容，由各党派（国民党、共产党、国家主义青年党、中国民族解放行动委员会、国家社会党等）代表共同商讨和拟定；统一战线的组织形式，或采取各党派、各团体选派代表组织的方式，或恢复民国十三年至十六年第一次国共合作的方式，或拟定其他的办法和方式，只要于团结抗战有利，中国共产党均愿与国民党及其他一切抗日党派诸同志共同计议和执行。

3月24日，王明、周恩来等在以中共中央名义致送《对国民党临时全国代表会的提议》时，正式向国民党提出了此一设想。显然，中共所主张的民族革命联盟与蒋介石、陈立夫设想的"溶化"共产党的组织形式并没有多少共同之处。

1938年9月29日，中共六届六中全会在延安开幕，毛泽东在会上做了《论新阶段》的报告。报告对"长期合作的组织形式"进行了专门论述。报告指出：

> 为了保证长期合作，还要解决合作的组织形式问题。我们曾经批驳了一党主义，不论是对于过去历史上说，对于当前任务上说，对于中国社会性质上说，所谓一党主义都是没有根据的，都是做不到的，行不通的，违背一致团结抗日建国的大目标，有百害而无一利的。那末，各党共存，而互相结合为一个抗日民族统一战线，要不要一种统一的共同的组织呢？要的，必要的，没有这种统一的共同的组织，不利于团结抗日，更不利于长期合作。因此，各党应该认真研究，找到一种最适合于长期合作的统一的共同的组织形式。现在我们就来研究一下。
>
> 由于中国政治经济及各党派的历史特点，今天看来，抗日民族统一战线可能有下述三种组织形式。
>
> 第一种，国民党本身变为民族联盟，各党派加入国民党而又保存其独立性，但与第一次国共合作不同。如果国民党同意共产党加入，我们将取

何种态度呢？首先，我们是赞成这种办法的，因为这是抗日民族统一战线最好的一种组织形式，有利于抗日建国。不但共产党，任何其他抗日党派都可加入国民党，只要国民党同意，我们决不反对的。如果这样做，那我们可以实行同1924年合作不相同的办法，即第一，所有加入国民党的共产党员都是公开的，将加入党员之名单提交国民党的领导机关。第二，不招收任何国民党员加入共产党，有要求加入者，劝他们顾全大局，不要加入。第三，如果我们的青年党员得到国民党同意，加入三民主义青年团的话，也是一样，不组秘密党团，不收非共产党员入党。用这种办法，可以大家相安，有利无害。这是第一种统一战线的组织形式。

第二种统一战线的组织形式，就是各党共同组织民族联盟，拥戴蒋介石先生作这个联盟的最高领袖，各党以平等形式互派代表组织中央以至地方的各级共同委员会，为着执行共同纲领处理共同事务而努力。这也是一种很好的形式，我们也是赞成的。这种形式，我们很早就提议了，可惜还没有实行。

第三种统一战线的组织形式，就是现在的办法，没有成文，不要固定，遇事协商，解决两党有关之问题。但这种形式太不密切，许多问题不能恰当的及时的得到解决。例如许多大政方针之推行，下级磨擦问题之调整，都因没有一种固定组织，让它延缓下去，所以这种办法对于长期合作是不利的。然而如果第一、二种办法不行，这种办法暂时也只得仍之。

总之，长期战争中的长期合作，组织形式问题也是一个重要问题。我们极力赞成有一种统一的形式，使之利于长期合作。

中共六届六中全会主席团决定，以毛泽东、王明名义写信给蒋介石，这封信由周恩来于10月4日当面交给蒋介石，并向蒋说明中共六届六中全会对抗战问题及国共合作等问题的意见。蒋对中共六届六中全会决定不在国民党及其军队中发展组织，中共党员公开加入国民党和三青团一事很注意听。听完后，蒋介石要周恩来将意见写成书面报告交给他。8日，周恩来将中共中央的意见整理成文字交给蒋介石。蒋立即批交陈立夫、朱家骅、康泽及其三青团中央干事会研究和讨论。

国民党、三青团经过讨论后，蒋介石于1938年12月6日约周恩来谈话，蒋对周恩来说：跨党的办法讨论后大家不赞成，大家认为，共党既信三民主义，最好合成一个组织，力量可加倍发展。如果这种办法可以谈，他拟于不久到西北后即约毛泽东等面谈，如全体合并做不到，可否一部分党员加入国民党而不跨党，因为大家害怕共产党的"革命转变"。周恩来回答道：中共实行三民主义，不仅因为这是抗战的出路，而且因为这是达到社会主义的必由之路，国民党员则不都如此想，所以国共终究是两个党。跨党我们不强求，如认为时机未到，可采用他法。加入国民党，退出共产党，这是不可能和做不到的。少数人退出共产党而加入国民党，不仅失节失信仰，而且于国家有害无益。蒋听了，大为失望，当即表示，如果考虑合并事不可能，就不必约毛泽东到西安会谈。

12月12日，蒋介石又约王明、博古、吴玉章、董必武谈话。蒋介石不顾中共的一再建议，以强硬的口气说："共产党员退出共产党，加入国民党，或共产党取消名义将整个加入国民党，我都欢迎，或共产党仍然保存自己的党我也赞成，但跨党办法是绝对办不到。我的责任是将共产党合并国民党成一个组织，国民党名义可以取消，我过去打你们也是为保存共产党革命分子合于国民党，此事乃我的生死问题，此目的如达不到，我死了心也不安，抗战胜利了也没有什么意义，所以我的这个意见，至死也不变的。共产党不在国民党内发展也不行，因为民众也是国民党的，如果共产党在民众中发展，冲突也是不可免，三民主义青年团章程如果革命需要可以修改，不过这是枝节问题。根本问题不解决，一切均无意义。"

王明等分别向蒋解释一个组织的办法做不到，如跨党办法做不到，则可采取中共提议的其他方式合作。蒋称其他方式均无用。又约王明到西安谈。蒋也许觉得当天的谈话口气太硬，于当晚派与中共联络的张冲来见王明等解释说：委员长他太率直，并非说不合并就要分裂，请不要误会。

蒋介石、陈立夫等想借抗战之机"溶化"共产党，中共则坚持不放弃自身的独立性，双方形成尖锐的对立。鉴于此种局面，中共中央不得不彻底放弃在组织方面进一步密切国共两党关系的设想。同时也为"打断蒋此种念头"，中国共产党中央委员会于1939年1月25日就国共关系问题致电蒋介石，坚定地表示：

> 两党为反对共同敌人与实现共同纲领而进行抗战建国之合作为一事，所谓两党全并，则纯为另一事。前者为现代中国之必然，后者则为根本原

则所不许。共产党诚意的愿与国民党共同为实现民族独立、民权自由、民生幸福之三民主义新中华民国而奋斗，但共产党绝不能放弃马克思主义之信仰，绝不能将共产党的组织合并于其他任何政党。此不论根据抗战建国之根本利益，根据两党长期合作之要求，根据中国社会历史之事实，根据三民主义中民权主义之要求，还是根据孙中山先生之遗训，都非如此不可。

至此，国共两党关于组织一个"大党"问题谈判告一段落，不仅蒋介石、陈立夫等"溶化"共产党的企图没有实现，相反，中共在抗战中得到发展壮大，为最终推翻国民党的统治积蓄了力量。回顾这段历史，周恩来后来风趣地说："国民党是水做的林黛玉，但是我们没有做贾宝玉，化不了。"

第九章

战时教育大改革

> 我在教育部任内，做了不少事，订了不少制度，……迄今犹均在沿用。
>
> ——陈立夫

> 设置贷金制，使这些经济来源断绝的学生，可以贷金维持生活。……此项支出费用浩大，几乎超过全体教育文化经费二分之一。对于此等学生真是教养兼施，而国库负担之重，也于此可见。费用虽大，但是成就甚著。据统计，战时由中学以至大专学校毕业，全赖国家贷金或公费以完成学业者，共达十二万八千余人之多，此等皆是国家不可少之人才，凡是现在国内外50岁以上之社会中坚分子，几无人未受贷金或公费之惠。如无贷金及公费制度，不知道有多少人失学，将为国家一大损失。这种制度所以值得大书特书者在此。现在美国亦仿效我们对于大专清寒学生建立贷金制度矣。
>
> ——陈立夫

第一节　出任教育部长的背景

自清末以来的留学教育，培养了一代又一代的西化了的中国知识分子，大体上到1919年的五四运动以后，中国的大学教授中，留学生出身者占了绝大多数。辛亥革命后，军阀割据，政局动荡不安，中国的大学校园几乎就成了西化知识分子的自留地。中华民国首任教育总长蔡元培即以教育独立作为共和时代的教育理想。1917年1月，蔡元培在担任北京大学校长后，又提出了"思想自由"、"兼容并包"的教育主张。他说："我对于各家学说，依各国大学通例，循思想自由原则，兼容并包。无论何种学派，苟其言之成理，持之有故，尚不达自然淘汰之运命，即使彼此相反，也听他们自由发展。"可以说，教育独立、讲学自由是西化知识分子信奉的教条。

但1927年国民党政权建立以后，在国民党"以党治国"的原则下，教育上推行"党化教育"。1927年8月，南京国民政府教育行政委员会通过的《学校施行党化教育办法草案》对"党化教育"作了如下定义:"我们的所谓党化教育,就是在国民党指导之下,把教育变成革命化和民众化。换句话说,我们的教育方针要建筑在国民党的根本政策之上。国民党的根本政策是三民主义、建国方略、建国大纲和历次全国代表大会的宣言和决议案。我们的教育方针应该根据这种材料而定,这是党化教育的具体意义。"也许"党化教育"四个字过于露骨,南京国民政府其后又把"党化教育"改为"三民主义教育",但实质并没有什么两样。

1927年后,主持教育的蔡元培(大学院长)及历任教育部长蒋梦麟、李书华、王世杰都是留过洋的博士、知名学者,对于推行带有思想统制性质的"三民主义教育"并不得力。蒋介石的密友、首席谋士戴季陶曾向蒋介石献策说,要想达到"以党治国"的目的,必须使用国民党的忠实党员充任教育部长,方能全心全意地为党效力,实行"党化教育"的措施。于是,戴季陶向蒋介石推荐他的心腹朱家骅担任教育部长。

朱家骅(1893—1963),浙江省吴兴县(今湖州市)人。早年曾留学瑞士、德国,专攻地质学,1922年获得柏林大学博士学位。回国后任北京大学、中山大学教授,因与戴季陶、张静江等国民党大佬有同乡之谊,得到他们的提拔栽培,从1927年4月起,历任广东省政府委员兼民政厅长、中山大学副校长、浙江省政府委员兼民政厅长、中山大学校长、中央大学校长。朱家骅在担任中央大学校长后,为了迎合蒋介石"党化教育"的需要,提出在大学和高中实施军训的方案,为蒋介石采纳,并由中央政治会议通过,通令全国施行。从此,朱家骅在蒋介石心目中留下了深刻的印象,复经过戴季陶的大力举荐,朱逐步成为蒋介石之心腹。1931年12月30日,朱家骅正式受任教育部长,推荐江西"AB团"头子段锡朋为教育部政务次长,借以发挥他统制教育的特长。除了在人事上布置大批国民党党务官员担任各级教育行政主管外,朱家骅还主持制定了中小学课程标准及小学法、中学法,在大学增加政治训练,大专院校以上设置"训育员",以中央政治学校毕业生充任,用以监视进步师生的言行。朱家骅的一套统制教育的措施,遭到陆志韦、陈垣、张伯苓、马相伯等南北各著名大学校长的反对,他们以"讲学自由"反对朱家骅的统制教育,朱家骅的一套行不通,即于1932年10月28日去职,由著名法学家、武汉大学校长王世杰接任。

王世杰(1891—1981),湖北省崇阳县人,他早年留学英国、法国,先后获得英国伦敦大学政治经济学士、法国巴黎大学法学博士学位，王世杰与美国哈佛大学的法学博士张奚若并称为民国时期的著名法学家，也都是崇尚西方民主的自由主义学者，王世杰虽然投奔了蒋介石，走上了"学者从政"的道路，但在内心里一直守着自由主义的阵地。因此，蒋介石任用王世杰这样的自由主义学者担任教育部长，也不可能把国民党的党化教育推行得很彻底，充其量也只能是勉强维持局面。

蒋介石之所以任命陈立夫取代王世杰，是认为陈立夫有手腕，能使教育界反统制的局面得到转变。陈立夫于1938年1月走马上任后，鉴于朱家骅过去猛烈排斥异己行径的失败，依王世杰联合各派的成规，任用顾毓琇担任政务次长，而以C.C.系高干张道藩、余井塘、赖琏等先后担任常务次长，掌握实权。并按其主任秘书张廷休的建议，联合任用东大派、北大派、北师大派等教育界人士，以北京大学教授吴俊升担任高等教育司司长，以无党派的顾树森任国民教育司司长，以原复旦大学教务长章益任总务司司长（1941年6月改任中等教育司司长），在各级教育主管人员的安排上，采取兼收并蓄，使各方满意，以达到安定的目的。

第二节　确定战时教育方针

陈立夫接任教育部长时，正值全面抗战如火如荼地展开。在全民抗战的大背景下，教育界就高等教育方针展开了一场大辩论。

一部分人倡议实施战时非常教育，认为国难日亟，学校应服务于抗战，调整学科，开设军事课；更有激进者甚至提出"高中以上学校与战事无关者，应予以改组或即停办；俾员生应征服役，捍卫祖国；初中以下学生未及兵役年龄，亦可变更课程，缩短年限"。这种观点在1937年底南京失守以后，尤为高涨。当时由北京大学、清华大学和南开大学合并组建的长沙临时大学在准备再度迁到西南边陲的云南昆明的决定公布后，首先在校内教师中引起激烈的辩论，争辩的焦点集中在知识分子究竟应在反侵略战争中担负何种责任的问题。批评内迁的人质问道：生死关头在即，急需领导动员三湘民众的时候，远迁云南，道义上是否说得过去？决定内迁，不啻默认继续维持战前高等教育比捍卫国家更为优先的政策。这一争论在长沙临大学生中也产生了影响，学生自治会还派出代表赴汉口向教育部请愿，反对内迁，要求参加抗战，并得到当地报纸的支持。

主张实行战时非常教育的不仅有教育界知名人士，也有政府高官。当时任湖南省政府主席的张治中也认为："我们在这个国家存亡危急之秋，为了适应战时环境、战时需要，要给成千成万的青年学生——也就是国家民族复兴的青年战士，以新的教育，以必要的教育。这个伟大的战争要我们摆脱一切平常的窠臼，我们决不能蹈常袭故，麻木不仁！我们实在不能把这些活泼泼的青年学子，关在学校里读死板板的课程！我们要领导他们到社会上，到民族抗战的实际基础上，去做活的工作，去求活的经验，上活的课堂，要他们从学校里的死课本转移到社会的活课本上，去受社会的教育，尽国民的责任。这样看来，学校停办一年半载，对于国家社会实在并无多大影响。照外国的教育制度，高中学生都要当一年的志愿兵，外国在平时就这样做，难道我们在战时还不能这样做吗？"在这样的思想指导下，张治中到长沙临时大学演讲时开口就说："际兹国难当头，你们这批青年，不上前线作战服务，躲在这里干什么？！"

持相反的意见则认为，教育为百年大计，只应对于战时需要作若干临时适应的措施，不应全盘改弦更张，使有关百年大计的正规教育中断。

重庆大学校长胡庶华认为："现代战争是参战国整个民族知识的比赛和科学的测验，大学的使命是高深学问研究和专门人才培养。纵在战时，仍不能完全抛弃其责任，否则不妨直截了当改为军事学校。"

在庐山谈话会上，胡适之曾向蒋介石提出："国防教育不是非常时期教育，是常态的教育。"

武汉大学校长王星拱则对记者发表谈话称："倘有一个学生能留校上课，本人当绝不离校……至于学生最近要求变列课程，乃绝不可能之事。此实有事实上之困难，即如学生所谓抗战教育之课程，院长亦无法办到，各教授亦无此种学识，无法授课。"

对于鼓励学生投笔从戎，也有人不以为然。他们认为："无计划地使青年能尽上一士兵的贡献，那无异是大学生等于中小学生，未免浪费过多。"他们认为，一个大学生去当兵，其效果尚不及一个兵；反之，如果在科学上求出路，其效果有胜于十万兵的时候。如果学生都去参战，教育本身动摇。而且学生本身无作战经验，冒失地跑到前线，岂但送死而已，还妨碍整个军事。即使学生确实能够胜任，然在他人也能做时，为何一定要学生去？

面对当时教育界发生的这场大讨论，身为教育最高行政主管官员的陈立夫必须做出他的回答。

陈立夫对他接任部长职务后所面临的紧迫问题有如下的描述："我初任部长时，所面临的有两大问题亟须立时解决的。第一问题是战区逐渐扩大，原有的学校员生不能在原地进行教学，纷纷内迁，流亡在途；除紧急救济外，此等学校，究是迁地续办呢，还是即予停办，后方学校，因战事影响，究是继续办理呢，还是予以紧缩归并，这是战时教育亟须解决的量的问题。第二问题是关于教育之质的问题。原本在抗战的前夕，即有人高唱'实施国难教育'，完全改变平时教育的性质，一切课程及训练均以适应军事的需要为前提。我此时要在正常教育与战时教育两者之间作一抉择。这量与质的问题的解决，对于将来教育的设施，所关甚大。"

在这一重要的问题上，陈立夫本人的主张是："我当时根据抗战与建国双管齐下的国策，认为建国需要人才，教育不可中断。并且即在战时，亦需要各种专技人才的供应，有赖学校的训练……遂决定学校的数量不仅不应该减缩，并且依据需要，还需相当扩展。此为对于量之问题之解答。关于质的问题。我认为正常教育仍应维持，为建国预储人才，但为适应战时需要，应加特殊训练以备随时征召。"

根据战时教育应该维持平常教育的认识，陈立夫发表《告全国学生书》，强调："教育之任务，为在智德体各方面培养健全之公民，使其分负建国之艰巨责任，故青年之入校修业，自国家立场观之，读书实为其应尽之义务，故青年而有废学之现象，实即国家衰亡之危机。"陈立夫在坚持要求学生上课的同时，还反对改革旧的课程。他说："各级学校之课程不为必须培养之基本知识，即为所由造就之专门技能，均各有其充实国力之意义，纵在战时，其可伸缩者亦至有限，断不能任意废弃。"对于学生要求参加抗战服务工作的爱国行动，陈立夫在文告中也提出要进行种种限制。他说："在实施之先，宜由师长详加计划，并与地方当局取得密切联系，依照法令及环境实况确定妥善方案，并经相当时间之特种训练，领导诸生为有组织有秩序之活动。"他强调："战时学校之秩序，更须恪守纪律，服从师长领导。""各项服务应于不妨害课业范围以内为之。"

陈立夫的主张，得到蒋介石的认可。1939年3月4日，蒋介石在重庆召开的第三次全国教育会议上作了《今后教育的基本方针》的演讲，就战时教育与正常教育的关系问题表态，他说："目前教育上，一般辩论最激烈的问题，就是战时教育和正常教育的问题，亦就是说我们应该一概打破所有的正规教育制度呢？还是保持着正常的教育系统而参用非常时期教育的方法呢？……我们决不能说所有教育都可以遗世独立于国家需要之外，关起门户，不管外面环境，甚至外敌压境了，还可以安常蹈故，一些不紧张起来。但我们也不能说因为在战时，所有一切的学制课程和教育法全部可以摆在一边，因为在战时了，我们就把所有现代的青年无条件的都从课室、实验室、研究室赶出来，送到另一种环境里无选择无目的地去做应急的工作……总而言之，我们切不可忘记战时应作平时看，切勿为应急之故而就丢却了基本。我们这一战，一方面是争取民族生存，一方面就要于此时期中改造我们的民族，复兴我们的国家，所以我们教育上的着眼点，不仅在战时，还应该看到战后。"

对于蒋介石、陈立夫提倡的"战时教育须作平时看"的教育政策，学术界有否定和肯定两种不同的看法。持否定论者认为："蒋介石不顾客观形势的发展，提出'战时要当平时看'的主张，其用意就是要反对和阻挠教育为抗战事业服务，就是要反对改革和民主，就是要维护旧的教育制度，保持旧的教育系统，从而达到控制教育阵地，巩固其独裁统治的目的。"持肯定论者则认为："国民党政府也曾在一定程度上打着'适应战时需要'、'符合战时环境'的旗号，进一步加强了对于各级各类学校的思想和组织控制的一面。不过，从总体上讲，'战时教育须作平时看'的教育政策，是基于兼顾抗战与建国的双重需要而形成的。在这一思想的指导下，国民党统治区的教育在抗战初期虽遭到了很大的破坏，但很快得到了恢复和发展。至抗战胜利时，各级各类教育特别是高等教育不仅没有萎缩，而且取得了长足的发展。反观二战时期欧洲一些国家高等教育的退缩以至停顿，中国高等教育的维持和发展不能不说是一个奇迹。"

根据中国国民党临时全国代表大会通过的《战时各级教育实施方案纲要》，陈立夫主持拟定了《战时各级教育实施方案》，提出教育的最高原则在"实行三民主义"。实施方案检讨了过去在教育上的弊病，即不重视德育、误解体育、智育脱离中国实际。据此，实施方案提出了今后的十条教育方针：

一、三育共进。过去教育偏于智育，而忽视德育、体育，致国民体弱而德不修，今宜三者并重，以救此弊。

二、文武合一。过去学校与社会对于军训未能了解其真义，今在学校，宜以军事教科列入课程中，军事教官为学校教官之一，使观念改变，认军事智能为人生应具之智能，而无歧视，造成全国军国民之精神。

三、农工并重。过去学制大部抄袭自欧美工商业国者，于农业部门缺乏全盘之计划，今国家虽从农业而入于工业建设之途，大多数人民，固犹在农业社会中度其生活，故宜兼顾不可或偏。

四、政教合流。教育为造就人才以备国家推行其政策，完成其政治经济之建设，自应与国家施政方针相吻合，故于自身其目光须远于各部，其联系缜密，以期质量之随时调整而合于需要。

五、男女异教。男女受教育机会务求平等，课程及教材不必尽同，盖男、女各具有特长，能发挥其特性所长以施教，使人尽其才，是为教育者之责任。盖男、女各能有特长之贡献，然后有平等之可言；有整齐优美之家庭，然后有强固之国家。

六、家校联系。家庭教育为一切教育之本，不可忽视，否则一曝十寒，学校教育之功效减少，故应使学校与家庭取得密切之联系，分工合作，共底于成，并注重母亲之补习教育，以振家教，而宏师道。

七、对于吾国固有文史哲艺，以科学方法从根救起，以确立民族之自信。

八、对于自然科学，依据需要，迎头赶上，以应国防与生产之急需。

九、对于社会科学，取人之长，补己之短，整理创造，以适应国情。

十、对于各级学校教育，力求各地平均发展，对于义务教育，依照原定期限，以达普及，对于社会教育与家庭教育，力求有计划之实施。

根据上述十条教育方针，又提出各级各类教育今后应当达到的目标：

一、幼稚园教育应为协助家庭教养幼稚儿童，藉以辅助家庭教育之不足，故保育与教导并重，增进幼儿身心之健康，使其健全发育，并培养其人生基本的良好习惯，以为养正之始基。过去幼稚园仅能收容家境较优之儿童，今后施教之对象，应推广及于贫苦儿童，凡在工厂附近及乡村中，应多设幼稚园及托儿所，以收容父母外出工作者之子女，代为教养。

二、小学教育应为国民基础教育，以发展儿童身心，培养其健全体格，陶冶其善良德性，教授以生活必需之基本知能，养成其好学习惯，使其应对、进退合乎礼节，以为将来自立之准备。故施教之对象，应及于全体学龄儿童，国家对于全国各地应普遍设立各类小学，使全国学龄儿童均有入学之机会，在预定年限内，达到普及教育之目的。同时全国人民，对于子女均应尽强迫入学之义务，使全国学龄儿童，至少均须受此最低限度之义务教育。

三、中学教育应为继续小学施行国民基础教育，以造就社会一般事业之中级中坚分子及准备进修专门学术为二大目的。县为政治经济之自治单位，故初级中学教育之一切设施，应以一县之所需为其计划之根据，由省统筹平均普遍设立于各县。其教学除一般规定外，应特别注重公民常识之灌输，生产劳动之训练，以及本县乡土教材之讲授，使其爱国而同时爱乡。其招收之学生，应以本县各地小学之优秀儿童为对象，并使贫寒者亦得有免费入学之机会，以养成地方自治及从事农村事业之初级干部人才，高级中学应以一省数县之所需为施教计划之根据，由省分区设立，为初中毕业生之能升学者入之，以养成地方自治及建设事业之中级干部人才，并预备一部分学生升入专科学校及大学，继续训练。

四、职业学校教育应为发展生产事业之教育，以注重公民道德与职业道德之陶冶，劳动习惯之养成，职业知能之增进，创造精神之启发，俾养成各种职业界中等创业及技术人才为目的。故初级职业学校应以县或一地方现有职业之改良与应创立之职业为施教计划之根据，故宜注重各种短期职业训练班及各种职业补习学校，使无力升学者及工厂商店之徒弟，农村青年均可利用余暇，入班入校补习有关职业之知识技能及公民常识，高级职业学校应视一省职业之需要，为施教计划之根据，专招收各县初中毕业生之不能升学者入之，以造就农工商各业中之中级技术人才。

五、师范学校教育应为培养小学健全师资之教育，应根据三民主义的精神，参照社会生活的需要，用最新式的科学教育及最严格的身心训练，养成具有忠孝仁爱、信义和平诸德及各种专科学识为教授方法之德智体三育所需之师资为目的。师范学校应与社会沟通，造成教、学、做合一之环境，使学生对于教育及社会事业有改进的志愿与终身服务的精神。故全国师范学校校长应由中央特别训练后直接委派之。各省立师范学校应视一省师资之需要，分区设立，专收当地优秀之青年，免费入学。中等学校师资之训练，应视全国各省市之需要，于全国划分若干区域内，恢复设立高等师范学校，施行德、智、体三育所需专业师资之训练。

六、专科学校教育应为培养各业专门技术人才之教育。其课程应视各省市地方建设事业之需要，而以应用为主，并应尽量充实其生产技术训练之设备，注重设计与实习。使学生毕业后对于所习农工商各业之技术与业务各有专长，对于已成之事业，能加以改进，对于未举之事业复能创造。故对于此等专科学校应由省市地方视其事业之需要，为施教计划之根据，分别设立于现有企业之附近地区，专以造就本省市各项事业应用之专门人才为主。

七、大学教育应为研究高深学术，培养能治学、治事、治人、创业之通才与专才之教育。其农、工、商、医等专门学院，应施行高深专门技术教育，养成高级技术人才，以国家物质建设之需要，为施教之对象。其文、理、法、教育等学院，应注重各项基本学问之广博研究，再由博返约，养成能治学、治事、治人之技能，应以国家文化建设、经济建设、社会建设之需要，为施教之对象。

八、研究院。研究院为创造发明整理学术之机关。纯粹学术及应用学术之创造发明，应顾及国家需要，分别缓急先后，其应用学术之研究，应与主管教育机关及事业机关相联系，而以实际问题为对象。

九、社会教育以增进全民之知识道德与健康，以提高国家文化水准，使全体民众具备公民常识及民族意识，明了本国现状与世界大势，成为新时代所需要之良好公民，俾新兴事业易于推行，国家政策易于实现，故其施教之范围甚广，要其大端，不外训练民众，熟习四权，能实行自治，并陶冶其忠、孝、仁、爱、信、义、和平之国民道德，增进其应用职业知能，以培养其改善家庭经济，增加社会生产能力，同时并注重国民体育及公共娱乐，以养成其健全之身心，实行新生活之条件，故其施教之对象为全民，其施教之目的为"作新民"，故应分为普及民众识字、公民训练、青年训练与妇女训练各项，在各地分别实施之。其推行此种教育之工具，应充分扩展科学馆、图书馆、美术馆、博物馆及民教馆、展览会、戏剧音乐院、广播电台等，而推行此等教育之机关，应充分利用政治的及社会的一切已存之组织，并应与各地党部、中小学校联络实施，俾得普及，易而长效速。

十、家庭教育为学校教育与社会教育之基础教育，苟家庭教育不改良，而所施之一切教育，难免一曝十寒，仍未易收实效，盖社会教育之基础在家庭，儿童之教养在母亲，其关系何等重大，故今后施教之领域应由社会推而及于家庭之母亲，再由母亲以改造家庭之教育，各地中小学校中应利用星期日上午举行家校联教会、家教研究会教以改良家庭生活及教养子女方法，以及日常礼仪作法等常识。同时对于女子教育在中小学中应特别重视，分别教学，授以家庭必需之应用知能，使之明了为妻为母之特殊责任，而期造成整齐、清洁、质朴、勤劳、分工合作之理想家庭，为今后改进家政之基础。

第三节 维持与发展战时教育

一、主持高等学校内迁

1937年7月7日卢沟桥事变爆发以后，日寇在发动全面侵华战争的同时，有目的地对中国的教育文化事业进行了大规模的毁灭。在天津，著名的私立南开大学被日寇夷为平地，珍贵图书资料被日寇掠走。北平沦陷后，日寇开进北京大学、清华大学，美丽校园成了日寇的兵营、马厩和伤兵医院。著名的北京大学"红楼"一度成了日寇的宪兵队队部，地下室被用作囚禁迫害爱国志士的牢房。北大的图书、教学设备大量被毁。八一三事变后，上海的同济大学、光华大学、上海法学院、商船学校、东南医学院全部被炸毁；复旦大学、持志学院、同德医学院大部被毁；暨南大学、大同大学、正风文学院局部被毁；沪江大学、音乐专科、市立体专校园均为日寇占领。上海商学院1935年才建成的图书馆书库大楼为日寇炮火击中，大部分书刊毁于一炬。复旦大学仙舟图书馆馆藏图书5万多册亦毁于炮火。8月15日，日寇首次轰炸南京，中央大学图书馆和实验中学被炸。为了打破日寇毁灭我教育文化事业的毒辣计划，保存我民族教育文化事业的命脉，不愿意做亡国奴的广大爱国师生同仇敌忾，在日寇炮火威胁下将高校从受敌人威胁的华北、华东迁往内地或租界内。

整个抗日战争期间，高等学校的迁移（以内迁为主）几乎从未间断过。有研究者将其分为三个阶段。第一阶段：从1937年8月至1939年初。东南沿海各大学除部分外国教会学校在英美等国"保护"下得以存在，及少数大学就近迁往租界外，绝大部分高校或迁往西南、西北，或迁往附近山区暂时维持。第二阶段：自1940年下半年至1943年春。这一时期由于英美与日本关系日趋紧张，形势日益恶化，特别是1941年12月太平洋战争爆发后，上海租界和香港为日寇占领，华南各地也岌岌可危。许多教会大学和原迁入租界或暂避居华东、华南山区的高等院校，又陆续向西南大后方迁移。第三阶段：自1944年至1945年。这一时期，日寇为打通中国大陆交通线，发动了豫湘桂战争，侵占了河南、湖北、湖南、广西的大片土地，并深入贵州腹地，原内迁分散在云南、广西、贵州等地的高校，被迫再次迁入四川。

中国高校的迁移在朱家骅任教育部长时即已开始。陈立夫上任后，开始大规模的迁移。时在教育部任职并了解内幕的高思庭在《国民党政府统治教育事业概述》一文中说："当时陈立夫对大、专院校任其自由选址。"陈立夫作为部长，他的主要工作是负责协调，解决迁移所需的经费，并与交通部等单位协商搬迁所需的交通工具。

以浙江大学为例，在抗战期间曾进行了六次大的迁移，首次从杭州迁往浙江建德，二迁江西吉安，三迁江西泰和，四迁广西宜山，五迁贵州遵义，六迁贵州湄潭。浙江大学六次迁移，所需经费是相当可观的。浙江大学校长竺可桢在其日记中对浙大从广西宜山迁往贵州遵义的经费有如下的记载：

1940年1月13日的日记写道："6点至贵阳。今晚陈立夫部长在省党部招待贵州教育界同人。7点余等至党部大礼堂，时方入席。……席间与立夫谈迁校问题，渠对于浙大迁校需款至31万之多颇为惊异……"

1940年3月4日日记又写道："5点（在重庆）晤部长陈立夫，与谈前迁校费事，行政院通过14万元，但浙大此次必须25万元，故请部中所垫付之6万元不在14万元之中扣留。立夫颇有难色，以教（育）部对于中央政府不好报账也。"

据学者研究，在抗战八年间，内迁的高校有100余所，总搬迁次数将近200次。

抗战时期中国高校内迁是中国教育史上，甚至是世界教育史上的伟大壮举。参与这场迁移的人员包括师生员工及家属达77万多人。据学者研究，从沦陷区移居大后方，高级知识分子占90%，中级知识分子占50%。高校内迁是一场为了民族生存和复兴，为了中国高等教育事业的延续和发展而进行的神圣斗争。高校虽然损失惨重，但并没被日寇完全摧毁，而是保留了基本的种子，为中国的高等教育在战时得以维持、恢复和发展奠定了基础。完成中国高校内迁这一伟大壮举的主要功劳当然应归于广大不愿做亡国奴的爱国师生,但作为教育部长的陈立夫在组织、协调等方面也有一份功劳。陈立夫在回忆录中自我肯定说:"这一番艰辛迁移工作,由于各校员生的勇敢与毅力而完成。但是中央及地方教育行政机关,决定迁移大计,适应军事变化,随时指示机宜,相择地点,并拨给款项,亦煞费周章。这一切都是为了保存国家元气,是值得记述的。"

二、推行贷金制与公费制

从沦陷区或战区迁往大后方的学生,大多一文不名,甚至连原来殷富家庭的子弟也不能例外。为了救济这批学生,并保证他们完成学业,陈立夫首创了贷金制度。

1938年2月,由教育部公布了《公立专科以上学校战区学生贷金暂行办法》,规定专科以上学生家在战区,费用来源断绝,经确切证明必须接受救济者,可以向所在学校申请贷金。贷金分全额、半额两种。按当时的伙食价格,全额每月8—10元,半额每月4—5元,以所在地生活费用及学生的实际需要决定。办法还规定,学生毕业后,必须在三年内以其收入归还贷金。浙江大学校长竺可桢日记记载,浙大贷金委员会于1938年2月22日批准给予朱庆年等81位学生贷金;另外,还有14人免费,免费并给贷金一部分的13人,共计108人,这个名单是根据学生推举、学生自治会调查及贷金委员会负责人所估计而确定的。名单发表后,"学生仍有不满意"。1940年后,国统区物价开始飞涨,教育部重新修订贷金办法,提高学生膳食贷金标准,以保证学生获得必需的营养。

1941年,又颁布了《国立中等以上学校学生贷金暂行规则》,规定战区学生膳食分甲、乙两种,以每人每月食米二市斗一升,照学校所在地中等熟米市价,另加副食费(即燃料、油盐、菜蔬、工资等)为计算标准。凡属战区经济来源断绝者,视其生活情形,分为甲种或乙种贷金生:甲种贷给全额,乙种除由学生自缴18元外,贷给其超过部分。自费生补助膳食贷金,亦分甲、乙两种:甲种与战区乙种贷金同,乙种除学生自缴18元外,贷给其超出额的一半。同时,规定享受贷金的学生必须每周为学校服务三小时。由于物价飞涨,法币严重贬值,贷金偿还几乎等于不还;而且让学生偿还贷金,事实上也难以办到。基于以上两项理由,1943年教育部决定取消贷金制,改为公费制,并公布了《非常时期国立中等以上学校及省私立专科以上学校规定公费生办法》。其办法如下：

一、三十二学年（1943年）度所招新生，一律不适用贷金制，另订公费生办法种类如左：

（一）甲种公费生：免学膳食，并得分别补助其他费用。

（二）乙种公费生：免膳食费。

二、国立专科以上学校新生，依照后列标准给予公费：

（一）师范、医、药、工各院科系学生，全为甲种公费生。

（二）理学院科系学生，以80%为乙种公费生。

（三）农学院科系学生，以60%为乙种公费生。

（四）文、法、商及其他各院科系学生，以40%为乙种公费生。

三、省立专科以上学校，亦适用是项规定。

四、私立专科以上学校新生，依照后列比例给予公费：

（一）医、药、工各院科系学生，以70%为乙种公费生。

（二）理、农各院科系学生，以50%为乙种公费生。

五、国立大学或独立学院新旧研究生，一律比照甲种公费生办理。

应当承认，贷金制和公费制，是陈立夫在教育部长任上的最大"德政"。战前中国的高等学府集中于大城市，每位大学生每年须花费数百元，不是军阀、官僚、地主、资本家及高级知识分子等富有家庭的子弟一般是无缘进大学校门的，当时的高等教育实际上是一种贵族化教育。陈立夫创设的贷金制和公费制，保证了一些家境清贫的学生，也能通过自己的努力，依靠政府的贷金接受高等教育，从而打破了战前高等教育贵族化的状况，这是中国教育史上的一大进步。

1941年毕业于复旦大学的罗文锦回忆说："笔者时属武汉沦陷区流亡学生，确无经济来源，经申请批准，每月可领贷金法币八元，以六元缴纳学校伙食，剩下二元作零用。"

据教育部的统计，当时专科以上学生获得贷金或公费的，每年都在五至七万人，约占当时在校学生的80%。另据竺可桢1943年1月12日日记中的记载：

陈立夫当天向大学校长报告，大后方领贷金者5万人，公费生1.6万人，领寒贫贷救济金者1.5万人，1942年共用去8000万元法币。

但陈立夫在公费制上所表现出来的重工科，贬低文科、法科乃至理科的倾向，遭到了当时教育界有识之士的批评。清华大学教授朱自清撰文指出："大学应该顾到百年大计，不应该为一时偏畸的需要而变质。近年来因为种种原因，大学生更只拥挤在工学院和经济系里，这是眼光短浅，只看在一时的应用上，这是大学教育的不健全的现象，已经好些人指出。相信抗战胜利结束后，会回复到正轨上来的。"他主张："大学教育应该注重通才，而不应该一味注重专家。"金陵大学文学院院长刘国钧在《星期评论》上发表论《目前教育之危机》一文，指出近年高中学生入大学后多习农、工两科之流弊，认为将基本科学完全抛开，则工、农两业亦无从发达。西南联大常委梅贻琦也发表了两篇讨论教育目标的文章。他在《大学一解》中，认为教育部所提出的"通专并重"不易实行，主张大学"重心所寄应在通而不在专"。在另一篇由潘光旦代笔写的《工业教育与工业人才》一文中，他主张即使是工科学生，也应该着重培养成工业领导与组织、理论人材，而不是只有一艺之专的匠人。当时联大当局还以校委会名义上书蒋介石与陈立夫，对教育部只重专才不重通才、重实科不重文理科的方针表示异议，要求政府在学生公费待遇上"泯除学院之分别"，"防止青年轻视纯粹科学、精神科学"。

尽管如此，陈立夫对于自己的此项"德政"仍很得意，他在回忆录中写道："战时对于救济青年一事，由于政府负担太重，教部所面临之困难最大，战区学生大量涌至后方，衣食住学样样刻不及待，当时救济费用用贷金名义，盖欲使财政当局易于同意，将来有收回之望耳。盖来自战区中等以上学校学生，离乡背井，多系经济来源断绝，如不予接济，非但不能继续学业，且不能维持生存。我当时即感觉对于这班学生不但要教，还要养。因而负起责任，设置贷金制，使这些经济来源断绝的学生，可以贷金维持生活。贷金包括膳食及衣服各项费用。最初名曰贷金，原期受贷学生将来就业后偿还。后来因责偿不易办到，并且法币贬值，即令能偿还，亦几乎等于不还，所以将贷金改为公费。后来非战区学生，因家庭不胜负担，也几乎都得到了贷金或公费。此项支出费用浩大，几乎超过全体教育文化经费二分之一。对于此等学生真是教养兼施，而国库负担之重，也于此可见。费用虽大，但是成就甚著。据统计，战时由中学以至大专学校毕业，全赖国家贷金或公费以完成学业者，共达128000余人之多，此等皆是国家不可少之人才，凡是现在国内外50岁以上之社会中坚分子，几无人未受贷金或公费之惠。如无贷金及公费制度，不知道有多少人失学，将为国家一大损失。这种制度所以值得大书特书者在此。现在美国亦仿效我们对于大专清寒学生建立贷金制度矣。"

三、在抗战中创办新的高校

按照教育部组织法，教育部"管理全国学术及教育行政事务"，"教育部对于各地方最高级行政长官执行本部主管事务有指示监督之责"。教育部直接主管的事业，是以国立专科以上学校为主。抗战时期，还新增设了不少学校。

陈立夫认为，师范教育是教育的基础，教育的改造和改进都必须从师范教育做起。1938年8月，教育部命令中央大学、西北联合大学、西南联合大学、中山大学、浙江大学等五所著名大学各自创办一所师范学院。其后，又增办了贵阳师范学院、南宁师范学院、湖北师范学院，又将西北联合大学下属的师范学院独立出来，改称国立西北师范学院。这些师范学院均按照战时教育政策，培养中等学校的教师人才。为了训练社会教育人才和音乐人才，创办了国立社会教育学院和国立音乐学院。

综合性大学方面，江西创办了国立中正大学，浙江创办了国立英士大学。这两所大学是以蒋中正（字介石）、陈其美（字英士）的"字"命名的，特别值得一提。

国立中正大学是江西省主席熊式辉创办的。熊是政学系巨头，蒋介石的亲信谋士，以善于投机拍马见长。此公在江西省主席任上所创办的事业一律以"中正"命名，南昌市德胜路修整后改名"中正路"；建造赣江大桥命名为"中正桥"；所办大学命名为"中正大学"；所办医学院命名为"中正医学院"；所盖礼堂命名为"中正堂"。熊式辉的用意不言而喻，只能说他是马屁拍到了家。

而国立英士大学则是浙江省主席黄绍竑创办的。浙江是蒋介石的家乡，而黄绍竑原是新桂系的巨头，此人于1930年离开新桂系投奔蒋介石，蒋安排他先后担任内政部长、浙江省主席、湖北省主席，抗战爆发后，黄再度担任浙江省政府主席。黄在《五十回忆》中对创办这所大学的动机及经过有如下的介绍：

第九章 战时教育大改革

（民国）二十八年（1939年）战事局势稍定，我觉得大学教育在接近战区的省份，还有继续的必要。省政府曾经有电报给迁到广西宜山的浙江大学竺可桢校长，欢迎他们回来。浙大虽已改为国立，但就它的历史及名义来说，同浙江的关系是不可分的。我们是竭诚的希望他们回来，可是因为事实的困难，不能实现，校方只答应以后在浙江设一个分校，只办一、二两个年级。就是说，分校的学生修毕二年的课程，就要送到本校去。我觉得此次战事，为期必定很长，说不定会拖延五年、十年的，若果省境内没有一个大学，省内每年毕业的高中学生就没有升学的机会。但是在战时交通的困难，汇兑的不便，用费的浩大，又有多少学生可以到大后方去读书呢？于是我在省政府提议由省另外创办一个大学，当时也有人曾这样的顾虑：第一，战事结束的久暂，姑不置论，但在动荡的战时环境中，是否可由我们安心去办大学？第二，在人才、物质与财力困难的战时，是否能创办一个完善的大学？但是我的见解是，战事决不能遍及全境，只要尚有一块比较安全的地方，就可以而且应该办理。同时抗战的时期，一定很长，能在战时艰苦的环境中挣扎出来，锻炼起来的学生，一定有很大的成就，所谓"明耻教战"，就是这个意思。至于战时人力、物力、财力的困难，自所不免，但是并非绝对不可能解决的。我们做事，应以需要为前提，决不能因困难而停止。提案通过了，并立即拨款筹备，我当选为筹备委员会的主任委员，而实际负责者，是教育厅许（绍棣）厅长，二十八年八月，这个婴儿落地了，奉蒋先生的意旨，命名为英士大学，是纪念浙江革命先烈陈英士先生的意思。校址起初设在丽水，后来因为军事的影响而迁至景宁、泰顺。三十二年又迁回云和小顺，翌年再迁泰顺。这个大学的婴儿时期，是由浙江省政府及一个校务委员会来负责保育的，它在艰难困苦中长大了，现在已有了好几班毕业的学生。二十八年所种下来的桃李，现在已是绿叶成荫子满枝了。三十二年九月，改为国立，并派杜佐周为第一任校长。我重来浙江之初，决心要在抗战期中创办一个大学，至今已偿我的宿愿，这便是我手创的第二个大学（第一个是广西大学）。

事实上，黄绍竑办大学的要求很长时间得不到教育部的批准，也许是有人从中看出了什么，提议这所大学命名为"英士大学"。英士是陈立夫二叔陈其美的字，这样一来，教育部很快就批准了。对于此举，浙江大学校长竺可桢在其日记中对当时的浙江省教育厅长许绍棣（C.C.骨干）进行了很严厉的批评："迪生来电，教（育）部已准浙江设立战时大学，更名为英士大学。此全系一种投机办法，因教（育）部长陈立夫系陈英士之侄也。许绍棣等之不要脸至此已极，可谓教育界之败类矣。专设医、工、农三学院而无文理，焉望其能办好！"

四、发展中等教育

教育部向来不直接主办中等教育和国民教育，教育部只是决定政策和方针，制订法规，监督地方教育行政机关办理中等教育和国民教育。1937年全面抗战发生后，由于战区扩大，沿海省市大多沦陷，青年学生随家迁徙，纷纷流亡至大后方，使得后方原有的学校无法容纳。针对这种情况，教育部便决定直接负起中等教育的一部分职责，不让后方各省增加负担。

至1943年，教育部先后创办国立中学33所：第一中学、第二中学、第三中学、第四中学、第五中学、第六中学、第七中学、第八中学、第九中学、第十中学、第十一中学、第十二中学、第十三中学、第十四中学、第十五中学、第十六中学、第十七中学、第十八中学、第十九中学、第二十中学、第二十一中学、第二十二中学、东北中山中学、女子中学、绥远中学、西南中山中学、汉民中学、第一华侨中学、第二华侨中学、第三华侨中学、中央大学附属中学、中央大学附属中学分校、社会教育学院附属中学。

国立师范学校12所：重庆师范学校、女子师范学校、劳作师范学校、梓潼师范学校、茶洞师范学校、铅山师范学校、第一侨民师范学校、第二侨民师范学校、幼稚师范学校、成达师范学校、陇东师范学校、童子军师范学校。

国立职业学校7所：四川造纸印刷职业学校、江西造纸印刷职业学校、中央高级护士职业学校、中央高级助产职业学校、水产职业学校、歌剧学校、盲哑学校。

国立各边疆学校18所：边疆学校、伊盟中学、西南师范学校、西北师范学校、贵州师范学校、康定师范学校、西宁师范学校、大理师范学校、肃州师范学校、绥宁师范学校、丽江师范学校、宁夏实用职业学校、青海初级实用职业学校、拉卜楞初级实用职业学校、松潘初级实用职业学校、金江初级实用职业学校、西康初级实用职业学校、溥溪初级职业学校。

此外，还有教育部附属各班：战区学生指导处进修班、战区学生指导处农垦班、战区学生指导处计政班、洛阳进修班、护助训练班。

以上学校，收容学生五万余人以上，安置教师数千人。陈立夫认为这样做，一方面让失学的青年有了就业就学的机会，同时也对其他的方面有示范作用。

五、调整留学教育政策

1872年（清朝同治十一年）8月11日，陈兰彬、容闳率领第一批中国幼童梁敦彦、詹天佑、唐绍仪等30人踏上赴美留学之路，由此拉开了中国近代大规模留学美国、欧洲和日本之序幕。其中有几个留学高潮：清末的留日，20世纪20年代的留法勤工俭学和留俄等。

1937年抗日战争爆发后，国民政府为了维持战时经济，宣布实行外汇统制政策，导致出国留学人员急剧减少。1938年6月，国民政府行政院公布《限止留学生暂行办法》。1939年9月1日教育部又公布了《修正限制留学暂行办法》，规定：

一、在抗战期内公费留学生，非经特准派遣者，一律暂缓派遣；自费留学生，除得有国外奖学金或其他外汇补助费，足供留学期间全部费用无须请购外汇者外，一律暂缓出国。

二、特准派遣之公费生及无须请购外汇之自费生，须具有下列资格之一：

（一）公立或已立案之私立大学毕业生，曾继续研究或服务二年以上，经服务机关证明确实著有成绩者。

（二）公立或已立案之私立专科学校毕业生，曾继续研究或服务四年以上，经服务机关证明确实著有成绩者。

三、特准派遣之公费生，以究习军、工、理、医有关军事国防为目前急切需要者为限。

四、公费生研习科目为军事部分者，呈请军事委员会委员长核准派遣之；研习其他科目者，由教育部呈请行政院院长核准派遣之。

五、已在国外之公费生，如系学习军、工、理、医有关军事国防之科学，其学费、生活费及回国川资，应核给外汇，但应由教育部查明：

（一）如成绩不佳者，得令提前回国；（二）如已毕业者，令即回国；（三）毕业后有实习必要者，实习完毕令即回国。

六、已在国外之公费生，所习科目非军、工、理、医有关军事国防之科学，而出国已满三年者，应令即行回国，但出国虽未满三年，而成绩不佳者，得令提前回国，已令回国之留学生，逾期不回国者，一律不发外汇通知书。

七、已在国外之自费生，如成绩优良而家庭确无负担其费用者，得酌给救济费，如成绩不佳，应令提前回国者，由教育部考察其家庭状况，酌给回国川资。

前项救济费及回国川资，以国币交付，由教育部咨财政部准向外汇平衡基金管理委员会购买外汇。

八、已在国外之自费生，除第七款所列各情形者外，无论学习何种科目，一律不核给外汇。

在此严格的限制政策之下，能够出国留学的只有极少数大官僚、大军阀、大地主、大资本家以及顶尖的社会名流等的子女。而且这些有权有势者也有意把送子女出国留学，当作逃避兵役的手段。国民党军士气低落，装备差，一打起仗来伤亡惨重，加入这样的军队凶多吉少，所以有钱有势者，一般都不肯冒险将自己的子女送到部队中去，而是想方设法送到国外去镀金，既安全又实惠，何乐而不为。但也有少数国民党高官不肯送子弟去国外者，国民政府主席林森是一个虚位国家元首，他无子女，抗战一起，他把养子林京送到前线，结果阵亡。像林森这样的虚位元首竟不能庇护自己的养子，这毕竟是一个例外。

这一时期，中英庚款留学和清华大学中美庚款留学仍在进行。

陈立夫是国立北洋大学和美国匹茨堡大学矿冶专业的毕业生——纯粹的工科毕业生，对工科自然有所偏好，如今又借了抗战需要的大帽子，更加重视工科而限制文、理、法等科。对于陈部长的厚此薄彼，学术界许多人有意见，著名数学家、时任西南联合大学算学系教授华罗庚拿起笔来，于1940年3月4日给陈立夫部长写了一封信，要求部长先生重视纯粹科学研究。这是一件有价值的史料，全文转录如下：

立夫部长先生赐鉴：日前报载政院议决之本届庚款留英生，名额较庚款会原议略有更变。窥其用意，殆为抗建需要孔殷，故略偏应用及当务之急，用意至善。丁此时艰，决无可非议处。但鄙意尚略有补充，敢为先生一陈之。建国虽经纬万端，但要言之，可分为治标、治本。治标，所赖应用科学是；治本，所赖纯粹科学是（只限于科学言）。治标宜迅赴时机，故此次之留英、留美之偏重应用，可谓窥中款要；治本宜效七年之病求三年之艾之道，而早为之备。即在此抗战期中，应先为纯粹科学树一基础，不宜过于偏枯。右说似太抽象，今作次之具体建议：即在国内与研究纯粹科学之学员以进修及升迁之机会。进言之，对于进修方面，宜改置纯粹科学之研究所；升迁方面，则大学或其他学术机关任用人员时，应特重视其研究工作。以上两端，虽似浅显，鄙之无甚高论，但窃念此将大有助于廿年后之中国科学前途。先生鞅掌教育，纳善如流，故敢贸然略贡刍荛，以备采纳。（又闻中研院不日开会，如先生能及时一呼，其功效当胜于我辈纯粹科学者之埋首十载也。）专此。敬请

钧安！

后学华罗庚敬上

1940年3月23日，陈立夫复函华罗庚，信函全文如下：

罗庚先生大鉴：4日惠书奉悉。本部对于应用科学与纯粹科学人才之培养，向主兼筹并顾。本年清华招考留美学生及中英庚款招考留英学生学额科门，注重实用科学，自为适应抗战建国之需要而设。但国内大学，如中央大学等校，已设有理科研究所等，注重纯粹科学之研究，凡有志研究者，均可入院进修。至于研究员之升迁，

教育部长陈立夫

部中亦已着手修订办法，凡各大学研究所与其他研究院之研究生，如著有成绩，将来均得给予学位，并逐渐升任大学讲师、教授。此项办法，一俟决定，即可公布实施。特此函复。顺颂

春绥！

陈　谨启

在严格限制出国留学的同时，鼓励在海外的留学生归国服务。1939年1月31日，教育部公布《抗战期间回国留学生登记办法》。同年7月28日，又公布了《抗战期间回国留学生分发服务简则》，安排归国留学生从事编译、研究、教学、技术及其他工作，并核发生活费。

1941年12月太平洋战争爆发后，世界反法西斯统一战线形成，国民党正面战场处境好转，国民政府决定重新启动已经陷入停顿的留学教育。为了提高出国留学人员的水平，教育部决定实行严格的大学程度留学教育。教育部先后于1942年7月公布了《国外留学生奖助金设置办法》，1943年10月公布了《第一届国外自费留学生考试章程》和《国外留学自费生派遣办法》。据此，1943年12月举办了第一届自费留学考试，共录取327名；1944年12月，又举行英美奖学金留学考试，录取195人。1944年12月，教育部选派85人，中央研究院选派10人赴国外研究深造。

陈立夫任教育部长期间，还在最高学术层次上，实施了科研人员出国进修办法，同国外著名大学开展教授、专家互访。1940年，中国武汉大学、四川大学分别同英国牛津大学、剑桥大学交换互访学者。1941年，中国中央大学、西南联合大学、浙江大学、武汉大学、四川大学、重庆大学、云南大学也相继派遣教授出国讲学或从事研究，先后有金岳霖、张其昀、费孝通、梅贻宝、严济慈、袁敦礼、林同济、陶孟和、华罗庚、钱端升、王淦昌、周炳琳、萨本栋等著名教授25人。同期外国著名学者、专家来华的有李约瑟等14人。

陈立夫 全传

Biography of Chen lifu

第十章

战时教育大统制

陈立夫是一个长袖善舞的党务官僚，蒋介石让他接任教育部长，是看中了他有手腕能够控制住教育界。陈立夫确实也不负蒋介石之期望，他在七年教育部长任内，推行了一系列措施，其中有些措施带有教育改革的性质，有些则纯粹是出于对教育界的控制，尤其是思想意识形态与组织上的控制。

第一节　收回"文化的租界"

陈立夫上任后，以国联教育调查团的批评作为由头，对中国的大学教育进行了严厉的批判。陈立夫在回忆录中说："文化侵略者对于所侵略的国家，首先要毁灭其历史文化，我起先对于这些阴谋，还不大了解，民国27年到了教育部以后，才恍然大悟。那时沿江、沿海都被日军占据了，所有大学都往后撤，我一一为之安顿下来。我发现这些大学都像外国租界。这个完全采德国学制，那个完全采法国学制，其他不是采美国制，即是英国制。但是采中国学制的又在那里？课程五花八门，毫无标准，有关中国历史的部门为最缺乏。学政治或经济的不谈中国政治或经济制度史，谈农的不谈中国农业史，国文更是最不注重的一门功课了。于是下了决心，请了专家订定大学课程标准，分必修、选修两种，把中国人应知的中国各部门的历史材料放入必修科，无教材的则奖励写作。使中国的大学像一座中国的大学，我排除了一切的障碍，收回了文化的租界。"

陈立夫为了收回"文化租界"，首先推行了高等教育改革。经他提议，教育部于1940年5月成立了学术审议委员会，除教育部部长、次长及高等教育司司长为当然委员外，另聘任委员25人，其中由教育部直接聘任12人，其余13人从国立专科以上学校院长、校长中选出，其中文、理、法三科每科选二人，农、工、商、医、教育、艺术、军事及体育七科各选一人。聘任委员必须具备下列资格之一：（1）现任或曾任公立或已立案之私立大学校长或独立学院院长者；（2）现任或曾任公立研究院院长或研究所所长者；（3）曾任公立或已立案之私立大学教授七年以上著有成绩者；（4）对于所专习之学术有特殊之著作或发明者。第一届学术审议委员会由教育部聘任的12人是：吴稚晖、朱家骅、张君劢、陈大齐、陈布雷、胡庶华、程天放、罗家伦、张道藩、曾养甫、赵兰坪；经选举产生的13名委员是：蒋梦麟、王世杰、周鲠生、颜福庆、茅以升、傅斯年、冯友兰、马寅初、邹树文、吴有训、马约翰、滕固、竺可桢；加上当然委员陈立夫（教育部长）、顾毓琇（政务次长）、余井塘（常务次长）、吴俊升（高等教育司司长），共29人。到1945年秋，因病故或离职、开除等原因，陆续增补吴凤子、柳贻徵、廖世承、徐悲鸿、徐诵明、钱端升、刘大钧、郝更生、朱经农、杭立武、赵太侔等12人为委员。

按照1939年7月公布的《教育部学术审议委员会章程》的规定，该委员会的任务是：审议全国各大学之学术研究事项；建议学术研究之促进与奖励事项；审核各研究院所研究生之学士及硕士学位授予暨博士学位候选人之资格事项；审议专科以上学校之重要改进事项；专科以上学校教员资格之审查事项；审议留学政策之改进事项；审议国际文化之合作事项；审议教育部长交议事项。

一、调整文理工各科比重

陈立夫认为，中国还是一个农业国家，水利应列第一要务。而抗战开始后，全国唯一的南京河海工程学校也停办了；肥料没有学校研究，可以出口换外汇的农产品如猪鬃、桐油、茶叶等，竟然没有一个专科学校来研究改良；瓷器、丝、丝织品为重要出口物资，亦很少有为此而设立的专科或职业学校。陈立夫认为，学校科系的设立与国家建设的需要相脱节，重文理而轻工科，使国家经济建设不能有起色。为了改变以往文科招生过多，理工科招生过少，比例失调的现象，陈立夫决定在教育部设立建教合作委员会，并且通令在各大学分别设立上述各科系，以配合当地出产物的需要。

二、实行考试制度改革

为了提高大学生的知识水准，及解除高中毕业生到处奔波参加各大学入学考试的困难，陈立夫决定推行国立大学统一招生考试。1938年，教育部成立统一招生委员会，负责全国统一招生事宜。同时在武昌、长沙、广州、桂林等地设立12个招生区，各招生区设招生委员会。1938年，有22所国立高校参加统一招考；1939年，招生区增加到15个，参加统一招生考试的高校有28所；1940年，扩大到包括省立大学和省立独立学院在内的41所公立各级高等院校。统一招生考试实行统一考试科目、统一命题、统一阅卷、统一录取标准。同时，教育部在实行统一招生考试以外，还制定了一套免试、保送办法。根据1938年度的规定：各省、市可保送高中毕业会考成绩优秀学生前列的15%和国立各中学毕业成绩总平均在80分以上的学生（至多以毕业生总数的15%为限）免试升学，由教育部审核后依照各生志愿分发学校。1939年教育部修改了保送办法，将国立中学毕业生的免试升学办法取消，并压缩高中毕业会考成绩优秀学生免试升学名额的10%。同时，为便利沦陷区学生升学，教育部还制定了《游击区各省、市保送及选送高中毕业生升往内地专科以上学校办法》。

1938年第一届统一招生，实际参加考试的10900人，录取5393人。通过统一招考，调整了文理工各科的比例。以1939年度为例，该年录取新生5368人，其中理、工、农、医类占62.4%，文、法、商类占25.1%，师范类占12.5%，这在统一招生考试以前是不可想象的。应该看到，在全民族与日寇进行生死搏斗的特殊年代，要推行招生统一考试，面临的困难是巨大的。首先是交通方面，各考区分散在后方，试题全靠专人乘飞机专送，万一飞行发生障碍，试题就不能及时送达，从而影响考试。当时制空权掌握在日寇手中，日寇战机频繁出击，万一考场受到日寇飞机轰炸，或者因警报而散场，则考试就会受到破坏。再者试题因为分区印刷，也增加了保密的困难。所有这些，陈立夫督率教育部同人克服了困难，顺利地举行了三届统考。由于战区的扩大，交通不便，加上部分大学的反对，统一招考于1941年暂停。

推行毕业总考制度。欧美大学对于学生毕业问题有两种不同的办法：一种办法是平时无成绩考核，到毕业时举行总考，总考合格者即准予毕业，德国采用此种办法；另一种办法注重平时及学期考试，考试及格，给予学分，学生通过多次考试，累积学分到一定数量，即准予毕业，美国采用此种办法。从1927年起中国高校实行的学生考试制度包括临时考试、学期考试和毕业考试。其中毕业考试除大学有两门包括全学年的课程外，与学期考试并无两样。陈立夫就任教育部长后，决定增加毕业总考，除考试最后一学期所学的课程外，还就二、三年级所学的专门主要科目中，共指定三种为加考科目。陈立夫说："我到（教育）部以后对于毕业考试，采一折中办法，即略改原制而另加一毕业总考。依此办法，学期学年有考试，亦是累积学分，但规定学生须修足四学年课程，方可应毕业考试。毕业考试非仅考最后学期之课程而是必须举行毕业总考。此种办法，因为平时有学期学年考试，对于学生之学习进程，随时有督促与考核，但不是只要求学生累积若干学分，即可毕业，而要在举行总考时，使学生对以往四年所有主要学科有一通盘复习，使其对所获知识作最后之整理而得系统的了解，不致东鳞西爪支离破碎，有学分制之流弊。此种折中办法，使学生之学习心理不致视学习与准备毕业考试为一事，比德国及英法两国类似的办法，也尚胜一筹。"

毕业总考的规定下达后，浙江大学、中央大学应届毕业生于1941年呈文教育部，强烈要求"展缓"或停止大学总考。但教育部不予批准。教育部认为，大学毕业总考不在于加重本年学生的负担，而在于改良考试的内容。该项考试，无论从学生就业或社会需要着眼，均为必需而且极为合理的措施。1941年11月29日，教育部公布《专科以上学校学生学籍规则》，对毕业考核具体规定如下：（1）专科以上学校毕业总考科目，为各系科组各年级所习的主要专门科目三种，其平均成绩不及格的，不得毕业。不及格的科目补考一次仍不及格的，准其参加下届毕业总考，但以一次为限。（2）毕业成绩及格者，由校先行发给临时毕业证明书，待正式毕业证书经部验印后再行换领。（3）学生毕业资格，未经前北京教育部核准，及南京国民政府成立后未经前大学院核准的，均比照前项规定办理。

三、推行学业竞试

为鼓励在校大学生埋头学习，陈立夫还令教育部举办高校"学业竞试"。由教育部成立学业竞试委员会，主持此种学业竞试。从1940年2月至1945年4月一共举行了六次，有五次是在陈立夫任内举行的。竺可桢指出："此项考试，其实并无多大好处。"

四、颁布课程标准，统一编印大学用书

战前中国高校使用的教科书，大多直接使用外国成书。当时教育界部分有识之士也曾经做过努力，试图改变此种局面，但各高校各自为政，不可能进行统一的改革。各高校使用的教科书一直是五花八门，良莠不齐。为了改变这种

状况，陈立夫上任后，教育部于1939年3月决定了整理大学课程的三项原则：（1）规定统一标准，不仅在提高程度，且与国家文化及建设的政策相吻合；（2）注重基本训练，先从事学术广博基础的培养，由博反约，不因专门的研究而有偏颇之弊；（3）注重精要科目，所设科目，力求统整与集中，使学生对于一种学科的精要科目，有充分的修养而有融会贯通的精神。至于具体科目，则规定有共同必修、分院必修及分系必修及选修各类。

教育部规定的必修科目制定出来后，却发现有若干关于中国历史的课程，如中国法治史、中国政治史等却找不到一本合适的教材。为此，教育部于1940年成立大学用书编辑委员会，委员30—50人，全部由部长聘任或指派。该编辑委员会的任务是：（1）拟订及审核大学用书之编辑方针；（2）计划大学用书之编辑事项；（3）计划优良大学用书之选择与介绍事项；（4）拟订本会之各项章则事项；（5）其他部长交办事项。编辑委员会按大学学科分组，各组委员及召集人均由部长决定。

1940年该会在重庆北碚召开第一次会议，决定先编各大学共同必修科目用书，再编各系必修科目用书，再次是专业选修科目用书。其办法一是采选成书，二是公开征稿，三是特约编写。到1943年，特约编写58种，公开征稿88种，采用成书17种，共计163种。各种书稿经过初审、复审、校订后，并经大学教材编审委员会会议通过，由教育部核定付印，作为大学用书。陈立夫说："此种措施，对于学术之中国化，也即是对于所谓收回文化租界，为基本要图。但是大学用书与教科书不同，只供大学教员学生之采用或参考，并未限制各校必须采用为课本。当时也有一部分学者专家，以为妨碍讲学与研究的自由，实属误会。"

五、审定教师资格

民国以来，全国专科以上学校的教师，历来由各高校依其学术地位与传统，自行聘请。陈立夫认为，提高大学素质，审定资格正名定分，并多以优礼奖励，是当务之急。经过充分酝酿，于1940年8月公布了《大学及独立学院教员资格审查暂行规程》，该暂行规程共16条，内容如下：

第一条 大学及独立学院教员，分教授、副教授、讲师、助教四等。

第二条 大学及独立学院教员等别，由教育部审查其资格定之。

第三条 助教须具有下列资格之一：

一、国内外大学毕业，得有学士学位而成绩优良者；

二、专科学校或同等学校毕业，曾在学术机关研究或服务二年以上著有成绩者。

第四条 讲师须具有下列资格之一：

一、在国内外或研究院所研究得有硕士或博士学位或同等学历证书而成绩优良者；

二、任助教四年以上，著有成绩，并有专门著作者；

三、曾任高级中学或其同等学校教员五年以上，对于所授学科确有研究，并有专门著作者；

四、对于国学有特殊研究及专门著作者。

第五条 副教授须具下列资格之一：

一、在国内外大学或研究院所研究得有博士学位或同等学历证书而成绩优良，并有有价值之著作者；

二、任讲师三年以上著有成绩，并有专门著作者；

三、具有讲师第一款资格继续研究或执行专门职业四年以上者，对于所习学科有特殊成绩，在学术上有相当贡献者。

第六条 教授须具有下列资格之一：

一、任副教授三年以上著有成绩，并有重要之著作者；

二、具有副教授第一款资格，继续研究或执行专科职业四年以上，有创作或发明，在学术上有重要贡献者。

第七条 凡在学术上有特殊贡献而其资格不合于本规程第五条或第六条之规定者，经教育部学术审议委员会出席委员四分之三以上之表决，得任教授或副教授。

前项表决用无记名投票法。

第八条 本规程第三条至第五条所称之国内外大学或研究院所，以公立及已立案之私立大学及研究院所与教育部认可之国外大学及研究院所为限。

第九条 大学及独立学院教员资格之审查，由各校院呈送教育部提交学术审议委员会审查之。

合于大学及独立学院教员资格而不在职者，得自行呈请教育部审查之。

第十条　大学及独立学院教员资格之审查须呈验：（1）履历表，（2）毕业证书或学位证书，（3）著作品，（4）服务证明书，（5）其他足资证明资格之文件。

履历表填称之资格或著作而无证件或著作品呈缴者，以未具有该项资格或著作论。

第十一条　大学及独立学院教员资格审查合格后，由教育部给予载明等别之证书。

第十二条　副教授、讲师、助教于定期教务任满后，得按照本规程之规定，由学校呈请为升等之审查，合格后另给证书。

第十三条　本规则公布以前，曾任大学及独立学院教员者，其资格审查标准规定如下：

一、具有第五条规定资格之一，曾任教授或同等级之教务一年以上者，得为教授；

二、具有第四条规定资格之一，曾任副教授或同等级之教务一年以上者，得为副教授；

三、具有第三条规定资格之一，曾任讲师或同等级之教务一年以上者，得为讲师；

四、曾任助教一年以上者，得为助教。

第十四条　专科学校教员资格之审查，得比照本规程办理。

第十五条　本规程施行细则另定之。

第十六条　本规程呈奉行政院备案后施行。

教员资格审定由教育部特设的学术审议委员会主持，从1940年至1944年，全国大专学校有7000教员送审，审查合格5800余人。

六、设立"部聘教授"

1941年6月3日，国民政府行政院第517次会议通过了《教育部设置部聘教授办法》，规定"部聘教授"必须具备以下三个条件：（1）在国立大学或独立学院任教授10年以上者；（2）教学确有成绩，声誉卓著者；（3）对于所任学科有专门著作，且具有特殊贡献者。"部聘教授"必须由教育部提请学术审议委员会全体会议出席委员三分之二以上同意后由教育部聘任，任期五年，期满后经教育部提请学术审议委员会通过可以续聘。"部聘教授"在任期内以大学及独立学院教员聘任待遇暂行规程第八条规定之专任教员薪俸表教授月薪第三级为最低薪，由教育部拨交指定服务学校转发。"部聘教授"名额暂定30人，由教育部于公立及已立案之私立专科以上学校特设讲座从事于讲学及研究。

1942年，由教育部首批聘任的"部聘教授"共29人，他们是杨树达、黎锦熙（中国文字学）、陈寅恪、萧一山（历史学），汤用彤（哲学），吴宓（英国文学），孟宪承（教育学），苏步青（数学），吴有训、饶毓泰（物理学），曾昭抡、王琎（化学），张景钺（生理学），艾伟（心理学），胡焕庸（地理学），李四光（地质学），周鲠生（政治学），胡元义（法律学），杨端六（经济学），孙本文（社会学），吴耕民（农学），梁希（林学），茅以升（土木水利工程），庄前鼎（机械航空工程），余谦六（电机工程），何杰（矿冶工程），洪式闾（医学），蔡翘（生理解剖学），秉志（生物学）。

1943年，教育部第二批聘任了胡光炜（即胡小石，国学）、楼光来（英国文学）、柳诒徵（历史学）、冯友兰（哲学）、常道直（教育学）、何鲁（数学）、胡刚复（物理学）、高济宇（化学）、萧公权（政治学）、戴修瓒（法律学）、刘秉麟（经济学）、邓植仪（农学）、刘仙舟（机械学）、梁伯强（医学）、徐悲鸿（艺术学）等15人为"部聘教授"。

七、对科研成果及著作予以奖励

为了鼓励高校教师从事科学研究和著述，1940年5月1日，教育部学术审议委员会第一次大会通过了《补助学术研究及奖励著作发明》案，旋由教育部颁布了《著作发明及美术奖励规则》，对奖励范围等级作了具体规定。奖励范围包括著作、发明、美术；其中著作分：（1）文明，（2）哲学，（3）社会科学，（4）古代经籍研究。发明分：（1）自然科学，（2）应用科学，（3）工艺制造。美术分：（1）绘画，（2）雕塑，（3）音乐，（4）工艺美术。奖励分三等：具有独创性或发明性，对于学术确有特殊贡献者列第一等；具有相当之独创性或发明性而有学术价值但不及第一等者列为第二等；在学术上具有参考价值，或有裨实用，但不及第一、二等者，列为第三等。坚持严格评选，给奖名额宁缺毋滥。奖励每年举行一次，由教育部就本国学者之著作发明及美术制作中按照以上标准选拔若干种，予以奖励，受奖励的著作、发明或美术制作应以最近三年内完成者为限。

教育部学术审议委员会从1941年开始，从各高校选拔杰出的科研成果及著作予以奖励。至抗战结束，共举办六届优秀成果奖励，有330人获奖。从1941年至1945年，第一届至第五届受奖励者共281人，按类别分，文学类37人，哲学类11人，古代经籍研究类18人，社会科学类57人，自然科学类59人，应用科学类55人，工艺制造类16人，美术（绘画、音乐等）28人。按给奖等级区分，有一等奖15人、二等奖79人、三等奖153人、受奖励者34人。

上述奖励，自然科学和应用科学因为没有阶级性，奖励比较切实地反映了抗战时期国统区科学与技术进步的现状，历届获得自然科学一等奖的是：华罗庚的《堆垒素数论》（1941年第一届）；苏步青的《典线射影概论》，周培源的《激流论》，吴大猷的《多元分子振动光谱与结构》（以上均为1942年第二届）；陈建功的《富里级数之蔡荼罗绝对可和性论》，杨钟健的《许氏禄丰龙》，吴定良的《人类学论文类》（以上均为1943年第三届）。应用科学类一等奖是：杜公振、邓瑞麟的《痹病之研究》（1943年第三届）；林致平的《多孔长条之应力分析》（1944年第四届）。

文学、哲学及社会科学类获得一等奖的有冯友兰的《新理学》（1941年第一届）、汤用彤的《汉魏两晋南北朝佛教史》、陈寅恪的《唐代政治史述论稿》等。文学、哲学及社会科学类的奖励具有明显的阶级性。宣扬唯心论的《新理学》（冯友兰著）评上哲学一等奖，而阐述唯物论的著作则一概被排斥在外。同时将为汉奸特务涂脂抹粉的《野玫瑰》授予文学类二等奖（一等奖空缺），而宣扬爱国主义，具有丰富思想内涵的优秀文学作品则统统被排斥在评选范围之外。这不仅表明了国民党政权的阶级性、局限性，也反映了陈立夫这位国民党意识形态最高主管官员的思想倾向性。

据当时的浙江大学校长、学术审议委员会委员竺可桢在1942年4月17日的日记中记载，冯友兰的《新理学》和华罗庚的《堆垒素数论》各获得奖金10000元；胡肖堂、涂长望、金岳霖、杨树达、陈启天、张宗燧、许宝騄等七人获二等奖，奖金各5000元；杜德三的《铁道瘤》，卢前、邵祖平的诗集，曹禺等《北京人》等获三等奖，奖金各2500元。

对于陈立夫推行的高等教育改革，应该从两个方面来看。这些改革措施确实有其合理性的一面，带有开创性质，有些制度在今天还在沿用，如统一招生、统一考试、统一编印大学教材以及审查教师资格等。但我们评价这些措施，不能完全脱离当时的时代背景，不可否认，在陈立夫这些措施的背后，是对中国高校长久以来自由主义教育的不信任，含有对高校师生进行控制或者分化的用意甚至是恶意。如用各种各样的考试对付大学生，让他们埋头于学业，穷于应付各种考试，不要关注校园外的政治风云。总考制给毕业班学生造成极大的精神负担和身体伤害。在短短的时间内，学生要熟记本学期的课程已经是很不容易的事，还要复习四年来的所有主要课程，更难以办到。为了应付毕业考试，许多学生只有夜以继日，废寝忘食，埋头苦读。考试结束以后，学生已是精疲力竭，形销骨立。这种考试办法对抗日战争时期本来已是营养极端不良的学生来说，是一种极大的摧残。

于是，以中央大学、浙江大学、西南联合大学等校的毕业生为首，发动了一场反对毕业总考的斗争。从浙江大学校长竺可桢的《日记》中可见一斑：

> （1941年）6月26日……四年级生近得中央大学四年级生函，谓该校决计不考，并宣誓决计不参与一、二、三年级学程考试，并约其他各校共同拒考。
>
> （1941年）7月1日……接罗志希（引者按：中央大学校长罗家伦字志希）电，知中大已于26号统考毕业生。昨厦千来函，知教育部明令毕业班学生非加入通考不可后，将中大为首滋事航空机械班学生开除若干人，结果全体加入考试，一场轩然大波从此平息。本校学生闻之，自必激昂之气为之稍杀。余尝告学生，谓参与统考乃个人之事，如一人在良心上不赞成通考，则不论于己之利害如何冲突，即不应加入统考。如人云亦云，以中大之马首是瞻，至不足道矣。……下午，学生自治会代表周勤文来，余告以学校必须执行教育部法令。……
>
> （1941年）7月15日……为阻挠毕业考试事，开除学生李久春，勒令退学的龙雅娱、洪语仁、刘振邦。……记大过者五人：张学元、金逸民、

张季良、周方先、倪步青；记小过者四人：陈立、陈天保、周勤文、吴作和……

西南联合大学的学生也反对教育部实行毕业总考制，该校四年级学生组织了"反总考委员会"。联大常委会"叠奉"教育部密电密令，对学生一再以"开除"、"不予毕业"进行威胁，最后联大常委会发表《为总考事告四年级学生书》，要学生"本服从政令为国民之天职之旨"，"勉为负责任、守纪律之良民"，参加总考，否则就要予以严惩。在陈立夫及学校当局的高压政策下，西南联合大学终于发生了反总考学生自杀的悲剧。

统编教材，是对中国高校"讲学自由"传统的一种否定，通过教材的统一编写，可以将国民党的意识形态灌输给大学生，加强思想控制。西南联合大学教授闻一多在回忆这件事时说："大学的课程，甚至教材都要规定，这是陈立夫做了教育部长后才有的现象。这些花样引起了教授中普遍的反感。"

设立"部聘教授"，显然是企图用优厚的报酬拉拢教师队伍中的极少数人，人为地分化教师队伍。作为教育部学术审议委员会委员，后来又是"部聘教授"的冯友兰在听说陈立夫要设"部聘教授"后，当即在《当代评论》第一卷第五期发表《论部聘教授》一文，认为此事"怕是弊多于利"。西南联大教授会在讨论此事时，大家的发言"非常愤激"。

第二节　全力推行思想统制与组织控制

一定的教育方针与政策，是一定社会、一定历史时期的产物，它具有鲜明的阶级性。陈立夫作为国民党统治集团的核心人物出任教育部长，其所作所为都围绕着一个最根本的问题，就是维护国民党的统治，通过推行一系列措施，对广大师生从思想上加以统制，从组织上加以控制。

抗战前，蒋介石在庐山训练团的"训话"中提出"管、养、卫、教"的教育方针。陈立夫担任教育部长后撰文对这四字方针加以阐述并积极推行。陈立夫在《教育与建国之要道》一文中写道："教育即以作成人才，借求民族之独立、民权之普遍与民生之发展，故其中心工作实即教人以如何为管、养、卫三者以成于国而已。德、智、体三育并重训练中，由于德育之训练，使人人能自治复能治事，是为管之教；由于智育之训练，使人人能自养复能养人，是为养之教；由于体育之训练，使人人能自卫复能卫国，是为卫之教。德、智、体三育之综合训练，使人人能自信复能信道（昔人所谓道，即今人所谓主义，在吾国则为三民主义），是为道之教；在自身有立志，为国家行主义，是为教育工作之尤中心也。"陈立夫在这里说的所谓"教"的含义不是传授知识，而是进行精神统治。他说："教，效也；上之所施，下之所效，亦步亦趋，所效法者及于动作云谓之细微。"总之，陈立夫的意图是最清楚不过的，他要向广大学生强行灌输三民主义，使它成为学生的唯一信仰。

三民主义本来为中国民主革命的先行者孙中山所倡导，孙中山生前提倡的三民主义是与时俱进的，是革命的三民主义。但在孙中山去世后，出现了多家牌号的三民主义，其中既有戴季陶、蒋介石鼓吹的儒家化的三民主义；也有邓演达所信仰的三民主义；有周佛海、陶希圣等"新生命派"主张的三民主义；有陈公博等改组派宣传的三民主义；有胡汉民派的三民主义；有孙科阐述的三民主义；甚至还有汪精卫、周佛海之流卖国投敌之后所鼓吹的伪三民主义。不用说，作为蒋介石统治集团的核心人物，陈立夫所贩卖的自然是戴季陶、蒋介石一脉相传的儒家化的三民主义，散发着浓厚的封建复古气味。

1939年蒋介石在第三次全国教育会议上声称："今天我们再不能附和过去误解了许久的教育独立的口号。……应该使教育和军事、政治、社会、经济一切事业相贯通。"要求"教育界齐一趋向，集中目标，确确实实为实现三民主义而努力。"反对"各逞所见，各行其是"。蒋介石的这一讲话，无异是对五四以来奉行教育独立、讲学自由的中国自由主义知识界宣战的总动员令。

根据蒋介石的意图，陈立夫采取了一系列赤裸裸地从组织上、思想上控制教育界的措施。

一、区党部、三青团和训导处三位一体，从组织上严密控制高等学校

陈立夫上任后，首先规定各高等学校普遍设立区党部和三青团直属分团部，规定高校院长以上行政负责人都必须加入国民党，以进一步直接党化学校行政，达到"以党治校"的目的。

1939年5月16日，陈立夫又通过教育部公布了《大学行政组织补充要点》和《独立学院及专科学校行政组织补充要点》两个文件，规定大学和独立学院及

专科学校设教务、训导、总务三处，分别设教务长、训导长及总务长各一人。其中，训导处下设生活指导、军事管理、体育卫生等组，各组设主任一人，并分别设训导员、军事教官、医生、护士及体育指导员若干人，训导长得参加校务会议。大学设训导会议，由校长、训导长、教务长、主任导师、全体导师及训导处各组主任组成，由校长担任会议主席，讨论一切训导事宜。按照教育部与国民党中央组织部的解释，国民党区党部"协助学校行政"，三青团直属分团部则"协助学校训育"，而训导处的任务之一则是执行"党部或三民主义青年团之委托事项"。

据当时把持三青团组织大权的三青团组织处处长康泽回忆，三青团把学生视为首要发展对象，故三青团设在高校的直属分团部成为三青团组织中的重要组成部分。三青团在学校的组织，专科以上的学校成立直属分团部，隶属于中央团部，受中央团部的直接领导。中等学校则视情形成立分团部或直属区队，隶属于各省（市）支团，受各省（市）支团的领导。康泽回忆说：

> 当时三青团各学校直属分团的人事配备原则，大体上是：（1）主任由教授担任。（2）书记由学生担任。如果各学校教授中有适当的复兴社分子，则主任尽可能以复兴社分子担任，中央大学、重庆大学、复旦大学等皆是；如教授中没有这样适当的复兴社分子，则尽可能物色对国民党没有敌对态度，而又能有利于三青团发展的教授担任。当时曾注意防止的是左倾教授或C.C.分子来担任这个职务。分团书记的人选，在头几年，即1939至1941年，原则上多是复兴社分子。以后，因为复兴社已在1938年结束，不复有新的复兴社分子考入大学，因之，书记人选，只能在已发展的三青团这个基础上物色和培植了。
>
> 1941年皖南事变以后，各学校团部事实上担任了一项预防学潮的任务。凡是各学校一有学潮发生，无论是什么性质的学潮，蒋介石总是首先问三青团，并责成三青团去处理平息。所以抗战后半期，三青团在学校的工作目标，主要在这一方面。

在学校成立三青团组织，对陈立夫来说，却是有难言的苦衷的。三青团的成立，陈立夫本来是参与发起人之一，陈氏兄弟曾极力想把三青团的领导权争过来，无奈蒋介石历来是采取以派制派、分而治之的大师，他偏偏不让陈氏兄弟染指，而把三青团的大权先后交给了黄埔系的陈诚、张治中以及复兴社少壮分子康泽等人。而康泽等黄埔系少壮分子一旦掌握了三青团大权，就将C.C.系作为防范和打击排斥的对象。如今，三青团又要到陈立夫主管的教育系统来发展组织，陈立夫自然是老大不乐意，曾经消极地抵制过一段时期。但话说回来，C.C.系与三青团纵有天大的矛盾，但他们有一个根本的共同的利害，那就是为蒋家的江山效力；想到这一点，陈立夫的气也就消了许多。

设在学校的三青团组织吸收高中以上学生参加。团员的训练和集会采秘密方式，严禁对外泄露，由分团部干事长和书记，统由三民主义青年团中央团部派任，规定团员可以向上级告密，藉以统制学生思想。如果校长或院长本人是三青团员，也可以通过三民主义青年团与中统、军统发生关系，以镇压学潮。如国立第八中学校长邵华是C.C.系的国民党中央委员，全校师生因其贪污校款并克扣学生膳食费用，发动驱邵学潮，邵华则借军警镇压师生，使大批学生流离失所。国立第十中学校长由国民党陕西省党部委员翟绍武担任，翟因贪污公款压迫学生，惹起全校师生反对，罢课示威。翟绍武与天水行政督察专员关系密切，运用专署所属的军统特务于黑夜中秘密逮捕为首的学生30余人，以暴力平息了学潮。在罗家伦任校长的中央大学，自三青团分团部成立后，大学毕业生升任助教必须首先看此人是不是三青团员，三青团员优先晋升，非团员靠边，从此中央大学"学生分为团员与非团员之二派"。

陈立夫要在中国自由主义知识分子的最后一块自留地——高等学校，拼命扩展国民党组织，达到"以党治校"的目的，自然会发生一些抵抗，但在陈立夫的高压下，C.C.系在高校发展还是很快的。

以最具自由主义传统的西南联合大学来说，1939年，国民党中央委员、西南联大三常委之一的蒋梦麟秉承中组部部长朱家骅之命，从重庆回到昆明，加强并改组联大区党部。7月23日，他在梅贻琦家约请了校、院处长以上教授茶会，宣布"凡在联大及三校负责人，其未加入国民党者，均先行加入"。随即有十余人加入。以后，军统特务系统也曾派"要员"来联大，在梅贻琦宴请教授时，于席间散发入党登记表，又有一部分教授先后加入。这样，西南联大的三名常委、各处处长都成为国民党党员，院长、系主任中也有一部分人成了国民党员，有些系如历史、经济等系，国民党员占教授的半数以上。政治系则除个别教授外,都成了国民党员。

但联大也有一小部分坚持自由主义立场的教授拒绝入党。张奚若这位著名的政治学者就坚决拒绝入党。清华大学中文系主任闻一多在1943年与朱自清谈起是否加入国民党之事,朱自清当即拒绝,于是闻一多也不再提入党之事。

又如浙江大学校长、著名气象学家竺可桢一直是陈立夫等拉拢入党的重点对象,但竺可桢对国民党印象极坏,一直拒绝入党。竺可桢在1938年5月30日的《日记》中写道:"晚八点,晓峰与叔谅来,以布雷函相示,嘱余入国民党,因上月代表大会后,党中有改组之意,其中有一办法,即拉拢教育界中人入党。余谓国民党之弊在于当政以后,党员权利多而义务少,因此趋之者若鹜,近来与人民全不接近,腐化即由于此,拉拢若干人入党,殊不足改此弊。"但国民党一直纠缠不放,竺可桢不得不于1943年5月相继加入三青团和国民党。其1943年5月12日《日记》对此事来龙去脉有如下记载:"下午有中央训练团谢光平来,嘱余填入国民党志愿书。现大学校长中,只余一人非党员,而实际余于日前开三民(主义)青年团干事临时联席会议时宣誓入团,故实即等于入党。今日填就交去。……"

这样一来,所有的大学校长都成了国民党员,陈立夫的"以党治校"目的至少在形式上已经实现。

二、全面推行"训导制"

所谓"训导制",包括"训育制"与"导师制"等几个方面,专科以上学校由训导处主持。

陈立夫在回忆录中对学校成立"训导处"的理由作了以下的说明:"训导处的设置,乃由于种种需要。第一,由于推行导师制,须有统筹的机构;二因战时学生贷金、救济、疾病照顾及征调种种有关学生事务增多,需有主管机构;三因战时须集中意志争取胜利,青年行动须有积极指导方可免入歧途,妨碍抗战。因为这三种需要,所以各校都设有训导处。"

陈立夫推行的"训育制"要"训育"什么东西呢?从1938年2月23日公布的《青年训练大纲》可以看出全貌。

之后,陈立夫还精心撰写了长篇的《训育纲要》,呈请蒋介石核定后于1939年9月25日颁布施行。陈立夫在这个纲要中根据蒋介石的"管"、"教"、

"养"、"卫"四字方针,提出了训育要达到的四大目标,即:高尚坚定的志愿,与纯一不移的共信——自信信道;礼义廉耻的信守,与组织管理的技能——自治治事;刻苦俭约的习性,与创造服务的精神——自育育人;耐劳健美的体魄,与保卫卫国的智能——自卫卫国。陈立夫认为这四大目标之间的关系如下:"自信信道为诚的工夫,自治治事为仁的工夫,自育育人为知的工夫,自卫卫国为勇的工夫。能诚乃能发生坚定的志愿与统一的信仰,信仰即是力量;能仁乃能发挥服务的精神,合群的习惯,与组织管理的技能,团结即是力量;能知乃能发展创造的能力与科学的方法,知识即是力量;能勇即能发扬奋斗的毅力与牺牲的精神,决心即是力量。人人有奋斗与牺牲之精神。则民族可以独立;人人有服务与团结之精神,则民权可以普遍;人人有创造与科学之精神,则民生可以发展;人人有真诚的自信与共信,则三民主义可以实现。而实现三民主义即为我国教育之终极目的也。"

陈立夫还具体提出了小学公民训练标准、中等学校训练标准及专科以上学校训练标准、社会教育机关训练标准等。

为了推行训育,蒋介石、陈立夫还通令所有各级各类学校一律以"礼义廉耻"作为"共通的校训"。以前,各校都有自己的校训,如浙江大学的校训是"求是";1938年11月,西南联大决定以"刚毅坚卓"四字作为联大校训,但蒋介石、陈立夫坚决反对,西南联大不得不改用"礼义廉耻"作为校训。

高校的"训育"工作,一方面是通过"正课"来进行,主要是"部订"共同必修课《三民主义》和《伦理学》,以及每月一次的"国民精神总动员月会",由训导长或训导主任任"督导员",会上由党政要人或校长训话。另一方面,则通过训导处和所谓"导师制"来进行。训导处下设生活指导组、军事管理组和体育卫生组。训导处的任务是"学生思想之训导"、"社会服务之策划"、"学生团体之登记与指导"、"军事管理之监督"、"关于党部或三民主义青年团之委托事项"等,其中心任务无非是统制学生的思想,调查与干涉学生的政治活动。

三、对高校教师队伍进行控制与收买分化

陈立夫在对高校教师队伍的控制及收买分化上也下了一番很大的工夫。

对教师进行资格审查和聘任,是其中最厉害的一招,以"学术审查"为

名,对教师进行思想上、组织上的审查、控制。这一措施,曾引起广大高校教师的极大反感和不满,西南联合大学的教授对陈立夫推行的所谓"资格审查"曾一度拒不填表以示抗议,但陈立夫以扣发当年度教师的学术研究津贴进行压制,结果西南联大最后仍不得不遵令送审。

1941年,陈立夫又推行"部聘教授"制,"部聘教授"月薪600元,另加发研究补助费400元,由教育部分派轮流赴各校讲学。以高薪收买极少数知名教授。陈立夫最厉害的一招,同时还规定教授出国,必须到陈果夫主持的中央训练团受训,不参加受训就不能取得出国护照。陈立夫的这一手,对那些信奉自由主义的教授来说,真是一种不能不接受却又是登峰造极的侮辱。

四、鼓励和支持新儒学研究

在陈立夫与蒋介石、戴季陶等政府要人的鼓励、支持下,在抗日战争时期出现了中国儒学复兴的一个小小高潮。在1937年抗战爆发前夕,中国哲学会在南京召开第三届年会,明确提出了"第三期文化"的概念,指出"哲学在中国将有空前的复兴",其哲学体系是以儒家哲学为动因的"穷理尽性的唯心论大系统"。抗战爆发后,东方文化派以弘扬中国传统文化为宗旨,开始了新儒学运动,出现了冯友兰、贺麟、钱穆、熊十力、马一浮、金岳霖等一批唯心论的哲学家和学者。

冯友兰(1895—1990),字芝生,河南省唐河县人。1918年毕业于北京大学文科中国哲学门。1922年毕业于美国哥伦比亚大学研究院,1924年获哲学博士。回国后,历任河南中州大学、广东大学、燕京大学、清华大学教授,清华大学文学院院长、校务会议代主席,西南联合大学哲学教授兼文学院院长,他是教育部第二批部聘教授之一。抗战时期,冯友兰先后出版了《新理学》《新事论》《新世训》《新原人》《新原道》《新知言》等著作,合称为所谓"贞元六书"。冯友兰以西方的新实在论哲学和维也纳学派的逻辑实证主义做模子,以宋明理学做原料,形成了自己的唯心论哲学体系。冯友兰说他的新理学是"玄虚之学"、"无用之学","在'新理学'的四个基本概念中,就有两个(指"气"、"大全")是不可思议、不可言说的"。

贺麟(1902—1992),字自昭,四川省金堂县人。清华学校毕业后,赴美留学,先后就读于奥柏林大学、芝加哥大学、哈佛大学,1929年获哈佛大学硕士学位。后又至德国留学，1930年回国，任北京大学教授、西南联合大学教授。在20世纪30—40年代，贺麟力图将程朱理学，特别是陆王心学同新黑格尔主义哲学结合起来，建构了自己的"新心学"体系。在抗战期间，他发表了一系列关于人生、道德、教育、法制、宗教、中国哲学等论文，后结集为《文化与人生》，1949年由商务印书馆印行。他在序言中说："在发挥我的文化见解和人生见解时，我觉得我又在尽量同情、理解并发挥中国固有文化的优点"，"比较接近中国的儒家思想"，"我的思想都有其深远的来源，这就是中国传统的文化和儒家思想"。

钱穆（1895—1990），字宾四，江苏省无锡县人。他先后就读于常州府立中学堂、南京钟英中学，但主要靠自学成才。1930年后历任燕京大学讲师，北京大学副教授、教授，西南联合大学教授，华西大学教授等。钱穆不是哲学家，是历史学家。他先后出版了《国史大纲》及《文化与教育》等书，积极倡导民族文化精神。他说："凡是一个国家，一个民族，都有他的生命，这生命就是他的文化，这文化也就是他的生命；如果国家民族没有文化，那就等于没有生命。"有学者指出，钱穆的观点虽有一些"混乱和错误"，但他很有民族精神。

熊十力（1885—1968），字子贞，湖北省黄冈县人。早年参加科学补习所、日知会，辛亥武昌起义后任湖北军政府参谋。后又参加护法运动。1916年起致力于学术。1920年至南京，入支那内学院欧阳渐门下，深究内典。后任教于北京大学、武昌大学、中央大学、北京大学。1939年应聘到马一浮所创办的复性书院任教，不久辞去，寄寓四川璧山，成立讲习会。1941年至重庆北碚梁漱溟所创办的勉仁书院任教，1944年任中国哲学研究所所长，1947年重返北京大学。抗战时期，由于空前的民族危机，熊十力感到必须强化民族意识，重视对佛家思想的研究与阐发，先后写成《新唯识论》《十力语要》《十力语要初读》《佛家名相通释》等著作，他扬弃佛学，参证西方哲学，归宗儒学，建立起了一个新陆王型的"新儒家"思想体系，即"新唯识论"。"新唯识论"的要旨，首在说明统一寂净的本体，次在说明生化不已的妙用。寂净的本体，印度的空宗讲得最透切。儒家并不讲体，但比较偏于用；空宗并不讲用，但确实只重体。为使学理圆满，熊十力乃汇通儒佛，于寂净的体上加以生化的用，于是体用合一，印度的空宗、中国的佛家汇合起来了。有学者认为熊十力的"新唯识论"，是得"陆王心学之精微化系统化最独创之集大成者"。

金岳霖（1895—1984），字龙荪，湖南省长沙县人。清华学校毕业后留学美国，就读于宾夕法尼亚大学、哥伦比亚大学，获哲学博士学位，1925年回国后，历任中国大学、清华大学、西南联合大学教授。1948年3月，当选为中央研究院第一届院士。抗战时期，金岳霖写成《逻辑》《论道》《知识论》。《逻辑》一书系统介绍西方逻辑学。《论道》和《知识论》两书则熔中西哲学于一炉，发扬民族文化精神。

马一浮（1883—1967），浙江省绍兴县人。早年中举人，后留学美国、日本，回国后蛰居杭州从事著述。1937年抗战爆发后，从杭州先后迁浙江桐庐、江西泰和、广西宜山讲学，曾一度被聘为浙江大学教授。1939年陈立夫等设复性书院于四川乐山乌尤寺，聘马一浮为院长。马一浮著有《泰和会语》、《宜山会语》、《尔雅台答问》正续编、《复性书院讲录》等书，弘扬中华传统文化，被称为"程朱型"的新儒学家。

梁漱溟（1893—1988），广西省桂林县人。早年毕业于北京顺天中学堂，1918年任北京大学哲学教授。1929年起，在河南辉县、山东邹平等地搞村治建设。抗日战争时期担任国民参政会参政员，他也是中国民主同盟的创始人和领导人之一。1940年他在重庆北碚主持勉仁书院。先后写成《东西文化及其哲学》《中国文化要义》等书，是新儒学家之一。

张君劢（1887—1969），江苏省宝山县人。早年中秀才。1906年赴日本留学，入早稻田大学政治经济科。1913年1月赴德国留学，入柏林大学，学国际法、政治学、经济学等。张君劢是中国宪政史上的重要人物，早年是以梁启超为首的研究系重要干将；梁启超死后，张君劢成为国社党首领。1937年8月，刊行《立国之道》一书，系统地宣传国家社会主义。1940年10月，张君劢从蒋介石那里得到资助，与陈布雷等创办民族文化学院于云南大理，自任院长。张著有《民族复兴之学术基础》《明日之中国文化》《立国之道》《义理学十讲纲要》《辩证唯物主义驳论》等书。张君劢与马一浮、熊十力、梁漱溟被称为20世纪中国的"四大儒"。

抗战时期，中国新儒学的出现，并蔚为大观，背景虽然复杂，但与国民党当局，特别是蒋介石、戴季陶、陈立夫等人的大力提倡是有绝大关系的。马一浮主持的复性书院、张君劢主持的民族文化书院均是由蒋介石、陈立夫出钱创办的。马一浮前往主持复性书院时，蒋介石、陈立夫亲自接见并宴请了马一浮。至于张君劢及其国社党更是国民党收买拉拢的主要对象，由张群、陈布雷等大员负责。冯友兰、贺麟是有固定职业的大学教授，他们两人都被聘为三民主义青年团中央干事会的"评议员"，冯友兰还是教育部为数不多的部聘教授（哲学门）之一，他的《新理学》还获得了教育部颁发的哲学社会科学一等奖，奖金一万元。

在蒋介石授意下，陈立夫还资助成立了思想与时代社，以钱穆、朱光潜、贺麟、郭洽周、张其昀等六人为基本社员。该社的任务在于根据三民主义以讨论有关之学术与思想。该社出版《思想与时代》月刊及丛刊，与浙江大学文科研究所合作进行研究。月刊从1941年8月创刊，每月由蒋介石拨7500元作为事业费，其中2500元为出版费，1500元为稿费，编辑研究费2000元，与史地部合作研究费1500元。到1943年经费增加到每月二万六七千元。稿费每千字百元。钱穆等人在文化上是尊崇传统儒家思想的保守主义者，贺麟在《思想与时代》创刊号上发表的《儒家思想的新开展》一文声称："民族的复兴不仅是争抗战的胜利，不仅是争中华民族在国际政治中的自由、独立和平等，民族复兴本质上应该是民族文化的复兴。民族文化的复兴，其主要的潮流、根本的成分就是儒家思想的复兴，儒家文化的复兴。"

更有甚者，林同济、陈铨、雷海宗等人于1940年创办《战国策》半月刊，1942年又在重庆《大公报》上开辟《战国》副刊，公开鼓吹法西斯主义和思想统制，被人们称为"战国策派"。

抗战时期出现的新儒学，内容复杂。有一点可以肯定，它的出现与兴盛，是跟国民党政府当局的大力提倡，直接或间接的鼓励支持分不开的。陈立夫、蒋介石等人的目的也是很明显的，就是要进一步利用儒学维护国民党的统治。对于新儒学在抗战时期所起的作用也要一分为二地看待。一方面，新儒学可以看作是中华民族抵抗日本帝国主义侵略的精神力量和思想武器；另一方面，国民党当局利用新儒学来统制人民的思想，维护其统治。积极作用和消极作用同时存在。

1943年底，中共中央宣传部曾密电在重庆的南方局领导人董必武："应根据毛泽东同志新民主主义论、改造学习、整顿三风、文化座谈讲话等文件精神，联系世界、中国的现实与青年立身处世问题，写成有系统的亲切通俗通得过审查的文章和小册子,来战胜蒋介石、陈立夫、冯友兰、朱光潜、加内基、马尔腾辈的乌烟瘴气……民族的形式就是人民的形式,与革命内容不可分,大后方很多人正利用民族口号鼓吹儒家与复古独裁思想,帮党的报刊与作家对此更须慎重,不可牵强附会。"

第三节　全面统制的正反效果

应当承认,陈立夫确实不愧为C.C.副帅、中统头子,有手腕,有魄力,在他任教育部长的七年里,对教育界的统制到达了前所未有的高度。

陈立夫的一整套措施,将所有的学校教师都变成了思想的囚犯,从大学教授到中小学教师,都不许有独立的人格和独立的思想。萧庄《暑假闲话教师》一文描写教育界的情形最为传神,兹转录如下:

无论怎样解释,教育终不是马戏班的长鞭了,教育应该带几分春风和煦的气味。然而,不然!不说世界先看中国。"中国自由讲学的末日大概为期不远!"这是一般大学教授的叹声。卖身投伪的教授本是妓女政客,当然无自由与人格,这且不说。坚持抗战阵线内的教授们,本来应有绝对自由,至少对于抗战应有绝对的自由表现,但是教育部对大学的限制,自课程教材以至教授在课堂上的言论,在朋友间的交谈,处处用特务方式来侦察与训斥,于是素来是天高皇帝远的教授们,也弄得度日维艰说话难,除非投入特务机关的怀抱,否则动辄得咎,不但保不住鸡肋的饭碗,同时还带上各种各样的帽子,最轻的是红帽子,否则便是灰帽子,更重当然请进集中营。如此大学教育,不仅是自由讲学的末日,简直是大学教授的死刑判决。

"一向散漫的大学,应该稍稍就范",这样风凉话未始没人说,那末试看中小学教师又怎样呢?中小学校长受训,中小学教导主任受检查与受训,中学军事教官是特务人员,这种种统治中小学教育的事实已经行了好几年了。近来更进一步,前月据内地朋友来信说,教育部通令全国中小学教师一律加入国民党,否则……这个事实已经从各方面证实,国民党是否可以这样随便强迫人民进党?一个政党是否应该不问党员的训练而只顾量的扩充等问题，本篇不愿讨论，不过用命令式强迫中小学教师一律加入党，这是和教育界开玩笑，教育界应该提出抗议。教师是人民可以自由从事的一种职业，他应该服从国法，但是没有服从某一政党的义务。中国不止一个政党，最显著的有国民党、共产党、国社党，等等公开政党。今日国民党强迫教师加入国民党，倘若明日共产党，国社党等等公开政党起而效尤，教师又怎样应付？还是效法一般妓女政客，一只手拉住国民政府，一只手拉住"伪政权"，一只脚又踏上东京，一只脚……？可怜的教师们！实在没有这样妓女政客的本领。统治中小学的政策至于斯极，而笨拙到这般田地，试问中小学教师还有自由么？

至于对学生的控制就更严密。在国民党区党部、三青团分团部、训导处三位一体的监控下，学校侦骑四出，特务横行，盯梢告密，无所不至。中央大学2000多名学生全部实行军事管理，国民党政府派来一个连的教官，每个教官管20个学生，书籍、信件、日记等一切东西都要按时检查。四川大学全校学生一律被编成小组，组长由学校指定，对同学有监督权。在大后方各大学的学生中，禁闭、除名、被捕、失踪、暗杀的事件屡见不鲜。1940年6月，以"思想不正确"的罪名，成都光华大学逮捕六名学生，齐鲁大学逮捕学生三名，四川大学农学院逮捕三名学生，华西大学逮捕二名学生，金陵大学逮捕学生一名；同年7月，武汉大学逮捕学生13名，迁移到贵州平越的唐山工学院逮捕学生五名。川、黔两省的高校在短短的两个月中即逮捕了33名学生。在国民党严密的控制下，高校的中共党员难以立足。例如，陈立夫多次密电浙江大学校长竺可桢捉拿该校学生中的中共地下党员，浙大中的中共党员曹煜亮、虎墨、乔新民、王思谟等被迫离开浙大，辗转参加新四军。

对于陈立夫在教育界所推行的严密统制措施，广大师生特别是高校师生的不满是显而易见的。以竺可桢来说，竺是一个比较中性而且是蒋介石、陈立夫刻意拉拢的自然科学家，就是这样一个人，对陈立夫的不满也是相当强烈的。翻开《竺可桢日记》，对陈立夫的批评处处可见。

对于陈立夫要求大学校长必须加入国民党，竺可桢的批评是："以作大学校长即须入党，实非办法也。"对于陈立夫要求高校集会必须读《青年守则》十二条，竺可桢的看法是："余对于朗诵此种十二条守则，可称十二分不赞同。此等和尚念经之办法，奉行故事，于学生毫无益处，浪费时间而已。"1944年7月13日的《日记》中对国民党拉其入党有一段评论："今日寄陈叔谅入国民党申请书。余对国民党并不反对，但对于入党事极不热心，对于国民党各项行动只有嫌恶憎恨而已。因余已允于前，故不能不寄此入党申请书。近来党中人处处效法德国纳粹，尤为余所深恶而痛绝。"1939年竺可桢在重庆美专校街一号，与蒋介石的侍从室一处主任陈布雷谈到三青团在高校发展的问题。竺可桢说："目前国家对于大学教育方针须要确定，不能徘徊于统制与自由二者之间。三民主义青年团组织以后使学生分为团员与非团员，实非得计。"

连竺可桢这样比较中性平和的自然科学家都认为国民党"处处效法德国纳粹"，对此"深恶而痛绝"。那么，对那些专攻西方政治学和社会科学的自由主义知识分子来说，陈立夫的种种措施更是不能容忍的。著名经济学家马寅初在中央大学讲演时痛骂导师制之反动，认为这种教授教育束缚学生思想与人格的独立发展。延安出版的《抗战中的中国文化教育》一书称陈立夫的"导师制"是严密束缚学生思想行为及其个性发展的特殊的"特务制度"，这种制度是要以校长、导师及学生家长形成一道大联锁，企图使学生变成无法漏网的"奴才"。

抗战末期，四川大学朱光潜等87位教授联名发表要求学术自由的文化宣言；西南联合大学教务长潘光旦多次撰文反对国民党的"党化教育"。

为了制止广大师生的反抗，蒋介石向陈立夫接连下达了禁止广大师生讲演、集会游行的"密令"。1938年2月6日，蒋介石致陈立夫的"密令"称："陈教育部长：通令各级学校校长，在抗战期间，凡未经当地政府许可，所有外来人员，无论借何名义，不准讲演，切实禁止。中正。2月6日。"

陈立夫随即于2月12日以教育部的名义向国立专科以上学校校长，各省市教育厅厅长、教育局局长下达禁止讲演的"密令"："吾国当对外抗战之际，全国国民必须统一意志，整齐步伐，方足以言团结御外侮而谋最后之胜利。兹为严防热血青年受人煽惑起见，值兹抗战期间，凡未经当地政府或校长许可，所有外来人员无论借何名义，不准在各级学校公开讲演或举行座谈会，以杜流弊。合亟仰该校、厅、局长切实执行，并转饬所属密切遵照为要。教育部。"

1942年1月21日，蒋介石又给教育部、社会部及各省市政府下达了严禁各校学生集会游行的"密令"。1943年4月27日，陈立夫向行政院正、副院长蒋介石、孔祥熙递交了关于制止各级学校学生参加群众集会游行的呈文。该呈文称：

> 案准广西省政府咨：为抄送该省临时参议会咨请省政府转呈中央严令各级党政机关不得任意召集学生参加民众大会或游行以重学业案，咨请察核。附原案办法呈请通令三项：一、各级党政机关，除国定纪念日外，不得任意召集各级学校全体员生参加民众大会或游行；二、各级学校，除国定纪念日外，不得停止课业，全体参加其他集会或游行；三、除国定纪念日外，地方各界团体机关临时组合所举办之民众大会或游行，必要时，学校得酌派代表参加。等由。到部。查中小学学生参加群众集会办法，本部经于27年（1938年）准中央执行委员会秘书处函知并以第680号训令转饬遵照在案。惟原办法只限于中小学方面，关于专科以上学校学生之参加群众集会，亦应予以规定，俾免旷误学业。兹准咨送该案办法所列三项，经核均属可行，除第二、三两项业经通饬所属遵照外，其第一项理合呈请钧院转请中央执行委员会通令各级党部及三民主义青年团知照。

陈立夫是中统头子，他有庞大的中统源源不断提供的情报。因此，陈立夫对学生运动的镇压也显得得心应手。1939年1月，国立第三中学在对高中部学生进行军训时，要求参加军训学生一律将头发剪成平头，遭到学生的反对，酿成风潮，以校长周邦道为首的学校当局对反抗学生大打出手。首先将高三学生盛德清记过处分，继又将高一学生李懋清、王俊士开除，最后又将高三学生万秉钦开除，并将高三学生全体解散，另行登记，被淘汰学生送军事机关严格训练。

当然，迫害进步学生不止陈立夫的中统一家，还有军统、军警宪机关，捕人的机构不下十几家。1942年春，浙江大学发生倒孔运动，由当地特种会报机关主持，遵义警备司令部抓去浙大学生王蕙、何友谅、陈海鸣等多名学生，此事中统未与闻，连陈立夫这个部长也毫不知情，事后经多方打听才得到实情。

对敢于反抗的教授进行排挤、打击和迫害，除马寅初因公开抨击孔祥熙，而由蒋介石亲自命令军统头子戴笠将其送到臭名昭著的贵州息烽集中营外，被教育当局迫害的进步人士也不少。北京大学教授尚仲衣、马叙伦、许德珩、陈希孟、杨秀林，清华大学教授张申府，北平大学教授李达等都被陈立夫解聘；四川大学受学生欢迎的20多位教授，如朱光潜、张宗元、熊子骏等被迫离校；西北大学教授沈志远、章友江、曹靖华、韩幽桐，广西大学校长白鹏飞和教授千家驹、张志让、张铁生、焦菊隐，朝阳大学教授邓初民、马哲民、黄松龄，复旦大学教授吕振羽、胡风等，以及许多列入陈立夫中统等机关"黑名单"的教授也都先后离开了学校。

冯友兰晚年在《三松堂自序》中写道："联大还是照三校原有的传统办事，联大没有因政治的原因聘请或解聘教授，没有因政治的原因录取或开除学生，没有因政治的原因干涉学术工作。所以在当时虽然有这些表面的措施，但社会上仍然认为联大是一个'民主堡垒'。这个民主，当然是资产阶级民主，但是在封建法西斯的统治下，维持资产阶级民主也不是容易的事。"

冯友兰的这段话经常为一些研究者引用，作为信史看待。但证诸历史史实，冯友兰的说法与事实恐怕是有很大距离的罢？或者说全不是那么回事！"联大没有因政治的原因聘请或解聘教授，没有因政治的原因录取或开除学生，没有因政治的原因干涉学术工作"，这简直就是天方夜谭！

第四节 教育统制的失败

一、来自美国舆论的批评

对陈立夫的批评不仅有国内的教育界进步人士，还有来自美国的舆论。因为美国是中国的盟邦，是蒋介石集团依赖的主要国家，因此，美国的批评显然更具有杀伤力。

1942年9月，任职于美国战略情报局的费正清以美国驻华大使特别助理的名义，担负多种使命来到中国。费正清是有名的"中国通"，美国著名的远东问题专家。他首先来到云南昆明，与在西南联大任教的一批老朋友，如西南联合大学常委梅贻琦，著名教授陈岱孙、金岳霖、陈福田、张奚若、钱端升等见面，费正清听说在成都养病的林徽因已卧床18个月，体重只有74磅。费正清为这批自由主义教授的处境感到震惊，他在给官方的《备忘录》中写道：清华大学的教授会"近乎绝灭"，因为它反对教育部长陈立夫博士的政策。陈立夫

"企图在中国严格管制知识分子的生活"。费正清继续写道:"如果不能使他们获得援助,这一斗争只能产生一个结果:持续的营养不良、疾病和使这些象征美国在教育领域自由精神的教授会成员们士气低落,以及这批人的死亡、离散或堕落。"这些教授们是"一项美国的投资",他们已成为"官方意向"的牺牲品,也是影响整个国家的普遍通货膨胀的受害者。1942年9月23日,费正清在致美国务院官员的信中,重申尽管清华教授会和在联大的其他教员"是中国学校界中留美学生的精神,但是他们正经受着智力和体力上的慢性饥饿",这些学术界人士是一种美国在中国的有形投资,因此美国官方应当进行直接干预以支持他们。这种干预是合乎政治和道德双重需要的。

费正清在与中国的知识界广泛接触后,对陈立夫主持的教育部的鄙视日益增加。1942年10月,费正清将陈立夫的政策描绘成一幅"政客们企图搅乱民心的可悲惨景"。两个月后,他又扩大了这一论点,指出这是一种"教育的堕落",旨在谋求更大的权力而不是为了进步。C.C.派正在利用教育制度去传播和灌输三民主义,但全套过时的思想是建立在一种脱离现实的基础上的,是古代儒家传统的说教。他声称:"中国的救星是一种被称为肺结核的病菌,陈氏兄弟都带有这种病菌。"费正清认为,陈氏兄弟领导的C.C.派为了政治组织的目的,正在"利用教育制度",这是一种声名狼藉的"极权主义者的行径"。

美国历史学家保罗·埃文斯著、陈同等译的《费正清看中国》一书写道:

> 这个极权主义计划的最重要的受害者是联大教授会中上百位或可称为自由主义学者的教师,他们是有意制造饥饿战略的对象。他们中一小部分是党员。而一种更普遍的看法是"自由主义的美国式教授是这位部长的眼中刺"。为了制服联大的反抗,陈立夫使用的策略是创办为数众多的大学,把具有自由主义思想的教授会成员像"贮水池"那样集中起来,通过鼓励与之竞争的学校,"提高民族自尊的要求"来阻止外界对联大的援助;使自由派教授们留在昆明这个最高消费城市里,而不给他们提供相应较高的薪水;激起其他学校的妒忌,帮助他们"引诱教授们离开他们坚持要在一起的联大"。当所有这些招都失败后,又直接调派联大教授会教员到(国民)党部的中央训练所去受训。联大似乎也成为在美国国务院与国民政府教育部之间所确定的交流计划中那种不平等待遇的受害者。费正清

向美国大使提出强烈抗议说，事实上，联大代表着三所大学，但在计算学术交流的比例方案中却只被看作仅仅是一个单位。

陈立夫部长在其他方面的活动甚至使费正清更为吃惊。1943年8月，在一次与陈立夫会晤后，他向大使汇报说，那位部长对中央文化运动委员会的支持等于"中国文化法西斯主义"，因为他试图通过国民党秘密警察控制在美国的中国学生。虽然这些学生中的许多人是"无名之辈和无原则的机会主义者"，但他憎恶他们受陈立夫的公然操纵。这导致他反对一项由部长推荐选送1000名学生到美国和英国的计划，因为，首先这仅仅包括工科学生，其次，学生的选拔将受到C.C.系出于自身政治目的的一手操纵。"技术人员的增加是否会完全使中国与西方更协调一致起来，这是令人怀疑的。"他劝告代办，并建议采取一项对中国技术发展有影响的措施，来取代受"C.C.派指使"的计划。

费正清在华期间，与美国驻重庆的新闻记者、使馆官员白修德、戴维斯、斯普劳斯、谢伟思等保持了频繁的接触，费正清的观点无疑会影响到这批人。于是，美国报刊对陈立夫的严厉批评也随之而来。

1942年12月7日，美国《时代》周刊发表文章，对教育部长陈立夫、财政部长孔祥熙、军政部长何应钦提出了严厉批评，指责陈立夫为"保守派"。

1943年3月1日，美国《时代》周刊又发表《蒋委员长周围之人物》一文，"独对于二陈兄弟，攻击最力，谓系有名保守派（Notoriously Reactionary）"。

1944年8月14日，美国《读者文摘》发表《纽约时报》驻华记者白修德（Theodore White）写的文章《看中国》一文，"其中抨击陈果夫、立夫兄弟不遗余力。对于统制思想大不满意"。

对于费正清等人的批评，陈立夫发作不得，但内心里恨得痒痒的。陈立夫晚年在写《回忆录》时，仍对此耿耿于怀，大骂费正清不已。陈立夫在《回忆录》中写道：

有一天美国新闻处处长费正清即将返美。他到教育部来看我，那时我的计划刚刚印好，就拿了一份给他，此时战争已近尾声，我对他说：'美国有许多剩余物资，你回去可否帮个忙，送给我们一些？'这位思想左倾的，后来处心积虑帮助共党要打击我们政府的哈佛大学教授，看完我的计划后说："你这样子做是不是要把三民主义传播到最底层的民众去了？"我说："是呀！我们就是要使一般民众了解我们立国的主义啊！"他晓得我若能实行这个计划，效果一定很大。我要求他说："你回国，想办法帮我们弄到两百架小型电影机、两百架幻灯机，以及录音唱片，凡是有教育性质的都可以，请你给我几十套，我可以到各地巡回使用。"他怕我这项计划实行之后，宣传的力量太大，而威胁到共产党的发展，因此他一回到哈佛大学后就开始造谣打击我，他说："陈立夫搞思想统制。"他在哈佛联合一些思想左倾的中国人，发起一个运动打击我，说我是"思想统制"。哈佛大学在美国舆论界深具影响力，我做教育部长，共产党不易活动，因此他们想把我打倒，这件事越来越扩大渲染，几乎美国所有报纸都刊登着："陈立夫思想统制"。我也发表一段谈话，我说："思想怎么能够统制？上帝也不能统制人类的思想！我陈立夫又怎能统制别人的思想？我主要的是办教育，是根据我们国家的国策和教育方针来办的，他们完全是胡闹，有作用而毫无根据！"他们渲染好几天，这次风潮才过去。

陈立夫的这段话确实有点莫名其妙，他把费正清对他的批评，归咎于费正清想帮助共产党来打击他。其实，费正清何爱于共产党？而且费正清说陈立夫搞思想统制，也决不会仅仅是因为电影机、幻灯机的问题，而是他们根据陈立夫一整套思想意识形态的措施所得出的结论。这只能说明，陈立夫的一套东西与美国人的观念格格不入而已，而陈立夫却轻描淡写地归咎于费正清想帮共产党打击他，给费正清也扣上一顶"红帽子"，这毋宁说是文不对题，乱弹琴！

二、绝对贫困与国民党统治机器的普遍腐败，终于逼反了中国的自由主义教授

陈立夫的一整套统制措施，一方面是针对共产党，另一方面也是针对中国的自由主义知识分子，是一种双管齐下的策略。应当说，在好几年里，中国的自由主义知识分子虽然对陈立夫的统制措施深为不满，或者如竺可桢所说的深恶痛绝。据教育界人士透露，其实，中国的自由主义知识分子对陈立夫本人也是看不起的。高思庭在《国民党政府统治教育事业概述》一文中说："其实在学术教育界，进步人士，尤其是大学校长梅贻琦、张伯苓、蒋梦麟、李蒸、陆志韦等都看不起陈立夫，说他是'党棍子'，没学问，不配任教育部长。其中以重庆大学校长马寅初、中央大学校长吴有训、浙江大学校长竺可桢反对尤力。"

其时，教授的月薪在200—600元之间，那时国民党政府部长的月薪是600元，国府委员、五院院长是800元，相比之下，教授应属于高薪阶层，在20世纪30年代，教授这一阶层是从来不为生活发愁的。可是，抗日战争中期以后，国统区物价暴涨，教授们的工资虽也在增加，但远远赶不上物价增长的速度。到1943年下半年，西南联大教授的月薪只能勉强维持十多天的生活费用。教授的日子越来越难过了。一些教授要自己提着买菜的篮子去上课，课后自己回家烧饭。住在乡下的教师，点不起油灯，就只好早早关门睡觉。房租很贵，西南联大著名教授张奚若因付不起房租而遭到房东的侮辱。教授们开始以积蓄贴补，继而典当一切可值钱的东西，朱自清忍痛将自己心爱的书籍、碑帖卖掉，云南大学的教授吴晗也将自己的藏书卖了不少。当典当殆尽、告贷无门时，教授们只好外出兼差，各自发挥所长。兼课是其中最普遍的，有的靠刻字，有的开饭馆、菜馆，有的替军阀官僚讲学，有的替土财主做墓志铭，或给云南的土司当幕僚，简直是五花八门。1941年2月，著名剧作家、复旦大学教授洪深因月薪仅250元，不能养活一家四口人，绝望之下洪深带着全家四口人饮红药水自尽。洪深夫妇和女儿后来得救，而儿子却因此毙命，这是一起因贫困而造成的悲剧。

1941年4月28日，浙江大学校长竺可桢在《日记》中有感而发："接湄潭讲师、助教来电，谓将总请假，以米贴等不能依期发给。《管子》所谓'仓廪实而后知礼节，衣食足而后知荣辱'。现人将断炊，故虽明知停课于学校有损，而于己无益，亦试为之，可悯也。校中前有学生演剧募款作弊事，近有职员用校车载香烟走私事，大家需钱用，不知廉耻之事，层出不穷，故余谓如此，大学可以不办矣。"由此看来，原来一直很清高的教授们真是斯文扫地了！

教授们在生活绝对贫困的处境下，向教育部长陈立夫请求改善待遇，陈立夫却采取了漠不关心、无动于衷的态度。1943年，西南联大曾准备进行若干自救工作。梅贻琦在教授会上提出建立合作社、给集体用餐者补助薪炭工资、各院系多做事少进人等应急办法。学校设想利用实验室从事诸如电灯泡和收音机、电子管等商品的生产,并做出了借贷法币300万元的预算。然而在提交行政院讨论时,陈立夫却说,如果所有的国立高等院校都采取同样的办法,预算就需要1700万元,而且即便能够筹措到这些钱,分配到联大也不可能超过80万元。陈立夫的这番话传到昆明,许多人都认为这是陈立夫决心压服在他眼中桀骜不驯的联大教授。

1943年春,浙江大学首先向国民政府发出公开通电,"请求依照某参政员的提议,从速改善全国教师的待遇,今后依照生活指数发给教师的薪俸",因为"目前教师的收入,平均每月约为1000至2000元,以目前物价水准来说,仅合战前水准10元左右。今日大学教师的实际收入,约为战前水准2%至3%;中小学教师的待遇,约为战前8%至9%;而德国在通货膨胀时教师待遇平均都能维持战前50%至70—80%的水准"。

4月,西南联大也以校务会议的名义致函教育部长陈立夫。信中说:学校同人所感压迫最重者就是生活问题,因为"昆明向来物价辄较他处为高,而本年2月以来,突飞猛涨,更出常情之外。照近日实际情形,米每市石3万元,面粉每袋37市斤26000元,肉每市斤600元,菜油每市斤1200元,糖每市斤5000元,即此食物、燃料两宗,已可见涨风之狂悖。同人等薪津各项,原系数目前参照各处平均物价调整,与昆明生活相差尚远,值此飞涨之时,即日食一项,已属不敷,他事更无从论。"所以"同人等已至岌岌不可终日之势,若不即日救济,更将无以为生"。鉴于"昆明一般物价较重庆约高二倍有奇",他们提出除食米一项可照政府已定办法施行外,"目前紧急治标有一事应可先行,即将生活补助费之基本数及薪津加成数照此比例增加","苟能如此,当可略纾同人等燃眉之急"。该函请求教育部会同财政部商请行政院院务会议核定施行。

5月下旬,西南联大教授会决定派张奚若与另一位教授去重庆,向教育部提出适当增加生活补助以维持教授们最低生活的要求。他们提出两项要求:一是将教职员工的米贴按市价折合成现金发放。因为原来的米贴是按官价每担法币900元发放的,而事实上市价已涨到2400元一担,所以只有按现有市价发放米贴才能使原定的米价补贴得到兑现。另一项要求,是请求薪水按物价上涨的比例增加,当时昆明物价上涨了300倍,而薪水只增了5倍。但教授们的要求都落了空。国民党当局这种漠不关心的态度,促使教授们重新审视当局。

在教授们因通货膨胀而陷入斯文扫地、度日如年的尴尬境地时，大权在握的国民党官僚们却在大后方大发国难财，过着穷奢极欲的生活；军队高级将领则克扣军饷、走私；西南联大操场上国民党军队训练抓来的壮丁，毒打虐待，饿得骨瘦如柴，病兵未死就拖去活埋，半夜里还可以听到从土中发出的惨叫呻吟；发国难财的贪官、奸商飞黄腾达，腰缠万贯，而辛勤工作的教授们却食不果腹。教师如此，学生的生活就更不堪提了。

西南联大外文系教授冯至后来回忆说："国民党各级政府的贪污腐化，青年学生的爱国热忱，都促使'士大夫们'有较多的机会睁开眼睛看看现实。现实不断地教育他们，使他们由自命清高转变为对国民党政府的鄙视，由不问时事转变为关心民族命运的前途。"

下面看几个例子：

闻一多（1899—1946），在昆明的民主运动中，有"狮子"之称。他是湖北浠水人，1922年7月从清华学校毕业后赴美国深造，先后就读于美国芝加哥美术学院、科罗拉多大学美术系，1925年5月回国，先后在北京艺术专科学校、中山大学、武汉大学、青岛大学任教。1932年秋，闻一多回到母校清华大学中文系任教授。从此一直没离开过清华。闻一多回国任教的十多年间，致力于《周易》《诗经》《楚辞》和唐诗等中国古代文化典籍的研究，是一个埋头书斋、不大过问窗外事的名士派教授。抗战中期以后，西南联大所在地昆明物价飞涨，闻一多在书斋里坐不住了，他不得不从书斋走出来，靠为人刻图章补贴家用。走出书斋后看到的种种现象，使闻一多思想为之丕变。1946年2月22日闻一多致兄长闻家骐的信中详细讲述了他从一个学者转变为民主斗士的心路历程。信中写道：至于弟之经济状况，更不堪问。两年前时在断炊之威胁中度日，乃开始在中学兼课，犹复不敷，经友人怂恿，乃挂牌刻图章以资弥补。最近三分之二收入，端赖此道（润格，石章每字1200元，牙章每字2000元），曩岁耽于典籍，专心著述，又误于文人积习，不事生产，羞谈政治，自视清高。抗战以来，由于个人生活压迫及一般社会政治上可耻之现象，使我恍然大悟，欲独善其身者终不足以善其身。两年以来，书本生活完全抛弃，专心从事政治活动（此政治当然不指做官，而实即革命）。关于此事，重庆报纸时有报道，不知兄处见及否？此处殊不便多谈。总之，昔年做学问，曾废寝忘餐，以全力赴之，今者兴趣转向，亦复如是。近年上课时间甚少（每周只四小时），大部分时间，献身于民主运动，归家后，即捉刀刻章，入夜，将一日报纸仔细读完，已精疲力竭矣。古人云"匈奴未灭，何以家为？"今之为祸于国家民族者有甚于匈奴。在此辈未肃清以前，谈不到个人，亦谈不到家。

1944年在云南大学纪念七七的晚会上，大会主席说这个会是讨论学术研究。闻一多站起来大声喊道："我20多年的生活都埋头在古书中，现在我无法再做那自命清高、脱离实际的研究了。今天中国的主要问题是什么？是科学研究吗？今天我们饭都吃不饱，还研究什么！"另一次，闻一多和十几位教授应邀到邱清泉的第五军军部召开座谈会时，闻一多突然站起来说："以前我们看到各方面都没有办法，还以为军事上或者好些。现在才知道军事上也毫无办法。看来，现在只有一条路，革命！"邱清泉是蒋介石的心腹，也是一名极端崇拜德国法西斯的少壮派军人，闻一多在邱清泉的军部说出这番话，可想而知其后果有多严重。陈立夫听到后，曾给联大当局发密信，要求解聘闻一多，但联大当局不敢执行。

吴晗（1909—1969），在昆明的民主运动中有"老虎"之称，是浙江义乌人。吴晗1934年夏毕业于清华大学历史学系，毕业后留在清华任教，继续从事明史研究。吴晗之所以能够毕业于清华大学，北大文学院院长胡适帮过很大的忙，胡甚为赏识吴晗，吴晗走的也是胡适式的治学道路。1934年《清华年刊》上刊登了吴晗的一张毕业照片。在这张照片上吴晗自己题写了"大胆的假设，小心地求证，少说些空话，多读些好书——录胡适之先生语"，表示自己在治学方法和道路上，要按照胡适指出的方向，把自己培养成为一个"能整理明代史料"的学者。1937年，吴晗应云南大学校长熊庆来（原清华大学数学系主任）之邀，转任云南大学历史系教授。在云大，吴晗从一个胡适式的学者转变为民主斗士。吴晗在《自传》中是这样描写这种转变的："从1937年到1940年，我还是和在清华时一样，埋头做学问，不过问政治。1940年以后，政治来过问我了。人口多了，薪资却一天天地减少了，法币日益贬值，生活日渐困难。加上日机轰炸，成天逃警报。前方尽是'转进'，越打越'转进'到腹地来了，四大家族发财成为风气，老百姓活不下去，通货无限制的膨胀。昆明这个小城市充斥了美货，蒋介石特务统治，民主自由的影子一点也没有。对外屈辱，对内屠杀。对蒋介石的不满日益加强，在文章里，在讲坛上，写的说的都是这些，因为没有政治斗争经验，但比较敏锐，和青年合得来，我的思想有了转变。"

费巩（1905—1945），江苏吴江人，1927年夏毕业于复旦大学，1931年6月获英国牛津大学政治经济学荣誉毕业生文凭，专门研究英国的文官制度和比较宪法，回国后出版了《英国文官考试制度》《比较宪法》等著作，费巩崇拜西方政治制度，是典型的自由主义者。费巩回国后，先到中国公学任教，同时兼任复旦大学教员。1933年秋，应聘到浙江大学任教。1940年7月，极其反动的训导长姜琦被浙大学生赶下台后，竺可桢校长三顾茅庐，聘请不是国民党员的费巩出任浙大训导长。费巩任训导长后，其做法与前任截然不同，深得浙大学生的爱戴，浙大出现了一股清新的自由的空气。这引起了国民党当局的注意。教育部长陈立夫以费巩不是国民党员为由，多次向浙大校长竺可桢施压，要他早日物色继任人选，不能让非国民党员长久担任训导长。在陈立夫等人的强大压力下，费巩被迫辞去训导长。费巩出任浙大训导长，是他的政治主张和教育主张的一次实践。在这短短的五个月中，他明白了在国民党的统治下，单凭善良的愿望，正气并不容易得到伸长，忠奸难共事。辞职以后，费巩以揭露国民党统治的腐败为己任，成为一名民主斗士。由于国民党恨之入骨，费巩便成为抗战时期国民党下手的第一个对象。更卑劣的是，为了弄清费巩的行踪，时已转任国民党中央组织部长的陈立夫竟然于1945年2月5日宴请了费巩，这真是一个包藏祸心的"鸿门宴"。3月5日，费巩在重庆千厮门码头为国民党特务秘密绑架，后被秘密杀害于重庆歌乐山集中营，并以硫酸毁尸灭迹。

进入1944年后，大后方，特别是昆明高校的民主运动逐渐进入新的高潮，陈立夫对此十分紧张。

1944年6月17日，在美国副总统华莱士抵达重庆访问的前三天，重庆《大公报》刊登消息称西南联大与中央大学等校将组织教授联合会，准备对于教授本身问题以及一般教育问题向华莱士有所表示。这一消息的发表立即使蒋介石、陈立夫等感受到了压力，为此坐卧不安。6月21日，陈立夫致函西南联大梅贻琦、蒋梦麟、张伯苓三位常委。信中称："窃意各校教授关于教学生活等问题以及一般教育改进之意见，本部及各校当局均愿尽量考虑采纳"，至于"国家教育设施凡有重要兴革"，教育部也"无不博采众议，询谋佥同，始付实施"，即便"过去举行之全国教育会议以及经常设置之学术审议委员会与各种教育委员会"，亦"多系各校教授参加"。陈立夫认为，"各校教授个人对于教育之意见或发为言论或著为文章，均可尽情发挥，作为本部及各校施政之参考"，因此"无论为教授本身问题抑为一般教育设施，各校教授似尽有发表意见之机会，并无联合组织之必要"。信末他还强调"此种组织在法令上亦少依据"，并且"闻委座对此消息已甚关切，并转饬查询"，故"如有此种发动，尚希婉加劝止，以免外界误会"。

陈立夫以教育部长身份发出的这封信，使梅贻琦莫名其妙。因为"教授联合会组织之消息，此间并无所闻"，而且"同人中亦并无此拟议"。他在29日的回函中说，此"系报人之误矣"。为了让陈立夫放心，信中又说华莱士"来此三日，已于前日飞去，在昆期间曾与联大及云大教授多人会晤，并为学生讲演，情形均甚良好"。

陈立夫为一条并不可靠的消息弄得如此紧张，可见他对教育界的控制已经越来越不灵了。在大后方的民主运动即将进入高潮的时候，陈立夫却奉命离开了教育部，重新回到了中央组织部长的宝座。这样，当国统区的民主运动如火如荼开展之时，陈立夫即以中央组织部长指挥国民党中统特务势力对民主运动进行残酷镇压。

第十一章

"绝不妥协"的极右派首领

陈立夫先生又来上海了，他是来布置统一党政军的行动，镇压民主运动的。黑名单上列有许多民主人士，准备逮捕、凶打、绑票和暗杀他们。民主人士的名字都在陈立夫先生的手上，更不论我们的共产党人了。我们来谈判就是准备着的。过去在重庆准备了八年，今后再准备八年吧。但这个代价对于他们还是不够的。他们还向手无寸铁的文学家、新闻记者、工业家、学生、平民索取代价，来维持统治者的独裁。我们不能忍受，我们要控诉。现在已经不是抗战以前的时候了。杨杏佛、史量才的案子不能伸雪，现在不行了，我们要伸雪，我们要控诉。如果以陈立夫为首的特务机关说我是冤枉了他，希望他有所声明，并拿出事实来看。我们欢迎他的声明，我们共产党人愿意和真心悔过的人握手。我们和多少人握过手，我很难过地说，甚至和手上染有血的人握过手。为了人民，为了民主，为了国家，我们不惜忍气吞声地这样做。我们日夜祈求停止此种暴行。我为什么在诸位面前控诉？因为诸位经受的压迫、威胁、恐惧比我们多，诸位是手无寸铁者，希望以诸位的笔、口来控诉，以制止这种卑鄙无耻的暴行。

——周恩来

千不该，万不该，国民党最不该。一不该，校场口；二不该，二中全会；三不该，东北纠纷，致把政协议案搁起。如果当时打铁趁热，立即将政府改组，则一切没有问题，中枢下令执行，便不得有异议了。

——吴铁城

第一节 "对共产党只有杀"

抗战时期，中国共产党领导的八路军、新四军深入敌后，在敌后建立一个个抗日根据地，在八年抗战中，中国共产党领导下的人民军队，在敌后英勇作战12.5万余次，消灭日伪军171.4万余人，其中日军52.7万余人。在艰苦卓绝的斗争中，中国共产党及其领导的人民军队也得到发展壮大。到1945年春，中国共产党已拥有党员121万。抗战胜利时，党领导的人民武装由抗战开始时的四万余人，发展到120余万，此外还有民兵220余万。全国共建立了19块解放区，拥有土地100余万平方公里，人口达一亿以上。八年抗战，中国共产党领导的八路军、新四军在抗战中牺牲指战员16万人，负伤29万人，解放区人民伤亡1700余万，中国共产党领导的抗日根据地人民做出了可歌可泣的重大牺牲。中国抗日战争的中后期，国民党军躲进了大西南后方，而中国共产党领导的人民武装成为日寇进攻的主要对象，事实上已成为中国抗日战争的中流砥柱。

中国共产党在抗日战争中发展壮大，对国民党的一党专政的独裁统治构成了挑战和威胁。抗战胜利后，如何处理与中国共产党的关系的问题，就尖锐地摆在了国民党统治集团面前。国民党是一个成分相当复杂的政党，其成员的出身、教育背景和意识形态也千差万别。在对待中国共产党的关系上，有两种极为对立的观点。一派主张与中国共产党和平共处，在战后共同建设国家。这一派主要包括孙科的太子派及政学系的张群、吴鼎昌、王世杰等。以孙科为例，孙科在抗战中后期发表了许多文章和演讲，要求国民党实行民主，并以和平与谈判的方法解决国共关系。

另一派则主张继续维持国民党的一党专政，以武力消灭中国共产党及其领导的武装力量。这一派在党方就是以陈果夫、陈立夫为首的C.C.系，在军方则是以何应钦、陈诚为首的黄埔系，以白崇禧、阎锡山为代表的地方军阀势力，他们为了维护其反动统治，不主张与共产党妥协。陈立夫则是这一派中的典型代表人物。

对于中国共产党在抗战中的成长壮大，陈立夫是极为敌视的。他除了指挥他的中统特务系统千方百计加以镇压外，他甚至私下动员胡宗南在没有蒋介石命令的情况下偷袭中国共产党的指挥中心延安。对此图谋，陈立夫在他的回忆录《成败之鉴》中供述道：

> 我们视察团到了西安的时候，胡宗南招待我去看他的部队。在一个大操场上，我和他两人各骑一匹马，检阅他的部队，检阅完毕，回到他家，他要我批评他的部队好不好，我说："你的部队是很好，但是你的部队是不是只摆在那里看看而已？"我跟他开玩笑地说。他问我为什么如此

说。我回答:"我如果是你的话,我把所有的军队集中起来,也把飞机集中起来,一个晚上,占领延安。"他说:"老先生没有命令啊!"我说:"唉!这种事情那要命令呢?你做了之后,老先生心里高兴,你再请求处分,他会处分你吗?他是再高兴没有了!如果能做这件事情,你知道你的部队就是蒋先生的直属基本部队,是他北伐时的第一劲旅,现在交给你,你如果做了这么一件伟大的事,将来可能会继承蒋先生的事业了。这件事你如果缺乏魄力的话,那实在太可惜了。"但他始终不敢做。如果当时他听了我的话,那我们今天就不会来台湾了。后来胡宗南死在台湾,他们请我替他写篇纪念文章,我说我不愿写,我如果写,一定会把这段往事写进去,那对他很不利啊!这是一件讲反共战争中很重要的一段历史,如果他接受我的意见,历史将要改写了。我曾对他说:"你在西北,不要去干涉别人,像干涉西安、陕西、甘肃等省政府的事是不必要的,你何必注意那些小事,为什么不做一番伟大的事业?"可惜他不接受我的建议,其实那个时候,蒋委员长非常喜欢他,曾经一度给他做媒,介绍孔二小姐,但他不要,可见蒋委员长很器重他,只是他自己没有气魄。我说:"你如果干了之后,我和你一起负责,如果领袖要追究,那我也坐牢好了!"现在想来,这件事多么可惜。

从陈立夫的自供来看,他对他的建议至死都是很得意的。但陈立夫也许到死都没有想过,胡宗南如果按照他的计划进攻延安,固然能给中国共产党造成一定的损失。但如果胡宗南进攻延安,必定会造成国共关系的破裂;大敌当前,如果国共关系破裂,只能有利于日寇。事实上,陈立夫的这一建议是荒谬绝伦的。陈立夫少年得志,靠反共起家,他反共搞昏了头,常常想出让蒋介石都觉得不能接受的建议。近来,有学者写文章批评陈立夫在反共的问题上常常提出幼稚可笑的观点与建议,而他自己却自以为是。

到抗战后期,国统区民主潮流高涨,连身为国民党中央常务委员、立法院长的孙科也到处发表演说,抨击蒋介石的独裁专制统治和国民党的法西斯化倾向,要求以和平谈判的方式处理与中国共产党的关系,以民主和平的方式实现国家的统一。对此,陈立夫大为不满。1944年8月间,陈立夫召集国民党员茶话会,在会上,陈立夫杀气腾腾地声称:"对党内只有一手执《可兰经》,一手执剑！对党外只有一手执棒，一手执肉！现在敌人是共产党。对共党只有杀！我已杀了他们高级（党员）二千几百几十几，普通党员二万几千几百几十几了，怎么还有人说国共合作！？"

陈立夫的这种反共歇斯底里症，完全是一种变态的杀人狂的惯性表现！

第二节　与毛泽东的唇枪舌剑

1945年8月16日，国民党的《中央日报》在显著位置刊登了一封让国人震惊的电报，电报全文如下：

万急，延安

毛泽东先生勋鉴：

倭寇投降，世界永久和平局面，可期实现，举凡国际国内各种重要问题，亟待解决，特请先生克日惠临陪都，共同商讨，事关国家大计，幸勿吝驾，临电不胜迫切悬盼之至。

蒋中正　未寒

一九四五年八月十四日

据说，这个电报是政学系巨头、时任国民政府文官长吴鼎昌起草的。吴鼎昌、张群、王世杰等政学系上层人物一直主张通过政治谈判让中国共产党就范。对此，蒋介石的心情是复杂的。正如陶希圣后来在回忆录中所说的："谈判的办法是政学系想出来的，政学系想用软的一套办法把共产党吃掉，谈何容易！可是现在动大手术也不是时候，国内有厌战情绪，国际形势也不允许中国打内战，一打起来我们更被动，利用谈判拖一拖也好。共产党拒绝谈判，我们更有文章可做。"在这种假戏真做的心理支配下，蒋介石采纳了政学系的建议，并由吴鼎昌起草以蒋介石的名义邀请毛泽东来重庆谈判的电报。蒋介石这件事做得很秘密，不但没有找死硬派的陈果夫、陈立夫兄弟，也没有找时刻在他身边的侍从室主任陈布雷。也许，蒋介石是为了避免陈氏兄弟的反对。电报发出后，蒋介石才命令将电报交给陈氏兄弟控制的《中央日报》发表。陈氏兄弟和曾经一度做过汉奸，后来又成为蒋介石座上客的陶希圣等人是坚决反对与共产党谈判的，在他们看来，邀请毛泽东来重庆，只会助长共产党的声势，抬高毛泽东的声望，不会有任何其他结果。但据他们估计，毛泽东决不会来到龙潭虎穴的重庆，故陈立夫指示《中央日报》于16日将蒋介石的电报在显著位置上刊登出来。如果毛泽东不来重庆，就可以宣称共产党拒绝谈判，把内战的责任加在共产党身上。

对于蒋介石这个突如其来的"邀请"，中共中央和毛泽东显然没有足够的思想准备，因此，对于蒋介石的第一封电报并没有及时回应。于是，蒋介石又于8月20日发出了第二封邀请电。要不要接受蒋介石的邀请，中共中央和毛泽东进行了反复讨论，研究对策，有时彻夜灯火通明。8月22日，中共中央又收到斯大林以苏共中央名义致中共中央的电报，电报说：中国应该走和平发展的道路，毛泽东应赴重庆同蒋介石谈判，寻求维持国内和平的协议；如果打内战，中华民族有毁灭的危险。

与此同时，有政学系背景的重庆《大公报》也开始替蒋介石帮腔，于8月22日发表社论称："抗战胜利了，但在胜利的欢欣中，人人都在悬注延安的态度。国家必须统一，不统一则胜利不完全，而建国更困难。全国必须团结，不团结则有内战的危险，更无从使国家走上民主建设的大路。这一星期来，人人为胜利欢欣，也人人为团结悬念。目前得见蒋主席致毛先生的寒电，大家为之兴奋，希望能由此启开政治解决之门，现在又读到蒋主席致毛先生贺电，更感到一片祥和之气，真使人既感慨，又兴奋。……我们相信全国同胞的心情，都与蒋主席相同，殷切盼望毛先生不吝此一行，以定国家之大计。"

8月23日，中共中央政治局召开扩大会议，经过慎重的研究，决定由周恩来先去重庆，看看蒋介石开的是什么盘子，毛泽东随后再去，时机由中共中央政治局、书记处定。

同一天，蒋介石的第三封邀请电又到了。

25日，中国共产党驻重庆的代表王若飞回到了延安。毛泽东等七名政治局委员连夜同王若飞磋商。26日，又召开中央政治局会议，终于决定毛泽东去重庆。当时，有一部分人为毛泽东的安全担心，他们认为："蒋介石一方面积极准备内战，一面又请毛主席去重庆，这是一个大阴谋，毛主席不能去。"还有人说："蒋介石是不讲信义的，毛主席不要成为第二个张学良。"

8月28日下午3时37分，毛泽东、周恩来、王若飞在国民政府军事委员会政

1945年8月月28日，专程迎接毛泽东赴重庆谈判的张治中、赫尔利与中共中央领导人在延安合形。左起：周恩来、赫尔利、毛泽东、张治中、朱德。

治部部长张治中、美国驻华大使赫尔利的陪同下飞抵重庆，周至柔作为蒋介石的代表，与邵力子、张澜、沈钧儒、左舜生、章伯钧、陈铭枢、黄炎培、郭沫若等到九龙坡机场迎接。陈立夫兄弟没有露面。

9月1日，孙科任会长的中苏文化协会为庆祝中苏友好同盟条约签订并生效举行鸡尾酒会。这个为庆祝中苏友好同盟条约签订而召开的大会，由于有毛泽东参加，实际上开成了一个欢迎毛泽东的盛会。出席会议的有中苏文协会长孙科，副会长邵力子、陈立夫，有国民党军政要员陈诚、冯玉祥、覃振，有宋庆龄、沈钧儒、郭沫若、史良等知名人士，共300多人。

中苏文协是立法院长孙科的一个阵地，中苏文协的工作人员大多是孙科的太子系与中共党员及进步人士，陈立夫这个文协副会长完全是挂名的。他不知道今天这个酒会也邀请了毛泽东、周恩来等人。在这个鸡尾酒会上，毛泽东成了会场的中心，而陈立夫和陈诚等国民党要员却无人理睬，窘迫不堪。目睹此情此景的侯外庐教授写道：

毛主席在周恩来同志和王若飞同志陪同下来了，门外欢呼四起，这是老百姓发自内心的欢呼。毛主席进入会场，各界名人争先恐后围上去和他握手。在所有的与会者中间，我最难忘记冯玉祥将军和覃理鸣先生的激动神情。我站在离他们不远的地方，亲眼看见冯将军拉住毛主席的手说："来来来，为总理（孙中山）的三大政策的实践干杯"，干杯之后，背过身去，用手帕拭泪。我也亲眼看见覃理鸣先生握着毛主席的手，激动得只是流泪，却久久说不出一句话。在冯、覃二位的脸上，我读到这两位民国元老对中国共产党争取和平、民主和团结，争取国家光明前途所抱的希望，和对蒋介石集团的失望。毛主席与会总共一小时左右，在会场内外众多的政治家和老百姓中间，真正是万众瞩目的领袖。与此形成鲜明对照的是，会场上，陈诚和陈立夫连理都没有人理，面孔尴尬极了。蒋介石怎能容忍这样的场面出现在他的权力核心所在地，据说，第二天他把邵力子找去大骂了一顿。

陈立夫碰到这种情形，心中窝火是肯定的。对于这次国共谈判，蒋介石派张群、王世杰、张治中、邵力子作为国民党政府代表，与中共代表周恩来、王若飞谈判，蒋介石则与毛泽东不时见面交换看法。蒋介石知道陈立夫兄弟是反对和谈的，故没有让他们参与。在毛泽东没有来重庆时，陈立夫授意《中央日报》在显著的位置刊登蒋介石的邀请电，现在毛泽东来到了重庆，假戏成了真，陈立夫又授意他掌握舆论的C.C.成员对"有关谈判的报道，要登得少，登得小，版面不要太突出，标题不要太大，尽量缩小此事的影响，不要替共产党制造声势"。遵照陈立夫等人的指示，国民党的《中央日报》等报纸对国共谈判这样重大历史事件采取了冷处理，采

陈立夫、邵力子于战时陪都重庆

用中央通讯社编写的几十个字的新闻稿，用两栏的地位孤零零地排在国内要闻版的中间。但国民党的宣传机器不可能一手遮天，中共驻重庆机关报《新华日报》和其他报纸对此重大历史事件作了充分的报道。《中央日报》的低调处理不仅不能封锁消息，反而暴露了它不正常的心态。

毛泽东在重庆43天，除主持谈判外，还广泛会见各方面的代表，其中也包括国民党当权派人物，就连一向以反共著称的陈立夫兄弟、戴季陶等，毛泽东也一一登门作了拜访。毛泽东拜访陈果夫、陈立夫的计划，让中共代表团有些成员深为不解，毛泽东耐心开导说："不错，这些人是反共的。但我到重庆来，还不是为了跟反共分子蒋介石进行谈判吗？国民党现在是右派当权，要解决问题，光找左派不行，他们是赞成与我们合作的，但他们不掌权。解决问题，还要找右派，不能放弃和右派接触。"

9月7日，毛泽东在周恩来、王若飞陪同下前去拜访陈立夫，不巧，陈立夫正好外出了。拜访未成。

9月18日，毛泽东前去拜见C.C.龙头陈果夫。此时的陈果夫肺病已经到晚期，正在病床上辗转反侧，听到毛泽东要来拜访，陈果夫一点心理准备都没有。即使见了面，也未必有什么好谈的；再则想到自己这副病态，恐怕让中共首脑们见了看轻自己，想来想去，干脆以体弱身衰为由挡了驾。

一连两次吃了闭门羹，毛泽东自然有些扫兴。但毛泽东并没有因此气馁，他说："刘备拜访诸葛亮不是三顾茅庐吗，我毛泽东莫非还不如刘玄德，去！"毛泽东决定三访C.C.头子。

9月20日，毛泽东在秘书王炳南的陪同下来到陈立夫的高庐，陈立夫已经知道毛泽东来过，所以心中已有思想准备，他也正想找毛泽东谈谈，当面劝说毛泽东放弃共产主义。双方寒暄坐定后，毛泽东首先回忆起第一次国共合作的情景，想以此勾起陈立夫对往日的怀念，打消其敌对情绪。但陈立夫并不想回忆过去，一开口就直截了当地要中国共产党放弃外国思想观念，即放弃共产主义，而信仰三民主义。陈立夫话中杀机已露，毛泽东也就不能不严正对待，毛泽东严肃地向陈立夫指出：孙中山的三民主义是联俄联共，扶助农工，你们的三民主义却是反共剿共、镇压工农的错误政策。十年内战，共产党不但没有被消灭，反而发展壮大了。而国民党"剿"共的结果，却同时引进了日本帝国主义的侵略，险些招致亡国的祸害，这一教训难道还不发人深省吗？一番话，说得陈立夫一脸通红,毛泽东看到陈立夫很难堪,便又笑了起来,诙谐地说:"你们的三民主义还是不行啊!"

陈立夫说不过毛泽东,随后又从另一个角度提出问题,他对毛泽东说:"一国之中,不能有多种政权,现在抗战胜利了,你们应该放弃党的武力政权。"毛泽东又以牙还牙,反驳说:"我们上山打游击,是国民党剿共逼出来的,是逼上梁山。就像孙悟空大闹天宫,玉皇大帝封他为弼马温,孙悟空不服气,自己鉴定是齐天大圣。可是你们连弼马温也不给我们做,我们只好扛枪上山了。"毛泽东与陈立夫两人,唇枪舌剑,这恐怕是毛泽东在重庆拜访各方代表人士时最有火药味的一场舌战。

对于这场舌战,除了见证人王炳南的记载外,就是陈立夫在《回忆录》中的描述了。我们看看陈立夫又是怎样说的。陈立夫在《成败之鉴》中写道:

> 毛来后,除谒见蒋公外,并拜访党政重要有关人员,我亦被拜访之一人,毛来敝寓高庐相晤,我之会客室一墙角,曾被日机投弹炸坏,尚未修竣,且会客室座椅均陈旧破烂,有所不恭,寒暄后,我坦直告以我何以反共,毛颇为惊奇,盖他人对其来渝,均十分客气,唯我则例外也。我曰:"中山先生之三民主义,乃集世界各种主义之所长,而又合乎我国文化道统之精神,经其融会创造而成者,故对外可以多方面因应,对内足以增长自信而自立自强,不依赖任何帝国主义,而自成一独立思想体系,以增强殖民地之中国之自信与共信最为适当;而共产主义来自侵略吾国之苏联帝国主义者,须知文化思想之侵略,较之任何其他种种侵略为最危险,不可不慎也。其实此种思想,在我国二千四百余年前之战国时代,已早有之,许行、陈相之徒,信仰之,而孟子则以劳心与劳力同为重要,分工而已,告之,而视之为异端而攻其妄。毛先生如读过四书,当能记忆及之,中国人民,已受三民主义之赐,获得了自由平等之幸福,国家已列为五强之一,不平等条约除苏联外,均已取消,绝不会再愿意去做苏俄的顺民,所以我敢断言,共产主义,绝不容于中国人民,而终被埋葬,而且中国历史之外患,大都来自北方,北极白熊凶狠残暴,不容轻视,不好玩的,为避免中国成为国际列强之战场,只有大家信仰三民主义才对,所以我根本反对共产主义。"毛曰:"共产主义之实行,为时尚远,故我现在谈新民

主义。"我曰:"先生之新民主义我已拜读,并不胜于中山先生之民权主义。"双方话不投机,至此而别。

陈立夫的《回忆录》写于晚年,上面是不是双方当时辩论的原话,已无从考证。两人话不投机倒是千真万确的。据王炳南记载,陈立夫最后言不由衷向毛泽东表示,对国共和谈要"尽心效力",从而结束了对话。

胡乔木回忆录中也有这么一段话:"C.C.派反对和谈,但看来很多C.C.,包括陈立夫在内是动摇的。陈立夫与毛主席谈话,一方面企图劝说我党放弃'外来的'共产主义思想,但另一方面又要表明他首先主张签订中苏同盟条约。当时,毛主席对前途的估计比较乐观,他说,国民党'实行独裁的劲不大,像灰尘一样可以吹掉的'。"

陈立夫在与毛泽东的舌战中没有捡到便宜,其内心感受如何,笔者不得而知。但胡乔木《回忆录》透露了这样一个情况:"21日前后的几天,是谈判期间最紧张的几天,因为当时看起来双方最后能否达成协议很成问题。我方的担心不仅由于谈判出现紧张局面,还有其他两个重要原因:一个是抗战结束

在10月10日的酒会上,蒋介石与毛泽东碰杯,庆祝抗日战争的伟大胜利。

后，美国就以接收为名帮助蒋介石大规模地向华中、华北运兵，并派美军驻守从广州湾到秦皇岛的沿海各大城市和交通要道。陈诚的部下当时扬言：'谈什么判，布置好了就动手。'另一个是我党情报机构获悉，国民党中统局某要员私下透露，不宜让毛泽东和周恩来返回延安，表面是因蒋总统常有国事咨询，实际是因为毛、周在中共位居头两席，把他们扣留在重庆可在相当程度上动摇中共军心，有利于国军总攻。根据这些动向分析，蒋介石等待华北受降结束，军队调遣完毕，即发动'剿共'的可能性是很大的，我党对此不能不保持高度警惕。"

不过，陈立夫等人提出的扣留毛泽东、周恩来在重庆的建议，事实上并没有为蒋介石采纳。

陈立夫自恃国民党有政权，人多枪多，而且有美国的全力支持；而共产党则地盘小、人少枪少，而且没有国际的强有力支援。陈立夫始终自信，共产党不可能与国民党抗衡。因此，当有人向他提出，在国共谈判中，国民党所提条件不要太苛刻了，这容易丧失民心时，陈立夫立即沉下脸来傲慢地说："我们有多少人？共产党有多少人？我们占好宽的地盘？共产党占好多地盘？政治斗争靠实力，不要只看共产党吹得凶！"

第三节 "围剿"毛泽东的《沁园春·雪》

在重庆谈判期间，毛泽东多年前写的一首旧诗也在陪都重庆被人们争相传诵。这首诗气势不凡，引起了蒋介石、陈立夫等人的注意。这是怎么一回事？要说清这个问题还必须从头说起。

历史上的伟大人物，常传伟大诗篇，如西楚霸王的拔山吟，汉高祖刘邦的大风歌等。这并不是诗因人传，而是由于伟大人物的识见和胸襟广阔博大，当他意有所属之时，直抒怀抱之作，便自不同凡响。

1935年底，中国工农红军冲破国民党数十万大军的重重围追堵截，长驱二万五千里，胜利抵达陕北。1936年2月，毛泽东又率领红军从陕北出发，东渡黄河，进入山西，准备开赴抗日救国的第一线。

当时正是初春时节，黄土高原仍被厚厚的冰雪覆盖着。毛泽东看到北国大地千里冰封的壮观景象，触发了他吟诗填词的强烈意兴。诗人咏叹着这雪天的景色，勾起了他对国家民族与历史的无限联想。于是，一阕不朽的诗篇便在马背上吟诵出来：

沁园春·雪

北国风光，千里冰封，万里雪飘。望长城内外，惟余莽莽；大河上下，顿失滔滔。山舞银蛇，原驰蜡象，欲与天公试比高。须晴日，看红装素裹，分外妖娆。

江山如此多娇，引无数英雄竞折腰。惜秦皇汉武，略输文采；唐宗宋祖，稍逊风骚。一代天骄，成吉思汗，只识弯弓射大雕。俱往矣，数风流人物，还看今朝。

从这首诗所反映出的意象、气度和胸襟中，我们可以感到毛泽东这位来自人民的革命领袖的声音，不同于任何一个时代成功与失败的英雄们的慷慨悲歌。就拿刘邦《大风歌》来说吧：大风起兮云飞扬/威加海内兮归故乡/安得猛士兮守四方！

确实壮伟。但是，刘邦那种踌躇满志、患得患失的心境，较之毛泽东纵观古今，慨然以天下为己任的豪情壮志，相去又何止十万八千里！

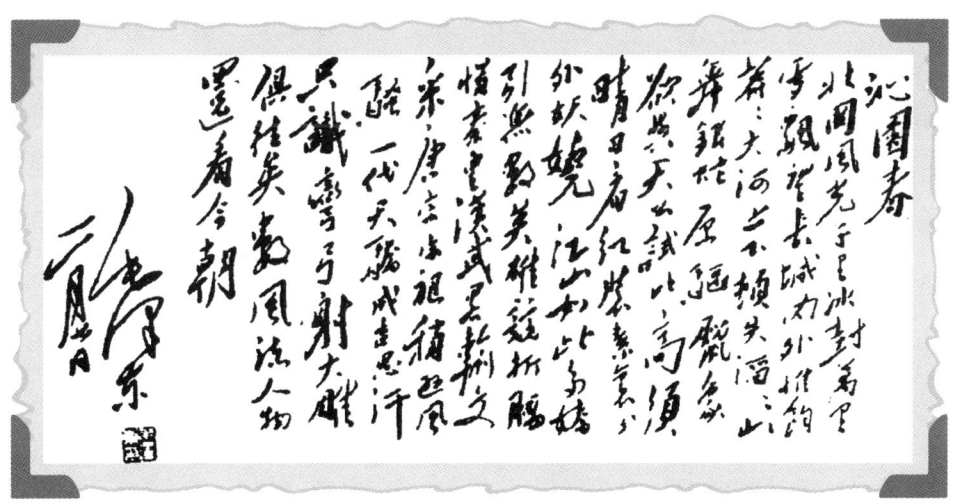

毛泽东《沁园春·雪》词作的手迹。

一代文豪郭沫若曾这样评价毛泽东的《沁园春·雪》:"就词论词,在专门研究声律的人看来,或许有些地方犯了毛病。然而气魄宏大,实在是前无古人,可以使一些尚绮丽、竞雕琢的靡靡者流骇得倒退。"这诚为的论。

1965年7月21日,毛泽东致陈毅的信中谦虚地说:"我对五言律从来没有学习过,也没有发表过一首五言律。……我偶尔写过几首七律,没有一首是我自己满意的。如同你会写自由诗一样,我则对于长短句的词学稍懂一点。"

无论是赞美者,还是反对者,都不能不钦佩毛泽东咏雪词的气魄之宏伟。就连重庆极端反共的国民党军报《扫荡报》也不得不承认:"毛词粗犷而气雄,颇有'前无古人,后无来者'的气概。……口气真是不凡,项羽的拔山吟,汉高(祖)的大风歌,以之相较,渺乎其小,何足道哉!"

1945年8月28日,毛泽东在周恩来、王若飞的陪同下自延安抵达重庆。8月30日,著名诗人柳亚子到毛泽东下榻的曾家岩桂园拜会毛泽东。柳亚子是国民党元老,大革命时代就曾与毛泽东结识于广州,是老朋友了。柳亚子对毛泽东不计个人安危,毅然决然深入龙潭虎穴,深表钦佩。柳在拜会毛泽东后,非常兴奋,当即写了一首七律《赠毛润之老友》,登在9月2日的《新华日报》上。9月6日,毛泽东由周恩来、王若飞陪同到沙坪坝柳亚子寓所回访。应柳亚子之请,毛泽东以旧作《沁园春·雪》录赠给他。柳得此词后,惊喜莫名,立即和了一首,并把这两首词抄好,送到《新华日报》要求发表。报社负责同志告诉他,按照中共中央的规定,发表毛泽东的著作(包括诗词),须向延安请示,并征得毛泽东同意。柳亚子认为,这样一来,太浪费时间。经过协商,决定先将柳亚子的和词在《新华日报》上发表。11月11日,《新华日报》刊登了柳的和词:

沁园春
次韵和毛润之咏雪之作,不尽依原题意也。

廿载重逢,一阕新词,意共云飘。叹青梅酒滞,余怀惘惘;黄河流浊,举世滔滔。邻笛山阳,伯仁由我,拔剑难平块垒高。伤心甚,哭无双国士,绝代妖娆。

才华信美多娇。看千古词人共折腰。算黄州太守,犹输气概;稼轩居士，只解牢骚。更笑胡儿，纳兰容若，艳想秾情着意雕。君与我，要上天下地，把握今朝。

柳亚子的和词刊出后，引起陪都重庆文化界人士的注意。他们认为既有和作，便一定有毛泽东的原作，纷纷要求读到它。这时，有人给《新民报》主笔张恨水送去了毛泽东的这首词，说是愿意在该报首先发表，并希望张恨水也能和一首。张恨水看完后，觉得气魄宏伟，非同凡响，很乐意在《新民报》首刊此词。至于和词，张恨水则因故婉言谢绝了。11月14日，《新民报》首次刊登了毛泽东的《沁园春·雪》，并加按语云："毛润之氏能诗词，似鲜为人知。客有抄得其《沁园春·咏雪》一词者，风调独绝，文情并茂。而气魄之大，乃不可及。据毛氏自据，则游戏之作，殊不足为青年法，尤不足为做人之道也。"

《沁园春·雪》在重庆《新民报》首次披露后，立即轰动了山城。不少人都感到惊讶：这个过去被国民党蒋介石天天骂为"土匪头子"的毛泽东竟有如此的文采，如此的文学修养，真是没有想到！一时唱和四起，在短时间内，仅重庆一地就有十余种报刊连续发表步韵、唱和之作和评论文章，死寂沉沉的陪都文坛一下子活跃起来了。

毛泽东《沁园春·雪》在国统区的传诵、唱和，触动了当时最高统治者蒋介石的神经。毛泽东的"狂妄"，使他十分恼火；毛泽东的文采，使他心中不快；毛泽东的"野心"，更使他不寒而栗。

然而，蒋介石乃一介赳赳武夫，在吟诗填词上，可说是个大外行。因此，他自己不敢公开站出来"与毛泽东试比高"，只好指使御用文人出来"围剿"。于是，围绕着《沁园春·雪》的唱和，国共两党在思想文化战线上展开了一场"围剿"与反"围剿"的斗争。

奉蒋介石旨意，国民党中央宣传部负责人召集重庆《中央日报》与《和平日报》负责人，亲自布置"围剿"工作。《中央日报》由主笔兼副刊编辑王新命负责，找到许君武等人，以唱和为名，打着"反帝王思想"的旗号，对毛泽东进行围攻。

12月4日，重庆《中央日报》刊登了以"东鲁词人"和"耘实"署名的两首和词。"耘实"的和词云：

千载一时，景运中兴，瑞雪初飘，念风霜惨淡，予怀戚戚，山川荼毒，孰令滔滔？窦融归心，公孙拒命，青史定评若个高？民劳止，祈年丰国泰，岂识妖娆？

中华美丽多妖，要爱国男儿共折腰，数风流人物，讵誉战伐？温柔敦厚，始显风骚？未使太平，孰教沉陆？君休矣，把霸图收拾，应在今朝。

重庆《中央日报》在刊登上述两首攻击之词后，也许觉得由该报出面"围剿"毛泽东的一首词不大合适，于是便建议由《和平日报》来承担这一任务。《中央日报》收到稿件时，也统交《和平日报》集中发表。

《和平日报》的前身是《扫荡报》，在抗战胜利后为适应环境的改变，更名为《和平日报》，该报是国民党中央军事委员会政治部主办的报纸，以极端反共著称。正如该报后来所供认的："抗战胜利后，我们与红色、粉红色的报纸，经常短兵相接、针锋相对，几乎每天都有火药味"，因而有"反共堡垒"之称。《和平日报》接受任务后，相继抛出了一批辞章和评论文章。

12月4日，该报首刊了易君左的《沁园春》：

国脉如丝，叶落花飞，梗断蓬飘。痛纷纷万象，徒呼负负；茫茫百感，对此滔滔。杀吏黄巢，坑兵白起，几见降魔道愈高？神明胄，忍支离破碎，葬送妖娆。

黄金难贮阿娇，任冶态妖容学细腰；看大漠孤烟，生擒颉利；美人香菜，死剩离骚。一念参差，千秋功罪，青史无私细细雕。才天亮，又漫漫长夜，更待明朝。

易君左（1899—1972），字家钺，湖南省汉寿县人。其父易顺鼎，清末民初著名诗人，有"龙阳才子"之誉。易君左幼爱庭训，秉承家学，也喜好舞文弄墨。易氏父子二人，都有好打笔墨官司的癖好。民国初年，易顺鼎因作艳诗侮辱袁世凯手下红人唐在礼之妻，而丢掉了袁世凯委派的参政美差，接着又因涂抹艳诗，被袁世凯将其从肃政史的候选名单上勾掉名字。易君左继承乃父遗风,也多次与人打笔墨官司。特别是1934年初夏因所写《闲话扬州》一书多有轻侮扬州人之词,激起扬州人的公愤,结果被诉上公堂,成为轰动全国的文案。此时,易君左正担任国民政府军事委员会政治部第三厅设计委员。唱和战一起,易君左见猎心喜,匆匆地抛出了这首反动辞章,他还号召"天下词家闻风兴起","竞制新腔,同申大义",充当了这场"围剿"战的急先锋。

4日的《和平日报》同时还刊登了杨依琴的《毛词〈沁园春〉笺注》与董今狐的《封建残孽的抬头》两篇文章,一口咬定毛泽东原词:"浮光泛影地透出些谋王图霸的初衷,人民旗号下面隐现龙袍","现出了秦始皇的面目"。他们装着"为民请命"的口吻说:"中国人民只求能够安居乐业,决不希望诞生这样一位前无古人的'英王霸主'。因为实在没有这么多的老百姓的血,来做栽培'英王霸主'的肥料!"

之后,《和平日报》又于12月5日、10日、13日、23日,1946年1月3日、25日陆续刊出了十余首和词。这些词章,借用易君左自己的话说,无非是"效王婆骂街之丑态"而已。

与此同时,亲国民党的《益世报》《文化先锋》等报刊也借用"读者投书"的方式抛出了一批辞章,肆意丑诋诽谤。

国民党以唱和为名,攻击中共领导的解放区是"杀人掠地",使"神州离碎,浊浪滔滔";攻击中国共产党领导的武装是"草莽英雄"、"杀吏黄巢",叫嚣要共产党"把霸图收拾",效法"窦融归心","归还完璧"。这实际上是国民党一贯宣传的解放区"封建割据",要"统一政令"、"统一军令"等言论的翻版。因此,围绕《沁园春·雪》进行的唱和战,是与当时国共两党进行的斗争紧密相连的。

针对国民党发动的这场"围剿"战,柳亚子、郭沫若、黄齐生等一大批进步文化人士纷纷作词,反击那批"皮相轻飘"的国民党御用"鹦鹉",并特别针对充当急先锋的易君左进行了指名批判。

第四节　在政协会议上遭到中共和民盟代表的驳斥

根据国共双方签订的《会谈纪要》,国民党政府于1946年1月10日在重庆召集政治协商会议（通称旧政协）。出席这次会议的代表38名，名单如下：

中国国民党八名：孙科、吴铁城、陈布雷、陈立夫、张厉生、王世杰、邵力子、张群；

中国共产党七名：周恩来、董必武、王若飞、叶剑英、吴玉章、陆定一、邓颖超；

中国青年党五名：曾琦、陈启天、杨永浚、余家菊、常燕生；

中国民主同盟九名：张澜、罗隆基、张君劢、张东荪、沈钧儒、张申府、黄炎培、梁漱溟、章伯钧；

无党无派九名：莫德惠、邵从恩、王云五、傅斯年、胡霖、郭沫若、钱永铭、缪嘉铭、李烛尘。

从这个名单看，国民党代表八名，中国民主同盟九名，无党无派的社会贤达九名，中共七名，从形式上看，国民党政府在代表的席次安排上十分"谦虚"，而蒋介石在开幕式上宣布的四项诺言更让人"兴奋"。蒋宣布的四项诺言是：（一）人民之自由：人民享有身体、信仰、言论、出版、集会、结社之自由，现行法令，依此原则分别予以废止或修正。司法与警察以外机关，不得拘捕、审讯及处罚人民。（二）政党之合法地位：各政党在法律之前一律平等，并得在法律范围之内，公开活动。（三）普选：各地积极推行地方自治，依法实行由下而上之普选。（四）释放政治犯：政治犯除汉奸及确有危害民国之行为者外，分别予以释放。

对于蒋介石在政治协商会议上刻意表现出来的"开明"姿态，陈果夫、陈立夫兄弟是不以为然的。陈立夫作为政治协商会议的会员，他可以利用政协的讲坛坚持他自己的主张；陈果夫却因病无法出席会议，而忧心如焚，他在日记中写道：国民党"党的组织不如人，党的宣传不如人，党的训练不如人"，"党无基础，共党如来合作，则我危险"。陈氏兄弟把持国民党已十年，却如此没有信心。

1946年1月20日，法国在反法西斯战争胜利后组建联合政府，戴高乐被迫辞职。陈果夫从报上看到这一消息后，对法国"共党势张"深感不安。22日，陈果夫勉强支撑着病体给蒋介石写了一封信，阻止与共产党合作。陈果夫在信中断言："政治协商会议必无好结果。且无论如何，共党已得到好处，本党已受害。……法国情形，……中国如行多党政治，照现在党、政、军均未健全之际，颇有重蹈覆辙之可能。请临崖勒马，另行途径。并劝美国勿误中国并以自误为幸。"陈果夫所说的"重蹈覆辙"指的是第一次国共合作的历史经验，陈果夫认为国民党与共产党和平竞争，肯定不是共产党的对手；若让中共参加政府，政权迟早要落入中共手中。陈果夫既有此先见之明，自然要力阻蒋介石了。

参加政治协商会议的陈立夫自然要利用这个政治协商会议的场所捍卫"党国的利益"，于是，陈立夫的不妥协立场很快成为会场批驳的靶子。

列入会议日程的，主要有政府改组、施政纲领、军事问题、国民大会、宪法草案等五大议案。

争论的第一个焦点仍然是重庆谈判未能解决的两个问题，即所谓政治民主化与军队国家化。在这个问题上，国民党的代表都坚持"首先军队国家化，然后政治民主化"，其他党派尤其中共坚持反对，周恩来指出，现在的政府还是一党专政的政府，把人民的军队交给政府，实质上就是交给国民党，人民的军队就会变成国民党的军队。周恩来为了争取和团结中间派的绝大多数，不再坚持先政治民主化、后军队国家化的主张，而是提出"政治民主化"与"军队国家化"同时进行，不分先后。会议经过激烈的争辩，最后达成折衷的协议，确定军队属于国家，军党分立、军民分治原则以及以政治军，公平合理地整编全国军队。陈立夫等人要求中共将军队交给国民党的企图没有实现。

关于国民大会问题，国民党代表团向会议提出以下四条意见：（1）民国35年5月5日召开国民大会；（2）第一届国民大会之职权为制定宪法；（3）第一届国民大会代表除已选出者外，其余名额可使之合理增加；（4）第二届国民大会，于宪法颁布六个月内，依宪法之规定选举召集之。国民党代表张厉生并在会上对此做了说明。对于国民党代表团提出的上述四条，中共代表周恩来、吴玉章、邓颖超先后发言，中心的意思都是反对十年前国民党一党包办选出的国大代表继续有效。周恩来在发言中指出："国大旧代表选在十年以前，那时一党统治，中共处在地下，许多党派也无选举权，选举方法根本不是直接、平等、普遍与自由无拘束的民主选举，这样选出的代表，我们当然不能承认他们为合法代表。但如果一切问题都已解决了，只剩下这个问题未得解决，是否为了这一个问题我们就要与政府党分裂呢？当然不能。那天毛先生与王雪艇（王世杰字）先生谈话的意思，也就是这样。又不承认旧代表，又不要分裂，那末就不是很困难么？当然是困难的。既是难题，就要找出路，就要在许多问题上找政治民主化的出路。如果关于政治民主化，在别的问题上都找不到出路，国大旧代表问题上，中共又作妥协，那么，我们将无以对人民。"

陈立夫自政治协商会议开会以来一直缄默不语。至此，他忍不住开口说话了，他提出要纠正几个"模糊"观念，明了国大组织法和选举法的"立法精神"。他说：

> 国民大会问题，听到各位许多高见，至为钦佩，本人觉得我们讨论这个问题，首先要认清几个基本观念。
>
> 第一，由一党政治制度到多党政治制度之过渡期间，不能抹杀现有一党的政治制度。有的人以一党治国的政治制度，为过渡到多党政治制度的批评对象，于是乎一切事情认为是错误，终至一切问题都不能得到解决了。中国国民党自13年改组迄今，他所领导政府建国的方法，事实上告诉我们的确是取法苏联制度，如果一定要在多党制度的立场上来批评这一点，当然一切是不对的，也就一切问题不易解决了，因为这两种制度，根本不同。今天我们要从一党走向多党，如果绝对否认过去一党制度的事实，也就不必协商了。在多党的立场看，一切建国事情是权利；在一党专政的立场看，一切建国工作是义务，苏联的制度，亦有其一套完整的理论，这一点，是不是对，今天不必批评。总之，由一党转到多党这一阶段中间，必须认识双方事实，才能得到公道合理的结论。
>
> 为什么产生这样的选举法，自亦有其道理。国民党用革命的方法，推翻了满清，打倒了军阀，召开国民会议，经国民会议制定约法，在约法内规定，宪政实施前，由中国国民党全国代表大会代行国民大会职权，照此规定，国民大会召集，宪法制定公布，实行宪政以后，国民党任务才算完了。所以，国民大会组成分子，有国民党中央委员，符合以政权交还人民之意。在我们看，这倒不是一种特权，正相反的是一种特别义务。当初，国民大会代表定为1200人，中央委员240人为当然代表，也不过占总数六分

之一，不算为多，若以三三制理论来看，相差甚远。从历史演变产生这种办法，何况又在交还政权之时，说是代表中不应该有党员，试问他为什么要不惜牺牲、流血去奋斗，太奇怪了。国民大会代表，不能问是什么党不党，只要是代表国民，如果一个党不承认他，那末他要奔走于各党之间而后可做代表，难乎其为代表矣。

第二，补救办法，正适合中国国情，并不是不民主。有人认为指定代表是不民主的，要知，中国现在的国情，和欧美文明国家不同，这点从选举上亦可看出来，像很多有当选资格，而且应该当选的，往往不肯去竞选。邵从恩先生刚才他自己也说没有去竞选，要是没有补救办法，必然年轻而富于活动性的，都当了选，有很好资格而不肯竞选的，都不能参加，也是一大缺点，国民参政会参政员的产生，有甲乙丙丁几项，其中丁项即用指定方法产生。正所以补救刚才所说的缺陷，这种办法，经试验结果，颇觉可取。因为中国有许多人，要三顾茅庐才肯出来，虽然站在民主的观点上，可说是不民主，但从事实方面来看，颇有必要，所以补救办法，也是根据事实需要，具有一种苦心。

第三，任期的解释要清楚。现在一般人所解释的国大代表任期，本人不敢赞同。他们说代表是在十年前选出的，国民大会代表任期是六年，认为他任期已满。殊不知任期应从就任之日起算，今国民大会既未召集，他们当然尚未就任，何来任期已满，并没有规定说是从当选之日起即是他的任期，中间抗战八年，即有规定，但有不可抗的事实发生，照一般惯例，一切法律都要暂停，何况我们并无此种规定。又如英国议员，原有任期，因抗战而延长至九年，更可证明战时之特殊现象，不能用常理论之。国民大会代表，应从宪法通过之日起，才是他任期的开始。今天因为我们对任期的解释模糊，致发生了代表有效、无效问题。

讲民主要不顾到法，此民主是无法无天的，民主的重点在多数。九百多国大代表是从各区域选举产生，他是包括了三万万五千万以上的人民，他们本身没有否认他，谁有权取消他的资格，今天绝不是已选代表有效、无效的问题，而是如何使国民大会代表合理增加，更能代表全体人民，对制宪工作达到更完善的目的，此所以要政治协商，有赖政治方法以解决。

陈立夫说完后，吴铁城立即补充说：国大代表虽然已选出八九年，但在抗战八年中，他们尽了很大的努力，正足以增加了他们的代表资格。

陈立夫、吴铁城发言后，中共代表陆定一马上发言，予以全面的回应。陆定一逐一批驳说：

首先，三三制问题。是否中共党员在民意机关所占的比率要比国民党员在国民大会中所占比例要多？陆定一说：在解放区实行民选各级政府与民意机关，都一律由人民投票选举。共产党党员当选的数目常常很大，我们党考虑到太多了不好，因为中国政治，须要照顾到很多阶层，故提出三三制，凡是当选的中共党员超过三分之一的，则一部分党员自动退让，使党员的数目减到三分之一，假使不足三分之一的，则维护原来的选举结果，并不去争。这是我们实行三三制的办法。国民大会旧代表的名单已经发表，据说国民党员占过半数，加上当然代表与指定代表合计起来，如说国民党代表在国民大会中的数目要比三三制下中共党员在民意机关中所占人数要少，这是难以相信的。接着他说：陈立夫先生说，国民党是学习苏联的体制。我们认为苏联制度的特点是使无权的工农知识分子有权。国民党学习这一制度，如能使工农知识分子有权，那要不胜感谢，而事实确是大家所共见的。此外，陆定一又说：苏联并不是一切事情都由党包办，而是由党领导人民工作。在中国则一党专政是办不通的，中国只应实行多党政治。陈立夫先生说了民国13年国民党改组的历史，但是13年的改组，并不是为了树立一党制，恰恰相反，而是实行联俄、联共、扶助工农三大政策，实行国共两党合作，那时候，孙中山先生感到一党奋斗不够，所以实行国共合作，是二党并非一党，因此才有北伐光辉胜利。在抗战中，也是多党合作，不然抗战也不可能坚持到胜利。从大革命到抗战中，国民党有其功绩，但所以有此功绩，乃因两党或多党合作，至于一党政治，对中国有害无益，我们不愿回述一党政治下十年内战中国家民族所受的痛苦。历史证明，中国只应多党合作。把这个问题说清楚，对讨论各种问题会有帮助。

其次，陆定一说：陈先生认为，中国人民中有不愿参加竞选的习惯，这在某些老先生中或有此事实，但数量很少。相反的，曾琦先生昨天就曾说，当时青年党是放弃竞选的。中共更是被迫无法参加竞选。如果中共有好环境，会不参加竞选吗？要说国情，国情主要的是在这里。许多政党都愿竞选，满足这一要求很重要。最后，陈先生说旧国大代表是由三万万五千万人民选出，而他们无人说话。这一点希望国民党能多听听党外意见。

陆定一说完，民盟代表罗隆基也发表他的政治学见解道："我是江西人，我是3亿5千万中的一个，我就没有同意。"

陈立夫对陆定一、罗隆基等人的驳斥显然不服，再次向会议主席请求，说他只要两分钟反驳陆、罗："三三制下民选出来的中共党员，超过名额的三分之一，要被削减，就不是民主，就是党的统制，此其一。过去惨痛的历史不要说了，国民党13年改组并非'联共'而是'容共'，共产党员是以个人资格加入国民党的，此其二。国民党的一党政治是取法乎苏联的制度，并不是'学习'！此其三。三亿五千万指的是'区域'，罗先生虽是三亿五千万人中的一个，但毕竟还是最少数。"

会场争论激烈，无党无派的"社会贤达"代表邵从恩则提醒大家要"凭良心说话！"

经过这几个回合的较量，陈立夫明白，要在理论上为国民党的一党专政辩护是何等软弱无力。陈立夫这个平时口才无碍的演说家，在这样的场合显然已经失灵了。陈立夫知难而退，从此对会议不抱希望，一切消极，任由孙科、邵力子等人去应付，而陈立夫本人则躲到幕后策划另外的对付办法去了。

第五节　为破坏政协会议大打出手

自毛泽东到重庆谈判以来，陈立夫在不同的场合不是受窘，就是被驳得哑口无言，张口结舌。

蒋介石的高级幕僚、侍从室第二处第六组（负责情报）组长唐纵在1946年1月15日的日记中写道："在政治协商会上，政府好似在受裁判，其屈辱难堪，令人难受已极。"唐纵认为难受，陈立夫更难受。以陈立夫那偏狭的性格，他绝不可能容忍中共和其他党派的代表们在国民党的地盘上继续"嚣张"下去，为了打破这种局面，陈立夫再次决定发挥他的长处，动用他指挥的庞大的中统特务向政治协商会议大打出手，制造了一系列骇人听闻的反民主暴行。

一、沧白堂事件

在政治协商会议开幕前夕，周恩来指示许涤新等出面推动成立政治协商会议陪都各界协进会（简称协进会）。1946年1月11日晚，协进会筹备会与民主建国会、救国会等三个团体邀请各界代表在重庆江家巷一号迁川工厂联合会开会，会议由胡厥文、章乃器、李公朴主持，在听取了沈钧儒关于政治协商会议进展情况的报告后，决定成立协进会，响亮地提出政协会议"只许成功，不许失败"的口号，选举陶行知、章乃器、胡厥文、施复亮、李德全、茅盾、曹孟君、孙起孟、罗叔章等35人组成理事会，下设政治、经济、军事、教育文化、综合五个专门委员会，以及秘书、联络、新闻三处。胡子婴、章乃器负责秘书处；罗叔章、曹孟君、李公朴负责联络处；田钟灵、温仲六负责新闻处。协进会成立后，决定在政协开会期间，从1月12日到27日举行八次各界民众代表大会。

协进会的成立，引起了陈立夫的高度重视，他立即命令C.C.骨干、重庆市党部负责人方治密切注视协进会的活动，同时拨款400万元法币，以每人每晚2000元的代价，雇佣一批特务打手对各界民众大会进行干扰破坏。负责指挥这几次暴行的，是中统头子王思诚，现场闹事的是中统陪都实验区情报科长罗锦棠，行动科长朱翔之，调查员周仁珊、尹长林、谭慧沈、王增德等。

在各界民众大会前三次会议上，混进会场的中统特务流氓采取在听众中起立发言，质询中共及民盟代表的方式，或者发嘘声、掷烟火的办法。总的说来，还比较"文明"，只进行一般性骚扰，未能阻止大会的热烈进行。协进会第四次大会于1月16日晚改在沧白堂（为纪念四川籍国民党元老杨庶堪而修建的，杨庶堪字沧白）举行，参加的人数达到千人以上，特务的破坏活动升级。当晚的会议由阎宝航任主席，参加政协会议的民主同盟代表张东荪和社会贤达代表郭沫若做报告。当报告人讲到以后军队要成为国防军，不能再是党军时，台下就跳出十几个特务打手，狂叫"政府军队是国军，不是党军"。会场群众十分气愤，同声高呼："是国民党的党军，不是国军！"郭沫若也指着在场的特务说："今天上午政协是讨论军事问题，会场倒是一堂和气，并不像今晚沧白堂这般杀气腾腾。"但当郭继续报告时，特务又狂呼乱叫，郭愤怒地指责捣乱的特务："连政府都要来协商，你们何必要这样？！"说得特务哑口无言。

第五次大会于17日晚举行，李德全任主席，首先由青年党负责人之一的李璜代表曾琦报告青年党在政协会上的提案内容，希望政协会议取得成功。但大会尚未开始，特务就狂呼"拥护国民党，打倒异党"一类的口号。在李璜开讲后，特务更以粗野下流的话大骂"民主你妈的×"等。邵力子赶到会场时秩序已经很混乱，当大会主席向邵力子申述特务捣乱情况后，邵力子竟说特务喊口号也是申述"民意"，并说："联合国大会也没有一个联合国大会协进会呀！"劝协进会以后不要再开会了。

在18日晚召开的协进会第六次大会上，特务的捣乱逞凶更加放肆。当晚的大会由李公朴任主席，由国民党代表邵力子、共产党代表王若飞做报告。邵力子在报告中极力为国民党辩护，要大家不要抹杀国民党在推翻清王朝、进行北伐和对日抗战中的作用，希望国事在和谐中解决。中共代表王若飞针锋相对地提出，解决问题必须互相承认与互相尊重，有了这个条件，才能和谐地解决。王若飞在会上揭露了蒋介石提出的"军队国家化"的实质，是污蔑共产党"拥兵自主"，搞"封建割据"，妄图一口吃掉八路军、新四军，消灭人民革命力量。听众对蒋介石无比愤怒。王若飞一口贵州口音，侃侃而谈，声音洪亮，分析问题逻辑性强，很有说服力。王若飞发言引人入胜之时，听众席中突然有人起立质问："王代表！你说延安人民过自由民主生活，我看不然，重庆才是自由民主的，重庆可以出版《新华日报》，延安就没有出版《中央日报》，你能答复这个问题吗？"王若飞果断地回答："我们延安也欢迎你们来办报，中央社、《中央日报》、《扫荡报》都可以，是你们不来嘛！延安生活很苦，你们的记者先生能吃这个苦吗？"这一答复引起听众哄堂大笑，质问者哑口无言，于是做了一个手势，首先从左后角一声"嘘—！"的口哨后，后面几排发出怪声吼叫，会场门口也有十几个暴徒，捏紧拳头准备行凶。中统特务刘俊山等敲起小锣，拿起木棍、石块向讲台砸去，会场秩序大乱。许多进步群众和爱国民主人士立即奔向讲台，在石头纷飞中，大家奋不顾身，把王若飞护送上轿车，直送到沧白堂大门之外，让汽车安全驶去，不少群众因此被石头打伤，一个在会场发了言的青年，刚刚走出大门即被围殴，腹部受伤，另一群众前去扶持，也遭殴打，头部受伤。特务无法无天，更激起了广大群众的愤怒。

第七次民众大会于19日晚举行。由章乃器主席，**邀请国民党代表张群、吴铁城**和民主同盟代表梁漱溟到会做报告。张群、吴铁城借故不到。梁漱溟报告了整军方案和民盟提出的主张：军队应该不属私人，不属党派，不属地方。梁在讲话中，特务打手五次甩石头、放爆竹，致使一个青年左眼受伤。

鉴于特务破坏有增无已，加之政协会议即将进入分组讨论，协进会决定在谋得维持会场秩序的妥善办法后，再定期举行。

1月27日，政协分组讨论已有眉目，协进会举行第八次民众大会。这次大会是下午2时在沧白堂召开的，到会的有3000余人。大会由阎宝航、李公朴、章乃器主持，国民党代表张群、吴铁城仍不到会，首由中共代表王若飞讲话。他说：政协开幕那天，政府就下了停战命令，经过这几天的分组讨论，关于政府改组、和平建国纲领、军事、国大和宪草五项问题，许多基本要点已经趋于基本一致，这是一大成功。而昨天政协代表黄炎培等人住宅却受到非法搜查，说明蒋介石的"四项诺言"的执行，仍甚缓慢。王若飞讲完后，因其他代表尚未到达，仍由中共代表团顾问、山东大学校长李澄之报告山东解放区民主建设情形，然后由郭沫若做报告。郭沫若在报告中着重指出，和平建国纲领虽已拟定，执行还待大家努力。大会通过了两个提案：一、以大会名义致函黄炎培及其他同样遭受无理搜查的政协代表，表示慰问。二、向前来保护会场的宪兵、警察示以慰劳之意。在大会进行中，仍有特务喧哗、谩骂。郭沫若回答听众问题时，几十个特务打手破口大骂，不准再讲。会毕，郭沫若走出大门即被特务打手包围辱骂，尾追至迁川大厦（即迁川工厂联合会会址），郭入内休息，特务仍围而不散。郭沫若离开迁川大厦，前去参加张君劢寿辰茶会，走到路上，特务又用石头打他。李公朴从沧白堂到迁川大厦，也挨了特务投掷的石头。与此同时，民主建国会先后举行的三次政治协商会议讲座，也同样受到特务流氓的骚扰和破坏。国民党特务不仅骚扰协进会大会会场，还非法抓捕协进会工作人员，新闻记者李学民（中共地下党员）遭毒打。

王思诚亲自指挥的"沧白堂事件"得到了陈立夫的嘉许，王得意地说："这不过是一支小突击队，牛刀小试耳！"

陈立夫指挥中统特务滋事破坏，并没有吓倒陪都各界人士，相反激起了各界的公愤。1月24日，陪都教育界、文化界人士茅盾、陶行知、邓初民、曹孟君、侯外庐、洪深、冯雪峰、郑君里、黄洛峰、李公朴等70余人集会，会议一致通过成立政治协商会议陪都文化界协进会，选举侯外庐、邓初民、翦伯赞、陶行知、茅盾、李公朴、冯乃超、郑君里、司徒慧敏、叶浅予、黄洛峰、曹孟君、傀贻德等17人为理事，巴金等4人为候补理事，准备继续迎接斗争。

二、搜查黄炎培住宅事件

黄炎培（1878—1965），字任之，江苏省川沙县人。著名的职业教育家、政治活动家，中国民主建国会和中国民主同盟创始人之一，民盟中央第一任主席、常委，中国民主建国会主要人士，是著名的民主党派人士。黄炎培的家——菁园，坐落在重庆市张家花园50号，半倚半抱在一座小山腰上。抗战以来，黄炎培一直住在这里。小木楼虽然普普通通，但来往的客人却并不普通。延安来的中共领导人常到这里做客。出入这里的还有各民主党派和无党派民主人士，以及国民党的元老重臣们。黄炎培作为中国民主同盟的九位代表之一，出席政治协商会议，每日携夫人姚维钧早出晚归。1946年1月26日，

民盟领导人黄炎培

黄炎培吃了早点，同姚维钧女士出了门，赶赴会场参加会议。伴随他出席会议的有杨卫玉、孙起孟，家里只留下抗战时来黄炎培身边工作的李国全。中午，李国全风风火火跑来。他先找到杨卫玉和孙起孟，上气不接下气地说："黄任老……任老……家……被、被……特务……搜，搜查了……"

国民党特务搜查黄炎培家的事实，1946年1月27日《新华日报》有如下的报道：

昨日（26日）上午11时，突来宪兵一人，穿着灰色军服者一人，佩带

枪支之便衣一人,由户籍警察一人率领,并未通知办事人员,径至菁园黄先生寓所,声称据报黄某藏有枪械,特来搜查。第一句话即说:"黄先生的枪在哪里?"当即守住电话,禁止在菁园值工之练习生李国全与外界通话,一面翻箱倒匦,除将案头之上海杜月笙来电抄录外,毫无所获。并留言声称:候黄某返寓时,再来搜查云云而去。当其搜查时,并剥开练习生李国全衣服,露出胸口,以枪口对准其胸,迫令招出"枪在何处"。李国全答以"黄先生没有枪",该便衣人员更声称要将其抓去。宪警特务等自黄宅出来,闻黄在国府路300号同盟代表团,即去该处寻找,在门口盘旋很久才去。事后,黄炎培氏即请内政部长张厉生氏同往菁园查明真相,途因闻中共代表团亦有类似事件发生,张氏即离去。张申府代表之居室,未被搜查,但亦有同上四人前来盘问。

26日下午,本为综合小组开会,黄炎培、章伯钧等赶往参加,说明经过,并提出三点意见:第一,此事关系虽大,但愿不妨碍大局。第二,要求政府应予所有政协会员以安全保障。第三,政府应立即颁布"人权保障法",彻底保障人权。孙科以主席资格当即表示道歉,并愤慨地说:"这种行为是污蔑国民党,破坏国府信用,破坏蒋主席领导。"政协综合组各代表对此均表示了愤慨。随后,民盟中央主席张澜召开紧急会议,当即决定向国民政府严重交涉。黄炎培亦致书蒋介石,要求对此侵犯人权行为立即追究。

27日,民盟九代表因黄炎培、张申府、史良等住宅遭非法搜查盘问,宣布退出政治协商会议,以示抗议。原定今日召开之政府组、国大组会议陷于僵局,宣布取消。午后,民盟负责人郑重声明:鉴于蒋介石对于宪警搜查政协代表住宅,悍然破坏四项诺言尚无答复,本会代表无意参加预定28日之会议。

中共代表团首先向黄表示慰问和支持。《新华日报》在以《军警宪兵特务竟搜查黄炎培住宅》的大字标题详细报道暴行真相的同时,还发表了《实现人民身体和居住自由》的社论,严正抨击国民党政府违背"四项诺言"的行径。延安《解放日报》也详细报道了事件经过。重庆、成都等国统区的报刊也相继报道。

事情闹大了,政府代表张群急访民盟中央总部,表示要对黄炎培案严加追究,并谓:"限制人民自由法之废止或修正报告即将提交大会,切望民盟代复会若何？"民盟代表当即声明："须获政府书面答复，才能保证其诺言之兑现，否则仍无意出席会议。"当晚，政府代表孙科等八人联名致函民盟代表团保证："一、关于战时所颁涉及人民自由法规，已分别命令各主管机关拟具应行废止或修正，于本月28日提交国防委员会通过，依照手续办理，并拟向政协会议提出报告；二、黄炎培住宅被搜查事已交主管机关切实查究，"此外，孙科、张群、孔祥熙等都代表国民党向黄表示慰问，蒋介石也派副官亲到黄府赔礼道歉，并表示要"切实查究"。所谓"切实查究"，当然是敷衍了事的话。

在得到国民党的保证后，民盟于28日致函政府代表，同意出席政协会议，并提出五点意见：（一）听取政府一切有关人民自由法规如何废止及修正后协商会上作一公开检讨；（二）政府应制定《损害人民自由治罪法》并组织人民自由保障委员会；（三）明令各地军政机关不得妨害各党派公开活动；（四）立即兑现蒋介石宣布之四项诺言，并明令各地党政军机关，所有政治犯就地释放并公布名单，若宣布释放令后有被害者，该执行机关应负一切责任；（五）黄炎培住宅被搜查事，政府于彻究后向大会报告。

28日，国民党又宣布废止有害人民自由的法令48种。31日，黄炎培在政治协商会议第十次大会上即席发言，强烈要求国民党政府立即制定侵害人权治罪法。他还当场发起组织"人民自由保障委员会"，把他预先制备好的签名簿，请与会代表当场签名参加发起。

三、较场口事件

1946年1月31日，政治协商会议闭幕。为了巩固政协会议的成果，促成五项决议的贯彻，政治协商会议陪都各界协进会民主建国会、全国帖子务总工会、中国经济事业协进会、中国农业协进会、政治协高会议陪都文化界协进会等23个团体组成"陪都各界庆祝政治协商会议成功大会筹备会"（以下简称筹备会）。经过充分筹备，决定于2月10日上午9时召开庆祝大会，由郭沫若、马寅初、李公朴、施复亮、章乃器、徐崇林等20余人组成大会主席团，以李德全为总主席，李公朴为总指挥。筹备会柬请全体政协代表莅会指导，并请政协代表孙科、吴铁城、邵力子、周恩来、董必武、沈钧儒、张君劢、曾琦、胡霖、李烛尘、莫德惠、王云五到会讲话。筹备会还印制了《告全国同胞书》，以备散发，向市警察局洽定以较场口广场作为大会会场。

筹备会决定召开庆祝大会的消息公布后，陈果夫、陈立夫兄弟更加紧张，决定组织C.C.与中统的力量予以彻底破坏。兄弟俩商量妥当后，立即驱车林园，向蒋介石报告。蒋介石坐在沙发上，半闭着眼睛，听完陈氏兄弟关于彻底破坏会议的方案后，半晌不吭声，陈立夫急了，再次追问方案是否可行，蒋介石睁开眼睛，看了陈氏兄弟一眼又闭目养神去了。对于这类事情，蒋历来是藏奸不露、不置可否的，对戴笠的军统是如此，对陈立夫的中统也是如此。蒋不置可否，就是默认，陈氏兄弟是清楚的。

退出林园后，陈立夫立即召集重庆卫戍司令王缵绪、重庆市党部主任委员方治等面授机宜。陈立夫的副官长蔡良弼后来对人说："陈部长在公馆里召见了方治、叶秀峰、王思诚等人，研究了要以'民众对民众'的方法来破坏各界人士在较场口召开的庆祝大会。"

2月8日，方治召开重庆市党部第20次临时执委会，传达陈立夫破坏大会的指令。与会的人员有：中统西南督导室主任、重庆市党部书记长徐政，中统局本部第二组（处）组长王思诚，中统局陪都实验区区长杨宝康，中统局调查专员鲁滨，重庆市党部执行委员吴人初，重庆市党部执行委员、社会服务总队总队长、中统局专员龚曼华，重庆市党部执行委员、社会服务总队宣传组组长、中统局专员吴熙祖，重庆市党部执行委员、社会服务总队行动组组长郑蕴侠，重庆市党部执行委员徐鸣亚，重庆市党部宣传处处长骆季常，重庆市党部委员、社会服务总队负责人之一徐敏政，重庆市党部工农委员会科长庞仪山，重庆市党部组织科长、社会服务总队负责人之一吴迪，重庆卫戍总司令部处长陈南平，重庆卫戍总司令部稽查处处长、军统局特务头子罗国熙，宪兵第24团团长沙吉夫，重庆市警察局局长唐毅，重庆市警察局督察处长东方白，宪兵司令部警务处科长徐启杰等。方治首先发言说："确知中共组织的'庆祝政协成功大会'，将于2月10日在较场口广场举行，'政协决议'对我党不利，这个庆祝会对我党更为不利。中央指示，要将该会彻底破坏，可以相机行事。"与会人员经过讨论，提出了下面几项措施：（一）总的策略是"民众斗民众"，由"社会服务总队"担任行动，人员调配、武器检查由总队长龚曼华、行动组长郑蕴侠负责。（二）由市党部执委吴人初负责另外组织一个"主席团"，指派一人担任台上指挥。（三）宣传由骆季常与吴熙祖等人负责。（四）经费由中央负担，实报实销。（五）由宪兵、警察密切配合，担任会场警卫工作。大家对前面四点没有异议，对第五个问题的具体执行办法，宪兵第24团团长沙吉夫和重庆警察局局长唐毅提出补充意见。沙吉夫提出："社会服务总队人员，既然都有手枪，为了避免发生误会，出勤宪兵一律徒手维持会场秩序。"唐毅表示赞同，认为"这是民众集会，民众与民众发生争端，宪警处于维持治安地位，可以加派人员执行任务，宪警徒手是为上策"。两人发言之后，会场立即沉寂，方治紧皱眉头，深表不悦。坐在方治旁边的王思诚故作镇定，满不在乎地说："也可以！也可以！我们社会服务队的枪支也够用了。"方治随后也以缓和的口吻表示："那么，可以嘛！还请在座诸位通力合作，精诚团结，以党国利益为重。"这个会开得非常紧张，时间也拖得很长，一场震惊全国的暴行从此开始，方治和王思诚担任了实施这次暴行的总负责人。

社会服务队总队在这次暴行中负责行动任务。1938年蒋介石入川之后，重庆市党部全部掌握在C.C.手中，当时搞了一些美其名曰"服务"的民众组织，几经变革，发展成为一个庞大的"社会服务总队"，由市党部和中统局共同领导，总队长、副总队长、总干事及各组组长都由市党部执委、委员和中统局人员担任；所谓的"群众"是青洪帮、袍哥、工贼、地痞流氓，集九流三教之大成。这次秘密会议决定，由总队行动组长郑蕴侠往各区队检查人员、手枪和具体布置任务。较场口广场周围小巷很多，几条马路纵横交错，在这次行动中把两个最有力量的区队，安排在会场左右两侧，把守一些小巷，堵塞大会群众的入口和退路，并以千人之众，紧紧包围会场。中统局重庆实验区所有外勤人员，携带手枪，与社会服务总队密切配合。社会服务总队下属各区队负责人，如袍哥大爷、义字"众合社"舵把子、国民党第二区党部执行委员（负责组训）贺洪兴，区党部书记樊元璋，"全义社"舵把子王银山，"永德社"舵把子谭普连，青帮头子刘俊山、战增业等，都动员了起来。

最后是拼凑"主席团"。由于国民党党团内部矛盾很大，为拼凑出一个像样的"主席团"费了不少心思。重庆是一个工商城市，市商会一直操纵在三青团手中，妇女会也被三青团掌握了，黄色工会是C.C.、三青团各控制一半，黄色工会的头头是个中间人物，律师公会负责人崔国翰是进步人士，只有几个"土讼棍"接近C.C.。当时三青团中央团部书记长张治中是主和派，三青团不便参加。吴人初为了拼凑"主席团"，到处说好话，封官许愿，最后七拼八凑搞出了一个所谓的"主席团"名单：

吴人初　重庆市教育公会理事长

周德侯　重庆商会理事

李森普　重庆市中医公会理事长

谭泽森　重庆市总工会理事长

李克愚　重庆市总工会常务理事

张　冕　重庆市律师公会理事

古　铎　重庆市会计师公会常务理事

刘野樵　重庆市农会常务理事

傅伯群（女）　重庆市妇女会常务理事

这九个代表组成的所谓大会"主席团"，还要推定一个执行主席。论地位与文化水平当推吴人初。但吴推诿不干，他说："大家知道我眼睛不方便（吴患有严重夜盲症），我想请谭理事长（总工会谭泽森）担任。"谭也推脱说："不行！不行！我话都说不伸展。"这样推来推去，最后吴人初对刘野樵递了一个脸色，刘挺身而出，说："在下不才刘某，本是追随诸公之后，既然无人作先锋，我毛遂自荐当个廖化了！"吴人初连忙说："刘参议员，可以！可以！年轻有为，文武兼备，又是'农会'代表；我国是以农立国，'农会'能代表多数。"大家都知道这个执行主席不好当，就顺水推舟同意刘野樵担任了。

负责宣传的是国民党重庆市党部执委兼宣传处长骆季常和社会服务总队宣传组组长吴熙祖，在宣传问题上也遇到难题，国民党重庆市党部没有自己的机关报，《中央日报》他们又指挥不了，而且《中央日报》也不好公开出面支持，他们只好找陈立夫出面，把停刊已久的《新蜀夜报》拿出来。《新蜀报》本是重庆著名的老报，有过一段光荣的历史，后来几经变化由中统特务张骏篡夺，以致声誉下降，销路很少，"夜报"只好关门，这次市党部拿了一大笔特别费把它复刊，以《新蜀报》总编辑杨丙初任发行人，以金东平为总编辑，作为这次破坏较场口各界庆祝政协成功大会行动的宣传工具。

庆祝大会于2月10日上午9时半在较场口广场举行，陆续到会的各界人士达一万余人，有许多是前一天从一二百里以外赶来的。大会正式开始前，存心捣乱的刘野樵、吴人初、周德侯、李森普、傅伯群、古铎、谭泽森、李克愚、张冕、庞仪山等，纠合特务打手抢先进入会场。以20多人为一组，分成30多组，分布在主席台上下四周，还拉来一个未经大会聘请的军乐队坐在主席台上。刘野樵、吴人初、周德侯、庞仪山等人跑上主席台，就气势汹汹地向筹备会工作人员索取"主席团"标志,霸占讲台。

当筹备会推定的总指挥李公朴一到,刘野樵就立即提出大会总主席问题。李答待主席团到齐后共同商量。刘急不可耐,看到章乃器上台,又同章纠缠。随后,刘身旁窜出几个打手,对章破口大骂,向章劈胸一拳。这时,他们布置在台上台下的特务打手,同声吆喝,喊叫:"开会,开会!"刘野樵、吴人初、周德侯、庞仪山等趁势霸占了扩音器。李公朴、施复亮等出面劝解,同时与刘磋商总主席的人选。章乃器提出筹备会推定的是李德全,刘野樵提出吴人初,吴人初提出刘野樵。尚未商定,市商会的周德侯即在扩音器上对台下声称:"我们选占中国人口80%的农会代表刘野樵担任总主席",接着就悍然宣布开会、奏乐、唱党歌、读总理遗嘱,叫刘野樵讲话。

李公朴、马寅初、章乃器等当即严词抗议,正站在台上的施复亮更是忍无可忍,遂大声向台下宣布:"请大会总指挥李公朴讲话。"李刚走到台前,即被特务打手包围,拳打脚踢。顿时台上台下,秩序大乱,暴徒流氓大打出手。李公朴被扯着胡须,一脚踢到主席台下,胡子被扯掉半边,头部被铁尺打伤,血流如注。郭沫若以身护李,大喊:"请勿打人",结果也遭毒打,眼镜都被打落,幸由中国妇女联谊会负责人朱宝粹拾起,日后才送还给他。马寅初不但身负重伤,连马褂也被剥去,文稿也被抢走。施复亮被追打到附近一家小杂货店内,还不罢手,适逢胡子昂到会,才用车把他接走。年近七旬的沈钧儒亦受暴徒追逐,赖有十多个青年、记者护卫,走到油市街(今中华路)国民参政会门前,幸遇来参加大会的中国劳动协会负责人朱学范驱车经过,才将他送了回去。

当时在李公朴、陶行知身侧的《新民报》记者邓蜀生、姚江屏,《大公报》记者高学逵,《商务日报》记者梁柯平,因劝说不必动武,遭到毒打。与此同时,台下的特务打手对参加大会的中国劳动协会的队伍也不放过,见人就打,该会职员陈培志和工人冉瑞武、梁永思、顾佐衡等身受重伤。

尽管许多与会群众竭力维持会场秩序,并同这些捣乱分子展开积极斗争,但由于这伙人蓄意制造事端,事先准备了铁条、砖头,恣意逞凶,到会群众当场负伤和失踪的就有60多人。国民党当局一手制造了一场破坏政治协议、肆意践踏人民民主权利的大血案。

中共代表周恩来到达会场时,特务已经动手打起来了,目睹惨状,他不胜悲愤，连声痛斥："这是什么国家！"

育才学校留在校中的学生，闻讯赶来，把几十名伤员护送去金汤街市民医院救治。

在这样的情形下，筹备会原推定的主席团和邀请到会的政协代表曾琦、梁漱溟、罗隆基、陈启天、章伯钧等只好纷纷退出会场。当时尚未进入会场的政协代表莫德惠、张君劢、李烛尘被阻留在场外；国民党代表邵力子到会后，也表示没有办法，自行离去。参加大会的广大群众，对此莫不气愤万分。中国劳动协会许多工人义愤填膺，几次要冲上去，经过领队再三劝阻，才同其他团体一道，率队愤然离开会场。

被特务控制的较场口会场。

至此，会场上只剩下二三百特务暴徒，刘野樵伪装受伤，周德侯冒充代理主席，盗用大会名义，从台下拉了一个特务打手冒充民众代表上台讲话，大肆污蔑攻击政协决议，反对修改宪草。然后通过所谓《宣言》，一直闹到晚上11点半才草草收场。并把会场上的布标、旗帜、桌凳抢掠一空，最后窜到大梁子（今新华路）百龄餐厅，由刘野樵拉了中央社和《中央日报》《和平日报》《新蜀报》的几个记者串演了一出"记者招待会"，反说他被特务打伤。然后大吃大喝，饱餐一顿而散。

较场口事件震惊中外，引起全国性的抗议风潮。2月10日晚，政协代表举行会议，对此表示严重抗议，公推周恩来、陈启天、李烛尘、张君劢去见蒋介石。但蒋却于11日离开重庆飞往上海去了，来了个避而不见。

12日，国民党特务给周恩来寄来恐吓信，内附手枪子弹一颗。恐吓信写道："假如你要向蒋主席报告10日民众大会被捣乱的经过情形，请先看看这颗子弹。老实告诉你，这颗子弹等着你多时了，现在我们不能再忍耐了。我们看，谁占上风？"周恩来大义凛然，当即将恐吓信交《新华日报》公布。

13日，周恩来与陈启天、李烛尘等11名政协代表联名致函蒋介石，抗议较场口事件。

C.C.、中统一手策划的较场口事件，军统"特别工作组"按日以"报甲"向蒋介石作了汇报。在蒋介石身边的高级情报幕僚唐纵告诉军统高干叶翔之："老头子看了以后，一句话也没有讲。"可见，蒋介石是默认了的。

较场口事件发生的当天，冯玉祥将军以愤怒的心情，赋诗谴责国民党特务的暴行，诗文如下：

> 胡豆花开紫薇薇，红梅开过开绿梅。开个庆祝会，本来是很对，会竟没开成，民众被打退。对着主席团，居然发大威。有的破口骂，有的砖头飞。章乃器被打，李公朴被毁。郭沫若受伤，施复亮挨捶。有些挨打者，打伤两条臂。还有受伤者，打坏一条腿。拳打和脚踢，施君伤为最。这种坏方法，用者段芝贵。还有雇些人，议员打破嘴，那是徐树铮，要害段祺瑞。革命政府地，这种行为太不对，定是被人哄，自己不是罪。任意打伤人，外人皆落泪。人家不讥笑，国家名誉毁。如何站得住，四强之一位，不被人开除，也被人挤退。有意毁主席，自己还觉对，放眼看各国，哪有这作为？丢脸太丢脸，自抹一鼻灰。气坏有记者，志士落血泪。治安负责者，应快去认罪。军警管何事，难免无法推。食民之脂膏，不能装着睡。真理是真理，是非是是非，不可手遮天，胆大胡妄为！主席一震怒，有人倒大霉。我们先赔礼，并送医药费。还望从今后，人人大觉悔。法西德日义，从根被摧毁，再去仿效它，实在自找罪。东西法西犯，无处可逃避。快醒快醒醒，做"人"最可贵。

1949年新中国成立后，制造较场口惨案的直接打手刘野樵、刘俊山、吴人初等均受到严厉惩处。

1961年2月，郭沫若为纪念较场口事件15周年，写下了脍炙人口的诗篇：

> 十五年前较场口，独夫驱使一群狗。
> 捣乱会场并打人，当日威风今何有。
> 反动势力纵使强，结果均向反面走。
> 昨日蒋帮今日美，今日蒋帮明日丑。
> 纸虎遍体已鳞伤，社会制度早腐朽。
> 滚滚黄金往外流，经济危机来势陡。
> 犹然火上在加油，扩军备战不罢手。
> 纸虎自愿窜火坑，化为灰尘已不久。

四、捣毁北平军事调处执行部中共办公室

这一事件是中统局副局长兼华北办事处处长郭紫峻、副处长杜衡、河南省调查室主任田昆生、北平区区长李郁才等人策划的。

他们说，为了让共产党在军事上让步，让调处执行部调处不成，不再干涉国民党军的行动，决定组织流亡的"还乡团"示威，要求共产党允许"还乡团"回到解放区。因为逃亡户只有二三百人，人数少，形不成队伍，中统特务便通过北平市党部动员农会、商会组织人马造势。

1946年2月20日上午，由河北省、北平市党部及中统头头带领千余暴徒以"冀省难民还乡请愿团"的名义举行反共示威游行，他们来到王府井帅府园协和医院大楼北平执行部。执行部的大门紧闭，特务们一边呼喊要叶剑英出来答复，一边砸协和医院大楼的门窗，有的特务在砸门窗时被玻璃划破了手，就大喊大叫"共产党打人了！"这些特务事先已对执行部办公室做过调查，他们冲进大楼后直接穿过C楼奔向T楼，直奔叶剑英的办公室，他们一路狂叫"我们要还乡！""给我们还乡证！"叶剑英在事前已应美方代表罗伯逊之邀到了罗的办公室，才免受这批暴徒的伤害。他们找不到叶剑英，就肆意殴打侮辱中共方面的办事人员。军调部北平执行部门前本来有大批警察宪兵警戒，他们目睹暴徒们的暴行，却袖手旁观，不加阻拦，显然事先双方已有默契。

五、反苏反共游行和捣毁《新华日报》《民主报》事件

1946年2、3月间，重庆、上海、贵阳相继发生了大规模的反苏反共游行，一般认为，这些游行的发生，背后有C·C和中统的指使和操纵。

这一事件的发生背景，还须从当时斯大林的安全战略谈起。斯大林的安全战略是沙皇俄国安全战略的继承和发展，其中心思想是"以空间换时间"，即通过无限制地扩大领土以及在邻国制造大量的中间地带（势力范围），以保障中央俄罗斯的安全。不幸的是，作为世界反法西斯战争"四强"之一的中国也成了斯大林制造"中间地带"的对象。1945年2月4日至11日，斯大林与美国总统罗斯福、英国首相邱吉尔在苏联克里木半岛的雅尔塔举行会晤，这三个世界强权国家的首脑拿中国的领土主权作交易，达成了"雅尔塔秘密协定"，其内容如下：一、外蒙古（蒙古人民共和国）的现状应予维持。二、恢复俄国在1904年被日本夺去的权益，即：（1）库页岛南部及邻近岛屿交还给苏联；（2）大连港国际化并保证苏联在该港的优越权利，苏联租用旅顺港为海军基地；（3）中东铁路和南满铁路应由苏中合办公司共同经管，须保证苏联的优越权利，而中国则保持在满洲的全部主权。三、千岛群岛应归于苏联。

斯大林、罗斯福、邱吉尔等世界强权领导人背着中国搞这么一个严重侵犯

坐者右起：斯大林、罗斯福、邱吉尔在雅尔塔会议上。

中国领土与主权的秘密协定，中国政府本来应当予以拒绝。但当时代表中国的蒋介石政府——中国国民政府是一个立不起来的软骨症患者，在美、苏两个强权的压力下，蒋介石不得不吞下"苦果"，派宋子文、王世杰、蒋经国等赴苏谈判，虽经一番讨价还价，但最后还是全盘接受了"雅尔塔秘密协定"的全部条款。1945年8月14日，中苏两国签订所谓的《中苏友好同盟条约》。该条约规定中国承认外蒙古独立、中苏共管中长铁路、旅顺口为苏联海军基地、大连为自由港等条款严重损害了中国的领土与主权。蒋介石的意图很清楚，希望通过满足斯大林的要求，让苏联支持国民党统一中国。在中共问题上，斯大林参照法共和意共的模式，企图说服中共参加蒋介石政府，改编军队，放弃武装斗争，以实现全国和平。

但是，日本投降后，美国大规模介入中国内部事务，中共抢先进入东北等一系列因素，使蒋介石、斯大林的交易无法全盘实现。斯大林为了防止美国势力打入东北，在苏联红军进入东北打败日本关东军后，将东北的所有日本资产均视为苏军战利品，然后苏方提出以这些苏军战利品与国民党政府合作经营，

飞抵莫斯科与苏联外长莫洛托夫（左二）商谈《中苏友好同盟条约》的宋子文，王世杰（右二、右一）。

做无本生意,将东北变成苏联的势力范围。对于苏联提出的经济合作问题,张公权、蒋经国主张满足苏方要求,换取苏联红军尽快从东北撤军,以便让杜聿明指挥国民党军队尽快进入东北完成接收。但宋子文、王世杰等人认为,苏联以日本在东北的资产作为战利品,并转而以此作为与中国合作的资本,超出了中苏友好同盟条约的范围,无论如何,不能同意。蒋介石权衡之后,提出"缩小"合作范围,选择部分企业与苏方合作。但蒋介石的这一建议又遭到了苏方的断然拒绝,称"华方提议,不能作为可使谈判成功之基础"。

经济合作谈判陷入僵局,苏联红军赖在东北不走,而中共数十万军队利用地理上的优势,在苏联红军半拒半迎的状态下进入东北建立根据地。这样一来,蒋介石以牺牲国家领土主权的巨大代价换来的中苏友好同盟条约成了一纸空文,蒋介石的全部企图都落了空。

中共进入东北并站稳脚跟后,提出与国民党谈判解决东北问题的建议,谈判一旦举行,即等于国民党承认了中共在东北的地位;如果与中共谈判解决东北问题,那就等于中苏友好同盟条约完全失败,蒋介石将难以承担条约失败的责任。因此,蒋介石一再咬紧牙关,坚持东北问题是外交接收问题,不是内政问题,只与苏联红军交涉,不与中共谈判。1946年2月17日国民党《中央日报》社论指出:东北"决不在政治解决军事调处的范围之内","如果国人对于这一点不加分别,那末今后任何军阀豪劣土匪都可以先起一支队伍,再与政府'政治解决',其结果将使中国化为不知几人称帝、几人称王的局面"。

国民党从苏联红军手中接收东北受阻,苏军大肆将东北的工矿企业设备及资金运往苏联,中共抢先进入东北等,外交和内政问题交织在一起,加之国民党的蓄意宣传,在国统区终于酿成了强烈的反苏反共的敌对情绪。

1946年2月1日,是苏联红军撤离的最后期限,但苏军并无撤退的迹象。2月11日,雅尔塔秘密协定在中国报刊上公布,引起中国知识界对苏联的强烈不满。2月11日,美国国务卿照会中国国民政府外交部长王世杰,称日本在东北的产业为各主要战胜国的"共同利益",对中苏单独进行经济合作谈判表示不满,认为"美国及其他同盟国人民之未能获得参加满洲经济发展之均等机会"。美国的插手使国民党内某些人受到鼓舞,认为可以借助美国对苏施压,将美国引入东北纠纷中。2月13日,中共中央发言人在谈话中就东北提出四项原则,右翼舆论将此与九一八事变后东北的特殊化相提并论,煽动对中共的不

苏军不仅运走了日本关东军投降时交出的大部分武器装备，而且拆走了东北的许多工矿企业设备。

满。1月14日，经济部东北接收委员张莘夫受东北行营经济委员会主任委员张公权的指派，从沈阳前往抚顺煤矿与苏方接洽接收事宜，16日返程途中，张莘夫与其随员徐毓吉、刘元春、牛俊章、张立德及医生庄公谋、舒世清、程喜田等共八人，被不明身份的人杀害。国民党方面认为这是苏联红军和中共所为，苏联方面则称为暴徒所为，中共则认为是国民党勾结日本人制造张莘夫惨案，以为反苏反共的借口。张莘夫事件于2月上旬传开后，引起国统区舆论的不满。

较场口事件后，以中共《新华日报》为主体的民主舆论，完全压倒了以国民党中央社、《中央日报》为代表的反民主舆论，更让陈立夫等负责宣传的官员恨得牙齿发痒。苏联在处理东北问题上的民族利己主义行为激起中国民众的不满，以陈立夫等为代表的国民党强硬派决定利用这一问题大作文章。过去一向镇压学生运动的C.C.与中统特务，这次却用汽车接送学生参加游行，并供给饭食。对不参加游行的学生，则以开除学籍、扣伙食费相威胁。

在多种因素的作用下，旅居重庆的东北籍人士首先做出反应。1946年2月16日上午，东北旅渝同乡会在重庆青年馆集会，莫德惠、杨致焕、冯北异、王寒生、宁恩承、张逸生、方永蒸等东北知名人士组成会议主席团，到会的有中央大学、东北大学、复旦大学、重庆大学等八所院校的东北籍同学代表1400余人。大会通过中央大学等八校东北学生代表及各同乡所提议案14起。最后由刚从东北回到重庆的莫德惠报告东北情况，莫氏称：东北4500万同胞，14年受尽蹂躏，吃米亦罚苦役，吃水果亦被打板子，今天抗战胜利，饮水思源，渴望国军光临。但如今的东北，商人不能开业，工人不能作工，农民不能耕地，学子不能读书。从这些大家可以想象到，一切东北治安问题的严重，秩序之混乱，真非内地人所能想象。莫氏发言后，会场情绪激昂，最后通过宣言及全体游行请愿，经精神堡垒、民权路、民生路，中山一、二、三路，沿途高喊口号："东北存亡即中国之存亡！""请政府保卫大东北！""中国领土主权必须完整！""殉难烈士精神不死！"下午2时，游行队伍来到国民政府请愿，由林参军代为接见，当众接受请愿书转呈蒋介石。

在东北旅渝同乡会组织游行后，重庆各大专院校酝酿更大规模的游行示威。2月20日，国民党中央党部开会研究这一问题。会议由陈立夫主持，会议决定遵照蒋介石的指示设法劝阻。21日，国立中央大学教授会暨助教会举行会议，就东北问题发表《致苏联政府电》《致英美苏政府抗议雅尔达秘密协定电》《上国民政府电》《为东北事件告各党各派书》。《为东北事件告各党各派书》称：

> 窃自七七抗战，举国上下，戮首同心，八年以来，历尽艰苦，始膺胜利，抗战之伟大成就，非一党一派之特殊勋业，实乃我全国人民爱国精神之发扬，惨烈牺牲之收获，纵观世界各国，祖国如被侵略，人民莫不同仇敌忾，执戈奋起，昔年德寇袭侵苏联，苏联人民爱国情殷，史达林颇为世界所称道，与我国之抗日战争，堪称东西辉映，惟大战尚未胜利之时，苏联已要求恢复帝俄权利，今更兢兢于新领土之开拓，可见世界任何国家，任何政党，均以国家利益为前提，无庸讳言。目前我国抗战虽已胜利，国家危机，反愈益严重，版图较前逼蹙，东北事件之演变，且危及我立国之根本，正视现实，愈增悚惧，际此严重关头，举国上下必须团结一致，群

策群力，对内努力革新政治，实现民主，对外争取民族独立，保卫祖国完整，与政会统一，为立国之基础，政治不能民主，国力难望充分发挥，但国土完整与政会统一，尤为实行民主之先决条件，任何政党，均不能脱离祖国立场，违反民族利益，皮之不存，毛将焉附？敝会同人，痛感国事之严重，爰本超党派之立场，作迫切之呼吁，务请国内一切政党，立即捐弃私权，恢复祖国之破碎河山。国立中央大学教授会暨助教会启。马。

同一天，国民党中央党部再次讨论学生游行问题。会后，陈立夫与张治中、吴铁城联名致电在杭州的蒋介石："沙坪坝学生酝酿对东北问题罢课游行事，党政小组曾两次详加商讨，设法劝止，……唯观察现势，劝阻已不可能，因此次运动，为青年民族意识国家观念之自动自发，学校中反共空气之深厚，出于自然，故只能使其减少反苏成分，及防止不发生意外。"从电报口气看，陈立夫等对游行采取欣赏的态度。

但外交部长王世杰则对此感到十分忧虑，他在当天的日记中写道："沙坪坝学生决定明日游行，对苏联及中共示威。予深以今后中苏关系之恶化及政治协商会议工作之推翻为虑。此事之发生，半由青年自然之愤慨，半由于本党某一部分人之支援。予对是否继续担任外交部（长）一事，不能不细加考量。"王世杰认为，重庆学生游行有陈立夫及C.C.企图推翻政协协议的因素，借题做文章。

22日，驻重庆的中央大学、重庆大学、南开中学、中央工校、川教学院、市立中学、中正中学等20余所大、中学校的二万余名学生举行游行，矛头直指苏联和中共。沿途散发《告全国同胞书》《告全世界人士书》《质问中共书》《慰问东北同胞书》《告东北同胞书》《对苏联抗议书》《致苏联史达林委员长抗议书》。此外，还有中央大学教授暨助教会发表前述四种文件，中央大学救国运动游行会发表质雅尔塔秘密协定书宣言，重庆大学教授会暨助教会发表《致苏联政府电》《致英美苏政府抗议中》《上国民政府主席电》。

在游行过程中，伪装成学生的中统特务捣毁了中共机关报《新华日报》和中国民主同盟机关报《民主报》营业部，报社工作人员多人受伤。

重庆学生大规模游行后，上海、北平、南京、昆明、郑州、贵阳等地，也相继发生了同样的大、中学生游行事件。上海的学生护权运动大会有上海86所大、中学校及学生团体单位二万余人参加，向上海市政府请愿。

与此同时，一批大学校长、文化名流及社会知名人士也卷入了这一事件中。

2月23日，中国民主同盟的领导人黄炎培、沈钧儒、张君劢、彭一湖发表对时局主张，声明四点：（1）我人主张用全力保护我国一切主权，不能超过中苏友好协约之规定，使权益上有所损害；（2）我人主张应继续要求苏联依照约定撤兵；（3）我人主张东北一切内部纠纷，应依政治方式协商解决；（4）我人对任何方面，反对以中国人打中国人。

被特务捣毁的《新华日报》营业部

同一天，西南联合大学的王力、向达、朱自清、吴大猷、余冠英、唐兰、冯友兰、汤用彤、游国恩等100余名知名教授联合发表宣言，要求苏联撤军，归还工厂设备，不得超越中苏友好同盟条约的范围。3月6日，萧一山等40余位北平文化人士联名发表意见书，认为苏军的行动不仅违反中苏条约，"而且违反列宁先生放弃帝俄时代对华不平等条约的声明"，"我们坚决反对雅尔塔的秘密协定，我们坚决反对'九一八'在东北再演"。

这次游行示威的发生，有斯大林民族利己主义政策严重损害中国领土主权的因素。以陈果夫、陈立夫为首的C.C.派利用这一因素制造反共气氛。王世杰始终认为这一事件的背后有陈立夫的影子。他在2月22日的日记中写道："余于事前曾力请蒋先生电陈立夫等劝止，但党部、团部一部分人，不惟未劝止，且或不免暗中鼓励之，故无法阻止学生等出行。"王世杰还一再致电蒋介石，要求他返回重庆亲自处理。

对于陈立夫等幕后策动的反苏反共游行事件,中共和苏联的宣传机关给予了正面的揭露和回击。

2月20日,中共代表团周恩来、董必武、王若飞、吴玉章、陆定一、邓颖超、秦邦宪联名致函国民党参加政协的代表孙科、吴铁城、邵力子、陈立夫、张厉生、陈布雷、王世杰、张群,就捣毁《新华日报》营业部向国民党政府提出强烈抗议,并要求政府立即查办主凶,解散特务,对敝方及民主同盟所受损害,实行道歉与赔偿,并保证此后再不发生同类事件。

当晚,周恩来又就《新华日报》社被捣毁一事发表公开声明,指出:"第一,应该把爱国与排外分开。""第二,应该把学生的爱国运动与特工人员有组织有计划的阴谋行动分开。特工人员利用学生游行机会,捣毁《新华日报》社,这是企图嫁祸于学生。我们懂得随时在制造阴谋的是特工的头子,与纯洁的学生无关,甚至特工人员中许多都是无辜的,这些人值得怜悯,因此,应该把他们与阴谋分子分开。""第三个区别,我们还懂得这种阴谋并不是国民党和政府所有领袖都知道的,而是其中有一部分人不满意政治协商会议的结果,他们一方面想制造事件来破坏政府和蒋主席的威信,另方面想挑起共产党及民主人士的愤怒,好造成更大事件,来撕毁政治协商会议的决议。尤其在这几天,蒋主席不在这里,较场口事件还没有结束,军事小组快到成功结束的阶段时,故意来制造这种事件。但是这种企图,只能使问题发生波折和顿挫,而不能取消中国的民主事业。我可断言,这种事件今后还可能发生。只要这种阴谋分子不受到舆论的批评,不受到法律的制裁,这种事件还会层出不穷,而且还会制造出更大的阴谋,也许还要流民主分子的血。但不管怎样中国还是要和世界各民主国家站在一起,走民主与团结的路,建设一个和平、民主、团结、统一的国家。这点对我们来说,是毫无疑义的。我们懂得怎样不受欺骗和挑拨,我们懂得怎样为国家民族努力,我们懂得怎样绕过暗礁。"

2月23日,中国民主同盟主席张澜也就特务捣毁《民主报》及《新华日报》,致函蒋介石表示抗议。2月27日《解放日报》发表社论指出:"这次全国各地的反苏反共游行示威事件,完全是国民党内法西斯分子所一手制造,他们以手枪和金钱威胁利诱学生群众,强迫学生走向街头。绝大多数学生参加示威是非自愿的,被利用的,也有一部分学生是上了法西斯反动分子的当,以致犯了政治上的错误，但更有很大的一批真正爱国的青年学生，他们的觉悟很高，自始即坚决拒绝参加这一反动的、反民族的、反民主的、法西斯的游行示威。"

3月10日，周恩来在与美国总统特使马歇尔会谈时再次说明："国民党的C.C.派却把苏联的事和我们的事牵在一起。我已经说过，国民党曾有过三个月的宣传和攻击，我们均置之不理，我对记者也一直未谈过此问题。但在2月的一些示威游行中，把一切与我们本无干系的事都牵扯到一起，于是发生了一连串的事件，如较场口事件、《新华日报》及《民主报》门市部的被捣毁、北平执行部的被捣乱、成都《新华日报》分馆和八路军西安办事处的被捣乱。他们对苏联的大使馆、领事馆并无行动，反而把我们作为攻打的目标。而我们直到最近才做了一些回答。顽固派这两个月来对我们的辱骂，并继之以非法行动，其理由仅仅是说我们要把东北除外，特殊化，实行民选。实际上，我们恰恰不要把东北除外，要把停战、整军、保障人权、改组政府及施政纲领等都适用于东北。他们说我们要依靠苏联，而实际上恰恰相反。如果真是依靠苏联，便不会有赤峰事件，也不会要停战小组去东北，更不会欢迎马歇尔将军去东北。过去因为我们不愿向记者们公开解释这些问题，致顽固派得以动员了几种报纸来谩骂我们，蒙蔽人民，并还有多次反对我们的示威游行。"

苏联莫斯科中国问题广播评论员马西努在《已被揭穿的阴谋挑拨》的谈话中也指出："首先，是证明了反苏的游行示威是经过中国当局的同意与组织的。参加游行的流氓们，都有后台老板——反动派撑腰，这些后台老板不仅供给游行者印刷机，不仅替他们在街道上设立讲台，准备会餐食品，这些有势力的反动派并派遣特务暗操机关领导游行，保证他们不受任何干涉阻挠。"

2月24日下午，蒋介石回到重庆，外交部长王世杰立即求见，建议蒋介石就学生游行事件表明态度，"俾苏方不致疑此事为蒋先生所赞同或暗护"。蒋介石对苏联纵然万分不满，但他没有力量也不敢与苏联这样的强邻公开决裂。25日，蒋介石在国民政府纪念周发表对苏政策谈话，称："昨日到渝后，获悉前昨两日，陪都学生游行情形，知其为对于东北接收问题关切所致，青年学生游行之举，固出于爱国热诚，但关于此等国家大事，应注重理智，切不可有偏激之情感，更不可越出其固有之范围，否则即将损及我国家民族整个的荣誉，徒增国家的困难，因此我希望全国民众，注意下列三点：第一我盼望全国民众,信任政府,对于东北问题,必能有合理的解决,切不可轻听外间无根据之传闻,而有激昂过分之言动,我国民政府20年来,对于保护国家主权与求得行政完整的经过,和一切措施,应为我全国人民所共同认识,至于对苏联商谈合作之原则,政府所授予东北行营者;一、必须遵守我国之法令;二、尊重中苏友好同盟条约;三、不抵触我国所签订之一般国际协定,此为政府对东北问题之方针,今特别告我全国同胞,望勿顾虑。第二大家须知中苏两国之友谊,不仅于中国于苏联均为必要,且对于战后世界和平亦必极要,故我中苏两国之友谊,必须保持,并须继续增进,我两国上下,断不可因一时一事之现象,而动摇此种信念,而懈忽其努力。第三战时限制人民自由之各种法令,现在已经取消,一般人民之言论行动,更须自爱自重,随时检点,勿使逾越法律的正当范围。余深望我全国民众,咸以负责任、守纪律之精神,善用其自由,此实为吾人实行民主重要之前提也。"蒋介石的谈话,表明了不过分刺激苏联的态度。

陈立夫等策动的反苏反共游行,产生了以下几种结果:第一,对苏联产生了一定的压力,使其知道对中国也不能无限制地勒索。对此,唐纵在日记中写道:"国民外交是有用的,如张莘夫案学生游行示威,要求苏联撤退东北驻军,与英国停筑屏山机场事,结果,苏联允于4月底撤退东北驻军,英国亦已表示停筑屏山机场。"第二,它使政治协商会议期间的政治焦点——改组政府问题,转移为东北问题。第三,借助这种强烈的反苏反共气氛,国民党内的鹰派——C.C.和黄埔复兴派势力的不满情绪更加高昂,并在随后召开的国民党六届二中全会上,向政治协商会议展开全面的清算。25日上午,周恩来在会见马歇尔时向他指出:"现在国民党中一部分人士,特别是C.C.,在尽力要破坏和推翻我们的这些共同成就。"马歇尔也承认:"这几天是困难的日子。这联系到那些为某种目的而精密组织起来的游行示威上,你当然明了,他们正在做断然的努力以企图破坏政协会的决议。"

第六节　联合复兴社少壮派全面清算政协决议

自抗战后期以来的历次国共谈判及重庆谈判,政治协商会议,国民党方面参加的主要是政学系的张群、王世杰,黄埔系温和派张治中,国民党民主派孙科、邵力子等,这些人尽管政治观点和立场也有区别,但他们有一个共同的特点,用中共参与谈判的代表王若飞的话来说,他们都不是国民党的死硬派,他们都是真心希望通过谈判与共产党求得妥协的,而这在国民党死硬派的C.C.与复兴社少壮派看来,他们简直就是出卖国民党的"犹大"。

特别是政学系,在抗战胜利前后势力发展到它的巅峰,政学系分子一个个加官晋爵,地位极为显赫,如熊式辉出任东北行辕主任负责接收东北三省;陈仪出任台湾行政长官,负责接收台湾,这都是让人眼红的肥缺,都让政学系包办了。在中央,王世杰任中央宣传部长,吴鼎昌任国民政府文官长,张群任成都行辕主任兼四川省政府主席,吴铁城任中央党部秘书长。抗战胜利前后,蒋介石的重大内外政策,几乎都是政学系参与制定或执行的。

而陈果夫、陈立夫为首的C.C.系因为死硬派的名声很臭,对国共和谈、中苏外交等重大决策几乎无缘置喙,这不能不让C.C.派既嫉妒又仇视。与国民党当局颇有交往的浙江大学校长竺可桢在《日记》中有如下一段记载:

> (张)默君(笔者按:竺可桢第一个妻子的姐姐,邵元冲的夫人)交余阅,近来有中国中典社、江海同志社等四团体反对政学系张岳军(群)、吴达铨(鼎昌)、熊天翼(式辉)等把持政权,且近来以陈公洽(仪)主持台湾,熊天翼主持东北,主席言听计从。并谓最无耻为张伯苓、蒋廷黻等。如张等不知敛迹,不惜以对付杨永泰者对付之。

所谓"中国中典社"、"江海同志社"等无疑都是C.C.、中统的杰作。由此看来,他们已经到了不能容忍的地步,随时准备对政学系下手了。

国民党六届二中全会上,C.C.派与复兴社少壮派联合向政学系和国民党民主派孙科、邵力子等发起了反扑。C.C.派和复兴社少壮派刘健群、倪文亚等还成立了一个所谓的"革新派",其主要口号是反对官僚主义和要求党内民主。C.C.派大将张道藩、谷正纲等声称,国民党一切失败均由于不民主,要求党、总裁给予民主。

C.C.系与"革新派"都是国民党内的极右派势力,以反苏反共坚决而著称。1946年3月1日,国民党六届二中全会在紧张沉闷的政治气氛中开幕。3月2日,政学系巨头、中央党部秘书长吴铁城做党务报告。在下午的党务检讨会议上，发言者多以愤激的语言痛骂官僚主义，并强调党政革新，要求党内民主。晚上，革新运动座谈会通过"我们的呼声——革新运动"。康泽说：所谓革新运动是官办的、二陈（即陈果夫、陈立夫）的把戏。

在二中全会召开之前，陈立夫与吴铁城、张治中约请国民党高干二三十人商讨二中全会问题，大多主张废除各部官样报告文书，而提出几个重要问题彻底检讨，切实解决。实际上是要把火力对准政学系和国民党民主派。3月4日，蒋介石在全会上讲话，强调民主精神，鼓励大家自由发言，实际上向革新派做了一定让步。这样，C.C.派与革新派抓住这个机会，在二中全会上成为最活跃的力量。

3月5日，政学系巨头、外交部长王世杰做完外交报告后，邹鲁、白崇禧、王正廷、胡秋原、谷正纲、萧铮等相继发言，均以激烈的言辞指责秘密外交的错误，会场气氛悲愤激昂。王世杰在当天的日记中写道：邹鲁、白崇禧等九人"均以激烈攻击之语调，指责予之外交软弱，或主张将中苏争执（东北问题）提付国际会议。萧铮在会场发言，主张罢免外交部长。"萧铮为C.C.干将，他的主张实际上是代表陈立夫和C.C.派的。3月6日上午，二中全会继续检讨外交报告，萧铮再次请求蒋介石罢免王世杰的外交部长职务，或劝告王世杰自动辞职。王世杰受到猛烈攻击后，于3月6日晚向蒋介石提出辞职，但蒋介石没有同意。

3月7日，孙科在二中全会上做关于政协会议的报告，C.C.派再次掀起反对高潮。C.C.大将谷正纲对于孙科在政协会上做出的让步痛心疾首，发言时"慷慨陈词，垂泣而道"。谷正纲这个人是个典型的政治狂热分子，动不动就一把鼻涕一把眼泪，如诉如泣。为反对政协通过的宪草，谷正纲在前不久召开的国民党中常委会议上哭过一回，现在再次上演哭剧，情绪十分激动。接着，C.C.大将萧铮就国共达成秘密谅解，允许中共和民盟获得国大四分之一代表名额，从而在国大拥有否决权一事提出质询，孙科愤而不答，吴铁城、张厉生出面答复，却又闪烁其词，并把责任推到蒋介石身上，最后还是邵力子有担当，如实说明。结果，引起C.C.的强烈不满，一致要求惩处做出让步的国民党参加政协的代表。他们在会上指责说："这次政治协商，本党中央并未作任何决策，本党八个代表，也没有一个共同的方案。某些代表不惜牺牲本党的立场以谋与共产党达成妥协，借此维持其既得权位。这种'走私'勾当，再不能继续发展下去了。"

东北问题是C.C.派等攻击的又一重点。连蒋介石都认为，东北问题最难对付，一度主张取消东北报告，政学系头子张群赞同，他们试图将东北问题绕过二中全会，用心良苦，但C.C.坚决不干。3月12日，C.C.系的齐世英等一批东北籍中央委员找到东北行辕经济委员会主任委员张公权警告说：他们对熊式辉已忍无可忍，原准备在熊式辉来重庆出席二中全会时当面给予难堪，但熊式辉躲着不来出席会议，但东北问题非在大会报告不可。这样一来，东北问题是绕不过去了。3月14日，刘斐和张公权在二中全会上分别做关于东北军事、经济的报告。C.C.派策划的反对闹剧随之进入高潮。在刘、张做报告时，就有人在会场外请愿叫喊，大会主席团立即推陈立夫与陈诚出去应付。请愿团要求罢免熊式辉。王世杰称这也是陈立夫等人指使的。他在日记中写道："外间有人向二中全会请愿罢免熊式辉，亦为党中一部分人所指使。此种做法显示党中纪律之恶化。"

对于C.C.派和"革新派"等极右派集团在二中全会上的恣意攻击和表演，蒋介石几次到场讲话，对他们进行了批评和压制。

3月12日，蒋在总理逝世21周年纪念会上做第四次讲话，着重讲以政治方式解决政治问题，批评了陈立夫等一味蛮干打杀的不妥。蒋介石说："有些同志的脑筋中，总以为政权和武力既然操于我们的手中，我们何妨用宪兵、警察来做后盾……完全依赖既得政权和武力来解决一切问题，是最卑劣的手段，一个伟大的革命政党，决不愿采取这种手段的……比方去年昆明的学潮，有几位同志，忠实勇敢，工作努力，固然可嘉。但不讲技术，不讲方法，只知用武力对付，一味蛮干，真是连12岁的小孩都不如！"

尽管蒋介石的讲话严厉，但C.C.系决不会因此有所收敛。事实上，C.C.仍然如故。在C.C.和"革新派"、元老派等极右势力的鼓噪下，二中全会对政治协商会议通过的五项决议案进行了全面的修正，实际上是撕毁了政协决议案。二中全会通过的《对于政治协商会议之决议案》声称：

一、国民政府既须改组，容纳各党派分子参加，各党派均应一本忠诚，为国家之和平统一、民主建设而共同努力。尤其属望中国共产党切实依照协议，在其所占区域内首须停止一切暴行，实行民主，容许人民有身体、思想、宗教、信仰、言论、出版、集会、结社、居住、迁徙、通讯之自由及各党派公开活动，使政治民主化之原则不致因任何障碍而不能普遍实现。

二、军队国家化乃和平建国之先决条件，此次军事小组所订之"军队整编及统编中共部队为国军之基本方案"，中国共产党务须切实履行。尤其目前一切停止冲突，恢复交通之成议，必须迅确实现；封锁、围城、征兵、扩军及军队之调动，必须即刻停止；俾全国秩序得以恢复，人民痛苦得以苏解，"军队国家化"之障碍，得以首先扫除。

三、三民主义为建国最高原则，早为全国所遵奉，已为此次政治协商会议所共认，而五权宪法乃三民主义之具体实行方法，实有不可分离之关系。权能分职，五权分立，尤为五权宪法之基本原则。本党五十年来领导革命，悉为实现此最进步之政治制度，以建立国家而奋斗，绝不容有所违背。所有对于五五宪草之任何修正意见，皆应依照建国大纲与五权宪法之基本原则而拟订，提由国民大会讨论决定，庶宪政之良规得以永久奠定。

二中全会的最后一幕是国民党中央常务委员会委员的改选。以往中央常务委员一直由国民党总裁蒋介石提名，由大会通过。C.C.与革新派等决心在二中全会打破这一惯例。

3月13日晚，蒋介石召集二中全会主席团成员和国民党出席政协的代表，会商中央常务委员产生办法。会上，C.C.大将张道藩等坚持必须由选举产生，不能由总裁提出候选人。张道藩等的企图是要由C.C.来控制中央常务委员选举。政学系的王世杰则建议采取无记名投票法，企图打破C.C.对选举的控制。C.C.老帅陈果夫立即跳出来反对王世杰的建议。蒋介石出于平衡各派的考虑，最后采纳王世杰的建议，否决了陈果夫的反对意见。

3月16日，二中全会举行中央常务委员选举，既不由总裁提名，也不用记名投票，在形式上体现了民主与革新的要求。但C.C.人多势众，选举结果，C.C.派和革新派大获全胜。在选举的36名中央常务委员中，属于C.C.系和新C.C.系的有：陈立夫、陈果夫、朱家骅、谷正纲、张道藩、段锡朋、潘公展、萧同兹、梁寒操、赖琏、陈布雷、田昆山、萧铮、王启江等14名。C.C.系的小喽啰都摇身一变成了中央常务委员，而政学系则遭到惨败，除多栖人物吴铁城一人外，政学系的巨头张群、熊式辉、王世杰等与中央常务委员无缘。黄埔系少壮派也有斩获，贺衷寒、刘健群、邓文仪、柳克述均跻身中常委之列。对此选举结果，政学系的王世杰评价说："有众多资望能力薄弱之委员，趋附党中所谓C.C.派者，均当选。党内党外均不免失望。"蒋介石对这个选举结果也大为不满，王世杰日记写道："蒋先生指斥党中所谓'革新派'（即陈立夫、梁寒操、刘健群），其目的只在攫取中央常务委员。言下甚为愤慨。"

在政治协商会议闭幕之后，中共中央于1946年2月7日向党内发出指示："政协会议以后，国民党内部已起分化，一派主张与各党派合作，除开国民党内的民主派外，邵力子、王世杰、张治中以及政学系的张群和于右任等最近都转到这一派，他们愿意支持政协决议。另一派则反对政协决议，他们认为政协是国民党失败，国民党从此完事，大哭大闹，要弹劾国民党出席政协代表，并对蒋威胁。西西（笔者按：即C.C.）复兴的领导成分，若干元老如吴稚晖等及何应钦等将领，属于这一派。以上两派，正在形成，斗争已开始激烈化。因此，我们今天对国民党的态度必须细心谨慎。我们的方针是争取蒋介石国民党继续向民主方面转变，以实现国家民主化，孤立国民党内部的反动派。我们现在应谨慎的与蒋介石、孙科、王世杰、邵力子及政学系等人合作，进行民主化工作，而反对西西复兴两系中的坚决反民主分子。"上述两派在六届二中全会上激烈较量的结果，被中共列为合作对象的派系和人士均受到沉重打击，地位严重削弱。而C.C.派和黄埔系少壮派等国民党极右派把持中央常务委员会的结果，使国共谈判的基础严重削弱。

1946年3月10日，周恩来在与马歇尔会谈时，就C.C.在国民党六届二中全会上的表现一针见血地指出："说到国民党二中全会，这些人的企图是要推翻政协的一切决议，他们不仅是反对中共，而且反对国民党内一切主张民主、和平、统一的人士。在这几天会议中，C.C.派中委几乎天天骂人，连张治中将军都不否认。前两天在孙哲生先生处讨论宪草，他和邵力子先生也不否认。这决不能说是因为中共的一些宣传和声明就能破坏过去的一些成果，而是这些分子先在闹，他们要撤换国民党出席政协的代表。陈立夫自己身为政协的国民党代表之一，却暗中指挥反对政协。他们对王世杰、邵力子、张群、孙科，甚至对张治中、宋子文、翁文灏等都反对。这些事和中共以及和东北问题都无直接干系。其目的是要推翻政协的决议。他们觉得这些对他们的派系不利。正因此，我非常担心政协的决议会被他们推翻。因为他们要变更政协的一切决议，要变更宪草修改的原则，使之成为维持集权主义而非民主主义的。对改组政府，他们一方面要把国民党内主张和平民主的人士逐出政府之外，另方面又要求别党所提出的参加政府人员的名单要由国民党二中全会通过。关于国民大会，要变更原定的人数。在施政纲领方面，要由他们派人接收我们现有的区域，不准实行民选等等。他们还要求政协的决议不能约束国大中各党代表。这一切也都和东北无关。故在我看来，东北问题不过是他们的一个借口，实际是顽固分子不愿放弃一党独裁权，这是最本质的原因。"

第七节　被马歇尔等斥为"极右派首领"

一、力劝蒋介石阻止马歇尔来华

1945年12月，美国总统杜鲁门派遣马歇尔作为总统驻华特使来华调处国共争端。陈立夫对马歇尔的来华是坚决反对的，他曾试图阻止马氏来华，但没有成功。陈立夫在《成败之鉴》一书中写道：

> （1945年）11月下旬某日，委员长约我至重庆汪山官邸午餐，同席有经国同志。餐毕，外交部王世杰部长有要事晋谒，报告美政府派马歇尔将军来华调解国共间问题。我听完报告，即对委员长率直而肯定地说："此事不妥，任何人来，比马歇尔将军为佳！"委员长问："何以见得？"我说："国共间问题，宜直接商诸苏联，反易解决，若由美国出任居间，使苏面子过不去，徒增阻碍，此其一。照我观察，共方利于拖延，俾有时间整军以对我。美方对于共党问题，见解不深，易受其欺，此其二。国共问题，据我推测，调解之机会极少，马歇尔将军英雄人物，为世所称，此番出任调人，只能成功不能失败，一旦失败，如何下场？其咎若诿之于我方，我又将何以自处？此其三。有此三者，我所以认为马将军不相宜。"委员长听了，似有所动，即向王部长问道："同意的电报，已经发出否？"王答："已经发出。"（其实那天是星期六，要追回电报，还来得及）并谓："美方对中共问题不太了解，参加和解，当可增加认识。"委

第十一章 "绝不妥协"的极右派首领

1946年1月成立的由国民党代表张群（左）、共产党代表周恩来（右）、美国代表马歇尔组成的三人委员会

员长默然不语，我续道："将来得不偿失，悔之晚矣！"

陈立夫不想让马歇尔来华，马歇尔还是来了。马氏于12月17日飞抵北平，与在北平的蒋介石见面。20日飞抵上海，23日飞抵陪都重庆。24日为马歇尔的生日，蒋介石安排了一个盛大的宴会为马氏洗尘并祝寿。陈立夫说，马歇尔竟在宴会上以殖民地总督的口气，将国民党政府大大责备了一番，让所有在场的文武百官听了极端不愉快。宴会后，蒋介石约见马歇尔，将陈立夫（国民党中央组织部长）、吴铁城（国民党中央党部秘书长）、王宠惠（国防最高委员会秘书长）介绍给马歇尔，蒋介石对马歇尔说："马将军如需要知道有关吾方的党政资料，可和这三位先生接洽。"次日，陈立夫与吴铁城、王宠惠联袂拜访了马歇尔，再三声明，如有需要，他们三个人当尽力为他服务。陈立夫说，此后马歇尔从未找过他。

马歇尔来华后，经过商谈，于1946年1月成立三人委员会，由国民党代表张群（后为张治中）、共产党代表周恩来、美国代表马歇尔组成，马歇尔任三人委员会主席，负责召集三人委员会会议。陈立夫根本不相信和平谈判能解决什么问题。在国共谈判期间，陈立夫指挥C.C.和中统极尽破坏之能事，又相继制造了一系列骇人听闻的暴行。

二、参与制造昆明"一二·一"惨案

龙云是云南实力派首领,自1928年1月出任云南省政府主席起,云南一直是他的天下。龙云上台后,对蒋介石的国民党中央采取服管不服调的方针,即蒋如不损害龙云在云南的地位和利益,龙云就服从和合作。云南地处西南边陲,蒋介石一时鞭长莫及,故只能暂时承认龙云在云南的统治。蒋介石曾经说过:"龙云好比南越王赵陀,自帝其国,非敢有害于天下。龙云只想独霸云南,称臣纳贡,既无问鼎中原之心,也乏窥窃神器之力,不同于阎、冯、李、白,对龙云要容忍,只要服从中央,即使在云南另搞一套,最后为我所用,无伤大局。"

1938年10月,国民党中央政府迁到重庆,并以重庆为陪都后,历来天高皇帝远的大西南,一变而为国民党统治的中心和国民党正面战场的大后方,云南成了重要的工业中心、文化中心和外贸集散地,以后滇缅公路又成为国民党政府唯一的陆上交通线,云南的地位大为提高,蒋介石不再容忍龙云在云南大权独揽。国民党中央系势力在抗战的名义下,不断向云南渗透。1938年,中统局以团结抗战、防止敌谍、巩固后方为借口,在昆明建立了调查统计室,随后又建立川滇、滇越两路特别党部调查统计室和西南公路局调查统计室,一下子在云南建立了三个中统机构,他们不断向中统局提供龙云的情报,为蒋介石搞倒龙云做准备。

1943年,陈立夫以巡视教育为名到云南,当时龙云与蒋介石的关系相当紧张,蒋介石谋划倒龙甚急。可陈立夫到了云南后,却不断给龙云戴高帽子,使劲灌迷魂汤。在一次宴会上,陈立夫站起来演讲,说:"唐生智叛变,桂系(李宗仁、白崇禧、黄绍竑)叛变,石友三叛变,每一次叛变事件发生,龙主席都是第一个

被蒋介石夺去兵权的云南省主席龙云

打电报给蒋委员长，表示拥护中央政府的人，别人可能不清楚这些事，但是我在秘书处机要科做事，我很清楚，龙主席真正是三民主义的信徒，也是帮助蒋委员长北伐，完成统一的重要助手。"龙云听了这番吹捧他的话自然很高兴。吃完饭后，又看京戏助兴，演的是《三国演义》中的"失街亭斩马谡"和"空城计"，陈立夫也不放过机会，又一次把龙云大大地吹捧了一番。陈立夫说："诸葛亮最重要的一个帮手是赵云，每次最困难的时候都是赵云来救驾，你看从前有个赵云，现在有个龙云，诸葛亮有危险时赵云就来了，蒋委员长有危险时龙云就来了。"龙云听到这里更加得意，对陈立夫本人也更加亲切起来。据说，本来龙云架子大，以前对来昆明的国民党中央大员从不迎送，陈立夫几番捧场的话让龙云真的动了心，在陈立夫离开昆明时，龙云"郊送"五里之远，还送了一盒最好的云南白药。陈立夫这个中统头子的阴险处就在这里，当面捧人，背后却让中统特务死死盯人。

龙云为了自保，在政治上加强了与中共的关系，民主同盟也以昆明为主要活动基地，在龙云的有意支持下，昆明在抗战时期成为"民主的堡垒"。1945年8月抗战胜利后，蒋介石即于10月3日发动倒龙事变，免去龙云本兼各职，调到重庆担任军事参议院院长，任命卢汉为云南省政府主席，在卢汉未到任前由李宗黄代理。

李宗黄是C.C.骨干，1927年"四一二"反革命政变发生后，他曾经奉命到昆明镇压过学生运动，在杀害进行爱国宣传的梁元斌后，被赶出云南。他这次重返昆明，想把云南建设成C.C.和中统的一个重要基地，登台后即扩大C.C.和中统实力并准备镇压昆明的民主运动。

1945年11月19日，重庆各界代表成立陪都各界反内战联合会，提出"内战必先停止，是非再付公论"的主张，昆明的西南联大、云南大学、中法大学、英语专科学校等四校学生自治会，联合发起举办时事晚会讨论制止内战问题的倡议，决定于11月25日在云南大学至公堂举行大会。李宗黄得到情报后，马上与云南警备司令关麟征于24日召集党政军紧急治安联席会议，会议决定加以干预。第五军军长邱清泉提议马上出布告，禁止一切集会，如果不听就以武力镇压。中统两路调查统计室主任刘介鲁提议，按照以群众对群众、以组织对组织、以宣传对宣传的办法，利用晚会欢迎自由参加的机会，发动国民党员、三青团员混进会场，伺机制造混乱，使大会开不下去；如果学生有纠察队，双方打起来，警察就以维持治安为名进行干预，指控学生违警。李宗黄、关麟征均赞赏这一诡计。

11月25日清晨，"禁止一切集会与游行"的"紧急命令"发布了。这天，李宗黄亲赴云大巡视，指令校长不准出借会场；特务们也向职业学生传达了抵制破坏晚会的意图。学校师生为了避免发生问题，把会场改在联大新校舍的草坪上。即使这样，当晚参加会议的仍然有6000多人。国民党特务头子们各自带着自己的喽啰，身着便衣，也鬼鬼祟祟地挤进了会场。邱清泉的情报人员刘某，穿着美式军用夹克，挺神气地站在边上，可能意在威胁胆小的人。

大会主席刚讲完话，中统云南省调查室主任查宗藩，身穿长蓝袍，头戴一顶压得很低的呢帽，登台要求发言。主席阻止了他，要他在原来安排的讲话讲过之后再讲。当晚安排的有钱端升、费孝通、潘大逵、伍启元四位教授做报告。在特务捣乱中，四教授仍坚持作完报告。报告刚一结束，查宗藩又登上台来。他说："我是个老百姓，要代表老百姓讲话。现在不是内战问题，是内乱问题……"学生们觉得味道不对，不准他胡说八道，吼叫着把这个捣乱分子拉下去。说时迟那时快，不知什么人，一下子把查的帽子给揪了下来。会议主席齐亮马上夺过了麦克风，指着他向群众喊道："他不是老百姓，他是国民党省党部执委、中统头子查宗藩！"台下的特务们见查的面目被揭穿，急红了眼，便趁机捣乱、叫骂起来。学生群众怒不可遏，一齐叫喊轰特务，见不得人的特务们在群情愤激的笑骂声中狼狈逃窜。第五军军长邱清泉，在慰问中统头子查宗藩的同时，下了开枪的命令。一时间，小钢炮、机关枪在会场上空织成了火网，美式装备的军队很显了一阵威风。一些学生想离开会场，密布的警察宣布戒严，封锁了交通。为和平民主而战的师生们，乱过一阵之后又继续开会了。大家在掌声和口号声中通过了《昆明各大学全体同学致国共两党制止内战的通电》和《呼吁美国青年反对美国参加中国内战的通电》。接着，大家齐声歌唱："……坏东西，拉夫抓丁，征粮征米，拆散父子，拆散夫妻都是你，你的心肠和魔鬼一样的。别国在和平里复兴建设，只有你成天在内战上玩把戏。你这个坏东西，真是该枪毙……"大家用《你这个坏东西》的歌声，表示对反动派的抗议。

邱清泉、查宗藩等破坏学生们的时事晚会之后，心里并不安。他们对于如何掩饰开枪问题无计可施，当夜又找中统、军统的特务们共商对策。又是刘介鲁出了个鬼点子：让中央社发一条新闻，说昆明西郊夜里发现土匪，驻军进行搜捕。就这样，第二天《中央日报》等报纸，发表了"西郊匪警，昨夜枪声"的消息。昆明学生对国民党把集会师生当成土匪，如此公开造谣，非常气愤，纷纷要求罢课抗议。联大学生自治会经过与其他学校串连，昆明30多个学校，三万多学生，为抗议国民党的法西斯暴行，共同成立了昆明市学生联合罢课委员会，发表了罢课宣言，要求云南当局追究射击联大学生事件的责任，取消禁止游行的非法禁令，保障学生的人身自由，要求中央社改正诬蔑联大的荒谬谣言，向参加大会的人道歉。到了28日，罢课期限届满，中央社毫无悔过表示，罢课委员会宣布无限期罢课，并发表《为反对内战及抗议武装干涉告全国同胞书》，明确提出四项奋斗目标：立即停止内战，撤退驻华美军，组织民主联合政府，保障人民民主权利。

29日，全市学生5000人上街举行游行示威。反动派慌了神，立即通知各自能控制的学校严禁罢课、上街。李宗黄要教育厅通令各学校，立即放寒假，企图釜底抽薪。30日，学生宣传队又上了街，写标语的，贴壁报的，发表讲演的，唱歌的，演街头剧的……全市卷入了反内战争民主的高潮。李宗黄、关麟征担心罢课与罢工、罢市同时举行，一面要教育厅发表《告学生家长书》，要学生家长喊子弟回家管教，要警察特务对工厂严加控制，并警告商会"不准罢市"；一面让发电厂、自来水厂借口机器发生故障，切断了对联大、云大的水电供应，强迫学生离校，并命令学校交出"思想有问题"的学生名单。与此同时，李、关邀请反动党团特务的头目们再议对策。他们决定拨款两万元纠合党棍、特务骨干成立反罢课委员会，组织特务、流氓、反动党团分子和年轻士兵等为打手，成立反罢课宣传队，上街向学生宣传队寻衅打架。一天之内，街头学生被殴打、围攻、污辱、绑架的事件，发生了无数起。经过刘介鲁的设计，特务们还用猪鬃结成"赤匪"两字的刷子，涂上红油墨，往学生身上刷。国民党反动派认为，如果昆明学生运动被镇压下去，在国民党统治区可以起到杀一儆百的作用，因此，上上下下特别卖力。由于昆明学生特别英勇，他们坚持斗争不肯屈服，反动派便由校外打到校内，制造了震动全国的"一二·一惨案"。

12月1日上午10时许，查宗藩手下的特务、三青团团员和由关麟征兼总队长的国民党编余军官总队的队员400多人，经过周密的部署，分成几路向联大新校舍、联大工学院、师范学院、云大、联合附中、南英中学等处发起了攻击。暴徒们怀揣手枪、匕首、手榴弹，横冲直撞，几次冲入联大新校舍都被学生赶了出来。由于师院猝不及防,暴徒们冲进去就用刺刀乱刺,用手榴弹轰击,霎时间师生们倒成一片。女学生潘琰怒斥暴徒无理,胸部被刺数刀躺到了血泊里。在学生们组织反击时,暴徒呼啸而去。在这个事件中,联大师院的潘琰(女)、李鲁连,昆华工校的张华昌,南菁中学的教师于再被打死,25人受重伤。与此同时,特务们在街上拦路行劫,到处捕人打人,整个昆明陷入法西斯疯狂镇压的恐怖中。

屠杀不仅没有吓倒为正义而斗争的学生,反而激起了更广大群众的愤怒。罢课委员会为四烈士成立了治丧委员会,15万人前往联大灵堂致祭。延安、重庆、贵阳、上海等许多城市举行了追悼会,控诉国民党反动派的暴行。在特务们的嘴脸一再被揭露,他们的诡计一再失败以后,表面上不得不夹一夹尾巴,但是暗地里,则为更凶残的屠杀做准备了。

蒋介石在全国人民的声讨声中,不得不用"停职候处"的名义把关麟征、李宗黄调离昆明。

三、制造南京下关惨案

1946年春的一天,陈立夫将中统局长叶秀峰和中统高级特务张国栋召到家中面授机宜。陈立夫说:"共产党挑动利用那些无知无识的农民为非作歹,杀人放火,这些人才不得不被迫逃出。我们要反其道而行之,共产党所要反对的,我们就给予支持,帮助他们返回家园,也只有这样,我们才能有人、有力量,这叫做'以组织对组织'。"

根据陈立夫的授意,叶秀峰将津浦路特别党部调查统计室主任陈叔平叫到局本部,指定由陈叔平负责组织"苏北难民"。叶秀峰还告诉陈叔平,要学会各种手段,比如结拜金兰,成立同乡会、同学会等,联络组织这些人和各地的地痞流氓。下关属于中统南京区范围,因南京区区长田纯玉刚到职,对下关情况不熟,下关的任务也交给陈叔平。

陈叔平,江苏盐城人,青帮头子。陈叔平手下多是苏北人,其中不少是参加过日伪组织的汉奸,日本投降后摇身一变以地下工作人员的名义成了中统特务。这些人急于立功,所以特别凶狠。陈叔平告诉他们:"咱们家乡不安宁,是因为共产党煽动蛊惑,武装割据",为了恢复祖业,打回老家,就必须协助政府"戡平内乱",他们利用同乡、同学、同宗、同帮(青红帮)等关系,把从苏北逃来的地主富农以及地痞流氓等编成若干组,由中统特务头目和青红帮头目带领，随时准备用来镇压民主运动，对这些组织起来的人员，中统局还发给了活动经费，最少的也有二元光洋。

为了制止国民党政府发动内战，上海工商界和各界人士于1946年5月5日成立了上海人民团体联合会。这个团体是由中共倡导推动，中国民主促进会发起的，参加的有中国民主同盟、民主建国会、工商协会、学生团体联合会、杂志界联合会等52个团体。29名理事包括中共、民主促进会等组织负责人，如马叙伦、王绍鏊、林汉达、陈巳生、许广平、周建人、沙千里、胡厥文、孙晓村、罗叔章、胡子婴、冯少山、盛丕华、簣延芳、张䋣伯等。上海人民团体联合会成立后发展到91个单位。5月26日，上海人民团体联合会招待从重庆来沪的民主人士，与会者一致认为，非立即停止内战，不足以救中国于水深火热之中，决定发起上海人民反对内战大会。之后，又决定组织上海人民团体代表团（又称上海和平请愿团）赴南京请愿，直接向国民政府要求和平。代表团成员由11人组成，他们是：马叙伦（教授，上海人民团体联合会常务理事）、簣延芳（浙江兴业银行董事长）、盛丕华（上元企业公司董事）、胡厥文（合作五金厂经理）、包达三（雷石化学公司董事长）、张䋣伯（中兴实业公司董事）、阎宝航（大明公司总经理）、雷洁琼（东吴大学、沪江大学、震旦女子文理学院教授）、吴耀宗（基督教青年会全国协会出版部主任）、陈震中（圣约翰大学学生，上海学生团体联合会主席）、陈立复（东吴大学学生，自治会主席）。

在上海和平请愿团赴南京前，叶秀峰主持召开"两统会报"商讨对策。出席会议的有中统局局长叶秀峰，军统局局长毛人凤，中统南京区区长田纯玉，军统南京站站长黄逸公及宪兵司令部、首都警察厅等单位的代表。当讨论到上海和平请愿团来京的问题时，与会者都知道这个代表团成员是一些知名工商业者和学者名流，不好对付，有所顾忌。叶秀峰因事先已有布置，便拍着胸脯说："我有办法。"于是大家顺水推舟：那就由老兄负责，我们从旁协助好了。会后，叶秀峰召集陈叔平、季源溥、陈庆斋（中统驻上海专员）、黄九成（中统局科长）等具体布置对付办法。

6月23日，上海和平请愿团在上海数万群众的热烈欢送下从上海北火车站启程赴南京。中统特务开始采取扣火车头、不发车的手段阻止请愿团上车，同时由上海市长吴国桢出面劝阻，但都没有成功。当请愿团到达江苏镇江时，季璞（中统江苏省调查统计室主任）事先准备在车站的一批所谓"苏北难民"蜂拥上来，企图把请愿团人员拉下车。他们叫嚷，他们是从苏北来的，在家乡遭到"共产党迫害"，弄得流离失所，无家可归，你们要求和平，停止内战，就是不让我们回去。这些论调遭到了请愿团的驳斥，车上的旅客也纷纷起来支持代表团。他们捣乱了一阵，也未能得逞。

车到南京，麇集在南京下关车站的国民党特务和"苏北难民"在陈叔平指挥下，将请愿团成员拥到候车室团团包围起来，大叫大嚷，威胁他们回上海去。请愿团成员不畏强暴，坚决要进城，那些特务、暴徒见无计可施，终于露出凶相，大打出手，对请愿团成员拳打脚踢，还用铁棒凶器袭击，将马叙伦等人打伤，前后历时五个多小时。当时在车站维持秩序的宪兵警察对此视而不见，继而撤离而去。

在这起特务行凶的惨案中，还有一个插曲，那就是请愿团成员篑延芳、包达三与蒋介石是宁波小同乡，包达三且是蒋介石的患难朋友，早年两人曾在上海滩称兄道弟，包还不时接济过蒋。蒋介石很念旧，不忍让特务将包达三和篑延芳毒打一顿，特别指示中统特务在行凶时要区别对待。于是，在南京下关车站候车室行凶时，特务们特别把包达三、篑延芳"隔"在一旁，一根汗毛也没有碰到，而把与蒋没有交情的马叙伦被毒打得鼻青脸肿，张絅伯也吃了好几拳。

周恩来于6月24日向马歇尔、徐永昌和俞大维提交了备忘录，提出受伤人员共有12名，他们是：

马叙伦：前代理教育部长、国立北京大学教授。

阎宝航：大明公司总经理。

雷洁琼：东吴大学教授。

陈震中：学生代表。

罗叔章：重庆第一制药合作社经理。

胡子婴：合作金库主任。

叶笃义：民盟职员。

高　集：《大公报》记者。

浦熙修：《新民报》记者。

徐士年：《大中日报》记者。

徐　斌：《益世报》记者。

钱江潮：市府新闻专员。

受伤最重的浦熙修，是上海《新民报》记者、采访主任，和《大公报》的彭子冈是抗日战争年代国统区一双驰骋报坛的女将，写了不少揭露黑暗、歌颂光明的报道。据说，每次国民党要员举行记者招待会，她们两位口锋犀利，常常将那些官员们质问得面红耳赤，目瞪口呆。抗战胜利以后，浦熙修在重庆，在南京，斗争更出色，更英勇，使那些国民党顽固派对她更加咬牙切齿。在下关血案中，她遭特务毒打。在国民党公开发动内战以后，浦熙修被捕入狱，受尽折磨。直到1949年1月21日蒋介石下台后，李宗仁代总统为了收揽人心，释放一些政治犯，由于中共的多方营救，浦熙修才被释放出狱，继续从事新闻事业。

下关惨案发生后，中外哗然。蒋介石的高级幕僚唐纵却在《日记》中称赞道："此又是一幕忠党行动，但为应付环境，必有人牺牲。"

如何处理这件事，国民党内部显然有不同的意见。唐纵日记详细记载了这个过程：

> 6月24日，国府党政小组会议，究为何人所主持，大家都惊讶不已。但木已成舟，只得就事论事，大家主张扩大行动，并推定人负责指挥次一

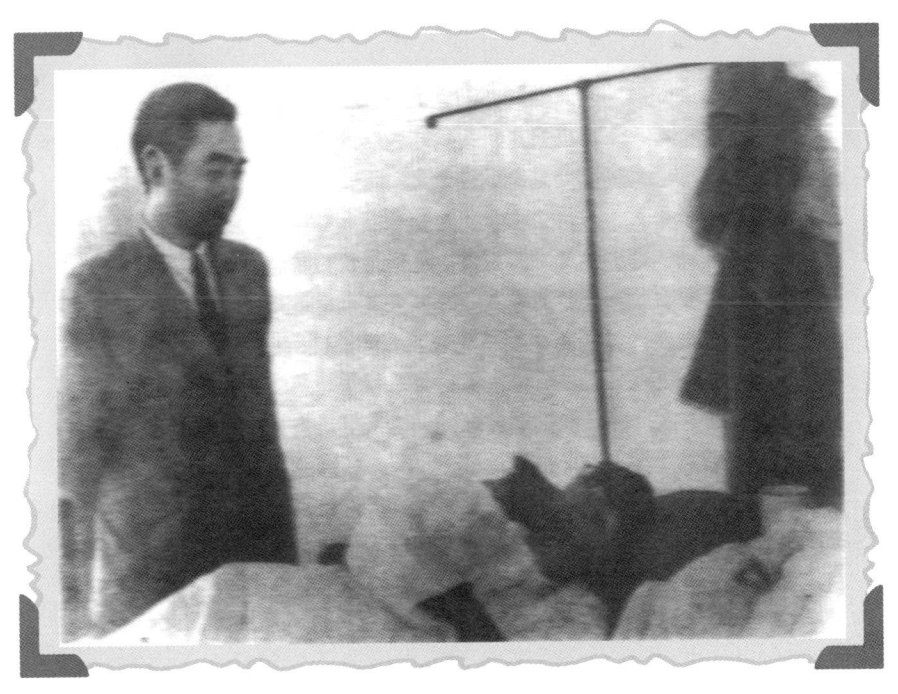

周恩来到医院慰问在下关惨案中受伤的请愿代表马叙伦

行动，以应付未来事件。就党斗争言，这是必要的，但马歇尔与参加谈判的人则认为下关事件，政府处置失当。凡是舆论界、中立分子亦多认为过火！这是一个复杂的环境，主席要兼顾到。晚上，饬内政部处分警察机关负责人，下关分驻所长撤职，局长记过，厅长申斥。为下关事件分访马市长、彭部长。

6月25日，下关事件在宪兵部会商。对于难民请愿，余坚决不主张，金以不以我为然。下午情报，上海有学生代表三十余偕车来京，当赴中央党部与郑彦棻、余井塘、叶秀峰会商对策。发动难民声援被捕难民运动。经警察厅查明，下关事件系南京市党部的领导，但马元放始终未与中央联系。

晚上，主席电话，嘱叶秀峰、马元放往见，并嘱我陪见，余知必为下关事件。叶先至，我等马后到。主席对叶痛骂，及我与马往见，孝镇谓主席怒甚，嘱我等往叶处，当商量制止难民明日不得游行请愿。

6月26日，晚上往见主席，主席垂询外间情形，对于下关事件，重申不应打人……

陈立夫与吴铁城都埋怨叶秀峰计划不周，不应打伤人，把事情弄得不好收场。叶秀峰做贼心虚，于是想出了一个"拘捕凶手"的诡计。

陈叔平物色了两个"替罪羊"，一个是陈叔平的堂弟，另一个是青帮门徒，年龄都在30上下。此二人到宪兵司令部伪装自首，自称是"苏北难民"，是下关事件打人凶手，打人是出于一时的气愤，背后并没有人策划指使。当时宪兵司令部警务处长卫持平、副处长欧阳向与中统的关系一向密切，且事前陈叔平向他们打过招呼，当即把自称凶手的两个人收押。但叶秀峰仍不放心，深恐有新闻记者去采访，露出马脚，于是派张文去宪兵司令部看看这两个人装得像不像，如装得不像，就给他们指点一下。当张文到宪兵司令部说明来意后，第四科（即政治科）科长周剑心就安排张文在一间小会客室里会见他们两个人。张文伪称是新闻记者来向他们采访新闻的，照例问问他们的姓名，哪里人，干什么职业，为什么打人等等，最后才说出他的真实身份，并指点他们态度上要理直气壮，思想上要冷静沉着，还指出谈话要包括如下内容：一、叙述家乡农民造反，霸占田地，抗租抗税，甚至打人杀人，许多人被迫背井离乡，四出逃亡,生活无着,还有些人被活活打死的凄惨情况,这些都是共产党煽动蛊惑造成的结果。二、一家几口逃来南京,投靠亲友,借债度日,贫病交加。三、听说上海的什么和平请愿代表团要来南京向政府请愿,要求和平,实际上就是阻碍戡乱,不让我们返回家园,这完全是替共产党说话。我们内心感到非常气愤。那天晚上,我们饭后无事,在车站附近散步,与一些同乡亲友闲聊,得知这个代表团到了南京,于是前往向他们提出质问:为什么只许那些受共产党鼓动的人霸占别人的财产田地,打人杀人,无法无天,而不让政府派兵戡乱,维持地方治安,保护人民生命财产?你们要求和平,实际是助长内乱,替共产党说话,做共产党的应声虫。他们说什么要求和平,反对戡乱建国,是全国人民的一致愿望。我们听了非常气愤,因而才动起手来,致使几位代表受了伤。我们光明磊落,问心无愧,好汉做事好汉当,不愿连累别人,因而才向政府自首。最后张文还鼓励他们一番:你们这场辛苦,局长是知道的,将来会有你们的好处。

大约两个月后,风头过去了,他们被放出来,并得到了一些赏钱。

四、制造李公朴、闻一多惨案

李公朴(1902—1946),原籍江苏省武进县,出生于淮安县,早年就读于上海沪江大学,1926年放弃学业参加北伐军。1927年4月,北伐军东路军前敌总指挥白崇禧和政治部主任陈群在蒋介石的指使下,在上海发动"四一二"反革命政变,把枪口对准革命人民。李公朴从这场大屠杀的血淋淋现实中,认识到革命已经失败,愤然离开北伐军。1928年赴美国留学,进入雷德大学政治系学习,1930年毕业回国。1931年"九一八"事变后,李公朴开始寻求抗日救国的道路。1935年,李公朴当选为上海各界抗日救国联合会执行委员,积极参加上海各界的抗日救亡运动。1936年5月,全国各界救国联合会成立,李公朴当选为执行委员。1936年11月23日,李公朴与沈钧儒、邹韬奋、沙千里、史良、王造时、章乃器被国民党逮捕,这就是有名的"七君子"事件。在狱中,李公朴等"七君子"与国民党当局进行了坚决斗争。1937年卢沟桥事变爆发后,"七君子"于7月31日获释。李公朴出狱后,继续从事抗日救亡运动,任山西民族革命战争战地动员委员会委员和宣传部长、山西民族革命大学副校长。1938年11月,李公朴夫妇赴延安,拜见了中共领导人毛泽东等,他向中共领导人建议组织抗战建国教学团到敌后去从事抗战教育和动员群众的工作,他的建议得到中共领导人的赞同。1939年6月，李公朴带领由延安抗大、陕公、鲁艺等学校十几名学员组成的抗战建国教学团到晋察冀边区和晋冀鲁豫边区一带活动。蒋介石获悉后，电令反共顽固派将领朱怀冰抓到李公朴就地枪决。1940年底，李公朴回到重庆，不久皖南事变发生，李公朴前往昆明，以青年会为活动基地，组织青年读书会，出版《青年周刊》，还经常公开演讲，呼吁团结抗日，反对独裁内战。1942年底，在昆明创办北门书屋，1944年扩大改组为北门出版社，出版进步书刊。同年10月，中国民主同盟在昆明

被国民党特务暗杀的李公朴先生

成立云南省支部，李公朴当选为支部执行委员。1945年春，三青团头子刘健群找到李公朴，自称是受蒋介石之托而来，动员李公朴到重庆去，可以在教育界委以"重任"，李公朴断然拒绝。1945年10月，李公朴当选为民盟中央执行委员兼教育委员会副主任委员。同时，救国会改名为中国人民救国会，李公朴也被推为中央委员。随后，李公朴与陶行知在重庆创办社会大学，李公朴任副校长兼教务长。同年12月1日，昆明发生"一二·一"惨案，李公朴在重庆发表演说，愤怒谴责国民党当局镇压学生的暴行。1946年2月10日，在较场口事件中，作为大会总指挥的李公朴被国民党特务殴打，头部被打破，伤口宽二公分多。据说，在较场口会场外有一口很深的枯井，特务们曾打算把李公朴推到枯井内加以杀害，但由于群众的掩护，周恩来又闻讯赶到，立即用自己的车把他送到了市民医院，才得以免遭毒手。李公朴住院后，周恩来到医院看望他，他说："为了和平民主，为了祖国统一，我受点伤算不了什么，我要更加坚强起来，力争人权、民主和自由。"

1946年5月，李公朴从重庆回到昆明，继续参加昆明的民主运动，国民党恨

之入骨，把李公朴等一批人列入了暗杀的黑名单。7月初，昆明北门街97号李公朴家正对门，突然来了一个化装成修补皮鞋师傅的特务，叼着纸烟，眼睛死死地盯着李公朴家门口进出的人，街头巷口也不断有鬼鬼祟祟的人巡逻。一天晚上，一个彪形大汉闯进李公朴的家，口口声声称他是退伍军人，要求报名参加暴动。李公朴耐心地向他解释说，这是造谣，我们是读书人，是反对内战、主张和平的，绝不搞也不会搞军事暴动。有时深夜，国民党特务从门缝里塞进一封封恐吓信，甚至附有子弹，李公朴知道国民党特务准备对他下手了，曾对夫人说："我们搞民主运动的人，是要随时准备牺牲的。"这时，李公朴的秘书方仲伯劝他早日离开昆明，李公朴回答说："他们要杀你，什么地方都一样。看情况，我已走不出昆明了。"7月11日晚7时，李公朴与夫人出门替友人接洽借用南屏电影院开音乐会募捐事，接洽妥当后，顺便又看了一场电影。晚9时45分电影散场，李公朴夫妇乘公共汽车回家，上车后他们发现有国民党特务跟踪，李公朴夫妇在青云街与大兴街交叉处下车后，国民党特务也跟着下了车。这时正下着雨，路灯昏暗，街上行人稀少，李公朴夫妇下车后一前一后往北门街走去，刚要上去，李公朴就被国民党特务用无声手枪从背后击中腰部倒下，李公朴夫人听到沉闷的响声，又见李公朴突然倒地，还以为他是路滑跌倒，赶紧上前搀扶并问："怎么滑跌了？"李公朴此时神志还清醒，挣扎着说："我中枪了！"李夫人这才看清他腰上都是血，不断往外流，她急忙高喊："捉人呀！枪打人啦！"凶手在开枪后向青云街逃去。当晚10时半，云南大学学生会负责人之一的舒守训（地下党员）等几个同学恰巧路过，立即将李公朴送到云南大学医院。医生立即为李公朴施行手术，打开腹腔后发现肠腔被打穿了几个大洞，血流如注。次日凌晨3时许，李公朴苏醒过来，说了以下一些话："我早就有准备了。""完全是为了民主，完全为了民主！""卑鄙！无耻！"说完后永远闭上了眼睛。

国民党特务刺杀李公朴激起了全国人民的公愤，但国民党一不做，二不休，又于7月15日刺杀了闻一多。

7月11日，李公朴被国民党特务暗杀后，闻一多闻讯赶到云南大学医院凭吊，痛哭失声。他沉痛地说："公朴，你没有死！公朴，你没有死！"他还对身边的几个年轻人说："李先生光荣牺牲了，死了的人永远活在我们心里！我们活着的人，不能闲着。走，我们要给李先生复仇！"

7月15日上午，云南大学至公堂召开李公朴追悼会。鉴于闻一多已是国民党特务的黑名单上的二号人物，亲友们多方劝阻闻一多不要出席。闻一多断然说："这怎么行？李先生尸骨未寒，我们这些做朋友的，都不出席，怎么对得起死者？又怎么对得起生者？李先生明天就要火葬了，这是最后一个重要的群众大会，我一定得去！"闻一多也清楚自己处境危险，但斗争正在进行，决不能临危而退，献身殉义的决心更加坚决。他捏着这几天接连收到的一堆匿名恐吓信，沉痛地对家人和学生说：事已至此，好些人都不能出来，我今天再不出去，许多事情都不好进行。怎么对得起李先生？怎么对得起民主运动？我相信同学们会把会开好。但是，我们这些平常积极的人都不出来，青年人会泄气，反动派会更得意。说到这里，闻一多嘘了一口气，继续说：我只要一息尚存，就一定要和反动派拼到底。如果因为反动派放了一枪，就吓得畏缩不前，以后

被国民党特务暗杀的闻一多先生

谁还愿意参加民主运动？谁还信赖为民主工作的人？

说完，闻一多深情地望了望夫人，毅然走出了家门，向云南大学至公堂奔去。这时宿舍四周都有鬼鬼祟祟的家伙，混在行人中前后逡巡，闻一多憎恶地瞪着这些披着衣冠的禽兽。闻一多走进追悼会场，里面已挤满了人，礼堂四周有同学组成的纠察队维持着秩序。这些情景，都让闻一多感到欣慰，连声称赞："昆明的青年确实是热情，勇敢！"

上午10时，几个女同学搀扶李公朴夫人走进会场，会场气氛更加悲愤沉重，李夫人走到讲台，悲泣着控诉国民党特务的卑劣罪行，讲到伤心处，更是泣不成声，1000多名听众大都为之泪下。但那些歪戴帽子、戴黑眼镜的特务们却不顾学校纠察队的一再制止，在会场中抽烟、说笑，无理取闹，企图搞乱会场，趁机刺杀闻一多。闻一多本来是没有准备在会上讲话的，现在看到国民党特务如此猖狂，实在压不住心中的怒火，当李夫人悲咽实在讲不下去而由人搀扶离开讲台后，闻一多又一次拍案而起，横眉怒对国民党特务，即席发表了他那一生最后也是最精彩的演讲，痛斥特务的无耻和国民党反动派的暴行。闻一多讲演全文如下：

这几天，大家晓得，在昆明出现了历史上最卑劣、最无耻的事情！李先生究竟犯了什么罪，竟遭此毒手？他只不过用笔写写文章，用嘴说说话，而他所写的，所说的，都无非是一个没有失掉良心的中国人的话！大家都有一支笔，有一张嘴，有什么理由拿出来讲啊！有事实拿出来说啊！（闻先生声音激动了）为什么要打要杀，而且又不敢光明正大地来打来杀，而偷偷摸摸地来暗杀！这成什么话？

今天，这里有没有特务？你站出来！是好汉的站出来！你出来讲！凭什么要杀死李先生？杀死了人，又不敢承认，还要诬蔑人，说什么"桃色事件"，说什么共产党杀共产党，无耻啊！无耻啊！这是某集团的无耻，恰是李先生的光荣！李先生在昆明被暗杀，是李先生留给昆明的光荣！也是昆明人的光荣！

去年"一二·一"昆明青年学生为了反对内战，遭受屠杀，那算是青年的一代献出了他们最宝贵的生命！现在李先生为了争取民主和平，而遭受了反动派的暗杀，我们骄傲一点说，这算是像我这样大年纪的一代，我们的老战友,献出了最宝贵的生命。这两桩事发生在昆明,这算是昆明无限的光荣!

反动派暗杀李先生的消息传出后,大家听了都悲愤痛恨。我心里想,这些无耻的东西,不知他们是怎么想法?他们的心理是什么状态?他们的心怎样长的?其实很简单,他们这样疯狂的来制造恐怖,正是他们自己在慌啊!在害怕啊!所以他们制造恐怖,其实是他们自己在恐怖啊!特务们,你们想想,你们还有几天,你们完了,快完了!你们以为打伤几个,杀死几个,就可以了事,就可以把人民吓倒了吗?其实广大的人民是打不尽的,杀不完的,要是这样可以的话,世界上早没有人了。你们杀死一个李公朴,会有千百万个李公朴站起来!你们将失去千百万的人民!你们看着我们人少,没有力量。告诉你们,我们的力量大得很!多得很!看今天来的这些人,都是我们的人,都是我们的力量!此外还有广大的市民!我们有这个信心:人民的力量是要胜利的,真理是永远存在的。历史上没有一个反人民的势力不被人民毁灭的!希特勒、墨索里尼不都在人民之前倒下去了吗?翻开历史看看,你还站得住几天!你完了,快完了!我们的光明就要出现了。我们看,光明就在我们眼前,而现在正是黎明之前那个最黑暗的时候。我们有力量打破这个黑暗,争到光明!我们的光明,就是反动派的末日!

反动派故意挑拨美苏的矛盾,想利用这矛盾来打内战。任你们怎么样挑拨,怎么样离间,美苏不一定打呀!现在四外长会议已经圆满闭幕了。这不是说美苏间已没有矛盾,但是可以让步,可以妥协,事情是曲折的,不是直线的。

李先生的血,不会白流的!李先生赔上了这条性命,我们要换来一个代价。"一二·一"四烈士倒下了,年青的战士们的血,换来了政治协商会议的召开,现在李先生倒下了,他的血要换取政协会议的重开!我们有这个信心!

"一二·一"是昆明的光荣,是云南人民的光荣,云南有光荣的历史,远的如护国,这不用说了。近的如"一二·一",都是属于云南人民的,我们要发扬云南光荣的历史!

反动派挑拨离间,卑鄙无耻,你们看见联大走了,学生放暑假了,便以为我们没有力量了吗？特务们！你们错了！你们看见今天到会的一千多青年，又握起手来了，我们昆明的青年决不会让你们这样蛮横下去的！

反动派，你看见一个倒下去，可也看得见几千百个继起的！

正义是杀不完的，因为真理永远存在！

历史赋予昆明的任务是争取民主和平，我们昆明的青年必须完成这任务！

我们不怕死，我们有牺牲的精神，我们随时像李先生一样，前脚跨出大门，后脚就不准备再跨进大门！

闻一多讲演完毕后，云南大学的同学围在他身边，护送他离开会场并一直送到联大教职员宿舍门口才分手，早已准备的特务又一次失去动手的机会。

当天下午，闻一多又出席中国民主同盟在府甬道《民主周刊》社为李公朴被暗杀事件举行的记者招待会。与此同时，昆明警备司令部也在开会，因为刺杀闻一多的任务迟迟没有完成，刚触了上峰的霉头。昆明警备司令霍揆彰受了上峰的斥责，便把怒火发到他手下喽啰身上，他声色俱厉地斥问军警特务：今天已经是第四天了，怎么连一穷教书的都杀不了？

这时，从《民主周刊》社溜回的特务报告闻一多的行踪，这位警备司令恶狠狠地说："今天一定要干掉！不能再用对李公朴的办法，要干，干他妈的一个痛快！谁保驾就给他一网打尽！"两辆美式吉普立时飞驰出去，一辆停在翠湖边上的西仓坡口，一辆停在联大教职员宿舍旁边的钱局街口，特务们迅速散开，把府甬道上的三个出口都堵死了。下午5时，记者招待会结束。

5时30分，闻一多与来接他的长子闻立鹤一道回家。刚刚拐弯快要走到宿舍门前时，突然，从两旁平时很少打开的那个米仓大门内闪出一群特务，喝道"站住"，就对着闻一多头部及身上用美式冲锋枪狂射，闻一多倒下了，闻立鹤见父亲被击倒，一面呼救，一面扑到父亲身上护卫父亲，狠毒的特务又连开数枪。

昆明接连发生李公朴、闻一多被杀的惨剧，在中外引起强烈的反应。中国共产党、各民主党派以及世界各国人士纷纷以各种形式声讨国民党政府屠杀手无寸铁的民主人士的血腥暴行。

在这些接二连三发生的血腥暴行中，都有陈立夫的黑手在其中起发号施令的作用。三个天良发现的特务，曾经匿名投书中国民主同盟机关报《民主报》，揭露国民党特务的黑幕。其中一封是这样写的：

编辑先生：

我是一个中级军官，由成都调越返滇时，部队已调往越南受降，后转东北打内战，我只好在昆谋出路，不幸走错了路，走进阴险、狠毒、卑鄙、残酷的某某部，这某某部，其实就是杀人不眨眼的特务机关。

我的工作是从朋友中找出可疑的人，而跟随他，并做报告，注意"反动分子"的活动，害人、杀人……总之，要做的都是非人所做的工作。我的后面也有人跟着，不做坏事，就有生命的危险。

当停战限期满了的时候，我们的主管人得到高级的命令，这命令是新的任务："加强工作，扩大工作范围。"除执行检查、查封、警告外，普遍拘捕民主分子，暗杀主要的民主战士，削弱地方势力……以此配合"剿匪"的重任。起初惨案没有发生，内心尚保存安静，直到7月11日、15日李、闻被我们乱枪谋杀了，良心就有了动摇，暗想：一个活生生的好人，无缘无故惨遭暗杀了，于自己有何裨益？

李公朴、闻一多和其他的民主人士，很久已列入黑名单，当时对付他们的办法有两种：（一）对争取民主、反对内战意志坚强的如李、闻等采取暗杀恐怖手段。（二）对意志比较薄弱的，采取跟踪和逮捕，捕到以后，以重刑逼其供出关系人来，逼其写悔过书，所以李、闻遇害，很明显的这责任应该是谁负的，现在将其中经过的情形揭露给全人类：

李的惨案，震撼全世界，每个人民无不悲愤填胸，上峰自知将来的责任问题相当严重，即掩耳盗铃的想掩盖惨案的旧办法，那就是嫁祸于共产党，如"一二·一"惨案以姜凯来转移视线的旧方法。在李（公朴）被暗杀的第一天，我们就到街上贴标语，标语是"民主同盟赶快起来，消灭共产党，代李公朴报仇"，"李公朴是共产党杀死的"，"李公朴是艾思奇杀死的"，想借此来分化中共与民盟的关系，这样一来把谋杀案的主使者是谁，不是活生生地暴露给人们了吗？读过标语的人，莫不努努嘴唇哼哼鼻子摇摇头，冷笑一声完事，以后便玩出不通人情的大笑话，为着这件事，宣传组受到上峰严厉处分，那就是用云南共产党支部的名义，贴出一张通告，其内容措辞，不惟卑劣极点，而且比猪还要愚蠢，其中大意是："……本党（共）任命李公朴到昆明主谋反动未遂，足见该员不尽己责，派人枪杀……恐社会人士不明真相，特此通告。"这样更极劣地露出他们的狐狸尾马来了。不过话得说回来，我们出这张通告的原意，不完全嫁祸他人，其中还有一点奥妙，那就是观察读通告人们的表情，以此更扩大杀害青年，留下永世不朽的伟绩。

五、周恩来公开揭露陈立夫是所有暴行的幕后指挥者

7月17日，周恩来在与美国总统驻华特使马歇尔会谈时，除愤怒谴责国民党的法西斯暴行外，还提醒马歇尔："自政协后发生较场口、砸《新华日报》社、西安、南通、下关等事件以来，政府没有处理一件事或予以谴责，甚至还加以掩饰，特务特别地放胆。另一方面，全国特务做了布置的绝不止一个昆明，陈立夫便到了上海，布置暴行后。如昆明事不公道解决，上海、重庆等地均将发生类似事件。甚至如重庆的邓初民、史良，上海的沈钧儒、罗隆基，均在黑名单内。现在成了这样的问题，谁保护他们？国共以外的活动的民主人士应该越多越好。美国愿意中国和平民主的人也会赞成的。这种暴行继续下去的话，民主人士能去我们区域的人就去了，其他的人就会不管事了。这就要看美国能否出来说几句话。这是中国的悲剧，不能不抗议。"

7月18日，周恩来又在上海召开记者招待会，公开指名揭露陈立夫是制造暴行的幕后指挥者。周恩来说：

> 第三个问题是最近发生的昆明事件。李公朴、闻一多两先生被暗杀，我们非常愤慨。这不是偶然的，而是和平民主运动中一种反动的逆流，想以这种最卑鄙的手段来吓退民主人士。这两位先生都是民盟的负责人，而这类事件并非是从他们两人身上开始。远的不说，在政协以后，捣乱挑拨的事件不一而足。政协开会时，沧白堂扔石子，开会后，较场口打伤人，李公朴先生就是当时被打伤的一个。捣毁《新华日报》，在北平、广州和别的地方也有捣毁报馆的事件。暗杀的事件从南通、西安起，现在发展到昆明。这一串事件都是有计划的。为什么敢于这样做？因为政府没有明令制止惩办过，而且政府的宣传机关还为之掩饰袒护。尤其是连下关事件依

然没有追究出一个水落石出。这些问题的严重性不亚于内战。因为这是打击大后方手无寸铁的民主人士、工业家、新闻记者及文学家。在内战的前方，还可说两方都有武器。而在国民党政府管辖的后方，有的是宪兵、警察、军队、法庭、监狱等的镇压，还要用暗杀的手段来镇压政府党所不满意的人士。这真是无耻卑鄙之至！

对于这类暴行如再不停止，再不惩办，再不追究，找出根源，则会扩大到全国，重庆、成都、广州以至上海、南京都会发生的。陈立夫先生又来上海了，他是来布置统一党政军的行动，镇压民主运动的。黑名单上列有许多民主人士，准备逮捕、凶打、绑票和暗杀他们。民主人士的名字都在陈立夫先生的手上，更不论我们的共产党人了。我们来谈判就是准备着的。过去在重庆准备了八年，今后再准备八年吧。但这个代价对于他们还是不够的。他们还向手无寸铁的文学家、新闻记者、工业家、学生、平民索取代价，来维持统治者的独裁。我们不能忍受，我们要控诉。现在已经不是抗战以前的时候了。杨杏佛、史量才的案子不能伸雪，现在不行了，我们要伸雪，我们要控诉。如果以陈立夫为首的特务机关说我是冤枉了他，希望他有所声明，并拿出事实来看。我们欢迎他的声明，我们共产党人愿意和真心悔过的人握手。我们和多少人握过手，我很难过地说，甚至和手上染有血的人握过手。为了人民，为了民主，为了国家，我们不惜忍气吞声地这样做。我们日夜祈求停止此种暴行。我为什么在诸位面前控诉？因为诸位经受的压迫、威胁、恐惧比我们多，诸位是手无寸铁者，希望以诸位的笔、口来控诉，以制止这种卑鄙无耻的暴行。

第十二章

制宪行宪国大闹剧中的要角

国大中共席次，始终都是保留的，但中共不参加，这是"弃权"，弃权者对于会议之决定不应有影响。

——陈立夫

二陈、陶希圣等则蓄意造成分裂局面，……
——周恩来

第一节　力主召开国民党一党包办的制宪国大

政治协商会议闭幕后，东北内战又起。蒋介石以东北只是一个收回主权的国际问题为借口，拒不承认中国共产党在东北力量的存在，调集十几万军队，由东北保安司令长官杜聿明指挥进攻东北，挑起内战。对此，作为国共之外第三方势力的中国民主同盟非常关注。

中国民主同盟主张，东北问题为全国民主和平统一问题的一部分，也应该以政治协商方式解决，不可与外交混为一谈。4月5日，民盟中央常委致函张澜主席等民盟同人，函中写道："报载政府与中共间，为东北问题，大见裂痕，此间一般人士大为焦虑，极望本盟同人出而尽力斡旋，恢复合作。大局安危，在此一举。尚祈速予考虑筹议进行。美（国）友（人）方面，想努生（罗隆基字努

上海闻人杜月笙

生）兄必有深切的接洽。公意何如？敬盼示复！"

4月9日，在政协综合组和宪法草案审议组的联席会议上，民盟代表首先提出变更议事日程，立即商讨东北问题。

10日下午5时，民盟又在重庆特园设宴，专门邀请国共双方代表，就东北局势交换意见。民盟建议双方立即下令停战数天以便进行商谈，使东北政治问题得到解决。中共代表指出：国民党于3月27日后攻占中共的七个城市，故必须立即停战，坚决要求彻底实行3月27日三人小组达成的三项协定，主张先行停战，再商谈一切。国民党代表则坚持先行"接收"，然后才能停战商谈其他问题。

民盟的调停未能取得进展，东北内战愈打愈大。5月22日，民盟九位政协代表致电国共领导人，呼吁东北停战，并提出以下停战方案：中共军队撤出长春，中央不再进兵长春；东北政务委员会进驻长春；主持政务，所有委员人选由各方协商而由中央简命。对此方案，毛泽东在原则上表示赞同，蒋介石却坚决予以拒绝。6月7日，在民盟的劝告下，中共以在三人军事小组中美方最后决定权问题上有条件让步为条件，换取蒋介石宣布在东北停战两周。

东北刚停战，蒋介石又在关内挑起了全面内战，民盟调停内战完全归于失败。民盟的调停尽管没有捆住国民党蒋介石打内战的手脚，但陈立夫对此仍然极端不满。

7月26日，陈立夫让杜月笙出面邀请黄炎培吃饭，在座的除陈立夫外，还有杜月笙的流氓高足陆京士。吃完饭后，陈立夫与黄炎培进行了三个小时的长谈，陈立夫对民盟的调停怒形于色，对黄炎培表示：（1）国民党不能容许共产党并存；（2）第三者以国共并称，忽视国民党之为正统，从事调解冲突，即延缓对中共问题之解决。黄炎培不同意陈立夫的蛮横观点，针锋相对予以驳斥。

在国民党撕毁政协决议，又挑起全面内战的情况下，中共和民主同盟方面均不会出席国民党政府召开的所谓国民大会。要不要召开国民党一手包办的国民大会？这个问题在国民党内也是有争论的。孙科、王世杰、陈布雷等都有顾虑，但陈立夫认为，有青年党和民社党参加，就是多党，力主召开，迎合了蒋介石的强硬主张。

为了避免由国民党一党唱独角戏的难堪局面，国民党拼全力拉拢青年党和民社党这两个极右翼的小党参加国民大会作为点缀和陪衬，以便在美国主子前宣称是多党合作。国民党与青年党、民社党的幕后交易，在重庆时就开始了。国民党方面出面与青年党、民社党做交易的主要是张群、吴铁城、陈布雷、张厉生、洪兰友、雷震等。青年党的党魁曾琦、李璜及青年党干部以四川人为主，张群就以四川同乡的身份出面拉拢。至于陈立夫是否参与了拉拢青年党的幕后交易活动，笔者目前还没有看到相关材料。

从《黄炎培日记》看，陈立夫对民盟中央常委、民主建国会领导人黄炎培是下了功夫拉拢的，陈立夫与黄炎培有过几次长谈。7月26日，陈立夫与黄炎培进行长谈后，27日杜月笙就将黄炎培召去，告以陈立夫希望他单独参加国大，并脱离民主同盟。对此，黄炎培坚决表示谢绝。黄炎培告诉杜月笙并请转告陈立夫：（1）我不能同意于不统一、不团结之下通过宪法；（2）此路不能通，我不能助朋友走不通之路；（3）欲我离同盟，我不能自毁人格。

除青年党、民社党这两个极右翼小党的政客外，国民党拉拢民盟等党派的工作是失败了。

1946年10月11日，国民党军攻占解放区重要城市张家口，这是关内解放区中唯一的一座省会城市。蒋介石为内战初期国民党军表面上的胜利冲昏了头脑，认为中共军队不堪一击，气焰相当嚣张，立即于11月12日宣布召开国民大会。这种以武力为后盾撕毁政协决议的行径，遭到了中共和中国民主同盟的坚决反对，他们宣布拒不参加这样的国民大会。

早已准备投靠的青年党于11月16日单独提出了参加国民大会的名单共100人，民主社会党（简称民社党）在经过一番讨价还价后也于11月23日提交了参加国民大会的40人名单。民社党虽然参加了国民大会，但民社党的党魁张君劢却又故弄玄虚，宣布他本人不参加。对此，报纸评论称民社党是"千呼万唤始出来，犹抱琵琶半遮面"。还有报纸评论称："目前中国对国大问题的斗争，在中国政治史上看，是一幕最精彩也没有的好戏，它简直像一座探照灯一样，一切政党人物是正是邪是真是假，被照得毫毛毕现，无所遁形。"张君劢遮遮掩掩，却掩盖不了民社党投靠的丑恶面目。

国民大会的代表总数在1500人左右，青年党和民社党代表仅140人，不足1/10，其余都是国民党员和所谓"社会贤达"。从代表人数看，青年党和民社党处于陪衬的地位。但民社党和青年党抓住蒋介石在美国主子面前不敢唱独角戏的弱点，乘机大肆要挟，迫使蒋介石在宪法上不得不做出重大的让步（暂时的和字面上的）。据国民大会副秘书长雷震回忆，他于11月15日与民社党的蒋匀田到上海张君劢寓所，对张君劢说：蒋介石请民社党参加制宪国大，并决定提出以他（指张君劢）起草的宪草为讨论的基础，保证不推翻他起草的基本原则，只是在文字上做一些修正，诸如采行"内阁制"，总统没有实际权力；行政院对立法院负责；监察院是立法院之外的另一民意机关；考试院不考核"公职候选人"；国民大会现在不行使创制和复决两权；法官须超出党派之外；军队须超出个人、地域及党派关系之外；现役军人不得兼任文官；中央与地方权限之划分，省、县实行自治等等，都依照张君劢起草的宪草通过等。蒋介石终于以此作为诱饵哄骗民社党参加了国民大会。

11月28日，国民大会召开第三次大会，蒋介石代表国民政府向大会执行主席胡适提交《中华民国宪法草案》，蒋担心C.C.等党徒不理解他的"苦衷"，而在宪法问题上作梗，特地在会上作了专题演讲，陈述宪法草案制定经过，以及他对于制宪问题的意见，希望大会对宪草予以通过。

但C.C.系、黄埔系的国民党国大代表们始终不理解蒋介石的"苦衷"和用意，依然坚持要采用国民党一手制定的五五宪草，并与青年党、民社党的国民大会代表展开激烈的辩论。显然，国民党的国大代表人多势众，如以表决的办法，青年党和民社党是阻止不了的，青年党、民社党的国大代表因此指责国民党的国大代表"只知有党，不知有国，太顽固自私而无理智"。左舜生代表青年党发表谈话，声称"政协原则多被推翻"，"宪草如不照原案通过，青年党将退出国大"。

蒋介石见此局面，为拉住青年党和民社党，于12月16日邀请国民党出席国民大会的代表们参加中枢总理纪念周，并在纪念周上致训词，再次恳切要求国民党国大代表"认清今日世界潮流与国内形势，明利害，互规劝，对政府提出的宪草，重大原则，勿作变更，共同一致完成制宪使命"。

会后，蒋介石又宴请宪草综合审查委员会全体委员，希望他们对宪草能予以顺利通过，重要条文勿做改动。在蒋介石苦口婆心的一再劝说恳求下，国民党的国大代表才不得不同意放弃五五宪草，通过了蒋介石提交给国民大会的宪草。

12月21日，中共中央发言人就国民党政府召开国民大会发表谈话称："独裁者蒋介石及其青年党与一部分民社党的仆从，和他的美国支持者们，现正装模作样，似乎他们是要'民主'的，还在'批评捣乱分子'和'压制顽固分子'，以便所谓'国大'能通过一部'民主宪法'。但是，谁只要记得两件事，就知道这手法并不新奇。蒋介石曾在2月的国民党整军会议和3月的国民党二中全会上，'申斥'过所谓捣乱分子，可是在背后指使这些捣乱分子捣乱的人，不是别人，正就是蒋介石自己。蒋介石乃是这些捣乱分子的总头目和教唆犯。蒋介石的美国支持者也曾'批评'过所谓顽固分子，可是帮助这些顽固分子撕毁政协决议与停战令的不是别人，也就是这位美国批评家自己。在这次所谓'国大'的滑稽戏中，蒋介石故意唆使他的忠实党羽，要求更公开的独裁，然后加以预定的反对，以便表示他和青年党、民社党的'国大'代表以及美国牵线人是较为'民主'，较为'遵守政协原则'的。但是，这一套双簧骗不了中国的人民。"

12月23日，陈立夫在南京以国民党中央组织部部长的身份对记者发表谈话，对中共中央发言人的谈话做出回应，极力为国民党一党包办的国民大会辩护。谈话部分内容如下：

问：国大所通过的宪法，未参加制宪的党派假如反对，政府的态度如何？

答：假使说他们反对，那就是反对全国国民所制定的宪法，这不是政府态度的问题，而是全国国民态度的问题。

问：政府改组后，中宣部与组织部在党内的地位如何？

答：这要看政府改组后的形势决定，比如总统选出后而改组，那就是多党下的政党政治。中宣部和组织部情形或许稍有不同。但在过渡时期以内，在党内的地位是一样的。

问：政府何时改组？

答：目前尚无确切消息。

问：宪法通过后，中共不予承认，则将来中共区的国大代表如何产生？

答：这次的宪法是由国民所制定产生的，在任何地区都应该根据国大选举法产生代表，任何党派都不得阻碍。

问：宪法公布后，国民政府的地位如何？

答：宪法公布后，在总统未选举以前，国民政府在法律上的地位不变。若需扩大组织乃是另一问题。

问：闻中共要求国大延期，确否？中共有无参加可能？将来对于行宪有无影响？

答：大会就要闭幕了，中共代表要乘飞机赶来，恐怕都来不及，国大中共席次，始终都是保留的，但中共不参加，这是"弃权"，弃权者对于会议之决定不应有影响。

问：国大闭幕后，政府改组年内有无可能？国共和谈是否已经恢复？政府对和谈基本条件是什么？

答：政府改组事本人未担任商谈故不能答复，和谈外间虽有传说，但本人并未参与其事，下次可请彭（学沛）部长邀请曾参加和谈的政府代表来答复。

问：宪法公布后，国民参政会地位如何？

答：参政会成立以来，对于国家贡献甚大，其存在自有其意义，至于行宪以后如何，将来政府自需研究到这个问题，暂时无法答复。

陈立夫的谈话，对反对一党国大的中共与民主同盟暗藏杀机，而对国民党的辩护则又显得冠冕堂皇。

26日，南京国民政府国防部参谋总长陈诚在南京招待部分国大代表时也声称："下届国民大会，明年12月开会以前，国军将肃清共军，俾本届国大通过之宪法，可予忠实执行。"

国民党上层对于反共内战抱有如此乐观的态度，这就不难理解国民党在国民大会上的傲慢表现了。

对于国民大会通过的《中华民国宪法》，美国后台老板表示满意。美国总统驻华特使马歇尔在《出使中国报告书》中写道：12月25日，国民大会在实质上按草案原封不动地通过了一部新宪法之后休会。新宪法似乎和政协决议大体一致，具有一定程度的民主性质。大会的初期会议曾经十分活跃，展开了尖锐的讨论和争辩，国民党内的反动集团曾经明确表示要修改这部宪法，以符合被普遍认为是非自由主义的文件的1936年"五五宪草"的精神。最后，不得不由蒋委员长亲自出面发挥其决定性的个人领导作用，以克服国民党反动分子的阻挠。他在这方面得到了大会中反对"C.C."极右集团的几乎所有其他集团和个人的支持和协助。大会以蒋委员长对局势的充分而有信心的控制告终,从而显示了他在驾驭国民党内反动分子方面的才能,并由于促使大体符合政协决议精神的一部宪法得到通过而恢复了他的威望。

但马歇尔也许不会想到,通过这个宪法,只是蒋介石打击中国共产党的一种手段,他并不会真正实行。事实上,蒋介石很快又通过了一个修正案将这个宪法变成了一纸空文。

第二节 与青年党、民社党的分赃谈判与交易

根据1946年国民大会通过的《宪法实施准备程序》规定,全国各地所产生的国民大会代表达到总数的三分之二时,召开第一次国民大会,即所谓行宪国大,以结束训政、实行宪政、还政于民。

以陈立夫为首的C.C.系自重庆谈判以来所表现出来的不妥协态度,深为美国后台老板厌恶。美国总统特使马歇尔毫不掩饰地斥责陈立夫为"反动的C.C.派首领"、"C.C.极右集团"。

1947年1月,马歇尔在结束其使命飞回美国前,曾找行政院副院长翁文灏谈话,向翁文灏提出从国民政府内清除陈氏兄弟的C.C.系和以何应钦、陈诚为首的黄埔系军人集团的要求。接着,马歇尔又与行政院长宋子文讨论了这个问题。

1月7日,美国国务院发表马歇尔对中国时局的声明,强烈谴责以陈氏兄弟为首的C.C.集团。声明称:"我认为,导致最近和平破裂的最重要的因素有这样一些:在国民政府(实际上就是国民党)一方,存在着一个由反动分子组成的统治集团,他们几乎反对我为促使成立一个真正的联合政府而进行的一切努力。"同时,马歇尔为蒋介石开了这样一个药方:"挽救时局的出路,据我看来,将是由政府内和小党派内的自由主义分子掌握领导权,这是一群杰出的人物,但是他们仍然缺乏能够施加控制性影响的权力。我相信,他们在蒋介石委员长领导下采取成功的行动,将会通过良好的政府导致统一的实现。"

马歇尔走后,美国驻华大使司徒雷登也一再劝蒋介石让陈立夫出国,

以减弱C.C.系的影响。但蒋介石却向司徒雷登表示："他本人也考虑过让他（指陈立夫）到欧洲旅行，但眼下鉴于选举日益迫近，他不能没有他。"蒋介石不能没有陈立夫，用傅斯年的话来说是"C.C.是不能不靠的"。事实上，在行宪国民大会的闹剧中，陈立夫、张厉生、洪兰友、雷震扮演着主要角色。

在行宪国民大会召开之前，要完成国民大会代表、立法委员、监察委员的选举。按照1947年4月22日公布的《国民大会选举罢免法》规定，每县市及其同等区域选出国大代表一名；人口超过50万的，每增加50万人增选代表一名；蒙古各盟旗选出57名；西藏选出40名；各边疆地区的各民族选出17名；侨居国外的国民选出65名；职业团体选出450名；妇女团体选出168名；内地生活习惯特殊的国民选出10名。以上共计总名额为3045名。

在中共和民主同盟宣布不参加国民党一手包办的行宪国民大会的情况下，事实上，没有任何党派可以与国民党竞争。国民党极力拉拢作为陪衬的青年党和民社党，都是没有群众基础的小党，这两个党的上层头目都是一小撮热衷于做官的政客，青年党与民社党在竞选不过国民党的情况下，就只有要求国民党让给他们一定数量的国大代表和立法委员，采取赤裸裸的坐地分赃办法。

青年党和民社党始终抓住蒋介石不敢唱独角戏的弱点，漫天要价，狮子大开口。青年党向国民党提出，在国大代表、立法委员、监察委员选举中，青年党都要占五分之一的名额。7月21日，国民党中央秘书长吴铁城向蒋介石报告了青年党和民社党的要求，蒋介石将此事交由国民党中央执行委员会研究小组，由孙科主持研究。孙科召集陈立夫、吴铁城、张厉生、洪兰友等研究后，认为国民党自身究竟有多少人当选都难以预计，又怎么能保证青、民两党这么多的当选名额呢？因此，最后决定要求青、民两党减少名额。陈立夫、洪兰友出面与青、民两党谈判，但青、民两党坚持不让步。

1947年8月13日，天津《新星报》发表《选举热的南京》一文，对国民党、青年党、民社党之间的幕后交易进行了形象的描写：

国大选举即将举行，听听揭幕以前的后台声音是颇有趣味的。

左舜生大发牢骚，他嚷着："如果'自由'选举，那么国民党等于关门,很显然,我们是斗不过的。'二一一一'的比例必须保持。"

但过两天,同一左舜生又说:"我们青年党坚持'协议选举,共同提名'八个大字,因为'二一一一'的比例并不能保证青年党候选人中选。"接着他又哭诉国民党对地方自治上的包办性质,举例说明:如果国民党不高抬贵手,其他党派当无利益均沾之望。

左某的八字真言的实质很明朗:就是要主席在圈定当选人名的时候用朱笔在青年党人的姓氏上多画几个圆圈。

但那边却抓得很紧,洪兰友说:"哪有那么便宜的事,选举的'责任'要国民党负,他们来坐享其成,莫非国民党真是没有办法再维持场面,非死拉活扯地请民、青两党来捧场不可吗?"

他说得对!从前吸红金牌而现在升级吃马立斯和三炮台的民社党政委蒋匀田是踌躇志满了。他在这幕剧内,扮演着一个沉着而装腔作势的角色,他厚着脸皮说:"我们不放弃权利,但是我们宁缺毋滥!"

好一个"宁缺勿滥"!民社党有多少党员?这个谜洪兰友曾经揭穿过。据洪透露:"国民党组织部有确实的根据,从这些根据中,知道民社党党员不超过270名。"可是蒋匀田之流却胡吹乱扯,50万呀,60万呀!好像他们自己也闹昏了头。

仅仅编得足一个加强连的民社党,如果配足中央选举总事务所和各省县区的选举事务所干事的名额,所剩已经无几,让他们全部当选,也不够凑足"二一一一"的比例。因为照条例,选举事务所的工作者是不能参加竞选的。为了组织各省市选举事务所,争夺战还在进行着,国民党方面是,想把选举筹备工作,至少是选举机构赶快完成。至民、青两党老是派不出人来,不说边远省份,即连长江流域各省,迄今也没有弄好名单。民社党是没有人派,青年党能派的人才本来不多,再加上有些怕担任选举事务所而牺牲被选举权,老是开会讨论,结果——还是派不出。

国民党气急了,张厉生宣布,省以下的选举事务所,民、青两党已放弃参加。但蒋匀田否认,陈启天、余家菊等也说:"没有这回事。"

争持着,可是人——派不出来。

派得出来的人也可怜得很,在孙科官邸商定的选举技术九人委员会,民社党送出蒋匀田、王世宪、万纫千三个大人，和国民党的吴铁城、陈立夫、张厉生分庭抗礼，共议行宪大计。你想国民党如何能心服！九人委员会，对不起，一抛两个礼拜，根本连成立会也不开，害得万纫千苦等了十天，终于尚未尝新，就被撒野的太太用三个长途电话喊回去享天伦之乐了。

由于青、民两党的名额确定不下来，原定于1947年10月开始的第一届国民大会代表的选举也不能不由国务会议决定推迟到11月21日开始。10月初，陈立夫继续与青年党的左舜生谈判，仍未能取得妥协。

这时，从上海赶到南京准备与国民党谈判的民社党党魁张君劢，因陈立夫与左舜生的谈判失败，张君劢与陈立夫的谈判未能举行。张君劢失望之余，发表谈话称："吾人对民社党名额并不坚持，对民社党立场言，行宪后之政府，不必一定为联合政府。如一党能代表大多数人民，则由其单独执政亦无不可。如在此情况下，民社党愿退居在野党地位。"

张君劢回到上海后，召开民社党中常会讨论后，决定要求国大代表400名、立法委员100名，否则，民社党不参加第一届国民大会代表的选举。1947年10月15日，民社党发言人徐傅霖对记者发表谈话，公开了民社党的要价："若民社党不能获得国大代表400名，立法委员100名额，该党将保持在野党地位，放弃本年普选"，并声称这是他们"最低限度之要求"。

对于国民党、青年党、民社党三党中央的幕后分赃交易，国民党方面的部分代表坚决表示反对。7月间，张发奎、罗卓英、罗翼群、李扬敬、林翼中等43名广东国大代表致电蒋介石、孙科，提出："选举为人民应有之权利，亦为推行民主政治最重要之阶段。此次大选，不能以党派分赃之任何形态为协议之分配。"

8月1日，国民大会湖北代表联谊会也致电蒋介石，强烈反对党派分赃办法，要求蒋介石取消比例选举制度。电文称：

> 近复闻中枢为尊重各党派意见起见，更有采取3与1、2比例选举制之说，尤为代表等所不解，试以鄂省71县、市而论，应选出国民代表71名，如依照比例选举制，是否国民党应选出代表35名，其余青年、民社两党及

社会贤达应各选出代表12名，此不解者一也。如果上述比例数必须办到，则究竟某35县、市应为国民党代表之选举区，某36县、市为青年、民社两党及社会贤达代表之选举区，且是否由各县市选民自决，抑或由党派代表在京协商指定，此不解者二也。总之，无论运用何种技巧而达到3与1、2之比例，终必造成政治分赃割据之局。窃自民元以来，因军事上之分赃割据致酿成30余年干戈扰攘之局，有心之士莫不引为国家耻辱与遗恨。值此民主宪政开始之际，实不能再开政治分赃割据之恶劣而遗政争于无穷。代表等鉴全国上下唯求政治一时之得失而忽视国家亿万年之隐患，爰经集议咸认为比例选举之制度必须打破，威迫利诱之风习必须纠正。凡参加竞选者，应以公开讲演及发表政见之方式博得选民之爱戴，特恳钧座当机立断，取消比例选举制度，并严令各级选举事务所及监察机关制定法规，认真纠举竞选者不良之风习，凡有以威迫利诱及酒肉争逐为事者，即以违法贿选论罪，以奠定民主政治之始基，而正国际之视听。

但蒋介石为使行宪国民大会开成，并登上总统的宝座，没有理睬这些反对的声音，准备向青、民两党做大幅度的妥协，指示陈立夫等继续与青、民两党谈判。又经过几番讨价，最后国民党与青、民两党就国大代表名额达成妥协方案，青年党300名，民社党260名。青、民两党按照选举的规定，向国民党提交了本党参加国大代表选举的候选人名单。11月6日，国民党公布了青、民两党候选人名单。

但国民党公布青、民两党候选人名单时，以青、民两党候选人名单与国民党所提名单多在同一选区为借口，将青、民两党所提的名额擅自作了删减，如将民社党提出的260人减为191人，且将民社党的一些重要人物予以剔除。这又引起青、民两党的强烈不满。

当天，张君劢致函吴铁城、陈立夫，不仅提出原提的260名不能少，而且要求增加职业和华侨代表名额，张君劢函全文如下：

> 铁城、立夫先生勋鉴：顷奉面交徐梦老之国大代表候选人名单两纸，敬悉一一。兹经本党中常会议决认为：台端所提名单中，于本党前提之重要人员漏列甚多，倘照此公布，将令全党哗骇，有碍于目前合作之局，断

难同意。爰再将前开首要名单中，必须产生者，另开名单，计共74名，并将台端所开名单中删去44名。至于绥远、山西、山东、东北、河北以及其他未能选举之区域，请查照本党原开首要名单，于提名时分别补入，以符协定。关于由本党提名之县份，其候补人亦应由本党分别提名。再职业及侨胞代表人数，原在定额以外，仍请维持原议，合并声明，专此敬颂

公绥！

张君劢拜启

11月6日

同一天，青年党的左舜生、余家菊、刘东岩联名致函陈立夫、吴铁城、张厉生，提出青年党最低限度的名单，该函全文如下：

立夫、铁城、厉生先生惠鉴：顷奉先生等交来之本党国大代表候选人名册两件，经本党中常会研讨之结果，认为与原议大有出入，贵党调整名单之煞费苦心，本党无任钦佩，自能予以体谅，但本党对此名单，难于完全接受之实情，亦望贵党特予鉴谅。兹特送上最低限度必须增改之名单一份，拟请察照增改，始可公布。如贵党对此增改之名单，尚有不能同意之处，务希将本党国大代表候选人名单全部保留，并即约晤，以便商洽。否则，本党对先生等未经采纳本党所请增改之意见，而公布之名单，势必难以承认也！专此藉颂

勋绥

弟：左舜生、余家菊、刘东岩拜启

三十六年十一月六日

收到青、民两党的通牒式信函后，国民党立即召开中常会临时会议讨论，与会者都主张委曲求全，不使破裂。决定国民党各县市候选人能让予青、民两党者，即予让给；如确有困难的县市，则说明理由，拒绝其要求，并授权中央选举指导委员会下设的各个国大代表候选人审查小组召集人陈立夫、朱家骅、居正、李敬斋、孙科、白崇禧、张厉生、于右任、朱霁青、谷正纲等会同各省市指导员首先详细研究可能的让予名单，交由负责联系的陈立夫等人再与青、

民两党妥商。又是一番讨价还价，国民党与青年党最终达成妥协，确定青年党国民大会代表提名288人。同时，国民党方面同意给民社党再增加15名，总数为206人。

11月10日，国民大会总选举事务所公布了国民党与青年党的国大代表候选人名单，分别为1758人和288人。

但民社党不接受206人的名单，坚持非260人不可。11月10日，民社党代表徐傅霖、戢翼翘、蒋匀田再次携带民社党提出的260名候选人名单到南京与国民党商谈，徐傅霖等放出话来，如果这次他们提出的名单仍不能通过，则民社党唯有退出选举，摆出了背水一战的架势。如果民社党真的退出选举的话，那蒋介石标榜的所谓"三党联合政府"就会破产。为挽救"三党联合政府"，蒋介石不得不亲自出马了。

12日，蒋以国民党总裁和国民政府主席的双重身份召见民社党的徐傅霖、戢翼翘、蒋匀田。蒋介石把国民党与民社党在国大代表候选人名单上的纠纷，归咎到国民党方面承办此事的陈立夫等人身上，认为他们"欠考虑"，对民社党不仅无一词责备，而且希望民社党以大局为重，对此"不必比较"。蒋介石最后提出，民社党国大候选人名单可在206人的基础上再增加15个名额。徐傅霖等小政客对蒋总裁兼主席的这番"谦虚"的谈话表示满意，双方终于达成交易。

15日，民社党公布了238人的候选人名单。民社党还发表声明，对蒋介石的大度表示感谢："本党为参加制宪政党之一，今日参加竞选，以肩负共同行宪之责，实为义不容辞，此次虽以候选人之提出，与原来之协商出入过多，致费周折，然为突破行宪困难计，始终与友党委屈商洽，幸有感于蒋主席鉴空衡平、公平处理之精神，乃予接受……此不能不感佩蒋主席之诚恳与友党之相谅，仍望友党今后本此精神，共同继续努力，以利宪政基础之树立。"

国民党与青年党、民社党就国大代表候选人名额达成了交易后，选举障碍扫除。11月21日到23日，国民大会代表选举如期举行，但选举的结果却大大出乎人们的意料。在选出的2961名国大代表中，青年党仅获得76席，民社党仅68席。青、民两党对此选举结果大为不满，他们以国民党操纵选举为理由，向国民党提出抗议，要求国民党履行与青、民两党达成的协议，并且再次祭起他们的唯一法宝,那就是国民党不满足他们的要求,他们就拒绝出席行宪国大,甚至退出所谓的三党合作政府,不再与国民党合作。

为了维持所谓的三党合作政府,国民党对青、民两党的动辄要挟不得不再次"委曲求全"。1947年11月28日,在国民政府委员会第十六次国务会议上,张群、莫德惠、吴忠信、居正、余家菊、曾琦、张继、戢翼翘、邹鲁、陈布雷、徐傅霖、于右任等12人联衔提出《政党提名补充规定》,经讨论通过,内容共两条:一、凡中国国民党、青年党、民主社会党党员参加国大代表及立法委员竞选者,均须由各所属政党提名;二、用选民签署手续登记者,以无党派者为限。

11月29日,国民党中央常务委员会例会又通过了国民大会代表选举国民党员让予友党实施办法规定,国民党党员当选为代表时,得与友党当选之候补人互换,作为党让予友党,与本人无关。

虽然采取了以上两项补充措施,但是愿意主动让出国大代表名义的并不多,青、民两党也主动作了些让步,提出至少不少于原协议名额的三分之二以上(他们也承认被无党派人士抢去的名额勿需退让)。而国民党则以保证具体名额实有困难为由,只允诺对于各党派为参加竞选而协议的办法,在不与宪法或法律相抵触的前提下,加以支持,但不保证满足青、民两党的具体要求。因此,到3月18日行宪国大代表开始报到时,青、民两党因国民党未满足他们的要求拒绝向大会报到。

眼看行宪国大又要变成国民党一党独办,蒋介石不得不再次出面干预。3月28日上午,蒋介石约见青年党的余家菊、民社党的徐傅霖,再次保证三党合作,并望青、民两党国大代表能于28日开始报到。

下午,国民党代表孙科、吴铁城、陈立夫、洪兰友、雷震,青年党代表余家菊、刘东岩,民社党代表徐傅霖、蒋匀田在孙科公馆举行三党会议,经过一番激烈的讨价还价,最后达成折中的协议:(1)青年党名额由300人减为230人,民社党名额由260人减为202人,除已当选的外,国民党承认青、民两党在以上数额内的其他未当选者的当选资格;(2)青、民两党已在南京的当选国大代表于当日晚先行向大会报到。

当晚,在南京的青年党、民社党的当选国大代表分别有60人和40人向大会报到。至此,国民党与青年党、民社党在国大代表名额上的纠纷通过幕后交易，终告解决。

第三节 国民党籍国大代表退让闹剧

陈立夫等经过几番磋商，就国大代表名额与青、民两党达成了幕后交易，似乎可以松一口气了。但是，且慢！更严重的纠纷还在后头，而且这批人比青、民两党更难对付，他们就是国民党中央要求退让代表资格的国民党、三青团籍当选国大代表。

应当说，对于国民党与青、民两党进行交易的办法，国民党内部反对的声音自始就非常强烈。国民党中央从一开始就想控制选举，在中央党部成立选举指导委员会，由陈立夫、吴铁城、谷正纲、张厉生等负责。

10月25日，国民党中央常务委员会暨中央选举指导委员会举行联席会议，决定成立国大代表候选人审查小组：

第一组苏、浙、闽、台、皖、京、沪，共30人，召集人陈立夫、朱家骅；

第二组豫、鄂、湘、赣、汉（口），共22人，召集人居正、李敬斋；

第三组粤、桂、川康、滇、黔、渝（重庆）、穗（广州），共34人，召集人孙科、白崇禧；

第四组晋、冀、鲁、察、热、绥、平、津、青岛，共18人，召集人张厉生；

第五组陕、甘、宁、新、青、西安、蒙、藏，回教生活习惯不同之民族，共27人，召集人于右任；

第六组东北九省三市，共11人，召集人朱霁青；

第七组职业团体、妇女团体，共30人，召集人谷正纲。

各省、市党部也设立了选举指导委员会指导选举，实际上是对国民大会代表等的候选人做审查和控制，以保证他们所中意的人当选。但在事实上，由于国民党内的派系矛盾重重，互相倾轧摩擦，而在地方上，土豪劣绅、恶霸、地头蛇、黑社会势力也有操纵选举的实力，以致选举的结果，不仅青年党、民社党提出的许多候选人未能选出，而国民党提名的候选人也有不少没有选上。截止到1948年3月11日，国民党占去青、民两党名额171人，而国民党内也有265名中央提名的候选人落选。

1947年3月31日公布的《国民大会选举罢免法》第21条规定："经500名以上选举人之签署，或由政党提名，得登记为候选人。"政党提名的名单，由于国民党与青年党、民社党迟迟不能达成分赃方案，在这种情况下，在地方上有势力的党团棍子、土豪劣绅、袍哥流氓之流，早已迫不及待，各以选民500人提名的方式展开竞选，造成了既成事实，等到政党提名的名单公布时，已经无法改变既成事实。

以四川省渠县为例，总选举事务所公布圈定的该县提名候选人正额是青年党的周德昭，候补人是国民党的张彬。但渠县地方势力和袍哥势力操纵选举，硬是让国民党中央没有提名的张惠昌以11万多张票当选为渠县国大代表，而另一位自行参选的周一生以10万余张票当选为候补第一名，张彬以三万多票当选为候补第二名，而总选举事务所圈定的青年党候选人周德昭仅得二万余票，成为候补最后一名。张惠昌为了当选国大代表，采取的是"钱能通神"的办法，前后出资1.4亿元，另外还卖掉300石谷，才赢得了此次选举。

又如四川江安县选举，参加竞选的有六人，最初都是以500选民签署提名的方式产生的。他们是：李茂林（时任国民党江安县党部书记长），金搏九（时任西康省第六区保安司令和西康省三青团干事长，其兄金树培是县中袍哥大爷，其弟金叔衡当时任江安县参议员、国民党江安县党部委员，曾任四川军阀王陵基的副官长，在江安，金家是一霸，但金家霸道作风也结怨不少，是金搏九竞选不利的因素），张铁僧（时任西康省田粮处储运处处长，在江安并非大族，实力不大，但与江安地方势力关系较为融洽），至于熊敦厚、缪光甲、严恭毅三位候选人实力有限。竞选主要在李茂林、金搏九、张铁僧三人中进行。所谓的选举，一般不外三个法宝，一是用钱，二是用枪，三是用官（以官压人），李茂林、金搏九、张铁僧三位竞选人势均力敌，谁也不敢动枪，所以竞选主要用钱和官。正当李、金、张三人竞选如火如荼的时候，国民党中央圈定的候选人名单公布了，江安县提名的候选人是金搏九。名单公布后，李茂林同金搏九谈判，李茂林主动退出竞选，由金搏九补偿李茂林的损失银元1000元，同时，江安县长廖育群和某司法官在受了金搏九的贿赂后也公开宣布支持金搏九。金搏九、李茂林虽然都是江安人，但他们的职务代表的却是国民党中央系势力，他们盛气凌人，引起以张乃赓（江安县议会议长）、李品三等为代表的地方势力不满，他们支持张铁僧，这次选举，**完全操之于地方保甲长、地主豪**

绅等头面人物之手，选举结果，张铁僧以四万余票当选，而金搏九只获得一万余票落选。

天津市总商会常务理事、油漆颜料公会理事长、三青团员赵遂初以金钱开路，以签署提名的方式当选为国大代表。在华北五省二市所选出的六名无党派签署代表中名列第一，他获得五万余张选票，但他的选票并不是合法取得，而是请人填写假票投入票箱，弄虚作假当选的。

由于选举结果不符合国民党中央的意愿，为了补救，第十六次国务会议通过张群等12人提出的《政党提名补充规定》，规定国、青、民三党党员参加竞选，须由各自的党提名，用选民签署手续登记提名者，以无党派者为限。

这个规定与1947年3月31日分布的《国民大会选举罢免法》第二十一条的规定形成尖锐的矛盾冲突，而且这又是选举后放的马后炮。能不能实行这个补充规定？国民党中央常务委员会和中央选举指导委员会曾经多次讨论，意见不一。

谷正纲、萧铮、姚大海、潘公展等，认为中央常会秉承总裁指示，办理政党提名，向系采用负责管制之原则，自国务会议公布补充规定两项后，各地主办选举机构及当选同志，已有遵照规定实行退让者，此种规定，乃补救党纪之□，既经上次常会通过，复经提请国府会议决议，正式公布，实无重新考量之必要。否则，立法委员之选举，将更难管制，而产生结果，必更复杂。孙科、邵力子、陈布雷、戴愧生等人认为，国务会议颁布之补充规定，仅能作为对政党提名办法之一种说明或解释，其效力并不能变更或违反宪法，及选举罢免法等法令所规定之原则，否则当事人可以依法提起诉讼。查古今中外之法令，均不追既往，补充规定只能适用于立法委员之选举。关于国民大会代表之选举，已经投票，事后不应作任何限制，此种情形，友党必能谅解，否则人民选举之自由，行将全被抹杀，世界各国必责我违反民主，包办选举，对政府之地位，恐将不利，应请予以考虑。

汤如炎、梁寒操等认为，补充规定在事实上执行颇有困难，其可能发生之后果，更不能不预为顾及。现在国府明令虽不便再有变更，但为顾及一般同志情感起见，在党内办理退让，应尽量采用分别劝导办法，不可太硬性强制执行。

由于意见不一，会议推陈立夫、王宠惠、张知本、洪兰友、柳克述、程天放、白瑜、张厉生约同立法院、司法院的法律专家成立研究小组,由陈立夫召集,拟订实施方案。陈立夫召集研究小组拟订办法六项,中常会几次开会研究修改。

1948年1月30日,国民党中常会第139次会议正式通过退让办法如下:(1)原定友党为正式代表,而选举结果为无党派人士当选者,维持原选举;(2)原定友党为正式代表,而选举结果国民党当选者,采取党让党的方式,国民党当选代表一律递让;(3)中央提名正式代表而未当选,原定为候补或签署提名而当选的,须自行退让。以上各条,若不执行,以党纪处分。

2月4日,国民党中常会又通过《中国国民党党员当选为国大代表或立法委员自愿退让与友党奖励办法》,规定退让者将受到蒋总裁或国民党中央党部的书面奖励,同时还规定可以给予退让者一些经济上的奖励。

国民党中央出台以上办法不难,但要执行起来却难如上青天。

签署提名当选的国大代表,大都是金钱铺路的,所谓选举无非是金钱战。大多数签署提名当选的国大代表在选战结束后已是倾家荡产,甚至倾家荡产也不足偿还竞选所欠的费用。如前所述,四川渠县的国大代表张惠昌花去法币1.4亿元,外加稻谷300石;四川江安县的张铁僧花去银元四五千元,折合黄金四五十两;天津的赵遂初虽然身为天津市油漆颜料公会理事长、天津市总商会常务理事,他在选举中由同业、亲友垫付的竞选费用,即使倾家荡产也难以清偿。国民党中央出台一纸法令,就想让这些倾家荡产得来的国大代表自行退让是不可能的。在听到国民党中央颁布自行退让令后,张铁僧的第一个反应就是:"你不圈老子,已经不对了,老子凭本事选出来了,你还不承认,真是岂有此理。"气冲斗牛的张铁僧马上想到要到成都、南京去大闹一场。

天津的赵遂初一想到倾家荡产也偿还不了选债,而今国民党中央一纸法令又轻而易举取消了他的国大代表资格,替代赵遂初的又是得票仅16张的民社党人杨凌云。这重重打击,让赵遂初痛苦不堪,他日夜苦思,筹谋对策,终于想起古代庞令明"舆梓决战"的故事,决计以陈棺行动作孤注一掷。1948年3月8日,赵遂初用民选国大代表名义,在燕京大学新闻系主办的天津《新星报》上发表告同胞书。3月18日,天津《新生晚报》根据赵遂初的谈话,发表了一则以"赵遂初拼到底,明日起程赴南京,出席国大,要买棺材,以示决心"为题的醒目新闻。赵恐受到国民党军警的阻挠,于19日晚通过天津旧租界工部局警官和"万里号"轮船船长的帮会关系，潜入"万里号"轮船，起程赴上海。在"万里号"轮船上他又起草了一份《再告同胞书》，于抵上海后交上海《大公报》发表，表示"决于大会召开之日，协同民选合法代表，集体进入会场，作历史的'护宪'流血"。

可以看出，这些当选国大代表都是以必死的决心来与国民党中央作抗争的。

当时签署提名当选的国大代表有600多人。国民党中央强令退让国大代表资格的有427人，但到1948年3月18日国民大会代表报到时已经取得协议的只有37人。这些不甘心退让的当选代表在各省、市大闹一番之后，先后有三四百人抵达南京，他们成立了"国民大会代表签署提名当选人联谊会"，并在国民大会堂附近的钟南中学成立民选代表办事处，准备与当局展开一场"殊死的"斗争。另外，中央提名落选代表也成立了"中央提名国代当选人联谊会"，向国民党中央请愿，要求出席国民大会。这两个联谊会，尤以前一个联谊会的抗争最为激烈。

事实上，退让代表的抗议早在1947年底就已开始。1947年12月25日，在宪政实施促进会纪念制宪完成一周年大会上，一些对强令退让表示不服的代表会见孙科，要求予以支持。孙科此时是国民党中央常务委员、国民政府副主席兼立法院长、国民大会筹备委员会主任委员，地位显赫。孙科回答说："此次选举太迁就事实，精神上已与宪法相违背。由于采用若干权宜处置，因此发生种种问题。关于国务会议发表之国代选举罢免法补充规定，亦即国民党中央为扶植友党之补救办法。此次友党要求联合提名，保证当选，事实上是强人所难，而为一件不易交卷之事。"孙科还说："补充规定对当选之国代当然无约束力，因此本人认为，现在既然事已如此，诸位恐怕除了依法律起诉外，并无他法。"孙科对他们给予了同情和支持。

12月29日，一批退让代表到国民党中央党部向中常会请愿，提出当选人资格不能由任何政党及任何行政机构非法撤销，并要求于12月31日前发给他们当选证书，否则，将于元旦后诉之国际公论，并依法起诉。

各省市退让代表陆续抵达南京成立联谊会后，抗议斗争进入有组织的大规模阶段。

3月18日，国民大会代表开始报到。这一天，陈立夫、张厉生、谷正纲同签署提名当选国大代表马文车、盛紫庄、翟宗涛等举行对话，陈立夫等劝他们退让，但遭到拒绝，对话没有成功。

19日晨，马文车等50余人齐集内政部，要求选举总事务所主任委员、内政部长张厉生发给他们当选证书，被张厉生拒绝。僵持到晚上9时30分，马文车等离开内政部，又来到陈立夫公馆，与陈立夫谈判到深夜仍无结果。

20日，马文车等对报界发表声明："我们今后的态度是不退让，不妥协，不请愿。我们的办法是：全体到京，依法报到，参加大会，驱逐非法代表；加紧团结，不受各个击破；以脱党救党；组织真正的民主宪政集团；拥护蒋主席戡乱建国。"陈立夫、吴铁城等一度准备退让，但青、民两党鉴于代表权纠纷，正在商讨对策，没有一名代表报到，一时不敢妥协。

3月27日，蒋介石在国民大会开幕前两天，以国民政府主席和国民党总裁的身份发表重要声明：

> 兹当国民大会开会之前夕，若干代表当选资格，因政治与法律观点之不同而尚未解决者，余乃负责予以解决。余以为本党同志相互间的问题，应依一般选举之通例使得票比较多数者当选。至本党同志与友党候选人的问题，则应以政治方法解决。本党同志应于尊重政党协议与政党提名之精神放弃其当选资格，俾友党候补人当选，唯有如此，始能符合召开国民大会之宗旨。……余为国为党为革命历史与革命权责，兹已将有关当选证书令选举总事务所依按前颁两项原则分别颁发。须知选举固为选民表示意志之方法，而纪律则为革命党员所必守。余今日根据党的协议，依照党的决策，信守党的诺言，执行党的纪律，对于本党同志应否当选代表，能否出席大会之问题行使党章所赋予总裁之最后决定权，予以决定。此系代表中国国民党集体之意思，应无悖于选举规制之本旨，为功为过，听诸公论。

蒋介石企图以"党纪"来吓退抗议的退让代表，但退让代表怨气很大，他们都有破釜沉舟的决心，不怕任何威胁。他们依仗"民主政治"的护身符，不肯屈服于"总裁"的权威。

3月27日上午，蒋介石又在中央军校官邸邀请退让代表赵遂初等14人谈话。官邸内外，戒备森严、如临大敌。赵遂初等14人被全副武装的警卫带领进入一间大客厅。客厅里用15张沙发椅摆成圆形,蒋介石坐在正中一张铺着虎皮褥子的沙发上,身后围坐着陈立夫、吴铁城、张厉生、谷正纲等人,代表们背后站着许多便衣侍卫。

蒋介石用示威的姿态,虎视眈眈地扫视着赵遂初等14人,开口第一句话就说:"赵遂初,你在《大公报》的宣言,我看见了。"

赵说,我还有第一次宣言,同时立即打开皮包,取出那张天津《新星报》。这时有两个侍从迅速逼近赵遂初身边监视着赵的举动。

蒋接着说:"赵遂初,你晓得我是党的总裁吗?"

赵反问说:"你知道我不是国民党员吗?"蒋闻言愕然,立即转头向陈立夫问道:"怎么搞的,把社会贤达搞到这里来了?"陈答说:"他不是国民党员,是青年团员。"蒋才松了一口气说:"团员就是党员。"

赵说:"团员就是党员,为什么还搞党团统一?"蒋语塞,回顾坐在他左右的签署代表说:"大家要知道,今天不能单纯讲理,也不能单纯讲法,为了政治上的关系,要迁就事实。"各代表闻蒋言,都感到惊讶。

赵遂初接上去说:"还政于民,关系百年大计,国家元首能说不讲理、不讲法吗?"

蒋不理会赵的话,怒气冲冲地转问其他代表说:"谁愿退让,我自有办法!"那十几个代表都一致表示坚决不退让。

有一代表说:"我宁愿牺牲厅长,也要当选证书。"

又有一代表说:"我现在对总裁声明脱党,我是人民签署当选的代表,根本与党无关。"

蒋见谈话已陷僵局,即嘱侍从预备点心,希图缓和气氛。

这时陈立夫发言说:"请各位代表,先回寓所,改日再行商谈。"

赵遂初等14位代表返回钟南中学办事处后,立即集合全体代表报告与蒋介石谈话经过。全体大哗,群情激奋,一致通过决议,于28日(国大开幕前一天)由颜泽滋等代表带领进入国民大会堂实行绝食,阻止大会开幕;其他大部分代表分头包围选举总事务所和国民党中央党部请愿,不达目的,决不撤退;由赵遂初负责陈棺国民大会堂。

3月28日晨,退让代表分三组向各方请愿:杨翘新、苏铭芳、连退庵、颜泽滋、李化成、张敷、周游、杨世麟等二十多人于9时30分到达国民大会堂,进去八人之后,警卫发现情况不对,即阻止其他人进入。这八人进入国民大会堂后即宣布以绝食争取民权,维护宪法。他们散发的请愿书称:"同人皆依法当选为国民大会代表也,今其志虽不得遂,而于义不可有违。为争民主、争法治,敢即于国大会堂之前,坐以待毙,虽谥曰愚,亦无憾焉。"天津国大代表赵遂初则以380万元法币购得棺材一口,由几位代表协助抬到钟南中学。赵遂初还应美联社记者的要求,站在棺材上拍了照。赵扬言要在29日国大开幕时到国民大会堂前自杀。

28日晚,首都卫戍总司令孙连仲挑选孔武有力的宪警数十人乘坐汽车来到国民大会堂,强行将绝食的八位国大代表带走,押送到第五招待所幽禁,才使国民大会于29日得以开幕。

29日国民大会开幕时,为了防止退让代表闹事,出动军警特务将钟南中学包围,不许任何人出去。被禁锢在钟南中学铁栅栏内的国大代表面对铁栅栏外的军警宪特大呼大叫道:"你们这是什么国民大会!这是狸猫换太子的滑稽戏!假代表参加的国民大会,投的票是假票,选出来的总统是假总统!"军警宪特对国大代表的谩骂叫喊并不计较,只是不断挥舞大棒驱散围观的群众。赵遂初摆在钟南中学的棺材也被军警强行拖走。当即有代表提出向法院控告国大秘书长洪兰友劫掠棺木罪,也有人打趣说:"就让洪兰友自己用去吧!"

国民大会开幕式结束后,由于斌出面转圜,才将钟南中学的大门打开。

蒋介石见硬性压服不行,不得不改为软性说服。29日下午4时,蒋介石再次邀赵遂初等40余人到黄埔路官邸谈话。赵遂初下车后见到军警林立、禁卫森严,进大门后由凶神恶煞的卫士先后搜查了七八次,连裤带也要解开检查,女代表对此尤为恼火。

见到蒋介石时,赵遂初首先对蒋介石说:"我今年四十有九,我的生命只有两天了。为国家民族牺牲,在我的生命史上是光荣的。"

蒋假惺惺地对赵说:"你不能死,死有重于泰山,有轻于鸿毛。"

正当赵遂初坚决表示"不成功,便成仁"之际,突然有几个代表起立,表示"服从总裁命令,愿意退让"。

蒋听了十分高兴,连声说:"好的,好的。"

随后,蒋以极严肃的面孔叙述全国各机关法团打电报拥护他做总统,青年党、民社党也将一致选他做总统,希望大家顾全大体,遵守他的命令退让。

但这些被要求退让的代表也打着官腔，条条反驳，说我们是人民选出来的代表，不能私相转让，党权不能剥夺民权，若我们私自让了，恐老百姓说我们受了贿，不好回去见选举人，我们是得票多数的真正代表，若不能投选举总统的神圣票，反而让得票少数的伪代表来选举，恐一般认为这种选举也是伪选，影响国际观听不好。同时又表示了他们的忠忱，声明他们进了会场仍决心选蒋作总统，蒋当选总统是不成问题的。这样面对面地、一层一层地把蒋的借口驳得体无完肤，蒋面红耳热，极为难堪。静坐一会，彼此沉默无言。

蒋旋转内室休息，另外出来几位秘书和副官，一面拿烟捧茶，敬点心；一面与退让国大代表个别谈话，婉劝退让。退让代表仍是据理反驳，弄得他们不好再劝，有位副官突然问退让代表知道总裁的脾气否？退让代表说是从外面来的，初到南京，不知总裁是什么脾气。这时空气紧张，蒋介石从后面走出来，劝退让代表回去好好考虑，退让代表亦奉劝蒋好好考虑。

蒋介石在软硬兼施失败的情况下，乃派于斌出面利诱收买，各个击破。于斌首先找到赵遂初，以亲切的口吻说："赵同乡（其实于是黑龙江人，赵是山西人），只要你肯接受退让，我担保：第一，在总统就职之后，发表你为总统府顾问；第二，凡是你在竞选中花的竞选费用，全部由政府贴补。我们是大同乡，请你仔细考虑我的意见。"赵遂初对于斌说："美联社记者已经拍了我站在棺材上的相片（以后这个照片在美国《生活》杂志封面上刊登），中外皆知。你既然说我们是同乡，请你替我想想。我接受这个条件，退让了代表，我还值半文钱吗？"于见话不投机，便声明说："我是代表陈立夫部长的意见，那么我就转达陈部长吧。"

接着，陈立夫在中央党部邀赵遂初到他的办公室谈话，再次向赵提出于斌所提的退让条件，并说："政府还准备邀请各位担任戡乱委员。"赵大声对陈立夫说："头可断，代表不能让！"陈立夫也脸色一变说："蒋先生要竞选总统，你却抬棺材。现在还说头可断，你也太厉害了吧！"陈又说："你不是疯子，你为什么要这样疯闹？"赵说："只要发给我当选证书，我立刻可以不疯。"陈凝思之后，无精打采地说："那么你和王处长先谈谈吧。"（王负责发证）蒋见收买手段也告失败，一面派密探在赵的住所盯梢跟踪，一面扬言将给赵以法律制裁；同时还放出赵要自杀的谣言，企图暗害赵遂初。因此赵又在报上发表声明，加以揭穿。

被幽禁的八位国大代表继续以绝食抗议，以示不屈。国民大会主席团推于斌、胡适、莫德惠等社会名流出面慰问，屡劝他们进食，但均无效果。出席国民大会的代表王运明等1322人联名提出紧急动议，要求承认退让国大代表的资格，发给证书并允许他们出席国大。4月8日，王运明在国大会议上就动议做了说明，并要求大会主席作出答复。大会主席团推于斌、胡适、莫德惠、王宠惠、王云五面见蒋介石请求指示，于斌等见蒋的结果如何，笔者未见到材料。

4月17日，抗议斗争进入最激烈阶段。因为再过两天就要选举总统，退让国大代表认为选举前不解决，选举后就会不了了之。退让代表奈何不了蒋介石，决定把气出到陈立夫、吴铁城、张厉生等具体操办人身上，认为退让的办法是他们提出来的，于是，他们决定采取非常行动，组织请愿团轮流不息分赴国民党中央党部、总选举事务所以及陈立夫、吴铁城、张厉生的公馆请愿，"攻打奸佞"。

陈立夫等人事先已得到消息，干脆来个避不见面，到中央党部找不到人，到他们的公馆也见不着面。这些退让代表气极了，坐在客厅不走，甚至就在那里睡觉、便溺，把吴铁城的客厅打得一塌糊涂，弄得陈立夫等人不敢办公，也不敢回公馆，张厉生即在旅馆住了十多天。

退让国大代表在对陈立夫等人进行疲劳轰炸也不能奏效的情况下，有的放言："此路不通，我们去找毛泽东。"有的提议走司徒雷登的路子，争取做个民主自由派。退让代表还想乞灵于法律，向南京高等法院对职业妇女团体代表选举事务所主任谷正纲等人提起诉讼。南京高等法院还未正式开庭，就以"缺席裁判"的方式宣告谷正纲等人无罪。

这天早晨，召开紧急会议后，各人佩戴民选代表红绫条整队赴国民大会堂出席会议，并高呼口号："取消民青两党伪代表"，"惩办选举舞弊负责人"，"伪代表选举的总统是非法的"等等。这时空气极为紧张，国民大会秘书长洪兰友调来一大批宪警在国民大会堂门前手拉手站成了排，阻止退让代表进入会场，并宣布戒严，路口车辆均不许入内。这些被阻的代表气愤不过，有的向宪警吐口水，有的抽宪警的耳光，但这些宪警事先受到上级命令：打不还手，骂不还口。这些退让代表无奈，已经做好血溅国大会堂的准备，只要宪警一还手，他们就准备闹烂国民大会。由于宪警不还手，退让代表有气无处发，闹到下午3时，也渐感疲乏了，国民大会主席团推王云五、于斌、马文车等出来劝慰,并由于斌保证,负责向蒋介石建议,发给他们当选证书,承认他们的代表资格,抗议的退让代表们才散去。4月23日,向他们发放了国大代表当选证书、国大证章,并委任他们为"戡乱委员",发给薪资,以弥补他们的竞选损失,并允诺他们下次国大开会时可以出席。退让代表的抗争终于取得了胜利。

赵遂初后来说:"当时在蒋介石淫威之下,我独敢于同他顶撞,何所恃而不恐呢?无非为个人名利所驱使,故不惜破釜沉舟,成功是英雄,死亦不失为好汉,打的亡命之徒的主意罢了!"

在这场退让闹剧中,陈立夫作为主要当事人,其记忆是刻骨铭心的。他在《成败之鉴》一书中写道:

> 我被调回组织部,就是来帮助国民大会的选举,这项选举麻烦很多,主要的麻烦不是我们党里的麻烦,而是要各党各派参加选举的麻烦。困难的是多年来友党他们没有什么活动,以前他们有少数党员分布在各县,但这种党员也没有什么活动的成绩,所以要他们在多数国民党党员竞选中产生出来是很不容易的。
>
> 中央为了挽救这项缺点,就给青年党、民社党每个党若干名额,而这些名额要我们党员在各县选出的代表让出来使他们补上去,这是很困难的事。假定我们党内同志努力奋斗许多年,他被选出来了,又要他让给青年党或民社党的党员,而这种党员在当地没有什么服务成绩,又没有什么很大的贡献,要叫党内同志让出名额给他们,这是一件非常艰苦的事情。
>
> 不过党里既然这样决定,我们组织部就要去达成任务。按照道理,这种做法是不对的,应该谁的票数多谁当选才对,没有理由让给票数很少的人。譬如一个国民党党员,他有一万三千多票,一个青年党员,他只有三十多票,本党硬要把有一万三千多票的人让给那三十多票的人,是违反民主精神的一件很艰困的事情,可是我们党里的同志都能顾全大局,经过劝导之后都能让出来,但内心总有些不甘心的。这项工作在民主政治上是一件违法的事,民主政治完全靠人民拥护的,拥护的人多便选出做政治人才,拥护的人少而又是要拥护的人多的让出位置来,是不合乎民主条件的。所以有人讲青年党、民社党得到民主之虚惠,而国民党却犯了违背民

意独裁之名,这种批评,对我们办事之人而说,是一种违背良心的痛苦。

我曾和中央党部秘书长吴铁城先生商量,我说:"与其这样让出名额来,还不如修改选举法,在名额中给青年党、民社党增加若干名额,反而简单,也不会太违背民主的原则,譬如中央决定一些遴选的代表(遴选就是不一定要经过选举),这样的话,他们各党各派不能选举出来的可以遴选,这样比较简单得多。"吴铁城先生不赞成这个办法,所以我也无法向中央常会提出。这样做下去,是给组织部一个很大的难题,我调回组织部做这件很艰苦的事,换来的结果是:一方面青年党、民社党他们还不满意,我们答应他们120个名额,他们还要求增至200个名额,那就更不容易了,最后东删西减,又让出一些名额给他们,总算勉强解决了这项困难。

那些让出名额的人,他们在国民大会中也有许多朋友,那些朋友替他们打抱不平,因此国民大会开会时并不顺利,中央要一般同志怎么样去做,他们对中央处理不满意时,他们就在应该服从的时候而持反对的立场。我非常后悔,我不坚持改为遴选,是一生最大的错误,我违反了民主的原则,而要求同志们谦让,是一件不合人情的做法,其影响之大,我应该负责的。

第四节　全力阻击李宗仁当选副总统

行宪国大开会一个多月,唯一有实质性的任务就是选举总统、副总统。

当时有一副妙对,上联是"聚三千人,改两个字";下联是"花四万亿,画五个圈"。所谓改两个字,即改"宪法";画五个圈,即是选总统一次及副总统四次,共画了五个圈。

按当时国统区的情势,总统非蒋介石莫属,所以总统选举实际上成了蒋介石一人的独角戏,居正只不过是强行拉来陪衬的可怜角色。既然总统选举成了独角戏,没什么搞头,结果,本来无足轻重的副总统闲职却成了各路英雄豪杰角逐的焦点,副总统选举实际上也就成了行宪国民大会的重头戏。

按照西方的惯例,总统与副总统必须属于同一个政党,一般副总统由总统提名。外国的任何东西传到中国总要走样变形,这次所谓行宪,却有国民党的李宗仁、孙科、于右任、程潜,民社党徐傅霖,社会贤达莫德惠,共六人参加角逐副总统。但主要竞争对手是国民党的李宗仁与孙科。

在抗战胜利后，李宗仁由第五战区司令长官升任军事委员会委员长北平行营主任，指挥第十一、第十二两战区。1946年9月1日，改任国民政府主席北平行辕主任，管辖华北五省（河北、山东、察哈尔、绥远、热河）三市（北平、天津、青岛）。名义上李宗仁是华北五省三市的最高军政长官，但实际上，由于蒋介石玩弄了釜底抽薪的把戏，李宗仁没有军政实权，位高而权轻。李宗仁形容自己是"吊在空中，上不沾天，下不着地"。

李宗仁是一个不甘寂寞的人，因此，静极思动，另辟蹊径。北平是中国古都，人文荟萃。李宗仁既不过问军政大事，便与北平文化、教育各界名流揖让往还，礼贤下士，相处甚为融洽。李宗仁还利用行辕主任的名义，采取了一些象征性的开明措施，因而益发赢得了北平各界的好评。舆论称之为"老成持重，深谋远虑之文武全才"，并赢得了"民主将军"的美誉。

与李宗仁相反，蒋介石由于发动全面内战屡遭惨败，越来越不得人心。美国驻华大使司徒雷登在给美国国务院的一份特别报告中甚至指出："在一般学生心目中，象征国民党统治的蒋介石，其资望已日趋式微，甚至目之为过去人物者"，而"李宗仁将军之资望日高"。这就说明连蒋介石的后台老板美国人也对他产生了失望。按照预定计划，南京政府将于1948年春召开所谓行宪国民大会，选举总统和副总统，在司徒雷登"弃蒋扶李"的允诺下，李宗仁决定参

1945年，李宗仁（中）等在北平人民庆祝抗战胜利大会的主席台上

加副总统竞选。

李宗仁决定参选后，即派亲信给新桂系老搭档黄绍竑送去密信一封，说明他参选副总统的理由：第一，李在北伐开始就当了第七军军长（系北伐出师时的八个军长之一），后来又当了第四集团军总司令，现在，当时的第一集团军总司令蒋介石要做大总统，第二集团军总司令冯玉祥在国外，第三集团军总司令阎锡山宣布不参加竞选，此外，就没有人有资格同他竞选副总统了。第二，李宗仁认为蒋介石必然失败。竞选如成功，遇有机会便可同中国共产党和谈收拾残局。第三，李宗仁判断北平一定守不住，不愿束手当俘虏，即使竞选副总统不成功也好找借口离开北平。

几天后，李宗仁从北平赶到上海，特地登门拜访黄绍竑，请他帮忙主持竞选。他分析了自己竞选成功的可能性后说："我请你来主持竞选，计划一切，这是我们（指新桂系）一着大棋，不可错过了，要用钱，黄旭初、李品仙在广西、安徽两省内早有准备。"

黄绍竑听了李宗仁的这番话，好像历史上赤壁之战的故事，周瑜万事俱备，只欠东风，只要黄绍竑这现代诸葛亮肯上南屏山法坛借东风，副总统准能到手似的。他不好再说什么，连忙答应下来。但同时声明："用钱的事我不管，只管计划的问题。"李宗仁说："那些事有人管，不用你费心。"

随后，黄绍竑由上海来到南京，在太平路安乐酒家设立竞选大本营。大本营下设总务、财务、交际、宣传、情报各部，由邱昌渭、黄雪邨、韦永成、刘士毅、张岳灵、程思远、韦贽唐、李扬等新桂系的少壮派骨干分子担任各部负责人，而由黄绍竑担任助选班子的"总参谋长"。另外，在白崇禧公馆设立决策机关，黄绍竑、白崇禧、黄旭初、李品仙等新桂系上层领袖，在白公馆随时就大政方针做出决策。

黄绍竑"素称多才任术"，担任李宗仁竞选班子主持人，可谓英雄有了用武之地，立即施展其灵活的政客手腕，到处拜票、拉票，将竞选活动搞得有声有色，声势逼人。

蒋介石为阻止李宗仁当选，于1948年3月6日召见孙科，让孙科做副总统候选人，并保证从财力、人力上全力支持。孙科是孙中山的哲嗣，他的出马，无疑对李宗仁构成了一定的威胁。孙科有着李宗仁无法可比的长处：第一，他是孙中山的独子，可视为孙中山理论的代言人；第二，他是现任国民政府副主席；第三，他是文人，与作为军人的蒋介石搭档最为合适。虽然孙科有这些有利条件，蒋介石还是担心他不是李宗仁的对手。于是，在竞选活动最为紧张的时候，蒋介石即授意亲信放出风声，副总统候选人要由国民党中央提名，只提孙科一人。

李宗仁等人听到这个消息，好像当头被人泼了一盆冷水。黄绍竑想，虽然可以反对国民党中央提名，但我们提不出理由来。中常会过几日就要开会讨论，若那时真提出，我们都不是中常委，连反对的机会都没有。怎么办呢？

六位副总统参选人，分析起来，除孙科外，没有不反对由中央提名的。但要联合起来反对，不但理由不充分，而且联合也有困难，时间更是迫不及待。李宗仁也未必有反对中央提名的勇气。黄绍竑想了想，这也许是蒋介石故意放出来的试探气球？如果反对的声浪不大，就真的由国民党中央提名；如果大家都反对，也就不提了。这是斗争的一个关键，我怎能等闲视之呢？

为了彻底打消蒋介石提出的由国民党中央提名的办法，黄绍竑决定先发制人。他的撒手锏就是直截了当反对由中央提名，否则广西和安徽的国大代表就退出选举。这样一来，要么取消中央提名的拟议，要么就真正破裂。如果没有广西和安徽的代表参加仍然选出了副总统，我们就可以公开表示不承认。那时，不但蒋介石难以下台，桂系反蒋的旗帜岂不是又高高地举起来了吗？总之是对桂系有利的。

黄绍竑主意打定后，未同李宗仁、白崇禧等人商量，就独自驱车前往国民党中央党部，去找秘书长吴铁城和组织部长陈立夫。吴、陈都不在，黄就找副秘书长郑彦棻作答，对他说："外间哄传副总统选举，要由中央提名，是吗？"不待郑彦棻作答，黄绍竑继续说："如果是真的话，广西和安徽的代表就要退出，不再参加选举。我要见吴秘书长和陈部长，就是要说明这两句话，没有其他事情。他们如回来，请郑副秘书长转告。"郑彦棻很吃惊，说："我不知道有中央提名的事呀！季宽先生哪里得来的消息？"黄说："南京城里传遍了，何必问哪里得来的呢！"郑又说："我马上打电话给吴秘书长、陈部长，把季宽先生得来的传说和意见告诉他们。"

黄绍竑离开中央党部后，驱车前往李宗仁公馆，把经过情形告诉李宗仁，得到李宗仁的赞同。李宗仁说："我正想找你商量。我完全同意你这样做。如果中常会开会，他们提了出来，我们就来不及了。"李又说："中央提名孙科，各方面都反对，你来这么一下，我想他们就不敢提名了。"

果然不出李、黄所料，经黄绍竑这么虚张声势一恫吓，蒋介石也生怕将事情弄僵，只好取消由中央提名的计划。

次日一早，中央党部秘书长吴铁城、中央组织部长陈立夫、内政部长余井塘、国民大会秘书长洪兰友联袂登门拜访黄绍竑作解释工作。吴铁城郑重其事地说："季宽先生昨日对郑副秘书长所说的消息，都是反动分子企图破坏党内团结而散布的谣言，希望季宽先生不要轻信。立夫先生和洪秘书长、余部长都在这里，保证绝没有中央提名的事。希望季宽先生以党国大局为重，不要轻信谣言，团结一致，使国民大会顺利完成其伟大历史使命。"陈立夫也说："这次国大的召开，是经过同共产党长期的艰苦斗争得来的，共产党无时不想方设法破坏。季宽先生过去在地方工作，当然不知道其中经过，这次国大是行宪的开始，除了选举大总统、副总统外，主要任务是团结全国的意志进行'戡乱'。现在'戡乱'军事正在进行，如果我们内部闹分裂，就正中了反动派的奸计。"黄绍竑听了他们的这番表白，也就顺坡下驴，对他们说："我只希望副总统能按照宪法自由竞选，既然你们各位保证中央不提名，我还有什么意见呢！"这样第一个回合，黄绍竑取得了胜利。

蒋介石见李宗仁不服从党中央的约束，便决定亲自出马，约李宗仁谈话，动员他退出竞选。

4月3日晚，蒋介石在黄埔路官邸召见李宗仁，开门见山地便说："希望未来的副总统最好是一个文人，候选人已内定孙哲生（科），希望你顾全大局退出竞选。"

李宗仁并不给这位当年的拜把兄长一点面子，当场与蒋大吵起来。最后，蒋威胁说："你还是自动放弃的好，你必须放弃！"

李宗仁回答："委员长，这事很难办呀。"

蒋说："我是不支持你的，我不支持你，你还能选得到？"

李宗仁一听这话，不禁大为恼火，便顶撞说："这倒很难说！"

"你一定选不到。"蒋似乎也生气了。

"你看吧！"李宗仁继续毫不客气地反驳说："我可能选得到。"

蒋介石不耐烦，从沙发上站起来，满面怒容地说："你一定选不到，一定选不到！"

李也跟着站起来回敬道:"委员长,我一定选得到!"谈话就这样不欢而散。

李宗仁对副总统一职已经是志在必得,并摆出了不惜与蒋介石公开决裂的姿态。

为做到万无一失,由黄绍竑出面,李宗仁与于右任、程潜三位副总统候选人还订立了"攻守同盟",决定一致对付蒋介石。

蒋介石仍然不想放弃提名的企图。4月4日,国民党中央执行委员会召开全体会议,讨论总统、副总统候选人提名问题。大会休息时,蒋授意国民大会秘书长洪兰友出面,召集李宗仁、于右任、居正、程潜、孙科等副总统候选人以及吴稚晖、吴忠信、张群、陈立夫、陈果夫、丁惟汾等到另一个房间谈话,谈话开始,张群根据蒋介石的意图站起来说:"必须维护党的统一,才能保证党的团结,这是本党内部的事,与实行宪政、还政于民是两回事,不可混为一谈。故蒋先生认为本党同志参加正副总统的竞选应尊重本党意旨,由党提名。这办法确极公允,应该照办的。"张群接着又补充说:"总裁深恐由于副总统候选人竞选影响党内团结,决定由党提名。如果大家同意,我即去另一间休息室报告总裁。"张群说完,吴忠信即首先征询孙科意见,孙科表示他"绝对服从总裁的意旨"。当吴忠信问李宗仁时,李却毫不含糊地坚决表示反对,说:"选举正副总统既是实施宪政的开端,则任何国民都可按法定程序参加竞选,如果仍由党来包办,则我们的党将何以向人民交代?……现在既已行宪,本人主张应遵循宪法常规,任何其他办法,本人将反对到底。"李宗仁

副总统候选人孙科

说完后,程潜表示支持李宗仁的意见。至此,蒋介石不得不放弃由国民党中央提名副总统的企图。

4月19日,国民大会举行副总统选举第一轮投票。李宗仁旗开得胜,获票754张,依次是孙科589票,程潜522票,于右任400多票,莫德惠和徐傅霖各得200多票。

第一轮投票后,后三名候选人淘汰出局,剩下前三名即李宗仁、孙科、程潜三人参加第二轮投票。

4月24日,举行第二轮投票,李宗仁得1163票,孙科得945票,程潜得616票。李宗仁仍然遥遥领先。

眼看李宗仁获胜已成定局,蒋介石非常焦虑。

4月24日下午,蒋介石召见程潜,直截了当地要程潜在下轮投票中将他的选票转投孙科,并表示将起用程潜的助选人,且负责补偿程潜的全部竞选费用。

程潜是国民党军界的元老,历来不大买蒋的账,对蒋此举更是十分的反感。他不仅当面拒绝了蒋介石的要求,而且于当晚以"不能自由竞选"为由公开宣布退出竞选,以示抗议。

蒋偷鸡不成反蚀把米,极为恼火,指使陈立夫采取非常手段,陈立夫便动员各种力量,将攻击矛头直指李宗仁。他们散布传单说:李宗仁一旦当选副总统,就要逼宫,逼迫领袖(指蒋介石)出国。某中央刊物则载文说:"李某竞选成功则逼宫,不成功则叛乱,以勾结李济深合流共党。"

24日,有人散发了两份传单,一份题为"请代表先生注意!反对威胁政府贪污跋扈军人李宗仁当选副总统";一份题为"'加官以后',就要接演'逼宫',李宗仁竞选内幕,请不要吃狗肉,不要吃'糖衣毒药'"。

陈立夫还准备对李宗仁进行人身攻击,尤其要把李宗仁的老婆郭德洁作为攻击中心,说她在北平贪污要钱,还要将"戡乱"不力或通共的大帽子,套在李宗仁的头上。

面对蒋介石的反攻,黄绍竑很忧虑。他想:"照此情形拼下去,不但副总统弄不到手,还要弄得一身脏。看起来最后是要失败的。切不可等最后失败才收场。好在四个回合的战斗我们已胜三个回合,就此退出战场,我们岂不仍然是胜利者吗?何必再打没有胜利希望的回合呢!如果我们中途罢选,国大又怎样收场呢？文章就好做了。"想到这里，黄绍竑便前往白崇禧公馆邀请李宗仁前来商量对策。

人到齐后，黄绍竑首先提出"以退为进"策略，要李宗仁以"幕后压力太大"为由宣布退出竞选。李宗仁一时想不通。他说："你不要为他们（指蒋介石等人）的行动或放出的空气所吓倒，各国的竞选都有这样的情况。我们已经赢了三场，最后一场打下去一定会赢的。"李宗仁说话时有些气愤。

黄绍竑说："打麻将我是老手，往往前三圈赢了，第四圈输得精光。我第三圈站起来不打了，也不收人家的钱（照例不打完四圈是不能收钱的），我岂不是赢家吗？何必打完四圈变成输家呢？"

李宗仁说："打牌为了赢钱，竞选为了当选，为什么要在胜利中途退出呢！你打牌的时候肯这样做吗？"

黄绍竑说："打牌的时候，我当然不能这么做，因为四家是约定要打四圈或打八圈、十二圈的。中途退出，除非发生了什么事故，否则其余三家不答应。竞选是没有约定的呀，你退出了，我们的代表都不入场参加决选，国民代表大会怎样收场呢？蒋介石、孙科怎样收场呢？这就是我的妙棋。"

白崇禧起初也不同意罢选，听到这里也感到这不失为一个办法，他说："这倒是一个好办法，好似下棋一样，将他们几军，缓和一个局势，虽然将不死，打乱他们的阵脚，办法就好想了。我同意宣布退出选举！"

新桂系的决策历来是李、黄、白三巨头会议决定的。黄、白同意了，李没有不同意的。但这次却例外，因为事关重大，李宗仁一时之间怎么也想不通。他说："煮熟快到口的饭不吃，还要等什么？你们要知道那些轿夫佬（指所有帮李宗仁竞选的人）是等着要吃饭的呀！"

黄见一时说服不了李宗仁，只好采用激将法，他站起来说："退不退出，德公作决定。我的计划就是这样。不采用，我就乘11点的快车去上海不管了。横直明天就见分晓，不论胜败我都不愿看见，免得神经紧张，血压又高起来。我实在太累了，要回上海去休息。"

李宗仁见黄绍竑如此说，连忙说："忙什么！等我考虑考虑。下午还要约我们的干部来谈一谈，听取情况和他们的意见，不能光由我们三人完全做主呀！"

黄绍竑见李宗仁这么说，也只好留下来继续参加新桂系的会议。

当天下午,在白崇禧公馆召开新桂系干部会议。会上,黄绍竑再次说明退出竞选的计划。会上议论纷纭,但李宗仁仍坚持要参加决选。他说:"最后的决战不参加就自行退却,岂不是自己认输了吗!不管胜或败都不退却,最后胜利才有可能得到。退了出来,以后还有什么文章可做呢!"

黄绍竑立即起来反驳说:"德公!这不是战场打仗,就是打仗,有时候也要退一下,才能反攻胜利。打仗也是一样。你同人家抢夺副总统这把交椅,你若死抱着不放,手脚都被人家封住了,有本事也施展不出来,最后交椅仍然被人家抢去。现在的情形就是这样。你暂时放手,让他扑个空,然后反扑过去,打倒他们,这把椅子就有可能抢到手。我要你退出,并不是没有文章可做,正是要借着这个题目好做文章!"

黄绍竑说完,就起立拿着帽子,说要乘11点钟的夜车去上海。白崇禧连忙拦住黄绍竑说:"季宽的话是有道理的。蒋方的确使用全力支持孙科。三选彼此的票数相差有限,若再加上蒋方的压力,则孙科反败为胜是可能的。我们决选是很难胜利的。现在最要紧的是,先将蒋方的压力打退,退出是一个办法。但以后怎样办呢?仍要由季宽在这里策划。你决不能走,这是我们团体的胜败问题,你能不管吗?"

经白崇禧这么一剖析,与会的新桂系头目都转而赞成黄绍竑的主张,李宗仁至此也无可奈何只好同意退出。但李宗仁内心里仍担心弄巧成拙,所以当他从白公馆出来,一登上自己的汽车,便放声大哭,直至汽车开抵自己寓所才止住哭声。

李夫人郭德洁历来是热衷于做副总统夫人的,而且希望将来有朝一日能做总统夫人。当她获悉李宗仁放弃竞选的消息,也情不自禁地放声大哭起来,并数落说:"用了这么多的钱,眼看就要到手的东西,为什么又自动放弃呢?是谁的坏主意?"

李宗仁终于宣布退出竞选,孙科在无对手的情况下,也只好宣布退出竞选。原定当天举行的大会被迫休会。事情终于闹成僵局!

程潜的助选人贺耀祖见到黄绍竑即问:"这着棋很厉害!是你出的主意吧?"

黄绍竑颇为得意地说:"这盘棋眼看就要输了,只能猛将几军打乱对方的阵脚,再想妙招。"

贺赞叹道:"将得好!你们的文章好极了!"

26日晨,被打了闷棍的蒋介石硬着头皮召见白崇禧,对他表示:"党内同志参加副总统竞选,绝对可以自由竞选,外传约束投票说,完全无稽。"蒋并嘱白转达国大代表及三位副总统候选人之助选团,对副总统选举。"各代表凭其自由之意志投票,更不得从事恶意宣传,影响大局。"

中午,蒋又亲自宴请白崇禧、张群、王宠惠、陈布雷、张厉生、胡适、于斌、张知本、陈启天、孙亚夫等11人,听取他们的意见。

27日,白崇禧将与蒋介石的谈话,向外界公布:"李主任宗仁对于放弃竞选,本甚坚决,本定今晨飞平,唯昨晚奉蒋主席召见,恳切劝慰,仍望其继续参加副总统竞选。对于恶意宣传,主席已甚明了;对于造谣生事,尤为震怒。至于代表投票,主席并郑重声明绝对自由。故李主任已表示仍继续参加竞选。本人奉蒋主席命,转达各位代表,敬希共体时艰,在举行下次大会时,完成此次国大之神圣任务。"

接着,白崇禧又赴中央饭店等处,通知各助选团,并分赴代表招待所,转达蒋介石旨意。白崇禧并针对社会上关于李宗仁愿出任行政院长的谣传解释说:"李氏竞选副总统,完全是想倡导民主作风,外传他想做行政院长,决无其事。"

更绝的是,黄绍竑这时又捡起孙科过去的风流韵事来打击孙科。

孙科有个情妇叫蓝妮。蓝妮,原名蓝业珍,后来改名蓝巽宜,而交际场则称之为蓝妮。据

李宗仁夫妇手持副总统当选证书合影

说，她是云南哈尼族某王的公主，1912年出生于澳门，后举家迁居广州。蓝妮姿容艳丽，身材苗条，是一个标准美人。1928年，蓝妮嫁给了一个叫李定国的人，婚后夫妻感情不融洽，经历了五年婚姻生活后分手，从此混迹于上海滩，成为有名的交际花。1935年的一天，蓝妮的同学陆英请客，时任国民政府立法院长的孙科也在座，孙、蓝二人一见钟情，不久两人即开始同居。1937年抗日战争爆发后，蓝妮随孙科内迁四川重庆，住"圆庐"，但蓝妮是名交际花，过惯了上海滩灯红酒绿的生活，来到内地后很不适应战时重庆的艰苦生活，不到三年便孤身一人重返上海，从此往来于上海、南京等敌伪地区，与大汉奸陈公博、周佛海等往来密切。这一时期，蓝妮出入于各交际场所，熟悉内情的人都知道这位俏丽的少妇就是国民政府立法院长孙科的地下夫人。抗战胜利后，蓝妮与孙科在南京重逢。这时国民党中央信托局在上海没收了一批从德国进口的颜料，作为敌伪财产处理。蓝妮求助于孙科，孙科不便驳情人的面子，也顾不了什么官箴，亲自致函中央信托局，称这批颜料是"敝眷蓝妮"的，消息传出，"敝眷蓝妮"的故事就成为国民党官场圈子里的一则笑话。

黄绍竑为在副总统竞选中彻底打败孙科，便将这段风流韵事重新扒拉出来，当作攻击的重磅炮弹。黄绍竑亲自操笔，以"敝眷蓝妮"为题，写成一篇大文章，刊登在南京出版的《救国日报》上，李宗仁、孙科决选当天，每位国大代表的座位上已免费分发了一份载有《敝眷蓝妮》文章的《救国日报》。

此举犹如一发重型炸弹，打得孙科不知所措，尴尬不已。舆论更是一片哗然。这样一来，尽管有蒋介石全力支持，李宗仁还是以微弱多数击败了孙科，当选为副总统。事后，连李宗仁也认为黄绍竑"把宣传工作搞得有点过火，对孙氏作了人身攻击"。

李宗仁当选，新桂系方面自然是皆大欢喜，白崇禧公馆（李宗仁会客的地方）贺客盈门，应接不暇。为李宗仁助选立下汗马功劳的黄绍竑也随后赶去道喜，并对李宗仁说："好险呀！相差只有143票。如果不是罢选，把老蒋的压力松一下，多得几天准备工夫，情形就不是如此了。即以今日的票数来看，老蒋的压力并没有松了多少。主要是在陕西、山东、浙江拉得一些票子补上。"

李宗仁夫妇满面春风，忙不迭地感谢这位大功臣、大谋主。黄绍竑大功告成，当即回上海休息。

蒋介石与李宗仁围绕副总统选举而进行的斗争，可以说到了白热化的程度。这场斗争，蒋介石被新桂系打了一闷棍。这一棍表面上虽然打在孙科身上，却痛在蒋介石心里。

这样一来，蒋介石打了自己的嘴巴，从而极大地加强了李宗仁的地位。甚至有些本来是蒋系的国大代表，也在"我们支持党所不支持的人"的愤激情绪下，决定将选票转投李宗仁。

28日，国大复会，举行第三轮投票。李宗仁、孙科、程潜三人分别得1156票、1040票、515票。

按照选举法的有关规定，第四轮投票由李宗仁、孙科决选。29日，举行第四轮投票。当天出席代表2766人发票2766张，选举结果，李宗仁得1438张，孙科得1295张，李宗仁以微弱多数战胜孙科，当选为副总统。

29日晚，李宗仁在中央饭店举行茶会，招待新闻记者。李宗仁在致辞中"对新闻界予其道义上之协助，表示衷心感激"。接着，白崇禧也在招待会上致辞，故意说："李副总统之当选，首应感谢蒋大总统之劝勉，盖26日晚间若非蒋总统对李氏之劝勉，李氏已于该晚乘机北返，同时亦已放弃竞选。"

对于李宗仁之当选，桂系圈内人士认为，白崇禧"居功最大"。白崇禧自1938年以来一直担任中国回教协会理事长，与西北陕、甘、宁、青、新等省的马鸿逵、马步芳、马步青等回教实力人物建立了深厚感情，宁夏、青海、新疆三省成了李宗仁的基本票源，再加上桂系本身控制的安徽、广西两省，故李宗仁有五省的基本票。同时，白崇禧又是现任国防部长，与各省军人及民社党均有良好关系，也为李宗仁拉得不少选票。故桂系圈内人士说："李宗仁的命运几乎是和白崇禧有着不可分离的关系。像这一次副总统的竞选，如拉拢民社党，吸收西北及回教代表的选票，联络军界的国大代表，白崇禧实在尽了很大的略。……这次李宗仁氏竞选副总统，倘没有白崇禧在幕后作积极的活动，联络各方作有力的支持，也许会少了几票给孙科压倒呢。"

李宗仁违背蒋介石的旨意当选为副总统。表明在内战失利的形势下，国民党中央对地方派系势力已无约束力了。此举是国民党内部分崩离析的前奏，难怪蒋介石哀叹说："李宗仁竞选成功，如一把刀插入胸中。"司徒雷登也认为："这对于公开决意支持孙科的蒋介石是一个严重的挫折"，这是"国民党内反对分子，对以C.C.派和黄埔派为中心的政党机器的独裁进行挑战的胜利"。

在5月20日举行的总统、副总统就职仪式上，蒋介石为发泄自己的不满，决定当众将李宗仁羞辱一番。

原来，在就职典礼之前，李宗仁探悉蒋介石在就职时将身穿大礼服，于是他自己也缝制了一套礼服。可是到举行典礼前一小时，李却接到通知说蒋要穿长袍马褂。李没有这类的服装，来不及更换，只好穿了军便服参加就职典礼。典礼开始，蒋身穿长袍马褂，神气十足地步入会场；而李宗仁一身军装，跟在蒋的屁股后面，活像是蒋的侍从副官，形象十分难看。李宗仁受此羞辱，对蒋的恶感更深，对立情绪无疑又增加了几分。事后，陈立夫就此事评论说："蒋公若能稍为将计就计，忍耐一下就没事了。而蒋公这个人，心中有什么不满意，脸上就会表现出来。李宗仁也知道蒋公不大满意他，他们两人的感情就好不了。"

这是中华民国"行宪"后第一任总统就职典礼时的合影。时距蒋介石"引退"而由李宗仁出任"代总统"仅仅9个月。

白崇禧后来对人说："主席左右颇有言军阀抬头，桂系谋起。当李德邻竞选成功之前夕，主席曾语陈立夫，谓如一把刀插到胸内，今日白某不要再来一把。"

副总统选举表面上是孙科的失败，实际上却是蒋介石、陈立夫的失败。它表明在国民党内也有许多人对蒋介石和国民党中央党部，即陈立夫C.C.系的统制政策,已经十分厌恶。徐永昌日记记载:"熊天翼(式辉)在南京选举副总统时,曾许诺选孙(科),而至时领导江西代表一致支持李德邻(宗仁),此举殊出人意料之外。"

对于国民大会及总统、副总统选举的闹剧,有人写了一副绝妙的对联加以讽刺:

李狠孙骄,程潜演德,赠字于右任,送烟莫德惠,徐傅霖装装面子。
林吵马闹,张敷绝食,上吊孔宪乐,投江施昌壁,赵遂初抬抬棺材。

这副对联的上联,概括六位副总统候选人竞选之不同方式,于右任拉票时每代表送字一幅,莫德惠拉票时每代表送香烟一盒。下联指争国大代表之纠纷。其中的"林"指提名代表联谊会负责人林尹,"马"指签署代表联谊会负责人马文车。

孙科竞选副总统失败,也标志着C.C.在国民党内的统制完全失败。陈立夫在《成败之鉴》中说:

本来李宗仁的竞选,我在事前曾向蒋公报告,我说:"李宗仁要竞选副总统,这件事要早一点决定政策。就是要不要准他竞选?如不准他竞选,早点制止他,否则他到处活动,花了很多钱,那时再制止他就不容易了!"蒋公当时很犹豫,他也不好意思制止那一个人,照道理讲谁都有权去竞选的,去制止他也不大合乎民主,所以他也始终没有去阻止他。事实上我觉得在党内,总裁可以在事前告诉某同志:"你这一次不要参加竞选,下一次再参加。"也是可以的。

……蒋公当选之后,其他的人当然开始竞选副总统了,像西北方面推举于右任,他年纪也很大了;孙科是总理的儿子,他也很有功劳,也被广东方面提名;程潜在北伐时任第六军军长,资格很老,是湖南人,湖南方面,军事人才很多,力量很大,他们推举他出来;再加上李宗仁,四个人出来竞选副总统。在党里开选举会议的时候,蒋先生是全体一致推举了他为总统候选人,当时我就写了个条子给蒋先生,我写着:"照美国的惯例,副总统由总统提名,是不是就乘这个机会把钧座心中想要的人选提出来?也是很合适的。除了美国外,其他的国家也有很多是副总统由总统提名的,总统提出的人选,大家也没有话说。"不过他没有采纳我的建议,他就站起来宣布:副总统自由竞选!这样一来,我在组织部的地位就不能帮那一个了,因为党决定副总统自由竞选,他们四位竞选副总统者都来对我说:"你们组织部不能随便帮那一个人的忙了,这才是自由竞选。"无形中把我组织部长帮人竞选的能力解除了。

实际上,总统并没有想得很周到,他心中是很想孙科当副总统,但表面上仍要大家自由竞选,他不知我们的困难,假定我们组织部今天去帮助孙科,其他三位都是党里的老资格,他们一定对我大不满意,责怪我违背党的决议,使我无话可辩了。这样怎能真正把事情做好呢?但是一经决定自由竞选,我们就感到十分困难了。

陈立夫的这段议论完全是在放空炮。事情本来就不是蒋介石不想自己提名副总统候选人,而是蒋介石的提名在党内通不过。蒋介石对党失去了控制,这只能说明陈立夫办党失败!对于国民党而言,这场选举游戏完全是一场两败俱伤的政治闹剧。

尽管选举游戏演化成两败俱伤的政治闹剧,但官样文章还得照做不误。这是就职大典之后,陈立夫在中央电台发表演讲。

《观察》杂志的特约记者评论说:"在现在的世界上,有这么一个政党,全党的人不作他图,专门找自己的麻烦,无缘无故制造一些不可解决的纠纷,企图毁灭自己。真是(秦人)不暇自哀而后人哀之!"

第五节　协助蒋介石对新桂系进行报复

副总统选举一结束,蒋介石即部署向新桂系进行反扑。

蒋介石的第一步棋,是攻击新桂系的安徽省主席李品仙,掀起"倒李运动"。

李品仙(1890—1987),字鹤龄,广西省(今广西壮族自治区)苍梧县人。桂系大将之一,1939年11月起继李宗仁、廖磊之后担任安徽省政府主席兼第二十一集团军总司令,抗战末期还兼任过第十战区司令长官。李品仙主政安徽时的种种劣迹,被国民党C.C.系编印成《李品仙主皖劣迹录》在街上广为散发,并在报刊上大肆攻击。C.C.系还组织学生上街游行,到南京向国民党中央请愿,要求撤惩李品仙。陈立夫、张道藩等C.C.系首脑假作不知情,出面答复学生,监察院对李品仙提出弹劾。李宗仁很清楚,项庄舞剑,意在沛公,C.C.倒李品仙真正目的,在于搞臭新桂系。为此,新桂系曾经试图进行反击,李品仙以盛宴招待记者,发表演说,并散发《主皖政清录》极力洗刷。然而,终因李品仙在皖声名太臭,搞得新桂系很被动,不得不考虑将李品仙调开。

白崇禧到上海找到黄绍竑,对黄说:"鹤龄(李品仙)在安徽弄得很糟,再难做下去了。老蒋有意请你去接任安徽省主席,把李品仙调任广西省主席,把黄旭初调中央(不指定什么职务)。德公(李宗仁)要我同你商量一下,听听你的意见。"

黄绍竑听后,连忙说:"这是老蒋的毒计呀!我们千万不要上当。"

白说:"不见得吧!"

黄说:"你读过二桃杀三士的故事吗?虽然实际情况不同,但也颇相似。桂系统治下的两个省——安徽、广西,李品仙在安徽弄得很坏,现在把他调回广西,岂不也要把广西弄成安徽那样吗?黄旭初虽然没有什么才干,但守成是有余的。我是广西人,我反对把李品仙调回广西。这回蒋恨我到了极点,他要我去安徽是好意吗?无非是要我到'戡乱'前线去试试,再来整我,这个当我坚决不上。我提醒你也不要上当。李品仙做不下去，另换一个广西佬好了，或另换一个接近我们的外江佬也好。"白崇禧听黄绍竑这么一分析，才恍然大悟。

不久，蒋介石又指使C.C.健将胡健中去见黄绍竑，胡当面大骂李品仙，对黄绍竑则极力吹捧。胡健中对黄绍竑说："季宽先生在浙江搞了十年，我们是知道的。此次若到安徽去，地方人士（包括我自己在内）必能通力合作，把安徽搞好。安徽比浙江好搞得多。"

接着，蒋介石又派黄绍竑任浙江省主席时的省政府秘书长李立民，以地方人士的身份（李系安徽人）劝黄绍竑去安徽任职，都被黄绍竑婉言谢绝了。

蒋介石无奈，只好起用夏威（新桂系另一干将）接替李品仙。蒋介石"二桃杀三士"的计划才没有得逞。

李宗仁当选副总统后，蒋为了安置白崇禧，又改变前议，决定将白崇禧外放到安徽蚌埠，设立指挥机构，统一指挥华东、华中两个战区。但白崇禧认为，蒋介石的此种安排"近于为人设官"，"况且到蚌埠指挥，何异叠床架屋，妨碍中枢指挥"。所以，白崇禧表示"坚辞不就"。任凭蒋如何力劝，白始终不点头，最后连蒋介石的电话也拒绝接听。白崇禧向人发牢骚说："主席左右颇有言军阀抬头，桂系谋起。当李德邻竞选成功之前夕，主席曾语陈立夫，谓如一把刀插到胸内，今日白某不要再来一把。"

由于白崇禧坚决拒绝，蒋介石只好改令白崇禧出任"华中剿匪总司令"，驻武汉。另在徐州设立"剿匪总司令部"，由刘峙任总司令。白崇禧认为，中原划分两个战区，缓急不能相顾，根本违背了他的"守江必守淮"的战略原则，如此分兵使用，前途不堪设想，同样拒绝接受。

6月1日，蒋介石在未征得白崇禧同意的情况下，径自发表白崇禧为战略顾问委员会主任委员兼"华中剿匪总司令"的命令。

6月6日，白崇禧邀请副总统李宗仁和程思远到他的南京官邸午餐，告以将赴上海住一个时期，非俟蒋答应他的要求，绝不接受此项任命。随后，白氏躲到上海去了。

几天后，蒋派总统府秘书长吴忠信赴沪挽留白崇禧，白不为所动。

蒋接受张群建议，请黄绍竑出来做说客。端午节那天，蒋介石夫妇邀请黄绍竑到黄埔路官邸午餐，由张群、吴忠信、蒋经国作陪。吃完饭，蒋氏便对黄绍竑说:"想请季宽先生去劝劝健生兄,以党国大计为重,打消辞意,快去武汉就职。"

黄问蒋派人去劝过吗?

蒋答:"礼卿(即吴忠信)先生刚劝过回来,他仍然坚辞不去就职。现在'戡乱'正在进行,武汉地方重要,所以才任命他去当华中'剿总'。这完全是党国的需要和将士的渴望,并没其他的意思。你与他历史关系很深,请去劝劝他。"

当时,黄绍竑正想和蒋介石捣乱,他认为把蒋搞倒了,自然就是新桂系的天下。听蒋这么一说,觉得有机可乘,也就满口答应了。

当天下午,黄绍竑抵达上海,找到白崇禧后就对他说:"我这次来,并不是用蒋的话劝你去就职,为他好好打仗;正好相反,因为早就料到蒋的仗是打不好的,才想来同你谈谈赶快到武汉就职,掌握一些队伍,尤其要抓回广西那点军队,不要把本钱陪着人家输光了。"

黄见白有点心动,便进一步说:"你和德公在南京高高在上做副总统和国防部长,不是等于关在笼中的鸟一样么?现在蒋把笼门打开放你出去,还不快快地远走高飞?难道你躲在上海,他就肯收回成命吗?他正开始要整我们,我们就要借此机会出去。到了外面,再反过来整他。武汉是进可以攻、退可以守的地方。机会到的时候,就可以同共产党妥协言和。蒋到了无法应付的时候,必定下野,德公就可出来收拾局面。我们岂不是大有可为吗?"

黄绍竑一席话,把个"小诸葛"说得豁然开朗,心悦诚服。白崇禧连忙说:"对!我明天回南京到武汉去就职。"

白崇禧回到南京,蒋介石如释重负。李宗仁趁机为白崇禧向蒋介石索权。李毫不客气地问蒋:"你能给健生多大权力?"蒋无法回避,很尴尬地答复说:"只要健生允许出任华中剿总司令,我一定设法给他相当大权。"经过一番讨价还价,蒋同意白崇禧的"华中剿总"直接向他个人负责,不受国防部长和参谋总长节制。

第六节 立、监两委选举风波

继国大代表选举之后,马上又进行了立法委员、监察委员选举。鉴于国大代表选举的教训，国民党中央加强了对立法委员提名的审查，并且规定了三项办法：第一，各级选举事务所委员，各政党均有人员参加，关于签署提名立法委员候选人有无党籍，应由各级选举事务所抄录名单，先送各党各省级党务机关审查，取具正式公文附卷。第二，如确系政党党员，未经政党提名而自由竞选时，应受政党提名补充规定的限制，不予公告。第三，如受政党提名补充规定限制的立法委员签署候选人，虽经公告，亦应予以撤销。

国民党方面，以陈立夫为首的14人小组首先提出了各省立法委员候选人及候补人名单，不用说这个名单对C.C.系是有利的。

国民党中央常务委员会于1947年12月11日上午举行临时会议，审查陈立夫等提出的立法委员候选人及候补人名单。首先审查的是江苏省立法委员名单，各常委对小组决定的名单纷纷提出异议，引起激烈的辩论，以致审查工作进展迟缓。

12日下午3时及13日上午9时，国民党中央常务委员会及中央选举指导委员会合并举行会议，继续审查江苏、浙江、安徽、福建、江西等省立法委员候选人名单。各委员对小组提出的名单仍然多持异议，争辩激烈，以致各省重要区域的人选均不能确定。13日上午，讨论江西第一区名单时，争论历时一个半小时，仍不能达成一致。在提请表决时，国民党中央监察委员会常务委员邵力子、鲁荡平等，以审查选举名单，事属非常案件，力争表决权，而国民党中央秘书长吴铁城等，却以历来中央执行委员会常务委员会开会，中监委常委仅为列席，向无表决权，此例决不可开，否则党内制度将告紊乱。邵力子等则认为吴铁城等所述反对理由并不充分，纷纷退席，以示抵制，一时会场秩序几至无法维持。为打圆场，孙科提出折中办法：凡参加中央选举指导委员会的中央监察委员会常务委员均有表决权（仅有少数中监委常委出任选举指导委员），这个折中办法经一致赞同后，才解决了内部纠纷。

国民党与青年党、民社党在立法委员名额分配上也有一番幕后交易。按照1947年3月31日公布的《立法院立法委员选举罢免法》规定，立法委员选举采用大选区制，各省及院辖市人口在300万以下者可选5名；人口超过300万的，每增加100万可增选1名。蒙古22名，西藏15名，各民族在边疆地区者6名，华侨19名，职业团体89名，共计773名。

773个立法委员名额，青年党、民社党要求多少呢？

1947年11月下旬，陈立夫、吴铁城代表国民党与青年党李璜、民社党张君劢进行了谈判。开始，李璜表示，青年党最低限度要120名，不能折扣，并坚持青年党要比民社党多20名，口气十分强硬。经与陈立夫一番讨价还价，李璜最后表示，总要比较多一点。

陈立夫与民社党首领张君劢谈判时，张君劢提出民社党最低限度要100名，并且也同样坚决表示，假如青年党比民社党多出一名，民社党也不接受。青年党、民社党的党棍子抓住了国民党的痛处动辄要挟，所谓的民主完全变成了分赃的闹剧。

1947年11月23日上午9时，国民党中央常务委员会及中央选举指导委员会联席会议，由陈立夫报告与青年党、民社党谈判的经过，会议决定：与友党商谈原则，其让给名额以不超过立法委员总额五分之一，即155人为限，仍由陈立夫、吴铁城两人代表国民党与青年党、民社党谈判。又是一番激烈的讨价还价，11月底国大代表选举结束后，国、青、民三党达成妥协，国民党同意给青年党80名，民社党75名。

但国民党如何才能保证青、民两党提名的立法委员候选人当选，又是一个不大不小的难题。1947年12月5日下午3时，国民党中央常务委员会第113次会议（与中央选举指导委员会合并举行），在讨论立法委员提名办法时，各委员鉴于国大代表选举的结果，未能完全按照国民党中央决定的名单产生的教训，对立法委员选举提名办法，纷纷提出改进意见。

有若干委员坚决主张如额提名，以资管制（例如某一区立委原额为五人，除让予友党一人或二人外，本党只提名三人或四人）；另有若干委员认为如额提名，应提足额者（例如某一区原额为五人，本党应提五人者）；更有主张放宽尺度，提加倍人数者（原额五人者，本党提十人，内定五人为正式，五人为候补），辩论甚久，未能得一结论。因此，对陈立夫等14人小组所提的四项原则未能展开讨论，对于萧铮等所提的三项建议亦未能同意。

还有人主张，对于友党所提立委候选人，尚未获得解决办法之区域，采下列办法：一、例如某区原定立委五人者，本党如额提名五人，但应将当选得票较少之一人或二人让予友党。二、本党对候补候选人之提名，以三人或四人为限（因预计将来正式当选人应有一人或二人退为候补之故）。

对于上项办法，孙科等认为更不能保证友党之当选，未能获得一致同意。

最后决议：将陈立夫等14人小组所研究之结果四项，与陈立夫所提折中办法，交回小组合并审查，拟具确实可行办法，再提常会核定。

1948年1月21日至23日，立法委员选举的结果，与国大代表选举结果仍如出一辙，青、民两党仅有22人当选，其中青年党14名，民社党8名。选举结果一出来，青年党和民社党又以国民党操纵选举为理由向国民党提出抗议，要求国民党实践诺言，采用国大代表名额纠纷的解决办法，依照以党让党的原则，解决青、民两党立法委员候选人落选的问题。然而国民党方面鉴于强行要求当选国大代表退出而引发的政治纠纷，不敢再引火烧身，决定另求解决之道。

4月22日，在国务委员会临时会议上，国民党籍国务委员联名提出第一届立法委员选举补充办法案，即将职业团体名额再增加150名，以便安排未当选的青、民两党的立法委员候选人。该案经国务会议通过后，提交立法院审议。对此解决办法，不仅民社党的张君劢反对（反对的理由自然是冠冕堂皇），就是国民党立委也不赞同，于是提案在立法院遭到否决被打回。

国民党中央此时已是黔驴技穷，解决乏术。5月3日下午，推陈立夫拜访青年党，吴铁城拜访民社党，说明国民党的难处，希望青、民两党充分谅解，并要求青、民两党已当选的立法委员尽快向立法院报到，以便行宪后的第一届立法院能如期召集。陈立夫、吴铁城陪尽了笑脸，说尽了好话，但青、民两党的头目却并不领情。

5月3日晚，民社党负责人向记者发表谈话，认为立委选举票根本就没有到老百姓手上，所谓选举结果，只是国民党分配的结果，不能算是选举，更谈不到什么票多票少。如果国民党要走一党专政的路子，我们那就爱莫能助了！这位负责人明确表示，如果国民党坚持以票多者当选，而不履行它与民、青两党达成的协议，民社党就将退出三党联合政府。

5月5日，关于立法委员选举问题，国民政府新闻局局长董显光举行记者招待会，向记者公布了国民党与民社党、青年党有关立委选举达成的协议，并否认民、青两党所谓国民党操纵选举的指责，指出此次选举完全是由选举事务所组织办理的，而选举事务所自中央到各选区，皆采取的是政党合作的委员制，其委员人数规定是三至五人，除总事务所由内政部长、省事务所由省主席、区事务所由行政督察专员任主任委员外，其余委员由三党平均分任，各级事务所的主要职员也有民、青两党人员参加，所以，此次立委选举是三党共同合作办理的，不存在"偏颇"的问题。在回答政府将如何处理与民、青两党的纠纷时，董显光强调，只能以票多票少为当选的依据，法律不能迁就事实，并希望民、青两党已当选的立法委员立即向立法院报到。

为了迫使民、青两党改变其如果国民党不履行协议，已当选的两党立法委员就拒不出席立法院会议的决定，国民党采取了软硬兼施的策略，一方面举行记者招待会，公布与民、青两党达成的协议，公开否认两党的指责；另一方面于同日由蒋介石出面，约见民社党领导人徐傅霖（因病未去）、戢翼翘和蒋匀田。蒋介石当场向戢等表示，国民党可另想办法，在立法院外安排民、青两党落选的立委候选人，但民社党已当选立委必须尽速向立法院报到。戢则表示，此事关系重大，他们无法做主，要请示张君劢，由民社党中常会开会决定。约见一结束，戢等即赶回上海向张君劢汇报。

第二天，由张君劢主持，上海民社党总部召开中常会临时会议，商讨立委名额问题。会议做出三点决议：（一）已当选的民社党立委不出席立法院会议；（二）不派人向国民党接洽；（三）在立法院外安排落选的民社党立委候选人的办法不予考虑。会议还决议与青年党采取一致步骤，并建议两党发表一共同声明。当天，由青年党起草、经张君劢修改同意的两党联合声明正式发表。声明首先指出，国民党以所谓票多票少为由，不履行与民、青两党达成的协议，这完全是抹杀事实。"盖此次立委选举，系由政府配票，选票根本未到选民之手，故所谓票多票少，只是政府配票之结果，而非选民选举之结果。且在选举之前，国民党当局早已将立委正式候选人和候补选人分别规定，说明不论票多票少，正式终为正式，候补终为候补。现则一反前言，以'法律论'来歪曲事实，实属自食诺言，自毁信誉。"

针对董显光的所谓各级选举事务所均有民、青两党人士参加，故办理选举不存在偏颇的讲话，声明强调指出："此点尤非事实"，因为各级选举事务所所办理的只是事务，而一切决定之权在国民党党部和政府。比如，选举事务所必须得到国民党当局的通知，才能发给当选证书。现在所公布的立委名单，也并非选举事务所开会决定，而是由国民党中央党部决定的。声明最后宣称："此次立委选举中之选票，未到人民手中，尽为人共知共见，乃国民党当局不合作不合法所造成之，实排斥民、青两党，则民、青两党对于此种一党包办之立法院，自将无法参加，唯有以公民资格，本其在野之身，贡献于国家而已。"

民、青两党的联合声明发表后，国民党又与民、青两党举行了一系列商谈，蒋介石再次约见民社党负责人徐傅霖、戢翼翘和蒋匀田，但由于国民党坚持在立法院外安排两党落选立委候选人，而民、青两党则坚持必须在立法院内，用以党让党的办法解决，所以，到行宪后第一届立法院自行集会的那一天（5月8日），国民党与民社党、青年党的立委名额纠纷也未能解决。民、青两党已当选立委因此而拒绝向立法院报到，出席立法院会议。

民社党、青年党与国民党在立委名额上的纠纷，引起了社会舆论的批评。

5月10日，上海《大公报》发表了一篇题为《立法院集会了》的"社评"。在谈到民社党、青年党与国民党在立委名额上的纠纷时，该"社评"认为，民、青两党坐待国民党"配票"，是为"参加舞弊"、"共同犯罪"。"社评"还指出，民、青两党参加立法院也好，不参加立法院也好，于大局无关紧要，因为无论民、青两党参加与否，立法院都是国民党占绝对优势，就是退出政府，也是当然之议。"国民党既然是绝对多数党，将来的行政院理论上又是责任内阁，难道民、青两党还要分任一两个部以点缀为联合政府吗？"

《大公报》"社评"发表的次日，民社党中央宣传部致函《大公报》，否认"社评"对民社党坐待国民党"配票"的指责，而认为民、青两党与国民党达成的助选协议，其"心中所悬拟者为英国之'无竞争选举区'，即两党互相协定某区由某一党独出候选人，他党不另出竞选人与之竞争，如此国民党占若干席，其他少数党占若干席，内部虽有协定，然一切取之于人民投票，庶几可谓无背于民意与民主方式"。然而没有料到此协议却便利了国民党对选举的操纵。民社党虽然参加了各级选举事务所，但各区选举记录并未经过民社党选委签字，选举事务完全是由国民党一手操办的，民社党不应对选举中的舞弊现象负其责任。选举既然由国民党一手操办，选票没有发到人民手中，不是真正的自由选举，而国民党反过来又声称一切都取决于票数多少，这是一手掩天下人的耳目，也是民社党已选立委拒绝出席立法院会议的原因。此信还要求对此次选举进行彻底调查，"倘民社党果有应负之责，愿受人民之裁判，决不忍心糊涂了事，以玷辱吾国之民主政治也"。

民社党中央宣传部致函《大公报》的第二天（5月12日），青年党已当选立委也就《大公报》10日的"社评"发表了一项声明。在谈到民、青两党与国民党达成的助选协议时，该声明指出其主要内容有二：第一，政党提名之立法委员候补候选人，所得票数纵多于正式候选人，仍应退为候补；第二，各选区中民、青两党所提正式候选人，其票数即使较国民党正式候选人票数为少，国民党也须就其正式候选人中得票较少者退为候补，比如某区应出立委五名，国民党提名正式候选人五名，青年党一名，选举结果，国民党候选人得票都多于青年党的候选人，便国民党候选人中得票较少之第五名，应退为候补，而由青年党候选人正式当选。该声明还指出，为了保证此协议得到实行，蒋介石曾给各省主席及国民党党部主任委员下过手谕（子鱼电），国民党中央也给各省党部发过电令（亥艳电），要求各省按此协议办理。

本来，民社党中央宣传部给《大公报》的信和青年党当选立委的声明，所要说明的是国民党违背三党达成的协议，出尔反尔，以所谓票多票少不履行诺言，然而他们对三党协议的说明则存在着明显的矛盾：民社党中央宣传部致《大公报》的信认为三党协议采取的是英国"无竞争选举区"，而从青年党已当选立委的声明看，三党协议并非是"无竞争"的选区，而是各党都提候选人参加竞选，待选举后，如果民、青两党候选人落选，则由国民党候选人向民、青两党候选人让出其当选资格。

为此，上海《大公报》于5月14日又发表了一篇题为《三党立委名额纠纷的评判》的文章，一针见血地指出：照青年党新当选立委的声明所说，"当时民、青两党所要求的保证选举，绝对不是民社党所谓英国无竞争选区的办法，民社党似乎没有说老实话。三党协商下选举办法明明是表面上一种假选举，实际上是'配票'操纵，这即是《大公报》社评所指出的'参加舞弊'、'共同犯罪'的事实。关于这点，不知民社党党魁张君劢先生还有什么解释？"

这篇署名萧贤的文章继续写道："进一步而言，就以英国无竞争选举区的制度来说，据我们所知，是让于选举之前，不是让于选举之后。假使是让于选举之后，这'以党让党'的办法，是拿选举当儿戏，是拿选举欺骗选民。况且，英国的'以党让党'办法，也绝无所谓'保证选举'。"文章指出，作为研究宪法的专家，张君劢对这些明显的事实，应该了解，民社党的公开函把中国的这次保证选举，说成是风马牛不相及的英国无竞争选举区，"似乎有点掩饰欺人的嫌疑"。

文章认为，《大公报》社评指责民、青两党既知有"配票"之事，但事先不检举，直待名单公布，看到名额不足，才愤愤然揭发，是一个很重要的问题，民、青两党应予以答复。因为国大代表选举、立法委员选举，用的都是同一种方式，所谓"保证当选"，是指两种选举而言，而不仅指立委选举。如今民、青两党一再发表声明，揭露选举的一切黑暗，当然国大代表选举也包括在内，那为什么在国大开会以前不发表联合声明或单独声明，来揭发这些包办选举的黑幕，并且退出国民大会呢？"保证名额兑现了，不合法的选举也算合法；保证的名额不兑现，于是声色俱厉地来揭发别人的黑幕，这样的政党政治的方式，我们老百姓实不敢赞同。"

文章还十分赞同《大公报》社评的观点，认为民、青两党参加政府与退出政府，于当前局面无关轻重。因为政党的进退，应根据党纲政策，这是西方联合政府离合的关键所在。但民、青两党过去对于国民党取消共同纲领、公布戡乱令、通过《动员戡乱时期临时条款》等值得争执的重大问题，都能风平浪静地让它们过去，从来没有听他们说半个不字，而如今唯独为了保证的155个立委名额不能兑现，却吵得丑声四播，这绝不是政党政治应有的作风。政党政治合则留，不合则去。民、青两党既然一再声明愿意退出政府，就应履行声明，以在野党的身份，担任起监督政府的责任。"假如民、青两党的这些声明，只是要价还价姿态，到了条件讲好、价钱合适的时候，于是非法的选举又变成了合法，再来一出所谓联合政府的戏，那是太笑话了。"

尽管青、民两党一再以退出三党联合政府相威胁，但这都是虚张声势的恫吓和神经战，国民党摸清了青、民两党的底细后，也就不再动辄让步。1948年6月5日，国民党中央常务委员会临时会议决定，以票多者当选，不论党内党外均依此原则实行，但青、民两党当选候补第一名的选区，尽量劝国民党当选立委退让，以便部分满足青、民两党的要求，给他们一个下台的阶梯。这一场纠纷最终以青、民两党的妥协退让了结。7月12日，青、民两党当选立委即日起向立法院报到。同时，张君劢私下请负责与青、民两党接洽的国民大会副秘书长雷震发表一个欢迎青、民两党立法委员向立法院报到的谈话，算是挽回了一些面子。

第七节　谋求立法院副院长遭杯葛

1948年5月8日，"行宪"后的第一届立法院举行开幕式，立法院院长、副院长人选又在国民党内起了风波。

陈立夫把持国民党中央党务大权，在国民党内已是众人侧目。众怒难犯，陈立夫有意借这次"行宪"的机会向立法院转移。他利用操纵立法委员提名的机会，把他的C.C.系党徒们大多数转任立法委员，陈立夫本人也在老家浙江当选为立法委员，浙江当选的立法委员除陈立夫外，还有罗霞天、葛敬恩、杨云、刘湘女、金鸣盛、陈成、周兆棠、毛翼虎、岳树猷、李祖谦、萧铮、许绍棣、陈苍正、倪文亚、洪瑞剑、郑文礼、楼桐荪、姜卿云、陈正修、胡维藩、刘谱人、钱英。从这一名单看，多数是C.C.人物，C.C.向立法院转移势力的趋势可见一斑。

C.C.干将庞镜塘指出："1947年冬，国民党为保持其在国民大会和立法、监察两院的绝对多数席位，建议蒋介石采用事先圈定候选人，和包办选举的办法，由国民党中央以至各省市县办理选举机关，均由C.C.分子严密控制或参加管理。对党外商定分配席位，党内各派系候选人之圈定等，在中央为陈果夫、陈立夫所操纵，在各省市则由党部主任委员为主要负责人。所以国民大会代表和立法、监察两院委员中，C.C.分子或由C.C.所卵翼出来的人占相当多数。因而在进行工作时，C.C.的阴谋诡计，也每每能通过它所联系的这些分子见诸行动。"

本来，在副总统竞选时，陈立夫曾与孙科之间达成一个默契，如果孙科当选副总统，就把立法院长的宝座让给陈立夫。但由于孙科竞选副总统失败，只能继续担任立法院院长，国民党内无人持异议，陈立夫只好退而求其次，谋求立法院副院长的位子。对于这个问题，C.C.系内部有两种不同的意见，一派认为，反正C.C.已经是立法院内的多数派，陈立夫没有必要谋求这个副院长的位子，在幕后操纵就行了。另一派则认为，陈立夫有必要谋求这个副院长的位子，陈立夫本人也是跃跃欲试。

蒋介石鉴于副总统自由竞选所造成的影响，有意加强党的控制。5月8日，立法院举行开幕式后，蒋介石召见国民党中常委兼立法委员陈立夫、张道藩、谷正鼎、吴铁城、赖琏、王启江、刘健群、黄宇人、倪文亚、汤如炎、白瑜等十余人举行午餐会，就行政院长和立法院长人选问题征求意见。蒋提名张群为行政院院长候选人，孙科为立法院院长候选人。蒋还特别强调，在立法院选举正、副院长和对行政院长行使同意权时，都应受党的约束，也就是要他们唯蒋之命是从，不要有所异议。令蒋介石深感意外的是，国民党内反对陈立夫担任立法院副院长的大有人在。黄埔系的黄宇人、汤如炎，朱家骅系的王启江等都反对陈立夫出任立法院副院长，他们所持的理由似乎也很光明正大。他们说：立法院的正副院长，应以平素在党内党外少有恩怨的同志来担任，才能协调各方面的立法委员，为民主宪政树立良好的基础。按照这一标准衡量，陈立夫显然不能担负此一使命。拥戴陈立夫的C.C.大将张道藩、赖琏等立即站出来反驳，两派展开激烈的辩论。蒋介石看到双方相持不下，即宣布进行表决，他站起来说："好吧，那么请赞成陈立夫同志的站起来！"蒋介石话音刚落，不仅C.C.分子一致应声而起，就是黄埔系分子慑于蒋介石的淫威，也相继起立，只有黄宇人坐着不动，汤如炎作半坐半立状，蒋介石问汤："你这样子是赞成，还是反对？"汤如炎说："我原来是反对的，既然大家赞成，我只好服从。"蒋又对黄宇人说："民主是要少数服从多数的，你是否服从多数的决定"？黄宇人历来有"大炮"之称，他仍以不服气的口气回答："我不过是代表一票，起立与否都没有实际的意义。"蒋听了十分震怒，又想大发雷霆，宋美龄见气氛不对，对蒋耳语说："今天谈了很久，可以休息了吧？"蒋才就坡下驴宣布散会。

反对陈立夫的人并没有就此善罢甘休。经过几天的酝酿后，黄埔系、三青团系、朱家骅系以及政学系的立法委员在南京新街口东南角一家银行二楼上举行午餐会，决定成立"联合参谋本部"，以统一步调。

既然反对陈立夫当立法院副院长，那么选谁出来与陈立夫抗衡呢？开始，大家议论纷纷。有的主张推吴铁城，有的主张推桂系的黄绍竑，有的主张推无党无派的傅斯年。在会上，政学系的文群首先发言，列举反对陈立夫和支持傅斯年的理由，要求大家整齐步伐。从C.C.退出来的刘不同则抨击蒋介石的亲信腐败无能。其他发言人也都认为立法院副院长不应当由一个搞派系的人来担任。会场气氛热烈。在几经讨论、衡量利弊后，大家倾向于推举傅斯年，其理由是：第一，他是北方人。院长是南方人，副院长无疑最好是北方人。第二，需要一个无党无派的人士，使党不能约束他。因为假定他们推了某党员当了副院长，蒋主席把他叫去一顿骂，要他当面写辞职书，一切成了自废。第三，因立法委员中旧参政员不少，比较自由一些，也比较倾向于傅斯年这尊大炮。

此后，他们每隔一两天就到原处举行午餐，餐费却由李宗仁的谋士邱昌渭支付。有一次邱昌渭带的钱不够，由邱在账单上签字。次日，邱派人到供应午餐的安乐餐厅偿还欠款，并索回签字的账单。餐馆经理说欠账登在簿上，但账单却已不翼而飞。后来，黄埔系的刘健群、黄宇人就听到与军统有关系的立委说，中统已向蒋介石报告，说这次反对陈立夫、支持傅斯年的竞选活动，是李宗仁发动的，并附上邱昌渭签字的那张账单为证。这样一来，蒋介石对李宗仁的恶感更深了。

其实，傅斯年此时人还在美国，支持傅斯年的人推安徽省青年团省团部书记长汪少伦去与胡适商量，胡适不赞成此事，就去找夏鼐商量。夏鼐对胡适说："立法院本届立法委员，C.C.派占过半数，拥护傅先生者，决不能成功；反以此致遭C.C.派之仇视，以为傅先生或傅先生之政界上朋友欲争立法院之天下。所谓'吃不着羊肉反沾了一身的腥'。傅先生是非梧桐不栖、竹实不食的鹓雏，然C.C.必以为傅先生来争他的腐鼠，最好能打消此一运动。"胡适认为夏鼐言之有理，写信给汪少伦，希望打消这一运动。

反CC"联合阵线"推出傅斯年与陈立夫争夺立法院副院长

不管傅斯年本人意愿如何，反对陈立夫的一派立法委员坚持要选傅斯年。15日晚上，有300多人集会，为选举傅斯年做最后的造势，他们把傅斯年塑造成为一尊"自由神"。座谈会还散发了一份有296人签名的书面意见："关于副院长的人选，为了国家的利益，民主的前途，我们不欢迎一个讲统制、弄手段、阻碍进步的人。"

对于反C.C.派提名的傅斯年，这里似乎有必要做些简单的介绍。

傅斯年（1896—1950），字孟真，山东省聊城县人。1913年夏考入北京大学预科，1916年秋升入北大文科国文门。1917年7月胡适回国受聘为北大教授，传播美国杜威的实用主义哲学，傅斯年为之心折，从此成为胡适的高足和终生朋友。1918年夏，傅斯年与罗家伦、毛子水等人在北大组织"新潮社"，创办《新潮》月刊，傅斯年任月刊主任编辑，胡适为顾问。胡适、傅斯年均以五四运动中的风云人物而扬名天下，但他们两人均是五四运动中的右翼。1920年1月，傅斯年进入英国伦敦大学研究院学习，1923年转入德国柏林大学哲学研究院。1926年冬回国，历任广州中山大学教授、文学院院长、历史系主任，中央研究院历史语言研究所所长兼《历史语言研究所集刊》主编，北京大学教授、西南联大兼职教授，北京大学代理校长等职。傅斯年与胡适都是五四运动中右翼代表人物，傅斯年的反共抗俄思想比胡适更为强硬而狂热，正因为这一点，傅斯年为蒋介石看中，成为蒋介石的座上客。但傅斯年又是士大夫气息浓厚的人物。据说，他是唯一一个敢于在蒋介石面前跷起二郎腿说话的知识分子。傅斯年一生捧蒋，但对蒋介石的心腹亲信孔祥熙、宋子文偏又不留情面，他攻孔攻了八年，直至孔祥熙下台为止，之后又撰两篇火药味很浓的文章攻倒宋子文，傅斯年的这些表现又都是让蒋介石头痛不已的事。傅斯年的好友程沧波说："孟真一生危言高论，而终未受到意外的伤害，一半是他的幸运，一半也是时代环境。"蒋介石对傅斯年攻孔、攻宋没有做出对马寅初、费巩、闻一多那样的举动，大概是看到傅斯年毕竟在反共抗俄上与他是有共同点的。因此，不管怎么说，傅斯年对于蒋介石来说，确实是一个舍不得又亲不得的人物，傅斯年当了无足轻重的参政员就闹出攻孔、攻宋的大手笔来；若让他当了立法院副院长，恐怕更加难以对付。故此，蒋介石无论如何是不会让傅斯年当立法院副院长的。傅斯年也许有自知之明，1948年3月11日在致芮逸夫的信中就表明过他的态度："我那一区在共产党手，他们无法选，即选我也决不干。此事去年早对山东当局说明矣。"

对于反对派的杯葛，C.C.喽啰们可以说是血脉贲张、义愤填膺，决定与反对派决一死战，无论如何也要把他们的舵主陈立夫扶上立法院副院长的宝座。在C.C.的动员誓师会上，300多名C.C.立法委员悉数到场，张道藩沉痛地发言："他们（指陈立夫的反对派——引者注）要毁灭党，他们不要领袖，不尊重领袖的意旨。因此，他们一手抹杀陈（立夫）先生对党的功绩。而今日，听到各位珍贵的意见，我们才看到真正的是非……"C.C.最后还祭出了一个撒手锏，那就是在立法院投票的前夕，公布胡适写给汪少伦的一封信，代表傅斯年正式宣布他无心参选立法院副院长，以此动摇反对派的军心。对于这封信，当时汪少伦声明他没有收到这封信,所以舆论有许多猜测,有的认为是无中生有的空中楼阁,有的认为是半截"蒋干盗书"。不管怎么样,C.C.的目的总算达到了。

1948年5月17日,立法院投票选举院长、副院长,孙科、陈立夫分别以558票、343票当选为立法院正副院长,傅斯年以236票落选。反C.C.派联合阵线终于失败。

据程思远分析,之所以出现如此结果,是因为有一部分人被C.C.收买倒戈了。具体分析起来,这里面主要是"维持现状派"郑彦棻、袁守谦等人及两面倒人物孔庚之流。

陈立夫费尽心机才捞到了个立法院副院长,C.C.分子刘不同大发感慨说:"陈立夫掌国民党组织部几20年,可是在1948年竞选立法院副院长时,反倒到处向人叩头求援,日夜请客,表现一副可怜相,令人作呕。"陈立夫本人也曾经叹气说:"人家说我控制党,说实在话,国民党谁也控制不了。"陈立夫言外之意是,不仅他控制不了,就是党的总裁也控制不了。陈立夫还在《大公报》上刊登花絮文章,题目就是《国民党谁也控制不了》。

由此可以看出,陈立夫在国民党内已是四面树敌,力不从心了。

第八节 力阻张群出任"行宪"行政院长

陈立夫出任立法院副院长后的第一个大动作,就是力阻张群出任行宪后的第一任行政院长。

陈立夫的C.C.系与政学系是老对头了。两派争夺了20多年,双方各有胜负,但谁也吃不了谁。这是因为背后有蒋介石这只看不见的大手在操纵,因为蒋一贯搞的是派系平衡术,他不希望哪一派占绝对优势。纵观C.C.与政学系的派系斗争,在杨永泰时代,是政学系主动向C.C.挑战。杨永泰被C.C.刺杀后,政学系再也没有了杨永泰那样擅长纵横捭阖的权术家、阴谋家,政学系的领头羊张群只是守成之辈,决非开疆辟土之斗士。因此,杨永泰死后,政学系与C.C.系的争斗往往是C.C.发起挑战,政学系被动应战。但政学系上层因得到蒋介石的宠信,也始终没有在C.C.的打击下全军溃败。

1948年,国民党在大陆的统治已到了崩溃的边缘,C.C.系与政学系的争斗也进入了尾声，其最后一幕便是陈立夫指挥C.C.阻止政学系首领张群出任"行宪"后的第一任行政院长。

本来，蒋介石在如愿以偿当上总统后，想让张群继续担任行政院长，以便指挥如意，未料到却遇到了陈立夫和C.C.的强有力反对。天津《新星报》在一篇《谁来做行政院长？》的报道中写道：

> 截至目前，尽管张群一再恳辞，但其蝉联行政院长的可能，仍占相当大的比重。两月之前，张群院长曾经病过一次，曾以"体力不支"为理由，向蒋主席呈请辞职。其时据张院长左右人士谈：张院长辞职原因，一因身体不好，再为遵守诺言，因其在接任行政院长时，曾宣布过做到宪法政府成立时为止，所以及时提出辞呈。现在又数度请辞，可能有两种解释：第一，这是一个照例的官场手续，并非真正不想继续干下去了，恰如省主席易人时，各厅处首长势必辞职一番，哪怕是将来蝉联宝座，自己对自己办一办移交，政治一如舞台，必须如此演唱一下。其实，政学系的内心，怎肯轻弃这冲要的位置呢？第二，张群的辞职，可能也是真意，就是往后想一想，行政院长委实不好干。根据宪法，立法院有否决行政院长之权，换句话说，行政院长如果同立法院不能协调，是无法做得通的。就目前情势而言，立法院的议席大部分已入C.C.派掌握之中，无论孙科能否当选立法院长，对于政学系总是一个大威胁，何况C.C.派与政学系已成为"不可解"之敌对情势，那么张群的辞职，原已另有其苦衷在。但政学系唯一的恃赖，即在重大问题来临时，蒋总统尚有约束与权衡的力量。就目前情势而言，张群蝉联不仅可收驾轻就熟之效，且极合于马歇尔所指"中国政府应扩大基础，容纳自由分子参加"的条件，在最高当局再四恳留下，张群打消辞意是很可能的。至于张群重任阁揆之后，是否肯摆脱过去"拖"的作风，大刀阔斧地干一番，这却是任何人无法替他保证的，实因政学系的一贯作风，就是有"拖"的本领，是长处也是缺点。不过，全国人士都希新政府的内幕，确需真正做到"一新耳目"，但愿不负国人殷切期望，幸甚！

5月20日，蒋介石、李宗仁宣誓就任总统、副总统。当晚，蒋介石召集国民党要员，征求对行政院长人选的意见。蒋介石提名行政院长可由张群或何应钦出任。张、何两人当场表示辞谢。实际上，蒋倾向于张群，而把何应钦作为陪衬。

21日上午，蒋介石召集国民党籍全体立法委员举行谈话会。会上，蒋介石提出要以张群为行政院院长，要大家在立法院行使同意权时一致支持。

蒋发言后即离开了会场，谈话会由国民党中央党部秘书长吴铁城主持。C.C.系的立法委员一致主张用假投票的方式进行民意测验，以供蒋介石参考。吴铁城知道C.C.的企图是借此来反对张群组阁，因而坚主在投票后不要当场开票，容后由中央党部秘书处将投票结果报告蒋介石参考。但吴铁城的建议未被接受。当场计票结果显示，何应钦得票最多，张群见C.C.反对他，便于当晚离开南京去上海，表示不就行政院长。

其中的经过，徐永昌日记有记载："今日上午，国民党籍立委在中央党部开会，蒋先生于会前讲话，希望通过张群，但开会举行假投票，何应钦竟得票最多，张群仅何（应钦）的三分之一。唯张群另有一打击，为二陈向张提出若干苛刻条件方许通过。"

蒋介石对C.C.此举非常生气，亲自召集C.C.、复兴社等重要分子训话，说"你们不要误会岳军是政学系，他不是的"。但张群受此打击，已经不好意思再就这个行政院长。

按理说，张群不就，蒋介石应该提名何应钦。但蒋介石自1927年下野之后即与何应钦结下解不开的心结，何应钦很想过一把宰相瘾，无奈蒋介石压根不提他。这一次，蒋介石故伎重演，偏偏不提何应钦，而将无根无派的"客卿"翁文灏推了出来。

对蒋介石此举，万耀煌后来解释说："总统与何（应钦）之间有解不开的结，早在16年（1927年）北伐军自山东退回浦口时，蒋先生召集将领会商，李、白说宁汉可以合作，有蒋在不能合作，何不讲话，蒋先生只好下野到日本去，不久回来复职……他亲日到徐州，一张条子把何调为总参谋长，此后没给何什么实权，此次假投票居然得票最多，在军中何没有力量，而在政治上竟有这样大的力量，益增其不安，在这种情况下，才推翁文灏组阁。"

何应钦知道蒋介石不让他组阁，于23日主动发表书面谈话，表示本人无意组阁，请蒋介石另选贤能。

24日凌晨，有消息透露出来，行政院长人选系张群、何应钦之外的第三人，"可能为在学术上颇有声望，对于经济建设极有贡献者"。蒋介石经过反复权衡，直到最后才把视线落在翁文灏的名字上。翁文灏事后也承认："总统提名之前一极短时间中，始与本人谈及提名之事。"

24日上午，蒋介石召开国民党中央常委会提议由翁文灏出任行政院长，获得赞同。下午2点，蒋又在中央党部约见国民党籍立委，说明提名翁文灏的理由，希望能在立法院顺利通过。立法院随即召开第三次会议，宣读蒋介石致立法院咨文。随后立法委员进行无记名投票。发出选票605张，收回603张，其中废票20张，有效票583张，其中反对票94张，翁文灏以489票的绝对多数获得通过。C.C.与政学系斗法，翁文灏获利。翁文灏这个"学者从政"的书生怎么也不会想到，他有朝一日会坐上蒋家王朝"宰相"的高位。

接近政学系的翁文灏担任行政院长，政学系的另一要角俞鸿钧担任中央银行总裁，政学系依旧操控着国民党的行政、财政大权。C.C.反对政学系并没有完全达到目的，却深深得罪了他们效力多年的主子。我们从徐永昌的一则日记可以看出一斑：

> 郑先生由孙哲生（科）处回，谓蒋先生因昨日立委假投票不赞成张岳军长行政院，又因二陈提困难条件，逼迫张岳军不能不走，等二三事，遂气极，拟即下野，请王先生（宠惠）为之拟宣言云云。王先生适归回，拟下午再偕孙哲生同往劝解，并蒋先生大恨陈立夫办党无效果，一党忌妒（名）为对政学系，实不啻害党国事也。

立法院成立后，蒋介石有一次召集C.C.和黄埔系的中常委兼立法委员到黄埔路官邸午餐，席间有人提出，国民党籍的立法委员可不可以组织一个像俱乐部性质的组织借以联络感情。蒋介石点头答应。C.C.看到机不可失，首先在立法院成立了"革新俱乐部"。之后，政学系的立法委员在吴铁城的支持下成立了"民主自由社"，黄埔系和朱家骅系则联合成立"新政俱乐部"。从此，立法院内国民党籍立法委员分成三大组合，其中尤为陈立夫为首的C.C.系的"革新俱乐部"人数最多，实力最强。

1948年11月下旬，孙科组织内阁，吴铁城任副院长，张群、张治中、陈立夫、洪兰友、徐永昌等一批国民党重量级人物出任政务委员，号称全党一致的实力内阁。

孙科、陈立夫离开立法院正副院长后，C.C.与黄埔系的刘健群接触，表示愿意拥护刘健群任立法院副院长，希望"新政俱乐部"方面能同意C.C.提名的人为立法院长。但"新政俱乐部"却与"民主自由社"协商，联合提童冠贤为立法院院长、刘健群为副院长。12月24日，立法院改选院长、副院长，童冠贤、刘健群当选。"新政俱乐部"与"民主自由社"联合战胜了C.C.系的"革新俱乐部"，C.C.提名的李培基落选。这是C.C.的又一个严重挫折。

第九节 以高压手段强迫民盟"自动"解散

1941年3月19日，第三党、青年党、国社党（后改组为民社党）与职教社、乡建派及无党派代表人士等三党三派在重庆宣布成立中国民主政团同盟，推黄炎培为主席。不久，由张澜接任主席。1944年，中国民主政团同盟改称为中国民主同盟（简称"民盟"）。

民盟是由不同政治倾向的党派和团体组成的统一战线性质的政党，其内部成员存在着左中右的政治分野，但其基本的追求是在中国建立一个英美式的资产阶级共和国。但是，民盟要在中国建立一个英美式的资产阶级共和国，就必须打破国民党的一党专政，向国民党要民主，这就决定了民盟与中国共产党有了共同的斗争目标和方向。在抗战末期的民主运动中，民盟与中共事实上成了同盟军。

为了分化民盟，在国民党大员张群、陈布雷、吴铁城等人的努力下，右翼的青年党首先从民盟中分裂出去。1946年1月召开的政治协商会议，青年党单独参加，出席政协的有国民党、共产党、民主同盟、青年党、社会贤达五个方面的代表。在政协会上，民盟与中共相互配合，为政协会议五大决议的达成起了关键作用。

对于民盟与中共的合作，国民党当局恨之入骨。他们攻击诬蔑民盟"常为中共当喇叭"。政协会议刚闭幕，蒋介石2月6日就在其主持的官邸会报会议上杀气腾腾地说："对民主同盟为共党作鹰犬应予膺惩。""膺惩"是日寇在三四十年代疯狂侵华时经常挂在口头上的一个词，如今蒋介石从日寇那里学了这个词用来对付民盟，凶相毕露。

在蒋介石"膺惩"民盟的授意下，陈立夫指挥C.C.和中统在政协会议前后制造了一系列惨案，打击的矛头主要指向民盟成员。

民盟中常委黄炎培的住宅被特务搜查，民盟中央委员李公朴、闻一多先后遭枪杀，民盟主席张澜遭特务围攻……所有这些暴行都是蒋介石"膺惩"民盟的产物。

1946年6月，蒋介石发动全面内战。蒋为内战初期军事上的得手而利令智昏，以为中共不堪一击，1946年10月11日，国民党军占领中共解放区在关内的唯一一个省会城市张家口后，蒋介石认为蒋家一统天下已经笃定，于当天下午发布命令，11月12日召开国民大会。蒋介石指使陈立夫等竭力拉拢民盟、青年党及所谓社会贤达出席国民大会，企图从政治上彻底孤立中共。青年党和王云五等"社会贤达"不用说早已是国民党的追随者。随后，国民党又将张君劢的民社党拉了过去。

民盟的黄炎培、罗隆基等中常委也是国民党重点拉拢分化的对象。

罗隆基在回忆录中说，出面拉他的是他的江西省安福县的同乡、同学兼老朋友、国民党中宣部长彭学沛，这位彭部长将罗隆基接到家中吃饭聊天，极力怂恿罗参加国民大会。

彭学沛对罗隆基说："我看民盟在参加国民大会问题上，是不可能有一致行动的。张君劢是一定会参加的。我为你打算，还是参加的好。大会后政府是一定会改组的，民盟不是原已预定你做联合政府的部长吗？倘你参加国大，你当然还是新政府中的部长。"

彭学沛向罗隆基交底说："政府还决定要把原定给共产党的经济部和交通部仍旧给民主党派。现在共产党当然不可能参加政府，我为你着想，就在这两部中挑选一部怎样？"

国民党拉民盟中常委一级的人物都是以部长作诱饵，其底价不算很低。但罗隆基显然有他自己的打算，并不接受这种幕后交易。罗隆基马上回答："浩徐（彭的别号），你是同我说笑话，还是又奉命来做说客呀？"

彭学沛立即否认自己是做说客，说："说客？笑话！这是我为你的打算，并没有人同我谈过这个问题。"

随后，话又扯到别的问题上去了。两人谈到小时候吵架相骂的故事，两人争考学校第一名的故事，谈得十分亲切。吃过了饭，彼此都喝了些酒，彭学沛的话又有意回到了老题目上来。彭以十分认真的口气问罗："努生（罗隆基字），刚才同你谈的问题怎样？要是参加，我可以打电话先替你报到！"

说真格的，罗也不含糊，以同样严肃的口气答复："浩徐，你要坐乃公于炉火之上吗？"

彭学沛见说客使命完不成，立即变了口气，气急败坏地以安福土话说："说鬼话，你说些什么！你说些什么！"说完就握手而别。

出面拉黄炎培的则是陈立夫和杜月笙。

11月12日，在国民党原定单方面召开国民大会的前夕，黄炎培彻夜不寝，伏在枕头上连夜为民盟起草《民盟对参加国大问题之态度》，表示民盟一切行动以政协决议为唯一依据，在国民大会未按政协决议程序完成准备之前，"决不参加"国大。

12日，民盟中央总部开会讨论通过了黄炎培起草的声明。当天下午，黄炎培代表民盟向各界宣读。黄考虑到，要为以后的和谈留有余地，宣读时有意将"决不参加"改为"暂不参加"国大，这又使国民党当局对黄炎培产生了新的幻想。

14日，C.C.大将潘公展和杜月笙、钱新之等蜂拥来到黄宅，轮番发动游说攻势。黄不胜其烦，为摆脱纠缠，于当天午夜乘车离开南京去上海。但黄刚下车，国民大会副秘书长雷震又跟踪而来。

11月14日，民盟主席张澜在重庆向记者发表谈话，说明民盟的立场是要调和国共关系，争取和平、民主，达到统一，并再次强调拒绝参加国民党包办的国民大会。同一天，民盟总部发表正式声明，拒绝参加国民大会。同时，又向全盟发出《紧急通知》，将民盟对"国民大会"的最后态度通告各区总支部及各省市支部，坚决反对国民党召开的分裂的国民大会。

在国民党的收买分化之下，青年党决定参加国民大会，但它的领导人之一的李璜却拒绝参加。随后，民社党也宣布参加国民大会，该党主席张君劢也宣布本人不参加，该党国一重要领袖张东荪因不同意民社党参加国民大会，宣布退出该党。《大公报》经理胡政之作为无党派人士参加国民大会第一天的会议后，回到上海在报上发表社论指责大会的"一党性质"。

11月24日，中国民主同盟举行记者招待会，民盟中常委罗隆基代表民盟发表书面谈话，表示民盟始终坚持以下两个原则：拥护政协决议和反对以武力从事党争。今后，民盟仍以"第三方"立场，继续努力促使和谈恢复。民社党单方面参加国民大会，违背了民盟的规定，罗隆基要求民社党退出民盟。并再次宣布民盟不参加国民大会，不承认国民大会通过的宪法。

民盟拒绝参加国民大会，使国民党从政治上孤立中共的图谋完全破产。所以，周恩来说："只要把民盟拉住不参加，'国大'开了就很臭。这个目的达到了，这是八年抗战和最近一年来谈判的成果，第三方面大部分居然敢于反对蒋记国大，跟着我们这条路走了。"

1946年12月18日，民盟中央主席张澜从重庆来到上海，亲自领导民盟今后更加复杂凶险的斗争。

12月23日，张澜在上海沧州饭店主持召开民盟中常委第十一次会议，决定将民社党开除出民盟。

1947年1月6日至10日，民盟在上海召开一届二中全会，确定民盟今后的斗争方向仍然是"反对内战，恢复和平"，并在和平团结的基础上，实现国民党的民主化。会议提出四项具体主张：（1）努力促成国共和谈；（2）重新召开政治协商会议；（3）实行政协决议；（4）成立联合政府。

蒋介石孤注一掷，决定把内战打到底。1947年2月28日，首都卫戍司令部、淞沪警备司令部、重庆警备司令部奉令分别通知中共驻南京、上海、重庆三地人员，限于3月5日前撤返延安，并强令关闭重庆《新华日报》，从而关闭了和谈的大门。中共在撤离前，宣布将在南京、上海、重庆、成都、昆明五地的房屋及其他财产全部委托民盟代为保管。随后，民盟将中央总部迁往上海原周恩来公馆，把南京的梅园新村和高门楼作为民盟的南京办事处。

中共此举提高了民盟的地位，但国民党对民盟的敌视也更加厉害。国民党一面拉拢青年党、民社党组成所谓三党联合政府，一面加紧打击压迫民盟，企图消灭民盟。

1947年4月22日，国民党《中央日报》发表社论，公然否认民盟的"合法平等地位"，这是国民党"打击压迫民盟之先声"。

5月3日，国民党中央社公布了一份伪造的所谓从延安搜获的由毛泽东签署的《中共地下斗争路线纲领》，称民盟和民主促进会等均为中共操纵之工具。

同一天，中央社又发表某政治观察家的谈话，诬蔑民盟"已为中共所实际控制，行动亦均系循中共意旨"，胡说民盟及各民主党派"准备甘为中共之新的暴乱工具"云云。

5月14日，国民党新闻局局长董显光对记者发表谈话，称民盟与反叛政府之中共有密切联系。

1947年"五二〇"惨案发生后，反饥饿、反内战、反迫害的学生运动迅速发展到全国。上海、北平、南京、天津、杭州、苏州、南昌、武汉、广州、唐山、青岛、昆明、郑州、福州、厦门、西安、重庆、沈阳等地60余所大中学校相继罢课，示威游行。国民党在出动军、警、宪、特大规模镇压学生运动的同时，对民盟也进行了又一轮大规模的打击迫害，各地民盟盟员100多人被捕，其中包括民盟中央委员杨伯恺、于邦齐（后被枪杀），民盟在成都的宣传工具《华西晚报》被捣毁，负责人被捕，被迫停刊。

1947年7月4日，南京国民政府国务会议通过蒋介石提出的"戡乱总动员令"。陈立夫对此举双手赞成，他主张"集中人力物力加强戡乱"。

7月7日，立法院长孙科在上海对记者发表谈话称："总动员令下达后，政党不能再言反对内战，否则即为反对政府政策，必予以断然处置，此意诸君不妨转告民盟。"

国民党中央又训令各级组织，对民盟及民主促进会、三民主义同志联合会这三个党派的上层分子"暂时容忍敷衍"，而对其中下层分子，则不必客气，只要发现，不问其情由如何，"一律格杀勿论"。在民主革命时期，民盟共有90余人牺牲，其中四川有49人。至于被逮捕、坐牢、受到残酷刑讯的就更多。

延至1947年10月，国民党对民盟上层也不能容忍，决定彻底消灭民盟。

1947年10月1日，新闻局长董显光发表谈话，攻击民盟"殊非独立政党，实为中共之附庸"，民盟分子"破坏总动员，参加叛乱，反对政府"。

10月3日，董显光针对民盟负责人黄炎培、罗隆基的答辩，进一步攻击民盟："自参加政协以来，无独立之政治主张，有之，唯追随共党，亦步亦趋，为世人所共见。"

10月7日，陕西全省戒严总司令部以"中共关中地委负责人"、"勾结匪军，密谋暴动，贩卖烟毒"等捏造的罪名，公开枪杀了在押的民盟中常委兼西北总支部主任委员杜斌丞，同时遇难的还有11人。一年以前，国民党杀害民盟中央委员李公朴、闻一多时，采取的是暗杀手段，事后还搞了一套追查惩凶的把戏。这次对杜斌丞则以"通共罪"公开杀害。杜斌丞牺牲后，民盟中央主席张澜向蒋介石提出书面严重抗议，同时向报界发表公开声明，"将案情诉诸全国及全世界之公道与正义"。蒋介石置之不理。

10月13日，C.C.系操纵的中国文化界"戡乱救国"总动员会声称，在"戡乱总动员令"发布后，民盟"尚认定'共匪'为友党，即无异于附敌，无异于参加叛乱，应与'共匪'同在讨伐之列"，提出"政府不宜再承认民盟为合法之政党，而应以乱党视之，明令解散"。这是国民党最后消灭民盟的一个信号。

与此同时，国民党御用团体也齐声叫嚣要求解散民盟。曾经的汪伪大汉奸，此时担任国民党中央宣传部副部长的陶希圣是一个十分"阴鸷"的反动文人，他居然狂吠民盟是"张邦昌、石敬瑭、郑孝胥、赵欣伯"。

10月23日，国民党出动军、警、宪、特包围了民盟南京梅园新村、高门楼两个办事处，民盟人员的活动被严密监视。当时民盟领导人都住在上海，只有罗隆基一人坐镇南京，代表民盟同各方交涉。罗隆基被监视后，一连从南京打电话到上海总部，向张澜主席告急并请示办法。

10月26日，民盟领导人沈钧儒、黄炎培、章伯钧、史良、叶笃义等在张澜主席寓所召开紧急会议，商讨对策。在会议过程中，黄炎培写了一个小纸条交给张澜，纸条上写的是"自动解散"四个字。与会诸人不同意黄炎培的意见。最后决定推黄炎培与叶笃义赴南京，会同罗隆基与国民党负责人及司徒雷登大使办理交涉。

28日，黄炎培到达南京，与叶笃义首先去见邵力子。邵力子平时待人接物一向是和颜悦色的，这次却表现得十分严肃，他直截了当地告诉黄、叶两人，事情发展到现在这步田地，一切都无能为力了，"民盟不成仁，便成义"，意思是民盟或者投降，或者牺牲。邵力子还责怪民盟对杜斌丞遇难一事，一方面向蒋提抗议，另一方面又在报上公开。从邵力子这番话，可以看出已经没有回旋余地。

黄炎培、罗隆基、叶笃义寄希望于美国驻华大使司徒雷登，但司徒大使却推说这是中国的内政，他无法干涉。他也直截了当要求民盟"光荣解散"。

10月27日，南京国民政府内政部宣布民盟"勾结共匪参加叛乱"，应视为"非法团体"，"今后各地治安机关对于该盟及其分子一切活动，自应依据妨害国家总动员惩罚暂行条例及《后方共产党处置办法》严加取缔"。28日,国民党中央社发布《政府宣布民盟非法》的声明,国民党统治区各地军警机关陆续公布取缔民盟活动的办法,限令民盟成员登记自首。

面对国民党当局杀气腾腾的架势,在南京办理交涉的民盟负责人黄、罗、叶三人感受到了空前强大的压力,不知下步棋该怎么走?

行政院长张群告许黄、罗、叶:蒋介石已经将同民盟办理交涉的任务委托给了陈立夫。陈立夫这个几年来一直在幕后指挥打击镇压民盟的国民党头面人物终于走到前台,最后收拾民盟来了。

陈立夫不同于为人和善的张群,一出场就给黄、罗、叶一个下马威,他宣布他只愿和黄炎培一人接头,而不接受罗隆基和叶笃义为接洽对象,这时的黄、罗、叶没有一点讨价还价的余地,只好俯仰由人,答应这个苛刻的条件。

黄炎培同陈立夫单独办交涉。每天上午,黄、罗、叶三个人在邵力子为他们在国民参政会里提供的一个房间里碰头,由黄炎培介绍交涉情况。交涉的最后结果搞成了一个书面文件,就是11月6日以张澜名义发表的公告。陈立夫告诉黄炎培:文件上的文字一个字也不许更动,发表的时候如有只字变动即全部作废。完全是一副高压与霸道的架势。陈立夫这个人从长相看,是一个清秀的白面书生模样,搞起政治来,却是相当阴险蛮横不讲理的。这也许是他兄弟两人能领导庞大的C.C.系20余年的一个原因。

黄炎培这个老头子,面对陈立夫这个一味霸蛮不讲理的后生,心情十分沉重。

11月2日,在谈判的间隙,黄炎培在大儿子黄大能的陪同下游览玄武湖。黄炎培触景生情,写下《玄武湖秋感三绝》:

  黄花心事有谁知,傲尽风霜两鬓丝。
  争羡湖园秋色好,万千凉叶正辞枝。

  红黄设色补寒苔,点缀秋光枉费才。
  毕竟冰霜谁耐得,青松园角后凋材。

  那有秋纨怨弃遗,金风尽尔鼓寒漪。

谁从草际怜生意，百万虫儿绝命时。

罗隆基是民盟领导人中活动能力最强的一个人，因此，国民党军警特务对罗隆基的监视也格外严厉，罗只要一出门，军警特务就会紧紧跟在后面盯梢。罗隆基在与黄炎培、叶笃义碰头讨论时，希望黄炎培向陈立夫提出在文件上写上免除对他的监视。黄炎培对这点也未能办到，而文件上却把某几处的房产移交和借用等琐碎问题规定得仔仔细细。罗隆基对此十分愤怒，打长途电话给在上海的张澜主席，表示反对黄炎培的做法。后来，黄炎培得到陈立夫的口头允许，答应罗隆基可以离开南京，到上海住进医院，费用由国民党包下来，可以免除监视。这样，罗隆基才同意了。

11月4日，黄、罗、叶乘夜车由南京返上海。应司徒雷登的要求，叶笃义在征得黄、罗的同意后将文件抄了一份交给了司徒大使。

5日晨，张澜召集沈钧儒、罗隆基、史良、叶笃义、张云川等在寓所开会。首先，由黄炎培报告交涉经过，随后宣读由南京带回的那份文件。沈钧儒、史良、张云川表示不同意，提出是不是还有讨论其他办法的余地。张澜主席开始也表示犹豫。最后，经黄炎培陈说利害，罗隆基和叶笃义也加以附和。这时，张澜寓所外面和楼下客厅已挤满了国民党军警、特务和新闻记者，气氛十分紧张。最后，大家勉强同意公布黄炎培与陈立夫达成的文

民盟中央主席张澜

第十二章 制宪行宪国大闹剧中的要角

件。叶笃义含着眼泪下楼,把这个文件交给等候在那里的大批新闻记者。叶笃义在回忆录中说:"我当时的心情有如战败国的代表手捧着投降书递交给战胜国代表。"

11月6日,《中国民盟总部解散公告》在报上公开发表,它是以民盟中央主席张澜的名义发表的。公告全文如下:

> 中国民主同盟向以民主和平团结统一为一贯之主张,不幸战祸愈演愈烈,同人处此唯有痛心,更无为国服务之余地。最近政府宣布民盟为非法团体,禁止活动,同人已不能活动,当经公推黄常委炎培代表同人自沪赴京,与政府洽商善后事宜,经政府提示办法如下:(一)政府已宣布民盟为非法组织,希望民盟自行结束,解除负责人之责任。(二)关于房屋:(1)民盟代管中共房屋物件,即行移交政府接收;(2)民盟自有房屋,可缓接收;(3)政府拨给民盟使用之房屋应交还,如一时不及迁出,可暂借用;(4)盟员个人的住所,不予干扰;(5)上海朱葆三路民盟代中共保管之房屋,同样由政府接收。如一时学校无法迁让,应另商供用办法云云。当经黄常委答复如下:(一)民盟既经政府认为非法团体,唯有通告盟员停止活动,自经通告,以后盟员如有言论,自应由个人负责。(二)关于房屋各点,自当照办,唯须补充说明者,民盟本无财产,如其有之,应请让民盟自行处理。此外,请求两点:(三)各地盟员一律免除登记,并享有一切合法之自由;(四)各地盟员,政府如认有违法行为,以及先经因案被捕者,均由政府依法处理,如无共党党籍实据,不援用"后方共产党处置办法"。以上(二)(三)(四)各点,是否可行,候示。至报端发表各种文件,有盛责民盟之处,多违事实,此时未拟置辩云。承政府示复如下:(一)如民盟能遵照内政部发言人所公布的命令正式宣告自行解散停止活动,各地盟员之登记手续可予免除,并保障合法自由;但今后如有假借名义作非法活动者,各地治安机关仍当依法处理。(二)凡因案被捕之盟员,如司法机关根据调查实据,判定其为非共产党党员,或非为共党工作者,自可不援用"后方共产党处置办法"之规定。此外,关于房屋各点,均可照办等语。合将洽商经过情形公布周知并通告盟员自即日起一律停止政治活动,本盟总部同人即日起总辞职,总部亦即日解散。尚希

公鉴。

张澜在发布这份投降式的文件后,心里十分沉痛,当晚一夜未眠。第二天清晨,将叶笃义叫去,对叶笃义说,杀头我是不怕的,我之所以这样做,完全是为了国统区全体盟员的身家性命,至于我个人的一切,早已置之度外了。随后由张澜口述大意,叶笃义拟定了一份以张澜个人名义发表的书面谈话:"余迫不得已,忍痛于11月6日通告全体民主同盟盟员停止政治活动,并宣告民盟总部解散。但我个人对国家之和平民主、统一团结之信念及为此而努力之决心,绝不变更。我希望以往之全体盟员,站在忠诚国民之立场,谨守法律范围,继续为国家之和平民主统一团结而努力,以求达到其目的。"

张澜的这份简短声明,明显的是把敌人的枪口引向自己的胸膛,既掩护了民盟各中委的退却,又号召广大盟员及时转入地下,继续进行斗争。

对国民党当局强行解散民盟,中国共产党于11月5日当天发表了新华社时评:

> 蒋介石在10月27日宣布民主同盟为"非法团体",并对该盟人员实行进一步的迫害。蒋介石政府当然给民主同盟捏造了许多荒唐的"罪状",但是一切这些诬陷只是使人们更加强烈地感觉到蒋介石统治的丑恶。(比方说,因追随汪精卫投敌而臭名昭著的蒋介石宣传部副部长陶逆希圣,居然有脸皮发表长篇的臭论,来证明民盟的领导者是"郑孝胥、赵欣伯"。这就是蒋介石集团"礼义廉耻"的活标本)这只是使人民更加确切地认识民主同盟在若干历史关节中,实行了与中共在部分民主纲领上的政治合作,从而推进了中国民主事业,乃是民主同盟的光荣。如所周知,民主同盟是一个广泛而松弛的联合,其中一方面容纳许多坚决反对蒋介石独裁和美帝国主义侵略的民主战士,并有一些例如闻一多、李公朴、杜斌丞等,为此献出了他们的生命。另一方面,也容纳许多虽然一面反对或不满蒋介石独裁,但在另一方面却不但过去而且现在仍然对蒋介石,特别是对美帝国主义怀有某种幻想的人物。无论如何,民主同盟只是一个赤手空拳的组织,他们"连一支手枪也没有",并且不打算有,他们的凭借就是言论、出版,而这样的武器也早已被蒋介石没收了。允许民盟这样一个组织存

在，在通常的情形下，即令一个政府已经自己觉到自己的危机，也应该是没有什么可怕的。但是病入膏肓的蒋介石，今天害怕这样一个组织，他宁可向这个组织露出法西斯野兽的牙齿，宁可使在蒋介石统治下进行任何和平运动、合法运动、改良运动的最后幻想归于破灭。蒋介石常常小心隐藏自己的病状，但是解散民盟这件事，却一下子就向全中国全世界泄露了他已经是何等衰弱不堪，美帝国主义者尽管跟蒋介石签订三千万美元的"救济"协定，但是没有办法给他一副镇定剂。实在说白宫的医生自己也没有药品可以镇定自己，他们也害怕民盟照往常一样的活动，因此就决定批准南京的这个显然愚蠢的步骤。过去的无数经验表明，像解散民盟这样的大事，没有美帝国主义者的批准和参与，蒋介石是从来不敢擅自决定的。

蒋介石解散民盟和在各大城市中大肆迫害民主分子，其实际意义只是暴露和加重南京统治的异常紧迫的危机，而决不能丝毫减轻这个危机。大家知道中国民主运动的基本特点，乃是武装的革命的人民反对武装的反革命集团。因此中国民主革命的高潮，基本上也就表现为武装斗争的高潮。应该指出：自从今年7、8、9月各路人民解放军先后转入大举反攻以后，中国革命的新高潮已经到来了。被蒋介石恐怖统治所压迫的各大城市的人民斗争，在这个革命高潮中间，所以起的作用只能是配合性质的，而且只能有效地发生于最后成熟的时机。因此蒋介石在这些城市中的一切恐怖行动，绝没有也决不能在任何意义上阻止人民解放军的胜利前进；相反的这只能教育人民，要有自由，要有真正的和平，就必须坚决用武力来打倒蒋介石，就必须坚决拥护人民解放军的武装革命斗争，而决不能依靠任何和平的合法的改良的方法。蒋介石的恐怖行动给予人民的另一个严重教训，就是以蒋介石为代表之一的中国大地主大资本家集团，是坚决反对人民到底的，直到他们的最后一天。这是凶恶的豺狼，也是决不会回心向善的。

值得注意：与蒋介石解散民盟和大肆迫害民主分子同时，国民党的某些政客正在以华南为中心传出一种"和平"的空气，据说这个"和平"的空气，是与新近奉命出任广东省政府主席的宋子文，以及不久以前奉命发表谈话反苏吓美的南京政府副主席孙科等人有联系的，但是这些招摇撞骗的阴谋家们，未免把人民太看傻了，每一个有常识的人，不能不警觉到为什么这些"和平"使者甚至于不敢利用民主同盟作为他们的同盟者，却宁可扯出宋子文、孙科等辈这样的烂旗子来呢？这难道不是因为他们具有不可告人的阴谋，害怕人们的声张和反对吗？这难道不是证明了中国大地主大资本家集团连同他们的主子美国侵略者，无论到什么时候，无论穿上什么服装，总是决心要反对中国人民吗？因此中国人民要有自由，要有真正的和平，就必须坚决粉碎他们的政治阴谋，如同粉碎他们的军事进攻一样，把自己的革命事业贯彻到底。民盟方面现在应该得到教训：任何对美国侵略者及蒋介石统治集团或其中某些派别的幻想，都是无益于自己与人民的，应当消除这种幻想，而如果民盟能够这样做，则民盟之被蒋介石宣布为非法并不能损害民盟，却反而给民盟以走向较之过去更为光明的道路的可能性。

11月15日，黄炎培在职教社机关刊物《国讯》上发表《我与民盟》一文，概述民盟历年活动并表明心迹，结尾写道："一部大历史，信而见疑，忠而被谤者，不知凡几。民盟已矣，自我发之，自我收之。知我罪我，其唯春秋。我只平心静气地问一句话：请大家公正检讨民盟从创始到结束，前前后后所有文件，曾有一字一句，足以构成危害国家颠覆政府的罪行者否？"

民盟宣布解散后，在上海等地的民盟领导人受到国民党军警宪特的监视。特务方面，主要由毛人凤的国防部保密局系统的特务负责。但这种监视也并不是如铁桶一般严密。1948年11月底，沈钧儒、章伯钧、周新民等秘密离开上海前往香港，和原在香港的民盟中央委员会合，酝酿恢复民盟总部。1948年1月5日至19日，民盟一届三中全会在香港秘密举行，宣布放弃中间立场，与中共"携手合作"，"彻底消灭整个反动集团统治"。

1949年2月，被软禁在上海的黄炎培，在中共地下组织的帮助下设法摆脱国民党特务的监视，前往香港。张澜、罗隆基、叶笃义则因监视严密，无法脱身，在上海即将解放前夕，蒋介石企图加害张、罗二人以泄愤，在中共地下党组织的营救下，张、罗终于摆脱了蒋介石的魔掌，迎来了上海的解放。

陈立夫 全传

Biography of Chen lifu

第十三章

国民党内战失败的替罪羊

我想（陈）立夫先生绝不同意我这种说法，他认为养鸡是自己去的，我们认为被放逐养鸡，他不承认这个事实。

——梁肃戎

第一节　插手美国总统选举却押错了宝

1947年1月8日，美国总统杜鲁门的特使马歇尔乘飞机离开南京飞回美国。马歇尔来华调处国共争端，乘兴而来，扫兴而归。

民盟中央常委、秘书长梁漱溟说，马歇尔在华期间受尽蒋介石的刁难，吃了很多苦头。梁漱溟在《忆往谈旧录》中写道：

我奔走于国共两党之间，亲眼看见蒋介石这个人毫无信义，说了话不算，不顾一切地欺压人、刁难人。参加两党和谈的人，可以说没有人不受他的欺压。其中包括中国共产党代表周恩来；我们这些两党之外的人士，如民盟以及一切在野人士；乃至美国代表马歇尔元帅，都受他的欺压、刁难。

国共两党和谈中，什么问题都是协商一致才能通过、实施。国民党里事事都是蒋介石说了算，什么事他不点头都办不成。因此，两党和谈中一切协议只有蒋介石点头后才能通过，否则达不成一致的协议，解决不了问题。这样，事事都要找蒋介石，各方面都要找他，美国代表找他，中共方面代表找他，民盟代表找他，国民党里听他支使的人也找他。但蒋介石躲，老躲，都躲，政治上非找他不可的人他都躲，找他，他不见。在南京不好躲，容易围上他，他就上庐山。他长期住在庐山，是天气真热非上庐山不可吗？不是，蒋介石就是要躲避找他的人。一般都说马歇尔七次上庐山，据我所知马歇尔是九上庐山找蒋介石。我记得马歇尔第一次上庐山时，上海的《新民晚报》主笔赵超构曾发表消息，说马歇尔上庐山是请蒋介石下山回南京。确实也是这样。但是，他们没有料到，马歇尔请不下蒋介石来，请不下来，马歇尔为了解决事情，就只有上庐山。蒋介石老不下来，马歇尔只好一次又一次地上庐山找他，先后上去九次。蒋介石不顾旁人为难，不顾马歇尔奔走劳累，把别人的痛苦不当回事，完全不体贴人，只考虑他自己。

有一次，我去见马歇尔元帅，我的英语不行，有一位朋友帮助我，这就是民盟的叶笃义先生，他的英语很好。当时，在马歇尔那儿的蒋介石的代表是俞大维（当时任交通部部长，以后曾任台湾当局的"国防部部长"）。那天，我去时俞大维也在座。马歇尔对我们说，两党之间互相猜忌，互不放心，互不相信，这是我们中间人最大的痛苦，最不好办的事。怎样促进彼此间的了解，向着相互谅解、相互信任的方向前进，这是当前最紧要的工作。这种相互相信要在事实上去做。我同俞部长商量好了一些要解决的问题，解决一个问题，就增加一些彼此的相信。可是蒋介石不干，不点头，在俞大维参与时说好的事，去报告蒋介石，说某个问题应当解决、签字。蒋介石说，不！再说底下的，谈好的事先搁在这儿。实际上就是悬起来了，不签字。这些要解决的问题，主要是国共两党的军事冲突，当然还有其他事情，大大小小的问题很多，一言难尽。马歇尔是美国的五星元帅，后来从中国回去担任国务卿，在国内和国际上地位都很尊贵。在中国当中间人时，觉得很难当，吃了蒋介石的很多苦头，受了他从未受过的苦。马歇尔对蒋介石很恼火，他回国担任国务卿后，发表了白皮书，从这个白皮书中，可以看出马歇尔恨死蒋介石了。

马歇尔回到美国后，出任美国国务卿，把美国对外政策的重点放到欧洲。1947年6月，马歇尔提出了著名的"马歇尔计划"，其核心内容是由美国政府拨款援助欧洲复兴。

同年7月，英国、法国、意大利、奥地利、比利时、荷兰、卢森堡、瑞士、丹麦、挪威、瑞典、葡萄牙、希腊、土耳其、爱尔兰、冰岛等16国集会巴黎，决定接受"马歇尔计划"。1948年4月，美国国会通过"1948年对外援助法"，开始实施"马歇尔计划"。

而在亚洲，美国政府主要着眼于全面控制日本。对于蒋介石政府，杜鲁

赴美参加"世界道德重整会"的陈立夫在洛杉矶机场受到大会会长卡卜克兰的迎接

门政府经过反复论证,认为在国民党败局已定的情况下,美国没有必要为支持腐败无能的国民党政府过多地消耗美国有限的资源。他们认为美国对中国的干涉要想成功,就必须是大规模和全面的,而且即使在大规模和全面干涉的情况下成功的可能性也不大。既然美国政府无法阻止国民党政府垮台,不能对中国实行直接的军事干涉,从意识形态和国内政治考虑又不能给人造成支持一个共产党领导的政府的印象,那么,美国就只能采取不干涉的政策。因为这样做的话,美国政府不仅不需要投入,而且还可以避免与中国新当权者的政治利益发生冲突，为日后发展关系，保持美国对中国的影响留有余地。但杜鲁门若完全采取不干涉措施，它又可能遭到国内亲蒋势力的指责。为了两全其美，杜鲁门政府决定在避免大规模干涉中国的情况下继续给予蒋介石政府一些援助。显然，杜鲁门政府有限的援助，挽救不了蒋介石政权垮台的命运。

1948年，是美国总统选举年。共和党推出的总统候选人托马斯·杜威向民主党总统候选人、现任总统哈里·S·杜鲁门挑战。蒋介石在对杜鲁门政府绝望后，转而把希望寄托在共和党的总统候选人托马斯·杜威的身上。因为杜威是狂热的反共分子，蒋介石的铁杆支持者，蒋介石为助杜威一臂之力，决定派陈立夫赴美活动，为杜威助选。

对于陈立夫出洋之举，舆论的解读认为是陈立夫官场"失意"。一篇《陈立夫出洋》的文章分析说：

> 在中国政界中，"出洋"往往就是"失意"的别名，陈氏当然也不能例外。此次陈氏出洋，早在大家意料之中。陈氏20年来一向为国民党的最重要的负责人，在党内势力的雄厚无人能出其右，而陈氏也以把握有党内的控制力来自豪。不过，这次选举副总统，陈氏的控制力竟然完全失败。国民党所支持的人未能选出，而出来的却是中央所不欢喜的人选。这种失败，负党内责任的陈氏当然不能辞其咎。接着，立法院中又通过同意权的把戏，更显露出国民党内的步骤不一致，换句话说也就更证明了党的控制作用的失败。陈氏据传因此受到了最高当局的不谅解，而其出洋的原因，就正来于此。
>
> 以陈氏在国民党声势的雄厚，而今天竟落得出洋以走，陈氏若是有心人时，应该及时深切反省。陈氏的控制所以失败，在我们看来，并非势力不够，而是根本的作风问题。一般人的印象，认为陈氏一派多是善于技巧和运用的。不过运用技巧只是通权达变的一时之计而已，根本的办法还是有待于主义思想的领导。只有主义思想的领导才能纠合忠义热情之士，才能得到革命牺牲的精神。至于运用和技巧则只能敷衍于一时，绝不能收到精神团结的实效。到必要关头，深沉有城府的人自仍发挥其一己的正义主张。投机而来的分子，则就唯利是图了，谁还管团体利益、党的纪律？不幸，陈氏主持国民党20年来，却正走的是这本末倒置之后一条路；所以，

到行宪需要发挥政党效力时,便当堂出彩,百丑齐扬了。

陈氏若能虚心上进,应该乘此遭受打击时,彻底反省一下过去的作风。而国民党的中央也正应该乘此人事更迁的机会,彻底改变过去的做法,而应该拿出主义思想来领导,然后国民党才能新生,才有前途。

干涉世界霸主美国的总统选举,这是一件风险极大的举动,也是绝对不能公开明说的事。故陈立夫赴美的借口是参加所谓"世界道德重整协会"和考察西方民主政治的运用。

1948年6月15日,陈立夫一行自洛杉矶飞抵美国首都华盛顿,"考察美国民主体制的实施情况"。

陈立夫赴美前,蒋介石给美国政界重要人物均写了介绍信,介绍陈立夫与他们相见,却没有给国务卿马歇尔写信,可见蒋对马歇尔也有很深的敌意。陈立夫认为这样做很不妥,对蒋说:"国务卿马歇尔,我似乎不能不去看他!"蒋答:"你看着办吧!"蒋介石始终没有写介绍信。

有些著作提到,陈立夫赴美时携带有400万美元在美国两院议员中活动。美国干预他国内政是家常便饭,但对别人干涉它的内政则认为是绝对不能容忍的行为。陈立夫的行动尽管十分秘密,但终究没有

1948年赴英美"考察民主政治"的陈立夫夫妇。

不透风的墙,杜鲁门很快知道了陈立夫在美国活动的情报,他十分愤怒地说:"他们使许多众议员听他们吩咐!"

陈立夫插手美国选举应当说是绝密事务,有关的材料也没有公开,具体内幕暂时还难以知道。

当然,陈立夫在美期间还有许多公开的活动。如:拜会美国现任总统吐鲁门、内阁部长、国会领袖,还有参选总统杜威,进行反共宣传等。

7月6日,陈立夫抵加拿大访问,拜会总督亚历山大,并称:"吾人在抗战多年后,犹致力反共,全系因笃信孙中山先生遗教使然。"

7月7日,陈立夫离开加拿大,回到美国纽约。7月15日,与驻美大使顾维钧拜会国务卿马歇尔,讨论执行1.6亿美元军事援蒋计划问题。

8月上旬,陈立夫一行转赴欧洲活动。8月9日到瑞士出席在该国柯城举行的"欧洲道德重整会议",陈立夫在大会上发表演讲,声称:"世界现正面临重大之危机,恶思想正图谋控制每一个国家。中国历年来径与威胁破坏我国家文化之力量相搏斗。"陈立夫利用这个讲坛,对共产主义、社会主义进行了一番攻击和诋毁。

陈立夫在欧洲活动一番后,于1948年9月6日回到南京。陈立夫这番出国,历时三个月。

1948年11月7日,美国大选揭晓。现任民主党总统杜鲁门绝处逢生,戏剧性地战胜了自以为胜券在握的共和党候选人杜威。蒋介石、陈立夫在美国的这场总统选举游戏中押错了宝,这对摇摇欲坠的国民党政府来说无疑是雪上加霜。

辽沈、淮海、平津三大战役结束后,国民党军主力损失殆尽,美国人对蒋介石落井下石。

1948年10月24日,美驻华大使司徒雷登向美国国务院请示:"我们可以劝告蒋委员长退休,让位给李宗仁或者国民党内其他较有前途的政治领袖,以便组织一个没有共产党参加的共和政府,并且更有效地进行反共战争吗?""我们可以赞成蒋委员长退休,让位给某一位能够给国民党军队和非共产主义党派争取尽可能有利的条件而结束内战的政治领袖吗?"

蒋介石对司徒雷登"换马"的意图还蒙在鼓里,继续向杜鲁门政府献媚。

1948年11月9日,蒋介石致函杜鲁门总统,要求美国直接指挥国民党军队作

1948年6月陈立夫夫妇与顾维钧夫妇合影于华盛顿

1949年2月,陈立夫(左二)与蒋介石(左四)、张群(左三)、蒋经国(右一)等在浙江奉化合影

战,谓:"华中之共产党军队现已到达距沪、宁甚近之地区。如果我们不能阻遏这一浪潮,中国便将失去民主。""阁下如能尽速派遣一高级军官与本政府共商有关军事援助之具体计划,包括美国军事顾问参加指挥作战,本政府当无任欣愉之至。"

蒋介石历来视军队为命根子,从不容许任何人染指,此时却主动要将军队指挥权拱手相让,可见已经到了走投无路的地步。为配合蒋介石的献媚,C.C.系立法委员组成的"革新俱乐部"也于同日发表对时局的声明,提出组织举国一致的责任内阁,加强中美联系,实行民生主义及推行自治。但杜鲁门政府"弃蒋(介石)扶李(宗仁)"政策已定,对蒋介石的献媚与请求置之不理。

1948年11月28日,蒋介石又派宋美龄赴美求援。12月10日,宋美龄见到了杜鲁门,要求美国发表支持南京政府反共救国的正式宣言;派遣高级军事代表团来华主持反共战争;提供30亿美元的军事援助。对此,杜鲁门回答:"美国只能付给已经承诺的援华计划的40亿美元,这种援助可以继续下去,直到耗完为止,美国不能保证无限期地支持一个无法支持的中国。"杜鲁门同时向报界发表声明,透露美国向南京政府提供的援助总额已经超过38亿美元。意思是说,美国只能再提供2亿美元援助。

宋美龄的这次美国之行,过去一般都认为是"效秦庭之哭",但有材料显示,宋美龄还有另一项秘密任务。《黄炎培日记》中有这么一段话,值得注意:

> 泽群之友为飞行员,语泽群:蒋夫人飞美之前一周,有八个箱子飞运美。则此行之真目的别有在,至求援不过借题耳!

不久前,俄罗斯历史学者根据解密档案撰文指出,宋美龄此次赴美还负有为蒋介石寻求政治避难的任务。由此可见,宋美龄美国之行,在寻求美援的借口下,实际上负有转移个人财产和为蒋介石寻求政治避难的双重任务。但后来蒋介石在台湾站稳了脚跟,到美国避难的事就不再需要提起。

第二节　乞求美国援助守住长江以南

1948年12月25日,毛泽东以中共权威人士的名义发布国民党战争罪犯名单，第一批共43人，蒋介石名列榜首，代总统李宗仁名列第二，陈果夫、陈立夫名列第七、八位，位置比较靠前。

1949年1月21日，蒋介石宣布辞职下野。对蒋介石的下野，陈立夫及其C.C.系都不乐见，但事已至此，陈立夫也无能为力。在蒋介石宣布下野会议上，C.C.的大将谷正纲、张道藩等痛苦地流下了眼泪，以示他们对蒋"总裁"的格外忠诚。

李宗仁上台后，以"和平"作为旗帜，大搞和平攻势。中共中央为了给国民党主和派一个机会，没有拒绝和谈。

1月22日，李宗仁发表文告，宣称"中共方面所提八项条件，政府愿即开始商谈"，决定派邵力子、张治中、黄绍竑、彭昭贤、钟天心五人为和平谈判代表。

1月25日，中共发言人发表关于和平谈判问题的谈话："我们愿意在1月14日毛泽东主席对时局声明的基础之上和南京反动政府谈判和平解决的问题。""谈判的地点，要待北平完全解放后才能确定，大约将在北平。"谈话特别指出："彭昭贤是主战最力的国民党C.C.派的主要干部之一，人们认为是一个战争罪犯，中共方面不能接受这样的代表。""我们尚未发表全部战争罪犯名单，去年12月25日新华社发表的仅仅是第一批名单，发动内战残杀人民的国民党反动派中的主要负责人员绝不止43个。"

彭昭贤是何许人，让毛泽东特别提起他？

彭昭贤（1897—1979），山东省牟平县人，北京大学毕业后赴苏联留学，入莫斯科大学，因案中途被驱逐回国。后历任上海法律专门学校教授、南京政府内务部统计司司长、外交部条约委员会委员、新疆省政府委员兼民政厅长和新疆省党部指导委员、陕西省政府委员兼民政厅长、地政局局长等。1945年5月，当选为国民党第六届中央执行委员，后任国民党中央组织部副部长。1946年7月任内政部政务次长，1948年6月任行政院政务委员兼内政部部长。彭昭贤是C.C.派后期的重要角色之一，中共中央拒绝彭昭贤任谈判代表，表明不以反共强硬分子作为谈判对象的态度。

李宗仁上台后宣布采取一系列"和平"举措，急坏了在奉化溪口老家以国民党总裁身份进行幕后操纵的蒋介石。为破坏李宗仁的和平谈判，蒋介石指使孙科将行政院搬到广州，造成一国三公、四分五裂的局面。

孙科内阁是1948年11月成立的，副院长吴铁城，政务委员有陈立夫、张群、张治中、朱家骅、洪兰友、徐永昌等，囊括了国民党孙科旧太子系、政学系、C.C.系、黄埔系的头子在内，号称是国民党"举党一致"的"巨头内阁"，但内阁成员中没有桂系成员，显然蒋介石在下台前成立这个内阁是为了牵制即将上台的代总统李宗仁的。吴铁城、陈立夫更是以立法院正副院长转任行政院副院长和政务委员，不惜降格以求。

在前不久的副总统竞选中，孙科与李宗仁闹成死对头，伤了和气。李宗仁代理总统后，行政院长孙科就一直滞留上海不归，以示不合作，李宗仁亲赴上海也没有让孙科让步。1949年2月4日，孙科更以李宗仁代总统事先不经国民党中常会联席会议讨论，未经内阁过目而自行宣布"愿以毛泽东所提八项条件作为和谈基础"一事作为借口，擅自将行政院迁往广州，让在南京的李宗仁代总统鞭长莫及。

为了让孙科将行政院搬回南京，李宗仁决定主动出击，首先将尚留在南京的立法院长童冠贤和监察院长于右任拉过来，在童、于两位院长的张罗下，立法院、监察院复会。同时，李宗仁还派黄旭初、黄绍竑两位使者赴广州，离间孙科与广东军头余汉谋、张发奎、薛岳的关系，让孙科在广州呆不下去。

为了反击李宗仁的活动，蒋介石、孙科方面也没有闲着。2月15日，陈立夫抵达广州活动。传媒对陈立夫此行的目的有如下报道：

> 现经获悉，陈立夫来穗之首要目标，即为劝阻行政院及其他机关人员还都。

为拉拢更多的立法委员离开南京去广州，陈立夫还运用了经济手段，凡愿意赴广州的立法委员，除每人送船票一张、美金100元外，抵达广州后，另有每月300元港币的特别津贴。蒋、李双方大唱对台戏，李宗仁为击败对手，便不惜纡尊南下广州，"拜会"孙科院长并做粤系军头的工作，李宗仁的工作很成功，将粤系军头全都拉到了自己一边，孙科在广州呆不下去了，只好向李宗仁屈服，把行政院搬回南京。

孙科一回到南京，立法院、监察院立即发起对孙科的弹劾，而且把孙科小妾蓝妮的"颜料案"又重新提起作为攻击孙科的靶子，立监委们纷纷指责孙科为"和平之障碍"、"民国以来最恶劣无能之内阁"。孙科招架不住，只好于3月8日向李代总统递上辞呈。

立法院本来是国民党C.C.系、黄埔系、政学系、朱家骅系立法委员占绝对多数的，但从立法院炮轰孙科内阁来看，陈立夫对C.C.系立法委员占多数的立法院已经指挥不灵了。

孙科垮台后，李宗仁和蒋介石经过一番大大的折腾，最后推出何应钦组阁，府院合作进行和谈。

1949年2月底，"上海人民和平代表团"从北平南归，带回毛泽东给李宗仁的信，并口头转告李宗仁：中共方面对他上台后有无实际谋和能力最初是很抱怀疑问的，现在和谈之门既启，能否成功则取决于南京国民党政府是否真正能以民族利益为重，以人民利益为重。如果李、白果有反蒋、反美，接受中共方面八项要求的真意，即应迅速与蒋分裂，逮捕蒋之嫡系将领如顾祝同、汤恩伯、俞济时、陈大庆及特务头子毛人凤、郑介民、叶秀峰、郭紫峻、毛森等人，方能站稳脚跟，进行和谈。否则李、白不扣复兴、C.C.，结果必为复兴、C.C.暗算，弄得身败名裂，两头失踏，中间道路是万万走不通的。

但实际上，李宗仁在南京处于蒋系军、警、特、宪势力的严密控制下，一举一动都受到监视，让李宗仁去逮捕蒋之嫡系将领及特务头子是根本做不到的。而且，李宗仁"和谈"的底盘是"划江而治"，这也是中共所不能接受的，这就注定了即将进行的国共和谈不可能取得成功。

孙科内阁垮台后，陈立夫也连带辞去了政务委员的职务，从此成为一名"闲人"。陈立夫的哥哥陈果夫已于1948年12月移居台湾台中的双十路八号。陈立夫辞职后也赶往台中看望病中的兄长，扬言今后本人将从事伦理哲学的撰述工作。陈立夫在台中接见记者发表了一番关于"和平"的高见：

> 合则相亲，异则相对；强不凌弱，众不暴寡。乃和平之真谛。

这番"高见"初听起来似乎有些道理，而且很动听。但他陈立夫自1927年助蒋介石发动反共政变以来，在20多年里血腥屠杀共产党员的时候，却从来没有想到过要"合则相亲"、"强不凌弱"、"众不暴寡"，也没有想到过要放下屠刀；现在国民党失败了，却悟出了"和平之真谛"，可为时不免晚了些。

陈立夫在台中坐不住了，很快赶到广州。他寄希望于借美国的援助守住长江以南的半壁江山，并向美国驻华外交官打包票，国民党能够有效阻止解放军渡过长江。

1949年4月21日，美国驻广州公使衔参事在报告中对陈立夫的观点作了陈述：

> 陈立夫说：中央执行委员会昨晚在广州所做的决定，以及南京政府所作关于拒绝共产党条件的决定，是一致的。他相信国民党各个分子之间的争吵已经停止，相信国民党将团结为一个整体，从事抵抗。他主张政府完全迁到广州，只让陆军总司令的司令部留在南京。他深信空军和海军将和陆军合作，并谓任何大规模的渡江，即使不能加以阻止，也能使其推迟数月。据他所知，蒋委员长继续愿意全力支持李宗仁，目前无意恢复他的职权。
>
> 陈立夫相信，由于国民党兵力的集结，可以有效地抵抗共产党的进攻，但万分迫切地希望得到美国援助的保证。我叙述了我们过去的努力帮助中国所得的不愉快的结果，以及我们的所以失败大部分是由于中国未能自己帮助自己所致；然后，我提醒他，除非政府首先表现能在广阔的基础上，获得仍在其控制下地区内的支持，以继续进行有效的抵抗，而其规模预示最后可能再行转入攻势，否则就不要期望美国的进一步援助，我提到我们的格言"天助自助者"，在中国也有同样的格言。我还说：除非国民党能允诺提供一个代替共产主义的有效的办法，否则，就不能期望美国人民在国民党政权下投下更多的资本。陈立夫企图在所谓有效的抵抗这一问题上要我提供保证而未能成功。非常明显，他已无路可走，无计可施，像和所有处于同样地位人一样，他决定采取最后挣扎的措施，来避免几乎是不可避免的共产党对全中国的控制。那些认为和平是可能的人现在已经失望了，因此他相信：国民党团结一致，将能获得足够的支持以延续斗争，直到再度说服美国来进行干涉。届时，他希望我们坦白地把手里的牌摊出来，并要求确切说明我们所索取的报酬。他说，这是我们唯一能够达成我们所希望之目的的办法。

但就在同一天，国共和谈以破裂告终，中国人民解放军百万雄师渡过长江天险向江南进军。李宗仁代总统及行政院仓皇南撤广州。

第三节 奉命阻止居正组阁

5月19日，由阎锡山主持，陈立夫、邹鲁、余家菊、梁寒操、陆铿、唐纵、徐源泉、洪兰友等人在广州留德同学会酝酿成立所谓"自由中国反侵略大同盟"，通过组织纲领八章十四条。在国民党一溃千里，解放军以秋风扫落叶般之势扫荡国民党残余势力的情况下，陈立夫辈只能以空喊反共口号来发泄一下了。

5月25日，不伦不类的所谓"中国反侵略大同盟"在广州举行成立大会，出席会议的陈立夫、阎锡山、张道藩、陈启天等200多名反共死硬分子，推选陈立夫与阎锡山、陈启天、胡适、于斌、贺衷寒等30余人为执行委员。发表的宣言提出所谓八个目标和八项任务，叫嚣"反对赤色恐怖"，"严肃反共阵营"。阎锡山在会中致辞，号召其喽啰们"要以战斗的姿态，紧密的团结，坚决的奋斗，抵抗残暴共产党的南侵，进而打回老家去"。

行政院长何应钦夹在蒋介石、李宗仁两个婆婆中间，左右为难，于1949年5月30日宣布内阁总辞。李宗仁提名居正组阁。居正是国民党元老，长期担任国民政府司法院院长，此时闲居台湾，在接到李代总统的电报后，立即前去谒见蒋介石请示，蒋介石当面不便阻拦，假惺惺表示赞成。于是，居正向蒋提出：他上台组阁后，希望蒋给予实际的支持，把存在台湾的黄金美钞运到广东，拨充军政费用。蒋氏佯允。居正随后从台湾飞抵广州谒见李代总统，请示组阁事宜。

居正与李宗仁关系不错，一旦组阁，居、李府院合作，对蒋介石经营台湾小朝廷是极端不利的，蒋介石决心全力阻止居正组阁。

陈立夫在《成败之鉴》中说："李宗仁代理总统后，野心更炽，他进一步想控制行政院，促使何应钦辞职，乃与居正勾结，提他做行政院长，以便恣所欲为。此时立法院已撤至广东，如经该院通过此一任命案，由李、居二人互为表里，政府麻烦就大了。那时立法院新当选不久的院长是童冠贤先生，副院长是刘健群先生，我们尽力拉立委至广州开会，结果对此案赞成与反对各占一半，因童院长倾向李宗仁，我乃正告刘副院长必须投反对票，乃在表决中以一票之差否决了任命居正为行政院长的人事案。立法院既否决了任命居正为行政院长的提案，蒋公闻讯后亦甚欣慰，并建议李宗仁请阎锡山先生做行政院长，嗣经立法院通过任命。"

陈立夫说居正上台对蒋介石不利这是事实，但陈立夫把否决居正组阁提名的功劳归结到他的"正告"刘健群却为人质疑。事实上，蒋介石在居正见他请示时，阳为赞成，背后却全力予以破坏，并派袁守谦立即从台北飞抵广州，会同保密局局长毛人凤向亲蒋的立法委员一个个打招呼，要他们投票否决居正组阁案。当时，亲李宗仁的立法院长童冠贤受到蒋系特务的威胁躲到香港去了，立法院由副院长刘健群主持。

王任远在《〈陈立夫回忆录〉读后感与质疑》一文中对陈立夫的说法提出强烈质疑。文章写道：

> 提起这件陈年往事，我的记忆犹新，但不是如立夫先生所说是他"正告刘副院长健群"投"反对票"的。我当时适任立法委员，随同立法院由南京撤到广州；当时的立法院长童冠贤，因反蒋公而留在香港，院务由副院长刘健群代理。这件事的实际内幕是这样的：
>
> 当李代总统提名居正为行政院长的讯息传到台北，蒋总裁得知后非常着急，原因是：居正与桂系早年颇有往来，他如一旦当选，李、居二人必然会携手合作，对台湾局面势必非常不利。所幸蒋公当机立断，立刻指派袁企止（守谦）先生当天乘专机飞往广州，嘱咐他妥慎处理这件急务。
>
> 袁企止到达广州时已是黄昏时分，立法院第二天就要投同意票了，袁氏立刻找到刘健群与他商议，并相与分析当时广州的情势。当天晚上，袁氏并携同毛人凤，寻觅与党团方面具有渊源的立法委员，向其转达蒋总裁的意旨，袁氏并且言明：他是奉命专为此事而来广州的。他二人星夜挨家挨户地去敲门，找到他们要找的立委后，就呼请他们第二天必须对居正投不同意票。我当时住在广州市区，袁、毛二人来到寓中敲门时，我早已入睡了，猛然听见敲门声甚急，打开门时，他二人慌忙告诉我没有时间详谈，把讯息传给我后，又立刻另去别处找人。
>
> 第二天上午9时许，立法院院会照常开会，刘代院长步上主席台后，秘

书长陈克文（广东人）向大家报告"已足法定人数"后，刘即宣布开会，和往常一样照常讨论法案，一点也看不出有准备投票迹象。

10时正，刘健群从座位上站起来，向在座委员宣布道："各位委员：李代总统提名居正先生任行政院长，咨请本院同意，"他接着说道："因时局紧急，本院必须立即投票。"秘书长遂叫人把事前预备好的票匦搬了出来放好，刘代院长遂向院会宣读他拟好的发票、开票、监票、唱票人的名单，委员们没有异议后，刘即离开主席座位，改坐在立委座的位子上。

到了12时许，委员们投票以及开票、唱票都完毕了，刘代院长回到主席位子后，秘书长遂递给他一份写有投票结果的居正先生得票统计，刘代院长一边看一边起身站立向大家报告道："各位委员：李代总统咨请本院投票同意居正先生任行政院长一案，本院委员投票结果，差一票未过半数。"接着他正式宣布道："居正先生没有获得本院委员超过半数的同意。"

本案遂由立法院赶办咨文，咨请李代总统查照。

以上是我亲身经历与亲眼所见40年前的一段往事，这段往事在现代人眼里，虽然只是一段历史，但在当时确是一段活生生的事实，我觉得有责任把它的真相向读者坦白的公布出来（大概情形如此）。

立夫先生书中所说"我乃正告刘副院长健群必须投反对票，乃在表决中以一票之差，否决了居正为行政院长的人事案"。这段话题实在值得商榷，例如：

（1）立夫先生在文中所说他"正告刘副院长"才否决了居正的任命这段话，立夫先生除了想用文字魔术去愚弄读者外，难免还会使人联想起立夫先生可能有贪人之功嫌疑。

（2）刘健群其人追随蒋公多年，深得蒋公信任，是人所共知的，何劳立夫先生去向他"正告"？

于兹，我有不得不言者。请问立夫先生："正告"刘健群究竟是在什么时间？是在投票前"正告"刘氏吗？是在投票当时"正告"刘氏吗？这两点在当时都是一个关键时刻，后者并是"读秒时刻"。立夫先生"正告"刘氏那段话是真？是伪？不难从下面的分析中理出其头绪：

立夫先生如说是在投票前"正告刘健群"的，请问立夫先生：何以能够在事先就能知道居正的得票数？难道是神机妙算？又何以能算出居正只有一票之差？更何以会如陈文所说："反对"票是刘健群所投？质言之，这一张关键性极大的"不同意"票，当时在场投票的每一位立法委员，都可认定他自己所投的一票是关键票，因为如果少了一位立法委员到场投不同意票，就会大势全非，而就没有那一票之差的多数了。

立夫先生如说是在投票当时"正告刘健群"的，陈书就有所伪嫌嫌疑了。因为立夫先生其时只任"行政院政务委员"而不是任立法委员，因而立夫先生根本没有机会与资格去"正告"刘健群。因为当天立法院开会投票时门禁森严，除领有记者证的记者外，所有外人一律禁止出入会场，立夫先生怎么可能走进立法院投票会场去"正告"刘氏？尤其是：从发票、投票、开票、唱票中，其间距离只有分秒之差，立夫先生哪有"时间"去"正告"刘健群？而且我亲眼看见刘代院长从宣布开始投票起，人就待在会场而没有离开一步。

以上都是一些极浅显的常识，也是当时的事实，话一说开，读者就不难了然个中真相了。

说起居正组阁失败，其实原因不止一端。梁升俊认为，至少有以下四个原因：第一，C.C.系和黄埔系认为居正是亲李宗仁的，所以尽管中常会通过提名，而立法院投票时，他们仍用尽手段阻挠居氏的当选。第二，居正虽属年高德劭，到底不是撑支危局的适当人选，不宜于此时出任阁揆。第三，亲李派立委过于轻敌，自信心太强，以为一定有半数的同意票，所以对于拉票工作，视若等闲。第四，桂籍立法委员韦永成、张岳灵悠游香港，虽经电催，亦乐而不返，他们万万料不到竟因一票之差而告流产，而他们自己就握有这神圣的两票。

居正组阁案遭立法院否决后，李宗仁曾召集高级干部会议，陆军总司令张发奎主张第二次提名居正，他一定可以设法拉拢足够半数以上的立法委员投票赞成；而陈烈等数十名立法委员则主张干脆由白崇禧组织军人内阁，李宗仁思之再三，决定向蒋介石妥协，转而提名阎锡山组阁。6月3日，立法院以254票对56票的多数通过。近800人的立法院现今只剩下300余人勉强开会，说明国民党残余政权已开始作鸟兽散。

蒋介石与阎锡山（右）在一起

6月11日，国民党中央政治会议通过阎锡山内阁名单：院长阎锡山，副院长朱家骅，秘书长仇炯声，国防部长阎锡山兼，外交部长胡适，内政部长李汉魂，财政部长徐堪，经济部长刘航琛，教育部长杭立武，交通部长端木杰，司法行政部长张知本，蒙藏委员会委员长关吉玉，侨务委员会委员长戴愧生，政务委员张群、吴铁城、陈立夫、徐永昌、黄少谷、万鸿图（青年党）、王师曾（民社党）。

同一天，国民党中央常务委员会会议通过蒋介石提出的设立最高决策机构——非常委员会的提议，由蒋介石任主席，李宗仁任副主席，居正、孙科、于右任、何应钦、阎锡山、吴忠信、张群、吴铁城、陈立夫、朱家骅为委员。陈立夫在短暂闲居后，放弃从事伦理哲学撰述的打算，重返政坛。

第四节　陪"行政院长"阎锡山撤退台湾

从7月初开始，C.C.分子就不断地传播蒋介石要来广州的消息。7月16日，蒋介石在广州召集国民党中常会与中政会联席会议，正式宣布成立中央非常委员会，代行中央政治委员会职权。蒋介石通过这个临时机构，重新抓回了党政军大权，代总统李宗仁成了有职无权的傀儡。

1949年10月上旬，解放军迫近广州近郊，李宗仁慌乱之下将残余政府迁往重庆。这时，蒋介石再也按捺不住，决心及早重返前台。李宗仁回忆说：

"在广州时，黄埔系将领及蒋先生夹袋中的政客已有请蒋复职的企图，然那时尚无人敢公开说出。抵渝之后，情势便迥然不同。他们认为广州既失，我已坠入蒋的瓮中，可以任其摆布。C.C.系和政学系控制下的报纸此时已不再以'总裁'称呼蒋氏，而径呼为'总统'。我深知蒋先生已呼之欲出，不久便要'复职'了。"几天后，吴忠信自台抵渝，带来了蒋的亲笔函，内中表达了蒋要复出的"宸衷"，要求由李、蒋两氏发表一个联合宣言，说明和谈失败，李氏自动告退，敬请蒋氏复出领导，以竟反共全功。除带信以及传达蒋的口谕外，吴忠信还带来了国民党非常委员会的一份会议记录，上面赫然书明："请蒋总裁复任总统，李副主席回任副总统。"在此之后，又有张群、朱家骅等先后找李，虽未敢明言要李劝蒋复职，但也表示望李声明"引退"，并参加他们的"劝进"。于是重庆"请蒋复职"之声鼓噪而起。11月1日，台北《中央日报》在头版头条发表了"川、康、渝人民竭诚效忠，电迎总裁莅渝领导"的新闻。还刊登了10月31日川、康、渝所谓"民意代表"200余人请蒋总裁早日莅渝共谋国事电，电曰："现国府既已西迁，李代总统亦经莅渝，冠盖云集，精诚共矢。甚盼钧座早日命驾驻节陪都，主持大计，共谋国是，戡乱救民，实深利赖。"

陈立夫还授意江一平律师起草了一封电报，以陈立夫的名义致电蒋介石，请他复出。蒋介石及其一派欺人太甚，李宗仁忍无可忍，情不自禁"勃然大怒"，气愤地对吴忠信说："蒋先生如果要复辟，就自行复辟好了，我没有这个脸来'劝进'！"

李宗仁、蒋介石幕后讨价还价不成，蒋介石不管三十七二十一，于1949年11月14日下午乘飞机由台北飞抵重庆，而在此前，李宗仁为避免难堪，已离开重庆，到昆明、桂林、海口巡视一番后，以"治病"为名去了香港，最后从香港飞往美国做寓公去了，直到1965年7月从美国回到中华人民共和国。

蒋介石坐镇重庆，企图重建大西南反共基地，但这只是蒋一厢情愿的幻想。当时大西南的国民党军数量还有90万人，但大都是屡遭打击的残部和地方杂牌部队，战斗力相当低下，多数已是惊弓之鸟。

毛泽东命令刘伯承、邓小平指挥第二野战军第三、五两个兵团及第四野战军一部从鄂湘进攻贵州、四川，贺龙、周士第指挥第十八兵团从陕西南下进攻川北，两路大军以不可阻挡之势扫荡大西南地区的国民党军。蒋介石在重庆坐不住了，于11月30日从重庆飞往成都。

陈立夫自述其撤离的狼狈样道：

> 蒋公一到重庆，军心暂时稳定下来，但李代总统却未实现诺言——未再返回重庆，却由昆明去香港，然后飞往美国。继而重庆吃紧，共党已侵入外围，钱币一天天贬值，那时共党特务工作比我们做得好，政府的一切行止，他们都清清楚楚，"兵败如山倒"，蒋公到重庆没有多久，政府再从重庆迁到成都去，我也去了，那时乱得可怕，我的汽车也被抢去了。蒋公离开重庆时，座车几乎开不出去，好不容易才开到机场。

陈立夫是国民党第一号特务头子，曾沾沾自喜夸耀自己的特务工作的成绩，差五分钟把周恩来抓住，现在却称赞起"共产党的特务工作"比他做得好。看来，陈立夫是真正走下坡路了。

事实上，陈立夫对自己从重庆逃到成都的狼狈相只说了一小部分，当时的四川省"主席"王陵基在回忆中还有补充，不妨亦抄录如下：

> 阎锡山和张群逃到成都时，我看到他们那副惊慌样子，连忙慰问他们说："受惊了吧？"他们不好怎样回答，只苦笑一声，便扯到别的问题上去了。张群在成都整天和蒋介石在一起，主要是研究如何使云南、西康两省暂时能够安定，不出大问题。阎锡山唯一繁忙的工作，是亲自主持分配飞机座位。当时每天都有几百个伪国大代表、立法委员和什么部长、次长、司长等一类人包围着他大吵大闹，都想早点逃到台湾。我几次去看他，想同他谈谈，好几次连挤都挤不拢去。当时谁也不管谁，只要自己能弄到飞机座位就行了。所以只要有一架飞机降落，总有几百上千的人去抢

座位，有的被打得头破血流还是没有抢上去。飞机场到处坐着睡着等候上飞机的官员，成天在哭喊叫骂吵闹。那种混乱不堪的情况，真无法用笔墨形容。这些人大都是惊弓之鸟，他们从重庆逃出时都有过经验。那时甚至连陈立夫、谷正纲和被国民党封为"孔圣奉祭官"的"衍圣公"孔德成，以及部长级的大官们，在重庆逃走时都抢不上飞机，最后才匆匆忙忙从公路上坐卡车逃到成都，差点当了俘虏。有天我在回家路上看到这几个人像丧家之犬一样在马路上乱窜，我还怀疑自己眼睛看错了，不敢相信这些过去那么神气活现的人会落到这种狼狈情况，待我停车一看，的确是他们。他们当时住在一家又小又脏的客栈里，我因为太忙，也不想招待他们，便打了一个电话到农民银行，才把他们接了去。

逃到成都的蒋介石在人前还故作镇静，但当只有一个人的时候，却常常对着军事地图发呆出神，一天当中要找胡宗南去几次，两人关起门来密谈。在一旁察言观色的四川省"主席"王陵基每次从蒋介石办公室出来时面色都很难看，不用说，无论是蒋介石还是胡宗南都是一筹莫展了。

那位"战斗内阁"的"行政院长"阎锡山病急乱投医，在"行政院"院会上提出一个议案，要求"清算地主"。陈立夫认为这个提案完全像共产党的口气，不禁火冒三丈，站出来大声说："共产党还未来，我们就先清算地主？"经陈立夫这么一骂，阎锡山发觉不对劲，赶紧将提案自行收了回去。

12月7日，陈立夫去成都中央军校看蒋介石，蒋情绪很坏，见面即对陈立夫说："今天真奇怪，我召集军事将领开会，大家都不来了！"蒋说话时怒形于色。

陈立夫回答："情况很危急，这些将领可能都靠不住了。'总统'你看该怎么办？"

蒋吩咐陈立夫："你和阎'院长'等先飞台湾好了。"

陈立夫又问："'总统'去哪里？"

"我飞西康。"蒋答。

"'总统'不能去那里。"陈立夫为蒋的安全担忧。

"为什么？"蒋不解地问。

"'总统'若到西康，胡宗南军队到达者仅两团人，人地生疏，而刘文辉已在那里搞了十几年，他如在机场请'总统'训话，再来一次西安事变翻版怎么办？"

蒋听了认为有道理，便改变主意说："那我去云南好了。"

"卢汉也靠不住了，云南绝对去不得。"陈立夫连忙阻止。

蒋介石接受陈立夫的忠告，决定改派蒋经国去，小蒋也认为卢汉不可靠，最后决定改派张群去。

12月7日晚，"行政院"在成都举行了最后一次会议。阎锡山、朱家骅、陈立夫、黄少谷、万鸿图、关吉玉、杭立武出席了会议，列席的有何彤、胡庆育、秦德纯、尹静夫、刘绍庭、贾景德、倪炯声、邱昌渭。阎锡山担任会议主席。会议在沉闷的气氛中宣布开始，大家都没有什么多说的话，只是根据蒋介石的已定意见在这里举举手走一下"法律"程序而已。会议在短短的40分钟内即宣布结束，其通过的《决议》除"政府迁往台北"外，还有如下重要内容：（1）提议并通过"西南军政长官"张群呈请辞职，应予免职，特派顾祝同兼"西南军政长官"案。（2）提议并通过"西南绥靖公署"即撤销，派胡宗南为"西南军政长官公署"副长官兼参谋长案。（3）提议并通过"重庆卫戍总司令部"即撤销，派杨森为"西南军政长官公署"副长官兼代"川陕甘边区绥靖公署"主任案。（4）提议并通过派王缵绪为"西南游击第一路总司令"，唐式遵为"西南游击第二路总司令"案。（5）提议并通过成立"成都省会防卫总司令部"，派盛文为总司令，余锦源、严啸虎为副总司令，严啸虎仍兼"成都警备司令"案。（6）提议并通过"西昌警备司令部"改为"西昌警备总司令部"，拟任贺国光为总司令案。会议的这些决议，特别是国民党政府迁台的消息，当晚就在城中迅速传开，在国民党所有重要人员中引起了巨大震动，这些刚一身泥土逃难到此地的国民党大小官员，又在纷纷开始另谋生路了。

会议结束后，陈立夫、朱家骅等陪"行政院长"阎锡山乘飞机逃往台湾，飞机飞抵川鄂交界处时遇到一股强烈的寒流，飞机两翼结冰，致使飞机直线下降700米，飞机无法继续前进，不得不折返成都。

陈立夫开始以为飞机迫降在中共已经解放了的汉口，赶紧从手提箱中取出小手枪准备自戕。陈立夫不想做中共的俘虏，因为他反共的"成绩"太大，做不起俘虏。但飞机着地后，飞机师却宣布飞机返回了成都，让陈立夫虚惊一场。

下了飞机,陈立夫又了解到,阎锡山在飞机上放了过多的装满金条的箱子,飞机超载才发生了这场风险。飞机驾驶员还告诉陈立夫,最好不超重,以免发生危险。陈立夫便赶去与阎商量,阎坚持宁可减少卫士数人,也不能扔掉金条。

8日上午10时,陈立夫、阎锡山、朱家骅带着他们的"中华民国政府"乘飞机由成都机场再次起飞穿过台湾海峡到达台北。对于这场意外的风险,陈立夫一直不能原谅阎锡山这个要金条不要命的"院长"。他在晚年写的回忆录中仍以不满的口气写道:"后来知道随阎从山西出来的人不少,均靠阎接济,故金条对阎确是十分重要,唯我等之生命,几因此而遇险,不亦冤乎!"

第五节　被放逐的替罪羊

国民党是中国历史上最悠久的老牌政党,历史上有过数次的改造和改组。最著名的有1912年中华民国政府成立后同盟会改组为国民党,1914年国民党改组为中华革命党,1924年国民党改组为中国国民党。1927年四一二反革命政变后,陈果夫、陈立夫兄弟把持国民党,将一个革命的中国国民党改造成为反共

早年为蒋介石主持党务的陈果夫(夫)、陈立夫(中)兄弟成了蒋推卸失败责任的替罪羊。

反人民的"陈家党"。国民党在大陆统治的垮台,也表明了"陈家党"的彻底失败。蒋介石在退守台湾后,首先想到的就是要改造这"陈家党"的中国国民党。

蒋介石认为,国民党在大陆的失败,其重要原因之一就是国民党内的派系倾轧。他说:"党内不能团结统一,同志之间,派系分歧,利用摩擦,违反党纪,败坏党德,以致整个党形成一片散沙,最后共党乘机一击,遂致全盘瓦解,彻底崩溃。"蒋介石说的当然是事实,但问题是,国民党派系倾轧的总根源完全在于蒋介石自己。蒋通过政变上台后,为了维持自己的个人专制独裁统治,采取"分而治之"的权术,实行以派制派。蒋惯用的伎俩就是:扩大和制造部属之间的矛盾,利用这种矛盾实行分而治之。在蒋介石统治大陆的22年里,派系倾轧一天也没有停止过。军事方面,有何应钦系与陈诚系的对立;财经方面,有宋子文系与孔祥熙系的对立;党务方面,有国民党和三青团的对立;国民党内部,又有陈果夫陈立夫的C.C.系与朱家骅新C.C.系的对立;特务方面,有中统和军统的对立。此外,还有政学系、孙科太子系、蒋经国太子系以及西山会议派、地方实力派等诸多派系的对立。

导致国民党派系倾轧的总根源既然是蒋介石,那么蒋介石自然应该承担最主要的责任。但蒋历来是有功归自己,有罪归他人,把自己摆在例外的特殊位置,"领袖"是永远也没有罪的。面对国民党在大陆的惨败局面,在国民党统治集团内部纷纷起来追究失败责任的情况下,蒋介石为了做出交代,必须找出替罪羊来,而蒋介石找到的替罪羊就是长期主管党务的陈果夫、陈立夫兄弟。

据黄炎培日记的记载,1948年3月1日,蒋介石出席中央训练团十周年纪念会训话时,大骂文武百官腐败无能,并警告他们:"这样下去,我和你们都将做'共匪'的俘虏!"蒋训话完毕,刚步出会场,会场就有人高呼口号:"打倒四陈!"(指陈果夫、陈立夫、陈诚、陈布雷)

蒋介石于1月21日宣布下野前,曾召集亲信大员告别,厉声对他们说:"共产党没有打败我,打败我的,是自家的国民党。"随即手指陈立夫说,"就是你们一班人。"蒋并愤愤地发言,今后再不入中央党部的门。从蒋的这些举动来看,蒋早就有把陈氏兄弟当替罪羊的意图。

1949年1月21日,蒋介石返回奉化溪口老家后,就开始反省国民党失败的原因,并着手研拟改造国民党的方案。首先是蒋介石、蒋经国父子进行研究。老蒋告诉小蒋：

> 当政20年，对其社会改造与民众福利，毫未着手，而党政军事教育人员，只能做官，而未注意三民主义之实行。今后对于一切教育，皆应以民主为基础。亡羊补牢，未始为晚。
>
> 党应为政治之神经中枢与军队之灵魂，但过去对于军政干部无思想领导，驯至干部本身无思想，而在形式上，党政军三种干部互相冲突，党与军政分立，使党立于军政之外，乃至党的干部自相分裂。干部无政治教育，不能使全党党员理解中央之政策。于是心存怨怼，且诿卸责任。要改正上述缺点，应拟定具体纲要实施才行。

当时，蒋介石特别强调组织与纪律的作用。他对蒋经国说："一切以组织为主，纪律为辅"，"组织应在纪律之先"。组织的对象：第一为人，第二为事与物（包括经费在内）。至于干部训练与重建之方针：必须陶冶旧干部，训练新干部。其基本原则：（一）以思想为结合；（二）以工作为训练；（三）以成绩为黜陟。

在以后的几个月里，蒋介石又陆续与

第三次下野的蒋介石在家乡的山水之间与儿子共同反省失败的原因，并开研拟发行国民党的方案

黄少谷、阎锡山、袁守谦、万耀煌、吴稚晖等亲信人员就改造国民党交换过意见。根据这些研究成果，由蒋经国草拟了《重整革命之初步组织的意见书》。之后，蒋介石根据这份意见书，拟定了《中国国民党之改造方案》，于1949年7月18日在国民党中央常务委员会第204次会议上讨论通过。

9月20日，蒋又在重庆发表《为本党改造告全党同志书》，声称："我们这次着手党的改造，在消极方面，要检讨过去的错误，反省自己的缺点。我们要把失败主义的毒素彻底肃清，要把派系倾轧的恶习痛加悔改，要把官僚主义的作风彻底铲除。""在积极方面，我们首先要确定党的社会基础和政策路线，并以此为根据，以决定党的组织原则和工作方面。"

1949年12月30日至31日，蒋介石在台湾涵碧楼召集陈立夫、黄少谷、谷正纲、蒋经国、陶希圣、郑彦棻等人再次讨论国民党改造问题。蒋介石在会上说，国民党现有中央执行委员400余人，如果不加以改造，不仅见解分歧，意志无法统一，力量无法集中，而且无异自葬火坑，徒劳无功。蒋还说："改造要旨，在湔雪全党过去之错误，彻底改正作风与领导方式，以改造革命风气；凡不能在行动生活与思想精神方面与共党斗争者，皆应自动退党。"有意思的是，陈立夫本来是蒋介石要清算的第一号对象，却仍然让他参加了这次谈话会。

据陈立夫回忆，他曾在日月潭主动向蒋介石建议："党未办好及一切缺失，最好把责任推给我两兄弟，将来改造后，我兄弟二人亦不必参加，庶几总裁可以重整旗鼓。"如此话当真，那么陈立夫倒是有些自知之明，蒋介石心里早有数，对此未予作答。显然，时机还未成熟。

蒋介石在下野后就开始酝酿国民党改造，但1949年下半年至1950年上半年的形势，对国民党来说却是一段惊心动魄的日子。

1949年4月21日，中国人民解放军百万雄师渡过长江，以秋风扫落叶之势扫荡国民党在大陆的残余势力，国民党残余势力及其社会基础一窝蜂似地溃逃台湾，从大陆溃退台湾的国民党残余军队总数有60万（后来点数时约为50万），还有150万平民（包括官僚政客，富有的资本家、地主，拥蒋的大知识分子以及其他各阶层的人士）。台湾原有人口500余万，一下子增加200万人口，通货膨胀急剧上升，岛内一片混乱。在国际上，蒋介石集团的唯一靠山美国政府采取了让蒋介石集团自生自灭的政策。

第十三章 国民党内战失败的替罪羊

1950年1月5日,美国总统杜鲁门在一份声明中特别宣布:美国对台湾或中国其他领土从无掠夺的野心。现在美国无意在台湾获取特别权力或特权或建立军事基地。美国亦不拟使用武装部队干预其现在的局势。美国政府不拟遵循任何足以把美国卷入中国内争中的途径。

杜鲁门的声明,对于蒋介石集团来说,无疑又是致命一击。美国"大使"司徒雷登被召回华盛顿,撤往台北的美国"大使馆"只有一个秘密代理"大使",这个代理"大使"名叫罗伯特·斯特朗,他与当时的台湾省"主席"吴国桢很熟。吴经常请罗伯特·斯特朗吃饭,探听美方消息。有一次,罗伯特·斯特朗请吴国桢吃饭,饭后给吴看一个银质烟盒,上面印有几个日期,罗伯特·斯特朗指着日期对吴国桢说:"第一个是南京的陷落日,第二个是广州的陷落日,第三个是重庆的,省主席,我是否应当再加上台北的陷落日呢?"这位"大使"虽然是以开玩笑的方式提出的问题,但却反映了美国政府的真实想法,他们预测逃到台湾的国民党残余政权将会在1950年3月垮台,他们的依据之一就是认为台湾的财政到时会崩溃。

蒋介石与陈立夫、顾毓秀夫妇于日月潭涵碧楼

这时的台湾岛处处充满了绝望气氛，大批的人又从台湾撤往中国香港、欧洲、美洲、大洋洲、非洲及东南亚。总之，只要有门路，离开台湾越远越好。不能离开台湾的人也充满了过一天算一天的想法。

1950年3月间，白崇禧将在香港的家眷20余人搬到台湾，对此有人不解地对白崇禧说：你怎么全家都搬来了？某人到美国去，某人到日本去，某人到香港去，某人出境证都预备好了，你还搬到这里来？白崇禧是所谓的"反共强人"，他对此回答说："我们大陆丢了，我们是现役军人，负很大罪过，中央不处罚我，自己良心自责。台湾是复兴基地，祖国领土就只剩这一点点，希望在这里生根发展回去，除此之外，现役军人死无葬身之处，跑到哪里去？"

话虽这么说，白崇禧心中也是很茫然的。有一天，白崇禧与何应钦一同去打猎，途中谈起时局，两人都认为希望渺茫，感到很绝望。白崇禧说："我是信仰宗教的人，对世界局势，人类的前途，真主会有一个安排，我们打猎吧！"看来，白崇禧也只有把希望寄托在真主身上了。

在台湾处于风雨飘摇、人心惶惶、不可终日之时，蒋介石认识到国民党改造的时机还不成熟。当时美国政府的政策是对逃到台湾的蒋介石集团采取让其自生自灭的政策。但美国政府中也有一部分人士一直认为台湾是一艘不沉的航空母舰，是美国西太平洋的屏障，一旦失去台湾，菲律宾、日本就会受到威胁。他们对中华人民共和国和苏联之间的关系异常敏感。

1950年1月，当毛泽东与斯大林在莫斯科举行会谈时，美国参谋长联席会议主席布莱德雷偕同陆军参谋长、空军参谋长访问远东，与驻日美军总司令麦克阿瑟商谈如何在亚洲"遏制共产主义的威胁"，如何防止台湾落入"不友好者"之手。在《中苏友好同盟条约》签订的1950年2月14日，美国宣布扩大麦克阿瑟的职权，必要时可以指挥第七舰队在西太平洋地区活动。另外，国防部长约翰逊和国务院顾问奥斯卡·白吉尔海军上将主张给台湾以全力支持。在一次国家安全会议上，约翰逊的观点占了上风。会后，白吉尔将蒋介石派到美国的代表郑介民叫到他的办公室，宣读了一份声明，并要郑介民和他的助手皮宗阙上校逐字逐句记下来。该声明明确表示，希望看到吴国桢当台湾省"主席"，如果蒋介石照办了，那么美国会提供援助。

按照美国方面的愿望，蒋介石陆续任命美国培养并为美国政府赏识的亲美派吴国桢和孙立人分任台湾省"主席"和"陆军总司令"。1950年3月1日，蒋介石又宣布继续行使"总统"职权,并任命陈诚为"行政院长"。

1949年5月1日,中国人民解放军第四野战军攻克海南岛,歼灭岛上的国民党军三万余人。在此前后,被蒋介石视为台湾屏障的舟山群岛、万山群岛、东山岛等相继被解放军攻克。中国人民解放军第三野战军副司令员粟裕正在紧张地筹划下一个作战目标——解放台湾,人们预测,不等9月台风来到台湾海峡,人民解放军就会跨海而来。

蒋介石面对危局,打起精神为部下打气:"今天退缩到台湾和东南的几个孤岛上来,真已到了最后的生死关头,没有地方可以再退了",如今"就是最后的生死关头,如果不幸而失败,我们就要在此尽职殉国"。所谓"尽职殉国"虽然只是蒋介石的一句骗人的话,但它真实地反映了蒋介石的悲观心情。

1950年6月25日,朝鲜内战的爆发,打乱了远东局势,也使蒋氏父子在台湾赢得了喘息之机。

朝鲜战争一爆发,杜鲁门和艾奇逊就立即断定苏联是始作俑者,而且很可能是中苏对"自由世界"全面出击的开始。因此,他们决定美国必须对此采取强有力的行动,坚决反击共产党世界对"自由世界"的这一严重挑战。6月27日,杜鲁门宣布:"对朝鲜的攻击已无可怀疑地说明,共产主义已不限于使用颠覆手段来征服独立国家,而且立即会使用武装的进攻与战争。"杜鲁门告诫西方世界,如果"自由世界"允许北朝鲜征服南朝鲜的话,其严重后果不堪设想。如果让别国的自由这样失去,美国也将无法指望保持自己的自由。为应对此种形势,美国政府立即决定,出兵支持南朝鲜,同时派美国第七舰队进入台湾海峡,以"阻止对台湾的任何进攻"。

20世纪50年代的中国人民解放军只有强大的陆军,没有强大的海、空军,要越过美国第七舰队去进攻台湾,从军事上说是不可能的。朝鲜战争挽救了蒋介石,在第七舰队的庇护下,蒋不仅有了负隅台岛的资本,甚至还一度产生了"反攻复国"的幻觉,并且持续叫嚣了20多年。

蒋介石在台湾局势稳定后,立即着手改造国民党。由于美国后台老板极不喜欢以陈氏兄弟为首的C.C.系,不论是马歇尔还是司徒雷登,在美国人眼中,陈氏兄弟是国民党"极右派"首领、是"反动分子",C.C.是极右势力集团,马歇尔、司徒雷登曾一再要求蒋介石清除以陈氏兄弟为首的C.C.势力。如今蒋

30年代蒋介石与陈诚（前排左四）等军官的合影。陈诚是蒋介石的文臣武将中得其信任最久的一个

介石集团的生死存亡都操纵在美国人手中，为了取悦美国人，陈氏兄弟必须出局。

在蒋介石召集的一次中央委员谈话会议上，C.C.系的李宗黄、陈肇英等在会上发言："我们的意思是认为本党之改造，至为必须的，最好由干部作建议，请由总裁决定执行，免得总裁为难，而且合乎民主。"早就想清除C.C.的蒋介石听了这番话不禁勃然大怒，厉声指责道："你们如果不要我来改造党，即只有下面几种办法：第一，就让本党无声无息的如此下去；第二，你们要给我权，大家要相信我，用民主方式改造是不对的，如你们不相信我来改造，我就不管了，由你们去办好了！"一番话让与会者目瞪口呆。蒋介石意犹未尽，又补充道："如果你们不相信我来改造，你们跟陈立夫去好了！"至此，蒋介石清除陈氏兄弟的意图已表露无遗。

另外，陈立夫的被清除出局，也与陈诚、蒋经国的联合攻击有关。

陈诚领导的三青团与陈果夫、陈立夫兄弟的C.C.系是多年的老对手，双方积怨很深。陈诚一直认为，国民党的失败，陈果夫、陈立夫兄弟应负责。陈果夫已病入膏肓，陈诚不忍心再批评陈果夫，但对陈立夫则没有那么客气，人前人后都直言陈立夫对失去大陆负有责任。有一次，陈诚在台北举行的总理纪念周上公开声明:"我们不要政治垃圾再来到台湾。"大家都知道,陈诚口中的所谓"政治垃圾"自然是指陈立夫以及他领导的C.C.系了。

不过,陈诚和陈立夫在台湾也有过一段短暂的和好。1950年3月7日,蒋介石以"总统"名义提名陈诚为"行政院长",为使提名能够在"立法院"获得通过,陈诚主动派袁守谦去见陈立夫,要陈立夫在"立法委员"中斡旋,以便提名通过。陈立夫照办了。3月8日,"立法院代院长"刘文岛主持"立法院"临时会议,行使对"行政院长"任命的同意权。C.C.大将张道藩首先表示:"如能对立法院确实负责,并公开以政策选用贤能,一洗过去作风,立院同仁,既无反对理由,当可同意。"投票结果,据陈立夫说是陈诚以82%的多数票获得通过。会后,当张道藩向蒋介石报告投票结果时,蒋还以意外的口气说:"怎么会有这许多票?"

陈诚顺利通过"立法院"这一关,也十分高兴,他随即宴请"立法委员"以示感谢,陈立夫、蒋经国等均出席。宴席上,陈诚以愉快的口气戏言:"从前C.C.是指陈果夫先生和陈立夫先生,今后则是陈立夫与陈诚了!"陈立夫听了这句戏言,也顿觉轻松了许多,认为陈诚对他已无恶感了。

不料好景不长,陈诚与C.C.派很快又产生了不可调和的矛盾。

本来按照1946年12月25日通过的《中华民国宪法》,其第五十七条规定:行政院依下列规定,对立法院负责:一、行政院有向立法院提出施政方针及施政报告之责。立法委员在开会时,有向行政院院长及行政院各部会首长质询之权。二、立法院对于行政院之重要政策不赞同时,得以决议移请行政院变更之。行政院对于立法院之决议,得经总统之核可,移请立法院复议。复议时,如经出席立法委员三分之二维持原决议,行政院院长应即接受该决议或辞职。三、行政院对于立法院决议之法律案、预算案、条约案,如认为有窒碍难行时,得经总统之核可,于该决议案送达行政院十日内,移请立法院复议。复议时,如经出席立法委员三分之二维持原案,行政院院长应即接受该决议或辞职。第五十八条规定:行政院设行政院会议,由行政院院长、副院长、各部会首长及不管部会之政务委员组织之,以院长为主席。行政院院长、各部会首长,须将应行提出于立法院之法律案、预算案、戒严案、大赦案、宣战案、媾和案、条约案及其他重要事项,或涉及各部会共同关系之事项,提出于行政院会议议决之。第五十九条规定:行政院于会计年度开始三个月前,应将下年度预算案提出于立法院。第六十条规定：行政院于会计年度结束后四个月内，应提出决算于监察院。

该宪法第六章还规定："立法院有议决法律案、预算案、戒严案、大赦案、宣战案、媾和案、条约案及国家重要事项之权。""立法院开会时，行政院院长及各部会首长得列席陈述意见。"

按照宪法的以上规定，立法院与行政院有相互制衡的关系。但在1949年1月李宗仁代理总统后，蒋系势力又刻意把行政院长的权力扩大，以制约李代总统。陈诚出任"行政院长"，仍想扩大自己的权力，他授意"立法院"中三青团系的"立法委员"提出一个议案，把"立法院"的职权削减得很小，这自然不能为在"立法院"中占多数的C.C.系"立法委员"所同意。

陈立夫早就声明："在广东时，立法院不易召开会议，为应变计，中央增加了行政院长职权，目的是使李代总统不要日益膨胀他的权。现在不同了，总统（指蒋介石）已复职并负实际责任，故行政院长有其职权范围，不必将立法院的权抓过来。"陈立夫的这番话，充分表达了法随人转、以法律为儿戏的思想意识。

在陈立夫的授意下，C.C.系"立委"在"立法院"投票否决了陈诚削减"立法院"权力的提案，陈诚此时正在主持"行政院"会议，听到提案被否决，立即发起脾气来，愤怒地说："他们一定是C.C.派！现在这个行政院长，除了陈立夫之外，没人能干得了。我不干了！"陈诚立即指示其"副院长"张厉生："给我写个辞呈给总统，行政院长我不干了！"

陈立夫获悉陈诚斥责了他，觉得很委屈，一气之下躲到台中去了。行前，陈立夫对亲信表示："立法院有任何事，请陈诚同志今后不要再找我了！"

事后，有人告诉陈诚："你错怪陈立夫先生了，对于该提案，他未向立委们表示任何意见。你是错怪了他！"

陈诚知道错怪了陈立夫，便请C.C.系"立法委员"许绍棣到台中向陈立夫解释误会，并转达陈诚的歉意。

陈立夫告诉许绍棣："前此在一项会议中，我不过说明当年政府在广东时，中央为不使李宗仁代总统的滥权，才加重行政院院长的权力。现在，总统已复出视事，行政院长的权力已无必要扩大，仅是就事论事，恪尽言责，不料竟导致陈先生的误会！"

"误会"虽然解释清楚了，但陈诚与陈立夫的矛盾并没有消除。

从陈诚来说，他是军人出身，也有些军阀作风，做事历来大刀阔斧，独断专行，容不得别人说三道四。现在他出任"行政院长"，却处处受制于"立法院"，这是他不习惯的，也是不能容忍的。

从陈立夫及其C.C.系来说，"立法院"已成为C.C.系的最后一块领地，如果陈诚将"立法院"职权缩减得很小很小，那么不仅"立法院"无所作为，而且C.C.系真的只能是无声无息，坐冷板凳了。从这一点上来说，陈诚与陈立夫都没有妥协的可能。此时，在蒋介石的天平上，陈诚的分量无疑要远远超过陈立夫，两陈相争，蒋介石也只有牺牲陈立夫了！

一次，陈诚请C.C.大将余井塘和张道藩吃饭，余、张知道陈诚此举一定有其用意，饭后问陈诚："院长有什么意思，请指示吧！"陈诚对余、张说："我请你们传达我的一句话：陈立夫是个混蛋！"再没有说别的话。

陈立夫受到陈诚的欺压，就派其夫人孙禄卿去见宋美龄要求缓颊。但宋美龄也表示无能为力。

宋美龄将此事告诉了时任台湾省"主席"的吴国桢，吴氏在口述回忆中说道："蒋夫人告诉我，陈立夫的妻子去见她，说陈（立夫）在压力下被迫赴美。""陈立夫的夫人并不真想去美国，她是代表陈立夫去见蒋夫人的。但蒋夫人说：'委员长要我告诉你，我们的处境非常不稳，可能危及我们的生命，也许这时最好让立夫到美国去。'这表明蒋介石委员长意识到，他和陈诚之间可能会破裂。"

C.C.大将萧铮回忆："某日总裁曾单独召见立夫兄，谈及党的问题，立夫兄谓大陆之失败，党政军三方面均应有人负失败责任，党的失败，伊与果夫先生应负其责，故嗣后改造，伊与果夫先生不宜参加云云。总裁闻之默然。"

陈立夫的意思很清楚，他与其兄长主动承担党务方面的责任，但军事方面也应有人负责。军事方面陈诚是参谋总长、东北行营主任，他负的责任最大。陈立夫之意，陈诚对军事失败负有很大责任，却没有追究其责任，而且受到重用，这显然不公。陈立夫希望蒋介石一碗水端平，把陈诚也拉下来，蒋对此"默然"，实际上是否定了陈立夫的意见。

在实施国民党改造前，蒋介石又玩弄了一个小把戏。

1950年6月16日，国民党中央秘书长郑彦棻报告，从6月起，蒋介石对中央党部的公事一概退还不看，中常会一律不出席，众人不知蒋的葫芦里卖的什么药。

萧铮提出，总裁不出席中常会，中常委应全体辞职以便总裁实施改造。于是，中常会推于右任、居正、邹鲁三位元老去见蒋，表达请求蒋出席并指示改造方针的诚意。

7月21日晚，蒋约请全体中常委谈话，点名批评二陈兄弟。蒋对二陈兄弟的批评归纳起来有两点：第一，国民党在大陆的失败，本质上是党的本身的失败，而党的失败是二陈直接造成的，必须承担责任。第二，党的改造就是告别过去，刷新政治，"不能再见党内派系倾轧、人事纷争的现象。我们党员不能再有败坏纪纲、藐视组织的行径；我们不能容许过去招致大陆沦亡的一切观念、行为和作风，用到台湾来，瓦解我'中华民国'最后的基础，使其重蹈大陆各省的覆辙"。

1950年7月26日，蒋介石在台北主持召开国民党中央执行委员茶话会，到会委员150人。蒋当场宣布成立中国国民党中央改造委员会，由陈诚、蒋经国、张其昀、张道藩、谷正纲、郑彦芬、陈雪屏、胡健中、袁守谦、崔书琴、谷凤翔、曾虚白、萧自诚、沈昌焕、郭澄、连震东等16人组成中央改造委员会。

从这份名单看，以陈诚系和蒋经国系人马为主体，名单中虽然也有C.C.的张道藩、谷正纲、胡健中，但C.C.头子出局，这几位C.C.大将也只能做个陪衬，不会有多大作用。以后的国民党改造，基本上由陈诚与蒋经国主导。

陈果夫被安排为"中央评议委员"，陈立夫则没有任何职务，陈氏兄弟在这场"改造"中实际已双双出局。

陈立夫在台湾已无立足之地，只有出国做寓公一条路。在离开台北前，陈立夫曾去看望宋美龄并辞行。宋美龄拿出一本《圣经》递给陈立夫，关切地说："你从前政治上负过这么大的责任，现在一下子冷落下来，会感到很难适应，这里有本《圣经》，你带到美国去念念，你会在心灵上得到不少慰藉。"

宋美龄的一席话反倒勾起了陈立夫的无限委屈，他接过《圣经》，指着墙上的蒋介石像说："夫人，那活着的上帝都不信任我，我还希望得到耶稣的信任吗？"

第十三章 国民党内战失败的替罪羊

"改造委员会"的16位成员中不见了陈氏兄弟的踪影。前排右一为蒋经国,左五为陈诚。

陈立夫在回忆录中还说,他在离开台北前,曾向蒋介石做过这样的声明:"我受总统熏陶25年,但我很惭愧没什么表现,很感罪戾!我出国了,今后一切政治问题,请勿再找我,我一向对此不感兴趣……"辞意间充满了失望和牢骚。

1950年8月4日清晨,陈立夫携妻子儿女从台北乘飞机出国,先赴瑞士参加"世界道德重整会"会议,然后直飞美国。到机场为陈立夫一家送行的有300多人,气氛凝重,追随陈氏兄弟多年的C.C.老部下更有无限的伤感和失落。特别是陈立夫念及在台中风烛残年的兄长陈果夫,这一去可能再也不能见面了,不禁悲从中来。

陈立夫始终不承认自己是被流放到美国的,但他C.C.老部下梁肃戎却在陈立夫百岁诞辰口述历史座谈会上,当着陈立夫的面坦言:"我想立夫先生绝不同意我这种说法,他认为养鸡是自己去的,我们认为被放逐养鸡,他不承认这个事实。"

蒋介石对陈立夫也是留有余地的。陈立夫离开台湾前,蒋曾赠送一笔钱(数目不清楚,有人说是五万美元)以壮其行色。陈立夫到美国后,蒋介石又派俞国华专程到美国给陈立夫送来浙字第一号党证,要陈立夫仍做一个中国国民党党员，留有后路。

第六节　十九年流放生涯

陈立夫在国民党内的斗争中被排挤出国，受到流放，但其反共思想一点也没有改变。

他到美国后，第一件事就是收购《华美日报》作为反共宣传阵地。这家报纸的主人开价二万美元，陈立夫钱不够，顺便"敲诈"了一下徐堪。徐堪曾是国民党政府的财政部长和粮食部长，在国民党退出大陆后，徐堪来到美国做寓公。陈立夫找到徐堪问："你到美国来，总统（指蒋介石）晓不晓得？"徐堪答："不晓得。"陈立夫马上说："既不晓得，你要当心了，总统未要你来，你怎能来呢？"随后，陈立夫即告诉徐堪，只要他答应替"政府"做一件有意义的事，必可获得蒋介石的原谅，那就是买下《华美日报》。徐堪答应拿出一万美金，多了拿不出来。最后，陈立夫又找了几个人凑足二万美金买下了《华美日报》，由徐堪任董事长，陈立夫任副董事长，潘公展任社长，赖琏任主笔，主要撰稿人还有薛光前、程其保、陈庆云、项定荣等。潘公展、赖琏都是C.C.系的干将，反共意识强烈。在潘、赖的操纵下，《华美日报》卖力鼓吹"复国反攻"，成为美国华侨心目中的"反共精神堡垒"。1969年，陈立夫将《华美日报》转让给朱伯舜，但仍担任名誉董事长。

为了谋生，陈立夫选择了在美国开养鸡场，他说，替政府工作这么多年，伺候了蒋公和党内党外不少人，而竟不受谅解，此后将不再伺候任何人，而照料鸡就没有这种感觉了。

随着陈立夫的到来，南京政府的蒋、宋、孔、陈四大家族已经有孔、宋、陈三大家族流亡到了美国，只剩下了蒋家独霸台湾小朝廷。流亡到美国孔、宋、陈三大家族的处境却大不相同，孔祥熙、宋子文不愧是"财神"，他们舅郎轮番掌握国民党政府的财政、金融、经济、行政大权，在垮台移居美国时已将巨额不义之财转移到了美国，过着超级富豪般的奢华生活。仅举一例，孔祥熙的二儿子孔令杰在美国德克萨斯州开采石油。当美苏冷战高潮时代，孔令杰为躲避原子弹袭击，在德克萨斯州建立了能够躲避核子大战的防空避难所，花费1800万美元，比当年希特勒在德国柏林国会大厦地下修建的地下室还要大。

孔令杰的防空避难所是由来自加利福尼亚州的MX飞弹发射所工程师设计的，上下两层总共3.8万平方英尺，钢筋水泥墙厚达两英尺，避难所内备有三套主要供电系统，三套灭火系统，500个简单床位，十几间卧室，一个急诊室，一间文娱室。房顶上面造有一个人工湖。仅此一例，就可以窥见孔、宋财神实力非凡。

陈立夫与孔、宋比起来，在经济上则有天壤之别。

中国近代史研究领域的权威刊物《近代史研究》2000年第3期公开了1939年一份日本人所做的关于国民党政府高级官员在上海外国银行存款情况的调查报告。据该调查报告的估算，国民党政府高级官员在上海存款的总数如下：

单元：万元

姓名	以法币计合美元	以日元计合美元	姓名	以法币计合美元	以日元计合美元
蒋介石	809	1724	何应钦	317	675
宋美龄	377	803	陈调元	134	286
宋子文	637	1358	徐 堪	213	454
孔祥熙	635	1354	张嘉璈	219	467
宋蔼龄	146	312	钱新之	183	389
陈立夫	292	623	宋子良	67	143
张静江	457	974	阎锡山	341	727
孙 科	345	735	何 键	244	519
张 群	335	714	陈济棠	798	1701
吴铁城	530	1129	余汉谋	241	513
总 计				9576	20409

过去一般认为，蒋介石、宋子文、孔祥熙、陈果夫陈立夫四大家族，宋、孔两家有大量私人财产，而蒋、陈两家则未必有很多钱。但据该调查，蒋介石、宋美龄拥有的财产名列榜首。

关于宋美龄捞钱的事，《钱昌照回忆录》也有些披露。钱是蒋介石早年的亲信幕僚。他说宋美龄与宋蔼龄姊妹联手捞钱，宋蔼龄捞到的钱都有宋美龄一份。蒋介石、宋美龄有大量私人财产是不用怀疑的。

至于陈果夫、陈立夫兄弟，虽然他们是国民党党营事业的开拓者，但我们没有找到陈氏兄弟化公为私、中饱私囊的直接材料，陈氏兄弟的日常生活并不奢侈，甚至有些刻板。陈果夫的医药费还时常靠蒋介石赠送，更重要的是，如果陈立夫确实有如日本人的调查报告所说的那么多的财产,他到美国后也用不着再去养鸡了。因此,在没有发现更多的直接材料之前,陈氏兄弟的财产恐怕只能是个谜。

陈立夫到美国后发现从大陆撤逃到美国的人真不少,各行各业都有,他们在美国从事的职业也五花八门。大名鼎鼎的胡适费了九牛二虎之力,终于在美国普林斯顿大学葛斯德东方图书馆谋了个小小的管理员职务,但聘期只有二年。胡适在国内是被捧上了天的资产阶级自由主义知识分子的精神领袖,但到了人家美国,胡适的那点东西真的派不了用场,这样一来,胡大师只好屈就小小的图书馆管理员了。这个所谓的葛斯德东方图书馆也实在小得可怜,工作人

1953年在美国新泽西州湖林城养鸡的陈立夫

员仅两个人,除胡适外,就是他的助手童世纲。当然,在台湾的蒋介石还要"借重"胡大师,两年后,他就飞台湾做高官去了。

胡大师尚且如此,那么陈立夫又能做什么呢?

陈立夫早年是学矿冶的,他认为自己可以教矿冶学,也能教哲学或中国文化。但最后选择了开办养鸡场。其原因就是陈立夫的儿女中学毕业后,要到新泽西胡林城上大学。陈立夫决定把家搬到胡林城。新泽西是美国的养鸡中心,有许多养鸡场。陈立夫的朋友胡定安曾是江苏医学院院长,提议到新泽西养鸡,并邀陈立夫同去,陈立夫答应了。他们考察新泽西的60个养鸡场,最后买下了一个比较便宜的养鸡场,以47000美元成交,先付20000美元,其余分期10年付清。陈立夫自己掏出4000美元,向孔祥熙借8000美元,胡定安出4000美元,另向朋友借4000美元,付清了二万美元的首付金。这样,陈立夫这位昔日的C.C.系的领袖正儿八经办起了养鸡场。

陈立夫说:"我为什么要选择养鸡行业呢?因为我想想已替政府工作这么多年,伺候了蒋公和党内党外不少人,而竟不受谅解,此后将不再伺候任何人!那么去照料鸡就没有这种感觉了。"言辞之间,牢骚还是很盛。

当时的美国蛋价很高,养鸡业是一个很赚钱的行业。半年下来,陈立夫与胡定安净赚了5000美元,大受鼓舞,劲头更足。一般的鸡场都采用机械化和自动化控制,而陈立夫的养鸡场为了节省开支全部采用人工,陈立夫与三个儿子一齐上阵,那时陈立夫50岁刚出头,身体健壮,100磅一包的饲料,一弯腰就能扛起来,甚至过去长期坐办公室落下的脊背疼痛的老毛病经过养鸡场的体力劳动后,不再复发。

陈立夫真是干一行爱一行,很快就琢磨出一套养鸡的经验。

在陈立夫的回忆录《成败之鉴》中也有一大段"养鸡经",不妨转录如下:

> 我经营养鸡业是一面工作,一面学习,总算运气好,没碰上如鸡瘟等的麻烦事。养了三年后,有一次鸡生了喉咙痛病,那时共有十大间鸡舍,每间饲养500只,计有5000只鸡,如都生起病来,那真会一发而不可收拾,幸亏医治得早,传染不普遍,所以并无大碍。这5000只鸡,若以七折计,每天就可生蛋3500个,可说利润甚丰。

干那一行，必须了解一行。就那养鸡业来说，买小鸡也是一项大学问，最重要的是对小鸡能辨别雌雄问题，因为买了雌鸡才会下蛋，如买来些公鸡就亏蚀老本了。通常我们难以辨雌雄，必须专家们以显微镜辨识，出蛋壳的小鸡，在24小时以内他们才能分辨出雌雄来，当然这也难保是百分之百的准确，偶尔也有一二只看走了眼的，在这方面，日本人很是权威。天生万物似有一定规律，以鸡的雌雄来说，如有5000只新生小鸡，雌雄大概各占一半，差不多51%与49%之比例。小鸡难养，冬天又怕冷，要有保暖设备，待慢慢大起来后，并须请专家打针，然后放到室外，且应严防黄鼠狼侵害，因此门窗要紧密，日夜加以照料。

销售鸡蛋，也有一定程序。通常是以机器挑选、分类，使蛋能维持一定重量，不使过小者掺杂其中，并加以洗濯，以维护生产品质与信誉。为保持新鲜度，须当天装箱，以供收买者取货，就近由纽（新）泽西去供应纽约市场所需。奈何好景不长，待东西高速公路完成通车后，蛋价暴跌，原因为西部地区养鸡，是放饲于田野间，鸡蛋成本低廉，业者用货柜车用冷藏方式，把蛋连夜运往纽约廉价销售，与纽泽西养鸡中心竞争蛋市，原有市场大部分被其抢走，几年以后，使纽泽西养鸡生意萧条，纷纷倒闭，我隔壁是一家犹太人，他很有眼光，告诉我说："高速公路一通，西部蛋源源运来，竞争困难，我们不能养鸡了！"于是他把鸡场断然卖掉。

但我却不敢作此打算，卖掉养鸡场干什么呢？此时每个月比过去最少减收3000多元，生活越来越困难，全用机器不用人工的养鸡业者，还可勉强维持，而以人工饲养者便无法维持下去。开始与我合伙的胡先生在经营三年后已先离去，我的大儿子也去念书进修，最后只剩下我和内子及小儿子合力经营，尽管一再节省开支，但还是周转不灵，乃向朋友借贷维持，而我所借的钱，大都言明三两个月一定还，从未失信过一天。幸在此期间，蒋公了解我的困窘，虽然我从未张口，他却每年总有一两次寄来二三千元，几乎成了我偿还借债的固定来源。这不啻是雪中送炭，我很感激蒋公的关怀。

我的养鸡生涯自1953年开始迄至1961年，实无法再继续下去，乃不得不关闭养鸡场，结束了为期八年惨淡经营的养鸡业。

陈立夫的儿子陈泽宠对他父亲的养鸡生活也有如下的描述：

> 当时，我才九岁，在幼小的心灵，尚不知何以父亲放弃官宦生活，要与我们全家去养鸡？后来年岁增长，才知道父亲以出国来表明负责心迹。父亲过去一直在国民党组织部工作，"人"的问题纠缠不清，所以幽默地说要找一个没有人事方面麻烦的事来做。养鸡是最简单的，比人听话，比人好管。那时的生活，和在南京的生活，简直是180度的大转变，若非有定力、有毅力是做不到的。当时哥哥姐姐都在求学，放学也帮忙，生活清苦，却也其乐融融，一家人，什么事都做。鸡场很大，养了5000只鸡。父亲出力最多，100磅的饲料，一弯腰，就扛了起来，每天做同样的动作，身体也练好了，过去腰痛的毛病反而治好了，所以说："多做事，是不会吃亏的。"那时候，我们的生活非常规律，天亮即起，晚上很早就上床。工作都是有一定流程，除了喂饲料、孵鸡、捡蛋、大小分类、洗蛋、秤蛋、包装、运送外，还得请专家打针。晚上必须门窗关紧，防止黄鼠狼入侵，冬天还要有保暖设备。水管结冰，设法使之解冻，热天则防止蚊蝇来侵，鸡房内得保持干净。父亲有时带我们到城里吃晚饭，回来之后，必先到鸡房内巡视一下。这种勤劳不懈的精神，令人感动。母亲则帮忙打杂，把一些打破的蛋，拿来做成蛋糕，或自家人吃，或分送亲友，也交了不少朋友。

陈立夫在关闭养鸡场后，又碰到一件倒霉事。他原本为养鸡场及其住宅投保1.6万美元。鸡场关闭后，好心的保险公司劝陈立夫少保些，陈立夫想想也对，就决定投保4000美元。孰料鸡场关闭后，发生森林大火，将陈立夫的养鸡场大部烧毁，他的工具车也被烧成灰烬。减少投保之后立即发生火灾，让陈立夫又损失了一大把，心痛不已。

陈立夫在美国养鸡期间，还有一件让他耿耿于怀的遗憾事，就是不能返台湾为兄长陈果夫奔丧。

陈果夫去台初期住在台中，远离政治中心的台北。政治上排挤出局、生活窘迫，弟弟远走美国，再加上宿疾缠身，风烛残年的陈果夫心情无比苍凉。他强打起精神，准备写回忆录，将40年来的经历与主张分门别类写出来，"俾世人了我心之所向，与遭谤之由来"。1950年底，陈果夫的《苏政回忆》脱稿，次年4月出版，陈果夫生前见到此书出版，十分高兴。陈果夫是C.C.老帅，认为自己搞党务是失败了，国民党的组织不如人，训练不如人，方方面面均不如共产党。陈果夫引以为自豪的是担任江苏省主席四年。

陈果夫在写完《苏政回忆》后，原本一鼓作气，续写其他，但身体状况每况愈下，难以如愿。

1951年1月22日，陈果夫从台中搬到台北，住进青田街的一幢公寓里。台北的夏季，酷热难耐，对陈果夫这样的重症病人更是难熬，元神损耗得厉害，慢慢不能支持。

8月18日，经X光拍照，证实结核菌已由肺部侵入血管，由血管进入大脑，生命到了最后关头。弥留之际的陈果夫挣扎着起来，由人搀扶着，写了一纸《诤谏论》呈给蒋介石，算是弃臣对主子奉献的最后一片忠诚。8月25日，陈果夫去世，享年59岁。

陈果夫去世后，蒋介石给在美国的陈立夫打来电报，报告噩耗，言词间暗示陈立夫不必回台湾，"一切已妥为安排"。陈立夫清楚，国民党的改造正在进行中，此时他回台北，多有不宜。陈立夫只好在万里之外的美国遥望台北，悼念兄长。

蒋介石不让陈立夫回台北奔丧，似乎有些不近人情，特别是对蒋、陈这些开口闭口孔孟"四维八德"的人来说更是如此。蒋也知道这一点，为了弥补缺憾，蒋介石下令为陈果夫操办隆重的丧礼。陈果夫去世的当天，蒋介石指定陈诚、蒋经国、张道藩等37人组成高规格的治丧委员会，以C.C.后期干将洪兰友为总干事。蒋介石本人于8月26日、27日两次赴殡仪馆吊唁致哀，亲题"痛失元良"匾额。27日大殓场面宏大，蒋介石及国民党大佬均亲临，与会者超过2000人，挽联唁诗林林总总，数不胜数，用尽人间一切好词，把陈果夫这个官场失意的人又捧上了天。

9月15日，蒋介石又特颁"褒扬令"：

前国民政府委员、监察院副院长陈果夫，资性弘毅，志行纯笃，缵承革命家风，效忠三民主义，越四十年如一日。溯自民前加盟，先后参与武昌起义暨讨袁、北伐、抗战、戡乱诸役，赞襄缔创，卓著勋勤，中经办黄埔军校，主治淮河水利，敬恭将事，均彰懋绩。嗣更外膺疆寄，内佐铨衡，肃政培才，弥宏实效。对于共匪倡乱，尤能灼识机先，襄力防杜，冒险犯难，弗渝初志。至其匡维礼俗，研考卫生，改革地政，倡导合作，盖画良谟，有裨建国，乃以忧劳，触发旧疾，赍志溘逝，追怀政绩，轸怀弥深！应予明令褒扬，从优议恤。生平事迹，存备宣付史馆，用彰政府笃念劭庸之志意！此令！

1960年蒋介石、蒋经国为陈立夫之父陈其业设宴庆祝90大寿

陈立夫在鸡场被迫关闭后，在朋友们的帮助下，有一个中国人办的基金会，请陈立夫主持整理普林斯顿大学葛斯特东方图书馆所藏的数千册中国医药书籍。葛斯德东方图书馆是普林斯顿大学一个独立的分馆。它由创始人葛斯德所收藏的中国图书为基础，逐步发展成以中文图书为主的东方图书馆，包括汉文、满文、蒙文、藏文，以及日本、朝鲜、印度、泰国出版物，总计有近30万册。这个图书馆刚刚成立的时候，普林斯顿大学当局对这批古色古香的中国线

装书的价值并不了解。他们知道胡适是中国的大学者，又正流落纽约赋闲，便聘请他到校主持这个图书馆，胡适当时无事可做，也就发挥读书人的长处，不惜屈就了这个小小图书馆管理员的职务。胡适和他的助手童世纲花了两年时间终于整理出一个眉目，于1952年2月为普大筹办了一个以"十一世纪的中国印刷术"为题的特别书展，历时两个月，引起轰动。葛斯德东方图书馆被埋没多年无人知晓的藏书从此引起西方汉学界及世界华文学者的重视。两年合约期满后，胡适应邀去台湾受重用，这个图书馆便由童世纲负责。

葛斯德东方图书馆藏书的一大特色是收藏了数千册中国医药书籍。

据陈立夫回忆录称，这位葛斯德先生是一位犹太籍富商，早年曾患有严重的眼疾，遍访世界名医，均束手无策，后来到了中国河北定州。定州的眼药

1961年陈立夫与蒋介石合影于日月潭

全国闻名,葛斯德在定州用中药治好了眼疾,认为中医很神奇。从此,他每年都要拨出一笔美金,交给其大使馆友人代为收购中国医药书籍,若干年来,为数已相当可观。葛斯德将这批中医书籍运往加拿大,后来遇到爱因斯坦,葛斯德问爱因斯坦要不要这批图书,爱因斯坦说:"我的研究中心不大,没地方存放。但普林斯顿大学图书馆新建成,颇宽大,可以存放那里。"这就是普林斯顿大学葛斯德东方图书馆的来历。

普大当局考虑到陈立夫懂中医,便请他来该图书馆整理中医书籍。回想在国民党统治大陆时期,胡适和陈立夫又是何等大名鼎鼎、呼风唤雨的人物,而到了人家美国,却只能屈就小小的图书馆管理员,不能不令人喟然兴叹了!

陈立夫依照基金会的意思,制订了一个整理计划:大体上按照中医对各种疾病如伤寒、中风、糖尿病等是怎样治疗的,整理出一套书,做成中西对照。陈立夫的整理计划送到基金会后,该基金会主席佛格森告诉陈立夫:"你最好同时找一位普林斯顿大学教授,也能参加这一整理计划,那就更好了。"陈立夫遵命找到一位名叫Mott的教授,他能说中国话,其夫人是中国人,陈立夫问Mott是否有兴趣参与此项整理计划,希望借重Mott教授的大名共襄盛举,Mott听了颇为高兴,欣然表示接受。

基金会随后又请精通中医的华人陈克恢审查陈立夫拟订的整理计划,陈克恢在审查意见中写道:"请陈立夫先生主持此计划很好,因他对中医药也深有研究。"基金会拟第一年给予二万美元开办费,以后每年拨款。但让陈立夫料想不到的是,那位Mott教授竟起了黑心,想把陈立夫挤掉,由他一个人包揽此项业务。Mott另外搞了一个整理计划报给基金会,但基金会主席佛格森认为这样不妥,对Mott说:"此事不可以这样做。因为该计划最初是由陈先生倡议并订定整理计划,你是帮他加个名字而已,你只可帮他做,怎可喧宾夺主呢。"Mott见目的没有达到,便以不接受此项整理计划作报复。陈立夫放下身段去找这位Mott商量,Mott赌气不见,陈立夫不得已又央请葛斯德东方图书馆的管理人员童世纲代为向Mott转告:"阁下要办也可以——我帮你也行。但应规规矩矩的做好,不能借此名义拿了钱不办事!"这样一来,Mott更不愿合作,陈立夫费了很大心血,眼见到手的工作就这样丢掉了。后来又一位法律专家告诉陈立夫:"在美国必须事前一切用书面写好,清清楚楚双方签好字,否则很容易中途被夺,因为社会上只认钱而乏道德的人太多了。"陈立夫说:"我听了，真为美国担忧！"陈立夫在美国上了这生动的一课，也许是他日后回到台湾后醉心于孔孟之道的阐扬的一个动因吧。

整理图书不成，陈立夫转而做起了松花蛋。陈立夫做的松花蛋很美观，在美国华人社区很受欢迎，人们称之为"陈立夫皮蛋"。每年中秋节，华人做月饼时需要鸭蛋黄，陈立夫用两万个鸭蛋敲出鸭蛋黄供应华人做月饼用，虽然很辛苦，但也赚了些小钱。之后，又同鲍、沈二家组织一个食品公司，做湖州粽子、年糕，年糕用铝盆包装，食用起来既卫生又方便，也很畅销。后来，陈立夫他们还推出了一种辣椒酱，味道鲜美，在华人社区也很受欢迎，人们称之为"陈立夫辣椒酱"，远销到西部旧金山一带。陈立夫夫妇和鲍、沈两对夫妇均未满70岁，身体状况足以应付此种体力活，尚可养家糊口。

陈立夫 全传
Biography of Chen lifu

第十四章
阐述中国传统文化

中国文化是王道文化，西方文化是一种强势文化，凭借其优越的物质科学以力假仁，具有极大的攻击性，所以这一文化演绎出来的世界就成为强权即公理的霸道世界，霸道不去，天下安有宁日？

——陈立夫

我认为有可能重建儒学，再造国魂，发皇内圣之学，新开外王事功，这也是我走下政坛后一直试图想解决的问题。

——陈立夫

近年来，有的西方国家鼓吹中国威胁论，以为中国强大则黄祸降临，这是不懂中国文化。

——陈立夫

第一节　结束流放回台北定居

政治上的争斗往往是变幻无常的。当初，蒋经国与陈诚联合整肃陈果夫、陈立夫的C.C.系，将陈立夫放逐至美国养鸡。但为时不久，蒋经国与陈诚的矛盾又突显出来，甚至到了几乎要火拼的地步。

国民党败退台湾后，一切人事布局均以安排蒋经国接班为着眼点。但蒋经国要接班，却面临着众多的障碍：

第一，从国际关系上讲，台湾当局在国际上的主要靠山是美国政府，但美国人对于蒋经国的角色、留苏背景及其作风都有极大的保留。1957年5月下旬发生的刘自然案件凸显蒋经国与美国人关系紧张。面对来自美国方面的不信任，蒋经国曾经五次访美，有意淡化来自美国的阴影，并取得美国政府的信任。

其次，蒋经国要顺利接班，还必须迈过陈诚这道坎。蒋介石安排陈诚先后担任"行政院长"、"副总统"、"副总裁"，陈诚处于一人之下万人之上的地位，是法定的党政继承人。蒋介石人事布局的本意是让陈诚作为蒋经国接班

1952年10月31日,蒋经国宣布成立"中国青年反共救国团",以团主任身份授团旗

的过渡角色和陪衬角色。但陈诚历来的表现是,善于垒自己的山头(大陆时代形成以他为中心的"土木系"),不甘做有职无权的配角。到台湾后,蒋经国与陈诚各自垒自己的山头,矛盾冲突不可避免。举例来说,1952年蒋介石为实现传位于子的计划,重拾三青团的老法宝,筹组所谓"救国团",想在国民党之外造成一个以蒋经国为中心的"小国民党"。这个计划,在国民党内遭到强烈反对,陈诚也表示坚决反对。陈诚认为,应吸取大陆时期国民党与三青团两大势力恶斗的教训,不要再为个人势力的成长而另搞一个"小国民党"。双方争论许久,互不让步。蒋介石派心腹张其昀前去劝说陈诚接受,但陈诚仍坚持己见。蒋介石不管三七二十一,干脆指派陈诚去主持所谓"救国团"的成立仪式,显然是强加于人。从此,陈诚与蒋氏父子的矛盾不断。蒋经国经常借代父批阅公文的机会,对陈诚的公文予以批驳,使陈诚大为不快。"国大"一届二次会议时,"副总统"候选人难产,其原因就是蒋经国不同意陈诚出任,而属意不大管事的元老王宠惠。但蒋介石最后权衡利弊,还是提名陈诚。

陈诚也不甘受小蒋的气,利用他的"副总裁"、"副总统"兼"行政院长"的名分不断给小蒋找不是。例如,指责蒋经国对"辅导会"工作不力等。陈诚的名分摆在那里,蒋经国要扳倒他也不易,这种局面让小蒋心里感到难

在台湾身兼"副总裁"、"副总统"、"行政院长"数项要职的陈诚成了蒋经国"接班"的障碍

受。有一段时间,蒋经国为了逃避,曾多次请假不参加陈诚主持的"行政院"例会,但陈诚并不谅解,反而更生气。蒋经国与陈诚暗中角力,外界传言"陈诚和蒋氏父子相斗"。

蒋经国受了陈诚的气也很苦恼,他在1963年11月2日写下了《在每分钟的时光中》。蒋经国说:"读了英国作家葛礼赛的一首诗——《如果》——以后,内心深受震动,日夜静坐思维,似有所悟,因师其意,写成此篇,以为自勉箴言。"蒋经国写道:

如果有许多人,
都在怀疑你,
就让他们去怀疑吧!
同时,更要相信你自己。

不可因为来不及等待而感到不耐烦，

亦不可因为受别人的诬蔑而愤激；

如果困恼的心已到了崩裂的边缘，

你还是耐心地去等待。

万一被人无缘无故的嫉忌，

切莫因此而畏怯！

蒋经国在官场内外受压，处境难堪，因此羡慕起被他赶到美国去养鸡的"立夫兄"来，并把"立夫兄"当作倾诉烦闷的对象。

据台湾报刊报道，台北"国史馆"收藏有27封蒋经国致陈立夫的信。追随蒋经国数十年的漆高儒看了这些信后，从笔迹上判断，都是蒋经国的亲笔信，相当难得。在所有信函中，以1961年5月28日蒋经国任"政务委员"时致陈立夫的函最受瞩目。信中几乎毫无保留地透露出他对政治的厌烦，并对无官一身轻的立夫兄"内心羡慕至极"。该信原文如下：

立夫兄嫂大鉴：手书敬悉。基隆握别，心中依依。此次因公务之繁忙，未能陪兄多谈、多游览，内心甚感不安。其实所谓"忙"者，亦不过无事"忙"耳。来台11年中，对党、对国毫无建树，惶愧无已。同时对于政治早感厌烦，如非老父在堂，身负复国之大任；如非国家多难，生死存亡在此一战；如非本身有罪，有待赎之，则早已一走了之矣。知弟之深如兄者，谅可信之也。弟之所以服务于政府，无非可尽忠孝以不愧活于人间耳。临别前夕，在日月潭之畔，弟因公务而感烦恼之际，见兄轻松愉快之情，内心羡慕至极。今日兄已摆脱政治，弟不知何日方能离开此一非心之所愿的政治生活。但弟决不逃避现实，而求苟安，此则可告慰于兄者。近来学国画，不但可消遣时间，亦可补修养之不足也。弟年五十有余，学业事业皆一无所成，终日惶愧不安，望兄有所教之也。敬祝安好。弟经国手敬上。

在蒋介石的政治天平上，爱子毕竟比爱将更为重要。蒋经国与陈诚的权力之争终于以蒋经国的胜利而告终。

蒋经国1949年赠送陈立夫留念的照片

蒋经国的部下孙家麒在《我所认识的蒋经国》一书中写道："他（指陈诚）的年龄虽然比老先生年轻十多岁，但他的健康情形，反而较老先生更差，也可能衰老得更快。太子先生和他恰恰相反，在这三方面都比他优越得多。在此之前，两人明争暗斗相当尖锐。有时他还当面故意给太子以难堪，但自登上'副总统'宝座之后，态度忽而大为改变，不特待人接物和蔼可亲，还一派礼贤下士的样子，即对太子先生也委曲求全，遇事隐忍。"

20世纪60年代以后，陈诚身体状况日差，已无心与蒋经国争短长，蒋经国在党政军方面全面布置自己的人马，实际上掌握了台湾当局的实权。

在蒋家子继父业的格局确立下来后，蒋介石为弥补放逐陈立夫的内疚心理，通过蒋经国写信给陈立夫，先后许以"联合国大使"、"日本大使"、

"考试院长"、"西班牙大使"、"希腊大使"、"巡回大使"等头衔,让陈立夫挑选。但陈立夫一概拒绝了。

1966年秋,蒋经国写信给陈立夫,信中热情而又真诚地邀请陈立夫回台定居。信中还透露:"今年适逢家父80寿辰,准备好好庆祝一番,亲朋故旧能济济一堂,也算图个圆满。"

陈立夫考虑再三,决定接受蒋氏父子的邀请回台为老蒋祝贺80大寿。1966年10月26日,陈立夫乘飞机抵达台北机场。为了避免外界无端的猜测,陈立夫一下飞机,就对守候在机场内的新闻记者表示:"此次返台,专为蒋'总统'祝寿,别无他意。"

及至见了蒋介石,才发现气氛已迥异于上次返台之时。蒋介石握着陈立夫的手动情地说:"人老了,总想过去的事,水是家乡的甜,人是故旧的亲。"一席话,说得陈立夫充满了暖意,过去对主人的怨意一下子被抛到了九霄云外。随后,陈立夫拿出了一本书,恭恭敬敬地呈给了蒋介石。蒋接到手,饶有兴趣地翻开扉页,口里喃喃念道:《四书道贯》。

蒋介石看了陈立夫的《四书道贯》,大为激赏,特地约他到台北慈湖去住一晚,两人进行了彻夜长谈。第二天早餐时,蒋介石对陈立夫说:"我先看过你这本书的前言及结论,觉得你写得很好,只是书名太深了一点。"陈立夫立即谦恭地回答:"假如总统有更好的书名,待下次再版的时候可以更改。"蒋说:"让我再想一想看。"过了几天蒋介石就挥笔写下了"陈立夫著《四书一贯之道》,蒋中正署",派蒋经国将纸条交给陈立夫。蒋经国并传达其父的话说:"不必改名了,只要把我所题的字插入该书第一页就好了。使《道贯》二字更易使人明了。"陈立夫对蒋介石的厚意深表感激,在《四书道贯》重版时,按照蒋的意思办了。

也许是蒋介石觉得陈立夫的《四书道贯》对他的"反共复国"有用,要陈立夫到各军校去讲一讲这本书。陈立夫奉命首先到台湾的十几所军校讲《四书道贯》,之后,台湾各高等学校也争相邀请陈立夫去演讲。当陈立夫到第75所学校演讲时,体力已感不支,再加上过度的酒会应酬,终于在台北国际狮子会演讲中病倒了,送荣民总医院诊断为急性肝炎。

这是一种相当厉害的病,前几年台湾"经济部长"尹仲容就是患这种病送到荣总医院,医治无效而去世的。蒋介石闻讯赶到医院询问病情,医生回答

"很严重"。蒋介石为挽救陈立夫的生命，特地从香港请来著名肠胃科专家张光璧为陈立夫治疗。张光璧到台北诊治后，认为陈立夫的病情虽然很严重，但无生命危险，要陈立夫多休息。陈立夫除照医师开的处方服药外，还自作主张以小蚌壳烧汤服用，医生亦同意，病情逐步恢复并痊愈。

在陈立夫病愈后，蒋介石再次诚意邀请陈立夫回台北定居，陈立夫接受了。不久，陈立夫返回美国，将在美国的事业及财产做一番清理交代后，于1969年正式返台定居。

第二节　著《四书道贯》

说起陈立夫的《四书道贯》，经历了一个很长的写作过程。陈立夫说，《四书道贯》初稿写于20世纪40年代教育部长任上。陈立夫于美国养鸡之余，利用晚上的时间潜心研究中国的经典古籍，完成了《四书道贯》。

陈立夫说，他写作此书时，原C.C.老部下刘百闵、潘公展、陶百川都为他看过稿，国学大师钱穆等亲笔为书作序。

《四书道贯》取孔孟之道"一以贯之"之意，将儒学经典《论语》《孟子》《大学》《中庸》之"四书"全部集纳，重排次序，归纳诠释，使之成为有系统之整体。1961年10月，由世界书局总经理吴开先帮忙贷款新台币12万元印刷了3000册。到1985年7月，先后印行17版，共九万多册，成为台湾地区最畅销的图书之一。这本书1971年由台湾商务印书馆及圣约瑟大学出版部出版了英译本，1974年由日本人书局出版了日译本。另外，还有韩文译本。

1991年11月，中国友谊出版公司出版了《四书道贯》大陆版。1998年8月又出了第2版。时任全国政协副主席程思远先生为大陆版写了序言。序言全文如下：

> 陈立夫先生是国民党元老，这已为大陆读者所熟知。然而他作为一位文化人，曾在国民党内主持文教工作，并注重传统文化的教育，大陆读者未必尽知。立夫先生在任期间，常以孔孟之道为题演讲著文，以弘扬民族文化，激励民族精神。走下政治舞台、息影林泉之后，立夫先生仍致力民族文化的传播，孜孜于研究、整理和写作。耄耋之年，壮心不减，实为难

能可贵。《四书道贯》一书，即是他研究孔孟学说精髓的成果总汇。作为立夫先生的老友，我对他感佩不已。

中华民族有数千年悠久历史，创造了光辉灿烂的文化。历史岂能割断，社会主义文明又岂能凭空而生？毛泽东主席曾说："从孔夫子到孙中山，我们应当给以总结，继承这一份珍贵的遗产。"这是我们应取的正确态度。华夏文化是中华民族的凝聚力所在。在继承和发扬民族优秀文化这一点上，我们与立夫先生，与海内外一切重视传统的爱国人士毫无二致。尽管认识存在差别，仍可存异而求同。

《四书道贯》取孔孟之道"一以贯之"之意，将《大学》、《中庸》、《论语》、《孟子》四书分格物、致知、诚意、正心、修身、齐家、治国、平天下等八篇归纳讲解，使之成为有系统的整体。立夫先生国学基础雄厚，讲解详尽，考证有据；又谙熟西方文化，对比中西以观异同，因而对现代读者尤其青年读者了解孔孟学说，增进其对传统文化的理解甚为有益。中国友谊出版公司在编辑出版中，除对注音、标点和原印刷脱误之处做了修改，个别字句有删节外，基本保持原貌。

在改革开放的大环境下，立夫先生的著作得以在大陆出版，这是两岸文化交流中空前之举，其意义非同寻常。立夫先生虽九十高龄、远离故土，对祖国统一大业仍十分关切。他提出的以文化统一祖国的设想曾得到中国共产党和国家领导人以及海内外爱国人士的重视和好评。《四书道贯》在大陆出版发行即为两岸文化往来中坚实的一步，定能成为增进两岸人民团结和实现统一大业的一份促进力量。

为立夫兄《四书道贯》大陆版作序是本人应尽之责，并视为荣耀。而今，兄老矣，弟亦老矣！惟望有生之年共睹两岸携手共进，以统一强大之国家形象屹立于世界东方，一酬我辈多年之夙愿。

陈立夫对于他的著作能在大陆出版也感到高兴，他说："这本书目前已有英译本、日译本和韩译本在世界各地发行，今在大陆能以再版，我数十年之心血，尚不虚耗，心为之慰。"陈立夫为《四书道贯》在大陆再版写了《中华文化将广受世人之崇敬》一文，作为代序。

《四书道贯》除"总论"、"结论"外，共分"格物""致知""诚意""正心""修身""齐家""治国""平天下"八篇。在"结论"中，陈立夫以答问的方式阐述了他关于孔孟思想的基本观点。转录如下：

问：孔子之道是否一贯？

答：吾中华民族之所以能集数亿人民为一家，持续发展历五千余年之光荣历史而不坠者，以吾祖先发明人类共生共存之原理，垂裕后人遵守弗渝。此一原理，称之曰道；于己而言，称之曰诚；于人而言，称之曰仁；于事而言，称之曰中；综合其应用而言，称之曰德；其见于日常生活之正当言行，称之曰礼。孔子承吾祖先所遗下伟大发明，而予以全部整理，使之成为有系统之学术思想；其原理见诸《中庸》，其应用见诸《大学》，其详释见诸《论语》。及孟子复从而阐扬之。至于《诗》则所以道志，《书》所以道事，《礼》所以道行，《乐》所以道和，《易》所以道阴阳，《春秋》所以道名分，《孝经》所以道人类生命延续之大本，为圣贤显天心之作，皆所以弘道明德者也。人不能离群而犹存，则人与人间相处调和适应之道，自为不可须臾离者，宜如何修己以应环境，遂生存，使能适乎共生共存，自为为人之先决条件；是故孔子确定修身为万事之本，由修身以至平天下，莫不本于大公，发于至诚，归于求仁，而成于力行。其成效则在心之用中而正，意之因明而诚。而诚正之源泉则在知至。致知则在格物。格宇宙之事物以成智，为天下国家求治平以宏德。取之于天地间，用之于天地间，力之恶其不出于身也，不必为己。服众人之务，造众人之福，求仁得仁，无忝所生。其道非一贯而何？

问：孔子何以被称为至圣先师？

答：孔子之教，为人生日常生活所遇诸问题之解答，以及人与人间之正常关系之阐明，合理（中）而平凡（庸），为人人所易知易行者；简言之"合乎人情"而已。其道用之于身则修，于家则齐，于国则治，于天下则平。故曰："道不远人，人之为道而远人，不可以为道。"道即释为人类共生共存之原理，修齐治平为人类共同追求之理想，此一原理不变，此一理想不泯，则孔子之教永存。永存，则不受时间空间之限制。其道自可称为"人道"，其人自可称为至圣，称为万世师表，绝非溢美。

问：中国本身无宗教，有之，均自外来。中国人自来所崇奉者，为一非神之至圣先师——孔子。何以中国人民之道德水准一向不亚于有宗教国家之人民，或竟胜之？

答：宗教者，教之所宗，所以教人如何去私心存公道，以合乎为人之道。更进而教人如何牺牲一己之利益甚或生命，以达致爱人助人之目的，而成为不移之信仰，以求合乎天命之所昭示。至于天堂地狱之说，不过用以鼓励人为善，劝告人不为恶而已。各宗教所采仪式容有不同，但其道固无二致。孔子亦言天命，亦言上帝，亦言修道，惟其所予人之印象则不同。谓人之所以为人，在能善为率引其天赋之本能——性（天命之谓性），以适应人类共生共存之原理——道（率性之谓道），并善修此道使之通达无阻，是之谓教（修道之谓教）。唯人能弘道，能修道，能法天，能配天。绝非有所为而为，乃为其所当为耳。孔子复以"诚"为道德之原动力，《中庸》一书于诚之阐释至详，几无一不与西方所认识之上帝相吻合（详见诚意篇）。而《论语》则发挥仁之效用，无微不至。由修身以至平天下，离乎仁，即无修齐治平之可言，仁之极至，可舍生以求之，此更与宗教所倡博爱牺牲之义相符合。"允执厥中"，虽为尧舜相传之宝训，及孔子始为阐发，称之为中庸之道。盖过与不及，均有所偏，难免有弊，惟明乎中庸，择乎中庸，则无两端执一之失。用之于人，则有己必有人，立己立人，达己达人，己所不欲，勿施于人，忠恕之道行矣。用之于事，则无顾此失彼，见偏不见全之失，公平、平等之基础立矣。用之于理，则无过无不及，无执一偏以概全之争，和平之基础建矣。此亦为礼之精神之所由出，道德之基础之所由立。中国人之重礼尚德，概源于此。孔子不欲以不知为知，故于神避而罕言，仅谓"至诚如神"。孟子始为神下一定义曰："圣而不可知之之谓神。"此即《易》所称之"神以知来，智以藏往"。孔子不敢以圣自居，何敢言神？惟神即为未知之智，则又何敢怠而不敬！此为孔子对于神所持之态度也。孔子之教，具有宗教之实，而无宗教之名，中国人尊孔，信其教，敬其人，尊之为师，从而学其为人之道，无丝毫迷信观念存于其间也。

问：中国人遵奉孔子之教，以孝为情爱之基础，异于西方人以夫妇之爱为情爱之基础，其理由安在？

答：中国在孔子时代为一农业国家，农民安土重迁，聚族而居，家族制度之确立，为社会秩序维持之要素，有家族制度而无家庭教育，则制度难以维持久远。故齐家之教，首重孝弟。事君事长，亦由家庭之训练（事父事兄）中得之，至于因经济制度，传种关系所要求，而致特别重视父子之关系，又为理由之一。唯孔子之着眼点，在于人类生命之延续，故认为本末先后之不可倒置。

且道德之实际，在于共生共存之保障，故重在互惠与互助，重在不忘本不忘恩，则子女之于父母之恩，其能忘乎！忘本忘恩之结果，将使老无所终，幼无所长，生命之延续，将受其威胁。为可大可久计，孝遂为众善之首。孔子亦重视夫妇之爱，故曰："君子之道，造端乎夫妇。""妻子好合，如鼓瑟琴。"惟夫妇之爱，始于人生二十岁以后，不如父母子女之爱之出于天性，由生至死，永恒而坚固，此尽人皆知。若以情爱之基础，建筑于如今日随时可以分离之家庭基础上，势必时有倾圮之虞，诚非智者所应取也。至谓工商业社会中，因工作关系，人之流动性甚大，小家庭制已难维持，更无维持大家庭制之可

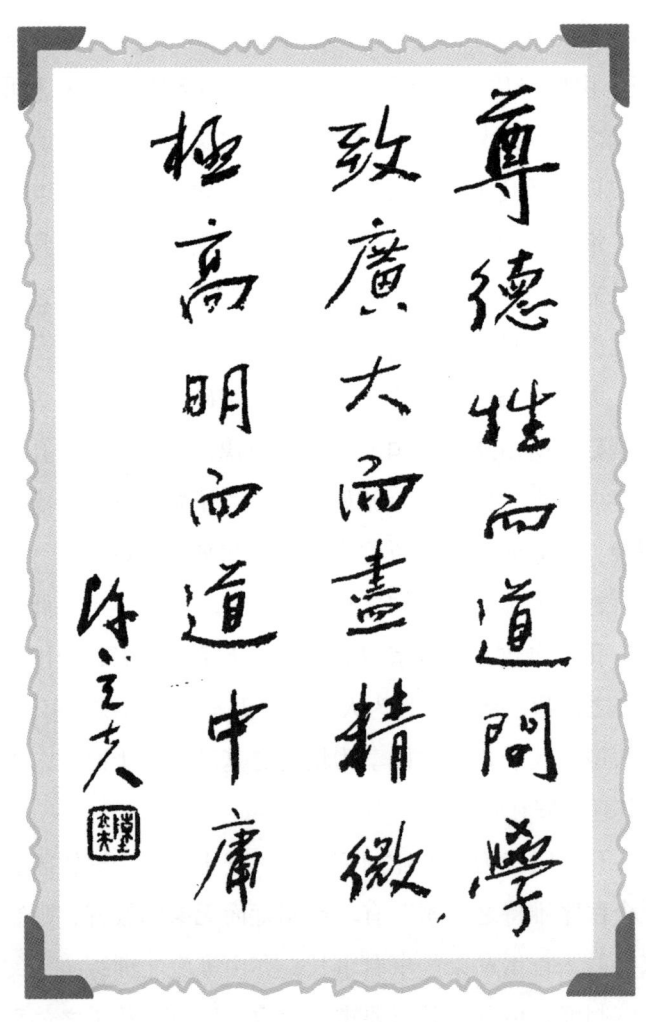

陈立夫手迹

能，孝为大家庭制情爱之基础，自亦随之而消失，此乃似是而非之理由也。夫孝之方式，可随时代而稍有不同，然人类真情之所钟，岂受时空之限制？世无劳而不获之事，尚有慈无孝，则是劳而无功，其可以久乎？明乎此，则知孔子之教孝，实为人类广生长生而立言也。

问：中国今日物质文明之不如人，孔子之教，是否应负其咎？

答：孔子之教，心物并重。正心之功，始于格物。谓尽人之性乃能尽物之性。尽物之性乃能赞天地之化育。换言之，人文科学与自然科学，孔子视为同等重要。以言格物，则"博学、审问、慎思、明辨、笃行"，与今日之科学研究与方法，完全符合。其对于为学之态度，则谓："知之为知之，不知为不知，是知也。"显与科学求真求证之旨相合。以言治国，则称"富之"先于"教之"。在农业社会中，竟提示百工之重要，称"来百工则财用足"。以言器物，则谓与人迥异，人贵经验，物贵新颖。故《书》曰："人唯求旧，器非求旧，唯新。"以言生产，则谓："生之者众，食之者寡，为之者疾，用之者舒，则财恒足矣。"凡此皆所以昭示后人不可忽视物质方面之重要性，以及物质生产之贵乎丰裕与迅捷。以往中国在自然科学方面之贡献，并未尝后人。特别是自宋以后，学者不明中庸之道之真义，偏于心而忽于物，重渗释氏之学，益使加厉。其后西方对于自然科学，研究有得，工业猛进，而中国内则政治不良，外则受列强侵略，科学落后，工业不振，国力衰弱，沦胥于次殖民地之地位者，几达一世纪之久。今兹一旦觉醒，不惟不深自引咎，愧对先民，而反归咎于孔子之教，不亦惑且诬乎？

问：孔子之教是否与现代民主思想相背驰？

答：孔子生于君权时代，距今2500余年，自不能以不具备现代民主思想相苛责。唯其重教，则无不以重民意而为君告，如云："民之所好好之，民之所恶恶之，此之谓民之父母。"并时时警告为君者曰："唯命不易常，道善则得之，不善则失之矣。"又谓"为人君，止于仁"。治国九经中且列"子庶民"为一经，此言为君者不能爱民如子，不以民意为归，则不能称之为君。此与民主之精神相吻合，所不同者，君非出于民选而已。及孟子，则竟谓："民为贵，社稷次之，君为轻。"又谓君有过，屡谏不听，贵戚之卿可以变置之；有伊尹之志之异姓之卿，可以放君；残贼之君谓之一夫，人人可得而诛之，并谓君无力以养民，应自动还政于民。凡此皆所以诫君，使知为君之道在爱民，在富民。孟子又唯恐为臣者于君有过而不敢谏，故为"恭敬"二字特下定义曰："责难于君谓之恭，陈善辟邪谓之敬。"使尽为臣之责。为使民意得达于君，孔子与孟子均尊重士之地位，谓君于士宜友之师之，不应召之而应就之，是之谓尊贤，是之谓尊德乐道。孟子虽未直接受教于孔子，而为子思（孔子之孙）之弟子，其思想则师承孔子，故其民主思想之发皇亦出诸孔子"重民意"之教无疑。所以现代之民主思想，对于中国人并非新奇，所差者，在制度之建立与应用制度之技术有待练习而已。中山先生之所以列民权初步为社会建设之实际需要者在此。

问：中国固有文明之内容为何？是否值得从根救起？其能对世界之贡献者又为何？对西方文明是否可能迎头赶上？

答：孔子一生之最大贡献为删《诗》《书》，定《礼》《乐》，系《易》，修《春秋》，此为孔子对于中国古代典籍这一大结集，后人称之为六经，亦云六艺，为集大成，亦可称之为中国固有文明之内容实质。自此以后，虽再有四次之大结集——其一为《汉书艺文志》（公元22年），其二为《隋书经籍志》（公元617年），其三为《宋史艺文志》（公元1276年），其四为《四库全书总目》（公元1782年），然亦不外阐述孔子之所结集者；其原理原则，仍无多大变动。近人马一浮氏谓六艺统诸子，统四部，亦统西来学术，并谓自然科学统于《易》，社会科学或人文科学统于《春秋》，文学艺术统于《诗》、《乐》，政治法律经济统于《书》、《礼》，宗教信仰亦统于《礼》，哲学思想有近于《易》，有近于《乐》，有近于《礼》。如此则中西文明固可贯通。惟吾国古籍，则有待于整理或重加诠释，俾现代青年，易于了解，则科学方法，固不可少也。然中西文明固有其根本不同之重点在：孔子之教，（一）重德不重力，故崇王道而贬霸道。（二）德本而财末，故曰："有德此有人，有人此有土，有土此有财，有财此有用。德者本也，财者末也，外本内末，争民斯夺。"此言人类生存之精神条件（德），应先于物质条件（财），二者虽不可偏废，而本末不可倒置，先后尤不宜错乱。（三）德先而艺后。故曰"志于道，据于德，依于仁，游于艺"。谓教人以技艺而不教人以道德，是舍本逐末致祸之由。世人之所最羡慕者为财为力，而孔子竟以为其价值远不及德，不亦奇乎！今之为教者，重技艺而不重道德，视道德之教，为宗教家之事，及自然科学日进，宗教之信仰日减，学校既不重德育，则德育之教，几致无人过问矣。加以社会风气之崇拜金钱与武力，家庭制度之日渐崩溃，子女教育不修，自私自利之风日长，人欲横流，不知所届，争夺残杀，视为寻常。自原子武器兴，野心者凶狠之念愈炽，人类文明，随时可以毁灭。重财重力而不重德之结果如此。唯孔子有此远见，谓财不可少，唯不可视为根本；力不可无，唯不能恃为固常持之久远。技艺为人生不可缺之事，唯智所以知仁，勇所以行仁，本末不可不明，先后不可不分。明其本末，知其先后，则近道矣。中西文化不同之点，乃在中国所重视者，为人类生命之保障问题。西方所重视者，为人类生活之丰富问题。二者同属重要；唯前者为体，后者为用，其义至明。中国人所自诩之精神文明在此。假如中国人真能明了孔子之教，则《易》一书，早已指出自诩者之错误。盖孤阴不生，独阳不长，重精神而轻物质，与重物质而轻精神，同为无生命之文明，实不可以久存者也。明乎此，则中国人所具有之优点不可失，其所缺乏而落后者为科学与物质，迎头赶上，更待何时。西方人之所忽视者为道德之重要性及对其缺乏基本认识，自应向中国学习。双方相辅相成，共为人类谋广生长生之计，为时尚未晚也。中国青年就学于西方国家者，其数理化之成绩多数优良，以之习自然科学，当非难事；西方青年，一向因科学而蔑视道德，欲求挽救，恐非易事，此则我国之优点也。唯自信乃能自救，唯自助乃得天助。孔子谓："见贤思齐焉，见不贤而内自省也。"又谓："毋友不如己者。"人与人固如此，国与国何独不然。中山先生昭示吾人以"从根救起"与"迎头赶上"者，其义亦在此耳。

问：中国广土众民，一旦强盛，是否对世界有威胁之患？

答：中国之所以有广土众民，非以力强得之，而以德凝聚之。孟子阐述王道之真谛，尤为透彻。中国人民崇奉孔子之教对于世界具有极崇高之理想，其言"平天下"之意义，平者，平等也，公平也，和平也；中国人深信人类之幸福，建筑在一"平"字上，唯道德有此力量，可使不平者平，无论其为金钱与武力，均不可能达至此目的也。中国人之人生观为"博厚配地，高明配天，悠久无疆"。认为："大"乃能容物，"久"乃能成物；"中"乃能左右逢源，兼容并蓄，而成其大；"庸"乃能适应大多数人最长时期之需要，而成其久。可大可久之道，为孔子所重视，为我国人人所信奉。故能结合数亿人为一家，持续五千余年之文化而不坠，且具有极大之同化力及吸收性。明乎此，则中国一旦强盛，中国文化，随而为世人所认识，世界人类亦将普受其赐。西人之不易经一书，阐明宇宙万物生存进化之原理，博大精深，不易尽明，简略言之，阴阳配合，生之体也；止于中和，时位适应，生之用也；止于中正，体用兼赅，生之健行也，止于中庸，由此而得优生广生与长生之道。中华文化基于此道，而蕃衍至十亿之众，继体至六千余年之久，博厚高明，悠久无疆，盖有由也。

陈立夫于元旦

陈立夫手迹

明中国文化者，以为中国强盛则黄祸将临，此非愚则诬矣。《中庸》云："君子之道，闇然而日章；小人之道，的然而日亡。君子之道，淡而不厌，简而文，温而厉，知远之近，知风之自，知微之显，可与入德矣。"余原申斯义，以作本书之结论。

第三节　担任"文复会"副会长与孔孟学会会长

1966年11月12日，台湾当局为纪念孙中山诞辰100周年而修建的中山楼中山文化堂举行落成典礼。蒋介石为此发表专文，重弹三民主义与中国文化关系的老调，声称三民主义思想的本质是"伦理、民主、科学"，认为这是"中华民族传统文化之基石"。蒋氏声称："三民主义思想，不愧为中华民族文化之汇集，而三民主义之国民革命，乃益为中华民族文化之保卫者。"

蒋氏的文章发表后，孙科、王云五、张知本等1500人联名写信给"行政院"，建议发起"中华文化复兴运动"，要求定每年11月12日孙中山诞辰日为"中华文化复兴节"。

同年12月26日至29日，国民党九届四中全会根据蒋介石的训示，通过了所谓《中华文化复兴运动方案》。1967年7月18日成立"中华文化复兴运动推行委员会"（简称"文复会"），由蒋介石任会长，孙科、王云五、陈立夫任副会长，谷凤翔任秘书长。此后，所谓"中华文化复兴运动"在台湾全岛展开。

蒋介石集团在此时开展所谓的"中华文化复兴运动"，有其深刻的时代背景。

从国际环境看，1950年6月朝鲜战争爆发后，美国趁机派第七舰队入侵台湾，变台湾为其保护地。美国凭借军队和美援控制了台湾岛内的各个领域。在高等教育、文化、意识形态方面，美国通过留学政策、基金会、奖学金等，吸引了大批台湾学子到美国留学，从而培养了一大批亲美崇美的知识分子，这批人逐渐在台湾岛内占据要津。随着美国势力侵入台湾，美式自由主义的意识形态也向台湾岛内全面渗透。1949年11月，胡适创办政论刊物《自由中国》，1950年由雷震任发行人。该刊以美国资产阶级自由主义思想批评国民党在台湾的统治，用"言论自由"反对蒋氏父子推行的"党化教育"，主张在台湾全面实行西方的"自由主义"制度。雷震还与台籍人士郭国基、吴三连、高玉树等酝酿组建政党。对此,蒋氏父子忍无可忍,于1960年9月以"知匪不报"的罪名逮捕雷震,扼杀了酝酿中的"中国民主党"。

在文学艺术领域,台湾岛内的文化人对蒋氏父子制造的反共八股感到厌倦,他们也把目光转向西方,以引进和探讨以美国为首的西方新思潮作为时尚。1956年创办的《文学杂志》把西方现代主义文艺运动推向高潮。在西方文化的强烈冲击下,台湾岛内再次发生"中西文化论战"。以李敖为代表的西化论者抓住中国传统文化的弊端,全盘否定传统文化,鼓吹全盘西化。进而抨击国民党的传统势力,否定国民党的"道统",并指名道姓地批评张其昀、陈立夫、陶希圣等一大批朝野高官名流。国民党为维护其"道统",于1965年12月封闭了鼓吹全盘西化的《文星》杂志,1971年3月又以"叛乱"罪名逮捕李敖,判处他10年徒刑。

为了对抗西方文化的渗透,国民党当局决定发起声势浩大的"中华文化复兴运动"。但国民党当局慑于美国的压力,不敢公开批判西方思潮,却以祖国大陆正在进行的"文化大革命"作为攻击的靶子,指责攻击大陆毁灭中国传统文化。1968年7月11日,"中华文化复兴运动推行委员会马祖分会"成立时,蒋介石颂词宣称:复兴中华文化,就是对准大陆毁灭传统文化的"阴谋活动"奋力作战,以争取最后胜利。

国民党当局发动的这场运动,在70年代初达到高潮,兴建图书馆、音乐厅、文化中心,整理古籍和今注今译,举办各种文艺讲座,推广民俗艺术,倡导书法绘画艺术等,在促进中华文化的认同方面做了一些工作,有一定的积极作用。但从本质上讲,国民党当局发动的这场运动是一场文化复古运动,其目的在于为其反共和偏安台湾寻找精神支柱。它以传统文化否定现代文化,以封建道德否定社会主义文明,并极力宣扬国民党统治下的台湾代表"中华文化",从感情上拉大了海外华人同中国大陆的距离。

陈立夫回到台北定居后,蒋介石即派蒋经国出面传达他的意思,让陈立夫担任"中华文化复兴运动推行委员会"副会长,蒋经国还特地声明:"这不是官,是社会团体之职务"。陈立夫鉴于自己已经多次拒绝蒋介石的好意,如果再拒绝,恐怕又伤了双方刚刚好起来的感情,于是就接受了"文复会"副会长的职务。

陈立夫认为"文复会"以"伦理、民主、科学"为三大实施纲领,前两项工作已有人在做,独"科学"一项尚无人顾及,便自告奋勇向蒋介石提出翻译英国学者李约瑟所著的《中国之科学与文明》，这是李约瑟毕其一生精力完成的巨著，约850万字。蒋介石批准了陈立夫的计划，并允诺由"文复会"支持经费。于是，就在"文复会"下设翻译委员会，由陈立夫、刘拓任正副总编辑。在经费上，还得到了著名船王董浩云（香港特别行政区长官董建华之父）、台湾嘉新水泥公司等大企业财团的支持。

同时，陈立夫还组织编辑了一套《中华科学技艺史丛书》，以补李约瑟著作的不足，共出23种、25册。

另外，陈立夫还与"文复会"另一位副会长林哲生发起成立"奖助科技发明委员会"，收效很大。

1975年蒋介石病故，"文复会"会长缺人，蒋经国敦请陈立夫继任。陈立夫认为会长以"总统"兼任为宜，转推"总统"严家淦担任。严家淦则以陈立夫"屈就副会长"为条件。陈立夫表示，他一向为事业着想，从不计较名位，严家淦乃允任会长，陈立夫仍为副会长。之后，"文复会"又增设了标准行书推行委员会、中国围棋研究推行委员会、中华戏剧研究推行委员会、中西医合作研究委员会等机构。后来，严家淦因患中风，"文复会"由陈立夫主持会议。直到1991年，"文复会"改为"中华文化运动总会"，由"总统"李登辉任会长。李登辉是个"台独"狂人，这个"中华文化运动总会"显然不合他的胃口，从此"总会"名存实亡。

从1974年起，陈立夫还担任了台湾孔孟学会理事长的职务。该会也以"弘扬中华文化为主旨"，聘蒋介石为名誉理事长。孔孟学会的工作，陈立夫在《成败之鉴》一书中有如下介绍：

> 我对于孔孟学会之工作方针，订为（一）向下扎根；（二）向外发展。前者除继续每月发行《孔孟月刊》，及每年出版两次《孔孟学报》，每月举行一次讲演会外，并办理各级学校论文竞赛及小学生书写四书文句比赛，均有得奖，在署期中并举办国学研究会，教师及学生各一班，各约百余人，在岛内并促成各县市建立孔庙及成立分会，前年并召开国际孔学会议等，后者协助美国加州圣荷西市建立中国文化公园，内有32英尺高之孔子铜像、中山纪念堂、中正纪念亭、中国式牌楼、梅花亭等，及园中采用中国式花木之布置，并促成德国及日本、琉球建立孔庙，后

与外交部及台北市政府合力赠送孔子像于美国,凡与台北市缔结姊妹市之城市,大半建立于大学校园中,并鼓励在美加各大城市举办祭孔大典,借以宏扬孔学于世界,因此我已被连选连任孔孟学会理事长20余年之久。

在台湾,除了孔孟学会之外还有一个"中国孔学会",该会成立于民国初年。1949年国民党退据台湾后,初由"考试院"副院长贾景德任理事长,后由郭哲继任。郭哲曾向陈立夫表示,希望将"孔孟学会"与"中国孔学会"合而为一,陈立夫说这有困难。郭哲却以王惕吾成功地将四份报纸变成一个《联合报》为例,说明虽有困难,但只要认真去做一定能做好。陈立夫仍不同意两会合并,但表示:"这样好了,两个会我都参加。"1997年9月27日,"中国孔学会"在孔子2548年诞辰时开了一个大型学术座谈会,请五位对儒家学术有研究的专家做报告,由陈立夫主持。会后,大家一致推陈立夫担任"中国孔学会"荣誉理事长,陈立夫终于接受了,他针对台湾现状讲了这么一句话:"中国文化现在在台湾连根都快没有了,革命尚未成功,同志仍需努力。"表达了陈立

陈立夫主持祭孔大典,其右为陶希圣,左为蒋复璁

夫对台湾这个高度西方化、商业化社会的忧虑。

第四节 严厉批判西方文明，期盼中华文化复兴

从1923年到1925年，陈立夫在美国留学两年；从1950年到1969年，陈立夫又被放逐美国自谋生计19年，陈立夫在美国前后生活了21年。

20世纪的美国，是西方资本主义世界的头号强国，但陈立夫与一般的中国人不同，在美国生活了21年，并没有被"西化"掉，有学者形容他"沐浴'欧风美雨'不改炎黄面孔，学贯中西依然华夏风采"。

事实上，陈立夫对以美国为首的西方资本主义一直持严厉的批判态度。他说：

> 从1950年离台去美到1969年返台定居，我有着19年域外生涯的海阔天空，因为"海阔"，于是承载着前半生的沉重；因为"天空"，又可俯瞰后半生之求索。美国作为承前启后的人生驿站，我对这个国家的印象已非当年留学所看到的一鳞半爪，也非以往担任国家公职所了解的浮光掠影。"入其国，其教可知也"，一旦沉入美国社会，我才恍然大悟"生于忧患，死于安乐"的道理，真正明白什么叫"盛气凌人，为所欲为"，什么叫"唯力是尚，唯利是图"，什么叫"饱暖思淫欲"而"诲淫诲盗"。过去以为"衣食足而后知荣辱，仓廪实而后知礼节"，看来我国古训的推断未必全面，或者说道理讲了一半。美国是西方最发达的国家，国民丰衣足食，自应最懂得礼义廉耻，事实不然，盖衣食足而无教化，人性不会随着物质进步而变得崇高，甚至在富裕中变得更加"饥饿"，这就被中国老百姓一句极富哲理的话不幸而言中："苦日子易熬，富日子难过。"……在过去的19年中，我接触到一个富甲天下的国家，美国的"蛋糕"已经做得足够大，不管国内贫富悬殊有多大，人人也都可以从中得到自己的一份，然而这个国家在自身的发展中遗忘太多"人之为人"的东西，全部社会生活似乎都与人性为敌，由于这"当下性"的过分迷恋，他们正在失去可以使人类进化延续下去的互助"天性"，所以美国的强大不应被看成文化史上的一件大事……

陈立夫对美国等西方发达国家相继出现的"嬉皮士"、"新人类"等现象也十分担忧。他说："在美国我看到最令人震惊的现象即所谓'嬉皮'。嬉皮者大半出诸富裕家庭子女，这些人的生活实在太舒服了，也活得实在不耐烦了，他们心灵空虚，厌倦物质生活，心理上于是生出大反动。我曾亲访一个在旧金山的嬉皮大本营，见一个个嬉皮披发留须，衣服褴褛，男女十数人睡一小屋，污秽不堪，所求者仅为'白食白色'，即'食'与'色'之予取予求（Free food and free sex），身染性病者十之八九，还美其名曰'回归自然'。我又试问其信仰如何，回答更令人震惊，彼等以我国《易经》为对，崇尚'无为'，有太极八卦图一类说明小册作为嬉皮之理论基础。他们以为'无为'即作游手好闲解，殊不知无为而必须先之以无所不为，盖指政事管理技术之达于极致，必须贤者在位，能者在职，知人善任，百事兴举，内外协和，国家闲暇，为领袖者无所事事矣，故曰'无为'，这些人的误解，令在场的中国同胞可笑又复可怜。'嬉皮'是我见到的'饱食暖衣，逸居而无教'之第一例'新人类现象'，如今这一现象在世界各国已成蔓延之势，由于这些'无为'一族的无所不为，当局不胜其烦又束手无策，'国家闲暇'成为应接不暇。'新人类现象'的源头在美国，孩子是国家的未来，如果美国的未来寄托在一茬接一茬的'嬉皮'身上，我担心这个国家有朝一日会不会成为'嬉皮国'？"

美国人到处炫耀所谓"美国价值观"，并自诩为所谓"全球价值"，陈立夫对此嗤之以鼻。

他说："如今许多西方发达国家沿着市场经济道路，在经历了早期的道德败坏之后已经陷入深刻的文化危机之中，这种以竞争为中心的发展模式，不仅带来国内的贫富悬殊，也导致全球范围的南北尖锐对立。据联合国开发计划署去年的一份报告透露，世界20%最贫困人口仅占世界收入的1.1%，而1991年所占比例为1.4%，1960年为2.3%。目前，前十位国际巨富的资产已达1130亿美元，相当于所有不发达国家国民收入的1.5倍。美国属于到处炫耀所谓'西方价值'的国家，并将'西方价值'说成'全球价值'，这个国家的人口占世界人口的2%，每年却消耗全世界开发资源的30%，尔等'全球价值'怎么可能有普世性？有谁能够效仿？又有谁敢于效仿？"

陈立夫认为，西方文化是建立在"弱肉强食"的达尔文主义基础之上的。

他说:"自从'物竞天择、适者生存'的达尔文物种进化学说被引入人类进化领域,也就变成西方列强手中'优胜劣败、弱肉强食'的侵略文化,人类的日子从此就没有太平过。这一最无文化含量的侵略文化决非一般意义上的西学,它曾伴随西方的'坚船利炮'猖獗一时,于今伴随西方的市场原则在全球化时代又泛滥成灾。"

陈立夫说:"我个人坚持认为,中国文化是人的文化,达尔文主义是非人的文化。""我对达尔文主义始终持反对态度,并且首先从文化意义上坚决反对。达尔文主义是邪恶的野蛮文化,不适用人类进化,也不可能解决人类问题。主义本身与人性向善相悖,有着文化人类学上不可克服的两相抵忤。"

陈立夫具体解释如下:

(一)人与禽兽都禀赋生存本能之天性,在洪荒时代人兽混战的生存竞争中,人食兽,兽亦食人,诸如"不择手段攫取一切所能抓到的"和"顽强占有一切所能保持的"种种特性,被早期进化论者称之为"凶德";在物质匮乏的原始条件下,人类为了生存不能不有"凶德";所以,人性与兽性相差无几。人为什么在"物竞"中被"天择"为万物之灵呢?照说人之感官不及禽兽灵敏,肌肉不及猛兽发达,双脚不及四足之兽快疾,天生之武器(爪牙)也不及野兽锐利,人之所以告别茹毛饮血走出禽兽之林,靠的就是合群、爱群和乐群,知道群体用力,知道合作用智,利用工具改善和扩充自己天赋功能之不足,所以"互助"是人类的第二天性,不可须臾或离,人类进化也就从这里开始。

(二)人作为万物之灵在于互助,而非建立在"凶德"基础上的竞争,这就是"适者生存"的"天择"。随着人类文明的进步,"天择"遁,"人择"显,即"治化愈浅,天行之威愈烈;惟治化进,而后天行之威损"(严复《天演论》),然两者之理则一,因此人类当敬畏"天行之威",固守和光大"互助"的第二天性,在自在走向自为的进化中,以"人择"平"物竞"。由于人类之进化为时尚浅,一切物种遗传之性尚未能悉行化除,"人择"中总有利令智昏者蠢动"弱肉强食"的兽性,视互助者其常为变例,视互争者其变为常例,以为竞争可享一己之利,殊不知人类进化不同于物种进化,在人类领域优胜者未必强,劣败者未必弱,道理很简单,因为强者总是绝少数,弱者总是大多数,谁以强凌弱,谁就众怒难犯首先被淘汰。所以国父有说:"盖为互助而获之利益，当比因竞争而获之利益更为丰厚"，也就是说独利非真利，真利为两利，两利必互利，互利即互助，此乃"人择"之真谛也。

（三）既然人在"物竞"中被"天择"为万物之灵，既然万物之灵的人秉持"天行之威"以"人择"平"物竞"，那么"优劣俱胜"之互助原则与"优胜劣败"之竞争原则的任何较量最终都是道义的较量。于是，作为人类第二天性的"互助"也就被赋予"人兽之辨"的神圣高度，并给以"人之为人"的理论界说，这一肯定已经成为人类进步文化的共同倾向。"天择"昭示"人择"，"人择"替"天择"行道，在人生意义艰苦卓绝的攀登上，人类的先行者三步一拜、五步一叩，他们身后留下"立人极于天地"的浩然正气，人类之长成从兽性、人性发展到人格性，人类之轨迹从生物进化、智力进化发展到精神进化，人类之精神从功利境界、道德境界发展到天地境界，应该归功于这些先行者的殉道苦行，他们净化自己，也净化人类，成为人类尊严的旗帜。展望新的千年，当人类以不断完善的人格性进入精神进化领域，到那时一定不再有"人兽之辨"低水平的道义较理，不再有"弱肉强食"污染人文环境的"凶德"残迹，也不再有"适者生存"复归"德贤仁义，其生最优"（严复《天演论》）的伦理困惑，呈现在人类面前的将是"任人为治"向"任天为治"跃升的天地境界。

陈立夫对西方现代文明带来的负面影响感到恐惧和不安，他说："不幸的是现代科技有能力将核子分离，却无能力把分裂的人性弥合，建立在现代科技基础上的工业社会开始呈现负面影响，人人忙于研究物质，自己反而在物质文明中被遗忘。科学不断地在泄露天机，侵犯了神的境界，在神庇护下的道德信仰因而动摇。人被物质所诱惑、所陶醉、所催眠，除物质之外，不再对其他感到兴趣，结果人类心灵之产物而为动物所无者，例如理知性、道德性、形而上的神性等，非但无进步，反而较前蒙昧起来，正如吾祖先所警惕我们的话，所谓'良知为物欲所蔽'、'利令智昏'。人的心目中时时念着物、追求物、纵欲的结果，就不知不觉地陷入物的陷阱，成了物质世界的奴役，把自己心灵已经获得的自由失去了，于是智慧不再向形而上领域发展，人生之理想境界不再存在了。于是精神生活从内部腐烂，人格随之而瓦解。造成人类幸福的物质文明，竟成了人类文明的克星，使人类生活走向枯燥、厌倦，甚至于恐怖，精神生活终至丧亡而后已！"

陈立夫认为，中国文化在于"尽人之性"，偏重于精神文明；西方文化在于"尽物之性"，偏重于物质文明。他认为，只有中国文化才能补救西方文化之偏，他认为中国文化作为"未来价值"将扮演越来越重要的角色，尤其在遏制人类"返回兽化"的文化努力中做出其他文明所不可替代的特殊贡献，他说："我相信中国文化的精灵一定能让人类赖以生存的星球变得更加可爱。"

陈立夫认为中国文化与西方文化的区别就在于："后者起源于征服，给人类贡献形式上相当完备的技术和工具理性；前者则起源于使命，进忧生民，退忧庙堂，愈见天下无道愈能凸显卫道之士的高风亮节，这就是为什么中国的文化道统必然视'士'为载体、'士'以弘道'澄清天下'为己任的原因。"陈立夫认为中国文化是"人的文化"，它对人类文明的最大贡献就在于"对人的发现"。"中国以轻利重义、抑强扶弱、和平睦邻立国，原因无它，乃中国文化的本质使然，这一文化始终是人类的良知而非霸道之鹰犬，中国的强大对谁都不构成威胁。"

陈立夫始终坚持反对"全盘西化"的观点，认为中国文化现代化的出路在于民族文化的自我复兴。由于台湾当局数典忘祖，中国文化之伟大复兴完全依赖大陆。

著者以为，陈立夫对以美国为首的西方文明的严厉批判言之有理，值得深思。

第五节 著述甚多，真知与谬误并存

陈立夫一生的著译是相当可观的。陈立夫在《成败之鉴》一书中有一个全面的统计。著述28种，共计30册：

书　名	出版年月	书局名称
1. 唯生论　上篇	1933年9月大陆初版 1972年7月台湾初版 1975年4月台湾第3版	正中书局

书名	版次	出版社
2. 生之原理	1944年9月渝初版 1946年10月沪第6版	正中书局
3．生之原理 英译本（Philosophy of Life）任泰译	1947年初版	美国 Philosophie Library
4．四书道贯 1985年7月第17版	1961年10月初版	世界书局（台湾）
5．四书道贯 英译本（The Confucian Way）刘师舜译	1971年初版 1986年初版	商务印书馆及圣约瑟大学出版部 英国 Routledge & Kegan Paulpld
6．四书道贯 日译本	1974年初版	おりじん书房
7．人理学	1971年9月初版	中华书局（台湾）
8．孟子之政治思想	1973年6月初版	中华书局（台湾）
9．孟子之道德伦理思想	1986年7月初版	正中书局（台湾）
10．国父道德言论类辑	1981年5月初版	三民书局（台湾）
11．从根救起	1970年6月初版	三民书局（台湾）
12．迎头赶上	1970年6月初版	三民书局（台湾）
13．四书中的常理及故事	1983年2月	史艺社（台湾）
14．中国文化概论	1987年10月	正中书局（台湾）
15．中国文化概论 英译本（A General Discussion Chinese Culture）	1989年1月	正中书局（台湾）
16．中西文化之异同及其他国家文字 英译本（Eastern & western Cultures: Confrontation or Conceliation）薛光前译	1972年	美国圣若望大学出版部
17．陈立夫儒家研究言论集	1983年7月初版	黎明文化事业有限公司（台湾）

18. 中国文化之科学解析	1984年12月	中央文物供应社（台湾）
19. 孔子何以被尊称为万世师表（Why Confucins Has Been Reverenced as The Model Teacher of All Ages?）薛光前译	1986年	美国圣若望大学出版部
20. 五笔检字法之原理及应用	1934年10月初版 1971年2月在台初版	中华书局（台湾） 中国语文研究中心（台湾）
21. 五笔检字学生字典	1934年10月	中华书局台湾
22. 四书章句速检	1976年3月初版	世界书局台湾
23. 治癌中药方汇编	1977年3月	中国医药抗癌研究中心（台湾）
24. 中医之科学理论基础及新的医学如何产生	1984年	中国医药学院（台湾）
25. 陈立夫、孙禄卿夫妇八十双寿诗书画纪念册	1979年	自印
26. 我的创造倡建与服务（九十忆往）	1989年	三民书局（台湾）
27. 弘毅斋艺文集3册	1989年	黎明书局（台湾）
28 真理不灭孔孟之道永存	——	——

主编32种，共计50册：

书　　名	出版年月	书局名称
1. 孔子思想对世界之影响 上下两辑	1975年10月初版	复兴书局（台湾）
2. 易学应用之研究1、2、3辑	1974年7月初版	台北中华书局

续表

书　名	出版年月	书局名称
3. 中国文化基本教材 6册	1984年1月至1985年1月	台湾编译馆
4. 中国文化基本教材教师手册 6册	1984年1月至1986年1月	台湾编译馆
5. 中华科学技艺史丛书已出版24种，共计20册，未出版者5种		

书名	编者	校订者	出版年月	出版书局
（1）中华水利史	沈百先、章光彩等		1979年3月初版	商务印书馆（台湾）
（2）中华农业史论集	沈宗瀚、赵雅书等		1979年3月初版	商务印书馆（台湾）
（3）中华铁路史	凌鸿勋		1981年7月初版	商务印书馆（台湾）
（4）中华水运史	王洸		1982年4月初版	商务印书馆（台湾）
（5）中华盐业史	田秋野、周维亮等	朱玖莹	1979年3月初版	商务印书馆（台湾）
（6）中华气象学史	刘昭民	郑子政	1980年9月初版	商务印书馆（台湾）
（7）中华书法史	张光宝		1981年12月初版	商务印书馆（台湾）
（8）中华地政史	萧铮	黄通	1984年1月初版	商务印书馆（台湾）
（9）中华医药学史	林品石、郑曼青	李焕荣陈夸羲	1982年11月初版	商务印书馆（台湾）
（10）中华合作事业发展史 上下	陈岩松		1983年3月初版	商务印书馆（台湾）
（11）中华公路史 上下	周一士、胡美璜等		1983年3月初版	商务印书馆（台湾）
（12）中华天文学发展史	刘昭民	丁有存	1986年9月初版	商务印书馆（台湾）
（13）中华园艺史	程兆熊		1985年4月初版	商务印书馆（台湾）
（14）中华地质学史	刘昭民	阮维周	1985年9月初版	商务印书馆（台湾）

续表

书名	编者	校订者	出版年月	出版书局
（15）中华国剧史	史焕章	张光涛	1985年11月初版	商务印书馆（台湾）
（16）中华天文学史	曹谟		1986年9月初版	商务印书馆（台湾）
（17）中华物理学史	刘昭民		1987年7月初版	商务印书馆（台湾）
（18）中华雕刻史上 下	郑家晖、邓淑苹、袁德星、那志良等		1987年7月初版 1991年4月初版	商务印书馆（台湾）
（19）中西数学史的比较	赵良五		1991年3月初版	
（20）中华生物学史	刘昭民		1991年5月初版	
（21）中华社会福利法制史	周建卿		1992年12月初版	黎明书店（台湾）

陈立夫是文化保守主义者，是中国传统文化的固守者。他晚年在接受大陆学者的访谈时，对中国文化、中国民族特性、中西文化比较、中国文化前途作了系统全面的阐述。

对于五四时期"打倒孔家店"，陈立夫的看法是：

中国文化的衰落是近代的事，它与近代中国沦为次殖民地在总的趋向上是同步的。皮之不存，毛将焉附？如果说"以夷制夷"的洋务运动还念念不忘传统的"纲常名教"，如果说"托古改制"的戊戌维新尚需假借孔子的名义，那么喊出"打倒孔家店"的五四运动完全不同了，成为汉代儒家取得独尊地位以来首次敢向孔子作正面摧毁的千古一变。

说起五四，因为这个运动我是参加了的，我也喜欢民主和科学，以后又怀抱"科学救国"的志向赴美国留学。运动发生时，我在天津北洋大学读书，当年北洋和南开同为天津的两所著名大学，很有几位出名人物，如北洋的孙越崎和谌小岑，南开则有周恩来等。五四时期，我对新文化运动非常有兴趣,很欣赏陈独秀的作品,再如罗家伦和胡适之的作品也很喜欢,《新青年》、《新思潮》等刊物以及有关俄国革命和共产主义的书籍无不爱看,当时一般青年的思想多少有些左倾,我亦不例外。但我觉得当下最重要的事就是打倒帝国主义,至少运动的发生就是为了打倒日本帝国主义,才会有"二十一条"要求和山东决议案所燃起的爱国热情,至于种种激进的反传统方式,我甚不以为然,因为我熟读过经书,觉得并不怎样不好,认为旧传统一无是处,应该一起打倒,这毕竟已过分地情绪化,流于偏失了。

五四运动是促使中国转变的阵痛,其本身是一个很复杂的现象,这么多年过去了,功过是非自有评说。我认为就"功"而言,当时人民觉醒,固然是继承国民革命争国家自由平等的遗绪,而且汇为洪流,造成大的冲击,其后不平等条约之废除,都是这次运动开始的。在"过"的方面,那些大力提倡西方民主科学的人总以为自己百事不如人,结果既没有把别人的长处学得,又把自己固有的丢弃了,甚至认为"二千年来的中国历史都

正在写条幅的陈立夫。

是一个儒家的圈套",扬言要把线装书扔进茅厕坑。这些人大凡都从线装书中钻出来,扔不扔无所谓,因为经过比较和鉴别总有一天他们还会捡回来。真正受害者是今天的年轻人,读古书本来就不多,偶有所窥,则欲废先儒之说驾其上,全盘西化的遗风流毒于今未消。

对于如何评价孔孟之道,陈立夫认为:

> 孔子是人而非宗教的神,为全世界四分之一的人类所尊敬,誉为大成至圣先师,继续享受两千年的普遍追祀,这一历史文化现象难道不值得我们深思吗?
>
> 考察世界各国,凡有诞生圣哲豪杰者,其后人莫不引以为荣,崇敬之,宣扬之,保护之,唯恐不及。美国历史虽短,其珍视历史之心理极为普遍,华盛顿、杰弗逊、林肯等先人之遗物及其片言只字,也必引为国宝,设馆陈列,供人瞻仰。以前曾有人问英国首相丘吉尔:"如果印度和莎士比亚二者供你选择,你选何者?"丘答:"莎士比亚。"为什么呢?他知道印度是他们用武力征服来的,迟早会独立而去,莎翁是英国的文化巨擘,谁也抢不走。独我国五四运动则不然,因为国家沦为次殖民地不知自责而归咎于孔子,怀疑之,诋毁之,破坏之,无所不用其极,似乎认为自己有光荣之历史为可耻,有伟大之祖先为不足道,此种民族虚无主义立场与救亡图存相悖,难道救亡图存非要打倒孔子不可?
>
> 孔子生于公元前551年,在那时候以前我国的典章文物已蔚然齐备,及周公乃达最高峰,奠定中国大一统的基础。到孔子的时候已王室式微,礼崩乐坏,诸侯相攻,统一局面仅存形式。孔子志欲行道于天下,无奈不受重用,既无机会立功,只能改作立言,于是删诗书、订礼乐、赞周易、作春秋,周游列国凡14年,广收生徒,有教无类,弘扬学说。近人不察,以为有孔子乃有中国文化,其实有中国文化乃有孔子。孔子学说何以能成为中国文化之主流呢?其深奥不如老子,其智慧也不如老子,但是适合最大多数人民日常生活之用,合理(中)而平凡(庸),易知而易行,简言之"顺乎天理,应乎人情"。以此顺乎天理应乎人情之道,用之于身则身

修，用之于家则家齐，用之于国则国治，用之于天下则天下平，像这样精致推展的系统理论乃我国独有之宝贝。

关于中国文化与民主、科学的关系，陈立夫说：

> 我曾担任公职25年，知道弱国无外交和落后要挨打的屈辱，有人把屈辱与孔子联系在一起，我不能同意这种幻灭的情绪。我认为有可能重建儒学，再造国魂，发皇内圣之学，新开外王事功，这也是我走下政坛后一直试图想解决的问题。
>
> 民主和科学本是"吾家旧物"，只是未具现代形态而已。在儒学为主流文化的中国传统中，差不多可以找到以后各种观念及制度的胚胎和萌芽。就民主方面说，道德政治和民本思想在古代中国已经相当发达，自从1593年意大利传教士利玛窦完成《四书》的拉丁文译本在巴黎推出，漫长黑暗的欧洲中世纪好比有一颗启明星横空出世，东学西渐开始初见端倪，及到18世纪下半叶已经蔚为大观，不但儒学的主要经典有译著出版，有的译著如《四书》者都有四五个不同版本，而西人笔下林林总总的同名传记《孔子传》经粗略统计竟达16种之多。当时欧洲各大学术研究中心和著名汉学家无不热衷于孔子学说，认为中国文化是公正和仁爱的，成为启发西方民主政治的一大源泉和创造西方民主政治的一大动力。法国启蒙哲学家孟德斯鸠、卢梭、福禄特尔等都受到儒学性善、自然、自由、平等及民本主义、仁爱政治、农本主义的影响，中国智慧的被发现是欧洲启蒙运动的最大成就之一，是他们批判神权政治和贵族政治的有力武器，终于掀起美、法二国的大革命，1795年法国宪法关于人民权利和义务的条款中有"己所不欲，勿施于人；欲人施己，先施于人"便可证明。言之可慨的是，一样的启蒙运动，一样的为结束封建统治而走进近代，孔子在欧洲命运比起一百多年后的中国故乡要好得多。
>
> 再就科学方面说，可证中国不是一个缺科学的国家，我国古代早有许多重要科技发现和发明超过所谓的"希腊奇迹"。当西方人在中世纪的黑暗中艰苦摸索时，我国在数学、天文学、地理、物理、化学、生物以及医学诸多领域已经大放异彩，直到16世纪以前始终处于领先地位，四大发

明则为杰出代表，可以说如果没有中国源远流长之先进科技自东向西的辐射，就不会有近代科学在欧洲的迅速崛起。中国文化原本心物并重，仁智兼赅，并未偏重人理研究而于科学基础有所忽视，先哲将"格物"和"致知"序列"齐家治国平天下"之首不是没有道理的。但是长期以来，国人对于孔子之教忽略了或竟误解了格物致知的重要性，只做到"尽人之性"，而未进一步做到"尽物之性"，加之科举制度又把自然科学闭诸门外，遂使近代科学落于人后。当西方人在近代科学技术突飞猛进之日，也正是中国人发现自己错误之时，可惜改正错误的时间没有了，帝国列强的滚滚狼烟已经阻断我国科技发展的自然进程。

我说这些，用意在唤醒民族的自信，扫荡崇洋心理，没有任何夜郎自大的意思。夫人必自侮，而后人侮之；家必自毁，而后人毁之；国必自伐，而后人伐之，这是一定的道理。五四倡导民主和科学是不错的，错在全盘西化，中国这么大，民主和科学的大厦怎么可能在民族虚无主义的泥潭中巍然屹立？

关于中国文化的现代化问题，陈立夫说：

中国文化是国魂之所在，为什么有人非要糊里糊涂去迎合少数西方人的霸道心态？难道也要像考据"大禹是条虫"一样，向世人宣告中国文化为非民主和非科学？个别人的学术之见无关宏旨，形成风气就不好了。

在我看来，中国文化不是能不能、而是如何现代化的问题，中国文化和现代化的关系是合则两利、分则俱伤，它们应该统摄于文化中国的大生命中，这个大生命的源头在《易经》，生生之谓易，又曰："易穷则变，变则通，通则久。"文化中国为阴阳迭运的生生之体，"通变"可以畅通和光大文化生命。"现代化"一词并非始于今日，每个时代有自己的"现代化"，都有一个"通古今之变"的问题。以儒学为例，从先秦儒学到宋明理学，历经各代大儒之损益，也都有自己所处时代的儒学现代版。一个偌大的文化中国，一个活泼的文化生命，面对现代化的挑战而回天乏术，我不相信。

关于中国文化的前途问题，陈立夫认为：

中国文化是早熟的文化。所谓早熟者，一是因为有五千年的历史背景，二是因为有一脉承袭的文化道统，故能形成可大可久之文化道统形态。此一文化道统形态以言政治，认清法律本于道德，法治乃有赖于德教。以言教育，认清修道为敬业之本，技艺次之。以言科学，认清"正德、利用、厚生之道"，重格致之学。以言经济，则谓"德者本也，财者末也"。以言军事，每以力难服人，不能持久；唯德胜于力，又谓仁者无敌。如此道统一贯、本末有序的文化形态，难道不应该弘扬于世吗？综观历史上文明古国知多少，总是潮起又潮落，源远者未必流长，唯独中国文化"不废江河万古流"，其中的道理非常深刻。所以，要讲人类文化之潮流，不管农业社会也好，工业社会也好，抑或后工业社会也好，中国文化观照千秋，是永远的潮流。

人类在历史上已经经历了生物进化阶段，近代进入智力进化阶段，在新的千年定将进入精神进化阶段。中国人大概不习惯"翻转地球"类的表述，无妨用"女娲补天"的说法，观乎人文以化天下，两种文化走到一起，共补

天裂，共创21世纪的人类新文化，相信整个世界理解中国文化的时间正在到来。

关于如何认识孔孟之道，陈立夫认为：

我是中国人，我一生崇仰孔子。想想唐朝画圣吴道子笔下的孔子吧，他没有历代追祀圣人所附加的那么多神灵般光圈，也没有各地孔庙所附加的那么多帝王般威严，这位双手合十、面目慈祥的谦谦孔子在世代百姓心目中始终是一位平实布衣，他所求于世人的究竟是什么呢？孔子希望人能像人的样子，家能像家的样子，国能像国的样子，天下能像天下的样子。在人类早期有过辉煌的轴心时代，多少启蒙世道人心的学说已经留下不多了，而孔子学说依然在为天地立心，为生民立命，为往圣继绝学，为万世开太平，所以孔子一定能流芳千古。

对于西方物质文明的高度发达,陈立夫怀抱着极大的忧虑,他指出:

> 20世纪下半叶是人类历史上变化最大的时期,自然科学无论在理论上或应用上均有突飞猛进的成绩。原子能之被控制证明人类已掌握宇宙间最大的动能,合成化学之种种发明证明人类仍有取之不尽、用之不竭的资源。人类既然能创造或控制宇宙间之动能和资源,还有何事不可为?所以"科学万能"的观念开始深深地印入人们的脑海中。不幸的是现代科技有能力将核子分离,却无能力把分裂的人性弥合,建立在现代科技基础上的工业社会开始呈现负面影响,人人忙于研究物质,自己反而在物质文明中被遗忘。科学不断地在泄露天机,侵犯了神的境界,在神庇护下的道德信仰因而动摇。人被物质所诱惑、所陶醉、所催眠,除物质之外,不再对其他感到兴趣,结果人类心灵之产物而为动物所无者,例如理知性、道德性、形而上的神性等,非但无进步,反而较前蒙昧起来,正如吾祖先所警惕我们的话,所谓"良知为物欲所蔽"、"利令智昏"。人的心目中时时念着物、追求物、纵欲的结果,就不知不觉地陷入物的陷阱,成了物质世界的奴隶,把自己心灵已经获得的自由失去了,于是智慧不再向形而上领域发展,人生之理想境界不再存在了。于是精神生活从内部腐烂,人格随之而瓦解。造成人类幸福的物质文明,竟成了人类文明的克星,使人类生活走向枯燥、厌倦,甚至于恐怖,精神生活终至丧亡而后已!基于上述考虑,故汤氏认为中国的工业落后对将来反而是值得庆幸的。与此相对照,俄国人和日本人面对西欧各国工业化的强硬挑战依然沿袭西欧的老路积极应战,沉浸在工业化的波涛之中。所以,汤氏认为这种应战从短期看似乎有先见之明,但是站在新开拓的更长期的角度来展望,则是近视性的操之过急,将来他们会后悔的。

对于陈立夫在阐扬中国传统文化上的贡献,台湾学者称之为"中国儒学大师"与"'中华民国在台湾'硕果仅存、声誉崇隆之传人"。

今天的台湾社会是一个完全西方化、高度商业化和功利世俗化的社会,对西方亦步亦趋。在20世纪80年代,台湾女作家龙应台就曾悲愤地断言:"肮脏、丑陋、道德败坏的台湾是我生了梅毒的母亲!"龙应台是台湾有个性的一位女作家,直言不讳、强烈的社会责任感是她最大的秉性。她爱台湾,她把台湾比做了母亲。然而,她又恨台湾,恨台湾成了一位得了性病的母亲。这位一度在台岛刮起了"龙应台旋风"的女作家为何对台湾如此的愤恨,以致不惜把梅毒这种见不得人的性病与母亲联系在一起呢?因为美丽岛不再美丽,美丽岛成了灰色岛。这灰色中几乎包含着物质世界和精神世界中全部最肮脏、最丑陋的东西。

对于中国传统价值观在台湾社会的沦落,台湾报章也时有反思文章刊出。

1990年,报刊上一篇《"贪婪之岛"面面观》的文章写道,今天的台湾人上上下下"贪名"、"贪财"、"贪色"、"贪赌"、"贪玩"、"贪吃"、"贪喝"、"贪便宜",总之是"贪得无厌"。

1991年9月24日,台湾《工商时报》发表的《三大怪兽肆虐宝岛》一文写道:"金钱:可怜甘为钱奴才";"不动产:有壳无壳一样惨";"股票:男女老少堕深渊"。

另外还有《台湾社会价值观的迷思》一类文章,多少反映了一部分人对台湾社会西方化后出现的弊病的忧患意识。

陈立夫作为中国传统文化价值观的信仰者,对当今台湾社会的现状是不满的,也是充满忧虑的。他说过:"中国文化现在在台湾连根都快没有了,革命尚未成功,同志仍需努力。"因此,陈立夫晚年卖力著述,也是希望对台湾社会起点"补天"的作用,但能否起作用却是不好下断言的事。

从世界范围看,近300年来,西方纵欲主义文明因为迎合了人类好逸恶劳、贪得无厌的本性,而在全世界以不可阻挡之势摧毁和压倒其他一切文明,西方文明已把全人类带上了无限发展的不归路。对于西方文明的弊病,许多人已看清并切实感受到,也有西方学者指出,只有中国儒家文明才能补救西方文明之弊,陈立夫作为文化保守主义者,他的看法也是如此,但陈立夫辈发出的微弱"哀鸣",又如何能阻挡西方文明的雷霆之势?

对于陈立夫弘扬中国传统文化,也有人持不同的甚至是全盘否定的看法。陈立夫的浙江同乡、学者、报人曹聚仁曾多次发表过评论,他在《吴学》一文中说:

且让我说一件最近的新事。那位编写《四书会通》的陈立夫先生,他在美国住了20年，已经回到台北去过隐居的生活了。他曾对往访的记者说："今天的世界思想潮流，与我国战国时代的情况非常相似：一是任性纵欲，拜金轻德，发展极端的个人主义；一是抑性纵欲，唯物败德，发展极端的功利主义。极端的个人主义，类似拔一毛而利天下不为的杨子思想；极端的功利主义，类似摩顶放踵利天下为之的墨家思想，都是太走极端，不切实际，不如孔子道理来得合理与平凡。平凡就是中庸，就是恰到好处，适用于多数人。孔子这性要率与道要修的主张，真了不得！"这是什么话，这也算是读得懂古书的人所说的话吗？更不必说读通不读通了！他一定没看懂戴东原的《原善》和《孟子字义疏证》，和《儒林外史》中的严贡生差不多。《庄子·天下篇》，也只说墨家自苦为极，一般人做不到，怎么会"唯物败德"呢？至于"拔一毛而利天下不为也"的杨朱，明明还有一句话："举天下以奉我，不受也。"如何会"拜金轻德"呢？陈立夫那部"名著"《四书会通》，比往日的高头讲章还不如，居然列入中华大典，可笑之至。

我说过，没经过清代考证学的洗礼，是不配来读古书，谈什么"复兴中国文化"的。不过，我还得补充一句：接受了清代朴学，指清初经世之学、皖学、浙学、扬学而言。至于苏吴惠氏之学，那还不够来谈中国学术思想。梁启超说："清代学术，论者多称为'汉学'，其实前此顾、黄、王、颜诸家所治，并非汉学，后此戴、优、二王诸家所治，亦非汉学；其'纯粹的汉学'，则元和惠氏这一派，洵足当之。不问'真不真'，唯问'汉不汉'，以此治学，安能通否？"（如陈立夫之流，连吴学都谈不上，更不必说其他了。）

曹聚仁在《另外一半的开头》一文再次说："香港乃是卧虎藏龙之地，博学之士很多；我走过十多年江湖，东南西北，也碰到博古通今的学人，在治学上，绝不敢随便褒贬何人。我所蔑视的，乃是王云五、赵龙文、陈立夫一流'仕而优则著作'以求不朽之胜业的'衰'人，希望年轻人莫走他们的死胡同。"

陈立夫是学工科出身，没有受过正规而严格的"国学"熏陶，在某些具体问题的论述上，难免有牵强附会之处。浙江大学校长竺可桢曾在日记中对陈立夫的观点有这样的记载和评论:"听马一浮讲《西方近代科学出于六艺》之说,谓诗、书为至善,礼、乐为至美,易、春秋为至真。以易为自然科学之源,而春秋为社会科学之源。盖春秋讲名分,而易讲象数。自然科学均以数学为依归,其所量者不外乎数目(Number),数量(Quantity),时间与空间,故自然科学之不能逃于象数之外,其理亦甚明显。惜马君所言过于简单,未足尽其底蕴。陈立夫近在《教育通讯》上亦主张《易》为自然科学之祖,且谓金、木、水、火、土为五种运动,金则结晶,故向内力;木向上、向外力;火则向上;水则向下;土归平衡,其言殆多误会矣。……"

诚然,言多必失,错误之处在所难免,但一棒子打死也未必正确。一个中国人,能够认同中国文化,不管其观点正确与否,总是值得肯定的吧!

第十五章

台湾中医中药事业的守护者

譬如所谓"国医",我们以为这明明白白地是一种文化落后的民族的产物,绝对没有资格和科学的(西)医术抗衡,然而有极大多数的人平时可以坐火车点电灯,而遇到自己身上有病时依然要请教以阴阳五行为理论基础的"国医"!这现象使人丧气。可是我相信经过长时间的淘汰,"国医"是一定要消灭的,优胜劣败的铁则在两种文化接触的时候一定早晚要显露出来的。

——作家梁实秋

宁愿让西医治死,也不愿让中医看病。

——史学家陈寅恪

我是采矿工程师,对于科学并不陌生。我深恶不学而好武断的人,所以我反对对于未读过一本中医药书籍的人,就一口认定中医为"不科学"。科学必须根据事实,无事实而遽作结论,其本身头脑就是不科学。

——陈立夫

第一节 晚清民国时期全盘否定中医的思潮

中国传统医学(简称中医)有数千年的历史,深得国人的信赖。

明末清初西医开始传入中国,到清末和民国初年,西医在中国进入了一个新的发展阶段。据不完全统计,1915年中国共有教会医院330所,教会医学院23所,在校男生238名,女生57名,护士学校36所,学生272名。随着西医传入中国,两种不同类型的医学文化开始有了碰撞和冲突。

戊戌之前,中西医的争论多限于学术领域,汇通中西的风气比较浓厚,中西医对立的言论还不多见。清末"新政"推行后,废科举,兴西学,传统中医的主导地位也开始受到质疑和挑战。特别是1912年中华民国成立后,留学欧美、日本出身的人主持教育、卫生行政,开始全盘否定中医,而提倡西医。

1912年11月，中华民国临时政府颁布的学制及各类学校条例中，提倡设立医学专门学校（西医），而将中医排除于政府教育体系之外。1913年，教育总长汪大燮又发表废止中医的言论。中医界奋起反抗，上海神州医药学会会长余伯陶、包识生等人向全国发出呼吁，得到19省市中医界的响应。1914年11月，他们推选叶晋叔（上海）、刘筱云（广东）、陈春园（北京）等为代表组成中医救亡请愿团，代表19省市向北洋政府教育部、国务院请愿，要求政府保存中医，并将中医纳入教育体系。对此，国务院答复："查中国医学，肇自上古，传人代起，统系昭然；在学术固已蔚为专科，即民生亦资其利赖。前此部定医学课程，专取西法，良以歧行不至，疑事无功，先其所急，致难兼采，非有废弃中医之意也。"教育部的批示是："本部对于医学，只期学术完备，求合于世界进化之大势，然后检疫卫生诸政，冀可推行无碍，并非于中医、西医有所歧视也。所请另行颁中医药专门学校规程之议，应毋庸议。"国务院和教育部的批示虽然肯定了中医存在的必要性，但不同意由国家设立中医专门学校，实际上对中医采取了既不否定也不提倡，让其自生自灭的态度。

在这种背景下，民间相继创办了上海中医专门学校、神州医药专门学校、浙江中医专门学校、兰溪专门中医学校、山西医学专门学校、河南中医学校、福建中医学校、广东中医专门学校等，以上这些中医学校，实际上是中西医兼学，并非单纯的中医学校。

北洋政府统治时期，由于军阀混战，政府权力萎缩，官方对中医原则上是采取自生自灭的政策。在这一时期，民间有关中西医的争论却从未停止过。废除中医论的主要代表人物是上海医师公会的余云岫、汪企张、庞京周、胡定安、夏慎初、蒋绍宋、蔡禹门、徐乃礼等人。此外还有一批不属于医学界的著名文化人和政界名流，如傅斯年、汪绍原、陈寅恪、汪精卫、褚民谊等。

余云岫是西医中反对中医最激烈的代表人物。他于1916年出版《灵素商兑》一书，以西医理论为指导，否定中西医汇通，主张废除中医。该书声称："旧医一日不除，民众思想一日不变，新医事业一日不向上，卫生行政一日不能进展。"他否定中医阴阳、五行、六气等说法，也否定中医的辩证理论，他主张对中医"废医存药"，中医废止，而中药则作为医学研究资料进行利用。

社会名流中否定中医的是以傅斯年、梁实秋、陈寅恪等为代表的一批接受西洋教育的西化知识分子。五四时代的风云人物傅斯年就是全盘否定中医的著名人物。罗家伦在《元气淋漓的傅孟真》一文中描写了他是如何激烈反对中医的。罗家伦写道：

> 抗战期间，孟真在国民参政会里所表现的固然为一般人所钦所佩，可是许多人更觉得有声有色。除了他坚定的拥护抗战而外，他还为两种主张而积极奋斗，一是反对一切违背时代精神、科学理论而开倒车的议案；一是反对危害国计民生的贪污事实。在前一项目之下，如他反对提倡所谓国医，就是显著的例子。他认为哈维发明了血液循环300年之后，到今天还要把人的身体分为上焦、中焦、下焦三段，简直是对于人类知识的侮辱。他为这个问题从抗战前在南京的时候就写文章讨论起。因为他研究过实验心理学，同时自然他也很懂得生理学和生物化学，所以他这些文章，理论非常精辟，文字也写得非常精彩。说到此地，我又忍不住要提孟真一件趣事，很可以表示他一种特殊可爱的性格。有一次，为中医问题孟真反对孔庚的议案，激烈的辩论了一场，当然孔庚辩孟真不过，于是气了在座位上辱骂孟真，骂了许多很粗的话。孟真也气了，说是："你侮辱我，会散之后我和你决斗。"等到会散之后，孟真在会场门口拦着孔庚要决斗了。他一见孔庚年纪七十几岁，身体非常瘦弱，孟真立刻把双手垂下来说："你这样老，这样瘦，不和你决斗了，让你骂了罢。"

梁实秋在《自信力与夸大狂》一文中也指出："譬如所谓'国医'，我们以为这明明白白地是一种文化落后的民族的产物，绝对没有资格和科学的（西）医术抗衡，然而有极大多数的人平时可以坐火车点电灯，而遇到自己身上有病时依然要请教以阴阳五行为理论基础的'国医'！这现象使人丧气。可是我相信经过长时间的淘汰，'国医'是一定要消灭的，优胜劣败的铁则在两种文化接触的时候一定早晚要显露出来的。"

历史学家陈寅恪身体多病，长年药不离身，但他绝对不相信中医，他有一句名言："宁愿让西医治死，也不愿让中医看病。"据说，陈寅恪在幼小的时候，亲见一个中医指错了心脏的部位，那个恶劣的印象从此在他脑海中始终磨灭不掉。

笔者以为，中医文化与中国传统文化中的许多东西都是人类幼年时代的产物,其中的糟粕可能会有不少,对中医进行批评,帮助其去除糟粕和伪科学的东西,这是有益的;但全盘否定中医则是错误的,也是做不到的。

1927年南京国民政府建立后,进入了官方否定中医的阶段。

1929年2月23日至26日,南京国民政府卫生部召开第一次中央卫生委员会会议。会上一致通过了余云岫提出的"废止旧医以扫除医事卫生之障碍"的议案。余云岫在提案中提出了消灭中医的四点理由:(1)中医理论(阴阳、五行、六气、脏腑、经脉等)皆属荒唐怪诞;(2)中医脉法出自纬候之学,自欺欺人;(3)中医无能预防疫疬;(4)中医病原学说阻遏科学化。重申:"旧医一日不除,民众思想一日不变,新医事业一日不能向上,卫生行政一日不能进展。"该案还进一步提出了消灭中医的具体办法。会议将余云岫的提案与上海市卫生局长胡鸿基、北平市卫生局长黄子方、梧州市卫生局长李达潮等限制中医的提案合并,制订了规定旧医登记案原则,其主要内容是:(1)处置现有旧医。由卫生部施行旧医登记,给予执照、许其行业,登记期限至民国19年(1930)底止。(2)设立医事卫生训练处,限5年为期(至1933年底),对已登记的旧医进行补充教育,训练终结后给予证书。无此项证书者停止营业。(3)自民国18年(1929年)为止,旧医满50岁以上,在国内营业20年以上者,得免受补充教育,给特种营业执照,但不准治法定传染病及发给死亡诊断书。此项特种营业执照有效期为15年,期满即不能使用。(4)取缔宣传旧医,禁止登报介绍旧医。(5)检查新闻杂志,禁止非科学医学之宣传。(6)禁止成立旧医学校。

卫生部通过彻底消灭中医的决议传出后,立即引起中医学界的拼死反抗。3月17日,在上海召开了全国医药团体代表大会,出席大会的有江苏、浙江、安徽、山东、福建、广东、广西、江西、河南、湖北、湖南、四川及上海、北平等15个省市131个团体的262位代表,会场上悬挂着"提倡中医以防文化侵略"、"提倡中药以防经济侵略"的巨幅对联。大会通过三项决议:(1)定3月17日为中医中药团结斗争纪念日;(2)成立全国医药团体联合会;(3)组织赴京请愿团。根据大会决议,组织了全国性的中医药团体联合会,推选夏应堂、顾渭川、薛文元等54人为理监事,推陆志东等为执行委员,并发表宣言,指责余云岫等西医操纵中央卫生委员会摧残中医,中医前不得继往,后不得开来,虽欲改进,其道无由,要求政府速撤销原案,并惩戒提案人余云岫。大会授权理监事推选谢利恒、蒋文芳等五人组成晋京请愿团，向正在召开的国民党第三次全国代表大会以及行政院、卫生部、工商部呈文请愿。

3月23日，卫生部政务次长胡毓威在接见请愿团时表态说：本部正提倡，使中医药有进步。对取消中医药的决议案，胡毓威认为不能行之于现今的中国。迫于中医药界的强烈反抗，南京政府不得不暂缓执行废止中医的决议案。但之后又陆续宣布中医学校一律改称传习所，禁止中医参用西药西械，将中医医院改称西医等一系列限制、歧视中医的行政命令，中医界的抗争也一直没有停止过。

在这场决定中医命运的斗争中，陈果夫、陈立夫兄弟的态度又如何呢？不容置疑，陈氏兄弟是中国传统文化的固守者，对中国传统文化一个重要组成部分的中医药文化，陈氏兄弟是持肯定态度的。

陈果夫肺痨缠身数十年，当时西医治疗结核的特效药还没有发明出来，陈果夫的肺痨除靠从国外进口贵重西药治疗外，同时也依赖中医药调理。著名中医张简斋是陈氏兄弟的座上客，不仅陈果夫如此，陈氏家族上上下下也是有病就找张简斋。张简斋是一代名中医，曾任中国国医学会理事长、南京及重庆中医师公会理事长，因看病之故，陈氏兄弟与张简斋成为莫逆之交。

俗话说，久病成良医。陈果夫在几十年与疾病作抗争的同时，对中医产生了浓厚的兴趣，以自己治病的体会，以客观的判断，著有《自己治病简法》、《谈医药》等书，对中医基础理论和养生之道有独特的见解。陈立夫在《国医节追思前江苏医政学院故院长陈果夫先生》一文中，对陈果夫的见解有如下的介绍：

> 3月17日，是我们中医中药存亡关键的纪念日，也是我们中医中药切身有关的国医节。在今天举行庆祝，应该追思一位对我们中医中药最关心的人，对"三·一七"国医节尽最大力量的人，对中医中药扶植费尽心血的人，就是已故前江苏医政学院院长陈果夫先生。
>
> 民国十八年二月，中央卫生会议，余云岫挟中央卫生行政大权，通过废止中医中药决议案。陈院长当时负中央党政重任，力主保存中医中药。他以久病之体，常年与药石为伍，对于中医、西医非常了解。以自己治病的体念，以客观的判断，分析中医与西医的不同之处，从民国十八年三月

十七日事件开始，就作扶植中药工作。现在把他著述《老病人谈中医、西医》一文中，有关中医、西医的评论，摘录片段于后：

"我本来反对把医生分为中、西，因为在一个病人的立场上，只要能治好病，能尽速解除他的痛苦，这就是好医生，根本不必问他是中医或西医。

西洋医药传入中国，已有百余年的历史，然而中医和西医之间的争执，却是近三四十年间的事。留意这个问题，认为纠纷起因有三：

第一，西洋医药传入中国，大都与基督教有关。许多外国医生都是传教士兼任。在庚子义和团事件发生之后，满清政府官僚士大夫媚外风气盛行，外国医生的地位特别崇高，中医便无形中起了反感。到后来，事实上也许不是如此，但观念已形成，一时不易完全改过来。

第二，习西医者，一部分是出洋留过学，一部分是在国内学习的。因为他们的先生大半是外国人，或者是中国人对本国社会情形隔阂，甚至于中国固有的医学也不懂，因此对中医难免有藐视心理。

第三，若干在行政上负卫生行政责任者，因为本身是留学生，或者是西医的缘故，所以尽量扶植西医，打击中医。……这都是实际情形，不容抹杀。但卫生当局，始则要取缔中医，继则'让他自生自灭'，这种办法都是不对的。

我是中国国民党党员，认为医药卫生与国民生活有密切的关系，而且中医中药问题，又涉及中国固有文化。我常常体念孙中山先生遗教所说：保持我民族独立地位，发扬我国固有文化，且吸收世界文化而光大之。

我主张：凡是能够治人疾病菌的医生，都该扶植，不管他是中医、西医。对于中医，应该在教育上、政治上积极的扶植。我以为至少要做到下列两点：

（1）创办教育研究机关，发扬中国固有医术上的高深理论，整理数千年来的经验，而与世界最新的医学知识相印证。

（2）国家设立有规模的研究所，用科学方法化验中药，重新估定中药性能。

我反对西医最大一个理由，是他们说中国医药不科学，这在我看来，是一种武断。

我以为中国医药,数千年的经验,已成为有系统、有类别的学问,不过和外国的发展路线不同而已。科学重实验,中国医生的观察病象和断定病态,以及决定治疗方法及用药,都有他自己的理论方法。这种理论和方法,也是经过长时期的实验而成立的,不过和外国现在的看法不同而已。不过在这个时代,要和这个时代的一切相配合,使大家都容易了解,所以我在民国18年就主张——中医要现代科学化。"

陈立夫虽然平时身体强健,但以下几件事也加深了他对中医的认识,这对他晚年全力弘扬中医文化也有关系。

蒋介石在西安事变中摔伤了腰脊,疼痛难忍,陈立夫找到一位气功师为蒋介石发气诊治,使蒋介石的疼痛减轻,蒋高兴之下,赏了该气功师2000块大洋。1938年在武汉时,陈立夫的一位友人患腹膜炎高烧不退,送到医院,西医束手无策,宣布该病人只剩下六个小时的生命。这时适值张简斋来访,陈立夫一把抓住张简斋就往医院跑。张简斋为该病人诊断后,两服药就把西医宣布为不可救药的病人救活了。1943年,陈立夫以教育部长的身份到青海视察,途中不幸染上痢疾,当地找不到医生,情急之下找到一位兽医,给陈立夫打了一针,这位兽医用的针剂分量和给牛用的分量差不多,只稍微少了一点。陈立夫打针后,病情不见好转,只好请求蒋介石派专机接他回重庆,这时的陈立夫已浑身无力。到重庆后请张简斋诊治,才把病治好。病逾后,陈立夫查看有关书籍,才知道那位兽医用的分量已经超过了正常用量的二倍,而书上说,如果超过用量,病人会浑身关节疼痛,四肢无力,严重者会因此死亡,真是不看不要紧,一看吓一跳,让陈立夫出了一身冷汗。还有一个例子也很有说服力,中国西化知识分子龙头老大胡适,因患糖尿病,西医束手无策,北京协和医院的西医对胡适说:"是糖尿病也,不可为矣,速预备后事。"一向认为中医不是科学的胡适在生命垂危之际,转而求助于名中医陆仲安,陆仲安居然治好了胡的糖尿病。胡在感激之余,写了一篇文章,希望有朝一日能够看到中药的化学成分被分析出来并得到运用。

陈氏兄弟虽然相信中医,但他们所掌握的乃是党务大权,立法、行政大权则无缘染指。立法院先后为胡汉民、孙科控制;而教育、卫生行政主管官员基本上都是留学国外、信奉西医的西化知识分子。陈氏兄弟虽然名声显赫,但要

第十五章 台湾中医中药事业的守护者

殺人方法愈少愈好，救人方法愈多愈好，中國醫學自成完整之體系，西醫不知加以研究而思毀之，其愚孰甚！

立夫

陈立夫手迹

干预教育、卫生行政却又有些鞭长莫及。不过，陈氏兄弟也利用他们的影响，为中医的维持做了不少工作。

1930年1月，全国医药团体联合会的裘吉生、蒋文芳、汤士彦等提议援国术馆成例，成立中央国医馆。1930年5月7日，陈果夫、谭延闿、胡汉民、陈立夫、陈肇英、朱培德、邵元冲、焦易堂等人联名向国民党中央政治会议第226次会议提交了设立国医馆，"以科学方法整理中医学术"的提案，获得通过。并据此于1931年8月正式成立中央国医馆，陈立夫任理事长，彭养光为副理事长，焦易堂为馆长，陈郁、施今墨为副馆长。中央国医馆是一个半官半民、半行政半学术的机构，职权不清，作为不大，加之中医界内部的派系矛盾，使国医馆形同虚设。

1933年6月，石瑛、陈果夫、陈立夫、焦易堂、叶楚伧、邵力子等29名国民党中央执监委员联名向国民党中央政治会议第360次会议提交了"提议制定国医条例拟责中央国医馆管理国医以资整理而利民生案"。国民党中央政治会议将提案批交内政部、教育部审议，但行政院和内政部、教育部都不支持该案。当时的行政院长汪精卫是极端反对中医的，他说："国医言阴阳五行，不重解剖；在科学上实无根据，至国药全无分析，治病效能殊为渺茫，本人患病经验，深受国医国药之误。"6月27日，汪精卫主持行政院第112次会议将石瑛等人的提案否决。国民党中央政治会议又将该提案转立法院法制委员会审议，焦易堂是立法院法制委员会委员长，在焦易堂的张罗下，提案在立法院法制委员会第43次会议上获得通过。但汪精卫却致函立法院长孙科，称："此事不但有关国内人民生命，亦有关国际体面，若授国医以行政权力，恐非中国之福。"并嘱孙科"设法补救"。

1935年11月，在国民党第五次全国代表大会上，拥护中医的势力请出爱打抱不平的冯玉祥，由他领衔，联合海内外代表81人联名向大会提出"政府对中西医应平等待遇，俾宏学术而利民生案"，要求将立法院已经通过的"国医条例"予以公布实施。迫于压力，南京政府于1936年1月22日颁布了《中医条例》。但随后，行政院又通过一项"中医审查规则"，由卫生署公布施行。这个审查规则实际上将"中医条例"完全推翻，这又引起了中医界的强烈抗议。

1937年2月，在国民党五届三中全会期间，由湖南中医学界发起，全国中医界组织请愿团向国民党五届三中全会请愿。在五届三中全会上，对此有激烈

1930年陈立夫夫妇的合影

的争论，教育部长王世杰重申中医不合科学，国民党元老张继当场起立驳斥，会场气氛相当紧张。经过激烈的争论，五届三中全会通过了焦易堂等53人及李宗黄等38人分别提交的"责成教育部明令制定中医教育规程，编入教育学制系统"及"实行五全大会中西医平等待遇决议原案案"。

在这场维护中医权利的斗争中，焦易堂等人站在前台，而陈果夫、陈立夫及张继、冯玉祥等一批人站在后面予以支持。1933年10月，陈果夫出任江苏省政府主席后，创办了江苏医政学院以示对中医的支持。

1938年1月，陈立夫出任教育部长后宣布改组教育部医学教育委员会，下设护士教育专门委员会、助产教育专门委员会、牙医教育专门委员会、药学教育专门委员会、中医教育专门委员会，为中医教育争得一席之地。陈立夫加聘焦易堂、陈郁、饶凤璜为教育部医学教育委员会委员，并指定陈郁为七名常委之一。

1939年2月，医学教育委员会举行会议时，陈郁提出中医专科学校暂行课程表草案，并说明理由。西医委员颜福庆、李宗恩、戚寿南、胡定安等均表示反对，焦易堂、饶凤璜加以反驳，该会主席团将两派意见整理后呈请陈立夫部长裁决，陈立夫当然是站在中医一边，径以部令将此项课程表公布施行。陈立夫利用他主管教育的权力，为中医教育合法化做了很大的努力。

1944年11月，陈立夫交卸教育部长转任中央组织部部长后，继任的教育部长是陈立夫的对头朱家骅。朱家骅是留学德国的博士，是中医的反对者；卫生署、卫生部主管官员金宝善是日本千叶医学院、东京帝国大学传染病研究所的毕业生，周诒春先后获得美国耶鲁大学和威斯康辛大学的学士及硕士学位，林可胜则先后获得英国爱丁堡大学内科、外科学士，哲学与科学双博士，后赴美国芝加哥大学从事研究工作，这些人都对中医无好感。因此，1945年后反中医的事件又屡屡发生。1946年1月，杭州市卫生局实行污辱性的中医登记，公然在中医执照上加盖"中医不准使用西药以及注射器具，违则吊销执照，撤销资格"，以示歧视。1946年2月，教育部训令上海市教育局取缔上海中医学院及新中国医学院。次年2月上述两校及中国医学院均被勒令停办。同年，四川省教育厅取缔私立建民中医专科学校，广东省教育厅取缔光汉中医专科学校。1946年6月，南京国民政府卫生署通令各省市卫生局，规定中医不得再称医师，公然否认了1943年公布的医师法。同年11月，南京国民政府卫生行政会议决议，严禁中医使用新药。总之，直到国民党统治在大陆垮台为止，中医的处境是越来越困难。

第二节　担任台湾"中国医药学院"董事长

随着历史的沧桑巨变，中医在台湾也是几起几落。台湾作为中国领土的一部分，很早就与大陆有着文化上的联系。据现存史书记载，中医药传入台湾，最迟不晚于南明永历年间（公元1647—1661年）。清代范咸等人修订的《重修台湾府志》中，记述了南明永历年间，浙江鄞县人沈光久到台湾从事教读，兼以医药活人的事迹。其后，经过从大陆赴台的范元成、陈直卿、林元俊、陈自新、陈思敬等著名中医和台湾当地人民的共同努力，清朝一代，中医药在台湾有了很大发展。据1897年（清光绪二十三年）的调查，当时台湾有中医师1070人，其中博通医书，讲究方脉，有良医之称者29人；以儒者而从事医疗的91人；操有秘方，为祖传世医的97人；有文学素养，从医家传习若干方剂的有829人；其他24人。

第十五章 台湾中医中药事业的守护者

1894年发生的中日甲午战争以中国惨败而告终，1895年4月17日，清政府的全权代表李鸿章与日本内阁首相伊藤博文在日本马关签订了中日《马关条约》，中国承认朝鲜完全"自主"；中国割让辽东半岛（后在俄、德、法列强的干预下，由中国出资白银3000万两赎回）、台湾、澎湖给日本；中国赔偿日本军费白银二亿两。日本根据此条约夺去台湾、澎湖后，在长达50年的殖民统治中，对中医采取了严厉的消灭取缔政策，中医不能挂牌行医，中药也只能以草药摊的形式存在。到1945年8月，台湾、澎湖光复重新回到祖国怀抱时，台湾持有从事中医业务许可证者仅数十人，台湾的中医药事业受到严重摧残和扼杀。

1949年，国民党退守台湾后，台湾当局仍沿袭在大陆时期所实行的一系列限制和歧视中医的政策，在很长时间里，台湾没有一所培养中医人才的高等学校。

1955年9月，台湾中医界人士覃勤、陈固、陈恭焰发起创办私立"中国医药学院"。1958年6月。台"教育部"批准成立；7月，成立学院第一届董事会，由覃勤任首任董事长兼院长。同年10月，学院首届招生，招收医学系两班，药学系一班。1966年，学院设立中医学系，成为台湾中医正规教育的唯一学系，每届毕业生40人。学院创办之初，规模很小，教学条件也十分简陋。1961年7月，第二届董事会成立，由杨肇嘉任董事长。1969年9月，由台湾知名人士谢东闵任第四届董事会董事长。当时的台湾是西医的一统天下，中医中药的生存空间并不多。台湾一般人认为中医不科学，很少有人相信。加之学院主持乏人，内部常发生纠纷，台湾"教育部"乘机派人组织董事会，15名董事中有9名西医，这无异于是以西医攫夺中医学院，学院创办后的十多年里，发展步履艰难。

1972年6月，谢东闵出任台湾省"主席"，宣布辞去兼任的"中国医药学院"董事长职务，蒋介石决定让陈立夫接任。蒋介石把陈立夫召去，对他说："中国医药学院按照'教育部'之处理办法，必将垮台，只有你去，才能挽救，中医欢迎你，西医不便反对你，因为你一向为中医说话，却是学科学的。"陈立夫谦辞一番后，遂走马上任。

陈立夫到任后首先改组董事会，15名董事中，陈立夫选了五名中医、五名西医，另有五名相信中医的社会名流，陈立夫任董事长，另聘教育专家郑通和为院长。班子搭起来后，困难还有不少，当时的台湾找不到中医教授，也没有教材，中医学院毕业生不受台湾各公私立医院的欢迎等等。陈立夫没有因此打退堂鼓，他利用自己在台湾岛内极为有利的人脉资源及其国民党内的元老地位，带领学院领导班子成员克服了无数困难，让学院走出低谷，一步步发展壮大。

为使"中国医药学院"的发展有章可循，陈立夫上任首先拟订了16条教育方针，提出以"融汇中西医药而创立新医学体系"的办学宗旨。据此，陈立夫又主持制订了中医学系课程表，并与台湾当局"考试院"洽商，获准该中医学系毕业生获得中医师执照后可参加检核考试。同时，陈立夫还从香港聘请数位中医教授，并聘请担任中医师考试典试和襄试委员者到学院任教，以加强学院的中医师资力量。聘请中医药教授编写教科书，改变了中医学系无系统教材的缺陷。陈立夫还鼓励中、西医教授合作研究，使中西医汇通，为建立新的医药体系而努力。1972年8月，学院成立针灸研究中心、抗癌研究中心及中国药材研究中心等，在中医高级人才培养方面，学院下设的中国医药研究所于1975年开办硕士研究生班，首届招收研究生二名，到1987年，已培养63名硕士研究生。1988年9月，又开办了博士班，首届招收博士生三名。至此，形成学士、硕士到博士的完整的中医教育体系。

为了加强学院的硬件建设，陈立夫决定筹建基础医学大楼，并亲自出面筹集资金，1975年6月，基础医学大楼建成并成立了各种实验室和研究室。1980年11月，学院第一附设医院在台中落成并交付使用，这是台湾第一所正规的中医医院。投资2.2亿元新台币，拥有500张床位，成为台湾最大的中西医结合的综合性医院。该医院建设资金除由台湾当局资助9000万元新台币外，其余都是由陈立夫出面募捐而来的，其中有陈立夫多年为他人题词作序之润笔费1200万元新台币。

1982年，蒋经国建议在朝天宫兴建北港妈祖纪念医院，但因故停工三年。几经斟酌，陈立夫同意接办妈祖纪念医院作为"中国医药学院"的第二附设医院，并征用26公顷土地开辟第二校区。陈立夫出面向台湾当局争取3.7亿元新台币投入，并向社会广泛募捐，于1985年建成"中国医药学院"北港校区，成立中正医学中心,该中心下设教学部——"中国医药学院"北港分部，医疗部——拥有460张床位的妈祖纪念医院，研究部——立夫医药研究部。同时还有图书馆及博物馆各一所。现在，"中国医药学院"拥有七个系（即医疗系、药学系、中医学系、牙医学系、护理系、公共卫生系、医事技术学系），一个分部（即北港分部），四个研究所（即中国医学、中国药学、药物化学及医务管理学），两个中心（针灸研究中心，推广教育中心），两个附设医院（即台中的第一附属医院，北港的第二附属医院，或叫妈祖医院）。私立的"中国医药学院"已成为台湾规模最大的医学院校。

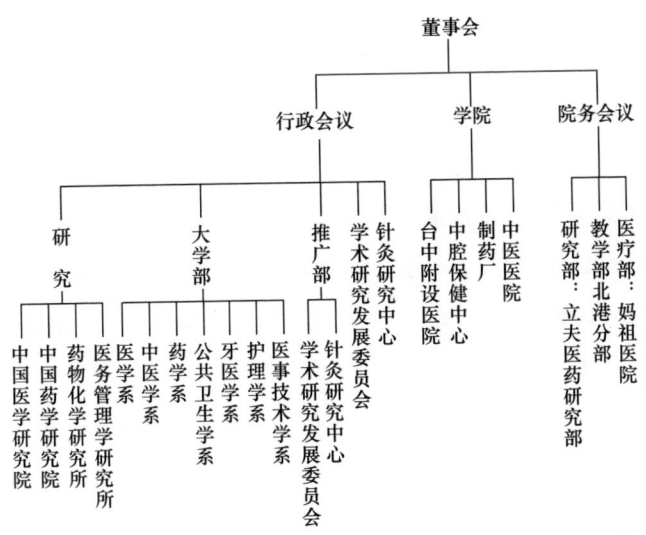

陈立夫的大手笔，无疑是老蒋和小蒋两代"总统"特别关照的结果。陈立夫在回忆录中说："十余年之苦干，足以答谢蒋公之知遇矣！"可以说，没有陈立夫，就不可能有台湾"中国医药学院"发展的今天。

在陈立夫去世前后，"中国医药学院"又发生了风波。台湾《联合报》报道如下：

中国国民党元老陈立夫昨晚在他担任董事长的中国医药学院附设医院病逝，在他辞世前夕，他的三子陈泽宠却与学校发生严重的意见冲突。陈泽宠昨晚在医院说，他什么都不想谈。

陈立夫卧病期间，陈泽宠一直守在病房照顾。陈泽宠去年12月12日曾在报上刊登半版广告，指称中国医药学院早年经营陷入困境，由教育部接收，民国61年，政府将学校交给他父亲陈立夫整顿，近30年努力，才有今日的规模，但是学校董事会被别有用心人士利用，出现诸多怪事，希望教育部尽速委托会计师清查学校和医院七年来的账目,让财务透明。

中国医药学院认为陈泽宠对学校误会甚深,曾提出解释,但是陈泽宠不采信,其间有诸多流言,连学校老师也意见分歧,教育部后来曾到学校和医院查账,迄今还没结案。但据教育部官员透露,初步尚未发现大问题。

缠卧病榻的陈立夫对于儿子和学校之间的纷争是否知情,家属和校方人员都说"略有所知";至于陈立夫比较赞同哪一方,双方说法不一。

陈泽宠与中国医药学院的争执陷入僵局,外传陈泽宠是想接替陈立夫成为学校董事长,但陈泽宠昨晚严正否认。

陈泽宠在其父陈立夫去世后,对记者发表谈话称:"父亲生前总是念兹在兹,不敢忘记是先'总统'蒋公请父亲接下中国医药学院,当时学校状况不好,父亲拼了命去做。""父亲生前念念不忘把中国医药学院还给政府,变成'国立'大学,他会继承遗志。"

陈立夫任"中国医药学院"董事长30年,为台湾的中医药事业做出了杰出贡献,岛内中医界人士推崇他为中医的"守护神"。曾任"中国医药学院"院长九年的陈梅生1999年5月14日在"陈立夫先生百岁华诞口述历史座谈会"上说:

> 中国医药学院,是陈立夫老年时期专注事业之一。中国医药学院原来问题不少,他一担任了董事长,所有困难,慢慢一一克服。现在中国医药学院是全台湾10所医学院中,学生人数最多的一所学府;附设医院在中部地区,是每日门诊人数最多的一所医院。两个单位,为了庆祝立公百龄高寿,都在大兴土木,医院在造一栋地上12层、地下4层的大楼,完工后,将是中部地区最大的教学医院。学院亦在兴建一栋地上15层、地下3层的教学大楼,完成后,教学品质将大大提升。有人说,中国医药学院原是先天不足后天失调的一所学府,完全是由立公一手在这20余年里辛勤督导改变过来的,这完全是事实。

> 中国医药学院,是一所普通的医学院,别人有的科系它都有,但它是唯一设有中医学系,及中医研究所的学院。由于立公一生提倡中医,对我国中医所做的贡献,大家就推想与立公有关的医学院,应该就是中医学

院。其实"中国"是名字，如台北医学院名叫"台北"，高雄医学院叫"高雄"，"中国"两字翻译成英文，在外国比其他医学院更有名声，因为CHLNA比较口熟。因立公对中医界的贡献大，中医界人士都推崇他为中医的"守护神"。

在陈立夫的努力下，也由于"中国医药学院"及附属医院的良好表现，中医逐步赢得了台湾民众的信任，中医在台湾岛内也逐渐站稳了脚跟，中医在法律上的地位也已经确立。1983年7月，台湾第一家公立中医医院——高雄市立中医医院成立开张。1989年，台北市也开设了市立天母中医医院。从1984年起，台湾省立、市立医院分别设立中医部的有省立嘉义医院、省立基隆学院、省立花莲医院、台北市立和平医院等。此外，台湾"卫生署"还协调"台闽地区劳工保险局"在台北市立和平医院、台北"中国医药学院"附属医院、高雄市立中医医院等87家中医医院试办了劳保中医门诊。当然，在台湾，中医要取得与西医同等的地位，还有很长的路要走。

第三节　主张中西医结合，创立新的医学体系

陈立夫既是中国传统文化的守护者，也是中医药文化的守护者，他对中医药文化有着很深的感情，他特别反感那些武断地指责中医"不科学"的人。

1970年2月，陈立夫发表《我对于中西医药的看法》的演讲，挺身而出为中医打抱不平。1978年，陈立夫在《我的信仰和希望》一文中指出："我是采矿工程师，对于科学并不陌生。我深恶不学而好武断的人，所以我反对对于未读过一本中医药书籍的人，就一口认定中医为'不科学'。科学必须根据事实，无事实而遽作结论，其本身头脑就是不科学。"

陈立夫关于中医药文化的论述涉及多方面，下面作一简单介绍：

中医的理论基础是《易经》，这是陈立夫在许多文章及场合反复强调的一个思想。

陈立夫指出："西方医学的基础无疑是自然科学；中国之医学则根据《易经》（The Book of Change）。但很可惜的是自民国8年'五四运动'后，国人

反对线装书，中国的四书五经，大家都不念了。其中最难而有'经中之经'之称的《易经》更少人加以钻研。中国医药均源于《易经》，由于不信《易经》及其他五经，导致中医基础的墙脚被挖除了，要协助医药界解决此项问题，必须从根救起，即由研究《易经》开始。"他说："《易经》讲的是三样东西——数（Mathematics）、理（Physics）、象（气象、天象），西方自然科学则为——数、理、化（Chemistry），两者虽仅一字之差，但影响极大。中国之《易经》，开始就应用到天文、星象、气象、历数、季节、气候这一套东西，而且都有创见，在世界学术方面是比较前进的，你们如果研究《易经》，可发现上面记载很多关于天文的知识。日本天文学大家——荒木俊马是全世界的天文学权威，曾赞誉我国《易经》所记载天文知识的精确，而对中国人未能善加珍惜，予以进一步的研究，深感不解，极为惋惜。由于《易经》这本书今日很少人研讨，所以凡有关天象的变化、气候及季节与人生的健康种种关系，已不得为人所重视了，此一巨著直到尧帝1700余年以后的孔子，才将天道（即《易经》所阐扬的）及人道之理一以贯之。以乾卦为例——'天行健，君子以自强不息'，前者是天道、后者是人道，就此每卦都贯通了，所有中国学问，尤其是老子思想，可谓完全由《易经》演变而来。凡动的东西，如太阳系中之地球及金、木、水、火、土五星、海王星、天王星等，其每位星球均能各得其所，循序运转，即赖每一单位自动及相互的调整（Adjustment），一方面要求其自动，一方面要求与其他动体得到平衡，使达到动的平衡（Dynamic Equilibrium），如此才能共生共存，故言'致中和，天地位焉，万物育焉'，致中和这三个字，就是以人的力量达到动和平衡。人体亦然，如心、肝、脾、肺、肾等各个动的部位，只要有任何一部位失去平衡（Equilibrium），则产生疾病，必须用药来恢复（Resume）它的平衡而恢复健康。凡是一切动的东西皆根据《易经》的原理演绎而来，可见《易经》实在是一本太了不起的书。"

在《中国医学理论基础》一文中，陈立夫再次阐述了这一思想，他说：

中医学的理论基础，建立在《易经》的思想及其理则上。

《易经》的最高理念，就是所谓"道"。

所谓从"无极"而"太极"又是什么？用现代的哲学名词来说，就是从不存在而至存在的"绝对本体"。

体悟"道"的存在，必须具有最高的智慧，以最高的精神修养，完成动力直观的作用，才能有所了悟。

因此，《易经》的理念，超越科学，也超越了哲学；但是，它也能容纳科学，容纳哲学。

从"无极"而"太极"，太极静而为阴，动而为阳，易曰："一阴一阳之谓道。"所以，相对也就是绝对。

"阴阳不测之谓神。"为什么？阴阳为何不测？因为这是绝对本体的作用。

易系辞传："生生之谓易。"一阴一阳，动静不已；作无限的展开，这就是绝对本体的绝对能量的显示。

所以，阴阳的变化也是无限的！

中医学的理论，就是以《易经》的最高理念为基础而展开。

《易经》的思想及其理则，以阴阳五行学说为核心，中医学也由此而形成它的体系。

阴阳的学说渊源于《易经》：

"一阴一阳之谓道。"《系辞上传第五章》

"是以立天之道，曰阴与阳。"《说卦传第二章》

五行始出于书经洪范篇：

"水曰润下，火曰炎上，木曰曲直，金曰从革，土爰稼穑。"

国语上也有：

"故先王以土与金、木、水、火杂以成物。"

阴阳五行学说，在春秋战国时期，已行于社会。但最盛的时期，则在汉代。（参阅董仲舒春秋繁露及淮南铨言训，阴阳终结篇。）

中医学的理论体系，从内经到以后历代的医学著述，都是运用阴阳五行学说作论理工具而组成。这是中医学的主要部分。

陈立夫还严厉批评了那些轻薄祖先的不肖子孙：

近世国人中自身愚蠢之流，不信其祖先之智慧有如此之高，自身习少许自然科学，亦不信其祖先有科学之脑筋，自卑心理日炽，自信心全失，心死之哀，莫大于此。殊不知吾祖先之所以能在医学上有如此伟大发明者，以其早已发现了宇宙间生存之原理——《易经》，与最新"量子力学"之创造人，丹麦大物理家宝雅教授的学说——测不准定律，颇为近似。盖二者均阐明宇宙是无时无刻不在动、不在变，《易经》乃在千变万化之中，寻求其不变之法则，以应用于万有生命寻求生存之道，而测不准定律，则在证明万有生命在变动不息之情况下，一切测度，是不准确的，所幸《易经》一书，未毁之于秦火，本此最高之生存原理，应用于宇宙与人生，遂有"致中和，天地位焉，万物育焉"之结论。

由此结论，从数、理、象三方面，遂产生天文、气象、数理、兵学、医学等等。在一切在动变的宇宙中，人体好比一小宇宙，无时无刻不在变动，亦无时无刻不需要调整——致中和，一旦失去中和，即称为病，使之回复中和，即称为康复，因此，对于体内相关之部门，研究其相生相克之关系，遂有阴（——）阳（—）消长之阐明，更有五种基本动态——五行———之发明，即谓此种继续不断调整（时中）之行动，有时须向上（以"火"有炎上之性作代表）；有时须向下（以"水"有润下之性作代表）；有时须伸展（以"木"有向四方伸展之性作代表）；有时须收敛（以"金"有凝聚结晶之性作代表）；有时须中和（以"土"有平而不倾之性作代表）。五行者，合而言之为一正弦弧之波，分而析之，则为用以调整之各种不同之力也，每一药物在人体内走何种经脉，对某部门生何种力量，均须作详尽之研究，具物理化学二者之功能，以治疾病者也。其为植物，则其根、其茎、其叶、其花，各依其性质而分别其用途，毋使稍有错失，中医药之理论基础，大概如此，谓其不合科学得乎？

中医有此基础，正如西医之有数理化为基础，唯二者各有其体系，他日必有才智之士，希望出自本院，能使此二者融会贯通，可以预卜，而此一贯通，将使医学大为迈进，亦可预卜，盖人虽为万物之一，然终与物质有所不同，中医以人视人，西医则以物视人，二者各得真理之一半，而未得其全也。苟以往中医无一理论为基础，其安能言之成理，行之有效乎！民族繁衍至八亿之众，初无倚赖外来医药以保健，抗外力之侵凌而不屈，其理何在？其碰巧乎！则五千年之碰巧，有可能乎？其不科学乎！则科学不能离事实而独存，其缺少者，"知其所以然"之部分，有待吾人之实验与补充说明而已,此则不足为古人责,乃在自愧与自责耳。

陈立夫认为,西医以自然科学的数、理、化为基础,而中医以生存原理的《易经》之数、理、象为基础,两者各有所长,各有所短。中国文化是崇尚王道而贬黜霸道的,所以医学亦不能例外。譬如说:有人生了肝炎,西医就以肝的功能及验血入手;中医则可能从脉搏系方面认清其病源,在肠胃,就先医肠胃,则肝疾自愈。其着眼在全体而不在局部。疏导重于克制,这显然是用王道的方法来处理的。细菌之学,中国亦有所发现,不过他认为若能造成细菌不能生存的环境,则细菌自然消灭,不必一定用警察捉强盗的方法,才能解决问题。他说:如果双方以宽大的胸襟来研究对方的理由及方法,一定会得到更大的医治效果。

他主张一方面把中医理论以现代方法予以阐释,对中国药物予以科学分析和实验;另一方面接受西医之长,使中西医合一成为世界进步之医学。

1986年5月,陈立夫在台湾"药师节"庆祝大会上所做的《弘扬祖先的智慧,创造世界最新的医药学》演讲对此展开了论述:

> 在中国的医书中常会提到天气的各种变化影响人的身体健康;西医则研究如何用药物将病菌或Virus杀死。此两种方法均很好,前者是造成一种环境,使病菌不能存在;后者是拿另一种东西,使其相克将它杀死。所以中医是"致广大",西医是"尽精微",两者均仅执真理之一半,中医知道一半,西医知道一半。所以我主张中医和西医合起来,则世界新的医学始能产生。传统医学与现代医学怎样配合起来,是本人最感兴趣的问题,因此我在中国医药学院常提倡的两句口号,即为"中西医一元化"、"中医现代化"。我所以不讲中医科学化,是因为中医本身即很科学,如中药将花、叶、根、茎各药用部位的生活效能分得很清楚,这就是科学;又如大黄用得少会健胃,轻度利尿,过量又会引起腹泻。这些都是累积几千年的人身实验所得到的科学实验结果。很多人对中医不了解,就遽下"中医不科学"之果断判语,这种成见是科学家所反对的。对不懂的东西,不只知批语而不予研究,我们老祖宗以生命换取的宝贵经验,国人怎可将它看成一文不值,这点我不赞成的。我认为文化这种东西,其所有的发

明，无论精神或物质的，一定先会用到医学方面，如X光，及最新的激光（Laser）等，并不是医学家发明的，但现在特别广用于医药界。中国文化相当卓越，只要对中国文化稍有研究者，均会赞同我如下的看法——中国文化才是人类生存之最高原则。既然如此，怎可谓起源于此的中国医学不科学，而予以抹杀呢？这实在没有道理。因此今天希望各位药师，包括在座的中国医药学院毕业的药师们（他们在校都学了些炮制等中药课程），在西药方面也要有所发明，不要一味依赖人家，我要提醒各位两句难听的话"中医靠祖宗吃饭，西医靠外国人吃饭"，有鉴于此，我们要设法创造自己的东西，不要仅是靠人家。孙中山先生曾告诉我们的文化政策为"将中国固有之德行智能，从根救起，将西方之物质科学，迎头赶上"。好的东西我们应该用来帮助人类，不好的地方应该努力学习人家，但切忌拿别人的东西来砸自己的东西，这是最不应该最错误的观念。我常举一个简单的道理——我有"X"，你有"Y"，假如我有一天有了"X"+"Y"，则我一定胜于你，今天文化复兴运动所讲求的即是将本身好的"X"发扬光大，把别人好的"Y"迎头赶上，则中国文化自成了"X"加"Y"，而一定优而大于人家的"Y"了，但有一例外，假如我们自己看不起自己，就是自己把"X"变成零（Zero），甚至变为负数（Negative），那么即使"X"加了"Y"还是等于"Y"，结果绝对不会比人家好到哪里去。因此希望各位药学专家能够每个人都是创造者，不管学中药也好，西药也好，其实中药只缺乏一种科学的说明，不是不科学，而是需要加以现代科学的方法补充说明而已，当然其中困难很多，因为中药大部分属于有机化学（Organic chemistry），到今天为止，有机化学比起无机化学（Inorganic chemistry）还是落后一些，如CHO，$C_3H_5O_{10}$，$C_5H_{10}O_{12}$等里面牵涉到各种各样的变化，如将其十样药放在一起，会发生何种化学作用，人们还是不完全知道，所以外国人研究中国的药方，总是做不好，因其成见很深，常把一个方子里面所有的药分开来一样一样去试验，这种方法不对，必须合在一起才有功效。假如今天叫我陈立夫去做一件事，我做不好，叫吴部长去做，他亦做不出来，叫范理事长去做，他也失败了，如果叫我们三个人一起去做，就能把这个事做成功。为什么？这就是合力的结果（Resultant of all the forces combined）。换言之，必须将所有力量结合起来，这才是真正的力量。中国的医药为何能医病，这是一项很大的证实工作，仍有很长的路要进行，我们现在有了结果，但还要更进一步地去求证（Prove）才知道其结果是怎样得来的，这是很重要而繁杂的工作。

1972年10月11日，陈立夫在台湾私立中国医药学院做了《新医药学之展望》的演讲，陈立夫进一步阐明了中西医结合、复兴中医的思想。他说："中医之复兴，是中华文化复兴之一环，他绝对不是复古或排外，但也不同意于媚外而排内，而是融会中西医药学二者之所长，以创造世界最新最进步的医药学，以福利人群。根据我上面所说的'真理无中西之分，文化成果应为全人类所共享'，西医今日所用的一切工具和材料，大部分为其他科学专家所发明，非西医所可自诩为独有，中医尽可使用，盖凡能有助于望、闻、问、切者，均应学习与应用，此即所谓迎头赶上，以助益诊断之功能也，中医西医二者苟能切实合作，必能开启新医学光明之门……"

1985年12月23日，陈立夫为台湾《中医药周刊》创刊纪念题词："中医中药有待于吾人以现代文字加以说明，以现代实验方法加以分析，故曰：'中医现代化'为此，则中西医互知对方之所长，不复歧视，相互合作，以救世人，故曰：'中西医一元化'。"

1990年11月25日，陈立夫又为台湾"第三届世界中医药学术大会暨国际针灸研讨会联合大会"开幕题词："使中医药现代化，进而使中西医一元化，是将促进世界新医学之早日产生，以标人类之疾苦。"

陈立夫还说："活人方法，愈多愈好；杀人方法，愈少愈好。中西医学既是各有所本，何必用西医以打击中医，而不能相互合作，各显身手？"

总之，陈立夫反复强调的都是一个中心思想，即中医现代化和中西医一元化。

1978年，陈立夫在台湾"中国医药学院"成立20周年纪念大会上的演讲中，提出了系统整理中医文献的思想。他说："中医药书籍共有多少？目前手边无统计材料，唯从美国普林斯顿大学图书馆中的'盖斯'（Gest）中文图书馆所搜藏的中医药书之数量看来（其收藏之丰富仅次于北京图书馆），数可惊人。该馆曾聘请胡适之先生前往整理，花了两年时间，仅制成了目录一份而已。因为吾国医药发达极早，历代均有不少名医且有著作，略举数例如下：春秋战国之扁鹊；汉之华佗、张仲景；魏晋南北朝之王叔和、皇甫谧、葛洪；隋唐之巢元方、孙思邈；宋之庞安常、王惟一、钱乙；金元之刘守真、张子和、李东垣；明之王肯堂、杨继洲、张景岳、李时珍；清之叶天士、喻嘉言、吴鞠通；民国之恽铁樵、陆渊雷等。吾人对名医精心杰作之医书，是否弃之如敝屣？抑以吾人今日之科学知识，予以整理，使中国医生（不论中西）均能读懂，庶有助于中西医合作之功。这是在文化复兴运动中，一件极重要之工作。"

陈立夫在为《伤寒论科学化研究》一书所写的序言中重申，系统整理中医文献，是"迫不及待"的一件工作。他说："中国医学，肇源上古，集大成于秦汉，先以《内经》奠定理论之基础，继有《伤寒杂病论》首创疗治之法程。唐宋以还，名贤辈出，杏林橘井，誉重乡邦，对我中华民族数千年来之保健大业，厥功甚伟。惜《内经》文辞古奥，理义深邃，非人人所能畅晓，除医中之佼佼者，难得其神髓，且仅具理论体系，而少治疗法则，间多望洋兴叹，茫无所措之慨。迨后汉长沙太守张机仲景氏，吸取传统理论之菁华，与先人长期实践所得之经验，以阴阳学说为病理之最高指导原则，脏腑学说为病理之物质基础，五行气化为病理之机转法则，整体制约为病理推论之重要观念，并以四诊为手段，八纲为准则，辨证而断病理，分经而定疗法，依法而选方配药，期达扶正而抗邪，祛病而复原之目的，首创中医六经病理学之临床宝典——《伤寒论》。共订397法，113方，经千余年来之临床实践与考验，足证其理论法则，思想逻辑，具科学性、卓越性、正确性、实用性与指导性，迄今仍为广大中医学者所遵循之规矩，实乃'开万世之法程'之最杰出医籍经典，故日人多村栲窓云：'医之有伤寒论，犹儒之有语孟也'，时逸人亦曰：'废《伤寒论》则六经不传，废六经则中医失传，谓中国之医学，即六经医学，亦不为过'，可见《伤寒论》在我国医学史上之重要地位矣。""惟原书经三国战乱，散失不全，虽经晋太医令王叔和采集编次，未复其旧。况增序例，脉法及证似伤寒之痉、湿、暍于卷首，集可不可汗、吐、下于卷末，移杂病之霍乱于卷中，使鱼鲁豕亥，混淆不清矣。再经六朝灾变，隋志云亡，江南诸医，秘而不传。至宋阁臣林亿等校正，金成无已注解，且作明理论，开后世注释《伤寒论》之先河。而今有文献可考者，三百余家，其中发微阐幽，光大本旨固多，而臆说偏见，错柬改窜者，亦复不少，且都限于传统理论，而少现代科学知识，故仍未能适合于时代需要也。现代医学，以浅显之理论，实验之数据，特效之药物，简单之服法，而获社会大众所接纳，且有国家法令之支持，遂使以古医术语而不易了解之传统医学，徒负民族保健荣誉而日渐式微，良可惋惜。故中国医学之整理与科学化，则迫不及待矣。"

陈立夫在大声呼吁的同时，也身体力行。1989年2月，他担任了台湾"中国医药典籍整编委员会主任"，为中医古籍的标点、整理、研究和出版做了大量工作。

第四节　呼吁和敦促台湾当局重视中医药

陈立夫在台湾有其特殊地位。在国民党内，他是"中央评议委员"、"中央评议委员会议主席团主席"；在政府里，他是"总统府资政"。论人事关系，他是老"总统"的旧臣，新"总统"的兄长，分量都不轻。

在医药方面，陈立夫除担任"中国医药学院"董事长外，还担任台湾中医药学会、台湾中医师公会、台湾《易经》学会、"中华针灸科学研究基金会"的名誉理事长、董事长以及"中国医药研究基金

陈立夫70岁时与夫人孙禄卿的合影

会"董事长、"中国医药学院中国医药抗癌研究中心"主任委员、台湾"中国医药典籍整编委员会"主任委员、台湾中西医合作推行委员会主席、"财团法人中国医药研究发展基金会"董事长。可以毫不夸张地说，陈立夫是台湾中医药界的坚强后盾和精神领袖，没有陈立夫的惨淡经营，也就不可能有台湾中医药业的逐步恢复和发展。

在30年里，陈立夫利用自己的特殊身份，为台湾的行政、立法和卫生、教育主管机关呼吁，要求重视和支持中医药事业，为改变中医药在台湾受歧视的局面发挥了决定性的作用。

陈立夫将中医的复兴看成是中华文化复兴的一个重要组成部分。他在一篇文章中写道：

> 吾人致力于中医之复兴，以补助世界医学之不足，实为明智之抉择，唯如何始能达此目的耶？
>
> （一）集中有志于改进中医学之人才，于国立中医药研究所，整理出一套适合于现代教学之中医药文献，使西医能阅读，使学校能用以作教材，并译成外文，使外人亦能与我共同研究，唯须由"国科会"及"教育部"给予充分经费。
>
> （二）如"教育部"无力自办中医药学校，应以适当经费补助私立中国医药学院，使之充实设备，提高研究水准。
>
> （三）"卫生署"必须改变态度，使中医委员会能有经费做工作，配合以上两机构，促进中医之进步，并成立中医医院，与其他医院切实合作，治疗难治之症，进而贡献于世界，苟能如此，则西医之成见自去，合作之效果立见。
>
> （四）中医必须虚心补习现代知识，西医必须具有信心为中国争光，二者精诚合作，共为人类谋福祉，今日吾人所缺者为"立志"，而不是缺人与缺钱也。
>
> （五）"国家"由农业进入工业化，时间日见宝贵，中医制剂之革新，基原之鉴别，品种之改良，成分之分析，毒量及有效量之测定，标准之法定，药理之实验，人工合成与结构之改造等等，均须切实进行，可责成研究所与学院合力为之，如能成立一完善之生化研究所，则更易举矣。

（六）"立法"机关，过去对于中医药如此重视，希望能更进一步，在其职权范围内，无论在精神上或物质上，助成以上各项之实现，中医药复兴，实利赖之。

1986年3月29日至31日，国民党在台北召开第十二届三中全会，陈立夫向全会提交了《检讨本党以往漠视中医之缺失及谋补救之道》的提案，后收入《弘毅斋艺文集》时改为《中华文化复兴之一重要环节——中西医理论体系之发现及中西医合作之必要性》。陈立夫在提案中向台湾当局提出以下六点发展中医的建议：（1）正式声明，政府对中医西医采平等政策，双方应相互合作。（2）在卫生行政方面，应任用中西医专家分掌中西医行政事务。（3）在教育方面，应采中西医双轨制，中医系必须授西医全部必修科，反之亦然。俾能融合中西，创立新医学，以造福人群。（4）扩展医学院之中医中药研究所，俾大学毕业生有志于中医者得有机会深造。（5）宽筹经费，充实公私中医研究所，迅速以科学方法完成中医之理论体系，及中药之研析工作。（6）如能成立"国立"中医大学，则更合乎理想。

提案还说：本案如蒙全会接受施行，可得如下之结果：（1）结束以往67年政府对中医所采之错误政策。（2）实践总理"革命为打不平"之理想，使中医不复受不平之待遇。（3）为中医建立科学的理论体系，使西医不复以"不科学"视中医。（4）中西医从此能精诚合作，共为人类谋福利。（5）适应世界医学界之期望，使"传统医学与现代医学"相结合，以治不能治之病症。（6）使卫生行政机关，彻底改组不复偏于西医一方面。（7）使中西医教育制度正常化。（8）使中医中药出国为全人类服务。

可惜的是，由于种种原因，陈立夫在提案中提出的六条建议，台湾当局一条也没有做到。陈立夫去世后，他的三子陈泽宠表示，一定要为将"中国医药学院"转制为"国立中医大学"而努力，以实现他父亲的遗愿。

第五节 推进海峡两岸中医药学术交流

20世纪80年代后，随着台湾海峡两岸关系的缓和，海峡两岸中医学界也逐步开始了交流。在这方面，陈立夫也是先行者和大力提倡者。

据有关著作介绍，改革开放后大陆最早与陈立夫交往的是四川省中医药研究院院长郁文骏先生。1987年，台湾彩色制版印刷中心董事长袁治农来大陆探亲路过成都，袁治农与郁文骏见面谈起陈立夫的养生之道时，袁给郁看了陈立夫常服的中药处方，郁文骏提笔在原处方上添加了两味中药，请袁转交陈立夫参考。袁治农回到台北后，将处方交给陈立夫。为此，陈立夫致函郁文骏表示感谢。不久，香港《文汇报》刊出了这个消息。从此，陈立夫与郁交骏建立了交流关系。郁文骏还在《四川中医》和《中药药理与临床》上发文，介绍陈立夫有关中医药的学术观点。1989年夏，陈立夫的学生邱金炎中医师到成都拜会郁文骏，并带来了陈立夫的问候。郁文骏将自己的著作《内经新识》《中医病因病机学》《四言医学》《静安慈幼心书》等托邱金炎带给陈立夫，并附函表示四川省中医药研究院有意与台湾的"中国医药学院"建立学术交流与合作关系。

1988年11月，福建省中医学院30周年校庆，前厦门大学校长、福建中医学院名誉教授汪德耀通过在香港的学生朱伯舜带信给陈立夫，希望陈立夫为福建省中医学院30周年校庆纪念刊题词。陈立夫接到后亲笔给汪德耀回信，并随信附上他的大作《中医之理论基础》。

陈立夫的信全文如下：

德耀先生：手示敬悉，教育为建国之本，台端能从事于此40年，其贡献之大，可以想见。

福建省中医学院成立卅周年纪念，因接信太迟（11月16日），不及题词祝贺，兹附上《中医之理论基础》一文，如蒙在该院刊登出，对于中医之研究，将有助益也。

刘泛池兄现与弟共同翻译李约瑟氏之《中国之科学与文明》巨著，现在出版15册（问候片已转去），唯其身体不甚好。敬复，并颂

道祺！

陈立夫
1988.11.17

陈立夫给汪德耀复信并寄论文的消息首先在《福建日报》上披露，《福建中医药》杂志和《健康报》相继全文发表了陈立夫的论文。

陈立夫晚年努力促进两岸的中医药学术交流

1989年4月,福建省中医学院举行了"海峡两岸中医药学术研讨会",有台北市中医师公会的11名代表参加了这次会议,并在会上交流了多篇中医药学术论文。两岸中医药学术交流从此正式开始。

1989年3月24日,以台湾中医药学会理事长魏开瑜为名誉团长,台北市中医师公会理事长黄民德为团长的台北市中医师公会赴大陆研讨团58人抵达广州。这个研讨团是陈立夫提议组织的,陈立夫亲自为这个研讨团拟定了研讨提纲:(1)中国医药之弘扬,全赖大陆,此间虽经吾人之努力,稍有进步,惟主其事者,尚有成见,故不乐观。(2)中医之科学理论基础建立后,中西医之合作研究组织成功,唯西医医院仍不允许试验中药于临床,故功效难显。(3)国际方面,对于中医药日见重视,其研究亦渐广泛,哈佛大学加州大学均花巨资以从事。此创对于中医药之前途有利,宜多与之联系,因崇洋者,唯洋人之言之义。(4)中医多数采用古方,予以加减,以适合于病患者之体质与病况。但洋人研究中国古方,必将每一味药分别予以分析,往往认为无效,此一错误,永难改正。故欲西方人了解中医,殊为难事。(5)吾人之临床试验,系以整张药方,虽知其然而不知其所以然,但实效总是会被尊重而接受,由此而求真知,是不会错。（6）希望两岸中医团体，多多取得关系，多多交换出版品，及对病理之会商，救人是第一重要事。（7）将此方面正研究之各小组，例如脑中风、肝病及肾病之工作及初步结果告之对方，并希望对方亦能开诚相告。（8）医学虽有进步，但不能根治之病甚多，甚至不知其原因者亦不少，吾人宜急起直追。根据孙中山先生所指示之文化方针："将吾国固有之德行智能从根救起，对西方之物质科学迎头赶上"努力做去，决不致有错也。

这个研讨团到广州后，与广州中医学院进行了学术交流，并建立了交流的渠道。随后，研讨团又访问了北京，并将陈立夫的信转交给当时的国家中医药管理局副局长诸国本。陈立夫在信中说："中国医药之弘扬全赖大陆。"信中真诚希望海峡两岸携手合作，共创中医药学之未来。

1989年4月，福建省中医学院主办的第二届"海峡两岸中医药学术研讨会"，台北市中医师公会的11名代表参加了会议，并在会上交流了多篇中医药学术论文。国家中医药管理局局长胡熙明托到会的台湾代表将《中医年鉴》两册转交陈立夫。1989年5月，以陈立夫秘书为团长的台湾中医代表团访问了成都中医学院。

1990年在福建中医学院举办的第三届"海峡两岸中医药学术研讨会"召开前夕，陈立夫给该院寄来了题词和山水国画。陈立夫的题词是："弘道济世"，国画为陈夫人孙禄卿所画，陈立夫在画上题款："闽江垂钓，福建中医学院惠存，孙禄卿画，陈立夫题。"

1990年8月，天津中医学院副院长、著名中医肾病专家张大宁赴台讲学。到台北的第二天，张大宁拜会了陈立夫，两人就中医药进行了交流。张大宁将自己的著作《实用中医肾病学》和《张大宁医学论文集》赠陈立夫，陈立夫回赠自己的著作。

1991年2月25日，陈立夫为南京中医学院中医药文献研究所题词：

> 中国医药文献为最丰富之宝藏，有待吾人以现代方法之发掘者也。
> 五千余年吾祖先元智慧结晶，我人应以现代科学方法为之整理，以尽继述之责。

1991年，为了挖掘和开发传统的中医学，对自然疗法进行研究探讨，中国第三届唯像中医研究会于1月5日至7日在深圳举行年会。陈立夫知道消息后,十分高兴,他本想参加会议,顺便到大陆观光,但通过多种努力,未能遂愿,他感到十分遗憾,在大会召开时,他从台湾发来了贺电:

> 唯像中医学研究会邹伟俊先生暨全体会员公鉴:中医学原于易理,在天成象,在地成形,人生于天地之间,象与形在变,人亦受其影响而变,变而失去中和则病,使之恢复中和曰医。
>
> 故中医之病名,都与天象气象有关,如风湿、温症、伤寒等,西医则不然。诸公如能在唯像方面,整理使之成一完整之体系,与西医之唯形方面之体系,相互辉映,合之则医学之全体大用明矣。
>
> 谨此祝大会成功,与会诸公身体健康。

这份贺电表达了陈立夫希望祖国中医药学发扬光大的美好愿望。

1992年,中国科学院生物物理所和北京经络中心主任教授、大陆著名经络学家祝总骧访问台湾,到台后第二天,祝总骧登门拜访陈立夫,进行学术交流探讨。时陈立夫已经93岁,但行动、思维都非常敏捷。陈立夫告诉祝总骧,他之所以能够维持精力充沛,继续工作,即得力于每天的按摩洗浴。当祝总骧讲到经络在生活保健中的重大作用时,陈立夫完全同意这种观点,并对祝总骧等以科学方法证实经络的存在给予高度评价。祝总骧还当场为陈立夫测试了经络。

总之,陈立夫晚年孜孜于海峡两岸的中医药学术交流,做出了很大努力。

第十六章

为海峡两岸统一大业鼓与呼

20世纪60年代末应召返台定居,我为两岸和平统一确实操透了心,因为自己从未对国共两党第三次合作失去信心……

——陈立夫

我是百岁之人,垂垂老矣,在自己漫长一生中,从小时候起就知道世界上只有一个中国。要说有什么问题,也就是谁代表中国的正统之争。如果台湾有人宣布世界上有两个中国,我想事情一定会变得相当严重,不但我们的文化生命会立刻紧张起来,整个民族生命也会立刻紧张起来,一定会国无宁日……

——陈立夫

第一节 "以三民主义统一中国"

陈立夫晚年,最大的心愿是盼望在他的有生之年看到中国统一大业的实现,然而这又谈何容易!

1949年,中国共产党在横扫大陆的国民党残余势力的同时,也将以武力解放台湾的问题纳入了视野。毛泽东亲自点将,将解放台湾的指挥任务交给了常胜将军粟裕。

1949年6月14日,毛泽东致电第三野战军副司令员粟裕和参谋长张震、副参谋长周骏鸣:"请开始注意研究夺取台湾的问题。如果我们长期不能解决台湾问题,则上海及沿海各港是要受到很大危害的。"

6月21日,毛泽东再次致电粟裕等,重申"准备占领台湾"。

粟裕受命后,立即着手进行解放台湾的各项准备工作。1950年6月上旬,粟裕在中共七届三中全会上汇报了解放台湾的准备情况和作战方案。他提出,由于参战部队不仅包括第三野战军全部,还有其他野战军四个军参加,解放台湾之战将成为一次重大的战略行动,对太平洋和东南亚局势将发生重大影响,建议中共中央派刘伯承或林彪主持台湾战役,他作为华东军区领导人全力协助。

但毛泽东了解粟裕，认为他有能力指挥这场战役，因此毛泽东在会上宣布，解放台湾之战仍由粟裕指挥。

然而，就在这时国际形势突然发生巨大变化。1950年6月25日，朝鲜内战爆发。6月27日，美国悍然出兵干涉朝鲜内战，并派第七舰队开进台湾海峡，企图以武力阻止中国人民解放军解放台湾。由于抗美援朝、保家卫国的需要，人民解放军的战略重点由东南转向东北，武力解放台湾的计划暂时搁置。1953年7月，朝鲜战争结束后，台湾当局加紧推动与美国签订"共同防御条约"。1954年12月2日，蒋介石集团与美国签订了"共同防御条约"，借助美国霸权主义的庇护，偏安自保。由于美国强行推行霸权主义，干涉中国内政，大陆解放台湾的事业遇到了强大的障碍。

1979年9月17日 陈立夫80岁生日（虚岁），蒋经国于祝寿时为其颁授中山奖章

在偏安之局已经稳定的情况下，蒋介石、蒋经国父子开始大唱"反攻大陆"的高调。蒋介石每年都要发四次文告，反反复复唱"反攻大陆"的调子。

1975年，蒋介石去世后，陈立夫从台湾岛内发出了一点异常微弱的另类的声音。

1977年陈立夫以"辜君明"（意即姑隐其名）的化名在香港《中华月刊》上发表文章称，中国要强大，不受帝国主义的欺侮，两岸必须统一。"中国统一的真正实现，使世界知道中国人是不可欺的。""要使中国成为文化大国，为全人类所崇仰，帝国主义者无从破坏。"陈立夫还说："没有一个帝国主义希望中国统一,要统一只能靠中国人民的觉悟。现双方分裂对峙中,靠帝国主义在后撑腰,这些撑腰是为中国吗?不,是为他们自己,这是很清楚的。中国人无论在大陆或台湾以及海外各地,势必额手称颂,化干戈为玉帛。"

陈立夫这篇以化名发表的文章,许多著作均提及,但笔者未能见到原文,只能转引他人的著述。应当说,陈立夫的说法从大体上说是对的,中国必须统一才能强大,以及统一必须靠自己这两层意思都很正确。但陈立夫说两岸背后都有帝国主义列强撑腰则是错误的。众所周知,中华人民共和国是一个奉行独立自主外交政策的大国,背后并无什么帝国主义背景,而正是台湾当局托庇于美、日列强势力之下,与祖国大陆对峙,这才是两岸不能统一的症结所在。

这时,陈立夫脑海中的"统一"有其特定的含义。他在《成败之鉴》一书中说:"1973年,我向经国弟建议,我们不能常被大陆中共统战,我亦应作反统战之图,彼亦以为然,我遂于国父诞辰纪念大会中应邀担任报告时,以'三民主义统一中国之必然性'为题,听者动容。不久中央全会召开,即采'三民主义统一中国'为中心议题,中共对此甚为恐惧,连续撰文23篇,以攻击之。"

可见,陈立夫此时的所谓"三民主义统一中国",与"反攻大陆"的含义是一样的,是一种主动进攻、颠覆大陆的社会主义制度的幻想。

据说,1975年蒋经国多次找陈立夫商谈反统战的问题。于是,陈立夫又以"总统府资政"的名义,通过秘密渠道,邀请毛泽东访问台湾。此时,中共中央主席毛泽东年事已高,身体状况已经很差,在当时的政治气氛下,毛泽东又怎么能够赴台访问呢?中共中央对陈立夫的"主动进攻"没有回应,陈立夫心有不甘,随后又在香港报纸发表了一篇《假如我是毛泽东》的文章,文章要求毛泽东、周恩来到台湾访问,与蒋经国重开谈判之路,并盼毛泽东能不计前嫌,"以大事小",再开国共和谈的新局面。

1978年12月,中国共产党召开了具有重大历史意义的十一届三中全会,这次全会恢复了党的实事求是的路线,一切从实际出发,尊重事实。在中国统一大业问题上,就是尊重台湾和香港、澳门的历史实际。全会认为:"随着中美关系正常化,我国神圣领土台湾回到祖国怀抱,实现统一大业的前景,已经进一步摆在我们的面前,""欢迎台湾同胞、港澳同胞、海外侨胞,本着爱国一

第十六章 为海峡两岸统一大业鼓与呼

陈立夫夫妇80岁生日时举办书画展．蒋经国前往观展时的合影

家的精神，共同为祖国统一和祖国建设事业继续做出积极贡献"，这预示着中共对台政策将发生重大调整。

1979年1月，全国人大常委会发表《告台湾同胞书》指出："在解决统一问题时尊重台湾现状和台湾各界人士的意见，采取合情合理的政策和办法，不使台湾人民蒙受损失。"

之后，邓小平多次发表谈话，阐述和平统一和"一国两制"的方针。

1981年9月30日，全国人大常委会委员长叶剑英向新华社记者进一步阐明了中国共产党和平解决台湾问题的方针政策：

一、建议举行中国共产党和中国国民党两党对等谈判，实行第三次合作，共同完成祖国统一大业，双方可先派人接触，充分交换意见。

二、建议双方共同为通邮、通商、通航、探亲、旅游以及开展学术、文化、体育交流提供方便，达成有关协议。

三、国家实现统一后，台湾可作为特别行政区，享有高度的自治权，并可保留军队，中央政府不干预台湾地方事务。

四、台湾现行社会、经济制度不变,生活方式不变,同外国的经济、文化关系不变。私人财产、房屋、土地、企业所有权、合法继承权和外国投资不受侵犯。

五、台湾当局和各界代表人士,可担任全国性政治机构的领导职务,参与国家管理。

六、台湾地方财政遇有困难时,可由中央政府酌情补助。

七、台湾各族人民、各界人士愿回祖国大陆定居者,保证妥善安排,不受歧视,来去自由。

八、欢迎台湾工商界人士回祖国大陆投资,兴办各种经济事业,保证其合法权益和利润。

九、统一祖国,人人有责。我们热诚欢迎台湾各族人民、各界人士、民众团体通过各种渠道,采取各种方式提供建议,共商国是。

这就是著名的"叶九条",它是中国共产党第二代领导集体依照和平统一方针解决台湾问题的具体思考,是"一国两制"的基本内涵。

叶剑英委员长的谈话发表后,中共中央总书记胡耀邦又代表中国共产党,公开邀请蒋经国等台湾党政军上层领导及各界知名人士亲自到大陆和故乡看一看,愿意谈心当然好,暂时不想谈也一样热烈欢迎。胡耀邦在谈话中还透露,奉化蒋家坟茔已修复一新,庐山美庐也保持如故,其他国民党高级官员的老家和亲属也都得到妥善安排。

对于中国共产党第二代领导集体提出的和平统一、一国两制的方针,以蒋经国为首的台湾当局的反应则是令人失望的。

1979年1月3日,蒋经国在国民党中常会上宣称:"国人必须提高警觉,洞悉中共'统战伎俩'。中共在达成与美建交的野心后,又处心积虑地对我发动统战,诸如提出'祖国统一'的口号,广播暂停炮战,都是恶毒的故作姿态,国人应冷静地不予理会。"

一周后,国民党《中央日报》发表社论,题目就是《我们为何不与中共谈判?》提出了"不妥协,不接触,不谈判"的所谓"三不政策",成为蒋经国任内的基本政策。

1979年12月10日,蒋经国在国民党十一届四中全会上致开会辞,题目是

《以全民炽热反共意志再造中华》。蒋经国声称:"共产主义已彻底失败",攻击四个现代化"是谎言是妄想",中共的和谈是"统战阴谋"。同时蒋经国又声称,中国必须统一,但必须"以三民主义统一中国"。根据蒋经国的训词,全会确定中心议题为"加强三民主义策进光复大陆",加强台湾建设。会议决定以"三民主义统一中国"对付大陆倡导的"和平统一政策",严守"一个中国"立场,反对"台独";"充实复国建国基础,迎接大陆挑战"。

由于"经国弟"始终坚持反共"国策",并重弹"以三民主义统一中国"的高调,陈立夫也只能与蒋经国一唱一和。这一时期,陈立夫又是写文章,又是对记者发表谈话,大唱所谓"三民主义统一中国"的高调。

1980年11月13日,陈立夫在台湾《"中央"日报》发表《三民主义统一中国之必然性》一文,声称:中国"必须有一独创之主义",三民主义"能进世界于大同",大陆人民"向往三民主义"。

陈立夫在接受台湾《青年战士报》记者访谈时,记者问:"据我所知,'三民主义统一中国'之号召,为先生在前年国父诞辰纪念会中首先提出,其构想如何?"陈立夫答:"因为三民主义不但是国人深信它可以救中国,而且可以进世界于大同,中共以往曾有五次宣言,认同三民主义而未实行,则此一号召应(一)予邓小平以转圜的最好机会;(二)予大陆青年以革命有理的最好借口;(三)予全世界人民了解中国统一的最好基础与方式,亦是世界和平与大同的唯一途径;(四)尤其使邻邦苏联知道,只有三民主义的中国才是真正对他们有好处,而不是共产主义的中国;(五)使全世界各地侨胞,不论有党籍或无党籍,均有一共同奋斗之目标,向统一中国之方向前进。因为'中华民国宪法'开宗明义第一条就是'中华民国基于三民主义为民有、民治、民享之民主共和国',而中共亦曾参加此一宪法之起草,是则三民主义,是'中华民国'立国之基础,而非中国国民党一党所信奉者。不料在本党正式通过此一号召之后,中共竟连写了三十几篇文章痛骂我们,狂言他们(四个坚持者)才是真正实行三民主义者,我们乃是假实行三民主义者,这真所谓大言不惭,想'一手遮天下人之耳目',殊不知道这一做法,更使三民主义之光耀,普照大陆青年,大陆青年要了解谁真谁假,反而要读三民主义,听听或看看台湾实况,如果发现三民主义确是民族平等、政治平等、经济平等之源泉,谁不要争饮此一甘泉,为了自由平等共同来埋葬共产主义于中国大陆,我想如果这一反对主意出之于邓小平，那他太不聪明，如果出之于他的部下，那是在谋害他，真是可惜！"

在对国共关系史做了一番歪曲的解释后，陈立夫说："资本主义文化是'重财而轻德'"，"共产主义文化是'重物而轻人'"，"三民主义文化是'重人并重德'"。

1981年1月，陈立夫为王思诚主编的《中国往何处去》一书作序，再次阐述其"三民主义统一中国"的论调。陈立夫写道："中国近百年来思想之演变，由传统进入现代化之改革运动，始自洋务运动，中经戊戌变法、维新，而成于辛亥革命。每一运动虽各有其时代背景而成败不一，唯其中心思想皆以中国传统思想之仁政为原动力，以救国救民为目标。故前此数十年，虽以内忧外患，相继不绝，政局未能稳定，人民生活困苦，而立国精神，尚未尽丧……余固确认三民主义统一中国有其必然性，犹表之与影，若呼之与响，无可置疑，唯视国人努力何如耳。"

1981年8月12日，陈立夫又以台湾当局"资政"的身份接受了记者的访谈。

陈立夫说："中华文化终必埋葬共产主义于中国大陆，换言之，三民主义终将统一中国。"

"中国是需要统一的！目前为何不能统一？立夫先生作了一个譬喻：中国之不统一，好似有人拿把刀把中国一切为二，这把刀就是'共产主义'。只要把这把刀（共产主义）拔去，中国自然合而为一。而今邓小平对国际上声称，要与我'统一会议'，为何我政府当局绝不接受呢？因为饱受数十年的欺骗，认清中共的本质，而看不出邓的作风与毛有什么不同，我们不能再上当了，其理由蒋'总统'经国先生曾述之甚详。"

"不过，他也忠告年近80岁的邓小平：'趁着平等自由思想洪流必然淹没中共之前，赶快当机立断，何不领导自己班底顺应大陆人民向往三民主义的意愿，大干一场，埋葬共产主义于中国大陆，把共产主义弃置于历史灰烬之中；不要再妄想所谓'中央对地方'之和谈，或两党平等的和谈。"

陈立夫说："时间来不及了，一旦大陆爱国青年一接了棒，里外呼应，使在大陆上'应行而未行'之三民主义重放光明，则邓小平必将悔之晚矣！毕竟，识时务者为俊杰，而今三民主义统一中国运动，在全世界有中国人的地方方兴未艾；卓长仁、孙天勤的夺机、驾机起义来归，反映了大陆民心向背，这是三民主义必将统一中国的明证。"

陈立夫的谈话与文章，没有忘记过去数十年国共关系中的恩恩怨怨，对于中国共产党和大陆实行的社会主义制度充满了偏见。

1982年7月24日，全国人民代表大会常务委员会副委员长廖承志发表了致蒋经国的公开信，该信全文如下：

经国吾弟：

咫尺之隔，竟成海天之遥。南京匆匆一晤，瞬逾36载。幼时同袍，苏京把晤，往事历历在目。惟长年未通音问，此诚憾事。近闻政躬违和，深为悬念。人过七旬，多有病痛，至盼善自珍摄。

三年以来，我党一再倡议贵我两党举行谈判，同捐前嫌，共盼祖国统一大业。唯弟一再声言"不接触，不谈判，不妥协"，余期期以为不可。世交深情，于公于私，理当进言，敬希诠察。

祖国和平统一，乃千秋功业。台湾终必回归祖国，早日解决对各方有利。台湾同胞可安居乐业，两岸各旅人民可解骨肉分离之痛，在台诸前辈及大陆去台人员亦可各得其所，且有利于亚太地区局势稳定和世界和平。吾弟尝以"计利当计天下利，求名应求万世名"自勉，倘能于吾弟手中成此伟业，必为举国尊敬，世人推崇，功在国家，名留青史。所谓"罪人"之说，实相悖谬。局促东隅，终非久计。明若吾弟，自当了然。如迁延不决，或委之异日，不仅徒生困扰，吾弟亦将难辞其咎。再者，和平统一纯属内政。外人巧言令色，意在图我台湾，此世人所共知者。当断不断，必受其乱。愿弟慎思。

孙先生首创之中国国民党，历尽艰辛，无数先烈前仆后继，终于推翻帝制，建立民国。光辉业绩，已成定论。国共两度合作，均对国家民族做出巨大贡献。首次合作，孙先生领导，吾辈虽幼，亦知一二。再次合作，老先生主其事，吾辈身在其中，应知梗概。事虽经纬万端，但纵观全局，合则对国家有利，分则必伤民族元气。今日吾弟在台主政，三次合作，大责难谢。双方领导，同窗挚友，彼此相知，谈之更易。所谓"投降"、"屈事"、"吃亏"、"上当"之说实难苟同。评价历史，展望未来，应天下为公,以国家民族利益为最高准则,何发党私之论!至于"以三民主义统一中国"云云,识者皆以为太不现实,未免自欺欺人。三民主义之真谛,吾辈深知,毋须争辩。所谓台湾"经济繁荣,社会民主,民生乐利"等等,在台诸公,心中有数,亦毋庸赘言,试为贵党计,如能依时顺势,负起历史责任,毅然和谈,达成国家统一,则两党长期共存,互相监督,共图振兴中华之大业。否则,偏安之局,焉能自保。有识之士,虑已及此。事关国民党兴亡绝续,望弟再思。

近读大作,有"切望父灵能回到家园与先人同在"之语,不胜感慨系之。今老先生仍厝于慈湖,统一之后,即当迁安故土,或奉化,或南京,或庐山,以了吾弟孝心。吾弟近前有言:"要把孝顺的心,扩大为民族感情,去敬爱民族,奉献于国家。"旨哉斯言,盍不实践于统一大业!就国家民族而论,蒋氏两代对历史有所交代;就吾弟个人而言,可谓忠孝两全。否则吾弟身后事何以自了?尚望三思。

吾弟一生坎坷,决非命运安排,一切操之在己。千秋功罪,系于一念之间。当今国际风云变幻莫测,台湾上下众议纷纭。岁月不居,来日苦短,夜长梦多,时不我与。盼弟善为抉择,未雨绸缪。"寥廓海天,不归何待?"

人到高年,愈加怀旧,如弟方便,余当束装就道,前往台北探望,并面聆诸长辈教益。"度尽劫波兄弟在,相逢一笑泯恩仇"。遥望南天,不禁神驰,书不尽言,诸希珍重,伫候复音。

老夫人前请代为问安。方良、纬国及诸侄不一。

顺祝

近祺!

廖承志

1982年7月24日

廖承志的信突出民族大义,所提建议合情合理,是一篇难得的历史文献。

遗憾的是,台湾当局依然活在历史的伤痕中不能自拔,对廖承志信的反应是十分令人痛心与遗憾的。

对于廖承志的信,蒋经国本人和台湾当局没有做出任何回应。同年8月17

日，却由长期住在美国纽约的宋美龄发表了致廖承志函作为廖承志致蒋经国函的答复。据说，宋美龄的这封信，是由蒋家内廷"文胆"秦孝仪捉刀的。信的开头即声称："经国主政，负有对我'中华民国'赓续之职责，故一再声言'不接触、不谈判、不妥协'，乃是表达我'中华民国'、中华民族及中国国民党浩然正气使之然也。"随后，宋在信中用道听途说得来的材料，将中国共产党大骂一气，称中国共产党倡导的"第三次国共合作"是"梦呓"，借机出一口被中国共产党赶到小海岛憋了几十年的恶气，而对廖承志信中反复强调的严肃主题即祖国统一问题，完全采取了回避的态度。

宋美龄这封极不严肃的信，在海内外受到舆论的广泛批评。香港《中报》发表评论说："'廖函'有一个明确而又严肃的目的，就是吁求国共和谈，以实现中国和平统一。为达此目的，中共不惜矫枉过正，对国民党做出种种优厚的承诺。对照之下，'宋函'除了引述外国报章作反共宣传，并板起'长者'面孔教训晚辈廖承志，以为蒋经国出气外，实在看不出什么严肃的目的。"

在蒋经国授意下，陈立夫、何应钦等一批国民党元老经过酝酿，于1982年10月21日在台北召开"三民主义统一中国大同盟"成立大会，陈立夫、何应钦、王世杰、李璜、吴三连、谷正纲、蒋彦士、罗光、徐孝、陈启天、孙治平、高玉树、马星野、陈奇禄、陈茂榜、端木恺、张建邦、罗云平、秦孝仪、吴大猷等31人组成的主席团成员端坐在台前。何应钦以主席团总主席的身份主持大会，他声称成立"民主大同盟"，是要"中共放弃共产主义，统一于三民主义旗帜之下"，"中共必须放弃无产阶级专政，统一于'中华民国'宪法体制之下"；"中共必须放弃毛泽东思想，统一于中华文化正统思想之下"。"大同盟"通过了"统一中国"的三大原则：（1）中共必须放弃共产主义，实行三民主义；（2）中共必须放弃无产阶级专政，实行民有、民治、民享；（3）中共必须放弃马列毛主义，统一在中国文化精神之下。

据说，陈立夫还曾给邓小平写信，要求将共产党改名为所谓"大同社会党"，缩小规模，以便两岸商谈统一。

对于蒋经国、陈立夫鼓吹的所谓"三民主义统一中国"，邓小平曾一针见血地指出，蒋经国的"三民主义统一中国"是"两大两小"，也就是"偏见大，容量小"；"夸口大，能量小"。何谓"偏见大，容量小"？"试看他们对于隔离了30多年的千万老百姓，要通一封家书都不允许。而要依照他们的偏见，把家书一概列为'统战阴谋'，其背情悖理，无视民意，莫此为甚。"所谓"夸口大，能量小"，是因为蒋经国口口声声要"消灭中共政权"，要"以三民主义统一中国"，这是"大大脱离实际的虚夸，也仅仅是口头鼓噪而已"。

由于蒋经国顽固坚持"三不政策"，和"以三民主义统一中国"的不切实际的幻想，陈立夫也只能跟在"经国弟"之后，唱唱"三民主义统一中国"的高调，不敢也不可能越雷池一步。

我们现在回顾历史，不能不遗憾地认为，蒋介石、蒋经国父子在他们掌握台湾政权时，在两岸关系上长期陷入历史的恩怨中不能自拔，而且长期做着不切实际的"反攻大陆"的迷梦，白白地错过了两岸和解的最佳时机。而当蒋经国一瞑不起，政权落入李登辉等"台独"分子掌握时，两岸和解已经变得更加复杂化，也更加困难。蒋经国已经看不到这一点，而陈立夫活到101岁，当他看到蒋经国的继承人上台后的种种倒行逆施时，他也一定会为他自己当初的不切实际的态度感到后悔。

第二节　"以中国文化统一中国"

1988年1月13日，比陈立夫小10岁的"经国弟"病逝，由李登辉继任"总统"。李上台后，首先颁布治丧令，派陈立夫与严家淦、俞国华、倪文亚、林洋港、孔德成、黄尊秋、张群、谢东闵、黄俊、谷正纲、薛岳、沈昌焕、李璜、王世杰、吴三连、吴伯雄、郑为元、丁懋时、郝柏村等21人为治丧大员。陈立夫给他的"经国弟"送的挽联是：

于私为弟兄，于公为同志，一木大厦独撑，继志函烈，死而后已；
在国为柱石，在党为干城，千秋功业初奠，含辛茹苦，民不能忘。

1月30日，是蒋经国安灵奉厝大典日。在完成一系列仪式后，陈立夫与李登辉、俞国华、倪文亚、林洋港、孔德成、黄尊秋、王世杰将一面青天白日满地红的"国旗"覆盖在灵柩的国民党党旗上，随后恭送蒋经国灵柩至大溪陵寝安放。随着蒋经国长眠大溪，台湾社会进入了"李登辉时代"。

这里有必要介绍一下这个李登辉，因为他与陈立夫晚年的所作所为有很大的关系。

李登辉，祖籍福建永定，1923年1月15日出生于台北县三芝乡。其父李金龙曾做过日本殖民者的刑警，是一个十足的小汉奸。李登辉出生在小汉奸家庭，自幼接受日本在殖民地推行的"皇民化"教育，他参加过日军军校（千叶高射炮学校），穿过日本军装，并取日文名字"岩里政男"。李登辉的青少年时代，正是日本军国主义最为嚣张的时代，日本军国主义在李登辉的脑海中烙下了深深的印痕，当年他和日本学生一起庆祝日本侵略者在中国战场上的"胜利"，对身为日本殖民地的"亡国奴"不以为耻，反而洋洋自得地称自己做过22年的日本"国民"。1945年中国抗战胜利后，李登辉从日本京都大学回到台湾大学读书。1949年蒋介石集团退据台湾后，在蒋介石集团与日本右翼反共反华势力结合对抗中国大陆的扭曲畸形的环境中，李登辉的日本"皇民化"思想不仅没有得到丝毫纠正和改变，而且进一步强化了他的反共反华和亲日媚日思想。李登辉在台湾大学接受国民党的反共教育后，又前往美国康奈尔大学深造，在美国又接受了西方反共反华思潮的影响，从而造就了李登辉极端扭曲变态的多重性格。

有学者指出，以李登辉为代表的日本"皇民"菁英阶层具有三样东西："台独意识"、"亲日情绪"和"附美欲望"。就李登辉个人而言，他长期与日本极右翼势力代表人物混在一起，他们读的书籍也以日本的书刊为主，他喜欢的日本刊物，如《诸君》、《文艺春秋》等均是极右翼势力的刊物，李登辉将其作为自己的"精神食粮"，这就造成了他的反共反华与否认日本侵略战争罪行的价值观和历史观。

李登辉反共反华的丑恶嘴脸到今天已经暴露无遗。但读者也许会发问：一贯坚持"一个中国"立场的蒋经国当初为何会选择李登辉这样一个臭名昭著的"台独"分子做他的继承人呢？

从现有的材料看，要回答这个问题，我想是不是可以用"知人知面不知心"来回答？

李登辉虽然是一个具有强烈反共反华、媚日亲日心态的人物，但他同时也是一个日本式的"忍者"和政治上的变色龙。在蒋介石、蒋经国父子统治台湾时代，李登辉将自己的政治野心和扭曲的政治人格深深埋在心底，他多次表白自己最大的愿望是做个"牧师"。有人说,蒋经国正是看"准"了李登辉没有太大的政治野心,才破格提拔他,使他由一个农经博士、农业专家迅速成为台湾政界的新星,从台北"市长"——台湾省"主席"——"副总统",蒋经国一步步将李登辉培养成为自己的接班人。

1999年,蒋经国时代的"总统府副秘书长"张祖诒发表《经国先生提名李登辉为"副总统"的我见——追随经国先生十六年的一些回忆》,揭开了蒋经国选择李登辉为接班人的谜底。文章说,蒋经国在用人方面极为慎重,除了坚持"用人唯才"的一般原则,绝不考虑私的关系外,尤其重视品德和操守的高尚廉洁,以期维持政治清明的优良品质。对于高层政务官的任用、拔擢及升迁,他更有一套自己惯用的模式,那就是不断地观察、试练、考核,并且在不同的层次,不断地再观察、再试练、再考核,必在认为满意之后,才会正式发表任命。这些过程,除了蒋经国亲自注意考查之外,还有赖于军政两方面人事行政部门适时提供的资讯,作为抉择的依据。至于提名"副总统"候选人,要考虑的因素当然更加复杂,而且攸关未来"总统"职位可能继承的问题,因此更加需要重视个人的气魄和胆识。

李登辉之所以能够脱颖而出,使他在蒋经国心目中的地位超越台湾其他中生代精英人物,有以下几个方面的原因:

一是李登辉在台湾省"主席"任内的几项施政深得蒋经国的肯定和赞许。1984年7月,李登辉向中国国民党中央常务委员会做省政报告,蒋经国听后当场给予口头表扬,并取出一份预拟的讲话稿,交人宣读,对省政建设深表嘉勉,并对主持省政的李登辉奖掖有加,其中并有"以政治开明之作风,实事求是,注重效率,并能做前瞻性之策划,使各项建设皆有成果"等语句,颇不平常。敏感的党政人士,都有李登辉的行情必将看涨的预测。在李登辉任台湾省"主席"期间,蒋经国有一次巡视台北中兴新村,并造访李登辉官邸,见李的官邸陈设简单,布置雅洁,显示生活起居很俭朴,蒋经国欣然应允在李的官邸进便餐,而李登辉拿出来招待蒋经国的食物,既无山珍海味,也无醇酒佳酿,数碟家常小菜,清淡可口,更免除所有礼仪,一席晤谈,在粗茶淡饭间进行,轻松愉快,有宾主尽欢之感,蒋经国更是满意而归。

蒋经国提名"副总统"还有一项特别重要的基准——对中华民族的认同,也就是被提名为"中华民国副总统"的候选人必须具有坚定的国家民族意识,这是要件中的要件。而正是在这一点上，李登辉充分发挥了他政治变色龙的特长，把"台独"理念深埋心底，让人无法窥测其本来面目。李登辉不仅把"台独"理念埋在心底，而且口头上把自己打扮成一个坚持"一个中国"原则的人物。1983年10月，李登辉以省"主席"身份向七届省"议会"做施政报告后，接受省"议员"对省政的质询，轮到国民党以外的"议员"（其时民进党还没有成立）联合质询时，突然提出"台湾独立"的问题，要求李登辉表示态度。对此问题，李登辉本来可以此问题超出省政范围为借口不予答复，但李登辉没有这样做，反而铿锵有力、掷地有声地回答："中国历史没有抛弃台湾，台湾怎能脱离中国大陆。"鲜明地表达了他"正确而坚强"的国家民族意识（历史已经证明，这是李登辉的假表演）。第二天，蒋经国在阅读此项简报时，频频点头称是，连说："很好！很好！"李登辉的这一表演，距蒋经国提名他为"副总统"时不到两个月。

1984年2月14日，蒋经国在国民党十二届二中全会上提名李登辉为"副总统"候选人。蒋经国在提名时对李登辉有如下一段介绍词："转任台湾省政府主席，厉行社会建设，增进民众福祉，恪遵中央政令，维护公权力，无偏无私，深获全省民众之信赖。……无论在文化、教育、农业、行政、党务等工作岗位，均以国家民众利益为前提，殚精竭虑，实行政令，忠贞勤慎，持正不阿，充分表现党员革命志节与报国精诚。"这份推荐词显示，李登辉在"省议会"的即兴表演发挥了关键作用。

对此，张祖诒先生在文章中写道："也许有人会问，何以他在斯时斯刻能够讲出如此义正词严、可圈可点的那两句话？是否为省府秘书人员所预拟？但笔者曾经询问当时的省府幕僚长，据答并无拟稿。因此只有两种可能：一是他福至心灵，在最要紧的时刻，即席发挥了最高的智慧；另一是他内心早已有了准备，预知议员会有此问，于是胸中有了腹稿。无论哪种设想，总是他把握了最适当的时间与空间，把握了最好的良机，让经国先生在政治天平上给他加添了够量的砝码。"

李登辉以欺骗的手段赢得了蒋经国的提名，却使蒋经国蒙受"看错了人"的讥评。

1988年1月，蒋经国病逝，李登辉继任"总统"。上台之初，李登辉羽翼未丰，对国民党大佬执弟子礼，对宋美龄、严家淦、张群、陈立夫等一一登门拜访请教，状似殷勤。李登辉上台之初，在陈立夫看来，李在两岸关系上没有蒋经国那么沉重的历史包袱，应该可以放开手脚，但事实上却大谬不然。

1988年7月14日，陈立夫等34位国民党中央评议委员向国民党第十三届中央评议委员会第一次会议提交了一个议案，提案的名称为："以中国文化统一中国，建立共信；以投资共同实行国父实业计划，建立互信，并以争取大陆民心，以利和平统一案。"提案指出："中国之统一为台湾海峡两岸及海外全体同胞之共同愿望，故仅为时间问题，必须通过全体中国人的努力来实现。"统一的途经何在？提案认为："谋求统一，必先建立共信，有了共信，互信乃生，互信生，自会团结统一。"提案认为，中国统一的进程，应是首先在中国文化基础上建立共信，因为"中华文化为建立共信的最佳条件"。提案提出以台湾的科技潜力与大陆的人力、物力资源，作为互助的基础，共同成立"国家实业计划推进委员会"，开展两岸的经济合作，进而双方在各方面之敌对行为全部去除，在此基础上，通过"政治整合之协商"，实现两岸经济、政治、文化的全面合作，从而达到两岸统一。提案还提出从台湾外汇储备中拨出100亿美元作为援助大陆的长期低息贷款，资助大陆进行现代化建设，以换取中共放弃"四个坚持"和"武力犯台"。提案还指出："唯若统一在望，则有限度的接触，为不可避免。"

陈立夫等人的提案提出后，与会中评委谷凤翔、吴延环、上官业佑等人热烈发言，最后决议交由中央委员会参考处理。

陈立夫提案像一块巨石击水，在台湾岛内引起强烈震撼，一时间传闻四起，议论纷纷。少数反对者认为这是"一厢情愿"，多数赞成者说其意义"非同一般"。有的说陈立夫表示在必要时他愿意去大陆一趟，与邓小平商谈统一事；也有的说邓小平曾托人给陈立夫带信。各报记者云集陈立夫住处，要求采访。

身为国民党主席的李登辉没有对陈立夫提案表态。李登辉心里明白，自己若支持，就与自己刚刚制定的大陆政策相悖，更与自己内心暂不可告人的愿望相悖。若公开反对，又怕被扣上"台独"的帽子。李登辉的这种暧昧态度，一度让人迷惑不解。不过有大胆的人据此提出，李登辉的这种态度暴露了其"台独"倾向。坚持"台独"立场的民进党头目陈水扁、黄信介等30多人则联名向台湾"高检处"指控陈立夫和赵耀东两人"涉嫌资匪叛乱"。陈立夫等人的提案虽然被以李登辉为首的国民党当局否决，但它仍在海峡两岸产生了重大反响。

在台湾岛内新闻界，陈立夫等人的提案也产生了相当大的反应。台湾报刊纷纷发表社评文章。8月22日台湾《中国时报》发表题为《陈立夫谈构想，希望重新统一》，副标题为《"三不"或"四坚持"莫如中国文化有力》。文章写道：

> 国民党元老陈立夫表示的，以"中国文化统一中国，建立共信"案是个人的一个天真构想。他认为，现在海峡两岸，若透过合作而达到中国统一，中国必将在世界壮大起来，发挥无比的影响力。
>
> 陈立夫是在会见"中国统一联盟"代表时作上述表示的。"统联"派代表往访陈立夫先生，希望他就"中国文化统一案"举行演讲说明会。陈立夫以他所提此案政府不赞同为由，婉拒了"统联"的邀请。
>
> 陈立夫及多位国民党"中评委"，月前曾于国民党十三全会时，提出如果中国大陆当局能郑重宣言复兴中国文化，重振四维八德，以替代"四个坚持"，放弃"武力犯台"，则政府可以考虑，以外汇资金50至100亿美元贷款支援大陆经济建设。
>
> 今年89岁的立夫先生最近接受《联合报道》杂志的访问，访谈中还曾坦率地表示，假如中共大陆的邓小平请他去谈一谈"如何以中国文化来统一中国"的话，他一定去。他相信他有一套方法去说服邓小平。此举据悉曾引起陈立夫的秘书和家人的郑重否认。
>
> 陈立夫在接见"统联"代表时，特别致送来访者一本《联合报道》，对他曾表示可以与邓小平谈谈的话，由他特别仔细校对文中一两个错别字，以及赠予别人参考的动作看，似乎他不仅不否认愿和邓小平见面，也承认里面所有已表达的他的观点。
>
> 不过，在问到陈先生如何愿意为中国统一问题，到大陆与邓小平会谈时，他客气地说："三不"政策使他出不去。
>
> 陈立夫曾经在上一届国民党全会中提出"三民主义统一中国"的方案，此案被国民党中央采纳，但中共却不同意，认为"不合时宜"；此即构成他思考以中国文化统一中国的新方案，因为他认为三民主义是中国文

化的"结晶"。不料,新案海峡两岸都认为"不够实际"。

陈立夫最后特别向"统联"的代表感慨指出,他的一生从来都是为着中国的统一、中国的命运而奋斗,他真希望有生之年,看到中国的统一。

8月28日,台湾《新新闻》发表了陈杰夫撰写的《反共老人要做联共先锋》,文章这样写道:

最近真是陈立夫风光的时候,自从他在国民党十三全大会提出经援大陆的和平统一方案之后,国内报纸纷加反映,甚至国民大会、"监察院"里也有人以"立夫案"为指标而大谈统一新策;这位公众形象是长年满口孔孟、"道贯高中"中国文化教材的89岁反共守旧老人,一下又跃居为"和平统一"的急先锋,激进的程度真让国民党开明自居的当权晚辈们瞠目结舌。

从1969年返台讲演、著述以至于定居台北天母,这位在中国大陆显赫

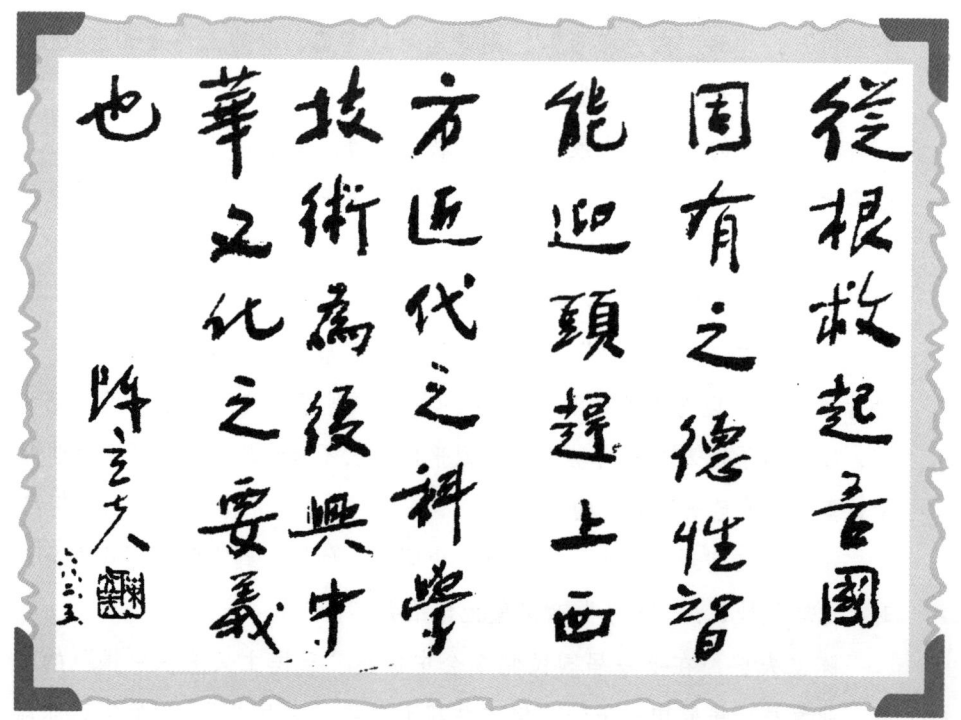

陈立夫手迹

政坛20多年的权要，处处表露他自1950年被贬离台，赴美养鸡孵蛋，"忘其显要，忘其贵盛"的平淡操持。过去报章偶在高层人事变动之时提及他将再度出任公职，他则始坚称"不再过问现实政治"，因此，除了在中医、中药、一贯道，中国文化的范围内可以听见他演讲，看见他的著作之外，几乎难以侧闻这位隐居天母半山腰上的老人有何动静。

直到1986年底中央公职人员选举，国民党倍受民进党竞争压力后，他才在主持国民党76年新年团拜与联合总理纪念周中打破政治沉默公开指出国民党应当检讨知识分子为何对国民党的做法颇多误解，"不管人家说的对或不对，党员同志都应当想一想，有则改之，无则加勉"。

没想到他这新春开讲之后，现实政治的是是非非也就如影随形地紧附在他身上：首先是今年1月，经国先生过世之后，一些以官邸为核心的昔日重臣里，竟然传出准备拥护蒋宋氏美龄继位主席，由他这隐居状态的老人，重掌他58年前出任过的中央党部秘书长职位，后来复辟之风虽是因势作罢，他那天母家中却是突然夜夜高朋满座，黑色公务轿车频频进出他家大门。最近，国会的资深中央民意代表对于国民党制定中央民代退职条例的政策纷纷采取杯葛、反扑的行动，也有人绘声绘色地传达，这些老代表、老立委准备抬出陈立夫来维护"法统"的延续；而他在十三全会提出的经援大陆方案更被人认为老法统、老政要们作势反扑的象征。

到底陈立夫在他这垂暮之年还想做什么呢？接近他的一些C.C.派立委都说他年纪太大，脑筋也不灵光了，怎么可能再度出马？大搞国民大会召开临时会的滕杰等人，从早年的"力行社"以来，似乎也是和他不对头的，怎么可能拥戴他。但是，陈立夫再度风光的意愿又是那般狂热：他的儿侄辈赵耀东只是有个构想，准备拿台湾钱去借给大陆，他就兴致勃勃地自撰3000字左右的经援大陆的方案，从四维八德讲到海峡两岸共同成立"国家实业计划推行委员会"，而且在开会前亲自一一找人联署，开会期间手边还不时拿着案文，逢人散发，直到这两天，赵耀东已经觉得这件经援大陆提案，必须静下来检讨检讨的时候，陈立夫似乎仍然兴致勃勃。

从他早年撰写的反共文章似乎很难理解这位和共产党缠斗数十年老人，怎么如今竟会百般"容共"。他对记者说，他的"经援"提案是完全基于"爱和同情"而提出的，巨额贷款不是收买大陆民心，而是希望以台湾有余济大陆不足，发挥同胞爱，协助大陆人民脱离贫穷困窘。他认为现在的大陆政策不能再采守势。

以前的陈立夫强调"中华文化是'共匪'的第一号敌人"，现在的陈立夫虽然也强调，光辉灿烂的中华文化为国共建立共信的最佳条件。但是，过去的陈立夫说中共是暴政，暴政必亡，中华文化复兴一定成功，"三民主义统一中国"（他是第一个提了这口号的）一定胜利。现在的陈立夫虽然也说这些口号，但是胸怀是爱和同情的，尤其，手段不是反共抗俄，而是拿着台湾纳税人的钱去贷款给他过去所控诉的敌人。过去他真是反共反得铿锵有力，现在他似更"联共"联得理直气壮！

这位以捍卫中华文化自居的老人，正以他特殊的影响力及特殊的方式来完成一些夙愿。因此，"三民主义统一中国"，不惜推翻以前的反共文章，为要维持大中国的法统，他连包容大陆代表的陶百川案都反对，因为他担心中央民意构成地方议会。

对于陈立夫而言，过去他在报端披露的言论可真是乏人能懂，现在一记"经援大陆"，总算海峡两岸都有反应了，他也一下子风光起来了，这种转变几乎使他从二三十年的长梦里重新拉回到现实世界来，对于他应该是会较不寂寞的，但愿如此的长梦一觉，不只是为了寂寞而已。

在台北，也有人开始挖掘此事的背景，因为当时在台湾，围绕陈立夫之举，有一个大大的问号：有"反共老人"之称的陈立夫，为何来了个180度大转弯，要做"联共先锋"？

据说，陈立夫在提出方案前做了许多准备工作，他亲自撰写了3000字左右的经援大陆方案，亲自一一找人联署，开会期间手中还不时拿着提案，逢人便散发。

再看参与提案的其他国民党中央评议委员，均是国民党元老，包括赵耀东、蒋纬国、谷凤翔、刘广凯、王叔铭、刘阔才、曾虚白、张宝树、陶百川等党政军特各界名人。过去这些人大多以保守、顽固反共著称，现在却参与联署这一"大胆"、"开放"的提案，尽管其目的、动机各有不同，却表明了国民党元老对中国统一的紧迫感正在增强，同时，也表露出元老派对李登辉今后的政治走向不放心，以及对自己生存危机的忧虑。

香港《镜报》评论道:"'老家伙'们提了,正儿八经地提了,实质他们不是提议案,而是向李登辉'发炮'。你要搞'实质外交',逐步滑向'国独'吗?我就来个'加速统一步伐',看看你是什么态度,也让台湾大众、让国民党全体同志看看你的面目。这一炮确实打了李登辉个措手不及。"在"政治民主问题上,元老派应该说是保守的,但在统独问题上,却表现了中国民族主义的坚定信念和强烈情怀。他们始终与分离祖国的种种论调格格不入,始终不能忍受各种'独立'的形式在台湾出现"。

1988年9月7日,中国共产党中央委员会机关报《人民日报》专门为此发表了"本报评论员"写的《两岸互信合作,促进祖国统一——评国民党中评委陈立夫等人的提案》的社论,对陈立夫等人的提案作了高度评价。社论全文如下:

> 以陈立夫为首的34位国民党中央评议委员,在国民党十三大闭幕后首次召开的中评委会议上,提出了一项关于中国和平统一的议案,甚为国人关注。
>
> 这项议案提出:"以中国文化统一中国","中国统一为台湾海峡两岸及海外全体同胞之共同愿望,故仅为时间问题",中国的统一"必须由中国人以自力达成之"。"谋求统一,必先建立共信,有了共信,互信乃生,互信生,自会团结统一"。统一的进程,应是先在中国文化基础上建立互信,继之"共同成立'国家实业计划推进委员会'",开展两岸经济合作,进而通过"政治整合之协商",实现祖国的和平统一。这项提案尽管仍有某些不适宜的提法,但主张祖国和平统一,提倡对话协商、互信合作,并有一些具体的设想,这是顺应两岸人民强烈要求和平统一,振兴中华的历史潮流的。陈立夫等34位先生这种谋求祖国统一的积极态度,令人感佩。
>
> 祖国的统一,是所有中国人面临的历史任务,也是我们向历史应有的交代。中国共产党为争取中国的和平统一,1979年以来,主动提出了一系列富有诚意的主张,并采取了相应的行动。这不仅缓和了台湾海峡的紧张气氛,并进而为两岸开展正常的经济、文化交往创造了良好的环境。蒋经国先生去世后,中共中央曾发唁电表示哀悼,中共中央总书记赵紫阳发

表谈话,期望"台湾局势稳定,社会安宁,经济继续发展,人民安居乐业";李登辉先生当选为国民党主席后,赵紫阳又即发电祝贺,由衷期望国共两党与全国同胞一道,为早日完成中国统一大业而共同努力。7月15日,赵紫阳在会见美国国务卿舒尔茨时表示:"实现国家统一,海峡两岸无论在政治上、经济上和文化传统上,都存在着不少的共识和深厚的基础。"这一切都表明中共出自民族大义的诚意。

海峡两岸都认定只有一个中国,反对台湾独立,主张和平统一,所有中国人,都对国家的统一负有不可推卸的历史责任。祖国的和平统一,是海峡两岸共同的最高利益所在,任何党派都不能把自己一党一派的利益或主张凌驾在这个最高利益之上,附加种种"前提",设置种种障碍,人为地延误实现祖国统一的时日。邓小平主席不久前说:"一切爱中华民族的人都要联合起来,共同完成国家的统一。"负有重大历史使命的国共两党,应该本着"和为贵"的精神,尽早坐下来沟通对话,消除积怨,达成谅解,与一切爱国的政治团体和人士,共同促成国家统一。正如陈立夫先生等所言,中国的统一"必须由中国人以自力达成之","非第三者所愿或所能助成者","唯若统一有望,则有限度的接触,为不可避免"。否则总不接触,总不对话,误会徒增,冰山难释,祖国和平统一大计将迁延时日,实现无期。我们认为,只要谈起来,一切问题都好商量,问题才有可能得到妥善解决。国共两党可率先就和平统一达成谅解,提出和平统一祖国的方案,与国人共商。凡是为促进祖国和平统一提出积极、合理的主张和建议者,我们都表示欢迎,

并愿意与之协商合作。

　　中华民族具有悠久的历史和光辉灿烂的文化，对世界文明有过伟大的贡献。中华民族文化具有巨大的凝聚力，是海峡两岸建立共信和互信的一个重要基础。中华民族文化优良传统，几千年来维系着民族团结和国家的统一，使中华民族历经劫难而不灭，是所有中国人的根。她藉中华民族的统一得以发扬光大。在中国历史上，凡对继承和发扬中国文化优良传统有所贡献者，无不执着于维护国家的统一。国共两党都以继承和发扬我们民族文化的优良传统、振兴中华为鹄的，通过对话、协商进而实现祖国统一就有共同的基础。

　　发展两岸的经济交流，是走向祖国和平统一的实际步骤，值得赞许的是，陈立夫先生等人的提案中，对此也有积极的、富有建设性的意见。目前，台湾经济正处于转型期，大陆的经济改革也进入加快和深化的关键时期。两岸经济各有所长，亦各有所短，具有相当的互补性，当此之际，正是进行合作的好时机。我们主张发展两岸经济关系，在交往中平等互利，取长补短，互补互益，共同繁荣。我们欢迎台湾就参与兴建大陆港口、机场、铁路、开发资源、开展外向型经济和高科技产品以及建设沿海经济特区等方面进行接触协商，希望两岸能在经济、文化方面开始实行合作，并愿就此问题与台湾方面在大陆、台湾或其他地方早日进行协商。

　　报载：陈立夫等人的提案已交国民党中常委审核，海内外广大同胞正在密切注视之中。如果陈立夫先生等人的积极主张得以付诸实施，必将对两岸关系的发展和祖国和平统一事业产生积极影响。

　　陈立夫等人的提案，在大陆获得高度评价，陈立夫是感到欣慰的。但遗憾的是，提案得不到李登辉的支持，被搁置了起来。陈立夫对此沮丧不已。他在《成败之鉴》中说："在十三届中央评议委员第一次全体会议中，我与赵耀东同志，连同中央评议委员32人，提案以中国文化建立两岸之共信，并以美金100亿元与中共共同开始建设国父实业计划之一部分，藉以建立互信，进而达致两岸之和平统一，此案通过中央评议会议，此一构想有胜于'三民主义统一中国'之号召，中共方面有赵紫阳之反应赞成，但吾政府方面，似怕中共之乏诚意，未有进行……海内外各方对之反应虽佳，此案仍不免胎死腹中，殊为可惜。"

从"三民主义统一中国"到以中国文化统一中国,对陈立夫来说,这是一个重要的转变。陈立夫认为"此一构想有胜于三民主义统一中国之号召"。中国文化统一论的提出,确立了陈立夫在海峡两岸关系上的特殊地位,被台湾媒体奉为"促进两岸交流与和平"的"基磐"。

第三节 "护宪"失败

陈立夫对李登辉本质的认识有一个很长的过程。

蒋经国生前,每有重大人事变动都要征求"立夫兄"的意见,如蒋经国先后提名谢东闵、李登辉为"副总统",都事先征求过陈立夫的意见,陈立夫也是极力赞同的,在《成败之鉴》中还称赞说:"我看经国弟用人考虑之周详,至为心折。"

但李登辉在权力巩固后,便开始露出了其"得志便猖狂"的中山狼面目,排挤蒋家势力,使宋美龄节节败退,蒋纬国被排挤出领导核心,蒋孝武被迫放弃中央委员竞选。其后,又打着贯彻蒋经国革新路线的旗号,不断清除反对派,安插亲信死党,并在内外政策上进行大幅度的修订、调整。李登辉的所作所为,立即激化了国民党内部的矛盾。

1990年3月,台湾岛内即将召开"国民代表大会第一届第八次大会",选举"总统"与"副总统"。围绕这次大选,国民党内的拥李(登辉)的所谓"主流派"与反李的所谓"非主流派"展开了激烈的角逐。

1990年2月11日,中国国民党召开十三届临时中央全会,推选正、副"总统"候选人。"总统"人选在会前已经确定为李登辉,但"副总统"人选则林洋港、李焕、蒋纬国、宋楚瑜等好几位都有资格,而从省籍及派系平衡的角度考虑,则李焕与蒋纬国占有优势,但在临时中全会上,李登辉却出人意料地提名毫无影响的李元簇为"副总统"候选人。李登辉这种大拂人心之举,立即招致"非主流派"的反弹。临时中央全会后,以滕杰为首的资深"国民大会代表"于2月28日宣布联署提名林洋港、蒋纬国为另一组正、副"总统"候选人,并成立了竞选总部。林、蒋背后的支持者有李焕、郝柏村等反李的"非主流派"重量级人员。

李登辉面对反对派发起的强大反击,一面施展各种手段瓦解反对派势力,一面又恭请陈立夫与谢东闵、蒋彦士等八位国民党大佬出面调停，以息党争。八位大佬出山后分别做林洋港、蒋纬国的工作，但林、蒋似乎不为所动，仍坚持所谓"候选而不竞选"的立场。最后，李登辉拿出他的杀手锏，在林、蒋之间搞分化瓦解，私下向林洋港许诺，可在下届出任"总统"。林洋港信以为真，遂于3月10日单方面发表退出"总统"竞选声明，让蒋纬国十分尴尬，只好于3月16日飞往美国，回避难堪的选举。

3月21日，"国民大会"经过长时间的内争后，选举李登辉为第八任"总统"、李元簇为"副总统"，从而结束了这场选举争斗。

陈立夫等八位久已退隐江湖的大佬在"总统"选举风波中扮演调停人的角色，他们的作用引起台湾媒体的关注。台湾《世界论坛报》发表洪金宝写的《宦海沉浮谈"国之大老"》，文章以略带夸张的笔调写道：

> 去年国内政坛出现"乱象"，人心惶惶，政局浮动，由副"总统"继任"总统"的李登辉不得不请出"八大老"来压惊，其中除辜振甫之外，陈立夫、黄少谷、倪文亚、李国鼎、袁守谦、蒋彦士等七人均为资政。一时之间，向来被视为位高权虚，也可以说被视为"养老"、"酬庸"的资政最为风光的时日。
>
> 如果说大陆的东北有三宝：人参、貂皮、乌拉草，那么台湾也有三宝：总统府资政、国策顾问与战略顾问。这三种"国宝级"人物，每个人都胸怀一部中国现代史，每个人都曾在中华民国的建国历程中，卷起千堆雪。几经宦海浮沉，如今他们是"国之大老"。"国之大老"对政局的影响力，也许是我国足堪傲视寰宇之处。因为这是我国传统下"敬老尊贤"遗风的表征。世界各民主国家，似乎很难找到类似的崇隆职位。
>
> 国内去年发生"主流派"与"非主流派"赤裸的权力斗争，曾搞得人心惶惶，社会笼罩在"愁云惨雾"之中，幸亏李登辉请出归隐山林，快被社会遗忘的八大老来"调和"，适时化解一场危机。
>
> 可见，国之大老在我国推向民主化体制的过程中，仍扮演举足轻重的角色。……
>
> 以前一阵子国民党内部政争，李登辉在无计可施下央请八大老出面化解危机，看来，李登辉在任内，仍将重用资政来巩固领导政权，而在蒋氏

父子时代资政的"位高权虚",将在李登辉朝代变成"位高而权重"。

台湾《世界论坛报》的文章说"资政"在李登辉时代将变成"位高而权重",现在看来完全言过其实了。殊不知,李登辉是大权独揽的一代枭雄和善于玩弄权术的政客。他在无计可施的情况下请出八位大佬,而一旦他的权力巩固后,对大佬们就弃之如敝屣了。陈立夫等人不过是给李登辉当了一回帮闲。

李登辉的"改革"始于"修宪",围绕"修宪"一直是台湾岛内各派政治势力斗争的焦点。

所谓"修宪",就是修改国民党政权于1947年1月1日公布的《中华民国宪法》,因为在国民党退守台湾后,一直沿用此"宪法"。李登辉企图通过"修宪",将两蒋的"小王朝"过渡到李登辉的"小王朝"。其中所谓"总统"选举方式是其中争执的一个焦点。

本来,"中华民国"的"总统"、"副总统"选举一直由"国大代表"选举,这是一种间接选举。李登辉为贯彻其"台独"理念,提出改间接选举为直接选举,由公民直选"总统"。

由于事关重大,这个问题一经提出就引起朝野的高度关注,朝野多数均倾向于"间接委选",李登辉开始认可,但忽然变卦,并且以其所掌握的党政军资源,采取以"地方包围中央"、"民意压迫党意"的策略向反对"直选"的派系施加压力。

在这场斗争中,陈立夫是坚决主张"委任直选"的。台湾《新新闻》周刊1992年4月4日的报道称:"直选派与委任派的修宪战争,虽然因三中全会的早已落幕,而暂时退出幕前的舞台,但在舞台的幕后,却是动作频频,高招尽出。其中尤以国民党党国大佬陈立夫连续以两封措词严厉的信函,致函李登辉的举动最受瞩目,被视为大佬派的反扑行动。"

1992年3月6日,陈立夫联合11名国民党中央评议委员向国民党十三届三中全会发出"救救党国"的呼吁,痛斥国民党"修宪"方案中政权、治权不分的错误。陈立夫信件全文如下:

事急矣!请同志救救党国之灭亡,弟绝非危言耸听,请细读此简如下:

此次全会，大家注意总统选举问题，而忽略了"司法院"、"考试院"、"监察院"三院人事之授权同意权于国大之问题，此一问题之严重性，有百倍于前案者，若不将"同意权"改为"报告备案"，而由本党主席行使"最后决定权"，将无可挽救，述之如下：

（一）此一同意权之授予为"治权受政权之支配"，违背总理遗教与立宪原意。（二）一旦实施，国大自欢迎有此意外之礼物，但其危害国家前途者十分重大，使"台独"之愿望得偿，共党之阴谋得逞，吾"总统"之权束手束脚而政府将呈瘫痪状态矣，举例如下：

政府提司法院长、副院长及大法官名单送请国大同意，民进党全体代表与本党失控之国大同志可联合起来提出种种要求，非达目的不予同意，虽经疏解亦无效，则总统之治权已送走，只能屈降矣。

如此，则"台独"分子夺取政权之阴谋已逞，而共党之攻台有所借口，内忧外患，交迫而来，不亡何待？请同志在常会中恳求主席行使"最后决定权"，修改"同意权"三字为"报告备案"以救危亡，毋任盼祷（立夫及资深中央评议员11人之修正案，在宋楚瑜秘书处，未提大会）！

此恳，并颂

党祺！

弟陈立夫谨启
1992年3月6日

李登辉接到陈立夫"救救党国"的信函及提案后，派中央党部秘书长宋楚瑜和"总统府"秘书长蒋彦士前往会见陈立夫，向他说明情况，但未能说服陈立夫。

3月25日，陈立夫又直接给李登辉写了一封信，对李登辉的错误进行了强烈批评。陈立夫还将两封信的副本分送国民党中常委。

陈立夫致李登辉信全文如下：

主席钧鉴：

承蒋、宋两秘书长前来说明修宪案之经过，唯立夫仍认为不妥，不能陷钧座为违背总理遗教及宪法之罪魁祸首，而为万世之罪人，故不得不再为钧座陈之。

夫"五五宪法"之不尽合总理遗教之处（因共党及其他友党参加之故），已经"总裁"蒋公以合法手续修正之，经四十余年之施行，并无窒碍难行之处，政权与治权十分分明，今为防制监察委员由议会同意之流弊，改由"总统"提名由国大同意，在两岸未统一以前，采取此一从权防弊之措施立夫并无异议，唯若因此而将"总统"应有之治权，"考试"、"司法"两院之人选，移归国大同意，则千万不可，更不可因国大本党代表人数众多而试之，致造成大错，故于尚可补救之时间中，恳求钧座行使最后决定权以挽救之。朱高正非本党党员，尚著文以指正其谬误，俾免自乱阵线，立夫身为68年之党员，焉可见危而不言，如钧座认为立夫为多事，则请免除立夫所有党政诸职俾以谢总理、总裁、经国主席在天之灵！敬颂

党祺！

党员陈立夫敬上
1992年3月25日

对于陈立夫这种苦口婆心的呼吁，李登辉根本不予理睬。

在国民党内这场关于"总统"选举方式的斗争中，"台独"分子给予了李登辉以声援和支持。

有"台独教父"之称的彭明敏与李登辉的关系最为密切，两人是日本京都帝国大学的同学，两人自日本返台后又同时进入台湾大学，都住在台大学生宿舍。彭、李二人与另一从京都帝国大学返台任台大政治系副教授的刘庆瑞关系极为密切，当时的台大师生称他们三人为"铁三角"。

刘庆瑞曾于20世纪60年代初暗中炮制所谓"台湾新宪法"，因病死而未完成。

彭明敏因搞"台独"，于1964年被捕入狱。彭明敏说，他被捕前一天还与李登辉在一起。彭明敏在被蒋氏父子驱逐到美国后，李登辉曾密令其学生和好友与彭明敏取得联系。此后，两人关系一直未断过。彭明敏在美国时经常给李登辉写信，李登辉也非常重视他的建议。1990年2月，国民党高层争斗时，彭明敏公开发表声明，支持李登辉竞选"中华民国"第八任"总统"，对李登辉继任"总统"以来的政策表示肯定和支持。李登辉当选"总统"后，立即向远在

美国的彭明敏发出邀请函,要彭返台参加"国是会议","共商国是"。在国民党内就"总统"选举方式发生激烈争论后,彭明敏也极为关注。1992年5月,彭明敏打电话给李登辉,劝李确定未来台湾"总统"采"直接民选"的方式。李登辉身为国民党主席,对党内元老陈立夫苦口婆心的劝导置若罔闻,而对"台独教父"彭明敏的建议则奉若神明。彭明敏一个电话,让李登辉再次在国民党内挑起选举方式之争,尽管仍有许多人反对,但李登辉还是强迫他的"表决机器"按照他的意愿通过"公民直选"方案。

在一次国民党中常委会议上,有人怒斥李登辉"一党修宪"、"一人修宪","修宪其名,毁宪其实"。

还有团体发表公开声明说:李登辉"标榜民意,策动舆论和地方民意代表表达所谓民意",而其实他是"以'上意',冒称'民意',完全是在玩弄民意"。

可笑的是,李登辉在"总统"产生方式上坚持"公民直选",但在国民党内的"总统候选人"方式上,他又顽固地反对"党员直选",而坚持由他控制的"党代表"选举。显然,李登辉完全是什么方式对他自己和搞"台独"有利,他就主张采取什么方式。

陈立夫"护宪"的努力失败了,他对李登辉的真实面目也就看得更清楚了。

第四节　倡议国共第三次合作反对"台独"

陈立夫的统一主张虽然受到李登辉的打压,但他仍坚信中国将来总会统一,他对中国统一的信心始终没有动摇过。

1992年9月5日,以中国共产党中央机关报《人民日报》评论员翟象乾为团长的大陆记者访问团抵达台湾访问。9月8日、9日大陆记者访问团分别访问了张学良和陈立夫。陈立夫表示,若为统一需要,他愿回大陆。

1993年9月,陈立夫到香港作私人旅游,在接受记者访问时,再次就中国统一问题发表他的看法。《香港联合报》9月7日报道说:

国民党元老陈立夫，昨日抵港作私人旅游，接受记者访问时，表示对中国的前途很乐观，尽管现在两岸政治经济分裂，但将来总会统一，且是以文化统一。

虽然香港与大陆近在咫尺，陈立夫在45年作首次访港，表示暂时没有计划返回大陆，如果中共驻港机构与他接触，他则会视情况再看怎么办。

现年94岁的陈立夫说，他服务国民政府68年从没请过假，现在是第一次请假，专程到香港来玩几天。搞了几十年政治，现在他已老了，不再讲政治了。

现在身任"总统府"资政及国民党中央评议委员主席团主席的陈立夫坚持，两岸的统一，是文化的统一。历史上中国也分裂过，最后还是文化统一。因为中国有道统，道统就是共同的信仰，可以消除人为的分裂。

在第二次国共合作中是重要人物的陈立夫，认为当时与周恩来和谈，没有什么先决条件，只有一个共同的目标，打日本。现在讲两岸统一，也应该没条件，大家合起来统一中国，以中国文化来贡献世界。

作为一个老国民党，他表示很爱自己的党，但他不愿评论国民党的现状。他认为，国民党的前途没有什么太不好的，这么一个大党，总会有一点意见。国民党是民主的，政界有一点不同意见，就讲它分裂，这不对。

对于台湾加入联合国之事，陈立夫慨叹很不容易。但在言论之中，他对以前讲统一，现在讲加入联合国，不讲国家统一有些不以为然。

当年与陈立夫为友为敌的政坛人物，现在多已作古。陈立夫说，他的新作回忆录中，对重要人物和事件均作了回顾和评价。陈立夫回忆录约25万字，今年底出英文版，明年5月出中文版。他在回忆录中将透露一些史实，如他未经蒋介石同意，就擅自将蒋经国从苏联接回，是想让蒋经国接替自己的职务等。

李登辉为了推行他的"台独"理念，利用手中掌握的专制独裁权力，处心积虑地分化搞垮坚持"一个中国"理念的国民党。

李登辉刚上台，就全力封杀蒋家对国民党的影响，接着对国民党内亲蒋重臣采取分而治之、各个击破，全面摧毁这股主导国民党的力量。

从1988年到1993年，李登辉四次改组"行政院"，将亲蒋的重臣一一赶下台。李登辉的最终目标是把国民党彻底搞垮，因此，他最后把打击矛头指向国民党内实力派人士。1993年8月，李登辉在国民党第十四次"全国"代表大会筹备期间，对非主流派全力压制，逼迫非主流派中生代骨干组织"新国民党连线"，脱离国民党，这是国民党退据台湾后的第一次分裂。

1996年3月，在台湾的"总统"选举中，李登辉出尔反尔，不择手段，逼得林洋港、郝柏村、陈履安等人"违纪"参选，李登辉趁机把这三人开除出党，又引起党内和支持群体的分裂。1996年12月，李登辉又以"精省"为名，逼"外省籍"的最后一位实力派人物、台湾省"省长"宋楚瑜辞职下台。这样，外省籍的国民党元老、重臣及实力派人物全部被李登辉排挤而去。

李登辉在人事上削弱国民党的实力基础后，又全力宣扬"台独"理念，全面动摇国民党的政治理念。蒋介石、蒋经国父子两代统治台湾时，虽然对中国共产党领导的大陆充满敌意，念念不忘"反共复国"，但他们始终坚持"一个中国"的原则，为此蒋氏父子曾经数次抵制美国政府分离台湾与大陆的阴谋。李登辉是一个极端狂热的"台独"分子，他为了使他的"台独"合法化，费尽了心机。为了否定"一个中国"的原则，李登辉多次试探性地提出了多种经过伪装的口号。1992年初至1993年11月间，先后提出"分裂分治"、"中华民国主权及于全中国，但治权及于台澎金马"、两岸为"对等的政治实体"、"中华民国在台湾"、"以一个中国为指向的阶段性两个中国"等口号，有意模糊"一个中国"的定义。1994年7月李登辉发表"两岸关系说明书"，1997年2月发表"一个分治的中国"说贴，公开否定"一个中国"原则。

1994年，李登辉与日本极右翼作家司马辽太郎在台北进行了一场别有用心的谈话，在无耻地美化日本军国主义对台湾的殖民统治的同时，胡说国民党政权是"外来政权"。李登辉大谈所谓"台湾人的悲哀"，并以《旧约》圣经里《出埃及记》中率领犹太人穿越红海、返回故土重建家园的摩西自居，扬言要建立所谓台湾人的国家。这是李登辉第一次向日本极右翼势力敞开心扉，彻底地暴露了他的"台独"面目。

1999年5月19日，李登辉又抛出了自传体裁的著作《台湾的主张》。据说这本书是由一个日本极右翼反华分子捉刀的。这本书只不过是一堆杂乱无章的自我吹嘘加"台独"的陈词滥调。所谓"台湾的主张"，实际上就是李登辉个人的"台独"主张。在这本书中，李登辉丧心病狂地提出要把中国分成"七块"，实行"中国的分权分治"。李登辉还极端险恶地挑拨美国、日本与中华人民共和国的关系，企图借美、日的力量以实现他的"台独"图谋。

1999年7月9日，李登辉公然抛出"两国论"，把海峡两岸定位为"国家与国家，至少是特殊的国与国关系"，公开挑战"一个中国"的原则。

2000年7月25日，李登辉又抛出《亚洲的智略》一书，宣称台湾已经是"主权独立国家"，已经成为"台湾的中华民国"，已经实现"中华民国的第二共和"。李登辉是一个自大狂，现代的"夜郎"，身为一个区区小岛的领导人，却开口闭口"亚洲"，似乎地区如此广阔、人口如此众多的亚洲的命运都掌握在他李登辉的手里，真是一个昏了头的"挑战狂"和跳梁小丑。

在李登辉疯狂推行"台独"的过程中，陈立夫这个坚持"一个中国"原则立场的国民党元老也同样遭到了李登辉的打击。不仅陈立夫的统一主张遭到李登辉的冷遇和打压，而且把他的"总统府资政"头衔也给捋了。李登辉已经不需要统派人物给他资什么"政"，他需要的是"台独"分子给他撑腰。李登辉将陈立夫头上的"资政"头衔戴到了"台独"头子许信良等人的头上。

1999年4月，台湾《财讯》杂志采访陈立夫，提及此事，陈立夫不满地说："曾经有人帮我问过李'总统'，为什么不让陈立夫做'资政'？他说，因为我常常在美国。其实我没有，我去美国不超过三个月，每次都请假，回来也会销假。"陈立夫直言指责李登辉"他有时候要搞台独"，他个人是"不会认错的"。尽管台湾岛内气焰嚣张，但陈立夫仍对中国统一的前景充满信心。他说："现在是中国发展的最好时刻，美、苏两强都有困难，只要两岸把真话讲出来，统一蛮容易。""我相信不要多少年，中国会（成为）世界第一。"

2000年3月18日，台湾举行第十届"总统"、"副总统"选举。由于李登辉12年来蓄意摧残国民党、制造分裂，并在选举的关键时刻"弃连（战）挺扁（陈水扁）"，终于使民进党候选人陈水扁、吕秀莲以39.3%的得票率当选，独立参选人宋楚瑜、张昭雄及国民党候选人连战、萧万长败北。

民进党是一个坚持"台独"理念的政党，李登辉把民进党候选人陈水扁、吕秀莲捧上台，是为了让他推行的分裂路线得以延续。民进党上台，在台湾执政50年的国民党沦为在野党，台湾政局发生重大变化。李登辉多行不义，也被愤怒的国民党赶下台，由连战出任国民党代主席。

2000年6月16日，在中国国民党第十五届中央评议委员第四次会议上，年逾百岁的陈立夫与梁肃戎等人联合向大会提案"国共第三次合作，共议和平统一"，主张藉由国共第三次合作，联合起来共同打击"台独"，防止分离主义分子的阴谋得逞。

这里有必要介绍一下另一位提案领衔人梁肃戎。

梁肃戎（1920—2004），辽宁省昌图县人，是关内移居东北的第三代，1920年出生，1939年6月在伪满新京法政大学法学部读书时秘密加入中国国民党，两年后任秘密的国民党长春市党部书记长。公开的身份是伪满长春地方法院推事、检察厅检察官。在从事地下抗日工作时被日伪逮捕，判处有期徒刑12年。1945年抗日战争胜利后任国民党辽北省党部执行委员兼宣传处长、辽北省参议会参议员。1948年当选为立法委员。在政治派系上，梁肃戎属于陈立夫的C.C.系，梁自称是"小C.C."。1949年去台后，梁肃戎继续担任"立法委员"兼东吴大学法学院教授，1970年赴日本留学，获明治大学法学博士学位。回到台湾后，蒋经国提拔他担任国民党中央委员、中央政策委员会副秘书长，负责行政、立法部门的党政协调，并与党外人士及在野的民社党、青年党联络。李登辉上台后，梁肃戎任"中央政策会秘书长"、"立法院副院长"、"立法院院长"，退休后被聘为"资政"。梁肃戎是关内移民的后代，是一条襟怀坦荡、快言快语的东北汉子，在大是大非面前，他敢于表明自己的观点。从个人关系上讲，李登辉曾有"恩"于他，但梁肃戎对李登辉的"台独"言行极为忧虑。1995年，梁肃戎在《大是大非——梁肃戎回忆录》的自序中指出："抛开他之于我的私人恩惠，我仍然要指出，他的革新举措显有偏差，以至于有动摇国本之虞。现在宪法修改得支离破碎，丧失了国家追求的基本目标，即是一例。过分的强调本土化、台湾化，使一个伟大的三民主义的全民政党，沦落成为以台澎金马地区的台湾本土政党，再走下去，恐是"台湾独立"的死路。目前人民对于国家认同的意识模糊，黑金横行，是非不明，造成社会动荡不安。国民党内部分年轻精英忠贞同志出走另组新党；部分年纪较大的则组成新同盟会，以护党救国为号召；四位副主席中有两位与中央意见不合，公然与李主席对抗竞选总统。不能否认的，国民党已陷入实质的分裂，若不及时检讨、反省、团结，则党、国危极矣！"

为了反击"台独"，梁肃戎发起成立了"海峡两岸和平统一促进会"，自任会长，聘陈立夫等人为名誉会长。梁肃戎认为应以"和平统一"原则，作为未来发展导引方向;坚持"一个中国"原则,共同迈向和平统一;两岸对等,和平共存,主权独立,共有共享,台湾不独立,中共不动武。"促进会"成立后,梁肃戎奔走海峡两岸及海外华侨中,宣传和平统一理念。在梁肃戎及"促进会"同仁的努力下,在全世界各地华侨中成立了78个"和平统一促进会"。

1999年7月9日至11日,在香港召开的"中国和平统一研讨会"上,年近八旬的梁肃戎发言说:"两岸和平统一,有些人可以等,我可等不及了。""不过我一定要,也一定会等到两岸和平统一这一天。"由于梁肃戎坚持和平统一的立场,被"台独"分子视为"顽固得无可救药的统派先锋"。自"促进会"成立以来,梁肃戎曾经感慨,这几年他推动两岸和平统一的工作的心情,实在可以用"艰苦奋斗"和"备感心酸"来形容。2000年底,梁肃戎因操劳过度,曾轻微中风,住院两个月,经治疗恢复后,仍然继续他所坚持的事业,无怨无悔地执着地宣扬他两岸和平统一的理念。梁肃戎于1996年4月、1998年9月、2000年3月三次见到中共中央总书记江泽民,交换和平统一的意见。

对于梁肃戎、陈立夫提出的国共联手打击"台独"的提案,台湾传媒有如下的报道:

> 中国国民党今天召开第十五届中央评议委员第四次会议,中评委会议主席团主席梁肃戎、陈立夫等人向大会提案"国共第三次合作,共议和平统一",主张藉由国共第三次合作,联合起来共同打击"台独",防止分离主义分子的阴谋得逞。
>
> 为了积极落实两岸政党交流,开创国共第三次合作的历史新契机,此案共同提案人之一的梁肃戎在提案内容做出三点具体建议:第一,由连战率团亲访大陆,与中共总书记江泽民进行高峰会议,发表声明,共同反对"台独",朝向统一的道路前进。第二,加强国共两党间的合作,组成国家统一委员会,在两岸互设办事处,进行政治、经贸、文化、体育等各项交流活动。第三,在最短期间内积极推动三通,增进两岸人民感情,减少敌意,为两岸和平统一奠定坚实基础。
>
> 梁肃戎表示,他深知提出此案会引起社会舆论重视或有不同看法,甚至有人会质疑他在出卖台湾,然则基于国家民族根本利益,基于2300万台湾人民生命财产安全,思之再三,必须突破危局,"虽千万人吾往矣"!

他说，民主进步党一日不拿掉"台独"党纲，中国共产党就一日不会相信民进党，两岸也永无宁日。而单靠国民党一己之力，事实证明难有功效，唯有与对岸真诚合作，国共两党联合起来反击台独，共议和平统一，这样台湾海峡才会有保障，国家民族也才可以免于分裂的命运。

这项国共第三次合作提案的另一位联署者陈立夫表示，他已满百岁，忧国共内战再起，忧台湾问题不能以和平方式解决，中国的统一终须诉诸武力，那就是两岸中国人的大悲剧，也是中华民族的大不幸。所以国民党必须挺身而出，与"大陆当局"商谈，和平解决两岸一切问题。

从以"三民主义统一中国"到以"中国文化统一中国"，再到国共合作联手打击"台独"，陈立夫晚年在祖国统一大业上的立场和态度发生了两次飞跃。陈立夫以102岁高龄去世，他虽然没有能够看到祖国统一的实现，但他坚持的祖国统一的理念终究是会实现的。

陈立夫 全传
Biography of Chen lifu

第十七章
家庭生活及长寿之术

爱其所同，敬其所异。

——陈立夫论夫妇相处八字箴言

养身在勤，养心在静；
饮食有节，起居有时；
物熟始食，水沸始饮；
多食果菜，少食肉类；
头部宜冷，足亦宜热；
知足常乐，无求常安。

——陈立夫养生48字诀

第一节　夫妇相处之道与美满家庭

陈立夫的夫人叫孙禄卿，与陈立夫是吴兴小同乡。孙禄卿的父亲孙蓉江与陈立夫父亲陈蔼士同为典当业经理，且为至交好友，二人在地方上均有很高的声望，乡里喜事或丧事，都要请他们为执事先生。地方百姓发生纠纷时，他们往往一句话即能够平息，让人心服口服。

孙蓉江与陈蔼士因是莫逆之交，于是来了个指腹为婚。孙禄卿比陈立夫长两个月，13岁时两人正式订婚，接着读中学、大学，陈立夫进天津北洋大学，孙禄卿入上海美术专科学校，并拜湖州籍的名画家王震（一亭）为师，对山水画造诣颇深。陈立夫赴美国留学前夕，亲友们为他饯行，在亲友陪同下，在一处名叫沈氏义庄的私家花园跟未婚妻正式见了一面，说了几句客气话。

在美国留学期间，陈立夫与孙禄卿不断有书信往来。1926年，陈立夫学成归国，在上海稍事停留后即赴广东。同年12月9日，陈立夫与孙禄卿在上海租界举行婚礼。婚后，两位新人看了几场梅兰芳表演的京剧。

不久，陈立夫即应蒋介石之召，告别新婚妻子，前往南昌继续为蒋效力。

第十七章 家庭生活及长寿之术

这对指腹为婚的夫妇共同生活了65年,始终和睦相处。这是他们40岁时的留影

1992年9月29日,孙禄卿因心脏病去世,享年93岁。陈立夫夫妇共同生活65年,能够和睦相处,这是不容易的一件事。陈立夫在《成败之鉴》中总结他们夫妇相处之道为八个字:"爱其所同,敬其所异。"陈立夫写道:

我与妻结婚已65年了,如由订婚算起,已届满80年了。在这漫长的岁月中,深觉我妻聪颖娴淑,并富有联想的敏感,譬如往往说到此一事,她即能联想到彼一事。她有很强的管理能力,对家中佣人恩威兼施,她们也心悦诚服地愿接受其意见,故佣人一来我家,便不肯再离去。

我妻有良好的整洁习惯,橱柜中所放东西,一切井然有序,衣饰器物,都有定位,故常见家中一丝不乱。此点我的女儿泽容,已深受其母熏陶。我妻个性很强,但她做的事我不去干预,偶有意见相左,我不当场反对,常在就寝时作心平气和的检讨。其间,就是管教子女们的方法两人意见不同时,同样不当场反对,双方适当保留其颜面,如此一来,也能使子女们得到父母的修养榜样,事实上我妻的性格,有很多地方和我完全不一样,而我却常能以八个字处之:"爱其所同,敬其所异",亦即相同的地

1987年陈立夫夫妇庆祝钻石婚时所摄

方要能相处，不同的地方使能相互尊敬。比如她脾气很急，我则颇温和，有时我想，我的温和也有缺点，若有些事需要急的时候，她的急也能弥补我的缺点。这样一想，我就会觉得她的个性不一定要同我一样了，再如我喜欢用钱，只要带钱在身边，便常会花光；但她则用钱谨慎，没有随便花钱的习惯。否则，她如果和我一样，则家中便很难有储蓄了。因此我认为夫妇相处，要能相互认识对方的长处，彼此便不会合不来，亦就不会有口角了。

夫妻朝夕相处，有些小事还要能够相互容忍，比如我妻不易流汗而我则相反，由于她不出汗便不怕伤风，故喜欢大开窗户，但我却常因吹风着凉，所以不习惯大开其窗，然而我却从未坚持己见，不反对她开窗户。又比如参加亲友邀宴，她化妆时我便做我的事，待好了又催我时，我就说刚才等你半小时我没催你，现在不过才等我几分钟，你就连番来催我了。如此便可"轻描淡写"的一笔带过。

此外，我妻也有和我根本不同的地方，由于她是学美术的，家中一切都要合乎美的标准，如客厅沙发、卧室家具乃至窗帘色彩等，她要布置得

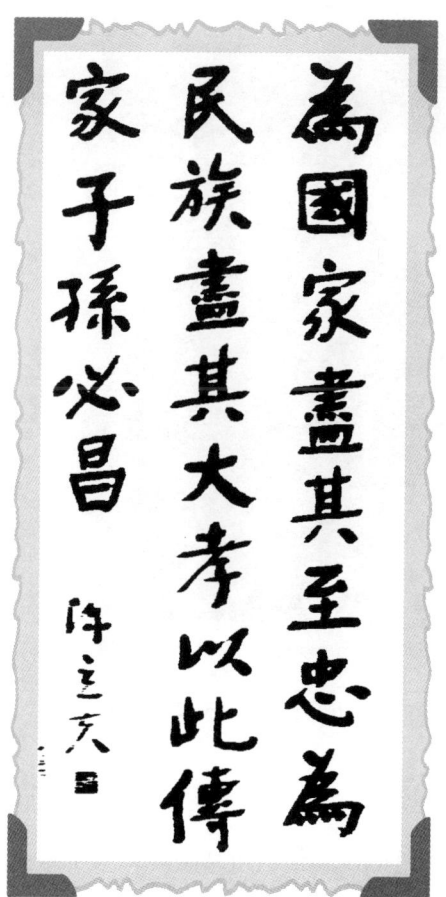

陈立夫手迹

很协调。而我则是学工程的,一切要讲求实用,亦即主张实用第一,我妻却以美观第一。此皆因所学不同,故观点亦不一样。所以家中一切陈列我不过问,任由其发挥爱好与所学。至于经济,亦全由我妻执掌,我俩并共用一银行户头,两人都可随意取款,绝不怀疑对方之用途,互相信赖,自然便融洽无间了。我与妻结婚已60多年了,在生活中从未吵过架,都是相互容忍、互为信赖的结果。有时亲友邀宴请我讲话,我就把上述道理提出来规劝大家,亦颇能引起在座人士的共鸣。

我的岳父孙蓉江先生早于抗战前过世,岳母吴氏相夫教子极有能力,惜天不假年而早逝,吾妻有一姐姐及哥哥也已亡故。继母翁氏育有三女,抗战时随我全家偕往重庆,和我们住一起,除照料其生活外,并把三个妹妹读到大学毕业,所幸那时我做教育部长,有此经济能力,我继岳母身体康健,1984年6月即满100岁。岳父生前很喜欢我这个女婿,似乎已料到在他身后我必能全力照顾其一家人,我总算不负其所托。

在老家时,我们兄弟姐妹相处和睦,我对大嫂极为尊敬。因先兄无子,故我将大儿子泽安在名义上过继给他们夫妇,以承其绵延不绝的香火。

陈立夫之子 陈泽宠说:"母亲去世时93岁,在此之前,曾有过心律不整的毛病,父亲为了防止母亲半夜起床如厕,不慎跌倒,特别准备了马桶在床边,父亲则亲自为其倒马桶,无一日间断。尽管母亲不喜欢政治,但也能容忍相处,互敬、互谅、互爱,除了父亲开会、演讲、上课,双亲总是同进同出,一道上馆子,一道看画展。父亲比较舍得花钱,母亲更为俭节,我们做子女的也

陈立夫夫妇与三子一女的合影。后排左起：陈泽容、陈泽安、陈泽宁，前排立者为陈泽宠

受母亲影响，不沾政治。母亲很会做点心，记得1958年姐姐结婚时，为了茶点招待客人，父母亲早在三个月前把点心一样样做好，有300份之多，放在冷冻库里，到喜宴那天，拿出来宴客，就是现在所谓冷藏食品之前身吧！"

陈立夫夫妇育有三子一女，孙辈有12人。说到陈立夫的子女孙辈，陈立夫是很自豪的。他在《成败之鉴》中写道：

> 我的家乡是吴兴县，老家在府学前"五昌里"，从祖父、父亲、我，及我的子、孙，算起来已是五代，家中和睦昌盛，正是"五世其昌"的征兆。我的祖父眷苍公为人忠厚，相传在曾祖父逝世后弟兄们争家产，祖父谦让为怀，不与争任何家产，他说："我只希望子孙五世昌睦有成就够了！"父亲辈有兄弟三人未分家，和乐相处。我兄弟三人即果夫、我及祖烈（另有一弟名民夫，陷大陆已去世），正如上一代从未吵过架，亦不分家。我的子孙辈亦安居乐业，各个学有专长，必能发扬家规。如此看来，倒真能达成我祖父的"五世其昌"的心愿了。

我的长孙（泽安之子）绍虞，在加州大学获得博士学位后，去洛杉矶加州大学研究动物病理，并在其曾荣获诺贝尔奖的指导教授指导下，对人类癌症有创新的突破研究，在他30岁时在英国《自然杂志》及美国《科学杂志》发表了论文，受到医学界无比重视。哈佛大学拟以年薪四万美金及奖助金10万元挖他过去，但被他婉拒了。他仍愿在目前UCLA做研究工作，继续从事癌症研究，也许他会创造奇迹，为我们陈家获得一个诺贝尔医学奖！当他把他的决定告诉我时，我亦支持他的灼见，我的儿子泽安（绍虞之父）也鼓励他说："钱是身外之物"，要其子继续留在现在的大学研究。且该校还扬言："如有一学校给你高薪请你去，我们会给你更高的待遇留下你。"

记得此长孙即绍虞于加州大学博士班毕业时，我曾以祖父分家故事在信中告诉他，并殷盼其发扬家风，使陈氏家族对人类作更大的贡献！以期勿负先祖"五世其昌"之厚望。

陈立夫夫妇90岁生日时的全家福

第二节 "立夫养生学"

国民党去台高官的长寿，是一个自然现象，也是一个有趣的历史现象。

90岁至100岁的不胜枚举，超过100岁的也不乏其人，超过100岁的除本书传主陈立夫（1900—2001）外，还有101岁的张群（1889—1990）、102岁的薛岳（1896—1998）年）、104岁的宋美龄（1899—2003）、100岁的张学良（1901—2001）等好几位，至于八九十岁的就更多了。

这些当年从大陆去台湾的国民党政治人物为何如此高龄？笔者不敏，不敢妄下结论。下面我们具体看看陈立夫的情况。

陈立夫生于1900年8月21日，逝世于2001年2月8日，实足年龄101岁，虚岁按不同算法有102岁和103岁的说法。陈立夫为什么能够长寿？他的日常生活有什么与众不同之处？

陈立夫在《成败之鉴》一书中详细交代，不妨转录如下，以供世人参考：

> 我年事已高，但身体仍甚硬朗，所以对于养生也小有心得。我自小即有一偏好，总喜欢吃鸡、鸭、猪等的脑子，但不多吃，差不多两星期至一个月吃一次，也许有人不相信，比方到现在，我的视力仍甚佳，我觉得这和我喜吃小银鱼有关系，我用小银鱼炒蛋，每次总有一二百条吧。在旧时传说中，认为吃什么补什么，如果属实，那么我吃下一二百条小鱼，即有三四百双眼睛的营养，长期下来，便足以使我的视力保持良好，不能说没有道理。
>
> 我有一个理由很科学，即人的体内不是像农业社会的，而是像工业社会的，它自己能制造其所需要的原料，也就是说吃下什么东西，将经过消化系统供应人体内所需该类东西的部分，使之化合制造，不一定要吃什么补什么，只是到了老年才需要，有如人在年富力强时，体内有似自己种棉、纺纱、织布、自制衣服穿戴，但年纪老了，已无此能力自力更生，即应花钱卖件现成衣服以供所需，如吃鸡、鸭、猪脑，藉以补脑者就是此道理。
>
> 但这类补品因含"胆固醇"太高，实不宜多吃，要能恰到好处，即能供其所需分量，便不致有害了。比如，我有时买一个猪心吃，通常一月吃一次，再加以隔一二个月吃个猪脑，自应无问题。因为我检查身体报告中，我的"胆固醇"只有180，自然可以吃的。
>
> 最近从瑞士回来一位许先生，他说在那边有一家医院，发明了"吃

什么补什么"的特殊医疗法，称之曰"细胞治疗法"，他就是该院的副院长，但仍有些人不相信这个医疗法，事实上却医好了很多人，如英国伊利莎白女王、南斯拉夫狄托总统、德国首相艾德诺等政要名人，都是此种医疗法的痊愈者，尤其艾德诺的临终遗言更发人深省："德国大学应研究以细胞补细胞的医疗法。如我不是经此医疗法医好疾病，则我不会为国家又服务20年！"

根据那位许先生的说法，瑞士这家医院的医疗法，是从羊肚中取出羊胎，经过消毒后烤乾、分类、解剖，将耳、目、口、鼻等各器官及内脏各部分一一磨成粉末，并制成针剂，予病人注射，其治疗效果奇佳。此一医疗方法，将来必因疗效之显著，而扩大施行。

往昔，西人曾讥笑我们国势衰敝，人民赢弱，乃谑称之谓"东亚病夫"；故蒋委员长于抗战期间提倡"新生活运动"，就是针对此讥刺，请国人革除旧习，强身报国。

我一生从事公职，由美回台定居后，设法退出政坛，期能以有生之年，在复兴文化工作中发扬先圣先贤之道统，克尽一份绵薄之力，但这是一项艰巨繁重的工作，必有赖于健全的身心；因此，我很注意健康身心的运动。

在侨居美国时，曾于《华美日报》读到一篇中国秦姓妇女写的文章，浅释"内八段锦"为有强身的功能，应说是一种强化与锻炼身心的"中国功夫"。我读了这篇文章后，觉得很有道理，特地到纽约去拜访她。她是秦昭芬先生的夫人，东北人，她告诉我说，内八段锦功夫她已做了八九个月，发现有三大益处：第一，胃口变得特别好；第二，原有耳疾常流黄水，现已痊愈；第三，往日腿上有红筋暴出，已不复现。

根据她的口述，内八段锦是这样习练：首先从眼部运动；两手搓热；自眼睑向左右抚摩；然后揉搓太阳穴；再前后抚摩两耳；再以二指轻弹后脑骨；再摩擦耳后，再揉搓鼻子；再咬劲牙齿，再抚摩喉头，再抚摩后颈，并使中枢神经也受到运动，然后以两手揉擦胸口腹部；再抚摩腰部；再摩擦摄护腺两边，再坐下，一手揉膝盖，一手搓脚心；上述运动，每式动作最少要做一百次。另我自己附加一项起立—蹲下运动，上下做20次。

从获知这项运动起，三十五年如一日，每早起床就做，一直持续不断。运动毕即大小便，然后淋浴。此运动最初是在床上做，自12年前开始，我就利用淋浴时一并做，那就是水冲到哪一部位，就用手摩擦那一部位。淋浴与运动并做以来，我感到效果更佳；因为在淋浴时做此运动，必更能促进血液循环，此应是我所创见。回溯自做这项运动起，我的宿疾腰疼，已完全痊愈，摄护腺不必开刀而愈。

我生活很有规律，早晨5时30分起床，晚间通常9时30分入睡，有8小时睡眠。起床后排便、淋浴、运动、洗脸等约占一小时（运动35分钟），至6时30分就一切完毕。然后用早膳，早膳后开始散步500步，庭院中花木很多，空气清鲜，漫步其间，颇收怡情悦目之效。

每天晚饭后看电视，在家都是6时30分进晚膳，然后边吃边看电视新闻和其他节目；但在插播广告时，我便利用此间隙在屋中散步：自客厅、厨房、卧室，来往踱着步子，合共约500步。

内子也有在床上作此运动的好习惯。她每日6时半起床，早餐后散步，通常在阳台上走2000步，我有时也跟她一同走。如非外出开会时，我即在家写点东西，做些整理文稿等工作。中午小睡一小时左右，然后起床再继续工作。

我的饮食很清淡，喜吃青菜豆腐，油腻肉类较少；我的胆囊切除后，更不能吃太油腻的东西。我有一点糖尿病，吃东西稍不留意，血糖就升至一百七八十度；120较理想，超过200便须注射因素林。现在我已经控制到140左右，差不多高了20度。目前有一种理论，即超过60岁的人，每增一岁，血糖即可加一度，而我已逾越90岁，故理想之血糖高度，超过150亦不为高。

我的血压最好，低血压60至70，高血压100至120，可说极为正常。像我这样一个年达九十余高龄的人，是很少有如此正常血压的，此应归功于运动的效果。常记得一位老方丈告诉我的一句箴言："养身在勤，养心在静。"这位高僧说此话时，已逾96岁，且常以上述八个字，示人以健康长寿之道。

我的健康良好，确是运动的功能。早年读中学时我就喜欢运动，举凡网球、篮球、游泳、足球、滑水、跳高、跳栏、赛跑等，我都参与活动，他如：形意拳、太极拳我也都打过。可以说各项运动，我都有浓厚兴趣。

第十七章 家庭生活及长寿之术

陈立夫70岁生日切祝寿蛋糕时所摄

同时，我读的中学要求很严，学业成绩平均必须85分以上，一小时假都不请者，学期终了可获颁一奖状，四年下来，我荣获七张奖状纸，一学期未拿奖状，那是因家兄果夫结婚，请了一次假的关系。读大学时我也喜欢运动，主要还是为了锻炼体魄，我确认身体健康原是人生最大的幸福。故有人邀我演讲时，如一时未特定题目，便作临时性的养生经验讲话，告诉大家如何运动。譬如（民国）73年我在政大校友会新年专拜时讲话，就曾把上述那套运动方法一一讲出来并表现示范。

我这个人却还有一个优点，躺下不到五分钟就睡着了。因此，我一向都睡得很好。我有一重要原则，即我答应要办的事，便一定拼命去做，即使做得未尽理想，但我已尽了全力。由于已全力以赴，故我入睡时便不再想白天所做的一切，于是我就能安然进入梦乡。

此外，我有个特点，也是多数人难以做到的，那就是当有人在旁高谈阔论时，我可以不受影响，照样伏案沉思，冷静地写文章。此时我能把两耳封闭起来：听之而不闻。

因此，我由士林家中到北市南海路孔孟学会上班，历时35至50分钟，便充分利用这段时间在座车中批阅公文，毫不受沿途车辆的嘈杂干扰。

我常在忙碌中度日，通常每天写五六封亲笔信，还要替不少人题字、作序等多方应酬，并编写文化教材，逐日与文为伍，好像有永远做不完的事。但我并不疲惫，此应是我受自强不息常年运动之赐！

陈立夫还总结出一套48个字的"养生秘诀"：

养身在勤，养心在静。
饮食有节，起居有时。
物熟始食，水沸始饮。
多食果菜，少食肉类。
头部宜冷，足亦宜热。
知足常乐，无求常安。

1999年，台湾《财讯》月刊4月号有一篇记者尹士英、田习如写的《百岁老人陈立夫专访记——独家专访百岁名人陈立夫财富观》。

文章前面有一段很长的编者按："出生于19世纪最后一年，前半生目睹国民党政权在中国大陆的兴衰，权倾一时；中年在蒋介石示意下放弃一切权力，到美国开养鸡场；70岁时又被召回台湾，投入中医教育、孔孟思想的传播。陈立夫是当年所谓'蒋宋孔陈'四大家族中，唯一还快乐地活在台湾的代表人物。养生有术的陈立夫，可望跨入人生中的第三个世纪。本刊特别专访今年满百岁的陈立夫，请他谈谈百岁人生观、财富观及养生之道。陈立夫如今视力仍然很好，看书不必戴眼镜，不过由于双耳重听，家中特别准备专用便条纸，以便与客人'笔谈'。红色的便条纸上印有他在99岁时亲书的'福寿康宁'四字及老寿星图样，相当特别。""四大家族只有他活着——新人类对陈立夫大概有些陌生。他在两岸近代史中具有相当地位，自27岁担任蒋介石机要秘书起，历任国民党中央党部秘书长、'国民政府'教育部长、'立法院'副院长等党政要职，与其兄陈果夫（党营事业的'开山祖师'）被称为国民党内的C.C.（两陈）派。国民党迁台之初，陈立夫为避开党内人事纷争，在老蒋授意下自请退出政坛赴美,在美国与朋友小本经营养鸡、卖皮蛋、辣椒酱等生意,并不宽裕,甚至一度由老蒋资助生活。到老蒋84岁时,把70岁的陈立夫召回台湾,担任文复会副会长、孔孟学会理事长及中国医药学院董事长迄今。李登辉并曾聘他为"总统府"资政,到1996年才未续聘。陈立夫在台湾的养老生活中,有两件事最令人印象深刻。一是他每日自行按摩、散步,持之以恒数十年,几次大病竟都不碍事,40年糖尿病也未击垮他,身体健康得到了百岁还常出外活动,甚至多次南下台中中国医药学院开会,养生之道令人称奇。二是他在六年前妻子过世后不久,将原本天母山上的别墅出售,并捐出大半售屋所得予"立夫中医药研究基金会"等公益团体,使自己成为'无壳蜗牛'。该别墅是陈立夫刚回台湾时,向土地银行承租土地,由他的子女出资兴建而成。后来向土地银行分期付款买下土地,最后以近亿元卖出,算是不错的交易。目前陈立夫在士林租用屋而居,也是由子女(共三子一女,多在美国)供应每月十几万元的租金。""本刊造访陈立夫时,他午觉刚醒,穿戴整齐正式,在护士虚扶下自行缓步走来。或许知道自己口音重,访谈中不时夹以几句英语。讲得兴起,连每隔一段时间就要起身在室内走动健身的习惯也暂缓下来。看到便条纸上问他'没钱慌不慌'、'如何长寿'、'对老蒋、小蒋、李登辉三个总统的评价'等等,总是先眯眯一笑再说。访问结束后,他热心指着、数着家里陈列,各方朋友送的65只大象、20只马等摆饰,并亲切拉着记者照相。"

以下为访谈纪要:

问:你一生大风大浪,对财富有何看法?"蒋宋孔陈"四大家族中,就你们家最穷?

答:我们家从小就灌输不可取不义之财的观念,我小时候家里墙上挂着一幅高祖家训:"寿本无仁,乐生于智,勤能补拙,俭可养廉。"我每天都看得到,对我影响很深。我的祖父当年分家时不争财产,说只要子孙好,就是最大的财富,钱的问题不重要。所以我家里的人做人very kind,从来没有发财的观念,也从不贪污。我的父亲和二叔陈其美(参与孙文的革命事业)等几个兄弟,也未曾分家。以前的人都很听祖先的话,不像现在。我哥哥陈果夫死的时候,连棺材钱都没有。问我们家乡的人就知道,没有一个说陈家有钱的。

问:几年前你把房子卖了,钱也分送出去,现在身边没有几个钱,你不会慌?

答：没有钱，才借得到钱。我早先在美国经营《华美日报》，董事长是前财政部长徐堪，我做副董事长。有的时候报馆没钱，徐堪去借，人家会说："你很有钱，怎么还向人借钱。"如果是我去借，人家都会借给我。我的经验是没有钱的人才真正借得到钱。不过我向人家借钱很讲信用，从不延期还钱。没有钱的人，信用得要紧。钱只要够用就可以了，我的儿子孙子都很好，不必靠我，我要财富干嘛。看看那些有钱的人，他们的儿子孙子都不好。

问：你现在有收入的工作有哪些？

陈立夫画作

答：我写字（书法）赚的钱，都捐给立夫中医药研究基金会作资金。基金会对中药方面、针灸方面的杰出研究者，每两年都会颁一次立夫奖，每次需要五六百万元资金和审查费等，都是我写字赚来的。自古以来，没有一个人可以这样靠写字颁奖。这点成就让我蛮高兴的。要我写字的人，如果是大陆方面，他们没有几个钱，没办法给钱，"台湾"、美国的人就有钱。这几年下来，我写字总共得到8000万台币，用来成立基金会。

问：你到明年就横跨三个世纪了，有什么感想？

答：不容易啊，我自己也不晓得为什么会活到100岁。不过我可以告诉你一个重点，我这个人睡觉睡得好，睡下去大概五分钟就睡着了。

问：是不是因为想得开，所以睡得好？你对失权也想得开？

答：很想得开。我不发脾气，我总共呆过180多个机关，所有共事过的人，从来没有看过我发脾气，这也是不容易的。我这个人很有恒心的，记忆力也很好。我做官都是by chance（机缘），本来对做官没兴趣，是蒋公把我找来帮忙。我那时候跟他说，你不能跟我发脾气，不然我隔天就卷铺盖走了。所以我帮蒋公30年，他从来没有对我发过一次脾气。他脾气很坏的，但从来没有对我发脾气，怕我走。一个人的人格很重要，不能随便让人家发脾气。

问：李登辉不让你做"资政"了，你也想得开？

答：无所谓。曾经有人帮我问李"总统"为什么不让陈立夫做"资政"了，他说因为我常常在美国。其实我没有，我去美国不超过三个月，每次都请假。回来也会销假，他弄错了，我也不跟他计较。他这个人也不认错的。

问：你对老蒋、小蒋、李登辉三位"总统"的看法、评价？

答：我不要去评价了，今日台湾能够站得住，不容易了。基础是老蒋"总统"打的，蒋经国"总统"做得很好，李"总统"……也还不错，不要责难他了。只是他有时候要搞"台独"，现在后悔了，也不讲"台独"了。做得好做不好，只要不搞贪污，也不搞政治就是了。我这个人就是不搞政治的。蒋公交给我的党，我交给蒋经国了，我自己没东西。真正去想，如果当年我争的话，那现在就很麻烦了。蒋经国晓得这个，他对我很好。

问：李登辉对你如何？

答：他以前对我很好。现在他晓得搞错了。

问：你会不会回大陆看看？

答：我不回去。我的近亲现在没有一个在大陆了。邓小平曾经托程思远（中国人大常委会副委员长）来找我过去看看，我不去。像赵耀东曾经去大陆开国际经济会议，回来之后，李"总统"见都不见他，去之前也没见他。李国鼎也去过，回来李也是见都不见，我去干嘛。

问：你一生多次大难不死，对健康有何影响？

答：我一生有11次大难不死。我最近写了一本《我怎么会活到100岁》的书，30多个page，里面有讲这些，现在内容还不能给你们看，不然就不稀奇了。今年9月6日我过生日的时候，每个客人我都会送两本书，一本这个，第二本是讲我一生做了什么事。封面大样可以给你们看看，这是我自己设计的。

问：你是否不烟、不酒、不赌？

答：我喝酒啊。我不抽烟，因为我是学采矿的，矿坑里面不能抽烟。我很会喝酒，从小就会，可以喝一瓶白兰地，现在因为糖尿病，不能喝了。赌的话，我会跟人搓一搓小麻将，一年一两次，而且我打麻将都赢的。

问：为何你的糖尿病不碍事，经国先生的糖尿病却相当严重？

答：我的糖尿病有40多年了，我吃西药，也吃中药。中药是中医治糖尿病的，我常常吃。有了糖尿病，我吃东西很当心，吃得清淡，也不吃糖了。经国先生爱吃东西，他到外面常常看到什么都吃。

问：你对中医、西医有何看法？

答：中医有6400多年的历史，老祖宗的发明有其道理，不能一脚踢开。国父说要把中国固有好的东西从根救起，把西方的研究改造，我就是从这个观点出发。

问：前年你为什么特别到美国去为蒋夫人百岁祝寿？

答：前年、去年我都去看她。从前蒋公对我很好，她也算我的长辈，对我很客气。我去看她，她很高兴，还请我吃点心。

问：蒋夫人为何也很长寿？你们会不会交换养生的心得？

答：我连自己为何长寿也不知道，我们没有交换心得。

我每天5点半起床，自己用手全身按摩10分钟，从眼睛、脸到脚，持续下来已有45年了。走路也是，每天大约2000步到3000步，觉得高兴就多走，吃力就少走，但每天一定要走。我脚上绑着计步器，护士小妹会叮咛我走得够不够。今天睡过头了，到现在只走了800步。我生过很多次大病，像伤寒、糖尿病，开刀两次，胆没有了，膀胱结石也用激光击碎了，别人生过的病我都生过。我有一个原则是"不迷"，吃东西是，打麻将、看电影也是。还有就是"淡泊"，by chance。

问：你一生做过很多事业，最有兴趣的是什么？

答：我做过七年教育部长，以前大陆有各国殖民地，教育制度一塌糊涂，我做了很多创造，这方面最有兴趣。像结合经济与教育的"建教合作"，就是我创的。

问：你对新生代的事物有没有兴趣？想不想学电脑？

答：我是学科学的人，对新的事物当然很有兴趣。我下一代的亲戚有很多学电脑的，我自己年纪大了，没办法学了。我自己写过30本书，编过七十几本书，翻译15本，这是很少人做到的。我对写书很有兴趣，以后看我活多久，也许还要再写。

问：你对下个世纪有何期望？

答：现在是中国要发展的最好时刻，美、苏两强都有困难，只要两岸把真话讲出来，统一蛮容易。中国人很聪明，科学方面的发明很多。最近看到报纸上很多坏事情，中国人连这些都想得出来。所以，假如领导得好一点，中国人对世界会有很多贡献，我很希望这样。现在的人当了"总统"、"副总统"、"部长"，就不去想这些了。我相信不要多少年，中国人会（成为）世界第一。

陈立夫去世后，台湾《联合报》刊发专文，对陈立夫的养生学有如下介绍：

> 过完21世纪的第一个元宵节，陈立夫走了，这好长的人生客旅从此画下句点。
>
> 前年9月，门生故旧及家人为他百龄高寿盛大庆祝，贺客盈门，冠盖云集，每个人都衷心向他请教："您是如何活到100岁的？"
>
> 关于这点，陈立夫预先编好一本小册，题目就叫"我怎么会活到100岁"，内容详述他一以贯之的生活哲学及养生之道。
>
> 现代人文明病多，医师总苦口婆心呼吁多运动——每周至少运动三次，每次30分钟——这已经让许多"大忙人"难以为继。陈立夫却有超乎常人的恒心——他每天清晨沐浴时，固定作全身按摩40分钟，方法是用双手沿头、眼、耳、鼻、胸、腹、腰、腿、脚及会阴部，每个部位摩擦100下，直到血脉通畅。
>
> 早饭后，他接着作最喜爱的散步运动，每天2000步到3000步——绝不偷懒，脚上挂着的计步器为证。这些习惯，一养成就是40年，果真是"要活就要动"的最佳写照。
>
> 老年人身体要活动，心却愈少杂念及俗务愈好——这点陈立夫也充分实践。他虽然头脑清明，但只记得"想记得"的事，不伤无谓的脑筋。
>
> 近几年，常有媒体问他早年政坛秘辛，或要求他表态支持哪位"总统"候选人，陈立夫总是"哈哈"带过，心静则宁，无欲则刚，何须再为往事操烦？

"养身在动,养心在静。饮食有节,起居有时。物熟始食,水沸始饮。多食果菜,少食肉类。头部宜冷,足亦宜热。知足常乐,无求常安。"这是陈立夫广为流传的48字养生箴言。对照医学理论,"立夫健康学"确有独到之处。

只不过,熟记诵念者有之,能像他一样身体力行,半世纪如一日者,又有几人?

第三节 "蒋家天下陈家党"成为历史

2000年10月,陈立夫因感染肺炎并合并肋膜积水,送入"中国医药学院"附属医院治疗,由学院院长谢明村及附属医院院长蔡长海牵头组成医疗小组,对陈立夫董事长进行精心治疗,数日后病情获得控制,体力逐渐恢复。

同年11月11日,附属医院举行20周年院庆游园会,陈立夫亲临会场致意,却因此染上风寒,于11月14日早上突发急性心肌梗塞导致严重肺积水及休克,左心室功能严重受损,病情再度恶化,其间家属曾延请中医师协助治疗。

2月8日下午,陈立夫出现严重心肺衰竭,院方向家属发出病危通知。在病床上的陈立夫不断表达希望早日回到台北的住处,家属也已做好将老人送回家中的准备,但当晚陈立夫陷入弥留状态,多种器官衰竭,当晚8时40分去世。

陈立夫去世后,国民党主席连战立即指示党部有关人员全力协助家属治丧。连战办公室主任丁远超对外界说,连战对于陈立夫过世非常难过,陈立夫是党国大佬,对国民党贡献卓著,连战对陈立夫做事与为人向来很敬重、推崇。2月10日下午,连战亲至天母德行东路的陈立夫寓所向陈立夫的灵位上香吊唁,并抚慰陈立夫的家属,同时再度指示党部全力协助处理后续的治丧事宜。

顽固坚持"台独"立场的台湾"总统"陈水扁、"副总统"吕秀莲对统派大佬陈立夫的去世也假惺惺地表达了"哀悼之意"。陈、吕声称:"陈(立夫)先生的一生可说是中华民国的历史缩影,他不但见证了国家从草创起始,至今日在民主、经济、文化上的各方成就,更亲自参与其中,贡献其能,不论是在教育部长、立法院副院长任内,无不为国为民竭尽心力。"

陈立夫去世后,设在台中的"中国医药学院"为其前董事长之去世举行了追思会。

2001年4月15日上午10时,在台北市立第一殡仪馆景行厅举行陈立夫先生公祭仪式,由中国国民党主席连战主祭,"总统"陈水扁、亲民党主席宋楚瑜、"五院院长"均前往致祭哀悼,场面备极哀荣。在连战主祭后,由国民党中央评议委员会主席团主席李焕、马树礼,国民党中央委员会副主席吴伯雄及中央委员会秘书长林丰正覆盖党旗,前"行政院长"萧万长、"立法院长"王金平、"考试院长"许水德、"监察院长"钱复覆盖国旗,气氛肃穆。包括陈水扁,"前副总统"李元簇,"前行政院长"李焕、郝柏村、萧万长,"行政院长"张俊雄,亲民党主席宋楚瑜,新党主席王建煊以及《中央日报》董事长兼社长邵玉铭等前往致祭哀悼。公祭后,陈立夫灵榇即发引安葬于台北县五股乡观音山陈氏墓园。

陈立夫去世后,台湾颇有影响力的大报《联合报》发表专文,对陈立夫的一生作了全面的回顾。

走过三个世纪,生于19世纪末,死于21世纪初,陈立夫走过清末、民国初年那颠沛的中国,最后长眠于台湾。这个曾经在中国现代史上左右国

陈立夫夫妇50岁时的合影

民党、权倾一时的风云人物，在他的时代已残灯熄后，悄然闭上眼。那铿锵有力的"蒋家天下陈家党"，已是历史长廊里遥远的回音。

陈立夫生于1900年，当时八国联军已攻下北京。革命浪潮铺天盖地席卷全中国，时势造英雄，作为孙文革命重要同志陈英士的子侄，陈立夫与哥哥陈果夫在陈英士被袁世凯暗杀后，随即先后追随承继陈英士势力的蒋中正，从事北伐、清党等一连串革命事业。这不仅种下陈家兄弟与蒋家密切关联的前因，更是陈立夫书写中国现代史的开始。

国民党与中国现代化的过程息息相关，当蒋中正统一中国时，站在他身边的陈立夫便跃上全国政治舞台，29岁即成为中央党部秘书长，同时还代兄专责组织部。这一路便是走上"专业党工"之途，国民党曾引以为傲的组织结构，便是在陈立夫手下成形。他不仅一手控制党组织，后来还成立中央委员会统计调查局，一手揽特务。陈立夫两度几乎逮捕中共的重要人士周恩来，也曾和周恩来谈过国共合作。

但随着国民党失去江山转进台湾，陈氏兄弟便失宠于蒋中正。蒋中正要陈诚组阁，迫使路缘不通的陈自逐赴美，甚至以养鸡为业，廿年才得返台；但陈氏兄弟在大陆期间即已有规模的"C.C.派"仍以集体领导方式，以非主流之姿与陈诚的"团派"继续政争。耐人寻味的是，蒋准其返国的陈立夫，却开始绝口不谈政治，而以"四书道贯"为蒋祝寿，畅言孔孟学说。

这是一代政治人物沉潜后的生存方式，却引来不小争议。尽管两派政争直到蒋死后方歇，但陈立夫已然从浪头上退下。他旁观"经国弟"执政、李登辉接班，尽管他曾与黄少谷等人以"八大老"身份劝退林、蒋配参选"总统"、质疑李登辉主导的"修宪"案，甚至还主张百亿美元协助中共改革，引起反对党控告"资匪"。但随着蒋家天下式微，他的身影在政坛也趋于清淡。

陈立夫在历史上则有愈趋清晰的头影，1994年他回忆录出版，尘封的国共内战现代史又有了新的线索出土。无论他过去言行如何，无疑地他将自己定位在"改变中国历史的人"之列。而中共过去将他列为头号战犯，现也改变焦点视为欢迎人物。这就是历史的节奏，但也唯有这般走得长久的人，才能以自身见证历史正反辩证所获致的荣辱评价。

笔者认为,《联合报》的评论说得非常好。陈立夫前半生的作为负面的居多,但在他漫长的晚年,表现很好,弘扬中国传统文化和中国医学,都是值得肯定的。在台湾海峡两岸的关系上,陈立夫虽然有很多不合时宜的观念,但始终没有失掉一个中国人的立场,这也是值得肯定的。总之,陈立夫漫长而有意义的晚年改变了他的整体形象。

第四节　魂归故乡

陈立夫的家乡湖州,是太湖南岸的鱼米之乡,一块富庶的风水宝地。

湖州,地处杭(州)嘉(兴)湖(州)平原的西北端,是一座具有悠久历史的江南名城。据考古发现,早在远古时代,这里就有人类在此繁衍生息。自古以来,这里就是风光秀丽的湖天胜地。站在湖州城登高远眺,远处西有天目山,高耸入云;北有太湖水,浩瀚无边。近处:卞、毗、岘、蜀四山环拱;苕溪、霅溪二水合流。湖州城依山面水,山围水贯,有"水晶宫"之誉。元代著名书画家赵子昂曾有赋赞叹湖州之美:"苍峰北峙,群山西迤,双溪夹流,泓渟皎澈,山川映发,冲和攸集,星列乎斗,势雄乎楚越。"清代李煊也曾赋诗赞叹湖州:"侬家生长碧湖头,打桨真从镜里游。怪道当年苏学士,杭州不住住湖州。"湖州不仅风光秀丽,而且物产丰富,是有名的鱼米之乡。丝绸业历史悠久,是湖丝的贸易中心。鸦片战争以后,上海辟为对外通商口岸,湖州因其与上海较近的地理优势,所产丝绸行销上海,加快了湖州经济的发展。到辛亥革命前夕,湖州出现了拥有家财数十万、数百万以至数千万的富户,号称"四象、八牛、七十二金狗",湖州成为富甲东南的重镇。

思乡之情人皆有之,而且愈到高龄,这种感情会愈加强烈。但由于种种原因,陈立夫自1949年离开大陆后,再也未能回到自己的家乡。

1991年春,有位大陆学者写信询问陈立夫:"孔孟学会是台湾最大的孔学民间团体,先生作为贵会的理事长,我很想顺便探讨一下问题的可能性:假如大陆孔学界发出邀请,先生能否以学者的身份来大陆进行学术交流?"陈立夫回答:"时间还早些。总统府资政也是公务员,**我尚不能去大陆**,加以年已92岁,且家有病妻,故难成行。"

1992年9月5日，第一个大陆记者代表团赴台访问。陈立夫听说后十分高兴，于9月9日下午3时在台北的寓所接受了大陆记者的采访。

记者们来到客厅，首先映入眼帘的是客厅墙壁上的书画，蒋经国为贺"立夫兄嫂八秩双庆"书赠的"福乐寿喜"条幅，放在最醒目的位置。旁边是一副笔力遒劲的对联："铁肩担道义，辣手著文章。"孔夫子的彩色画像和彩凤开屏的壁雕一静一动，尤为引人注目。

下午3时30分，陈立夫准时步入客厅，和大陆记者一一握手致意。宾主落座寒暄后，陈立夫首先说："我和毛泽东先生、周恩来先生的交往，至今记忆犹新。第一次合作，我们的共同目标是北伐，打倒军阀。第二次国共合作，我们的目标是抗日，要打倒日本帝国主义。"

陈立夫于寓所庭园

陈立夫喝了一口茶，接着说："国共两党当时目标一致，平等合作。现在，我认为我们的目标，是用中国文化迎接21世纪。从某种意义上讲，这个目标更为伟大。我们应该抓住机会，争取在文化、经济方面为世界做出贡献。现在苏联解体，美国又有经济问题，这是中国唯一的机会。等到中国站起来，不仅在文化上帮助全世界，也可以在经济上帮助全世界！"陈立夫越说越激动。

有记者问："陈立夫先生，你倡导用中国文化来统一中国，这是一个新鲜的命题，特别是由你这样一位国民党党务专家提出来，就更难能可贵，那么，你认为要实现海峡两岸的统一,应该采取哪些步骤呢?"

陈立夫略加思索后坦然回答:"我主张国共两党应先坐下来谈判,要和第一次、第二次国共合作那样,襟怀坦白,不计恩怨,真正从民族的利益出发,在文化、经济上互相帮助,共同合作,促进海峡两岸的经济、文化繁荣。"

又有记者问:"陈先生离开大陆40余年了,又曾在美国定居多年,请问您想不想回大陆看看?"

对这个问题,陈立夫没有从正面回答,只是说:"很可惜我和邓小平先生没有见过面,若是为了国家统一,只要两岸人民需要我,我就会去大陆,我最大的心愿就是国家强盛,人民安乐。在世界上,有些强霸不愿意看到中国统一,说明他们不愿意让中国强大,而越是这样,我们越应该尽快实现海峡两岸统一,使中国成为世界强国。"

这天,陈立夫谈兴很浓,谈话中还说到了孔孟之道、养生之道等。谈话结束后,陈立夫又为每一位记者写了条幅。然后在院内的高大橡树下合影留念。

1993年夏,陈立夫的长子陈泽安应大陆有关方面的邀请回大陆讲学,一直没有机会回大陆的陈立夫嘱咐儿子代他回湖州老家看看。陈泽安回湖州后,拍了大量家乡的照片带回台湾。

陈泽安回到台北后,将在大陆和家乡亲眼见到的情况一五一十地讲给父亲听,大陆经济建设突飞猛进,人民走上了小康和富裕之路,这些都让陈立夫听得入神,禁不住赞叹道:"只要大陆经济搞上去,中华民族就将无敌于天下!"

陈立夫将儿子从大陆带回来的照片分类装入相册,不时拿出来观看一番。

鉴于陈立夫晚年在祖国统一大业等问题上的明智主张,大陆有关部门也一直在做争取陈立夫回归的工作。

1984年3月,湖州市人民政府遵照中共中央领导人邓小平的批示,着手修复陈立夫二叔陈其美的墓地,整个工程历时八个月,花费120余万元巨资(其中国家拨款90万元,其余30多万元来自地方财政及捐款收入),修复后的陈其美墓比蒋介石在20世纪30年代修的墓还要大。据说,在大陆国民党要人的陵墓中,其规模仅次于南京的孙中山的中山陵。

1998年4月,中国国民党革命委员会湖州市委员会在陈其美墓前举行陈其美诞辰120周年纪念大会,浙江省湖州市的有关部门、各界人士及旅台湖州同乡会访问团成员参加纪念活动。陈立夫从台湾来信表示："湖州各界举行英士公120周年诞辰纪念活动，殊为欣慰。敬向乡亲致谢！"

1999年4月，中国孙中山研究会、湖州市政协等单位又在湖州主持召开了"纪念陈英士诞辰120周年陈英士生平与事业研讨会"，大陆和台湾的几十名历史学者和新闻单位记者齐集湖州，重新评价陈其美一生的功过是非。

在大陆的老部下也一直在向陈立夫招手。黄埔四期出身的原国民党少将政工干部文强1949年在淮海战场被俘，作为战犯关押26年，特赦后担任全国政协委员、黄埔同学会理事，他发扬黄

陈立夫早年与妻、子的合影

埔精神，联络黄埔同学感情，为促进祖国统一而积极奔走努力。1999年，在陈立夫百岁诞辰（虚岁）之际，文强赋诗两首，一来为陈立夫祝寿，二来为祖国统一呐喊，诗云：

  一代文星并寿星，生平得意阐儒经；
  将门杰士歌黄埔，问鼎谋臣出洞庭。

  毁誉半参权作客，老成一意守休宁，
  余年德泽关怀事，两岸和平一统铭。

文强另有诗，婉劝陈立夫打消顾虑，叶落归根，诗云：

> 斡墨留香两代情，填膺追想留心声；
> 南天左道关山梦，北地祥和祖国荣。
>
> 旧友新朋传好语，归根落叶记分明；
> 湖州落雁年年有，不见鹏飞万里程。

陈立夫家乡的词家也曾填词，企盼"乡贤"归来，人月无缺。词如下：

> 愁绝，愁绝，梦了几多年月。音尘初度岘山，更盼中天月圆。圆月，圆月，人月还期无缺。

陈立夫虽然无法亲自再来故乡看看，但他对故乡和祖国的感情却与日俱增，他生前曾动情地说："如今我自己已是102岁的人了，'人之将死，其言也善'，我很留恋生我养我的祖国，我很感铭育我教我的祖国文化，我的一生始终以中国人为荣……"

1999年10月，在台湾和海外的陈立夫家族成员，本着"叶落归根"之信念，将在台湾逝世的亲人分别火化后，送回湖州，在道场乡灵安公墓购地安葬，先后建立新坟五座，一字形排立，墓地面积共二十余平方米，成为湖州的陈氏墓园（台湾观音山有陈氏墓园）。墓园的第一个坟主为陈其美夫人姚文英，附葬其长子骁夫，又留一空穴，等待骁夫生前女友杨韵芳日后安葬。墓碑于1999年4月由陈立夫书。第二个坟主为陈果夫夫妇，墓碑于1994年10月由谭建丞书。第三个坟主为陈勤士夫妇，墓碑于1994年10月由谭建丞书。第四个坟主为陈立夫夫妇，墓碑于1994年10月由谭建丞书。第五个坟主为陈其美之次子惠夫及温淑静夫人（尚健在）之墓，附墓其次子泽裕。墓碑于2001年4月由凌以安书。陈其美之孙泽祯同时由美国专程回湖，将其祖母及父亲在台湾的骨灰送到湖州安葬。陈果夫夫妇留台骨灰，于1999年10月由女儿陈泽宝、婿沈华祝送湖州安葬。其余二坟，即陈勤士及陈立夫夫妇骨灰尚未运湖。

陈立夫魂兮归来，指日可待！

附录：主要参考文献目录

一、史料集

《中华民国史档案资料汇编》（1—5辑），中国第二历史档案馆编，南京，江苏古籍出版社出版。

《中华民国史史料长编》，万仁元、方庆秋主编，南京大学出版社1993年版。

《中华民国重要史料初编》，秦孝仪主编，台北，中国国民党中央委员会党史委员会编印。

《革命文献》，台北，中国国民党中央委员会中央党史编纂委员会编辑出版。

《中华民国史事纪要初稿》，台北，"中华民国史料研究中心"编辑出版。

《中共中央文件选集》，中央档案馆编，北京，中共中央党校出版社1989年版。

《中苏国家关系史资料汇编》（1945—1949）薛衔天编，北京，社会科学文献出版社1996年版。

《党团统一组织重要文献》，党团统一组织委员会1947年编印。

《救国会》，周天度编，北京，中国社会科学出版社1981年版。

《中国财政历史资料选编》（1—12辑），北京，中国财政经济出版社1990年版。

《中国近代对外关系史资料选集》，复旦大学历史系中国近代史教研组编，上海人民出版社1977年版。

《中国民主同盟历史文献（1941—1949）》，中国民主同盟中央文史资料委员会编，北京，文史资料出版社1983年版。

《中国民主建国会历史文献选编》，中国民主建国会中央委员会宣传部编，北京，书目文献出版社1992年版。

《中国现代报史资料汇辑》，王文彬编著，重庆出版社1996年版。

《中国新闻事业通史》，方汉奇主编，北京，中国人民大学出版社1992年版。

《中国近代现代出版通史》（1—4卷），叶再生著，北京，华文出版社2002年版。

二、文集、全集

《先"总统"蒋公思想言论总集》，秦孝仪主编，台北，中国国民党中央委员会党史委员会，1984年。

《蒋"总统"经国先生言论著述汇编》，台北，黎明文化事业有限公司1981版。

《陈英士先生文集》，秦孝仪主编，台北，中国国民党中央委员会党史委员会1977年版。

《陈英士先生纪念集》（上下册），何仲萧编辑，台北，文海出版社出版。

《陈英士先生纪念集》，秦孝仪主编，台北，中国国民党中央委员会党史委员会1977年版。

《陈其美传记资料》（1—3册），台北，天一出版社出版。

《弘毅斋艺文集》（上中下册），陈立夫著，台北，黎明文化出版公司出版。

《陈果夫先生全集》，陈果夫先生遗著编印委员会编，台北，中国国民党中央委员会党史委员会1991年印行。

《戴季陶集》，唐文权、桑兵编，武汉：华中师范大学出版社1990年版。

《竺可桢全集》，竺可桢著，上海科技教育出版社2006年版。

《周恩来选集》，北京，人民出版社1980年版。

《韬奋全集》（1—14卷），上海人民出版社1995年版。

三、日记与书信

《徐永昌日记手稿本》，徐永昌著，台北，"中央研究院"近代史研究所1991年编印。

《王世杰日记手稿本》（1—10册），台北，"中央研究院"近代史研究所1978年编印。

《何成濬将军战时日记》（上下册），台北，传记文学出版社1975年版。

《邵元冲日记》，王仰清、许映湖标注，上海人民出版社1990年版。

《胡适日记全编》，曹伯言整理，合肥，安徽教育出版社2001年版。

《翁文灏日记》，李学通整理，北京，中华书局2010年版。

《黄炎培日记》（1—16卷），中国社会科学院近代史研究所整理，北京，华文出版社2008年版。

《在蒋介石身边八年——侍从室高级幕僚唐纵日记》，公安部档案局编著，北京，群众出版社1991年版。

《胡适来往书信选》，北京，中华书局1979年版。

《毛泽东书信选集》，北京，人民出版社1983年版。

《周恩来书信选集》，北京，中央文献出版社1988年版。

四、回忆录

《成败之鉴》，陈立夫著，台北，正中书局1994年版。

《海桑集——熊式辉回忆录》（1907—1949），熊式辉著，香港：明镜出版社2008年版。

《在华五十年》，司徒雷登著，程宗家译，北京出版社1982年版。

《顾维钧回忆录》，中国社会科学院近代史研究所译，北京，中华书局出版。

《张治中回忆录》，张治中著，北京，文史资料出版社1985年版。

《张治中和中国共产党》，余湛邦著，北京，中共中央党校出版社1991年版。

《我与民革四十年》，朱学范著，北京，团结出版社1990年版。

《我的戎马生涯——郑洞国回忆录》，北京，团结出版社1992年版。

《半生风雨录——贾亦斌自述》，北京，中国文史出版社1996年版。

《孔祥熙其人其事》，寿充一编，北京，中国文史出版社1987年版。

《我的回忆》，刘峙著，台北，文海出版社出版。

《万耀煌口述自传》，沈云龙整理，北京，岫庐八十自述》，王云五著，台北，商务印书馆1967年版。

《聂荣臻回忆录》，北京，解放军出版社1984年版。

《徐铸成回忆录》，徐铸成著，三联书店2018年版。

《报人六十年》，徐铸成著，上海，学林出版社1999年版。

五、传记

《陈其美传》，莫永明著，上海社会科学出版社1985年版。
《陈英士》，杭州，浙江人民出版社1987年版。
《陈英士评传》，姚辉、朱馥生著，北京，团结出版社1989年版。
《陈其美》，章君谷著，台北，金兰出版社1985年版。
《陈果夫传》，徐咏平著，台北，正中书局1980年版。
《蒋"总统"传》，董显光著，台北，中华文化出版事业社1962年版。
《蒋介石传稿》，严如平、郑则民著，北京，中华书局1992年版。
《蒋介石与结拜兄弟》，严如平主编，北京，团结出版社1994年版。
《胡汉民》，周聿娥、陈红民著，广州，广东人民出版社1994年版。
《陈诚传》，北京，华艺出版社1991年版。
《蒋经国传》，江南著，北京，中国友谊出版公司1984年版。
《国民党理论家戴季陶》，范小方等著，郑州，河南人民出版社1992年版。
《孔祥熙述评》，赵荣达著，太原，山西高校联合出版社1992年版。
《宋子文评传》，吴景平著，福州，福建人民出版社1998年版。
《宋子文与战时中国：1937—1945》，吴景平编，上海，复旦大学出版社2008年版。
《戴笠传》，马振犊、邢烨著，杭州，浙江大学出版社2013年版。
《戴笠其人》，沈醉等著，北京，中国文史出版社2001年版。
《戴笠和军统》，江绍贞著，北京，团结出版社2007年版。
《中统头子徐恩增》，柴夫编，北京，中国文史出版社1989年版。
《国民党中统头目花名册》，韩文琦著，北京，华文出版社2011年版。
《李宗仁的一生》，申晓云、李静之著，郑州，河南人民出版社1992年版。
《白崇禧大传》，张学继、徐凯峰著，杭州，浙江大学出版社2012年版。
《胡宗南大传》，经盛鸿著，北京，团结出版社2009年版。
《于右任传》，许有成、徐晓彬著，上海，复旦大学出版社1997年版。
《报人张季鸾先生传》，徐铸成著，北京，三联书店2009年版。

《邹韬奋》，沈谦芳著，济南，山东人民出版社1998年版。

《张学良大传》，张学继、刘红著，北京，经济日报出版社2006年版。

《杨虎城大传》，杨瀚著，北京，团结出版社2014年版。

《周恩来传》，金冲及主编，北京，人民出版社、中央文献出版社1989年版。

《陈赓将军传》，胥佩兰、郑鹏飞著，北京，解放军出版社1988年版。

《中华民国史 人物传》（1—8卷），李新总编，北京，中华书局2011年版。

《中共党史人物传》，中共党史人物研究会主编，西安，陕西人民出版社出版。

《革命人物志》，台北，中国国民党中央委员会党史委员会编辑出版。

《革命先烈先进传》，中国国民党中央委员会中央党史史料编纂委员会编辑，台北，"中央文物供应社"1965年印行。

《中华民国名人传》，台北，近代中国出版社1966年版。

《民国人物小传》，刘绍唐编，上海三联书店出版。

六、年谱

《陈英士纪年》，莫永明、范然著，南京大学出版社1991年版。

《民国陈英士（其美）先生年谱》，徐咏平编，台北，商务印书馆1980年版。

《陈英士（其美）先生年谱》，何仲萧编，台北，文海出版社出版。

《孙中山年谱长编》上下册，陈锡祺主编，北京，中华书局1991年版。

《黄兴年谱长编》，毛注青编著，北京，中华书局1991年版。

《章太炎年谱长编》上下册，汤志钧编，北京，中华书局1979年版。

《"总统"蒋公大事长编初稿》，秦孝仪主编，台北，中国国民党中央委员会党史委员会1978年编印。

《蒋介石年谱初稿》，中国第二历史档案馆编，北京，档案出版社1992年版。

《胡汉民先生年谱》，蒋永敬著，台北，中国国民党中央委员会党史委员会1978年编印。

《黄膺白先生年谱长编》（上下册），沈云龙编著，台北，联经出版事业公司1976年版。

《胡适之先生年谱长编初稿》，胡颂平编著，台北，联经出版事业公司1984年版。

《民国阎百川先生锡山年谱长编初稿》，阎百川先生纪念会编，台北商务印书馆1988年版。

《邹鲁年谱》（上下卷），冯双编著，广州，中山大学出版社2010年版。

《翁文灏年谱》，李学通著，济南，山东教育出版社2005年版。

《张公权先生年谱初稿》，姚崧龄编著，台北，传记文学出版社1982年版。

《邓演达年谱会集》，樊振编著，北京，中国言实出版社2010年版。

《褚辅成年谱》，王天松著，北京，学苑出版社2015年版。

《张学良年谱》（上下册），张友坤、钱进主编，社会科学文献出版社1996年版。

《蔡元培年谱长编》，高平叔撰著，北京，人民教育出版社1996年版。

《冯友兰先生年谱初编》，蔡仲德著，河南人民出版社2001年版。

《顾颉刚年谱》（增订本），顾潮编著，中华书局2011年版。

《朱自清年谱》，姜建、吴为公著，北京，光明日报出版社2010年版。

《毛泽东年谱》（修订本），中共中央文献研究室编，中央文献出版社1993年版。

《周恩来年谱》，中共中央文献研究室编，北京，中央文献出版社、人民出版社1989年版。

《张澜年谱新编》，谢增寿编著，北京，群言出版社2011年版。

《沈钧儒年谱》，沈谱、沈人骅编，北京，中国文史出版社1992年版。

《黄埔军校年谱长编》，陈宇编著，北京，华文出版社2014年版。

七、专著

《中华民国史》（1—12卷），李新总编，北京，中华书局2011年版。

《中华民国专题史》（1—18卷），张宪文、张玉法主编，南京大学出版社2015年出版。

《中华民国史》（1—4卷），张宪文等著，南京大学出版社2005年版。

《中华民国建国史》（1—4卷），台北，"国立编译馆"1985年年版。

《中国国民党革命委员会的历史道路》，中国国民党革命委员会中央宣传部编，长沙，湖南人民出版社1987年版。

《中国民主同盟简史》（1941—1949），民盟中央委员会编，北京，群言出版社1991年版。

《中国国民党史稿》，邹鲁著，北京，中华书局1960年版。

《中国外交史——中华民国时期》，吴东之主编，郑州，河南人民出版社1990年版。

《中华民国外交史》，石源华著，上海人民出版社1994年版。

《中美关系史》，陶文钊著，重庆出版社1993年版。

《中国现代历次重要战役之研究》，张秉均编著，台北，"国防部史政编译局"1988年编印。

《国民党特务活动史》（上下册），马振犊著，北京，九州出版社2012年版。

《中统特务活动史》，马振犊、林建英著，北京，金城出版社2016年版。

《军统特务活动史》，马振犊著，北京，金城出版社2016年版。

《政治 阴谋 暗杀——民国政坛内幕》，庄建平主编，北京，团结出版社1991年版。

《中国新闻事业编年史》（上中下册），方汉奇主编，福州，福建人民出版社2000年版。

《中国抗日战争时期大后方出版史》，熊复主编，重庆出版社1999年版。

《中央陆军军官学校史稿》，南京，中央陆军军官学校1936年编印。

后 记

陈立夫是20世纪中国的重要人物之一,在百年的漫长生涯中,大体上以50岁为界,正好可以分前后两个50年。

前50年,他因为与蒋介石的家世渊源受到重用、平步青云,与兄长陈果夫一起成为老牌国民党的掌门人,在政界呼风唤雨,权势熏天。作为政治人物的陈立夫,其具体的功过是非,虽然还有待历史学家的进一步研究探讨,但总体来看,他无疑是失败者。

后50年,陈立夫脱离政界,定居美国19年,自谋生计,自食其力。与此同时,潜心于研究中国传统文化,著述数十种,成为著作等身的一家。他的文化观及其对某些具体问题的阐述,容或有可以商榷的地方,但有几点给笔者留下了深刻印象:第一,对中国文化的高度自信。他对中华文化十分挚爱,殷切期盼中华文化复兴。这与习总书记讲的中国文化自信是一致的。第二,对以美国为首的西方资本主义文明的严厉批判立场。陈立夫在西方资本主义头号强国——美国前后生活了21年,他对这个金元帝国可谓知根知底,他认为所谓美国模式决不可以成为世界的样板。他对资本和商人统治这个世界感到忧心如焚。在追求最大利润的驱使下,为发展而发展,将把人类带向灾难的深渊。陈立夫呼吁人类从中国传统文化中寻找生存智慧,回归天人合一,人与自然和谐共处。第三,抛开党派成见,呼吁台湾海峡两岸和平统一,共同振兴中华。陈立夫为此与以李登辉为代表的"台独"分子进行了力所能及的斗争。第四,陈立夫晚年为台湾中医药事业的发展做出了重大贡献,被称为台湾中医药的守护者。笔者以为,以上几点都是值得肯定的。

106年前,中国伟大的民主革命先行者孙中山也说过一段忧心忡忡的话,他说:"欧美、日本留学生如此,不研究中国历史风俗民情,奉欧美为至上。他日引欧美以乱中国,即此辈贼中国书之人也。"从以后的历史来看,孙中山与陈立夫等人的担忧并不是多余的。最近的三四十年来，中国大陆的一部分知识精英对以美国为首的西方文明再次陷入了顶礼膜拜的泥潭而不能自拔，所谓"普世价值"的叫嚣可谓甚嚣尘上，莫之能御。这个问题不解决，中华民族的伟大复兴就会打一个大大的问号，切不可掉以轻心。

著者

2016年9月9日